上海证券交易所统计年鉴

2016卷

STATISTICS ANNUAL
SHANGHAI STOCK EXCHANGE

名誉总编

吴　清

总　　编

黄红元

副 总 编

潘学先　张冬科　谢　玮

王文胜　阙　波　刘绍统　徐毅林

编　　辑

陆　谳　张志明　刘　峻

数　　据

周　舶　陈　祁　费永建

上海證券交易所 编　上海遠東出版社

1. 成交数量和成交金额两类指标均按交易的买方或卖方单向计算。

2. 交易数量和交易金额两类指标均按交易的买方和卖方双向计算。

3. 统计范围：在本所上市交易的各类证券，包括普通股、优先股、基金、政府债、公司债、债券回购、期权等。

4. 统计内容：包括本所上市的各类证券的交易状况和参与者的交易状况，上市公司的股本结构及财务状况，会员情况及其交易状况等。

5. 统计日期：2015 年 1 月 1 日至 2015 年 12 月 31 日。

6. 数据类型：证券数目及会员数目、股本、市值、市盈率、股价、指数等为月底或年底的时点数，不具有可加性；交易金额、交易数量等为全年或某月的时期数字，具有可加性，由相应时期内各交易日的实际数字累加而成。

7. 误差：本年鉴数字采用截尾方式计算，个别数字采用四舍五入方式计算。由于舍入误差，分类数字之和未必等于总额数字。

8. 席位数：包括本所会员申请的席位及其他非会员申请的特别席位，如国债专用席位、B 股境外券商特别席位。

9. 成交笔数：由交易系统完成配对交易的记录数。

10. 发行数量：指在交易所上市证券的已发行总量。

11. 市价总值：指在交易所上市的证券在某一时点按市价与发行数量计算的总金额：

$$\Sigma(\text{市价}\times\text{发行数量})$$

12. 流通数量：指在交易所上市证券的发行数量中可流通交易的数量。

13. 流通市值：指在交易所上市的证券在某一时点按市价与流通数量计算的总金额：

$$\Sigma(\text{市价}\times\text{流通数量})$$

14. 上年每股税后利润：指按上一年度年末股本计算，分配到每一股的净利润。

15. 到期年收益率：按人民银行发布的《银货政[2001]51 号》文件所提供的公式计算。

16. 市净率= $\dfrac{\text{每股价格}}{\text{每股净资产}}$

17. 市盈率= $\dfrac{\text{股票价格}}{\text{每股收益}}$

$$\text{平均市盈率}=\frac{\text{总市值}}{\text{总收益}}=\frac{\Sigma(\text{收盘价}\times\text{发行数量})}{\Sigma(\text{每股收益}\times\text{发行数量})}$$

18. 年换手率= Σ日换手率

19. 回购价格为该品种年收益率。

特别说明 1：股东情况统计是按投资者申请开设股票账户时填写的《上海证券中央登记结算公司记名证券名册登记表》上的身份证编号设置进行的。身份证号码是基本统计单位。目前的统计存在不可避免的误差，且以统计指标“其他”来表现的误差占据了相当的比例。主要原因：(1)因历史原因尚有部分股票账户缺乏身份证号码；(2)部分投资者未使用身份证而使用诸如军官证等特殊证件；(3)由于登记公司以前异地开户采用对异地登记会员先放空号由其代理开户再统一在一个时点汇总资料的方法，故每月统计时均有相当数量的空号出现。

特别说明 2：(1)股票除息时，上证指数不予修正，自然回落。(2)有些指标的绝对数是放大了计量单位的。(3)本年鉴中走势图均为日线图，其标明最高、最低与市场表现中最高最低不同，是因为其最高、最低为收盘价，而市场表现中最高最低为盘中价。(4)未注明成交数量、发行数量的，单位为亿。

特别说明 3：投资者包括自然人投资者、一般法人及专业机构，其中专业机构包括券商自营、投资基金、社保基金、保险资金、资产管理及 QFII。数据说明：(1)投资者盈亏数据是根据对每个投资者账户每日的交易持股情况推算得出，不考虑过户费、佣金等交易费用的影响；(2)统计样本为沪市无限售条件 A 股，股份指无限售条件的股份，对于有限售条件的股份，按照解除限售条件后的交易持股情况进行推算；(3)考虑因素包括股票分红送配、增发、新股申购、股票非交易过户、限售股解禁、股权分置改革等。

特别说明 4：无备注单位的，一般均以人民币作为货币单位。

特别说明 5：会员及营业部成交合计不含权证。

特别说明 6：无备注单位的，股票以股作为数量单位，债券一般均以张作为数量单位，基金和权证以份作为数量单位。

目 录

Contents

一、市场概况

二、股价指数

三、证券成交

四、上市公司

五、会员公司

六、投资者

七、大事记

Market Overview

市场概况

市场概况
OverView

	2015 年	2014 年	2013 年
交易天数 No.of Trading Days	244	245	238
上市公司总数 No.of Listed Company	1081	995	953
新上市公司数 No.of New Listed Company	90	43	1
上市证券总数 No.of Listed Security	5914	3758	2786
股票 Share	1125	1039	997
A 股 A-Share	1073	986	944
B 股 B-Share	52	53	53
债券 Bond	4538	2646	1731
政府债 G-Bond	893	267	218
公司债 C-Bond	3596	2336	1468
债券回购 Repo	49	43	45
基金 Fund	135	68	58
封闭式 Close Fund	4	3	9
ETF	73	61	47
LOF	47	-	-
交易型货币基金	11	4	2
优先股 Preferred Share	16	5	-
发行数量(亿) Issued Vol(100 M)			
股票 Share	30235.54	27085.17	25751.69
优先股 Preferred Share	29.89	10.30	-
集资总额(亿) Capital Raised(100 M)			
股票 Share	8712.96	3962.59	2515.72
优先股 Preferred Share	1959.00	1030.00	-
股票流通数量(亿股) Negotiable Share(100 M)	27418.41	24914.59	23731.13
股票市价总值(亿) Market Capitalization(100 M)	295194.20	243974.02	151165.27
股票流通市值(亿) Negotiable Capitalization (100 M)	254127.84	220495.87	136526.38
解禁的存量限售股份	12069.73	11889.86	11735.91
年度解禁限售股份	1119.01	657.52	3616.35
卖出的已解禁限售股份	858.99	491.58	544.82

市场概况
OverView

	2015 年	2014 年	2013 年
成交金额(亿)Trading Value(100 M)	2663690.84	1281497.98	865098.34
股票 Share	1330992.10	377162.12	230266.03
A 股 A-Share	1323231.16	375149.95	228918.82
B 股 B-Share	2357.12	484.45	689.94
股票回购	5403.82	1527.72	657.27
债券 Bond	1228533.71	866848.59	625839.41
政府债 G-Bond	4330.72	1247.47	771.60
公司债 C-Bond	26350.38	24198.95	14540.88
债券回购 Repo	1197852.61	841402.16	610526.93
基金 Fund	103814.16	37479.25	8989.48
封闭式 Close-end	684.04	193.00	231.86
ETF	28890.51	10142.68	6706.52
LOF	1367.36	-	-
交易型货币基金	72857.97	27141.81	2050.41
优先股 Preferred Share	48.24	4.27	-
沪股通交易金额（亿元人民币）	14710.64	1675.12	-
港股通交易金额（亿元人民币）	6203.61	205.63	-
平均市盈率 P/E Ratio	17.63	15.99	10.99
A 股	17.61	15.99	10.99
B 股	26.17	15.77	11.62
股价指数 Index			
上证综合指数 SSE Composite Index	3539.18	3234.68	2115.98
上证 50 指数 SSE 50 Index	2420.80	2581.57	1574.78
上证 180 指数 SSE 180 Index	7995.77	8044.51	5040.27
上证 380 指数 SSE 380 Index	6712.76	4866.71	3352.49
会员公司数 Member Company	112	113	111
营业部数 Department Number	8170	7199	5785
交易单元数 Seats Number	14284	11252	9262
投资者(万户) Investor(10000)	13751.31	9737.52	9097.69
A 股总户数（万户）Investor of A-Share	13586.32	9580.73	8623.40
B 股总户数（万户）Investor of B-Share	164.99	156.79	474.29
信用账户数（万户）Credit Investor(10000)	405.50	292.19	132.61
WFE 排名 WFE Rank			
总市值排名 Rank of Market Capitalization	4	4	6
总筹资额排名 Rank of Total Capital Raised	2	4	5
总成交金额排名 Rank of Total Trading Value	2	3	5

SSE Indices

股价指数

上证综合指数历年数据 上证指数数据
Data of SSE Composite Index, 1991-2015 Data of SSE Indices

年份 Year	开盘 Open	最高 High	日期 Date	最低 Low	日期 Date	收盘 Close
1992	293.74	1429.01	05/26	292.76	01/02	780.39
1993	802.14	1558.95	02/16	750.46	12/20	833.80
1994	837.70	1052.94	09/13	325.89	07/29	647.87
1995	637.72	926.41	05/22	524.43	02/07	555.29
1996	550.26	1258.69	12/11	512.83	01/19	917.02
1997	914.06	1510.18	05/12	870.18	02/20	1194.10
1998	1200.95	1422.98	06/04	1043.02	08/18	1146.70
1999	1144.89	1756.18	06/30	1047.83	05/17	1366.58
2000	1368.69	2125.72	11/23	1361.21	01/04	2073.48
2001	2077.08	2245.44	06/14	1514.86	10/22	1645.97
2002	1643.49	1748.89	06/25	1339.20	01/29	1357.65
2003	1347.43	1649.60	04/16	1307.40	11/13	1497.04
2004	1492.72	1783.01	04/07	1259.43	09/13	1266.50
2005	1260.78	1328.53	02/25	998.23	06/06	1161.06
2006	1163.88	2698.90	12/29	1161.91	01/04	2675.47
2007	2728.19	6124.04	10/16	2541.53	02/06	5261.56
2008	5265.00	5522.78	01/14	1664.93	10/28	1820.81
2009	1849.02	3478.01	08/04	1844.09	01/05	3277.14
2010	3289.75	3306.75	01/11	2319.74	07/02	2808.08
2011	2825.33	3067.46	04/18	2134.02	12/28	2199.42
2012	2212.00	2478.38	02/27	1949.46	12/04	2269.13
2013	2289.51	2444.80	02/18	1849.65	06/25	2115.98
2014	2112.13	3239.36	12/31	1974.38	03/12	3234.68
2015	3258.63	5178.19	06/12	2850.71	08/26	3539.18

分类指数数据及图表
Data and Chart of Sector Indices

上证综合指数　SSE Composite Index

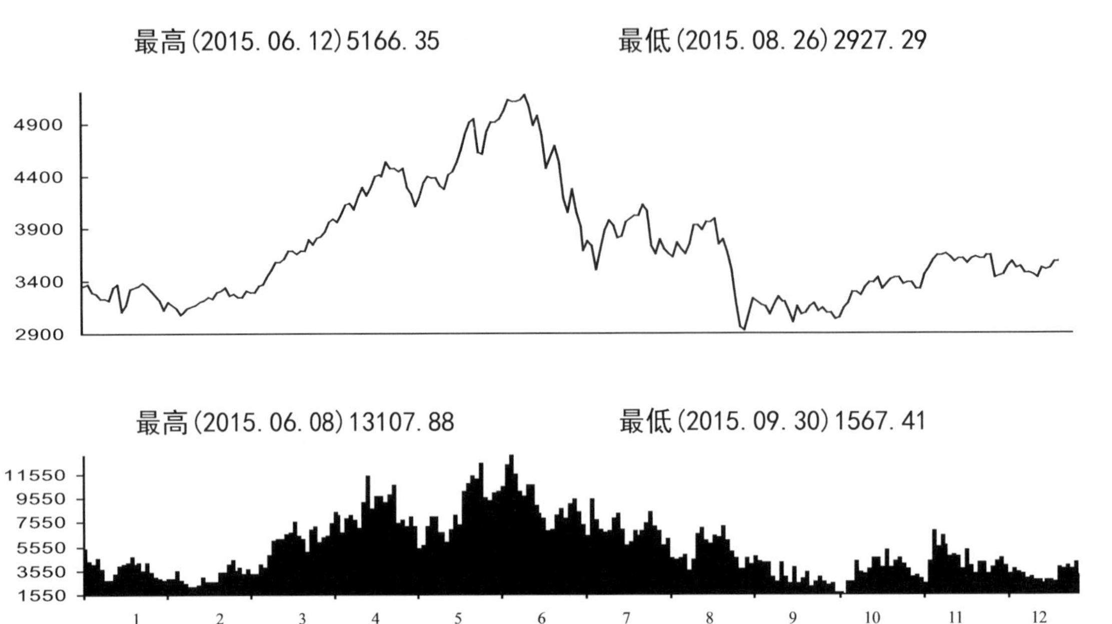

每日收盘指数 Daily Index

日期 Date	1月 Jan	2月 Feb	3月 Mar	4月 Apr	5月 May	6月 Jun	7月 Jul	8月 Aug	9月 Sep	10月 Oct	11月 Nov	12月 Dec
1	---	---	---	3810.29	---	4828.74	4053.70	---	3166.62	---	---	3456.31
2	---	3128.30	3336.29	3825.78	---	4910.53	3912.77	---	3160.17	---	3325.09	3536.91
3	---	3204.91	3263.05	3863.93	---	4909.98	3686.92	3622.91	---	---	3316.70	3584.82
4	---	3174.13	3279.53	---	4480.46	4947.10	---	3756.55	---	---	3459.64	3524.99
5	3350.52	3136.53	3248.48	---	4298.71	5023.10	---	3694.57	---	---	3522.82	---
6	3351.45	3075.91	3241.19	---	4229.27	---	3775.91	3661.54	---	---	3590.03	---
7	3373.95	---	---	3961.38	4112.21	---	3727.13	3744.21	3080.42	---	---	3536.93
8	3293.46	---	---	3994.81	4205.92	5131.88	3507.19	---	3170.45	3143.36	---	3470.07
9	3285.41	3095.12	3302.41	3957.53	---	5113.53	3709.33	---	3243.09	3183.15	3646.88	3472.44
10	---	3141.59	3286.07	4034.31	---	5106.04	3877.80	3928.42	3197.89	---	3640.49	3455.50
11	---	3157.70	3290.90	---	4333.58	5121.59	---	3927.91	3200.23	---	3650.25	3434.58
12	3229.32	3173.42	3349.32	---	4401.22	5166.35	---	3886.32	---	3287.66	3632.90	---
13	3235.30	3203.83	3372.91	4121.72	4375.76	---	3970.39	3954.56	---	3293.23	3580.84	---
14	3222.44	---	---	4135.57	4378.31	---	3924.49	3965.34	3114.80	3262.44	---	3520.67
15	3336.46	---	---	4084.16	4308.69	5062.99	3805.70	---	3005.17	3338.07	---	3510.35
16	3376.50	3222.36	3449.31	4194.82	---	4887.43	3823.18	---	3152.26	3391.35	3606.96	3516.19
17	---	3246.91	3502.85	4287.30	---	4967.90	3957.35	3993.67	3086.06	---	3604.80	3580.00
18	---	---	3577.30	---	4283.49	4785.36	---	3748.16	3097.92	---	3568.47	3578.96
19	3116.35	---	3582.27	---	4417.55	4478.36	---	3794.11	---	3386.70	3617.06	---
20	3173.05	---	3617.32	4217.08	4446.29	---	3992.11	3664.29	---	3425.33	3630.50	---
21	3323.61	---	---	4293.62	4529.42	---	4017.68	3507.74	3156.54	3320.68	---	3642.47
22	3343.34	---	---	4398.49	4657.60	---	4026.05	---	3185.62	3368.74	---	3651.77
23	3351.76	---	3687.73	4414.51	---	4576.49	4123.92	---	3115.89	3412.43	3610.32	3636.09
24	---	---	3691.41	4393.69	---	4690.15	4070.91	3209.91	3142.69	---	3616.11	3612.49
25	---	3228.84	3660.73	---	4813.80	4527.78	---	2964.97	3092.35	---	3647.93	3627.91
26	3383.18	3298.36	3682.10	---	4910.90	4192.87	---	2927.29	---	3429.58	3635.55	---
27	3352.96	3310.30	3691.10	4527.40	4941.71	---	3725.56	3083.59	---	3434.34	3436.30	---
28	3305.74	---	---	4476.22	4620.27	---	3663.00	3232.35	3100.76	3375.20	---	3533.78
29	3262.31	---	---	4476.62	4611.74	4053.03	3789.17	---	3038.14	3387.32	---	3563.74
30	3210.36	---	3786.57	4441.66	---	4277.22	3705.77	---	3052.78	3382.56	3445.41	3572.88
31	---	---	3747.90	---	---	---	3663.73	3205.99	---	---	---	3539.18
盘中最高	3406.79	3324.55	3835.57	4572.39	4986.50	H5178.19	4317.05	4006.34	3256.74	3457.52	3678.27	3684.57
盘中最低	3095.07	3049.11	3198.37	3742.21	4099.04	3847.88	3373.54	L2850.71	2983.54	3133.13	3302.18	3399.28

分类指数数据及图表
Data and Chart of Sector Indices

上证 180 指数　SSE 180 Index

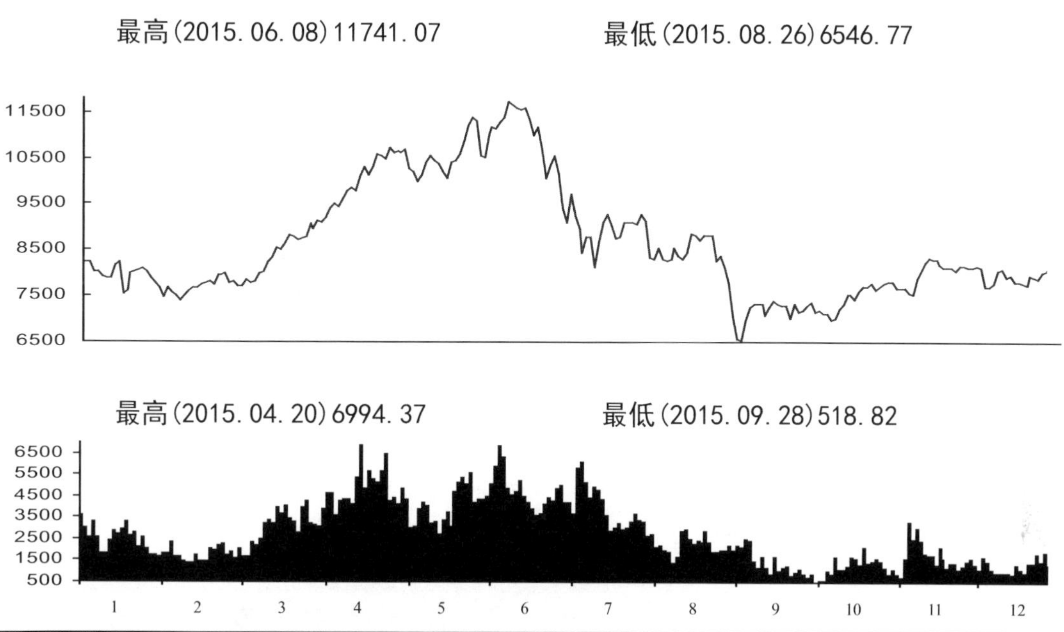

每日收盘指数 Daily Index

日期 Date	1月 Jan	2月 Feb	3月 Mar	4月 Apr	5月 May	6月 Jun	7月 Jul	8月 Aug	9月 Sep	10月 Oct	11月 Nov	12月 Dec
1	---	---	---	9121.64	---	11032.4	9225.22	---	7337.42	---	---	7775.92
2	---	7471.35	7992.50	9090.20	---	11179.44	8942.17	---	7345.99	---	7558.61	8071.59
3	---	7668.34	7776.40	9193.97	---	11152.98	8442.69	8300.82	---	---	7533.99	8106.67
4	---	7588.21	7806.01	---	10704.8	11279.9	---	8549.37	---	---	7871.70	7927.21
5	8261.27	7506.48	7713.82	---	10290.4	11385.4	---	8373.45	---	---	8061.53	---
6	8215.58	7405.36	7700.17	---	10207.2	---	8789.13	8302.08	---	---	8233.52	---
7	8237.13	---	---	9394.63	9998.62	---	8774.69	8456.56	7075.44	---	---	7942.69
8	8012.60	---	---	9518.87	10153.9	11741.0	8138.83	---	7260.38	7216.04	---	7818.59
9	8010.61	7501.48	7848.20	9450.58	---	11645.6	8672.12	---	7388.28	7314.60	8339.01	7830.42
10	---	7617.92	7784.37	9620.95	---	11580.6	9115.34	8862.10	7335.18	---	8316.15	7790.27
11	---	7666.96	7807.85	---	10416.6	11548.7	---	8807.61	7310.29	---	8293.77	7743.89
12	7921.33	7685.66	7997.23	---	10537.2	11594.2	---	8704.70	---	7531.20	8206.86	---
13	7897.71	7738.80	8039.60	9800.33	10435.5	---	9261.12	8820.46	---	7522.68	8113.32	---
14	7894.16	---	---	9864.25	10382.9	---	9018.66	8819.81	7304.83	7449.20	---	7971.32
15	8159.94	---	---	9786.63	10210.9	11336.9	8765.35	---	7031.61	7608.29	---	7905.25
16	8235.10	7780.55	8226.96	10117.9	---	11009.1	8794.87	---	7332.04	7715.51	8129.41	7895.42
17	---	7832.57	8345.50	10321.2	---	11160.42	9090.03	8820.36	7167.78	---	8132.62	8026.39
18	---	---	8539.17	---	10063.4	10697.4	---	8263.70	7186.65	---	8063.91	8051.12
19	7554.29	---	8526.04	---	10413.3	10051.9	---	8386.94	---	7709.48	8172.48	---
20	7610.80	---	8661.59	10149.9	10455.6	---	9086.51	8115.43	---	7789.03	8174.14	---
21	7989.27	---	---	10315.7	10584.9	---	9086.91	7770.59	7282.30	7639.77	---	8269.43
22	8018.95	---	---	10586.6	10878.0	---	9053.96	---	7351.10	7706.08	---	8281.18
23	8050.02	---	8828.09	10561.8	---	10354.0	9265.57	---	7164.63	7776.89	8132.85	8279.56
24	---	---	8802.96	10469.9	---	10555.4	9122.47	7069.28	7208.59	---	8117.41	8196.03
25	---	7730.60	8709.44	---	11218.4	10187.1	---	6558.72	7125.87	---	8170.49	8227.05
26	8093.79	7941.41	8758.98	---	11389.0	9399.80	---	6546.77	---	7812.25	8133.66	---
27	8008.75	7947.05	8789.12	10741.1	11319.8	---	8327.94	6975.33	---	7819.51	7716.34	---
28	7895.58	---	---	10619.6	10558.0	---	8300.94	7256.64	7119.29	7671.74	---	7973.88
29	7779.85	---	---	10669.3	10535.5	9109.73	8540.12	---	6976.29	7679.51	---	8043.14
30	7667.46	---	9068.81	10608.5	---	9723.85	8310.86	---	7030.86	7685.71	7728.44	8045.92
31	---	---	8972.90	---	---	---	8282.52	7334.36	---	---	---	7995.77
盘中最高	8354.59	8002.57	9254.49	10863.0	11441.0	H11815.5	9797.66	8899.43	7445.16	7886.52	8484.93	8416.18
盘中最低	7451.09	7342.64	7561.11	8959.18	9901.26	8671.70	7807.50	L6360.08	6913.78	7211.11	7511.19	7660.42

分类指数数据及图表
Data and Chart of Sector Indices

上证 50 指数　SSE 50 Index

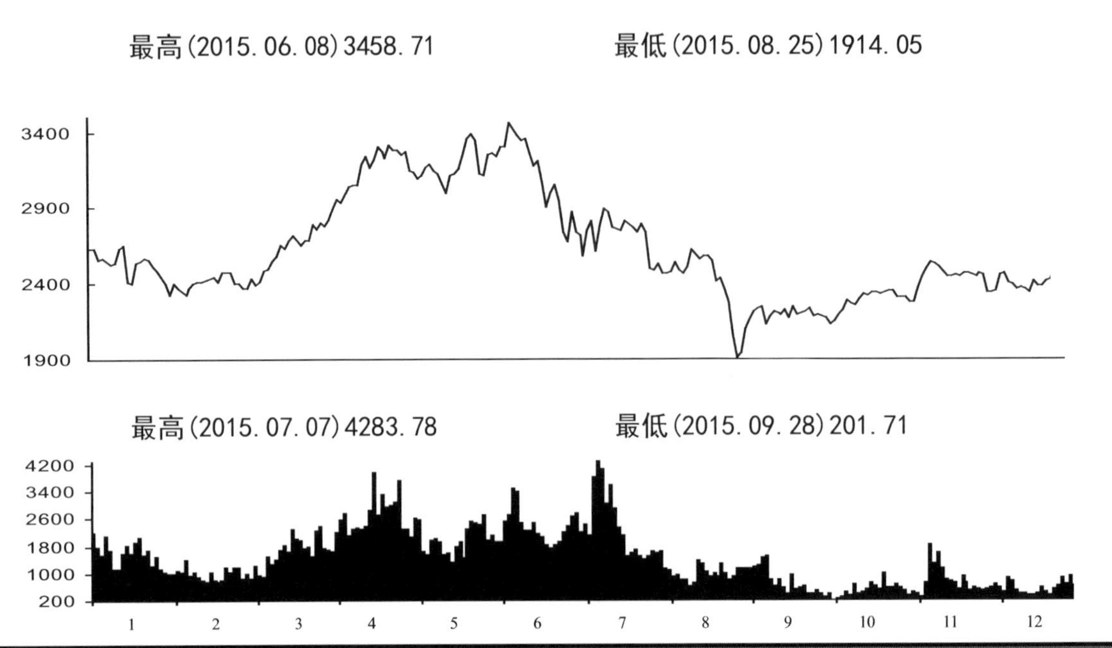

每日收盘指数 Daily Index

日期 Date	1月 Jan	2月 Feb	3月 Mar	4月 Apr	5月 May	6月 Jun	7月 Jul	8月 Aug	9月 Sep	10月 Oct	11月 Nov	12月 Dec
1	---	---	---	2799.45	---	3244.32	2736.85	---	2230.32	---	---	2344.83
2	---	2332.53	2479.24	2781.64	---	3258.31	2714.25	---	2243.63	---	2280.09	2458.41
3	---	2405.76	2396.81	2817.18	---	3238.43	2582.27	2479.72	---	---	2271.65	2461.45
4	---	2372.46	2397.99	---	3272.01	3299.03	---	2534.71	---	---	2370.50	2397.56
5	2649.64	2348.92	2366.90	---	3148.81	3303.99	---	2487.06	---	---	2440.65	---
6	2629.40	2325.24	2371.62	---	3139.02	---	2750.00	2467.53	---	---	2493.48	---
7	2635.23	---	---	2889.45	3094.88	---	2812.45	2503.80	2133.98	---	---	2395.58
8	2558.11	---	---	2952.08	3110.46	3458.71	2608.98	---	2180.13	2191.34	---	2364.34
9	2569.02	2366.77	2429.87	2931.77	---	3414.00	2781.08	---	2211.20	2219.29	2534.08	2369.74
10	---	2403.55	2395.43	2986.61	---	3370.38	2898.41	2617.66	2208.48	---	2522.68	2357.21
11	---	2415.13	2408.50	---	3169.13	3347.12	---	2590.71	2195.39	---	2505.83	2342.45
12	2543.85	2416.45	2485.11	---	3188.31	3350.25	---	2561.13	---	2283.43	2476.43	---
13	2527.83	2427.47	2495.28	3041.13	3141.30	---	2869.05	2580.78	---	2270.95	2447.77	---
14	2534.23	---	---	3052.41	3128.57	---	2763.07	2577.04	2228.15	2253.91	---	2414.92
15	2632.89	---	---	3053.30	3060.41	3262.48	2757.95	---	2175.17	2297.90	---	2383.83
16	2653.03	2431.21	2550.86	3183.30	---	3179.65	2742.85	---	2241.95	2323.78	2447.29	2376.54
17	---	2445.26	2583.20	3235.33	---	3211.71	2807.07	2550.47	2194.82	---	2453.26	2408.32
18	---	---	2649.64	---	2998.39	3068.49	---	2407.97	2198.99	---	2439.45	2422.84
19	2410.20	---	2630.24	---	3116.09	2903.06	---	2430.28	---	2318.47	2468.49	---
20	2403.72	---	2680.68	3164.46	3122.85	---	2783.76	2356.92	---	2337.08	2466.76	---
21	2542.32	---	---	3214.36	3150.90	---	2772.77	2271.36	2214.45	2340.36	---	2500.06
22	2544.31	---	---	3299.22	3248.86	---	2739.79	---	2237.31	2331.79	---	2496.05
23	2564.51	---	2720.67	3273.40	---	3003.16	2790.76	---	2178.55	2343.97	2456.84	2503.06
24	---	---	2683.65	3223.96	---	3045.24	2741.04	2058.25	2188.09	---	2447.90	2481.75
25	---	2407.46	2649.16	---	3349.95	2943.99	---	1914.05	2183.40	---	2459.56	2492.34
26	2562.36	2478.06	2687.76	---	3386.59	2736.70	---	1942.45	---	2350.02	2450.96	---
27	2522.10	2474.60	2689.24	3308.45	3344.74	---	2493.29	2094.72	---	2349.90	2334.44	---
28	2486.29	---	---	3282.33	3124.62	---	2485.67	2159.96	2169.94	2310.70	---	2411.41
29	2442.04	---	---	3283.28	3111.33	2678.37	2531.45	---	2127.20	2307.35	---	2432.88
30	2405.38	---	2784.46	3250.49	---	2870.03	2467.37	---	2146.12	2312.97	2336.29	2432.77
31	---	---	2754.66	---	---	---	2461.24	2210.45	---	---	---	2420.80
盘中最高	2692.61	2498.70	2860.24	3370.03	3404.76	H3494.82	2997.60	2626.36	2277.58	2381.71	2592.19	2550.90
盘中最低	2355.26	2303.11	2321.27	2746.30	2996.72	2530.83	2400.87	L1874.22	2084.03	2189.99	2265.67	2314.79

分类指数数据及图表
Data and Chart of Sector Indices

上证红利指数　SSE Dividend Index

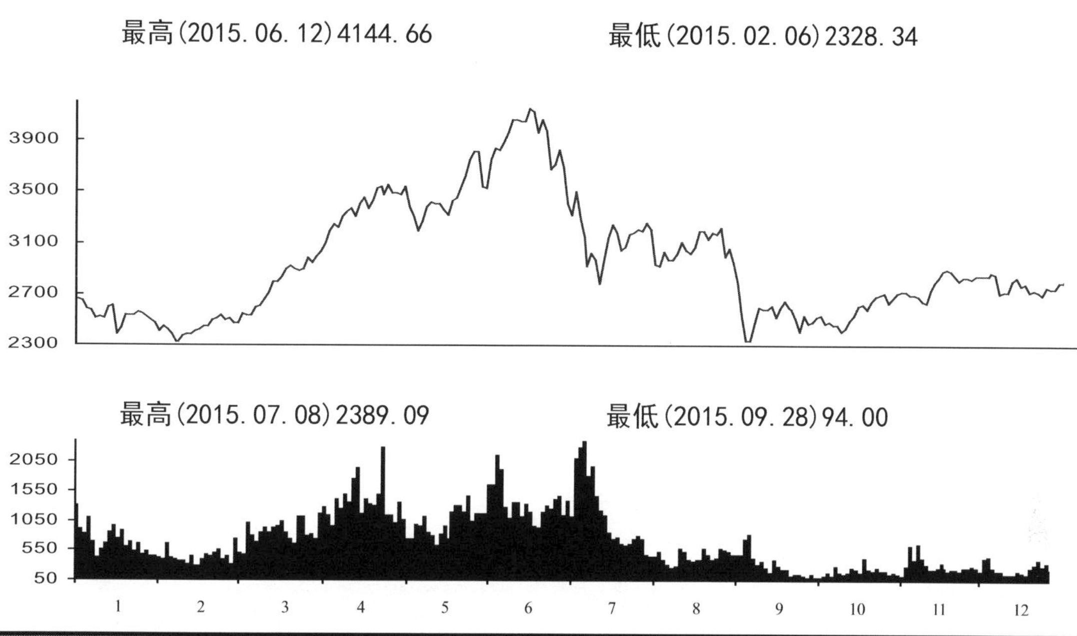

每日收盘指数 Daily Index

日期 Date	1月 Jan	2月 Feb	3月 Mar	4月 Apr	5月 May	6月 Jun	7月 Jul	8月 Aug	9月 Sep	10月 Oct	11月 Nov	12月 Dec
1	---	---	---	2997.00	---	3755.24	3290.28	---	2579.80	---	---	2726.42
2	---	2407.03	2536.03	3037.98	---	3841.03	3145.95	---	2607.99	---	2646.80	2811.00
3	---	2449.72	2498.17	3091.73	---	3828.61	2926.26	3021.01	---	---	2631.01	2835.72
4	---	2430.11	2506.38	---	3545.56	3886.23	---	3108.48	---	---	2733.61	2774.95
5	2654.75	2387.32	2474.46	---	3380.10	3967.63	---	3040.38	---	---	2792.19	---
6	2664.34	2328.34	2475.89	---	3305.91	---	3016.30	3014.93	---	---	2835.15	---
7	2653.79	---	---	3199.64	3191.95	---	2965.80	3066.58	2522.43	---	---	2783.12
8	2583.05	---	---	3247.02	3268.88	4057.67	2780.36	---	2595.73	2501.81	---	2725.36
9	2569.26	2329.14	2543.27	3220.99	---	4065.49	2971.28	---	2643.62	2530.78	2885.45	2735.05
10	---	2375.18	2532.62	3301.66	---	4050.16	3140.30	3199.79	2595.16	---	2892.12	2718.95
11	---	2383.35	2540.03	---	3378.84	4049.55	---	3191.24	2586.65	---	2887.01	2695.95
12	2510.34	2385.70	2593.01	---	3421.62	4144.66	---	3126.62	---	2616.50	2846.71	---
13	2522.90	2412.81	2612.88	3343.03	3404.70	---	3237.70	3180.14	---	2617.93	2808.85	---
14	2516.88	---	---	3362.05	3406.74	---	3175.81	3170.75	2513.94	2581.36	---	2758.41
15	2593.23	---	---	3309.96	3353.25	4129.64	3050.24	---	2415.87	2645.43	---	2746.25
16	2610.98	2424.47	2662.86	3405.44	---	3967.71	3068.58	---	2538.30	2685.26	2834.92	2743.13
17	---	2446.95	2710.33	3451.10	---	4064.68	3171.61	3216.24	2475.46	---	2835.23	2794.79
18	---	---	2791.35	---	3322.64	3974.98	---	2997.52	2484.04	---	2818.95	2792.43
19	2386.75	---	2802.27	---	3424.91	3681.00	---	3058.57	---	2696.63	2847.86	---
20	2434.01	---	2828.42	3369.36	3455.55	---	3179.55	2950.33	---	2712.12	2848.81	---
21	2533.40	---	---	3427.71	3538.38	---	3207.76	2799.52	2519.96	2635.48	---	2862.68
22	2536.68	---	---	3525.85	3625.92	---	3197.93	---	2537.77	2669.40	---	2869.89
23	2532.34	---	2891.32	3545.20	---	3715.86	3258.37	---	2468.60	2708.03	2845.83	2863.82
24	---	---	2917.95	3481.52	---	3828.29	3200.57	2541.49	2491.66	---	2843.79	2835.51
25	---	2443.22	2890.42	---	3748.77	3691.08	---	2333.93	2455.78	---	2868.71	2847.55
26	2557.61	2503.12	2885.05	---	3808.89	3409.96	---	2332.48	---	2720.35	2855.69	---
27	2545.26	2506.17	2901.24	3550.09	3808.98	---	2930.93	2479.57	---	2721.19	2712.53	---
28	2522.40	---	---	3487.29	3539.11	---	2920.30	2600.04	2467.19	2695.27	---	2775.24
29	2504.70	---	---	3497.18	3534.85	3321.83	3031.87	---	2415.00	2702.76	---	2797.42
30	2472.61	---	2977.69	3480.95	---	3508.27	2974.00	---	2436.16	2690.46	2722.00	2802.69
31	---	---	2942.06	---	---	---	2973.79	2591.57	---	---	---	2784.95
盘中最高	2710.48	2518.00	3016.58	3572.85	3834.25	H4195.21	3524.30	3233.29	2660.95	2743.51	2915.63	2898.45
盘中最低	2369.62	2300.19	2451.04	2941.24	3189.79	3148.51	2686.83	L2254.62	2402.39	2494.22	2622.67	2671.99

分类指数数据及图表
Data and Chart of Sector Indices

上证 A 股指数　SSE A Share Index

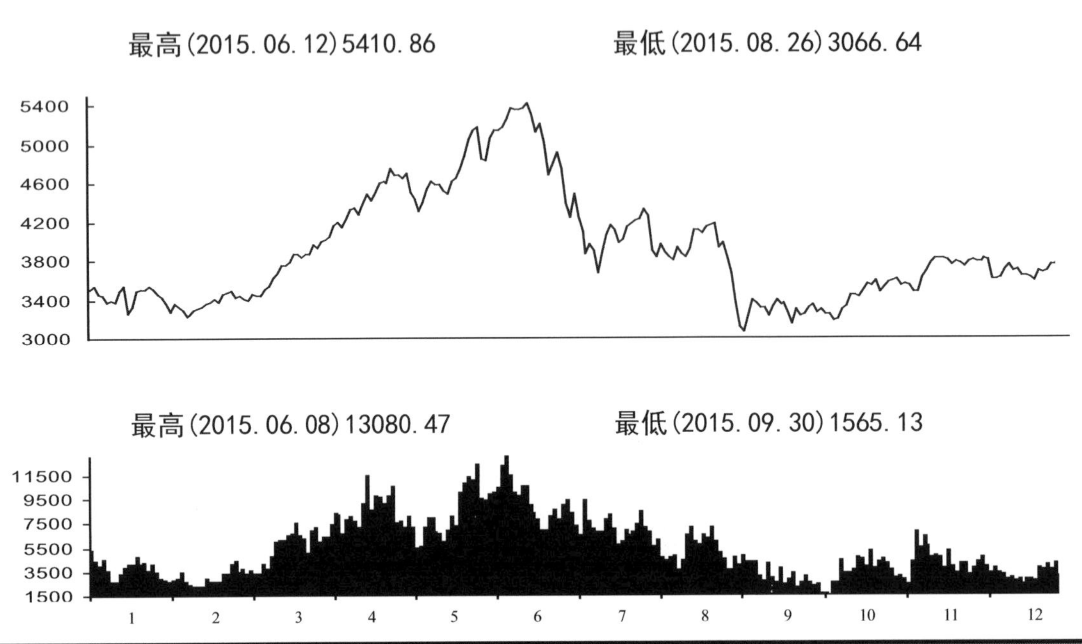

每日收盘指数 Daily Index

日期 Date	1月 Jan	2月 Feb	3月 Mar	4月 Apr	5月 May	6月 Jun	7月 Jul	8月 Aug	9月 Sep	10月 Oct	11月 Nov	12月 Dec
1	---	---	---	3993.82	---	5056.19	4245.66	---	3317.96	---	---	3618.81
2	---	3277.59	3495.99	4010.05	---	5141.62	4098.08	---	3311.43	---	3481.94	3703.48
3	---	3358.08	3419.14	4050.10	---	5141.18	3861.59	3795.90	---	---	3473.12	3753.72
4	---	3325.73	3436.38	---	4694.55	5180.26	---	3935.67	---	---	3622.98	3690.90
5	3511.05	3286.19	3403.72	---	4503.74	5260.25	---	3870.73	---	---	3689.38	---
6	3512.07	3222.52	3396.05	---	4430.75	---	3956.00	3836.13	---	---	3759.86	---
7	3535.68	---	---	4152.51	4308.05	---	3905.94	3922.69	3227.37	---	---	3703.34
8	3451.11	---	---	4187.66	4406.32	5375.18	3675.64	---	3321.43	3292.29	---	3633.27
9	3442.66	3242.71	3460.38	4148.37	---	5356.02	3887.31	---	3397.55	3334.03	3819.44	3635.55
10	---	3291.49	3443.15	4227.93	---	5347.74	4063.43	4115.72	3350.19	---	3812.72	3617.69
11	---	3308.38	3448.22	---	4539.89	5363.96	---	4115.24	3352.36	---	3822.88	3595.68
12	3383.84	3324.88	3509.60	---	4610.69	5410.86	---	4071.61	---	3443.41	3804.63	---
13	3390.07	3356.82	3534.33	4318.56	4583.85	---	4159.78	4143.09	---	3449.14	3749.89	---
14	3376.55	---	---	4332.72	4586.33	---	4111.76	4154.38	3263.37	3416.90	---	3685.94
15	3496.35	---	---	4278.58	4512.17	5302.78	3987.93	---	3148.23	3496.10	---	3674.97
16	3538.42	3376.28	3614.52	4394.65	---	5118.54	4005.75	---	3302.15	3551.83	3777.33	3680.99
17	---	3402.06	3670.92	4492.08	---	5203.27	4146.03	4184.13	3232.80	---	3775.03	3747.91
18	---	---	3749.12	---	4485.04	5011.62	---	3927.03	3245.11	---	3737.03	3746.76
19	3265.34	---	3754.32	---	4625.79	4689.56	---	3974.99	---	3547.08	3787.89	---
20	3324.75	---	3791.11	4418.90	4655.56	---	4182.64	3838.80	---	3587.54	3801.97	---
21	3482.88	---	---	4498.93	4742.56	---	4209.51	3674.72	3306.42	3478.12	---	3813.09
22	3503.56	---	---	4608.74	4877.43	---	4218.31	---	3336.96	3528.23	---	3822.45
23	3512.43	---	3865.05	4625.56	---	4792.86	4320.84	---	3263.71	3573.86	3780.92	3805.92
24	---	---	3868.90	4603.65	---	4912.22	4265.34	3362.83	3291.81	---	3786.96	3781.10
25	---	3383.19	3836.66	---	5041.44	4742.38	---	3106.33	3239.04	---	3820.13	3796.96
26	3545.41	3456.20	3859.13	---	5143.05	4391.91	---	3066.64	---	3591.91	3807.22	---
27	3513.67	3468.70	3868.52	4744.09	5175.50	---	3903.46	3230.41	---	3596.86	3598.35	---
28	3464.06	---	---	4690.63	4838.53	---	3836.99	3386.18	3247.80	3534.91	---	3699.30
29	3418.43	---	---	4690.78	4829.13	4245.47	3969.37	---	3182.06	3547.49	---	3730.41
30	3363.87	---	3968.83	4653.83	---	4479.90	3882.03	---	3197.37	3542.16	3607.39	3739.70
31	---	---	3928.24	---	---	---	3838.07	3358.81	---	---	---	3704.30
盘中最高	3570.26	3483.70	4020.32	4791.53	5222.40	H5423.25	4521.48	4197.46	3411.76	3621.19	3852.09	3856.74
盘中最低	3243.10	3194.35	3351.05	3922.25	4294.16	4030.41	3535.59	L2986.40	3125.42	3281.56	3457.90	3558.70

分类指数数据及图表
Data and Chart of Sector Indices

上证B股指数　SSE B Share Index

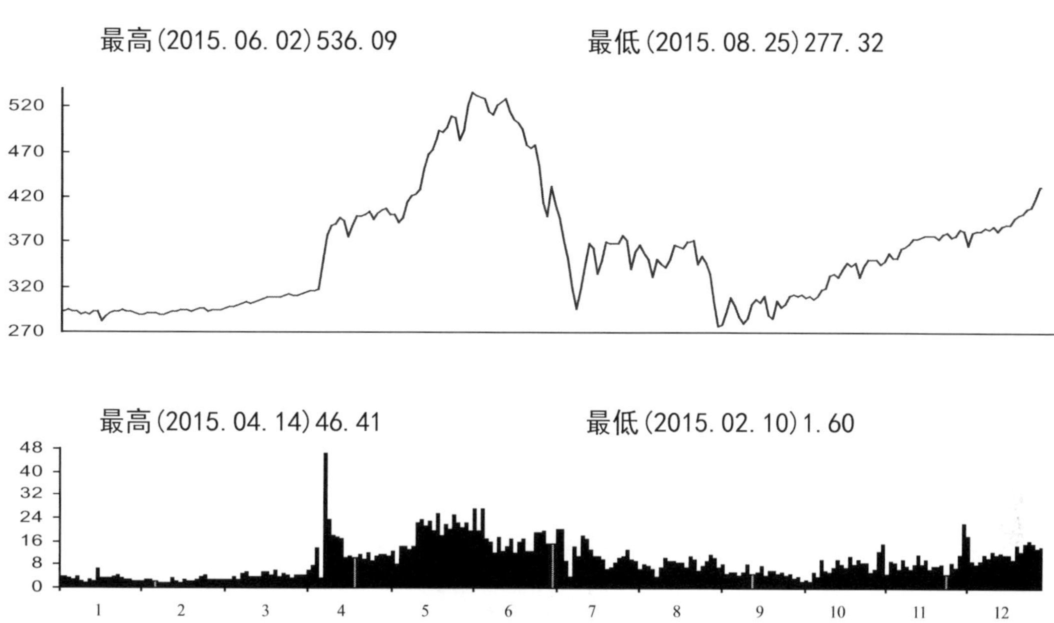

每日收盘指数 Daily Index

日期 Date	1月 Jan	2月 Feb	3月 Mar	4月 Apr	5月 May	6月 Jun	7月 Jul	8月 Aug	9月 Sep	10月 Oct	11月 Nov	12月 Dec
1	---	---	---	311.29	---	521.89	412.51	---	287.25	---	---	382.35
2	---	289.46	296.84	312.87	---	536.09	397.46	---	280.73	---	353.18	383.52
3	---	290.92	292.93	314.35	---	532.61	373.08	332.00	---	---	353.26	386.94
4	---	290.50	295.16	---	408.51	531.33	---	350.74	---	---	364.09	385.17
5	294.69	290.81	295.16	---	401.11	529.17	---	345.53	---	---	364.63	---
6	293.62	288.85	295.33	---	400.54	---	351.49	342.04	---	---	369.41	---
7	294.91	---	---	315.59	391.27	---	319.62	351.02	286.30	---	---	388.11
8	293.19	---	---	315.71	397.54	515.28	296.02	---	301.34	317.67	---	382.59
9	292.79	289.13	296.52	318.05	---	512.15	317.78	---	307.42	320.06	374.19	388.20
10	---	291.24	297.70	346.87	---	521.97	343.37	367.20	303.54	---	374.22	389.63
11	---	292.41	297.90	---	413.93	525.33	---	365.87	310.79	---	376.75	390.38
12	288.88	292.95	299.19	---	421.82	529.36	---	363.63	---	332.84	377.09	---
13	290.32	294.04	301.04	378.16	423.62	---	368.87	370.08	---	335.83	377.25	---
14	290.13	---	---	388.25	428.77	---	362.99	371.34	289.88	332.49	---	396.70
15	292.58	---	---	390.46	452.58	514.68	335.71	---	286.69	340.70	---	400.11
16	293.29	294.82	304.30	397.60	---	505.92	349.90	---	305.17	347.84	377.72	403.10
17	---	295.40	301.97	392.71	---	502.67	370.16	372.17	298.70	---	378.30	407.08
18	---	---	304.12	---	468.47	495.70	---	346.53	302.62	---	373.39	408.81
19	281.83	---	304.69	---	473.42	477.87	---	355.35	---	344.29	379.38	---
20	286.91	---	306.27	376.62	484.70	---	368.37	347.62	---	348.28	380.41	---
21	291.54	---	---	387.85	494.84	---	368.46	334.65	310.81	332.64	---	420.41
22	293.31	---	---	399.08	492.30	---	368.50	---	311.74	343.32	---	431.48
23	293.08	---	308.74	399.66	---	474.72	377.91	---	309.97	351.35	375.89	432.83
24	---	---	309.23	400.07	---	477.98	371.95	303.14	312.07	---	377.45	432.98
25	---	292.44	308.56	---	497.90	455.86	---	277.32	308.01	---	384.76	442.76
26	294.44	294.58	308.50	---	509.96	414.35	---	279.08	---	350.61	382.27	---
27	293.50	296.03	310.39	403.69	508.82	---	341.42	293.49	---	351.98	366.98	---
28	292.34	---	---	395.02	483.37	---	359.69	309.25	309.97	346.12	---	407.77
29	291.19	---	---	401.88	494.58	399.43	366.43	---	307.64	350.21	---	418.10
30	289.75	---	312.46	406.45	---	431.85	357.54	---	309.71	358.55	381.26	426.66
31	---	---	310.63	---	---	---	351.32	300.60	---	---	---	426.41
盘中最高	295.54	296.34	313.79	412.95	515.09	H539.69	440.66	374.32	313.74	363.42	386.76	453.30
盘中最低	278.18	287.13	292.64	310.55	390.20	378.32	276.26	L272.20	275.81	316.25	350.38	376.64

分类指数数据及图表

Data and Chart of Sector Indices

上证基金指数　SSE Fund Index

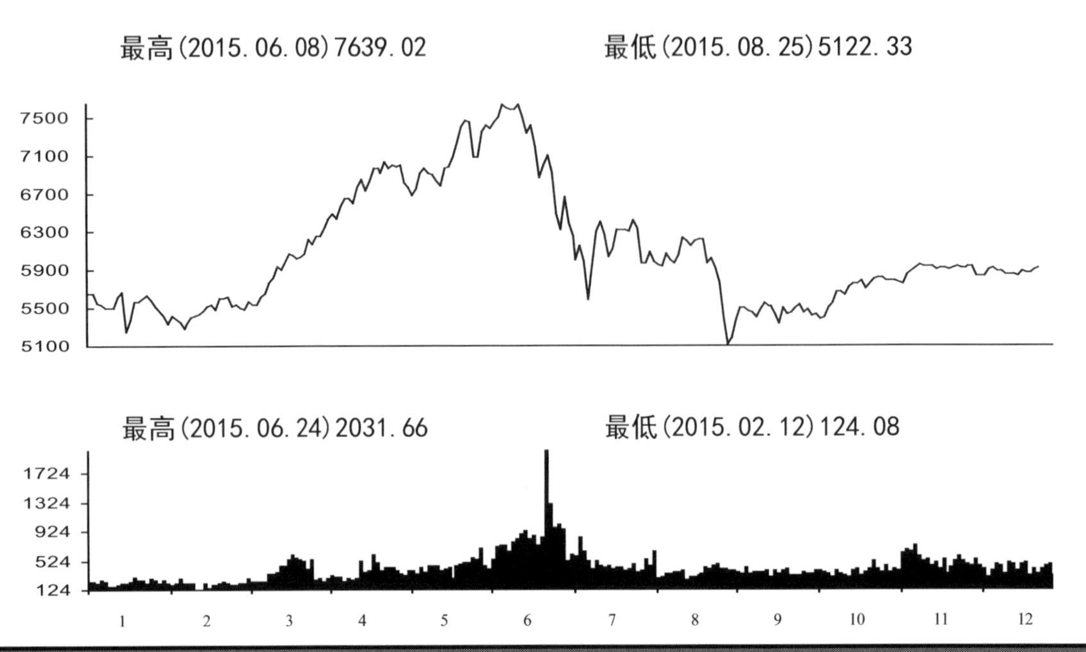

每日收盘指数 Daily Index

日期 Date	1月 Jan	2月 Feb	3月 Mar	4月 Apr	5月 May	6月 Jun	7月 Jul	8月 Aug	9月 Sep	10月 Oct	11月 Nov	12月 Dec
1	---	---	---	6251.59	---	7348.96	6391.47	---	5466.83	---	---	5840.05
2	---	5326.13	5622.34	6252.27	---	7415.46	6244.03	---	5453.14	---	5762.50	5899.01
3	---	5423.20	5514.42	6328.87	---	7389.01	5995.71	5927.56	---	---	5753.38	5912.78
4	---	5378.51	5537.38	---	7000.79	7457.74	---	6072.95	---	---	5850.19	5879.31
5	5665.09	5347.88	5497.68	---	6813.16	7506.36	---	6001.76	---	---	5881.55	---
6	5643.94	5286.97	5484.36	---	6762.55	---	6143.69	5973.64	---	---	5923.45	---
7	5643.38	---	---	6436.69	6676.68	---	5980.15	6050.39	5396.47	---	---	5881.56
8	5545.26	---	---	6480.74	6758.27	7639.02	5579.83	---	5488.52	5505.21	---	5852.80
9	5536.13	5328.59	5561.22	6439.33	---	7597.50	5957.08	---	5557.89	5554.39	5944.98	5850.31
10	---	5393.65	5532.94	6562.90	---	7583.90	6292.27	6233.58	5523.62	---	5937.73	5845.01
11	---	5422.21	5540.19	---	6909.43	7587.68	---	6206.00	5521.42	---	5938.74	5835.06
12	5502.58	5438.17	5620.30	---	6964.78	7631.68	---	6156.91	---	5674.98	5926.20	---
13	5494.74	5472.28	5648.37	6645.79	6918.07	---	6403.23	6206.15	---	5663.88	5905.32	---
14	5492.76	---	---	6650.06	6907.69	---	6266.05	6209.44	5434.64	5629.81	---	5883.07
15	5623.77	---	---	6603.60	6827.27	7498.48	6035.25	---	5335.94	5714.92	---	5871.73
16	5664.61	5508.69	5761.22	6769.34	---	7328.75	6123.55	---	5505.01	5753.88	5916.14	5872.65
17	---	5540.90	5817.44	6851.72	---	7409.53	6311.38	6211.94	5437.35	---	5910.03	5906.75
18	---	---	5927.22	---	6789.30	7196.42	---	5968.46	5448.57	---	5893.83	5912.69
19	5252.60	---	5905.45	---	6962.81	6866.47	---	6020.04	---	5754.59	5924.88	---
20	5366.25	---	5976.90	6730.79	6987.93	---	6310.69	5919.58	---	5787.85	5927.36	---
21	5562.63	---	---	6826.04	7088.33	---	6315.28	5758.46	5495.61	5697.61	---	5957.56
22	5574.16	---	---	6971.19	7234.70	---	6301.55	---	5529.75	5744.39	---	5960.91
23	5597.56	---	6070.35	6959.49	---	6998.45	6415.48	---	5456.54	5801.27	5919.62	5959.23
24	---	---	6050.69	6922.57	---	7101.43	6339.35	5400.86	5476.27	---	5921.70	5946.69
25	---	5483.26	6021.16	---	7398.43	6923.36	---	5122.33	5423.02	---	5937.82	5952.30
26	5627.26	5597.71	6033.12	---	7469.04	6487.89	---	5189.53	---	5813.55	5931.50	---
27	5582.46	5596.21	6065.02	7033.29	7449.16	---	5963.22	5372.68	---	5816.55	5828.53	---
28	5521.34	---	---	6961.66	7084.48	---	5962.42	5506.59	5440.58	5782.04	---	5903.18
29	5467.45	---	---	6991.97	7078.60	6321.92	6087.99	---	5377.41	5788.64	---	5918.45
30	5419.88	---	6213.35	6979.33	---	6663.34	5982.27	---	5402.79	5789.14	5829.08	5917.88
31	---	---	6163.98	---	---	---	5954.43	5496.61	---	---	---	5904.92
盘中最高	5717.48	5619.50	6304.53	7058.86	7503.16	H7670.68	6678.51	6250.80	5577.24	5847.28	5966.45	5984.72
盘中最低	5243.46	5259.95	5415.01	6164.13	6644.41	6092.20	5458.91	L5114.16	5326.97	5502.79	5749.02	5813.71

分类指数数据及图表

Data and Chart of Sector Indices

上证国债指数 SSE T-Bond Index

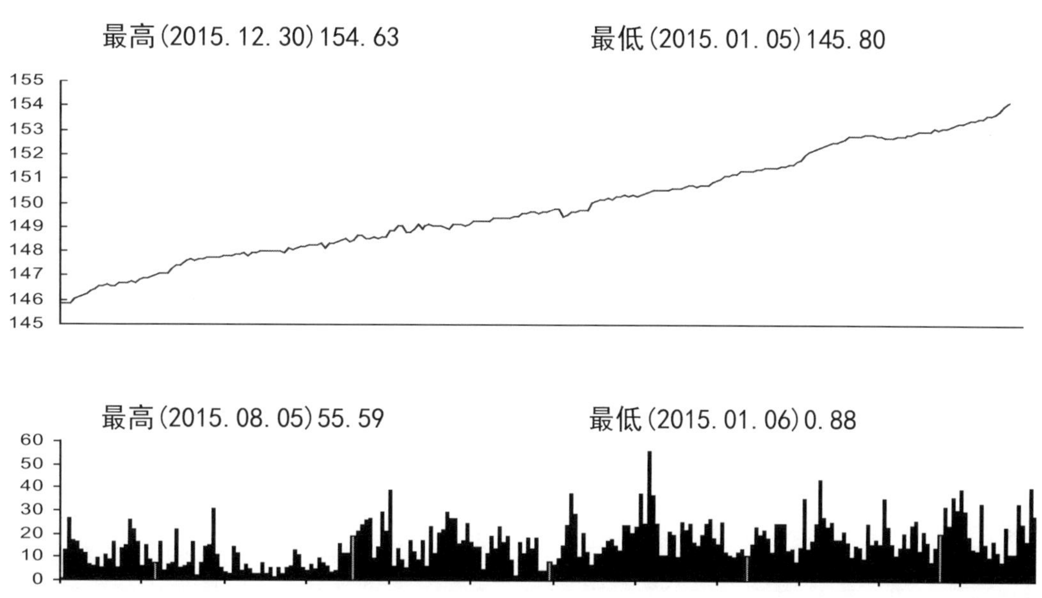

每日收盘指数 Daily Index

日期 Date	1月 Jan	2月 Feb	3月 Mar	4月 Apr	5月 May	6月 Jun	7月 Jul	8月 Aug	9月 Sep	10月 Oct	11月 Nov	12月 Dec
1	---	---	---	148.15	---	149.09	149.57	---	150.95	---	---	153.13
2	---	146.85	147.68	148.07	---	149.09	149.63	---	151.03	---	152.84	153.18
3	---	146.87	147.69	148.14	---	149.12	149.63	150.34	---	---	152.85	153.21
4	---	146.92	147.72	---	148.58	149.07	---	150.27	---	---	152.84	153.28
5	145.80	146.97	147.74	---	148.56	149.15	---	150.34	---	---	152.76	---
6	145.82	147.00	147.74	---	148.57	---	149.72	150.44	---	---	152.78	---
7	145.84	---	---	148.18	148.57	---	149.77	150.52	151.13	---	---	153.27
8	145.88	---	---	148.22	148.83	149.22	149.78	---	151.12	151.73	---	153.34
9	146.03	147.06	147.75	148.24	---	149.23	149.46	---	151.18	151.80	152.72	153.40
10	---	147.07	147.79	148.24	---	149.24	149.51	150.56	151.22	---	152.73	153.43
11	---	147.09	147.80	---	148.86	149.23	---	150.54	151.33	---	152.74	153.51
12	146.09	147.26	147.81	---	149.02	149.24	---	150.53	---	151.99	152.75	---
13	146.15	147.40	147.87	148.26	149.05	---	149.62	150.56	---	152.10	152.76	---
14	146.22	---	---	148.35	148.81	---	149.64	150.55	151.37	152.18	---	153.50
15	146.38	---	---	148.13	148.77	149.35	149.69	---	151.34	152.26	---	153.66
16	146.47	147.44	147.87	148.32	---	149.38	149.70	---	151.32	152.30	152.78	153.61
17	---	147.46	147.92	148.32	---	149.39	149.69	150.59	151.38	---	152.82	153.67
18	---	---	147.84	---	148.91	149.38	---	150.60	151.41	---	152.85	153.81
19	146.55	---	147.94	---	149.12	149.37	---	150.61	---	152.39	152.91	---
20	146.58	---	147.94	148.40	148.94	---	150.01	150.66	---	152.47	152.95	---
21	146.62	---	---	148.48	149.08	---	150.09	150.72	151.46	152.52	---	154.05
22	146.59	---	---	148.51	149.09	---	150.14	---	151.47	152.54	---	154.16
23	146.59	---	148.00	148.43	---	149.47	150.19	---	151.47	152.58	152.99	154.24
24	---	---	147.99	148.45	---	149.45	150.21	150.74	151.49	---	153.00	154.31
25	---	147.62	148.01	---	149.07	149.57	---	150.70	151.51	---	153.00	154.36
26	146.67	147.65	148.01	---	149.02	149.60	---	150.75	---	152.66	153.13	---
27	146.73	147.60	148.00	148.63	149.05	---	150.17	150.77	---	152.75	153.01	---
28	146.73	---	---	148.64	148.98	---	150.27	150.78	151.55	152.78	---	154.53
29	146.77	---	---	148.53	148.91	149.63	150.32	---	151.60	152.76	---	154.61
30	146.67	---	148.03	148.52	---	149.64	150.38	---	151.62	152.79	153.09	154.63
31	---	---	147.97	---	---	---	150.30	150.91	---	---	---	154.54
盘中最高	146.83	147.66	148.05	148.66	149.14	149.69	150.43	150.91	151.63	152.80	153.15	H154.67
盘中最低	L145.75	146.71	147.64	147.98	148.51	148.94	149.35	150.23	150.92	151.72	152.71	153.09

分类指数数据及图表
Data and Chart of Sector Indices

上证企业债指数 SSE C-Bond Index

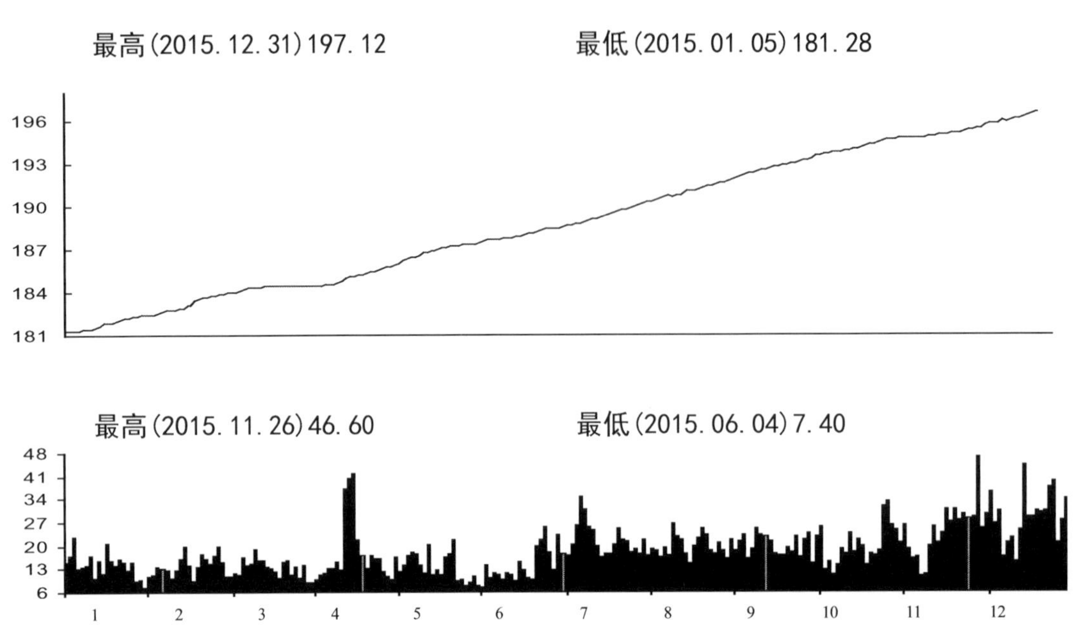

每日收盘指数 Daily Index

日期 Date	1月 Jan	2月 Feb	3月 Mar	4月 Apr	5月 May	6月 Jun	7月 Jul	8月 Aug	9月 Sep	10月 Oct	11月 Nov	12月 Dec
1	---	---	---	184.42	---	187.35	188.44	---	191.93	---	---	195.35
2	---	182.42	183.71	184.42	---	187.33	188.43	---	191.97	---	194.63	195.41
3	---	182.44	183.75	184.40	---	187.34	188.44	190.32	---	---	194.67	195.50
4	---	182.46	183.81	---	185.72	187.38	---	190.38	---	---	194.69	195.63
5	181.28	182.53	183.85	---	185.74	187.46	---	190.49	---	---	194.74	---
6	181.29	182.63	183.90	---	185.83	---	188.56	190.55	---	---	194.75	---
7	181.30	---	---	184.45	185.88	---	188.67	190.65	192.14	---	---	195.73
8	181.33	---	---	184.43	186.05	187.56	188.68	---	192.21	193.56	---	195.76
9	181.34	182.75	184.00	184.41	---	187.62	188.75	---	192.28	193.59	194.79	195.83
10	---	182.74	184.02	184.48	---	187.66	188.80	190.78	192.35	---	194.82	195.95
11	---	182.79	184.04	---	186.17	187.67	---	190.71	192.41	---	194.82	195.94
12	181.42	182.85	184.10	---	186.28	187.70	---	190.75	---	193.68	194.83	---
13	181.46	182.94	184.20	184.55	186.40	---	188.92	190.81	---	193.71	194.82	---
14	181.50	---	---	184.58	186.49	---	189.00	190.92	192.55	193.74	---	196.04
15	181.57	---	---	184.61	186.60	187.74	189.06	---	192.60	193.77	---	196.07
16	181.69	183.06	184.28	184.68	---	187.74	189.14	---	192.67	193.82	194.88	196.14
17	---	183.16	184.29	184.78	---	187.83	189.24	191.07	192.75	---	194.89	196.22
18	---	---	184.32	---	186.74	187.84	---	191.10	192.80	---	194.92	196.29
19	181.84	---	184.36	---	186.79	187.92	---	191.15	---	193.90	194.95	---
20	181.92	---	184.41	184.95	186.86	---	189.38	191.23	---	193.91	194.96	---
21	181.94	---	---	185.06	186.91	---	189.45	191.29	192.90	193.96	---	196.47
22	182.03	---	---	185.14	187.01	---	189.56	---	192.94	194.01	---	196.54
23	182.07	---	184.41	185.21	---	188.05	189.67	---	193.02	194.12	195.02	196.56
24	---	---	184.45	185.24	---	188.10	189.75	191.40	193.04	---	195.06	196.66
25	---	183.41	184.42	---	187.10	188.16	---	191.45	193.09	---	195.12	196.73
26	182.19	183.52	184.43	---	187.14	188.23	---	191.57	---	194.20	195.15	---
27	182.26	183.62	184.44	185.37	187.20	---	189.83	191.63	---	194.30	195.20	---
28	182.33	---	---	185.42	187.24	---	189.90	191.70	193.18	194.37	---	196.91
29	182.36	---	---	185.48	187.27	188.34	190.00	---	193.26	194.44	---	196.99
30	182.43	---	184.41	185.59	---	188.40	190.09	---	193.33	194.51	195.30	197.11
31	---	---	184.45	---	---	---	190.19	191.79	---	---	---	197.12
盘中最高	182.43	183.64	184.53	185.59	187.28	188.40	190.20	191.80	193.33	194.51	195.30	H197.18
盘中最低	L181.24	182.41	183.65	184.18	185.57	187.30	188.39	190.29	191.81	193.54	194.59	195.32

Securities

Trading

证券成交

股票市场概貌 Share Market Overview

股票 Share

股票市场交易 Stock Market Data	2015 年	2014 年	增减(%) Change (%)
交易天数 Trading Days	244	245	-0.41
上市股票数 No. of Stocks	1125	1039	8.28
A 股 A Share	1073	986	8.82
B 股 B Share	52	53	-1.89
新上市股票数 No. of Stocks New Listed	90	43	109.30
股票市价总值(亿)Total Market Cap(100M)	295194.20	243974.02	20.99
A 股 A Share	293946.10	243102.74	20.91
B 股 B Share	1248.10	871.28	43.25
股票非限售市值(亿) Negotiable Cap (100M)	254127.84	220495.87	15.25
A 股 A Share	252879.75	219624.59	15.14
B 股 B Share	1248.10	871.28	43.25
总成交金额 (亿) Total Trading Val(100M)	1330992.10	377162.12	252.90
A 股 A Share	1323231.16	375149.95	252.72
B 股 B Share	2357.12	484.45	386.56
股票回购	5403.82	1527.72	253.72
日均成交金额(亿)Average Trading Val(100M)	5454.89	1539.44	254.34
A 股 A Share	5423.08	1531.22	254.17
B 股 B Share	9.66	1.98	387.88
股票回购	22.15	6.24	254.97
总成交量(亿) Total Trading Vol (100M)	102485.63	42938.82	138.68
A 股 A Share	101396.17	42471.35	138.74
B 股 B Share	305.51	96.01	218.21
股票回购	783.95	371.45	111.05
日均成交量(亿) Average Trading Vol(100M)	420.02	175.26	139.66
A 股 A Share	415.56	173.35	139.72
B 股 B Share	1.25	0.39	220.51
股票回购	3.21	1.52	111.18
总成笔数(百万)Total Number of Trades(M)	5134.08	1590.88	222.72
A 股 A Share	5118.05	1586.07	222.69
B 股 B Share	14.68	4.67	214.35
股票回购	1.34	0.14	857.14
大宗交易成交 Bulk Trading			
总成交金额(亿) Total Trading Val(100M)	2893.15	1365.75	111.84
总成交量(亿) Total Trading Vol(100M)	231.32	180.54	28.13
总成交笔数(笔) Number of Trades	4137.00	3187.00	29.81
股票换手率 Turnover Rate	388.47	173.76	123.57
A 股 A Share	389.56	174.42	123.35
B 股 B Share	202.63	64.59	213.72
股票平均价格 Average Price	12.99	8.78	47.95
A 股 A Share	13.05	8.83	47.79
B 股 B Share	7.72	5.05	52.87
股票市盈率 P/E	17.63	15.99	10.26
A 股 A Share	17.61	15.99	10.13
B 股 B Share	26.17	15.77	65.95

A 股每日成交(亿/亿股)
A Share Trading(100 M Yuan/100 M Shares)

股票
Share

日期 Date	1月 Jan		2月 Feb		3月 Mar		4月 Apr		5月 May		6月 Jun	
	金额 Value	数量 Vol	金额 Value	数量 Vol	金额 Value	数量 Vol	金额 Value	数量 Vol	金额 Value	数量 Vol	金额 Value	数量 Vol
1	---	---	---	---	---	---	5942.09	449.00	---	---	9351.54	593.63
2	---	---	2676.35	251.40	4114.26	348.15	6330.77	479.95	---	---	9989.54	622.97
3	---	---	2842.74	248.77	4422.38	382.13	6368.98	474.19	---	---	10110.69	611.70
4	---	---	2914.92	249.42	3498.25	294.58	---	---	7196.20	495.05	10517.34	674.32
5	5504.19	532.17	3483.48	306.20	3746.75	321.28	---	---	8049.77	571.54	12325.28	771.64
6	5321.07	501.13	2671.14	247.20	3304.05	282.98	---	---	7164.58	480.70	---	---
7	4376.38	392.72	---	---	---	---	7480.68	571.13	5399.26	393.13	---	---
8	3991.92	370.87	---	---	---	---	8407.44	618.63	5602.95	396.95	13080.47	852.71
9	4588.48	410.19	2414.58	206.94	3608.59	321.69	8184.43	585.50	---	---	11523.22	729.71
10	---	---	2258.35	194.37	3326.10	287.87	6706.12	485.88	---	---	10075.51	596.79
11	---	---	2232.41	182.04	3284.34	283.84	---	---	7148.82	487.62	9762.13	564.35
12	3665.20	322.13	2315.79	196.33	4081.84	358.10	---	---	7944.93	521.81	10603.80	624.94
13	2738.76	230.91	2956.83	261.89	3747.07	328.96	7865.23	593.51	7970.81	518.91	---	---
14	2673.80	240.23	---	---	---	---	8112.93	606.43	6707.46	448.75	---	---
15	3312.41	283.56	---	---	---	---	7728.78	613.10	6650.80	437.56	10655.34	637.43
16	3932.31	341.17	2664.20	224.04	4804.49	399.34	7114.16	550.29	---	---	8972.66	551.24
17	---	---	2636.10	228.49	6020.21	520.89	9161.05	701.69	---	---	8290.69	535.63
18	---	---	---	---	6179.54	545.35	---	---	5934.53	378.11	7860.91	507.13
19	4095.46	400.58	---	---	6139.29	538.03	---	---	6942.08	435.69	6841.78	451.19
20	4171.32	358.11	---	---	6540.23	516.87	11476.29	856.88	8061.97	513.02	---	---
21	4738.02	410.76	---	---	---	---	8638.28	635.21	7295.33	465.27	---	---
22	4084.19	353.65	---	---	---	---	9775.31	680.67	10071.34	654.88	---	---
23	4210.42	366.03	---	---	6627.12	536.88	9659.06	670.11	---	---	6929.62	472.65
24	---	---	---	---	7579.34	639.94	9179.24	630.37	---	---	8148.49	542.26
25	---	---	2649.56	233.01	6461.40	521.68	---	---	10814.63	683.62	8653.24	571.92
26	3586.19	317.43	3345.24	301.33	6192.76	487.90	---	---	11427.58	710.11	7861.42	563.05
27	4187.55	374.97	3352.67	299.20	5097.44	408.99	9807.34	673.78	11168.00	680.57	---	---
28	3420.73	302.56	---	---	---	---	10624.87	768.04	12463.67	780.91	---	---
29	2967.52	274.54	---	---	---	---	7523.76	519.67	9543.56	610.38	9037.23	672.08
30	2842.85	258.30	---	---	6933.87	565.24	7748.75	527.09	---	---	9402.35	707.09
31	---	---	---	---	7222.24	561.96	---	---	---	---	---	---
最高 high	5504.19	532.17	3483.48	306.20	7579.34	639.94	11476.29	H856.88	12463.67	780.91	H13080.47	852.71
最低 low	2673.80	230.91	2232.41	182.04	3284.34	282.98	5942.09	449.00	5399.26	378.11	6841.78	451.19

A 股每日成交(亿/亿股)
A Share Trading(100 M Yuan/100 M Shares)

股票
Share

日期 Date	7月 Jul		8月 Aug		9月 Sep		10月 Oct		11月 Nov		12月 Dec	
	金额 Value	数量 Vol	金额 Value	数量 Vol	金额 Value	数量 Vol	金额 Value	数量 Vol	金额 Value	数量 Vol	金额 Value	数量 Vol
1	8377.33	597.75	---	---	4203.66	431.90	---	---	---	---	3293.46	251.21
2	7351.26	584.46	---	---	4228.00	437.30	---	---	2847.64	229.47	3685.68	300.70
3	6465.62	545.84	4451.86	362.77	---	---	---	---	2439.75	192.32	3383.97	280.58
4	---	---	4632.85	361.76	---	---	---	---	4255.30	337.97	3189.90	250.69
5	---	---	4832.24	365.47	---	---	---	---	6780.78	552.39	---	---
6	9415.78	828.58	3573.87	273.65	---	---	---	---	5432.22	428.72	---	---
7	7754.38	697.73	4452.25	339.90	3024.33	295.83	---	---	---	---	2845.61	209.59
8	7002.11	679.83	---	---	2635.13	254.57	2587.46	233.80	---	---	2974.35	223.81
9	6720.23	654.63	---	---	4129.51	374.81	2561.83	234.41	6357.31	501.93	2669.35	194.43
10	6797.38	585.16	6521.69	496.26	2991.49	272.51	---	---	5595.75	428.91	2783.46	199.14
11	---	---	7117.25	537.88	2524.00	223.85	---	---	4675.10	360.24	2442.70	182.00
12	---	---	5964.52	441.67	---	---	4349.04	385.13	4831.96	361.49	---	---
13	7809.62	641.28	5778.93	428.98	---	---	3347.65	296.90	4679.61	344.66	---	---
14	8285.52	668.48	6467.42	466.96	3728.85	345.52	3297.94	294.37	---	---	2782.92	214.03
15	6993.81	599.54	---	---	2438.32	248.83	3625.65	316.16	---	---	2753.55	199.04
16	5688.75	490.70	---	---	2814.44	276.61	4611.11	395.78	3687.27	275.11	2646.56	192.60
17	5920.80	480.25	6263.21	459.83	3370.68	316.82	---	---	5209.28	382.88	3803.62	282.32
18	---	---	7214.80	542.42	2181.46	208.71	---	---	3923.10	297.80	3645.79	272.54
19	---	---	5991.06	474.60	---	---	4528.02	377.35	3284.65	247.88	---	---
20	6878.00	538.04	5071.40	394.25	---	---	3831.98	318.32	4143.96	311.91	---	---
21	6459.65	503.46	4553.19	373.81	2597.27	239.49	5177.84	457.18	---	---	3972.71	298.42
22	6791.78	522.16	---	---	3048.67	274.34	3748.51	322.75	---	---	3596.82	259.50
23	7427.67	562.37	---	---	2571.69	235.66	4249.05	346.94	4145.91	316.76	4189.52	296.89
24	8422.47	626.21	3596.91	335.43	2311.66	212.50	---	---	3276.27	248.43	3145.88	226.71
25	---	---	3598.71	352.22	2486.17	235.73	---	---	3804.74	272.40	2737.77	197.26
26	---	---	4610.50	465.29	---	---	4533.16	364.62	4258.75	306.37	---	---
27	7203.66	554.85	4036.89	399.26	---	---	4081.55	326.95	4632.90	352.93	---	---
28	6838.03	561.39	4741.13	442.17	1663.73	156.48	3612.33	292.89	---	---	3658.46	266.20
29	5565.04	432.86	---	---	1696.16	163.07	2939.35	234.84	---	---	2489.23	180.13
30	6150.62	456.63	---	---	1565.13	146.45	3063.08	242.42	3856.67	302.12	2662.67	186.00
31	4626.83	352.62	4307.05	396.73	---	---	---	---	---	---	2536.55	176.29
最高 high	9415.78	828.58	7214.80	542.42	4228.00	437.30	5177.84	457.18	6780.78	552.39	4189.52	300.70
最低 low	4626.83	352.62	3573.87	273.65	L1565.13	L146.45	2561.83	233.80	2439.75	192.32	2442.70	176.29

A 股 A Share

股票代码 Code	名称 Name	发行股本 Issued Vol	流通股本 Negotiable Vol	上年收盘 Last Year Close	本年开盘 Open	本年最高 High	本年最低 Low	本年收盘 Close	涨跌(%) Change(%)
600000	浦发银行	18653.47	18653.47	15.69	15.88	20.12	11.91	18.27	21.27
600004	白云机场	1150.00	1150.00	10.93	11.00	21.67	10.24	14.23	32.85
600005	武钢股份	10093.78	10093.78	3.58	3.58	7.61	3.08	3.47	-1.68
600006	东风汽车	2000.00	2000.00	5.95	5.96	16.35	5.30	8.86	49.26
600007	中国国贸	1007.28	1007.28	15.29	15.28	21.21	10.67	18.78	24.13
600008	首创股份	2410.31	2200.00	11.80	11.80	19.68	7.65	10.19	-12.37
600009	上海机场	1926.96	1093.48	19.62	19.82	41.26	17.70	29.52	52.24
600010	包钢股份	32560.74	15742.02	4.08	4.09	7.50	3.16	3.61	-11.52
600011	华能国际	10500.00	10500.00	8.83	8.91	14.76	7.12	8.73	3.17
600012	皖通高速	1165.60	1165.60	6.18	6.19	20.16	5.54	13.37	120.06
600015	华夏银行	10685.57	7785.22	13.46	13.56	18.13	8.58	12.14	11.46
600016	民生银行	29551.77	29551.77	10.88	10.87	11.31	7.14	9.64	-9.70
600017	日照港	3075.65	3075.65	4.65	4.66	11.75	4.17	6.54	41.51
600018	上港集团	23173.67	22755.18	6.42	6.50	11.09	5.72	6.48	3.33
600019	宝钢股份	16467.52	16424.28	7.01	7.00	10.18	5.03	5.58	-17.83
600020	中原高速	2247.37	2247.37	4.06	4.06	10.60	3.58	6.84	71.43
600021	上海电力	2139.74	2139.74	7.81	7.86	35.30	7.60	14.72	91.68
600022	山东钢铁	8420.42	6436.30	3.12	3.13	7.38	2.58	3.11	-0.32
600023	浙能电力	13600.69	2987.60	7.17	7.17	15.38	6.17	7.49	7.95
600026	中海发展	2736.03	2736.03	9.10	9.21	14.26	6.91	9.24	1.87
600027	华电国际	8145.74	5940.06	7.00	6.94	11.66	5.14	6.80	1.00
600028	中国石化	95557.77	95557.77	6.49	6.59	9.27	4.37	4.96	-20.49
600029	南方航空	7022.65	7022.65	5.16	5.18	16.74	4.38	8.57	66.86
600030	中信证券	9838.58	9814.66	33.90	33.90	38.40	12.84	19.35	-42.09
600031	三一重工	7616.50	7593.71	9.98	9.95	14.33	5.71	6.58	-33.59
600033	福建高速	2744.40	2744.40	3.81	3.82	7.96	3.31	4.26	14.44
600035	楚天高速	1453.38	1453.38	4.51	4.96	10.47	4.13	6.56	76.10
600036	招商银行	20628.94	20628.94	16.59	16.56	21.70	13.80	17.99	12.48
600037	歌华有线	1391.78	1168.35	14.49	14.49	53.17	14.19	21.53	49.83
600038	中直股份	589.48	392.65	37.62	38.18	93.18	34.30	52.73	40.54
600039	四川路桥	3019.73	3019.73	5.46	5.46	9.15	4.08	5.10	-5.68
600048	保利地产	10755.25	10755.25	10.82	11.65	15.36	6.95	10.64	0.33
600050	中国联通	21196.60	21196.60	4.95	4.97	10.74	4.27	6.18	26.21
600051	宁波联合	310.88	305.79	8.50	8.52	18.79	7.70	13.24	55.76
600052	浙江广厦	871.79	871.79	6.40	5.76	14.98	5.30	8.83	39.14
600053	九鼎投资	433.54	433.54	8.50	8.48	77.58	8.33	58.71	591.41
600054	黄山旅游	342.20	117.62	15.49	15.55	26.77	14.09	23.61	52.81
600055	华润万东	216.45	216.45	18.88	18.92	86.11	17.50	42.32	124.36
600056	中国医药	1012.51	982.20	16.41	16.41	26.40	12.58	16.63	2.33
600057	象屿股份	1036.25	553.33	10.20	10.19	22.76	7.57	13.04	27.84
600058	五矿发展	1071.91	1071.91	17.46	17.40	42.50	14.01	22.70	30.47
600059	古越龙山	808.52	808.52	8.94	8.95	21.30	8.00	10.99	23.83
600060	海信电器	1308.48	1308.48	11.43	11.48	37.00	11.47	19.67	74.93
600061	国投安信	3694.15	429.08	23.04	25.34	39.10	11.80	25.93	12.54
600062	华润双鹤	724.47	571.70	20.26	20.28	34.98	19.12	22.81	12.59
600063	皖维高新	1645.89	1497.85	4.70	4.71	14.74	4.04	6.75	44.04
600064	南京高科	774.33	774.33	17.99	18.27	35.58	15.21	18.95	58.56
600066	宇通客车	2213.94	1903.48	22.33	22.75	33.43	15.15	22.49	55.55
600067	冠城大通	1482.90	1482.90	8.10	8.21	15.17	6.42	8.74	10.37
600068	葛洲坝	4604.78	4148.58	9.33	9.23	14.97	6.41	7.87	-14.04

注：发行股本、流通股本、成交数量的单位是百万股，成交金额的单位是百万元

A 股
A Share

股票
Share

涨跌值 Change	市盈率 P/E	市净率 P/B	换手率(%) Turnover Rate	成交数量 Trading Vol	成交金额 Trading Val
2.58	7.25	1.31	370.74	56308.78	923740.96
3.30	15.05	1.93	324.76	3734.74	53605.35
-0.11	27.85	0.97	488.42	49299.68	263865.46
2.91	126.05	2.91	916.93	18338.52	180205.23
3.49	35.26	3.62	210.51	2120.48	34499.11
-1.61	40.25	3.93	673.61	14819.42	199365.62
9.90	27.15	3.08	457.88	5006.80	141586.19
-0.47	586.99	6.20	615.28	96857.25	537719.38
-0.10	12.58	1.77	183.43	19260.10	202455.71
7.19	25.76	2.92	356.55	4155.89	47332.56
-1.32	7.21	1.28	388.39	26473.84	358401.50
-1.24	7.90	1.47	327.69	91976.59	905232.76
1.89	35.13	2.02	851.26	25195.49	175922.36
0.06	22.19	2.75	138.92	31612.19	261490.95
-1.43	15.86	0.80	228.59	37544.63	281874.53
2.78	17.27	1.99	687.49	15450.37	102034.19
6.91	23.76	3.23	735.50	15737.84	301512.14
-0.01	0.00	2.26	482.72	30537.96	134334.33
0.32	17.08	2.34	1808.71	30255.95	285358.89
0.14	119.81	1.71	657.03	17600.92	189370.63
-0.20	11.36	2.12	463.30	27340.27	226091.40
-1.53	12.66	1.01	126.36	120252.61	807203.11
3.41	47.46	2.37	704.35	49464.18	484918.28
-14.55	20.68	2.37	928.44	91123.01	2435332.18
-3.40	70.67	2.11	588.17	44663.81	429130.16
0.45	19.46	1.50	638.92	17534.43	94245.37
2.05	33.59	2.56	676.78	9636.51	68864.73
1.40	8.11	1.44	233.30	48128.17	838434.49
7.04	52.69	4.76	611.28	6954.83	186479.61
15.11	93.67	5.04	843.83	3313.29	179583.55
-0.36	17.24	2.06	1156.71	26237.80	169848.47
-0.18	9.38	1.86	603.68	64841.00	728538.36
1.23	32.90	1.69	498.77	105723.20	766741.10
4.74	36.01	2.21	993.05	3023.35	37254.84
2.43	36.31	3.84	965.22	8414.71	74504.09
50.21	336.91	29.03	151.45	656.58	33094.69
8.12	56.21	5.30	1084.91	1276.07	26044.71
23.44	356.53	13.72	553.23	1197.47	43393.43
0.22	30.60	3.38	686.29	6673.12	124774.50
2.84	47.66	3.58	1122.63	4984.95	69481.14
5.24	115.85	2.82	474.42	5085.35	131076.06
2.05	48.07	2.40	771.65	6238.96	75615.07
8.24	18.38	2.38	767.92	10048.14	201688.71
2.89	15434.52	8.27	1275.66	5473.66	133328.93
2.55	30.49	2.91	495.05	2830.20	73424.82
2.05	61.78	3.01	1140.97	17090.07	123014.64
0.96	24.06	1.78	704.13	4989.20	107695.50
0.16	19.06	4.61	313.62	5134.17	119156.30
0.64	17.26	2.35	1077.02	15191.72	147424.06
-1.46	15.85	1.75	894.51	35972.78	385422.36

A 股
A Share

股票
Share

股票代码 Code	名称 Name	发行股本 Issued Vol	流通股本 Negotiable Vol	上年收盘 Last Year Close	本年开盘 Open	本年最高 High	本年最低 Low	本年收盘 Close	涨跌(%) Change(%)
600069	*ST 银鸽	1249.10	825.37	4.72	4.69	9.44	3.53	5.25	11.23
600070	浙江富润	356.61	356.61	7.78	7.83	27.97	7.00	9.50	59.38
600071	*ST 光学	237.47	237.47	12.70	12.68	37.56	11.78	25.85	103.54
600072	钢构工程	478.43	478.43	11.08	11.20	44.38	10.01	19.57	76.71
600073	上海梅林	937.73	937.73	9.38	9.34	19.18	8.72	14.15	51.49
600074	保千里	2265.95	895.98	5.83	5.84	29.89	5.71	16.47	182.50
600075	新疆天业	438.59	438.59	6.51	6.52	16.48	6.48	10.71	64.52
600076	青鸟华光	1034.26	365.54	5.27	5.80	18.48	5.80	10.34	96.20
600077	宋都股份	1340.12	1340.12	5.68	5.76	16.06	4.65	7.27	28.17
600078	澄星股份	662.57	662.57	6.83	6.83	17.35	5.41	7.90	15.89
600079	人福医药	1286.05	1030.99	25.65	25.65	53.39	13.20	22.26	74.15
600080	金花股份	305.30	305.30	9.44	9.43	21.75	7.02	14.33	51.80
600081	东风科技	313.56	313.56	13.58	13.57	31.98	10.65	22.46	66.86
600082	海泰发展	646.12	632.38	6.87	6.86	12.80	4.44	7.13	3.78
600083	博信股份	230.00	226.92	10.61	10.60	25.70	7.23	22.64	113.38
600084	中葡股份	1123.73	998.20	5.93	5.94	14.40	5.00	7.42	25.13
600085	同仁堂	1371.47	1371.47	22.43	22.50	44.70	20.00	44.61	99.87
600086	东方金钰	1350.00	1056.85	25.59	25.80	61.44	11.31	12.31	44.31
600088	中视传媒	331.42	331.42	17.69	17.71	53.41	16.55	30.11	70.48
600089	特变电工	3249.05	3178.12	12.38	12.43	20.42	9.52	11.77	-3.63
600090	啤酒花	367.92	367.92	8.13	8.94	29.15	8.94	19.65	141.70
600091	*ST 明科	437.41	336.53	7.02	6.67	19.15	5.20	13.58	93.45
600093	禾嘉股份	1122.45	322.45	8.69	8.72	31.00	8.53	16.37	88.38
600094	大名城	1812.84	1812.84	7.99	7.99	28.18	7.58	10.62	33.42
600095	哈高科	361.26	361.26	6.27	6.30	19.38	6.07	11.13	77.67
600096	云天化	1129.08	521.26	12.09	12.09	22.90	7.39	12.97	7.28
600097	开创国际	202.60	202.60	14.25	14.12	30.40	13.12	19.64	38.95
600098	广州发展	2726.20	2726.20	8.76	8.76	20.25	7.51	12.63	46.23
600099	林海股份	219.12	219.12	8.04	8.04	14.71	7.91	14.19	76.49
600100	同方股份	2963.90	2070.20	11.68	11.69	34.18	11.42	18.08	55.48
600101	明星电力	324.18	324.18	9.41	9.40	19.42	7.17	14.31	52.60
600103	青山纸业	1061.84	1061.84	3.66	4.03	13.50	3.88	7.73	111.20
600104	上汽集团	11025.57	11025.57	21.47	21.70	29.18	14.00	21.22	4.89
600105	永鼎股份	472.50	380.95	9.86	10.67	43.43	8.71	23.01	134.89
600106	重庆路桥	907.74	907.74	5.84	5.85	16.10	5.40	10.54	81.88
600107	美尔雅	360.00	360.00	8.32	8.32	23.22	7.04	20.86	150.72
600108	亚盛集团	1946.92	1946.92	9.34	9.34	14.57	5.26	7.34	-21.25
600109	国金证券	3024.36	2836.86	19.79	20.00	33.98	10.90	16.12	-18.39
600110	中科英华	1150.31	1150.31	6.31	6.31	15.44	5.72	9.65	52.93
600111	北方稀土	3633.07	2219.20	25.88	25.91	35.35	11.50	14.02	-18.26
600112	天成控股	509.20	509.20	11.22	11.24	35.88	9.71	16.76	49.42
600113	浙江东日	318.60	318.60	12.84	12.75	20.83	7.21	14.82	15.42
600114	东睦股份	390.77	239.48	13.33	13.33	25.19	9.45	16.16	22.13
600115	东方航空	8481.08	7782.21	5.18	5.25	13.98	4.56	7.61	46.91
600116	三峡水利	331.00	267.53	14.46	14.53	24.75	9.86	21.70	51.11
600117	西宁特钢	741.22	741.22	5.09	5.09	13.29	4.28	6.97	36.94
600118	中国卫星	1182.49	1182.49	28.48	28.99	81.90	25.98	42.54	49.65
600119	长江投资	307.40	307.40	14.36	14.30	42.58	12.52	19.78	38.30
600120	浙江东方	505.47	505.47	18.72	18.69	53.30	16.27	19.86	6.73
600121	郑州煤电	1015.34	1015.34	5.70	5.72	11.99	4.62	7.30	28.07

注：发行股本、流通股本、成交数量的单位是百万股，成交金额的单位是百万元

A 股
A Share

股票
Share

涨跌值 Change	市盈率 P/E	市净率 P/B	换手率(%) Turnover Rate	成交数量 Trading Vol	成交金额 Trading Val
0.53	0.00	7.46	696.96	5752.52	32501.64
1.72	0.00	3.49	903.96	2780.98	38482.41
13.15	0.00	12.47	423.69	1006.14	20321.45
8.49	906.44	8.24	604.54	2892.28	68427.89
4.77	99.96	4.33	750.46	6207.00	80656.74
10.64	1412.52	59.84	903.36	8093.93	120724.00
4.20	120.53	3.05	607.35	2663.81	27673.74
5.07	0.00	84.24	783.85	2865.24	31410.33
1.59	262.64	2.61	619.50	6792.27	55909.89
1.07	235.26	2.95	863.15	5718.99	52535.21
-3.39	63.37	6.06	779.11	5821.32	143755.87
4.89	141.35	4.29	1250.27	3817.04	48829.92
8.88	34.70	7.12	817.04	2561.91	51715.81
0.26	113.05	2.64	1127.47	7114.23	56305.82
12.03	893.80	134.44	512.08	1162.01	18414.22
1.49	795.28	3.43	661.70	5386.08	45225.30
22.18	80.11	11.09	361.37	4933.55	149527.07
-13.28	168.38	16.76	675.61	3489.68	99653.67
12.42	189.35	8.76	614.55	2036.74	54431.90
-0.61	23.20	1.96	838.65	26572.53	398749.58
11.52	191.46	16.00	741.41	2727.77	49854.98
6.56	0.00	20.69	484.82	1631.56	15785.66
7.68	518.53	40.02	1200.14	3869.83	62687.79
2.63	61.84	3.85	576.56	8707.57	113422.40
4.86	347.27	5.64	1981.28	7157.64	82214.83
0.88	0.00	2.65	1167.54	6085.97	84489.52
5.39	37.48	4.33	357.78	724.84	13683.43
3.87	28.13	2.48	363.33	9360.11	112486.39
6.15	1061.33	6.62	189.77	415.82	4521.29
6.40	70.92	4.64	1283.44	26569.72	492338.10
4.90	47.59	2.55	1319.21	4276.59	54360.64
4.07	300.08	6.60	1144.74	12155.35	85104.65
-0.25	8.36	1.48	132.50	14608.76	342260.81
13.15	75.80	6.41	1039.11	3958.54	75734.48
4.70	38.75	3.25	727.10	6600.15	61195.95
12.54	0.00	14.33	1181.02	4251.66	59873.71
-2.00	69.33	3.03	1540.64	29994.87	288533.46
-3.67	58.28	4.94	1059.14	30046.29	629378.11
3.34	0.00	6.36	747.82	8602.23	82924.75
-11.86	79.21	6.13	1158.71	22509.23	477857.81
5.54	536.32	6.73	1987.26	10119.23	191019.59
1.98	281.59	8.04	1424.81	4539.44	61278.61
2.83	51.18	4.58	1145.00	2665.93	43326.94
2.43	29.26	3.61	511.25	39786.31	355205.20
7.24	50.57	6.23	1414.12	3783.25	66500.35
1.88	124.24	1.92	695.59	5155.85	37185.68
14.06	141.16	11.69	912.54	10790.69	512149.49
5.42	149.19	7.82	1770.76	5443.31	122171.68
1.14	16.28	2.42	496.87	2511.57	74341.62
1.60	118.99	1.76	704.91	4958.25	37392.70

A 股
A Share

股票
Share

股票代码 Code	名称 Name	发行股本 Issued Vol	流通股本 Negotiable Vol	上年收盘 Last Year Close	本年开盘 Open	本年最高 High	本年最低 Low	本年收盘 Close	涨跌(%) Change(%)
600122	宏图高科	1145.75	1142.02	7.17	7.20	24.36	6.24	19.42	171.41
600123	兰花科创	1142.40	1142.40	10.30	10.30	15.30	6.40	8.03	-21.86
600125	铁龙物流	1305.52	1305.52	8.86	9.12	20.30	7.47	9.19	4.63
600126	杭钢股份	838.94	838.94	6.11	6.72	15.69	5.40	8.11	32.82
600127	金健米业	641.78	544.46	5.98	5.96	13.50	5.02	7.32	22.41
600128	弘业股份	246.77	246.77	12.15	12.17	30.12	8.98	15.66	29.71
600129	太极集团	426.89	426.89	16.98	18.68	45.00	13.35	21.33	25.62
600130	波导股份	768.00	768.00	4.95	4.95	19.19	4.86	10.99	122.02
600131	岷江水电	504.13	397.37	6.62	6.64	16.19	5.83	9.88	50.00
600132	重庆啤酒	483.97	483.97	16.18	16.18	33.49	12.33	15.99	0.06
600133	东湖高新	634.26	537.95	8.35	8.41	17.47	5.76	12.10	44.91
600135	乐凯胶片	372.99	342.00	10.88	10.98	30.77	9.63	21.66	99.31
600136	道博股份	164.02	104.29	14.17	14.25	75.00	14.15	62.36	340.08
600137	浪莎股份	97.22	97.22	16.30	16.18	49.20	15.60	38.23	134.54
600138	中青旅	723.84	702.72	16.46	16.40	30.80	15.86	23.31	42.22
600139	西部资源	661.89	661.89	12.17	12.35	24.00	11.51	18.29	50.29
600141	兴发集团	529.98	437.23	15.24	15.80	23.33	10.11	14.62	-2.76
600143	金发科技	2560.00	2560.00	6.89	6.92	17.85	6.29	8.60	26.27
600145	*ST 新亿	377.69	377.69	4.58	4.58	8.50	4.36	7.40	61.57
600146	商赢环球	200.00	200.00	16.52	16.60	40.00	16.35	32.84	98.79
600148	长春一东	141.52	141.52	18.96	19.17	42.06	11.51	27.37	44.79
600149	廊坊发展	380.16	380.16	14.82	14.58	30.05	11.29	15.26	2.97
600150	中国船舶	1378.12	1378.12	36.86	36.70	71.39	28.50	34.83	-5.48
600151	航天机电	1250.18	1250.18	9.39	9.39	20.64	8.26	12.36	31.63
600152	维科精华	293.49	293.49	6.78	6.81	21.07	5.83	12.14	79.06
600153	建发股份	2835.20	2835.20	10.18	10.30	27.00	8.87	17.31	72.00
600155	宝硕股份	476.60	412.50	11.92	11.95	17.20	11.70	14.98	25.67
600156	华升股份	402.11	402.11	7.45	7.45	18.00	6.80	13.89	86.44
600157	永泰能源	11194.64	4595.65	4.36	4.36	11.70	4.01	4.77	42.68
600158	中体产业	843.74	657.50	17.71	17.76	40.16	13.95	26.08	47.48
600159	大龙地产	830.00	830.00	4.65	4.66	11.19	3.94	6.17	33.76
600160	巨化股份	1810.92	1810.92	6.52	6.52	24.35	6.39	23.47	261.50
600161	天坛生物	515.47	515.47	25.81	25.78	55.50	20.02	34.93	35.34
600162	香江控股	1596.46	767.81	6.46	6.58	13.75	5.29	9.11	42.72
600163	*ST 闽能	999.47	721.42	5.21	5.21	10.47	4.65	7.32	40.50
600165	新日恒力	684.88	484.88	9.51	9.51	33.09	9.30	23.23	510.67
600166	福田汽车	3335.07	2809.67	6.26	6.25	12.75	5.13	6.33	1.81
600167	联美控股	211.00	211.00	13.11	13.10	26.78	12.80	20.11	53.39
600168	武汉控股	709.57	568.88	13.52	13.53	19.40	8.44	9.68	-27.38
600169	太原重工	2423.96	2423.96	8.72	8.75	13.78	4.43	5.74	-34.17
600170	上海建工	5943.21	5755.26	8.41	8.41	14.80	6.70	7.08	11.82
600171	上海贝岭	673.81	673.81	10.57	10.56	35.44	10.12	21.19	100.66
600172	黄河旋风	792.40	496.68	7.75	7.76	30.77	7.61	25.31	227.10
600173	卧龙地产	725.15	725.06	7.03	6.99	13.97	4.57	10.00	42.96
600175	美都能源	2451.04	1448.03	5.15	5.15	12.31	4.14	7.23	40.50
600176	中国巨石	872.63	872.63	15.47	15.45	35.00	13.64	25.41	65.32
600177	雅戈尔	2226.61	2226.61	11.51	11.62	25.87	10.51	16.28	45.79
600178	东安动力	462.08	462.08	6.09	6.10	18.13	5.72	11.23	84.40
600179	黑化股份	390.00	390.00	8.40	9.24	29.90	8.48	17.11	103.69
600180	瑞茂通	1017.41	882.55	12.32	12.31	48.20	12.07	22.08	79.22

注：发行股本、流通股本、成交数量的单位是百万股，成交金额的单位是百万元

A 股
A Share

股票
Share

涨跌值 Change	市盈率 P/E	市净率 P/B	换手率(%) Turnover Rate	成交数量 Trading Vol	成交金额 Trading Val
12.25	60.66	2.80	867.27	9891.63	136623.38
-2.27	137.38	0.96	925.48	10572.73	103802.32
0.33	35.12	2.56	1141.19	14898.52	179546.46
2.00	634.09	2.06	610.05	5117.96	48722.30
1.34	382.45	5.18	1545.51	8414.68	71923.68
3.51	54.77	2.61	1173.15	2894.95	45542.96
4.35	0.00	8.99	498.86	2129.60	49285.66
6.04	113.52	9.39	1693.57	13006.64	130552.77
3.26	31.90	6.18	1079.49	4289.54	40657.83
-0.19	105.38	6.06	639.75	3096.23	66378.85
3.75	25.96	5.06	1797.25	9668.27	110816.53
10.78	293.22	8.14	1357.59	4642.96	79249.62
48.19	10714.78	75.90	541.91	565.18	21446.65
21.93	1897.27	8.06	927.98	902.16	25257.16
6.85	46.39	3.82	858.57	5788.40	128670.66
6.12	755.47	9.31	552.19	3654.92	60120.07
-0.62	15.68	1.58	984.06	4107.47	66322.62
1.71	44.18	2.76	615.39	15753.86	157376.61
2.82	0.00	0.00	382.85	1445.98	8696.38
16.32	497.58	44.25	730.11	1460.22	40190.10
8.41	100.57	10.45	1408.10	1992.69	54827.53
0.44	954.94	21.26	2229.94	8477.34	156865.20
-2.03	1086.40	2.76	724.36	9982.50	461433.57
2.97	690.12	4.13	778.73	9463.40	127518.79
5.36	0.00	6.13	1120.96	3289.95	36007.94
7.13	19.57	2.88	330.39	9367.36	146544.80
3.06	0.00	55.72	180.63	745.11	10983.68
6.44	0.00	8.19	872.21	3507.26	40348.78
0.41	131.77	5.36	679.74	27183.26	184324.33
8.37	213.39	14.58	2049.17	13473.22	319794.13
1.52	39.04	2.40	1010.62	8388.15	56419.40
16.95	261.53	5.86	668.79	12111.23	141921.65
9.12	140.24	9.28	532.26	2743.62	93709.93
2.65	56.77	8.04	680.35	5223.85	48523.95
2.11	0.00	72.27	422.37	3047.09	21655.76
13.72	0.00	17.28	866.18	1980.47	42502.84
0.07	44.25	1.38	721.36	19277.13	148856.19
7.00	26.07	4.29	211.51	446.28	8521.34
-3.84	21.14	1.66	641.69	3650.48	51523.65
-2.98	432.88	2.57	937.10	22714.81	187955.68
-1.33	23.75	2.34	734.37	16451.99	168129.02
10.62	369.04	8.78	1000.31	6740.15	129108.31
17.56	89.69	8.33	711.97	3536.19	64354.44
2.97	27.89	4.52	689.36	4998.25	43084.44
2.08	93.69	3.94	995.41	14413.89	105397.99
9.94	46.73	5.52	615.88	5374.35	130597.70
4.77	11.46	2.19	632.81	14090.20	240885.01
5.14	160.02	3.01	562.81	2600.65	28104.37
8.71	0.00	970.55	718.23	2801.11	46607.28
9.76	44.69	10.41	732.62	2219.92	55921.17

A 股
A Share

股票
Share

股票代码 Code	名称 Name	发行股本 Issued Vol	流通股本 Negotiable Vol	上年收盘 Last Year Close	本年开盘 Open	本年最高 High	本年最低 Low	本年收盘 Close	涨跌(%) Change(%)
600182	S 佳通	340.00	170.00	16.94	16.60	35.80	12.42	22.23	34.77
600183	生益科技	1437.55	1437.55	7.98	8.00	14.69	6.07	9.89	27.07
600184	光电股份	418.76	418.76	35.84	35.79	54.50	14.97	28.91	61.33
600185	格力地产	577.67	577.67	22.00	22.04	43.55	14.35	21.24	-3.45
600186	莲花味精	1062.02	1062.02	4.39	4.33	10.50	4.29	8.03	82.92
600187	国中水务	1455.62	1455.62	7.67	7.70	11.37	4.41	6.21	-19.04
600188	兖州煤业	2960.00	2960.00	13.18	13.36	19.44	7.38	9.45	-28.15
600189	吉林森工	310.50	310.50	8.46	8.48	22.54	8.15	12.89	53.55
600190	锦州港	1779.48	1338.98	5.16	5.13	11.81	4.40	5.74	11.90
600191	华资实业	484.93	484.93	8.85	8.84	24.80	8.20	20.91	136.38
600192	长城电工	441.75	441.75	9.54	9.54	20.05	6.59	10.34	8.57
600193	创兴资源	425.37	425.37	6.70	6.71	33.10	6.25	14.75	120.15
600195	中牧股份	429.80	429.80	15.85	15.80	40.28	15.65	21.38	36.18
600196	复星医药	1910.79	1905.61	21.10	21.05	39.48	19.40	23.49	12.65
600197	伊力特	441.00	441.00	12.28	12.20	19.42	8.39	14.65	21.17
600198	大唐电信	882.11	808.65	16.37	16.39	55.00	15.38	24.67	50.70
600199	金种子酒	555.78	555.78	11.67	11.67	16.88	7.40	10.04	-13.54
600200	江苏吴中	669.65	522.09	11.99	12.00	42.47	11.90	27.89	132.78
600201	生物股份	572.83	565.06	35.08	34.99	99.87	26.90	36.97	111.63
600202	哈空调	383.34	383.34	7.65	7.60	20.45	6.79	13.20	72.78
600203	福日电子	380.28	303.17	9.21	9.30	25.77	8.60	13.71	49.62
600206	有研新材	838.78	587.13	11.48	11.51	26.30	9.55	15.90	38.50
600207	安彩高科	690.00	440.00	5.38	5.92	17.30	4.50	14.77	174.54
600208	新湖中宝	9099.67	8136.96	7.32	7.25	10.65	4.23	4.77	-34.07
600209	罗顿发展	439.01	422.04	9.20	9.30	16.70	6.10	13.41	45.83
600210	紫江企业	1516.74	1436.74	5.05	5.06	12.65	4.10	7.80	55.45
600211	西藏药业	145.59	114.11	37.46	37.75	60.17	28.59	43.78	17.00
600212	江泉实业	511.70	511.70	8.20	8.19	13.18	6.55	12.39	51.10
600213	亚星客车	220.00	220.00	15.03	15.05	21.35	6.80	14.98	-0.33
600215	长春经开	465.03	465.03	5.59	5.57	16.70	5.40	11.14	99.39
600216	浙江医药	936.11	936.10	10.86	10.91	17.96	8.18	12.37	14.46
600217	*ST 秦岭	1341.59	660.80	8.74	8.75	15.79	5.98	10.42	19.22
600218	全柴动力	368.76	283.40	11.07	11.11	21.48	6.87	13.57	23.49
600219	南山铝业	2835.18	2835.18	8.87	8.90	13.77	5.77	6.58	-24.69
600220	江苏阳光	1783.34	1783.34	3.90	3.90	13.67	3.51	5.74	47.18
600221	海南航空	11812.74	11812.06	3.42	3.48	7.01	2.82	3.89	15.61
600222	太龙药业	573.89	496.61	7.13	7.30	17.99	5.55	9.41	32.12
600223	鲁商置业	1000.97	1000.97	6.62	6.62	14.95	4.96	9.19	38.82
600225	天津松江	935.49	621.50	7.31	7.42	16.00	4.62	8.39	14.77
600226	升华拜克	1094.98	1094.98	8.23	8.23	14.64	5.75	10.47	248.35
600227	赤天化	950.39	950.39	6.08	6.67	15.70	4.14	5.04	-17.11
600228	昌九生化	241.32	241.32	10.75	10.67	23.06	6.94	16.15	50.23
600229	城市传媒	702.10	395.79	8.62	8.51	36.78	8.43	17.85	107.08
600230	沧州大化	294.19	294.19	11.34	11.30	20.55	7.29	15.51	36.77
600231	凌钢股份	1259.58	804.00	5.25	4.75	9.76	3.84	6.84	30.29
600232	金鹰股份	364.72	364.72	6.08	6.09	14.93	6.05	11.18	85.20
600233	大杨创世	165.00	165.00	11.20	11.20	29.50	10.10	25.13	125.27
600234	山水文化	202.45	202.45	13.57	14.93	36.70	9.60	20.35	49.96
600235	民丰特纸	351.30	351.30	6.69	6.69	20.93	5.85	13.11	96.19
600236	桂冠电力	6063.37	1128.53	4.70	5.17	13.85	4.60	7.48	61.91

注：发行股本、流通股本、成交数量的单位是百万股，成交金额的单位是百万元

A 股
A Share

股票
Share

涨跌值 Change	市盈率 P/E	市净率 P/B	换手率(%) Turnover Rate	成交数量 Trading Vol	成交金额 Trading Val
5.29	36.14	6.70	854.13	1452.02	29415.05
1.91	27.58	3.24	818.98	11676.39	113386.58
-6.93	195.75	12.25	475.43	1862.67	55038.54
-0.76	39.18	3.73	670.41	3872.42	96214.89
3.64	357.21	14.22	849.67	9023.67	64185.85
-1.46	60.19	3.40	1227.24	17864.01	140581.29
-3.73	20.35	1.19	192.83	5707.91	79283.56
4.43	377.34	3.05	572.94	1778.98	23960.41
0.58	52.04	1.98	448.25	6001.95	42072.25
12.06	784.91	5.29	372.62	1806.95	30146.11
0.80	58.78	2.46	1088.27	4807.40	57253.24
8.05	0.00	18.70	912.75	3882.57	58613.94
5.53	31.65	3.22	425.49	1828.75	43416.36
2.39	25.73	3.26	391.15	7453.29	198373.50
2.37	24.10	3.94	747.81	3297.86	45359.74
8.30	100.26	5.40	1344.40	7501.61	202318.85
-1.63	63.01	2.52	898.13	4991.59	57596.86
15.90	457.21	18.86	1136.25	5932.26	132543.56
1.89	52.38	12.97	353.36	1206.53	61952.09
5.55	224.34	5.91	969.33	3715.85	44524.32
4.50	66.36	3.53	1013.35	2808.18	39759.73
4.42	221.42	4.89	1332.17	7791.95	120531.06
9.39	0.00	13.17	1239.27	5452.77	55934.98
-2.55	40.12	2.26	384.07	24797.20	187368.86
4.21	635.55	8.16	1089.56	4535.14	47371.67
2.75	73.06	3.23	1360.03	19540.07	145460.37
6.32	303.82	15.76	434.76	496.10	20968.93
4.19	0.00	6.28	1135.29	5809.24	53257.73
-0.05	0.00	73.17	1050.20	2310.45	31131.65
5.55	560.64	2.14	878.76	4086.52	40562.42
1.51	68.22	1.77	795.29	7444.75	92278.79
1.68	0.00	0.00	436.92	2887.20	29440.75
2.50	140.24	4.52	1112.78	3153.62	40669.73
-2.29	20.43	1.03	894.62	23712.32	241505.21
1.84	129.72	6.06	947.87	16903.79	114865.58
0.47	18.29	1.65	637.55	75307.35	376474.42
2.28	168.58	5.07	1172.40	5822.24	61191.43
2.57	44.56	4.55	557.26	5577.99	47169.34
1.08	589.19	8.32	776.36	4814.89	41047.06
2.24	138.29	8.04	404.33	3202.27	34260.24
-1.04	0.00	1.68	1135.19	10788.76	90647.70
5.40	111.39	48.16	1114.53	2689.59	39655.22
9.23	163.19	10.87	1357.38	5372.31	94697.80
4.17	0.00	2.64	854.84	2514.84	32522.84
1.59	0.00	2.79	811.98	6528.34	41606.62
5.10	158.67	3.47	589.58	2150.31	21639.56
13.93	85.97	3.98	901.28	1487.11	28612.02
6.78	0.00	65.47	1947.73	3943.10	69059.37
6.42	1083.47	3.27	1017.30	3573.79	40673.19
2.78	76.51	11.59	673.14	7596.57	63946.30

A 股
A Share

股票
Share

股票代码 Code	名称 Name	发行股本 Issued Vol	流通股本 Negotiable Vol	上年收盘 Last Year Close	本年开盘 Open	本年最高 High	本年最低 Low	本年收盘 Close	涨跌(%) Change(%)
600237	铜峰电子	564.37	564.37	6.37	6.35	15.60	5.02	5.73	-10.05
600238	海南椰岛	448.20	445.00	11.19	12.31	23.26	9.45	16.18	44.59
600239	云南城投	1070.46	1070.46	6.85	6.89	15.75	5.16	7.13	36.19
600240	华业资本	1424.25	1424.25	7.19	7.91	24.48	7.91	15.05	110.71
600241	时代万恒	226.19	180.20	8.28	9.11	22.50	8.00	14.79	78.62
600242	*ST 中昌	273.34	267.30	7.18	7.11	18.69	6.87	17.28	140.67
600243	青海华鼎	438.85	236.85	7.58	7.57	22.30	7.30	13.01	71.64
600246	万通地产	1216.80	1216.80	4.84	4.89	7.99	4.13	7.60	57.02
600247	*ST 成城	336.44	336.44	5.57	5.53	39.10	5.29	21.30	282.41
600248	延长化建	473.69	467.39	8.78	8.78	20.50	6.66	11.35	29.84
600249	两面针	550.00	450.00	7.37	7.34	17.40	5.31	9.29	26.05
600250	南纺股份	258.69	258.69	10.32	11.35	20.56	6.49	16.37	58.62
600251	冠农股份	784.84	784.84	18.26	18.14	29.12	8.30	11.30	24.86
600252	中恒集团	3475.11	3430.10	16.36	16.33	32.00	4.93	7.34	40.25
600255	鑫科材料	1769.59	1563.75	4.92	4.92	12.26	3.90	5.42	10.16
600256	广汇能源	5221.42	5221.42	8.36	8.36	13.48	5.83	6.67	-19.62
600257	大湖股份	427.05	427.05	7.11	7.12	21.50	6.80	14.99	110.83
600258	首旅酒店	231.40	231.40	16.45	16.50	29.89	15.57	29.89	82.61
600259	广晟有色	262.12	258.31	55.58	56.00	73.08	29.89	39.60	-28.75
600260	凯乐科技	666.75	527.64	8.64	8.69	26.70	7.80	14.94	72.92
600261	阳光照明	1452.10	1452.10	8.48	8.50	15.63	6.35	8.79	57.25
600262	北方股份	170.00	170.00	20.68	20.64	56.45	18.00	42.30	105.75
600265	ST 景谷	129.80	129.80	9.86	9.86	30.07	9.60	30.06	204.87
600266	北京城建	1567.04	1416.45	23.66	23.71	27.78	10.70	14.64	-36.98
600267	海正药业	965.53	965.53	16.88	16.88	27.93	10.30	15.85	-5.45
600268	国电南自	635.25	635.25	7.35	7.35	19.32	6.52	9.91	36.19
600269	赣粤高速	2335.41	2335.41	5.05	5.07	9.95	4.33	5.68	14.46
600270	外运发展	905.48	905.48	16.35	16.73	39.69	16.42	27.06	67.95
600271	航天信息	923.40	923.40	30.51	31.30	103.40	31.30	55.91	85.32
600272	开开实业	163.00	160.00	14.93	14.95	28.66	8.68	18.95	27.23
600273	嘉化能源	1306.29	373.82	8.94	8.91	20.42	7.76	10.52	18.38
600275	武昌鱼	508.84	508.84	5.69	5.66	16.26	4.39	8.85	55.54
600276	恒瑞医药	1956.50	1949.14	37.48	37.48	68.08	34.47	49.12	70.64
600277	亿利洁能	2089.59	2089.59	8.92	8.95	14.80	7.99	9.07	2.11
600278	东方创业	522.24	522.24	13.32	13.38	28.67	10.76	18.34	38.29
600279	重庆港九	461.97	461.97	12.52	12.52	21.65	7.91	16.29	30.67
600280	中央商场	1148.33	1148.33	14.40	14.43	41.94	9.80	11.17	56.88
600281	太化股份	514.40	514.40	5.80	5.81	13.66	4.60	7.72	33.10
600282	南钢股份	3962.07	3875.75	3.17	3.21	8.37	2.85	3.17	0.00
600283	钱江水利	353.00	285.33	12.85	12.92	25.45	8.14	18.36	43.19
600284	浦东建设	693.04	661.04	11.62	11.69	26.95	9.42	13.69	19.15
600285	羚锐制药	535.48	465.71	8.36	8.35	17.91	8.15	13.25	59.21
600287	江苏舜天	436.80	436.80	12.22	12.15	22.26	7.02	12.23	0.57
600288	大恒科技	436.80	436.80	10.30	11.33	39.79	11.21	17.49	69.99
600289	亿阳信通	565.92	565.92	9.90	9.87	32.68	9.64	19.70	99.55
600290	华仪电气	526.88	526.88	10.05	10.02	20.43	8.32	15.41	53.93
600291	西水股份	384.00	384.00	19.77	21.75	42.05	19.96	29.11	47.28
600292	中电远达	780.82	780.82	22.28	22.28	42.67	13.41	20.68	21.25
600293	三峡新材	344.50	344.50	6.35	6.35	20.77	6.18	14.67	131.23
600295	鄂尔多斯	612.00	612.00	9.36	9.41	15.79	6.60	9.89	6.73

注：发行股本、流通股本、成交数量的单位是百万股，成交金额的单位是百万元

A 股
A Share

股票
Share

涨跌值 Change	市盈率 P/E	市净率 P/B	换手率(%) Turnover Rate	成交数量 Trading Vol	成交金额 Trading Val
-0.64	0.00	2.28	979.47	5527.83	50012.66
4.99	173.12	8.18	452.91	2014.24	32002.78
0.28	17.32	1.89	892.06	8485.19	73878.67
7.86	51.70	5.57	671.36	9561.86	138552.94
6.51	0.00	9.47	886.87	1598.15	20848.98
10.10	0.00	0.00	490.40	1309.34	15970.34
5.43	0.00	7.76	1078.54	2554.52	32379.12
2.76	205.07	2.62	280.06	3407.73	20209.50
15.73	0.00	156.65	618.60	2081.22	34330.37
2.57	27.16	3.13	690.96	3178.14	35774.86
1.92	233.24	2.36	1102.56	4961.50	46656.71
6.05	266.14	11.18	557.13	1441.26	19400.95
-6.96	54.80	4.73	720.89	4634.97	68639.84
-9.02	16.00	4.31	1039.10	17063.81	254372.56
0.50	366.96	4.79	1556.11	24333.67	179769.35
-1.69	21.26	3.22	787.52	30184.69	279417.92
7.88	3997.33	8.46	1427.21	6094.90	71251.15
13.44	61.50	6.04	70.73	163.66	2817.54
-15.98	555.24	12.61	476.77	1191.10	66096.19
6.30	209.63	5.71	1074.73	5670.70	82844.05
0.31	44.30	4.75	645.88	7994.86	77733.07
21.62	57.69	6.01	569.40	967.98	32445.57
20.20	0.00	380.85	325.76	422.83	7919.95
-9.02	16.71	1.46	833.98	9705.94	183671.54
-1.03	49.70	2.18	597.04	5160.54	94155.78
2.56	0.00	3.17	1076.30	6837.18	75291.85
0.63	19.07	1.07	606.09	14154.74	89452.09
10.71	39.68	3.76	596.66	4442.97	116842.86
25.40	44.99	7.69	389.79	3599.28	209821.25
4.02	126.70	11.28	1333.39	2133.43	36328.39
1.58	23.73	4.80	1804.89	5706.00	69610.02
3.16	781.80	20.46	956.93	4869.23	40542.84
11.64	63.41	12.11	191.44	3337.88	160628.24
0.15	73.53	2.10	364.04	7606.93	80610.26
5.02	70.97	3.23	565.28	2952.13	51078.87
3.77	78.74	2.29	1066.87	3836.32	56347.66
-3.23	31.47	7.64	547.07	4625.22	74265.54
1.92	207.86	5.71	852.99	4387.79	35508.76
0.00	43.02	1.47	682.79	26463.12	133782.54
5.51	366.10	6.67	1458.31	4160.99	68619.22
2.07	26.90	2.00	1298.62	8584.40	130120.95
4.89	93.15	4.60	1090.38	5039.58	61916.43
0.01	102.11	4.46	1350.64	5899.55	78223.28
7.19	287.76	5.24	1540.36	6728.30	135513.83
9.80	113.92	5.75	1213.43	6880.08	121016.03
5.36	89.49	5.87	796.41	4196.14	56712.38
9.34	131.17	3.56	645.13	2477.29	67592.82
-1.60	69.49	3.39	823.79	5410.42	125771.67
8.32	444.28	6.80	1000.45	3446.57	40286.30
0.53	24.21	1.43	449.60	2751.58	29106.73

A 股
A Share

股票
Share

股票代码 Code	名称 Name	发行股本 Issued Vol	流通股本 Negotiable Vol	上年收盘 Last Year Close	本年开盘 Open	本年最高 High	本年最低 Low	本年收盘 Close	涨跌(%) Change(%)
600297	广汇汽车	5500.40	525.00	10.51	10.56	32.12	10.45	12.84	83.25
600298	安琪酵母	329.63	324.29	18.46	18.48	44.40	18.48	30.42	65.60
600299	安迪苏	2681.90	522.71	9.02	9.02	32.40	8.51	18.74	107.76
600300	维维股份	1672.00	1672.00	5.10	5.10	15.27	4.72	7.17	40.98
600301	*ST 南化	235.15	235.15	8.00	7.99	20.36	7.70	14.47	80.88
600302	标准股份	346.01	346.01	6.51	6.50	18.73	5.85	10.47	60.83
600303	曙光股份	620.32	574.51	5.95	5.88	17.20	5.02	15.35	157.98
600305	恒顺醋业	301.37	301.37	18.16	18.18	40.18	16.81	25.67	41.77
600306	商业城	178.14	177.41	9.62	9.74	34.34	8.18	29.66	208.32
600307	酒钢宏兴	6263.36	6263.36	4.20	4.15	9.78	3.49	3.83	-8.81
600308	华泰股份	1167.56	1167.56	4.59	4.60	10.99	4.06	5.77	26.06
600309	万华化学	2162.33	2162.33	21.78	21.78	29.99	15.58	17.85	-16.67
600310	桂东电力	827.78	827.78	17.65	17.75	49.98	7.95	9.50	64.42
600311	ST 荣华	665.60	665.60	6.33	6.27	13.80	4.73	6.90	9.00
600312	平高电气	1137.49	818.97	14.84	14.81	28.30	14.44	19.50	34.77
600313	农发种业	432.88	367.29	11.38	11.36	25.87	9.82	15.18	34.27
600315	上海家化	674.03	671.07	34.32	35.65	53.51	31.11	39.49	16.84
600316	洪都航空	717.11	717.11	27.97	28.12	53.88	16.48	23.34	-16.52
600317	营口港	6472.98	6472.98	4.75	4.75	7.95	4.10	4.75	0.21
600318	巢东股份	242.00	242.00	11.20	12.32	43.86	12.32	30.56	172.86
600319	亚星化学	315.59	315.59	5.58	5.60	12.25	5.36	10.13	81.54
600320	振华重工	2768.33	2768.33	7.33	7.33	11.97	5.47	5.97	-18.55
600321	国栋建设	1510.55	1180.88	3.83	3.82	12.45	3.25	5.18	35.51
600322	天房发展	1105.70	1105.70	4.70	4.75	10.08	3.98	5.36	15.02
600323	瀚蓝环境	766.26	579.24	14.47	14.45	24.55	10.30	16.05	11.61
600325	华发股份	1169.05	817.05	12.34	12.36	24.38	10.43	16.30	32.90
600326	西藏天路	665.68	547.20	8.94	8.95	22.20	8.17	11.29	26.85
600327	大东方	521.71	521.71	7.08	7.27	21.13	6.78	10.01	42.80
600328	兰太实业	359.12	359.12	8.95	9.00	23.55	8.86	14.96	67.30
600329	中新药业	568.87	536.20	15.26	15.20	35.29	13.44	21.18	39.78
600330	天通股份	830.47	588.82	9.28	9.30	26.88	7.80	14.69	58.30
600331	宏达股份	2032.00	1032.00	6.16	6.16	15.46	5.12	7.50	21.75
600332	白云山	1071.18	1036.34	27.11	29.82	48.46	24.00	30.27	12.69
600333	长春燃气	529.62	496.02	7.69	7.73	14.50	5.68	8.77	14.04
600335	国机汽车	627.15	574.76	17.93	17.79	37.93	13.91	18.74	5.63
600336	澳柯玛	682.07	680.07	5.52	5.56	13.56	4.40	8.22	48.91
600337	美克家居	646.34	642.40	9.54	9.50	24.15	9.42	15.62	65.30
600338	西藏珠峰	653.01	158.33	13.36	13.47	43.20	11.25	20.90	56.44
600339	天利高新	578.15	578.15	5.76	5.75	13.10	4.46	7.52	30.56
600340	华夏幸福	2645.76	2645.76	43.60	43.50	64.50	19.97	30.72	42.75
600343	航天动力	638.21	575.37	18.40	18.38	43.98	15.37	25.57	38.97
600345	长江通信	198.00	198.00	15.07	15.08	31.85	12.07	23.92	59.39
600346	大橡塑	667.79	667.79	7.61	7.50	18.87	5.65	13.00	292.90
600348	阳泉煤业	2405.00	2405.00	8.87	9.08	13.65	5.68	6.46	-27.17
600350	山东高速	4811.17	4811.17	5.04	5.05	11.90	4.43	7.11	44.92
600351	亚宝药业	787.04	692.00	8.73	8.72	19.50	8.65	15.62	80.99
600352	浙江龙盛	3253.33	3059.93	19.68	20.19	44.30	9.41	11.64	20.83
600353	旭光股份	543.72	543.72	8.36	8.40	35.50	5.78	9.89	137.44
600354	敦煌种业	527.80	447.80	8.40	8.40	16.80	5.45	9.88	17.62
600355	精伦电子	492.09	492.09	6.72	6.71	25.50	4.79	8.08	140.48

注：发行股本、流通股本、成交数量的单位是百万股，成交金额的单位是百万元

A 股
A Share

股票
Share

涨跌值 Change	市盈率 P/E	市净率 P/B	换手率(%) Turnover Rate	成交数量 Trading Vol	成交金额 Trading Val
2.33	2087.80	73.37	466.96	1674.21	31813.34
11.96	68.13	3.55	630.63	2036.47	59463.22
9.72	206.41	50.53	327.62	1712.49	31397.82
2.07	59.75	4.57	732.62	12249.46	97747.21
6.47	0.00	0.00	389.11	914.99	10935.25
3.96	0.00	3.27	828.63	2867.13	28293.73
9.40	933.70	4.21	1216.62	6989.56	66215.00
7.51	103.43	6.13	533.49	1557.13	39387.45
20.04	163.79	44.16	717.97	1273.67	24356.44
-0.37	612.80	1.46	789.67	49459.82	273334.98
1.18	112.06	1.07	774.89	9047.31	56755.06
-3.93	15.95	3.64	314.72	6805.25	153763.62
-8.15	205.18	2.06	759.28	3474.46	61236.16
0.57	0.00	5.17	1305.90	8692.10	69334.85
4.66	32.00	3.78	564.41	4622.35	96204.33
3.80	59.44	5.77	893.35	2864.74	46310.01
5.17	29.64	7.00	405.28	2699.96	113052.93
-4.63	169.56	3.40	886.71	6358.73	197577.83
0.00	56.97	3.23	639.07	22005.46	129947.78
19.36	70.22	6.82	724.39	1753.02	52482.25
4.55	0.00	18.07	476.75	1504.59	12833.58
-1.36	131.44	1.77	551.19	15258.79	129871.75
1.35	1295.00	3.65	1157.48	13668.43	84951.88
0.66	35.20	1.29	883.33	9767.02	62224.64
1.58	39.84	3.69	642.64	3304.95	55400.04
3.96	29.47	2.76	950.43	7765.42	120024.48
2.35	117.97	6.68	1492.49	8166.93	109870.35
2.93	35.51	3.60	875.04	4565.20	49487.36
6.01	370.57	4.28	1131.08	4061.93	58060.83
5.92	45.51	5.89	571.30	3062.52	66921.37
5.41	899.02	8.23	1239.30	7297.20	106708.43
1.34	0.00	3.59	917.69	9470.59	80382.55
3.16	32.77	5.05	478.17	4955.88	165129.26
1.08	191.03	2.44	925.21	4589.22	44112.75
0.81	13.74	2.31	386.78	2191.79	49487.86
2.70	78.44	5.66	1038.65	7063.56	56489.72
6.08	43.22	3.54	383.48	2458.12	39207.84
7.54	1596.64	361.40	1143.05	1809.83	40843.80
1.76	0.00	4.33	1185.36	6853.22	53674.49
-12.88	22.98	8.30	271.99	6229.15	196514.95
7.17	266.69	7.52	1546.62	8898.75	232570.86
8.85	107.46	3.99	840.20	1663.60	34255.56
5.39	0.00	13.11	675.26	3536.79	36059.96
-2.41	19.63	1.20	502.11	12075.64	109589.06
2.07	13.29	1.62	173.81	8362.33	63043.75
6.89	72.26	6.78	786.91	5070.58	69230.93
-8.04	14.95	3.39	908.41	20638.70	380075.50
1.53	85.08	5.48	855.60	3348.45	45557.48
1.48	0.00	7.73	1478.03	6618.63	65288.30
1.36	654.25	9.50	1207.18	4167.85	44139.99

A 股　　股票
A Share　　Share

股票代码 Code	名称 Name	发行股本 Issued Vol	流通股本 Negotiable Vol	上年收盘 Last Year Close	本年开盘 Open	本年最高 High	本年最低 Low	本年收盘 Close	涨跌(%) Change(%)
600356	恒丰纸业	298.73	298.73	7.98	7.88	16.97	7.65	12.73	60.53
600358	国旅联合	432.00	432.00	7.25	7.27	29.78	6.85	17.00	134.48
600359	新农开发	381.51	381.51	10.74	10.73	20.65	8.35	11.96	11.36
600360	华微电子	738.08	738.08	5.00	4.98	15.21	4.80	9.73	95.00
600361	华联综超	665.81	665.81	6.40	6.44	15.89	5.64	8.05	27.34
600362	江西铜业	2075.25	2075.25	18.44	18.49	29.98	11.51	15.74	-13.56
600363	联创光电	443.48	443.48	9.54	9.54	29.86	9.39	20.45	114.75
600365	通葡股份	400.00	280.00	11.38	10.90	35.20	10.23	15.39	170.47
600366	宁波韵升	534.98	514.50	16.15	16.20	35.09	13.28	21.84	36.47
600367	红星发展	291.20	291.20	11.08	11.06	21.50	6.68	12.67	14.58
600368	五洲交通	833.80	833.80	5.48	5.48	11.28	4.21	6.57	19.89
600369	西南证券	5645.11	4645.11	22.29	22.33	27.80	7.30	9.90	-9.83
600370	三房巷	318.90	318.90	6.65	6.63	22.00	6.51	17.24	159.47
600371	万向德农	225.06	225.06	11.69	11.60	39.00	10.15	22.50	112.03
600372	中航电子	1759.16	1759.16	27.69	27.68	50.10	17.48	24.63	-10.87
600373	中文传媒	1377.94	1185.68	13.32	13.33	39.50	13.11	23.49	77.48
600375	华菱星马	555.74	555.74	12.17	12.19	19.28	5.26	7.73	-36.48
600376	首开股份	2242.01	2242.01	10.08	10.58	21.22	8.56	12.50	26.39
600377	宁沪高速	3815.75	3797.98	7.30	7.32	11.66	6.58	8.75	25.07
600378	天科股份	297.19	297.19	14.29	14.25	30.78	12.47	20.75	45.77
600379	宝光股份	235.86	235.86	12.66	13.93	27.00	11.61	21.76	71.88
600380	健康元	1583.88	1545.84	7.19	7.81	30.02	7.16	13.82	93.60
600381	青海春天	688.31	198.93	21.80	21.82	50.09	14.00	21.22	-2.66
600382	广东明珠	341.75	341.75	14.85	14.95	24.56	8.94	15.86	7.00
600383	金地集团	4499.61	4499.61	11.41	11.70	16.68	8.18	13.80	22.09
600385	山东金泰	148.11	142.77	11.95	11.99	38.07	11.06	27.42	129.46
600386	北巴传媒	403.20	403.20	10.49	10.48	26.99	9.02	17.60	70.45
600387	海越股份	386.10	385.71	12.79	12.80	28.36	10.01	16.89	32.84
600388	龙净环保	1069.05	1069.05	35.00	35.20	73.00	11.20	17.28	24.37
600389	江山股份	198.00	198.00	26.58	26.53	46.10	16.07	26.49	0.83
600390	金瑞科技	451.26	381.95	11.64	11.65	23.72	8.95	15.91	36.68
600391	成发科技	330.13	330.13	28.61	28.65	85.16	24.05	51.86	81.37
600392	盛和资源	941.04	391.50	27.75	27.66	41.49	11.84	12.31	11.62
600393	东华实业	300.00	299.51	7.09	7.11	17.85	6.79	12.53	78.14
600395	盘江股份	1655.05	1655.05	11.92	12.05	16.20	6.02	8.21	-29.78
600396	金山股份	1472.71	812.80	6.71	6.70	14.37	5.60	7.06	6.71
600397	安源煤业	989.96	989.96	5.40	5.38	15.00	4.46	5.84	8.15
600398	海澜之家	4492.76	1531.22	10.10	10.07	21.06	9.79	13.96	41.98
600399	抚顺特钢	1300.00	1129.62	28.38	31.22	44.69	5.94	9.37	-17.28
600400	红豆股份	711.85	560.40	5.40	5.49	25.40	5.45	22.44	316.48
600401	*ST 海润	4724.94	4724.94	6.91	6.89	15.73	2.21	3.00	30.25
600403	大有能源	2390.81	2390.81	6.03	6.03	11.96	4.52	5.95	-1.08
600405	动力源	437.94	423.89	9.78	9.78	21.49	7.05	16.74	71.17
600406	国电南瑞	2428.95	2205.75	14.55	14.58	30.30	11.89	16.68	15.74
600408	*ST 安泰	1006.80	1006.80	3.71	3.71	6.16	3.00	5.29	42.59
600409	三友化工	1850.39	1850.39	6.17	6.20	13.09	5.93	7.75	26.90
600410	华胜天成	641.73	637.45	20.37	20.69	49.52	13.95	26.51	30.45
600415	小商品城	5443.21	5443.21	12.69	12.60	30.48	7.09	9.19	45.78
600416	湘电股份	743.41	608.48	12.04	11.81	28.00	10.05	20.73	72.43
600418	江淮汽车	1463.23	829.62	12.08	12.08	19.45	9.70	14.59	21.69

注：发行股本、流通股本、成交数量的单位是百万股，成交金额的单位是百万元

A 股
A Share

股票
Share

涨跌值 Change	市盈率 P/E	市净率 P/B	换手率(%) Turnover Rate	成交数量 Trading Vol	成交金额 Trading Val
4.75	47.79	2.39	524.66	1521.04	17613.38
9.75	0.00	25.09	1302.45	5626.58	83076.88
1.22	224.43	4.62	1229.30	3959.06	53336.72
4.73	201.37	3.66	1148.48	8476.67	72421.50
1.65	52.31	1.73	616.06	4101.76	37354.42
-2.70	19.12	1.19	594.68	12341.02	243384.70
10.91	68.01	5.09	1374.89	5838.09	100061.14
4.01	2738.43	8.99	994.78	1955.70	32003.43
5.69	59.00	3.93	706.93	3637.12	77418.53
1.59	146.61	3.02	1089.18	3171.69	40512.29
1.09	74.60	1.85	1007.56	8401.08	60938.20
-12.39	41.74	3.34	709.38	20889.77	341244.23
10.59	365.25	4.63	845.20	2695.31	32207.15
10.81	1142.13	13.24	1062.61	2281.56	44938.12
-3.06	72.14	8.40	389.40	6850.17	212054.37
10.17	40.00	5.05	406.65	4821.60	111279.35
-4.44	0.00	1.21	865.07	4709.60	49942.37
2.42	17.01	1.92	925.45	20748.59	283174.91
1.45	17.12	2.10	109.56	4160.80	35724.41
6.46	80.50	8.60	489.41	1454.49	27033.74
9.10	252.79	12.61	771.23	1819.02	31117.79
6.63	61.79	5.03	778.18	12029.33	198325.22
-0.58	184.06	9.94	1500.96	2935.04	73049.27
1.01	6.42	2.17	1295.02	4425.69	68813.77
2.39	15.53	1.97	319.15	14340.40	174380.46
15.47	111.91	76.01	1024.14	1462.20	29649.47
7.11	37.63	4.20	884.55	3566.49	54833.15
4.10	58.63	5.48	865.78	3339.38	57760.41
-17.72	39.86	5.87	1174.73	9020.02	219791.14
-0.09	26.00	3.93	423.06	837.66	25159.78
4.27	0.00	8.06	1615.49	6170.32	91607.10
23.25	578.92	10.25	1224.89	4043.73	185778.42
-15.44	60.25	9.23	1269.37	2555.74	64228.45
5.44	61.08	3.80	709.50	2077.21	22572.76
-3.71	44.23	2.25	383.05	6339.74	66547.10
0.35	37.54	4.94	1101.56	8940.50	79009.06
0.44	60.59	1.65	1166.60	11384.03	95947.55
3.86	26.41	8.91	359.55	4867.63	75173.64
-19.01	259.41	6.97	1135.38	9996.37	146536.82
17.04	243.75	11.05	749.94	4202.67	58010.80
-3.91	0.00	2.93	1276.86	27233.24	145895.28
-0.08	128.65	1.44	161.02	3849.66	28833.83
6.96	160.47	9.83	2304.39	9768.13	139583.60
2.13	31.58	5.67	721.47	15913.80	308274.25
1.58	0.00	3.55	488.06	4913.80	21196.32
1.58	30.05	2.36	696.55	12723.63	117301.86
6.14	178.82	7.35	1452.23	9257.19	249969.37
-3.50	122.32	5.67	575.19	27510.74	382131.62
8.69	283.27	7.23	615.97	3748.10	68421.87
2.51	40.38	3.05	1161.56	10173.81	147908.64

A 股
A Share

股票
Share

股票代码 Code	名称 Name	发行股本 Issued Vol	流通股本 Negotiable Vol	上年收盘 Last Year Close	本年开盘 Open	本年最高 High	本年最低 Low	本年收盘 Close	涨跌(%) Change(%)
600419	天润乳业	103.56	80.21	20.70	20.66	49.80	19.22	35.21	70.10
600420	现代制药	287.73	287.73	20.91	20.96	60.65	20.90	37.15	78.62
600421	仰帆控股	195.60	195.60	6.96	6.93	26.96	6.78	22.68	225.86
600422	昆药集团	394.34	340.45	24.82	24.53	51.50	23.71	39.82	61.12
600423	柳化股份	399.35	399.35	5.95	6.55	14.40	4.60	8.60	45.38
600425	青松建化	1378.79	1378.79	6.89	6.89	12.37	4.60	5.84	-14.66
600426	华鲁恒升	953.63	953.63	10.94	10.91	22.32	9.80	14.43	33.27
600428	中远航运	1690.45	1690.45	8.00	8.30	17.19	5.67	10.26	28.50
600429	三元股份	1497.56	885.00	8.83	8.80	15.59	6.51	7.29	-17.44
600432	吉恩镍业	1603.72	811.12	14.23	14.24	25.30	9.38	12.89	-9.42
600433	冠豪高新	1271.32	1190.28	11.80	11.80	24.75	6.93	11.46	-2.63
600435	北方导航	744.66	744.66	24.47	24.55	65.35	22.77	28.70	17.49
600436	片仔癀	402.21	402.21	87.68	87.70	234.55	44.79	68.79	97.17
600438	通威股份	817.11	687.52	9.30	9.30	23.78	9.18	14.21	54.95
600439	瑞贝卡	943.32	943.32	4.78	4.78	13.35	4.48	7.10	49.37
600444	*ST 国通	146.42	105.00	14.37	13.89	34.49	12.47	23.17	61.24
600446	金证股份	830.51	796.91	46.88	46.80	269.50	37.19	49.19	215.27
600448	华纺股份	422.36	399.39	6.72	6.61	16.70	5.93	8.95	33.18
600449	宁夏建材	478.18	478.18	12.42	12.46	17.99	7.51	11.20	-8.37
600452	涪陵电力	160.00	160.00	15.95	15.77	34.40	13.34	32.89	107.46
600455	博通股份	62.46	49.72	19.10	19.10	72.00	19.05	46.03	140.99
600456	宝钛股份	430.27	430.27	17.18	17.34	30.80	12.10	20.30	18.45
600458	时代新材	661.42	661.42	12.18	13.40	44.43	11.91	17.70	45.48
600459	贵研铂业	260.98	260.98	18.22	18.25	34.50	12.00	20.96	15.59
600460	士兰微	1247.17	1247.17	5.71	5.71	14.26	5.19	8.85	55.43
600461	洪城水业	330.00	330.00	11.66	11.62	17.05	9.68	16.19	40.14
600462	石岘纸业	533.78	533.78	6.26	6.27	13.34	5.71	13.22	111.18
600463	空港股份	252.00	252.00	9.59	9.68	28.70	8.85	18.67	95.72
600466	蓝光发展	2117.02	439.01	8.38	8.38	20.10	7.32	14.32	71.00
600467	好当家	730.50	730.50	6.36	6.39	13.55	5.30	10.62	67.12
600468	百利电气	456.19	456.19	13.28	13.20	35.70	11.15	17.72	33.67
600469	风神股份	374.94	374.94	12.24	12.27	26.30	10.20	17.19	41.67
600470	六国化工	521.60	521.60	6.63	6.64	14.14	4.81	11.37	71.49
600475	华光股份	256.00	256.00	14.62	14.61	26.50	11.00	20.69	42.20
600476	湘邮科技	161.07	161.07	19.05	18.91	48.05	16.43	39.25	106.04
600477	杭萧钢构	741.84	605.95	6.01	6.02	18.76	5.40	12.30	167.05
600478	科力远	927.38	850.02	19.31	19.89	38.49	11.30	21.92	104.33
600479	千金药业	348.76	304.82	14.06	14.05	31.72	12.19	20.97	50.57
600480	凌云股份	450.93	361.71	13.03	13.07	34.00	11.21	16.91	30.70
600481	双良节能	1620.50	1620.50	10.09	10.19	31.81	7.42	9.06	84.04
600482	风帆股份	536.50	524.34	12.71	12.71	52.80	12.47	47.05	270.82
600483	福能股份	1258.35	288.48	9.41	9.44	24.80	9.22	17.19	84.80
600485	信威集团	2923.74	1631.44	43.35	43.28	68.00	16.72	26.75	-38.28
600486	扬农化工	309.90	309.90	30.10	30.12	50.45	19.60	29.34	17.63
600487	亨通光电	1241.27	1151.27	18.95	20.60	47.12	8.31	15.94	152.79
600488	天药股份	960.85	892.28	5.90	5.90	13.29	5.37	7.37	25.39
600489	中金黄金	2943.23	2943.23	10.62	10.61	17.50	8.00	9.93	-6.40
600490	鹏欣资源	1479.00	1479.00	10.79	11.87	20.67	6.61	6.61	-38.74
600491	龙元建设	947.60	947.60	6.69	6.77	18.58	5.52	9.11	36.62
600493	凤竹纺织	272.00	272.00	7.12	7.14	26.58	7.00	16.82	136.52

注：发行股本、流通股本、成交数量的单位是百万股，成交金额的单位是百万元

股
A Share

股票
Share

涨跌值 Change	市盈率 P/E	市净率 P/B	换手率(%) Turnover Rate	成交数量 Trading Vol	成交金额 Trading Val
14.51	290.30	13.68	946.18	758.94	23726.03
16.24	56.26	9.16	452.07	1300.75	46096.30
15.72	2045.09	812.97	848.95	1660.56	26048.06
15.00	53.73	8.16	719.70	2449.62	83007.16
2.65	390.55	2.64	960.80	3836.92	32255.19
-1.05	1250.54	1.52	856.56	11810.13	94787.45
3.49	17.11	2.09	838.40	7995.24	116992.47
2.26	87.67	2.66	820.75	13874.38	153677.65
-1.54	204.89	6.98	283.88	2512.29	27170.16
-1.34	0.00	2.52	613.94	4979.77	82154.83
-0.34	115.69	8.31	703.16	8369.54	111023.08
4.23	657.50	10.59	679.63	5060.93	186122.67
-18.89	63.05	9.51	378.86	1082.65	89589.26
4.91	35.26	4.99	324.18	2228.79	33000.22
2.32	42.84	2.96	1089.01	10272.83	74466.03
8.80	0.00	0.00	607.23	637.59	12727.76
2.31	266.40	48.75	668.66	3502.13	243605.97
2.23	155.46	4.58	1213.14	4734.12	44401.70
-1.22	19.73	1.26	1112.70	5320.72	64338.77
16.94	73.13	10.01	709.68	1135.48	26485.27
26.93	479.08	21.94	813.72	404.56	17033.31
3.12	732.32	2.41	645.80	2778.64	58318.72
5.52	258.62	4.05	930.24	6152.80	133013.64
2.74	64.03	3.13	1200.19	3132.23	67243.51
3.14	67.16	4.60	752.67	9387.04	79063.77
4.53	36.02	2.88	522.48	1724.20	22711.32
6.96	3208.74	22.02	166.55	889.03	8038.36
9.08	110.59	7.01	612.07	1542.42	23403.85
5.94	2410.77	5.19	1201.68	5275.42	69414.33
4.26	377.00	2.68	936.54	6841.43	57039.78
4.44	166.39	12.67	371.72	1695.77	32760.86
4.95	19.43	2.31	702.69	2634.70	47341.94
4.74	0.00	2.95	1313.85	6853.05	61836.03
6.07	63.64	3.88	617.05	1579.66	28316.17
20.20	876.12	27.40	1082.97	1744.34	53077.66
6.29	153.98	8.48	1134.99	6313.05	71733.83
2.61	0.00	23.17	535.98	3935.76	81671.64
6.91	69.59	6.52	847.22	2582.49	49778.93
3.88	55.61	3.78	1106.34	4001.80	71751.64
-1.03	50.17	6.57	472.51	4653.72	78064.06
34.34	174.87	12.11	577.80	3029.67	83854.69
7.78	27.20	3.74	906.89	2616.23	43372.13
-16.60	43.15	7.57	1242.93	5617.56	159016.93
-0.76	20.00	3.35	617.17	1766.33	56593.12
-3.01	57.49	4.83	838.09	5071.26	109086.85
1.47	81.79	2.98	683.51	6098.85	51000.79
-0.69	346.48	2.94	678.94	19982.62	245727.11
-4.18	129.81	5.95	1043.59	11180.18	155114.74
2.42	35.70	2.61	953.51	9035.50	103109.99
9.70	456.82	7.24	1419.15	3860.07	55903.28

A 股
A Share

股票
Share

股票代码 Code	名称 Name	发行股本 Issued Vol	流通股本 Negotiable Vol	上年收盘 Last Year Close	本年开盘 Open	本年最高 High	本年最低 Low	本年收盘 Close	涨跌(%) Change(%)
600495	晋西车轴	1208.19	1103.32	23.90	23.58	32.39	5.68	10.47	-20.87
600496	精工钢构	1510.45	1510.45	9.49	9.51	21.00	4.46	6.01	39.75
600497	驰宏锌锗	1667.56	1667.56	11.61	11.67	20.29	8.01	11.04	-3.62
600498	烽火通信	1046.92	966.70	15.42	15.40	42.24	15.32	28.51	86.51
600499	科达洁能	705.73	688.74	18.46	18.59	30.87	17.19	22.63	23.67
600500	中化国际	2083.01	1723.12	10.43	10.48	25.60	8.97	12.81	24.07
600501	航天晨光	421.28	389.28	14.05	14.07	39.12	13.20	26.40	88.40
600502	安徽水利	531.91	501.93	11.64	11.68	22.25	10.20	13.67	17.87
600503	华丽家族	1602.29	1562.69	5.68	5.77	30.97	5.72	13.70	141.27
600505	西昌电力	364.57	364.57	10.37	10.42	18.45	5.99	10.97	6.08
600506	香梨股份	147.71	147.71	11.31	11.26	31.49	10.20	23.43	107.16
600507	方大特钢	1326.09	1326.09	5.30	5.27	15.37	4.82	6.10	30.19
600508	上海能源	722.72	722.72	11.26	11.27	18.30	8.21	10.29	-8.61
600509	天富能源	905.70	838.70	9.87	9.82	18.49	7.65	9.81	0.57
600510	黑牡丹	1047.10	795.52	7.71	7.71	24.32	7.37	12.03	57.14
600511	国药股份	478.80	277.64	30.99	30.99	57.99	28.00	37.92	22.68
600512	腾达建设	1018.04	736.94	4.21	4.21	9.83	3.56	5.49	30.88
600513	联环药业	168.91	152.10	15.17	15.10	41.82	13.01	26.06	72.35
600515	海岛建设	422.77	422.77	8.10	8.11	20.58	7.53	16.72	106.42
600516	方大炭素	1719.16	1719.16	9.77	10.00	17.39	6.71	12.51	28.05
600517	置信电气	1356.17	1113.67	10.64	10.70	22.48	8.32	12.66	19.92
600518	康美药业	4397.43	4397.43	15.72	15.58	51.77	12.18	16.95	117.68
600519	贵州茅台	1256.20	1256.20	189.62	189.62	290.00	166.20	218.19	28.88
600520	中发科技	158.43	153.89	15.71	14.14	37.31	11.10	27.88	77.47
600521	华海药业	793.14	783.76	14.54	14.50	33.99	13.73	25.39	75.65
600522	中天科技	1044.31	862.77	15.39	15.43	35.40	14.57	22.90	49.51
600523	贵航股份	288.79	288.60	15.72	15.77	43.00	13.83	22.40	43.45
600525	长园集团	1091.70	863.51	11.49	11.69	34.63	10.90	18.83	64.97
600526	菲达环保	547.40	406.89	14.97	15.09	30.77	10.01	17.83	19.77
600527	江南高纤	802.09	802.09	4.62	4.62	14.38	4.30	7.20	57.79
600528	中铁二局	1459.20	1459.20	15.05	14.96	29.16	9.53	14.33	-4.39
600529	山东药玻	257.38	257.38	12.46	12.33	24.65	10.35	19.33	56.34
600530	交大昂立	312.00	312.00	11.98	12.12	44.33	11.66	21.37	79.63
600531	豫光金铅	295.25	295.25	13.41	13.38	28.05	9.03	16.52	23.42
600532	宏达矿业	516.07	396.23	9.25	9.24	29.80	8.78	19.48	111.68
600533	栖霞建设	1050.00	1050.00	5.00	5.00	10.73	3.95	6.77	36.40
600535	天士力	1080.48	1032.84	41.10	40.94	57.85	31.42	40.92	0.51
600536	中国软件	494.56	484.71	32.90	33.09	65.28	19.00	36.08	9.73
600537	亿晶光电	588.18	485.87	13.71	13.70	27.78	8.28	14.98	10.07
600538	国发股份	464.40	279.22	7.04	7.04	19.58	6.34	11.85	68.32
600539	*ST 狮头	230.00	230.00	7.25	7.25	19.20	6.77	13.13	81.10
600540	新赛股份	470.92	463.12	8.04	8.03	18.00	7.25	8.46	36.79
600543	莫高股份	321.12	321.12	8.97	8.96	25.43	7.37	12.94	44.26
600545	新疆城建	675.79	675.79	11.39	11.40	24.39	7.46	11.07	-2.43
600546	山煤国际	1982.46	1982.46	5.67	5.74	11.14	3.90	4.43	-21.87
600547	山东黄金	1423.07	1423.07	19.85	19.86	34.50	14.58	21.00	6.30
600548	深高速	1433.27	1433.27	8.29	8.33	12.23	5.50	9.80	23.64
600549	厦门钨业	1081.57	886.57	32.98	32.90	43.58	14.08	18.81	-25.25
600550	保变电气	1534.61	1372.99	6.69	6.89	18.57	6.12	8.80	31.54
600551	时代出版	505.83	505.83	16.21	16.21	31.58	14.39	22.75	41.78

注：发行股本、流通股本、成交数量的单位是百万股，成交金额的单位是百万元

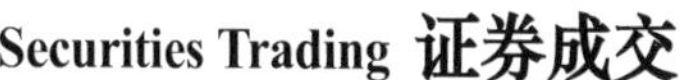

股票
Share

A Share

涨跌值 Change	市盈率 P/E	市净率 P/B	换手率(%) Turnover Rate	成交数量 Trading Vol	成交金额 Trading Val
-13.43	90.12	4.15	1731.18	15074.06	234809.05
-3.48	34.06	2.69	940.45	10403.04	87242.90
-0.57	114.23	2.56	648.42	10812.77	140532.98
13.09	55.26	4.81	553.20	5347.85	138540.86
4.17	35.80	4.42	465.10	3111.51	72547.09
2.38	31.53	2.45	714.10	12304.85	167382.84
12.35	130.38	8.88	990.18	3854.60	87213.11
2.03	31.53	4.13	1122.75	5635.42	87163.28
8.02	1107.52	6.11	1824.21	24183.66	346428.84
0.60	64.71	4.30	856.74	3123.38	35901.81
12.12	0.00	12.73	900.04	1329.42	24136.29
0.80	14.21	2.71	627.05	8315.31	65223.65
-0.97	153.51	0.93	509.85	3684.79	44843.82
-0.06	25.59	2.02	808.46	6780.55	80987.77
4.32	52.34	2.71	475.14	3779.86	48720.96
6.93	37.62	7.32	843.24	2341.21	88970.95
1.28	232.63	4.77	1091.78	8045.75	49348.09
10.89	100.05	10.14	1245.87	1894.97	45744.62
8.62	189.16	8.64	788.56	2457.13	32374.51
2.74	77.04	3.74	973.81	16741.38	196734.47
2.02	60.12	7.46	718.48	8001.45	111307.53
1.23	32.61	4.46	705.54	21656.21	502886.84
28.57	17.86	5.13	114.18	1340.69	298723.36
12.17	0.00	9.33	1344.94	1964.85	39833.66
10.85	75.85	6.25	377.99	2957.65	67741.76
7.51	42.29	3.04	691.88	5231.09	118685.05
6.68	48.58	3.50	894.17	2580.59	59649.87
7.34	56.19	7.39	390.69	3373.61	66443.93
2.86	174.99	7.31	2129.95	8666.56	170544.44
2.58	191.44	3.28	1429.20	11463.44	87158.78
-0.72	73.93	3.44	1271.69	18556.46	362455.56
6.87	39.90	2.35	677.24	1743.07	29097.67
9.39	78.56	3.20	369.44	1152.65	28445.33
3.11	208.03	3.59	1043.33	3080.45	48962.58
10.23	57.13	8.33	1038.95	1812.69	29296.56
1.77	550.41	1.97	437.57	4594.47	31157.48
-0.18	32.31	9.14	263.79	2724.50	122856.69
3.18	532.00	9.33	1077.15	5221.07	207715.45
1.27	73.51	6.48	956.29	4646.31	77991.74
4.81	0.00	8.12	1237.39	3454.98	37908.82
5.88	0.00	6.47	745.68	1715.06	18463.67
0.42	277.56	3.33	943.21	2980.01	32425.08
3.97	242.96	3.89	1216.75	3907.23	49501.93
-0.32	77.43	3.58	1983.41	13403.62	204670.02
-1.24	0.00	1.42	745.02	14769.74	97237.71
1.15	35.93	3.25	734.93	10458.65	253816.81
1.51	9.77	1.81	245.30	3515.80	32386.06
-14.17	46.12	2.74	607.97	5018.43	134313.23
2.11	199.46	14.76	546.79	7507.36	81033.15
6.54	29.51	3.14	589.42	2981.42	64701.75

A 股
A Share

股票
Share

股票代码 Code	名称 Name	发行股本 Issued Vol	流通股本 Negotiable Vol	上年收盘 Last Year Close	本年开盘 Open	本年最高 High	本年最低 Low	本年收盘 Close	涨跌(%) Change(%)
600552	方兴科技	383.52	342.24	19.01	20.91	39.39	12.55	22.63	19.04
600555	九龙山	973.50	973.50	6.85	6.86	15.20	6.47	9.02	31.68
600556	慧球科技	394.79	394.79	14.00	14.01	36.98	8.33	27.07	93.36
600557	康缘药业	513.71	368.53	23.08	23.09	41.18	19.97	25.02	8.84
600558	大西洋	598.40	552.48	14.36	14.43	21.90	5.32	9.12	-4.39
600559	老白干酒	175.22	140.00	49.34	48.94	99.49	41.83	60.17	22.25
600560	金自天正	223.65	223.65	11.13	11.13	32.18	10.53	18.55	66.89
600561	江西长运	237.06	237.06	12.68	12.63	20.69	8.92	16.01	27.76
600562	国睿科技	257.06	168.18	49.86	50.06	73.50	30.30	62.19	25.07
600563	法拉电子	225.00	225.00	28.82	28.70	46.90	23.60	41.61	46.81
600565	迪马股份	2345.86	1472.20	5.16	5.17	17.04	4.51	11.68	126.94
600566	济川药业	781.45	170.63	19.70	19.68	34.90	18.77	27.66	42.44
600567	山鹰纸业	3766.94	2176.22	2.89	2.89	8.50	2.58	3.80	31.83
600568	中珠控股	506.60	366.23	13.83	13.82	26.50	12.61	23.94	73.25
600569	安阳钢铁	2393.68	2393.68	3.33	3.33	6.50	2.77	3.16	-5.11
600570	恒生电子	617.81	617.81	54.76	54.77	179.80	38.21	60.97	11.67
600571	信雅达	219.84	202.42	26.93	26.93	210.94	25.20	59.08	120.01
600572	康恩贝	1673.82	1371.83	15.09	15.11	33.63	10.10	13.36	51.64
600573	惠泉啤酒	250.00	250.00	9.10	9.03	21.85	6.72	18.25	100.99
600575	皖江物流	2884.01	1423.20	4.11	4.52	7.45	4.52	6.19	50.61
600576	万家文化	634.97	479.80	16.34	15.81	75.50	11.88	27.19	266.08
600577	精达股份	1955.32	1419.13	7.09	7.05	24.20	3.92	6.45	83.36
600578	京能电力	4617.32	4617.32	6.32	6.31	10.00	4.88	6.07	-0.79
600579	天华院	392.07	255.60	11.89	11.78	25.00	8.84	16.67	40.20
600580	卧龙电气	1110.53	687.73	10.48	11.12	24.34	9.61	15.42	47.71
600581	八一钢铁	766.45	766.45	5.55	5.54	16.00	4.66	9.85	77.48
600582	天地科技	4138.59	2427.84	12.19	12.22	26.01	6.80	6.83	12.88
600583	海油工程	4421.35	4049.01	10.53	10.57	17.88	8.01	8.95	-12.82
600584	长电科技	1035.91	984.57	11.13	12.24	32.57	11.40	22.02	97.93
600585	海螺水泥	3999.70	3999.70	22.08	22.50	28.75	15.30	17.10	-19.61
600586	金晶科技	1458.89	1422.71	4.07	4.08	10.58	3.57	6.11	50.12
600587	新华医疗	406.43	366.33	31.33	31.29	58.63	25.96	36.33	16.22
600588	用友网络	1459.59	1401.60	23.49	23.55	74.39	22.00	31.81	63.78
600589	广东榕泰	601.73	601.73	5.72	5.72	17.64	5.42	16.79	193.80
600590	泰豪科技	619.25	502.01	8.92	8.90	27.85	8.86	15.67	76.35
600592	龙溪股份	399.55	369.55	10.28	10.22	25.85	7.92	16.51	61.58
600593	大连圣亚	92.00	92.00	17.36	17.14	52.50	16.86	51.39	196.89
600594	益佰制药	791.93	782.36	33.37	33.38	75.35	13.62	21.20	27.42
600595	中孚实业	1741.54	1514.87	5.84	5.83	11.21	3.98	7.05	20.72
600596	新安股份	679.18	679.18	10.38	10.38	21.50	6.48	10.20	-0.77
600597	光明乳业	1230.64	1224.30	17.46	17.54	28.70	14.31	15.92	-7.22
600598	北大荒	1777.68	1777.68	9.91	9.97	26.71	8.61	14.73	52.57
600599	熊猫金控	166.00	126.00	23.03	23.05	58.99	22.00	37.62	63.70
600600	青岛啤酒	695.91	695.91	41.78	41.72	60.21	29.00	33.20	-19.46
600601	方正科技	2194.89	2194.89	4.68	4.67	14.71	4.58	6.18	32.31
600602	仪电电子	1033.46	879.57	6.97	6.98	15.15	6.24	12.79	83.50
600603	大洲兴业	194.64	194.64	8.56	8.46	26.32	7.91	12.32	43.93
600604	市北高新	527.37	333.52	11.14	11.20	43.00	9.15	34.38	208.64
600605	汇通能源	147.34	147.34	12.15	12.16	31.29	11.51	25.62	111.00
600606	绿地控股	12168.15	518.32	12.94	13.36	42.98	11.69	16.33	26.20

注：发行股本、流通股本、成交数量的单位是百万股，成交金额的单位是百万元

股
A Share

股票
Share

涨跌值 Change	市盈率 P/E	市净率 P/B	换手率(%) Turnover Rate	成交数量 Trading Vol	成交金额 Trading Val
3.62	79.18	5.08	771.60	2640.72	59396.82
2.17	265.14	6.99	827.72	8057.81	71544.65
13.07	17577.92	5392.16	1176.32	4644.05	85902.66
1.94	40.21	5.14	890.07	3280.15	89476.08
-5.24	92.04	3.05	840.16	4016.62	41497.24
10.83	178.28	15.80	468.79	656.30	39216.47
7.42	235.83	5.91	1227.07	2744.28	52178.52
3.33	25.50	2.54	585.46	1387.90	19790.26
12.33	109.59	18.11	625.23	1006.39	51897.35
12.79	30.58	5.31	758.44	1706.49	59995.72
6.52	48.82	4.69	899.51	8857.39	96053.17
7.96	41.62	9.42	895.40	1512.27	38179.14
0.91	130.18	2.41	1584.45	34481.17	162386.35
10.11	374.24	5.11	392.95	1429.59	28638.05
-0.17	265.10	1.05	498.03	11921.19	50058.75
6.21	104.48	19.66	1119.52	6916.47	549210.70
32.15	117.11	18.71	1361.99	2756.93	177735.00
-1.73	40.49	8.01	518.43	4834.90	84616.94
9.15	140.59	4.20	656.75	1641.88	21252.47
2.08	0.00	5.23	326.92	4652.77	27723.13
10.85	0.00	35.47	1110.84	3181.67	88012.90
-0.64	93.51	4.61	1092.11	11861.63	105729.32
-0.25	10.99	1.96	560.99	12663.42	90740.07
4.78	103.71	9.58	760.53	1943.93	28253.93
4.94	38.41	4.54	791.07	5440.42	82251.21
4.30	0.00	4.72	1410.83	10813.30	97440.40
-5.36	17.66	2.64	412.79	5293.75	83499.52
-1.58	9.27	1.93	708.17	28673.99	364224.85
10.89	145.61	6.06	847.31	7448.36	138579.28
-4.98	8.24	1.37	384.14	15364.48	340428.83
2.04	0.00	2.27	1145.46	12892.93	80153.50
5.00	45.23	5.07	582.30	2104.21	85527.35
8.32	84.38	11.65	813.84	10699.13	424412.16
11.07	326.53	4.98	532.49	3204.16	28898.48
6.75	165.61	4.44	635.24	3178.63	51985.95
6.23	135.84	2.88	1203.93	4449.16	63842.72
34.03	122.77	13.24	669.26	615.72	18109.01
-12.17	35.09	4.89	626.94	3545.37	110950.28
1.21	287.76	2.24	658.21	9971.00	68194.93
-0.18	139.34	1.61	1105.70	7509.73	90045.54
-1.54	34.50	4.34	286.68	3509.87	66272.40
4.82	32.74	4.61	437.59	7778.97	127512.41
14.59	499.27	8.98	1281.10	1614.19	51787.22
-8.58	22.54	2.92	266.26	1852.96	78003.66
1.50	51.83	3.84	1493.28	32775.98	281696.50
5.82	155.98	6.48	509.28	4479.47	43528.87
3.76	0.00	56.13	766.03	1491.01	22190.28
23.24	1779.50	11.36	796.90	2657.85	60751.13
13.47	474.36	7.78	794.75	1171.02	22256.15
3.39	0.00	4.28	884.66	4585.39	97599.05

A 股
A Share

股票
Share

股票代码 Code	名称 Name	发行股本 Issued Vol	流通股本 Negotiable Vol	上年收盘 Last Year Close	本年开盘 Open	本年最高 High	本年最低 Low	本年收盘 Close	涨跌(%) Change(%)
600608	*ST 沪科	328.86	318.37	6.97	6.97	18.43	6.75	10.62	52.37
600609	金杯汽车	1092.67	1092.67	4.10	4.11	7.68	3.60	5.02	22.44
600610	中毅达	710.91	290.73	7.92	7.93	20.80	7.43	12.66	59.85
600611	大众交通	1042.21	1042.21	11.97	11.97	27.95	8.55	15.35	28.99
600612	老凤祥	317.11	317.11	32.33	32.34	66.22	31.50	43.26	36.59
600613	神奇制药	479.32	177.23	16.82	17.00	34.28	11.58	21.56	54.20
600614	鼎立股份	1511.49	1017.79	13.30	13.28	35.30	7.15	11.63	75.15
600615	丰华股份	188.02	187.62	11.75	11.78	35.95	10.99	22.54	91.83
600616	金枫酒业	514.62	488.04	9.38	9.37	23.87	8.18	12.48	33.58
600617	国新能源	974.91	225.48	24.95	24.95	39.86	13.51	15.33	5.13
600618	氯碱化工	749.84	749.84	9.95	9.98	19.75	7.42	16.14	62.21
600619	海立股份	582.14	318.57	9.24	10.16	19.90	7.30	17.11	86.26
600620	天宸股份	457.78	457.78	9.34	9.34	25.60	9.19	20.74	122.81
600621	华鑫股份	524.08	524.08	8.15	8.25	23.10	7.77	14.21	75.46
600622	嘉宝集团	514.30	514.30	8.28	8.35	19.95	7.36	16.99	107.73
600623	双钱股份	1874.33	646.37	14.52	15.97	41.96	11.88	18.95	31.54
600624	复旦复华	526.70	448.70	12.79	12.93	30.36	9.02	16.86	71.61
600626	申达股份	710.24	710.24	7.97	7.98	27.10	7.95	16.54	108.78
600628	新世界	531.80	531.80	10.46	10.39	24.07	9.47	18.09	74.38
600629	华建集团	359.06	348.00	17.11	17.43	45.00	14.82	24.74	44.59
600630	龙头股份	424.86	424.86	10.72	10.78	34.13	7.91	29.68	177.29
600633	浙报传媒	1188.29	1134.07	18.19	18.01	31.30	12.95	18.83	4.73
600634	中技控股	575.73	397.98	12.01	12.01	39.00	11.09	21.57	79.60
600635	大众公用	2467.30	2467.30	8.53	8.57	22.41	5.62	9.86	73.80
600636	三爱富	446.94	381.95	13.56	13.54	27.49	9.81	16.62	22.64
600637	东方明珠	2626.54	2158.44	37.88	37.70	78.00	24.90	37.89	0.32
600638	新黄浦	561.16	561.16	16.27	16.35	23.98	9.08	14.21	-12.05
600639	浦东金桥	850.24	656.65	23.79	23.70	36.72	13.69	22.39	-5.30
600640	号百控股	535.36	535.36	15.44	15.49	38.84	14.19	21.21	37.69
600641	万业企业	806.16	806.16	6.20	6.35	19.58	5.23	15.79	157.10
600642	申能股份	4552.04	4552.04	6.46	6.48	14.10	5.66	7.55	19.97
600643	爱建集团	1437.14	1434.03	13.72	13.72	30.36	11.12	14.65	38.81
600644	*ST 乐电	538.40	326.48	9.44	9.51	15.80	6.36	9.12	-3.39
600645	中源协和	386.26	324.86	40.51	40.00	79.58	37.10	65.01	60.48
600647	同达创业	139.14	139.14	14.75	14.75	52.98	13.52	32.15	117.97
600648	外高桥	934.79	934.79	32.37	32.20	50.00	18.08	26.27	-18.26
600649	城投控股	2987.52	2987.52	7.23	7.73	26.63	7.73	23.16	223.10
600650	锦江投资	390.56	390.56	16.25	16.27	53.70	10.30	45.74	183.02
600651	飞乐音响	985.22	768.62	8.18	8.20	28.15	7.66	14.75	80.56
600652	游久游戏	832.70	616.67	6.34	6.35	36.87	6.11	21.82	244.16
600653	申华控股	1746.38	1746.38	3.64	3.64	11.98	3.25	5.43	49.18
600654	中安消	1283.02	755.04	10.43	10.51	47.07	9.30	28.84	177.47
600655	豫园商城	1437.32	1437.32	11.82	11.77	25.68	11.20	16.16	38.49
600656	*ST 博元	190.34	190.33	7.52	7.14	7.49	4.75	6.55	- -
600657	信达地产	1524.26	1524.26	8.16	8.30	12.10	5.21	6.95	-13.60
600658	电子城	580.10	580.10	11.72	11.75	21.86	7.95	13.97	21.42
600660	福耀玻璃	2002.99	2002.99	12.14	12.25	18.35	10.58	15.19	31.30
600661	新南洋	259.08	181.40	20.85	20.85	61.99	18.51	38.61	85.18
600662	强生控股	1053.36	1053.36	8.46	8.46	23.90	6.89	16.53	96.57
600663	陆家嘴	1358.08	1358.08	37.50	37.40	76.45	31.00	50.14	34.85

注：发行股本、流通股本、成交数量的单位是百万股，成交金额的单位是百万元

A 股
A Share

股票
Share

涨跌值 Change	市盈率 P/E	市净率 P/B	换手率(%) Turnover Rate	成交数量 Trading Vol	成交金额 Trading Val
3.65	0.00	0.00	935.33	2977.83	29679.87
0.92	0.00	22.10	407.16	4448.94	22498.85
4.74	135.69	13.49	1156.29	1504.58	21700.64
3.38	57.15	3.82	1464.55	15263.73	235593.48
10.93	24.08	5.74	175.08	555.20	25978.29
4.74	63.91	5.86	1173.04	1944.59	43341.04
-1.67	265.16	8.20	618.79	4260.15	63816.67
10.79	322.14	8.61	667.29	1252.01	24779.58
3.10	90.01	3.37	978.34	4725.25	60240.54
-9.62	38.22	7.97	1019.04	2107.14	45092.39
6.19	0.00	8.62	409.50	3070.58	39861.37
7.87	158.50	6.19	654.79	2086.01	25176.66
11.40	118.41	11.39	723.08	3310.16	59536.54
6.06	48.13	4.25	1048.05	5492.66	78751.55
8.71	24.36	2.95	836.38	4301.54	52395.19
4.43	117.21	13.28	172.06	1112.14	24790.93
4.07	219.16	8.66	1913.85	7648.23	125618.34
8.57	79.58	5.21	1066.68	7576.04	125318.83
7.63	40.14	3.75	912.22	4851.19	80714.52
7.63	2017.94	11.38	275.82	959.85	25517.07
18.96	198.70	7.73	1854.75	7880.11	158616.03
0.64	43.25	5.87	591.47	6707.66	150552.85
9.56	92.13	5.26	1403.64	5574.76	112099.99
1.33	71.45	5.52	1287.66	27951.68	289944.24
3.06	1148.58	4.57	1143.88	4369.06	74865.15
0.01	126.70	22.26	444.80	7535.89	330354.21
-2.06	46.99	2.30	797.14	4473.24	71504.76
-1.40	58.48	4.33	729.96	4793.29	116962.46
5.77	129.46	4.49	1062.58	3706.37	87078.28
9.59	31.78	3.52	416.90	3360.88	36433.08
1.09	16.67	1.48	434.44	19775.97	179565.24
0.93	41.08	4.09	754.50	7068.20	134347.84
-0.32	0.00	5.49	749.32	2446.37	24308.19
24.50	708.02	24.32	613.62	1993.41	111782.91
17.40	0.00	18.56	783.52	1090.22	27870.42
-6.10	42.73	3.36	450.19	4095.37	129246.75
15.93	35.15	4.15	285.37	8525.61	129015.84
29.49	117.78	10.85	1263.10	4933.15	151954.34
6.57	224.85	5.02	786.16	5811.81	85654.90
15.48	0.00	9.15	1246.56	7059.54	130524.87
1.79	0.00	5.06	1195.38	20875.95	137452.80
18.41	193.75	13.62	443.44	3348.17	93019.36
4.34	23.16	3.09	736.64	10587.85	180480.11
-0.97	0.00	0.00	368.88	702.09	4062.00
-1.21	13.80	1.36	420.92	6415.96	52451.89
2.25	16.31	2.69	373.92	2169.09	30692.93
3.05	17.17	4.33	402.77	8067.46	120767.74
17.76	158.58	12.04	944.04	1645.05	65125.97
8.07	93.06	5.61	1186.34	12496.48	184438.15
12.64	58.47	8.12	300.17	4076.59	190935.57

A 股
A Share

股票
Share

股票代码 Code	名称 Name	发行股本 Issued Vol	流通股本 Negotiable Vol	上年收盘 Last Year Close	本年开盘 Open	本年最高 High	本年最低 Low	本年收盘 Close	涨跌(%) Change(%)
600664	哈药股份	1917.48	1917.48	8.68	9.45	17.20	8.86	11.93	48.96
600665	天地源	864.12	864.12	5.91	5.80	12.80	4.19	7.69	31.90
600666	奥瑞德	767.08	290.15	12.06	12.07	55.87	12.01	47.24	291.80
600667	太极实业	1191.27	1191.27	5.27	5.80	11.80	4.70	11.15	111.76
600668	尖峰集团	344.08	343.85	13.49	13.53	24.68	8.20	17.62	32.47
600671	天目药业	121.78	121.72	14.85	14.85	35.20	13.80	24.77	66.80
600673	东阳光科	2468.87	2456.25	14.84	14.79	28.30	4.88	10.19	78.94
600674	川投能源	4402.14	4402.14	20.73	21.01	32.28	8.91	10.76	5.26
600675	中华企业	1867.06	1867.06	6.86	6.91	15.79	5.73	7.79	13.56
600676	交运股份	862.37	862.37	8.29	8.40	19.88	8.10	14.11	71.65
600677	航天通信	521.79	398.38	18.02	19.82	43.00	14.00	21.94	21.75
600678	四川金顶	348.99	348.99	10.00	10.00	33.85	8.81	27.69	176.90
600679	金山开发	230.60	182.02	11.66	11.70	28.50	10.25	18.61	59.61
600680	上海普天	257.43	257.43	14.64	14.65	64.60	10.84	49.67	239.28
600681	万鸿集团	251.48	248.03	7.05	7.76	15.38	7.76	13.15	86.52
600682	南京新百	828.02	716.13	15.80	15.57	83.64	14.40	37.53	375.70
600683	京投银泰	740.78	740.78	7.59	7.68	15.25	6.00	10.84	42.82
600684	珠江实业	711.22	711.22	7.30	7.31	20.96	6.08	10.14	40.00
600685	中船防务	821.44	438.46	35.62	35.04	78.50	29.70	39.69	11.43
600686	金龙汽车	606.74	442.60	11.92	11.92	34.15	11.90	19.19	61.41
600687	刚泰控股	1078.54	541.76	19.77	19.77	51.86	11.86	23.58	162.70
600688	上海石化	7305.00	2925.00	4.33	4.34	12.20	3.86	6.48	49.65
600689	上海三毛	152.20	152.20	8.17	8.21	26.68	8.20	22.39	174.05
600690	青岛海尔	6123.15	5509.47	18.56	18.86	32.98	8.37	9.92	9.55
600691	*ST 阳化	1756.79	1756.39	5.46	5.47	9.29	2.89	4.84	17.01
600692	亚通股份	351.76	255.01	10.34	10.35	24.99	9.22	16.03	55.03
600693	东百集团	449.11	342.42	8.96	8.90	19.72	6.80	13.52	53.13
600694	大商股份	293.72	293.72	47.93	47.98	73.01	30.75	51.63	10.35
600695	绿庭投资	366.47	366.47	7.25	7.20	16.39	5.60	15.15	108.97
600696	匹凸匹	340.57	340.57	8.16	8.14	25.51	7.45	20.04	145.59
600697	欧亚集团	159.09	155.16	25.75	25.78	49.58	20.16	41.44	62.21
600698	湖南天雁	741.82	430.38	5.90	5.89	16.00	5.12	7.53	27.63
600699	均胜电子	689.37	636.14	19.51	19.68	57.18	19.49	31.25	60.74
600701	工大高新	498.78	498.78	6.07	6.68	37.88	6.68	23.93	294.23
600702	沱牌舍得	337.30	337.30	18.63	18.51	33.63	11.70	22.89	22.97
600703	三安光电	2549.02	2370.38	14.22	14.22	35.91	14.02	24.28	72.15
600704	物产中大	2208.56	686.00	10.38	11.42	43.36	11.42	17.62	71.19
600705	中航资本	4488.16	3732.70	17.89	18.00	34.98	12.06	15.58	-12.52
600706	曲江文旅	179.51	177.91	15.82	15.82	33.90	12.11	23.99	51.64
600707	彩虹股份	736.76	736.04	8.31	8.31	23.87	8.11	10.84	30.45
600708	光明地产	1318.72	508.38	8.64	8.70	20.40	7.10	12.79	49.19
600710	*ST 常林	640.28	640.28	5.87	5.78	11.32	4.65	5.44	-7.33
600711	盛屯矿业	1497.05	1189.21	6.76	6.58	19.09	5.41	7.67	13.46
600712	南宁百货	544.66	537.73	5.33	5.33	19.00	4.98	10.01	87.97
600713	南京医药	897.43	693.58	7.19	7.18	20.50	6.84	10.46	45.48
600714	金瑞矿业	288.18	273.40	11.22	12.34	20.50	6.71	11.84	5.53
600715	*ST 松辽	824.56	224.26	17.20	17.56	50.52	16.26	41.46	141.05
600716	凤凰股份	740.60	740.60	9.58	8.79	18.00	5.62	11.61	22.23
600717	天津港	1674.77	1674.77	17.13	17.14	23.00	8.58	11.27	-33.00
600718	东软集团	1242.58	1227.59	15.81	15.91	36.66	12.09	31.05	96.79

注：发行股本、流通股本、成交数量的单位是百万股，成交金额的单位是百万元

A 股
A Share

股票
Share

涨跌值 Change	市盈率 P/E	市净率 P/B	换手率(%) Turnover Rate	成交数量 Trading Vol	成交金额 Trading Val
3.25	92.57	2.78	425.51	8159.06	95184.87
1.78	22.55	2.57	931.58	8050.00	64143.30
35.18	1255.38	91.26	584.70	1696.49	51607.64
5.88	936.19	8.48	584.42	6962.00	55059.55
4.13	21.42	2.94	1106.08	3803.28	58944.06
9.92	1111.76	38.31	424.31	516.47	11770.93
-4.65	160.98	7.05	855.69	15707.33	175255.87
-9.97	13.62	3.15	375.07	12557.15	194667.02
0.93	0.00	2.86	806.49	15057.62	133219.04
5.82	37.94	3.50	825.99	7015.70	91466.20
3.92	0.00	7.44	932.18	3713.59	96808.20
17.69	0.00	409.83	1095.82	3824.30	67278.64
6.95	193.94	11.26	757.13	1378.12	23800.53
35.03	2080.85	13.84	1170.41	3012.92	100470.69
6.10	1576.74	161.18	649.79	1607.17	18980.56
21.73	77.61	17.58	202.28	795.88	30654.57
3.25	319.39	4.30	407.77	3020.66	30142.58
2.84	26.79	3.48	1120.70	7970.62	89346.55
4.07	370.31	9.97	651.90	2858.36	136139.36
7.27	46.85	4.78	450.71	1994.83	40725.27
3.81	101.25	15.83	1191.36	3725.44	99555.72
2.15	0.00	4.22	1410.43	34872.73	270083.76
14.22	74.99	11.08	1000.18	1522.32	25352.95
-8.64	12.17	2.78	317.36	10586.48	219604.79
-0.62	0.00	1.87	1035.61	10827.68	57638.68
5.69	147.25	10.33	1890.04	4819.80	71196.33
4.56	41.52	5.01	675.45	2311.29	25969.63
3.70	12.35	2.49	742.21	2180.00	107468.55
7.90	0.00	21.27	1099.00	3742.31	37965.85
11.88	96.02	11.46	1688.27	5749.66	77221.90
15.69	22.07	4.15	746.07	1157.57	36528.44
1.63	509.47	10.48	1571.45	6756.15	61937.82
11.74	62.10	8.90	749.15	3127.71	104422.72
17.86	0.00	13.18	1015.37	5064.47	101863.66
4.26	576.57	3.44	1084.12	3656.73	73798.09
10.06	42.32	5.47	561.38	13168.80	304253.60
7.24	108.25	6.70	1312.16	10566.30	219422.49
-2.31	38.63	5.20	1436.09	31518.27	682733.63
8.17	148.10	5.49	1011.43	1201.90	23845.11
2.53	0.00	5.66	874.58	6428.11	85357.80
4.15	102.58	10.58	1246.93	6339.17	87023.89
-0.43	0.00	2.06	548.24	3510.33	24970.01
0.91	76.45	3.18	2186.57	21705.93	240257.11
4.68	335.34	5.04	1250.17	6722.55	62334.02
3.27	72.84	4.38	1143.00	7927.63	94321.98
0.62	378.40	7.29	598.34	1635.88	21237.90
24.26	0.00	0.00	305.02	684.04	19507.41
2.03	56.81	4.06	827.33	6127.25	68139.53
-5.86	16.39	1.39	602.33	10087.57	166284.92
15.24	150.89	7.13	1014.12	12449.23	280899.41

A 股
A Share

股票
Share

股票代码 Code	名称 Name	发行股本 Issued Vol	流通股本 Negotiable Vol	上年收盘 Last Year Close	本年开盘 Open	本年最高 High	本年最低 Low	本年收盘 Close	涨跌(%) Change(%)
600719	大连热电	404.60	404.60	8.65	8.59	16.58	6.98	7.91	83.27
600720	祁连山	776.29	776.16	10.97	11.03	14.15	6.09	8.83	-17.50
600721	百花村	248.52	248.52	8.67	8.66	23.74	8.41	16.73	92.96
600722	*ST 金化	680.32	680.32	4.61	4.62	8.81	3.93	8.81	91.11
600723	首商股份	658.41	658.07	8.02	8.03	15.68	6.84	11.11	40.52
600724	宁波富达	1445.24	1444.94	5.97	6.01	15.25	4.90	7.57	28.48
600725	云维股份	616.24	616.24	5.02	5.52	13.97	4.31	6.98	39.04
600726	华电能源	1534.68	1534.68	4.53	4.53	16.10	4.18	6.97	53.86
600727	鲁北化工	350.99	350.93	5.67	5.67	18.00	5.40	10.84	91.18
600728	佳都科技	499.77	396.92	12.76	12.80	64.00	12.75	37.28	192.16
600729	重庆百货	406.53	372.31	24.99	25.08	47.62	20.67	32.39	31.07
600730	中国高科	586.66	586.66	10.76	10.77	44.33	10.40	17.43	225.02
600731	湖南海利	327.31	255.65	8.43	8.41	18.33	5.81	11.77	39.62
600732	*ST 新梅	446.38	446.38	7.11	7.10	13.80	6.07	7.71	8.44
600733	S 前锋	197.59	75.60	41.18	40.80	84.00	24.58	42.00	1.99
600734	实达集团	351.56	351.11	5.05	5.05	25.05	4.90	24.32	381.58
600735	新华锦	375.99	375.99	15.80	15.85	28.98	11.13	24.02	128.04
600736	苏州高新	1194.29	1057.88	5.77	5.78	17.47	5.15	11.00	91.49
600737	中粮屯河	2051.88	1322.66	8.90	8.96	28.26	8.11	14.45	62.70
600738	兰州民百	368.87	262.11	7.10	7.10	16.28	5.90	11.20	57.75
600739	辽宁成大	1529.71	1364.71	21.49	21.51	37.59	15.83	22.60	6.10
600740	山西焦化	765.70	656.83	6.72	6.71	12.39	4.64	6.49	-3.42
600741	华域汽车	2583.20	2583.20	15.48	15.60	25.67	11.82	16.86	12.27
600742	一汽富维	211.52	211.52	28.05	28.00	42.94	18.00	29.04	5.24
600743	华远地产	1817.66	1817.66	4.62	4.59	10.61	3.84	6.78	49.35
600744	华银电力	1781.12	474.38	4.61	4.62	15.50	4.39	8.54	85.25
600745	中茵股份	483.32	483.32	13.57	14.93	59.00	14.93	40.98	201.99
600746	江苏索普	306.42	304.66	7.33	7.38	20.41	6.86	9.42	28.51
600747	大连控股	1464.33	1064.33	6.59	6.61	9.05	4.02	6.94	5.31
600748	上实发展	1083.37	1083.37	12.71	12.75	22.89	9.21	13.42	6.14
600749	西藏旅游	189.14	189.14	12.18	13.40	31.77	9.16	23.62	93.92
600750	江中药业	300.00	300.00	20.25	20.21	51.88	19.55	35.29	75.75
600751	天海投资	2573.19	1792.82	11.92	11.85	19.20	5.82	9.62	-19.30
600753	东方银星	128.00	128.00	13.32	13.32	42.10	12.86	34.20	156.76
600754	锦江股份	648.52	447.24	25.11	27.00	58.98	23.92	51.32	105.97
600755	厦门国贸	1664.47	1664.47	11.30	11.33	17.28	6.50	9.32	-16.64
600756	浪潮软件	278.75	278.75	20.39	20.54	56.45	15.88	51.43	152.23
600757	长江传媒	1213.65	1213.50	8.51	8.51	21.21	7.02	10.98	29.26
600758	红阳能源	1340.88	115.05	8.32	8.32	24.27	7.74	12.99	56.37
600759	洲际油气	2263.51	1580.83	9.90	10.89	21.80	6.12	7.85	3.08
600760	中航黑豹	344.95	344.95	10.73	10.71	28.51	10.20	15.46	44.08
600761	安徽合力	616.82	616.82	15.65	16.60	23.69	9.50	13.35	-12.78
600763	通策医疗	320.64	320.64	47.98	47.41	110.36	45.10	49.02	104.34
600764	中电广通	329.73	329.73	9.62	9.58	38.25	9.00	19.72	105.09
600765	中航重机	778.00	778.00	19.05	19.05	40.10	13.48	19.64	3.31
600766	园城黄金	224.23	223.93	11.55	12.50	21.59	9.10	20.38	76.45
600767	运盛医疗	341.01	340.91	11.18	12.30	37.40	10.50	20.47	83.09
600768	宁波富邦	133.75	133.75	10.40	10.48	36.55	9.92	23.90	129.81
600769	祥龙电业	374.98	374.98	7.72	7.65	17.68	6.41	14.23	84.33
600770	综艺股份	1300.00	1104.60	8.66	8.73	32.50	8.15	18.27	110.97

注：发行股本、流通股本、成交数量的单位是百万股，成交金额的单位是百万元

股
A Share

股票
Share

涨跌值 Change	市盈率 P/E	市净率 P/B	换手率(%) Turnover Rate	成交数量 Trading Vol	成交金额 Trading Val
-0.74	330.82	4.41	669.27	1713.41	17623.28
-2.14	12.20	1.43	1111.34	8625.79	88731.98
8.06	0.00	5.63	393.08	913.15	14271.38
4.20	0.00	9.81	351.78	1755.17	10230.74
3.09	21.85	2.40	597.22	3929.57	40898.14
1.60	97.82	2.91	393.29	5682.82	45001.57
1.96	0.00	13.45	719.53	4433.98	36609.01
2.44	93.18	4.38	989.47	15152.60	139567.45
5.17	503.72	3.69	1017.72	3571.44	35343.36
24.52	162.26	15.53	1165.70	4626.85	145631.79
7.40	26.78	2.89	455.07	1694.27	52135.48
6.67	65.62	7.62	1483.80	4960.74	116728.00
3.34	344.96	5.23	1104.11	2822.65	30168.23
0.60	0.00	7.26	614.35	2742.37	22942.86
0.82	637.23	26.90	820.95	620.64	28333.61
19.27	0.00	72.99	798.87	2804.90	27733.97
8.22	156.49	14.02	698.92	2095.93	44584.32
5.23	77.30	3.75	719.93	7615.99	73676.61
5.55	915.72	5.00	1839.53	24330.80	399379.25
4.10	39.76	3.77	1802.80	4725.26	45428.61
1.11	42.53	2.57	585.97	7996.81	211415.23
-0.23	251.36	1.76	944.98	6206.94	47195.11
1.38	9.77	1.84	254.07	6563.14	124588.88
0.99	11.11	1.69	1061.79	2245.93	67227.49
2.16	18.63	3.19	579.11	10526.19	71997.87
3.93	0.00	11.92	2449.21	11618.65	108903.65
27.41	1172.53	10.03	286.03	1083.75	39808.22
2.09	275.76	6.60	514.39	1567.14	17282.12
0.35	738.30	4.78	812.14	8643.78	55018.84
0.71	16.42	3.04	397.56	4307.09	60860.88
11.44	0.00	7.10	1269.48	2401.06	50589.22
15.04	39.97	5.10	809.69	2429.08	90631.62
-2.30	353.29	2.35	1681.60	6148.87	73469.54
20.88	12258.06	43.20	857.48	1097.58	29490.84
26.21	84.75	4.75	303.54	1357.56	53518.66
-1.98	18.27	2.09	1076.06	17910.66	213706.94
31.04	183.15	16.97	1280.40	3569.07	100709.93
2.47	63.15	2.81	696.15	8180.44	93373.35
4.67	1348.91	51.14	1508.06	1735.03	22613.16
-2.05	209.28	3.31	492.53	6688.98	89741.61
4.73	0.00	8.78	2171.08	7489.03	128913.99
-2.30	14.47	2.15	683.54	4216.21	66592.37
1.04	142.73	24.97	127.05	281.91	16649.98
10.10	1245.74	10.69	687.86	2268.05	42716.12
0.59	97.65	4.33	862.36	6709.15	160911.88
8.83	327.97	131.07	1034.35	2316.25	33056.71
9.29	268.64	19.05	1201.84	4097.18	87676.24
13.50	1229.42	32.34	955.24	1277.61	25022.42
6.51	4100.86	147.37	748.53	2806.83	31226.49
9.61	571.83	6.93	1102.56	12178.92	185994.89

A 股 A Share

股票 Share

股票代码 Code	名称 Name	发行股本 Issued Vol	流通股本 Negotiable Vol	上年收盘 Last Year Close	本年开盘 Open	本年最高 High	本年最低 Low	本年收盘 Close	涨跌(%) Change(%)
600771	广誉远	277.81	243.81	23.49	23.49	63.59	20.00	31.98	36.14
600773	西藏城投	729.21	693.15	12.11	12.09	25.20	9.68	18.20	50.37
600774	汉商集团	174.58	174.43	14.84	14.61	33.83	11.62	26.60	79.25
600775	南京熊猫	671.84	632.62	10.37	10.37	31.11	9.89	19.15	85.30
600776	东方通信	956.00	956.00	8.13	8.13	23.45	7.11	11.44	41.45
600777	新潮实业	860.03	625.42	11.92	13.11	21.12	11.80	17.03	42.87
600778	友好集团	311.49	311.09	9.14	9.14	16.10	8.92	12.27	35.23
600779	*ST 水井	488.55	295.32	9.77	9.75	17.19	7.33	12.74	30.40
600780	通宝能源	1146.50	1146.50	6.74	6.75	13.48	5.86	7.09	7.42
600781	辅仁药业	177.59	177.59	17.33	17.23	39.24	11.50	19.36	11.71
600782	新钢股份	1393.45	1393.45	6.29	6.29	10.48	4.05	5.65	-10.17
600783	鲁信创投	744.36	744.36	27.99	27.92	60.00	17.05	39.07	40.12
600784	鲁银投资	568.18	496.61	9.24	9.18	22.28	6.11	8.76	-4.98
600785	新华百货	225.63	207.43	14.98	15.00	37.13	13.70	30.61	104.34
600787	中储股份	2199.80	1680.21	9.64	9.85	18.75	8.62	10.04	4.46
600789	鲁抗医药	581.58	581.58	7.92	7.60	25.75	7.30	13.35	68.56
600790	轻纺城	1046.99	1046.99	8.21	8.21	17.38	5.73	8.13	28.73
600791	京能置业	452.88	452.31	6.71	6.75	17.78	5.37	9.38	40.09
600792	云煤能源	989.92	952.03	7.90	7.89	11.29	4.20	6.24	-21.01
600793	ST 宜纸	105.30	105.30	11.51	11.52	20.80	11.32	19.98	73.59
600794	保税科技	1191.57	1072.41	14.27	14.05	19.39	4.82	7.12	10.47
600795	国电电力	19650.40	17815.54	4.63	4.63	7.69	3.38	3.93	-11.88
600796	钱江生化	301.40	301.40	7.24	7.25	20.98	6.32	13.20	82.32
600797	浙大网新	831.77	821.71	7.28	7.60	28.55	7.42	14.38	97.53
600798	宁波海运	1030.85	1030.85	5.18	5.25	15.17	4.55	6.84	32.24
600800	天津磁卡	611.27	610.31	6.19	6.21	23.40	5.88	11.39	84.01
600801	华新水泥	972.77	972.77	10.59	10.70	15.18	6.99	8.15	-21.44
600802	福建水泥	381.87	381.87	9.09	9.09	15.85	5.42	11.08	22.32
600803	新奥股份	985.79	539.52	12.19	12.19	26.99	9.50	15.86	31.42
600804	鹏博士	1400.45	1361.12	17.98	18.00	50.89	15.70	23.72	32.59
600805	悦达投资	850.89	849.20	11.30	11.41	24.78	9.22	12.66	13.36
600806	昆明机床	390.19	390.19	7.32	7.32	17.66	6.64	14.81	102.32
600807	天业股份	856.63	492.17	8.89	8.95	33.55	7.70	17.31	153.13
600808	马钢股份	5967.75	5967.75	4.01	3.97	7.19	2.95	3.15	-21.45
600809	山西汾酒	865.85	865.85	22.89	22.89	29.69	13.61	19.27	-15.81
600810	神马股份	442.28	442.28	7.21	7.26	15.90	5.51	9.13	26.63
600811	东方集团	1666.81	1666.81	9.50	9.63	17.53	7.00	8.68	-8.32
600812	华北制药	1630.80	1378.58	6.19	6.19	13.00	5.31	8.61	39.10
600814	杭州解百	715.03	310.38	8.85	8.84	20.56	7.58	12.33	40.51
600815	厦工股份	958.97	958.97	8.90	8.87	23.27	6.65	9.34	4.94
600816	安信信托	1769.89	1135.27	29.38	29.50	59.00	14.25	22.77	96.14
600817	ST 宏盛	160.91	147.91	10.87	10.87	15.87	10.19	15.38	41.49
600818	中路股份	237.96	237.96	23.73	23.88	77.02	23.30	55.80	135.15
600819	耀皮玻璃	747.42	672.47	8.67	8.67	15.35	5.30	7.90	-8.65
600820	隧道股份	3144.10	3144.10	8.26	8.23	22.60	7.22	10.64	30.63
600821	津劝业	416.27	416.27	6.09	6.14	18.96	5.38	11.20	83.91
600822	上海物贸	396.15	396.15	8.08	8.06	20.97	6.86	15.01	85.77
600823	世茂股份	1913.86	1762.19	14.71	15.19	27.17	9.10	12.23	25.87
600824	益民集团	1054.03	1054.03	6.82	6.83	14.55	5.40	8.80	55.76
600825	新华传媒	1044.89	1044.89	10.70	10.70	25.55	8.02	11.94	11.73

注：发行股本、流通股本、成交数量的单位是百万股，成交金额的单位是百万元

A 股
A Share

股票
Share

涨跌值 Change	市盈率 P/E	市净率 P/B	换手率(%) Turnover Rate	成交数量 Trading Vol	成交金额 Trading Val
8.49	242.44	105.63	485.75	984.41	36309.73
6.09	172.46	5.46	1118.23	6343.51	114839.44
11.76	237.33	8.30	556.12	970.04	20387.82
8.78	114.21	5.51	859.30	5436.11	94252.80
3.31	80.07	5.02	683.49	6534.16	84096.75
5.11	0.00	12.44	158.26	989.78	16766.04
3.13	41.59	2.23	740.91	2301.03	26480.37
2.97	0.00	5.16	1033.28	3051.52	33993.91
0.35	14.39	1.87	431.24	4944.20	44771.26
2.03	283.58	10.92	652.32	1158.48	26375.24
-0.64	19.37	0.98	355.64	4955.61	33272.63
11.08	96.41	8.87	736.28	5480.59	187425.69
-0.48	138.15	3.54	1282.89	6371.01	78912.94
15.63	35.62	4.02	636.57	1320.45	29281.07
0.40	40.42	3.63	816.62	13720.89	176343.22
5.43	0.00	5.51	1917.52	11151.84	144339.37
-0.08	25.80	2.50	794.33	6045.37	59676.67
2.67	53.33	2.96	907.07	4102.80	37570.03
-1.66	163.01	1.81	780.36	7429.29	55500.75
8.47	252.02	51.09	107.70	113.40	1760.74
-7.15	70.70	4.76	1039.26	9874.69	98214.07
-0.70	12.71	1.64	837.99	148471.00	831836.13
5.96	177.68	7.29	1327.42	4000.88	44995.62
7.10	0.00	8.51	1190.47	9782.24	137775.21
1.66	952.65	3.65	834.36	8250.71	71268.21
5.20	314.12	63.03	1458.04	8898.61	94607.90
-2.44	9.99	1.25	658.86	6404.62	68088.36
1.99	85.34	3.12	1273.58	4863.48	47502.74
3.67	19.32	2.93	526.55	2450.68	40170.83
5.74	62.18	6.77	800.34	10808.95	314086.44
1.36	10.11	1.71	921.10	7822.02	115256.39
7.49	0.00	7.25	426.70	1664.93	19520.98
8.42	207.33	25.23	1335.11	6056.83	88881.73
-0.86	109.95	1.04	568.73	33940.28	162495.51
-3.62	46.90	4.29	372.76	3227.53	70296.43
1.92	66.71	1.74	782.03	3458.75	33217.97
-0.82	13.88	1.43	757.98	12634.02	140902.31
2.42	337.38	2.70	787.69	8460.54	74862.44
3.48	36.66	4.75	1118.41	3471.37	42550.48
0.44	869.65	2.20	884.11	8463.45	105614.79
-6.61	39.37	22.33	913.89	5035.11	166651.29
4.51	0.00	22.87	78.48	116.09	1672.72
32.07	1265.31	47.21	515.30	1226.20	61038.44
-0.77	138.43	2.32	728.82	4896.67	44547.02
2.38	24.00	2.14	1004.57	27057.03	353118.66
5.11	440.94	7.79	1226.18	5104.21	49058.12
6.93	519.20	7.65	902.83	3576.54	45737.79
-2.48	12.37	1.46	271.24	3993.17	58139.04
1.98	51.06	5.17	865.25	8561.84	79190.21
1.24	247.41	4.95	845.75	8837.09	125513.98

A 股
A Share

股票
Share

股票代码 Code	名称 Name	发行股本 Issued Vol	流通股本 Negotiable Vol	上年收盘 Last Year Close	本年开盘 Open	本年最高 High	本年最低 Low	本年收盘 Close	涨跌(%) Change(%)
600826	兰生股份	420.64	420.64	19.59	19.79	51.86	18.97	34.44	77.74
600827	百联股份	1542.78	1542.78	17.89	17.80	27.70	13.31	17.87	1.29
600828	成商集团	570.44	569.82	6.95	6.91	11.60	6.14	9.54	37.99
600829	人民同泰	579.89	579.89	11.82	13.00	29.00	8.79	16.61	40.52
600830	香溢融通	454.32	454.32	10.21	10.41	21.50	8.22	13.73	35.26
600831	广电网络	563.44	563.44	9.13	9.13	27.60	8.61	15.81	73.49
600832	东方明珠	3186.33	3186.33	23.18	13.82	23.18	23.18	23.18	- -
600833	第一医药	223.09	223.09	12.89	12.80	38.65	11.00	20.16	56.79
600834	申通地铁	477.38	477.38	10.10	10.09	29.79	9.00	19.38	92.57
600835	上海机电	806.50	806.50	18.76	18.79	46.18	18.16	30.31	63.38
600836	界龙实业	331.38	313.56	16.07	16.00	37.80	12.98	31.31	94.96
600837	海通证券	8092.13	8092.13	24.06	24.19	31.66	10.90	15.82	-33.21
600838	上海九百	400.88	400.88	8.83	8.83	22.08	6.61	15.67	77.84
600839	四川长虹	4616.24	4610.00	4.66	4.66	15.09	4.60	5.79	24.25
600841	上柴股份	521.89	521.89	10.98	10.95	26.03	8.50	15.13	38.27
600843	上工申贝	304.65	304.65	13.30	13.26	28.41	9.96	16.77	26.09
600844	丹化科技	584.83	584.83	7.60	8.25	16.53	5.45	8.75	15.13
600845	宝信软件	277.22	236.85	33.50	36.00	90.74	33.36	57.82	73.40
600846	同济科技	624.76	624.76	8.65	8.63	18.96	6.68	11.96	39.42
600847	万里股份	158.03	134.21	14.29	14.27	39.00	13.92	33.09	131.56
600848	上海临港	788.03	292.14	11.12	11.16	36.35	10.55	22.97	106.56
600850	华东电脑	321.74	321.74	35.64	35.71	99.95	29.65	51.65	45.62
600851	海欣股份	738.21	738.21	8.69	8.87	20.00	6.80	14.70	70.31
600853	龙建股份	536.81	536.81	5.15	5.15	13.00	4.33	7.61	47.96
600854	春兰股份	519.46	519.46	5.59	5.60	14.00	5.18	8.29	48.30
600855	航天长峰	331.62	330.11	27.76	27.51	54.89	16.88	39.68	43.02
600856	中天能源	567.17	234.83	9.98	9.91	37.20	9.58	26.90	169.54
600857	宁波中百	224.32	224.32	14.03	14.14	35.80	10.50	19.80	41.55
600858	银座股份	520.07	517.55	10.06	10.06	17.87	7.58	11.06	11.03
600859	王府井	462.77	462.77	22.18	22.16	41.68	19.02	27.22	24.62
600860	京城股份	322.00	322.00	6.95	6.93	19.53	6.54	12.91	85.76
600861	北京城乡	316.80	316.80	9.90	9.85	28.48	8.98	18.61	89.49
600862	南通科技	1393.05	637.93	9.28	9.30	43.00	8.83	19.89	114.33
600863	内蒙华电	5807.75	5807.75	4.56	4.61	9.35	3.55	4.47	1.97
600864	哈投股份	546.38	546.38	14.85	14.56	26.20	9.14	10.88	-25.05
600865	百大集团	376.24	376.24	7.68	7.68	31.15	7.16	21.47	179.56
600866	星湖科技	645.39	550.39	6.89	6.91	9.65	6.21	8.23	19.45
600867	通化东宝	1135.83	1131.60	15.60	15.60	34.17	15.36	27.17	92.87
600868	梅雁吉祥	1898.15	1898.15	3.68	3.70	10.84	2.99	6.24	69.57
600869	智慧能源	1980.09	1980.09	8.82	8.82	29.14	8.73	9.55	116.55
600870	*ST 厦华	523.20	523.20	7.46	7.09	8.61	5.26	8.61	15.42
600871	石化油服	12042.66	450.00	5.85	5.92	14.23	5.08	8.16	39.49
600872	中炬高新	796.64	796.64	10.38	10.38	21.73	10.34	15.65	51.83
600873	梅花生物	3108.23	3108.23	7.16	7.20	15.30	5.71	9.14	29.05
600874	创业环保	1087.23	1087.23	11.05	11.09	19.46	7.40	10.55	-3.89
600875	东方电气	1996.90	1996.90	20.64	20.35	32.99	11.22	13.63	-33.53
600876	洛阳玻璃	250.02	250.02	7.24	7.96	44.89	7.96	32.12	343.65
600877	中国嘉陵	687.28	687.28	7.45	7.45	16.34	5.27	9.75	30.87
600879	航天电子	1039.54	1039.54	15.60	15.65	26.55	13.80	17.87	14.55
600880	博瑞传播	1093.33	733.37	10.75	10.76	24.52	7.50	7.50	-29.30

注：发行股本、流通股本、成交数量的单位是百万股，成交金额的单位是百万元

A 股
A Share

股票
Share

涨跌值 Change	市盈率 P/E	市净率 P/B	换手率(%) Turnover Rate	成交数量 Trading Vol	成交金额 Trading Val
14.85	27.44	3.60	611.03	2570.24	78167.97
-0.02	29.42	1.93	519.29	8011.56	158026.44
2.59	28.03	4.35	255.04	1453.29	12219.51
4.79	241.71	3.29	405.35	2350.58	37597.01
3.52	62.43	3.33	1640.29	7452.19	98269.33
6.68	76.20	4.98	1382.96	7792.14	125673.58
0.00	105.48	0.00	153.69	4896.95	84662.60
7.27	121.47	6.98	885.55	1975.53	38907.98
9.28	87.96	6.78	697.68	3330.59	59119.05
11.55	36.13	4.95	533.30	4301.06	124973.53
15.24	705.34	24.93	1695.01	5314.93	136993.33
-8.24	23.60	2.66	752.33	60879.24	1328797.35
6.84	142.84	8.33	1956.77	7844.34	116444.54
1.13	454.12	1.90	1170.55	53962.27	420137.32
4.15	87.32	3.83	298.63	1545.11	22278.82
3.47	46.55	5.76	1170.98	3341.51	54214.74
1.15	390.80	8.02	1069.57	6255.11	58490.02
24.32	70.39	8.88	204.80	481.19	28393.80
3.31	41.04	4.42	1751.03	10939.73	126380.21
18.80	2361.88	7.35	375.06	499.59	12790.00
11.85	0.00	152.54	819.70	2394.67	50302.13
16.01	66.56	11.82	554.90	1173.73	61857.09
6.01	60.99	3.33	1091.49	8057.41	98032.53
2.46	226.76	5.17	1452.31	7796.14	63418.56
2.70	388.65	2.25	969.24	5034.80	40955.46
11.92	570.20	15.79	1297.05	4280.78	140364.60
16.92	52745.10	116.53	615.26	1444.82	33145.61
5.77	107.33	7.67	1107.93	2485.31	46466.48
1.00	31.83	1.96	418.68	2166.89	26211.79
5.04	19.80	1.83	576.50	2667.88	71044.28
5.96	254.38	5.93	388.85	1252.10	15341.32
8.71	57.69	2.61	860.85	2727.21	41913.90
10.61	0.00	25.93	798.94	5096.66	103958.32
-0.09	19.05	2.44	661.72	37027.95	216447.51
-3.97	20.40	1.28	530.69	2899.54	47136.72
13.79	51.92	6.04	1045.25	3932.65	60725.99
1.34	0.00	3.60	366.32	2016.20	16453.66
11.57	110.30	14.44	404.37	4373.22	103483.31
2.56	0.00	5.56	2703.68	51319.81	349497.76
0.73	103.49	6.07	361.41	4454.21	62974.67
1.15	0.00	902.04	157.67	627.41	4393.68
2.31	93.85	6.17	2924.40	13159.79	125070.27
5.27	43.47	5.30	565.62	4505.92	66887.22
1.98	56.79	3.46	832.62	25879.71	245344.04
-0.50	48.86	3.61	709.45	7713.38	98951.62
-7.01	24.92	1.63	852.29	16651.73	355328.94
24.88	1003.44	334.87	1547.10	3868.04	99709.38
2.30	582.79	34.94	1486.01	10213.11	103775.13
2.27	75.38	3.56	790.26	8215.09	155258.14
-3.25	29.19	2.26	1425.88	10456.90	149489.87

A 股
A Share

股票
Share

股票代码 Code	名称 Name	发行股本 Issued Vol	流通股本 Negotiable Vol	上年收盘 Last Year Close	本年开盘 Open	本年最高 High	本年最低 Low	本年收盘 Close	涨跌(%) Change(%)
600881	亚泰集团	2599.95	1894.73	7.47	7.55	16.43	5.80	7.24	-3.08
600882	华联矿业	399.24	399.24	7.94	7.94	13.62	7.62	11.33	42.70
600883	博闻科技	236.09	236.09	9.25	9.18	26.97	8.24	18.03	95.14
600884	杉杉股份	410.86	410.86	16.59	16.85	40.80	16.40	39.24	137.01
600885	宏发股份	531.97	531.97	18.68	18.75	46.00	18.75	29.89	61.62
600886	国投电力	6786.02	6786.02	11.44	11.47	15.16	8.31	8.35	-24.49
600887	伊利股份	6128.74	6015.65	28.63	28.88	44.95	13.31	16.43	17.57
600888	新疆众和	641.23	641.23	7.98	7.96	19.49	5.77	8.79	10.15
600889	南京化纤	307.07	307.07	8.11	8.10	27.13	7.08	15.87	96.05
600890	中房股份	579.19	579.19	8.70	8.80	17.80	6.71	7.63	-12.30
600891	秋林集团	617.59	323.90	6.81	6.83	17.50	6.73	10.32	52.13
600892	宝诚股份	63.13	62.82	24.30	26.73	91.80	21.95	87.24	259.01
600893	中航动力	1948.72	1365.14	28.96	28.92	82.56	28.25	45.03	55.99
600894	广日股份	859.95	859.95	12.85	12.85	31.12	12.63	19.99	56.34
600895	张江高科	1548.69	1548.69	13.32	13.41	41.97	12.56	28.83	117.12
600896	中海海盛	581.32	581.32	6.67	6.67	20.17	5.49	16.17	142.43
600897	厦门空港	297.81	297.81	23.99	24.00	41.27	16.30	23.12	-1.67
600898	三联商社	252.52	252.52	8.05	8.06	27.85	7.80	13.53	68.32
600900	长江电力	16500.00	9745.94	10.67	10.76	15.22	9.10	13.56	30.64
600917	重庆燃气	1556.00	156.00	9.92	9.92	20.19	8.61	15.19	54.44
600958	东方证券	5281.74	1000.00	10.03	12.04	43.30	12.04	23.29	134.70
600959	江苏有线	2988.10	597.00	5.47	6.56	70.60	6.56	20.56	278.79
600960	渤海活塞	524.72	512.81	11.05	11.05	23.86	6.85	10.90	58.10
600961	株冶集团	527.46	527.46	9.59	9.68	21.67	7.43	13.37	39.42
600962	*ST 中鲁	262.21	254.02	13.32	13.40	30.27	10.47	17.85	34.01
600963	岳阳林纸	1043.16	1043.16	5.27	5.30	11.61	5.23	8.23	56.24
600965	福成五丰	818.70	380.05	8.97	8.94	22.50	8.50	16.30	82.50
600966	博汇纸业	1336.84	1336.84	5.88	6.08	12.38	3.12	4.52	53.74
600967	北方创业	822.83	822.83	14.76	14.84	25.06	13.33	17.75	20.43
600969	郴电国际	264.32	264.32	17.13	17.02	29.81	12.13	18.93	11.23
600970	中材国际	1169.51	1093.30	13.41	13.51	23.60	8.50	11.95	-10.58
600971	恒源煤电	1000.00	1000.00	8.73	8.73	12.10	5.06	6.29	-27.95
600973	宝胜股份	414.37	414.37	10.76	10.73	23.36	7.65	15.47	44.70
600975	新五丰	326.34	234.36	11.78	11.69	26.25	7.70	16.81	42.70
600976	健民集团	153.40	153.23	27.37	27.31	49.89	20.34	33.83	24.99
600978	宜华木业	1482.87	1482.87	6.02	6.02	24.10	5.97	22.33	272.76
600979	广安爱众	717.89	717.89	6.29	6.31	13.13	4.93	7.68	22.10
600980	北矿磁材	152.21	130.00	14.60	14.50	35.30	13.37	23.89	63.63
600981	汇鸿集团	2242.43	241.85	4.21	4.63	25.95	4.63	12.97	208.55
600982	宁波热电	746.93	676.13	7.55	7.55	14.20	4.44	7.54	0.69
600983	惠而浦	766.44	532.80	12.30	12.31	20.60	10.66	13.69	11.71
600984	*ST 建机	636.76	141.56	7.96	8.36	15.44	6.88	11.52	44.72
600985	雷鸣科化	262.85	262.85	16.96	17.00	32.55	8.68	13.72	22.35
600986	科达股份	868.89	335.27	7.05	7.76	45.00	7.76	21.00	197.87
600987	航民股份	635.31	635.31	8.55	8.52	20.42	8.00	13.12	55.91
600988	赤峰黄金	713.19	566.60	9.62	9.63	26.00	9.43	11.57	20.27
600990	四创电子	136.70	136.70	57.98	57.98	142.98	46.50	62.75	8.31
600992	贵绳股份	245.09	245.09	10.41	10.36	26.49	7.95	16.11	55.04
600993	马应龙	431.05	430.24	20.28	20.29	52.52	16.23	22.02	41.35
600995	文山电力	478.53	478.53	7.69	7.73	17.89	6.77	9.22	20.75

注：发行股本、流通股本、成交数量的单位是百万股，成交金额的单位是百万元

A 股
A Share

股票
Share

涨跌值 Change	市盈率 P/E	市净率 P/B	换手率(%) Turnover Rate	成交数量 Trading Vol	成交金额 Trading Val
-0.23	102.54	2.31	1069.63	20266.61	199187.43
3.39	39.73	3.33	439.44	1329.34	13683.06
8.78	0.00	6.88	709.95	1676.12	24863.80
22.65	46.27	3.80	1040.17	4273.62	123870.54
11.21	36.99	6.11	378.97	1193.31	36385.76
-3.09	10.12	2.45	571.90	38809.55	433873.56
-12.20	24.30	5.35	490.53	23400.07	498050.06
0.81	0.00	1.77	976.54	6261.80	63173.52
7.76	891.57	5.21	1016.01	3119.87	44094.51
-1.07	0.00	14.00	410.65	2378.49	24659.66
3.51	141.04	7.53	988.25	3200.92	32915.82
62.94	4478.44	739.88	888.45	558.15	25037.19
16.07	93.70	6.16	637.41	7933.68	381146.43
7.14	25.48	3.95	477.26	3969.54	80466.36
15.51	102.41	6.27	857.55	13280.80	329773.04
9.50	0.00	4.59	913.95	5312.94	70724.84
-0.87	15.03	2.47	571.28	1701.33	44803.72
5.48	107.25	9.79	955.70	2413.37	36321.36
2.89	18.91	2.60	126.45	12324.10	151957.16
5.27	65.73	7.18	2051.96	3201.06	43050.74
0.00	52.53	6.70	1532.64	15326.38	440151.37
0.00	78.98	7.08	1405.43	8390.44	244545.40
-0.15	58.63	2.83	838.17	3678.89	47370.29
3.78	177.13	9.50	792.52	4180.18	56482.46
4.53	0.00	5.97	611.50	1553.32	26760.02
2.96	646.00	1.60	1119.38	9474.79	75828.70
7.33	186.82	14.37	855.71	3252.16	45237.07
-1.36	134.64	1.56	1085.63	12380.63	73928.49
2.99	72.60	6.26	362.11	2812.34	48402.60
1.80	29.24	2.00	727.04	1613.92	31977.64
-1.46	94.21	3.15	751.99	8221.52	117053.16
-2.44	403.98	0.92	644.63	6446.31	54410.65
4.71	49.82	3.11	798.38	3295.78	47044.33
5.03	0.00	10.75	1301.74	3050.75	46403.80
6.46	44.75	5.34	767.07	1175.76	38142.80
16.31	62.50	5.19	504.41	7479.67	99969.40
1.39	0.00	3.96	847.70	6085.53	51191.02
9.29	0.00	16.15	967.56	1257.82	27661.22
8.76	1697.64	30.42	862.81	3872.91	45222.93
-0.01	36.94	2.42	1329.76	6876.62	54962.53
1.39	35.73	2.56	282.51	1505.21	22792.56
3.56	0.00	12.43	554.32	784.67	7905.27
-3.24	36.81	3.39	755.22	1335.05	21075.20
13.95	340.80	23.90	1009.81	3385.57	69375.99
4.57	18.74	3.46	540.49	3433.77	45010.02
1.95	36.05	10.03	1244.21	3496.30	54785.03
4.77	107.00	9.36	463.47	633.57	48115.56
5.70	194.52	2.96	1154.93	2830.61	43106.44
1.74	47.11	6.04	873.13	3337.66	83382.46
1.53	42.51	3.16	942.84	4511.72	48455.50

A 股
A Share

股票
Share

股票代码 Code	名称 Name	发行股本 Issued Vol	流通股本 Negotiable Vol	上年收盘 Last Year Close	本年开盘 Open	本年最高 High	本年最低 Low	本年收盘 Close	涨跌(%) Change(%)
600997	开滦股份	1234.64	1234.64	7.19	7.19	10.78	4.66	5.58	-22.04
600998	九州通	1647.01	1430.41	18.07	17.78	35.20	15.03	19.60	8.47
600999	招商证券	5808.14	4803.10	28.27	28.48	40.00	13.85	21.70	-20.52
601000	唐山港	2248.44	2030.35	9.21	9.13	18.31	6.70	8.25	-9.34
601001	大同煤业	1673.70	1673.70	8.67	8.67	12.69	5.01	5.55	-35.67
601002	晋亿实业	792.69	738.47	19.41	19.14	24.55	7.15	11.53	-40.08
601003	柳钢股份	2562.79	2562.79	3.95	3.94	7.45	3.42	4.13	5.32
601005	重庆钢铁	3897.90	1901.71	3.33	3.34	7.99	2.90	3.29	-1.20
601006	大秦铁路	14866.79	14866.79	10.66	11.00	15.15	7.88	8.62	-14.63
601007	金陵饭店	300.00	300.00	10.50	10.55	36.75	9.77	15.42	47.24
601008	连云港	1015.22	811.64	7.59	7.59	15.00	4.90	6.76	-10.47
601009	南京银行	3365.96	2968.93	14.65	14.78	23.73	12.13	17.70	24.23
601010	文峰股份	1848.00	1848.00	10.05	10.07	52.00	5.89	7.27	84.43
601011	宝泰隆	1367.50	967.50	9.92	9.93	22.38	5.00	8.30	110.18
601012	隆基股份	1771.38	1621.11	20.84	20.78	70.05	8.05	13.65	97.12
601015	陕西黑猫	620.00	296.00	14.26	14.23	28.97	8.51	11.68	-17.42
601016	节能风电	1777.78	817.78	10.25	10.27	36.30	9.98	15.78	54.40
601018	宁波港	12800.00	12800.00	4.60	4.63	13.45	4.07	8.16	79.22
601021	春秋航空	800.00	200.00	18.16	21.79	152.00	21.79	61.00	573.13
601028	玉龙股份	786.24	783.03	19.50	19.50	34.50	7.01	9.37	6.74
601038	一拖股份	593.91	593.91	13.02	13.02	21.98	7.05	13.83	6.61
601058	赛轮金宇	1042.70	1007.51	15.92	15.70	23.77	5.86	9.00	14.45
601069	西部黄金	636.00	126.00	3.57	4.28	32.58	4.28	21.33	498.07
601088	中国神华	16491.04	16491.04	20.29	20.32	26.49	12.96	14.97	-22.57
601098	中南传媒	1796.00	1796.00	16.60	16.60	33.15	15.88	23.90	45.60
601099	太平洋	3530.47	3305.47	14.22	14.28	17.10	6.26	9.82	-30.59
601100	恒立油缸	630.00	630.00	13.34	13.24	23.85	11.43	16.60	24.86
601101	昊华能源	1200.00	1200.00	8.60	8.61	14.80	5.73	7.86	-8.07
601106	中国一重	6538.00	6538.00	5.58	5.59	21.37	4.60	7.97	42.85
601107	四川成渝	2162.74	2162.74	5.42	5.37	9.85	3.96	5.97	11.62
601111	中国国航	8522.07	8329.27	7.84	7.98	15.36	6.53	8.58	10.11
601113	华鼎股份	833.05	640.00	5.86	5.85	16.98	4.84	11.12	89.76
601116	三江购物	410.76	410.76	8.68	8.65	17.66	7.00	12.84	50.23
601117	中国化学	4933.00	4933.00	9.45	9.54	14.20	5.82	6.89	-25.98
601118	海南橡胶	3931.17	3931.17	8.72	8.72	14.21	5.99	7.56	-13.28
601126	四方股份	813.17	813.17	17.30	17.25	43.40	12.86	13.28	54.97
601137	博威合金	215.00	215.00	18.90	19.08	37.50	13.02	24.85	32.12
601139	深圳燃气	2178.03	2178.03	8.25	8.26	15.30	7.28	9.10	12.04
601155	新城控股	1708.06	531.59	9.82	22.80	32.99	20.28	20.31	106.82
601158	重庆水务	4800.00	4800.00	8.90	8.80	14.98	7.30	9.33	7.64
601166	兴业银行	19052.34	16179.62	16.50	16.83	21.42	11.90	17.07	6.91
601168	西部矿业	2383.00	2383.00	9.24	9.29	14.49	5.70	7.39	-19.48
601169	北京银行	12672.23	12672.23	10.93	11.03	15.77	7.00	10.53	17.90
601177	杭齿前进	400.06	400.06	9.44	9.48	19.34	6.80	10.97	16.42
601179	中国西电	5125.88	4357.00	7.77	7.78	14.39	5.59	6.81	-11.07
601186	中国铁建	11503.25	10261.25	15.26	15.44	28.18	10.92	13.48	-10.68
601188	龙江交通	1315.88	1213.20	4.49	4.50	9.95	3.76	5.78	30.29
601198	东兴证券	2504.00	500.00	9.18	11.02	43.90	11.02	29.97	228.21
601199	江南水务	467.60	467.60	19.14	19.06	44.10	18.44	19.05	100.26
601208	东材科技	615.76	615.76	8.55	8.51	16.60	6.66	9.37	10.76

注：发行股本、流通股本、成交数量的单位是百万股，成交金额的单位是百万元

A 股
A Share

股票
Share

涨跌值 Change	市盈率 P/E	市净率 P/B	换手率(%) Turnover Rate	成交数量 Trading Vol	成交金额 Trading Val
-1.61	69.68	0.98	447.67	5527.16	40824.73
1.53	57.57	4.14	359.19	5110.03	124050.69
-6.57	32.73	3.03	443.20	20980.95	574372.48
-0.96	17.03	2.68	628.84	12767.61	163362.97
-3.12	62.35	1.28	513.98	8602.42	74448.82
-7.88	66.59	3.92	1326.69	9797.18	154288.16
0.18	62.73	1.86	155.46	3984.25	19995.96
-0.04	283.87	1.46	1420.44	27012.65	121473.81
-2.04	9.03	1.53	241.69	35932.19	418022.22
4.92	116.08	3.40	1047.73	3143.20	53018.00
-0.83	66.17	2.15	1607.35	13045.80	128330.73
3.05	10.62	1.84	608.45	18064.36	302986.10
-2.78	30.28	3.40	881.39	14238.68	185542.55
-1.62	161.13	3.92	621.64	3825.76	40802.31
-7.19	82.37	7.51	1313.03	11711.64	241304.04
-2.58	37.85	2.56	2132.34	2818.39	45437.51
5.53	154.10	10.27	1845.45	4333.71	80891.52
3.56	37.06	3.40	219.97	28156.47	225975.10
0.00	55.19	13.73	919.37	1030.04	87138.49
-10.13	63.36	2.87	710.72	4180.00	59125.16
0.81	82.13	3.00	2424.80	5111.44	70778.98
-6.92	28.15	2.22	1096.97	8122.39	94071.03
0.00	172.99	11.93	3767.91	4747.57	90637.71
-5.32	8.09	1.02	121.73	20074.32	409199.73
7.30	29.23	4.15	223.82	4019.75	90702.24
-4.40	63.81	5.42	1368.13	41918.14	500952.58
3.26	113.79	3.04	236.60	1490.56	24710.99
-0.74	51.59	1.39	487.27	5847.26	55349.81
2.39	2027.99	3.11	844.95	55243.09	624578.41
0.55	18.84	1.55	394.12	8523.80	54235.52
0.74	29.68	2.07	281.75	23467.68	245483.25
5.26	0.00	5.60	412.72	2641.39	24302.51
4.16	48.03	3.30	481.54	1977.96	23014.31
-2.56	10.74	1.44	495.19	24427.64	241257.90
-1.16	1328.65	3.31	559.24	21984.76	211063.22
-4.02	31.69	3.14	388.38	1881.17	45141.41
5.95	77.04	2.68	350.81	754.24	17142.20
0.85	27.49	3.65	212.49	4490.37	47296.01
0.00	30.52	0.00	282.44	1501.40	35445.54
0.43	30.89	3.38	150.34	7216.22	73881.53
0.57	6.90	1.26	475.57	76944.91	1307673.43
-1.85	60.70	1.55	770.25	18355.13	174035.13
-0.40	8.54	1.39	435.23	46846.23	540163.14
1.53	216.71	2.53	695.87	2783.89	31026.11
-0.96	51.02	1.94	498.83	21734.10	204532.57
-1.78	16.14	1.97	422.48	43351.77	782269.99
1.29	25.14	2.24	588.71	7142.20	43671.77
0.00	72.12	10.09	2582.28	12911.38	348330.01
-0.09	50.24	4.50	419.09	1021.45	31232.28
0.82	34.87	2.61	745.74	4591.94	48423.40

A 股
A Share

股票
Share

股票代码 Code	名称 Name	发行股本 Issued Vol	流通股本 Negotiable Vol	上年收盘 Last Year Close	本年开盘 Open	本年最高 High	本年最低 Low	本年收盘 Close	涨跌(%) Change(%)
601211	国泰君安	7625.00	1525.00	19.71	23.65	37.30	17.45	23.90	21.77
601216	君正集团	3686.40	3686.40	10.44	11.10	35.70	8.60	11.45	97.80
601218	吉鑫科技	991.76	991.76	6.82	6.83	16.52	4.82	6.99	2.93
601222	林洋能源	406.60	355.17	22.64	22.66	54.98	21.76	36.73	64.44
601225	陕西煤业	10000.00	2710.00	6.65	6.65	12.49	4.18	4.86	-26.47
601226	华电重工	1155.00	367.50	18.56	18.43	37.57	9.85	12.65	3.04
601231	环旭电子	2175.92	2175.92	30.03	30.06	54.18	10.60	14.46	-3.05
601233	桐昆股份	963.60	963.60	10.60	10.67	27.68	9.40	13.15	24.39
601238	广汽集团	4221.72	4221.72	8.68	8.71	24.85	7.80	22.57	161.87
601258	庞大集团	6480.11	6480.11	5.95	5.95	16.44	3.60	3.92	31.76
601288	农业银行	294055.29	294055.29	3.71	3.76	4.25	2.71	3.23	-8.03
601299	中国北车	10126.08	10126.08	32.56	7.81	32.56	32.56	32.56	- -
601311	骆驼股份	851.64	848.40	13.08	13.07	32.20	12.23	21.83	67.66
601313	江南嘉捷	400.41	394.48	9.45	9.45	27.13	9.10	15.68	69.10
601318	中国平安	10832.66	10832.66	74.71	77.80	94.30	24.65	36.00	-2.48
601328	交通银行	39250.86	39250.86	6.80	6.83	9.70	5.03	6.44	-1.32
601333	广深铁路	5652.24	5652.24	4.52	4.72	9.38	3.96	5.01	11.95
601336	新华保险	2085.44	2085.44	49.56	50.35	70.60	29.88	52.21	5.77
601339	百隆东方	1500.00	1500.00	10.60	10.70	29.55	5.17	7.53	44.15
601368	绿城水务	735.81	147.00	6.43	7.72	26.49	7.72	17.52	172.47
601369	陕鼓动力	1638.77	1638.77	8.70	8.69	16.26	6.50	8.74	3.33
601377	兴业证券	5200.00	5200.00	15.12	15.21	19.45	6.92	11.00	-26.92
601388	怡球资源	533.00	533.00	9.30	9.29	28.24	8.36	23.33	151.08
601390	中国中铁	18636.91	17092.51	9.30	9.37	24.00	7.56	10.92	18.26
601398	工商银行	269612.21	269612.21	4.87	4.93	5.94	3.81	4.58	-0.71
601515	东风股份	1112.00	1112.00	11.18	11.20	32.16	10.95	16.58	50.45
601518	吉林高速	1213.20	1213.20	3.73	3.73	10.68	3.29	4.65	26.38
601519	大智慧	1987.70	1987.70	5.98	6.58	35.00	6.58	12.82	114.38
601555	东吴证券	2700.00	2591.00	22.42	22.30	30.00	10.18	16.07	-27.77
601558	华锐风电	6030.60	1349.16	3.10	3.17	10.94	3.02	4.27	37.74
601566	九牧王	574.64	574.64	12.90	12.89	40.09	12.86	22.86	84.96
601567	三星医疗	1198.60	1008.12	18.74	18.80	60.98	8.58	15.17	102.91
601579	会稽山	400.00	248.00	12.15	12.18	21.68	9.50	13.83	14.73
601588	北辰实业	2660.00	2660.00	4.79	4.97	9.70	4.01	5.36	13.15
601599	鹿港科技	381.95	351.44	9.33	9.33	30.93	8.80	24.76	166.24
601600	中国铝业	10959.83	9580.52	6.25	6.25	10.88	4.53	4.97	-20.48
601601	中国太保	6286.70	6286.70	32.30	33.00	38.35	18.80	28.86	-9.10
601607	上海医药	1923.02	1922.94	16.50	16.58	32.10	15.88	19.91	22.42
601608	中信重工	4186.63	4110.00	7.03	7.07	30.00	5.35	6.85	47.08
601616	广电电气	934.86	934.86	5.15	5.13	13.35	4.41	8.61	68.16
601618	中国中冶	16239.00	16239.00	5.05	5.06	11.58	3.68	6.02	20.20
601628	中国人寿	20823.53	20823.53	34.15	34.50	42.50	20.51	28.31	-15.93
601633	长城汽车	6027.73	6027.73	41.55	41.55	59.50	11.25	12.04	-10.54
601636	旗滨集团	2525.29	2054.96	8.52	8.50	15.43	4.31	5.11	51.12
601666	平煤股份	2361.16	2361.16	6.03	6.03	9.40	4.28	4.66	-22.29
601668	中国建筑	30000.00	29900.56	7.28	7.38	12.52	4.88	6.34	-10.55
601669	中国电建	13754.63	3300.00	8.43	8.45	20.00	6.31	8.03	-3.56
601677	明泰铝业	482.76	407.70	12.82	12.96	22.37	9.28	16.00	25.59
601678	滨化股份	990.00	990.00	10.39	10.40	16.20	6.06	8.02	17.42
601688	华泰证券	5443.72	5443.72	24.47	24.89	34.31	11.95	19.72	-17.37

注：发行股本、流通股本、成交数量的单位是百万股，成交金额的单位是百万元

A 股
A Share

股票
Share

涨跌值 Change	市盈率 P/E	市净率 P/B	换手率(%) Turnover Rate	成交数量 Trading Vol	成交金额 Trading Val
0.00	26.97	4.34	1009.12	15389.13	403119.57
1.01	55.17	6.51	578.82	15562.24	241961.16
0.17	74.66	2.96	1081.22	10723.12	101936.43
14.09	36.43	5.07	278.88	985.25	35656.08
-1.79	51.08	1.41	571.95	12565.78	93975.68
-5.91	40.18	4.13	1751.38	3193.90	59987.77
-15.57	44.86	4.97	274.71	2914.17	69303.31
2.55	113.29	1.86	543.83	5232.50	77236.58
13.89	45.59	4.11	224.20	4343.50	63259.90
-2.03	179.49	2.09	795.93	31076.76	204621.54
-0.48	5.85	1.02	71.53	207181.38	756748.86
0.00	96.69	0.00	189.51	19190.32	356384.37
8.75	27.70	4.62	544.24	4607.85	91969.00
6.23	26.88	4.14	533.28	2085.00	32707.93
-38.71	16.75	2.27	601.48	39414.16	2481186.24
-0.36	7.26	1.02	304.09	102094.39	738995.79
0.49	53.61	1.33	640.55	36205.17	218624.02
2.65	25.42	3.37	409.07	8530.84	445803.35
-3.07	23.85	1.73	927.48	4398.88	51446.76
0.00	54.85	8.51	2150.31	3160.95	57869.66
0.04	27.35	2.34	313.91	5144.25	53301.41
-4.12	32.11	3.90	780.29	40575.05	555876.01
14.03	413.29	5.66	539.16	1784.22	29934.66
1.62	24.08	2.53	488.70	83530.53	1224563.74
-0.29	5.92	1.07	47.36	127440.18	639330.05
5.40	25.03	5.93	411.04	3404.30	56927.84
0.92	22.17	2.31	680.31	8253.51	51192.68
6.84	238.33	8.42	915.95	18206.41	380271.71
-6.35	38.90	3.08	822.61	17938.30	358519.31
1.17	318.89	2.93	1289.40	11362.06	65620.89
9.96	37.48	2.96	353.62	2032.02	41875.58
-3.57	48.83	7.52	228.36	1886.65	32772.63
1.68	50.32	3.86	1326.93	1589.63	22942.75
0.57	34.00	1.66	611.07	16254.37	99666.63
15.43	159.22	6.56	998.07	3246.32	59926.39
-1.28	0.00	2.62	597.97	57288.60	424074.45
-3.44	23.67	2.23	303.26	19065.22	602996.98
3.41	20.66	1.92	436.49	8393.39	189696.82
-0.18	70.38	3.65	605.58	10072.40	126450.19
3.46	207.62	3.19	914.05	8532.04	67008.50
0.97	29.01	2.43	397.61	64567.73	474321.59
-5.84	24.84	2.82	91.27	19005.61	663930.91
-29.51	13.67	3.29	150.18	4387.99	121203.44
-3.41	58.37	2.51	844.58	10145.62	78862.97
-1.37	55.40	0.96	533.51	12597.03	81743.51
-0.94	8.43	1.37	504.43	150652.35	1211258.62
-0.40	23.08	2.18	1515.39	50007.84	546989.19
3.18	43.52	2.79	460.27	1846.09	27881.93
-2.37	21.95	1.80	681.91	6158.49	58313.12
-4.75	31.49	3.42	582.24	32211.15	790766.61

A 股
A Share

股票
Share

股票代码 Code	名称 Name	发行股本 Issued Vol	流通股本 Negotiable Vol	上年收盘 Last Year Close	本年开盘 Open	本年最高 High	本年最低 Low	本年收盘 Close	涨跌(%) Change(%)
601689	拓普集团	649.10	129.10	11.37	16.37	48.07	14.79	27.85	146.57
601699	潞安环能	2991.41	2991.41	11.54	11.54	16.44	5.62	6.42	-27.37
601700	风范股份	1133.25	1122.69	13.70	13.70	40.50	6.14	9.99	85.44
601717	郑煤机	1377.89	1377.89	7.63	7.67	17.62	5.80	7.52	-0.94
601718	际华集团	3857.00	3857.00	6.35	6.30	27.70	5.39	11.47	81.35
601727	上海电气	9851.00	9851.00	8.25	8.50	25.00	8.20	11.54	40.59
601766	中国中车	22917.69	22917.69	6.38	7.02	39.47	7.02	12.85	103.29
601777	力帆股份	1256.35	993.78	8.86	8.87	27.99	8.31	17.34	97.97
601788	光大证券	3906.70	3418.00	28.54	28.63	38.32	14.36	22.94	-19.34
601789	宁波建工	488.04	488.04	9.29	9.31	19.58	7.22	12.32	33.91
601798	蓝科高新	354.53	354.53	12.17	12.16	23.27	9.65	14.13	16.52
601799	星宇股份	239.65	239.65	18.57	18.72	60.08	18.31	37.71	107.27
601800	中国交建	11747.24	11747.24	13.89	14.07	24.46	9.92	13.41	-2.22
601801	皖新传媒	910.00	910.00	16.62	16.65	40.26	16.17	32.68	98.01
601808	中海油服	2960.47	2960.47	20.77	20.85	31.87	13.99	15.52	-22.97
601818	光大银行	39810.36	39810.36	4.88	4.92	6.50	3.33	4.24	-9.30
601857	中国石油	161922.08	161922.08	10.81	10.90	15.36	8.03	8.35	-21.29
601866	中海集运	7932.13	7932.13	4.94	4.96	12.08	3.87	7.04	42.51
601872	招商轮船	5299.46	4720.92	6.29	6.30	12.79	5.11	7.09	12.93
601877	正泰电器	1314.91	1314.91	30.35	31.35	46.95	24.49	25.79	14.03
601880	大连港	3363.40	3363.40	4.61	4.61	10.64	4.47	5.96	30.15
601886	江河创建	1154.05	1154.05	8.30	8.31	22.02	7.54	12.61	52.89
601888	中国国旅	976.24	976.24	44.40	44.58	78.40	42.98	59.31	34.62
601890	亚星锚链	959.40	959.40	10.04	10.04	35.00	7.24	12.27	151.03
601898	中煤能源	9152.00	9152.00	6.92	6.95	13.57	5.68	6.05	-12.23
601899	紫金矿业	15803.80	15803.80	3.38	3.39	7.49	3.16	3.52	6.51
601901	方正证券	8232.10	6289.85	14.09	13.59	16.98	5.94	9.60	-31.87
601908	京运通	1993.02	571.52	11.25	11.29	31.68	6.16	8.22	46.58
601918	国投新集	2590.54	2590.54	5.72	6.03	19.04	5.91	9.20	60.84
601919	中国远洋	7635.67	7635.67	7.20	7.22	16.87	5.59	9.02	25.28
601928	凤凰传媒	2544.90	2544.90	10.76	10.74	26.48	10.31	15.93	49.91
601929	吉视传媒	3110.80	3110.80	11.48	11.50	23.12	5.62	6.18	8.10
601933	永辉超市	4067.54	3071.60	8.71	8.71	16.96	8.01	10.10	17.34
601939	建设银行	9593.66	9593.66	6.73	6.76	7.48	4.56	5.78	-9.64
601958	金钼股份	3226.60	3226.60	9.37	9.39	17.33	6.43	8.28	-11.21
601965	中国汽研	961.18	961.18	12.24	12.28	24.38	7.00	9.39	15.89
601968	宝钢包装	833.33	208.33	3.08	4.44	21.24	4.44	13.36	333.77
601969	海南矿业	1866.67	858.67	15.93	15.94	33.63	11.70	14.09	-10.61
601985	中国核电	15565.43	3891.00	3.39	4.07	14.38	4.07	9.54	181.42
601988	中国银行	210765.51	210765.51	4.15	4.18	5.96	3.43	4.01	1.20
601989	中国重工	18361.67	17957.86	9.21	9.21	20.19	8.05	9.40	2.48
601991	大唐发电	9994.36	9994.36	6.88	6.86	9.51	4.65	5.14	-23.40
601992	金隅股份	4169.50	3111.40	10.14	10.60	14.78	6.70	9.37	-7.10
601996	丰林集团	468.91	468.91	8.06	8.10	17.41	6.38	9.12	13.90
601998	中信银行	31905.16	31905.16	8.14	8.15	10.50	5.41	7.22	-11.30
601999	出版传媒	550.91	550.91	10.49	10.50	20.90	7.53	12.70	21.46
603000	人民网	1105.69	1105.69	41.94	41.80	81.88	14.68	22.81	9.20
603001	奥康国际	400.98	400.98	17.86	17.86	55.58	16.01	33.62	91.04
603002	宏昌电子	600.00	600.00	7.83	7.82	18.26	6.81	7.69	47.92
603003	龙宇燃油	202.00	202.00	21.76	23.94	51.60	14.04	29.81	37.05

注：发行股本、流通股本、成交数量的单位是百万股，成交金额的单位是百万元

A 股
A Share

股票
Share

涨跌值 Change	市盈率 P/E	市净率 P/B	换手率(%) Turnover Rate	成交数量 Trading Vol	成交金额 Trading Val
0.00	45.31	12.25	2178.98	2813.06	74066.20
-5.12	19.56	1.04	448.75	11716.91	118837.78
-3.71	57.26	4.01	610.16	5049.45	75431.48
-0.11	59.41	1.29	661.85	9119.50	87465.47
5.12	37.71	3.71	789.52	30451.80	382036.35
3.29	57.93	4.32	436.26	42974.43	635330.34
6.47	65.98	3.93	508.22	87034.66	1539808.86
8.48	56.43	4.03	560.46	5486.99	80189.76
-5.60	43.33	3.47	535.71	18310.58	479916.60
3.03	32.69	2.76	892.11	3934.35	45658.86
1.96	90.48	2.59	519.88	1843.14	26833.42
19.14	33.14	4.55	341.48	816.02	26148.37
-0.48	15.62	1.85	636.59	28092.37	464039.17
16.06	42.84	5.77	227.26	2068.11	56219.15
-5.25	9.88	1.57	269.98	7992.58	181226.23
-0.64	6.79	1.10	293.77	116953.02	586645.72
-2.46	14.26	1.30	29.74	48163.30	570171.82
2.10	77.50	3.32	433.79	34408.39	274986.06
0.80	187.62	3.72	709.29	32791.30	275999.97
-4.56	18.50	5.62	85.56	954.70	31949.88
1.35	50.66	1.93	646.59	21747.33	147926.29
4.31	52.55	2.78	476.69	5498.93	69720.31
14.91	39.38	5.73	163.20	1593.26	92342.77
2.23	393.90	4.23	1190.81	9767.59	142333.53
-0.87	104.64	0.93	277.28	25376.34	217574.43
0.14	32.38	2.71	497.86	78681.21	356293.06
-4.49	44.00	2.61	687.00	42331.41	511642.06
-3.03	142.49	4.35	1532.46	5452.50	80731.74
3.48	0.00	3.55	1462.44	37885.14	435805.08
1.82	254.16	3.78	363.02	27719.35	310992.82
5.17	33.63	4.03	469.22	11941.24	188615.29
-5.30	46.91	3.81	708.00	11802.08	144352.97
1.39	48.24	6.38	558.04	17140.66	194772.66
-0.95	6.34	1.16	657.32	63060.73	404505.87
-1.09	139.00	2.03	327.23	10558.54	118885.23
-2.85	21.83	2.56	755.84	3282.51	41370.72
0.00	86.56	8.15	2321.16	4835.74	69334.45
-1.84	62.02	5.72	1675.08	3178.47	59575.55
0.00	60.08	6.61	1283.32	49934.14	544918.14
-0.14	6.96	1.04	121.95	255270.70	1172634.17
0.19	75.83	2.88	822.91	147021.10	1829736.88
-1.74	38.04	1.56	215.60	21548.24	154965.42
-0.77	20.65	1.61	365.00	11356.46	123892.04
1.06	51.25	2.53	1074.76	5039.67	51895.74
-0.92	8.30	1.30	128.83	41104.83	318390.82
2.21	93.28	3.87	701.80	3866.34	51801.08
-19.13	76.37	9.95	966.51	5101.41	186101.75
15.76	52.20	3.47	589.87	1563.18	45010.81
-0.14	73.56	4.94	1110.73	3280.41	36424.05
8.05	814.26	7.65	1043.70	1030.92	27923.55

A 股
A Share

股票
Share

股票代码 Code	名称 Name	发行股本 Issued Vol	流通股本 Negotiable Vol	上年收盘 Last Year Close	本年开盘 Open	本年最高 High	本年最低 Low	本年收盘 Close	涨跌(%) Change(%)
603005	晶方科技	226.70	99.64	42.10	41.98	75.37	27.11	50.30	19.91
603006	联明股份	94.49	34.44	31.50	31.45	66.71	23.95	62.94	100.44
603008	喜临门	315.00	198.27	14.58	16.04	31.42	10.19	24.90	70.78
603009	北特科技	110.04	34.73	21.39	21.52	64.45	20.60	38.86	82.70
603010	万盛股份	115.63	47.64	24.25	24.00	62.00	23.10	55.70	130.23
603011	合锻股份	179.50	97.85	20.37	20.38	31.00	17.42	25.37	25.04
603012	创力集团	318.28	79.60	13.56	19.53	57.38	15.71	26.30	94.69
603015	弘讯科技	200.10	50.10	10.60	12.72	61.49	12.72	34.08	222.45
603017	中衡设计	122.34	59.77	43.16	47.48	101.88	35.80	46.37	116.27
603018	设计股份	104.00	62.93	59.94	59.58	99.00	46.99	76.86	28.81
603019	中科曙光	300.00	179.37	42.53	41.19	169.99	38.80	91.17	114.55
603020	爱普股份	160.00	40.00	20.47	29.48	89.76	29.48	57.32	181.49
603021	山东华鹏	105.40	26.40	8.73	12.57	114.33	12.57	48.31	453.38
603022	新通联	80.00	20.00	14.31	20.61	87.60	20.61	52.03	263.59
603023	威帝股份	120.00	30.00	13.25	19.08	77.00	19.08	51.29	480.64
603025	大豪科技	447.00	51.00	11.17	16.08	94.05	16.08	40.91	269.29
603026	石大胜华	202.68	50.68	6.51	7.81	46.78	7.81	42.25	549.00
603030	全筑股份	160.00	40.00	9.85	14.18	75.01	14.18	37.05	276.65
603066	音飞储存	100.00	25.00	12.43	14.92	67.89	14.92	51.08	311.93
603077	和邦生物	3312.24	2781.15	9.70	9.66	30.22	4.49	6.73	108.87
603085	天成自控	100.00	25.00	7.27	10.47	63.79	10.47	48.79	571.11
603088	宁波精达	80.00	25.00	30.81	30.86	76.88	25.31	49.50	61.31
603099	长白山	266.67	102.67	14.24	14.25	35.79	10.50	23.50	65.66
603100	川仪股份	395.00	231.38	15.29	15.25	38.25	11.31	18.14	19.42
603108	润达医疗	94.13	23.60	17.00	24.48	110.40	24.48	102.58	503.41
603111	康尼机电	295.35	148.30	23.11	22.90	39.99	20.00	28.75	25.05
603116	红蜻蜓	408.80	58.80	17.70	25.49	49.20	24.40	31.78	79.55
603117	万林股份	410.50	60.00	5.93	8.54	39.00	8.54	25.67	332.88
603118	共进股份	309.38	75.00	11.95	17.21	82.10	17.21	47.05	295.65
603123	翠微股份	524.14	368.39	10.76	10.78	18.70	7.79	10.97	3.44
603126	中材节能	610.50	218.04	14.43	14.43	27.50	8.80	14.18	47.96
603128	华贸物流	808.35	808.35	14.56	14.44	37.48	5.68	11.50	58.76
603158	腾龙股份	106.67	26.67	14.53	20.92	84.81	20.92	62.96	333.31
603166	福达股份	433.50	65.04	17.42	17.08	53.47	16.39	27.04	56.09
603167	渤海轮渡	481.40	481.40	11.12	11.19	23.98	8.15	12.42	13.04
603168	莎普爱思	163.38	100.61	80.97	80.88	258.00	33.48	55.08	70.96
603169	兰石重装	945.85	386.70	17.57	17.48	35.19	11.80	18.25	67.05
603188	亚邦股份	576.00	379.01	42.03	41.90	71.88	16.39	22.38	8.87
603198	迎驾贡酒	800.00	80.00	11.80	14.16	53.34	14.16	29.79	155.85
603199	九华旅游	110.68	27.68	12.08	17.40	79.77	17.40	51.30	325.66
603222	济民制药	160.00	40.00	7.36	10.60	58.34	10.60	38.75	428.53
603223	恒通股份	120.00	30.00	8.31	11.97	53.22	11.97	38.63	364.86
603227	雪峰科技	329.35	82.35	4.98	7.17	48.30	7.17	33.74	577.51
603268	松发股份	88.00	22.00	11.66	13.99	73.09	13.99	68.68	489.88
603288	海天味业	2706.25	269.46	39.95	39.95	72.72	25.88	35.35	61.40
603299	N 井神	559.44	90.00	3.69	5.31	5.31	5.31	5.31	43.90
603300	华铁科技	202.67	50.67	8.22	11.84	52.50	11.84	48.14	485.64
603306	华懋科技	142.60	48.13	25.35	25.35	66.20	23.50	42.19	67.03
603308	应流股份	400.01	239.82	17.92	17.85	38.78	14.50	31.32	75.08
603309	维力医疗	200.00	50.00	15.40	18.48	102.50	18.48	44.15	475.32

注：发行股本、流通股本、成交数量的单位是百万股，成交金额的单位是百万元

A 股
A Share

股票
Share

涨跌值 Change	市盈率 P/E	市净率 P/B	换手率(%) Turnover Rate	成交数量 Trading Vol	成交金额 Trading Val
8.20	58.09	7.25	936.78	884.88	45130.64
31.44	89.74	10.44	1288.54	356.36	14568.12
10.32	83.52	6.83	1276.86	2531.65	48448.40
17.47	96.98	9.64	1735.89	510.54	17797.26
31.45	153.15	12.59	1107.47	329.02	13106.22
5.00	159.11	7.97	1435.82	730.11	17793.96
0.00	36.65	6.75	2245.13	1787.13	52956.75
0.00	72.66	12.69	2751.57	1378.53	42738.28
3.21	62.05	6.99	1725.14	402.74	21689.66
16.92	48.17	4.93	1154.87	375.52	26791.56
48.64	236.10	23.17	1634.33	1342.40	106894.89
0.00	59.29	10.46	1863.43	745.37	38944.64
0.00	87.98	10.54	2953.39	779.70	37398.05
0.00	79.45	15.27	2523.93	504.79	24423.05
0.00	72.84	38.38	1737.52	432.89	18588.85
0.00	83.54	20.17	2515.97	1283.15	55611.64
0.00	201.33	8.65	2500.90	1267.46	35238.47
0.00	79.03	14.12	2693.46	1077.38	39702.49
0.00	83.21	12.85	2373.60	593.40	24192.28
-2.97	33.18	4.69	1200.99	8325.47	99311.68
0.00	151.28	22.28	3361.69	840.42	34562.43
18.69	105.80	8.78	2911.25	596.08	27380.53
9.26	78.63	7.97	2613.89	2001.46	42782.74
2.85	44.94	4.20	1900.84	2457.82	49694.16
0.00	128.46	20.31	1263.85	298.27	23486.24
5.64	60.24	8.91	835.83	779.66	22829.54
0.00	39.65	7.77	2192.83	1289.39	44598.72
0.00	94.86	10.80	3002.95	1801.77	48258.29
0.00	74.09	11.22	2042.81	1532.11	62656.63
0.21	34.62	2.07	850.92	1879.08	22461.05
-0.25	81.35	6.66	2427.47	3672.30	58984.05
-3.06	80.17	6.74	833.51	2528.54	44661.21
0.00	75.19	19.38	1792.85	478.15	23973.31
9.62	107.25	13.05	4038.87	1786.04	53793.49
1.30	30.04	2.20	1253.73	4262.24	59854.85
-25.89	68.55	11.80	1137.95	435.93	33161.38
0.68	39.88	12.93	2832.25	4252.84	96224.62
-19.65	20.58	4.75	1284.27	1847.22	63247.88
0.00	48.98	9.32	2246.05	1796.84	61176.95
0.00	86.05	10.64	2464.63	682.21	34250.59
0.00	107.67	14.04	3011.33	1204.53	37913.01
0.00	94.76	14.10	3256.08	976.82	34429.14
0.00	128.06	13.58	1958.14	1612.53	44846.19
0.00	124.15	20.87	2542.05	559.25	24074.09
-4.60	45.77	12.78	658.35	1572.81	57477.68
0.00	29.93	1.83	0.06	0.05	0.27
0.00	114.25	15.65	2285.60	1158.12	33760.76
16.84	50.77	6.52	1651.96	624.59	23681.16
13.40	117.86	6.89	1494.54	3328.06	81058.13
0.00	130.20	23.88	3016.51	987.11	50977.30

A 股
A Share

股票
Share

股票代码 Code	名称 Name	发行股本 Issued Vol	流通股本 Negotiable Vol	上年收盘 Last Year Close	本年开盘 Open	本年最高 High	本年最低 Low	本年收盘 Close	涨跌(%) Change(%)
603311	金海环境	210.00	52.50	5.39	7.76	52.22	7.76	29.24	442.49
603315	福鞍股份	100.00	25.00	10.77	15.51	116.35	15.51	46.99	336.30
603318	派思股份	120.40	30.10	6.52	9.39	101.73	9.39	54.91	742.18
603328	依顿电子	489.00	97.98	23.29	23.32	48.08	18.30	29.51	27.44
603333	明星电缆	520.01	520.01	5.61	5.60	16.00	5.40	9.62	71.48
603338	浙江鼎力	162.50	40.63	29.56	42.57	171.61	29.02	53.37	351.71
603355	莱克电气	401.00	41.00	19.08	22.90	115.00	22.90	46.70	145.70
603366	日出东方	800.00	800.00	16.23	16.19	36.96	8.10	10.60	32.27
603368	柳州医药	112.50	57.38	51.40	51.10	130.00	45.00	91.89	79.38
603369	今世缘	501.80	272.30	27.87	27.86	52.97	23.76	33.53	21.71
603398	邦宝益智	96.00	24.00	13.97	20.12	92.42	20.12	92.42	561.56
603399	新华龙	499.25	354.70	10.70	10.62	24.68	7.19	12.62	18.17
603456	九洲药业	221.57	57.84	32.64	32.32	89.16	30.50	71.11	118.47
603508	思维列控	160.00	40.00	33.56	48.33	77.84	48.33	77.84	131.94
603518	维格娜丝	147.98	55.63	31.02	31.00	43.85	23.32	33.74	9.25
603519	立霸股份	80.00	20.00	13.69	16.43	78.78	16.43	53.24	289.92
603555	贵人鸟	614.00	113.89	16.76	16.72	69.37	16.51	35.43	113.19
603558	健盛集团	300.00	75.00	19.25	27.72	83.36	13.85	23.29	356.04
603566	普莱柯	160.00	40.00	15.52	22.35	86.49	22.35	57.31	269.27
603567	珍宝岛	424.58	64.58	23.60	28.32	120.31	28.32	51.80	119.49
603568	伟明环保	453.80	45.80	11.27	16.23	71.20	16.23	50.70	349.87
603588	高能环境	161.60	121.38	31.77	34.95	123.58	33.81	78.27	146.68
603589	口子窖	600.00	60.00	16.00	19.20	52.68	19.20	42.94	168.38
603598	引力传媒	133.34	33.34	7.20	8.64	76.10	8.64	68.84	856.11
603599	广信股份	188.24	47.06	16.11	19.33	98.99	19.33	49.74	208.75
603600	永艺股份	100.00	25.00	10.22	14.72	159.00	14.72	75.55	641.39
603601	再升科技	149.60	37.40	7.90	9.48	91.56	9.48	40.70	1035.95
603606	东方电缆	310.97	139.24	22.02	21.95	70.55	10.77	17.61	76.39
603609	禾丰牧业	831.18	418.39	14.35	14.38	33.40	9.18	13.57	42.20
603611	诺力股份	160.00	40.00	18.37	22.04	116.61	17.94	38.94	326.67
603616	韩建河山	146.68	36.68	11.35	13.62	53.32	13.62	40.96	260.88
603618	杭电股份	213.35	53.35	11.65	16.78	54.09	16.78	33.01	185.06
603636	南威软件	100.00	42.60	23.68	26.05	124.95	26.05	97.82	313.85
603669	灵康药业	260.00	65.00	11.70	16.85	58.17	16.85	34.89	198.21
603678	火炬电子	166.40	41.60	10.38	14.95	123.00	14.95	85.79	728.13
603686	龙马环卫	266.70	66.70	14.86	17.83	126.89	17.83	39.72	436.94
603688	石英股份	223.80	76.66	18.43	18.33	42.70	13.10	23.92	32.50
603696	安记食品	120.00	30.00	10.10	14.54	60.74	14.54	55.37	448.22
603698	航天工程	412.30	82.30	12.52	15.02	71.15	15.02	35.05	180.46
603699	纽威股份	750.00	155.00	19.44	19.38	36.34	16.51	21.82	14.30
603703	盛洋科技	91.88	23.00	11.32	16.30	131.47	16.30	77.08	580.92
603718	海利生物	280.00	70.00	6.81	9.81	66.03	9.81	51.46	655.65
603729	龙韵股份	66.67	16.67	26.61	31.93	184.80	31.93	112.32	322.59
603766	隆鑫通用	837.31	804.22	13.44	13.40	39.48	13.00	23.73	78.26
603778	N 乾景	80.00	20.00	18.98	27.33	27.33	27.33	27.33	43.99
603788	宁波高发	140.97	34.20	10.28	14.80	67.99	14.80	38.48	277.72
603789	星光农机	200.00	50.00	11.23	13.48	107.91	13.48	44.02	295.55
603799	华友钴业	535.19	91.00	4.77	5.72	38.96	5.72	26.16	450.52
603800	道森股份	208.00	52.00	10.95	15.77	59.92	15.77	53.93	392.51
603806	福斯特	402.00	90.21	38.18	38.12	73.49	27.01	49.99	32.11

注：发行股本、流通股本、成交数量的单位是百万股，成交金额的单位是百万元

A 股
A Share

股票
Share

涨跌值 Change	市盈率 P/E	市净率 P/B	换手率(%) Turnover Rate	成交数量 Trading Vol	成交金额 Trading Val
0.00	120.65	21.32	2099.45	1102.21	31004.25
0.00	83.52	13.68	2490.40	622.60	29423.76
0.00	184.45	23.03	2320.01	698.32	35000.30
6.22	39.98	3.64	1617.48	1520.02	44443.38
4.01	0.00	3.39	966.55	3353.32	30684.81
0.00	94.31	23.81	1990.53	505.52	34889.94
0.00	54.43	12.41	1783.42	731.20	38072.01
-5.63	39.52	2.41	727.54	2580.04	41389.75
40.49	60.88	8.95	1527.77	361.02	26187.50
5.66	26.06	4.75	1129.48	923.24	31677.82
0.00	150.90	45.97	76.34	18.32	1625.30
1.92	113.73	5.68	1576.41	2517.52	33173.57
38.47	118.22	9.97	803.57	425.10	22449.60
0.00	52.23	16.19	0.19	0.08	4.92
2.72	36.11	3.88	1578.37	599.60	20144.16
0.00	77.68	11.17	2693.91	538.78	25769.76
18.67	69.67	9.73	1431.38	1596.47	56909.82
0.00	90.71	19.20	1909.80	697.58	21961.82
0.00	65.38	13.41	1563.84	625.53	32396.48
0.00	46.08	10.05	1974.06	1274.85	74277.80
0.00	103.35	23.52	1738.63	796.29	38800.85
46.50	109.46	7.33	1462.02	593.71	35450.53
0.00	61.03	11.31	2154.42	1292.65	48701.90
0.00	182.78	28.89	1931.46	643.95	31415.40
0.00	61.19	6.74	1725.65	812.09	39599.82
0.00	139.02	29.13	4093.50	1023.38	78320.33
0.00	166.50	30.89	2959.45	855.24	31630.76
-4.41	84.23	7.10	2322.52	1471.30	34898.38
-0.78	45.35	4.75	1736.79	2004.17	35715.24
0.00	75.67	13.00	2528.75	817.84	30443.85
0.00	75.00	13.12	3359.11	1232.12	46083.08
0.00	60.18	8.35	2618.97	1397.22	40671.97
74.14	112.58	12.17	2807.72	703.89	42923.64
0.00	60.53	24.25	1639.11	1065.42	36363.39
0.00	104.09	22.82	1136.53	472.80	29618.72
0.00	81.70	21.94	1659.30	726.15	38362.41
5.49	82.76	4.55	2364.95	1386.00	34039.69
0.00	117.46	18.92	107.54	32.26	1837.23
0.00	51.32	14.27	2434.61	2003.69	75761.67
2.38	29.02	6.85	1346.67	2060.44	49997.72
0.00	128.75	26.17	1917.02	440.91	28241.83
0.00	142.35	26.33	1155.01	808.51	34300.14
0.00	96.63	13.82	1780.50	296.81	30544.51
10.29	32.55	4.85	889.60	4535.38	98141.19
0.00	26.90	4.92	0.07	0.01	0.37
0.00	56.55	16.04	2759.55	943.76	32485.47
0.00	69.82	16.54	2614.32	1307.16	57977.39
0.00	96.31	6.22	2720.43	2475.59	54417.88
0.00	104.18	22.71	110.05	57.22	3228.79
11.81	46.51	5.29	1297.65	889.48	39115.92

A 股
A Share

股票
Share

股票代码 Code	名称 Name	发行股本 Issued Vol	流通股本 Negotiable Vol	上年收盘 Last Year Close	本年开盘 Open	本年最高 High	本年最低 Low	本年收盘 Close	涨跌(%) Change(%)
603808	歌力思	165.65	40.00	19.16	27.59	91.81	27.59	49.01	157.10
603818	曲美家居	484.12	121.04	8.98	12.93	81.27	12.30	20.58	358.35
603828	柯利达	123.79	30.00	17.20	24.77	63.20	24.26	34.80	103.20
603838	四通股份	133.34	33.34	7.73	11.13	55.54	11.13	38.78	401.68
603866	桃李面包	450.13	45.01	13.76	19.81	38.61	19.81	38.61	180.60
603869	北部湾旅	216.24	54.06	5.03	7.24	54.86	7.24	25.76	413.72
603883	老百姓	267.00	67.00	16.41	19.69	120.79	19.69	70.97	332.48
603885	吉祥航空	1136.00	136.00	11.18	16.10	80.10	16.10	34.17	516.64
603889	新澳股份	162.31	70.28	25.85	28.44	71.35	18.85	31.55	85.01
603898	好莱客	294.00	73.50	19.57	23.48	137.49	21.00	33.98	422.18
603899	晨光文具	460.00	60.00	13.15	18.94	67.48	18.94	42.06	223.65
603901	永创智能	200.00	50.00	15.81	22.77	77.00	22.20	37.42	373.37
603918	金桥信息	88.00	22.00	9.50	11.40	108.00	11.40	75.87	698.63
603936	博敏电子	167.35	41.85	8.06	11.61	53.37	11.61	51.28	536.23
603939	益丰药房	320.00	80.00	19.47	28.04	127.22	28.04	42.23	336.36
603968	醋化股份	204.48	51.12	19.58	28.20	99.06	21.02	29.53	201.63
603969	银龙股份	400.00	100.00	13.79	16.55	67.90	11.03	19.96	190.57
603979	金诚信	375.00	95.00	17.19	20.63	45.04	20.63	30.55	77.72
603988	中电电机	80.00	22.40	37.32	37.00	81.00	27.76	58.61	57.58
603989	艾华集团	300.00	75.00	20.74	24.89	111.00	24.89	35.69	162.95
603993	洛阳钼业	12953.73	12953.73	8.75	8.75	19.61	4.43	4.46	54.97
603996	中新科技	200.10	50.10	10.52	15.15	29.54	15.15	29.54	180.80
603997	继峰股份	420.00	60.00	7.97	9.56	54.01	9.56	27.01	240.78
603998	方盛制药	141.73	89.73	35.26	34.91	65.11	28.00	51.03	88.48
603999	读者传媒	240.00	60.00	9.77	14.07	58.80	14.07	58.80	501.84

注：发行股本、流通股本、成交数量的单位是百万股，成交金额的单位是百万元

A 股
A Share

股票
Share

涨跌值 Change	市盈率 P/E	市净率 P/B	换手率(%) Turnover Rate	成交数量 Trading Vol	成交金额 Trading Val
0.00	58.82	12.34	1854.00	741.60	38662.15
0.00	99.18	15.79	2663.98	2188.60	59913.40
0.00	46.79	9.06	1822.05	546.61	20386.47
0.00	103.82	14.31	3085.49	1028.70	35663.72
0.00	63.67	16.74	0.88	0.39	12.73
0.00	107.35	11.95	2011.14	1087.22	32628.04
0.00	93.63	19.58	1341.90	899.07	69471.29
0.00	90.76	19.36	1180.77	820.05	51031.47
5.70	45.07	5.29	2394.10	808.76	25372.02
0.00	70.03	26.16	1726.88	875.59	34361.38
0.00	56.98	15.65	1534.51	920.71	35146.31
0.00	100.88	18.64	1987.08	691.22	26903.48
0.00	175.21	25.15	1795.77	395.07	24772.22
0.00	123.98	16.26	77.25	32.33	1619.52
0.00	96.14	22.89	1401.53	686.62	37537.72
0.00	60.58	11.57	1979.19	696.39	29810.35
0.00	60.77	10.30	2127.38	1693.12	39712.87
0.00	40.36	6.36	1968.15	1869.74	58660.96
21.29	86.29	7.70	2629.89	537.81	26667.15
0.00	59.34	13.85	1609.89	958.50	43999.65
-4.29	41.28	5.15	568.64	18552.56	204241.17
0.00	57.59	7.73	0.39	0.20	4.59
0.00	56.26	14.52	2826.94	1696.16	42998.79
15.77	89.30	8.95	2016.13	697.86	28109.79
0.00	99.95	14.41	50.99	30.60	1756.72

十大发行股本 A 股股票　　股票

Top 10 A Shares by Issued Vol　　Share

代码 Code	股票名称 Name	公司名称 Company Name	发行股数 Issued Vol	占比重 (%)
601288	农业银行	中国农业银行股份有限公司	294055.29	9.77
601398	工商银行	中国工商银行股份有限公司	269612.21	8.96
601988	中国银行	中国银行股份有限公司	210765.51	7.01
601857	中国石油	中国石油天然气股份有限公司	161922.08	5.38
600028	中国石化	中国石油化工股份有限公司	95557.77	3.18
601818	光大银行	中国光大银行股份有限公司	39810.36	1.32
601328	交通银行	交通银行股份有限公司	39250.86	1.30
600010	包钢股份	内蒙古包钢钢联股份有限公司	32560.74	1.08
601998	中信银行	中信银行股份有限公司	31905.16	1.06
601668	中国建筑	中国建筑股份有限公司	30000.00	1.00
	总计		1205440.00	40.06
	市场总计		3008918.06	100.00

十大流通股本 A 股股票

Top 10 A Shares by Negotiable Vol

代码 Code	股票名称 Name	公司名称 Company Name	流通股数 Negotiable Vol	占比重 (%)
601288	农业银行	中国农业银行股份有限公司	294055.29	10.78
601398	工商银行	中国工商银行股份有限公司	269612.21	9.89
601988	中国银行	中国银行股份有限公司	210765.51	7.73
601857	中国石油	中国石油天然气股份有限公司	161922.08	5.94
600028	中国石化	中国石油化工股份有限公司	95557.77	3.50
601818	光大银行	中国光大银行股份有限公司	39810.36	1.46
601328	交通银行	交通银行股份有限公司	39250.86	1.44
601998	中信银行	中信银行股份有限公司	31905.16	1.17
601668	中国建筑	中国建筑股份有限公司	29900.56	1.10
600016	民生银行	中国民生银行股份有限公司	29551.77	1.08
	总计		1202331.59	44.09
	市场总计		2727205.05	100.00

注：股票排名中，发行股数、流通股数、成交股数单位为百万股（1M），成交金额、市价总值、流通市值为百万元（1M Yuan），收盘价格单位为元（Yuan）

十大市值 A 股股票
Top 10 A Shares by Market Capitalization

股票
Share

代码 Code	股票名称 Name	公司名称 Company Name	市价总值 Market Capitalization	占比重 (%)
601857	中国石油	中国石油天然气股份有限公司	1352049.35	4.60
601398	工商银行	中国工商银行股份有限公司	1234823.93	4.20
601288	农业银行	中国农业银行股份有限公司	949798.60	3.23
601988	中国银行	中国银行股份有限公司	845169.71	2.88
601628	中国人寿	中国人寿保险股份有限公司	589514.13	2.01
600028	中国石化	中国石油化工股份有限公司	473966.54	1.61
601318	中国平安	中国平安保险（集团）股份有限公司	389975.92	1.33
600036	招商银行	招商银行股份有限公司	371114.71	1.26
600000	浦发银行	上海浦东发展银行股份有限公司	340798.92	1.16
601166	兴业银行	兴业银行股份有限公司	325223.39	1.11
	总计		6872435.22	23.38
	市场总计		29394610.37	100.00

十大流通市值 A 股股票
Top 10 A Shares by Negotiable Capitalization

代码 Code	股票名称 Name	公司名称 Company Name	流通市值 Negotiable Capitalization	占比重 (%)
601857	中国石油	中国石油天然气股份有限公司	1352049.35	5.35
601398	工商银行	中国工商银行股份有限公司	1234823.93	4.88
601288	农业银行	中国农业银行股份有限公司	949798.60	3.76
601988	中国银行	中国银行股份有限公司	845169.71	3.34
601628	中国人寿	中国人寿保险股份有限公司	589514.13	2.33
600028	中国石化	中国石油化工股份有限公司	473966.54	1.87
601318	中国平安	中国平安保险（集团）股份有限公司	389975.92	1.54
600036	招商银行	招商银行股份有限公司	371114.71	1.47
600000	浦发银行	上海浦东发展银行股份有限公司	340798.92	1.35
601766	中国中车	中国南车股份有限公司	294492.35	1.17
	总计		6841704.18	27.06
	市场总计		25287974.53	100.00

注：股票排名中，发行股数、流通股数、成交股数单位为百万股（1M），成交金额、市价总值、流通市值为百万元（1M Yuan），收盘价格单位为元（Yuan）

十大成交金额 A 股股票 Top 10 A Shares by Trading Value

股票 Share

代码 Code	股票名称 Name	公司名称 Company Name	成交金额 Trading Value	占比重 (%)
601318	中国平安	中国平安保险（集团）股份有限公司	2481186.24	1.88
600030	中信证券	中信证券股份有限公司	2435332.18	1.84
601989	中国重工	中国船舶重工股份有限公司	1829736.88	1.38
601766	中国中车	中国南车股份有限公司	1539808.86	1.16
600837	海通证券	海通证券股份有限公司	1328797.35	1.00
601166	兴业银行	兴业银行股份有限公司	1307673.43	0.99
601390	中国中铁	中国中铁股份有限公司	1224563.74	0.93
601668	中国建筑	中国建筑股份有限公司	1211258.62	0.92
601988	中国银行	中国银行股份有限公司	1172634.17	0.89
600000	浦发银行	上海浦东发展银行股份有限公司	923740.96	0.70
	总计		15454732.44	11.68
	市场总计		132323116.39	100.00

十大成交股数 A 股股票 Top 10 A Shares by Trading Vol

代码 Code	股票名称 Name	公司名称 Company Name	成交股数 Trading Vol	占比重 (%)
601988	中国银行	中国银行股份有限公司	255270.70	2.52
601288	农业银行	中国农业银行股份有限公司	207181.38	2.04
601668	中国建筑	中国建筑股份有限公司	150652.35	1.49
600795	国电电力	国电电力发展股份有限公司	148471.00	1.46
601989	中国重工	中国船舶重工股份有限公司	147021.10	1.45
601398	工商银行	中国工商银行股份有限公司	127440.18	1.26
600028	中国石化	中国石油化工股份有限公司	120252.61	1.19
601818	光大银行	中国光大银行股份有限公司	116953.02	1.15
600050	中国联通	中国联合网络通信股份有限公司	105723.20	1.04
601328	交通银行	交通银行股份有限公司	102094.39	1.01
	总计		1481059.93	14.61
	市场总计		10139617.07	100.00

注：股票排名中，发行股数、流通股数、成交股数单位为百万股（1M），成交金额、市价总值、流通市值为百万元（1M Yuan），收盘价格单位为元（Yuan）

十大涨幅 A 股股票
Top 10 A Shares by Price Change Up

股票 Share

代码 Code	股票名称 Name	公司名称 Company Name	上年收盘 Last Year Close	本年收盘 Close	涨幅(%) Change(%)
600053	九鼎投资	江西中江地产股份有限公司	8.50	58.71	591.41
600165	新日恒力	宁夏新日恒力钢丝绳股份有限公司	9.51	23.23	510.67
600734	实达集团	福建实达集团股份有限公司	5.05	24.32	381.58
600682	南京新百	南京新街口百货商店股份有限公司	15.80	37.53	375.70
600876	洛阳玻璃	洛阳玻璃股份有限公司	7.24	32.12	343.65
600136	道博股份	武汉道博股份有限公司	14.17	62.36	340.08
600400	红豆股份	江苏红豆实业股份有限公司	5.40	22.44	316.48
603636	南威软件	南威软件股份有限公司	23.68	97.82	313.85
600701	工大高新	哈尔滨工大高新技术产业开发股份有限公司	6.07	23.93	294.23
600346	大橡塑	大连橡胶塑料机械股份有限公司	7.61	13.00	292.90

十大跌幅 A 股股票
Top 10 A shares by Price Change Down

代码 Code	股票名称 Name	公司名称 Company Name	上年收盘 Last Year Close	本年收盘 Close	跌幅(%) Change(%)
600030	中信证券	中信证券股份有限公司	33.90	19.35	-42.09
601002	晋亿实业	晋亿实业股份有限公司	19.41	11.53	-40.08
600490	鹏欣资源	上海中科合臣股份有限公司	10.79	6.61	-38.74
600485	信威集团	北京中创信测科技股份有限公司	43.35	26.75	-38.28
600266	北京城建	北京城建投资发展股份有限公司	23.66	14.64	-36.98
600375	华菱星马	华菱星马汽车（集团）股份有限公司	12.17	7.73	-36.48
601001	大同煤业	大同煤业股份有限公司	8.67	5.55	-35.67
600169	太原重工	太原重工股份有限公司	8.72	5.74	-34.17
600208	新湖中宝	新湖中宝股份有限公司	7.32	4.77	-34.07
600031	三一重工	三一重工股份有限公司	9.98	6.58	-33.59

注：股票排名中，发行股数、流通股数、成交股数单位为百万股（1M），成交金额、市价总值、流通市值为百万元（1M Yuan），收盘价格单位为元（Yuan）

B 股每日成交(亿元/亿股)
B Share Trading (100 M Yuan/100 M Shares)

股票
Share

日期 Date	1月 Jan		2月 Feb		3月 Mar		4月 Apr		5月 May		6月 Jun	
	金额 Value	数量 Vol	金额 Value	数量 Vol	金额 Value	数量 Vol	金额 Value	数量 Vol	金额 Value	数量 Vol	金额 Value	数量 Vol
1	---	---	---	---	---	---	3.53	0.59	---	---	20.99	2.03
2	---	---	1.96	0.35	3.66	0.59	4.28	0.76	---	---	22.46	2.07
3	---	---	1.96	0.34	4.36	0.71	4.36	0.80	---	---	19.79	1.89
4	---	---	2.62	0.47	2.97	0.50	---	---	11.27	1.55	27.54	2.61
5	4.51	0.73	2.79	0.39	2.72	0.51	---	---	11.32	1.52	19.72	1.99
6	3.81	0.62	2.27	0.38	2.83	0.51	---	---	10.87	1.53	---	---
7	3.57	0.66	---	---	---	---	4.39	0.80	12.58	1.86	---	---
8	3.46	0.65	---	---	---	---	5.88	0.97	8.35	1.14	27.40	2.65
9	2.60	0.47	1.71	0.28	2.74	0.46	7.82	1.34	---	---	16.70	1.65
10	---	---	1.60	0.27	2.66	0.48	13.60	1.98	---	---	15.64	1.43
11	---	---	1.89	0.28	2.66	0.46	---	---	14.26	1.86	12.17	1.19
12	3.65	0.60	3.07	0.40	3.84	0.65	---	---	14.37	1.72	17.69	1.63
13	2.19	0.37	2.11	0.35	2.98	0.53	3.03	0.29	12.97	1.57	---	---
14	1.85	0.32	---	---	---	---	46.41	5.71	14.20	1.83	---	---
15	2.82	0.57	---	---	---	---	23.32	2.97	22.41	2.80	12.78	1.19
16	2.35	0.42	1.63	0.28	4.69	0.77	18.02	2.29	---	---	14.07	1.41
17	---	---	2.70	0.44	5.25	0.94	17.34	2.25	---	---	17.16	1.80
18	---	---	---	---	3.91	0.70	---	---	23.56	2.69	11.85	1.20
19	6.47	1.05	---	---	3.62	0.67	---	---	21.36	2.32	15.58	1.62
20	3.45	0.56	---	---	3.90	0.63	16.84	2.33	22.84	2.44	---	---
21	3.26	0.54	---	---	---	---	10.19	1.35	19.45	2.09	---	---
22	3.22	0.58	---	---	---	---	11.17	1.46	25.59	2.76	---	---
23	3.78	0.59	---	---	5.67	0.95	10.27	1.38	---	---	17.10	1.83
24	---	---	---	---	5.63	1.00	11.19	1.49	---	---	12.55	1.38
25	---	---	2.03	0.35	4.23	0.74	---	---	17.81	1.89	12.74	1.47
26	4.50	0.78	2.21	0.39	5.74	1.01	---	---	21.94	2.20	19.08	2.30
27	3.13	0.56	2.76	0.46	4.02	0.67	10.05	1.32	20.20	2.07	---	---
28	2.72	0.45	---	---	---	---	12.07	1.49	25.00	2.65	---	---
29	2.68	0.48	---	---	---	---	9.08	1.29	22.28	2.25	19.21	2.40
30	2.06	0.35	---	---	5.04	0.90	11.05	1.45	---	---	19.81	2.52
31	---	---	---	---	4.29	0.73	---	---	---	---	---	---
最高 high	6.47	1.05	3.07	0.47	5.74	1.01	H46.41	H5.71	25.59	2.80	27.54	2.65
最低 low	1.85	0.32	L1.60	L0.27	2.66	0.46	3.03	0.29	8.35	1.14	11.85	1.19

B 股每日成交(亿元/亿股)
B Share Trading (100 M Yuan/100 M Shares)

股票 Share

日期 Date	7 月 Jul		8 月 Aug		9 月 Sep		10 月 Oct		11 月 Nov		12 月 Dec	
	金额 Value	数量 Vol	金额 Value	数量 Vol	金额 Value	数量 Vol	金额 Value	数量 Vol	金额 Value	数量 Vol	金额 Value	数量 Vol
1	15.07	1.77	---	---	5.27	0.86	---	---	---	---	17.86	1.94
2	15.09	1.93	---	---	5.36	0.89	---	---	15.42	1.61	9.10	1.20
3	20.29	2.64	8.05	1.20	---	---	---	---	4.79	0.65	8.18	0.99
4	---	---	7.87	1.16	---	---	---	---	9.49	1.30	9.21	1.13
5	---	---	6.59	0.97	---	---	---	---	8.79	1.26	---	---
6	20.32	2.79	4.02	0.58	---	---	---	---	6.71	0.94	---	---
7	9.39	1.32	7.28	1.11	4.52	0.74	---	---	---	---	11.57	1.35
8	3.98	0.62	---	---	5.32	0.88	5.44	0.80	---	---	10.37	1.22
9	13.92	2.37	---	---	8.07	1.20	3.83	0.58	9.84	1.38	12.63	1.42
10	10.94	1.61	10.11	1.48	5.16	0.80	---	---	7.67	1.03	11.72	1.30
11	---	---	9.42	1.35	5.39	0.77	---	---	6.75	0.92	11.85	1.40
12	---	---	9.35	1.25	---	---	9.83	1.47	7.99	1.08	---	---
13	18.13	2.55	8.50	1.19	---	---	6.19	0.89	11.32	1.48	---	---
14	16.66	2.22	8.62	1.11	7.67	1.21	5.57	0.77	---	---	11.67	1.50
15	12.87	1.83	---	---	4.50	0.73	7.09	0.99	---	---	11.30	1.50
16	10.71	1.59	---	---	6.24	1.01	9.89	1.33	8.10	1.11	9.66	1.18
17	11.07	1.54	7.31	0.97	6.11	0.93	---	---	9.72	1.32	14.90	1.77
18	---	---	10.85	1.46	5.05	0.68	---	---	6.75	0.87	12.60	1.46
19	---	---	9.68	1.30	---	---	8.10	1.03	7.73	0.93	---	---
20	10.03	1.33	6.08	0.78	---	---	6.97	0.96	7.39	0.91	---	---
21	6.66	0.94	7.85	1.05	5.52	0.79	10.80	1.39	---	---	15.10	1.72
22	7.08	1.03	---	---	4.55	0.68	8.12	1.11	---	---	16.50	1.96
23	8.94	1.33	---	---	4.75	0.71	9.67	1.40	7.97	1.08	15.23	1.78
24	10.36	1.48	9.34	1.46	3.17	0.48	---	---	4.88	0.65	13.77	1.61
25	---	---	11.37	1.82	3.75	0.55	---	---	8.49	1.13	14.21	1.66
26	---	---	10.33	1.68	---	---	8.62	1.25	6.89	0.85	---	---
27	11.16	1.65	6.87	1.10	---	---	8.80	1.40	11.63	1.50	---	---
28	13.12	1.98	8.08	1.26	2.27	0.34	5.57	0.86	---	---	34.49	4.13
29	9.92	1.49	---	---	2.89	0.42	6.60	0.91	---	---	23.40	2.70
30	9.50	1.33	---	---	2.28	0.34	12.56	1.71	22.42	2.62	19.74	2.33
31	6.57	0.92	5.18	0.82	---	---	---	---	---	---	9.96	1.16
最高 high	20.32	2.79	11.37	1.82	8.07	1.21	12.56	1.71	22.42	2.62	34.49	4.13
最低 low	3.98	0.62	4.02	0.58	2.27	0.34	3.83	0.58	4.79	0.65	8.18	0.99

B 股
B Share

股票代码 Code	名称 Name	发行股本 Issued Vol	流通股本 Negotiable Vol	上年收盘 Last Year Close	本年开盘 Open	本年最高 High	本年最低 Low	本年收盘 Close	涨跌(%) Change(%)
900901	仪电B股	293.37	293.37	0.553	0.554	0.936	0.500	0.885	60.04
900902	市北B股	232.93	232.93	0.650	0.650	1.652	0.610	1.522	134.21
900903	大众B股	533.87	533.87	0.894	0.900	1.963	0.777	1.283	45.16
900904	神奇B股	54.75	54.75	1.633	1.647	3.088	1.180	2.079	53.42
900905	老凤祥B	206.01	206.01	2.985	3.000	6.350	2.978	4.283	48.42
900906	中毅达B	360.36	360.36	0.343	0.346	1.199	0.340	0.789	130.03
900907	鼎立B股	241.29	241.29	0.686	0.690	1.503	0.495	0.836	144.57
900908	氯碱B股	406.56	406.56	0.545	0.545	1.117	0.464	0.887	62.75
900909	双钱B股	243.10	243.10	0.770	0.847	2.277	0.755	1.300	72.01
900910	海立B股	284.17	284.17	0.573	0.630	1.139	0.554	0.945	67.77
900911	金桥B股	272.18	272.18	1.759	1.759	2.514	1.279	1.854	6.70
900912	外高B股	200.56	200.56	2.117	2.120	3.500	1.519	2.297	9.97
900913	国新B股	109.75	109.75	2.131	2.166	3.516	1.101	1.512	21.88
900914	锦投B股	161.05	161.05	1.244	1.245	2.499	0.986	2.378	94.44
900915	中路B股	83.49	83.49	1.736	1.736	5.258	1.680	3.787	118.15
900916	金山B股	171.60	171.60	0.653	0.653	1.489	0.590	1.056	61.72
900917	海欣B股	468.85	468.85	0.591	0.594	1.174	0.475	0.897	54.54
900918	耀皮B股	187.50	187.50	0.637	0.635	1.053	0.478	0.754	18.88
900919	绿庭B股	346.73	346.73	0.409	0.408	1.008	0.372	0.795	94.38
900920	上柴B股	344.80	344.80	0.749	0.749	1.387	0.603	0.934	25.84
900921	丹科B股	193.79	193.79	0.530	0.500	1.104	0.470	0.730	37.74
900922	三毛B股	48.79	48.79	0.758	0.758	1.957	0.725	1.683	122.03
900923	百联B股	179.72	179.72	1.723	1.723	2.788	1.438	1.953	15.72
900924	上工B股	243.94	243.94	0.678	0.678	1.810	0.667	1.292	90.56
900925	机电B股	216.24	216.24	2.120	2.120	3.900	1.902	3.099	48.80
900926	宝信B	114.40	114.40	2.510	2.656	6.349	2.521	4.343	74.78
900927	物贸B股	99.83	99.83	0.569	0.570	1.478	0.553	1.086	90.86
900928	临港B股	107.15	107.15	0.870	0.879	2.580	0.836	1.925	121.26
900929	锦旅B股	66.00	66.00	2.599	2.600	6.879	2.350	5.010	94.16
900930	沪普天B	124.80	124.80	0.786	0.786	2.532	0.758	2.296	192.11
900932	陆家B股	509.60	509.60	2.617	2.622	4.600	2.147	4.071	58.23
900933	华新B股	524.80	524.80	1.233	1.238	1.637	0.580	0.796	-33.19
900934	锦江B股	156.00	156.00	1.924	2.116	4.198	1.962	3.595	90.25
900935	阳晨B股	105.60	105.60	1.152	1.267	4.088	1.267	3.605	213.86
900936	鄂资B股	420.00	420.00	0.885	0.886	1.321	0.685	0.992	13.94
900937	华电B股	432.00	432.00	0.440	0.441	0.933	0.414	0.599	36.14
900938	天海B	326.15	326.15	0.509	0.513	1.000	0.430	0.641	25.93
900939	汇丽B	88.00	88.00	0.754	0.755	2.548	0.727	2.092	177.45
900940	大名城B	198.72	198.72	0.531	0.538	1.738	0.520	1.013	92.00
900941	东信B股	300.00	300.00	0.577	0.578	1.408	0.568	0.889	55.77
900942	黄山B股	156.00	156.00	1.620	1.620	2.419	1.340	2.047	26.96
900943	开开B股	80.00	80.00	0.911	0.912	1.959	0.715	1.448	59.75
900945	海航B股	369.45	369.45	0.549	0.555	0.999	0.500	0.703	29.94
900946	天雁B股	230.00	230.00	0.424	0.427	0.958	0.387	0.616	45.28
900947	振华B股	1621.96	1621.96	0.559	0.561	0.950	0.460	0.596	6.62
900948	伊泰B股	1328.00	1328.00	1.432	1.435	1.928	0.681	0.912	-33.94
900950	新城B股	642.79	642.79	2.220	0.546	2.220	2.220	2.220	- -
900951	大化B股	100.00	100.00	0.444	0.466	1.988	0.440	1.528	244.14
900952	锦港B股	222.81	222.81	0.483	0.481	1.024	0.430	0.642	34.07
900953	凯马B	240.00	240.00	0.540	0.538	1.699	0.504	1.394	158.15

注：B 股价格单位为美元，发行股本、流通股本、成交数量单位为百万股、成交金额为百万元

B 股
B Share

涨跌值 Change	市盈率 P/E	市净率 P/B	换手率(%) Turnover Rate	成交数量 Trading Vol	成交金额 Trading Val
0.332	66.04	2.90	146.51	429.83	1899.85
0.872	481.65	3.26	315.60	735.11	5106.88
0.389	29.23	2.07	192.73	1028.94	7787.56
0.446	37.70	3.66	345.20	173.89	2160.42
1.298	14.59	3.67	110.02	226.65	6340.36
0.446	51.74	5.44	287.39	1035.63	4852.79
0.150	116.60	3.81	326.20	543.60	2951.35
0.342	0.00	3.07	243.78	991.11	4666.63
0.530	49.21	5.89	271.91	661.00	5473.25
0.372	53.57	2.21	222.27	631.63	3177.09
0.095	29.63	2.32	159.50	434.12	5003.30
0.180	22.86	1.90	200.60	402.32	5960.73
-0.619	23.06	5.09	200.42	191.63	2318.12
1.134	37.47	3.65	292.18	470.56	5119.21
2.051	525.24	20.74	343.65	286.91	5298.83
0.403	67.35	4.13	225.36	386.72	2376.47
0.306	22.77	1.32	216.95	1017.17	5034.23
0.117	80.81	1.44	154.68	290.02	1383.47
0.386	0.00	7.22	342.80	1188.61	4907.68
0.185	32.98	1.53	199.38	687.44	3925.12
0.200	199.45	4.33	243.34	471.57	2081.58
0.925	34.49	5.39	264.66	129.12	983.25
0.230	19.67	1.36	165.13	296.76	3732.86
0.614	21.95	2.87	318.30	776.47	5294.09
0.979	22.61	3.28	155.84	336.97	5909.95
1.833	32.35	4.32	217.90	249.28	6268.58
0.517	229.60	3.58	361.89	361.26	2046.69
1.055	0.00	82.73	358.61	384.23	3752.99
2.411	69.34	3.61	269.24	177.70	4553.57
1.510	588.72	4.14	427.05	532.95	4862.71
1.454	29.05	4.27	164.77	839.67	17179.95
-0.437	5.97	0.79	103.42	542.73	3550.60
1.671	36.32	2.15	120.79	188.44	3536.00
2.453	106.41	9.41	262.93	277.66	4145.91
0.107	14.86	0.93	90.81	381.40	2393.50
0.159	49.02	2.44	287.50	1242.01	5156.79
0.132	144.04	1.01	315.06	1027.56	4290.32
1.338	2324.44	47.96	435.89	383.58	3758.70
0.482	36.09	2.38	142.95	284.06	1738.68
0.312	38.07	2.52	266.21	798.63	4304.03
0.427	29.82	2.97	130.18	203.08	2411.44
0.537	59.22	5.58	310.92	248.74	1888.77
0.154	20.22	1.93	128.89	476.18	2166.73
0.192	254.55	5.55	295.47	679.59	2657.48
0.037	80.32	1.15	101.71	1649.75	6859.56
-0.520	8.06	0.84	105.12	1395.93	10358.94
0.000	18.55	0.00	126.26	811.58	9273.78
1.084	277.31	7.89	547.90	547.90	4099.44
0.159	35.63	1.43	240.05	534.84	2220.21
0.854	0.00	6.95	380.98	914.35	6113.75

B 股
B Share

股票
Share

股票代码 Code	名称 Name	发行股本 Issued Vol	流通股本 Negotiable Vol	上年收盘 Last Year Close	本年开盘 Open	本年最高 High	本年最低 Low	本年收盘 Close	涨跌(%) Change(%)
900955	九龙山Ｂ	330.00	330.00	0.470	0.470	1.036	0.450	0.810	72.34
900956	东贝Ｂ股	115.00	115.00	1.055	1.052	2.888	0.960	2.145	103.32
900957	凌云Ｂ股	184.00	184.00	0.615	0.615	1.769	0.583	1.474	139.67

注：B 股价格单位为美元，发行股本、流通股本、成交数量单位为百万股、成交金额为百万元

B 股
B Share

股票
Share

涨跌值 Change	市盈率 P/E	市净率 P/B	换手率(%) Turnover Rate	成交数量 Trading Vol	成交金额 Trading Val
0.340	145.68	4.06	94.09	310.50	1357.34
1.090	51.82	3.49	381.36	438.56	4893.97
0.859	501.36	8.45	432.82	796.39	5437.94

股票
Share

十大发行股本 B 股股票
Top 10 B Shares by Issued Vol

代码 Code	股票名称 Name	公司名称 Company Name	发行股数 Issued Vol	占比重 (%)
900947	振华B股	上海振华重工（集团）股份有限公司	1621.96	11.08
900948	伊泰B股	内蒙古伊泰煤炭股份有限公司	1328.00	9.07
900903	大众B股	大众交通（集团）股份有限公司	533.87	3.65
900933	华新B股	华新水泥股份有限公司	524.80	3.59
900932	陆家B股	上海陆家嘴金融贸易区开发股份有限公司	509.60	3.48
900917	海欣B股	上海海欣集团股份有限公司	468.85	3.20
900937	华电B股	华电能源股份有限公司	432.00	2.95
900936	鄂资B股	内蒙古鄂尔多斯资源股份有限公司	420.00	2.87
900908	氯碱B股	上海氯碱化工股份有限公司	406.56	2.78
900945	海航B股	海南航空股份有限公司	369.45	2.52
	总计		6615.09	45.20
	市场总计		14635.64	100.00

十大市价总值 B 股股票
Top 10 B Shares by Market Capitalization

代码 Code	股票名称 Name	公司名称 Company Name	市价总值 Market Capitalization	占比重 (%)
900932	陆家B股	上海陆家嘴金融贸易区开发股份有限公司	13425.24	10.76
900948	伊泰B股	内蒙古伊泰煤炭股份有限公司	7837.62	6.28
900947	振华B股	上海振华重工（集团）股份有限公司	6255.74	5.01
900905	老凤祥B	老凤祥股份有限公司	5709.84	4.58
900903	大众B股	大众交通（集团）股份有限公司	4432.56	3.55
900925	机电B股	上海机电股份有限公司	4336.50	3.47
900934	锦江B股	上海锦江国际酒店发展股份有限公司	3629.23	2.91
900911	金桥B股	上海金桥出口加工区开发股份有限公司	3265.51	2.62
900926	宝信B	上海宝信软件股份有限公司	3215.20	2.58
900912	外高B股	上海外高桥保税区开发股份有限公司	2981.20	2.39
	总计		55088.65	44.14
	市场总计		124809.82	100.00

注：股票排名中，发行股数、流通股数、成交股数单位为百万股（1M），成交金额、市价总值、流通市值为百万元（1M Yuan），收盘价格为美元（Dollar）

十大成交金额 B 股股票
Top 10 B Shares by Trading Value

股票 Share

代码 Code	股票名称 Name	公司名称 Company Name	成交金额 Trading Value	占比重 (%)
900932	陆家B股	上海陆家嘴金融贸易区开发股份有限公司	17179.95	7.29
900948	伊泰B股	内蒙古伊泰煤炭股份有限公司	10358.94	4.40
900903	大众B股	大众交通（集团）股份有限公司	7787.56	3.30
900947	振华B股	上海振华重工（集团）股份有限公司	6859.56	2.91
900905	老凤祥B	老凤祥股份有限公司	6340.36	2.69
900926	宝信B	上海宝信软件股份有限公司	6268.58	2.66
900953	凯马B	恒天凯马股份有限公司	6113.75	2.59
900912	外高B股	上海外高桥保税区开发股份有限公司	5960.73	2.53
900925	机电B股	上海机电股份有限公司	5909.95	2.51
900909	双钱B股	双钱集团股份有限公司	5473.25	2.32
	总计		78252.62	33.20
	市场总计		235712.25	100.00

十大成交股数 B 股股票
Top 10 B Shares by Trading Vol

代码 Code	股票名称 Name	公司名称 Company Name	成交股数 Trading Vol	占比重 (%)
900947	振华B股	上海振华重工（集团）股份有限公司	1649.75	5.40
900948	伊泰B股	内蒙古伊泰煤炭股份有限公司	1395.93	4.57
900937	华电B股	华电能源股份有限公司	1242.01	4.07
900919	绿庭B股	上海大江食品集团股份有限公司	1188.61	3.89
900906	中毅达B	中国纺织机械股份有限公司	1035.63	3.39
900903	大众B股	大众交通（集团）股份有限公司	1028.94	3.37
900938	天海B	天津市海运股份有限公司	1027.56	3.36
900917	海欣B股	上海海欣集团股份有限公司	1017.17	3.33
900908	氯碱B股	上海氯碱化工股份有限公司	991.11	3.24
900953	凯马B	恒天凯马股份有限公司	914.35	2.99
	总计		11491.06	37.61
	市场总计		30550.63	100.00

注：股票排名中，发行股数、流通股数、成交股数单位为百万股（1M），成交金额、市价总值、流通市值为百万元（1M Yuan），收盘价格单位为元（Yuan）

股票
Share

十大涨幅B股股票
Top 10 B Shares by Price Change Up

代码 Code	股票名称 Name	公司名称 Company Name	上年收盘 Last Year Close	本年收盘 Close	涨幅(%) Change(%)
900951	大化B股	大化集团大连化工股份有限公司	0.44	1.53	244.14
900935	阳晨B股	上海阳晨投资股份有限公司	1.15	3.61	213.86
900930	沪普天B	上海普天邮通科技股份有限公司	0.79	2.30	192.11
900939	汇丽B	上海汇丽建材股份有限公司	0.75	2.09	177.45
900953	凯马B	恒天凯马股份有限公司	0.54	1.39	158.15
900907	鼎立B股	上海鼎立科技发展（集团）股份有限公司	0.69	0.84	144.57
900957	凌云B股	上海凌云实业发展股份有限公司	0.62	1.47	139.68
900902	市北B股	上海市北高新股份有限公司	0.65	1.52	134.21
900906	中毅达B	中国纺织机械股份有限公司	0.34	0.79	130.03
900922	三毛B股	上海三毛企业（集团）股份有限公司	0.76	1.68	122.03

十大跌幅B股股票
Top 10 B Shares by Price Change Down

代码 Code	股票名称 Name	公司名称 Company Name	上年收盘 Last Year Close	本年收盘 Close	跌幅(%) Change(%)
900948	伊泰B股	内蒙古伊泰煤炭股份有限公司	1.43	0.91	-33.94
900933	华新B股	华新水泥股份有限公司	1.23	0.80	-33.19

注：股票排名中，发行股数、流通股数、成交股数单位为百万股（1M），成交金额、市价总值、流通市值为百万元（1M Yuan），收盘价格单位为元（Yuan）

股票
Share

十大换手率 A 股股票
Top 10 A Shares by Turnover Rate

代码 Code	股票名称 Name	公司名称 Company Name	成交股数 Trading Vol	流通股数 Negotiable Vol	换手率(%) Turnover Rate(%)
603600	永艺股份	永艺家具股份有限公司	1023.38	25.00	4093.50
603166	福达股份	桂林福达股份有限公司	1786.04	65.04	4038.87
601069	西部黄金	西部黄金股份有限公司	4747.57	126.00	3767.91
603085	天成自控	浙江天成自控股份有限公司	840.42	25.00	3361.69
603616	韩建河山	北京韩建河山管业股份有限公司	1232.12	36.68	3359.11
603223	恒通股份	恒通物流股份有限公司	976.82	30.00	3256.08
603838	四通股份	广东四通集团股份有限公司	1028.70	33.34	3085.49
603309	维力医疗	广州维力医疗器械股份有限公司	987.11	50.00	3016.51
603222	济民制药	浙江济民制药股份有限公司	1204.53	40.00	3011.33
603117	万林股份	江苏万林现代物流股份有限公司	1801.77	60.00	3002.95

十大换手率 B 股股票
Top 10 B Shares by Turnover Rate

代码 Code	股票名称 Name	公司名称 Company Name	成交股数 Trading Vol	流通股数 Negotiable Vol	换手率(%) Turnover Rate(%)
900951	大化 B 股	大化集团大连化工股份有限公司	547.90	100.00	547.90
900939	汇丽 B	上海汇丽建材股份有限公司	383.58	88.00	435.89
900957	凌云 B 股	上海凌云实业发展股份有限公司	796.39	184.00	432.82
900930	沪普天 B	上海普天邮通科技股份有限公司	532.95	124.80	427.05
900956	东贝 B 股	黄石东贝电器股份有限公司	438.56	115.00	381.36
900953	凯马 B	恒天凯马股份有限公司	914.35	240.00	380.98
900927	物贸 B 股	上海物资贸易股份有限公司	361.26	99.83	361.89
900928	临港 B 股	上海自动化仪表股份有限公司	384.23	107.15	358.61
900904	神奇 B 股	上海神奇制药投资管理股份有限公司	173.89	54.75	345.20
900915	中路 B 股	中路股份有限公司	286.91	83.49	343.65

注：股票排名中，发行股数、流通股数、成交股数单位为百万股（1M），成交金额、市价总值、流通市值为百万元（1M Yuan），收盘价格单位为元（Yuan）

年末股价分布
Price Distribution by 2015

股票价格 (元)	0-10	10-20	20-30	30-50	50-100	≥100
股票数：个	329	419	189	122	62	3
比例：%	29.27	37.28	16.81	10.85	5.52	0.27

注：其中不含长期停牌的股票 1 家，剔除期间摘牌股票（下同）。

年末市价总值分布
Market Capitalization Distribution by 2015

市值 (亿元)	≤5	5-10	10-50	50-100	100-500	500-1000	≥1000
股票数：个	0	9	180	368	465	56	46
比例：%	0	0.80	16.01	32.74	41.37	4.98	4.09

年末市盈率分布
P/E Ratio Distribution by 2015

市盈率	0-10	10-30	30--50	50-100	≥100	其他
股票数：个	27	173	184	260	366	114
比例：%	2.40	15.39	16.37	23.13	32.56	10.14

年度换手率分布
Turnover Rate Distribution in 2015

单位：%	0-100	100-200	200-300	300-500	500-1000	≥1000
股票数：个	17	46	55	169	457	380
比例：%	1.51	4.09	4.89	15.04	40.66	33.81

注：各类分布含 A、B 股。

年末各行业市盈率
P/E of Industry

年末市盈率
P/E Ratio by 2015

行业代码 Code of Industry	行业名称 Name of Industry	2015 年	2014 年
A	农、林、牧、渔业	88.45	76.39
B	采矿业	15.87	14.76
C	制造业	40.25	30.56
D	电力、热力、燃气及水生产和供应	21.77	20.28
E	建筑业	17.63	17.72
F	批发和零售业	41.30	28.51
G	交通运输、仓储和邮政业	27.20	22.62
H	住宿和餐饮业	75.13	47.29
I	信息传输、软件和信息技术服务业	71.04	47.07
J	金融业	9.06	10.38
K	房地产业	27.56	21.81
L	租赁和商务服务业	59.80	38.90
M	科学研究和技术服务业	81.40	62.69
N	水利、环境和公共设施管理业	84.39	58.37
P	教育	158.58	361.29
Q	卫生和社会工作	142.73	76.60
R	文化、体育和娱乐业	44.75	32.79
S	综合	82.02	40.53

信用交易
Credit Trading

证券代码 Code	证券简称 Securities	融资买入（百万）	卖券还款（百万）	融券卖出（百万）	买券还券（百万）	合计（百万）
510010	治理 ETF	381.71	82.45	173.44	47.97	685.57
510020	超大 ETF	0.00	2.78	0.00	0.00	2.78
510030	价值 ETF	0.00	7.63	0.00	0.00	7.63
510050	50ETF	107282.05	31408.10	53805.44	9003.17	201498.76
510060	央企 ETF	0.00	30.46	0.00	0.00	30.46
510070	民企 ETF	0.00	0.18	0.00	0.00	0.18
510110	周期 ETF	0.00	0.06	0.00	0.00	0.06
510120	非周 ETF	0.00	0.20	0.00	0.00	0.20
510130	中盘 ETF	0.00	0.36	0.00	0.00	0.36
510150	消费 ETF	0.00	0.21	0.00	0.00	0.21
510160	小康 ETF	0.00	1.42	0.00	0.00	1.42
510170	商品 ETF	0.00	0.79	0.00	0.00	0.79
510180	180ETF	17450.75	2031.13	15296.50	2760.98	37539.36
510190	龙头 ETF	0.00	0.11	0.00	0.00	0.11
510210	综指 ETF	0.00	0.25	0.00	0.00	0.25
510220	中小 ETF	0.00	0.93	0.00	0.00	0.93
510230	金融 ETF	1584.22	563.26	0.00	0.00	2147.48
510260	新兴 ETF	0.00	0.26	0.00	0.00	0.26
510270	国企 ETF	0.00	0.38	0.00	0.00	0.38
510280	成长 ETF	0.00	0.40	0.00	0.00	0.40
510290	380ETF	0.00	2.22	0.00	0.00	2.22
510300	300ETF	188041.67	18536.51	189082.39	38474.62	434135.19
510310	HS300ETF	305.63	104.81	2.48	1.73	414.65
510330	华夏 300	848.06	220.08	354.54	200.30	1622.98
510410	资源 ETF	0.00	2.06	0.00	0.00	2.06
510420	180EWETF	0.00	0.00	0.00	0.00	0.00
510430	50 等权	0.00	0.37	0.00	0.00	0.37
510440	500 沪市	0.00	0.24	0.00	0.00	0.24
510450	180 高 ETF	0.00	0.41	0.00	0.00	0.41
510500	500ETF	5828.29	1893.52	106.04	70.50	7898.35
510510	广发 500	1459.15	393.17	186.87	82.16	2121.35
510520	诺安 500	0.00	0.00	0.00	0.00	0.00
510560	国寿 500	0.00	0.00	0.00	0.00	0.00
510610	能源行业	0.00	0.80	0.00	0.00	0.80
510620	材料行业	0.00	0.06	0.00	0.00	0.06
510630	消费行业	0.00	0.14	0.00	0.00	0.14
510650	金融行业	0.00	3.90	0.00	0.00	3.90
510660	医药行业	0.00	2.31	0.00	0.00	2.31
510680	万家 50	0.00	0.01	0.00	0.00	0.01
510700	百强 ETF	0.00	0.02	0.00	0.00	0.02
510710	上 50ETF	0.00	1.36	0.00	0.00	1.36
510880	红利 ETF	561.28	217.97	255.85	88.27	1123.37
510900	H 股 ETF	3352.05	1174.12	0.00	0.00	4526.17
511010	国债 ETF	38.39	7.33	0.00	0.00	45.72
511210	企债 ETF	0.00	0.03	0.00	0.00	0.03
511800	易货币	0.00	6.78	0.00	0.00	6.78
511810	理财金 H	0.00	58.90	0.00	0.00	58.90
511830	华泰货币	0.00	2.98	0.00	0.00	2.98
511860	博时货币	0.00	6.96	0.00	0.00	6.96
511880	银华日利	0.00	580.19	0.00	0.00	580.19

信用交易
Credit Trading

证券代码 Code	证券简称 Securities	融资买入	卖券还款	融券卖出	买券还券	合计
511890	景顺货币	0.00	0.50	0.00	0.00	0.50
511980	现金添富	0.00	0.39	0.00	0.00	0.39
511990	华宝添益	0.00	1095.35	0.00	0.00	1095.35
512010	医药 ETF	0.00	1.56	0.00	0.00	1.56
512070	非银 ETF	283.84	128.20	0.00	0.00	412.04
512110	中证地产	0.00	0.08	0.00	0.00	0.08
512120	中证医药	0.00	0.24	0.00	0.00	0.24
512210	景顺食品	0.00	0.15	0.00	0.00	0.15
512220	景顺 TMT	0.00	0.15	0.00	0.00	0.15
512230	景顺医药	0.00	0.46	0.00	0.00	0.46
512300	500 医药	0.00	1.80	0.00	0.00	1.80
512310	500 工业	0.00	0.10	0.00	0.00	0.10
512340	500 原料	0.00	0.72	0.00	0.00	0.72
512500	中证 500	168.61	42.43	0.00	0.00	211.04
512510	ETF500	0.00	2.02	0.00	0.00	2.02
512600	主要消费	0.00	0.21	0.00	0.00	0.21
512610	医药卫生	0.00	0.59	0.00	0.00	0.59
512640	金融地产	0.00	0.12	0.00	0.00	0.12
512990	MSCIA 股	256.63	95.49	0.00	0.00	352.12
513030	德国 30	0.00	1.58	0.00	0.00	1.58
513100	纳指 ETF	0.00	4.09	0.00	0.00	4.09
513500	标普 500	0.00	1.59	0.00	0.00	1.59
513600	恒指 ETF	0.00	2.95	0.00	0.00	2.95
513660	恒生通	0.00	7.00	0.00	0.00	7.00
518800	国泰黄金	0.00	0.22	0.00	0.00	0.22
518880	黄金 ETF	44.73	23.47	0.00	0.00	68.20
600000	浦发银行	178099.82	100176.93	40436.76	3004.22	321717.73
600004	白云机场	0.00	473.72	0.00	0.00	473.72
600005	武钢股份	44021.50	19171.17	746.13	102.65	64041.45
600006	东风汽车	34166.50	13726.83	214.29	24.23	48131.85
600007	中国国贸	7604.75	2981.99	73.32	24.19	10684.25
600008	首创股份	38959.89	15702.14	3431.13	337.59	58430.75
600009	上海机场	19904.10	8267.88	3342.24	604.54	32118.76
600010	包钢股份	107291.38	46493.60	12354.86	741.63	166881.47
600011	华能国际	33324.25	14902.47	8103.39	650.63	56980.74
600012	皖通高速	0.00	222.26	0.00	0.00	222.26
600015	华夏银行	64304.68	33237.48	20761.00	2302.79	120605.95
600016	民生银行	136984.23	63755.21	37942.28	3036.60	241718.32
600017	日照港	27875.28	12205.98	3794.50	131.49	44007.25
600018	上港集团	39092.64	16281.85	6185.04	353.19	61912.72
600019	宝钢股份	54205.16	24826.62	7229.60	581.34	86842.72
600020	中原高速	0.00	608.65	0.00	0.00	608.65
600021	上海电力	46500.01	17437.00	1449.04	164.01	65550.06
600022	山东钢铁	18958.23	9682.94	311.11	48.31	29000.59
600023	浙能电力	47250.04	18800.29	1306.45	104.09	67460.87
600026	中海发展	33893.14	14021.24	332.15	54.12	48300.65
600027	华电国际	42915.23	19626.34	3806.73	395.64	66743.94
600028	中国石化	168538.39	77560.12	7605.16	690.46	254394.13
600029	南方航空	86863.83	36705.33	7388.86	566.22	131524.24
600030	中信证券	579381.76	259868.21	122189.76	6751.04	968190.77

单位：百万（M）

信用交易
Credit Trading

证券代码 Code	证券简称 Securities	融资买入	卖券还款	融券卖出	买券还券	合计
600031	三一重工	67696.64	29951.79	7496.50	496.80	105641.73
600033	福建高速	0.00	400.90	0.00	0.00	400.90
600035	楚天高速	0.00	307.84	0.00	0.00	307.84
600036	招商银行	122607.95	56557.86	39876.63	5370.63	224413.07
600037	歌华有线	37878.56	15570.69	418.32	55.74	53923.31
600038	中直股份	33602.38	13975.98	1720.76	163.36	49462.48
600039	四川路桥	30805.70	14779.01	587.09	72.54	46244.34
600048	保利地产	131697.51	57873.18	17424.47	2105.28	209100.44
600050	中国联通	149559.39	66372.64	13240.56	1066.97	230239.56
600051	宁波联合	0.00	206.38	0.00	0.00	206.38
600052	浙江广厦	0.00	315.33	0.00	0.00	315.33
600053	九鼎投资	0.00	176.81	0.00	0.00	176.81
600054	黄山旅游	0.00	161.50	0.00	0.00	161.50
600055	华润万东	0.00	140.13	0.00	0.00	140.13
600056	中国医药	24425.91	9995.02	908.93	61.10	35390.96
600057	象屿股份	0.00	402.99	0.00	0.00	402.99
600058	五矿发展	22465.01	9037.47	2360.27	289.48	34152.23
600059	古越龙山	16433.74	7366.55	268.77	78.56	24147.62
600060	海信电器	44643.02	18680.18	3894.06	431.81	67649.07
600061	国投安信	0.00	903.10	0.00	0.00	903.10
600062	华润双鹤	17187.16	7464.23	364.74	74.17	25090.30
600063	皖维高新	24128.04	10934.42	191.90	48.15	35302.51
600064	南京高科	0.00	859.02	0.00	0.00	859.02
600066	宇通客车	14459.51	7023.63	2702.86	601.60	24787.60
600067	冠城大通	35098.81	13486.78	468.39	76.44	49130.42
600068	葛洲坝	71786.41	33178.59	6124.90	530.06	111619.96
600069	*ST 银鸽	0.00	60.16	0.00	0.00	60.16
600070	浙江富润	0.00	190.23	0.00	0.00	190.23
600071	*ST 光学	0.00	53.93	0.00	0.00	53.93
600072	钢构工程	0.00	332.53	0.00	0.00	332.53
600073	上海梅林	16542.84	6659.21	204.80	56.71	23463.56
600074	保千里	0.00	571.35	0.00	0.00	571.35
600075	新疆天业	0.00	124.61	0.00	0.00	124.61
600076	青鸟华光	0.00	102.67	0.00	0.00	102.67
600077	宋都股份	12383.50	5055.12	59.90	24.26	17522.78
600078	澄星股份	11918.97	4969.92	63.28	16.43	16968.60
600079	人福医药	24072.48	9472.59	1288.71	303.68	35137.46
600080	金花股份	0.00	244.69	0.00	0.00	244.69
600081	东风科技	0.00	232.92	0.00	0.00	232.92
600082	海泰发展	0.00	307.22	0.00	0.00	307.22
600083	博信股份	0.00	80.10	0.00	0.00	80.10
600084	中葡股份	0.00	231.96	0.00	0.00	231.96
600085	同仁堂	23602.33	10943.57	2453.40	590.99	37590.29
600086	东方金钰	20012.54	8713.75	44.89	12.87	28784.05
600088	中视传媒	12835.96	4804.85	316.65	58.21	18015.67
600089	特变电工	76265.68	36565.92	9066.35	870.27	122768.22
600090	啤酒花	0.00	212.67	0.00	0.00	212.67
600091	*ST 明科	0.00	7.75	0.00	0.00	7.75
600093	禾嘉股份	0.00	368.95	0.00	0.00	368.95
600094	大名城	23486.94	8507.04	116.66	23.32	32133.96

单位：百万（M）

信用交易
Credit Trading

证券代码 Code	证券简称 Securities	融资买入	卖券还款	融券卖出	买券还券	合计
600095	哈高科	0.00	386.61	0.00	0.00	386.61
600096	云天化	14452.71	6011.13	379.42	95.79	20939.05
600097	开创国际	0.00	62.12	0.00	0.00	62.12
600098	广州发展	22104.53	9514.94	239.70	49.33	31908.50
600099	林海股份	0.00	31.80	0.00	0.00	31.80
600100	同方股份	126231.41	53475.44	6124.82	774.12	186605.79
600101	明星电力	0.00	319.43	0.00	0.00	319.43
600103	青山纸业	0.00	388.32	0.00	0.00	388.32
600104	上汽集团	51017.55	21686.05	8551.47	1578.14	82833.21
600105	永鼎股份	0.00	366.71	0.00	0.00	366.71
600106	重庆路桥	0.00	404.73	0.00	0.00	404.73
600107	美尔雅	14613.19	6427.04	186.97	37.04	21264.24
600108	亚盛集团	60559.14	25967.54	3940.26	236.54	90703.48
600109	国金证券	150291.61	61740.38	14266.82	847.84	227146.65
600110	中科英华	17062.34	6774.30	159.82	15.28	24011.74
600111	北方稀土	90952.54	39196.81	10558.96	798.97	141507.28
600112	天成控股	39586.88	15518.30	138.63	38.26	55282.07
600113	浙江东日	13393.77	4901.87	267.45	25.27	18588.36
600114	东睦股份	0.00	243.38	0.00	0.00	243.38
600115	东方航空	52637.72	20553.63	4572.76	419.69	78183.80
600116	三峡水利	15019.50	6346.60	584.70	57.16	22007.96
600117	西宁特钢	0.00	185.07	0.00	0.00	185.07
600118	中国卫星	91617.00	38723.68	9426.98	432.98	140200.64
600119	长江投资	28150.97	11084.56	453.80	47.21	39736.54
600120	浙江东方	18544.50	7394.80	828.69	82.49	26850.48
600121	郑州煤电	0.00	161.43	0.00	0.00	161.43
600122	宏图高科	0.00	814.50	0.00	0.00	814.50
600123	兰花科创	22943.92	9828.91	590.06	109.44	33472.33
600125	铁龙物流	40035.14	14902.25	918.86	115.91	55972.16
600126	杭钢股份	0.00	228.52	0.00	0.00	228.52
600127	金健米业	0.00	259.44	0.00	0.00	259.44
600128	弘业股份	0.00	276.86	0.00	0.00	276.86
600129	太极集团	0.00	293.66	0.00	0.00	293.66
600130	波导股份	0.00	648.01	0.00	0.00	648.01
600131	岷江水电	0.00	142.33	0.00	0.00	142.33
600132	重庆啤酒	14465.17	5971.00	326.62	48.78	20811.57
600133	东湖高新	0.00	592.97	0.00	0.00	592.97
600135	乐凯胶片	19238.03	7350.43	53.80	16.87	26659.13
600136	道博股份	0.00	41.23	0.00	0.00	41.23
600137	浪莎股份	0.00	66.82	0.00	0.00	66.82
600138	中青旅	26297.75	11471.58	461.93	76.97	38308.23
600139	西部资源	13132.36	5285.24	239.03	34.50	18691.13
600141	兴发集团	15645.56	6462.92	144.82	40.75	22294.05
600143	金发科技	30412.14	14400.74	2765.61	320.11	47898.60
600145	*ST 新亿	0.00	3.15	0.00	0.00	3.15
600146	商赢环球	4365.06	1396.04	17.63	11.23	5789.96
600148	长春一东	0.00	214.70	0.00	0.00	214.70
600149	廊坊发展	23079.01	8360.10	1763.31	96.71	33299.13
600150	中国船舶	89761.96	37646.51	26825.35	1528.29	155762.11
600151	航天机电	22606.96	10038.97	263.90	70.39	32980.22

单位：百万（M）

信用交易
Credit Trading

证券代码 Code	证券简称 Securities	融资买入	卖券还款	融券卖出	买券还券	合计
600152	维科精华	0.00	169.64	0.00	0.00	169.64
600153	建发股份	29096.51	12055.07	4358.48	309.09	45819.15
600155	宝硕股份	1967.21	741.61	1.07	0.48	2710.37
600156	华升股份	0.00	239.68	0.00	0.00	239.68
600157	永泰能源	27805.73	12498.87	2953.65	218.62	43476.87
600158	中体产业	69030.83	28878.54	2456.12	182.77	100548.26
600159	大龙地产	0.00	229.16	0.00	0.00	229.16
600160	巨化股份	26858.42	10478.98	2890.37	147.46	40375.23
600161	天坛生物	24162.28	9721.01	432.69	43.55	34359.53
600162	香江控股	0.00	235.40	0.00	0.00	235.40
600163	*ST 闽能	444.31	274.97	5.23	2.93	727.44
600165	新日恒力	0.00	404.02	0.00	0.00	404.02
600166	福田汽车	34424.10	15555.10	7333.42	394.86	57707.48
600167	联美控股	0.00	37.54	0.00	0.00	37.54
600168	武汉控股	0.00	295.56	0.00	0.00	295.56
600169	太原重工	35919.82	15504.44	1454.24	164.34	53042.84
600170	上海建工	27598.47	11613.33	3152.90	318.98	42683.68
600171	上海贝岭	29584.93	11832.20	161.20	53.82	41632.15
600172	黄河旋风	0.00	322.15	0.00	0.00	322.15
600173	卧龙地产	0.00	236.94	0.00	0.00	236.94
600175	美都能源	21193.28	8703.48	141.00	24.25	30062.01
600176	中国巨石	24896.25	10710.41	364.79	51.69	36023.14
600177	雅戈尔	58646.52	27141.29	4202.47	615.50	90605.78
600178	东安动力	0.00	123.01	0.00	0.00	123.01
600179	黑化股份	4338.28	1220.29	44.57	19.21	5622.35
600180	瑞茂通	0.00	347.44	0.00	0.00	347.44
600182	S 佳通	0.00	143.86	0.00	0.00	143.86
600183	生益科技	25800.40	11482.03	131.70	24.66	37438.79
600184	光电股份	0.00	310.51	0.00	0.00	310.51
600185	格力地产	19824.15	8707.64	625.14	106.11	29263.04
600186	莲花味精	10592.43	3923.76	34.51	14.87	14565.57
600187	国中水务	26536.94	11775.50	361.41	74.73	38748.58
600188	兖州煤业	13385.46	5136.54	2458.10	185.51	21165.61
600189	吉林森工	0.00	150.87	0.00	0.00	150.87
600190	锦州港	0.00	208.13	0.00	0.00	208.13
600191	华资实业	0.00	172.96	0.00	0.00	172.96
600192	长城电工	0.00	359.05	0.00	0.00	359.05
600193	创兴资源	7044.53	3112.80	6.67	4.71	10168.71
600195	中牧股份	0.00	295.03	0.00	0.00	295.03
600196	复星医药	40143.17	16561.37	4367.82	567.71	61640.07
600197	伊力特	10772.59	4559.63	148.89	26.09	15507.20
600198	大唐电信	45517.87	17390.71	381.03	52.06	63341.67
600199	金种子酒	11917.36	5365.72	346.73	33.91	17663.72
600200	江苏吴中	30219.07	13279.95	333.14	60.82	43892.98
600201	生物股份	13701.89	6956.90	50.49	17.61	20726.89
600202	哈空调	0.00	175.07	0.00	0.00	175.07
600203	福日电子	0.00	216.85	0.00	0.00	216.85
600206	有研新材	28862.96	11266.46	95.15	34.89	40259.46
600207	安彩高科	0.00	219.96	0.00	0.00	219.96
600208	新湖中宝	37706.11	14938.28	3490.54	388.67	56523.60

单位：百万（M）

信用交易
Credit Trading

证券代码 Code	证券简称 Securities	融资买入	卖券还款	融券卖出	买券还券	合计
600209	罗顿发展	9464.80	3155.94	144.23	11.82	12776.79
600210	紫江企业	32281.25	12196.63	36.62	13.61	44528.11
600211	西藏药业	0.00	97.28	0.00	0.00	97.28
600212	江泉实业	0.00	348.28	0.00	0.00	348.28
600213	亚星客车	0.00	111.95	0.00	0.00	111.95
600215	长春经开	0.00	211.53	0.00	0.00	211.53
600216	浙江医药	21102.63	9098.02	415.42	103.80	30719.87
600217	*ST 秦岭	0.00	61.32	0.00	0.00	61.32
600218	全柴动力	10756.99	4097.08	95.57	16.24	14965.88
600219	南山铝业	55953.13	23763.14	1114.96	148.74	80979.97
600220	江苏阳光	21137.92	8371.65	112.05	19.42	29641.04
600221	海南航空	59954.91	27679.70	6419.34	363.64	94417.59
600222	太龙药业	12562.99	5111.41	63.84	23.57	17761.81
600223	鲁商置业	10312.29	4390.32	95.19	26.93	14824.73
600225	天津松江	8157.47	3621.08	137.46	17.60	11933.61
600226	升华拜克	0.00	148.11	0.00	0.00	148.11
600227	赤天化	0.00	444.88	0.00	0.00	444.88
600228	昌九生化	0.00	176.05	0.00	0.00	176.05
600229	城市传媒	20179.71	8964.69	229.72	31.70	29405.82
600230	沧州大化	7889.52	3384.67	41.46	15.76	11331.41
600231	凌钢股份	0.00	131.32	0.00	0.00	131.32
600232	金鹰股份	0.00	108.48	0.00	0.00	108.48
600233	大杨创世	0.00	111.71	0.00	0.00	111.71
600234	山水文化	0.00	206.35	0.00	0.00	206.35
600235	民丰特纸	0.00	274.25	0.00	0.00	274.25
600236	桂冠电力	0.00	405.01	0.00	0.00	405.01
600237	铜峰电子	12630.84	5304.66	45.96	18.20	17999.66
600238	海南椰岛	0.00	171.36	0.00	0.00	171.36
600239	云南城投	18588.02	7765.30	316.34	80.44	26750.10
600240	华业资本	33867.53	13939.07	659.88	80.59	48547.07
600241	时代万恒	0.00	93.71	0.00	0.00	93.71
600242	*ST 中昌	0.00	98.96	0.00	0.00	98.96
600243	青海华鼎	0.00	206.63	0.00	0.00	206.63
600246	万通地产	0.00	106.89	0.00	0.00	106.89
600247	*ST 成城	0.00	1.52	0.00	0.00	1.52
600248	延长化建	0.00	259.02	0.00	0.00	259.02
600249	两面针	0.00	258.57	0.00	0.00	258.57
600250	南纺股份	0.00	63.92	0.00	0.00	63.92
600251	冠农股份	14879.91	6528.27	264.18	39.45	21711.81
600252	中恒集团	56872.82	25509.55	3531.39	537.14	86450.90
600255	鑫科材料	0.00	806.25	0.00	0.00	806.25
600256	广汇能源	61237.44	31072.40	5403.58	398.03	98111.45
600257	大湖股份	16315.80	6328.98	48.63	16.75	22710.16
600258	首旅酒店	0.00	24.31	0.00	0.00	24.31
600259	广晟有色	12258.89	4505.04	798.25	65.68	17627.86
600260	凯乐科技	19749.27	8234.08	98.24	35.97	28117.56
600261	阳光照明	13831.75	5994.87	146.94	20.87	19994.43
600262	北方股份	0.00	278.43	0.00	0.00	278.43
600265	ST 景谷	0.00	5.46	0.00	0.00	5.46
600266	北京城建	42450.51	17605.71	485.90	106.61	60648.73

单位：百万（M）

信用交易
Credit Trading

证券代码 Code	证券简称 Securities	融资买入	卖券还款	融券卖出	买券还券	合计
600267	海正药业	22753.89	9123.33	914.16	178.14	32969.52
600268	国电南自	0.00	392.43	0.00	0.00	392.43
600269	赣粤高速	0.00	592.61	0.00	0.00	592.61
600270	外运发展	23405.92	9618.16	332.60	64.81	33421.49
600271	航天信息	41044.38	18057.20	5883.67	483.69	65468.94
600272	开开实业	0.00	170.08	0.00	0.00	170.08
600273	嘉化能源	0.00	429.80	0.00	0.00	429.80
600275	武昌鱼	0.00	170.47	0.00	0.00	170.47
600276	恒瑞医药	18951.59	7979.06	2816.72	948.80	30696.17
600277	亿利洁能	18375.19	7954.07	592.31	56.18	26977.75
600278	东方创业	0.00	415.23	0.00	0.00	415.23
600279	重庆港九	0.00	243.24	0.00	0.00	243.24
600280	中央商场	0.00	305.35	0.00	0.00	305.35
600281	太化股份	0.00	179.90	0.00	0.00	179.90
600282	南钢股份	0.00	669.89	0.00	0.00	669.89
600283	钱江水利	0.00	373.54	0.00	0.00	373.54
600284	浦东建设	0.00	797.13	0.00	0.00	797.13
600285	羚锐制药	11853.32	5375.64	79.03	19.79	17327.78
600287	江苏舜天	0.00	402.26	0.00	0.00	402.26
600288	大恒科技	29855.95	11008.08	299.44	65.29	41228.76
600289	亿阳信通	28101.18	11841.10	411.51	33.80	40387.59
600290	华仪电气	0.00	287.10	0.00	0.00	287.10
600291	西水股份	0.00	495.84	0.00	0.00	495.84
600292	中电远达	29028.00	12483.60	224.85	56.12	41792.57
600293	三峡新材	10287.34	3863.87	2.34	1.45	14155.00
600295	鄂尔多斯	0.00	142.95	0.00	0.00	142.95
600297	广汇汽车	0.00	163.12	0.00	0.00	163.12
600298	安琪酵母	12392.42	5374.32	140.64	38.38	17945.76
600299	安迪苏	0.00	150.25	0.00	0.00	150.25
600300	维维股份	20400.63	8368.55	84.24	18.10	28871.52
600301	*ST 南化	0.00	4.38	0.00	0.00	4.38
600302	标准股份	0.00	148.81	0.00	0.00	148.81
600303	曙光股份	0.00	279.51	0.00	0.00	279.51
600305	恒顺醋业	0.00	248.89	0.00	0.00	248.89
600306	商业城	0.00	192.35	0.00	0.00	192.35
600307	酒钢宏兴	40975.09	14584.41	128.73	19.08	55707.31
600308	华泰股份	0.00	274.51	0.00	0.00	274.51
600309	万华化学	29382.91	13057.41	2810.99	708.20	45959.51
600310	桂东电力	0.00	337.86	0.00	0.00	337.86
600311	ST 荣华	14989.61	6591.55	236.95	50.62	21868.73
600312	平高电气	21562.72	9972.61	507.02	104.10	32146.45
600313	农发种业	0.00	245.11	0.00	0.00	245.11
600315	上海家化	22275.30	8259.70	1851.20	509.19	32895.39
600316	洪都航空	45745.40	17089.06	3951.81	201.48	66987.75
600317	营口港	0.00	611.47	0.00	0.00	611.47
600318	巢东股份	12508.60	4558.09	183.69	44.73	17295.11
600319	亚星化学	0.00	60.02	0.00	0.00	60.02
600320	振华重工	21546.93	9555.24	490.74	66.52	31659.43
600321	国栋建设	16947.01	7748.24	94.22	26.64	24816.11
600322	天房发展	0.00	421.03	0.00	0.00	421.03

单位：百万（M）

信用交易
Credit Trading

证券代码 Code	证券简称 Securities	融资买入	卖券还款	融券卖出	买券还券	合计
600323	瀚蓝环境	12192.80	4763.63	146.17	34.66	17137.26
600325	华发股份	24234.20	11609.66	644.42	198.22	36686.50
600326	西藏天路	0.00	562.65	0.00	0.00	562.65
600327	大东方	0.00	288.27	0.00	0.00	288.27
600328	兰太实业	0.00	335.96	0.00	0.00	335.96
600329	中新药业	12872.55	5268.46	109.51	37.54	18288.06
600330	天通股份	23936.49	8888.86	162.00	52.52	33039.87
600331	宏达股份	15239.71	6690.74	51.25	20.74	22002.44
600332	白云山	34007.55	15514.37	2212.36	293.07	52027.35
600333	长春燃气	8811.92	3819.74	42.26	18.17	12692.09
600335	国机汽车	10363.08	3804.74	114.88	33.23	14315.93
600336	澳柯玛	13826.77	6080.35	82.88	24.12	20014.12
600337	美克家居	0.00	195.16	0.00	0.00	195.16
600338	西藏珠峰	0.00	144.27	0.00	0.00	144.27
600339	天利高新	0.00	202.04	0.00	0.00	202.04
600340	华夏幸福	32001.07	14007.19	5573.03	517.42	52098.71
600343	航天动力	43884.52	15522.00	462.44	81.66	59950.62
600345	长江通信	0.00	222.57	0.00	0.00	222.57
600346	大橡塑	0.00	95.80	0.00	0.00	95.80
600348	阳泉煤业	20811.94	8962.90	2312.42	235.79	32323.05
600350	山东高速	11462.08	4988.42	468.31	38.66	16957.47
600351	亚宝药业	0.00	345.82	0.00	0.00	345.82
600352	浙江龙盛	86372.72	37784.43	6824.36	528.36	131509.87
600353	旭光股份	0.00	210.67	0.00	0.00	210.67
600354	敦煌种业	11861.31	4886.25	338.02	53.16	17138.74
600355	精伦电子	0.00	188.25	0.00	0.00	188.25
600356	恒丰纸业	0.00	63.56	0.00	0.00	63.56
600358	国旅联合	0.00	399.14	0.00	0.00	399.14
600359	新农开发	0.00	257.59	0.00	0.00	257.59
600360	华微电子	0.00	391.80	0.00	0.00	391.80
600361	华联综超	0.00	225.17	0.00	0.00	225.17
600362	江西铜业	45257.88	19256.54	19758.60	1221.32	85494.34
600363	联创光电	23156.03	8945.49	119.85	24.84	32246.21
600365	通葡股份	0.00	132.35	0.00	0.00	132.35
600366	宁波韵升	17265.93	6682.40	496.25	59.82	24504.40
600367	红星发展	0.00	233.57	0.00	0.00	233.57
600368	五洲交通	0.00	248.18	0.00	0.00	248.18
600369	西南证券	85297.12	36996.90	5962.94	640.59	128897.55
600370	三房巷	0.00	112.77	0.00	0.00	112.77
600371	万向德农	0.00	241.94	0.00	0.00	241.94
600372	中航电子	46467.49	18288.97	7432.13	361.60	72550.19
600373	中文传媒	22767.65	9791.00	1842.52	216.81	34617.98
600375	华菱星马	12009.35	4733.72	70.64	24.03	16837.74
600376	首开股份	63973.87	26370.66	1414.48	291.18	92050.19
600377	宁沪高速	6361.08	2578.82	111.86	20.04	9071.80
600378	天科股份	0.00	116.40	0.00	0.00	116.40
600379	宝光股份	0.00	165.12	0.00	0.00	165.12
600380	健康元	41915.24	14017.19	191.96	20.37	56144.76
600381	青海春天	0.00	318.43	0.00	0.00	318.43
600382	广东明珠	14875.09	6722.16	88.89	21.50	21707.64

单位：百万（M）

信用交易 Credit Trading

证券代码 Code	证券简称 Securities	融资买入	卖券还款	融券卖出	买券还券	合计
600383	金地集团	34641.81	11894.49	7153.49	1019.63	54709.42
600385	山东金泰	0.00	82.28	0.00	0.00	82.28
600386	北巴传媒	14034.08	5307.30	156.31	34.61	19532.30
600387	海越股份	14904.74	5540.77	52.43	17.43	20515.37
600388	龙净环保	43193.61	18837.66	1254.59	146.85	63432.71
600389	江山股份	5350.88	2360.37	70.75	12.11	7794.11
600390	金瑞科技	21115.61	7673.68	359.22	25.78	29174.29
600391	成发科技	33834.74	12593.49	928.38	94.33	47450.94
600392	盛和资源	13860.38	5688.40	544.24	42.95	20135.97
600393	东华实业	0.00	99.56	0.00	0.00	99.56
600395	盘江股份	12677.18	5320.03	1556.48	96.15	19649.84
600396	金山股份	0.00	410.58	0.00	0.00	410.58
600397	安源煤业	0.00	607.45	0.00	0.00	607.45
600398	海澜之家	0.00	371.82	0.00	0.00	371.82
600399	抚顺特钢	0.00	1091.26	0.00	0.00	1091.26
600400	红豆股份	0.00	235.63	0.00	0.00	235.63
600401	*ST 海润	0.00	430.26	0.00	0.00	430.26
600403	大有能源	0.00	143.75	0.00	0.00	143.75
600405	动力源	0.00	654.27	0.00	0.00	654.27
600406	国电南瑞	66065.20	27232.62	6125.89	520.74	99944.45
600408	*ST 安泰	2992.41	1447.61	14.46	6.38	4460.86
600409	三友化工	24594.18	9521.09	200.31	48.35	34363.93
600410	华胜天成	60995.44	22478.80	711.28	39.93	84225.45
600415	小商品城	67847.83	23863.06	6732.44	515.07	98958.40
600416	湘电股份	14679.29	5247.79	62.71	18.78	20008.57
600418	江淮汽车	30256.27	13386.36	923.21	99.21	44665.05
600419	天润乳业	0.00	112.42	0.00	0.00	112.42
600420	现代制药	0.00	370.70	0.00	0.00	370.70
600421	仰帆控股	0.00	97.53	0.00	0.00	97.53
600422	昆药集团	16785.76	6606.46	173.26	46.01	23611.49
600423	柳化股份	0.00	149.53	0.00	0.00	149.53
600425	青松建化	15646.69	6741.42	585.54	51.45	23025.10
600426	华鲁恒升	23791.95	10976.86	474.25	63.24	35306.30
600428	中远航运	0.00	926.63	0.00	0.00	926.63
600429	三元股份	0.00	162.23	0.00	0.00	162.23
600432	吉恩镍业	15434.18	6401.13	333.11	37.56	22205.98
600433	冠豪高新	26169.44	11747.21	50.24	0.84	37967.73
600435	北方导航	35283.11	15586.13	2879.69	129.03	53877.96
600436	片仔癀	15888.31	6590.07	1051.22	227.56	23757.16
600438	通威股份	0.00	234.86	0.00	0.00	234.86
600439	瑞贝卡	0.00	346.96	0.00	0.00	346.96
600444	*ST 国通	0.00	14.87	0.00	0.00	14.87
600446	金证股份	40647.28	13023.68	1519.22	33.52	55223.70
600448	华纺股份	0.00	175.47	0.00	0.00	175.47
600449	宁夏建材	14461.05	5796.56	118.39	44.95	20420.95
600452	涪陵电力	0.00	141.07	0.00	0.00	141.07
600455	博通股份	0.00	78.19	0.00	0.00	78.19
600456	宝钛股份	13953.82	5558.87	144.86	49.04	19706.59
600458	时代新材	28936.46	12172.10	437.80	89.56	41635.92
600459	贵研铂业	17092.87	7373.76	81.66	26.70	24574.99

单位：百万（M）

信用交易
Credit Trading

证券代码 Code	证券简称 Securities	融资买入	卖券还款	融券卖出	买券还券	合计
600460	士兰微	17954.08	7961.31	163.31	31.89	26110.59
600461	洪城水业	0.00	123.91	0.00	0.00	123.91
600462	石岘纸业	0.00	71.55	0.00	0.00	71.55
600463	空港股份	0.00	104.22	0.00	0.00	104.22
600466	蓝光发展	0.00	489.29	0.00	0.00	489.29
600467	好当家	12181.99	4770.99	80.95	22.52	17056.45
600468	百利电气	0.00	188.78	0.00	0.00	188.78
600469	风神股份	0.00	351.18	0.00	0.00	351.18
600470	六国化工	14073.32	5713.21	158.31	26.87	19971.71
600475	华光股份	0.00	167.15	0.00	0.00	167.15
600476	湘邮科技	0.00	220.49	0.00	0.00	220.49
600477	杭萧钢构	0.00	329.88	0.00	0.00	329.88
600478	科力远	17616.44	6669.20	160.22	27.72	24473.58
600479	千金药业	0.00	310.01	0.00	0.00	310.01
600480	凌云股份	0.00	378.42	0.00	0.00	378.42
600481	双良节能	14415.29	6707.36	141.08	17.95	21281.68
600482	风帆股份	22647.11	8260.76	346.07	45.48	31299.42
600483	福能股份	7705.23	2894.19	32.41	6.33	10638.16
600485	信威集团	0.00	835.79	0.00	0.00	835.79
600486	扬农化工	11458.00	4694.68	92.13	21.87	16266.68
600487	亨通光电	0.00	549.77	0.00	0.00	549.77
600488	天药股份	0.00	351.80	0.00	0.00	351.80
600489	中金黄金	44515.60	21256.68	3631.18	374.39	69777.85
600490	鹏欣资源	31424.69	12060.71	577.00	55.20	44117.60
600491	龙元建设	19344.19	7082.20	397.27	60.04	26883.70
600493	凤竹纺织	0.00	301.46	0.00	0.00	301.46
600495	晋西车轴	41712.21	17181.24	1947.71	116.03	60957.19
600496	精工钢构	0.00	632.94	0.00	0.00	632.94
600497	驰宏锌锗	27487.87	11629.15	2149.90	185.86	41452.78
600498	烽火通信	24709.65	9868.30	2361.42	217.56	37156.93
600499	科达洁能	18331.03	7281.61	126.71	46.35	25785.70
600500	中化国际	37242.29	14225.49	338.42	76.82	51883.02
600501	航天晨光	0.00	404.55	0.00	0.00	404.55
600502	安徽水利	17512.24	8196.32	671.85	111.95	26492.36
600503	华丽家族	67255.07	23643.27	831.69	24.99	91755.02
600505	西昌电力	0.00	194.83	0.00	0.00	194.83
600506	香梨股份	0.00	114.92	0.00	0.00	114.92
600507	方大特钢	0.00	347.43	0.00	0.00	347.43
600508	上海能源	0.00	312.22	0.00	0.00	312.22
600509	天富能源	18753.28	7806.42	87.55	18.63	26665.88
600510	黑牡丹	0.00	314.79	0.00	0.00	314.79
600511	国药股份	0.00	535.74	0.00	0.00	535.74
600512	腾达建设	0.00	186.27	0.00	0.00	186.27
600513	联环药业	0.00	168.55	0.00	0.00	168.55
600515	海岛建设	7149.75	2823.33	252.92	15.24	10241.24
600516	方大炭素	43785.08	17006.39	1578.96	124.81	62495.24
600517	置信电气	23404.42	9788.49	184.44	47.78	33425.13
600518	康美药业	106748.13	42822.63	10093.98	1246.34	160911.08
600519	贵州茅台	40505.88	17340.02	6433.59	1932.67	66212.16
600520	中发科技	0.00	171.30	0.00	0.00	171.30

单位：百万（M）

信用交易
Credit Trading

证券代码 Code	证券简称 Securities	融资买入	卖券还款	融券卖出	买券还券	合计
600521	华海药业	10258.68	4138.64	127.38	47.69	14572.39
600522	中天科技	27097.27	11252.63	122.92	28.66	38501.48
600523	贵航股份	15102.82	5799.50	344.05	31.07	21277.44
600525	长园集团	10842.44	3870.38	129.77	44.56	14887.15
600526	菲达环保	36091.52	12408.07	403.84	55.07	48958.50
600527	江南高纤	0.00	418.75	0.00	0.00	418.75
600528	中铁二局	60650.93	26078.33	2220.80	155.92	89105.98
600529	山东药玻	0.00	197.57	0.00	0.00	197.57
600530	交大昂立	0.00	182.46	0.00	0.00	182.46
600531	豫光金铅	0.00	286.23	0.00	0.00	286.23
600532	宏达矿业	0.00	164.31	0.00	0.00	164.31
600533	栖霞建设	0.00	164.09	0.00	0.00	164.09
600535	天士力	21147.42	8687.65	2486.46	660.60	32982.13
600536	中国软件	43674.60	15130.35	655.37	82.32	59542.64
600537	亿晶光电	18789.04	7439.79	422.23	37.24	26688.30
600538	国发股份	0.00	161.59	0.00	0.00	161.59
600539	*ST 狮头	0.00	48.15	0.00	0.00	48.15
600540	新赛股份	0.00	197.45	0.00	0.00	197.45
600543	莫高股份	13398.65	5279.15	110.73	35.26	18823.79
600545	新疆城建	38400.17	15654.10	2135.38	116.86	56306.51
600546	山煤国际	17041.51	7392.82	496.81	72.91	25004.05
600547	山东黄金	48691.95	23020.25	3228.55	343.06	75283.81
600548	深高速	0.00	165.87	0.00	0.00	165.87
600549	厦门钨业	28073.44	10577.96	2605.98	386.33	41643.71
600550	保变电气	0.00	548.75	0.00	0.00	548.75
600551	时代出版	16487.62	6654.09	399.29	61.66	23602.66
600552	方兴科技	0.00	638.49	0.00	0.00	638.49
600555	九龙山	0.00	258.99	0.00	0.00	258.99
600556	慧球科技	0.00	362.57	0.00	0.00	362.57
600557	康缘药业	19858.28	8705.12	99.83	39.19	28702.42
600558	大西洋	0.00	175.58	0.00	0.00	175.58
600559	老白干酒	4619.19	1697.06	338.73	26.38	6681.36
600560	金自天正	0.00	271.96	0.00	0.00	271.96
600561	江西长运	0.00	92.36	0.00	0.00	92.36
600562	国睿科技	0.00	398.44	0.00	0.00	398.44
600563	法拉电子	14340.11	5902.16	145.17	38.59	20426.03
600565	迪马股份	0.00	386.82	0.00	0.00	386.82
600566	济川药业	7102.87	3111.01	105.05	21.78	10340.71
600567	山鹰纸业	0.00	750.95	0.00	0.00	750.95
600568	中珠控股	7642.97	3065.95	48.07	15.97	10772.96
600569	安阳钢铁	0.00	276.25	0.00	0.00	276.25
600570	恒生电子	110567.75	39968.90	8082.63	626.05	159245.33
600571	信雅达	0.00	662.03	0.00	0.00	662.03
600572	康恩贝	14680.52	6064.22	102.32	34.24	20881.30
600573	惠泉啤酒	0.00	104.35	0.00	0.00	104.35
600575	皖江物流	2518.99	800.58	0.00	0.00	3319.57
600576	万家文化	0.00	269.23	0.00	0.00	269.23
600577	精达股份	0.00	590.41	0.00	0.00	590.41
600578	京能电力	16070.02	7728.05	1472.00	101.72	25371.79
600579	天华院	0.00	161.29	0.00	0.00	161.29

单位：百万（M）

信用交易
Credit Trading

证券代码 Code	证券简称 Securities	融资买入	卖券还款	融券卖出	买券还券	合计
600580	卧龙电气	17129.05	6959.65	333.05	52.05	24473.80
600581	八一钢铁	0.00	445.67	0.00	0.00	445.67
600582	天地科技	16509.76	7131.38	312.77	65.18	24019.09
600583	海油工程	74273.06	33904.43	5479.11	423.34	114079.94
600584	长电科技	25411.13	10099.15	339.90	66.08	35916.26
600585	海螺水泥	65597.29	28814.00	6702.78	1281.85	102395.92
600586	金晶科技	0.00	305.04	0.00	0.00	305.04
600587	新华医疗	16324.22	6628.23	162.77	60.36	23175.58
600588	用友网络	100667.20	37869.88	7711.20	590.10	146838.38
600589	广东榕泰	0.00	145.50	0.00	0.00	145.50
600590	泰豪科技	0.00	259.77	0.00	0.00	259.77
600592	龙溪股份	16604.99	7024.75	52.54	16.49	23698.77
600593	大连圣亚	0.00	74.83	0.00	0.00	74.83
600594	益佰制药	24532.80	7406.39	168.99	61.21	32169.39
600595	中孚实业	10693.13	3988.63	85.80	13.09	14780.65
600596	新安股份	20132.69	7767.16	148.64	34.34	28082.83
600597	光明乳业	11793.02	4841.58	501.00	73.48	17209.08
600598	北大荒	0.00	839.59	0.00	0.00	839.59
600599	熊猫金控	0.00	213.46	0.00	0.00	213.46
600600	青岛啤酒	14363.42	6632.86	1253.34	278.77	22528.39
600601	方正科技	57055.23	23640.00	502.73	86.08	81284.04
600602	仪电电子	0.00	292.69	0.00	0.00	292.69
600603	大洲兴业	0.00	75.52	0.00	0.00	75.52
600604	市北高新	11042.01	3876.16	36.35	12.43	14966.95
600605	汇通能源	0.00	131.64	0.00	0.00	131.64
600606	绿地控股	17407.69	7096.85	494.68	75.39	25074.61
600608	*ST 沪科	0.00	70.31	0.00	0.00	70.31
600609	金杯汽车	4197.35	1657.90	78.23	7.40	5940.88
600610	中毅达	0.00	43.74	0.00	0.00	43.74
600611	大众交通	57412.31	23323.45	508.62	81.12	81325.50
600612	老凤祥	0.00	112.77	0.00	0.00	112.77
600613	神奇制药	0.00	276.66	0.00	0.00	276.66
600614	鼎立股份	12105.07	4753.99	35.63	13.43	16908.12
600615	丰华股份	0.00	206.29	0.00	0.00	206.29
600616	金枫酒业	14124.54	5598.35	128.60	46.29	19897.78
600617	国新能源	0.00	180.74	0.00	0.00	180.74
600618	氯碱化工	0.00	226.96	0.00	0.00	226.96
600619	海立股份	0.00	121.80	0.00	0.00	121.80
600620	天宸股份	13941.31	5527.74	131.06	27.78	19627.89
600621	华鑫股份	0.00	535.40	0.00	0.00	535.40
600622	嘉宝集团	0.00	310.30	0.00	0.00	310.30
600623	双钱股份	0.00	98.03	0.00	0.00	98.03
600624	复旦复华	27301.59	10187.79	265.43	56.34	37811.15
600626	申达股份	27952.61	11378.94	167.22	29.19	39527.96
600628	新世界	0.00	487.37	0.00	0.00	487.37
600629	华建集团	0.00	118.08	0.00	0.00	118.08
600630	龙头股份	0.00	750.58	0.00	0.00	750.58
600633	浙报传媒	33381.73	13321.59	3341.53	200.15	50245.00
600634	中技控股	0.00	762.21	0.00	0.00	762.21
600635	大众公用	65525.50	26568.39	1029.62	102.75	93226.26

单位：百万（M）

信用交易
Credit Trading

证券代码 Code	证券简称 Securities	融资买入	卖券还款	融券卖出	买券还券	合计
600636	三爱富	17202.74	6698.57	362.42	34.56	24298.29
600637	东方明珠	74064.62	32288.81	5218.07	404.78	111976.28
600638	新黄浦	0.00	525.19	0.00	0.00	525.19
600639	浦东金桥	23645.86	9528.08	797.22	43.67	34014.83
600640	号百控股	22185.16	8371.83	366.83	31.34	30955.16
600641	万业企业	0.00	183.26	0.00	0.00	183.26
600642	申能股份	31835.02	14908.88	5804.64	350.76	52899.30
600643	爱建集团	29587.60	11714.97	1427.89	103.51	42833.97
600644	*ST 乐电	1405.90	630.30	9.24	3.12	2048.56
600645	中源协和	27138.95	11103.74	271.03	11.15	38524.87
600647	同达创业	0.00	150.67	0.00	0.00	150.67
600648	外高桥	28364.17	11452.50	2003.32	121.26	41941.25
600649	城投控股	31372.96	12114.02	139.84	26.21	43653.03
600650	锦江投资	0.00	750.91	0.00	0.00	750.91
600651	飞乐音响	14621.93	6393.44	125.04	47.64	21188.05
600652	游久游戏	27458.37	10968.31	169.64	33.88	38630.20
600653	申华控股	21691.04	9193.87	343.38	41.62	31269.91
600654	中安消	19038.07	7300.81	30.85	5.26	26374.99
600655	豫园商城	37840.40	15312.24	2466.14	232.53	55851.31
600656	*ST 博元	0.00	1.83	0.00	0.00	1.83
600657	信达地产	0.00	373.46	0.00	0.00	373.46
600658	电子城	0.00	249.45	0.00	0.00	249.45
600660	福耀玻璃	18719.71	7468.72	2215.83	455.36	28859.62
600661	新南洋	12370.36	4403.30	73.44	30.24	16877.34
600662	强生控股	41721.24	15367.51	209.37	35.17	57333.29
600663	陆家嘴	37989.67	15727.63	4317.67	275.48	58310.45
600664	哈药股份	18501.49	8397.90	968.31	153.91	28021.61
600665	天地源	0.00	237.17	0.00	0.00	237.17
600666	奥瑞德	0.00	397.54	0.00	0.00	397.54
600667	太极实业	12685.31	4731.04	2.10	0.90	17419.35
600668	尖峰集团	15668.12	6407.46	165.91	50.72	22292.21
600671	天目药业	0.00	40.21	0.00	0.00	40.21
600673	东阳光科	35666.61	13746.44	214.31	72.02	49699.38
600674	川投能源	44864.88	20997.83	2876.05	534.34	69273.10
600675	中华企业	28700.22	11147.46	307.43	72.56	40227.67
600676	交运股份	0.00	589.78	0.00	0.00	589.78
600677	航天通信	16301.31	5778.90	35.16	4.99	22120.36
600678	四川金顶	0.00	335.52	0.00	0.00	335.52
600679	金山开发	0.00	92.65	0.00	0.00	92.65
600680	上海普天	15689.29	5811.34	75.51	8.58	21584.72
600681	万鸿集团	0.00	50.21	0.00	0.00	50.21
600682	南京新百	0.00	150.30	0.00	0.00	150.30
600683	京投银泰	0.00	144.96	0.00	0.00	144.96
600684	珠江实业	21762.51	9974.15	207.73	42.97	31987.36
600685	中船防务	0.00	868.11	0.00	0.00	868.11
600686	金龙汽车	0.00	400.91	0.00	0.00	400.91
600687	刚泰控股	0.00	579.56	0.00	0.00	579.56
600688	上海石化	50982.40	20754.65	8961.53	235.74	80934.32
600689	上海三毛	0.00	69.12	0.00	0.00	69.12
600690	青岛海尔	35207.72	16537.13	5323.79	866.75	57935.39

单位：百万（M）

信用交易
Credit Trading

证券代码 Code	证券简称 Securities	融资买入	卖券还款	融券卖出	买券还券	合计
600691	*ST 阳化	0.00	159.18	0.00	0.00	159.18
600692	亚通股份	17517.04	6725.58	256.24	51.73	24550.59
600693	东百集团	0.00	128.05	0.00	0.00	128.05
600694	大商股份	24475.35	10634.62	582.51	117.86	35810.34
600695	绿庭投资	0.00	139.13	0.00	0.00	139.13
600696	匹凸匹	9489.24	4126.53	78.01	18.90	13712.68
600697	欧亚集团	0.00	198.98	0.00	0.00	198.98
600698	湖南天雁	0.00	348.49	0.00	0.00	348.49
600699	均胜电子	23139.29	8927.13	391.96	61.76	32520.14
600701	工大高新	0.00	456.24	0.00	0.00	456.24
600702	沱牌舍得	14361.67	5487.06	651.54	77.21	20577.48
600703	三安光电	60458.14	23768.66	4722.35	527.47	89476.62
600704	物产中大	52626.43	17313.98	443.20	83.19	70466.80
600705	中航资本	152470.58	62097.97	16877.07	555.69	232001.31
600706	曲江文旅	0.00	129.42	0.00	0.00	129.42
600707	彩虹股份	15835.17	6425.94	101.68	23.33	22386.12
600708	光明地产	0.00	458.74	0.00	0.00	458.74
600710	*ST 常林	0.00	78.74	0.00	0.00	78.74
600711	盛屯矿业	47191.66	19308.58	706.15	55.50	67261.89
600712	南宁百货	0.00	313.55	0.00	0.00	313.55
600713	南京医药	0.00	516.87	0.00	0.00	516.87
600714	金瑞矿业	0.00	87.46	0.00	0.00	87.46
600715	*ST 松辽	0.00	28.95	0.00	0.00	28.95
600716	凤凰股份	16208.06	6293.68	101.72	37.10	22640.56
600717	天津港	31654.86	15249.39	893.33	90.09	47887.67
600718	东软集团	66719.87	27974.84	4792.30	301.32	99788.33
600719	大连热电	0.00	69.57	0.00	0.00	69.57
600720	祁连山	18321.57	8202.70	280.23	71.88	26876.38
600721	百花村	0.00	54.98	0.00	0.00	54.98
600722	*ST 金化	0.00	30.61	0.00	0.00	30.61
600723	首商股份	0.00	221.84	0.00	0.00	221.84
600724	宁波富达	0.00	164.71	0.00	0.00	164.71
600725	云维股份	0.00	96.84	0.00	0.00	96.84
600726	华电能源	0.00	678.22	0.00	0.00	678.22
600727	鲁北化工	0.00	240.72	0.00	0.00	240.72
600728	佳都科技	31347.33	11302.75	120.97	25.74	42796.79
600729	重庆百货	11982.40	5369.73	207.49	49.37	17608.99
600730	中国高科	21942.43	8437.59	85.93	21.35	30487.30
600731	湖南海利	0.00	162.55	0.00	0.00	162.55
600732	*ST 新梅	0.00	61.72	0.00	0.00	61.72
600733	S 前锋	0.00	97.66	0.00	0.00	97.66
600734	实达集团	0.00	99.56	0.00	0.00	99.56
600735	新华锦	0.00	326.07	0.00	0.00	326.07
600736	苏州高新	0.00	417.11	0.00	0.00	417.11
600737	中粮屯河	61896.42	25987.78	1157.22	82.43	89123.85
600738	兰州民百	0.00	247.72	0.00	0.00	247.72
600739	辽宁成大	51840.21	21571.40	5774.09	816.60	80002.30
600740	山西焦化	10940.57	4592.22	1876.84	237.31	17646.94
600741	华域汽车	23012.74	9418.94	2391.28	355.31	35178.27
600742	一汽富维	18174.41	7935.05	239.35	43.54	26392.35

单位：百万（M）

信用交易
Credit Trading

证券代码 Code	证券简称 Securities	融资买入	卖券还款	融券卖出	买券还券	合计
600743	华远地产	14369.20	6027.85	65.73	21.96	20484.74
600744	华银电力	18801.61	7376.14	86.65	23.47	26287.87
600745	中茵股份	0.00	146.54	0.00	0.00	146.54
600746	江苏索普	0.00	54.31	0.00	0.00	54.31
600747	大连控股	7886.62	3958.86	34.47	13.88	11893.83
600748	上实发展	14072.81	5565.30	315.01	53.25	20006.37
600749	西藏旅游	0.00	174.28	0.00	0.00	174.28
600750	江中药业	13446.62	5235.10	130.30	43.90	18855.92
600751	天海投资	11719.59	5445.92	858.22	60.84	18084.57
600753	东方银星	0.00	182.50	0.00	0.00	182.50
600754	锦江股份	0.00	285.76	0.00	0.00	285.76
600755	厦门国贸	44818.31	18727.51	797.12	108.80	64451.74
600756	浪潮软件	24756.23	9478.50	72.74	3.35	34310.82
600757	长江传媒	23912.21	9876.29	192.42	23.89	34004.81
600758	红阳能源	0.00	118.85	0.00	0.00	118.85
600759	洲际油气	17999.58	8126.49	153.77	43.34	26323.18
600760	中航黑豹	0.00	554.77	0.00	0.00	554.77
600761	安徽合力	12581.49	5428.10	257.38	66.40	18333.37
600763	通策医疗	0.00	50.74	0.00	0.00	50.74
600764	中电广通	0.00	264.52	0.00	0.00	264.52
600765	中航重机	35497.01	13866.90	338.23	46.23	49748.37
600766	园城黄金	0.00	182.82	0.00	0.00	182.82
600767	运盛医疗	0.00	403.88	0.00	0.00	403.88
600768	宁波富邦	0.00	104.22	0.00	0.00	104.22
600769	祥龙电业	0.00	135.63	0.00	0.00	135.63
600770	综艺股份	44639.70	17999.71	574.91	85.55	63299.87
600771	广誉远	6803.07	2639.61	74.54	16.11	9533.33
600773	西藏城投	24937.46	9034.21	373.72	30.57	34375.96
600774	汉商集团	0.00	58.42	0.00	0.00	58.42
600775	南京熊猫	20803.53	7835.05	119.06	24.09	28781.73
600776	东方通信	20914.47	7638.36	55.24	16.75	28624.82
600777	新潮实业	2340.68	872.68	0.00	0.00	3213.36
600778	友好集团	0.00	146.60	0.00	0.00	146.60
600779	*ST 水井	2908.82	1475.14	107.04	21.55	4512.55
600780	通宝能源	0.00	213.00	0.00	0.00	213.00
600781	辅仁药业	0.00	215.64	0.00	0.00	215.64
600782	新钢股份	0.00	186.34	0.00	0.00	186.34
600783	鲁信创投	50250.95	19700.44	2453.37	139.33	72544.09
600784	鲁银投资	0.00	522.72	0.00	0.00	522.72
600785	新华百货	0.00	147.80	0.00	0.00	147.80
600787	中储股份	38708.26	17071.16	1498.76	92.93	57371.11
600789	鲁抗医药	24626.95	9631.31	896.59	57.67	35212.52
600790	轻纺城	15861.13	7085.49	79.12	25.19	23050.93
600791	京能置业	0.00	209.24	0.00	0.00	209.24
600792	云煤能源	0.00	222.50	0.00	0.00	222.50
600793	ST 宜纸	0.00	1.88	0.00	0.00	1.88
600794	保税科技	0.00	508.94	0.00	0.00	508.94
600795	国电电力	125489.88	55277.00	76886.37	2368.06	260021.31
600796	钱江生化	0.00	213.39	0.00	0.00	213.39
600797	浙大网新	26756.64	9884.84	58.34	7.94	36707.76

单位：百万（M）

信用交易
Credit Trading

证券代码 Code	证券简称 Securities	融资买入	卖券还款	融券卖出	买券还券	合计
600798	宁波海运	0.00	307.78	0.00	0.00	307.78
600800	天津磁卡	16033.87	6352.51	253.10	37.43	22676.91
600801	华新水泥	12584.70	5644.62	374.93	56.13	18660.38
600802	福建水泥	11611.73	4579.37	125.10	32.89	16349.09
600803	新奥股份	0.00	335.44	0.00	0.00	335.44
600804	鹏博士	69851.35	28622.33	7406.00	591.76	106471.44
600805	悦达投资	26199.78	12132.80	431.52	69.06	38833.16
600806	昆明机床	0.00	61.59	0.00	0.00	61.59
600807	天业股份	15817.72	5241.76	118.57	15.66	21193.71
600808	马钢股份	27545.87	12167.11	354.29	78.84	40146.11
600809	山西汾酒	13364.14	5613.03	1725.77	180.60	20883.54
600810	神马股份	0.00	140.66	0.00	0.00	140.66
600811	东方集团	35384.01	16125.26	558.08	104.35	52171.70
600812	华北制药	0.00	503.23	0.00	0.00	503.23
600814	杭州解百	0.00	255.25	0.00	0.00	255.25
600815	厦工股份	22299.46	8226.79	354.60	60.36	30941.21
600816	安信信托	41284.42	17746.01	1531.88	122.39	60684.70
600817	ST 宏盛	0.00	0.06	0.00	0.00	0.06
600818	中路股份	0.00	424.78	0.00	0.00	424.78
600819	耀皮玻璃	0.00	276.32	0.00	0.00	276.32
600820	隧道股份	65834.15	27900.47	1095.31	124.72	94954.65
600821	津劝业	0.00	254.19	0.00	0.00	254.19
600822	上海物贸	0.00	233.43	0.00	0.00	233.43
600823	世茂股份	12472.49	6003.03	264.39	82.70	18822.61
600824	益民集团	0.00	531.98	0.00	0.00	531.98
600825	新华传媒	27638.24	10597.52	4552.12	260.40	43048.28
600826	兰生股份	18584.11	7267.78	111.30	19.04	25982.23
600827	百联股份	34806.85	13115.21	2526.34	159.09	50607.49
600828	成商集团	0.00	45.34	0.00	0.00	45.34
600829	人民同泰	0.00	179.84	0.00	0.00	179.84
600830	香溢融通	26569.21	11033.75	518.84	33.70	38155.50
600831	广电网络	29764.71	12156.32	188.45	31.26	42140.74
600832	东方明珠	13362.61	6634.16	1585.06	139.35	21721.18
600833	第一医药	0.00	286.51	0.00	0.00	286.51
600834	申通地铁	0.00	339.77	0.00	0.00	339.77
600835	上海机电	26174.09	11790.04	648.85	93.01	38705.99
600836	界龙实业	0.00	588.49	0.00	0.00	588.49
600837	海通证券	286116.19	136162.19	120508.34	7619.93	550406.65
600838	上海九百	24649.65	9534.80	348.81	20.67	34553.93
600839	四川长虹	90506.37	34522.01	8659.78	421.45	134109.61
600841	上柴股份	0.00	126.77	0.00	0.00	126.77
600843	上工申贝	0.00	272.88	0.00	0.00	272.88
600844	丹化科技	11797.60	5268.86	59.77	20.95	17147.18
600845	宝信软件	0.00	120.26	0.00	0.00	120.26
600846	同济科技	30624.33	13229.53	313.00	43.90	44210.76
600847	万里股份	0.00	67.76	0.00	0.00	67.76
600848	上海临港	0.00	210.28	0.00	0.00	210.28
600850	华东电脑	0.00	373.23	0.00	0.00	373.23
600851	海欣股份	22721.67	9252.12	152.27	57.61	32183.67
600853	龙建股份	0.00	207.08	0.00	0.00	207.08

单位：百万（M）

信用交易
Credit Trading

证券代码 Code	证券简称 Securities	融资买入	卖券还款	融券卖出	买券还券	合计
600854	春兰股份	0.00	199.26	0.00	0.00	199.26
600855	航天长峰	24721.13	8655.47	419.43	113.74	33909.77
600856	中天能源	0.00	155.70	0.00	0.00	155.70
600857	宁波中百	0.00	238.05	0.00	0.00	238.05
600858	银座股份	0.00	138.34	0.00	0.00	138.34
600859	王府井	16864.83	7041.47	194.92	53.20	24154.42
600860	京城股份	0.00	44.16	0.00	0.00	44.16
600861	北京城乡	0.00	296.16	0.00	0.00	296.16
600862	南通科技	0.00	702.03	0.00	0.00	702.03
600863	内蒙华电	32931.80	14532.34	3132.13	246.45	50842.72
600864	哈投股份	0.00	379.57	0.00	0.00	379.57
600865	百大集团	0.00	363.02	0.00	0.00	363.02
600866	星湖科技	0.00	113.81	0.00	0.00	113.81
600867	通化东宝	20050.51	8918.12	1473.85	216.74	30659.22
600868	梅雁吉祥	41849.11	16533.19	126.17	34.73	58543.20
600869	智慧能源	0.00	338.06	0.00	0.00	338.06
600870	*ST 厦华	0.00	5.72	0.00	0.00	5.72
600871	石化油服	0.00	551.48	0.00	0.00	551.48
600872	中炬高新	12339.02	4663.98	432.80	52.76	17488.56
600873	梅花生物	43318.82	16481.94	2282.56	160.07	62243.39
600874	创业环保	17940.69	7635.66	731.80	74.74	26382.89
600875	东方电气	77548.17	33220.09	5029.71	355.22	116153.19
600876	洛阳玻璃	0.00	230.53	0.00	0.00	230.53
600877	中国嘉陵	14296.92	5719.71	283.96	22.26	20322.85
600879	航天电子	37614.95	14996.14	599.87	62.46	53273.42
600880	博瑞传播	35865.98	14311.31	1995.76	151.93	52324.98
600881	亚泰集团	45886.88	18271.86	528.42	89.82	64776.98
600882	华联矿业	0.00	90.20	0.00	0.00	90.20
600883	博闻科技	0.00	131.61	0.00	0.00	131.61
600884	杉杉股份	29985.70	12287.98	257.58	54.03	42585.29
600885	宏发股份	0.00	301.70	0.00	0.00	301.70
600886	国投电力	86077.66	37162.17	8570.95	640.85	132451.63
600887	伊利股份	71582.19	33575.73	11677.74	1918.14	118753.80
600888	新疆众和	0.00	396.76	0.00	0.00	396.76
600889	南京化纤	0.00	256.38	0.00	0.00	256.38
600890	中房股份	0.00	133.26	0.00	0.00	133.26
600891	秋林集团	0.00	139.17	0.00	0.00	139.17
600892	宝诚股份	0.00	95.29	0.00	0.00	95.29
600893	中航动力	77108.05	32342.49	6951.18	482.11	116883.83
600894	广日股份	19440.01	7465.34	69.34	22.55	26997.24
600895	张江高科	68223.91	27015.36	1798.71	240.19	97278.17
600896	中海海盛	0.00	313.82	0.00	0.00	313.82
600897	厦门空港	0.00	231.22	0.00	0.00	231.22
600898	三联商社	0.00	190.54	0.00	0.00	190.54
600900	长江电力	31285.40	11213.38	4804.53	678.92	47982.23
600917	重庆燃气	0.00	179.30	0.00	0.00	179.30
600958	东方证券	0.00	3239.67	0.00	0.00	3239.67
600959	江苏有线	0.00	1040.26	0.00	0.00	1040.26
600960	渤海活塞	0.00	421.66	0.00	0.00	421.66
600961	株冶集团	0.00	344.71	0.00	0.00	344.71

单位：百万（M）

信用交易
Credit Trading

证券代码 Code	证券简称 Securities	融资买入	卖券还款	融券卖出	买券还券	合计
600962	*ST 中鲁	0.00	49.69	0.00	0.00	49.69
600963	岳阳林纸	0.00	343.52	0.00	0.00	343.52
600965	福成五丰	0.00	229.10	0.00	0.00	229.10
600966	博汇纸业	0.00	260.12	0.00	0.00	260.12
600967	北方创业	11283.38	4530.86	50.17	10.72	15875.13
600969	郴电国际	0.00	153.83	0.00	0.00	153.83
600970	中材国际	23128.57	9229.29	320.89	83.03	32761.78
600971	恒源煤电	11357.87	4315.61	2263.50	133.36	18070.34
600973	宝胜股份	0.00	349.66	0.00	0.00	349.66
600975	新五丰	0.00	212.73	0.00	0.00	212.73
600976	健民集团	9016.59	3473.08	53.09	17.71	12560.47
600978	宜华木业	23170.23	9791.98	203.49	48.42	33214.12
600979	广安爱众	0.00	272.34	0.00	0.00	272.34
600980	北矿磁材	0.00	171.25	0.00	0.00	171.25
600981	汇鸿集团	0.00	184.01	0.00	0.00	184.01
600982	宁波热电	0.00	211.97	0.00	0.00	211.97
600983	惠而浦	0.00	156.06	0.00	0.00	156.06
600984	*ST 建机	0.00	5.15	0.00	0.00	5.15
600985	雷鸣科化	0.00	109.57	0.00	0.00	109.57
600986	科达股份	0.00	245.29	0.00	0.00	245.29
600987	航民股份	9893.04	4356.26	226.13	27.59	14503.02
600988	赤峰黄金	0.00	329.86	0.00	0.00	329.86
600990	四创电子	0.00	191.98	0.00	0.00	191.98
600992	贵绳股份	0.00	284.22	0.00	0.00	284.22
600993	马应龙	18535.17	7865.38	177.48	41.84	26619.87
600995	文山电力	0.00	261.90	0.00	0.00	261.90
600997	开滦股份	0.00	240.99	0.00	0.00	240.99
600998	九州通	26254.26	10152.45	1712.30	188.42	38307.43
600999	招商证券	120384.42	52097.66	56184.31	3477.12	232143.51
601000	唐山港	29044.83	12457.66	374.83	26.88	41904.20
601001	大同煤业	13678.61	5921.50	424.29	57.34	20081.74
601002	晋亿实业	27784.43	11693.70	1855.64	98.68	41432.45
601003	柳钢股份	0.00	89.27	0.00	0.00	89.27
601005	重庆钢铁	21206.93	9419.99	138.95	32.33	30798.20
601006	大秦铁路	72457.18	31311.82	10997.11	1213.60	115979.71
601007	金陵饭店	0.00	412.79	0.00	0.00	412.79
601008	连云港	0.00	879.29	0.00	0.00	879.29
601009	南京银行	63441.12	31805.48	5931.61	687.12	101865.33
601010	文峰股份	0.00	746.25	0.00	0.00	746.25
601011	宝泰隆	0.00	215.41	0.00	0.00	215.41
601012	隆基股份	50633.13	21999.08	550.36	19.32	73201.89
601015	陕西黑猫	0.00	164.67	0.00	0.00	164.67
601016	节能风电	0.00	258.16	0.00	0.00	258.16
601018	宁波港	32731.94	13062.21	6980.52	322.41	53097.08
601021	春秋航空	0.00	192.36	0.00	0.00	192.36
601028	玉龙股份	0.00	297.96	0.00	0.00	297.96
601038	一拖股份	13001.81	5570.42	560.33	47.04	19179.60
601058	赛轮金宇	0.00	399.23	0.00	0.00	399.23
601069	西部黄金	0.00	414.57	0.00	0.00	414.57
601088	中国神华	83255.04	36767.54	8207.87	1512.66	129743.11

单位：百万（M）

信用交易
Credit Trading

证券代码 Code	证券简称 Securities	融资买入	卖券还款	融券卖出	买券还券	合计
601098	中南传媒	16983.87	7550.25	2026.09	223.71	26783.92
601099	太平洋	110855.81	48589.71	2213.47	291.33	161950.32
601100	恒立油缸	0.00	142.68	0.00	0.00	142.68
601101	昊华能源	11261.88	4572.50	3292.24	216.63	19343.25
601106	中国一重	99254.77	40789.27	1993.24	215.22	142252.50
601107	四川成渝	0.00	278.93	0.00	0.00	278.93
601111	中国国航	42492.75	18444.45	3615.64	388.04	64940.88
601113	华鼎股份	0.00	86.91	0.00	0.00	86.91
601116	三江购物	0.00	125.17	0.00	0.00	125.17
601117	中国化学	54940.09	23751.90	4942.11	415.58	84049.68
601118	海南橡胶	44310.25	18354.60	3636.52	243.00	66544.37
601126	四方股份	0.00	266.09	0.00	0.00	266.09
601137	博威合金	0.00	62.45	0.00	0.00	62.45
601139	深圳燃气	9321.51	3908.04	196.50	45.22	13471.27
601155	新城控股	0.00	107.09	0.00	0.00	107.09
601158	重庆水务	13751.49	6382.41	1384.47	121.47	21639.84
601166	兴业银行	258715.35	125697.17	36272.27	4082.29	424767.08
601168	西部矿业	37815.95	16521.10	2918.50	408.82	57664.37
601169	北京银行	102032.50	48414.11	10889.52	1081.50	162417.63
601177	杭齿前进	0.00	150.65	0.00	0.00	150.65
601179	中国西电	33547.56	14911.78	4413.81	269.48	53142.63
601186	中国铁建	129684.68	61157.16	16978.09	1116.43	208936.36
601188	龙江交通	0.00	175.63	0.00	0.00	175.63
601198	东兴证券	0.00	2763.91	0.00	0.00	2763.91
601199	江南水务	0.00	151.30	0.00	0.00	151.30
601208	东材科技	0.00	255.28	0.00	0.00	255.28
601211	国泰君安	0.00	3469.75	0.00	0.00	3469.75
601216	君正集团	50865.07	20229.05	3903.97	153.88	75151.97
601218	吉鑫科技	22873.41	9375.72	62.86	23.51	32335.50
601222	林洋能源	0.00	149.92	0.00	0.00	149.92
601225	陕西煤业	19701.06	7915.32	915.68	89.98	28622.04
601226	华电重工	0.00	319.39	0.00	0.00	319.39
601231	环旭电子	13297.63	5199.44	651.56	113.27	19261.90
601233	桐昆股份	0.00	299.26	0.00	0.00	299.26
601238	广汽集团	10822.57	5093.25	279.02	61.71	16256.55
601258	庞大集团	36409.97	14859.99	1449.93	113.78	52833.67
601288	农业银行	138354.98	65421.82	17348.61	1261.57	222386.98
601299	中国北车	65339.30	28727.36	7318.15	364.54	101749.35
601311	骆驼股份	20081.26	8447.09	305.92	63.79	28898.06
601313	江南嘉捷	0.00	139.87	0.00	0.00	139.87
601318	中国平安	559127.89	253028.95	63603.63	7115.96	882876.43
601328	交通银行	131113.03	61482.19	30599.92	2683.55	225878.69
601333	广深铁路	37198.91	16868.72	3851.76	277.56	58196.95
601336	新华保险	104774.11	42065.38	7646.72	841.43	155327.64
601339	百隆东方	0.00	258.11	0.00	0.00	258.11
601368	绿城水务	0.00	145.16	0.00	0.00	145.16
601369	陕鼓动力	12052.86	5640.05	147.79	40.41	17881.11
601377	兴业证券	111908.70	49182.68	48132.26	1800.57	211024.21
601388	怡球资源	6409.69	2869.59	102.44	40.64	9422.36
601390	中国中铁	165197.09	67406.72	22396.16	1517.35	256517.32

单位：百万（M）

信用交易
Credit Trading

证券代码 Code	证券简称 Securities	融资买入	卖券还款	融券卖出	买券还券	合计
601398	工商银行	103428.39	52977.71	8809.42	1026.33	166241.85
601515	东风股份	0.00	289.61	0.00	0.00	289.61
601518	吉林高速	0.00	158.50	0.00	0.00	158.50
601519	大智慧	69377.90	21580.88	330.01	4.15	91292.94
601555	东吴证券	87648.55	38586.08	7366.47	510.48	134111.58
601558	华锐风电	0.00	177.16	0.00	0.00	177.16
601566	九牧王	0.00	175.64	0.00	0.00	175.64
601567	三星医疗	0.00	115.55	0.00	0.00	115.55
601579	会稽山	0.00	142.28	0.00	0.00	142.28
601588	北辰实业	0.00	530.25	0.00	0.00	530.25
601599	鹿港科技	0.00	296.21	0.00	0.00	296.21
601600	中国铝业	76162.95	32310.37	6245.18	432.94	115151.44
601601	中国太保	113716.44	45329.01	23083.08	3172.99	185301.52
601607	上海医药	36421.28	15829.81	4017.15	547.81	56816.05
601608	中信重工	24198.45	8515.61	216.28	6.10	32936.44
601616	广电电气	0.00	344.92	0.00	0.00	344.92
601618	中国中冶	72662.41	28991.15	8646.18	587.76	110887.50
601628	中国人寿	131270.39	55172.86	14393.68	1674.57	202511.50
601633	长城汽车	18720.84	7349.89	1926.45	314.51	28311.69
601636	旗滨集团	0.00	349.71	0.00	0.00	349.71
601666	平煤股份	16285.19	7173.23	386.15	106.77	23951.34
601668	中国建筑	230000.14	105723.13	30168.86	2006.81	367898.94
601669	中国电建	92664.38	38167.73	7901.74	644.81	139378.66
601677	明泰铝业	0.00	143.69	0.00	0.00	143.69
601678	滨化股份	12373.44	5527.58	180.45	43.09	18124.56
601688	华泰证券	158392.37	71223.22	82701.39	7338.07	319655.05
601689	拓普集团	0.00	255.09	0.00	0.00	255.09
601699	潞安环能	22324.09	10044.38	5038.13	533.61	37940.21
601700	风范股份	0.00	406.13	0.00	0.00	406.13
601717	郑煤机	19326.05	8194.77	435.11	117.42	28073.35
601718	际华集团	72165.39	29732.28	421.57	82.42	102401.66
601727	上海电气	100473.46	41128.11	7013.41	324.96	148939.94
601766	中国中车	192458.55	81243.43	17102.71	1293.12	292097.81
601777	力帆股份	18251.58	6860.41	253.29	32.29	25397.57
601788	光大证券	131375.47	59522.17	2839.89	430.57	194168.10
601789	宁波建工	11229.79	4514.27	106.19	19.77	15870.02
601798	蓝科高新	0.00	187.60	0.00	0.00	187.60
601799	星宇股份	0.00	102.35	0.00	0.00	102.35
601800	中国交建	81092.36	31935.81	10067.19	691.23	123786.59
601801	皖新传媒	9504.28	4187.74	520.51	97.98	14310.51
601808	中海油服	41203.56	18296.05	2900.53	302.82	62702.96
601818	光大银行	105139.71	47571.95	43556.40	3336.21	199604.27
601857	中国石油	104818.32	46296.71	13245.64	1018.81	165379.48
601866	中海集运	40617.66	16531.59	5767.20	344.95	63261.40
601872	招商轮船	47596.30	18113.35	601.82	80.42	66391.89
601877	正泰电器	4634.39	1770.13	155.11	65.53	6625.16
601880	大连港	26147.90	10284.94	867.23	69.04	37369.11
601886	江河创建	14602.43	5885.63	598.37	85.90	21172.33
601888	中国国旅	13494.08	4869.33	797.33	271.04	19431.78
601890	亚星锚链	0.00	537.69	0.00	0.00	537.69

单位：百万（M）

信用交易
Credit Trading

证券代码 Code	证券简称 Securities	融资买入	卖券还款	融券卖出	买券还券	合计
601898	中煤能源	39305.51	16467.55	2438.78	241.30	58453.14
601899	紫金矿业	49746.81	22468.23	5618.91	485.39	78319.34
601901	方正证券	101886.22	45488.67	12380.76	961.31	160716.96
601908	京运通	0.00	590.78	0.00	0.00	590.78
601918	国投新集	69811.61	27418.96	2046.96	138.68	99416.21
601919	中国远洋	49772.64	19388.67	1189.16	103.30	70453.77
601928	凤凰传媒	42810.42	16986.21	2828.35	187.34	62812.32
601929	吉视传媒	32221.17	13038.53	2302.79	229.46	47791.95
601933	永辉超市	38848.50	15192.68	2866.93	249.47	57157.58
601939	建设银行	70928.41	35206.60	8163.40	964.23	115262.64
601958	金钼股份	23781.31	9897.17	2469.63	204.91	36353.02
601965	中国汽研	0.00	240.15	0.00	0.00	240.15
601968	宝钢包装	0.00	200.01	0.00	0.00	200.01
601969	海南矿业	0.00	268.83	0.00	0.00	268.83
601985	中国核电	0.00	3460.64	0.00	0.00	3460.64
601988	中国银行	223397.22	106141.09	15679.70	981.89	346199.90
601989	中国重工	364452.23	156251.63	63098.94	1326.99	585129.79
601991	大唐发电	24539.65	10901.18	7720.15	278.80	43439.78
601992	金隅股份	22679.33	9274.86	2390.36	302.26	34646.81
601996	丰林集团	14332.05	6142.70	68.93	21.67	20565.35
601998	中信银行	57004.07	25522.32	5074.83	426.22	88027.44
601999	出版传媒	10754.83	4530.97	354.31	58.45	15698.56
603000	人民网	43736.94	18271.41	2712.07	245.00	64965.42
603001	奥康国际	0.00	144.53	0.00	0.00	144.53
603002	宏昌电子	0.00	177.62	0.00	0.00	177.62
603003	龙宇燃油	0.00	123.47	0.00	0.00	123.47
603005	晶方科技	0.00	256.24	0.00	0.00	256.24
603006	联明股份	0.00	47.31	0.00	0.00	47.31
603008	喜临门	0.00	208.03	0.00	0.00	208.03
603009	北特科技	0.00	65.61	0.00	0.00	65.61
603010	万盛股份	0.00	31.96	0.00	0.00	31.96
603011	合锻股份	0.00	49.42	0.00	0.00	49.42
603012	创力集团	0.00	197.62	0.00	0.00	197.62
603015	弘讯科技	0.00	153.08	0.00	0.00	153.08
603017	中衡设计	0.00	76.91	0.00	0.00	76.91
603018	设计股份	0.00	116.93	0.00	0.00	116.93
603019	中科曙光	0.00	536.68	0.00	0.00	536.68
603020	爱普股份	0.00	141.75	0.00	0.00	141.75
603021	山东华鹏	0.00	67.98	0.00	0.00	67.98
603022	新通联	0.00	71.01	0.00	0.00	71.01
603023	威帝股份	0.00	37.36	0.00	0.00	37.36
603025	大豪科技	0.00	141.47	0.00	0.00	141.47
603026	石大胜华	0.00	85.53	0.00	0.00	85.53
603030	全筑股份	0.00	120.82	0.00	0.00	120.82
603066	音飞储存	0.00	57.29	0.00	0.00	57.29
603077	和邦生物	0.00	414.15	0.00	0.00	414.15
603085	天成自控	0.00	49.48	0.00	0.00	49.48
603088	宁波精达	0.00	89.36	0.00	0.00	89.36
603099	长白山	0.00	190.08	0.00	0.00	190.08
603100	川仪股份	0.00	274.88	0.00	0.00	274.88

单位：百万（M）

信用交易
Credit Trading

证券代码 Code	证券简称 Securities	融资买入	卖券还款	融券卖出	买券还券	合计
603108	润达医疗	0.00	73.50	0.00	0.00	73.50
603111	康尼机电	0.00	91.31	0.00	0.00	91.31
603116	红蜻蜓	0.00	120.25	0.00	0.00	120.25
603117	万林股份	0.00	63.65	0.00	0.00	63.65
603118	共进股份	0.00	285.18	0.00	0.00	285.18
603123	翠微股份	0.00	103.01	0.00	0.00	103.01
603126	中材节能	0.00	225.96	0.00	0.00	225.96
603128	华贸物流	0.00	256.24	0.00	0.00	256.24
603158	腾龙股份	0.00	65.51	0.00	0.00	65.51
603166	福达股份	0.00	122.52	0.00	0.00	122.52
603167	渤海轮渡	0.00	370.10	0.00	0.00	370.10
603168	莎普爱思	0.00	178.39	0.00	0.00	178.39
603169	兰石重装	0.00	345.61	0.00	0.00	345.61
603188	亚邦股份	0.00	425.89	0.00	0.00	425.89
603198	迎驾贡酒	0.00	166.59	0.00	0.00	166.59
603199	九华旅游	0.00	107.34	0.00	0.00	107.34
603222	济民制药	0.00	86.16	0.00	0.00	86.16
603223	恒通股份	0.00	59.76	0.00	0.00	59.76
603227	雪峰科技	0.00	102.50	0.00	0.00	102.50
603268	松发股份	0.00	75.64	0.00	0.00	75.64
603288	海天味业	0.00	308.68	0.00	0.00	308.68
603300	华铁科技	0.00	85.73	0.00	0.00	85.73
603306	华懋科技	0.00	88.12	0.00	0.00	88.12
603308	应流股份	0.00	487.26	0.00	0.00	487.26
603309	维力医疗	0.00	117.77	0.00	0.00	117.77
603311	金海环境	0.00	76.63	0.00	0.00	76.63
603315	福鞍股份	0.00	69.97	0.00	0.00	69.97
603318	派思股份	0.00	72.02	0.00	0.00	72.02
603328	依顿电子	0.00	266.97	0.00	0.00	266.97
603333	明星电缆	0.00	115.33	0.00	0.00	115.33
603338	浙江鼎力	0.00	92.29	0.00	0.00	92.29
603355	莱克电气	0.00	116.86	0.00	0.00	116.86
603366	日出东方	0.00	238.41	0.00	0.00	238.41
603368	柳州医药	0.00	82.67	0.00	0.00	82.67
603369	今世缘	0.00	173.57	0.00	0.00	173.57
603398	邦宝益智	0.00	1.84	0.00	0.00	1.84
603399	新华龙	0.00	150.96	0.00	0.00	150.96
603456	九洲药业	0.00	75.77	0.00	0.00	75.77
603518	维格娜丝	0.00	92.64	0.00	0.00	92.64
603519	立霸股份	0.00	63.57	0.00	0.00	63.57
603555	贵人鸟	0.00	169.31	0.00	0.00	169.31
603558	健盛集团	0.00	64.33	0.00	0.00	64.33
603566	普莱柯	0.00	97.33	0.00	0.00	97.33
603567	珍宝岛	0.00	260.04	0.00	0.00	260.04
603568	伟明环保	0.00	139.95	0.00	0.00	139.95
603588	高能环境	0.00	224.57	0.00	0.00	224.57
603589	口子窖	0.00	150.69	0.00	0.00	150.69
603598	引力传媒	0.00	93.30	0.00	0.00	93.30
603599	广信股份	0.00	101.66	0.00	0.00	101.66
603600	永艺股份	0.00	86.64	0.00	0.00	86.64

单位：百万（M）

证券代码 Code	证券简称 Securities	融资买入	卖券还款	融券卖出	买券还券	合计
603601	再升科技	0.00	82.47	0.00	0.00	82.47
603606	东方电缆	0.00	101.18	0.00	0.00	101.18
603609	禾丰牧业	0.00	127.11	0.00	0.00	127.11
603611	诺力股份	0.00	94.11	0.00	0.00	94.11
603616	韩建河山	0.00	78.89	0.00	0.00	78.89
603618	杭电股份	0.00	116.31	0.00	0.00	116.31
603636	南威软件	0.00	156.43	0.00	0.00	156.43
603669	灵康药业	0.00	121.44	0.00	0.00	121.44
603678	火炬电子	0.00	251.52	0.00	0.00	251.52
603686	龙马环卫	0.00	118.63	0.00	0.00	118.63
603688	石英股份	0.00	101.22	0.00	0.00	101.22
603696	安记食品	0.00	1.82	0.00	0.00	1.82
603698	航天工程	0.00	349.42	0.00	0.00	349.42
603699	纽威股份	0.00	329.75	0.00	0.00	329.75
603703	盛洋科技	0.00	57.39	0.00	0.00	57.39
603718	海利生物	0.00	169.43	0.00	0.00	169.43
603729	龙韵股份	0.00	112.12	0.00	0.00	112.12
603766	隆鑫通用	0.00	589.92	0.00	0.00	589.92
603788	宁波高发	0.00	96.42	0.00	0.00	96.42
603789	星光农机	0.00	146.60	0.00	0.00	146.60
603799	华友钴业	0.00	197.19	0.00	0.00	197.19
603800	道森股份	0.00	2.33	0.00	0.00	2.33
603806	福斯特	0.00	233.74	0.00	0.00	233.74
603808	歌力思	0.00	95.82	0.00	0.00	95.82
603818	曲美家居	0.00	155.39	0.00	0.00	155.39
603828	柯利达	0.00	65.35	0.00	0.00	65.35
603838	四通股份	0.00	59.83	0.00	0.00	59.83
603866	桃李面包	0.00	0.03	0.00	0.00	0.03
603869	北部湾旅	0.00	57.71	0.00	0.00	57.71
603883	老百姓	0.00	175.84	0.00	0.00	175.84
603885	吉祥航空	0.00	186.82	0.00	0.00	186.82
603889	新澳股份	0.00	85.89	0.00	0.00	85.89
603898	好莱客	0.00	93.25	0.00	0.00	93.25
603899	晨光文具	0.00	123.78	0.00	0.00	123.78
603901	永创智能	0.00	74.75	0.00	0.00	74.75
603918	金桥信息	0.00	62.56	0.00	0.00	62.56
603936	博敏电子	0.00	2.09	0.00	0.00	2.09
603939	益丰药房	0.00	115.75	0.00	0.00	115.75
603968	醋化股份	0.00	100.12	0.00	0.00	100.12
603969	银龙股份	0.00	149.02	0.00	0.00	149.02
603979	金诚信	0.00	180.71	0.00	0.00	180.71
603988	中电电机	0.00	58.19	0.00	0.00	58.19
603989	艾华集团	0.00	144.68	0.00	0.00	144.68
603993	洛阳钼业	41187.25	16284.19	1205.12	66.67	58743.23
603996	中新科技	0.00	0.01	0.00	0.00	0.01
603997	继峰股份	0.00	125.07	0.00	0.00	125.07
603998	方盛制药	0.00	82.93	0.00	0.00	82.93
603999	读者传媒	0.00	3.07	0.00	0.00	3.07

单位：百万（M）

基金市场概貌 Fund Market Overview

基金 Fund

基金市场交易 Fund Market Data	2015 年	2014 年	增减(%) Change (%)
交易天数 Trading Days	244	245	-0.41
上市基金数 No. of Funds	135	68	98.53
封闭式基金 Close Fund	4	3	33.33
ETFs	73	61	19.67
LOF	47	--	--
交易型货币基金	11	4	175.00
新上市基金数 No. of New Funds	67	16	318.75
总成交金额 (亿) Total Trading Value(100 M)	103814.16	37479.25	176.99
封闭式基金 Close Fund	684.04	193.00	254.42
ETFs	28890.51	10142.68	184.84
LOF	1367.36	0.00	0.00
交易型货币基金	72857.97	27141.81	168.43
日均成交金额(亿)Average Trading Value(100 M)	425.47	152.98	178.12
封闭式基金 Close Fund	2.80	0.79	254.43
ETFs	118.40	41.40	185.99
LOF	5.60	0.00	0.00
交易型货币基金	298.60	110.78	169.54
总成交量(亿) Total Trading Vol(100 M)	12113.19	4549.64	166.25
封闭式基金 Close Fund	557.98	190.61	192.73
ETFs	9261.32	4086.99	126.60
LOF	1558.64	0.00	0.00
交易型货币基金	725.68	269.81	168.96
日均成交量(百万份) Average Trading Vol (1 M)	4964.42	1856.99	167.34
封闭式基金 Close Fund	228.68	77.80	193.93
ETFs	3795.62	1668.16	127.53
LOF	638.79	0.00	0.00
交易型货币基金	297.41	110.13	170.05
总成笔数(万)Number of Trades(10000)	4805.16	2873.91	67.20
封闭式基金 Close Fund	241.34	102.62	135.18
ETFs	2276.90	1054.63	115.90
LOF	639.06	0.00	0.00
交易型货币基金	1647.25	1716.60	-4.04
日均成交笔数(万)Average Transactions(10000)	19.69	11.73	67.86
封闭式基金 Close Fund	0.99	0.42	135.71
ETFs	9.33	4.30	116.98
LOF	2.62	0.00	0.00
交易型货币基金	6.75	7.01	-3.71
大宗交易成交 Bulk Trading			
总成交金额(亿) Total Trading Value(100 M)	64.12	71.82	-10.73
总成交量(亿份) Total Trading Vol (100 M)	16.81	24.92	-32.57
总成交笔数(笔) Number of Trades	100.	71.	40.85

基金基本信息 List of Funds

基金代码 Code	基金简称 Name	发行时间 Issue Date	上市日 Listing Date	发行方式 Issue Meth	发行价格 Issue Price	基金管理人 Management Company	托管人 Trustee	总份额(亿份) Total	流通量(亿份) Negoti-able
500038	基金通乾	2001.08.23	2001.09.21	上网发行	1.01	融通基金管理有限公司	中国建设银行	20.00	19.90
500056	基金科瑞	2002.02.28	2002.03.20	上网发行	1.01	易方达基金管理有限公司	交通银行	30.00	29.85
500058	基金银丰	2002.08.08	2002.09.10	上网发行	1.01	银河基金管理有限公司	中国建设银行	30.00	29.85
501000	国金鑫新	2015.06.08	2015.07.14		1.00	国金通用基金管理有限公司	平安银行	0.13	0.13
501001	财通精选	2015.06.09	2015.09.25		1.00	财通基金管理有限公司	中国光大银行	8.06	8.06
502000	500 等权	2015.03.30	2015.04.27		1.00	西部利得基金管理有限公司	兴业银行	0.04	0.04
502001	500 等权 A	2015.03.30	2015.04.27		1.00	西部利得基金管理有限公司	兴业银行	0.02	0.02
502002	500 等权 B	2015.03.30	2015.04.27		1.00	西部利得基金管理有限公司	兴业银行	0.02	0.02
502003	军工分级	2015.06.23	2015.07.15		1.00	易方达基金管理有限公司	中国建设银行	0.60	0.60
502004	军工 A	2015.06.23	2015.07.15		1.00	易方达基金管理有限公司	中国建设银行	4.45	4.45
502005	军工 B	2015.06.23	2015.07.15		1.00	易方达基金管理有限公司	中国建设银行	4.45	4.45
502006	国企改革	2015.06.08	2015.06.25		1.00	易方达基金管理有限公司	中国建设银行	2.07	2.07
502007	国企改 A	2015.06.08	2015.06.25		1.00	易方达基金管理有限公司	中国建设银行	1.26	1.26
502008	国企改 B	2015.06.08	2015.06.25		1.00	易方达基金管理有限公司	中国建设银行	1.26	1.26
502010	证券分级	2015.06.23	2015.07.15		1.00	易方达基金管理有限公司	中国建设银行	0.89	0.89
502011	证券 A	2015.06.23	2015.07.15		1.00	易方达基金管理有限公司	中国建设银行	6.90	6.90
502012	证券 B	2015.06.23	2015.07.15		1.00	易方达基金管理有限公司	中国建设银行	6.90	6.90
502013	一带一路	2015.05.12	2015.06.09		1.00	长盛基金	中国银行	1.66	1.66
502014	一带一 A	2015.05.12	2015.06.09		1.00	长盛基金	中国银行	0.73	0.73
502015	一带一 B	2015.05.12	2015.06.09		1.00	长盛基金	中国银行	0.73	0.73
502016	带路分级	2015.07.06	2015.08.24		1.00	长信基金管理有限责任公司	广发证券	0.00	0.00
502017	带路 A	2015.07.06	2015.08.24		1.00	长信基金管理有限责任公司	广发证券	0.03	0.03
502018	带路 B	2015.07.06	2015.08.24		1.00	长信基金管理有限责任公司	广发证券	0.03	0.03
502020	国金 50	2015.05.11	2015.06.05		1.00	国金通用基金管理有限公司	中国民生银行	0.13	0.13
502021	国金 50A	2015.05.11	2015.06.05		1.00	国金通用基金管理有限公司	中国民生银行	0.02	0.02
502022	国金 50B	2015.05.11	2015.06.05		1.00	国金通用基金管理有限公司	中国民生银行	0.02	0.02
502023	钢铁分级	2015.06.23	2015.08.24		1.00	鹏华基金管理有限公司	招商银行	0.03	0.03
502024	钢铁 A	2015.06.23	2015.08.24		1.00	鹏华基金管理有限公司	招商银行	0.03	0.03
502025	钢铁 B	2015.06.23	2015.08.24		1.00	鹏华基金管理有限公司	招商银行	0.03	0.03
502026	新丝路	2015.06.23	2015.08.24		1.00	鹏华基金管理有限公司	招商银行	0.05	0.05
502027	新丝路 A	2015.06.23	2015.08.24		1.00	鹏华基金管理有限公司	招商银行	0.00	0.00
502028	新丝路 B	2015.06.23	2015.08.24		1.00	鹏华基金管理有限公司	招商银行	0.00	0.00
502030	高铁分级	2015.06.15	2015.08.07		1.00	中海基金管理有限公司	招商证券	0.01	0.01
502031	高铁 A	2015.06.15	2015.08.07		1.00	中海基金管理有限公司	招商证券	0.29	0.29
502032	高铁 B	2015.06.15	2015.08.07		1.00	中海基金管理有限公司	招商证券	0.29	0.29
502036	互联金融	2015.06.15	2015.07.07		1.00	大成基金管理有限公司	中国工商银行	0.20	0.20
502037	网金 A	2015.06.15	2015.07.07		1.00	大成基金管理有限公司	中国工商银行	0.65	0.65
502038	网金 B	2015.06.15	2015.07.07		1.00	大成基金管理有限公司	中国工商银行	0.65	0.65
502040	上 50 分级	2015.06.29	2015.08.24		1.00	长盛基金管理有限公司	中国银行	0.10	0.10
502041	上 50A	2015.06.29	2015.08.24		1.00	长盛基金管理有限公司	中国银行	0.08	0.08
502042	上 50B	2015.06.29	2015.08.24		1.00	长盛基金管理有限公司	中国银行	0.08	0.08
502048	50 分级	2015.03.30	2015.04.27		1.00	易方达基金管理有限公司	交通银行	2.67	2.67
502049	上证 50A	2015.03.30	2015.04.27		1.00	易方达基金管理有限公司	交通银行	1.56	1.56
502050	上证 50B	2015.03.30	2015.04.27		1.00	易方达基金管理有限公司	交通银行	1.56	1.56
502053	券商分级	2015.07.13	2015.08.24		1.00	长盛基金管理有限公司	中国农业银行	0.03	0.03

基金基本信息 List of Funds

基金 Fund

基金代码 Code	基金简称 Name	发行时间 Issue Date	上市日 Listing Date	发行方式 Issue Meth	发行价格 Issue Price	基金管理人 Management Company	托管人 Trustee	总份额(亿份) Total	流通量(亿份) Negoti-able
502054	券商 A	2015.07.13	2015.08.24		1.00	长盛基金管理有限公司	中国农业银行	0.28	0.28
502055	券商 B	2015.07.13	2015.08.24		1.00	长盛基金管理有限公司	中国农业银行	0.28	0.28
502056	医疗分级	2015.07.01	2015.07.31		1.00	广发基金管理有限公司	北京银行	0.16	0.16
502057	医疗 A	2015.07.01	2015.07.31		1.00	广发基金管理有限公司	北京银行	0.73	0.73
502058	医疗 B	2015.07.01	2015.07.31		1.00	广发基金管理有限公司	北京银行	0.73	0.73
505888	嘉实元和		2015.03.16	上网发行	1.00	嘉实基金管理有限公司	中国工商银行	100.00	69.06
510010	治理 ETF	2009.09.18	2009.12.15	上网发行	1.00	交银施罗德基金管理有限公司	中国农业银行	6.52	6.52
510020	超大 ETF	2009.12.23	2010.03.19	上网发行	1.00	博时基金管理有限公司	中国建设银行	1.13	1.13
510030	价值 ETF	2010.04.14	2010.05.28	上网发行	1.00	华宝兴业基金管理有限公司	中国工商银行	0.44	0.44
510050	50ETF	2004.12.24	2005.02.23	上网发行	1.00	华夏基金管理有限公司	中国工商银行	124.65	124.65
510060	央企 ETF	2009.08.20	2009.10.27	上网发行	1.66	工银瑞信基金管理有限公司	招商银行	1.75	1.75
510070	民企 ETF	2010.07.27	2010.10.29	上网发行	1.00	鹏华基金管理有限公司	中国工商银行	0.55	0.55
510090	责任 ETF	2010.05.19	2010.08.09	上网发行	1.00	建信基金管理有限公司	中国工商银行	0.89	0.89
510110	周期 ETF	2010.09.08	2010.11.15	上网发行	1.00	海富通基金管理有限公司	中国工商银行	0.17	0.17
510120	非周 ETF	2011.04.13	2011.06.08	上网发行	1.00	海富通基金管理有限公司	中国工商银行	0.14	0.14
510130	中盘 ETF	2010.03.17	2010.06.23	上网发行	1.00	易方达基金管理有限公司	中国工商银行	0.84	0.84
510150	消费 ETF	2010.11.30	2011.02.25	上网发行	1.00	招商基金管理有限公司	中国工商银行	0.43	0.43
510160	小康 ETF	2010.08.18	2010.11.01	上网发行	1.00	南方基金管理有限公司	中国工商银行	15.52	15.52
510170	商品 ETF	2010.11.17	2011.01.25	上网发行	1.00	国联安基金管理有限公司	中国银行	0.87	0.87
510180	180ETF	2006.03.09	2006.05.18	上网发行	1.00	华安基金管理有限公司	中国建设银行	60.03	60.03
510190	龙头 ETF	2010.11.10	2011.01.10	上网发行	1.00	华安基金管理有限公司	中国工商银行	0.41	0.41
510210	综指 ETF	2011.01.20	2011.03.25	上网发行	1.00	富国基金管理有限公司	中国工商银行	0.45	0.45
510220	中小 ETF	2011.01.14	2011.03.28	上网发行	1.00	华泰柏瑞基金管理有限公司	中国银行	0.07	0.07
510230	金融 ETF	2011.03.23	2011.05.23	上网发行	1.00	国泰基金管理有限公司	中国银行	6.60	6.60
510260	新兴 ETF	2011.03.28	2011.06.08	上网发行	1.00	诺安基金管理有限公司	中国工商银行	0.81	0.81
510270	国企 ETF	2011.06.08	2011.08.18	上网发行	1.00	中银基金管理有限公司	招商银行	0.27	0.27
510280	成长 ETF	2011.07.27	2011.10.18	上网发行	1.00	华宝兴业基金管理有限公司	中国银行	0.54	0.54
510290	380ETF	2011.09.07	2011.11.08	上网发行	1.00	南方基金管理有限公司	中国建设银行	1.66	1.66
510300	300ETF	2012.04.24	2012.05.28	上网发行	1.00	华泰柏瑞基金管理有限公司	中国工商银行	57.75	57.75
510310	HS300ETF	2013.02.26	2013.03.25	上网发行	1.00	易方达基金管理有限公司	中国建设银行	27.28	27.28
510330	华夏 300	2012.12.17	2013.01.16	上网发行	1.00	华夏基金管理有限公司	中国工商银行	46.51	46.51
510360	广发 300	2015.08.05	2015.09.09	上网发行	1.00	广发基金管理有限公司	中国工商银行	0.26	0.26
510410	资源 ETF	2012.03.28	2012.05.11	上网发行	1.00	博时基金管理有限公司	中国建设银行	1.17	1.17
510420	180EWETF	2012.06.04	2012.07.09	上网发行	1.00	景顺长城基金管理有限公司	中国银行	1.42	1.42
510430	50 等权	2012.08.15	2012.09.24	上网发行	1.00	银华基金管理有限公司	中国建设银行	0.76	0.76
510440	500 沪市	2012.08.15	2012.10.08	上网发行	1.00	大成基金管理有限公司	中国银行	0.24	0.24
510450	180 高 ETF	2013.06.26	2013.08.01	上网发行	1.00	上投摩根基金管理有限公司	中国银行	0.05	0.05
510500	500ETF	2013.01.29	2013.03.15	上网发行	1.00	南方基金管理有限公司	中国农业银行	26.01	26.01
510510	广发 500	2013.03.27	2013.05.24	上网发行	1.00	广发基金管理有限公司	中国工商银行	8.01	8.01
510520	诺安 500	2014.01.22	2014.03.10	上网发行	1.00	诺安基金管理有限公司	中国银行	1.01	1.01
510560	国寿 500	2015.05.20	2015.07.03	上网发行	1.00	国寿安保基金管理有限公司	中国农业银行	3.42	3.42

基金基本信息
List of Funds

基金代码 Code	基金简称 Name	发行时间 Issue Date	上市日 Listing Date	发行方式 Issue Meth	发行价格 Issue Price	基金管理人 Management Company	托管人 Trustee	总份额(亿份) Total	流通量(亿份) Negotiable
510580	ZZ500ETF	2015.08.19	2015.09.14	上网发行	1.00	易方达基金管理有限公司	中国工商银行	0.02	0.02
510610	能源行业	2013.03.20	2013.05.08	上网发行	1.00	华夏基金管理有限公司	中国建设银行	0.44	0.44
510620	材料行业	2013.03.20	2013.05.08	上网发行	1.00	华夏基金管理有限公司	中国建设银行	0.32	0.32
510630	消费行业	2013.03.20	2013.05.08	上网发行	1.00	华夏基金管理有限公司	中国建设银行	1.93	1.93
510650	金融行业	2013.03.20	2013.05.08	上网发行	1.00	华夏基金管理有限公司	中国建设银行	0.83	0.83
510660	医药行业	2013.03.20	2013.05.08	上网发行	1.00	华夏基金管理有限公司	中国建设银行	1.15	1.15
510680	万家 50	2013.10.23	2013.12.02	上网发行	1.00	万家基金管理有限公司	华夏银行	0.04	0.04
510700	百强 ETF	2013.04.15	2013.05.31	上网发行	1.00	长盛基金管理有限公司	中国银行	0.04	0.04
510710	上 50ETF	2015.05.19	2015.06.15	上网发行	1.00	博时基金管理有限公司	招商银行	0.85	0.85
510880	红利 ETF	2006.11.08	2007.01.18	上网发行	1.00	华泰柏瑞基金管理有限公司	招商银行	2.27	2.27
510900	H 股 ETF	2012.08.01	2012.10.22	上网发行	1.00	易方达基金管理有限公司	交通银行	51.47	51.47
511010	国债 ETF	2013.02.25	2013.03.25	上网发行	100.00	国泰基金管理有限公司	中国建设银行	0.10	0.10
511210	企债 ETF	2013.07.03	2013.08.16	上网发行	100.00	博时基金管理有限公司	中国工商银行	0.01	0.01
511220	城投 ETF	2014.11.05	2014.12.16	上网发行	100.00	海富通基金管理有限公司	中国银行	0.61	0.61
510660	医药行业	2013.03.20	2013.05.08	上网发行	1.00	华夏基金管理有限公司	中国建设银行	1.15	1.15
511800	易货币		2014.12.08	上网发行	100.00	易方达基金管理有限公司		5.41	5.41
511810	理财金 H	2014.11.26	2015.01.05	上网发行	100.00	南方基金管理有限公司	中国农业银行	1.23	1.23
511830	华泰货币	2015.07.02	2015.08.03	上网发行	100.00	华泰柏瑞基金管理有限公司	中国建设银行	0.34	0.34
511860	博时货币	2014.11.17	2014.12.09	上网发行	100.00	博时基金管理有限公司	中国建设银行	0.78	0.78
511880	银华日利	2013.03.22	2013.04.18	上网发行	100.00	银华基金管理有限公司	中国建设银行	4.99	4.99
511890	景顺货币	2015.07.08	2015.08.03	上网发行	100.00	景顺长城基金管理有限公司	中国银河证券	0.53	0.53
511900	富国货币	2015.11.13	2015.12.09	上网发行	100.00	富国基金管理有限公司	中国银行	0.67	0.67
511930	中融日盈	2015.11.19	2015.12.15	上网发行	100.00	中融基金管理有限公司	国泰君安证券	0.14	0.14
511960	嘉实快线		2015.12.28	上网发行	100.00	嘉实基金管理有限公司	上海浦东发展银行	0.10	0.10
511980	现金添富	2015.10.14	2015.11.02	上网发行	100.00	汇添富基金管理股份有限公司	中国工商银行	1.19	1.19
511990	华宝添益	2012.12.19	2013.01.28	上网发行	100.00	华宝兴业基金管理有限公司	中国建设银行	12.74	12.74
512010	医药 ETF	2013.09.11	2013.10.28	上网发行	1.00	易方达基金管理有限公司	中国建设银行	0.28	0.28
512070	非银 ETF	2014.06.18	2014.07.18	上网发行	1.00	易方达基金管理有限公司	中国建设银行	6.22	6.22
512110	中证地产	2013.11.26	2014.01.06	上网发行	1.00	华安基金管理有限公司	中国建设银行	0.02	0.02
512120	中证医药	2013.11.26	2014.01.06	上网发行	1.00	华安基金管理有限公司	中国建设银行	0.51	0.51
512210	景顺食品	2014.07.09	2014.08.19	上网发行	1.00	景顺长城基金管理有限公司	中国银行	0.83	0.83
512220	景顺 TMT	2014.07.09	2014.08.19	上网发行	1.00	景顺长城基金管理有限公司	中国银行	4.20	4.20
512230	景顺医药	2014.07.09	2014.08.19	上网发行	1.00	景顺长城基金管理有限公司	中国银行	0.50	0.50
512300	500 医药	2014.10.22	2014.12.18	上网发行	1.00	南方基金管理有限公司	中国农业银行	0.71	0.71
512310	500 工业	2015.03.30	2015.05.08	上网发行	1.00	南方基金管理有限公司	中国农业银行	1.69	1.69
512330	500 信息	2015.06.17	2015.07.20	上网发行	1.00	南方基金管理有限公司	中国农业银行	0.37	0.37
512340	500 原料	2015.04.08	2015.05.15	上网发行	1.00	南方基金管理有限公司	中国农业银行	1.21	1.21
512500	中证 500	2015.04.24	2015.05.29	上网发行	1.00	华夏基金管理有限公司	中国建设银行	3.16	3.16
512510	ETF500	2015.05.04	2015.06.12	上网发行	1.00	华泰柏瑞基金管理有限公司	中国银行	3.14	3.14

基金基本信息 List of Funds

基金代码 Code	基金简称 Name	发行时间 Issue Date	上市日 Listing Date	发行方式 Issue Meth	发行价格 Issue Price	基金管理人 Management Company	托管人 Trustee	总份额(亿份) Total	流通量(亿份) Negoti-able
512600	主要消费	2014.06.04	2014.07.25	上网发行	1.00	嘉实基金管理有限公司	中国银行	0.10	0.10
511800	易货币		2014.12.08	上网发行	100.00	易方达基金管理有限公司		5.41	5.41
511810	理财金 H	2014.11.26	2015.01.05	上网发行	100.00	南方基金管理有限公司	中国农业银行	1.23	1.23
511830	华泰货币	2015.07.02	2015.08.03	上网发行	100.00	华泰柏瑞基金管理有限公司	中国建设银行	0.34	0.34
511860	博时货币	2014.11.17	2014.12.09	上网发行	100.00	博时基金管理有限公司	中国建设银行	0.78	0.78
512610	医药卫生	2014.06.04	2014.07.25	上网发行	1.00	嘉实基金管理有限公司	中国银行	0.35	0.35
512640	金融地产	2014.06.11	2014.07.25	上网发行	1.00	嘉实基金管理有限公司	中国银行	0.40	0.40
512990	MSCIA 股	2015.02.04	2015.03.25	上网发行	1.00	华夏基金管理有限公司	中国银行	4.89	4.89
513030	德国 30	2014.07.14	2014.09.05	上网发行	1.00	华安基金管理有限公司	招商银行	2.26	2.26
513100	纳指 ETF	2013.04.17	2013.05.15	上网发行	1.00	国泰基金管理有限公司	中国建设银行	0.41	0.41
513500	标普 500	2013.11.27	2014.01.15	上网发行	1.00	博时基金管理有限公司	中国工商银行	1.68	1.68
513600	恒指 ETF	2014.12.15	2015.01.26	上网发行	1.00	南方基金管理有限公司	中国工商银行	0.53	0.53
513660	恒生通	2014.12.15	2015.01.26	上网发行	1.00	华夏基金管理有限公司	中国农业银行	1.69	1.69
518800	黄金基金	2013.07.10	2013.07.29	上网发行	1.00	国泰基金管理有限公司	中国工商银行	0.18	0.18
518880	黄金 ETF	2013.07.10	2013.07.29	上网发行	1.00	华安基金管理有限公司	中国建设银行	3.20	3.20

封闭式基金每日成交(亿元/亿份)
Fund Trading(100 M Yuan/100 M Units)

基金
Fund

日期 Date	1月 Jan		2月 Feb		3月 Mar		4月 Apr		5月 May		6月 Jun	
	金额 Value	数量 Vol	金额 Value	数量 Vol	金额 Value	数量 Vol	金额 Value	数量 Vol	金额 Value	数量 Vol	金额 Value	数量 Vol
1	---	---	---	---	---	---	2.13	1.79	---	---	4.21	3.03
2	---	---	0.57	0.51	1.05	0.85	2.52	2.11	---	---	6.42	4.82
3	---	---	0.60	0.53	0.91	0.76	3.10	2.70	---	---	4.29	3.16
4	---	---	0.66	0.57	0.87	0.72	---	---	5.05	3.78	4.81	3.49
5	1.99	1.63	0.90	0.80	0.53	0.45	---	---	4.05	3.23	5.97	4.00
6	1.31	1.08	0.62	0.55	0.37	0.31	---	---	4.65	3.63	---	---
7	0.68	0.57	---	---	---	---	5.07	4.44	3.17	2.50	---	---
8	0.93	0.80	---	---	---	---	3.94	3.15	4.56	3.52	8.48	6.50
9	1.04	0.86	0.60	0.53	0.61	0.50	4.44	3.63	---	---	6.10	4.61
10	---	---	0.50	0.44	0.52	0.42	4.14	3.37	---	---	4.58	3.35
11	---	---	0.47	0.40	0.69	0.56	---	---	5.87	4.34	4.05	2.93
12	1.06	0.90	0.46	0.40	1.04	0.84	---	---	4.53	3.44	4.56	3.02
13	0.45	0.39	0.76	0.65	0.89	0.71	4.36	3.51	4.34	3.41	---	---
14	0.63	0.53	---	---	---	---	4.01	3.31	4.13	3.06	---	---
15	0.67	0.57	---	---	---	---	4.36	3.65	3.71	2.75	3.53	2.26
16	1.13	0.98	0.82	0.69	10.77	9.91	2.98	2.32	---	---	4.20	3.18
17	---	---	1.06	0.87	5.84	5.38	5.70	4.31	---	---	3.36	2.55
18	---	---	---	---	4.59	4.15	---	---	5.35	3.89	3.27	2.51
19	2.08	1.77	---	---	3.95	3.58	---	---	6.06	4.78	4.53	3.40
20	1.18	1.07	---	---	3.70	3.30	5.76	4.45	6.57	4.92	---	---
21	1.42	1.24	---	---	---	---	4.55	3.44	4.44	3.21	---	---
22	1.10	0.94	---	---	---	---	4.96	3.84	8.25	6.14	---	---
23	1.55	1.28	---	---	3.71	3.32	6.47	5.35	---	---	4.94	3.80
24	---	---	---	---	3.68	3.30	7.16	5.97	---	---	3.61	2.72
25	---	---	0.75	0.63	4.55	4.22	---	---	8.41	6.09	2.66	1.95
26	1.11	0.93	0.94	0.78	1.97	1.72	---	---	5.96	4.08	5.27	4.09
27	1.04	0.88	0.93	0.77	1.56	1.35	9.45	7.76	4.80	3.52	---	---
28	0.87	0.74	---	---	---	---	5.06	4.10	5.64	4.28	---	---
29	0.75	0.64	---	---	---	---	3.35	2.69	4.41	3.24	7.22	6.17
30	0.61	0.54	---	---	3.78	3.32	4.93	3.81	---	---	4.30	3.53
31	---	---	---	---	2.79	2.37	---	---	---	---	---	---
最高 high	2.08	1.77	1.06	0.87	H10.77	H9.91	9.45	7.76	8.41	6.14	8.48	6.50
最低 low	0.45	0.39	0.46	0.40	L0.37	L0.31	2.13	1.79	3.17	2.50	2.66	1.95

封闭式基金每日成交(亿元/亿份)
Fund Trading(100 M Yuan/100 M Units)

基金
Fund

日期 Date	7月 Jul		8月 Aug		9月 Sep		10月 Oct		11月 Nov		12月 Dec	
	金额 Value	数量 Vol	金额 Value	数量 Vol	金额 Value	数量 Vol	金额 Value	数量 Vol	金额 Value	数量 Vol	金额 Value	数量 Vol
1	3.58	2.80	---	---	1.97	1.86	---	---	---	---	1.58	1.21
2	2.84	2.32	---	---	1.60	1.53	---	---	1.64	1.32	1.89	1.36
3	4.77	4.26	2.66	2.42	---	---	---	---	1.19	0.94	1.74	1.24
4	---	---	1.92	1.64	---	---	---	---	2.25	1.78	1.81	1.33
5	---	---	2.60	2.30	---	---	---	---	2.84	2.30	---	---
6	6.63	5.79	1.61	1.40	---	---	---	---	2.06	1.54	---	---
7	5.59	5.16	2.12	1.80	2.21	2.04	---	---	---	---	1.61	1.16
8	8.10	8.41	---	---	2.15	1.94	1.77	1.46	---	---	1.58	1.22
9	6.86	7.03	---	---	2.07	1.82	1.38	1.16	3.11	2.47	1.81	1.45
10	6.45	5.85	3.01	2.49	1.86	1.57	---	---	2.57	1.91	1.56	1.25
11	---	---	2.10	1.68	2.42	2.05	---	---	2.00	1.52	1.24	0.97
12	---	---	1.57	1.26	---	---	2.50	2.07	5.07	4.51	---	---
13	5.97	4.99	1.46	1.18	---	---	2.13	1.79	4.29	3.59	---	---
14	3.95	3.40	1.93	1.53	3.08	2.74	1.58	1.28	---	---	1.63	1.21
15	3.99	3.68	---	---	2.16	1.95	1.89	1.54	---	---	1.14	0.81
16	2.64	2.46	---	---	1.72	1.52	2.20	1.73	1.89	1.51	0.88	0.61
17	2.81	2.44	1.74	1.43	2.18	1.88	---	---	2.62	2.14	1.20	0.85
18	---	---	2.04	1.71	1.62	1.38	---	---	2.21	1.81	1.06	0.74
19	---	---	2.38	2.05	---	---	1.99	1.56	1.20	0.92	---	---
20	3.77	3.08	1.77	1.57	---	---	1.53	1.19	2.11	1.61	---	---
21	2.64	2.26	1.98	1.76	1.53	1.32	2.49	2.02	---	---	1.93	1.44
22	3.65	3.10	---	---	1.57	1.32	1.43	1.15	---	---	0.89	0.62
23	3.21	2.68	---	---	1.06	0.87	2.23	1.87	2.64	1.93	1.58	1.19
24	2.88	2.35	4.07	3.90	0.88	0.73	---	---	1.83	1.41	0.99	0.72
25	---	---	3.17	3.19	1.47	1.26	---	---	1.69	1.22	0.91	0.67
26	---	---	3.35	3.33	---	---	1.72	1.33	1.85	1.24	---	---
27	3.75	3.20	2.40	2.34	---	---	1.68	1.31	2.17	1.59	---	---
28	4.38	3.93	2.66	2.43	0.85	0.76	2.11	1.68	---	---	1.63	1.13
29	1.69	1.43	---	---	0.85	0.75	1.44	1.11	---	---	1.11	0.86
30	3.40	2.85	---	---	0.55	0.49	1.23	1.00	2.30	1.65	1.27	0.88
31	1.94	1.72	2.08	1.87	---	---	---	---	---	---	0.93	0.63
最高 high	8.10	8.41	4.07	3.90	3.08	2.74	2.50	2.07	5.07	4.51	1.93	1.45
最低 low	1.69	1.43	1.46	1.18	0.55	0.49	1.23	1.00	1.19	0.92	0.88	0.61

ETF 每日成交(亿元/亿份)
ETF Trading(100 M Yuan/100 M Units)

基金
Fund

日期 Date	1月 Jan		2月 Feb		3月 Mar		4月 Apr		5月 May		6月 Jun	
	金额 Value	数量 Vol	金额 Value	数量 Vol	金额 Value	数量 Vol	金额 Value	数量 Vol	金额 Value	数量 Vol	金额 Value	数量 Vol
1	---	---	---	---	---	---	130.97	41.03	---	---	225.53	61.67
2	---	---	85.92	28.45	92.86	32.34	146.03	42.51	---	---	223.49	57.91
3	---	---	84.91	30.60	96.30	33.30	112.05	35.50	---	---	221.46	57.57
4	---	---	100.56	33.01	89.82	32.17	---	---	120.65	35.72	331.94	86.55
5	214.46	67.81	139.89	42.43	102.87	36.80	---	---	151.51	44.71	253.69	69.28
6	163.67	53.57	99.30	36.82	92.36	34.87	---	---	203.38	56.76	---	---
7	154.99	47.75	---	---	---	---	134.26	43.13	206.47	56.75	---	---
8	127.61	39.19	---	---	---	---	155.77	54.90	174.77	50.59	320.42	80.23
9	182.88	55.60	108.39	39.27	126.77	45.30	179.95	54.76	---	---	291.72	77.39
10	---	---	103.18	36.01	92.37	33.99	164.83	51.66	---	---	166.74	49.21
11	---	---	77.16	26.70	105.75	36.71	---	---	210.90	57.06	206.90	52.89
12	144.41	46.84	60.37	21.42	125.42	45.10	---	---	127.99	38.92	186.02	49.77
13	97.18	31.57	103.67	31.53	106.00	36.95	132.09	45.70	106.47	33.48	---	---
14	110.80	33.96	---	---	---	---	149.13	49.49	113.46	35.75	---	---
15	146.29	45.91	---	---	---	---	174.35	50.72	139.86	44.35	205.12	57.94
16	146.99	45.97	63.22	21.74	130.02	39.31	213.72	65.67	---	---	231.57	69.99
17	---	---	66.11	22.89	121.76	38.92	278.17	78.61	---	---	231.36	71.84
18	---	---	---	---	129.07	42.37	---	---	110.00	32.16	198.03	61.30
19	128.43	48.17	---	---	132.45	44.88	---	---	183.13	51.77	222.20	72.05
20	152.25	55.13	---	---	144.83	45.08	249.19	80.76	230.41	63.23	---	---
21	148.71	52.15	---	---	---	---	187.11	53.72	130.48	36.35	---	---
22	126.27	45.07	---	---	---	---	334.68	93.26	211.75	58.38	---	---
23	144.81	47.95	---	---	119.35	42.15	175.40	53.25	---	---	257.92	84.29
24	---	---	---	---	171.29	60.12	168.90	51.18	---	---	250.60	83.89
25	---	---	90.77	27.12	148.07	67.00	---	---	189.69	54.16	188.51	60.39
26	114.51	37.23	112.93	36.37	150.34	53.84	---	---	180.03	47.93	271.71	90.97
27	131.95	42.79	86.07	28.35	97.17	35.71	200.20	56.60	203.86	52.66	---	---
28	119.11	36.81	---	---	---	---	210.20	62.57	234.14	58.18	---	---
29	84.35	27.89	---	---	---	---	157.59	45.48	238.81	67.42	461.73	159.19
30	107.35	36.02	---	---	137.64	46.54	113.30	34.13	---	---	454.53	156.54
31	---	---	---	---	188.66	55.86	---	---	---	---	---	---
最高 high	214.46	67.81	139.89	42.43	188.66	67.00	334.68	93.26	238.81	67.42	461.73	159.19
最低 low	84.35	27.89	60.37	21.42	89.82	32.17	112.05	34.13	106.47	32.16	166.74	49.21

ETF 每日成交(亿元/亿份) 基金
ETF Trading(100 M Yuan/100 M Units) Fund

日期 Date	7月 Jul		8月 Aug		9月 Sep		10月 Oct		11月 Nov		12月 Dec	
	金额 Value	数量 Vol	金额 Value	数量 Vol	金额 Value	数量 Vol	金额 Value	数量 Vol	金额 Value	数量 Vol	金额 Value	数量 Vol
1	341.73	122.56	---	---	93.27	38.60	---	---	---	---	23.01	8.33
2	413.82	131.34	---	---	83.46	37.97	---	---	20.39	6.98	29.75	11.27
3	391.92	123.24	42.08	15.32	---	---	---	---	16.77	5.73	24.55	8.97
4	---	---	51.89	16.59	---	---	---	---	34.14	13.48	21.96	8.22
5	---	---	58.53	18.36	---	---	---	---	39.52	15.16	---	---
6	649.25	195.01	48.91	16.58	---	---	---	---	32.65	11.82	---	---
7	465.58	142.40	69.32	21.45	50.73	21.57	---	---	---	---	16.39	6.01
8	353.49	123.28	---	---	52.54	19.34	19.94	10.07	---	---	17.32	6.97
9	233.76	79.75	---	---	56.54	19.88	13.45	6.14	38.82	14.24	15.84	6.14
10	277.31	86.50	60.68	20.32	35.37	14.22	---	---	25.00	10.13	20.71	7.49
11	---	---	49.21	16.43	35.32	11.25	---	---	24.57	9.30	18.61	7.38
12	---	---	61.99	21.84	---	---	22.56	8.75	20.15	7.61	---	---
13	246.85	78.77	70.05	22.43	---	---	17.42	6.89	20.23	7.85	---	---
14	201.75	66.94	63.78	20.72	48.11	16.25	15.72	5.67	---	---	26.96	10.00
15	211.93	72.45	---	---	44.63	14.10	19.27	8.11	---	---	18.27	7.18
16	182.69	67.02	---	---	55.12	17.14	24.78	9.46	16.01	6.26	16.41	6.59
17	172.56	59.58	52.21	17.98	61.46	18.20	---	---	22.08	8.33	24.60	9.79
18	---	---	73.68	24.94	39.93	11.73	---	---	20.38	6.31	26.05	9.55
19	---	---	118.82	38.86	---	---	22.16	8.98	17.00	5.77	---	---
20	165.10	57.19	73.62	21.32	---	---	15.14	6.40	15.54	5.86	---	---
21	138.64	48.82	99.20	35.86	43.16	9.97	28.22	10.16	---	---	31.08	12.41
22	123.11	42.83	---	---	47.25	10.78	19.65	7.77	---	---	20.74	8.24
23	141.14	49.02	---	---	56.36	7.90	18.45	7.37	18.02	6.89	35.55	13.48
24	132.57	46.01	72.13	28.55	41.81	5.81	---	---	16.68	5.85	22.00	8.32
25	---	---	99.01	40.64	54.33	8.09	---	---	22.40	7.42	13.73	4.47
26	---	---	127.89	55.72	---	---	22.54	8.15	18.03	6.05	---	---
27	155.97	54.97	110.35	46.65	---	---	20.23	7.20	29.29	10.46	---	---
28	222.75	85.66	97.93	41.50	27.10	4.45	19.68	7.13	---	---	20.96	7.59
29	146.49	54.81	---	---	14.88	5.28	15.78	5.53	---	---	18.30	6.55
30	133.83	49.56	---	---	9.03	3.98	15.54	5.98	22.10	8.62	19.38	7.71
31	63.07	22.02	86.26	33.05	---	---	---	---	---	---	17.24	6.28
最高 high	H649.25	H195.01	127.89	55.72	93.27	38.60	28.22	10.16	39.52	15.16	35.55	13.48
最低 low	63.07	22.02	42.08	15.32	L9.03	L3.98	13.45	5.53	15.54	5.73	13.73	4.47

货币型基金每日成交(亿/亿)
Trading(100 M Yuan/100 M Units)

基金
Fund

日期 Date	1月 Jan		2月 Feb		3月 Mar		4月 Apr		5月 May		6月 Jun	
	金额 Value	数量 Vol	金额 Value	数量 Vol	金额 Value	数量 Vol	金额 Value	数量 Vol	金额 Value	数量 Vol	金额 Value	数量 Vol
1	---	---	---	---	---	---	120.57	1.20	---	---	463.75	4.63
2	---	---	124.99	1.25	123.61	1.23	120.43	1.20	---	---	226.40	2.26
3	---	---	98.92	0.99	93.91	0.94	112.21	1.12	---	---	173.11	1.73
4	---	---	111.04	1.11	98.52	0.98	---	---	222.30	2.22	205.67	2.05
5	98.31	0.98	138.86	1.39	108.80	1.09	---	---	162.34	1.62	444.54	4.44
6	74.47	0.74	119.65	1.20	126.59	1.26	---	---	182.47	1.82	---	---
7	73.60	0.74	---	---	---	---	133.71	1.34	185.77	1.86	---	---
8	79.91	0.80	---	---	---	---	150.33	1.50	165.41	1.65	403.55	4.03
9	73.03	0.73	102.30	1.02	145.50	1.45	119.00	1.19	---	---	426.59	4.26
10	---	---	99.33	0.99	131.57	1.31	139.31	1.39	---	---	468.74	4.68
11	---	---	54.00	0.54	129.49	1.29	---	---	210.35	2.10	571.62	5.71
12	92.46	0.92	63.25	0.63	98.90	0.99	---	---	222.98	2.22	627.60	6.27
13	67.11	0.67	110.86	1.11	126.71	1.27	101.08	1.01	337.03	3.36	---	---
14	64.38	0.64	---	---	---	---	117.53	1.17	324.26	3.24	---	---
15	50.27	0.50	---	---	---	---	72.50	0.72	314.23	3.14	683.20	6.81
16	55.54	0.56	78.77	0.79	210.03	2.10	62.46	0.62	---	---	699.91	6.98
17	---	---	114.76	1.14	221.43	2.21	236.23	2.36	---	---	577.47	5.76
18	---	---	---	---	241.89	2.41	---	---	261.56	2.61	652.20	6.49
19	81.99	0.82	---	---	325.56	3.25	---	---	221.19	2.21	499.84	4.97
20	84.44	0.84	---	---	313.26	3.12	101.29	1.01	184.24	1.84	---	---
21	153.11	1.53	---	---	---	---	198.39	1.98	150.57	1.50	---	---
22	119.92	1.20	---	---	---	---	264.87	2.64	232.85	2.32	---	---
23	106.05	1.06	---	---	411.46	4.10	304.85	3.04	---	---	586.50	5.84
24	---	---	---	---	438.83	4.38	220.56	2.20	---	---	1778.86	17.74
25	---	---	87.70	0.88	425.72	4.25	---	---	275.02	2.74	1097.63	10.96
26	98.57	0.98	105.72	1.06	381.77	3.81	---	---	309.68	3.09	686.13	6.84
27	140.59	1.40	150.92	1.51	421.42	4.21	214.45	2.14	279.94	2.79	---	---
28	131.39	1.31	---	---	---	---	216.69	2.16	309.69	3.09	---	---
29	126.32	1.26	---	---	---	---	262.38	2.61	300.16	3.00	539.15	5.38
30	155.78	1.56	---	---	260.81	2.61	267.55	2.67	---	---	485.88	4.85
31	---	---	---	---	335.50	3.35	---	---	---	---	---	---
最高 high	155.78	1.56	150.92	1.51	438.83	4.38	304.85	3.04	337.03	3.36	H1778.86	H17.74
最低 low	L50.27	L0.50	54.00	0.54	93.91	0.94	62.46	0.62	150.57	1.50	173.11	1.73

货币型基金每日成交(亿/亿)
Trading(100 M /100)

基金
Fund

日期 Date	7月 Jul		8月 Aug		9月 Sep		10月 Oct		11月 Nov		12月 Dec	
	金额 Value	数量 Vol	金额 Value	数量 Vol	金额 Value	数量 Vol	金额 Value	数量 Vol	金额 Value	数量 Vol	金额 Value	数量 Vol
1	179.15	1.78	---	---	326.94	3.26	---	---	---	---	371.42	3.68
2	190.10	1.90	---	---	266.64	2.65	---	---	368.44	3.64	276.61	2.75
3	183.74	1.83	245.26	2.45	---	---	---	---	601.99	6.00	357.20	3.55
4	---	---	282.39	2.81	---	---	---	---	623.43	6.20	455.14	4.52
5	---	---	285.38	2.84	---	---	---	---	602.63	5.98	---	---
6	193.98	1.93	312.37	3.11	---	---	---	---	699.19	6.96	---	---
7	169.00	1.68	290.03	2.89	320.66	3.19	---	---	---	---	425.52	4.24
8	157.11	1.56	---	---	315.66	3.14	328.82	3.27	---	---	326.14	3.24
9	176.46	1.75	---	---	315.32	3.14	274.75	2.73	534.59	5.31	501.83	4.98
10	234.18	2.33	328.29	3.27	353.70	3.53	---	---	494.02	4.91	454.45	4.50
11	---	---	208.43	2.07	252.85	2.52	---	---	503.58	5.01	372.04	3.70
12	---	---	227.78	2.27	---	---	350.86	3.49	422.87	4.21	---	---
13	198.52	1.98	220.61	2.19	---	---	331.89	3.30	473.75	4.71	---	---
14	225.18	2.25	260.66	2.60	324.80	3.23	311.46	3.10	---	---	432.24	4.29
15	236.40	2.36	---	---	291.56	2.90	282.51	2.81	---	---	465.91	4.64
16	217.46	2.17	---	---	336.01	3.34	360.71	3.59	398.54	3.96	304.79	3.03
17	245.13	2.44	278.94	2.78	334.81	3.33	---	---	515.50	5.13	377.18	3.73
18	---	---	348.20	3.47	276.92	2.75	---	---	321.46	3.19	324.21	3.22
19	---	---	287.82	2.87	---	---	389.88	3.88	419.63	4.16	---	---
20	259.94	2.59	378.67	3.78	---	---	303.10	3.01	491.87	4.89	---	---
21	247.85	2.47	369.62	3.68	277.61	2.76	337.55	3.36	---	---	381.72	3.79
22	288.51	2.88	---	---	275.96	2.75	395.06	3.93	---	---	430.08	4.27
23	328.93	3.28	---	---	300.46	2.99	498.81	4.96	564.99	5.62	432.16	4.29
24	233.96	2.33	320.96	3.20	293.03	2.91	---	---	497.65	4.95	305.06	3.03
25	---	---	298.77	2.98	290.85	2.89	---	---	444.38	4.41	401.64	4.00
26	---	---	250.76	2.50	---	---	388.91	3.87	421.86	4.19	---	---
27	234.64	2.34	265.28	2.64	---	---	345.93	3.43	512.97	5.10	---	---
28	313.64	3.13	269.83	2.69	359.90	3.58	417.70	4.14	---	---	452.52	4.50
29	292.46	2.92	---	---	370.68	3.69	338.03	3.35	---	---	508.65	5.05
30	503.73	5.03	---	---	353.36	3.51	396.83	3.93	435.25	4.32	579.50	5.76
31	221.93	2.21	249.71	2.49	---	---	---	---	---	---	424.69	4.25
最高 high	503.73	5.03	378.67	3.78	370.68	3.69	498.81	4.96	699.19	6.96	579.50	5.76
最低 low	157.11	1.56	208.43	2.07	252.85	2.52	274.75	2.73	321.46	3.19	276.61	2.75

LOF 每日成交(亿元/亿份)
LOF Trading(100 M Yuan/100 M Units)

基金
Fund

日期 Date	1月 Jan		2月 Feb		3月 Mar		4月 Apr		5月 May		6月 Jun	
	金额 Value	数量 Vol	金额 Value	数量 Vol	金额 Value	数量 Vol	金额 Value	数量 Vol	金额 Value	数量 Vol	金额 Value	数量 Vol
1	---	---	---	---	---	---	---	---	---	---	1.41	1.35
2	---	---	---	---	---	---	---	---	---	---	1.59	1.53
3	---	---	---	---	---	---	---	---	---	---	1.41	1.38
4	---	---	---	---	---	---	---	---	1.37	1.37	2.70	2.58
5	---	---	---	---	---	---	---	---	1.75	1.79	2.97	2.73
6	---	---	---	---	---	---	---	---	1.27	1.29	---	---
7	---	---	---	---	---	---	---	---	1.66	1.72	---	---
8	---	---	---	---	---	---	---	---	2.32	2.41	5.28	4.77
9	---	---	---	---	---	---	---	---	---	---	4.85	4.25
10	---	---	---	---	---	---	---	---	---	---	6.39	6.30
11	---	---	---	---	---	---	---	---	1.42	1.43	3.98	3.92
12	---	---	---	---	---	---	---	---	1.61	1.63	2.68	2.64
13	---	---	---	---	---	---	---	---	1.50	1.50	---	---
14	---	---	---	---	---	---	---	---	1.24	1.27	---	---
15	---	---	---	---	---	---	---	---	1.47	1.53	3.25	3.19
16	---	---	---	---	---	---	---	---	---	---	3.11	3.11
17	---	---	---	---	---	---	---	---	---	---	3.71	3.72
18	---	---	---	---	---	---	---	---	1.17	1.26	2.57	2.69
19	---	---	---	---	---	---	---	---	1.89	1.93	4.22	4.46
20	---	---	---	---	---	---	---	---	1.51	1.51	---	---
21	---	---	---	---	---	---	---	---	0.86	0.87	---	---
22	---	---	---	---	---	---	---	---	2.02	1.97	---	---
23	---	---	---	---	---	---	---	---	---	---	3.87	4.06
24	---	---	---	---	---	---	---	---	---	---	4.44	4.38
25	---	---	---	---	---	---	---	---	3.57	3.30	7.92	8.16
26	---	---	---	---	---	---	---	---	2.88	2.53	14.94	16.29
27	---	---	---	---	---	---	3.05	3.00	2.40	2.18	---	---
28	---	---	---	---	---	---	4.67	4.65	2.92	2.81	---	---
29	---	---	---	---	---	---	3.44	3.41	1.65	1.63	15.12	16.96
30	---	---	---	---	---	---	1.95	1.93	---	---	14.28	15.83
31	---	---	---	---	---	---	---	---	---	---	---	---
最高 high	---	---	---	---	---	---	4.67	4.65	3.57	3.30	15.12	16.96
最低 low	---	---	---	---	---	---	1.95	1.93	L0.86	L0.87	1.41	1.35

LOF 每日成交(亿元/亿份)
LOF Trading(100 M Yuan/100 M Units)

基金
Fund

日期 Date	7月 Jul		8月 Aug		9月 Sep		10月 Oct		11月 Nov		12月 Dec	
	金额 Value	数量 Vol	金额 Value	数量 Vol	金额 Value	数量 Vol	金额 Value	数量 Vol	金额 Value	数量 Vol	金额 Value	数量 Vol
1	15.95	16.87	---	---	10.46	10.58	---	---	---	---	3.99	4.56
2	11.52	13.21	---	---	9.99	10.59	---	---	4.23	5.04	7.10	8.13
3	15.11	17.70	8.67	11.43	---	---	---	---	4.40	5.27	6.68	7.50
4	---	---	8.23	10.79	---	---	---	---	7.24	8.34	5.59	6.42
5	---	---	10.57	14.08	---	---	---	---	10.04	10.55	---	---
6	17.82	20.30	7.01	9.51	---	---	---	---	11.97	12.77	---	---
7	25.91	27.80	8.73	11.66	6.09	6.57	---	---	---	---	4.03	4.70
8	10.96	13.73	---	---	5.90	6.54	3.22	3.54	---	---	4.75	5.63
9	26.77	30.72	---	---	7.67	8.30	3.97	4.77	12.16	11.80	5.08	6.13
10	29.95	32.46	11.92	14.70	6.03	6.65	---	---	12.24	11.97	6.40	7.60
11	---	---	13.19	16.11	5.03	5.28	---	---	11.12	11.11	5.37	6.48
12	---	---	17.20	21.47	---	---	5.38	5.88	9.52	9.59	---	---
13	22.42	25.54	13.18	16.43	---	---	5.06	5.90	8.89	8.99	---	---
14	14.79	17.24	17.06	20.42	5.97	6.29	5.82	6.65	---	---	6.44	7.51
15	13.45	15.81	---	---	4.57	5.03	6.58	7.30	---	---	7.33	8.31
16	11.18	13.25	---	---	5.38	6.14	9.74	10.59	6.27	6.50	4.84	5.48
17	13.43	16.98	28.93	35.40	7.58	8.21	---	---	10.67	10.44	6.84	7.61
18	---	---	22.75	28.77	4.73	5.42	---	---	7.57	7.82	4.65	5.14
19	---	---	18.39	24.58	---	---	10.70	11.58	6.18	6.47	---	---
20	11.88	14.55	16.71	22.14	---	---	9.27	10.22	7.40	7.66	---	---
21	9.94	12.07	19.48	27.45	5.30	6.22	9.13	9.77	---	---	6.36	6.88
22	8.95	10.93	---	---	6.31	7.37	8.51	9.57	---	---	5.52	6.08
23	13.72	15.27	---	---	4.87	5.54	9.00	9.74	6.65	6.92	7.18	7.54
24	21.74	24.75	14.43	17.76	3.87	4.51	---	---	5.76	6.08	6.10	6.80
25	---	---	20.08	23.23	4.26	4.96	---	---	6.39	6.62	3.87	4.34
26	---	---	15.31	17.33	---	---	7.92	8.88	6.54	6.79	---	---
27	16.30	19.44	1.88	2.13	---	---	10.98	12.16	6.83	7.26	---	---
28	14.75	18.87	12.89	12.85	5.18	6.81	8.11	8.98	---	---	5.63	6.38
29	14.05	18.17	---	---	4.42	5.96	6.79	7.58	---	---	4.18	4.81
30	16.29	21.18	---	---	4.42	5.97	6.69	7.81	6.74	7.72	4.00	4.59
31	11.60	15.48	13.21	13.10	---	---	---	---	---	---	3.20	3.63
最高 high	H29.95	32.46	28.93	H35.40	10.46	10.59	10.98	12.16	12.24	12.77	7.33	8.31
最低 low	8.95	10.93	1.88	2.13	3.87	4.51	3.22	3.54	4.23	5.04	3.20	3.63

基金 Fund

基金代码 Code	基金简称 Name	发行数量(百万份) Issued Vol (1M)	市价总值(百万) Market Capitalization (1M)	上年收盘 Last Year Close	本年开盘 Open	本年最高 High
500038	基金通乾	2000.00	3180.00	1.498	1.499	1.850
500056	基金科瑞	3000.00	4620.00	1.080	1.071	1.877
500058	基金银丰	3000.00	4620.00	1.004	0.996	1.680
501000	国金鑫新	13.06	13.05	1.000	1.000	1.278
501001	财通精选	806.32	899.86	0.950	0.879	1.155
502000	500 等权	3.92	4.55	1.000	1.100	1.350
502001	500 等权 A	2.14	2.14	1.001	1.000	1.137
502002	500 等权 B	2.14	2.81	0.999	1.099	1.630
502003	军工分级	59.74	50.66	1.000	0.991	1.242
502004	军工 A	445.37	426.67	1.001	0.901	0.975
502005	军工 B	445.37	327.79	0.999	1.099	1.447
502006	国企改革	207.46	229.45	1.007	1.000	1.219
502007	国企改 A	126.18	120.76	1.001	0.901	0.965
502008	国企改 B	126.18	158.11	1.013	1.114	1.481
502010	证券分级	88.75	76.60	1.000	1.099	1.126
502011	证券 A	689.55	657.83	1.001	0.901	1.100
502012	证券 B	689.55	533.71	0.999	1.099	1.250
502013	一带一路	166.13	161.98	1.023	1.008	1.270
502014	一带一 A	72.55	71.17	1.002	0.902	0.987
502015	一带一 B	72.55	69.87	1.044	1.148	1.689
502016	带路分级	0.23	0.23	1.000	0.000	0.000
502017	带路 A	2.92	2.88	1.001	0.911	1.059
502018	带路 B	2.92	3.15	0.999	1.099	1.287
502020	国金 50	13.17	16.32	1.001	1.090	1.336
502021	国金 50A	2.12	2.08	1.001	1.001	1.001
502022	国金 50B	2.12	3.40	1.001	1.101	1.722
502023	钢铁分级	2.96	3.05	1.000	0.980	1.169
502024	钢铁 A	2.94	2.86	1.001	0.903	1.072
502025	钢铁 B	2.94	3.13	0.999	1.099	1.343
502026	新丝路	4.58	5.37	1.000	0.980	1.210
502027	新丝路 A	0.47	0.48	1.001	0.903	1.055
502028	新丝路 B	0.47	0.67	0.999	1.099	1.417
502030	高铁分级	0.65	0.65	1.000	0.000	0.000
502031	高铁 A	28.67	29.07	1.001	0.956	1.028
502032	高铁 B	28.67	20.44	0.999	1.098	1.183
502036	互联金融	19.56	17.80	0.946	0.860	1.108
502037	网金 A	65.03	70.17	1.001	0.901	1.142
502038	网金 B	65.03	48.90	0.891	0.820	1.287
502040	上 50 分级	9.56	10.68	1.000	1.000	1.360
502041	上 50A	8.27	8.27	1.001	0.945	1.128
502042	上 50B	8.27	10.31	0.999	1.000	1.650
502048	50 分级	267.32	316.51	0.999	1.099	1.345
502049	上证 50A	155.57	147.63	1.001	0.901	0.969
502050	上证 50B	155.57	220.75	0.997	1.097	1.777
502053	券商分级	3.25	4.09	1.000	0.990	1.450
502054	券商 A	27.52	28.15	1.001	0.932	1.028
502055	券商 B	27.52	41.31	0.999	1.020	1.942
502056	医疗分级	15.69	14.43	1.000	1.002	1.130
502057	医疗 A	73.39	77.06	1.001	1.001	1.070
502058	医疗 B	73.39	58.34	0.999	1.099	1.203

本年最低 Low	本年收盘 Close	涨跌(%) Change(%)	成交数量(百万份) Trading Vol (1 M)	成交金额(百万) Trading Value (1 M)	年初净值 Open Value	年末净值 Close Value
1.109	1.590	6.14	7867.12	11842.63	1.634	1.679
0.891	1.540	42.59	10032.18	13844.00	1.207	1.737
0.923	1.540	53.39	12998.85	17327.64	1.128	1.798
0.970	0.999	-0.10	48.91	49.24	1.000	1.002
0.833	1.116	17.47	679.15	710.78	1.000	1.105
0.573	1.160	16.00	572.56	505.94	1.000	1.157
0.790	1.001	0.00	480.59	441.07	1.000	1.021
0.386	1.313	31.43	644.00	497.32	1.000	1.292
0.645	0.848	-15.20	7106.02	6083.08	1.000	0.850
0.815	0.958	-4.30	6911.50	6367.90	1.000	1.024
0.365	0.736	-26.33	10305.34	8171.84	1.000	0.677
0.555	1.106	9.83	19167.02	16083.50	1.000	1.109
0.741	0.957	-4.40	18940.72	16808.97	1.000	1.018
0.378	1.253	23.69	18683.59	14729.45	1.000	1.200
0.636	0.863	-13.70	5551.83	4870.39	1.000	0.857
0.811	0.954	-4.70	4715.62	4400.72	1.000	1.024
0.355	0.774	-22.52	8622.81	6756.47	1.000	0.689
0.526	0.975	-4.69	1703.75	1691.10	1.000	0.966
0.800	0.981	-2.10	2362.96	2028.57	1.000	1.005
0.430	0.963	-7.76	1596.62	1601.90	1.000	0.927
0.000	1.000	0.00	0.00	0.00	1.000	1.059
0.903	0.987	-1.40	37.02	34.72	1.000	1.002
0.878	1.082	8.31	51.82	56.05	1.000	1.116
0.571	1.239	23.78	299.42	279.50	1.000	1.227
0.765	0.978	-2.30	351.79	308.48	1.000	1.002
0.385	1.5 99	59.74	323.84	275.79	1.000	1.452
0.952	1.030	3.00	23.26	23.80	1.000	0.997
0.883	0.970	-3.10	38.09	35.58	1.000	1.019
0.924	1.063	6.41	30.90	34.19	1.000	0.975
0.980	1.173	17.30	89.03	91.39	1.000	1.133
0.903	1.004	0.30	44.70	41.63	1.000	1.019
1.021	1.417	41.84	38.73	43.17	1.000	1.247
0.000	1.000	0.00	0.00	0.00	1.000	0.861
0.889	1.014	1.30	167.80	160.27	1.000	1.023
0.546	0.713	-28.63	397.37	331.34	1.000	0.699
0.635	0.910	-3.81	506.26	460.00	1.000	0.914
0.855	1.079	7.79	528.46	529.15	1.000	1.003
0.360	0.752	-15.60	1307.25	1017.49	1.000	0.825
0.970	1.117	11.70	27.61	29.44	1.000	1.115
0.909	1.000	-0.10	23.96	23.05	1.000	1.021
0.966	1.247	24.83	30.96	37.03	1.000	1.209
0.604	1.184	18.52	10251.21	9513.75	1.000	1.190
0.741	0.949	-5.20	13123.12	10925.39	1.000	1.019
0.424	1.419	42.33	17662.70	18123.07	1.000	1.361
0.929	1.260	26.00	197.33	241.95	1.000	1.248
0.901	1.023	2.20	164.87	158.77	1.000	1.021
0.915	1.501	50.25	382.70	582.00	1.000	1.475
0.700	0.920	-8.00	476.41	464.46	1.000	0.913
0.911	1.050	4.90	375.12	379.50	1.000	1.003
0.421	0.795	-20.42	819.34	736.84	1.000	0.823

基金
Fund

基金
Fund

基金代码 Code	基金简称 Name	发行数量(百万份) Issued Vol (1M)	市价总值(百万) Market Capitalization (1M)	上年收盘 Last Year Close	本年开盘 Open	本年最高 High
505888	嘉实元和	10000.00	10920.00	1.000	1.140	1.143
510010	治理 ETF	651.52	675.63	1.073	1.078	1.560
510020	超大 ETF	112.95	259.78	2.320	2.311	3.330
510030	价值 ETF	44.03	178.05	3.971	4.000	5.480
510050	50ETF	12464.77	30114.88	2.552	2.580	3.465
510060	央企 ETF	174.96	298.83	1.824	1.840	2.740
510070	民企 ETF	54.62	99.85	1.471	1.473	2.820
510090	责任 ETF	89.08	121.68	1.324	1.320	2.117
510110	周期 ETF	17.42	54.55	3.550	3.589	4.773
510120	非周 ETF	13.79	40.63	2.406	2.450	5.099
510130	中盘 ETF	84.29	338.83	3.605	3.590	6.280
510150	消费 ETF	42.73	179.99	3.203	3.256	6.000
510160	小康 ETF	1552.06	833.45	0.521	0.521	0.864
510170	商品 ETF	86.73	161.58	1.841	1.810	3.130
510180	180ETF	6002.56	19208.18	3.213	3.239	4.728
510190	龙头 ETF	40.65	145.25	2.961	2.955	5.360
510210	综指 ETF	44.64	169.54	3.515	3.549	5.720
510220	中小 ETF	7.23	33.49	3.755	3.734	7.208
510230	金融 ETF	659.76	3599.66	5.996	6.042	7.399
510260	新兴 ETF	81.48	107.48	1.031	1.026	2.190
510270	国企 ETF	26.83	28.63	1.114	1.119	1.700
510280	成长 ETF	53.75	77.73	1.409	1.409	2.020
510290	380ETF	166.45	305.60	1.330	1.320	2.827
510300	300ETF	5774.91	21817.60	3.574	3.604	5.350
510310	HS300ETF	2728.31	4147.03	1.438	1.438	2.179
510330	华夏 300	4650.55	17946.47	3.544	3.569	5.430
510360	广发 300	26.38	28.76	0.991	0.984	1.133
510410	资源 ETF	117.26	84.19	0.774	0.770	1.235
510420	180EWETF	142.46	237.33	1.459	1.458	2.550
510430	50 等权	75.92	110.93	1.450	1.449	2.236
510440	500 沪市	24.06	56.49	1.679	1.665	3.500
510450	180 高 ETF	4.92	9.18	1.703	1.703	2.760
510500	500ETF	2601.07	20387.17	1.489	1.505	11.990
510510	广发 500	801.04	1657.35	1.491	1.491	3.268
510520	诺安 500	101.09	197.13	1.315	1.292	2.720
510560	国寿 500	342.32	528.88	1.574	1.500	1.763
510580	ZZ500ETF	1.70	13.06	6.505	6.400	8.000
510610	能源行业	43.59	37.96	0.982	0.984	1.463
510620	材料行业	32.47	38.34	1.158	1.157	1.980
510630	消费行业	193.09	304.89	1.241	1.242	2.210
510650	金融行业	82.95	128.49	1.681	1.690	2.051
510660	医药行业	114.88	195.53	1.148	1.147	2.160
510680	万家 50	3.72	6.24	1.359	1.313	2.870
510700	百强 ETF	4.21	10.22	2.630	2.630	4.000
510710	上 50ETF	85.42	203.30	3.231	3.233	3.250
510880	红利 ETF	227.18	648.13	2.625	2.628	4.208
510900	H 股 ETF	5147.02	5121.29	1.179	1.199	1.629
511010	国债 ETF	10.11	1110.13	103.398	103.396	118.000
511210	企债 ETF	0.83	93.21	106.499	105.021	117.400
511220	城投 ETF	61.36	6091.88	93.992	93.500	100.500

基金
Fund

基金
Fund

本年最低 Low	本年收盘 Close	涨跌(%) Change(%)	成交数量(百万份) Trading Vol (1 M)	成交金额(百万) Trading Value (1 M)	年初净值 Open Value	年末净值 Close Value
0.887	1.092	9.20	24899.63	25389.57	1.016	1.099
0.826	1.037	-3.36	23280.81	27863.29	1.068	1.035
1.911	2.300	-0.86	1773.53	4462.75	2.322	2.297
3.100	4.044	1.84	3418.05	14707.92	3.967	4.054
1.869	2.416	-5.33	324086.71	886467.77	2.545	2.418
1.436	1.708	-6.36	9501.64	19912.82	1.815	1.707
1.359	1.828	24.27	781.60	1658.07	1.472	1.827
1.018	1.366	3.17	68.98	106.36	1.339	1.371
2.211	3.132	-11.78	775.55	2923.47	3.600	3.256
2.351	2.946	22.44	524.91	1928.34	2.561	2.984
3.200	4.020	11.51	2923.02	14977.95	3.607	4.018
3.161	4.212	31.50	415.92	1853.64	3.246	4.192
0.456	0.537	3.07	7343.29	4904.72	0.518	0.537
1.561	1.863	1.20	9230.06	21491.35	1.849	1.872
2.575	3.200	-0.41	78668.91	287204.53	3.203	3.203
2.761	3.573	20.67	822.46	3515.39	2.976	3.585
3.050	3.798	8.05	530.17	2447.43	3.553	3.860
3.541	4.633	23.38	156.62	829.73	3.856	4.719
3.875	5.456	-9.01	20315.84	121987.12	5.996	5.454
1.018	1.319	27.93	17533.66	32163.43	1.027	1.311
0.842	1.067	-4.22	473.15	592.00	1.112	1.073
1.080	1.446	2.63	996.24	1522.53	1.426	1.443
1.210	1.836	38.05	7455.55	15236.22	1.332	1.841
2.974	3.778	5.71	204770.32	838976.88	3.567	3.782
1.198	1.520	5.70	4712.53	7581.04	1.429	1.521
2.980	3.8 59	8.89	10838.81	45141.44	3.542	3.859
0.845	1.090	9.99	323.35	325.24	1.003	1.108
0.600	0.718	-7.24	8298.02	7879.97	0.772	0.705
1.354	1.666	14.19	8128.90	16301.80	1.460	1.665
1.073	1.461	0.76	1620.98	2633.85	1.436	1.455
1.585	2.348	39.85	392.23	1118.64	1.663	2.210
1.385	1.865	9.51	212.07	415.12	1.724	1.871
1.464	7.838	426.39	12291.95	76333.52	1.492	7.852
1.450	2.069	38.77	6888.01	16278.02	1.494	2.072
1.279	1.950	48.29	80.11	143.79	1.339	1.963
1.023	1.545	-1.84	129.74	192.54	1.478	1.561
5.367	7.700	18.37	75.02	515.96	6.073	7.797
0.786	0.871	-11.30	6873.69	7892.19	0.979	0.871
1.000	1.181	1.99	4418.48	6495.47	1.160	1.177
1.178	1.579	27.24	4185.56	7107.46	1.241	1.573
1.111	1.549	-7.85	17732.77	30303.67	1.680	1.548
1.137	1.702	48.26	6568.06	10422.33	1.149	1.700
1.247	1.674	23.18	65.69	115.50	1.371	0.000
2.152	2.426	-7.76	47.45	146.51	2.700	0.000
1.770	2.380	-26.34	396.64	1066.17	3.154	2.390
2.300	2.853	8.69	8102.56	26127.48	2.627	2.838
0.928	0.995	-15.61	46474.33	53880.38	1.125	0.987
103.163	109.845	6.24	1558.26	166713.96	104.423	110.172
95.996	112.445	5.58	1.96	213.67	106.372	114.003
93.000	99.284	5.63	15.31	1481.48	0.000	0.000

基金 Fund

基金代码 Code	基金简称 Name	发行数量(百万份) Issued Vol (1M)	市价总值(百万) Market Capitalization (1M)	上年收盘 Last Year Close	本年开盘 Open	本年最高 High
511800	易货币	541.23	54169.51	100.040	99.996	105.099
511810	理财金 H	122.55	12256.86	100.000	99.811	100.440
511830	华泰货币	33.63	3364.00	100.000	99.940	100.680
511860	博时货币	77.77	7780.11	100.006	99.989	101.008
511880	银华日利	498.75	49939.94	100.295	100.215	103.433
511890	景顺货币	53.09	5312.98	100.000	95.128	100.119
511900	富国货币	66.79	6679.37	100.000	100.000	100.009
511930	中融日盈	13.60	1360.13	100.000	99.950	100.029
511960	嘉实快线	10.00	1000.00	100.000	0.000	0.000
511980	现金添富	118.76	11876.97	100.000	99.997	100.013
511990	华宝添益	1274.34	127452.86	100.045	99.999	100.250
512010	医药 ETF	28.17	37.44	0.989	0.984	1.640
512070	非银 ETF	622.16	1174.64	2.382	2.390	2.905
512110	中证地产	1.64	3.27	1.645	1.698	2.602
512120	中证医药	51.25	76.26	1.059	1.065	2.000
512210	景顺食品	82.81	110.14	1.102	1.105	1.839
512220	景顺 TMT	419.97	753.84	1.103	1.095	2.800
512230	景顺医药	50.37	74.49	1.079	1.079	2.048
512300	500 医药	71.12	102.05	0.925	0.920	2.197
512310	500 工业	168.89	136.29	0.925	0.926	1.363
512330	500 信息	37.19	38.79	1.053	1.020	1.127
512340	500 原料	120.73	105.04	1.031	1.025	1.325
512500	中证 500	316.01	1143.00	4.808	4.783	5.600
512510	ETF500	314.43	478.25	2.265	2.180	2.294
512600	主要消费	10.45	15.43	1.200	1.199	2.130
512610	医药卫生	35.14	56.54	1.143	1.145	2.168
512640	金融地产	40.24	72.43	1.860	1.867	2.376
512990	MSCIA 股	488.52	528.09	1.117	1.100	1.580
513030	德国 30	226.28	207.05	0.950	0.940	1.078
513100	纳指 ETF	40.62	65.69	1.392	1.385	1.659
513500	标普 500	167.82	207.09	1.148	1.140	1.265
513600	恒指 ETF	52.83	98.63	1.936	1.930	2.670
513660	恒生通	169.00	312.99	1.955	1.960	2.390
518800	国泰黄金	17.52	38.81	2.370	2.370	2.607
518880	黄金 ETF	320.44	715.22	2.412	2.413	2.623

基金
Fund

基金
Fund

本年最低 Low	本年收盘 Close	涨跌(%) Change(%)	成交数量(百万份) Trading Vol (1 M)	成交金额(百万) Trading Value (1 M)	年初净值 Open Value	年末净值 Close Value
99.108	100.086	0.05	2653.42	265348.36	100.000	100.000
99.110	100.012	0.01	4014.83	401496.87	100.000	100.000
99.931	100.016	0.02	313.93	31392.84	100.000	100.000
90.200	100.040	0.03	514.98	51498.69	100.000	100.000
100.087	100.130	-0.17	11917.81	1220549.48	100.000	100.000
95.118	100.084	0.08	274.67	27467.04	100.000	100.000
99.983	100.007	0.01	226.00	22599.10	100.000	100.000
99.950	100.007	0.01	10.09	1009.00	100.000	100.000
0.000	100.000	0.00	0.00	0.00	100.000	100.000
99.918	100.010	0.01	984.39	98435.17	100.000	100.000
97.990	100.015	-0.03	51657.94	5166000.48	100.000	100.000
0.984	1.329	34.38	328.85	404.78	1.004	1.327
1.288	1.888	-20.74	7589.90	17290.30	2.373	1.880
1.455	1.993	21.16	47.91	93.19	1.663	1.980
1.010	1.488	40.51	234.14	332.31	1.056	1.486
1.067	1.330	20.69	246.27	328.53	1.105	1.326
1.069	1.795	62.74	183.94	319.69	1.101	1.820
1.065	1.479	37.07	388.95	548.94	1.078	1.470
0.913	1.435	55.14	1298.07	1652.55	0.929	1.433
0.609	0.807	-12.76	1480.35	1549.57	0.961	0.807
0.690	1.043	-0.95	381.92	389.02	1.071	1.047
0.600	0.870	-15.62	1281.56	1364.18	1.014	0.869
2.684	3.617	-24.77	1098.67	4571.52	4.853	3.630
1.114	1.521	-32.85	843.60	1459.11	2.298	1.519
1.097	1.476	23.00	125.55	204.05	1.200	1.485
1.130	1.6 09	40.77	586.07	932.41	1.145	1.604
1.266	1.800	-3.23	247.11	463.40	1.844	1.800
0.851	1.081	-3.22	6659.16	7970.42	1.112	1.090
0.811	0.915	-3.68	5464.55	5479.72	0.957	0.910
1.300	1.617	16.16	11105.03	16103.44	1.395	1.600
1.036	1.234	7.49	11696.44	13565.03	1.153	1.230
1.600	1.867	-3.56	1025.44	2168.85	1.961	1.867
1.680	1.852	-5.27	1612.62	3292.76	1.987	1.845
2.065	2.215	-6.54	781.94	1839.52	2.384	2.216
2.161	2.232	-7.46	5144.50	12167.12	2.413	2.233

债券市场概貌
Bond Market Overview

债券
Bond

债券市场交易 Bond Market Data	2015 年	2014 年	增减(%) Change (%)
交易天数 Trading Days	244	245	-0.41
上市债券数 No. of Bonds	4538	2646	71.50
政府债 G-Bonds	893	267	234.46
公司债 C-Bonds	3596	2336	53.94
债券回购 Repo	49	43	13.95
新上市债券数 No. of New Bonds	2211	1080	104.72
总成交金额 (亿) Total Trading Val(100M)	1228533.71	866848.59	41.72
政府债 G-Bonds	4330.72	1247.47	247.16
公司债 C-Bonds	26350.38	24198.95	8.89
债券回购 Repo	1197852.61	841402.16	42.36
日均成交金额(百万)Average Turnover In Val(M)	503497.42	353815.75	42.31
政府债 G-Bonds	1774.88	509.17	248.58
公司债 C-Bonds	10799.34	9877.12	9.34
债券回购 Repo	490923.20	343429.45	42.95
总成交量(百万) Total Vol In Val(M)	1225772.44	865647.14	41.60
政府债 G-Bonds	4296.33	1250.92	243.45
公司债 C-Bonds	23621.89	22991.16	2.74
债券回购 Repo	1197854.22	841405.05	42.36
日均成交量(百万) Average Vol In Val(M)	5023.66	3533.25	42.18
政府债 G-Bonds	17.61	5.11	244.62
公司债 C-Bonds	96.81	93.84	3.17
债券回购 Repo	4909.24	3434.31	42.95
总成笔数(百万)Total Transactions(M)	9913.93	12312.43	-19.48
政府债 G-Bonds	22.58	15.17	48.85
公司债 C-Bonds	907.62	724.13	25.34
债券回购 Repo	8983.74	11573.13	-22.37
日均成交笔数(万)Average Transactions(10000)	40.63	50.25	-19.14
政府债 G-Bonds	0.09	0.06	50.00
公司债 C-Bonds	3.72	2.96	25.68
债券回购 Repo	36.82	47.24	-22.06
债券发行(亿)Bond issued(100M)	158450.93	107584.04	47.28
政府债 G-Bonds	114231.14	76484.50	49.35
公司债 C-Bonds	44219.79	31099.54	42.19
大宗交易成交 Bulk Trading			
总成交金额(亿) Total Trading Val(100M)	1584.69	1505.32	5.27
总成交量(百万) Total Trading Vol (M)	1571.05	1500.89	4.67
总成交笔数(笔) Total Transactions	4176.00	5584.00	-25.21

政府债现货每日成交(百万元/万张) G-Bond Spot Trading(M /10000)

债券 Bond

日期 Date	1月 Jan		2月 Feb		3月 Mar		4月 Apr		5月 May		6月 Jun	
	金额 Val	数量 Vol	金额 Val	数量 Vol	金额 Val	数量 Vol	金额 Val	数量 Vol	金额 Val	数量 Vol	金额 Val	数量 Vol
1	---	---	---	---	---	---	640.80	632.92	---	---	1564.80	1548.61
2	---	---	1619.76	1615.27	718.25	697.13	1270.58	1263.81	---	---	1681.15	1665.86
3	---	---	614.67	608.43	1397.98	1379.91	1083.99	1081.38	---	---	2473.39	2455.51
4	---	---	1528.41	1563.71	1402.12	1389.51	---	---	1458.47	1452.44	1656.12	1642.28
5	303.20	300.73	877.20	853.84	3066.17	3026.27	---	---	2926.09	2907.14	1410.59	1396.14
6	88.20	86.42	734.33	729.05	1115.19	1098.95	---	---	2113.39	2103.28	---	---
7	1289.73	1280.45	---	---	---	---	522.55	515.78	3869.93	3850.52	---	---
8	2653.14	2649.77	---	---	---	---	397.01	388.46	624.55	619.67	1448.20	1441.51
9	1680.34	1668.20	1669.65	1645.45	536.66	530.45	702.07	688.59	---	---	447.50	443.01
10	---	---	421.20	413.22	313.44	309.17	491.58	482.65	---	---	1190.85	1192.85
11	---	---	705.50	691.05	302.23	291.49	---	---	1341.13	1322.56	1943.60	1942.28
12	1644.28	1652.30	719.55	690.42	1421.52	1394.14	---	---	899.42	885.24	1336.79	1340.30
13	1318.31	1357.77	2156.98	2157.41	1138.09	1114.99	927.19	923.76	527.78	518.80	---	---
14	1131.50	1115.97	---	---	---	---	755.12	750.87	1675.84	1667.98	---	---
15	693.25	685.43	---	---	---	---	792.74	784.10	1517.02	1486.24	2309.68	2294.83
16	610.17	601.46	575.29	566.65	391.71	381.32	324.77	322.05	---	---	1668.25	1655.50
17	---	---	619.14	604.31	670.34	656.69	501.38	497.57	---	---	1932.50	1920.92
18	---	---	---	---	449.23	444.41	---	---	885.91	861.44	891.21	877.31
19	951.33	945.60	---	---	248.79	245.88	---	---	1706.98	1674.42	208.43	203.18
20	540.91	524.63	---	---	285.49	281.83	1548.58	1544.06	606.03	593.70	---	---
21	1155.01	1148.30	---	---	---	---	1138.48	1117.95	2346.82	2305.05	---	---
22	886.18	878.98	---	---	---	---	1137.59	1113.43	1384.92	1364.51	---	---
23	1665.69	1662.64	---	---	778.16	771.56	1879.69	1878.35	---	---	1662.40	1644.25
24	---	---	---	---	267.66	262.67	2092.52	2082.80	---	---	1139.98	1138.72
25	---	---	762.38	758.19	545.90	537.65	---	---	2062.81	2050.46	1815.10	1815.38
26	517.00	529.43	1647.24	1649.43	162.16	159.22	---	---	2155.78	2125.98	1392.65	1384.39
27	1332.99	1318.12	234.27	224.48	562.44	548.17	2730.30	2720.02	2899.48	2849.51	---	---
28	2168.38	2163.60	---	---	---	---	2611.22	2598.11	2690.22	2673.69	---	---
29	2589.27	2589.10	---	---	---	---	2632.10	2629.94	2670.47	2646.14	1851.18	1829.92
30	2194.67	2198.48	---	---	290.45	287.20	2058.82	2054.14	---	---	409.71	402.05
31	---	---	---	---	524.77	516.85	---	---	---	---	---	---
最高 high	2653.14	2649.77	2156.98	2157.41	3066.17	3026.27	2730.30	2720.02	3869.93	3850.52	2473.39	2455.51
最低 low	L88.20	L86.42	234.27	224.48	162.16	159.22	324.77	322.05	527.78	518.80	208.43	203.18

政府债现货每日成交(百万元/万张)
G-Bond Spot Trading(M /10000)

债券 Bond

日期 Date	7月 Jul		8月 Aug		9月 Sep		10月 Oct		11月 Nov		12月 Dec	
	金额 Val	数量 Vol	金额 Val	数量 Vol	金额 Val	数量 Vol	金额 Val	数量 Vol	金额 Val	数量 Vol	金额 Val	数量 Vol
1	404.01	400.25	---	---	1213.64	1196.65	---	---	---	---	4630.47	4597.30
2	785.29	783.40	---	---	1101.82	1093.53	---	---	1882.62	1837.83	4235.49	4218.68
3	672.92	667.34	3741.59	3716.40	---	---	---	---	1889.27	1885.96	1890.25	1889.11
4	---	---	2423.14	2415.37	---	---	---	---	4787.36	4754.40	1869.30	1863.64
5	---	---	5561.66	5550.55	---	---	---	---	2703.35	2677.37	---	---
6	948.93	935.05	3715.64	3720.72	---	---	---	---	2712.84	2688.13	---	---
7	1500.60	1473.83	2435.95	2428.40	1040.63	1021.79	---	---	---	---	2565.87	2530.14
8	2354.70	2331.08	---	---	1196.55	1179.98	1354.06	1345.56	---	---	4561.83	4552.17
9	3754.02	3728.93	---	---	1333.98	1316.72	1727.00	1686.18	1092.71	1073.01	2154.42	2142.88
10	2842.58	2825.84	1107.81	1099.77	1065.66	1063.81	---	---	1558.97	1546.48	1830.41	1817.45
11	---	---	1061.67	1056.65	1570.93	1562.21	---	---	3656.84	3666.02	2031.46	2023.58
12	---	---	2136.39	2137.84	---	---	2440.44	2395.58	1578.46	1560.42	---	---
13	1256.18	1238.64	1949.02	1953.88	---	---	4385.52	4374.03	2476.56	2468.04	---	---
14	2021.13	1999.26	3842.19	3837.65	2418.27	2426.52	2825.28	2779.37	---	---	3064.97	3052.94
15	1195.54	1184.85	---	---	1978.60	1967.39	2336.10	2278.01	---	---	1719.35	1706.98
16	698.71	691.82	---	---	2160.68	2144.26	2496.50	2459.81	2574.80	2550.62	2799.81	2768.03
17	1509.87	1504.62	2549.25	2547.91	1858.32	1847.71	---	---	1318.72	1286.17	1984.16	1978.74
18	---	---	2212.81	2200.85	2780.58	2789.25	---	---	2488.50	2464.19	1756.14	1726.23
19	---	---	2482.99	2493.42	---	---	1778.16	1756.19	1608.79	1582.40	---	---
20	1159.53	1147.74	1630.75	1622.65	---	---	1746.83	1717.51	990.51	968.57	---	---
21	1427.19	1405.28	1478.20	1474.68	2466.60	2451.53	2612.63	2595.63	---	---	3543.02	3510.63
22	1914.16	1896.75	---	---	2487.67	2462.85	1726.86	1700.36	---	---	2971.06	2927.87
23	1744.21	1736.43	---	---	2423.14	2412.77	1579.16	1568.58	1549.05	1529.89	2543.07	2527.77
24	1505.39	1495.94	2007.27	1984.45	1322.39	1322.52	---	---	2045.28	2027.27	5053.53	4988.84
25	---	---	2425.33	2421.72	2913.00	2910.40	---	---	3327.91	3307.17	3443.91	3412.00
26	---	---	2665.55	2649.36	---	---	1497.29	1465.48	3094.57	3084.62	---	---
27	1323.60	1320.79	1859.22	1841.97	---	---	1550.84	1521.00	3746.48	3682.08	---	---
28	2381.09	2338.62	4000.89	4010.40	848.88	837.52	1865.19	1844.26	---	---	2177.86	2145.74
29	2367.11	2353.96	---	---	1432.58	1405.92	2915.99	2877.56	---	---	2867.50	2794.49
30	2037.56	2034.45	---	---	4519.36	4520.72	1655.32	1613.34	3183.98	3161.04	4886.26	4847.31
31	3391.68	3380.59	2527.69	2496.91	---	---	---	---	---	---	662.30	641.40
最高 high	3754.02	3728.93	H5561.66	H5550.55	4519.36	4520.72	4385.52	4374.03	4787.36	4754.40	5053.53	4988.84
最低 low	404.01	400.25	1061.67	1056.65	848.88	837.52	1354.06	1345.56	990.51	968.57	662.30	641.40

公司债每日成交(百万元/万张) 债券
C-Bond Trading(M /10000) Bond

日期 Date	1月 Jan		2月 Feb		3月 Mar		4月 Apr		5月 May		6月 Jun	
	金额 Val	数量 Vol	金额 Val	数量 Vol	金额 Val	数量 Vol	金额 Val	数量 Vol	金额 Val	数量 Vol	金额 Val	数量 Vol
1	---	---	---	---	---	---	6612.18	5859.80	---	---	6259.13	5174.34
2	---	---	11915.85	9624.21	8098.23	6588.16	5561.08	5079.90	---	---	7786.03	6623.27
3	---	---	14341.28	11691.14	9970.24	8369.24	9162.47	8337.30	---	---	5957.45	5000.54
4	---	---	11178.66	9768.79	12560.84	11110.59	---	---	7489.73	6141.96	10609.27	9378.39
5	17721.60	12404.00	13945.69	11789.52	11134.98	9855.99	---	---	9401.30	8291.39	7412.51	6142.05
6	17633.56	12852.09	13280.52	11636.66	9881.69	8899.45	---	---	9995.97	8725.83	---	---
7	17523.18	13321.67	---	---	---	---	6932.68	6197.50	8295.31	7436.66	---	---
8	17622.91	13752.28	---	---	---	---	9350.64	8393.03	8747.75	8002.84	8609.93	7093.67
9	17714.66	13552.63	13481.87	11456.97	8401.69	7410.93	8337.74	7441.64	---	---	8998.42	7304.06
10	---	---	12022.97	10390.44	7166.66	6309.44	9728.98	8888.82	---	---	12295.00	10873.81
11	---	---	9010.64	8053.21	9943.85	9052.77	---	---	10335.82	9218.51	10130.81	8806.22
12	14481.05	11683.03	9796.98	8851.36	7890.97	6951.50	---	---	11833.98	10311.93	9718.84	8520.79
13	13658.44	11356.30	9328.64	8072.46	7508.88	6698.29	7269.27	6363.94	9657.60	8410.51	---	---
14	15313.47	12379.56	---	---	---	---	7651.57	6658.38	8421.13	7273.77	---	---
15	16407.99	13286.06	---	---	---	---	9057.16	8164.00	8399.20	7856.86	7236.09	6166.63
16	16449.04	12555.68	6902.66	6148.82	11168.57	10140.48	8062.53	7088.01	---	---	9435.25	8199.22
17	---	---	4649.16	3802.84	9204.28	7995.32	13372.71	11827.03	---	---	14765.37	13194.29
18	---	---	---	---	9794.56	8879.47	---	---	10561.55	9526.71	9492.25	8470.16
19	16340.22	13149.65	---	---	8890.73	8049.90	---	---	8601.55	7602.91	6199.76	5248.26
20	15035.89	12051.85	---	---	6578.37	5765.69	12718.48	11272.23	7527.78	6358.59	---	---
21	15639.55	12010.25	---	---	---	---	11842.72	10509.06	9963.40	8977.69	---	---
22	13991.63	11682.49	---	---	---	---	12809.23	10804.70	9347.75	7853.49	---	---
23	12552.40	9995.98	---	---	11193.45	10252.97	11074.82	8777.78	---	---	11294.06	10042.53
24	---	---	---	---	10566.51	9612.52	7443.89	6280.19	---	---	12130.32	10654.97
25	---	---	5988.86	5180.50	9857.75	9051.53	---	---	10019.91	8436.15	9290.77	7832.85
26	14395.78	11916.24	9703.02	8021.04	7393.04	6777.61	---	---	13052.68	11603.63	9614.37	8504.92
27	11910.71	9665.49	6365.60	5390.31	6393.56	5876.44	9343.93	7831.18	8564.78	7221.32	---	---
28	14350.64	11744.04	---	---	---	---	10223.98	8950.46	7647.35	6491.75	---	---
29	14852.09	12590.51	---	---	---	---	10947.53	9824.22	5931.37	4961.68	10407.27	8873.01
30	9157.85	7515.63	---	---	6939.67	6277.97	7235.00	5991.03	---	---	7973.68	6445.08
31	---	---	---	---	5207.79	4706.34	---	---	---	---	---	---
最高 high	17721.60	13752.28	14341.28	11789.52	12560.84	11110.59	13372.71	11827.03	13052.68	11603.63	14765.37	13194.29
最低 low	8894.90	7262.35	L4488.86	L3648.39	5085.86	4588.33	5490.78	5011.79	5774.25	4809.23	5684.23	4735.36

公司债每日成交(百万元/万张) C-Bond Trading(M /10000)

债券 Bond

日期 Date	7月 Jul		8月 Aug		9月 Sep		10月 Oct		11月 Nov		12月 Dec	
	金额 Val	数量 Vol	金额 Val	数量 Vol	金额 Val	数量 Vol	金额 Val	数量 Vol	金额 Val	数量 Vol	金额 Val	数量 Vol
1	9833.47	7857.94	---	---	12747.04	12245.34	---	---	---	---	9845.39	9594.75
2	11595.78	9760.88	---	---	5513.62	5056.87	---	---	9562.80	9400.27	7695.86	7487.87
3	11332.30	9752.47	12949.85	12058.81	---	---	---	---	13106.80	12878.06	9934.76	9809.39
4	---	---	11501.54	10192.33	---	---	---	---	9094.92	8712.34	9279.95	9114.22
5	---	---	11923.35	10909.83	---	---	---	---	7722.77	7275.54	---	---
6	14518.69	12180.24	11594.99	10470.73	---	---	---	---	8526.23	8104.42	---	---
7	15847.71	14109.43	17472.34	16048.38	9988.41	9403.83	---	---	---	---	11395.89	10547.79
8	17232.71	16313.58	---	---	13887.92	13100.28	6399.37	6188.56	---	---	12114.01	11433.58
9	15256.71	14085.74	---	---	13413.41	12387.43	8177.55	7978.78	8759.47	8276.23	8494.60	8046.45
10	17878.28	13982.01	14385.09	12367.83	13915.32	12944.89	---	---	9326.94	9151.26	12981.01	12786.07
11	---	---	12327.27	10529.61	10684.27	9993.28	---	---	9167.89	8872.55	11103.22	10913.67
12	---	---	9808.43	8703.78	---	---	7710.20	7339.80	11271.90	11072.36	---	---
13	15985.59	12937.60	9278.99	8000.59	---	---	8333.33	8042.74	8535.60	8310.09	---	---
14	15134.21	12720.62	8719.09	7687.50	11001.16	10461.70	8959.13	8663.53	---	---	13160.22	12853.37
15	12275.79	10810.03	---	---	11865.82	11294.74	8679.48	8320.15	---	---	12042.43	11849.79
16	12790.77	11100.09	---	---	12333.16	11490.51	8193.50	7783.02	8641.29	8492.97	12527.30	12402.46
17	12958.21	11408.64	10790.01	9626.76	13100.24	12115.42	---	---	11025.87	10745.78	14403.62	14205.03
18	---	---	9725.73	9008.88	12160.95	11608.84	---	---	11332.71	11084.06	10140.05	9977.12
19	---	---	11526.51	10416.90	---	---	8156.20	7876.13	10034.56	9779.43	---	---
20	11277.87	9800.10	8987.69	8328.33	---	---	9101.56	8966.06	9428.44	9135.34	---	---
21	15772.52	14188.39	9171.59	8418.70	16854.57	16128.56	7235.14	7024.36	---	---	11647.40	11405.86
22	13173.99	11660.46	---	---	13400.91	12659.84	10751.47	10482.75	---	---	14101.50	13893.66
23	15126.14	13046.33	---	---	10537.22	10200.52	7540.20	7358.38	7940.01	7739.43	12658.01	12357.69
24	12337.51	10554.66	10629.65	10016.43	11765.49	11277.77	---	---	10301.03	10292.41	12454.96	12255.65
25	---	---	10090.48	9501.24	11018.05	10608.31	---	---	13609.61	13048.15	11439.21	11227.17
26	---	---	17088.20	16026.88	---	---	7046.95	6742.19	14766.18	14516.19	---	---
27	13372.77	12078.97	16398.65	15441.19	---	---	10634.29	10329.75	9558.56	9612.25	---	---
28	12425.97	10723.73	12767.32	11726.50	20511.98	20202.19	7608.00	7323.81	---	---	11942.37	11771.12
29	12909.21	11235.18	---	---	9015.45	8685.73	8842.88	8678.95	---	---	12382.57	12127.08
30	13149.96	11193.40	---	---	4637.52	4457.18	6255.96	6072.67	10626.69	10575.70	9623.43	9455.52
31	10759.14	9679.36	13569.71	12773.09	---	---	---	---	---	---	5138.35	4900.36
最高 high	17878.28	16313.58	17472.34	16048.38	H20511.98	H20202.19	10751.47	10482.75	14766.18	14516.19	14403.62	14205.03
最低 low	9704.83	7732.57	8601.17	7573.97	4522.67	4345.24	6221.02	6039.16	7647.31	7200.58	5122.54	4885.94

债券回购每日成交(亿元/百万张)
Bond Repo Trading(100M /M)

债券
Bond

日期 Date	1月 Jan		2月 Feb		3月 Mar		4月 Apr		5月 May		6月 Jun	
	金额 Val	数量 Vol	金额 Val	数量 Vol	金额 Val	数量 Vol	金额 Val	数量 Vol	金额 Val	数量 Vol	金额 Val	数量 Vol
1	---	---	---	---	---	---	4408.53	4408.53	---	---	4853.64	4853.67
2	---	---	5319.23	5319.23	4919.91	4919.91	4166.67	4166.67	---	---	4667.56	4667.63
3	---	---	4674.42	4674.42	4355.23	4355.23	4416.37	4416.37	---	---	4117.34	4117.34
4	---	---	4343.58	4343.59	4419.91	4419.92	---	---	5170.13	5170.19	4139.48	4139.48
5	5515.72	5515.72	4066.05	4066.08	4044.19	4044.19	---	---	4877.05	4877.08	4303.61	4303.61
6	4620.12	4620.12	4419.27	4419.33	4442.77	4442.77	---	---	4542.73	4542.75	---	---
7	4317.67	4317.68	---	---	---	---	4694.39	4694.39	4175.46	4175.46	---	---
8	3776.94	3776.97	---	---	---	---	4049.31	4049.31	4016.54	4016.54	4415.19	4415.19
9	3823.20	3823.22	5189.52	5189.56	4384.10	4384.14	4123.63	4123.64	---	---	4395.51	4395.51
10	---	---	4555.32	4555.33	4142.31	4142.34	4234.85	4234.86	---	---	4198.29	4198.29
11	---	---	4265.66	4265.66	4108.03	4108.07	---	---	4394.90	4394.90	4791.42	4791.42
12	4209.32	4209.34	3936.64	3936.64	3642.27	3642.27	---	---	4168.29	4168.30	4903.77	4903.77
13	3876.08	3876.09	4379.38	4379.38	4005.99	4005.99	4416.01	4416.06	4162.15	4162.15	---	---
14	3832.02	3832.03	---	---	---	---	4309.65	4309.68	4336.95	4336.95	---	---
15	3568.37	3568.37	---	---	---	---	3955.29	3955.29	4463.26	4463.26	5147.77	5147.77
16	3954.18	3954.18	3985.75	3985.75	4455.65	4455.65	3792.83	3792.83	---	---	4944.46	4944.47
17	---	---	3467.33	3467.33	4246.83	4246.88	4294.14	4294.14	---	---	5102.84	5102.88
18	---	---	---	---	4326.35	4326.48	---	---	4871.53	4871.59	4818.25	4818.31
19	4451.68	4451.68	---	---	4120.81	4120.81	---	---	4734.85	4734.86	4537.25	4537.25
20	4038.36	4038.36	---	---	4547.40	4547.40	4260.41	4260.41	4339.48	4339.48	---	---
21	4133.43	4133.43	---	---	---	---	4139.25	4139.25	3974.17	3974.17	---	---
22	4121.99	4121.99	---	---	---	---	4052.10	4052.10	4243.68	4243.68	---	---
23	4509.26	4509.26	---	---	4721.35	4721.52	4121.56	4121.56	---	---	5036.49	5036.49
24	---	---	---	---	4317.28	4317.28	4448.74	4448.74	---	---	4627.98	4627.98
25	---	---	5501.48	5501.48	4517.21	4517.22	---	---	4421.81	4421.81	4528.29	4528.29
26	4784.02	4784.02	4349.67	4349.67	4353.64	4353.64	---	---	4193.03	4193.03	4730.08	4730.08
27	4300.63	4300.63	4829.05	4829.05	4709.97	4709.97	4535.09	4535.09	4124.90	4124.92	---	---
28	4196.64	4196.64	---	---	---	---	4402.31	4402.31	4088.75	4088.75	---	---
29	4105.11	4105.11	---	---	---	---	4266.59	4266.59	4354.12	4354.12	4889.49	4889.49
30	5023.43	5023.43	---	---	5163.79	5163.79	4094.94	4094.94	---	---	5014.05	5014.05
31	---	---	---	---	4585.97	4585.97	---	---	---	---	---	---
最高 high	5515.72	5515.72	5501.48	5501.48	5163.79	5163.79	4694.39	4694.39	5170.13	5170.19	5147.77	5147.77
最低 low	3568.37	3568.37	L3467.33	L3467.33	3642.27	3642.27	3792.83	3792.83	3974.17	3974.17	4117.34	4117.34

债券回购每日成交(亿元/百万张)
Bond Repo Trading(100M /M)

债券
Bond

日期 Date	7月 Jul		8月 Aug		9月 Sep		10月 Oct		11月 Nov		12月 Dec	
	金额 Val	数量 Vol	金额 Val	数量 Vol	金额 Val	数量 Vol	金额 Val	数量 Vol	金额 Val	数量 Vol	金额 Val	数量 Vol
1	5042.60	5042.60	---	---	4767.21	4767.21	---	---	---	---	5672.73	5672.73
2	5048.07	5048.10	---	---	4491.03	4491.03	---	---	5971.68	5971.68	5234.12	5234.12
3	5150.92	5150.92	4958.30	4958.30	---	---	---	---	6052.76	6052.76	5319.49	5319.49
4	---	---	4691.45	4691.45	---	---	---	---	5615.25	5615.25	5888.72	5888.72
5	---	---	4605.30	4605.30	---	---	---	---	5441.75	5441.75	---	---
6	4758.49	4758.50	4503.81	4503.82	---	---	---	---	5829.94	5829.94	---	---
7	4520.18	4520.18	4779.76	4779.76	5691.20	5691.20	---	---	---	---	6077.00	6077.00
8	4556.74	4556.74	---	---	5329.41	5329.41	7344.61	7344.61	---	---	5771.69	5771.69
9	4713.95	4713.95	---	---	5368.44	5368.44	6351.61	6351.61	5694.12	5694.12	5838.73	5838.73
10	4793.26	4793.26	4867.97	4867.97	5016.57	5016.57	---	---	5329.41	5329.41	5971.65	5971.66
11	---	---	4765.29	4765.29	5159.88	5159.88	---	---	5172.19	5172.19	6458.16	6458.21
12	---	---	4716.86	4716.86	---	---	5867.91	5867.91	5252.69	5252.69	---	---
13	4795.76	4795.76	4654.60	4654.60	---	---	5346.94	5346.94	5577.52	5577.52	---	---
14	4500.91	4500.91	4952.65	4952.65	5733.10	5733.10	5137.49	5137.49	---	---	6173.00	6173.03
15	4402.88	4402.88	---	---	5355.76	5355.76	5645.35	5645.35	---	---	5825.78	5825.78
16	4386.19	4386.19	---	---	5271.83	5271.83	5846.26	5846.26	5702.26	5702.26	5906.85	5906.85
17	4631.14	4631.14	4968.90	4968.90	5268.30	5268.30	---	---	5474.58	5474.59	6533.14	6533.14
18	---	---	4820.13	4820.13	5472.86	5472.86	---	---	5420.10	5420.10	6661.91	6661.91
19	---	---	4822.08	4822.08	---	---	5892.10	5892.10	5336.08	5336.08	---	---
20	4784.59	4784.59	4739.91	4739.91	---	---	5415.43	5415.43	5621.52	5621.52	---	---
21	4478.63	4478.63	5152.37	5152.37	5890.96	5890.96	5479.07	5479.07	---	---	6841.09	6841.09
22	4458.81	4458.81	---	---	5638.52	5638.52	6034.30	6034.30	---	---	6896.66	6896.70
23	4465.84	4465.84	---	---	5653.45	5653.45	6139.82	6139.82	5917.89	5917.89	6081.39	6081.40
24	4654.41	4654.41	5161.01	5161.01	5441.57	5441.57	---	---	5417.58	5417.58	6041.83	6041.83
25	---	---	5133.16	5133.16	5581.11	5581.11	---	---	5408.74	5408.74	6035.86	6035.86
26	---	---	5069.35	5069.35	---	---	6191.43	6191.43	5490.91	5490.94	---	---
27	4824.37	4824.37	5002.10	5002.10	---	---	5729.57	5729.57	5798.38	5798.40	---	---
28	4535.96	4535.96	5288.70	5288.70	5831.69	5831.69	5497.43	5497.43	---	---	6476.51	6476.51
29	4501.61	4501.61	---	---	5098.49	5098.49	5420.09	5420.09	---	---	6081.70	6081.70
30	4479.46	4479.46	---	---	5110.43	5110.43	5762.42	5762.42	6177.54	6177.63	5773.33	5773.33
31	4645.78	4645.78	5277.42	5277.42	---	---	---	---	---	---	6282.38	6282.38
最高 high	5150.92	5150.92	5288.70	5288.70	5890.96	5890.96	H7344.61	H7344.61	6177.54	6177.63	6896.66	6896.70
最低 low	4386.19	4386.19	4503.81	4503.82	4491.03	4491.03	5137.49	5137.49	5172.19	5172.19	5234.12	5234.12

债券信息
List of Bonds

债券
Bond

债券代码 Code	债券简称 Securities	发行数量(百万) Issued Val(M)	年限 Terms	到期日 Expiration Date	票面利率(%) Coupon Rate(%)	本年收盘 Close	成交数量(万) Trading Vol(10000)
010107	21 国债(7)	23960.00	20.00	2021.07.31	4.2600	108.43	31236.90
010213	02 国债(13)	24000.00	15.00	2017.09.20	2.6000	100.70	1308.00
010303	03 国债(3)	26000.00	20.00	2023.04.17	3.4000	103.88	11625.29
010501	05 国债(1)	30000.00	10.00	2015.02.28	4.4400	101.76	9.86
010504	05 国债(4)	33920.00	20.00	2025.05.15	4.1100	108.91	93.30
010512	05 国债(12)	34410.00	15.00	2020.11.15	3.6500	104.00	379.48
010603	06 国债(3)	34000.00	10.00	2016.03.27	2.8000	100.13	1598.84
010609	06 国债(9)	31090.00	20.00	2026.06.26	3.7000	100.00	50.00
010616	06 国债(16)	30000.00	10.00	2016.09.26	2.9200	100.15	29.80
010619	06 国债(19)	30000.00	15.00	2021.11.15	3.2700	102.00	1.21
010703	07 国债 03	30000.00	10.00	2017.03.22	3.4000	100.00	0.00
010706	07 国债 06	30000.00	30.00	2037.05.17	4.2700	100.00	0.00
010710	07 国债 10	35070.00	10.00	2017.06.25	4.4000	106.00	60.30
010713	07 国债 13	28000.00	20.00	2027.08.16	4.5200	100.00	0.00
018001	国开 1301	8000.00	2.00	2016.01.03	5.8000	100.02	41120.58
018002	国开 1302	4000.00	5.00	2019.01.03	5.8400	109.63	4146.57
018003	国开 1401	2500.00	15.00	2029.04.15	5.8500	128.00	276.87
019002	10 国债 02	26000.00	10.00	2020.02.04	3.4300	102.24	0.00
019003	10 国债 03	24000.00	30.00	2040.03.01	4.0800	100.00	0.00
019005	10 国债 05	26000.00	7.00	2017.03.11	2.9200	100.00	210.00
019007	10 国债 07	26000.00	10.00	2020.03.25	3.3600	101.59	0.00
019008	10 国债 08	28040.00	5.00	2015.04.08	2.7000	100.00	130.94
019009	10 国债 09	28000.00	20.00	2030.04.15	3.9600	98.80	0.00
019010	10 国债 10	28000.00	7.00	2017.04.22	3.0100	100.00	300.00
019012	10 国债 12	28000.00	10.00	2020.05.13	3.2500	102.00	62.57
019013	10 国债 13	28000.00	5.00	2015.05.20	2.3800	98.92	20.00
019014	10 国债 14	28000.00	50.00	2060.05.24	4.0300	100.00	0.00
019015	10 国债 15	28310.00	7.00	2017.05.27	2.8300	100.00	0.00
019017	10 国债 17	28000.00	5.00	2015.06.10	2.5300	100.00	0.00
019018	10 国债 18	28000.00	30.00	2040.06.21	4.0300	100.00	0.00
019019	10 国债 19	28010.00	10.00	2020.06.24	3.4100	100.71	60.00
019020	10 国债 20	29970.00	5.00	2015.07.08	2.5200	99.54	0.00
019022	10 国债 22	28190.00	7.00	2017.07.22	2.7600	100.00	60.00
019023	10 国债 23	28000.00	30.00	2040.07.29	3.9600	99.55	0.00
019024	10 国债 24	30440.00	10.00	2020.08.05	3.2800	100.00	0.00
019026	10 国债 26	28000.00	30.00	2040.08.16	3.9600	100.00	0.00
019027	10 国债 27	28000.00	7.00	2017.08.19	2.8100	98.80	390.00
019028	10 国债 28	28220.00	5.00	2015.08.26	2.5800	100.10	1980.94
019029	10 国债 29	28000.00	20.00	2030.09.02	3.8200	99.61	400.00
019031	10 国债 31	28260.00	10.00	2020.09.16	3.2900	101.88	10.10
019032	10 国债 32	28710.00	7.00	2017.10.14	3.1000	100.00	80.00
019033	10 国债 33	28000.00	5.00	2015.10.21	2.9100	100.00	180.00
019034	10 国债 34	28000.00	10.00	2020.10.28	3.6700	100.00	0.00
019037	10 国债 37	28000.00	50.00	2060.11.18	4.4000	100.00	0.00
019038	10 国债 38	30640.00	7.00	2017.11.25	3.8300	100.00	0.00
019039	10 国债 39	32140.00	5.00	2015.12.02	3.6400	100.04	4896.63
019040	10 国债 40	28000.00	30.00	2040.12.09	4.2300	100.00	0.00
019041	10 国债 41	30780.00	10.00	2020.12.16	3.7700	100.00	0.00
019102	11 国债 02	62060.00	10.00	2021.01.20	3.9400	100.00	0.00
019103	11 国债 03	62520.00	7.00	2018.01.27	3.8300	100.00	20.00

债券信息 List of Bonds

债券代码 Code	债券简称 Securities	发行数量 (百万) Issued Val(M)	年限 Terms	到期日 Expiration Date	票面利率(%) Coupon Rate(%)	本年收盘 Close	成交数量(万) Trading Vol(10000)
019104	11 国债 04	63970.00	5.00	2016.02.17	3.6000	100.00	1855.00
019105	11 国债 05	28000.00	30.00	2041.02.24	4.3100	100.00	0.00
019106	11 国债 06	30000.00	7.00	2018.03.03	3.7500	100.00	0.00
019108	11 国债 08	30000.00	10.00	2021.03.17	3.8300	101.20	162.00
019110	11 国债 10	58000.00	20.00	2031.04.28	4.1500	105.03	130.00
019112	11 国债 12	30000.00	50.00	2061.05.26	4.4800	100.00	0.00
019114	11 国债 14	60000.00	5.00	2016.06.09	3.4400	100.27	250.00
019115	11 国债 15	61930.00	10.00	2021.06.16	3.9900	100.00	0.00
019116	11 国债 16	58000.00	30.00	2041.06.23	4.5000	105.27	0.00
019117	11 国债 17	60000.00	7.00	2018.07.07	3.7000	101.35	1340.05
019119	11 国债 19	63050.00	10.00	2021.08.18	3.9300	102.52	425.00
019121	11 国债 21	58630.00	7.00	2018.10.13	3.6500	101.00	280.04
019122	11 国债 22	29300.00	5.00	2016.10.20	3.5500	101.83	590.00
019123	11 国债 23	28000.00	50.00	2061.11.10	4.3300	100.00	0.00
019124	11 国债 24	56050.00	10.00	2021.11.17	3.5700	104.82	247.00
019203	12 国债 03	58000.00	5.00	2017.02.16	3.1400	100.73	4954.65
019204	12 国债 04	86000.00	10.00	2022.02.23	3.5100	102.80	261.84
019205	12 国债 05	94670.00	7.00	2019.03.08	3.4100	101.95	331.01
019206	12 国债 06	28000.00	20.00	2032.04.23	4.0300	100.00	0.00
019207	12 国债 07	64940.00	3.00	2015.04.26	2.9100	99.81	1023.93
019208	12 国债 08	28000.00	50.00	2062.05.17	4.2500	100.00	0.00
019209	12 国债 09	100220.00	10.00	2022.05.24	3.3600	103.05	775.00
019210	12 国债 10	94350.00	7.00	2019.06.07	3.1400	101.25	400.00
019212	12 国债 12	28000.00	30.00	2042.06.28	4.0700	101.94	20.00
019213	12 国债 13	28000.00	30.00	2042.08.02	4.1200	100.00	0.00
019214	12 国债 14	56060.00	5.00	2017.08.16	2.9500	100.43	470.01
019215	12 国债 15	86140.00	10.00	2022.08.23	3.3900	103.25	571.00
019216	12 国债 16	82820.00	7.00	2019.09.06	3.2500	100.00	80.43
019217	12 国债 17	58000.00	3.00	2015.09.13	3.1000	100.02	8130.43
019218	12 国债 18	28000.00	20.00	2032.09.27	4.1000	109.00	17.46
019220	12 国债 20	26000.00	50.00	2062.11.15	4.3500	100.00	0.00
019221	12 国债 21	29010.00	10.00	2022.12.13	3.5500	100.32	64.00
019301	13 国债 01	48000.00	5.00	2018.01.10	3.1500	101.00	838.61
019303	13 国债 03	82000.00	7.00	2020.01.24	3.4200	102.38	100.16
019304	13 国债 04	56000.00	3.00	2016.01.31	3.1000	100.10	7025.50
019305	13 国债 05	78790.00	10.00	2023.02.21	3.5200	100.00	1660.00
019306	13 国债 06	26000.00	2.00	2015.04.07	2.9200	99.90	710.00
019308	13 国债 08	91720.00	7.00	2020.04.18	3.2900	102.20	559.37
019309	13 国债 09	26000.00	20.00	2033.04.22	3.9900	102.85	80.00
019310	13 国债 10	20000.00	50.00	2063.05.20	4.2400	100.00	0.00
019311	13 国债 11	90000.00	10.00	2023.05.23	3.3800	103.75	3871.54
019312	13 国债 12	26000.00	2.00	2015.05.27	2.9800	100.20	951.03
019313	13 国债 13	60000.00	5.00	2018.05.30	3.0900	100.80	523.11
019315	13 国债 15	90150.00	7.00	2020.07.11	3.4600	102.80	7552.35
019316	13 国债 16	26000.00	20.00	2033.08.12	4.3200	107.42	50.00
019317	13 国债 17	60020.00	3.00	2016.08.15	3.7700	100.80	8159.55
019318	13 国债 18	111880.00	10.00	2023.08.22	4.0800	107.41	341.11
019319	13 国债 19	26000.00	30.00	2043.09.16	4.7600	117.36	71.11
019320	13 国债 20	88890.00	7.00	2020.10.17	4.0700	105.80	284.20
019321	13 国债 21	24000.00	2.00	2015.10.21	3.7700	100.03	8562.34

债券信息
List of Bonds

债券代码 Code	债券简称 Securities	发行数量(百万) Issued Val(M)	年限 Terms	到期日 Expiration Date	票面利率(%) Coupon Rate(%)	本年收盘 Close	成交数量(万) Trading Vol(10000)
019323	13 国债 23	57210.00	5.00	2018.11.07	4.1300	102.85	120.57
019324	13 国债 24	20000.00	50.00	2063.11.18	5.3100	100.00	0.00
019325	13 国债 25	24000.00	30.00	2043.12.09	5.0500	113.99	0.01
019401	14 国债 01	38000.00	5.00	2019.01.07	4.4700	104.01	130.35
019402	14 国债 02	10000.00	1.00	2015.01.09	4.0400	100.18	0.73
019403	14 国债 03	66000.00	7.00	2021.01.16	4.4400	107.29	47.35
019404	14 国债 04	84590.00	3.00	2017.03.13	3.6600	101.35	3294.22
019405	14 国债 05	84970.00	10.00	2024.03.20	4.4200	103.00	260.00
019406	14 国债 06	84080.00	7.00	2021.04.03	4.3300	108.28	67.51
019407	14 国债 07	20700.00	1.00	2015.04.14	3.6300	99.99	1549.78
019408	14 国债 08	57000.00	5.00	2019.04.24	4.0400	103.11	30.00
019409	14 国债 09	26000.00	20.00	2034.04.28	4.7700	100.00	0.00
019410	14 国债 10	26000.00	50.00	2064.05.26	4.6700	100.00	0.00
019411	14 国债 11	25850.00	1.00	2015.06.12	3.3200	100.04	893.57
019412	14 国债 12	84010.00	10.00	2024.06.19	4.0000	107.13	820.00
019413	14 国债 13	84030.00	7.00	2021.07.03	4.0200	105.20	938.66
019414	14 国债 14	22200.00	1.00	2015.07.10	3.5400	99.98	2001.69
019415	14 国债 15	23390.00	2.00	2016.07.21	3.9900	100.90	1717.22
019416	14 国债 16	26000.00	30.00	2044.07.24	4.7600	100.00	20.00
019417	14 国债 17	26000.00	20.00	2034.08.11	4.6300	100.00	40.00
019418	14 国债 18	22000.00	1.00	2015.08.14	3.8200	100.05	3475.54
019419	14 国债 19	26000.00	2.00	2016.08.18	3.8900	101.00	1824.38
019420	14 国债 20	56100.00	3.00	2017.09.11	4.0000	102.91	1856.94
019421	14 国债 21	85790.00	10.00	2024.09.18	4.1300	107.77	8655.95
019422	14 国债 22	22450.00	1.00	2015.09.22	3.7100	101.00	2338.01
019423	14 国债 23	23530.00	1.00	2015.10.20	3.5000	100.16	4371.01
019424	14 国债 24	84180.00	7.00	2021.10.23	3.7000	101.38	7827.22
019425	14 国债 25	26000.00	30.00	2044.10.27	4.3000	100.00	0.00
019426	14 国债 26	56040.00	5.00	2019.10.30	3.5300	101.45	976.60
019427	14 国债 27	26000.00	50.00	2064.11.24	4.2400	100.41	0.00
019428	14 国债 28	22180.00	1.00	2015.12.11	3.4200	100.12	5833.71
019429	14 国债 29	68240.00	10.00	2024.12.18	3.7700	104.00	12187.64
019430	14 国债 30	25000.00	2.00	2016.12.25	3.3900	101.06	1928.12
019501	15 国债 01	20000.00	1.00	2016.01.15	3.1400	100.00	7050.91
019502	15 国债 02	60000.00	7.00	2022.01.22	3.3600	102.91	6580.64
019503	15 国债 03	70410.00	5.00	2020.02.05	3.3100	100.52	2030.00
019504	15 国债 04	80050.00	3.00	2018.03.26	3.2200	101.00	3598.12
019505	15 国债 05	90320.00	10.00	2025.04.09	3.6400	105.82	14538.67
019506	15 国债 06	22000.00	1.00	2016.04.13	3.1300	100.35	9877.83
019507	15 国债 07	90120.00	7.00	2022.04.16	3.5400	103.80	3077.64
019508	15 国债 08	26000.00	20.00	2035.04.27	4.0900	107.20	1872.70
019509	15 国债 09	22000.00	1.00	2016.05.11	2.6600	100.11	19434.91
019510	15 国债 10	26000.00	50.00	2065.05.25	3.9900	107.34	42.14
019511	15 国债 11	90120.00	5.00	2020.05.28	3.1000	101.65	5735.97
019512	15 国债 12	90050.00	3.00	2018.06.11	2.7300	100.40	8695.87
019513	15 国债 13	51160.00	2.00	2017.06.25	2.4400	99.90	2440.30
019514	15 国债 14	90040.00	7.00	2022.07.09	3.3000	102.80	4607.38
019515	15 国债 15	22100.00	1.00	2016.07.13	2.4000	100.18	10640.73
019516	15 国债 16	90000.00	10.00	2025.07.16	3.5100	105.08	7770.22
019517	15 国债 17	26000.00	30.00	2045.07.27	3.9400	105.85	3901.86

债券信息
List of Bonds

债券代码 Code	债券简称 Securities	发行数量 (百万) Issued Val(M)	年限 Terms	到期日 Expiration Date	票面利率(%) Coupon Rate(%)	本年收盘 Close	成交数量(万) Trading Vol(10000)
019518	15 国债 18	22000.00	1.00	2016.08.10	2.1600	99.91	10182.58
019519	15 国债 19	86100.00	5.00	2020.09.08	3.1400	102.10	4700.29
019520	15 国债 20	26000.00	1.00	2016.09.21	2.3100	99.98	8650.20
019521	15 国债 21	26000.00	20.00	2035.09.22	3.7400	103.48	467.14
019522	15 国债 22	86000.00	3.00	2018.09.24	2.9200	101.01	6440.12
019523	15 国债 23	84000.00	10.00	2025.10.15	2.9900	101.46	4773.46
019524	15 国债 24	22000.00	1.00	2016.10.19	2.4100	99.00	1016.03
019525	15 国债 25	26000.00	30.00	2045.10.20	3.7400	100.00	0.00
019526	15 国债 26	56010.00	7.00	2022.10.22	3.0500	101.48	6900.01
019527	15 国债 27	22000.00	1.00	2016.11.09	2.4100	99.96	361.28
019528	15 国债 28	26000.00	50.00	2065.11.23	3.8900	105.28	419.68
019801	08 国债 01	28970.00	7.00	2015.02.13	3.9500	100.44	120.00
019802	08 国债 02	28000.00	15.00	2023.02.28	4.1600	100.00	0.00
019803	08 国债 03	27940.00	10.00	2018.03.20	4.0700	100.00	400.00
019806	08 国债 06	28000.00	30.00	2038.05.08	4.5000	100.00	0.00
019807	08 国债 07	27150.00	7.00	2015.05.19	4.0100	105.07	800.00
019810	08 国债 10	26650.00	10.00	2018.06.23	4.4100	100.00	60.00
019813	08 国债 13	24000.00	20.00	2028.08.11	4.9400	100.00	0.00
019814	08 国债 14	26600.00	7.00	2015.08.18	4.2300	100.40	600.03
019818	08 国债 18	24360.00	10.00	2018.09.22	3.6800	104.61	0.00
019820	08 国债 20	24000.00	30.00	2038.10.23	3.9100	100.00	0.00
019822	08 国债 22	22500.00	7.00	2015.11.24	2.7100	100.20	790.23
019823	08 国债 23	24000.00	15.00	2023.11.27	3.6200	100.00	0.00
019825	08 国债 25	25370.00	10.00	2018.12.15	2.9000	100.58	301.00
019901	09 国债 01	26930.00	7.00	2016.02.12	2.7600	100.30	1060.00
019902	09 国债 02	22000.00	20.00	2029.02.19	3.8600	100.00	0.00
019903	09 国债 03	26000.00	10.00	2019.03.12	3.0500	100.00	0.00
019905	09 国债 05	22000.00	30.00	2039.04.09	4.0200	100.00	0.00
019906	09 国债 06	25210.00	7.00	2016.04.16	2.8200	100.13	1320.11
019907	09 国债 07	27760.00	10.00	2019.05.07	3.0200	100.00	0.00
019911	09 国债 11	28000.00	15.00	2024.06.11	3.6900	100.00	0.00
019912	09 国债 12	28270.00	10.00	2019.06.18	3.0900	100.00	0.00
019913	09 国债 13	28000.00	7.00	2016.06.25	2.8200	100.00	0.00
019916	09 国债 16	28300.00	10.00	2019.07.23	3.4800	100.00	0.00
019917	09 国债 17	26000.00	7.00	2016.07.30	3.1500	102.35	0.00
019919	09 国债 19	26730.00	7.00	2016.08.20	3.1700	100.00	0.00
019920	09 国债 20	26000.00	20.00	2029.08.27	4.0000	100.00	0.00
019923	09 国债 23	26640.00	10.00	2019.09.17	3.4400	100.00	0.00
019925	09 国债 25	24000.00	30.00	2039.10.15	4.1800	95.01	0.00
019926	09 国债 26	27490.00	7.00	2016.10.22	3.4000	100.00	0.00
019927	09 国债 27	27240.00	10.00	2019.11.05	3.6800	100.00	0.00
019930	09 国债 30	20000.00	50.00	2059.11.30	4.3000	100.00	0.00
019932	09 国债 32	27120.00	7.00	2016.12.17	3.2200	100.00	0.00
020067	14 贴债 01	15000.00	0.75	2015.01.19	0.0000	98.52	2.42
020068	14 贴债 02	15000.00	0.75	2015.02.09	0.0000	97.47	220.00
020069	14 贴债 03	15000.00	0.50	2015.01.26	0.0000	98.12	180.00
020070	14 贴债 04	15000.00	0.50	2015.02.23	0.0000	98.18	1380.00
020071	14 贴债 05	15000.00	0.50	2015.03.16	0.0000	98.02	701.66
020072	14 贴债 06	15000.00	0.25	2015.01.10	0.0000	99.12	0.00
020073	14 贴债 07	15000.00	0.25	2015.01.27	0.0000	99.17	0.00

债券信息 List of Bonds

债券 Bond

债券代码 Code	债券简称 Securities	发行数量(百万) Issued Val(M)	年限 Terms	到期日 Expiration Date	票面利率(%) Coupon Rate(%)	本年收盘 Close	成交数量(万) Trading Vol(10000)
020074	14 贴债 08	15000.00	0.25	2015.03.16	0.0000	99.18	0.00
020075	15 贴债 01	15000.00	0.50	2015.10.13	0.0000	98.42	5589.71
020076	15 贴债 02	15000.00	0.75	2016.01.19	0.0000	97.79	5680.19
020077	15 贴债 03	15000.00	0.50	2015.11.16	0.0000	98.90	5308.84
020078	15 贴债 04	15000.00	0.75	2016.02.23	0.0000	98.40	1009.86
020079	15 贴债 05	15000.00	0.50	2015.12.14	0.0000	99.11	10775.75
020080	15 贴债 06	10140.00	0.75	2016.03.28	0.0000	98.45	3980.40
020081	15 贴债 07	20000.00	0.50	2016.01.18	0.0000	98.82	9938.99
020082	15 贴债 08	15000.00	0.50	2016.02.22	0.0000	98.91	4076.76
020083	15 贴债 09	15000.00	0.50	2016.03.14	0.0000	98.79	3230.00
020084	15 贴债 10	10000.00	0.25	2016.01.11	0.0000	99.42	420.00
020085	15 贴债 11	10000.00	0.25	2016.01.18	0.0000	99.42	690.00
020086	15 贴债 12	10000.00	0.25	2016.01.25	0.0000	99.42	880.00
020087	15 贴债 13	10000.00	0.50	2016.04.25	0.0000	98.85	820.00
020088	15 贴债 14	10000.00	0.25	2016.02.01	0.0000	99.42	880.00
020089	15 贴债 15	10000.00	0.25	2016.02.08	0.0000	99.41	1650.00
020090	15 贴债 16	10000.00	0.25	2016.02.15	0.0000	99.40	680.00
020091	15 贴债 17	10000.00	0.50	2016.05.16	0.0000	98.81	800.00
020092	15 贴债 18	10000.00	0.25	2016.02.22	0.0000	99.38	740.00
020093	15 贴债 19	10000.00	0.25	2016.02.29	0.0000	99.43	509.51
020094	15 贴债 20	10000.00	0.25	2016.03.07	0.0000	99.38	1120.00
020095	15 贴债 21	10000.00	0.25	2016.03.14	0.0000	99.42	0.00
020096	15 贴债 22	10000.00	0.50	2016.06.13	0.0000	98.85	40.00
020097	15 贴债 23	10000.00	0.25	2016.03.21	0.0000	99.42	1170.00
020098	15 贴债 24	10000.00	0.25	2016.03.28	0.0000	99.43	2520.00
120102	01 三峡债	3000.00	15.00	2016.11.08	5.2100	102.60	291.82
120201	02 三峡债	5000.00	20.00	2022.09.20	4.7600	104.02	33.56
120203	02 中移(15)	5000.00	15.00	2017.10.27	4.5000	103.00	2508.70
120204	02 苏交通	1500.00	15.00	2017.12.11	4.5100	102.69	642.75
120301	03 沪轨道	4000.00	15.00	2018.02.19	4.5100	102.90	796.31
120303	03 三峡债	3000.00	30.00	2033.07.31	4.8600	106.95	17.76
120306	03 中电投	3000.00	15.00	2018.12.07	5.0200	104.00	44.28
120486	04 国电(2)	1556.00	15.00	2019.09.21	5.6000	107.45	1.27
120490	04 南网(2)	2000.00	15.00	2019.09.16	5.6000	107.00	116.71
120501	05 申能债	1000.00	10.00	2015.02.02	5.7000	101.00	1.02
120502	05 苏园建	1200.00	10.00	2015.05.19	5.0500	100.10	12.75
120503	05 渝水务	1700.00	10.00	2015.04.26	5.0500	100.20	66.77
120505	05 华电债	2000.00	10.00	2015.06.30	4.9800	100.07	151.82
120506	05 大唐债	3000.00	15.00	2020.04.28	5.2800	103.20	31.74
120508	05 铁道债	5000.00	15.00	2020.07.28	4.8500	104.00	292.81
120509	05 国网(1)	3000.00	10.00	2015.07.08	4.9800	100.50	145.18
120510	05 国网(2)	1000.00	10.00	2015.07.08	5.2500	99.95	5.88
120511	05 沪建(1)	2000.00	10.00	2015.07.27	4.9800	101.01	62.77
120512	05 沪建(2)	1000.00	15.00	2020.07.26	5.1800	104.20	0.12
120516	05 中电投	2000.00	10.00	2015.07.11	4.9800	103.00	78.19
120519	05 华能债	2000.00	10.00	2015.07.05	5.0200	100.00	17.55
120520	05 杭城建	1000.00	10.00	2015.06.20	5.0200	100.00	71.61
120521	05 国航债	3000.00	10.00	2015.09.07	4.5000	102.13	45.02
120522	05 铁通债	1000.00	10.00	2015.08.18	4.6000	0.00	0.00
120523	05 闽高速	2000.00	10.00	2015.06.10	5.0500	100.03	77.27

债券信息
List of Bonds

债券代码 Code	债券简称 Securities	发行数量(百万) Issued Val(M)	年限 Terms	到期日 Expiration Date	票面利率(%) Coupon Rate(%)	本年收盘 Close	成交数量(万) Trading Vol(10000)
120525	05 中核(1)	1000.00	10.00	2015.07.22	4.9800	100.00	191.40
120527	05 武城投	1000.00	15.00	2020.12.25	4.7000	104.99	11.59
120529	05 宁煤债	1000.00	15.00	2020.09.15	4.9000	98.00	0.03
120601	06 大唐债	2000.00	20.00	2026.02.15	4.2000	101.99	294.16
120602	06 冀建投	1000.00	20.00	2026.03.27	4.1800	101.98	1.37
120603	06 航天债	2000.00	15.00	2021.04.17	4.0000	102.00	2.30
120604	06 国网(1)	1000.00	10.00	2016.05.28	4.0500	100.70	692.33
120605	06 三峡债	3000.00	20.00	2026.05.10	4.1500	103.00	111.43
120607	06 沪水务	1500.00	15.00	2021.06.28	4.2500	0.00	0.00
120608	06 鲁高速	1000.00	20.00	2026.04.06	4.1000	106.00	0.85
120609	06 赣投债	800.00	15.00	2021.09.10	4.3800	100.50	0.44
120610	06 合城投	1000.00	10.00	2016.09.19	4.3200	100.80	390.00
120701	07 世博(1)	2000.00	10.00	2017.02.14	4.0500	100.90	229.00
120702	07 世博(2)	2000.00	15.00	2022.02.14	4.1500	101.50	3.38
122000	07 长电债	4000.00	10.00	2017.09.24	5.3500	104.50	1220.96
122001	07 海工债	1200.00	10.00	2017.11.09	5.7700	105.00	187.03
122004	07 华能 G3	3300.00	10.00	2017.12.25	5.9000	105.10	26.96
122006	08 金地债	1200.00	8.00	2016.03.10	5.5000	100.45	566.14
122007	08 莱钢债	2000.00	10.00	2018.03.25	6.5500	99.87	1492.52
122008	08 华能 G1	4000.00	10.00	2018.05.08	5.2000	105.30	1344.71
122009	08 新湖债	1400.00	8.00	2016.07.02	9.0000	102.30	2814.18
122015	09 长电债	3500.00	10.00	2019.07.30	4.7800	103.70	353.42
122016	09 中材债	2500.00	7.00	2016.07.29	5.4000	101.50	615.20
122017	09 大唐债	3000.00	10.00	2019.08.17	5.0000	103.60	0.74
122019	09 中交 G2	7900.00	10.00	2019.08.21	5.2000	105.10	43.20
122021	09 广汇债	1000.00	7.00	2016.08.26	6.9500	101.43	2324.86
122027	09 京城建	900.00	7.00	2016.09.28	6.8000	102.50	382.24
122028	09 华发债	1800.00	8.00	2017.10.16	7.6000	106.30	1211.41
122030	09 京综超	700.00	6.00	2015.11.02	6.3000	99.98	241.07
122032	09 隧道债	1400.00	7.00	2016.10.21	5.5500	101.80	1301.20
122037	09 三友债	960.00	8.00	2017.11.26	6.3200	104.30	347.22
122041	09 招金债	1500.00	7.00	2016.12.23	5.0000	102.00	978.61
122043	09 紫江债	1000.00	8.00	2017.12.28	6.1000	104.50	736.55
122044	10 连云债	650.00	5.00	2015.01.26	6.0000	100.05	106.29
122045	10 中铁 G1	1000.00	5.00	2015.01.27	4.4800	100.10	51.85
122046	10 中铁 G2	5000.00	10.00	2020.01.27	4.8800	105.50	763.86
122047	10 首机 01	1900.00	5.00	2015.02.03	4.4500	100.01	128.59
122048	10 首机 02	3000.00	7.00	2017.02.03	4.6500	102.11	2140.26
122049	10 营口港	1200.00	8.00	2018.03.02	5.9000	104.80	533.25
122050	10 杉杉债	600.00	7.00	2017.03.26	5.9600	102.37	512.76
122051	10 石化 01	11000.00	5.00	2015.05.21	3.7500	99.99	4552.56
122052	10 石化 02	9000.00	10.00	2020.05.21	4.0500	102.00	238.99
122053	10 泰豪债	500.00	5.00	2015.09.26	5.3000	100.00	182.01
122054	10 中铁 G3	2500.00	10.00	2020.10.19	4.3400	103.20	11.69
122055	10 中铁 G4	3500.00	15.00	2025.10.19	4.5000	101.09	2.02
122056	10 龙源 01	2000.00	5.00	2015.12.10	4.8900	100.03	114.10
122057	10 龙源 02	2000.00	10.00	2020.12.10	5.0500	100.00	0.00
122058	10 豫园债	500.00	5.00	2015.12.22	5.9000	100.03	475.10
122059	10 重钢债	2000.00	7.00	2017.12.09	6.2000	100.68	2208.14
122060	ST 银鸽债	750.00	7.00	2017.12.22	8.0900	97.99	739.43

债券信息
List of Bonds

债券代码 Code	债券简称 Securities	发行数量(百万) Issued Val(M)	年限 Terms	到期日 Expiration Date	票面利率(%) Coupon Rate(%)	本年收盘 Close	成交数量(万) Trading Vol(10000)
122061	11 西矿 01	2000.00	5.00	2016.01.17	5.0000	100.05	368.51
122062	11 西矿 02	2000.00	10.00	2021.01.17	5.3000	100.00	0.00
122063	11 龙源 01	1500.00	5.00	2016.01.21	4.8900	100.00	92.05
122064	11 龙源 02	1500.00	10.00	2021.01.21	5.0400	100.00	0.00
122065	11 上港 01	5000.00	5.00	2016.03.30	4.6900	100.30	989.67
122066	11 大唐 01	3000.00	10.00	2021.04.20	5.2500	107.74	101.93
122067	11 南钢债	4000.00	7.00	2018.05.06	5.8000	100.06	3856.10
122068	11 海螺 01	7000.00	5.00	2016.05.23	5.0800	100.77	3419.24
122069	11 海螺 02	2500.00	7.00	2018.05.23	5.2000	104.00	66.36
122070	11 海航 01	3560.00	5.00	2016.05.24	5.6000	101.01	2179.64
122071	11 海航 02	1440.00	10.00	2021.05.24	6.2000	110.12	802.78
122072	11 大连港	2350.00	10.00	2021.05.23	5.3000	105.35	4.77
122073	11 云维债	1000.00	7.00	2018.06.01	5.6500	97.75	6007.92
122074	11 士兰微	600.00	5.00	2016.06.09	5.3500	100.36	132.88
122075	11 柳钢债	2000.00	8.00	2019.06.01	5.7000	99.54	727.88
122076	11 康恩贝	600.00	5.00	2016.06.08	6.3000	101.00	360.57
122077	11 西钢债	1000.00	8.00	2019.06.15	5.7500	98.33	1525.02
122078	11 东阳光	900.00	5.00	2016.06.15	7.5000	101.60	1058.97
122079	11 上港 02	3000.00	5.00	2016.07.06	5.0500	101.20	410.16
122080	11 康美债	2500.00	7.00	2018.06.21	6.0000	105.70	2171.33
122081	11 星湖债	640.00	6.00	2017.07.07	7.5000	100.00	3.04
122082	PR 发展债	650.00	5.00	2016.07.07	6.4000	70.91	497.50
122083	11 天威债	1600.00	7.00	2018.07.11	5.7500	98.01	1662.43
122084	11 湘电债	950.00	5.00	2016.07.15	6.1800	100.00	349.40
122085	11 深高速	1500.00	5.00	2016.07.27	6.0000	102.00	279.04
122086	11 正泰债	1500.00	5.00	2016.07.20	6.0500	102.39	974.86
122087	11 凌钢债	1480.00	8.00	2019.08.01	6.5800	97.60	2519.62
122088	11 综艺债	700.00	5.00	2016.08.31	7.5000	101.60	1853.42
122090	11 马钢 02	2340.00	5.00	2016.08.25	5.7400	101.00	7329.12
122091	11 重机债	1000.00	5.00	2016.08.17	6.5900	101.80	407.88
122093	11 中孚债	1500.00	8.00	2019.08.29	7.3000	97.40	4600.18
122094	11 海正债	800.00	5.00	2016.08.25	6.5000	102.15	472.70
122096	11 健康元	1000.00	7.00	2018.10.28	7.1000	108.50	653.37
122097	11 浦路桥	700.00	5.00	2016.10.24	6.9000	102.75	753.54
122099	11 连港 02	2650.00	7.00	2018.09.26	6.0500	100.00	550.00
122100	11 华仪债	700.00	5.00	2016.11.09	8.0000	103.65	572.19
122102	11 广汇 01	2000.00	6.00	2017.11.03	7.7000	100.79	3242.21
122103	11 航机 01	996.76	5.00	2017.02.08	6.0000	103.00	1371.01
122105	11 安钢 02	800.00	7.00	2019.02.14	6.9000	94.60	1243.12
122106	11 唐新 01	4200.00	5.00	2016.11.08	5.4000	102.15	2608.08
122107	11 安钢 01	1000.00	7.00	2018.11.11	6.8700	96.40	1296.29
122108	11 新天 01	1000.00	6.00	2017.11.18	5.3000	102.60	276.50
122109	11 新天 02	1000.00	7.00	2018.11.18	5.4000	102.40	1269.50
122110	11 众和债	1370.00	7.00	2018.11.17	6.8500	101.69	2524.76
122111	11 永泰债	500.00	5.00	2016.12.14	7.1000	101.60	550.00
122112	11 沪大众	1600.00	6.00	2018.01.06	6.2600	104.11	894.88
122113	11 新钢债	900.00	5.00	2016.12.21	6.6500	102.00	862.44
122114	11 一重债	2500.00	5.00	2016.12.20	5.1400	98.65	1602.05
122115	11 华锐 01	2600.00	5.00	2016.12.27	7.0000	97.92	89.01
122116	11 华锐 02	200.00	5.00	2016.12.27	6.2000	97.20	417.19

债券信息
List of Bonds

债券代码 Code	债券简称 Securities	发行数量(百万) Issued Val(M)	年限 Terms	到期日 Expiration Date	票面利率(%) Coupon Rate(%)	本年收盘 Close	成交数量(万) Trading Vol(10000)
122117	11 闽高速	1500.00	5.00	2017.03.08	5.8000	100.01	3212.30
122118	12 兴发 01	300.00	6.00	2018.02.14	6.3000	104.40	246.99
122119	12 兴发 02	500.00	5.00	2017.02.14	7.3000	103.50	458.14
122121	11 日照港	500.00	5.00	2017.02.17	5.6000	102.63	37.55
122122	11 精工债	700.00	3.00	2015.03.22	6.3000	99.98	113.76
122123	11 中化 01	700.00	4.00	2016.03.05	4.8500	100.82	166.29
122124	11 中化 02	1200.00	7.00	2019.03.05	4.9900	104.80	818.61
122125	11 美兰债	800.00	7.00	2019.03.15	7.8000	111.00	541.72
122126	11 庞大 02	2200.00	5.00	2017.03.01	8.5000	103.29	4789.02
122127	11 欧亚债	470.00	7.00	2019.03.21	7.0000	109.00	282.14
122128	11 武钢债	7200.00	3.00	2015.03.01	4.7500	100.02	68.86
122129	12 酒钢债	3000.00	3.00	2015.03.19	5.4000	99.99	359.06
122130	11 航民 01	300.00	3.00	2015.03.22	6.8000	99.98	42.50
122131	11 片仔癀	300.00	5.00	2017.03.15	5.7000	101.80	105.23
122132	12 鹏博债	1400.00	5.00	2017.03.12	7.5000	104.40	1206.91
122133	11 柳化债	510.00	7.00	2019.03.27	7.0000	93.65	1558.75
122134	11 华微债	320.00	7.00	2019.04.10	8.0000	101.79	659.08
122135	12 宝泰隆	1000.00	5.00	2017.04.11	7.3000	98.49	783.60
122136	11 复星债	1500.00	5.00	2017.04.25	5.5300	102.74	683.70
122138	11 桂东 01	600.00	7.00	2019.04.16	6.3000	106.30	398.34
122139	11 洪水业	500.00	5.00	2017.05.02	5.8800	102.62	148.04
122140	12 宁港 01	1000.00	3.00	2015.04.16	4.6900	100.00	282.98
122141	12 天士 01	400.00	5.00	2017.04.24	6.0000	103.20	129.59
122142	11 鹿港债	400.00	5.00	2017.04.23	7.7500	102.00	466.63
122143	12 亿利 01	800.00	8.00	2020.04.23	7.3000	103.85	1314.05
122144	12 鲁信债	400.00	5.00	2017.04.25	6.5000	103.50	321.45
122145	11 桂东 02	400.00	7.00	2019.06.20	5.3000	103.50	112.19
122146	12 华新 01	1000.00	5.00	2017.05.17	5.3500	101.50	291.75
122147	12 华新 02	1000.00	7.00	2019.05.17	5.6500	104.50	275.85
122148	11 吉高速	800.00	7.00	2019.06.21	5.5000	103.50	464.72
122149	12 石化 01	13000.00	5.00	2017.06.01	4.2600	102.30	3049.76
122150	12 石化 02	7000.00	10.00	2022.06.01	4.9000	107.00	84.86
122151	12 国电 01	3000.00	5.00	2017.06.15	4.3500	101.75	1175.20
122152	12 国电 02	1000.00	7.00	2019.06.15	4.7500	104.88	326.61
122153	12 京能 01	2400.00	3.00	2015.07.03	4.3500	99.90	1009.73
122154	12 京能 02	1200.00	5.00	2017.07.03	4.6000	102.30	847.31
122155	12 天富债	500.00	5.00	2017.06.06	5.5000	102.50	94.90
122156	12 厦工债	1500.00	5.00	2017.06.18	5.0000	100.30	1468.00
122157	12 广控 01	2350.00	7.00	2019.06.25	4.7400	104.30	2164.99
122158	12 西钢债	430.00	8.00	2020.07.16	5.5000	93.28	778.93
122159	12 亿利 02	800.00	8.00	2020.07.19	6.4200	101.43	1011.89
122161	12 申通 02	400.00	3.00	2015.07.20	4.6000	100.01	191.05
122162	12 中孚债	1000.00	5.00	2017.08.28	8.0000	97.00	4245.50
122163	12 鄂资债	4000.00	5.00	2017.08.30	6.2000	99.35	4553.01
122164	12 通威发	500.00	5.00	2017.10.24	5.9800	102.30	368.81
122165	12 国电 03	3300.00	3.00	2015.07.23	4.2200	100.00	954.99
122166	12 国电 04	700.00	5.00	2017.07.23	4.3500	101.90	88.07
122167	12 兖煤 01	1000.00	5.00	2017.07.23	4.2000	100.99	307.48
122168	12 兖煤 02	4000.00	10.00	2022.07.23	4.9500	102.00	17.71
122169	12 金瑞债	150.00	5.00	2017.08.29	7.9000	102.00	224.02

债券信息
List of Bonds

债券
Bond

债券代码 Code	债券简称 Securities	发行数量(百万) Issued Val(M)	年限 Terms	到期日 Expiration Date	票面利率(%) Coupon Rate(%)	本年收盘 Close	成交数量(万) Trading Vol(10000)
122170	12 江药债	500.00	3.00	2015.12.07	5.3900	99.85	214.66
122171	12 中海 01	1000.00	3.00	2015.08.03	4.2000	100.10	109.44
122172	12 中海 02	1500.00	10.00	2022.08.03	5.0000	99.23	0.00
122173	12 中交 01	6000.00	5.00	2017.08.09	4.4000	102.00	100.00
122174	12 中交 02	2000.00	10.00	2022.08.09	5.0000	99.76	0.00
122175	12 中交 03	4000.00	15.00	2027.08.09	5.1500	100.00	0.00
122176	12 中储债	1600.00	7.00	2019.08.13	5.0000	104.49	510.41
122177	12 科环 01	1200.00	3.00	2015.08.20	4.3000	100.20	59.15
122178	12 科环 02	800.00	5.00	2017.08.20	4.6500	101.50	230.52
122179	12 科环 03	2000.00	10.00	2022.08.20	5.1500	100.00	0.00
122180	12 旋风债	700.00	5.00	2017.08.23	6.2800	103.60	319.94
122181	12 山鹰债	800.00	7.00	2019.08.22	7.5000	105.90	1654.37
122182	12 九州通	1600.00	5.00	2017.10.22	5.7000	103.50	1070.14
122183	12 集优 01	500.00	5.00	2017.08.31	5.0800	102.40	313.59
122184	12 一重 01	2500.00	5.00	2017.09.03	5.1000	95.01	887.11
122185	12 力帆 01	1200.00	3.00	2015.09.21	6.8000	100.00	265.69
122186	12 力帆 02	700.00	5.00	2017.09.19	7.5000	105.20	463.00
122187	12 玻纤债	1200.00	7.00	2019.10.17	5.5600	105.30	585.84
122188	12 华新 03	1100.00	7.00	2019.11.09	5.9000	106.10	447.49
122189	12 王府 01	1100.00	5.00	2017.10.24	4.9400	103.15	599.74
122190	12 王府 02	1100.00	7.00	2019.10.24	5.2000	103.75	184.63
122191	12 桂冠 01	800.00	5.00	2017.10.24	4.8000	101.00	66.42
122192	12 桂冠 02	930.00	10.00	2022.10.24	5.1000	100.00	0.00
122193	12 中水 01	2000.00	7.00	2019.10.29	5.0300	102.80	2.53
122194	12 中水 02	3000.00	10.00	2022.10.29	5.2000	99.00	40.00
122195	12 中海 03	1500.00	7.00	2019.10.29	5.0500	105.00	700.30
122196	12 中海 04	1000.00	10.00	2022.10.29	5.1800	100.00	0.00
122197	12 华天成	900.00	5.00	2018.03.13	5.8000	101.60	651.75
122198	12 能新 01	1140.00	3.00	2015.10.29	4.8000	99.99	352.34
122199	12 能新 02	860.00	5.00	2017.10.29	5.0900	103.20	451.80
122200	12 晋兰花	3000.00	5.00	2017.11.07	5.0900	98.44	2641.38
122201	12 开滦 01	1500.00	7.00	2019.10.30	5.4000	99.09	959.96
122202	12 海螺 01	2500.00	5.00	2017.11.07	4.8900	102.80	104.85
122203	12 海螺 02	3500.00	10.00	2022.11.07	5.1000	100.00	0.00
122204	12 双良节	800.00	5.00	2017.11.12	5.8800	102.50	969.23
122205	12 沪交运	800.00	5.00	2017.11.16	5.0500	102.25	820.60
122206	12 赛轮债	720.00	3.00	2015.11.15	5.8500	100.00	377.81
122207	12 骆驼集	800.00	5.00	2017.12.05	5.9800	103.65	456.07
122208	12 招金券	1200.00	5.00	2017.11.16	4.9900	102.90	468.20
122209	12 中油 01	16000.00	5.00	2017.11.22	4.5500	102.40	1758.97
122210	12 中油 02	2000.00	10.00	2022.11.22	4.9000	91.00	0.00
122211	12 中油 03	2000.00	15.00	2027.11.22	5.0400	102.74	420.00
122212	12 京江河	900.00	5.00	2017.12.07	5.4000	100.80	1197.29
122213	12 松建化	2200.00	7.00	2019.12.05	6.2000	92.95	4736.66
122214	12 大秦债	5000.00	3.00	2015.12.10	4.8800	100.02	4122.47
122215	12 永泰 01	1600.00	5.00	2017.12.20	5.6800	100.00	1285.96
122216	12 桐昆债	1300.00	5.00	2018.01.21	5.8500	102.70	1093.43
122217	12 渝水务	1500.00	5.00	2018.01.29	5.1200	103.10	477.38
122218	12 国航 01	5000.00	10.00	2023.01.18	5.1000	107.75	7.29
122219	12 榕泰债	750.00	5.00	2018.01.24	5.9000	101.20	1349.21

债券信息
List of Bonds

债券
Bond

债券代码 Code	债券简称 Securities	发行数量(百万) Issued Val(M)	年限 Terms	到期日 Expiration Date	票面利率(%) Coupon Rate(%)	本年收盘 Close	成交数量(万) Trading Vol(10000)
122220	12 重工 01	1200.00	5.00	2018.01.25	4.8500	100.15	1636.12
122221	12 重工 02	600.00	7.00	2020.01.25	5.2000	103.85	1086.21
122222	12 永泰 02	900.00	5.00	2018.01.31	5.4500	100.35	610.82
122223	12 电气 01	400.00	3.00	2016.02.27	4.5000	100.26	256.35
122224	12 电气 02	1600.00	5.00	2018.02.27	4.9000	103.60	113.04
122225	12 一拖 01	800.00	5.00	2018.03.04	4.8000	102.20	324.45
122226	12 宝科创	600.00	5.00	2018.03.06	5.4800	102.80	399.60
122227	13 尖峰 01	300.00	5.00	2018.06.05	4.9000	101.30	107.16
122228	13 天士 01	400.00	5.00	2018.03.29	4.9800	102.50	109.24
122229	12 国控 01	4000.00	5.00	2018.03.13	4.5400	103.00	2790.22
122230	12 沪海立	1000.00	5.00	2018.02.28	4.8500	102.00	1213.46
122231	12 上电债	1500.00	5.00	2018.03.04	4.5500	103.20	991.90
122232	12 招商 01	3000.00	5.00	2018.03.05	4.4500	102.05	811.43
122233	12 招商 02	1500.00	5.00	2018.03.05	4.8000	102.30	345.43
122234	12 招商 03	5500.00	10.00	2023.03.05	5.1500	100.00	0.00
122235	12 芜湖港	1500.00	5.00	2018.03.20	4.9900	100.00	2009.95
122236	12 哈电 01	3000.00	5.00	2018.03.11	4.9000	103.56	1188.46
122237	12 西资源	600.00	5.00	2018.03.08	5.6800	99.10	1695.41
122238	13 宁港 01	1000.00	3.00	2016.03.13	4.6000	100.11	406.47
122239	13 中油 01	16000.00	5.00	2018.03.15	4.4700	103.00	1499.28
122240	13 中油 02	4000.00	10.00	2023.03.15	4.8800	91.69	0.00
122241	12 东航 01	4800.00	10.00	2023.03.18	5.0500	105.00	0.20
122242	12 广汽 01	1000.00	5.00	2018.03.20	4.8900	102.80	190.83
122243	12 广汽 02	3000.00	10.00	2023.03.20	5.0900	100.00	20.00
122244	12 大唐 01	3000.00	10.00	2023.03.27	5.1000	108.00	203.21
122245	13 甬热电	300.00	7.00	2020.04.15	5.1000	104.20	102.24
122247	13 福新 01	1000.00	5.00	2018.03.25	5.0000	103.50	753.77
122248	13 福新 02	1000.00	10.00	2023.03.25	5.3000	103.00	2.04
122249	13 平煤债	4500.00	10.00	2023.04.17	5.0700	97.08	60.98
122250	13 和邦 01	400.00	7.00	2020.04.22	5.8000	101.50	384.19
122251	13 南车 01	1500.00	5.00	2018.04.22	4.7000	103.80	247.02
122252	13 南车 02	1500.00	10.00	2023.04.22	5.0000	100.00	60.00
122253	12 一拖 02	700.00	5.00	2018.05.30	4.5000	101.50	212.84
122254	12 拜克 01	300.00	5.00	2018.05.22	5.3000	99.90	360.92
122255	13 赣粤 01	1800.00	10.00	2023.04.19	5.1500	105.50	384.58
122256	13 保税债	350.00	5.00	2018.05.23	5.5000	100.40	226.83
122257	12 岳纸 01	850.00	5.00	2018.05.29	5.0400	99.50	2793.47
122258	13 云煤业	250.00	7.00	2020.12.03	7.8000	101.22	178.40
122259	13 中信 01	3000.00	5.00	2018.06.07	4.6500	103.00	332.03
122260	13 中信 02	12000.00	10.00	2023.06.07	5.0500	103.30	500.00
122261	13 华泰 01	4000.00	5.00	2018.06.05	4.6800	103.50	430.78
122262	13 华泰 02	6000.00	10.00	2023.06.05	5.1000	100.00	0.00
122263	12 豫园 01	500.00	5.00	2018.06.17	5.2000	102.00	301.88
122264	13 京客隆	750.00	5.00	2018.08.13	5.4800	104.20	61.21
122265	13 川路桥	1500.00	5.00	2018.07.26	5.6500	102.00	645.06
122266	13 中信 03	5000.00	3.00	2016.08.05	5.0000	101.40	2701.26
122267	13 永泰债	3800.00	5.00	2018.08.06	6.8000	100.43	5492.60
122268	12 国航 02	3500.00	5.00	2018.08.16	5.1500	104.41	230.00
122269	12 国航 03	1500.00	10.00	2023.08.16	5.3000	109.83	90.00
122270	13 安信债	3600.00	5.00	2018.08.19	5.1500	103.70	1284.31

债券信息 List of Bonds

债券代码 Code	债券简称 Securities	发行数量(百万) Issued Val(M)	年限 Terms	到期日 Expiration Date	票面利率(%) Coupon Rate(%)	本年收盘 Close	成交数量(万) Trading Vol(10000)
122271	12 兖煤 03	1950.00	5.00	2019.03.03	5.9200	103.00	50.30
122272	12 兖煤 04	3050.00	10.00	2024.03.03	6.1500	100.00	0.00
122273	13 鲁金 01	2000.00	5.00	2018.09.03	5.1600	104.89	1204.09
122274	11 航民 02	250.00	3.00	2016.09.16	6.6000	102.20	330.63
122275	13 京能 01	1500.00	1.50	2015.07.16	6.2400	100.06	80.01
122276	13 魏桥 01	3000.00	5.00	2018.10.23	7.0000	107.20	3628.63
122277	13 华域 01	1200.00	2.00	2015.11.18	5.6000	100.01	567.31
122278	13 华域 02	2800.00	5.00	2018.11.18	5.7200	106.45	1026.99
122279	13 外运债	2000.00	3.00	2016.11.08	5.7000	102.30	501.70
122280	13 海通 01	7260.00	3.00	2016.11.25	6.0500	102.75	592.12
122281	13 海通 02	2350.00	5.00	2018.11.25	6.1500	104.90	1.00
122282	13 海通 03	2390.00	10.00	2023.11.25	6.1800	104.04	0.00
122283	13 盛屯债	200.00	5.00	2018.12.12	8.0000	102.45	111.12
122284	13 鲁金 02	1300.00	5.00	2020.03.30	4.8000	104.00	82.09
122285	13 杉杉债	750.00	5.00	2019.03.07	7.5000	107.00	783.24
122286	13 中信建	4700.00	3.00	2016.11.22	6.1500	102.80	467.45
122287	13 国投 01	1800.00	5.00	2019.03.21	5.8900	107.50	233.57
122288	13 东吴债	3000.00	5.00	2018.11.18	6.1800	106.80	487.30
122289	13 日照港	1000.00	3.00	2017.03.03	6.1500	103.50	1009.34
122290	13 包钢 01	3000.00	2.00	2016.03.06	6.4500	100.54	1854.11
122292	13 兴业 01	1500.00	5.00	2019.03.13	6.0000	108.00	464.82
122293	13 兴业 02	1000.00	7.00	2021.03.13	6.3500	113.49	1023.44
122294	12 鲁创投	400.00	5.00	2019.03.25	7.3500	114.00	286.34
122295	13 川投 01	1700.00	5.00	2019.04.17	6.1200	108.00	915.50
122297	13 山煤 01	1500.00	2.00	2016.04.24	6.3500	99.70	1405.55
122298	13 亚盛债	1200.00	5.00	2019.06.19	6.3500	106.00	1108.44
122299	13 中原债	1500.00	5.00	2019.04.23	6.2000	107.90	434.38
122300	13 铁龙 01	750.00	2.00	2016.05.09	5.8000	100.95	365.86
122301	13 楚天 01	600.00	5.00	2019.05.26	5.8800	106.00	534.82
122302	13 天房债	1200.00	7.00	2021.04.25	8.9000	110.10	1063.05
122304	13 兴业 03	2500.00	3.00	2017.06.23	5.5000	103.70	2890.93
122305	14 鲁高速	2000.00	5.00	2019.07.11	5.8400	107.90	387.92
122306	13 太极 01	250.00	5.00	2019.06.09	6.2500	105.20	102.26
122308	13 杭齿债	400.00	5.00	2019.07.11	6.3000	106.60	178.21
122310	13 苏新城	2000.00	5.00	2019.07.23	8.9000	115.00	3116.45
122311	13 海通 04	5650.00	3.00	2017.07.14	5.2500	103.33	2266.99
122312	13 海通 05	4550.00	5.00	2019.07.14	5.4500	105.80	726.00
122313	13 海通 06	800.00	10.00	2024.07.14	5.8500	100.00	0.00
122315	14 东海债	1000.00	5.00	2019.07.31	5.5500	104.90	130.00
122316	14 赣粤 01	500.00	7.00	2021.08.11	5.7400	109.29	450.00
122317	14 赣粤 02	2300.00	10.00	2024.08.11	6.0900	111.00	1.47
122318	14 中炬 01	500.00	5.00	2019.09.23	6.2000	105.78	375.68
122319	13 京能 02	1500.00	3.00	2017.08.22	5.1400	103.00	82.99
122320	14 国贸 01	500.00	5.00	2019.08.20	5.5000	103.60	105.53
122321	14 银河 G1	1500.00	3.00	2018.02.04	4.6500	100.18	10.09
122322	14 银河 G2	1000.00	5.00	2020.02.04	4.8000	103.50	172.26
122323	14 凤凰债	750.00	5.00	2019.09.12	5.6500	104.50	1002.42
122324	14 国电 01	1500.00	3.00	2017.09.15	5.1000	103.30	374.68
122326	14 广晟债	290.00	3.00	2017.09.25	6.5000	100.90	127.13
122327	13 卧龙债	600.00	5.00	2019.09.23	9.0700	104.97	1674.32

债券信息 List of Bonds

债券代码 Code	债券简称 Securities	发行数量(百万) Issued Val(M)	年限 Terms	到期日 Expiration Date	票面利率(%) Coupon Rate(%)	本年收盘 Close	成交数量(万) Trading Vol(10000)
122328	12 开滦 02	1500.00	6.00	2020.09.26	6.3000	99.25	1263.74
122329	14 伊泰 01	4500.00	5.00	2019.10.09	6.9900	101.20	4183.84
122330	13 中企债	1550.00	5.00	2019.10.14	5.4700	100.10	2723.90
122331	14 营口港	1000.00	7.00	2021.10.20	5.6000	106.81	1424.91
122332	14 亿利 01	1000.00	5.00	2020.01.26	6.9500	103.99	2056.14
122333	14 嘉宝债	960.00	5.00	2019.10.23	5.5000	106.00	1339.25
122334	12 大唐 02	3000.00	10.00	2024.11.03	5.0000	109.58	830.38
122335	14 爱众 01	300.00	7.00	2021.10.28	6.0000	102.99	308.97
122336	13 牡丹 01	850.00	5.00	2019.10.29	5.4000	103.00	863.78
122337	13 魏桥 02	3000.00	5.00	2019.11.07	5.5000	103.00	3409.77
122338	13 金桥债	1200.00	8.00	2022.11.17	5.0000	102.98	434.11
122339	13 香江债	700.00	5.00	2019.12.10	8.4800	102.90	420.49
122340	14 武控 01	650.00	5.00	2019.11.05	4.7000	102.00	442.00
122341	14 连云港	645.00	5.00	2020.03.20	4.9400	100.30	440.00
122342	13 包钢 03	1500.00	3.00	2018.01.26	4.9800	100.20	855.49
122343	13 和邦 02	400.00	5.00	2019.11.25	6.4000	102.50	371.11
122344	13 尖峰 02	300.00	5.00	2019.11.20	5.0900	102.50	175.74
122345	12 重工 03	1000.00	5.00	2019.11.24	4.9800	102.20	416.92
122346	14 贵人鸟	800.00	5.00	2019.12.03	6.8000	104.60	1422.46
122347	13 太极 02	250.00	5.00	2019.12.03	5.2500	100.00	120.68
122348	14 北辰 01	1000.00	5.00	2020.01.20	4.8000	101.92	786.18
122349	14 中炬 02	400.00	5.00	2020.01.26	5.5000	104.00	202.12
122350	14 盛屯债	450.00	5.00	2019.12.26	7.7000	96.50	745.52
122351	14 北辰 02	1500.00	7.00	2022.01.20	5.2000	105.00	914.88
122352	12 广汽 03	2000.00	5.00	2020.01.19	4.7000	104.66	1698.65
122353	14 东兴债	2000.00	4.00	2019.04.07	4.8900	104.71	1039.37
122354	15 康美债	2400.00	7.00	2022.01.27	5.3300	107.00	2052.66
122355	14 齐鲁债	3000.00	5.00	2020.01.29	4.9000	105.20	2133.62
122356	14 富贵鸟	800.00	5.00	2020.04.22	6.3000	104.00	1153.30
122357	14 浙证债	1500.00	5.00	2020.02.03	4.9000	103.80	449.62
122358	15 际华 03	2000.00	7.00	2022.09.15	4.1000	102.02	275.00
122360	14 华融 G1	2000.00	3.00	2018.04.10	4.9000	103.77	768.56
122361	14 福田债	1000.00	5.00	2020.03.31	5.1000	101.50	105.00
122362	14 上实 01	1000.00	5.00	2020.03.23	4.9200	102.00	168.79
122363	14 太证债	1000.00	3.00	2018.03.09	5.2800	103.60	591.49
122364	14 渝路 01	450.00	5.00	2020.03.16	5.0000	103.00	463.95
122365	14 昊华 01	1500.00	7.00	2022.03.26	5.5000	102.00	313.61
122366	14 武钢债	7000.00	3.00	2018.07.01	4.3800	101.90	4699.97
122367	14 财富债	800.00	5.00	2020.03.31	5.1300	102.60	61.21
122368	14 渝路 02	410.00	5.00	2020.04.27	4.8700	101.00	280.38
122369	13 包钢 04	1500.00	3.00	2018.04.21	4.7500	100.88	1431.63
122370	14 华远债	1400.00	5.00	2020.04.27	5.2400	103.50	1607.10
122371	14 亨通 01	800.00	5.00	2020.06.23	5.3700	102.80	68.81
122372	14 财通债	1500.00	5.00	2020.05.19	4.0000	101.40	562.00
122373	15 舟港债	700.00	5.00	2020.05.22	4.4800	100.00	0.00
122374	14 招商债	5500.00	10.00	2025.05.26	5.0800	109.00	3903.41
122375	14 苏新债	700.00	3.00	2018.05.29	4.6700	101.50	469.90
122376	15 首置 01	3000.00	5.00	2020.05.27	4.5800	101.50	1957.00
122377	14 首开债	4000.00	7.00	2022.06.03	4.8000	104.20	1211.40
122378	13 楚天 02	600.00	5.00	2020.06.08	4.5800	101.00	304.54

债券信息 List of Bonds

债券代码 Code	债券简称 Securities	发行数量(百万) Issued Val(M)	年限 Terms	到期日 Expiration Date	票面利率(%) Coupon Rate(%)	本年收盘 Close	成交数量(万) Trading Vol(10000)
122379	14 西南 01	4000.00	3.00	2018.06.10	4.1000	101.00	2781.32
122380	14 瀚华 01	1500.00	5.00	2020.06.10	6.1000	102.15	1539.40
122381	14 安源债	1200.00	5.00	2020.11.20	6.2000	100.00	160.00
122382	14 京银债	779.00	3.00	2018.06.26	4.8000	101.30	860.70
122383	15 恒大 01	5000.00	5.00	2020.06.19	5.3800	105.50	6452.89
122384	15 中信 01	5500.00	5.00	2020.06.25	4.6000	103.40	1821.02
122385	15 中信 02	2500.00	10.00	2025.06.25	5.1000	107.60	1532.52
122386	15 迪马债	2000.00	5.00	2020.07.10	7.4900	104.00	2259.79
122387	15 城乡 01	300.00	5.00	2020.06.30	4.6800	100.00	10.00
122388	15 华泰 G1	6600.00	3.00	2018.06.29	4.2000	102.80	3752.26
122390	15 龙湖 01	2000.00	5.00	2020.07.07	4.6000	103.10	3030.15
122391	15 云能投	500.00	5.00	2020.07.06	4.4900	102.67	1200.00
122392	15 恒大 02	6800.00	4.00	2019.07.08	5.3000	103.10	10662.58
122393	15 恒大 03	8200.00	7.00	2022.07.08	6.9800	110.00	13015.44
122394	15 中银债	3000.00	3.00	2018.07.09	3.9500	101.00	1326.63
122395	15 富力债	6500.00	5.00	2020.07.13	4.9500	103.00	6574.77
122396	15 时代债	2000.00	5.00	2020.07.10	6.7500	104.10	2532.37
122397	15 宜华 01	1200.00	5.00	2020.07.16	6.8800	106.60	1616.76
122398	15 北巴债	700.00	5.00	2020.07.14	4.4000	101.00	232.80
122399	15 中投 G1	3500.00	3.00	2018.07.24	3.6200	100.12	1272.50
122401	15 远洋 03	1500.00	10.00	2025.08.19	5.0000	103.00	528.23
122402	15 城建 01	5800.00	7.00	2022.07.20	4.4000	103.00	2223.79
122403	15 天恒债	1500.00	5.00	2020.07.22	4.1200	100.00	350.00
122404	14 西南 02	2000.00	5.00	2020.07.23	3.6700	101.00	530.83
122405	15 宜华 02	600.00	5.00	2020.07.23	6.8800	106.35	1308.50
122406	15 新湖债	3500.00	5.00	2020.07.23	5.5000	101.90	3750.08
122407	15 广证债	1000.00	5.00	2020.07.24	3.9000	99.19	76.00
122408	15 美都债	1200.00	3.00	2018.07.27	6.5000	99.80	1219.10
122409	15 龙湖 02	2000.00	5.00	2020.07.27	3.9300	100.50	1752.19
122410	15 龙湖 03	2000.00	7.00	2022.07.27	4.2000	101.70	2216.70
122411	14 招金债	950.00	5.00	2020.07.29	3.8000	100.40	159.07
122412	15 昆药债	300.00	5.00	2020.07.29	4.2800	100.80	130.23
122413	15 精工债	600.00	5.00	2020.07.29	5.2000	106.00	426.90
122414	15 物美 01	1500.00	3.00	2018.08.13	4.7000	101.40	608.50
122415	15 增碧 01	3000.00	3.00	2018.08.03	4.2000	100.20	2625.00
122416	15 好民居	2000.00	5.00	2020.07.30	5.5000	102.70	2361.00
122417	15 东旭集	2000.00	5.00	2020.07.30	6.2000	99.19	1354.31
122418	15 盛和债	450.00	5.00	2020.08.05	4.7000	100.00	20.00
122419	15 天风债	1200.00	3.00	2018.07.31	4.2300	100.00	800.00
122420	15 奥园债	2400.00	3.00	2018.07.30	5.8000	102.70	2641.96
122421	15 天房债	1000.00	5.00	2020.08.06	5.8000	100.50	187.04
122422	15 梅花 01	1500.00	5.00	2020.07.31	4.4700	101.16	894.70
122423	15 五洋债	800.00	3.00	2018.08.14	7.4800	99.26	1224.71
122424	15 华业债	1500.00	5.00	2020.08.06	5.8000	103.50	1737.99
122425	15 际华 01	2000.00	5.00	2020.08.07	3.6000	101.19	603.00
122426	15 际华 02	500.00	7.00	2022.08.07	3.9800	100.00	60.00
122427	15 海正 01	800.00	5.00	2020.08.13	3.9700	100.55	510.86
122428	15 信投 01	1800.00	10.00	2025.08.13	4.2000	101.20	650.95
122429	15 海亮 01	1500.00	5.00	2020.08.10	5.3900	101.50	1947.61
122430	15 增碧 02	3000.00	3.00	2018.08.12	4.2000	100.60	970.40

债券信息
List of Bonds

债券代码 Code	债券简称 Securities	发行数量(百万) Issued Val(M)	年限 Terms	到期日 Expiration Date	票面利率(%) Coupon Rate(%)	本年收盘 Close	成交数量(万) Trading Vol(10000)
122431	15 闽高速	2000.00	5.00	2020.08.11	3.5300	100.00	126.58
122432	15 融创 01	2500.00	5.00	2020.08.14	4.5000	100.94	2224.95
122433	15 融创 02	2500.00	5.00	2020.08.14	5.7000	104.50	1754.30
122434	15 清能债	1200.00	5.00	2020.08.18	4.5500	100.00	180.00
122435	15 兴发债	600.00	5.00	2020.08.20	4.4000	100.60	415.90
122436	15 远洋 02	1500.00	7.00	2022.08.19	4.1500	100.00	540.00
122437	15 远洋 01	2000.00	5.00	2020.08.19	3.7800	100.81	70.00
122438	15 祥源债	1000.00	3.00	2018.08.24	6.5000	101.00	834.17
122439	15 红豆债	1000.00	5.00	2020.08.20	5.9900	101.70	1662.21
122440	15 龙光 01	4000.00	5.00	2020.08.19	5.0000	101.40	2644.73
122441	15 赣长运	690.00	5.00	2020.08.24	4.3000	100.50	514.00
122442	15 鲁焦 01	1500.00	3.00	2018.08.24	6.6000	99.80	1522.24
122443	15 桂金债	4000.00	8.00	2023.08.21	5.0000	104.50	6594.38
122444	15 冠城债	2800.00	5.00	2020.08.26	5.1000	101.50	1732.06
122445	15 融创 03	1000.00	5.00	2020.09.01	4.4800	100.00	0.00
122446	15 万达 01	5000.00	5.00	2020.08.27	4.0900	100.80	1530.75
122447	15 物美 02	1500.00	3.00	2018.09.08	4.7500	100.70	325.00
122448	15 龙光 02	1000.00	4.00	2019.08.27	4.7700	100.40	491.00
122449	15 绿城 01	3000.00	5.00	2020.08.27	4.7000	101.20	1634.00
122450	15 齐鲁债	2500.00	5.00	2020.08.28	3.8000	100.00	290.00
122451	15 九鼎债	1000.00	5.00	2020.08.31	6.0300	101.40	390.51
122452	15 杭实 01	1500.00	10.00	2025.09.09	4.4800	96.30	486.00
122453	15 联发 01	1000.00	3.00	2018.09.15	3.8900	100.00	50.00
122454	15 五洋 02	560.00	5.00	2020.09.11	7.8000	98.20	572.05
122455	15 绿城 02	2000.00	5.00	2020.09.16	4.4000	100.50	550.40
122456	15 绿城 03	2000.00	7.00	2022.09.16	5.1600	100.00	30.00
122457	15 新金债	700.00	7.00	2022.09.16	4.4700	101.00	115.00
122458	15 泛海 02	3000.00	6.00	2021.09.14	5.1000	100.80	1104.80
122459	15 平高债	550.00	3.00	2018.09.16	3.9300	100.00	140.00
122461	15 杭实 02	1000.00	10.00	2025.09.17	4.3600	100.00	148.00
122462	15 正奇债	500.00	3.00	2018.09.16	3.9800	100.10	201.00
122463	15 花样年	2000.00	5.00	2020.09.16	6.9500	100.15	985.21
122464	15 世茂 01	6000.00	5.00	2020.09.18	3.9000	100.40	2679.01
122465	15 广越 01	7500.00	3.00	2018.09.18	3.7500	101.89	4012.30
122466	15 广越 02	1500.00	5.00	2020.09.18	3.9700	100.73	1303.00
122467	15 万达 02	5000.00	5.00	2020.10.14	3.9300	100.00	90.00
122468	15 五矿 01	2000.00	5.00	2020.09.21	3.8800	100.45	407.08
122469	15 五矿 02	2000.00	10.00	2025.09.21	4.7500	104.50	644.64
122470	15 泛海 03	1000.00	6.00	2021.09.21	4.8500	100.00	110.00
122472	15 盛屯债	500.00	5.00	2020.09.24	7.0000	100.00	610.00
122473	15 联发 02	1000.00	5.00	2020.09.24	4.2000	100.00	90.00
122474	15 格房产	700.00	5.00	2020.09.24	4.6700	100.43	76.00
122475	15 亿达 01	1000.00	5.00	2020.09.25	6.0000	96.59	1033.09
122476	15 天瑞债	1000.00	5.00	2020.09.25	5.9500	99.99	1127.00
122477	15 月星 01	2000.00	5.00	2020.09.28	5.5000	100.00	1630.00
122478	14 粤运 01	400.00	7.00	2022.09.28	4.2000	100.00	310.02
122479	15 南铝 01	500.00	5.00	2020.09.25	4.9700	101.00	50.00
122480	15 南铝 02	1000.00	5.00	2020.09.25	4.4000	100.00	0.00
122481	15 铁建 01	3000.00	5.00	2020.09.25	4.0200	100.60	499.00
122482	15 金茂债	1000.00	5.00	2020.09.25	6.5000	100.40	1004.27

债券信息 List of Bonds

债券 Bond

债券代码 Code	债券简称 Securities	发行数量(百万) Issued Val(M)	年限 Terms	到期日 Expiration Date	票面利率(%) Coupon Rate(%)	本年收盘 Close	成交数量(万) Trading Vol(10000)
122483	15 新光 01	2000.00	5.00	2020.09.25	6.5000	100.20	1472.35
122484	15 龙源 01	3000.00	5.00	2020.09.28	3.7500	100.99	307.00
122485	15 厦住宅	2000.00	5.00	2020.10.14	3.9900	100.00	350.00
122486	15 旭辉 01	3495.00	5.00	2020.10.14	4.9500	102.20	1625.14
122487	15 盈德债	980.00	5.00	2020.10.13	5.4800	100.30	323.50
122488	15 金地 01	3000.00	7.00	2022.10.15	4.1800	102.00	181.00
122489	15 西建工	1000.00	5.00	2020.10.20	4.5000	100.80	130.00
122490	15 三福 01	500.00	5.00	2020.10.19	6.8000	102.35	1123.00
122491	15 藏城投	900.00	7.00	2022.10.15	5.0000	101.50	549.70
122492	15 新光 02	2000.00	5.00	2020.10.22	6.5000	100.10	846.70
122493	14 国电 03	1500.00	5.00	2020.10.16	3.8700	102.07	218.83
122494	15 华夏 05	4000.00	7.00	2022.10.22	5.1000	100.60	234.00
122495	14 亨通 02	700.00	5.00	2020.10.21	4.4400	100.00	110.01
122496	15 世茂 02	1400.00	7.00	2022.10.16	4.1500	100.56	990.00
122497	15 远洋 04	2000.00	6.00	2021.10.19	3.8500	100.00	0.00
122498	15 远洋 05	3000.00	10.00	2025.10.19	4.7600	100.00	300.00
122499	15 哈投 01	700.00	3.00	2018.10.21	4.5000	100.00	250.00
122500	PR 郴城投	1600.00	7.00	2019.09.13	7.3400	85.00	809.68
122501	PR 寿财资	1200.00	7.00	2019.10.23	6.7000	84.28	671.74
122502	12 哈合力	1200.00	6.00	2018.09.26	7.4800	103.50	610.00
122503	PR 并龙城	2000.00	7.00	2019.09.25	6.5000	83.00	798.03
122504	PR 通天诚	1000.00	7.00	2019.09.24	7.7500	83.35	867.84
122505	PR 绍袍江	1000.00	7.00	2019.10.31	6.9000	84.30	400.01
122506	PR 吴交投	1200.00	8.00	2020.10.31	6.8000	91.80	183.37
122507	PR 玉交投	1000.00	7.00	2019.10.12	7.1500	82.75	589.54
122508	PR 兴林业	1300.00	7.00	2019.10.23	7.0800	80.00	1031.94
122509	PR 白中兴	1000.00	7.00	2019.12.18	7.0000	83.34	657.41
122510	PR 靖新城	800.00	6.00	2018.10.23	6.8000	76.50	960.20
122513	12 伟星集	500.00	7.00	2019.10.23	6.3000	104.20	75.82
122514	12 金融街	1900.00	7.00	2019.10.22	5.1800	105.44	1958.68
122515	PR 庆城投	2200.00	7.00	2019.10.23	6.5500	84.60	543.47
122516	PR 青州 01	800.00	7.00	2019.10.19	7.3500	80.00	95.00
122517	PR 青州 02	400.00	6.00	2018.10.19	7.2500	79.10	20.00
122518	12 保利集	1500.00	7.00	2019.10.25	5.0300	105.20	345.94
122519	PR 锡经开	700.00	7.00	2019.11.01	6.9900	81.56	510.00
122520	PR 唐城投	1000.00	7.00	2019.10.16	7.0800	83.30	207.10
122521	PR 筑金阳	1200.00	6.00	2018.10.24	6.7000	78.26	804.72
122522	PR 兴城建	1200.00	6.00	2018.10.23	7.2500	78.50	1027.11
122523	12 海亮 01	600.00	6.00	2018.10.19	6.5000	102.70	202.21
122524	12 海亮 02	400.00	7.00	2019.10.19	6.7500	102.50	345.78
122525	PR 沪嘉开	800.00	6.00	2018.10.10	6.7100	78.30	70.00
122526	PR 永川惠	1200.00	7.00	2019.10.16	7.3300	83.00	590.15
122527	PR 温国投	1400.00	7.00	2019.09.18	7.1800	84.00	301.02
122528	12 琼港航	850.00	7.00	2019.10.18	6.8000	100.00	7.00
122530	PR 七城投	1000.00	7.00	2019.10.18	7.3000	84.50	659.15
122531	PR 太科园	1000.00	7.00	2019.09.17	7.6000	85.40	620.76
122532	PR 宜财投	1500.00	7.00	2019.10.16	7.1200	82.00	710.01
122533	PR 平城投	900.00	7.00	2019.09.18	7.2000	83.57	203.00
122534	PR 秦开发	1400.00	7.00	2019.10.17	7.4600	81.68	456.23
122535	12 苏飞达	800.00	6.00	2018.08.30	6.2300	85.79	1704.78

债券信息
List of Bonds

债券代码 Code	债券简称 Securities	发行数量(百万) Issued Val(M)	年限 Terms	到期日 Expiration Date	票面利率(%) Coupon Rate(%)	本年收盘 Close	成交数量(万) Trading Vol(10000)
122536	PR 慈国控	800.00	7.00	2019.09.20	6.6000	81.32	279.03
122537	PR 克城投	2000.00	7.00	2019.09.04	7.1500	82.40	137.90
122538	PR 榕城乡	1000.00	6.00	2018.09.25	6.3500	77.33	130.00
122539	PR 阜城投	1200.00	7.00	2019.10.10	7.5500	84.45	1072.12
122540	PR 宁浦口	1200.00	7.00	2019.10.08	7.1000	84.50	1686.03
122541	12 宁上陵	500.00	6.00	2018.10.16	8.4000	99.48	1634.56
122542	PR 阿信诚	1000.00	6.00	2018.10.10	7.5000	77.70	416.47
122543	12 钦开投	900.00	7.00	2019.10.16	7.1000	104.50	702.85
122544	PR 渝长开	800.00	7.00	2019.09.25	7.4500	83.10	202.00
122545	PR 蒙高新	1000.00	7.00	2019.09.25	7.2000	101.50	961.13
122546	PR 宁高新	900.00	7.00	2019.09.07	6.9400	82.52	360.00
122547	PR 曲靖投	650.00	7.00	2019.09.06	7.2500	82.00	50.00
122549	PR 邳润城	1000.00	7.00	2019.09.25	7.5500	85.00	772.33
122550	12 苏国信	2000.00	5.00	2017.06.08	4.6000	102.00	835.74
122551	PR 如东投	800.00	7.00	2019.09.24	7.4500	84.69	320.18
122552	12 新新业	660.00	7.00	2019.08.15	6.2000	105.20	210.00
122553	PR 虞交通	1000.00	7.00	2019.09.11	6.7000	83.38	274.88
122554	PR 定海债	1000.00	8.00	2020.08.31	7.2500	90.90	210.17
122555	PR 常经投	1200.00	7.00	2019.09.12	7.1900	83.20	800.00
122556	PR 咸宁投	600.00	6.00	2018.08.31	7.5000	78.00	144.93
122557	PR 株高科	1000.00	7.00	2019.09.10	7.5000	85.00	1137.59
122558	12 昆交 01	1400.00	5.00	2017.08.17	6.6000	104.58	665.22
122559	12 昆交 02	1300.00	7.00	2019.08.17	6.9500	105.40	83.03
122560	PR 淄城运	1500.00	7.00	2019.08.22	6.8300	84.70	1745.08
122561	PR 饶城投	1300.00	7.00	2019.09.10	7.3000	84.50	476.44
122562	PR 伊春债	800.00	7.00	2019.07.24	7.3500	80.09	1534.92
122563	PR 亳州债	1500.00	7.00	2019.09.04	7.6800	86.00	999.71
122564	PR 椒江债	1000.00	8.00	2020.09.13	7.4600	90.01	375.28
122565	PR 邵城投	1200.00	6.00	2018.09.11	7.4000	78.50	1401.33
122566	PR 库城建	1200.00	6.00	2018.09.10	7.4800	79.00	358.53
122567	PR 小清河	1800.00	7.00	2019.09.05	7.1500	83.00	922.79
122568	PR 随州债	700.00	7.00	2019.08.22	7.5000	84.50	519.19
122569	PR 津生态	1200.00	7.00	2019.08.14	6.7600	84.00	990.01
122570	12 滇水投	1000.00	7.00	2019.08.27	6.8000	104.50	271.01
122571	PR 兴国资	1400.00	7.00	2019.08.31	6.4800	84.20	170.40
122572	12 蓉投控	1600.00	7.00	2019.09.04	6.3000	106.90	292.00
122573	PR 牡国投	1200.00	7.00	2019.08.30	7.0800	85.40	360.00
122574	PR 淮开控	1200.00	7.00	2019.09.06	7.2000	81.00	886.05
122575	PR 肥城债	900.00	6.00	2018.08.14	7.1000	77.89	1489.89
122576	PR 内江债	700.00	6.00	2018.07.19	7.0000	79.00	804.30
122577	PR 苏相城	1800.00	7.00	2019.09.03	6.9500	84.50	454.90
122578	12 长宁债	700.00	7.00	2019.08.16	6.0800	100.00	420.00
122579	09 远洋债	2600.00	6.00	2015.06.23	5.4000	99.99	1590.44
122580	PR 临安债	700.00	6.00	2018.03.09	8.1500	75.00	0.00
122581	PR 津南城	1500.00	7.00	2019.06.18	6.9500	83.80	1220.23
122582	PR 湘九华	900.00	7.00	2019.08.29	7.4300	84.25	601.50
122583	PR 遵投债	1000.00	7.00	2019.03.13	8.5300	86.50	480.46
122584	PR 松城开	1300.00	7.00	2019.08.29	7.3000	83.00	1155.93
122585	PR 新海连	1300.00	8.00	2020.08.27	7.0000	88.50	490.00
122586	PR 中交通	600.00	6.00	2018.08.28	6.6500	78.20	88.18

债券信息
List of Bonds

债券
Bond

债券代码 Code	债券简称 Securities	发行数量 (百万) Issued Val(M)	年限 Terms	到期日 Expiration Date	票面利率(%) Coupon Rate(%)	本年收盘 Close	成交数量(万) Trading Vol(10000)
122587	PR 遵义债	1800.00	8.00	2020.08.17	7.1500	90.40	360.51
122588	PR 益城投	1600.00	7.00	2019.08.24	7.3600	83.50	930.19
122589	PR 毕信泰	1600.00	7.00	2019.08.20	7.1500	84.35	625.98
122590	PR 鹤城债	1500.00	10.00	2022.06.21	7.0500	91.00	1445.63
122591	12 常交债	1500.00	7.00	2019.08.21	6.8000	106.00	590.50
122592	PR 乌国资	1400.00	6.00	2018.04.28	6.4800	76.60	307.40
122593	PR 衡城投	1800.00	7.00	2019.08.13	7.0600	84.55	345.05
122594	12 泉州 01	800.00	6.00	2018.08.07	7.0000	107.50	427.88
122595	12 泉州 02	800.00	7.00	2019.08.07	7.0300	106.80	141.00
122596	12 沪城开	1500.00	6.00	2018.08.21	6.5000	105.50	1133.79
122597	12 宝钛债	700.00	6.00	2018.08.21	5.4000	102.33	546.87
122598	PR 荆门债	800.00	10.00	2022.07.09	6.8500	97.00	1014.22
122599	PR 梵投债	1200.00	7.00	2019.08.02	6.8900	83.81	265.64
122600	PR 鑫泰债	1000.00	6.00	2018.08.14	6.8500	77.00	909.99
122601	PR 白山债	1000.00	7.00	2019.07.31	7.0000	81.00	2494.15
122602	PR 松城投	1200.00	6.00	2018.08.15	6.2800	77.57	1107.08
122603	PR 穗经开	2500.00	10.00	2022.08.14	6.7000	97.00	1516.11
122604	12 吉铁投	800.00	7.00	2019.06.26	6.6300	106.00	455.20
122605	PR 宁海债	1200.00	6.00	2017.12.31	8.6000	73.45	578.94
122606	12 顺鑫债	800.00	5.00	2017.07.03	5.1900	100.50	130.00
122607	PR 渝地产	5000.00	7.00	2019.04.25	7.3500	86.00	5588.64
122608	PR 西永债	1600.00	7.00	2019.07.25	6.7600	84.40	447.37
122609	PR 扬城控	1200.00	7.00	2019.07.26	6.3000	82.52	538.29
122610	PR 乐清债	1500.00	7.00	2019.06.29	6.5000	82.00	910.69
122611	PR 蓉经 01	1000.00	6.00	2018.07.17	6.5000	76.73	422.02
122612	PR 蓉经 02	1000.00	7.00	2019.07.17	6.5500	83.50	446.35
122613	PR 乌海债	1600.00	7.00	2019.03.31	8.2000	87.00	254.29
122614	PR 渝缙债	1000.00	7.00	2019.06.18	6.7500	82.80	902.05
122615	PR 百色债	800.00	7.00	2019.07.04	6.5000	80.00	763.00
122616	12 黔铁债	2000.00	10.00	2022.03.27	7.2000	106.00	484.78
122617	PR 襄投债	1500.00	7.00	2019.01.12	8.1200	85.01	50.00
122618	12 统众债	1500.00	10.00	2022.04.11	6.9500	109.50	710.71
122619	PR 迁安债	1600.00	6.00	2018.07.11	6.4500	76.80	970.08
122620	PR 乌城投	900.00	7.00	2019.07.09	6.3500	83.55	426.87
122621	PR 赣城债	2000.00	6.00	2018.07.10	6.4000	77.53	1175.89
122622	PR 锦城债	1300.00	7.00	2019.06.13	7.0800	85.00	90.00
122623	PR 旅建债	1200.00	7.00	2019.07.02	6.7800	83.10	841.32
122624	PR 滨开债	800.00	7.00	2019.07.05	6.5000	83.40	174.40
122625	12 升华债	500.00	7.00	2019.07.02	6.2000	101.10	786.85
122626	PR 海恒债	1200.00	7.00	2019.06.12	7.3000	84.20	472.65
122627	PR 京建工	800.00	7.00	2019.07.05	5.9500	81.90	457.80
122628	PR 东投债	1000.00	6.00	2018.07.05	7.3900	77.35	640.87
122629	PR 平发债	1500.00	7.00	2019.05.08	7.8600	85.00	642.60
122630	PR 惠投债	1800.00	7.00	2019.05.28	6.8000	83.20	757.00
122631	12 晋国电	2000.00	10.00	2022.05.24	5.3800	101.00	167.77
122632	PR 江阴债	900.00	7.00	2019.06.11	7.2000	84.97	551.72
122633	PR 嘉经债	900.00	7.00	2019.06.14	6.7800	84.00	275.00
122634	PR 芜开 01	700.00	6.00	2018.06.08	6.7000	77.90	303.14
122635	PR 芜开 02	1000.00	10.00	2022.06.08	6.9000	96.70	478.93
122636	PR 连发债	900.00	7.00	2019.06.19	6.1000	82.00	459.59

债券信息
List of Bonds

债券代码 Code	债券简称 Securities	发行数量(百万) Issued Val(M)	年限 Terms	到期日 Expiration Date	票面利率(%) Coupon Rate(%)	本年收盘 Close	成交数量(万) Trading Vol(10000)
122637	PR 鑫城债	1200.00	7.00	2019.04.23	7.8800	83.30	80.56
122638	PR 申华信	1000.00	7.00	2019.06.14	6.9500	84.00	300.03
122639	PR 绍新城	1000.00	6.00	2018.06.11	6.2100	76.80	579.05
122640	PR 仪征债	800.00	7.00	2019.06.14	7.7800	82.00	190.10
122641	PR 武城投	1400.00	6.00	2018.06.08	6.2200	77.20	204.23
122642	PR 朝阳债	1600.00	7.00	2019.05.25	7.3000	80.80	521.24
122643	12 海资债	1500.00	7.00	2019.05.22	8.5100	106.18	1258.86
122644	PR 铁岭债	1200.00	6.00	2018.05.29	7.3400	77.47	276.89
122645	PR 苏园建	2000.00	7.00	2019.05.30	5.7900	83.55	1156.04
122648	12 宣国投	1000.00	7.00	2019.03.20	7.9900	107.40	293.60
122649	PR 长建投	1500.00	7.00	2019.04.06	8.3500	86.00	1071.58
122650	12 泰能债	500.00	6.00	2018.04.25	6.5000	0.00	0.00
122651	PR 广安投	800.00	7.00	2019.04.25	8.1800	84.00	750.08
122652	12 杨农债	1500.00	7.00	2019.05.23	7.6000	107.50	1654.83
122654	12 昆钢控	2000.00	8.00	2020.04.26	5.7800	101.40	481.64
122655	PR 铜建投	1500.00	10.00	2022.04.28	8.2000	99.68	1832.79
122658	PR 盘锦债	1500.00	7.00	2019.05.17	7.5000	76.13	1066.87
122659	12 石油 06	10000.00	10.00	2022.04.12	4.5000	106.00	2032.07
122660	12 石油 07	10000.00	10.00	2022.04.12	4.7300	103.00	840.01
122661	PR 怀化债	1000.00	6.00	2018.03.22	8.0000	78.44	202.88
122662	PR 合桃花	800.00	7.00	2019.03.27	8.7900	84.99	1874.52
122663	PR 科发债	1500.00	7.00	2019.05.15	7.1600	80.51	792.21
122664	12 葫芦岛	2000.00	7.00	2019.03.01	8.4700	109.60	1318.09
122665	PR 镇交投	1800.00	7.00	2019.05.08	7.2900	82.70	814.00
122666	12 国网 01	5000.00	10.00	2022.04.17	4.9900	100.00	0.00
122667	12 国网 02	10000.00	15.00	2027.04.17	5.2600	104.64	410.00
122668	12 凉国投	500.00	7.00	2019.04.23	7.5800	109.00	902.92
122669	PR 桂林债	1000.00	6.00	2018.05.09	6.9000	77.60	291.63
122670	PR 新盛债	1500.00	6.00	2018.05.08	7.4800	78.75	849.72
122671	12 扬子江	500.00	7.00	2019.05.21	7.6500	107.00	160.00
122672	PR 西城投	1300.00	7.00	2019.04.27	7.7000	85.44	476.40
122673	12 渝李渡	800.00	7.00	2019.03.23	8.4000	100.00	0.00
122674	12 渝黔江	900.00	7.00	2019.03.23	8.4000	100.00	0.00
122675	PR 杭城投	1600.00	6.00	2018.04.25	5.9000	78.43	1593.81
122676	PR 滨江债	1200.00	7.00	2019.04.27	6.8500	82.60	156.00
122677	PR 江宁债	1200.00	7.00	2019.04.28	7.2900	84.50	815.41
122678	12 扬化工	1000.00	7.00	2019.04.25	7.7500	110.00	387.34
122679	PR 河套债	1000.00	10.00	2022.03.31	8.5400	99.49	563.46
122680	PR 昆建债	2200.00	6.00	2018.04.13	7.6000	78.98	947.97
122681	PR 合农投	1500.00	6.00	2018.04.10	8.2800	79.50	1152.24
122682	PR 营口债	2000.00	8.00	2020.04.18	7.9800	96.00	470.69
122683	12 春和债	540.00	6.00	2018.04.24	7.7800	92.71	4184.80
122684	12 合高新	1200.00	7.00	2019.03.22	7.9800	108.71	433.00
122685	PR 吉城投	1600.00	7.00	2019.04.20	7.8000	85.38	1380.22
122686	12 白药债	1100.00	7.00	2019.03.30	5.6000	106.87	244.98
122687	PR 金坛债	1000.00	7.00	2019.03.14	8.3000	84.00	333.15
122688	PR 华通债	1000.00	7.00	2019.04.18	7.3000	83.83	79.39
122689	PR 宿开发	900.00	7.00	2019.03.26	7.5000	84.70	252.38
122690	12 三胞债	800.00	7.00	2019.03.19	8.0800	101.50	544.73
122691	PR 武清债	800.00	7.00	2019.03.27	7.8000	85.60	0.00

债券信息
List of Bonds

债券
Bond

债券代码 Code	债券简称 Securities	发行数量(百万) Issued Val(M)	年限 Terms	到期日 Expiration Date	票面利率(%) Coupon Rate(%)	本年收盘 Close	成交数量(万) Trading Vol(10000)
122692	12 漳路桥	1100.00	7.00	2019.03.01	8.2000	104.50	289.09
122693	PR 佳城投	1000.00	7.00	2019.03.22	8.2500	84.29	234.15
122694	PR 兴荣债	800.00	7.00	2019.04.19	8.3500	84.30	1233.90
122695	PR 五国投	1000.00	6.00	2018.03.15	8.6000	79.02	1080.46
122696	PR 丹投债	1500.00	7.00	2019.03.06	8.1000	86.50	220.23
122697	11 太资债	900.00	7.00	2018.12.31	8.2500	109.00	63.18
122698	12 双流 01	700.00	7.00	2019.03.16	8.4000	106.00	229.00
122699	12 双流 02	300.00	7.00	2019.03.16	8.4800	107.80	38.44
122700	12 来宾债	900.00	7.00	2019.03.14	8.3600	109.20	365.43
122701	PR 余城建	1200.00	7.00	2019.03.29	7.5500	85.20	176.05
122702	PR 海安债	1500.00	6.00	2018.03.28	8.3500	79.03	1685.42
122703	PR 鞍城投	2000.00	7.00	2019.03.05	8.2500	85.30	645.93
122704	PR 江都债	800.00	7.00	2019.03.23	8.1000	84.50	207.53
122705	12 苏交通	2500.00	5.00	2017.03.20	4.9000	102.23	2090.43
122706	PR 海门债	1200.00	7.00	2019.03.20	8.3500	88.00	627.88
122707	PR 泰兴债	1200.00	6.00	2018.03.27	8.2900	79.05	970.87
122708	PR 伊旗债	1600.00	7.00	2019.03.19	8.3500	72.73	1173.05
122709	12 绵阳债	1200.00	7.00	2019.03.26	7.7000	107.85	1009.26
122710	PR 济城建	1800.00	6.00	2018.03.26	6.9800	78.10	215.57
122711	12 郑新债	2000.00	7.00	2019.03.14	8.1000	111.80	1997.69
122712	12 中航债	1800.00	7.00	2019.03.12	5.4000	104.00	360.09
122713	12 冀交通	1400.00	10.00	2022.03.27	6.0000	100.00	0.00
122714	PR 海陵债	800.00	7.00	2019.03.21	8.5200	85.48	64.52
122715	PR 蓉新城	1000.00	7.00	2019.03.19	8.3500	85.99	180.67
122716	PR 莆田债	1100.00	7.00	2019.03.21	8.1000	84.50	670.81
122717	12 泉矿债	1500.00	7.00	2019.03.21	6.7000	100.00	160.00
122718	12 渝南债	800.00	7.00	2019.03.23	8.4000	112.50	382.53
122719	12 龙交投	1000.00	10.00	2022.03.19	8.1500	113.50	377.54
122720	PR 甬城投	1000.00	6.00	2018.03.01	7.3900	79.00	0.20
122721	PR 辽国资	1000.00	7.00	2019.03.13	8.1700	84.30	702.67
122722	PR 淮水利	1600.00	7.00	2019.03.08	8.2500	88.57	289.91
122723	12 石油 05	20000.00	10.00	2022.03.15	4.8000	105.50	1796.41
122724	12 攀国投	1000.00	10.00	2022.03.13	8.1800	113.50	609.78
122725	12 宿产发	800.00	6.00	2018.03.08	6.9800	105.30	319.57
122726	PR 柳东债	1000.00	7.00	2019.02.15	8.3000	86.55	862.70
122727	PR 东胜债	2000.00	6.00	2018.02.28	8.4000	69.79	2217.44
122728	PR 徐经开	1800.00	7.00	2019.03.07	8.2000	85.50	243.84
122729	12 江泉债	800.00	7.00	2019.03.12	8.4000	87.10	750.56
122730	12 晋江债	650.00	6.00	2018.02.23	7.8800	107.88	337.49
122731	PR 镇经开	1600.00	7.00	2019.03.01	8.1600	84.68	256.09
122732	PR 九江债	2000.00	7.00	2019.02.23	8.4900	86.50	210.16
122733	11 京资 01	4000.00	5.00	2016.12.26	5.0000	102.00	2329.60
122734	11 京资 02	6000.00	10.00	2021.12.26	5.4000	100.42	230.00
122735	11 六安债	1500.00	7.00	2018.12.28	8.2000	112.00	431.00
122736	12 石油 03	10000.00	7.00	2019.02.22	4.5000	102.80	180.29
122737	12 石油 04	10000.00	15.00	2027.02.22	5.0000	107.00	1151.02
122740	12 延城投	1500.00	5.00	2017.02.08	7.0500	104.25	350.67
122741	11 双鸭山	1000.00	7.00	2018.12.20	8.3600	103.30	376.13
122742	12 鲁高速	2000.00	10.00	2022.02.09	5.7200	108.30	1064.20
122743	PR 华发集	2500.00	6.00	2018.02.16	8.4300	78.85	685.99

债券信息
List of Bonds

债券
Bond

债券代码 Code	债券简称 Securities	发行数量 (百万) Issued Val(M)	年限 Terms	到期日 Expiration Date	票面利率(%) Coupon Rate(%)	本年收盘 Close	成交数量(万) Trading Vol(10000)
122744	11 本溪债	2000.00	10.00	2021.12.22	8.3800	112.98	1609.14
122745	12 方大 01	500.00	6.00	2018.02.22	8.0900	101.49	667.82
122746	12 方大 02	500.00	7.00	2019.02.22	8.2900	102.56	462.32
122747	12 晋煤运	2500.00	10.00	2022.01.18	5.9400	0.00	0.00
122748	12 石油 01	10000.00	7.00	2019.01.11	4.5400	103.85	517.00
122749	12 石油 02	10000.00	10.00	2022.01.11	4.6900	106.00	141.01
122750	PR 常经营	1200.00	7.00	2019.01.16	8.0000	85.10	75.25
122751	11 冀新债	500.00	7.00	2018.12.30	7.6000	102.85	304.49
122752	11 大丰港	600.00	6.00	2017.11.15	7.9800	105.58	522.39
122753	PR 姜国资	700.00	7.00	2019.12.03	6.8500	83.80	373.88
122754	11 通化债	1000.00	10.00	2021.12.13	8.3600	109.00	1388.14
122755	PR 潭城建	1200.00	7.00	2019.03.16	8.0000	85.05	477.07
122756	12 甘农垦	800.00	7.00	2019.01.06	6.5000	106.81	249.93
122757	11 丹东债	1600.00	7.00	2018.12.21	6.6500	104.20	1283.60
122758	11 张保债	900.00	7.00	2018.12.15	7.8000	105.00	29.70
122759	11 泰豪债	400.00	7.00	2018.12.27	7.5000	101.60	20.00
122760	PR 渝富债	2000.00	7.00	2019.09.04	6.5000	86.20	1777.90
122761	PR 萧国资	2000.00	5.00	2016.11.22	6.9000	41.30	446.41
122762	11 吴江债	1300.00	7.00	2018.12.05	8.0500	107.00	50.00
122763	11 淮产投	900.00	6.00	2017.12.30	8.4900	108.48	625.84
122764	11 泛海 01	1800.00	6.00	2017.12.13	8.8000	107.19	865.03
122765	11 泛海 02	1000.00	10.00	2021.12.13	8.9000	111.44	204.72
122766	11 宜建投	1000.00	8.00	2019.11.17	8.1300	109.00	73.50
122767	11 盐城南	1500.00	7.00	2018.12.16	8.1900	111.00	31.02
122768	PR 兰城投	1500.00	7.00	2018.12.15	8.2000	94.06	931.73
122769	PR 龙海债	800.00	6.00	2017.12.02	8.2500	74.00	1252.36
122770	11 国网 01	10000.00	10.00	2021.12.08	5.1400	108.00	1139.87
122771	11 国网 02	5000.00	15.00	2026.12.08	5.2400	100.88	50.00
122772	11 山煤债	1000.00	7.00	2018.12.06	6.8500	0.00	0.00
122773	11 滨海 01	2500.00	5.00	2016.11.23	5.6000	101.82	1842.92
122774	11 滨海 02	2500.00	10.00	2021.11.23	6.1000	100.00	310.00
122775	PR 咸城投	1100.00	6.00	2017.12.09	7.9000	74.00	545.09
122776	11 新光债	1600.00	7.00	2018.11.23	8.1000	102.20	3198.87
122777	11 吴中债	1500.00	7.00	2018.12.16	8.0500	105.80	159.88
122778	11 建发债	1600.00	8.00	2019.10.28	7.3000	115.00	1378.90
122779	11 株城发	1500.00	10.00	2021.11.10	8.3600	114.00	247.77
122780	PR 长高新	2500.00	6.00	2017.11.22	7.3000	74.50	944.59
122781	11 永州债	1000.00	10.00	2021.12.05	8.4000	114.17	1003.46
122782	11 宁农债	1800.00	7.00	2018.11.16	7.1000	101.00	22.25
122783	11 苏中能	1500.00	7.00	2018.11.15	7.0500	101.00	1261.48
122784	11 中兴新	1000.00	8.00	2019.10.28	6.5000	104.50	98.62
122786	11 联想债	2900.00	7.00	2018.10.31	5.8000	106.80	2105.02
122787	11 赣铁债	1000.00	7.00	2018.09.30	7.2000	108.78	50.05
122788	11 三明债	1000.00	7.00	2018.06.14	6.9900	104.68	834.63
122789	11 象屿债	900.00	7.00	2018.07.08	6.6800	106.30	585.72
122790	11 诸暨债	1500.00	7.00	2018.07.05	6.9200	104.19	935.86
122792	11 邯郸债	1000.00	7.00	2018.07.01	6.7800	104.90	355.37
122793	PR 扬开债	1000.00	5.00	2016.07.07	6.1000	50.75	189.20
122794	11 海城债	800.00	7.00	2018.11.07	8.3900	106.50	329.00
122795	PR 诸城债	1000.00	7.00	2018.04.26	6.4000	61.50	10.00

债券信息 List of Bonds

债券 Bond

债券代码 Code	债券简称 Securities	发行数量(百万) Issued Val(M)	年限 Terms	到期日 Expiration Date	票面利率(%) Coupon Rate(%)	本年收盘 Close	成交数量(万) Trading Vol(10000)
122796	11 冀投 01	1000.00	10.00	2021.06.27	5.7500	107.30	50.01
122797	11 冀投 02	1000.00	13.00	2024.06.27	5.8500	100.00	0.00
122798	11 泰矿债	1000.00	7.00	2018.06.22	6.7500	99.33	796.45
122799	11 武国资	300.00	7.00	2018.06.17	5.9000	104.80	94.95
122800	11 龙煤电	1000.00	7.00	2018.06.17	6.2000	96.19	158.02
122801	11 焦作债	2200.00	7.00	2018.06.08	6.2000	100.04	378.20
122802	PR 辽阳债	2000.00	7.00	2018.06.13	6.8800	87.00	1598.80
122803	11 滁州债	1000.00	10.00	2021.11.30	6.4000	106.80	260.22
122804	11 渭南 01	600.00	6.00	2017.06.08	7.0000	104.60	1298.77
122805	PR 大同债	2500.00	6.00	2017.06.01	6.5000	71.55	877.71
122806	11 渭南 02	1200.00	7.00	2018.06.08	6.5000	105.06	405.01
122807	11 东岭债	400.00	6.00	2017.06.14	6.9800	97.00	1.15
122808	PR 滕州债	1000.00	7.00	2018.05.24	6.4500	83.00	885.55
122809	11 准国资	2000.00	7.00	2018.05.10	6.9400	103.30	1371.99
122810	11 邹平债	500.00	7.00	2018.04.27	6.9800	102.50	838.95
122811	11 蒙奈伦	800.00	7.00	2018.05.05	7.4800	88.22	2273.12
122812	11 淮北债	1200.00	7.00	2018.03.14	7.1000	104.00	737.36
122813	11 宁交通	1500.00	10.00	2021.04.27	6.1000	108.67	468.59
122814	11 东营债	1200.00	7.00	2018.04.20	6.7500	103.50	2.05
122815	11 广汇债	1600.00	6.00	2017.04.19	6.8300	97.00	3287.36
122816	11 高密债	1000.00	7.00	2018.04.08	6.9800	101.38	440.00
122817	11 三门峡	1500.00	7.00	2018.04.25	6.9000	104.80	1054.44
122818	11 牟平债	600.00	8.00	2019.03.04	8.0500	108.50	413.59
122819	11 常城建	2500.00	7.00	2018.04.25	6.1700	105.30	400.37
122820	11 潍东方	500.00	7.00	2018.04.12	6.9700	105.00	130.38
122821	11 吉城建	2000.00	7.00	2018.03.03	7.1000	106.00	1693.20
122822	11 汉中债	800.00	7.00	2018.03.14	7.4800	104.20	561.62
122823	11 舟山债	1500.00	7.00	2018.04.20	6.2000	105.25	500.79
122824	11 中煤建	600.00	7.00	2018.03.15	6.2500	101.50	0.00
122825	11 景德镇	800.00	7.00	2018.03.23	7.4800	105.80	725.21
122826	11 北港债	1500.00	6.00	2017.03.30	6.0100	103.20	870.39
122827	11 新奥债	500.00	7.00	2018.02.16	6.4500	103.88	200.00
122828	11 抚州债	800.00	7.00	2018.02.28	7.7500	106.00	437.79
122829	11 万基债	800.00	7.00	2018.08.24	7.5500	95.00	1197.82
122830	11 沈国资	1500.00	8.00	2019.03.16	7.1800	108.20	682.04
122831	11 惠通债	1000.00	7.00	2018.03.14	7.4900	103.80	349.41
122832	11 泰山债	1000.00	7.00	2018.03.02	7.3900	102.90	295.86
122833	11 赣城债	2000.00	7.00	2018.04.22	6.2600	105.00	1094.04
122834	11 牡国投	1500.00	7.00	2018.02.15	7.1500	106.40	1299.33
122835	11 兴泸债	1000.00	10.00	2021.03.01	6.3900	109.80	502.81
122836	11 盘锦债	1500.00	7.00	2018.03.01	7.4200	105.20	805.53
122837	11 武经发	2500.00	7.00	2018.02.24	6.5500	105.96	366.03
122838	11 吉利债	1000.00	7.00	2018.06.21	6.4000	106.00	180.47
122839	11 鑫泰债	1200.00	7.00	2018.02.23	6.7800	105.10	1303.34
122840	11 临汾债	2000.00	8.00	2019.02.22	7.2300	105.40	598.27
122841	11 渝津债	600.00	7.00	2018.01.06	6.9500	102.00	241.12
122842	11 合城债	600.00	7.00	2018.01.06	6.9500	103.20	457.25
122843	11 绥化债	800.00	7.00	2018.02.28	7.3500	103.68	1421.72
122844	11 筑城投	2000.00	7.00	2018.01.12	6.4000	105.30	874.48
122845	11 横店债	1200.00	10.00	2021.01.27	6.3000	108.00	214.84

债券信息
List of Bonds

债券代码 Code	债券简称 Securities	发行数量(百万) Issued Val(M)	年限 Terms	到期日 Expiration Date	票面利率(%) Coupon Rate(%)	本年收盘 Close	成交数量(万) Trading Vol(10000)
122846	11 渝富债	2000.00	7.00	2018.02.22	6.3300	106.50	922.58
122847	11 甬交投	1000.00	10.00	2021.02.10	6.3000	109.00	528.95
122848	10 桂林债	1000.00	7.00	2017.12.28	6.7800	105.70	193.69
122849	11 新余债	1400.00	7.00	2018.01.11	6.5000	104.50	1162.59
122850	11 华泰债	880.00	7.00	2018.03.02	6.3800	100.46	607.76
122851	10 玉溪 01	800.00	6.00	2016.12.28	6.8000	103.36	695.36
122852	10 玉溪 02	700.00	7.00	2017.12.28	6.7800	104.00	299.11
122853	10 太重债	840.00	10.00	2020.12.31	6.0900	0.00	60.00
122854	11 中汇债	1000.00	7.00	2018.03.23	6.1800	104.80	455.08
122855	11 渝轻纺	700.00	7.00	2018.01.12	6.4800	103.00	277.91
122856	11 株高科	1000.00	7.00	2018.08.18	7.8200	106.30	1044.40
122857	PR 九华债	1000.00	6.00	2016.12.16	6.9300	41.40	557.82
122858	10 盐城 01	500.00	6.00	2016.12.16	6.8000	103.20	190.85
122859	10 盐城 02	1000.00	7.00	2017.12.16	6.6000	104.70	273.41
122860	10 龙源债	1600.00	7.00	2017.02.09	4.8000	102.00	1081.11
122861	09 陕煤化	1500.00	8.00	2017.12.17	5.4500	0.00	0.00
122862	10 闽能源	800.00	7.00	2017.12.02	5.1000	100.60	170.00
122863	10 榆城投	1400.00	7.00	2017.12.28	7.2000	105.80	398.66
122864	11 外滩债	900.00	7.00	2018.03.11	6.2000	105.04	387.89
122865	10 苏海发	1000.00	7.00	2017.09.28	5.5500	102.50	231.63
122866	10 杭交投	1200.00	10.00	2020.10.19	5.1200	104.00	1198.27
122867	11 石城投	1000.00	10.00	2021.03.09	6.5500	106.60	206.91
122868	ST 沈煤债	1500.00	7.00	2017.12.21	6.7500	98.00	428.45
122869	10 沪化工	1000.00	7.00	2017.10.22	5.3000	100.00	452.50
122870	10 渝大晟	800.00	7.00	2017.06.02	6.7800	100.92	660.00
122871	10 镇交投	1000.00	7.00	2017.10.18	8.5800	103.40	693.20
122872	10 复星债	1100.00	7.00	2017.12.24	6.0000	103.60	1837.09
122873	10 通经开	1000.00	7.00	2017.12.08	6.2600	104.35	272.18
122874	10 红投 01	1000.00	6.00	2016.12.09	6.6500	102.50	548.91
122875	10 红投 02	1000.00	7.00	2017.12.09	6.9500	105.00	214.33
122876	11 海控债	1500.00	7.00	2018.01.20	5.8000	104.15	201.84
122877	PR 渝南岸	1000.00	7.00	2017.12.24	6.2900	61.50	82.52
122879	10 天脊债	1000.00	7.00	2017.11.25	7.2000	100.00	71.21
122880	10 天业债	1200.00	6.00	2016.10.25	5.9700	101.00	381.09
122881	10 吴江债	1500.00	8.00	2018.12.23	6.4000	104.20	620.78
122882	10 宁高新	1200.00	7.00	2017.12.24	6.4000	104.50	476.33
122883	PR 楚雄债	1500.00	7.00	2017.10.18	6.0800	82.25	689.97
122884	10 西子债	450.00	7.00	2017.10.11	5.6300	101.20	527.74
122885	10 冀交通	2000.00	15.00	2025.09.28	4.9500	100.00	0.00
122886	PR 云投债	2000.00	7.00	2017.08.24	5.2500	71.70	2181.91
122887	10 渝交通	1000.00	7.00	2017.08.04	5.1800	101.00	1727.51
122888	PR 华靖债	1500.00	7.00	2017.09.28	5.6800	51.00	676.94
122889	10 冶色债	700.00	8.00	2018.10.15	4.9800	99.70	208.70
122890	10 凯迪债	1000.00	10.00	2020.08.23	6.1200	98.99	2414.29
122891	PR 通辽债	1000.00	7.00	2017.09.01	5.9800	71.50	801.40
122892	10 寿光债	1000.00	10.00	2020.09.01	6.1800	103.00	141.00
122893	PR 丹东债	1500.00	7.00	2017.09.06	6.2100	71.20	455.47
122894	10 洪市政	700.00	7.00	2017.08.03	5.0000	100.40	0.00
122895	10 德州债	700.00	7.00	2017.08.09	5.7100	102.65	430.18
122896	10 芜开债	1000.00	7.00	2017.08.25	4.9500	101.00	980.23

债券信息
List of Bonds

债券代码 Code	债券简称 Securities	发行数量(百万) Issued Val(M)	年限 Terms	到期日 Expiration Date	票面利率(%) Coupon Rate(%)	本年收盘 Close	成交数量(万) Trading Vol(10000)
122897	10 襄投债	1000.00	8.00	2018.05.19	5.7000	103.30	414.90
122898	10 攀国投	600.00	10.00	2020.07.29	5.4100	101.06	307.59
122899	10 杨浦 01	1200.00	7.00	2017.07.28	4.9500	101.20	650.15
122900	10 杨浦 02	300.00	7.00	2017.07.28	5.0200	101.00	117.31
122901	10 营口债	2000.00	10.00	2020.06.09	6.6900	103.95	810.39
122902	PR 赤峰债	1200.00	7.00	2017.05.18	6.1800	82.00	361.50
122903	PR 盐东方	1000.00	7.00	2017.06.08	5.7500	81.47	316.29
122904	10 长城投	2000.00	10.00	2020.05.24	5.5000	108.00	1080.83
122905	10 南昌债	1200.00	7.00	2017.04.30	6.1300	103.10	232.60
122906	10 芜投 01	1400.00	7.00	2017.07.22	5.1800	100.30	335.36
122907	10 芜投 02	600.00	7.00	2017.07.22	5.0800	101.10	312.87
122908	10 苏交通	2500.00	6.00	2016.06.01	3.4000	100.20	106.10
122909	10 宜兴债	1500.00	6.00	2016.05.20	5.0800	100.80	1050.68
122910	PR 漯河债	1000.00	7.00	2017.03.30	6.8100	61.50	280.00
122911	10 鞍城投	2000.00	10.00	2020.05.06	5.6600	106.00	1497.99
122912	10 鄂国资	2800.00	10.00	2020.05.11	6.8800	100.10	3821.43
122913	10 通产控	800.00	6.00	2016.05.18	6.0000	100.90	737.20
122914	09 榕建债	1000.00	7.00	2016.12.16	6.4800	106.99	497.84
122915	PR 镇水投	2000.00	7.00	2017.05.06	5.8600	81.50	458.06
122916	10 红谷滩	800.00	7.00	2017.03.09	6.9000	103.60	305.91
122917	10 太仓港	600.00	10.00	2020.01.21	7.1000	109.68	649.69
122918	10 阜阳债	1000.00	6.00	2016.03.09	6.1800	100.45	902.83
122919	10 鲁商债	700.00	7.00	2017.03.11	5.8800	103.30	97.01
122920	10 黄山债	600.00	7.00	2017.02.09	7.0800	103.60	293.72
122921	10 郴州债	2000.00	7.00	2017.01.21	7.1000	103.50	1432.31
122922	10 长高新	2000.00	7.00	2017.01.25	6.3800	103.04	1498.51
122923	10 北汽投	1500.00	7.00	2017.01.29	5.1800	102.27	1933.14
122924	10 巢湖债	1200.00	7.00	2017.01.28	7.0000	103.40	142.20
122925	09 沈国资	1200.00	7.00	2016.11.27	7.3000	102.99	227.84
122926	09 青国投	800.00	6.00	2015.12.29	5.4000	100.04	298.47
122927	09 海航债	1300.00	10.00	2019.12.24	7.6000	107.00	1215.37
122928	09 铁岭债	1500.00	10.00	2019.12.22	7.1500	109.00	575.16
122929	09 九江债	1200.00	7.00	2016.12.18	7.1000	103.66	367.12
122930	PR 盘锦债	1000.00	7.00	2016.12.16	7.7000	41.50	583.89
122931	PR 临海债	1000.00	7.00	2016.11.06	7.9800	51.50	442.14
122932	09 宜城债	1200.00	7.00	2016.11.25	7.0000	103.30	566.03
122933	09 南山 1	1000.00	6.00	2015.10.20	6.5000	99.80	531.63
122934	09 南山 2	1000.00	10.00	2019.10.20	7.5000	111.50	692.25
122935	PR 南通债	2300.00	7.00	2016.11.13	6.7200	41.50	184.11
122936	PR 鹤城投	1200.00	7.00	2016.11.17	7.7800	41.00	2148.64
122937	PR 辽源债	1000.00	7.00	2017.01.26	7.8000	71.50	511.86
122938	09 汾湖债	1000.00	8.00	2017.10.22	7.0000	100.23	53.46
122939	09 吉安债	1500.00	7.00	2016.10.28	7.9500	103.95	624.98
122940	09 咸城投	1750.00	10.00	2019.09.30	7.6000	112.00	431.03
122941	10 镇城投	2000.00	10.00	2020.12.17	6.7600	107.80	315.13
122942	09 江阴债	2500.00	7.00	2016.09.15	6.9000	102.50	489.54
122944	09 株城投	1500.00	7.00	2016.08.28	7.0000	102.30	135.10
122945	09 虞水债	800.00	7.00	2016.07.31	6.8000	101.00	143.26
122946	PR 扬城建	2000.00	7.00	2016.07.23	5.9400	40.65	920.83
122948	PR 锡交债	2000.00	7.00	2016.07.08	5.5800	50.15	214.47

债券信息
List of Bonds

债券
Bond

债券代码 Code	债券简称 Securities	发行数量(百万) Issued Val(M)	年限 Terms	到期日 Expiration Date	票面利率(%) Coupon Rate(%)	本年收盘 Close	成交数量(万) Trading Vol(10000)
122949	PR 常投债	2000.00	7.00	2016.07.01	5.8000	40.57	1451.51
122950	09 渝能源	1500.00	7.00	2016.07.01	5.4500	101.00	484.27
122951	09 淮城投	1500.00	7.00	2016.06.26	5.8800	101.09	801.22
122952	09 赣州债	1500.00	7.00	2016.06.16	5.5800	101.54	214.61
122953	09 岳城建	1000.00	6.00	2015.04.30	5.8800	100.10	0.27
122954	PR 武进债	2200.00	7.00	2016.06.09	5.4200	50.50	865.70
122955	09 潭城建	900.00	6.00	2015.06.01	5.8900	99.98	90.23
122956	09 常高新	1500.00	10.00	2019.06.04	6.2000	106.00	227.54
122957	09 蓉工投	1500.00	7.00	2016.06.04	6.0800	101.00	952.09
122958	09 长经开	580.00	6.00	2015.05.22	6.6000	100.00	207.80
122959	09 清控债	1000.00	7.00	2016.05.19	4.7800	100.00	0.00
122961	09 武城投	1500.00	10.00	2019.05.25	5.7200	106.16	1394.61
122962	09 宁交通	1000.00	7.00	2016.05.07	6.1000	101.10	890.13
122964	09 龙湖债	1400.00	7.00	2016.05.05	6.7000	101.30	1455.11
122965	09 潍投债	700.00	10.00	2019.04.15	6.8800	108.00	1153.40
122966	09 滇投债	800.00	6.00	2015.04.27	6.2000	100.01	327.28
122967	09 闽漳龙	1000.00	6.00	2015.04.24	5.8800	101.26	28.78
122968	09 杭城投	2200.00	6.00	2015.04.14	5.3500	100.05	394.92
122969	09 豫投债	1500.00	10.00	2019.04.15	5.8500	106.33	456.57
122971	09 三峡 02	3000.00	7.00	2016.04.08	4.0500	100.28	469.53
122972	09 绵投控	1500.00	7.00	2016.04.08	6.8000	100.65	573.65
122973	PR 昆创控	2000.00	7.00	2016.03.30	4.7000	40.07	358.94
122974	PR 镇城投	1000.00	6.00	2015.03.30	5.8500	69.90	642.49
122975	09 济城建	1500.00	10.00	2019.03.26	4.7800	102.00	642.72
122976	09 永煤债	1300.00	6.00	2015.03.30	5.2800	0.00	20.00
122980	09 津投 3	2500.00	7.00	2016.03.25	4.7800	100.40	678.04
122981	09 铜城投	500.00	6.00	2015.03.10	7.4500	100.00	87.93
122982	PR 长城开	1200.00	7.00	2016.03.09	6.0800	40.15	240.37
122983	PR 南钢联	2500.00	7.00	2016.02.27	6.1300	49.95	961.76
122984	09 六城投	1500.00	7.00	2016.03.02	7.6000	100.65	350.94
122986	09 春华债	1000.00	7.00	2016.02.11	7.0800	101.30	21.60
122988	09 渝隆债	1000.00	7.00	2016.01.15	8.0800	100.15	453.19
122989	08 渝交通	1500.00	7.00	2015.12.10	6.3000	100.06	1643.85
122995	08 合建投	1700.00	10.00	2018.08.28	5.6000	103.99	1049.60
122996	08 常城建	2500.00	7.00	2015.09.24	6.3000	99.20	362.95
122999	08 广纸债	390.00	10.00	2018.03.13	6.4500	104.50	102.30
123002	09 东华债	300.00	6.00	2015.12.28	9.5000	0.00	444.00
123003	09 瑞贝卡	300.00	6.00	2015.12.28	7.2000	0.00	35.00
123004	10 中科债	280.00	7.00	2017.02.02	8.5000	0.00	52.00
123005	09 新海连	1500.00	7.00	2016.11.11	7.2000	0.00	260.00
123006	10 武高债	500.00	10.00	2020.05.24	6.2000	0.00	0.00
123007	11 微矿债	700.00	10.00	2021.01.07	7.9900	0.00	50.00
123009	12 扬集债	218.00	6.00	2018.08.02	7.1500	0.00	30.00
123010	PR 湘临港	1000.00	6.00	2018.10.15	7.7000	0.00	285.00
123011	13 梅州债	1000.00	7.00	2020.09.10	6.9500	0.00	250.00
123012	13 哈高新	2500.00	7.00	2020.09.16	7.0000	0.00	380.00
123013	PR 赣和济	1000.00	7.00	2019.09.04	8.0000	0.00	460.00
123015	09 滁交基	500.00	7.00	2016.04.07	7.9000	0.00	600.00
123016	10 锡城投	1200.00	6.00	2016.10.15	5.3000	0.00	0.00
123017	14 京投 02	4000.00	5.00	2020.08.11	4.9000	0.00	770.00

债券信息
List of Bonds

债券
Bond

债券代码 Code	债券简称 Securities	发行数量(百万) Issued Val(M)	年限 Terms	到期日 Expiration Date	票面利率(%) Coupon Rate(%)	本年收盘 Close	成交数量(万) Trading Vol(10000)
123018	13 海岛债	300.00	5.00	2019.05.21	8.5000	0.00	184.43
123019	14 阳纸业	500.00	7.00	2021.07.21	8.1900	0.00	292.00
123020	14 江沿江	700.00	6.00	2020.07.29	7.4800	0.00	190.00
123021	14 东证债	6000.00	5.00	2019.08.26	6.0000	0.00	0.00
123022	14 首创 01	2000.00	3.00	2017.11.03	5.9900	0.00	1780.00
123023	14 京投 01	1000.00	5.00	2019.11.18	5.5000	0.00	0.00
123024	14 穗热电	800.00	10.00	2024.11.18	6.3800	0.00	470.00
123025	14 福鼎债	1000.00	7.00	2021.10.16	7.4800	0.00	456.00
123026	15 中电续	3000.00	3.00	2018.06.08	5.7000	0.00	0.00
123027	14 首创 02	1000.00	3.00	2018.06.16	5.7000	0.00	0.00
123028	15 宝信债	240.00	2.00	2017.07.07	7.9900	0.00	904.00
123029	15 义水债	200.00	5.00	2020.07.29	6.0500	0.00	20.00
123030	15 津融债	1200.00	7.00	2022.04.23	5.9000	0.00	0.00
123036	14 大东方	250.00	10.00	2025.08.28	6.2000	0.00	0.00
123037	14 浙商次	400.00	10.00	2025.12.03	6.3000	0.00	40.00
123051	15 东吴 04	2000.00	3.00	2018.06.04	5.7000	0.00	600.00
123052	15 华创 01	500.00	5.00	2020.06.25	6.0000	0.00	703.00
123053	15 东吴 03	2000.00	3.00	2018.06.01	5.7000	0.00	600.00
123054	15 安信 03	2000.00	3.00	2018.06.02	5.5000	0.00	400.00
123063	15 中金 C1	2000.00	6.00	2021.05.29	5.2500	0.00	0.00
123064	15 中金 Y1	1000.00	5.00	2020.05.29	5.7000	0.00	0.00
123065	15 东方债	6000.00	5.00	2020.05.29	5.6000	0.00	320.00
123066	15 华西 03	4000.00	2.00	2017.06.08	6.0000	0.00	1102.00
123067	15 浙商 04	1000.00	2.00	2017.05.28	5.7000	0.00	40.00
123068	15 兴业 04	2500.00	2.00	2017.05.29	5.1000	0.00	60.00
123069	15 华融 C2	1500.00	3.00	2018.05.28	5.3900	0.00	160.00
123070	15 光大 05	6000.00	2.00	2017.05.26	4.8000	0.00	1000.00
123071	15 光大 06	6000.00	3.00	2018.05.26	5.3000	0.00	1000.00
123072	15 中原 03	1000.00	1.00	2016.05.27	5.2000	0.00	0.00
123073	15 齐鲁 Y1	6000.00	5.00	2020.05.28	5.9500	0.00	300.00
123074	15 国都 01	2500.00	4.00	2019.05.20	5.4500	0.00	800.00
123075	15 东兴 01	5000.00	3.00	2018.05.19	5.6800	0.00	0.00
123077	15 银河 05	11000.00	2.00	2017.05.08	5.7000	0.00	1320.00
123078	15 方正 02	10000.00	2.00	2017.05.18	6.2000	0.00	6400.00
123079	15 首创 02	680.00	4.00	2019.04.29	6.0000	0.00	436.00
123080	15 沪券 02	2100.00	3.00	2018.04.28	6.0000	0.00	340.00
123081	15 财通 02	1500.00	4.00	2019.04.29	6.0000	0.00	0.00
123082	15 国君 C1	10000.00	3.00	2018.04.28	5.7000	0.00	0.00
123083	15 华鑫 03	500.00	2.00	2017.04.30	6.2000	0.00	190.00
123084	15 证金 21	632.80	0.50	2015.10.20	5.5000	0.00	0.00
123085	15 光大 04	6000.00	5.00	2020.04.27	5.7000	0.00	1200.00
123086	15 安信 02	10000.00	3.00	2018.04.24	5.8000	0.00	1500.00
123087	15 浙商 03	1000.00	1.00	2016.04.27	5.6900	0.00	380.00
123088	15 银河 04	5800.00	3.00	2018.04.24	5.6000	0.00	400.00
123089	15 山证 03	2000.00	3.00	2018.04.20	6.0000	0.00	510.00
123090	15 渤海 01	500.00	5.00	2020.04.22	6.2000	0.00	400.00
123091	15 渤海 02	500.00	4.00	2019.04.24	5.9500	0.00	0.00
123092	15 招商 05	5000.00	2.50	2017.10.24	5.5700	0.00	0.00
123093	15 东吴 02	3000.00	3.00	2018.04.17	5.9000	0.00	60.00
123094	15 齐鲁 01	4000.00	5.00	2020.04.23	5.9000	0.00	0.00

债券信息
List of Bonds

债券代码 Code	债券简称 Securities	发行数量 (百万) Issued Val(M)	年限 Terms	到期日 Expiration Date	票面利率(%) Coupon Rate(%)	本年收盘 Close	成交数量(万) Trading Vol(10000)
123096	15 证金 18	462.50	0.25	2015.07.14	5.5000	0.00	0.00
123097	15 证金 19	296.17	0.50	2015.10.13	5.6000	0.00	0.00
123098	15 证金 20	3000.00	1.00	2016.04.16	5.5000	0.00	0.00
123099	15 华泰 02	7000.00	2.00	2017.04.21	5.6000	0.00	1410.00
123100	15 华泰 03	5000.00	5.00	2020.04.21	5.8000	0.00	2100.00
123200	15 兴业 02	2000.00	3.00	2018.04.22	5.7800	0.00	0.00
123201	15 兴业 03	2000.00	3.00	2018.04.22	5.8800	0.00	0.00
123202	15 中建投	6000.00	3.00	2018.04.27	5.4500	0.00	0.00
123203	15 信达 02	3000.00	3.00	2018.04.24	6.0000	0.00	0.00
123204	15 民生 02	600.00	2.00	2017.04.16	6.8000	0.00	206.00
123205	15 中原 02	2000.00	3.00	2018.04.17	6.0000	0.00	240.00
123206	15 证金 16	958.36	0.25	2015.07.08	5.6000	0.00	200.00
123207	15 证金 17	1462.63	0.50	2015.10.07	5.6000	0.00	240.00
123208	15 太证 01	1800.00	4.00	2019.04.16	6.0000	0.00	2360.00
123209	15 银河 03	4300.00	2.00	2017.04.10	5.8000	0.00	0.00
123210	15 招商 03	5000.00	3.00	2018.04.13	5.6000	0.00	0.00
123211	15 招商 04	5000.00	3.00	2018.04.13	5.7500	0.00	0.00
123212	15 海通 C1	15000.00	5.00	2020.04.08	5.5000	0.00	2500.00
123213	15 国君 Y2	5000.00	5.00	2020.04.03	5.8000	0.00	1500.00
123214	15 民族 01	3000.00	2.00	2017.04.22	6.5000	0.00	1850.00
123215	15 华西 02	1500.00	3.00	2018.04.09	6.1000	0.00	0.00
123216	15 光大 03	6000.00	2.00	2017.03.30	5.4000	0.00	1750.00
123217	15 湘财 03	420.00	5.00	2020.04.29	6.8000	0.00	0.00
123218	15 湘财 02	580.00	5.00	2020.03.27	7.0000	0.00	40.00
123219	15 证金 13	2192.56	0.25	2015.06.23	5.6000	0.00	0.00
123220	15 证金 14	1107.64	0.50	2015.09.21	5.6000	0.00	0.00
123221	15 证金 15	1500.00	0.50	2015.09.28	5.5000	0.00	0.00
123222	15 方正 01	2800.00	2.00	2017.04.10	6.0000	0.00	600.00
123223	15 财通 01	1000.00	4.00	2019.03.23	5.8000	0.00	320.00
123224	15 东吴 01	3000.00	3.00	2018.03.23	5.9000	0.00	0.00
123226	15 沪券 01	1500.00	3.00	2018.03.19	6.0000	0.00	150.00
123227	15 招商 02	10000.00	5.00	2020.03.24	5.5800	0.00	1650.00
123228	15 大同债	360.00	3.00	2018.03.20	6.8000	0.00	687.00
123229	15 山证 02	700.00	4.00	2019.03.19	5.7900	0.00	150.00
123230	15 招商 01	10000.00	3.00	2018.03.19	5.4800	0.00	1900.00
123232	15 华福 02	800.00	4.00	2019.03.18	5.7000	0.00	210.00
123233	14 新华债	4000.00	10.00	2024.11.19	5.6000	0.00	0.00
123234	15 证金 10	1800.00	0.50	2015.09.23	5.5000	0.00	0.00
123235	15 证金 11	230.00	0.25	2015.06.15	5.5000	0.00	0.00
123236	15 证金 12	110.00	0.50	2015.09.13	5.6000	0.00	0.00
123237	15 民生 01	1000.00	1.00	2016.03.20	6.2000	0.00	60.00
123238	15 中信投	3000.00	5.00	2020.03.19	5.8000	0.00	580.00
123239	15 浙商 02	1500.00	4.00	2019.03.17	5.8000	0.00	50.00
123240	15 宏信 01	500.00	5.00	2020.02.09	7.1000	0.00	720.00
123241	15 华鑫 02	500.00	3.00	2018.03.30	6.3000	0.00	60.00
123242	15 证金 07	1000.00	0.50	2015.08.31	5.6000	0.00	0.00
123243	15 证金 08	1500.00	0.50	2015.09.16	5.5000	0.00	0.00
123244	15 证金 09	1424.58	0.50	2015.09.07	5.6000	0.00	0.00
123245	15 德邦债	700.00	4.00	2019.03.20	6.0000	0.00	30.00
123246	15 兴业 01	2500.00	4.00	2019.03.09	5.4900	0.00	390.00

债券信息 List of Bonds

债券 Bond

债券代码 Code	债券简称 Securities	发行数量(百万) Issued Val(M)	年限 Terms	到期日 Expiration Date	票面利率(%) Coupon Rate(%)	本年收盘 Close	成交数量(万) Trading Vol(10000)
123247	15 中信 C1	11500.00	5.00	2020.03.16	5.5000	0.00	2200.00
123248	15 华融 C1	1500.00	3.00	2018.03.05	5.7000	0.00	80.00
123249	15 中投 02	3000.00	4.00	2019.03.02	5.8000	0.00	700.00
123250	15 中原 01	1400.00	2.00	2017.02.13	5.8500	0.00	550.00
123252	15 证金 05	178.94	0.50	2015.07.21	5.6000	0.00	0.00
123253	15 证金 06	637.93	0.50	2015.07.28	5.6000	0.00	0.00
123254	15 华福 01	900.00	4.00	2019.02.06	6.5000	0.00	420.00
123255	15 信达 01	3000.00	3.00	2018.02.13	5.9000	0.00	3458.00
123256	15 银河 02	2800.00	2.00	2017.01.30	5.9000	0.00	1440.00
123257	15 银河 01	1200.00	2.00	2017.01.30	5.8000	0.00	0.00
123258	15 山证 01	1300.00	3.00	2018.01.29	5.8700	0.00	760.00
123259	15 光大 01	4000.00	3.00	2018.01.29	5.8500	0.00	0.00
123260	15 光大 02	2000.00	2.50	2015.07.29	5.3000	0.00	100.00
123261	14 华福债	850.00	5.00	2020.01.26	6.9000	0.00	0.00
123262	14 恒泰 03	200.00	5.00	2020.01.30	6.7000	0.00	0.00
123263	15 湘财 01	500.00	5.00	2020.02.03	7.3000	0.00	400.00
123264	15 华西 01	1000.00	4.00	2019.02.03	6.0000	0.00	200.00
123265	15 华泰 01	6000.00	2.00	2017.01.23	5.9000	0.00	0.00
123266	15 中投 01	2000.00	4.00	2019.01.26	6.2000	0.00	80.00
123267	15 浙商 01	500.00	3.00	2018.01.21	6.3000	0.00	70.00
123268	15 中信建	2000.00	5.00	2020.01.16	6.0000	0.00	400.00
123269	15 国君 Y1	5000.00	5.00	2020.01.22	6.0000	0.00	0.00
123271	15 证金 02	342.65	0.50	2015.07.12	5.6000	0.00	0.00
123272	15 证金 03	380.03	0.50	2015.08.11	5.6000	0.00	125.00
123273	15 安信 01	4000.00	3.00	2018.01.22	5.9000	0.00	0.00
123274	15 国联 01	1500.00	1.00	2016.01.20	6.0000	0.00	235.00
123275	15 首创 01	900.00	5.00	2020.01.29	6.0000	0.00	0.00
123276	15 西南 01	1000.00	1.00	2016.01.09	5.7000	0.00	0.00
123278	14 华福 01	780.00	4.00	2015.12.29	6.8500	0.00	850.00
123279	14 证金 51	1500.00	0.25	2015.03.30	7.0000	0.00	0.00
123280	14 证金 50	1000.00	0.25	2015.03.31	6.9000	0.00	0.00
123281	14 证金 49	5020.00	0.25	2015.03.27	7.0000	0.00	0.00
123282	15 华鑫 01	300.00	5.00	2020.01.08	6.0000	0.00	0.00
123283	14 泰康 02	3000.00	10.00	2025.01.08	5.6000	0.00	0.00
123284	14 天安次	1300.00	10.00	2024.12.30	6.7000	0.00	0.00
123285	14 证金 48	4000.00	0.25	2015.03.18	5.8000	0.00	0.00
123286	14 东兴 01	500.00	2.00	2016.12.17	6.5000	0.00	320.00
123287	14 首创债	420.00	1.00	2015.12.15	6.5000	0.00	100.00
123288	14 银河 12	2600.00	3.00	2015.12.15	6.0000	0.00	852.00
123289	14 银河 11	3200.00	2.00	2016.12.15	6.3000	0.00	549.80
123290	14 德邦债	500.00	3.00	2017.12.11	6.3900	0.00	0.00
123291	14 恒泰 02	300.00	5.00	2019.12.16	6.5400	0.00	0.00
123293	14 证金 43	356.56	0.25	2015.02.13	5.1000	0.00	0.00
123294	14 证金 44	729.88	0.33	2015.03.24	5.1000	0.00	0.00
123295	14 证金 45	671.68	0.25	2015.03.04	5.2000	0.00	0.00
123296	14 证金 46	1500.00	1.00	2015.12.05	5.0000	0.00	0.00
123297	14 证金 47	1600.00	0.25	2015.03.04	5.0000	0.00	0.00
123298	14 银河 09	1500.00	2.00	2016.12.05	5.3000	0.00	450.00
123299	14 银河 10	1500.00	3.00	2015.12.05	5.1000	0.00	450.00
123300	14 国君 06	5000.00	3.00	2017.12.04	5.4000	0.00	0.00

债券信息 List of Bonds

债券代码 Code	债券简称 Securities	发行数量 (百万) Issued Val(M)	年限 Terms	到期日 Expiration Date	票面利率(%) Coupon Rate(%)	本年收盘 Close	成交数量(万) Trading Vol(10000)
123301	14 银河 07	1500.00	2.00	2016.11.26	5.2000	0.00	0.00
123302	14 银河 08	1500.00	3.00	2015.11.26	5.1000	0.00	0.00
123303	14 华泰 05	4000.00	1.00	2015.11.21	5.1000	0.00	0.00
123304	14 华西 01	1500.00	5.00	2019.12.05	6.0000	0.00	870.00
123305	14 浙商 02	500.00	3.00	2017.11.20	5.9000	0.00	404.00
123306	14 财通 02	1000.00	5.00	2019.11.17	5.9000	0.00	790.00
123307	14 安信 02	2500.00	2.00	2016.11.18	5.5000	0.00	600.00
123308	14 华安债	500.00	5.00	2019.11.19	6.2000	0.00	0.00
123309	14 民族 02	1500.00	1.00	2015.11.19	5.6000	0.00	1802.00
123310	14 东方债	1400.00	4.00	2018.11.17	5.5000	0.00	0.00
123311	14 国联债	1500.00	3.00	2017.10.31	6.2000	0.00	495.00
123312	14 渤海 02	500.00	5.00	2019.11.04	6.0000	0.00	180.00
123313	14 银河 06	4000.00	3.00	2015.10.30	5.3000	0.00	0.00
123316	14 证金 41	2000.00	0.50	2015.04.27	5.1000	0.00	0.00
123317	14 证金 36	1000.00	0.50	2015.04.24	5.2000	0.00	0.00
123321	14 恒泰债	1000.00	5.00	2019.11.11	6.9000	0.00	224.00
123322	14 财通 01	1000.00	5.00	2019.10.28	6.2000	0.00	370.00
123324	14 民族 01	1500.00	1.00	2015.10.30	6.1600	0.00	930.00
123325	14 中信 C2	7000.00	5.00	2019.10.24	5.6500	0.00	1200.00
123326	14 信建投	1000.00	3.00	2017.10.28	5.5000	0.00	0.00
123327	14 证金 34	2500.00	0.50	2015.04.23	5.2000	0.00	0.00
123329	14 证金 31	1000.00	0.25	2015.01.21	5.2000	0.00	0.00
123332	14 证金 33	3000.00	0.50	2015.04.21	5.2000	0.00	0.00
123335	14 证金 26	999.90	0.25	2015.01.13	5.2000	0.00	0.00
123337	14 证金 28	3000.00	0.50	2015.04.16	5.2000	0.00	0.00
123338	14 中建投	2000.00	3.00	2017.10.22	5.5000	0.00	0.00
123339	14 天风 02	250.00	3.00	2017.12.25	6.2500	0.00	0.00
123340	14 证金 29	1500.00	0.50	2015.04.17	5.2000	0.00	0.00
123341	14 民生 02	420.00	2.00	2016.10.17	7.0000	0.00	200.00
123342	14 西南债	3000.00	5.00	2019.10.15	5.8800	0.00	2360.00
123343	14 华泰 03	2000.00	3.00	2017.09.29	5.7000	0.00	200.00
123344	14 华泰 04	4000.00	4.00	2018.09.29	5.9000	0.00	770.00
123348	14 沪券 01	450.00	3.00	2017.09.24	4.8000	0.00	450.00
123349	14 沪券 02	1050.00	3.00	2017.09.24	5.3000	0.00	374.00
123350	14 国君 05	3000.00	3.00	2017.09.29	6.1000	0.00	400.00
123354	14 申万债	10000.00	4.00	2015.10.13	5.5000	0.00	1800.00
123355	14 浙商债	1000.00	4.00	2018.09.22	6.3000	0.00	1000.00
123356	14 银河 05	1700.00	1.00	2015.09.23	5.8000	0.00	490.00
123357	14 银河 04	1000.00	0.75	2015.06.19	5.5500	0.00	700.00
123358	14 齐鲁 02	700.00	4.00	2018.09.26	6.8000	0.00	140.00
123359	14 兴业 02	2500.00	4.00	2018.09.18	5.9000	0.00	1682.00
123360	14 证金 14	170.00	1.00	2015.05.29	6.2000	0.00	0.00
123362	14 证金 16	500.00	0.30	2015.01.06	5.2000	0.00	0.00
123363	14 银河 03	1300.00	0.50	2015.03.04	5.4500	0.00	200.00
123364	14 银河 02	1100.00	1.00	2015.09.02	5.6000	0.00	400.00
123365	14 天风债	600.00	3.00	2017.09.02	6.8200	0.00	920.00
123366	14 华融债	600.00	3.00	2017.08.26	6.8000	0.00	370.00
123367	14 渤海 01	500.00	5.00	2019.08.28	6.3000	0.00	200.00
123368	14 中信投	2000.00	3.00	2015.08.25	5.5500	0.00	0.00
123369	14 兴业 01	2500.00	4.00	2018.08.26	5.8900	0.00	1610.00

债券信息 List of Bonds

债券 Bond

债券代码 Code	债券简称 Securities	发行数量(百万) Issued Val(M)	年限 Terms	到期日 Expiration Date	票面利率(%) Coupon Rate(%)	本年收盘 Close	成交数量(万) Trading Vol(10000)
123370	14 国君 04	3000.00	2.00	2016.08.14	5.8000	0.00	800.00
123371	14 民生 01	405.00	1.00	2015.08.14	6.5000	0.00	190.00
123372	14 泰康债	3000.00	10.00	2024.06.27	5.9000	0.00	0.00
123373	14 齐鲁 01	800.00	4.00	2018.07.08	6.9000	0.00	160.00
123374	13 新时代	650.00	3.00	2017.06.20	7.3000	0.00	140.00
123375	14 光大 01	7000.00	2.00	2016.06.11	5.9900	0.00	1200.00
123376	14 国君 03	2000.00	4.00	2018.05.29	6.1000	0.00	48.00
123377	14 太保债	4000.00	10.00	2024.03.07	5.9000	0.00	0.00
123378	13 大都会	800.00	10.00	2024.05.08	8.0000	0.00	0.00
123379	14 国君 02	1500.00	4.00	2018.05.16	6.1500	0.00	0.00
123380	14 华泰 01	3000.00	1.00	2015.04.21	5.9500	0.00	0.00
123381	14 华泰 02	3000.00	2.00	2016.04.21	6.1500	0.00	0.00
123382	14 中信 C1	6000.00	4.00	2018.04.28	5.9000	0.00	1000.00
123383	14 平证次	3000.00	3.00	2017.03.26	6.5000	0.00	5092.00
123384	14 证金 13	350.00	1.00	2015.03.07	5.9500	0.00	0.00
123385	14 平安寿	8000.00	10.00	2024.03.05	5.9000	0.00	0.00
123386	13 天风债	500.00	3.00	2017.03.26	7.6500	0.00	0.00
123387	13 东兴 03	390.00	3.00	2017.03.24	7.3000	0.00	0.00
123388	14 中信建	3000.00	1.50	2015.09.12	5.9800	0.00	0.00
123389	14 安信债	4000.00	2.00	2016.03.20	6.2000	0.00	800.00
123390	13 东兴 02	450.00	3.00	2017.03.10	7.3000	0.00	0.00
123393	14 证金 10	600.00	1.00	2015.02.26	6.0000	0.00	0.00
123397	14 证金 06	1000.00	1.00	2015.02.11	6.0000	0.00	0.00
123400	14 国君 01	1500.00	2.00	2016.02.12	6.3000	0.00	0.00
123401	14 方正债	3000.00	5.00	2019.04.28	7.0000	0.00	400.00
123413	13 东兴 01	660.00	3.00	2016.11.27	6.5000	0.00	90.00
123417	13 东方债	3600.00	4.00	2017.11.15	6.7000	0.00	500.00
123459	12 申万债	6000.00	6.00	2019.07.29	5.2000	0.00	0.00
123460	13 中金债	3000.00	6.00	2019.07.25	6.0000	0.00	690.00
123463	13 国君 01	5000.00	2.00	2015.07.29	5.1000	0.00	0.00
123464	13 国君债	3000.00	4.00	2017.07.09	6.0000	0.00	1700.00
123466	13 华融债	1500.00	4.00	2017.07.10	6.2500	0.00	1040.00
123481	12 国寿财	2000.00	10.00	2022.09.25	4.6300	0.00	0.00
123482	12 平安财	3000.00	10.00	2022.12.28	4.6500	0.00	0.00
123485	12 人寿 02	10000.00	10.00	2022.11.05	4.5800	0.00	0.00
123486	12 新华债	10000.00	10.00	2022.07.18	4.6000	0.00	0.00
123487	12 人寿 01	28000.00	10.00	2022.06.29	4.7000	0.00	0.00
123488	12 平安债	9000.00	10.00	2022.05.30	5.0000	0.00	0.00
123489	11 新华债	5000.00	10.00	2021.09.29	5.7000	0.00	0.00
123490	11 中银债	1400.00	10.00	2021.10.28	6.5000	0.00	0.00
123491	11 平安债	4000.00	10.00	2021.09.29	5.7000	0.00	0.00
123492	11 人寿债	30000.00	10.00	2021.10.26	5.5000	0.00	0.00
123493	11 泰康 01	1000.00	10.00	2021.05.27	5.3900	0.00	0.00
123494	11 泰康 02	1000.00	10.00	2021.06.01	5.3900	0.00	0.00
123495	11 国君债	3000.00	6.00	2017.01.28	5.5000	0.00	0.00
123496	10 泰康 1	1000.00	10.00	2015.09.16	4.5500	0.00	0.00
123497	10 泰康 2	1000.00	10.00	2015.09.16	4.5500	0.00	0.00
123498	10 泰康 3	1000.00	10.00	2015.09.16	4.5500	0.00	0.00
123499	10 泰康 4	1000.00	10.00	2015.09.16	4.5500	0.00	0.00
123501	PR 隧道 02	359.00	3.78	2017.02.21	5.6300	51.95	70.00

债券信息 List of Bonds

债券代码 Code	债券简称 Securities	发行数量 (百万) Issued Val(M)	年限 Terms	到期日 Expiration Date	票面利率(%) Coupon Rate(%)	本年收盘 Close	成交数量(万) Trading Vol(10000)
123507	14 吉城 01	400.00	1.00	2015.03.21	7.1000	100.00	120.00
123508	14 吉城 02	470.00	2.00	2016.03.21	7.6000	99.99	72.00
123509	14 吉城 03	600.00	3.00	2017.03.21	8.0000	99.81	790.00
123510	14 吉城 04	700.00	4.00	2018.03.21	8.5000	99.87	2058.00
123511	14 吉城 05	600.00	5.00	2019.03.21	8.8000	100.00	2290.00
123513	14 益优 01	50.00	1.00	2015.05.29	8.2000	100.00	60.00
123514	14 益优 02	70.00	2.00	2016.05.29	8.3000	99.96	290.00
123515	14 益优 03	80.00	3.00	2017.05.29	8.5000	99.95	240.00
123516	14 益优 04	90.00	4.00	2018.05.29	8.9000	99.94	450.00
123517	14 益优 05	100.00	5.00	2019.05.29	9.2000	99.93	500.00
123518	14 益优 06	110.00	6.01	2020.05.29	9.5000	99.91	570.00
123521	14 迁热 02	140.00	1.54	2015.12.28	7.4000	100.92	20.00
123522	14 迁热 03	170.00	2.54	2016.12.26	8.1000	102.31	130.00
123523	14 迁热 04	180.00	3.54	2017.12.26	8.9000	105.42	234.00
123524	14 迁热 05	190.00	4.54	2018.12.26	9.0000	100.00	0.00
123525	14 迁热 06	200.00	5.54	2019.12.26	9.0000	100.00	0.00
123526	14 迁热 07	210.00	6.54	2020.12.26	9.0000	100.00	0.00
123529	14 远东 02	1130.00	2.36	2016.11.29	6.4000	99.98	480.00
123530	14 远东 03	680.00	4.36	2018.11.29	7.0000	99.82	400.00
123531	14 淮运 01	150.00	0.50	2015.02.01	6.1000	100.00	20.00
123532	14 淮运 02	180.00	1.00	2015.08.01	6.5000	100.00	30.00
123533	14 淮运 03	185.00	1.50	2016.02.01	6.6000	99.93	80.00
123534	14 淮运 04	195.00	2.00	2016.08.01	6.6500	100.00	0.00
123535	14 淮运 05	200.00	2.50	2017.02.01	6.9500	99.99	266.00
123536	14 淮运 06	205.00	3.00	2017.08.01	7.1000	100.03	0.00
123537	14 淮运 07	210.00	3.50	2018.02.01	7.1500	100.00	0.00
123538	14 淮运 08	220.00	4.00	2018.08.01	7.2000	100.00	0.00
123539	14 淮运 09	225.00	4.50	2019.02.01	7.2400	99.97	64.00
123540	14 淮运 10	230.00	5.00	2019.08.01	7.2500	99.93	195.00
123542	PR 航租优	400.00	2.94	2017.07.31	7.0000	56.57	735.00
123550	PR 建优 01	485.00	2.98	2015.09.25	5.6000	60.00	20.00
123551	14 建优 02	970.00	1.40	2016.05.05	5.5000	100.00	360.00
123552	14 建次 01	15.00	2.98	2015.09.25	0.0000	100.00	14.25
123553	14 建次 02	30.00	1.40	2016.05.05	0.0000	100.00	0.00
123554	14 瀚华优	475.00	0.75	2015.09.29	7.2000	100.00	0.00
123555	PR 宝信 01	106.00	1.35	2016.04.23	6.1500	33.79	282.00
123556	PR 宝信 02	239.00	1.60	2016.07.23	6.2000	38.65	352.00
123557	14 宝信 03	16.00	1.85	2016.10.23	7.8000	100.64	32.00
123559	14 五矿优	2647.00	2.99	2017.12.21	6.0000	100.00	0.00
123572	镇小贷 1A	381.00	2.00	2017.02.02	7.2000	100.22	1285.00
123573	镇小贷 1B	94.00	2.00	2017.02.02	8.7000	100.00	346.00
123575	15 金通 A1	163.00	1.07	2016.02.26	7.0000	100.00	0.00
123576	15 金通 A2	160.00	2.07	2017.02.23	7.2500	100.96	544.00
123577	15 金通 B1	43.00	2.07	2017.02.23	8.5000	101.92	189.00
123579	PR 宁交 01	300.00	1.13	2016.03.29	5.6000	50.00	30.00
123580	宁公交 02	300.00	2.13	2017.03.29	5.6000	100.00	0.00
123581	宁公交 03	300.00	3.12	2018.03.28	5.7000	100.00	0.00
123582	宁公交 04	300.00	4.12	2019.03.27	5.8000	100.00	300.00
123583	宁公交 05	300.00	5.12	2020.03.27	6.2500	100.00	0.00
123585	15 国优 01	500.00	3.01	2018.02.12	6.7000	100.00	30.00

债券信息 List of Bonds

债券 Bond

债券代码 Code	债券简称 Securities	发行数量(百万) Issued Val(M)	年限 Terms	到期日 Expiration Date	票面利率(%) Coupon Rate(%)	本年收盘 Close	成交数量(万) Trading Vol(10000)
123587	禾燃气 01	160.00	1.00	2016.03.20	5.9000	100.00	20.00
123588	禾燃气 02	170.00	2.00	2017.03.20	6.1000	99.96	150.00
123589	禾燃气 03	180.00	3.00	2018.03.20	6.3000	99.99	104.00
123590	禾燃气 04	190.00	4.00	2019.03.20	6.5000	99.97	76.00
123591	禾燃气 05	200.00	5.01	2020.03.20	6.7000	99.99	510.00
123593	15 瑞热 01	103.00	0.78	2015.12.26	5.8000	100.00	0.00
123594	15 瑞热 02	108.00	1.78	2016.12.26	6.0000	100.00	0.00
123595	15 瑞热 03	113.00	2.78	2017.12.26	6.5000	100.01	20.00
123596	15 瑞热 04	119.00	3.78	2018.12.26	6.7000	100.01	20.00
123597	15 瑞热 05	126.00	4.78	2019.12.26	7.7000	100.00	0.00
123598	15 瑞热 06	132.00	5.78	2020.12.26	7.1000	100.00	20.00
123599	15 瑞热 07	139.00	6.78	2021.12.26	7.8000	106.50	470.00
123601	PR2A1	87.00	1.52	2016.09.23	6.1000	48.15	150.00
123602	PR2A2	126.00	2.01	2017.03.23	6.2000	61.87	120.00
123603	宝信 2B	60.00	2.52	2017.09.23	9.3000	101.51	262.00
123605	海航 101	500.00	1.79	2017.01.23	6.4000	100.00	270.00
123606	海航 102	500.00	2.79	2018.01.23	6.6000	100.00	0.00
123607	海航 103	500.00	3.79	2019.01.23	7.2000	101.79	160.00
123608	海航 104	500.00	4.79	2020.01.23	7.5500	103.00	790.00
123610	PR 水务 01	85.00	0.93	2016.03.26	5.8000	49.51	5.00
123611	吉水务 02	98.00	1.93	2017.03.26	5.9000	100.00	70.00
123612	吉水务 03	113.00	2.93	2018.03.26	6.0500	100.00	0.00
123613	吉水务 04	130.00	3.93	2019.03.26	6.1000	100.00	0.00
123614	吉水务 05	149.00	4.93	2020.03.26	6.9500	103.98	430.00
123615	吉水务 06	170.00	5.93	2021.03.26	7.3000	100.00	60.00
123616	吉水务 07	195.00	6.93	2022.03.26	7.3000	100.00	150.00
123618	15 八钢优	1000.00	1.00	2016.05.03	5.7500	99.99	20.00
123620	PR 融 1A1	70.00	0.81	2016.01.16	7.5000	22.86	0.00
123621	融信 1A2	41.00	1.56	2016.10.16	8.1000	100.00	41.00
123622	PR 融 1A3	30.00	1.56	2016.10.16	8.3000	48.50	30.00
123623	融信 1B	29.00	2.06	2017.04.16	8.5000	100.00	0.00
123625	包高速 01	120.00	1.00	2016.04.15	6.5000	100.00	0.00
123626	包高速 02	240.00	2.00	2017.04.15	6.7000	100.01	60.00
123627	包高速 03	260.00	3.00	2018.04.15	6.9000	100.00	0.00
123628	包高速 04	280.00	4.00	2019.04.15	7.1500	100.00	0.00
123629	包高速 05	220.00	5.01	2020.04.15	7.4500	100.00	0.00
123631	恒信 1A1	125.00	0.21	2015.07.23	5.6000	100.00	0.00
123632	恒信 1A2	75.00	0.46	2015.10.23	5.7000	100.00	0.00
123633	恒信 1A3	114.00	0.72	2016.01.25	5.8000	100.00	0.00
123634	恒信 1A4	76.00	0.97	2016.04.25	5.8500	100.00	0.00
123635	恒信 1A5	115.00	1.22	2016.07.25	5.9000	100.00	0.00
123636	恒信 1A6	78.00	1.47	2016.10.24	5.9500	100.00	78.00
123637	恒信 1A7	112.00	1.72	2017.01.23	6.0000	100.00	0.00
123638	恒信 1A8	75.00	1.97	2017.04.24	6.1000	100.00	0.00
123639	恒信 1A9	105.00	2.22	2017.07.24	6.1500	100.00	105.00
123640	恒信 1A10	57.00	2.47	2017.10.23	6.2000	100.00	0.00
123641	PR 恒 1A11	171.00	2.22	2017.07.24	6.1800	70.62	81.00
123642	恒信 1B	245.00	3.47	2018.10.23	6.5500	100.00	0.00
123644	15 富水 01	35.00	0.50	2015.11.20	5.8000	100.00	0.00
123645	15 富水 02	35.00	1.00	2016.05.20	6.0000	100.00	0.00

债券信息
List of Bonds

债券代码 Code	债券简称 Securities	发行数量(百万) Issued Val(M)	年限 Terms	到期日 Expiration Date	票面利率(%) Coupon Rate(%)	本年收盘 Close	成交数量(万) Trading Vol(10000)
123646	15 富水 03	38.00	1.51	2016.11.20	6.1000	100.00	0.00
123647	15 富水 04	38.00	2.00	2017.05.20	6.2000	100.00	0.00
123648	15 富水 05	40.00	2.51	2017.11.20	6.3000	100.00	0.00
123649	15 富水 06	40.00	3.00	2018.05.20	6.5000	100.00	0.00
123650	15 富水 07	42.00	3.51	2018.11.20	6.7000	100.00	0.00
123651	15 富水 08	42.00	4.00	2019.05.20	6.9000	100.00	0.00
123652	15 富水 09	45.00	4.51	2019.11.20	7.0000	100.00	0.00
123653	15 富水 10	45.00	5.01	2020.05.20	7.2000	100.00	0.00
123656	PR 科 1A1	86.00	1.51	2016.11.19	6.0000	66.66	0.00
123657	PR 科 1A2	86.00	1.76	2017.02.19	6.4500	70.15	46.00
123658	华科 1B	28.00	2.00	2017.05.19	7.1000	99.77	56.00
123660	PR 宝 3A1	227.00	1.52	2016.11.23	6.0000	66.70	3.00
123661	PR 宝 3A2	227.00	1.77	2017.02.23	6.2500	82.90	0.00
123662	宝信 3B	127.00	2.27	2017.08.23	7.2000	99.91	47.00
123664	PR 先锋 A1	149.00	0.92	2016.04.20	6.2000	65.82	0.00
123665	15 先锋 A2	10.00	1.42	2016.10.20	6.4000	100.00	0.00
123666	PR 先锋 A3	10.00	1.42	2016.10.20	6.6000	60.64	0.00
123667	15 先锋 B	70.00	1.92	2017.04.20	9.0000	100.00	140.00
123669	摩山 1A	131.00	3.00	2018.05.20	6.2000	100.00	0.00
123670	摩山 1B	263.00	3.00	2018.05.20	7.9000	100.41	426.00
123672	HLNYYX01	90.00	1.00	2016.04.14	7.5000	100.00	180.00
123673	HLNYYX02	100.00	2.00	2017.04.14	8.0000	100.00	160.00
123674	HLNYYX03	100.00	3.00	2018.04.14	8.7000	100.50	250.00
123675	HLNYYX04	90.00	4.00	2019.04.14	9.2000	100.00	0.00
123676	HLNYYX05	90.00	5.00	2020.04.14	9.7000	101.53	244.00
123678	汇通 1A01	120.00	0.12	2015.07.08	5.8000	100.00	0.00
123679	汇通 1A02	54.00	0.21	2015.08.10	5.8000	100.00	0.00
123680	汇通 1A03	45.00	0.29	2015.09.08	5.8000	100.00	0.00
123681	汇通 1A04	45.00	0.39	2015.10.15	5.8000	100.00	0.00
123682	汇通 1A05	43.00	0.46	2015.11.09	5.8000	100.00	0.00
123683	汇通 1A06	43.00	0.54	2015.12.08	5.8000	100.00	0.00
123684	汇通 1A07	43.00	0.63	2016.01.11	6.0000	100.00	0.00
123685	汇通 1A08	44.00	0.73	2016.02.15	6.0000	100.00	0.00
123686	汇通 1A09	39.00	0.79	2016.03.08	6.0000	100.00	0.00
123687	汇通 1A10	35.00	0.88	2016.04.11	6.0000	100.00	0.00
123688	汇通 1A11	35.00	0.96	2016.05.09	6.0000	100.00	0.00
123689	汇通 1A12	40.00	1.12	2016.07.08	6.2000	100.00	40.00
123690	汇通 1A13	36.00	1.21	2016.08.08	6.2000	100.00	36.00
123691	汇通 1A14	37.00	1.29	2016.09.08	6.2000	100.31	74.00
123692	汇通 1A15	37.00	1.40	2016.10.17	6.2000	100.00	0.00
123693	汇通 1A16	35.00	1.46	2016.11.08	6.2000	100.00	0.00
123694	汇通 1A17	35.00	1.54	2016.12.08	6.2000	100.00	0.00
123695	汇通 1A18	35.00	1.63	2017.01.09	6.3000	100.00	0.00
123696	汇通 1A19	33.00	1.71	2017.02.08	6.3000	100.00	0.00
123697	汇通 1A20	31.00	1.79	2017.03.08	6.3000	100.00	0.00
123698	汇通 1A21	28.00	1.88	2017.04.11	6.3000	100.00	0.00
123699	汇通 1A22	28.00	1.96	2017.05.09	6.3000	100.00	0.00
123700	汇通 1A23	23.00	2.04	2017.06.08	6.3000	100.00	0.00
123701	汇通 1A24	29.00	2.13	2017.07.10	6.5000	100.00	0.00
123702	汇通 1A25	29.00	2.21	2017.08.08	6.5000	100.00	0.00

债券信息 List of Bonds

债券代码 Code	债券简称 Securities	发行数量(百万) Issued Val(M)	年限 Terms	到期日 Expiration Date	票面利率(%) Coupon Rate(%)	本年收盘 Close	成交数量(万) Trading Vol(10000)
123703	汇通 1A26	26.00	2.29	2017.09.08	6.5000	100.00	0.00
123705	15 环球 A1	146.00	1.01	2016.05.30	4.8000	100.26	10.00
123706	15 环球 A2	219.00	3.01	2018.05.30	5.2000	101.48	39.00
123707	15 环球 A3	365.00	5.01	2020.05.28	5.5000	100.00	0.00
123708	15 环球 B	182.00	5.01	2020.05.28	6.4300	100.00	508.20
123709	金坤一 01	140.00	1.25	2016.08.22	6.5000	100.00	140.00
123710	金坤一 02	50.00	1.25	2016.08.22	9.0000	100.00	1.00
123712	15 正奇优	480.00	2.89	2018.04.28	5.9000	100.00	484.00
123714	15 滨江 01	30.00	1.00	2016.05.29	6.5000	100.00	153.00
123715	15 滨江 02	44.00	2.00	2017.05.29	6.8000	100.87	104.00
123716	15 滨江 03	53.00	3.00	2018.05.29	7.6000	100.00	0.00
123717	15 滨江 04	59.00	4.00	2019.05.29	7.7000	99.96	116.00
123718	15 滨江 05	64.00	5.01	2020.05.29	8.0000	100.00	0.00
123720	皖贷一优	480.00	3.00	2018.05.25	6.3000	101.91	570.00
123722	福能融 01	141.00	0.50	2015.12.18	4.9000	100.00	0.00
123723	福能融 02	144.00	1.00	2016.06.18	4.9500	100.10	10.00
123724	福能融 03	142.00	1.50	2016.12.18	5.1000	100.00	0.00
123725	福能融 04	84.00	2.00	2017.06.18	5.2000	100.00	0.00
123726	福能融 05	69.00	2.50	2017.12.18	5.3000	100.00	0.00
123727	福能融 06	70.00	3.00	2018.06.18	5.4000	100.00	0.00
123729	天富优先	1140.00	3.77	2019.03.31	5.3000	100.00	0.00
123731	PR 港联 1A	548.00	2.59	2018.01.26	6.8000	30.17	277.00
123732	港联 1B	74.00	2.59	2018.01.26	7.9000	100.00	30.00
123734	PR 远东 A	2829.00	3.19	2018.08.24	5.1000	79.50	0.00
123735	15 远东 B	388.00	4.19	2019.08.26	7.2000	100.00	290.00
123736	东海 1A1	92.00	0.36	2015.10.20	6.1000	100.00	0.00
123737	东海 1A2	30.00	0.61	2016.01.20	6.2000	100.00	0.00
123738	东海 1A3	26.00	0.86	2016.04.20	6.4000	100.00	0.00
123739	东海 1A4	27.00	1.36	2016.10.20	6.7000	100.00	0.00
123740	东海 1A5	21.00	1.86	2017.04.20	7.5000	100.00	0.00
123741	东海 1B1	7.00	1.86	2017.04.20	7.5000	100.00	0.00
123742	东海 1B2	97.00	2.86	2018.04.20	7.8000	100.00	0.00
123744	151 中信 1	1000.00	0.79	2016.04.21	4.7000	100.00	0.00
123745	151 中信 2	500.00	1.79	2017.04.21	5.0500	101.06	50.00
123746	151 中信 3	550.00	2.79	2018.04.20	5.2000	102.36	670.00
123748	融和 1 优 1	200.00	0.14	2015.08.20	4.9000	100.00	0.00
123749	融和 1 优 2	271.00	0.73	2016.03.20	5.0000	100.00	83.00
123750	融和 1 优 3	532.00	1.31	2016.10.20	5.1500	100.00	0.00
123751	融和 1 优 4	320.00	2.40	2017.11.20	5.2500	100.00	0.00
123752	融和 1 次	489.00	2.56	2018.01.20	0.0000	100.00	0.00
123753	兴光 1 号 A	160.00	1.00	2016.08.11	5.0000	100.00	64.00
123754	兴光 1 号 B	160.00	1.51	2017.02.11	5.1000	100.00	64.00
123755	兴光 1 号 C	180.00	2.00	2017.08.11	5.2000	100.00	72.00
123756	兴光 1 号 D	200.00	2.51	2018.02.11	5.3000	100.00	80.00
123757	兴光 1 号 E	220.00	3.00	2018.08.11	5.4000	100.00	88.00
123758	兴光 1 号 F	240.00	3.51	2019.02.11	5.5000	100.00	96.00
123759	兴光 1 号 G	260.00	4.00	2019.08.11	5.6000	100.00	104.00
123760	兴光 1 号 H	280.00	4.51	2020.02.11	5.7000	100.00	112.00
123761	兴光 1 号 I	300.00	5.01	2020.08.11	5.8000	100.00	120.00
123763	大丰港 01	74.00	1.00	2016.06.30	5.8000	100.00	0.00

债券信息
List of Bonds

债券代码 Code	债券简称 Securities	发行数量(百万) Issued Val(M)	年限 Terms	到期日 Expiration Date	票面利率(%) Coupon Rate(%)	本年收盘 Close	成交数量(万) Trading Vol(10000)
123764	大丰港 02	84.00	1.50	2016.12.31	5.9500	100.00	0.00
123765	大丰港 03	86.00	2.00	2017.06.30	6.0000	100.00	0.00
123766	大丰港 04	93.00	2.50	2017.12.31	6.2000	100.00	0.00
123767	大丰港 05	96.00	3.00	2018.06.30	6.2000	100.00	0.00
123768	大丰港 06	102.00	3.50	2018.12.31	6.4000	100.00	0.00
123769	大丰港 07	105.00	4.00	2019.06.30	7.0000	100.00	0.00
123770	大丰港 08	111.00	4.50	2019.12.31	7.2000	100.00	0.00
123771	大丰港 09	115.00	5.00	2020.06.30	7.3000	95.00	115.00
123773	PR4A1	180.00	1.42	2016.12.23	5.8000	66.66	0.00
123774	PR4A2	187.00	1.42	2016.12.23	6.0000	64.62	52.00
123775	宝信 4B	87.00	1.67	2017.03.23	7.2000	100.00	0.00
123776	宝信 4C	332.00	2.92	2018.06.23	8.8000	101.39	526.00
123778	PR 丰汇 1A	308.00	1.76	2017.04.28	5.8000	60.29	50.00
123779	丰汇 1B	210.00	3.01	2018.07.28	7.0000	99.94	30.00
123781	PR 聚信 1A	332.00	2.55	2018.01.26	5.5000	83.77	80.00
123782	聚信 1B	70.00	3.05	2018.07.26	7.2000	100.00	0.00
123783	聚信 1 次	71.00	3.55	2019.01.26	0.0000	100.00	0.00
123784	15 武积优	475.00	32.01	2015.12.26	5.0100	100.00	0.00
123786	金光 1A1	738.00	2.75	2018.04.29	5.7500	100.00	0.00
123787	金光 1A2	315.00	3.00	2018.07.29	6.7500	100.00	30.00
123789	15 中联 02	500.00	3.00	2018.07.10	5.7500	100.00	0.00
123790	华泰 1 号	475.00	1.09	2016.09.07	4.9000	100.00	0.00
123792	国君 1 优	475.00	1.17	2016.10.06	4.9000	100.00	0.00
123794	PR 晟 1A1	90.00	1.51	2017.02.07	5.8000	83.33	0.00
123795	PR 晟 1A2	58.00	1.51	2017.02.07	6.0000	90.08	0.00
123796	海晟 1B	28.00	1.75	2017.05.07	7.5000	100.00	28.00
123798	丰源 A01	40.00	0.50	2016.02.13	5.8000	100.00	0.00
123799	丰源 A02	40.00	1.00	2016.08.13	6.0000	100.00	0.00
123800	丰源 A03	40.00	1.51	2017.02.13	6.2000	100.00	0.00
123801	丰源 A04	40.00	2.00	2017.08.13	6.4000	100.00	0.00
123802	丰源 A05	39.00	2.51	2018.02.13	6.6000	100.00	0.00
123803	丰源 A06	39.00	3.00	2018.08.13	6.8000	100.00	0.00
123804	丰源 A07	41.00	3.51	2019.02.13	7.1000	100.02	272.50
123805	丰源 A08	41.00	4.00	2019.08.13	7.3000	100.00	0.00
123806	丰源 A09	41.00	4.51	2020.02.13	7.5000	100.00	0.00
123807	丰源 A10	41.00	5.01	2020.08.13	7.7000	100.00	0.00
123810	哈场路 01	69.00	0.37	2015.12.31	6.0000	100.00	34.50
123811	哈场路 02	87.00	1.37	2016.12.31	6.5000	99.86	42.90
123812	哈场路 03	119.00	2.37	2017.12.31	7.0000	99.70	59.00
123813	哈场路 04	160.00	3.37	2018.12.31	7.5000	93.00	460.00
123814	哈场路 05	198.00	4.37	2019.12.31	8.0000	100.01	16.00
123815	哈场路 06	237.00	5.37	2020.12.31	8.5000	100.01	82.00
123817	永利电 01	70.00	0.50	2016.02.21	6.1000	100.00	0.00
123818	永利电 02	70.00	1.00	2016.08.21	6.3000	100.00	0.00
123819	永利电 03	75.00	1.51	2017.02.21	6.5000	100.00	0.00
123820	永利电 04	75.00	2.00	2017.08.21	6.7000	100.00	100.00
123821	永利电 05	80.00	2.51	2018.02.21	6.9000	100.00	0.00
123822	永利电 06	80.00	3.00	2018.08.21	7.2000	100.00	0.00
123823	金坤二 01	70.00	1.25	2016.11.14	5.9000	100.00	0.00
123824	金坤二 02	25.00	1.25	2016.11.14	8.5000	100.00	15.00

债券信息
List of Bonds

债券
Bond

债券代码 Code	债券简称 Securities	发行数量(百万) Issued Val(M)	年限 Terms	到期日 Expiration Date	票面利率(%) Coupon Rate(%)	本年收盘 Close	成交数量(万) Trading Vol(10000)
123828	连徐 A01	106.00	1.91	2017.07.26	4.5000	100.00	0.00
123829	连徐 A02	116.00	2.91	2018.07.26	4.6000	100.00	0.00
123830	连徐 A03	327.00	4.92	2020.07.26	5.2000	100.00	0.00
123831	连徐 A04	207.00	5.92	2021.07.26	5.2400	100.00	0.00
123832	连徐 A05	240.00	6.92	2022.07.26	5.2400	100.00	0.00
123834	PR 建租 A2	189.00	0.43	2016.01.15	4.6000	51.32	189.00
123835	建租一 A3	182.00	0.93	2016.07.14	4.8000	100.00	121.00
123836	建租一 A4	171.00	1.44	2017.01.15	4.9000	100.00	114.00
123837	建租一 A5	58.00	1.93	2017.07.14	5.0000	100.00	39.00
123838	PR 建租 A6	102.00	4.44	2020.01.15	6.2000	67.88	102.00
123840	15 鹤热 01	90.00	1.00	2016.09.02	6.2000	100.00	0.00
123841	15 鹤热 02	95.00	2.00	2017.09.02	6.5000	100.00	150.00
123842	15 鹤热 03	100.00	3.00	2018.09.02	7.0000	100.00	100.00
123843	15 鹤热 04	105.00	4.00	2019.09.02	8.0000	99.61	50.00
123844	15 鹤热 05	110.00	5.01	2020.09.02	8.5000	100.00	0.00
123846	汇通 2A02	67.00	0.21	2015.11.09	5.4000	100.00	0.00
123847	汇通 2A03	59.00	0.28	2015.12.08	5.4000	100.00	0.00
123848	汇通 2A04	58.00	0.38	2016.01.11	5.4000	100.00	0.00
123849	汇通 2A05	57.00	0.47	2016.02.15	5.4000	100.00	0.00
123850	汇通 2A06	57.00	0.53	2016.03.08	5.6000	100.00	0.00
123851	汇通 2A07	57.00	0.63	2016.04.11	5.6000	100.00	0.00
123852	汇通 2A08	56.00	0.70	2016.05.09	5.6000	100.00	0.00
123853	汇通 2A09	55.00	0.79	2016.06.08	5.6000	100.00	0.00
123854	汇通 2A10	52.00	0.87	2016.07.08	5.6000	100.00	0.00
123855	汇通 2A11	67.00	1.04	2016.09.08	5.6500	100.00	0.00
123856	汇通 2A12	57.00	1.15	2016.10.17	5.6500	100.00	0.00
123857	汇通 2A13	54.00	1.21	2016.11.08	5.6500	100.00	0.00
123858	汇通 2A14	53.00	1.29	2016.12.08	5.6500	100.00	0.00
123859	汇通 2A15	52.00	1.38	2017.01.09	5.6500	100.00	0.00
123860	汇通 2A16	52.00	1.46	2017.02.08	5.6500	100.00	0.00
123861	汇通 2A17	51.00	1.53	2017.03.08	5.6500	100.00	0.00
123862	汇通 2A18	51.00	1.63	2017.04.11	5.8000	100.00	0.00
123863	汇通 2A19	51.00	1.70	2017.05.09	5.8000	100.00	0.00
123864	汇通 2A20	49.00	1.79	2017.06.08	5.8500	100.00	0.00
123865	汇通 2A21	43.00	1.87	2017.07.10	5.8500	100.00	0.00
123866	汇通 2A22	38.00	1.95	2017.08.08	5.8500	100.00	0.00
123868	世茂天 01	240.00	1.00	2016.08.12	6.0000	100.00	0.00
123869	世茂天 02	260.00	2.00	2017.08.12	6.2000	100.00	0.00
123870	世茂天 03	280.00	3.00	2018.08.12	6.5000	100.00	0.00
123871	世茂天 04	300.00	4.00	2019.08.12	6.8000	100.00	0.00
123872	世茂天 05	320.00	5.01	2020.08.12	7.1000	100.00	0.00
123874	PR 中关 A1	240.00	0.82	2016.06.21	5.0000	46.25	0.00
123875	中关优 A2	158.00	1.82	2017.06.21	5.3000	100.00	0.00
123876	中关优 B	102.00	2.82	2018.06.21	7.0000	100.00	0.00
123878	杭公金 01	155.00	0.50	2016.04.27	4.0000	100.00	0.00
123879	杭公金 02	160.00	1.00	2016.10.27	4.2000	100.00	0.00
123880	杭公金 03	160.00	1.50	2017.04.27	4.2000	100.00	0.00
123881	宇光 1	70.00	0.26	2015.11.20	6.1000	100.00	0.00
123882	宇光 2	105.00	1.26	2016.11.20	6.3000	100.00	0.00
123883	宇光 3	115.00	2.26	2017.11.20	6.7500	100.00	0.00

债券信息
List of Bonds

债券代码 Code	债券简称 Securities	发行数量 (百万) Issued Val(M)	年限 Terms	到期日 Expiration Date	票面利率(%) Coupon Rate(%)	本年收盘 Close	成交数量(万) Trading Vol(10000)
123884	宇光 4	110.00	3.26	2018.11.20	7.0500	100.00	0.00
123885	宇光 5	100.00	4.26	2019.11.20	7.2500	100.00	0.00
123887	渤钢租 01	20.00	0.88	2016.07.12	5.5000	100.00	0.00
123888	渤钢租 02	190.00	1.38	2017.01.10	5.7000	100.00	0.00
123889	渤钢租 03	190.00	2.13	2017.10.10	5.8000	100.00	150.00
123890	赣小贷 A1	100.00	1.00	2016.08.04	5.9000	100.00	0.00
123891	赣小贷 A2	140.00	2.00	2017.08.04	5.9500	100.00	0.00
123892	赣小贷 A3	120.00	3.00	2018.08.04	6.0000	100.00	0.00
123893	赣小贷 B	80.00	3.00	2018.08.04	7.5000	100.00	0.00
123896	远东四 A1	500.00	0.95	2016.08.26	4.0400	100.00	0.00
123897	远东四 A2	1170.00	3.70	2019.05.26	4.5000	100.00	0.00
123898	远东四 B	187.00	4.20	2019.11.26	6.3000	100.00	0.00
123900	南山 01	37.00	0.24	2015.12.08	6.3000	100.00	0.00
123901	南山 02	40.00	0.75	2016.06.08	6.4000	100.00	0.00
123902	南山 03	46.00	1.25	2016.12.08	6.5000	100.00	0.00
123903	南山 04	60.00	1.75	2017.06.08	6.6000	100.00	0.00
123904	南山 05	60.00	2.25	2017.12.08	6.8000	100.00	0.00
123905	南山 06	60.00	2.83	2018.07.08	6.9000	100.00	0.00
123906	南山次级	30.00	2.83	2018.07.08	0.0000	100.00	0.00
123907	海航 201	700.00	2.77	2018.06.23	5.5500	100.00	0.00
123908	海航 202	800.00	4.60	2020.04.23	5.8000	100.00	420.00
123909	海航 203	500.00	4.77	2020.06.23	6.1000	101.00	100.00
123911	15 节能 01	107.00	0.78	2016.07.26	4.2600	100.00	0.00
123912	15 节能 02	119.00	1.78	2017.07.26	4.6100	100.00	0.00
123913	15 节能 03	127.00	2.78	2018.07.26	4.8100	100.00	0.00
123914	15 节能 04	147.00	3.78	2019.07.26	5.0700	100.00	0.00
123915	15 节能 05	150.00	4.78	2020.07.26	5.0700	100.00	0.00
123917	先锋 A1	56.00	1.07	2016.10.22	5.5000	100.00	0.00
123918	先锋 A2	48.00	2.07	2017.10.22	6.0000	100.01	76.00
123919	先锋 B	20.00	2.81	2018.07.22	7.0000	100.00	0.00
123921	首航 01	600.00	2.04	2017.09.28	5.6000	100.00	0.00
123922	首航 02	750.00	3.04	2018.09.28	5.8000	100.00	0.00
123923	首航 03	850.00	4.04	2019.09.30	6.8000	100.00	355.00
123924	首航 04	800.00	5.04	2020.09.28	7.0000	100.01	6.00
123933	15 濮热 01	70.00	1.33	2017.01.20	5.0000	100.00	0.00
123934	15 濮热 02	80.00	2.33	2018.01.20	5.3000	100.00	0.00
123935	15 濮热 03	95.00	3.33	2019.01.20	5.5500	100.00	0.00
123936	15 濮热 04	105.00	4.33	2020.01.20	5.9800	100.00	0.00
123937	15 濮热 05	120.00	5.33	2021.01.20	6.4500	100.00	0.00
123938	15 濮热 06	130.00	6.33	2022.01.20	6.9000	100.00	130.00
123940	海亮 1A	929.00	2.87	2018.08.28	5.5000	93.26	0.00
123941	海亮 1B	419.00	3.87	2019.08.28	6.9000	100.00	310.00
123943	PR 奥租 A1	59.00	0.85	2016.07.28	5.4000	76.27	0.00
123944	奥租 1A2	54.00	1.85	2017.07.28	5.5000	100.00	0.00
123945	奥租 1A3	34.00	2.60	2018.04.28	5.9000	100.00	0.00
123946	PR 奥租 A4	86.00	2.85	2018.07.28	6.0000	91.18	0.00
123947	奥租 1B	72.00	3.85	2019.07.28	7.9000	100.00	0.00
123949	汇通 3A01	104.00	0.12	2015.11.09	5.2000	100.00	0.00
123950	汇通 3A02	61.00	0.20	2015.12.08	5.2000	100.00	0.00
123951	汇通 3A03	57.00	0.30	2016.01.11	5.2000	100.00	0.00

债券信息
List of Bonds

债券代码 Code	债券简称 Securities	发行数量(百万) Issued Val(M)	年限 Terms	到期日 Expiration Date	票面利率(%) Coupon Rate(%)	本年收盘 Close	成交数量(万) Trading Vol(10000)
123952	汇通 3A04	57.00	0.39	2016.02.15	5.2000	100.00	0.00
123953	汇通 3A05	56.00	0.45	2016.03.08	5.2000	100.00	0.00
123954	汇通 3A06	55.00	0.55	2016.04.11	5.3000	100.00	0.00
123955	汇通 3A07	53.00	0.62	2016.05.09	5.3000	100.00	0.00
123956	汇通 3A08	50.00	0.70	2016.06.08	5.3000	100.00	0.00
123957	汇通 3A09	49.00	0.79	2016.07.08	5.3000	100.00	0.00
123958	汇通 3A10	45.00	0.87	2016.08.08	5.4500	100.00	0.00
123959	汇通 3A11	42.00	0.96	2016.09.08	5.4500	100.00	0.00
123960	汇通 3A12	60.00	1.12	2016.11.08	5.4500	100.00	0.00
123961	汇通 3A13	44.00	1.21	2016.12.08	5.4500	100.00	0.00
123962	汇通 3A14	43.00	1.29	2017.01.09	5.4500	100.00	0.00
123963	汇通 3A15	42.00	1.38	2017.02.08	5.4500	100.00	0.00
123964	汇通 3A16	41.00	1.45	2017.03.08	5.4500	100.00	0.00
123965	汇通 3A17	41.00	1.55	2017.04.11	5.4500	100.00	0.00
123966	汇通 3A18	38.00	1.62	2017.05.09	5.6500	100.00	0.00
123967	汇通 3A19	33.00	1.70	2017.06.08	5.6500	100.00	0.00
123968	汇通 3A20	31.00	1.79	2017.07.10	5.6500	100.00	0.00
123969	汇通 3A21	10.00	1.87	2017.08.08	5.6500	100.00	0.00
123971	协鑫 01	340.00	0.63	2016.06.01	5.0000	100.00	0.00
123972	协鑫 02	380.00	1.63	2017.06.01	5.4000	100.00	88.00
123973	协鑫 03	380.00	2.63	2018.06.01	5.9000	100.00	0.00
123974	协鑫 04	430.00	3.63	2019.06.01	6.5000	100.00	0.00
123975	协鑫 05	470.00	4.63	2020.06.01	7.0000	100.00	0.00
123977	PR 德润 A1	330.00	0.82	2016.07.12	4.8000	63.64	0.00
123978	德润优 A2	90.00	1.33	2017.01.12	5.3000	100.00	0.00
123979	PR 德润 A3	160.00	1.33	2017.01.12	5.6000	76.40	0.00
123980	德润优 B	180.00	2.08	2017.10.12	8.0000	100.00	0.00
123982	15 庆热 01	365.00	1.20	2016.12.26	4.8000	100.00	0.00
123983	15 庆热 02	290.00	2.20	2017.12.26	4.9000	100.00	0.00
123984	15 庆热 03	330.00	3.20	2018.12.26	5.0000	100.00	0.00
123985	15 庆热 04	370.00	4.20	2019.12.26	5.4000	100.00	0.00
123986	15 庆热 05	420.00	5.20	2020.12.26	5.7000	100.00	0.00
123987	15 庆热 06	470.00	6.20	2021.12.26	6.0000	100.00	0.00
123988	15 庆热 07	510.00	7.20	2022.12.26	6.4000	100.00	0.00
123993	海洋 1A2	78.00	0.45	2016.01.26	5.8000	100.00	0.00
123994	海洋 1A3	74.00	0.70	2016.04.26	5.9000	100.00	0.00
123995	海洋 1A4	56.00	0.95	2016.07.26	6.0500	100.00	56.00
123996	海洋 1A5	105.00	1.70	2017.04.26	6.2000	92.26	105.00
123997	海洋 1B	100.00	2.70	2018.04.26	6.5000	100.00	0.00
124000	PR 奉投资	1000.00	7.00	2019.09.24	7.4500	84.80	579.71
124001	PR 漯城投	1200.00	7.00	2019.10.30	6.9900	84.00	788.84
124002	12 蒙高路	1500.00	7.00	2019.11.12	5.9000	105.50	393.35
124003	12 珠水务	500.00	6.00	2018.08.27	5.3000	100.00	0.00
124004	PR 盐城南	1500.00	7.00	2019.10.26	6.9300	84.50	290.94
124005	PR 昆创债	1800.00	7.00	2019.11.07	6.2800	82.00	930.00
124006	PR 绍城投	1300.00	7.00	2019.11.09	6.4000	84.50	230.23
124007	12 西电梯	500.00	6.00	2018.11.09	5.7500	102.30	340.95
124008	PR 国奥投	400.00	6.00	2018.10.29	6.8900	67.28	1096.66
124009	PR 渝惠农	1000.00	7.00	2019.09.06	7.3500	80.00	50.00
124010	PR 鸡国资	1200.00	7.00	2019.11.08	7.1800	83.67	2073.17

债券信息
List of Bonds

债券代码 Code	债券简称 Securities	发行数量 (百万) Issued Val(M)	年限 Terms	到期日 Expiration Date	票面利率(%) Coupon Rate(%)	本年收盘 Close	成交数量(万) Trading Vol(10000)
124011	12 锡科技	1800.00	6.00	2018.10.26	5.9800	105.00	1353.00
124012	PR 高密 01	800.00	7.00	2019.11.15	6.7000	84.90	646.00
124013	PR 高密 02	400.00	6.00	2018.11.15	6.7500	76.21	170.00
124014	PR 筑住投	1600.00	7.00	2019.11.06	6.7000	84.80	499.98
124015	12 筑工投	1700.00	7.00	2019.11.19	6.5000	105.70	644.00
124016	PR 常德源	700.00	6.00	2018.10.18	7.1800	77.61	611.80
124017	PR 伊国资	1200.00	6.00	2018.11.19	6.7000	78.50	229.62
124018	PR 昌经投	500.00	8.00	2020.10.30	7.3500	89.32	730.35
124019	PR 湘昭投	800.00	6.00	2018.12.12	7.0000	77.32	775.07
124020	PR 辽城经	1500.00	7.00	2019.11.13	7.1000	84.45	1443.37
124021	PR 潍东兴	1300.00	7.00	2019.11.20	6.8800	84.30	772.00
124022	PR 韶金叶	1400.00	7.00	2019.10.18	7.3000	84.54	1240.83
124023	PR 滁城投	1500.00	7.00	2019.11.23	6.8100	84.75	204.00
124024	12 青投资	600.00	10.00	2022.10.08	7.0800	103.70	80.72
124025	PR 池州债	900.00	7.00	2019.10.17	7.1700	85.00	592.12
124026	PR 川广元	800.00	7.00	2019.11.26	7.2500	84.41	840.46
124027	PR 瑞国投	700.00	7.00	2019.11.26	6.9300	80.59	202.00
124028	PR 诸城投	1300.00	7.00	2019.11.29	6.8000	82.00	777.05
124029	PR 玉城投	800.00	7.00	2019.11.26	6.8800	84.84	596.97
124030	PR 宁城投	2300.00	6.00	2018.11.26	5.6800	77.90	80.00
124031	12 豫铁投	2800.00	10.00	2022.11.19	6.3800	110.20	184.51
124032	PR 宜建投	1000.00	7.00	2019.11.08	6.8500	84.00	420.20
124033	PR 苏城投	2000.00	7.00	2019.10.25	5.7900	84.10	968.37
124034	PR 郑城投	1600.00	7.00	2019.12.03	6.3700	83.30	187.00
124035	PR 沭金源	1000.00	7.00	2019.12.03	6.5000	82.00	650.01
124036	PR 张经开	1000.00	7.00	2019.11.16	6.9800	82.00	488.74
124037	PR 渝江北	1800.00	7.00	2019.10.16	7.2000	85.55	61.00
124038	12 远洲控	500.00	7.00	2019.12.04	6.9000	96.60	1878.92
124039	PR 渝江津	1300.00	7.00	2019.09.21	7.4600	80.00	0.00
124040	PR 绍迪荡	1000.00	6.00	2018.12.05	6.7500	77.50	533.24
124041	PR 宿水务	800.00	7.00	2019.12.04	6.5500	84.00	409.35
124042	12 鄂旅投	800.00	7.00	2019.10.29	6.8800	105.50	287.50
124043	12 深立业	1000.00	6.00	2018.12.03	6.3000	101.50	2077.37
124044	12 联想债	2300.00	10.00	2022.11.30	5.7000	111.00	662.04
124045	PR 嘉经开	800.00	7.00	2019.12.03	7.0500	83.00	10.00
124046	PR 濮建投	500.00	7.00	2019.10.29	6.9800	81.00	553.98
124047	PR 黔宏升	1400.00	7.00	2019.11.22	6.9900	82.10	663.56
124048	PR 平国资	1200.00	7.00	2019.11.13	6.8500	85.40	603.02
124049	PR 营沿海	1600.00	7.00	2019.11.16	7.0800	84.00	1316.00
124050	PR 榆城投	1500.00	6.00	2018.12.04	6.8100	78.62	617.42
124051	PR 庆高新	1200.00	7.00	2019.12.05	6.8800	82.00	684.01
124052	PR 昆产投	2000.00	7.00	2019.10.23	6.4600	79.99	380.00
124053	12 营口港	2200.00	8.00	2020.11.13	5.6000	102.31	203.12
124054	PR 株云龙	1000.00	7.00	2019.11.19	6.7800	80.00	110.05
124055	PR 蓉高投	700.00	7.00	2019.11.20	6.2800	80.40	172.50
124056	PR 启国投	1500.00	10.00	2022.11.20	7.3000	98.43	956.26
124057	PR 汕城开	1300.00	10.00	2022.03.23	8.5700	99.20	220.00
124058	PR 萍乡债	1200.00	7.00	2019.12.10	6.8900	84.00	274.00
124059	PR 临城发	1500.00	7.00	2019.12.12	6.6800	82.80	440.00
124060	PR 驻投资	1300.00	7.00	2019.11.26	6.9500	84.20	401.90

债券信息
List of Bonds

债券代码 Code	债券简称 Securities	发行数量(百万) Issued Val(M)	年限 Terms	到期日 Expiration Date	票面利率(%) Coupon Rate(%)	本年收盘 Close	成交数量(万) Trading Vol(10000)
124061	PR 沛国资	1000.00	7.00	2019.12.06	7.2000	82.00	776.19
124062	PR 冀顺德	1000.00	7.00	2019.12.05	6.9800	83.80	1079.02
124063	12 国网 03	5000.00	7.00	2019.11.20	4.8000	104.00	150.00
124064	12 国网 04	5000.00	10.00	2022.11.20	5.0000	100.50	1272.00
124065	PR 津开 01	1850.00	7.00	2019.12.03	6.2000	82.00	3030.50
124066	PR 津开 02	450.00	10.00	2022.12.03	6.5000	90.00	0.00
124070	PR 新城投	1500.00	7.00	2019.12.13	7.0800	83.45	1549.87
124071	PR 鹰投融	1400.00	10.00	2022.12.12	7.5000	98.73	2128.34
124072	12 曲公路	1400.00	7.00	2019.10.26	7.2300	109.70	1586.41
124073	PR 吉华债	1000.00	7.00	2019.12.12	7.3700	83.50	469.97
124074	PR 张公经	1200.00	7.00	2019.11.27	6.4300	83.03	145.00
124075	PR 淮建投	1800.00	6.00	2018.12.17	6.6800	78.30	891.09
124076	12 金湖债	800.00	6.00	2018.12.07	7.7600	106.00	796.41
124077	12 榕建工	500.00	7.00	2019.12.10	6.8000	106.20	327.99
124078	12 云城建	500.00	6.00	2018.10.24	7.1500	106.92	272.51
124079	PR 保国资	800.00	7.00	2019.12.10	7.3000	81.50	899.56
124080	PR 苏海投	1000.00	7.00	2019.11.07	7.2000	84.75	679.66
124081	PR 长先导	1800.00	7.00	2019.12.10	6.7000	85.33	1165.68
124082	PR 青国信	2000.00	10.00	2022.12.12	6.4000	95.50	20.02
124083	PR 黄城投	1000.00	7.00	2019.10.19	7.1000	82.43	190.00
124084	12 沪临港	700.00	7.00	2019.12.10	6.0900	103.05	160.00
124085	PR 沪金投	900.00	7.00	2019.12.21	6.6000	83.60	240.60
124086	PR 诸建投	1600.00	7.00	2019.12.19	6.9200	84.30	1576.21
124087	PR 芜新马	800.00	7.00	2019.11.14	7.1800	80.00	444.00
124088	PR 东台债	1500.00	7.00	2019.12.26	7.1000	83.00	1132.87
124089	PR 赣开债	1800.00	6.00	2018.12.26	6.7000	78.20	775.28
124090	PR 遵国投	2000.00	7.00	2019.12.26	6.9800	84.00	298.57
124091	PR 渝兴债	1200.00	7.00	2019.12.10	7.3000	83.33	817.75
124092	12 鄂华研	1200.00	6.00	2018.12.17	7.8800	94.10	4060.85
124093	PR 喀城投	800.00	7.00	2019.11.27	7.1800	85.00	644.21
124094	12 甬交投	800.00	10.00	2022.12.21	6.4000	99.90	190.00
124095	PR 六开投	1600.00	7.00	2019.12.03	6.9700	84.99	1064.13
124096	PR 淮城资	1500.00	7.00	2019.12.26	6.8700	85.00	989.12
124097	PR 宝投资	1000.00	6.00	2018.12.26	7.1400	78.80	743.01
124098	PR 达投资	1000.00	7.00	2019.12.25	6.9900	83.60	638.74
124099	PR 德建投	1000.00	7.00	2019.12.26	6.9900	84.53	587.81
124100	PR 石国投	800.00	7.00	2019.09.13	7.4000	84.20	476.94
124101	12 赣高速	1200.00	5.00	2017.12.03	5.5000	100.00	30.00
124102	12 滇祥航	700.00	7.00	2019.12.14	7.2900	102.20	148.00
124103	13 同创债	800.00	7.00	2020.01.09	7.0500	104.98	260.12
124104	PR 巢城投	1200.00	7.00	2019.12.24	7.0000	84.00	1170.92
124105	12 愉悦债	300.00	6.00	2018.12.20	7.1500	98.00	661.74
124106	PR 邯郸债	2000.00	7.00	2019.12.24	7.0500	84.90	795.12
124107	PR 洛城投	1200.00	7.00	2019.12.31	6.8900	85.50	724.98
124108	PR 吴经开	1500.00	7.00	2019.12.27	6.8800	83.00	1600.45
124110	13 宁新开	700.00	7.00	2020.01.08	6.8000	101.00	219.74
124111	PR 长城建	1000.00	7.00	2019.11.30	6.8000	83.80	130.00
124112	13 豫盛润	1100.00	6.00	2019.01.10	7.3900	100.19	2277.11
124113	12 渝出版	400.00	7.00	2019.11.23	6.1800	99.00	0.00
124114	PR 大丰债	1000.00	7.00	2019.12.13	7.0800	84.00	1039.00

债券信息
List of Bonds

债券代码 Code	债券简称 Securities	发行数量(百万) Issued Val(M)	年限 Terms	到期日 Expiration Date	票面利率(%) Coupon Rate(%)	本年收盘 Close	成交数量(万) Trading Vol(10000)
124116	PR 渝北飞	1000.00	7.00	2019.12.25	7.1300	84.23	283.03
124117	PR 宜城投	1800.00	7.00	2019.12.31	6.7600	84.33	1994.81
124118	12 香兴中	700.00	7.00	2019.12.31	5.9500	104.00	0.00
124119	PR 环太湖	1200.00	7.00	2019.11.28	6.7000	83.90	502.71
124120	PR 泉台商	1000.00	7.00	2019.12.10	7.0800	83.00	418.25
124121	12 盘江债	800.00	7.00	2019.12.28	5.6300	100.00	180.00
124122	13 抚城投	1200.00	7.00	2020.01.16	6.7800	105.00	986.55
124123	13 南城投	1300.00	7.00	2020.02.20	6.1900	103.00	617.50
124124	PR 双鸭山	1000.00	7.00	2019.12.25	6.5500	80.50	80.00
124125	13 温经开	1000.00	7.00	2020.01.15	6.4900	102.00	368.01
124126	PR 柳城投	1500.00	10.00	2022.12.31	7.1800	93.09	308.28
124127	PR 黄国资	1000.00	6.00	2018.12.17	6.8500	78.50	354.36
124128	PR 萧经开	1400.00	6.00	2018.12.26	6.7000	79.00	602.90
124129	PR 泉石建	1000.00	7.00	2019.04.16	8.4000	80.00	0.00
124130	13 陕东岭	700.00	10.00	2023.01.15	6.9800	95.44	1117.78
124131	13 安国资	800.00	7.00	2020.01.10	6.9800	103.01	535.00
124132	13 巩义债	1000.00	7.00	2020.01.18	6.7000	102.00	519.01
124133	12 宁宝源	400.00	7.00	2019.11.19	7.2000	99.63	292.68
124134	13 泉城投	1700.00	7.00	2020.01.11	6.4800	105.00	830.01
124135	13 滇公投	2000.00	6.00	2019.01.11	6.0500	106.00	762.52
124136	13 太城投	1600.00	7.00	2020.01.11	6.7500	103.00	241.85
124137	13 赣发投	1500.00	7.00	2020.01.18	6.6000	107.80	867.16
124138	PR 长城投	1800.00	7.00	2019.04.24	6.9500	85.50	621.87
124139	13 通港闸	1200.00	7.00	2020.01.09	7.1500	104.00	254.00
124140	13 沧建投	1200.00	7.00	2020.01.23	6.7200	104.00	604.00
124141	13 浙吉利	1200.00	7.00	2020.01.24	5.9000	105.50	836.45
124142	13 渝三峡	1000.00	6.00	2019.01.23	6.4000	102.60	327.07
124143	13 泰投资	1800.00	7.00	2020.01.25	6.7600	104.73	869.44
124144	13 蓉城投	2000.00	7.00	2020.01.14	6.1800	104.00	1508.00
124145	13 蓉兴城	2000.00	7.00	2020.01.28	6.1700	104.20	775.00
124146	13 海发控	2500.00	7.00	2020.01.24	5.5000	105.00	698.77
124147	13 甬东投	1500.00	7.00	2020.01.21	6.4500	104.50	2215.99
124148	13 金灌债	1000.00	6.00	2019.01.28	6.4000	102.35	248.43
124149	13 镇水投	1400.00	7.00	2020.01.30	6.6000	102.00	102.27
124150	13 南发展	2000.00	7.00	2020.01.28	6.6900	106.38	446.01
124151	13 长兴岛	1800.00	7.00	2020.01.25	6.6000	101.00	668.07
124152	13 宁禄口	1600.00	10.00	2023.01.29	5.1500	102.96	180.00
124153	13 国网 01	10000.00	7.00	2020.01.23	4.7500	103.05	130.00
124154	13 国网 02	10000.00	15.00	2028.01.23	5.1000	100.00	0.00
124155	13 渭城投	1200.00	7.00	2020.01.15	6.6900	104.60	690.99
124156	13 涪国资	1700.00	7.00	2020.01.21	6.3900	100.00	510.01
124158	13 锡东城	1500.00	7.00	2020.01.28	6.6500	104.00	558.31
124159	13 绍城改	1200.00	7.00	2020.01.24	6.5000	104.60	540.86
124160	13 蓬莱阁	800.00	8.00	2021.01.30	6.8000	97.00	940.01
124161	13 瑞水泥	2000.00	8.00	2021.02.04	7.1000	90.12	1621.08
124162	13 济高新	1200.00	7.00	2020.01.28	6.6000	103.37	1185.00
124163	13 蓉文旅	500.00	7.00	2020.02.19	6.5000	105.61	716.93
124164	13 建城投	1000.00	7.00	2020.02.22	6.5000	103.00	415.82
124165	13 洪市政	1200.00	7.00	2020.02.25	5.8800	104.00	302.90
124166	13 江滨投	1200.00	7.00	2020.02.28	6.6000	104.40	770.01

债券信息
List of Bonds

债券
Bond

债券代码 Code	债券简称 Securities	发行数量(百万) Issued Val(M)	年限 Terms	到期日 Expiration Date	票面利率(%) Coupon Rate(%)	本年收盘 Close	成交数量(万) Trading Vol(10000)
124167	13 滇投债	1200.00	7.00	2020.02.01	6.5000	104.82	362.06
124168	13 绍中城	1500.00	6.00	2019.02.26	6.3000	101.00	1444.14
124169	13 华峰债	800.00	7.00	2020.02.26	6.8500	99.90	572.27
124170	13 厦杏林	500.00	7.00	2020.02.22	6.6000	105.17	320.00
124171	13 长投建	1300.00	7.00	2020.02.26	6.4600	104.00	914.23
124172	13 常城投	1500.00	7.00	2020.02.25	6.5000	103.51	550.00
124173	13 陕有色	1500.00	6.00	2019.02.26	4.8800	104.25	1138.04
124174	13 吉城债	1800.00	7.00	2020.02.26	6.3400	103.43	970.00
124175	13 湘高新	800.00	7.00	2020.01.15	6.9000	103.38	1081.39
124176	13 武地铁	2000.00	7.00	2020.02.04	5.7000	104.26	1360.00
124177	13 乌高新	1000.00	7.00	2020.03.05	6.1800	102.30	337.09
124178	13 集城投	800.00	7.00	2020.03.19	6.8800	99.50	1389.69
124179	13 广越秀	2800.00	7.00	2020.02.28	5.2000	106.17	435.71
124180	13 綦东开	1200.00	7.00	2020.01.29	6.7500	104.00	690.00
124181	13 余开投	1000.00	7.00	2020.03.04	6.7500	102.50	545.63
124182	13 精控债	450.00	5.00	2018.03.05	6.5000	96.40	304.65
124183	13 津广成	1500.00	10.00	2023.02.22	6.9700	106.00	1552.90
124184	13 京投债	2800.00	10.00	2023.03.11	5.0400	100.00	410.00
124185	13 海宁债	1500.00	7.00	2020.03.06	6.0800	103.00	412.77
124187	13 泰矿债	900.00	7.00	2020.03.12	5.8000	94.29	382.03
124188	13 邹城资	1200.00	6.00	2019.03.12	6.1800	103.25	676.20
124189	13 大旅游	800.00	7.00	2020.03.07	6.5000	101.10	440.24
124190	13 奉南城	650.00	7.00	2020.03.05	6.2500	103.60	270.01
124191	13 杭高新	500.00	7.00	2020.01.28	6.4500	102.40	22.00
124192	13 邗城建	1300.00	7.00	2020.03.12	6.2000	103.95	1271.00
124193	13 文城资	700.00	7.00	2020.03.06	6.3800	103.98	392.11
124194	13 滨海 01	2000.00	5.00	2018.03.13	5.0000	102.30	831.45
124195	13 滨海 02	3000.00	7.00	2020.03.13	5.1900	109.00	1670.00
124196	13 烟城建	2000.00	7.00	2020.03.14	5.9900	104.00	1126.22
124197	10 朝资 01	1000.00	6.00	2016.02.01	4.9100	100.17	613.97
124198	10 朝资 02	1500.00	7.00	2017.02.01	4.5300	101.90	1638.42
124199	13 泰交债	800.00	7.00	2020.03.11	6.1500	100.33	320.00
124200	13 自高新	1000.00	7.00	2020.03.13	6.3000	103.80	970.00
124201	13 南高速	1500.00	7.00	2020.01.28	6.6900	104.76	1117.00
124202	13 平潭债	1200.00	7.00	2020.03.15	6.5800	103.20	1103.26
124203	13 浔富和	900.00	6.00	2019.03.19	6.1000	102.50	610.00
124204	13 津城投	8000.00	10.00	2023.02.26	5.7000	106.04	2376.50
124205	13 余创债	1200.00	7.00	2020.03.18	6.5000	102.80	196.03
124206	13 祥源债	600.00	7.00	2020.02.26	6.8500	100.00	752.00
124207	13 巴城投	1800.00	7.00	2020.03.15	6.4000	103.50	897.15
124208	13 西投债	700.00	10.00	2023.03.19	6.1800	99.00	10.00
124209	13 三门峡	1300.00	7.00	2020.01.29	6.6800	101.00	628.98
124210	13 皋投债	1200.00	7.00	2020.02.01	6.7000	104.80	390.00
124211	13 甘投债	800.00	7.00	2020.03.06	5.4000	104.78	430.00
124212	13 益高新	1500.00	7.00	2020.03.13	6.7000	104.20	1186.81
124213	13 德清债	1000.00	7.00	2020.02.22	6.4000	104.00	4213.64
124214	13 河城投	1000.00	7.00	2020.03.19	6.5500	102.65	985.00
124215	13 九国资	900.00	7.00	2020.03.07	6.6800	104.50	340.40
124216	12 新查矿	600.00	7.00	2019.12.13	7.2000	94.19	2277.27
124217	13 西高新	1500.00	6.00	2019.02.26	5.7000	102.66	200.02

债券信息
List of Bonds

债券代码 Code	债券简称 Securities	发行数量(百万) Issued Val(M)	年限 Terms	到期日 Expiration Date	票面利率(%) Coupon Rate(%)	本年收盘 Close	成交数量(万) Trading Vol(10000)
124218	13 三福船	700.00	6.00	2019.03.27	6.9000	100.00	746.89
124219	13 荣经开	1000.00	7.00	2020.03.18	6.4500	102.00	234.96
124220	13 晋能交	1000.00	7.00	2020.03.08	5.2900	97.00	244.00
124221	13 武地产	1600.00	6.00	2019.03.22	5.9000	102.96	91.05
124222	13 京粮食	700.00	6.00	2019.03.20	5.0500	102.00	250.00
124223	13 微山矿	850.00	7.00	2020.03.13	6.1500	90.00	669.01
124224	13 朝国资	1600.00	7.00	2020.03.27	5.2500	104.00	125.84
124225	13 阿城投	1000.00	7.00	2020.03.14	6.4000	103.90	261.69
124226	13 闽兴杭	1200.00	6.00	2019.03.26	6.2000	99.20	210.51
124227	13 宁国 01	3500.00	7.00	2020.03.06	5.4000	103.91	502.37
124228	13 宁国 02	3000.00	10.00	2023.03.06	5.6000	100.00	205.00
124229	13 晋公投	800.00	7.00	2020.03.18	6.5000	104.00	244.94
124230	PR 蓉兴锦	800.00	7.00	2019.11.27	7.3000	85.40	450.00
124231	13 临海投	1200.00	7.00	2020.03.21	6.3000	103.00	360.60
124232	13 苏海发	1000.00	10.00	2023.03.29	7.0700	103.00	720.30
124234	13 鹏铁 01	5000.00	10.00	2023.03.25	5.4000	106.21	259.86
124235	13 清河投	700.00	7.00	2020.01.24	6.6800	103.40	493.01
124236	PR 马经开	800.00	7.00	2019.12.20	7.1000	79.35	330.00
124238	13 通辽投	1600.00	7.00	2020.04.09	6.6400	100.76	550.00
124239	13 鄞城投	600.00	7.00	2020.03.18	6.5000	104.00	251.42
124240	13 合工投	1000.00	7.00	2020.03.20	6.3000	103.49	619.03
124241	13 烟开发	800.00	7.00	2020.04.10	5.7000	104.00	124.47
124242	13 营经开	900.00	7.00	2020.04.08	6.1700	101.50	644.37
124243	13 常高新	1600.00	7.00	2020.03.21	6.1800	100.00	310.00
124244	13 番交投	1100.00	6.00	2019.04.12	6.3000	104.10	1795.00
124245	13 杭运河	1000.00	7.00	2020.04.02	6.0000	104.62	350.00
124246	13 溧城发	1200.00	7.00	2020.03.08	6.2000	103.90	646.11
124247	13 绍交投	1500.00	7.00	2020.03.04	6.0000	100.00	450.00
124248	13 京歌华	600.00	7.00	2020.03.21	5.9800	104.00	525.00
124249	13 大城投	1500.00	7.00	2020.02.21	6.5800	103.40	1519.00
124250	13 宿建投	1500.00	7.00	2020.04.17	6.4000	103.22	720.00
124251	13 鲁信投	1000.00	7.00	2020.04.17	5.0000	104.40	1189.37
124252	13 邯交通	1000.00	8.00	2021.04.18	5.7000	102.00	204.52
124253	13 新乡投	900.00	7.00	2020.04.15	5.8500	100.00	84.16
124254	13 常熟发	1000.00	7.00	2020.04.19	5.8000	104.00	215.16
124255	13 浙新昌	1200.00	7.00	2020.04.24	6.6000	102.90	180.00
124256	13 苏泊尔	300.00	7.00	2020.04.11	6.5000	98.90	730.94
124257	13 海浆纸	1200.00	7.00	2020.04.15	6.1000	97.50	0.00
124258	ST 潞矿 01	3000.00	10.00	2023.04.25	5.1500	103.00	0.00
124259	ST 潞矿 02	1000.00	10.00	2023.04.25	5.1000	88.00	0.14
124260	13 遂发展	600.00	7.00	2020.04.25	6.6200	102.70	1017.11
124261	13 鞍城投	2000.00	7.00	2020.04.25	6.3900	106.00	857.21
124262	13 楚雄投	2000.00	7.00	2020.03.29	6.6000	103.50	1972.75
124263	13 临国资	500.00	7.00	2020.04.11	6.5800	106.50	266.19
124264	13 晋城投	1600.00	7.00	2020.04.26	6.3500	103.60	354.60
124265	13 红河路	500.00	7.00	2020.05.06	6.2700	100.50	256.47
124266	13 哈水投	1500.00	7.00	2020.05.06	5.7000	103.42	340.00
124267	13 金坛投	1000.00	7.00	2020.04.26	6.3800	99.90	88.50
124268	13 渝南发	1800.00	7.00	2020.04.27	6.4300	102.58	610.00
124269	13 渝大足	1200.00	7.00	2020.04.26	6.7500	102.50	243.12

债券信息 List of Bonds

债券代码 Code	债券简称 Securities	发行数量(百万) Issued Val(M)	年限 Terms	到期日 Expiration Date	票面利率(%) Coupon Rate(%)	本年收盘 Close	成交数量(万) Trading Vol(10000)
124270	13 渝万盛	1300.00	7.00	2020.04.17	6.3900	100.80	476.50
124271	13 金外滩	500.00	7.00	2020.04.24	6.3500	98.50	85.00
124272	13 绥芬河	1000.00	7.00	2020.04.28	6.6000	99.00	1646.78
124273	13 翔宇债	500.00	7.00	2020.02.27	7.3000	95.84	164.78
124274	13 徽南翔	300.00	6.00	2019.04.11	6.9500	100.00	342.08
124275	13 龙岗投	1000.00	6.00	2019.03.27	6.1800	103.80	992.53
124276	13 津滨投	550.00	7.00	2020.04.26	6.7900	105.20	299.20
124277	13 大丰港	800.00	7.00	2020.05.08	6.1800	100.10	490.56
124278	13 渝双桥	1000.00	7.00	2020.04.26	6.7500	103.50	2022.73
124279	13 海拉尔	800.00	7.00	2020.05.14	6.2000	100.70	264.22
124280	13 通经开	800.00	7.00	2020.05.17	5.8000	103.00	740.00
124281	13 石地产	2200.00	7.00	2020.05.15	5.6500	103.80	1774.64
124283	13 武新港	800.00	7.00	2020.04.18	5.8900	104.00	54.00
124284	13 琼洋浦	800.00	7.00	2020.03.11	6.4000	103.50	64.06
124285	ST 同煤集	5400.00	15.00	2028.04.24	5.2000	86.00	750.00
124286	13 海航债	1150.00	7.00	2020.04.15	6.6000	100.00	1676.84
124287	13 金特债	550.00	7.00	2020.05.23	6.1000	93.00	142.99
124288	13 光谷联	600.00	6.00	2019.10.23	7.3500	107.00	194.00
124289	13 丽城投	1000.00	7.00	2020.05.23	6.0000	100.70	630.01
124290	13 长轨交	2500.00	10.00	2023.04.23	6.2000	100.00	0.00
124291	13 兖城投	1000.00	8.00	2021.05.28	5.9000	102.60	667.58
124292	13 溧城建	1000.00	7.00	2020.05.29	5.8000	103.50	705.02
124293	13 农六师	500.00	7.00	2020.05.23	6.1000	97.88	40.00
124294	13 苏华靖	1200.00	7.00	2020.05.16	6.0000	101.00	1500.06
124295	13 宁铁路	1300.00	7.00	2020.06.04	5.3000	101.11	282.00
124296	13 盛江泉	600.00	7.00	2020.05.31	6.7000	84.59	114.97
124297	13 桐乡投	1300.00	7.00	2020.05.16	6.1000	102.60	499.66
124298	13 临汾投	1500.00	7.00	2020.05.23	6.2000	104.48	1458.20
124299	13 西经开	600.00	7.00	2020.06.04	5.9000	99.50	465.01
124300	13 云投控	700.00	5.00	2018.05.24	5.3700	104.40	716.19
124301	13 日照债	800.00	7.00	2020.06.06	5.8000	102.40	231.00
124302	12 桂交投	2000.00	10.00	2022.12.11	6.2000	100.38	780.00
124303	13 咸荣盛	1500.00	7.00	2020.06.05	5.8000	102.90	2121.16
124304	13 合川投	1000.00	7.00	2020.06.17	6.1900	102.00	866.52
124305	13 瓦国资	1500.00	7.00	2020.06.20	6.2000	104.00	1767.17
124306	13 鄂三宁	500.00	6.00	2019.06.18	5.3400	98.17	144.63
124307	13 安经开	600.00	7.00	2020.06.18	6.0000	100.00	345.00
124308	13 眉宏大	1600.00	7.00	2020.06.19	6.5600	103.00	541.86
124309	13 弘燃气	700.00	7.00	2020.06.20	6.4900	96.51	2709.27
124310	13 洪水利	1500.00	7.00	2020.06.21	6.2800	105.00	648.19
124311	13 弘湘资	1600.00	7.00	2020.06.19	6.2000	104.35	883.00
124312	13 景德镇	1200.00	7.00	2020.06.25	6.5900	103.00	1053.70
124313	13 苏家屯	1300.00	7.00	2020.06.20	6.4000	101.50	549.00
124314	13 筑铁路	1000.00	7.00	2020.06.18	6.2000	106.23	470.02
124315	13 瓯交投	1000.00	7.00	2020.04.22	6.0500	105.40	322.00
124316	13 新郑投	1500.00	6.00	2019.06.28	6.5200	102.20	1071.68
124317	13 华发集	800.00	6.00	2019.06.05	5.5000	100.60	100.00
124318	13 滨城投	1100.00	7.00	2020.07.12	6.1500	101.60	375.98
124319	13 昌国资	1500.00	6.00	2019.06.03	6.0000	102.42	782.13
124321	13 岳城投	1800.00	7.00	2020.07.12	6.0500	99.00	279.90

债券信息
List of Bonds

债券代码 Code	债券简称 Securities	发行数量(百万) Issued Val(M)	年限 Terms	到期日 Expiration Date	票面利率(%) Coupon Rate(%)	本年收盘 Close	成交数量(万) Trading Vol(10000)
124322	13 南城发	1200.00	6.00	2019.07.17	6.5000	103.00	803.48
124323	13 新天治	1500.00	7.00	2020.07.17	6.3000	105.00	1010.95
124324	13 白银城	1300.00	7.00	2020.07.19	6.7800	98.88	1880.94
124325	13 京生物	600.00	7.00	2020.07.23	6.3500	102.70	160.00
124326	13 郑建投	700.00	7.00	2020.07.17	5.9800	102.61	380.00
124327	13 中电投	2000.00	10.00	2023.07.22	5.2000	103.00	40.00
124328	13 渝鸿业	800.00	7.00	2020.06.03	6.3000	100.00	160.00
124329	PR 惠国投	800.00	7.00	2019.10.15	7.5000	84.23	354.80
124330	13 龙工贸	800.00	8.00	2021.03.11	6.0800	101.47	350.00
124332	13 湘振湘	1800.00	7.00	2020.08.07	6.6000	104.38	913.65
124333	13 铜城建	1600.00	7.00	2020.08.08	6.6000	101.73	100.00
124334	13 博国资	900.00	7.00	2020.08.09	7.1800	103.00	1520.49
124335	13 海国资	1600.00	7.00	2020.08.07	5.5000	105.00	530.08
124336	13 渝地产	1800.00	7.00	2020.08.22	6.3000	107.00	355.09
124337	13 铜建投	1500.00	7.00	2020.08.26	6.9800	104.22	770.00
124338	13 闽经开	1800.00	7.00	2020.08.06	6.7000	105.10	882.04
124339	13 渝城投	2200.00	7.00	2020.05.21	5.1200	101.46	840.00
124340	13 张保债	1100.00	7.00	2020.08.23	7.1000	104.24	270.00
124341	13 吐番资	800.00	6.00	2019.08.09	7.2000	102.50	752.00
124342	13 黔南资	1500.00	7.00	2020.09.04	6.9000	104.48	695.03
124343	13 阳江债	1000.00	7.00	2020.09.09	6.8500	105.15	636.46
124344	13 沪南房	400.00	6.00	2019.09.09	6.7000	100.50	90.00
124345	13 京煤债	1400.00	7.00	2020.09.09	6.1400	100.00	308.86
124346	13 乳国资	1300.00	7.00	2020.09.11	6.9000	104.00	517.25
124347	13 石建投	500.00	7.00	2020.09.09	6.7000	100.10	278.00
124348	13 京谷财	600.00	7.00	2020.09.06	6.6000	105.30	120.20
124349	13 福东海	1000.00	7.00	2020.09.13	7.0900	106.20	370.00
124350	ST 晋煤运	2500.00	10.00	2023.01.28	5.2500	93.50	70.61
124351	13 克州债	900.00	7.00	2020.09.16	7.1500	103.50	1132.67
124352	13 平凉债	1000.00	7.00	2020.09.17	7.1000	101.00	372.42
124353	13 商洛 01	1000.00	7.00	2020.09.09	7.0500	105.40	1360.00
124354	13 商洛 02	500.00	6.00	2019.09.09	6.7500	100.00	0.00
124355	13 洼城投	1300.00	7.00	2020.09.17	7.2500	105.00	1722.14
124356	13 珠汇华	1500.00	7.00	2020.09.17	7.1500	106.00	849.07
124357	13 津房开	700.00	7.00	2020.08.06	5.8800	105.50	71.68
124358	13 蚌城投	1600.00	7.00	2020.09.11	6.3000	105.20	1310.64
124359	13 三明投	1800.00	7.00	2020.03.05	6.4000	103.90	675.70
124360	13 成阿债	800.00	7.00	2020.09.12	7.1800	99.66	406.88
124361	13 京科城	1100.00	6.00	2019.09.22	6.2800	103.80	245.57
124362	13 钦滨海	900.00	7.00	2020.08.27	7.0000	106.35	395.50
124363	13 郑投资	1800.00	7.00	2020.09.24	6.4500	106.24	744.02
124364	13 临尧都	1500.00	7.00	2020.09.27	6.9900	102.58	392.88
124365	13 昌润债	600.00	7.00	2020.09.16	6.8800	106.00	418.00
124366	13 汇丰投	1000.00	7.00	2020.10.11	7.0600	103.00	512.91
124367	13 锡城发	1500.00	7.00	2020.10.11	6.1000	106.00	845.30
124368	13 郑交投	1800.00	7.00	2020.10.14	6.3000	100.00	762.02
124369	13 吴城投	1000.00	7.00	2020.10.12	7.1800	104.00	410.00
124370	13 虞新区	1800.00	7.00	2020.10.11	6.9500	105.30	644.16
124371	14 北辰发	1300.00	7.00	2021.04.21	7.0000	107.15	500.00
124372	09 海投债	600.00	7.00	2016.04.30	5.8800	100.20	0.00

债券信息
List of Bonds

债券
Bond

债券代码 Code	债券简称 Securities	发行数量(百万) Issued Val(M)	年限 Terms	到期日 Expiration Date	票面利率(%) Coupon Rate(%)	本年收盘 Close	成交数量(万) Trading Vol(10000)
124373	13 平天湖	1000.00	7.00	2020.10.23	7.4000	105.30	1222.80
124374	13 塔国资	1500.00	6.00	2019.10.16	7.4900	106.20	693.76
124375	13 鄂供销	600.00	6.00	2019.10.10	6.1800	104.50	141.00
124376	13 渝物流	1500.00	7.00	2020.10.18	7.0800	108.00	382.07
124377	13 渝碚城	900.00	7.00	2020.10.16	7.3000	106.00	525.96
124378	13 湘九华	1800.00	7.00	2020.10.15	7.1500	101.71	990.65
124379	13 许投资	1200.00	7.00	2020.10.16	6.9500	105.80	490.00
124380	13 曹妃甸	2000.00	7.00	2020.10.15	7.5000	104.93	978.25
124381	09 衡城投	1500.00	7.00	2016.11.16	7.0600	103.00	558.00
124382	10 云建工	800.00	6.00	2016.11.19	6.8000	100.00	160.00
124383	10 开元旅	500.00	6.00	2016.11.18	6.6000	100.00	0.00
124384	13 雅发投	1500.00	7.00	2020.09.13	7.0000	105.00	609.91
124385	13 龙岩汇	1100.00	7.00	2020.10.18	7.1000	107.10	208.00
124386	13 新沂债	1500.00	7.00	2020.10.15	7.3900	104.50	561.67
124387	13 湛基投	1200.00	7.00	2020.10.21	6.9300	104.00	520.13
124388	13 任城债	600.00	7.00	2020.10.18	7.3000	106.00	456.95
124389	13 资水务	1800.00	7.00	2020.10.21	7.4000	107.06	592.58
124390	13 葫岛 01	1400.00	7.00	2020.10.18	7.0500	105.00	705.65
124391	13 葫岛 02	400.00	10.00	2023.10.18	7.5000	105.50	306.33
124392	13 荆门投	1600.00	7.00	2020.10.17	7.0000	105.60	1093.00
124393	13 连顺兴	1200.00	7.00	2020.10.18	6.9700	106.05	233.39
124394	13 永城投	1000.00	7.00	2020.10.23	7.3000	104.80	390.16
124395	13 堰城投	1600.00	7.00	2020.10.11	6.8800	105.00	540.00
124396	13 姜发展	800.00	7.00	2020.09.03	7.1000	102.00	900.13
124397	13 郫国投	1000.00	7.00	2020.10.15	7.2500	102.50	238.30
124398	13 株城发	2000.00	7.00	2020.10.16	6.9500	107.10	1155.13
124399	13 郴高科	1800.00	7.00	2020.10.21	7.2500	105.39	1199.89
124400	13 渝双福	1200.00	7.00	2020.10.23	7.4900	106.00	1086.66
124401	13 冀广网	300.00	8.00	2021.10.23	6.4500	105.60	136.45
124402	13 丹投 01	800.00	7.00	2020.10.23	6.9000	106.30	234.93
124403	13 丹投 02	800.00	6.00	2019.10.23	6.8100	105.00	562.90
124404	13 怀化工	1200.00	7.00	2020.10.29	7.7000	107.00	518.85
124405	13 宝工债	1000.00	7.00	2020.10.17	7.1000	106.00	418.00
124406	13 荆经开	400.00	7.00	2020.12.09	8.2000	100.00	5.00
124407	13 泰州债	1800.00	10.00	2023.10.16	6.9200	104.60	462.00
124408	13 宛城投	1800.00	7.00	2020.10.24	7.0500	106.95	465.07
124409	13 宿城投	1000.00	7.00	2020.10.29	6.8800	106.80	248.38
124410	13 国网 03	5000.00	7.00	2020.10.23	5.5000	101.76	130.00
124411	13 国网 04	5000.00	15.00	2028.10.23	5.7300	100.00	0.00
124412	13 金利源	1000.00	7.00	2020.10.28	7.0000	107.30	35.07
124413	13 寿城投	480.00	7.00	2020.10.18	7.1000	102.87	20.00
124415	13 鄂投 01	500.00	10.00	2023.10.28	5.9800	106.43	30.00
124416	13 鄂投 02	2500.00	15.00	2028.10.28	6.1800	116.12	2298.00
124417	13 江高新	950.00	7.00	2020.11.04	7.3900	106.50	158.12
124418	13 永利债	500.00	6.00	2019.10.29	7.5000	101.30	156.57
124419	13 乌兰察	2000.00	7.00	2020.10.31	7.7000	104.50	80.00
124420	13 盐国资	1200.00	7.00	2020.09.04	7.0000	106.07	220.00
124421	13 海新区	1300.00	7.00	2020.11.04	6.9000	105.37	1005.00
124422	13 崇明债	800.00	6.00	2019.11.06	7.1800	107.00	700.70
124423	13 宜环科	1000.00	7.00	2020.10.18	7.1000	104.80	789.00

债券信息
List of Bonds

债券
Bond

债券代码 Code	债券简称 Securities	发行数量(百万) Issued Val(M)	年限 Terms	到期日 Expiration Date	票面利率(%) Coupon Rate(%)	本年收盘 Close	成交数量(万) Trading Vol(10000)
124424	13 柳东城	1000.00	7.00	2020.10.29	7.4000	101.00	220.00
124425	13 平国资	1300.00	7.00	2020.11.05	7.2500	104.00	1031.70
124426	13 澄港城	650.00	7.00	2020.11.07	7.1000	104.15	323.80
124427	13 临河债	1000.00	7.00	2020.11.13	7.9000	104.50	442.95
124428	13 粤垦债	1300.00	6.00	2019.11.15	7.0000	108.82	715.52
124429	13 亭公投	1000.00	7.00	2020.11.15	7.9500	107.18	396.77
124430	14 城阳债	1400.00	7.00	2021.03.10	7.0900	110.15	1110.36
124431	13 普兰 01	800.00	7.00	2020.11.19	7.6000	104.00	358.51
124432	13 襄建投	1500.00	7.00	2020.11.11	7.3000	106.60	541.01
124433	PR 沪闵行	1600.00	7.00	2019.10.23	6.4800	83.45	643.80
124434	13 渝豪江	700.00	7.00	2020.11.22	7.9900	100.00	48.00
124435	13 邯城投	1800.00	7.00	2020.11.25	7.6000	108.52	838.10
124436	13 海旅业	1000.00	5.00	2018.12.04	7.3100	100.00	30.00
124437	13 津静海	1200.00	7.00	2020.11.26	7.9000	104.77	35.09
124438	13 冶城投	1000.00	7.00	2020.11.27	7.9500	106.10	227.69
124439	13 六安 01	600.00	7.00	2020.12.02	8.0000	108.06	35.00
124440	13 宁德投	800.00	7.00	2020.12.05	7.9900	107.00	103.02
124441	13 库车 01	500.00	7.00	2020.12.09	7.9500	104.90	641.86
124442	13 武威 01	500.00	7.00	2020.12.09	8.2000	106.00	140.00
124443	13 黔投 01	500.00	7.00	2020.12.12	8.3000	113.00	89.53
124444	13 六安 02	1000.00	7.00	2021.04.17	7.5000	100.00	590.00
124445	13 泰成兴	800.00	7.00	2020.12.12	8.3000	111.00	223.01
124446	13 即墨债	800.00	6.00	2019.12.17	8.1000	107.51	369.01
124448	13 大理 01	400.00	7.00	2020.12.11	8.3000	110.11	202.00
124449	13 常滨湖	1500.00	7.00	2020.12.12	8.0400	109.30	257.90
124450	13 周口 01	500.00	7.00	2020.11.18	7.5000	105.76	20.00
124451	13 濮建投	500.00	7.00	2020.12.11	8.0000	100.00	0.00
124452	13 府谷债	1200.00	7.00	2020.12.16	8.6900	109.80	510.94
124453	13 秦开 01	700.00	7.00	2020.12.17	8.0000	100.00	0.00
124454	13 武清 01	600.00	7.00	2020.12.17	8.0000	103.80	220.00
124455	13 越都债	1200.00	7.00	2020.12.12	8.2000	104.50	279.00
124456	13 闽投债	1500.00	8.00	2021.04.09	5.3000	105.24	1071.50
124457	13 河池投	1100.00	7.00	2020.12.18	8.5000	108.49	1336.00
124458	13 镇投 01	1200.00	7.00	2020.12.18	7.9000	114.00	205.49
124459	13 随州 01	300.00	7.00	2020.12.20	8.5000	104.46	35.60
124460	13 忻州 01	600.00	7.00	2020.12.18	8.5000	100.00	60.00
124461	13 清远债	1000.00	7.00	2020.12.19	8.2000	108.53	239.40
124462	13 海财 01	300.00	7.00	2020.12.19	8.5600	102.90	120.00
124463	13 津住宅	700.00	7.00	2020.12.19	8.0000	107.35	39.98
124464	13 天易 01	500.00	7.00	2020.12.23	8.0000	107.00	140.00
124465	13 黄冈 01	1600.00	7.00	2020.12.25	8.6000	114.00	476.64
124466	13 邕城投	900.00	7.00	2020.12.26	8.2000	115.00	45.20
124467	13 锦州 01	1000.00	7.00	2020.12.27	8.5000	111.35	104.31
124468	13 丰城 01	500.00	7.00	2020.12.30	8.5000	115.00	50.01
124469	13 格尔木	1400.00	7.00	2020.12.30	8.7000	108.90	1525.23
124470	13 赣开 01	500.00	6.00	2019.12.31	8.1500	108.50	280.00
124471	13 宁海 01	400.00	7.00	2021.01.02	8.0000	100.00	0.00
124472	13 海西州	1000.00	7.00	2021.01.02	8.6000	102.50	60.02
124473	11 桐庐投	600.00	5.00	2016.01.31	7.3700	101.05	170.00
124474	14 怀化 01	300.00	10.00	2024.01.03	8.9900	100.00	140.00

债券信息 List of Bonds

债券 Bond

债券代码 Code	债券简称 Securities	发行数量(百万) Issued Val(M)	年限 Terms	到期日 Expiration Date	票面利率(%) Coupon Rate(%)	本年收盘 Close	成交数量(万) Trading Vol(10000)
124475	13 沈湖 01	800.00	7.00	2020.12.25	8.3700	107.31	310.91
124477	14 滨高新	500.00	7.00	2021.01.10	8.6000	105.00	0.00
124478	14 仪征债	1000.00	7.00	2021.01.09	8.6000	109.30	874.93
124479	14 丰城 01	800.00	7.00	2021.01.14	8.6500	110.99	326.55
124480	14 东台 01	600.00	7.00	2021.01.13	8.6500	110.00	155.40
124481	13 镇投 02	1000.00	7.00	2021.01.13	8.2000	110.90	334.00
124482	14 京华远	1200.00	5.00	2019.01.16	8.5000	103.10	0.00
124483	09 渝地产	2300.00	10.00	2019.03.03	6.4600	109.55	457.99
124485	14 苏沿海	700.00	7.00	2021.01.15	7.0000	100.00	80.00
124486	14 锦州 01	200.00	7.00	2021.01.21	9.1000	109.90	124.98
124487	14 邵城投	1800.00	7.00	2021.01.17	8.5800	110.99	318.23
124488	14 吴兴南	1200.00	7.00	2021.01.16	8.7900	110.35	17.36
124489	14 融强 01	500.00	7.00	2021.01.20	8.6000	100.00	0.00
124490	14 首开 01	650.00	7.00	2021.01.15	7.1900	100.00	440.00
124491	14 皋开债	1000.00	7.00	2021.01.22	8.3000	113.50	207.70
124492	14 江夏投	800.00	7.00	2021.01.20	8.9900	110.00	88.73
124493	14 伊宁债	1500.00	7.00	2021.01.23	8.9000	122.42	400.22
124494	14 迁安 01	500.00	7.00	2021.01.23	8.8800	100.00	0.00
124495	14 晟晏债	640.00	7.00	2021.01.21	8.9900	102.00	3664.32
124496	13 丰城 02	800.00	7.00	2021.01.24	8.7000	109.00	165.00
124497	14 扬化工	800.00	7.00	2021.01.24	8.5800	106.00	30.00
124498	14 金资 01	1000.00	7.00	2021.01.24	6.6600	105.90	220.00
124499	13 沈湖 02	800.00	7.00	2021.01.22	8.6600	109.93	56.00
124500	13 鹏铁 02	3000.00	10.00	2024.01.24	6.7500	100.00	260.00
124501	14 皋沿江	1300.00	7.00	2021.01.24	8.6000	111.50	240.02
124502	14 宏财 01	1000.00	7.00	2021.01.24	8.9000	110.00	3313.06
124504	11 鹰投债	1200.00	6.00	2017.02.23	8.1500	102.90	1155.82
124505	14 嘉市镇	900.00	7.00	2021.02.26	7.4500	107.30	100.02
124507	14 潍滨城	800.00	7.00	2021.02.14	8.5900	107.94	260.00
124508	14 滕州 02	800.00	7.00	2021.05.08	7.4000	110.00	840.23
124509	14 湘潭新	1200.00	7.00	2021.02.25	8.1600	103.80	190.00
124510	13 赣开 02	500.00	6.00	2020.02.19	7.4000	105.29	200.00
124511	14 赣开投	1000.00	7.00	2021.02.19	7.4300	108.70	2167.00
124512	11 三门投	800.00	6.00	2017.03.08	8.2800	102.55	714.62
124513	14 铜旅游	1500.00	7.00	2021.02.20	8.0000	104.23	280.00
124514	14 六开投	1600.00	7.00	2021.02.19	7.5000	107.20	740.40
124515	14 云路桥	350.00	6.00	2020.02.21	7.5800	104.00	60.00
124516	14 泉高新	1000.00	7.00	2021.02.20	7.4000	104.48	685.00
124517	14 怀化 02	700.00	10.00	2024.02.21	8.1400	112.00	319.80
124518	13 忻州 02	1000.00	7.00	2021.02.21	7.9000	107.22	700.00
124519	14 淮新 01	1000.00	7.00	2021.03.04	7.4500	100.00	510.00
124520	14 太资债	1200.00	7.00	2021.02.27	7.0000	108.50	341.00
124521	14 泉港债	900.00	7.00	2021.02.25	7.7900	104.00	450.03
124522	14 连普湾	2500.00	7.00	2021.02.20	7.0900	105.00	2860.00
124523	14 开城投	800.00	7.00	2021.02.24	7.8800	107.94	530.00
124524	13 黔投 02	1000.00	7.00	2021.02.21	7.8000	108.65	1344.68
124525	14 毕开源	1300.00	7.00	2021.02.25	7.7800	110.00	850.01
124526	14 邹平债	800.00	7.00	2021.02.24	7.3000	105.94	630.00
124527	14 榆神债	2300.00	7.00	2021.02.21	8.5000	106.00	190.00
124528	14 粤云浮	1000.00	7.00	2021.01.15	8.6000	100.00	0.00

债券信息
List of Bonds

债券代码 Code	债券简称 Securities	发行数量(百万) Issued Val(M)	年限 Terms	到期日 Expiration Date	票面利率(%) Coupon Rate(%)	本年收盘 Close	成交数量(万) Trading Vol(10000)
124529	14 泉台商	1000.00	7.00	2021.02.25	7.2200	108.00	269.91
124530	14 海开 01	700.00	7.00	2021.02.21	7.4900	104.84	303.00
124531	14 海开 02	500.00	6.00	2020.02.21	7.4000	105.20	360.12
124532	14 甘公 01	2500.00	6.00	2020.02.27	7.0000	114.00	1595.13
124533	14 酒经投	1600.00	7.00	2021.02.26	7.4000	107.50	700.52
124534	14 渝中债	800.00	7.00	2021.02.26	7.2500	106.50	310.00
124535	14 眉山资	1400.00	7.00	2021.02.26	7.8400	107.50	526.57
124536	14 莱开投	1300.00	7.00	2021.02.28	7.0800	105.54	470.00
124537	14 伊财通	1600.00	7.00	2021.02.28	7.6800	106.80	1013.21
124538	14 麓城投	600.00	7.00	2021.02.27	7.7000	100.00	280.00
124539	14 富阳 01	500.00	7.00	2021.02.26	7.1000	100.00	0.00
124540	14 汉车都	2000.00	7.00	2021.02.27	7.1800	104.36	300.00
124541	14 文城投	1000.00	7.00	2021.02.27	8.1000	108.50	2070.08
124542	14 陆嘴 01	1600.00	5.00	2019.02.25	5.7900	103.00	540.00
124543	14 临港控	1200.00	7.00	2021.02.26	7.7500	109.00	315.23
124544	14 锦州 02	800.00	7.00	2021.02.25	8.3800	106.50	360.35
124545	14 双水 01	800.00	6.00	2020.02.26	7.4000	107.00	152.01
124546	14 丰城 02	800.00	7.00	2021.02.28	7.5000	100.00	280.00
124547	14 海安债	1000.00	7.00	2021.03.04	7.4500	99.93	300.00
124548	14 裕峰债	900.00	7.00	2021.02.28	7.0800	107.00	521.00
124549	14 新滨江	1000.00	7.00	2021.03.05	7.6000	105.59	800.00
124550	14 桃城投	1000.00	7.00	2021.02.24	8.1500	109.00	193.00
124551	14 长兴经	1300.00	7.00	2021.03.03	7.9900	107.45	675.00
124552	14 如金鑫	900.00	7.00	2021.03.03	8.0800	106.00	734.84
124553	14 佳城投	1300.00	7.00	2021.02.26	7.9000	107.30	657.00
124554	14 威楠科	600.00	7.00	2021.02.28	8.2800	106.00	1470.12
124555	14 余城建	1300.00	7.00	2021.03.03	7.0000	108.00	104.10
124556	14 余经开	1200.00	7.00	2021.03.03	7.4500	103.20	880.00
124557	13 天易 02	700.00	7.00	2021.03.03	7.1000	105.50	148.67
124558	14 宏桥 01	1200.00	7.00	2021.03.03	8.6900	113.40	331.63
124559	14 冶城投	600.00	7.00	2021.03.03	7.3000	103.53	70.00
124560	13 大理 02	400.00	7.00	2021.03.04	7.9000	104.50	182.01
124561	14 汾湖债	1200.00	7.00	2021.02.28	7.4900	108.20	362.28
124562	14 富蕴资	800.00	6.00	2020.03.05	8.6700	110.00	527.10
124563	14 吉铁投	1000.00	7.00	2021.03.04	7.1800	109.99	801.51
124564	14 兴安盟	1300.00	7.00	2021.03.06	8.2000	100.00	20.00
124565	14 庆城投	2300.00	7.00	2021.03.05	7.1000	106.20	80.00
124566	14 潭两型	1200.00	7.00	2021.04.23	7.8900	106.00	203.49
124567	14 扬开发	1000.00	7.00	2021.03.05	7.4000	100.00	700.00
124568	14 株国投	800.00	7.00	2021.02.19	7.3900	113.40	316.94
124569	14 嘉经投	900.00	7.00	2021.03.05	7.8900	105.11	692.00
124570	14 首开 02	1000.00	7.00	2021.02.27	6.5000	107.80	398.05
124571	14 高新投	410.00	7.00	2021.03.12	8.5000	112.00	1239.00
124572	14 遂川中	1000.00	7.00	2021.04.21	8.6900	103.00	2599.99
124573	14 龙岩城	800.00	7.00	2021.03.04	7.4500	104.81	425.01
124574	14 攀国投	600.00	7.00	2021.03.05	7.6000	100.32	200.00
124575	14 汕投资	1800.00	10.00	2024.03.04	7.9900	108.50	531.27
124576	11 滇铁投	1000.00	7.00	2018.01.27	5.9800	105.50	84.00
124577	14 甬广聚	1200.00	7.00	2021.03.06	7.7500	106.30	339.85
124578	14 青莱西	1000.00	7.00	2021.03.06	7.5000	108.79	210.00

债券信息 List of Bonds

债券 Bond

债券代码 Code	债券简称 Securities	发行数量(百万) Issued Val(M)	年限 Terms	到期日 Expiration Date	票面利率(%) Coupon Rate(%)	本年收盘 Close	成交数量(万) Trading Vol(10000)
124579	09 建发债	630.00	7.00	2016.03.23	6.9000	102.30	430.54
124580	14 淮开控	1300.00	7.00	2021.03.10	7.3000	107.84	70.00
124581	13 黄冈 02	400.00	7.00	2021.03.04	7.4500	100.00	60.00
124582	14 廊经开	1000.00	7.00	2021.03.10	7.9500	107.95	1269.00
124583	14 津房信	1000.00	7.00	2021.03.13	8.5900	100.00	50.00
124584	14 天能 01	400.00	5.00	2019.03.11	7.3100	101.79	806.80
124585	14 南网债	5000.00	10.00	2024.03.19	5.9000	108.00	160.01
124586	14 陆嘴 02	1000.00	5.00	2019.03.11	5.9800	103.80	410.00
124587	14 阜阳 01	800.00	7.00	2021.03.13	7.6000	101.67	350.00
124588	14 济宁债	1800.00	7.00	2021.03.17	7.0500	108.00	1309.00
124589	14 海晋交	900.00	7.00	2021.03.18	8.0000	106.15	628.89
124590	13 武清 02	2000.00	7.00	2021.03.19	7.1800	106.28	773.60
124591	14 长土开	1800.00	7.00	2021.03.17	7.3600	100.00	690.00
124592	14 并国投	2000.00	7.00	2021.03.19	7.2000	106.50	2561.00
124593	14 相城投	1500.00	7.00	2021.03.19	6.9500	102.80	1091.00
124594	14 潍东方	1000.00	7.00	2021.03.24	7.7800	106.00	1212.09
124595	14 涪陵债	1200.00	7.00	2021.03.20	7.8900	107.33	520.00
124596	14 长影债	600.00	7.00	2021.03.03	7.2000	107.64	410.00
124597	14 海资 01	800.00	7.00	2021.04.29	8.0000	100.00	0.00
124598	14 济城投	1600.00	7.00	2021.03.20	6.8000	108.03	610.00
124599	14 西保 01	1000.00	5.00	2019.03.18	7.3100	100.00	60.00
124600	14 贵水 01	1000.00	10.00	2024.03.19	8.1000	113.00	485.69
124601	14 唐城债	1800.00	7.00	2021.02.26	7.1000	107.50	210.00
124602	14 国网 01	5000.00	5.00	2019.03.13	5.6900	100.00	180.00
124603	14 国网 02	5000.00	15.00	2029.03.13	6.0000	100.00	472.00
124604	14 富阳 02	800.00	7.00	2021.03.19	7.2000	107.60	189.60
124605	14 温高 01	600.00	7.00	2021.03.21	7.9500	109.00	7.05
124606	14 菏泽债	700.00	7.00	2021.03.24	7.1400	106.70	577.00
124607	14 津环城	1800.00	7.00	2021.03.21	7.2000	109.20	620.00
124608	14 句容福	1200.00	7.00	2021.03.21	7.7000	108.00	866.23
124609	14 常德投	1700.00	7.00	2021.03.24	7.0000	110.00	1008.92
124610	14 云铁投	1400.00	5.00	2019.03.06	7.3000	108.45	316.96
124611	14 阜阳 02	800.00	7.00	2021.03.21	7.6500	104.89	450.00
124612	14 永城建	1800.00	7.00	2021.04.02	7.8000	106.80	1310.67
124613	14 长建投	1200.00	8.00	2022.03.25	7.9000	109.00	884.86
124614	14 桂农垦	700.00	7.00	2021.03.18	7.5000	108.92	230.00
124615	14 昆高新	1500.00	7.00	2021.03.26	7.1000	100.00	120.00
124616	14 鄂交 01	2480.00	10.00	2024.03.27	6.6800	117.75	1107.02
124617	14 鄂交 02	3020.00	10.00	2024.03.27	6.8000	100.00	0.00
124618	14 粤科债	1000.00	10.00	2024.03.25	7.3000	104.57	10.00
124619	14 中卫建	700.00	7.00	2021.03.26	8.2000	107.80	16.06
124620	14 渝黔江	1000.00	7.00	2021.03.21	8.0000	103.00	283.00
124621	14 宣国资	1500.00	7.00	2021.03.27	7.9500	112.00	891.00
124622	14 钦临海	900.00	7.00	2021.02.20	7.6800	107.97	587.00
124623	14 穗铁 01	2000.00	10.00	2024.04.02	6.4500	100.00	0.00
124624	14 盛经 01	800.00	7.00	2021.04.08	8.1900	100.00	150.00
124625	11 宁宝源	400.00	6.00	2017.04.18	7.5500	101.06	148.82
124626	13 渝豪 02	300.00	7.00	2021.03.06	8.0500	100.00	40.00
124627	PR 青州债	600.00	10.00	2019.05.22	6.5000	41.80	16.89
124628	14 启东 01	1000.00	7.00	2021.04.04	8.2000	108.50	769.41

债券信息
List of Bonds

债券代码 Code	债券简称 Securities	发行数量(百万) Issued Val(M)	年限 Terms	到期日 Expiration Date	票面利率(%) Coupon Rate(%)	本年收盘 Close	成交数量(万) Trading Vol(10000)
124629	14 苏金灌	1000.00	7.00	2021.04.08	7.9000	109.80	683.57
124630	14 库城建	1200.00	6.00	2020.05.20	6.9900	104.22	209.00
124631	14 漕开发	790.00	7.00	2021.04.09	7.2400	104.20	386.52
124632	14 合桃花	800.00	7.00	2021.04.09	7.8000	106.00	460.00
124633	14 淄高新	1000.00	7.00	2021.04.11	7.5800	100.01	660.00
124634	14 牡国投	1800.00	7.00	2021.04.14	7.7000	108.50	1660.00
124635	14 滕州 01	800.00	7.00	2021.04.14	7.6800	103.50	220.00
124636	14 防城港	1600.00	7.00	2021.04.16	8.0900	109.05	4911.88
124637	14 融强 02	1300.00	7.00	2021.04.14	7.9200	107.00	824.00
124638	14 信阳债	1200.00	7.00	2021.04.15	7.5500	106.30	260.00
124639	14 沭金源	1300.00	7.00	2021.04.14	7.3900	106.70	932.40
124640	09 吴国资	800.00	7.00	2016.04.10	6.1800	100.70	836.82
124641	14 江宁开	1000.00	10.00	2024.04.14	7.9400	111.57	943.53
124642	14 鸠建投	1300.00	7.00	2021.04.14	8.4900	100.00	1277.00
124643	14 冀高开	2000.00	7.00	2021.04.15	7.2200	112.05	792.77
124644	14 沈国资	1000.00	7.00	2021.04.14	7.5500	108.76	1010.50
124645	14 临经开	1200.00	7.00	2021.04.16	7.7000	100.00	1500.00
124646	14 宁经开	1200.00	7.00	2021.04.16	8.2000	106.17	957.00
124647	14 娄底债	1800.00	7.00	2021.04.15	7.9500	106.50	1028.80
124648	14 郴州债	1700.00	7.00	2021.04.16	7.2900	106.04	1570.00
124649	14 邳润城	1300.00	7.00	2021.04.16	7.8800	108.50	150.00
124650	13 海财 02	700.00	7.00	2021.04.16	8.1700	109.00	188.73
124651	14 杨农发	1100.00	7.00	2021.04.17	7.2000	106.89	1270.00
124652	14 益交投	1400.00	7.00	2021.04.21	7.7700	107.00	955.25
124653	14 遂河投	1200.00	7.00	2021.04.17	8.3600	107.82	694.00
124654	14 庆经投	800.00	7.00	2021.04.16	7.9800	108.00	179.24
124655	13 宁海 02	1000.00	7.00	2021.04.16	7.9900	105.50	467.60
124656	14 永国投	1000.00	6.00	2020.04.17	8.7800	109.50	1798.29
124657	14 张经投	1000.00	7.00	2021.04.17	7.8000	107.50	1197.07
124658	14 桂城建	900.00	7.00	2021.04.14	7.5900	107.38	870.00
124659	14 平经开	700.00	7.00	2021.04.17	7.9900	106.20	152.01
124660	14 桐庐投	700.00	7.00	2021.04.18	8.0900	108.57	300.00
124661	14 赣四通	1200.00	7.00	2021.04.18	8.2000	107.79	979.27
124662	14 京投债	5000.00	15.00	2029.04.16	6.2500	122.00	553.07
124663	14 威经开	1000.00	7.00	2021.04.16	7.4500	105.60	537.00
124664	13 秦开 02	700.00	7.00	2021.04.18	8.4500	100.00	80.00
124665	14 余交通	1500.00	7.00	2021.04.18	7.1900	107.20	845.00
124666	14 莱山债	600.00	7.00	2021.04.21	7.4500	91.58	202.02
124667	14 苏元禾	1000.00	7.00	2021.04.21	6.8500	104.00	621.00
124668	14 滇公路	2500.00	6.00	2020.04.24	7.0000	108.00	1605.66
124669	14 西保 02	500.00	5.00	2019.04.18	7.3100	100.00	0.00
124670	14 蚌高新	600.00	7.00	2021.04.17	8.7000	100.00	90.00
124671	14 湛新域	800.00	7.00	2021.04.21	8.0000	100.00	50.00
124672	14 徐开发	1600.00	7.00	2021.04.21	7.3500	106.25	1342.00
124673	14 火炬债	700.00	7.00	2021.04.21	7.4900	106.80	556.95
124674	14 泰中兴	1500.00	7.00	2021.05.16	7.6000	105.42	301.90
124675	14 崇川债	1100.00	7.00	2021.04.18	7.1500	105.40	390.00
124676	14 衢国资	1500.00	7.00	2021.04.21	7.2000	108.54	2111.00
124677	14 乌城投	1000.00	7.00	2021.04.21	8.1900	103.80	518.10
124678	14 宁开控	500.00	7.00	2021.04.21	7.0900	103.00	190.00

债券信息
List of Bonds

债券
Bond

债券代码 Code	债券简称 Securities	发行数量(百万) Issued Val(M)	年限 Terms	到期日 Expiration Date	票面利率(%) Coupon Rate(%)	本年收盘 Close	成交数量(万) Trading Vol(10000)
124679	14 宜经开	1600.00	7.00	2021.04.18	7.6900	110.19	1070.00
124680	13 普兰 02	700.00	7.00	2021.04.21	7.7400	103.29	120.00
124681	14 徐高新	1300.00	7.00	2021.04.22	7.8600	108.00	500.05
124682	14 宝高新	400.00	7.00	2021.04.21	8.2500	100.00	180.00
124683	13 周口 02	1000.00	7.00	2021.04.21	7.4900	102.98	610.00
124684	14 新城基	1800.00	7.00	2021.04.21	7.5000	107.70	1885.00
124685	14 临淄债	1000.00	7.00	2021.04.22	7.5500	108.62	242.00
124686	14 昌平债	2000.00	7.00	2021.04.22	6.7400	105.36	530.00
124687	14 南化债	1100.00	7.00	2021.04.21	8.2800	102.50	912.00
124688	14 潜城投	1500.00	7.00	2021.04.22	8.3800	105.80	1343.71
124689	14 雨城投	1800.00	7.00	2021.04.18	7.1700	104.00	660.00
124690	14 中电建	2000.00	5.00	2019.04.23	5.7000	106.93	311.56
124691	14 宏财 02	500.00	7.00	2021.04.18	8.4900	108.50	816.15
124692	14 嘉公路	800.00	7.00	2021.04.23	6.8000	107.30	380.50
124693	14 新凯迪	900.00	7.00	2021.04.22	7.8000	105.00	570.00
124694	14 克投债	1400.00	7.00	2021.04.22	7.1500	100.63	870.00
124695	14 广元控	1000.00	7.00	2021.04.22	7.3000	105.80	629.91
124696	14 东台 02	1200.00	7.00	2021.04.23	7.5800	107.20	600.00
124697	14 马城投	1500.00	7.00	2021.04.24	7.1400	105.50	740.00
124698	14 奉化债	1000.00	7.00	2021.04.24	7.8000	102.50	900.00
124699	14 汇通债	800.00	6.00	2020.04.25	8.3000	100.00	100.00
124700	14 内江投	1800.00	7.00	2021.04.24	7.9900	108.53	1741.00
124701	14 临开债	1000.00	7.00	2021.04.23	7.9000	104.00	300.00
124702	14 衡水投	1300.00	7.00	2021.04.23	7.4000	105.76	1540.00
124703	14 蓉隆博	700.00	7.00	2021.04.24	8.1000	108.00	141.90
124704	13 武威 02	800.00	7.00	2021.04.24	8.2000	108.85	261.00
124705	13 库车 02	700.00	7.00	2021.04.25	7.4500	105.00	776.16
124706	14 巴国资	500.00	7.00	2021.04.25	8.5000	107.50	1274.27
124707	14 渝江 01	2000.00	7.00	2021.04.25	6.7000	108.69	1167.91
124708	14 兖微 01	500.00	6.00	2020.04.28	8.0000	103.06	330.00
124709	14 安吉债	1400.00	7.00	2021.04.24	8.3000	104.57	450.00
124710	14 兴国资	2600.00	7.00	2021.04.24	6.6600	105.74	475.00
124711	14 象山债	1800.00	7.00	2021.04.25	7.9500	105.79	1603.28
124712	14 并经开	700.00	7.00	2021.04.24	7.4300	100.00	165.00
124713	14 黔铁投	1700.00	10.00	2024.04.23	7.5000	110.00	573.19
124714	14 鲁国集	600.00	6.00	2020.04.25	7.5000	102.00	330.00
124715	14 四平债	1300.00	7.00	2021.04.25	8.1000	109.50	601.72
124716	14 宁国债	1300.00	7.00	2021.04.28	8.7000	107.50	2013.64
124717	14 姜鑫源	1000.00	6.00	2020.04.23	8.5000	107.38	1315.03
124718	14 乌房债	700.00	7.00	2021.04.25	7.2700	107.80	310.00
124719	13 鞍新 02	450.00	7.00	2021.04.25	8.3900	105.45	983.00
124720	14 电投 01	2000.00	15.00	2029.04.24	6.1000	100.00	110.00
124721	14 青海创	1000.00	7.00	2021.04.25	6.8800	107.22	590.00
124722	14 包滨河	800.00	7.00	2021.04.23	7.7000	108.50	700.65
124723	14 启东 02	800.00	7.00	2021.04.28	7.9000	103.67	525.00
124724	14 富山居	1500.00	7.00	2021.04.28	7.7000	107.38	490.00
124725	14 曲靖投	1500.00	7.00	2021.04.28	7.4800	107.30	671.00
124726	14 德高新	1200.00	7.00	2021.04.28	7.9000	108.26	50.00
124727	14 渝保税	1500.00	7.00	2021.04.24	7.5000	105.46	1015.00
124728	14 左旗债	800.00	7.00	2021.04.28	8.6000	100.00	280.00

债券信息 List of Bonds

债券代码 Code	债券简称 Securities	发行数量(百万) Issued Val(M)	年限 Terms	到期日 Expiration Date	票面利率(%) Coupon Rate(%)	本年收盘 Close	成交数量(万) Trading Vol(10000)
124729	14 兰新控	600.00	7.00	2021.04.29	8.3000	109.00	393.13
124730	14 长交 01	600.00	7.00	2021.04.30	7.8800	106.80	414.00
124731	14 朝建投	1000.00	7.00	2021.04.28	7.5800	105.00	691.00
124732	14 渝高开	2300.00	7.00	2021.04.25	7.8000	109.03	570.00
124733	14 开发投	1800.00	7.00	2021.04.25	7.2400	100.00	1100.00
124734	13 随州 02	1200.00	7.00	2021.04.30	8.4000	110.00	603.66
124735	14 合建投	4500.00	10.00	2024.04.29	7.2000	111.60	87.75
124736	14 柳龙投	1800.00	10.00	2024.04.30	8.2800	115.00	612.46
124737	14 虞交通	2300.00	7.00	2021.04.29	7.0000	107.00	1220.00
124738	14 安发投	1200.00	7.00	2021.05.12	7.4300	107.50	480.01
124739	14 西塞山	1000.00	7.00	2021.04.29	7.8000	100.00	360.00
124740	14 青经开	500.00	7.00	2021.04.30	6.8700	100.00	130.00
124741	14 辽鑫诚	1300.00	7.00	2021.05.21	8.1000	109.00	484.78
124742	14 贵水 02	1400.00	10.00	2024.05.08	8.0500	113.70	210.01
124743	14 银城投	1800.00	7.00	2021.05.12	6.8800	102.30	760.00
124744	14 萧经开	1300.00	7.00	2021.05.13	6.9000	106.00	1092.00
124745	14 武安债	1100.00	7.00	2021.05.14	7.9900	106.00	1148.33
124746	14 贺城投	1000.00	7.00	2021.05.16	8.1600	106.00	632.28
124747	14 太仓港	1200.00	7.00	2021.04.28	7.4000	100.00	50.00
124748	14 铜示范	700.00	7.00	2021.05.13	7.3000	103.30	70.00
124749	14 仁城投	1400.00	7.00	2021.05.16	8.0900	107.63	1670.68
124750	14 宜春投	1600.00	7.00	2021.05.15	7.0900	100.00	810.00
124751	14 徐高铁	2400.00	7.00	2021.05.15	7.0900	105.78	839.06
124752	14 文金滩	1000.00	7.00	2021.05.15	6.9900	103.41	0.00
124753	14 海控 01	1200.00	7.00	2021.05.16	6.4800	106.00	130.00
124754	14 荥城投	800.00	7.00	2021.05.15	8.1000	101.00	30.00
124755	14 合工微	500.00	4.00	2018.04.30	7.3000	103.00	350.00
124756	14 紫微 01	600.00	3.00	2017.05.15	6.0000	103.26	409.00
124757	14 鄂城 01	800.00	7.00	2021.05.15	7.7600	106.50	800.02
124758	14 吉安债	1200.00	7.00	2021.05.15	6.9600	106.27	370.03
124759	14 威新区	800.00	7.00	2021.05.19	6.8700	105.00	235.56
124760	14 余城投	1500.00	7.00	2021.05.19	7.0900	104.08	840.00
124761	14 深业团	2400.00	7.00	2021.05.21	6.2000	109.13	893.08
124762	14 萍昌盛	500.00	7.00	2021.05.22	8.1800	98.00	100.00
124763	14 昆交发	1800.00	7.00	2021.05.22	6.9500	108.70	290.00
124764	14 蔡家湖	1200.00	7.00	2021.05.21	7.5000	107.50	940.01
124765	14 醴陵 01	700.00	7.00	2021.05.22	8.1000	107.50	1360.57
124766	14 景洪投	1000.00	7.00	2021.05.23	8.0800	100.40	744.08
124767	14 郑二七	900.00	7.00	2021.05.23	7.1000	108.50	410.00
124768	14 云城投	700.00	7.00	2021.05.23	6.7700	100.00	180.00
124769	14 合力 01	1000.00	7.00	2021.05.27	6.8700	106.65	111.00
124770	14 合力 02	800.00	7.00	2021.05.27	7.1000	107.52	80.00
124771	14 亳建投	1800.00	7.00	2021.05.23	6.8500	100.00	660.00
124772	14 当阳债	1200.00	7.00	2021.05.23	7.9900	107.00	690.10
124773	14 温高 02	1200.00	7.00	2021.05.30	7.3000	104.00	340.00
124774	14 通辽债	1700.00	7.00	2021.05.26	7.2900	106.10	360.00
124775	14 新余东	1200.00	7.00	2021.05.27	8.4800	109.50	783.63
124776	14 绿地债	2000.00	6.00	2020.05.23	6.2400	107.55	1204.25
124777	14 茂交投	1000.00	7.00	2021.05.28	6.9000	106.31	426.00
124778	14 蔡甸投	800.00	7.00	2021.05.28	7.2400	104.50	420.00

债券信息
List of Bonds

债券
Bond

债券代码 Code	债券简称 Securities	发行数量(百万) Issued Val(M)	年限 Terms	到期日 Expiration Date	票面利率(%) Coupon Rate(%)	本年收盘 Close	成交数量(万) Trading Vol(10000)
124779	14 银开发	800.00	8.00	2022.05.28	8.1500	110.00	4504.60
124781	14 渝江 02	2000.00	7.00	2021.09.16	5.8800	105.53	1361.14
124782	14 遵国投	2000.00	7.00	2021.05.28	6.9500	102.00	1380.00
124783	14 绍袍江	1000.00	7.00	2021.05.29	6.9800	103.90	1005.11
124784	PR 池城投	500.00	7.00	2016.04.20	7.5800	60.00	0.00
124785	14 青州债	1000.00	7.00	2021.05.29	7.5900	106.00	670.50
124786	14 苏海投	1300.00	7.00	2021.05.29	7.2800	105.00	930.50
124787	14 荣经开	1200.00	7.00	2021.05.29	6.7500	100.00	330.00
124788	14 宣北山	600.00	7.00	2021.06.17	8.6000	100.00	160.00
124789	14 海东投	1200.00	7.00	2021.05.30	7.7500	106.26	620.00
124790	14 陶都债	1200.00	7.00	2021.05.28	7.6000	100.00	1237.00
124791	14 孝城投	1600.00	7.00	2021.05.29	6.8900	106.00	1130.00
124792	14 桓台债	1000.00	7.00	2021.05.28	7.7900	102.20	580.00
124793	14 合新 01	1000.00	7.00	2021.05.21	7.1600	101.91	170.00
124794	14 合新 02	500.00	10.00	2024.05.21	7.9000	100.00	100.00
124795	14 渝惠通	1800.00	7.00	2021.05.30	7.2800	106.00	520.50
124796	14 襄高投	600.00	7.00	2021.05.29	7.0000	103.38	120.00
124797	14 十二师	800.00	7.00	2021.06.03	6.6800	105.00	154.45
124799	14 京鑫融	1000.00	7.00	2021.05.30	6.6000	101.00	210.00
124800	14 金城债	1200.00	7.00	2021.04.28	6.8800	106.88	461.50
124801	14 恩城投	1100.00	7.00	2021.06.03	7.5000	107.54	470.00
124802	14 保山债	1800.00	7.00	2021.05.28	7.7900	103.49	1574.55
124803	14 津宁投	1500.00	7.00	2021.05.30	7.0000	107.50	365.00
124804	14 津南债	1800.00	7.00	2021.06.03	6.5000	108.00	396.00
124805	14 穗铁 02	3000.00	10.00	2024.06.03	6.0500	103.12	295.00
124806	14 渝园业	800.00	7.00	2021.06.03	8.4500	100.00	116.00
124807	14 金国发	600.00	7.00	2021.05.30	6.8500	100.00	150.00
124808	14 唐丰南	2000.00	7.00	2021.05.30	7.2300	105.03	780.00
124809	14 龙国投	2000.00	7.00	2021.05.30	6.9000	106.00	130.00
124810	14 一师鑫	1000.00	8.00	2022.06.16	6.8000	106.00	398.20
124811	14 滇投债	1800.00	7.00	2021.06.17	6.6500	105.50	357.76
124812	14 长交 02	600.00	7.00	2021.06.16	6.7500	103.00	120.30
124813	14 井开债	800.00	7.00	2021.06.03	7.9900	105.14	220.00
124814	14 郑投控	720.00	7.00	2021.07.18	6.8000	103.52	330.00
124815	14 天瑞 02	1000.00	10.00	2024.06.25	8.5000	101.99	2421.18
124816	14 顺德投	1800.00	7.00	2021.06.18	6.8000	100.00	150.00
124817	14 北国资	1600.00	10.00	2024.06.25	5.9000	114.80	3.00
124818	14 常德源	1000.00	7.00	2021.06.16	6.5000	102.25	320.00
124819	14 渝旅开	700.00	7.00	2021.06.19	7.1000	100.00	0.00
124820	14 济高债	800.00	7.00	2021.06.19	6.3800	105.00	210.01
124821	14 百色投	700.00	7.00	2021.06.20	7.2700	104.00	286.25
124822	14 合滨投	2000.00	5.00	2019.06.13	6.3500	106.00	210.61
124823	14 池金桥	950.00	7.00	2021.06.16	7.7000	106.33	230.53
124824	14 金桥棚	700.00	7.00	2021.06.19	6.8800	103.27	510.00
124827	14 普国资	1700.00	8.00	2022.06.20	7.1800	100.00	350.00
124828	14 日经开	900.00	7.00	2021.06.17	6.5300	100.00	180.00
124829	14 孝高 01	800.00	7.00	2021.06.23	7.4300	100.00	230.00
124830	14 桂铁投	1000.00	10.00	2024.06.18	6.8900	118.50	531.89
124831	14 崇建设	1000.00	6.00	2020.06.13	6.4000	103.88	239.00
124832	14 睢宁润	1200.00	7.00	2021.06.25	7.1000	105.70	1114.11

债券信息
List of Bonds

债券代码 Code	债券简称 Securities	发行数量(百万) Issued Val(M)	年限 Terms	到期日 Expiration Date	票面利率(%) Coupon Rate(%)	本年收盘 Close	成交数量(万) Trading Vol(10000)
124833	14 如东泰	1100.00	7.00	2021.06.20	6.9900	105.90	270.00
124834	14 德城投	1800.00	7.00	2021.06.26	6.4800	107.10	1330.49
124835	14 渝南债	1500.00	7.00	2021.06.17	7.0500	105.90	254.01
124836	14 大石桥	1000.00	7.00	2021.06.23	7.4000	103.90	1044.50
124837	14 赤城投	800.00	7.00	2021.06.19	7.0700	101.05	120.00
124839	14 滨新塘	1300.00	7.00	2021.06.30	6.7400	102.60	1344.80
124840	14 漳九龙	700.00	7.00	2021.06.20	6.4800	107.53	312.49
124841	14 清微 01	500.00	4.00	2018.06.19	7.1900	100.00	820.00
124842	14 神木债	1500.00	7.00	2021.06.23	7.2800	104.08	398.37
124843	14 宏河债	360.00	7.00	2021.06.23	8.5000	104.00	0.00
124844	14 遵汇投	1000.00	7.00	2021.06.25	7.8500	106.50	986.81
124845	14 晋开发	800.00	7.00	2021.06.27	7.0800	104.82	362.09
124846	14 瘦西湖	1000.00	7.00	2021.06.25	6.8000	100.00	100.00
124847	14 济源建	1000.00	7.00	2021.06.25	7.4500	100.00	430.00
124848	14 元国资	1000.00	7.00	2021.08.15	7.2200	105.86	1051.72
124849	14 辽沿海	2200.00	7.00	2021.04.01	8.9000	100.00	1817.00
124850	14 合川投	1600.00	7.00	2021.07.07	7.3000	106.65	984.00
124851	14 梧东泰	1000.00	7.00	2021.03.25	8.1400	109.00	330.67
124852	14 冀渤海	1000.00	6.00	2020.06.30	6.9000	103.66	246.20
124853	14 淄城运	2300.00	7.00	2021.07.09	6.4500	108.22	556.50
124854	14 喀什深	1000.00	6.00	2020.07.07	7.0800	104.30	233.00
124855	14 淮城投	1800.00	7.00	2021.07.09	6.7900	100.00	1070.00
124856	14 常房债	1100.00	7.00	2021.07.02	6.6400	100.00	120.00
124857	14 临桂新	1000.00	7.00	2021.06.13	6.9000	100.00	230.00
124858	14 黄海港	1200.00	7.00	2021.07.07	7.1700	104.00	1217.12
124859	14 柳产投	900.00	7.00	2021.07.03	6.9500	103.14	660.00
124860	14 汤建投	800.00	7.00	2021.06.30	6.8000	101.80	100.00
124861	11 冀渤海	1000.00	6.00	2017.05.23	7.8500	100.00	556.00
124862	14 台基投	1800.00	7.00	2021.07.11	6.5300	102.10	220.00
124863	14 沂科技	1500.00	7.00	2021.07.14	7.4900	106.00	1711.61
124864	14 兴城建	1200.00	6.00	2020.07.15	7.3600	100.00	860.00
124865	14 奎屯润	800.00	6.00	2020.07.10	7.1500	100.00	10.00
124866	14 南二建	750.00	7.00	2021.07.10	8.1000	108.00	398.68
124867	09 绍交投	2000.00	7.00	2016.10.27	6.6000	102.98	300.00
124868	14 冀融投	1500.00	7.00	2021.07.08	6.7600	75.00	1436.46
124869	14 渝长寿	700.00	7.00	2021.07.15	7.2000	100.00	320.00
124870	14 嵊投控	1000.00	7.00	2021.07.17	7.6000	108.00	208.00
124871	14 绿国资	600.00	7.00	2021.07.16	6.7000	106.48	300.00
124872	14 杭拱墅	600.00	7.00	2021.07.21	6.9000	103.50	320.00
124873	14 盛经 02	700.00	7.00	2021.08.25	6.9500	105.00	200.20
124874	14 哈密 01	1000.00	7.00	2021.07.14	6.6300	105.60	89.32
124875	14 哈密 02	500.00	7.00	2021.07.14	6.8700	100.00	140.00
124876	14 郑高新	1400.00	7.00	2021.07.15	7.0000	104.00	2176.50
124877	14 莱国资	1300.00	7.00	2021.07.23	7.0000	105.00	820.00
124878	14 苏高新	1000.00	7.00	2021.07.22	6.2000	100.00	40.00
124879	14 淮新 02	600.00	7.00	2021.07.28	6.9500	107.50	110.00
124880	14 曲经开	1700.00	7.00	2021.07.21	7.4800	106.00	637.25
124881	14 安经开	1000.00	7.00	2021.08.15	8.3500	108.00	760.02
124882	14 江北嘴	1000.00	7.00	2021.07.21	6.5000	105.00	58.00
124883	14 西永债	1500.00	7.00	2021.07.25	6.5800	107.00	250.00

债券信息 List of Bonds

债券代码 Code	债券简称 Securities	发行数量(百万) Issued Val(M)	年限 Terms	到期日 Expiration Date	票面利率(%) Coupon Rate(%)	本年收盘 Close	成交数量(万) Trading Vol(10000)
124884	14 双水 02	1000.00	6.00	2020.07.30	6.9200	105.14	220.00
124885	14 临城建	1000.00	7.00	2021.08.01	6.9400	100.00	0.00
124886	14 长农建	1100.00	7.00	2021.07.25	7.0000	106.78	205.00
124887	14 盐城南	1600.00	7.00	2021.07.30	6.7000	108.20	430.00
124888	14 邹城债	1400.00	7.00	2021.08.01	6.9900	105.00	347.60
124889	14 定国资	1200.00	7.00	2021.08.04	7.1300	102.00	456.00
124890	14 甘电投	1000.00	10.00	2024.08.05	6.4000	100.00	0.00
124891	14 株高 01	1000.00	7.00	2021.08.11	6.9500	103.50	280.00
124892	14 株高 02	1000.00	7.00	2022.04.17	6.3800	100.00	80.00
124893	14 文登债	1200.00	7.00	2021.07.28	6.9900	100.00	300.00
124894	14 海资 02	1000.00	7.00	2021.08.08	8.0000	106.18	88.22
124895	14 筑经开	900.00	7.00	2021.09.26	6.4700	107.20	454.00
124896	14 北港债	900.00	7.00	2021.07.30	6.2900	109.00	113.00
124897	14 津广成	1500.00	7.00	2021.07.24	7.4500	103.54	170.00
124898	14 津水务	1000.00	7.00	2021.07.28	6.6000	101.80	40.00
124899	14 穗铁 03	3000.00	10.00	2024.08.11	6.0000	108.29	93.91
124900	14 滨开债	1000.00	7.00	2021.07.29	6.7400	105.00	195.00
124901	14 虞城建	1800.00	7.00	2021.08.07	6.8000	105.00	0.00
124902	14 陕交建	1300.00	10.00	2024.07.31	6.3500	106.20	305.00
124903	14 鹤投资	900.00	7.00	2021.08.01	7.8800	103.26	100.00
124904	14 连旅泰	1200.00	7.00	2021.08.08	7.0000	103.65	193.00
124905	14 登封债	600.00	6.00	2020.08.04	7.7900	100.00	200.00
124906	14 迁安 02	500.00	7.00	2021.08.11	7.1900	100.00	110.00
124907	14 芜宜居	2300.00	7.00	2021.08.11	6.4500	105.50	398.00
124908	14 靖江港	800.00	7.00	2021.08.05	7.3000	108.68	580.00
124909	14 超威债	600.00	6.00	2020.08.14	7.9800	105.00	649.56
124910	14 石景山	1000.00	7.00	2021.08.18	6.0800	103.87	170.00
124911	14 北辰债	1500.00	7.00	2021.08.20	6.8700	107.00	460.00
124912	13 锦州 02	1000.00	7.00	2021.08.18	6.4400	104.91	319.98
124913	14 绍交投	1500.00	7.00	2021.08.20	6.4000	105.26	618.00
124914	14 慈建投	1200.00	7.00	2021.08.18	6.1800	104.36	300.00
124915	14 宏桥 02	1100.00	7.00	2021.08.21	7.4500	107.60	606.90
124916	14 新开元	1200.00	7.00	2021.08.12	7.4300	106.20	1242.07
124917	14 沣西债	1200.00	7.00	2021.08.15	6.8500	103.00	250.02
124918	14 沪南汇	1500.00	7.00	2021.08.20	6.0400	100.34	580.00
124919	14 安城投	1000.00	6.00	2020.08.22	7.3500	100.00	199.00
124920	14 龙海债	800.00	7.00	2021.08.15	6.5800	103.43	905.00
124921	14 浏阳债	1500.00	7.00	2021.08.22	6.9800	105.79	276.48
124923	14 胶城投	1500.00	7.00	2021.08.21	6.2000	100.00	480.00
124924	14 白沙投	1200.00	7.00	2021.08.22	6.8700	104.50	531.30
124925	14 金湖资	700.00	7.00	2021.08.25	7.7500	106.00	291.21
124926	14 阜宁债	1200.00	7.00	2021.08.15	7.1900	101.61	230.00
124927	14 玉溪投	1900.00	7.00	2021.08.26	6.5800	100.00	755.60
124928	14 九龙债	900.00	7.00	2021.08.19	6.6000	102.00	242.66
124929	14 巴南 01	500.00	7.00	2021.08.20	7.0000	105.00	54.41
124930	14 堰城投	1500.00	7.00	2021.08.20	6.5800	100.00	400.00
124931	09 晋交投	2000.00	10.00	2019.08.05	5.8000	104.50	311.32
124932	14 阿克苏	1700.00	7.00	2021.08.25	6.7400	98.00	484.94
124933	14 揭城投	1600.00	7.00	2021.08.27	6.5500	102.00	405.58
124934	14 渝港投	1300.00	7.00	2021.08.21	6.8400	100.62	310.00

债券信息 List of Bonds

债券代码 Code	债券简称 Securities	发行数量(百万) Issued Val(M)	年限 Terms	到期日 Expiration Date	票面利率(%) Coupon Rate(%)	本年收盘 Close	成交数量(万) Trading Vol(10000)
124935	14 冀建投	2000.00	11.00	2025.09.01	5.6900	112.10	520.60
124936	14 天门债	1000.00	7.00	2021.08.28	8.2000	105.16	370.00
124937	14 湖中兴	1100.00	7.00	2021.08.28	6.4800	102.38	240.00
124938	14 郴百福	1800.00	7.00	2021.08.28	6.5400	106.12	1140.00
124939	14 蒙盛祥	700.00	7.00	2021.08.21	8.1800	105.80	1487.83
124940	14 滁城投	1400.00	7.00	2021.08.22	6.4000	100.00	270.00
124941	14 钦滨海	1000.00	7.00	2021.07.07	6.9900	100.00	30.00
124942	14 南绿港	500.00	7.00	2021.06.27	7.3000	108.25	150.00
124943	14 兰国投	700.00	7.00	2021.09.10	6.3200	100.50	725.00
124944	14 广建设	800.00	7.00	2021.08.26	8.3500	100.00	230.00
124945	14 石国投	1500.00	7.00	2021.08.27	6.9000	102.66	805.00
124946	14 保利集	2800.00	5.00	2019.09.04	5.5000	106.54	1597.79
124947	14 西港债	900.00	7.00	2021.09.23	7.9000	100.50	360.00
124948	14 金资 02	1500.00	7.00	2021.09.05	5.5500	103.28	630.00
124949	14 随建投	1000.00	7.00	2021.09.02	7.1800	102.50	820.00
124950	14 登电债	350.00	6.00	2020.09.01	6.5100	102.00	51.00
124951	14 威中城	1200.00	7.00	2021.09.09	6.5500	103.00	140.99
124952	14 马高新	1200.00	7.00	2021.09.09	6.8500	100.00	490.00
124953	09 宁城建	2600.00	10.00	2019.08.25	5.8500	109.00	1948.90
124956	14 锑都债	1200.00	7.00	2021.08.27	7.1800	106.00	1280.86
124957	14 滨投债	800.00	7.00	2021.09.11	6.3900	100.00	320.00
124958	14 浔富和	1200.00	6.00	2020.09.01	7.0400	100.00	510.00
124959	14 仁寿债	1200.00	7.00	2021.09.05	8.6600	107.00	1330.68
124960	14 胶发展	1150.00	7.00	2021.09.18	6.3300	98.02	722.56
124961	14 苏望涛	1000.00	6.00	2020.09.15	6.8200	107.20	237.00
124962	14 武经开	800.00	7.00	2021.09.12	6.6500	107.20	8.60
124963	14 广安经	1000.00	7.00	2021.09.22	7.1000	102.51	341.00
124964	14 自高投	1000.00	7.00	2021.10.23	5.7300	99.02	635.88
124965	14 济西投	2000.00	7.00	2021.09.15	6.0000	105.42	375.00
124966	14 京国资	4500.00	15.00	2029.09.16	5.2800	109.50	290.00
124967	14 昌经投	1000.00	7.00	2021.09.09	7.5800	106.00	471.00
124968	14 盐东方	1200.00	7.00	2021.09.15	6.4800	105.80	1602.16
124969	14 醴陵 02	300.00	7.00	2021.09.05	7.1800	105.23	310.00
124970	14 杭地铁	5000.00	10.00	2024.09.17	5.9700	108.50	1624.06
124971	14 宜国投	1100.00	7.00	2021.09.17	7.2500	103.60	760.00
124972	14 安高债	900.00	7.00	2021.09.17	8.7800	104.37	540.05
124973	14 宣建债	900.00	7.00	2021.09.22	7.9500	100.00	730.00
124974	14 泸纳债	800.00	7.00	2021.09.11	7.1700	113.30	149.90
124975	14 溧经开	1200.00	7.00	2021.09.22	6.2700	104.10	622.00
124976	14 张掖债	1100.00	7.00	2021.09.22	6.9200	101.48	399.00
124977	14 天瑞 03	1500.00	7.00	2021.10.16	7.1300	92.51	1579.21
124978	14 新密债	1000.00	7.00	2021.09.12	7.2800	106.00	858.00
124979	14 陂城投	1200.00	7.00	2021.09.17	6.4300	103.02	1154.91
124980	14 抚微 01	600.00	4.00	2018.09.17	6.3000	102.22	860.00
124981	14 嘉峪关	1000.00	7.00	2021.09.23	7.8300	100.00	150.00
124982	14 高安 01	700.00	7.00	2021.09.16	8.3500	100.00	50.00
124983	14 孝高 02	800.00	7.00	2021.09.22	6.8700	103.36	880.00
124984	14 鄂城 02	700.00	7.00	2021.09.19	6.6800	107.00	969.54
124985	14 兖微 02	300.00	6.00	2020.09.28	6.3800	101.21	216.00
124986	14 建开债	1300.00	7.00	2021.09.25	7.2900	106.00	530.80

债券信息 List of Bonds

债券 Bond

债券代码 Code	债券简称 Securities	发行数量(百万) Issued Val(M)	年限 Terms	到期日 Expiration Date	票面利率(%) Coupon Rate(%)	本年收盘 Close	成交数量(万) Trading Vol(10000)
124987	14 昆经开	1200.00	7.00	2021.09.25	6.4700	105.20	788.00
124988	14 闽投债	1500.00	7.00	2021.10.16	5.1000	102.30	225.00
124989	14 三星 01	300.00	7.00	2021.09.22	9.0000	103.24	1201.00
124999	13 武续债	2300.00	5.00	2018.10.29	8.5000	114.40	4453.23
125005	12 同捷 01	100.00	3.00	2015.06.12	8.1500	100.02	0.00
125006	12 凡登债	100.00	3.00	2015.06.12	10.5000	100.00	0.00
125007	12 天科债	100.00	3.00	2015.06.12	7.3000	100.00	0.00
125009	12 太子龙	100.00	3.00	2015.06.19	9.9900	100.00	0.00
125012	12 金泰 01	15.00	3.00	2015.07.10	9.0000	97.04	0.00
125013	12 金泰 02	15.00	3.00	2015.07.10	11.0000	100.00	0.00
125015	12 天外债	200.00	3.00	2015.07.18	10.5000	100.00	70.00
125018	13 渝宏债	200.00	3.00	2016.03.18	12.0000	99.97	260.00
125020	PR 武广债	200.00	3.00	2015.08.15	8.2000	51.08	120.00
125022	12 五洲债	80.00	3.00	2015.08.02	8.6800	100.00	0.00
125024	12 星美债	200.00	3.00	2015.08.28	9.5000	100.00	0.00
125027	PR 淹城债	200.00	3.00	2015.09.21	8.0000	49.70	21.00
125028	12 天楹 01	140.00	3.00	2015.09.27	9.0000	100.00	174.00
125029	12 如顾庄	100.00	3.00	2015.10.10	9.8000	99.50	0.00
125030	12 西游发	100.00	3.00	2015.10.10	8.5000	100.00	130.00
125033	12 金建设	200.00	3.00	2015.10.16	8.0000	99.98	0.00
125035	12 湖上跃	70.00	3.00	2015.10.18	9.7000	100.00	1.70
125038	12 京精英	100.00	3.00	2015.10.31	9.0000	100.00	0.00
125039	12 沪奔腾	150.00	3.00	2015.10.19	11.0000	100.00	3.00
125044	12 天楹 02	140.00	3.00	2015.11.15	9.0000	100.00	104.00
125045	12 鄂华食	50.00	3.00	2015.11.14	10.9800	100.00	0.00
125046	12 虞尚湖	200.00	3.00	2015.11.26	9.0000	100.00	103.00
125050	12 黄山头	190.00	3.00	2015.10.22	9.5000	100.00	10.50
125051	12 津凯泰	250.00	3.00	2015.12.10	7.8000	99.98	0.00
125053	12 香榭丽	50.00	3.00	2015.12.10	8.0000	100.00	0.00
125054	12 琳桥债	200.00	3.00	2015.12.24	9.3000	99.66	565.00
125057	12 中电投	140.00	3.00	2015.12.28	11.8000	100.00	92.00
125059	13 中河债	30.00	2.00	2015.01.17	9.8000	100.00	0.00
125060	12 中昌债	150.00	3.00	2016.01.22	8.1000	95.58	0.00
125061	12 金田 01	50.00	3.00	2016.01.18	9.0000	100.00	0.00
125062	13 宁物流	200.00	3.00	2016.01.23	9.5500	99.98	90.00
125063	12 仪水务	200.00	3.00	2016.01.17	9.5000	100.00	316.00
125064	12 沪三航	100.00	3.00	2015.12.11	11.0000	99.97	78.00
125065	12 津天联	50.00	2.00	2015.01.29	9.0000	100.00	0.00
125066	12 华特斯	60.00	2.00	2015.01.23	11.0000	100.00	0.00
125067	13 威亨债	150.00	2.00	2015.01.21	8.5000	100.00	0.00
125068	13 博润 01	350.00	3.00	2016.01.29	9.3000	99.97	40.00
125069	13 瑞水 01	150.00	3.00	2016.01.28	8.1000	99.98	150.00
125070	12 丰港债	200.00	2.00	2015.01.22	11.0000	100.00	0.00
125071	13 鲁博特	30.00	3.00	2016.01.31	9.5000	100.00	210.00
125072	12 南华 01	50.00	3.00	2015.12.10	9.5000	100.01	0.00
125073	12 枣林湾	200.00	3.00	2016.02.06	9.5000	100.00	154.50
125074	12 骆减震	50.00	2.00	2015.02.04	8.5000	100.00	0.00
125075	13 泰医药	300.00	3.00	2016.02.01	9.5000	100.00	300.00
125076	12 湖珍绒	200.00	3.00	2015.12.04	9.6000	99.90	350.30
125077	13 粤广电	100.00	2.00	2015.02.27	6.0000	100.00	0.00

债券信息
List of Bonds

债券代码 Code	债券简称 Securities	发行数量(百万) Issued Val(M)	年限 Terms	到期日 Expiration Date	票面利率(%) Coupon Rate(%)	本年收盘 Close	成交数量(万) Trading Vol(10000)
125078	12 大港 01	200.00	3.00	2016.02.26	9.5000	100.00	230.00
125079	13 中海阳	100.00	2.00	2015.02.27	8.5000	100.00	80.00
125080	13 苏元 01	50.00	2.00	2015.02.05	10.0000	100.00	0.00
125081	12 九泰债	200.00	2.00	2015.02.27	9.2000	100.00	61.00
125082	13 津海 01	15.00	2.00	2015.01.09	9.0000	100.00	0.00
125083	12 浙浦百	80.00	3.00	2016.02.26	14.0000	100.00	20.00
125084	12 安吉修	250.00	3.00	2016.03.07	9.5000	100.00	340.00
125088	13 鲁中文	200.00	3.00	2016.03.12	10.0000	99.97	200.00
125089	12 中成债	60.00	3.00	2016.03.22	10.0000	100.48	381.40
125090	12 港区债	180.00	3.00	2016.03.25	8.8000	100.00	38.00
125091	13 博瑞债	60.00	3.00	2016.01.08	8.5000	100.00	0.00
125092	13 东通债	200.00	3.00	2016.03.26	9.5000	100.00	200.00
125093	13 南泰禾	62.90	3.00	2016.03.25	9.7000	100.00	68.20
125094	13 天政债	200.00	3.00	2016.03.21	8.5000	99.93	170.00
125095	12 金田 02	50.00	3.00	2016.03.12	9.0000	108.98	50.00
125096	12 清研债	200.00	3.00	2016.04.22	8.0000	100.00	0.00
125097	13 金农债	200.00	3.00	2016.04.22	8.0000	100.00	200.00
125098	12 宜机场	100.00	3.00	2015.12.20	9.5000	100.00	0.00
125099	13 中森债	180.00	3.00	2016.03.28	11.0000	99.62	45.00
125100	13 泰生源	30.00	2.00	2015.03.28	9.5000	100.02	45.00
125101	13 虞振能	126.00	2.00	2015.04.03	9.7900	100.00	0.00
125102	13 浦科创	120.00	3.00	2016.03.29	9.0000	99.40	368.00
125103	13 沪派控	15.00	3.00	2016.03.29	9.0000	100.00	21.00
125104	13 苏元 02	50.00	2.00	2015.03.22	10.0000	100.00	0.00
125105	13 沪复展	15.00	3.00	2016.03.29	9.0000	100.00	21.00
125106	13 博润 02	150.00	3.00	2016.04.17	9.3000	99.98	170.00
125107	13 大宏债	300.00	3.00	2016.04.19	10.0000	107.62	460.75
125108	13 松鹤楼	100.00	2.00	2015.04.10	8.9000	99.81	90.00
125109	13 苏宇迪	30.00	2.00	2015.04.02	8.5000	100.86	0.00
125110	13 鲁润峰	150.00	3.00	2016.04.24	10.5000	100.00	5.00
125111	13 威蓝星	120.00	2.00	2015.05.08	9.5000	104.75	0.00
125112	13 鲁天宝	100.00	3.00	2016.05.09	8.0000	100.00	0.00
125113	13 博瑞格	80.00	3.00	2016.04.17	12.0000	100.00	0.00
125114	12 蒙恒达	200.00	3.00	2016.04.18	10.2000	70.00	278.50
125115	13 钟宏达	100.00	2.00	2015.05.15	10.0000	100.00	0.00
125116	13 如交服	250.00	3.00	2016.04.24	9.0000	100.00	45.00
125117	13 展望债	100.00	3.00	2016.05.23	9.5000	100.00	110.00
125118	13 朝科贸	200.00	2.00	2015.05.23	10.0000	100.00	109.60
125119	13 镇旅游	500.00	2.00	2015.05.23	8.8000	100.00	264.50
125120	13 北港 01	150.00	3.00	2016.05.23	11.0000	100.00	0.00
125121	13 淮物流	300.00	3.00	2016.05.28	9.8000	100.00	376.00
125122	13 天子湖	250.00	3.00	2016.05.28	10.0000	100.00	930.00
125123	13 瑞水 02	50.00	3.00	2016.05.27	8.1000	100.00	0.00
125124	13 泰禾 02	37.10	3.00	2016.06.03	9.7000	100.00	37.10
125125	13 淮化工	80.00	3.00	2016.05.30	9.0000	100.00	102.00
125126	13 临医药	200.00	3.00	2016.05.27	9.5000	99.97	280.00
125127	13 凯工债	300.00	3.00	2016.06.27	8.7000	100.00	0.00
125128	13 天龙水	80.00	2.00	2015.06.19	9.5000	100.00	12.00
125129	12 沪机电	160.00	2.00	2015.06.18	9.5000	100.00	0.00
125130	13 京蓝天	20.00	3.00	2016.06.19	8.5000	100.00	0.00

债券信息 List of Bonds

债券 Bond

债券代码 Code	债券简称 Securities	发行数量(百万) Issued Val(M)	年限 Terms	到期日 Expiration Date	票面利率(%) Coupon Rate(%)	本年收盘 Close	成交数量(万) Trading Vol(10000)
125131	12 大港 02	200.00	3.00	2016.06.06	9.0000	100.00	345.30
125133	13 画都 01	50.00	3.00	2016.06.28	7.5000	100.00	0.00
125134	13 新三印	10.00	3.00	2016.06.28	10.0000	100.00	0.00
125135	13 镇索普	50.00	2.00	2015.07.10	10.0000	98.00	0.00
125136	13 临药 02	100.00	3.00	2016.07.17	9.7000	100.00	0.00
125137	13 寿农 01	140.00	3.00	2016.08.01	9.8000	99.92	222.00
125138	13 宁化工	200.00	2.00	2015.07.19	8.8000	100.00	0.00
125139	13 惠农发	250.00	3.00	2016.08.12	9.0000	100.00	423.50
125140	13 黄山头	250.00	3.00	2016.08.28	9.5000	100.00	260.00
125141	13 东霖债	50.00	3.00	2016.08.28	11.0000	100.00	20.00
125142	13 渝公 01	175.00	3.00	2016.08.29	10.0000	99.50	80.00
125143	13 森园债	100.00	2.00	2015.08.23	10.0000	100.00	0.00
125144	13 北鼎 01	50.00	3.00	2016.09.04	10.5000	100.00	350.00
125145	13 中电强	40.00	3.00	2016.09.05	9.0000	100.00	0.00
125146	13 浙永利	300.00	3.00	2016.09.04	8.5000	100.00	0.00
125147	13 北皓天	94.00	3.00	2016.09.11	11.0000	100.00	0.00
125148	PR 尧塘 01	50.00	3.00	2015.12.28	9.5000	60.00	40.00
125149	13 北鼎 02	150.00	3.00	2016.10.08	10.5000	100.20	150.00
125150	13 深汽集	350.00	2.00	2015.09.26	9.3000	100.00	0.00
125151	PR 隆鑫债	500.00	3.00	2016.09.10	8.0000	80.00	0.00
125152	13 通晨曦	100.00	3.00	2016.09.24	8.0000	100.00	0.00
125153	13 志诚债	35.00	3.00	2016.10.31	9.8000	100.00	0.00
125154	PR 淮水 01	110.00	3.00	2016.10.15	8.5000	54.55	0.00
125155	13 容丰 01	100.00	3.00	2016.10.10	9.0000	100.00	410.00
125158	PR 安德固	30.00	3.00	2016.10.15	8.5000	66.67	0.00
125159	13 画都 02	50.00	3.00	2016.10.18	7.5000	100.00	0.00
125160	13 镇旅 02	500.00	3.00	2016.10.22	8.8000	100.00	925.00
125161	13 渝升厦	300.00	3.00	2015.10.28	11.0000	97.86	417.50
125162	13 容丰 02	80.00	3.00	2016.10.24	9.8000	100.00	234.00
125163	13 阳澄债	300.00	3.00	2016.05.29	9.0000	100.00	396.00
125164	13 泰丰债	250.00	3.00	2016.10.16	9.3000	100.00	604.50
125165	13 福地 01	125.00	3.00	2016.10.24	9.0000	100.00	582.00
125166	13 海广电	100.00	2.00	2015.10.30	8.5000	100.00	0.00
125167	13 中路建	64.00	2.00	2015.10.29	9.3000	100.00	0.00
125168	13 营物流	300.00	3.00	2016.11.18	9.1000	99.98	935.00
125169	13 淮软 01	115.00	3.00	2016.11.28	10.0000	100.00	194.00
125170	13 津六政	200.00	3.00	2016.11.15	7.9000	100.00	0.00
125171	13 高鑫债	200.00	3.00	2016.11.14	8.8000	100.00	392.00
125172	13 莒沭润	100.00	2.00	2015.11.06	9.5000	100.00	0.00
125173	13 鲁木 01	30.00	2.00	2015.11.27	9.5000	100.00	0.00
125174	13 鼎兴 01	250.00	3.00	2016.11.25	9.5000	99.98	365.00
125175	13 苏恒瑞	150.00	3.00	2016.11.28	10.0000	99.92	232.15
125176	13 闽三纺	100.00	3.00	2016.12.05	9.3000	100.00	100.00
125177	13 大纵 01	100.00	3.00	2016.12.06	9.0000	100.00	0.00
125178	13 徐水务	200.00	3.00	2016.12.09	9.5000	100.00	80.00
125179	13 涪宏伟	300.00	3.00	2016.12.11	8.5000	99.90	300.00
125180	13 渝新禹	370.00	3.00	2016.11.08	8.5000	99.71	485.00
125181	13 朗科技	200.00	2.00	2015.11.11	8.5000	100.00	0.00
125182	13 凯工 02	300.00	3.00	2016.12.09	8.7000	100.00	0.00
125183	13 百电力	200.00	3.00	2016.12.27	9.5000	99.95	200.00

债券信息
List of Bonds

债券代码 Code	债券简称 Securities	发行数量(百万) Issued Val(M)	年限 Terms	到期日 Expiration Date	票面利率(%) Coupon Rate(%)	本年收盘 Close	成交数量(万) Trading Vol(10000)
125184	13 瑞洁 01	80.00	3.00	2016.12.19	10.0000	100.00	400.00
125185	14 黔贵园	200.00	2.00	2016.01.09	7.5000	100.00	0.00
125186	13 如交 02	290.00	3.00	2016.12.19	8.7000	100.00	0.00
125187	13 淮水 02	90.00	3.00	2017.01.02	8.5000	100.09	50.00
125188	13 恒基债	200.00	2.00	2015.12.15	8.5000	100.00	0.00
125189	PR 京棨亚	20.00	3.00	2016.12.31	8.5000	60.00	0.00
125190	13 为民 01	40.00	2.00	2015.09.21	8.5000	100.00	0.00
125191	13 中科 01	20.00	3.00	2016.12.25	8.2000	100.00	0.00
125192	13 德感 01	150.00	3.00	2016.12.25	8.5000	99.97	220.00
125193	13 浦水务	300.00	2.00	2015.12.27	9.5000	100.00	280.00
125194	13 大丰 01	60.00	2.00	2015.12.25	9.2000	100.00	0.00
125195	13 大丰 02	32.00	2.00	2016.01.08	9.2000	100.00	0.00
125196	13 渝大足	300.00	3.00	2017.01.24	10.5000	99.91	200.00
125197	13 古水 01	50.00	2.00	2016.01.10	9.2000	100.00	0.00
125199	13 运河 01	200.00	3.00	2017.01.15	8.8000	100.00	0.00
125200	13 龙腾 01	30.00	3.00	2017.01.22	11.0000	100.00	0.00
125201	13 振富 01	30.00	3.00	2017.03.03	11.5000	100.00	0.00
125202	13 为民 02	10.00	2.00	2016.01.13	8.5000	100.00	0.00
125203	13 滇路建	30.00	2.00	2016.01.13	10.0000	100.00	3.00
125204	13 江商贸	300.00	3.00	2016.12.30	7.1500	100.00	0.00
125205	13 锦汇 01	100.00	3.00	2017.01.15	8.5000	100.00	0.00
125206	14 富建 01	150.00	3.00	2017.01.17	10.0000	100.00	0.00
125207	14 丰田 01	60.00	2.00	2016.01.22	3.6800	100.00	60.00
125208	13 东太债	30.00	3.00	2017.01.22	11.0000	99.50	60.00
125209	13 德感 02	150.00	3.00	2017.01.08	8.5000	100.00	0.00
125210	13 运河 02	250.00	3.00	2017.01.22	8.8000	100.00	250.00
125211	13 渝公 02	125.00	3.00	2017.01.22	10.0000	99.97	250.00
125213	13 天御 01	38.00	2.00	2016.01.22	15.0000	100.00	76.00
125214	13 太湖 01	200.00	3.00	2017.01.22	9.3000	100.00	200.00
125215	13 洪泽 01	150.00	3.00	2017.01.22	9.5000	100.00	100.00
125216	13 淮软 02	90.00	3.00	2017.01.23	10.0000	100.75	62.00
125217	13 贾汪 01	144.00	3.00	2017.01.24	11.0000	99.96	190.00
125218	13 恩龙债	50.00	3.00	2017.01.23	8.0000	100.00	0.00
125219	13 易特 01	300.00	3.00	2017.01.28	10.0000	99.97	150.00
125220	13 渝三友	275.00	2.00	2016.01.27	9.5000	100.00	0.00
125221	13 津胜利	120.00	2.00	2016.05.23	11.0000	100.01	9.00
125222	13 湖新 01	175.00	1.00	2015.01.24	11.0000	100.00	15.00
125223	14 帝达 01	50.00	3.00	2017.01.29	8.4300	100.00	0.00
125224	13 滨旅债	300.00	2.00	2016.01.17	8.8000	100.00	0.00
125225	13 马克债	100.00	1.50	2015.07.29	7.9950	100.00	0.00
125226	14 新昌印	100.00	3.00	2017.03.25	8.2000	100.00	15.00
125227	14 渝南水	200.00	3.00	2017.02.26	9.5000	100.00	0.00
125228	13 新沂 01	110.00	3.00	2017.02.27	10.3000	100.00	116.00
125229	14 帝达 02	50.00	3.00	2017.02.21	8.3500	100.00	0.00
125230	14 浏水投	300.00	3.00	2017.02.27	9.3500	100.00	0.00
125231	14 同利 01	150.00	3.00	2017.03.03	11.0000	100.00	266.70
125232	13 新宇 01	50.00	3.00	2017.03.17	9.5000	100.00	0.00
125233	13 中亚债	350.00	2.00	2016.03.05	9.5000	99.95	209.00
125234	13 百灵 01	200.00	1.75	2015.11.20	7.9950	100.00	0.00
125235	13 易特 02	200.00	3.00	2017.02.26	10.0000	100.00	0.00

债券信息
List of Bonds

债券
Bond

债券代码 Code	债券简称 Securities	发行数量(百万) Issued Val(M)	年限 Terms	到期日 Expiration Date	票面利率(%) Coupon Rate(%)	本年收盘 Close	成交数量(万) Trading Vol(10000)
125236	14 涟水 01	220.00	3.00	2017.02.13	10.0000	100.00	0.00
125237	13 金凤 01	300.00	3.00	2017.03.03	10.5000	100.00	0.00
125238	14 涟水 02	80.00	3.00	2017.02.27	10.0000	100.00	0.00
125240	13 庆顺嘉	100.00	1.50	2015.08.24	7.9950	100.00	0.00
125241	13 庆科技	100.00	2.00	2016.02.27	7.9950	100.00	0.00
125242	14 柳物流	200.00	3.00	2017.02.17	11.8000	100.00	258.00
125243	14 赣路桥	70.00	2.00	2016.08.29	9.4000	100.00	0.00
125244	13 蒙百灵	100.00	2.00	2016.03.06	7.9950	100.00	0.00
125245	14 鲁众冠	50.00	3.00	2017.03.07	8.2000	100.00	0.00
125246	13 浐灞债	200.00	3.00	2017.02.27	9.0000	100.00	0.00
125247	13 太湖 02	300.00	3.00	2017.03.07	11.0000	100.93	378.00
125248	13 巴建 01	101.00	2.00	2016.03.19	9.0000	100.00	0.00
125249	13 鲁木 02	120.00	2.00	2016.03.13	10.5000	100.00	36.00
125250	13 天御 02	262.00	2.00	2016.03.17	12.0000	100.00	541.00
125251	13 神润 01	30.00	3.00	2017.03.21	9.0000	100.00	0.00
125252	14 京神雾	200.00	3.00	2017.03.17	7.5000	100.00	0.00
125253	14 天源 01	200.00	3.00	2017.03.21	11.0000	100.00	258.00
125254	13 中科 02	24.00	3.00	2017.03.10	10.7000	100.00	0.00
125255	13 盐交 01	240.00	3.00	2017.03.25	10.0000	100.00	179.80
125256	13 启临海	150.00	3.00	2017.03.28	10.5000	100.00	150.00
125257	PR 济碳 01	300.00	3.00	2017.03.21	6.6500	80.00	0.00
125258	13 西路桥	100.00	3.00	2017.03.25	8.7000	100.00	0.00
125259	13 嘉澳科	80.00	3.00	2017.03.31	8.1500	100.00	0.00
125261	13 金凤 02	200.00	3.00	2017.04.09	10.5000	100.00	0.00
125262	14 南菱 01	40.00	2.00	2016.04.10	9.0000	100.00	0.00
125263	14 南菱 02	20.00	1.00	2015.04.10	9.0000	100.00	0.00
125264	14 句农 01	150.00	2.00	2016.04.11	9.5000	100.00	0.00
125265	13 惠泽债	200.00	3.00	2017.04.21	10.5000	100.00	241.20
125266	14 天源 02	100.00	3.00	2017.04.18	11.0000	100.01	55.00
125267	13 临海建	133.00	3.00	2017.04.15	10.5000	98.00	0.00
125268	13 神润 02	70.00	3.00	2017.04.18	10.5000	100.00	0.00
125269	14 鲁焦化	140.00	3.00	2017.05.20	8.5000	100.00	0.00
125270	13 华鑫 01	100.00	3.00	2017.04.28	10.0000	97.97	182.00
125271	14 金港债	130.00	2.00	2016.04.29	8.9000	100.00	0.00
125272	13 洪泽 02	150.00	3.00	2017.04.30	10.0000	100.00	310.00
125273	13 鼎兴 02	150.00	3.00	2017.04.21	10.0000	100.00	42.00
125274	14 港印 01	57.00	3.00	2017.05.07	10.1000	97.00	40.00
125275	14 锦宝地	200.00	1.00	2015.06.18	14.6000	100.00	0.00
125276	13 新沂 02	80.00	3.00	2017.05.06	10.5000	103.00	180.00
125277	14 昱达 01	200.00	2.00	2016.04.30	9.5000	100.00	200.00
125278	14 淮机债	300.00	3.00	2017.05.07	10.5000	99.29	421.00
125279	13 连岛债	120.00	2.00	2016.05.07	10.5000	100.00	110.00
125280	PR 济碳 02	200.00	3.00	2017.04.21	6.6500	80.00	0.00
125281	13 贾汪 02	150.00	3.00	2017.05.09	10.5000	100.00	0.00
125282	13 恒瑞 02	150.00	3.00	2017.04.29	9.5000	100.00	0.00
125283	14 西草堂	300.00	3.00	2017.05.15	8.9900	100.00	240.00
125284	14 泰凤城	300.00	3.00	2017.05.13	9.5000	96.00	150.00
125285	14 瑞水泥	250.00	3.00	2017.04.25	9.0000	100.00	0.00
125286	14 通世锦	400.00	3.00	2017.05.15	8.5000	100.00	0.00
125287	13 盐交 02	60.00	3.00	2017.05.15	10.5000	99.92	134.00

债券信息 List of Bonds

债券代码 Code	债券简称 Securities	发行数量 (百万) Issued Val(M)	年限 Terms	到期日 Expiration Date	票面利率(%) Coupon Rate(%)	本年收盘 Close	成交数量(万) Trading Vol(10000)
125288	13 振富 02	100.00	3.00	2017.05.16	11.5000	100.01	114.00
125289	14 六建债	200.00	2.00	2016.05.16	10.0000	99.92	200.00
125290	13 邳交 01	150.00	2.00	2016.05.16	10.0000	100.00	0.00
125291	14 丰田 02	60.00	2.00	2016.05.22	3.6800	100.00	0.00
125292	14 中恒 01	50.00	2.00	2016.05.29	10.5000	100.00	0.00
125293	14 郎溪 01	135.00	3.00	2017.05.16	9.2000	99.95	225.00
125294	13 龙物流	240.00	3.00	2017.05.23	8.5000	100.00	0.00
125295	14 扬水债	300.00	3.00	2017.05.23	11.0000	98.70	145.00
125296	14 苏壹药	120.00	2.00	2016.05.23	8.5000	100.00	0.00
125297	13 寿金海	500.00	3.00	2017.05.26	8.9000	100.00	0.00
125298	14 路鹏 01	100.00	3.00	2017.05.29	9.5000	99.91	282.00
125299	14 钱四桥	200.00	1.50	2015.11.14	7.6000	100.00	0.00
125300	14 沙旅游	200.00	2.00	2016.05.30	8.2000	100.00	0.00
125301	14 豫中孚	447.50	3.00	2017.05.20	9.0000	99.94	447.50
125302	14 西华新	250.00	3.00	2017.05.20	9.0000	100.00	250.00
125303	14 浩湖渔	200.00	3.00	2017.05.22	10.5000	100.00	0.00
125304	13 天润工	100.00	2.00	2015.11.18	9.4000	100.00	0.00
125305	13 华鑫 02	100.00	3.00	2017.06.11	10.6000	100.01	102.00
125306	14 凯里电	100.00	3.00	2017.06.11	10.5000	96.88	90.00
125307	14 台供热	300.00	3.00	2017.06.11	10.5000	100.00	615.00
125308	14 沿供热	300.00	3.00	2017.06.09	10.5000	99.94	591.00
125309	14 恒远债	250.00	3.00	2017.06.04	9.0000	99.66	209.00
125310	14 长湖 01	400.00	3.00	2017.06.11	9.8500	100.00	30.00
125311	14 西彭 01	130.00	3.00	2017.06.04	10.5000	100.00	0.00
125312	14 西彭 02	130.00	3.00	2017.06.12	10.5000	100.00	0.00
125313	14 江建债	250.00	3.00	2017.06.19	9.6000	99.58	650.00
125314	14 坛国发	500.00	3.00	2017.06.19	9.9000	100.00	341.40
125315	13 宁新城	250.00	3.00	2017.06.26	8.0000	100.00	0.00
125316	13 九热力	200.00	2.00	2016.06.24	8.5500	100.00	0.00
125317	14 郎溪 02	15.00	3.00	2017.06.13	9.2000	100.00	0.00
125318	14 常环保	300.00	3.00	2017.06.24	8.3000	100.00	0.00
125319	13 天政 02	200.00	3.00	2017.06.30	8.0000	100.00	0.00
125320	14 阳澄湖	200.00	2.00	2016.06.26	8.2000	100.00	0.00
125321	13 巴建 02	49.00	2.00	2016.06.16	10.5000	100.00	0.00
125322	13 盛旅 01	300.00	3.00	2017.06.20	9.9000	100.00	0.00
125323	13 盛旅 02	100.00	3.00	2017.06.24	9.9000	100.00	0.00
125324	13 路桥 02	200.00	3.00	2017.06.20	10.0000	100.00	0.00
125325	13 宝同利	250.00	3.00	2017.07.04	11.0000	100.00	0.00
125326	13 都堰 01	77.64	3.00	2017.06.30	12.0000	100.00	0.00
125327	13 都堰 02	172.36	3.00	2017.07.01	12.0000	101.00	200.00
125328	14 凯重工	200.00	3.00	2017.07.04	9.4000	100.00	468.00
125329	14 南太湖	300.00	3.00	2017.07.04	10.2500	99.98	96.00
125330	14 南洋债	200.00	2.00	2016.06.30	9.7000	100.00	0.00
125331	14 高科债	120.00	3.00	2017.07.07	10.0000	99.95	40.00
125332	14 畅路桥	200.00	3.00	2017.06.24	11.0000	100.00	0.00
125333	14 云港 01	130.00	3.00	2017.07.02	10.0000	100.00	100.00
125334	13 鲁金矿	200.00	2.00	2016.06.20	8.4000	100.00	0.00
125335	14 金河债	40.00	3.00	2017.07.23	9.0000	100.00	0.00
125336	14 泰凤 02	500.00	3.00	2017.07.18	9.4000	101.71	474.60
125337	14 古堰 01	150.00	3.00	2017.07.18	10.1000	101.48	170.00

债券信息 List of Bonds

债券 Bond

债券代码 Code	债券简称 Securities	发行数量(百万) Issued Val(M)	年限 Terms	到期日 Expiration Date	票面利率(%) Coupon Rate(%)	本年收盘 Close	成交数量(万) Trading Vol(10000)
125338	14 中恒 02	50.00	2.00	2016.07.23	9.5000	100.00	0.00
125339	14 朝晖 01	45.00	3.00	2017.07.16	7.6600	100.00	0.00
125340	14 恒基债	250.00	2.00	2016.07.25	8.3000	100.00	0.00
125341	14 武丹枫	200.00	2.00	2016.07.24	10.5000	99.95	700.00
125342	14 铜枣 01	205.00	3.00	2017.07.23	10.5000	99.78	131.00
125343	14 南花卉	400.00	3.00	2017.08.04	9.5000	100.00	512.00
125344	14 汉湖 01	150.00	3.00	2017.07.15	10.5000	100.00	0.00
125345	14 汉湖 02	150.00	3.00	2017.07.24	10.5000	100.00	0.00
125346	14 海水务	300.00	3.00	2017.08.12	9.5000	100.02	0.00
125347	14 古堰 02	150.00	3.00	2017.08.08	10.1000	99.92	50.00
125348	14 南建 01	150.00	3.00	2017.08.13	8.6000	100.00	0.00
125349	14 武交通	200.00	3.00	2017.08.13	10.6400	100.00	0.00
125350	14 沃格债	100.00	2.00	2017.01.30	10.0000	100.00	0.00
125351	14 盐交 01	300.00	3.00	2017.08.13	10.5000	96.83	110.00
125352	14 三特 01	65.00	3.00	2017.08.05	9.6000	100.00	0.00
125353	14 三特 02	65.00	3.00	2017.08.13	9.6000	100.00	0.00
125354	14 宿农 01	155.00	3.00	2017.08.06	9.5000	99.74	20.00
125355	14 长荡湖	300.00	3.00	2017.08.15	9.0000	100.00	539.00
125356	14 德绿化	200.00	3.00	2017.08.08	10.5000	99.96	875.00
125357	13 科创债	200.00	3.00	2017.08.15	9.5000	100.00	0.00
125358	14 鼎盛债	80.00	3.00	2017.08.21	9.3500	100.00	0.00
125359	14 吉粮债	300.00	3.00	2017.07.31	10.5000	100.01	144.80
125360	14 朝晖 02	30.00	3.00	2017.08.13	7.6600	100.00	0.00
125361	14 盐交 02	200.00	3.00	2017.08.22	9.5000	100.00	0.00
125362	14 槐海 01	100.00	3.00	2017.08.28	10.5000	99.96	215.00
125363	14 老边 01	290.00	2.00	2016.08.29	10.0000	100.00	235.00
125364	14 老边 02	210.00	2.00	2016.10.24	10.0000	100.47	40.00
125365	14 吴博园	500.00	3.00	2017.09.04	6.0000	100.00	0.00
125366	14 金凤凰	150.00	3.00	2017.08.28	10.0000	100.00	0.00
125367	14 美兰 01	250.00	3.00	2017.09.05	9.7000	100.00	0.00
125368	14 绿投 01	300.00	2.00	2016.08.22	9.0000	100.00	0.00
125369	14 下渚湖	300.00	3.00	2017.09.11	10.0000	99.88	120.00
125370	14 淮农债	250.00	3.00	2017.09.16	9.8000	100.00	90.00
125371	14 奥盛债	100.00	2.00	2016.09.03	10.7500	100.00	0.00
125372	14 孝供水	300.00	3.00	2017.08.28	9.0000	99.98	886.00
125373	14 桂阳债	500.00	3.00	2017.08.15	9.5000	100.00	0.00
125374	14 临热供	345.00	3.00	2017.09.09	9.2000	100.00	959.90
125375	14 海普 01	31.50	3.00	2017.08.25	8.1000	100.00	0.00
125376	14 宁吉元	200.00	3.00	2017.08.30	9.8400	100.00	0.00
125377	14 天泰债	160.00	3.00	2017.09.10	9.3500	100.00	0.00
125378	14 历华债	260.00	3.00	2017.08.19	9.3500	100.00	0.00
125379	14 美兰 02	250.00	3.00	2017.09.23	9.7000	99.94	0.00
125380	14 紫竹债	280.00	3.00	2017.09.02	7.2300	100.00	0.00
125381	14 太平猪	60.00	3.00	2015.09.10	9.5000	99.92	110.00
125382	14 航空城	200.00	3.00	2017.09.25	10.1000	99.97	68.00
125383	14 雨经发	350.00	3.00	2017.09.23	8.8000	100.37	220.00
125384	14 阳澄 01	330.00	3.00	2017.11.20	8.5000	100.00	0.00
125385	14 长湖 02	100.00	3.00	2017.09.25	9.9500	100.00	0.00
125386	14 渝轨交	600.00	3.00	2017.09.24	6.9000	100.00	0.00
125387	14 湖滨 01	100.00	2.00	2016.09.19	10.0000	90.00	30.00

债券信息
List of Bonds

债券代码 Code	债券简称 Securities	发行数量(百万) Issued Val(M)	年限 Terms	到期日 Expiration Date	票面利率(%) Coupon Rate(%)	本年收盘 Close	成交数量(万) Trading Vol(10000)
125388	14 康嘉债	200.00	3.00	2017.09.26	9.7000	100.00	0.00
125389	14 绿投 02	250.00	2.00	2016.09.26	8.5000	100.00	0.00
125390	14 汉丰 01	130.00	3.00	2017.09.26	10.0000	100.00	69.00
125391	14 普定 01	120.00	3.00	2017.09.22	10.0000	100.00	0.00
125392	14 镇远债	150.00	3.00	2017.09.22	10.0000	100.00	300.00
125393	14 润扬债	100.00	2.00	2016.09.29	10.0000	100.00	0.00
125394	14 高思 01	60.00	3.00	2017.09.26	10.5000	100.00	0.00
125395	14 浙彭公	90.00	3.00	2015.09.18	8.5000	100.00	0.00
125396	14 重机债	35.00	2.00	2016.10.30	8.5000	100.00	0.00
125397	14 江宁 01	250.00	2.00	2016.09.30	8.5000	99.77	500.00
125398	14 句赤湖	250.00	3.00	2017.10.24	9.0000	99.99	1050.00
125399	14 惠海债	240.00	3.00	2017.09.30	9.0000	100.00	0.00
125400	14 铜水务	300.00	3.00	2017.11.14	9.5000	100.00	164.90
125401	14 句容债	300.00	3.00	2017.11.04	9.3000	100.00	204.00
125402	14 宿农 02	95.00	3.00	2017.10.28	9.5000	100.00	251.00
125403	14 淮物流	250.00	3.00	2017.11.12	10.1000	100.00	234.00
125404	14 槐海 02	200.00	3.00	2017.11.13	10.5000	100.00	275.00
125405	14 云港 02	170.00	3.00	2017.11.13	10.0000	100.00	15.00
125406	14 渝享 01	200.00	3.00	2017.11.18	9.0000	100.00	199.00
125407	14 维多债	110.00	3.00	2017.11.14	11.0000	100.01	1.00
125408	14 渝轨 02	400.00	3.00	2017.11.18	6.8000	100.00	0.00
125409	14 绅鹏 01	150.00	3.00	2017.10.28	10.0000	100.00	0.00
125410	14 绅鹏 02	150.00	3.00	2017.11.05	10.0000	100.00	0.00
125411	14 北塘投	200.00	2.00	2016.11.21	8.8000	100.00	0.00
125412	14 渝享 02	300.00	3.00	2017.11.28	9.1000	100.00	0.00
125413	14 兴旅债	300.00	3.00	2017.11.18	8.0000	100.00	0.00
125414	14 金沙 01	200.00	3.00	2017.12.26	7.0500	100.00	0.00
125415	14 连祥投	200.00	3.00	2017.11.25	9.8000	99.95	150.00
125416	14 邵建债	150.00	3.00	2017.12.03	9.5000	100.00	0.00
125417	14 苏园 01	100.00	3.00	2017.11.28	9.0000	100.00	100.00
125418	14 云河 01	200.00	3.00	2017.12.12	10.9000	100.00	0.00
125419	14 建成 01	65.00	3.00	2017.11.28	11.0000	100.00	175.40
125420	14 艾尼 01	25.00	3.00	2017.11.28	11.0000	100.09	36.50
125421	14 湘开债	500.00	3.00	2017.11.14	9.0000	100.00	24.00
125422	14 丰太 01	60.00	2.00	2016.12.01	9.5000	99.58	20.00
125423	14 二建 01	100.00	2.00	2016.11.24	8.9000	100.00	0.00
125424	14 惠通债	200.00	3.00	2017.11.28	9.0000	100.00	0.00
125425	14 东丽 01	220.00	3.00	2017.12.16	9.2000	100.00	0.00
125426	14 湖春语	100.00	3.00	2017.12.15	9.5000	102.96	305.00
125427	14 欧神诺	60.00	2.00	2016.12.17	7.5000	100.00	0.00
125428	14 富港债	300.00	3.00	2017.12.17	9.3000	100.00	426.00
125429	14 鑫域 01	300.00	2.00	2016.12.10	9.3000	100.00	300.00
125430	14 渝大足	300.00	3.00	2017.12.12	9.0000	100.00	0.00
125431	14 昌达债	300.00	3.00	2017.12.26	7.5000	100.00	0.00
125432	14 凤机场	500.00	3.00	2017.12.18	9.0000	104.49	300.00
125433	14 尧塘 01	70.00	3.00	2017.09.26	10.0000	100.00	0.00
125434	14 鑫海 01	250.00	3.00	2017.12.05	9.4000	100.00	0.00
125435	14 河路建	400.00	3.00	2017.12.19	9.5000	100.00	140.00
125436	14 阳光债	400.00	3.00	2017.12.18	7.5000	100.00	0.00
125437	14 德感 01	50.00	3.00	2017.12.19	9.8000	100.00	40.00

债券信息
List of Bonds

债券
Bond

债券代码 Code	债券简称 Securities	发行数量(百万) Issued Val(M)	年限 Terms	到期日 Expiration Date	票面利率(%) Coupon Rate(%)	本年收盘 Close	成交数量(万) Trading Vol(10000)
125438	14 德感 02	250.00	3.00	2018.01.16	9.8000	100.00	409.00
125439	14 益维 01	200.00	3.00	2017.12.19	10.0000	100.00	0.00
125440	14 汉丰 02	270.00	3.00	2017.12.18	10.0000	100.00	0.00
125441	14 海普 02	18.50	3.00	2017.11.14	8.1000	100.00	0.00
125442	14 苏园 02	100.00	3.00	2017.12.18	7.3000	98.72	100.00
125443	14 明泰 01	300.00	3.00	2017.12.18	9.0000	100.00	0.00
125444	14 金禹 01	400.00	3.00	2017.12.25	8.9900	99.94	60.00
125446	14 草堂 02	300.00	3.00	2018.01.05	8.9000	100.00	0.00
125447	14 青橡债	150.00	3.00	2017.12.30	9.5000	100.03	295.00
125448	14 洋口港	300.00	3.00	2018.02.04	9.0000	100.00	20.00
125449	14 万达债	100.00	1.00	2015.12.30	9.5000	100.00	0.00
125450	14 云峰 01	50.00	3.00	2017.12.30	10.0000	100.00	10.00
125451	14 浙丰土	50.00	2.00	2016.12.29	10.0000	99.97	20.00
125452	14 顺泰债	250.00	1.00	2015.12.31	10.5000	99.92	570.00
125453	14 江宁 02	200.00	2.00	2017.01.05	8.5000	100.00	0.00
125454	15 新农 01	200.00	2.00	2017.02.11	9.3000	100.00	0.00
125455	14 湖农 01	300.00	3.00	2017.12.29	9.8000	100.01	323.00
125456	14 管廊 01	200.00	2.00	2017.01.28	7.8000	100.00	0.00
125457	14 如顾庄	200.00	3.00	2018.01.16	9.5000	103.00	255.00
125458	14 福升 01	150.00	3.00	2018.01.15	10.3000	100.00	0.00
125459	15 维多 02	190.00	3.00	2018.01.26	11.0000	100.01	82.10
125460	14 派森债	100.00	3.00	2017.12.31	9.0000	100.00	0.00
125461	14 常公用	300.00	3.00	2018.01.19	9.8000	98.30	300.00
125462	14 茅山湖	100.00	3.00	2018.01.21	10.0000	100.00	0.00
125463	15 余高 01	300.00	3.00	2018.01.21	9.0000	100.00	331.00
125464	14 凤凰 01	125.00	3.00	2018.01.21	11.0000	100.00	0.00
125465	14 吉高新	500.00	3.00	2018.01.22	8.5000	100.00	0.00
125466	14 东丽 02	280.00	3.00	2018.02.09	9.2000	100.00	110.00
125467	14 北塘 01	200.00	3.00	2018.02.10	9.0000	102.99	315.00
125468	14 绿洲 01	140.00	3.00	2018.02.03	8.5000	100.00	0.00
125469	14 淮交控	400.00	3.00	2018.02.06	8.8000	100.00	0.00
125470	14 鑫海 02	150.00	3.00	2018.01.27	9.4000	100.00	0.00
125471	14 云河 02	100.00	3.00	2018.02.04	10.9000	100.00	0.00
125472	14 锡水 01	80.00	3.00	2018.02.16	9.0000	100.00	0.00
125473	14 华盛债	300.00	3.00	2018.02.12	10.0000	100.00	0.00
125474	14 圣芳纶	80.00	3.00	2018.02.06	9.5000	100.00	0.00
125475	14 华宏债	200.00	3.00	2018.02.09	9.8000	100.00	230.00
125476	14 南水 01	200.00	3.00	2018.02.12	9.5000	100.00	0.00
125477	14 南水 02	100.00	3.00	2018.02.16	8.9000	100.00	0.00
125478	14 园兴债	150.00	3.00	2018.02.06	9.5000	100.00	30.00
125479	14 管廊 02	100.00	2.00	2017.02.13	7.8000	100.00	0.00
125480	14 绿洲 02	140.00	3.00	2018.02.11	8.5000	100.00	0.00
125481	14 武陵山	500.00	3.00	2018.03.05	9.5000	99.76	409.50
125482	14 阳澄 02	170.00	3.00	2018.02.13	8.5000	100.00	0.00
125483	14 普定 02	30.00	3.00	2018.02.13	10.0000	99.97	30.00
125484	14 青水债	500.00	3.00	2018.04.02	9.6000	100.00	682.00
125485	14 凤凰 02	125.00	3.00	2018.03.04	11.0000	100.00	0.00
125486	14 明泰 02	100.00	2.00	2017.03.03	9.9000	100.00	0.00
125487	14 北门 01	200.00	2.00	2017.02.12	9.0000	100.00	0.00
125488	14 北门 02	100.00	2.00	2017.02.16	9.6500	100.00	0.00

债券信息
List of Bonds

债券代码 Code	债券简称 Securities	发行数量 (百万) Issued Val(M)	年限 Terms	到期日 Expiration Date	票面利率(%) Coupon Rate(%)	本年收盘 Close	成交数量(万) Trading Vol(10000)
125489	15 财源债	200.00	3.00	2018.03.04	9.5000	100.00	0.00
125490	14 众一债	120.00	3.00	2018.02.27	9.1200	100.00	0.00
125491	14 龙翔 01	250.00	3.00	2018.03.19	9.3000	100.00	185.00
125492	14 湄潭 01	100.00	3.00	2018.02.09	9.8000	97.60	180.00
125493	14 麻柳 01	210.00	3.00	2018.02.16	9.8000	100.00	60.00
125494	14 长湖 03	100.00	3.00	2018.03.20	9.7000	100.00	0.00
125495	14 溧农科	150.00	3.00	2018.04.23	9.2000	99.76	205.00
125496	14 蓉家投	300.00	3.00	2018.02.12	10.0000	100.00	120.00
125497	14 海益宝	150.00	3.00	2017.12.04	8.3000	100.66	375.00
125498	14 金坛债	100.00	3.00	2018.03.18	9.0000	100.00	0.00
125499	14 南湖 01	99.00	3.00	2018.03.25	8.5000	100.00	0.00
125500	14 南湖 02	201.00	3.00	2018.04.01	8.5000	100.00	0.00
125501	14 福升 02	150.00	3.00	2018.03.25	10.3000	100.00	0.00
125502	14 锡水 02	70.00	3.00	2018.04.01	9.0000	100.00	0.00
125503	14 金沙 02	100.00	3.00	2018.03.30	7.0500	100.00	0.00
125505	15 余高 02	200.00	3.00	2018.04.14	8.0000	100.00	0.00
125506	14 龙翔 02	250.00	3.00	2018.04.09	9.3000	100.00	420.00
125507	14 株金科	250.00	3.00	2018.04.02	9.5000	99.98	150.00
125508	14 泰华诚	300.00	3.00	2018.04.14	10.0000	100.00	0.00
125509	14 镇宁债	100.00	3.00	2018.03.25	10.0000	100.00	0.00
125510	15 净源债	100.00	3.00	2018.04.09	7.5000	100.00	0.00
125511	14 德胜 01	100.00	3.00	2018.04.14	8.2000	100.00	0.00
125513	14 金禹 02	100.00	3.00	2018.04.13	9.3000	100.00	0.00
125514	14 航空 02	200.00	3.00	2018.04.15	8.2800	100.00	0.00
125515	14 驾培 01	168.50	3.00	2018.03.27	10.0000	100.00	0.00
125516	14 长公债	150.00	3.00	2018.04.21	9.4000	100.00	0.00
125517	15 渝共享	300.00	3.00	2018.04.28	8.5000	100.00	0.00
125518	14 徽路网	100.00	3.00	2018.04.15	10.5500	100.00	0.00
125519	14 温泉 01	200.00	3.00	2018.03.27	8.8000	100.00	0.00
125520	14 中鼎债	45.00	3.00	2018.03.18	9.4000	100.00	0.00
125521	14 雪浪 01	100.00	3.00	2018.04.28	8.0000	100.00	0.00
125522	14 雪浪 02	200.00	3.00	2018.04.28	10.0000	100.00	0.00
125523	14 至纯债	50.00	3.00	2018.02.13	7.5000	100.00	0.00
125524	14 百矿 01	200.00	3.00	2018.04.27	9.0000	100.00	155.00
125525	14 百矿 02	100.00	3.00	2018.04.30	10.0000	100.00	0.00
125526	14 武隆债	150.00	3.00	2018.05.07	11.0000	100.00	0.00
125527	14 恒兴 01	180.00	3.00	2018.05.05	7.5000	100.00	0.00
125528	14 德胜 02	100.00	3.00	2018.05.15	8.2000	100.00	0.00
125530	14 云峰 02	250.00	3.00	2018.05.13	9.8000	99.99	147.00
125531	14 海高新	200.00	3.00	2018.05.19	10.5000	99.94	200.00
125532	14 北山债	350.00	3.00	2018.05.19	9.5000	99.75	106.00
125533	14 临医药	200.00	3.00	2018.05.19	9.5000	100.00	0.00
125534	14 华安债	200.00	3.00	2018.05.19	9.5000	100.00	0.00
125535	14 丰碑债	300.00	3.00	2018.05.19	10.2000	100.00	0.00
125536	14 彭发债	300.00	3.00	2018.05.21	7.8000	100.00	0.00
125537	14 天自源	500.00	3.00	2018.05.28	8.8000	100.00	0.00
125538	14 湘华建	200.00	3.00	2018.05.29	10.5000	100.00	0.00
125539	14 驾培 02	31.50	3.00	2018.04.28	8.0000	100.00	0.00
125540	14 兴路债	150.00	3.00	2018.06.18	11.0000	100.00	0.00
125541	14 海供水	260.00	3.00	2018.05.19	8.0000	100.00	0.00

债券信息
List of Bonds

债券代码 Code	债券简称 Securities	发行数量(百万) Issued Val(M)	年限 Terms	到期日 Expiration Date	票面利率(%) Coupon Rate(%)	本年收盘 Close	成交数量(万) Trading Vol(10000)
125542	15 德恒 01	250.00	3.00	2018.06.05	9.5000	94.97	100.00
125544	15 瀛洲债	125.00	3.00	2018.06.04	10.5000	100.00	0.00
125545	14 安阳山	200.00	3.00	2018.06.04	9.5000	100.00	0.00
125546	14 东和债	200.00	3.00	2018.06.18	10.3000	100.00	0.00
125547	14 云厦债	200.00	3.00	2018.09.29	10.6000	100.00	0.00
125548	14 都建债	200.00	3.00	2018.06.30	10.2000	100.00	0.00
125549	14 长湖 04	400.00	3.00	2018.06.11	9.7000	100.00	0.00
125550	14 天子湖	250.00	3.00	2018.06.12	10.0000	100.00	0.00
125551	14 锡长绿	100.00	3.00	2018.06.18	7.5000	100.00	0.00
125552	14 黑旅 01	200.00	3.00	2018.06.30	9.9000	100.00	0.00
125553	14 黑旅 02	100.00	3.00	2018.07.09	9.9000	100.00	0.00
125554	15 开盛 01	230.00	2.00	2017.07.01	7.4000	100.00	0.00
125556	14 纳雍债	300.00	3.00	2018.07.01	10.2000	100.00	0.00
125557	14 湄潭 02	200.00	3.00	2018.06.23	9.6000	99.96	20.00
125558	15 德恒 02	250.00	3.00	2018.07.22	9.0000	100.00	30.00
125559	14 六水债	150.00	3.00	2018.06.24	9.7000	100.00	0.00
125560	14 新津 01	91.00	3.00	2018.07.07	9.8000	100.00	0.00
125561	14 恒瑞债	150.00	3.00	2018.07.03	10.5000	99.60	132.00
125562	14 松花湖	60.00	3.00	2018.08.24	10.5000	100.00	0.00
125563	14 包发展	400.00	3.00	2018.08.19	9.0000	100.00	0.00
125564	15 开盛 02	170.00	2.00	2017.08.19	7.4000	100.00	0.00
125565	14 松花 02	20.00	3.00	2018.08.24	10.0000	99.92	20.00
125566	15 海交债	200.00	2.00	2017.09.01	8.5000	99.98	200.00
125567	14 海广债	250.00	3.00	2018.07.15	9.3000	100.00	90.00
125568	14 大竹海	200.00	3.00	2018.09.24	8.5000	93.00	360.00
125569	14 城西北	300.00	3.00	2018.09.30	8.0000	100.00	0.00
125570	14 西太湖	250.00	3.00	2018.07.28	8.5000	100.00	0.00
125642	15 新投 01	1000.00	5.00	2020.12.03	5.8000	100.00	0.00
125645	15 红旅债	500.00	3.00	2018.12.03	8.0000	100.00	0.00
125647	15 绿投 01	1000.00	5.00	2020.12.01	5.9000	100.00	0.00
125648	15 海怡 01	3000.00	3.00	2018.11.27	7.9900	99.92	250.00
125649	15 香投 01	1500.00	3.00	2018.11.27	5.6000	100.00	0.00
125652	15 黔江 02	1000.00	3.00	2018.11.27	7.3500	100.00	0.00
125654	15 渝德债	200.00	3.00	2018.11.24	9.0000	100.00	0.00
125655	15 绵科 01	1000.00	5.00	2020.11.26	6.3000	99.95	50.00
125656	15 铜水务	1000.00	3.00	2018.11.27	6.9300	100.00	100.00
125658	15 广汇债	600.00	2.00	2017.12.04	6.9000	100.00	0.00
125659	15 绵科 02	1000.00	5.00	2020.11.27	6.3000	100.00	0.00
125663	15 嘉湘债	1000.00	3.00	2018.12.07	6.0000	100.00	0.00
125664	15 锡新债	550.00	3.00	2018.12.10	5.9500	100.00	0.00
125666	15 鸿业债	200.00	3.00	2018.12.01	9.8000	100.00	0.00
125667	15 增碧 04	4000.00	4.00	2019.12.07	5.1000	100.00	0.00
125670	15 中房 01	1000.00	5.00	2020.12.09	6.8000	100.00	0.00
125673	15 润弘投	2000.00	5.00	2020.12.03	7.5000	100.00	0.00
125674	15 名城 03	500.00	3.00	2018.12.04	8.0800	100.00	55.00
125675	15 邦信 02	2230.00	4.00	2019.12.09	5.0700	100.00	0.00
125676	15 海动迁	1000.00	3.00	2018.12.08	6.3000	100.00	0.00
125677	15 遵高速	1500.00	3.00	2018.12.08	7.0000	100.00	0.00
125680	15 首集 01	2000.00	3.00	2018.12.09	4.1600	100.00	0.00
125681	15 自高 01	1000.00	5.00	2020.12.16	6.7000	100.00	0.00

债券信息
List of Bonds

债券代码 Code	债券简称 Securities	发行数量(百万) Issued Val(M)	年限 Terms	到期日 Expiration Date	票面利率(%) Coupon Rate(%)	本年收盘 Close	成交数量(万) Trading Vol(10000)
125684	15 湘财信	2000.00	3.00	2018.12.11	5.0000	100.00	0.00
125686	- -	1000.00	- -	- -	- -	100.00	0.00
125687	15 首业 02	2500.00	3.00	2018.12.09	4.7800	100.00	0.00
125688	- -	800.00	- -	- -	- -	100.00	0.00
125692	15 建开发	500.00	2.00	2017.12.10	6.8000	100.00	0.00
125695	15 长顺债	120.00	3.00	2018.12.14	9.5000	100.00	0.00
125702	15 政通债	1500.00	5.00	2020.11.26	6.4900	100.00	55.00
125703	15 惠憬 01	1000.00	4.00	2019.11.24	6.2500	100.00	20.00
125704	15 惠憬 02	1000.00	5.00	2020.11.24	6.3900	100.00	0.00
125705	15 太湖 01	500.00	5.00	2020.11.19	6.6800	100.00	0.00
125706	15 九州 01	500.00	4.00	2019.11.24	6.0000	99.98	250.00
125707	15 漳龙债	1000.00	5.00	2020.11.23	4.9000	100.00	0.00
125708	15 麻柳债	500.00	3.00	2018.11.27	7.5000	100.00	0.00
125710	15 惠城铁	300.00	2.00	2017.11.20	5.2400	100.00	0.00
125711	15 黔江债	1000.00	3.00	2018.11.20	7.3500	100.00	50.00
125712	15 潭九华	2000.00	5.00	2020.11.19	6.5000	99.90	50.00
125713	15 济高债	2000.00	3.00	2018.11.18	5.5500	100.00	0.00
125714	15 威国 01	1500.00	3.00	2018.11.23	5.3900	100.00	0.00
125715	- -	1500.00	- -	- -	- -	100.00	0.00
125718	15 湘洞庭	1000.00	3.00	2018.11.12	7.0000	101.31	600.00
125719	15 都兴市	1000.00	5.00	2020.11.27	6.8000	100.00	0.00
125720	15 中科债	500.00	5.00	2020.11.10	5.6000	100.00	100.00
125721	15 邦信 01	770.00	4.00	2019.11.13	4.9000	100.00	50.00
125722	15 山焦 02	1000.00	3.00	2018.11.17	7.2000	100.00	60.00
125724	15 涪交 01	800.00	3.00	2018.11.13	6.0000	100.00	230.00
125725	15 汾湖 01	1000.00	5.00	2020.11.16	5.6000	99.96	260.00
125728	15 湘型债	1200.00	4.00	2019.11.13	5.8000	100.00	140.00
125729	15 永兴债	800.00	5.00	2020.11.13	6.6000	99.86	50.00
125730	15 江阴公	1500.00	3.00	2018.11.18	5.3000	99.96	90.00
125731	15 华林 01	1000.00	5.00	2020.11.12	5.4800	100.00	260.00
125732	15 泸工投	1000.00	3.00	2018.11.12	7.2000	99.81	670.00
125733	15 国控债	1000.00	5.00	2020.12.10	5.3000	100.00	0.00
125734	15 德感债	500.00	3.00	2018.11.10	7.3000	99.78	300.00
125735	15 威宁 01	600.00	5.00	2020.11.09	5.2000	100.00	50.00
125736	15 临电债	300.00	3.00	2018.10.16	8.4600	100.00	0.00
125737	15 绍兴债	1000.00	3.00	2018.11.11	5.8000	101.00	270.00
125738	15 来宾建	1000.00	3.00	2018.11.11	6.0800	100.00	260.00
125739	15 远东 01	100.00	3.00	2018.11.09	7.8000	100.00	0.00
125740	15 兴城 01	2000.00	3.00	2018.11.05	5.0700	100.00	550.00
125741	15 新城 02	2000.00	3.00	2018.11.10	6.0000	99.94	1210.00
125743	15 邳恒润	700.00	3.00	2018.11.06	5.8000	99.92	130.00
125744	15 海资债	1000.00	5.00	2020.11.09	4.9500	100.00	0.00
125745	15 香建 01	1000.00	3.00	2018.11.04	5.8000	99.98	30.00
125746	15 振兴债	300.00	3.00	2018.11.04	7.3000	100.00	10.00
125747	15 增碧 03	4000.00	4.00	2019.11.09	4.9500	100.00	250.00
125748	15 正润 01	500.00	5.00	2020.11.16	6.5000	99.90	80.00
125749	15 新业 01	1000.00	5.00	2020.11.10	5.4000	100.00	50.00
125750	15 新奥 01	1800.00	3.00	2018.11.03	4.7000	100.00	100.00
125751	15 都匀债	500.00	3.00	2018.10.30	9.5000	100.00	1910.00
125752	15 顺风 01	550.00	3.00	2018.11.10	7.8000	95.00	400.00

债券信息 List of Bonds

债券代码 Code	债券简称 Securities	发行数量 (百万) Issued Val(M)	年限 Terms	到期日 Expiration Date	票面利率(%) Coupon Rate(%)	本年收盘 Close	成交数量(万) Trading Vol(10000)
125753	15 株循环	1200.00	5.00	2020.10.30	6.0500	95.00	730.00
125754	15 铸康债	500.00	3.00	2018.10.28	7.9500	99.00	130.00
125755	15 都江堰	2000.00	5.00	2020.10.30	6.8000	100.71	880.00
125756	15 山钢 04	1500.00	5.00	2020.11.02	5.9900	100.00	300.00
125757	15 黔物债	1000.00	5.00	2020.11.04	7.0000	100.00	1380.00
125758	15 海河 01	2000.00	5.00	2020.10.27	4.7900	100.00	0.00
125759	15 城发 01	1000.00	4.00	2019.10.27	4.9800	100.00	0.00
125760	15 伊资 02	1200.00	5.00	2020.10.28	6.0900	100.00	380.00
125762	15 天风次	2000.00	5.00	2020.10.28	5.5000	100.00	760.00
125763	15 首业 01	2500.00	3.00	2018.10.26	4.7000	100.00	100.00
125764	15 泰滨 01	800.00	3.00	2018.10.27	6.5000	100.00	50.00
125765	15 漳九龙	2500.00	5.00	2020.10.27	5.2000	100.01	280.00
125766	15 首股 01	3000.00	5.00	2020.10.27	4.8000	100.00	530.00
125767	15 时代 01	3000.00	3.00	2018.10.26	7.8500	99.67	190.00
125768	15 宏河矿	500.00	3.00	2018.10.23	8.2000	100.00	0.00
125769	15 湘德山	400.00	3.00	2018.10.27	6.4000	99.78	120.00
125770	15 人居债	1500.00	3.00	2018.10.27	6.0000	99.83	50.00
125771	15 虞尚湖	500.00	3.00	2018.10.23	5.8000	100.00	148.00
125772	15 清能 01	600.00	3.00	2018.10.30	6.0000	100.00	250.00
125773	15 坛国 01	1000.00	5.00	2020.10.23	7.0500	100.00	567.00
125774	15 云工 02	500.00	3.00	2018.10.26	5.4100	100.00	0.00
125775	15 奥园 01	1500.00	3.00	2018.10.21	7.8000	99.64	770.00
125776	15 天铝 01	1500.00	5.00	2020.10.19	7.7000	99.98	1890.00
125777	15 迪马 01	1000.00	2.00	2017.10.19	7.3000	99.90	490.00
125779	15 禹地产	2000.00	3.00	2018.10.15	6.7000	98.50	557.00
125780	15 银发债	800.00	5.00	2020.10.19	6.3000	99.96	330.00
125781	15 酉桃源	500.00	3.00	2018.10.14	7.5000	99.50	400.00
125782	15 恒大 04	17500.00	5.00	2020.10.16	7.3800	100.80	4578.00
125783	15 恒大 05	2500.00	5.00	2020.10.16	7.8800	100.00	0.00
125784	15 桂物资	600.00	3.00	2018.10.13	7.2000	99.80	560.00
125785	15 潞矿 02	430.00	5.00	2020.10.15	6.5000	100.00	0.00
125786	15 潞矿 01	2570.00	5.00	2020.10.15	5.9900	101.62	210.00
125787	15 首开 01	2000.00	5.00	2020.10.12	5.3400	101.20	270.00
125788	15 园兴债	250.00	3.00	2018.09.23	7.4000	100.01	232.00
125789	15 晋经 01	800.00	5.00	2020.10.09	6.4000	100.00	50.00
125790	15 山焦 01	500.00	3.00	2018.10.12	7.8000	100.00	575.00
125791	15 绵投控	2000.00	6.00	2021.10.13	5.9600	99.97	100.00
125792	15 富阳 01	1000.00	3.00	2018.09.30	6.1800	100.00	260.00
125793	15 句福地	1500.00	3.00	2018.09.29	6.9000	100.00	1266.00
125794	15 中扬债	500.00	3.00	2018.09.28	7.9500	100.01	280.00
125795	15 华城债	300.00	3.00	2018.09.30	9.0000	99.92	240.00
125796	15 海航 01	400.00	3.00	2018.09.29	7.5000	100.00	1760.00
125797	15 济康债	300.00	3.00	2018.09.28	7.8000	100.00	65.00
125799	15 华夏 04	1000.00	3.00	2018.09.28	5.6900	99.99	300.00
125800	15 万通债	1500.00	3.00	2018.10.12	7.9900	100.00	0.00
125801	15 山钢 03	1500.00	3.00	2018.09.28	5.8000	100.00	2001.00
125802	15 通顺债	1200.00	5.00	2020.09.28	6.9000	99.98	402.80
125803	15 华容债	400.00	3.00	2018.09.24	9.3000	103.00	180.00
125804	15 华信 02	1000.00	5.00	2020.09.24	6.7000	100.01	1050.00
125805	15 滇度债	2000.00	3.00	2018.10.30	7.0000	98.95	1080.00

债券信息
List of Bonds

债券代码 Code	债券简称 Securities	发行数量(百万) Issued Val(M)	年限 Terms	到期日 Expiration Date	票面利率(%) Coupon Rate(%)	本年收盘 Close	成交数量(万) Trading Vol(10000)
125807	15 镇交产	1230.00	3.00	2018.09.25	7.5000	100.00	650.00
125808	15 锡东科	3000.00	5.00	2020.09.24	6.0000	102.00	3370.00
125809	15 甬海债	1200.00	3.00	2018.09.25	5.5000	100.00	200.00
125810	15 天泥 01	150.00	2.00	2017.09.23	8.0000	99.97	20.00
125811	15 苏中能	700.00	3.00	2018.10.23	7.5000	100.00	2090.00
125813	15 宜城 01	1000.00	5.00	2020.09.21	5.4000	100.50	230.00
125814	15 泰华诚	500.00	3.00	2018.09.21	8.9800	100.00	0.00
125815	15 扬化债	1000.00	5.00	2020.09.21	6.9800	100.00	140.00
125816	15 元成债	250.00	3.00	2018.09.18	9.3000	100.00	200.00
125817	15 南山 01	1000.00	3.00	2018.09.18	5.8000	100.00	387.00
125818	15 华远债	1500.00	3.00	2018.09.17	5.7300	100.00	475.00
125819	15 苏名城	300.00	3.00	2018.09.15	6.3000	99.97	100.00
125820	15 平江债	200.00	3.00	2018.09.18	9.0000	99.95	20.00
125821	15 华信 01	1000.00	5.00	2020.09.17	6.9000	102.50	930.00
125822	15 滇投 01	3000.00	3.00	2018.10.28	5.7000	100.00	1354.00
125823	15 常城 02	1500.00	5.00	2020.09.16	5.9800	99.88	1110.00
125824	15 常城 01	1500.00	5.00	2020.09.15	5.9800	100.00	0.00
125825	15 黄海港	1000.00	3.00	2018.09.10	7.1800	100.00	560.00
125826	15 新航发	200.00	3.00	2018.09.11	10.5000	100.00	0.00
125827	15 春华债	1000.00	3.00	2018.09.14	6.9000	99.98	856.00
125828	15 中宝债	5000.00	4.00	2019.09.14	6.9900	100.80	2346.00
125829	15 永煤 01	3000.00	5.00	2020.09.11	5.8600	99.00	200.00
125830	15 新合作	500.00	3.00	2018.09.09	5.9000	98.26	410.00
125831	15 泰丰债	1500.00	7.00	2022.09.15	7.5000	100.00	150.00
125832	15 文旅债	2000.00	3.00	2018.09.10	7.5000	100.00	1993.00
125833	15 蒙高 01	900.00	5.00	2020.09.10	6.6000	100.00	230.00
125834	15 常熟债	180.00	3.00	2018.08.19	7.8000	100.00	0.00
125836	15 浏园林	400.00	3.00	2018.09.08	7.6000	100.00	180.00
125837	15 华夏 03	1000.00	4.00	2019.09.09	5.5800	98.40	470.00
125838	15 山钢 01	3000.00	3.00	2018.09.08	5.8000	99.03	690.00
125840	15 金交债	200.00	3.00	2018.09.14	8.5000	100.00	0.00
125841	15 茅景区	200.00	3.00	2018.09.10	8.5000	100.00	35.00
125842	15 华融德	3000.00	3.00	2018.09.01	4.9500	100.00	350.00
125843	15 天地 02	1000.00	3.00	2018.09.02	7.9800	97.50	630.00
125844	15 天地 01	1000.00	3.00	2018.09.02	7.9800	100.00	450.00
125845	15 兴旅债	300.00	3.00	2018.08.28	9.3000	99.61	195.00
125846	15 眉山债	2000.00	3.00	2018.08.28	6.8000	100.00	1635.00
125847	15 云城投	2000.00	5.00	2020.09.01	5.8000	102.00	290.00
125848	15 华夏 02	1000.00	4.00	2019.08.31	5.7000	100.00	145.00
125850	15 龙控 01	500.00	3.00	2018.09.18	5.7000	100.00	100.00
125851	15 靖新城	1500.00	3.00	2018.08.31	6.7000	99.90	150.00
125852	15 彭统建	500.00	3.00	2018.08.26	8.8000	99.95	560.00
125853	15 宝信 01	300.00	3.00	2018.08.28	8.9000	100.00	40.00
125854	15 南华 01	450.00	4.00	2019.08.28	5.8000	100.00	30.00
125855	15 四联 02	1000.00	3.00	2018.08.27	6.3500	99.94	100.00
125856	15 潍坊 01	500.00	3.00	2018.08.24	5.7000	100.00	440.00
125857	15 金禹 02	500.00	5.00	2020.08.27	7.8000	100.00	500.00
125858	15 利春蕾	300.00	3.00	2018.08.21	8.5000	99.98	338.00
125859	15 云工 01	500.00	3.00	2018.08.24	5.4500	99.95	360.00
125860	15 百色矿	1000.00	3.00	2018.08.21	8.8000	100.00	50.00

债券信息
List of Bonds

债券
Bond

债券代码 Code	债券简称 Securities	发行数量(百万) Issued Val(M)	年限 Terms	到期日 Expiration Date	票面利率(%) Coupon Rate(%)	本年收盘 Close	成交数量(万) Trading Vol(10000)
125861	15 广证 02	800.00	5.00	2020.08.26	5.0400	100.00	0.00
125862	15 东丽债	250.00	3.00	2018.08.21	7.5000	100.00	0.00
125863	15 建安债	500.00	3.00	2018.08.18	9.0000	100.00	240.00
125864	15 焦作 02	1000.00	5.00	2020.08.20	6.8000	99.99	450.00
125865	15 浙资 02	800.00	3.00	2018.08.21	5.2900	99.87	1315.00
125866	15 泛海 01	6000.00	3.00	2018.08.14	7.9000	99.94	2318.00
125867	15 嘉禾债	150.00	3.00	2018.07.24	8.5700	100.00	0.00
125868	15 鄂长投	2000.00	5.00	2020.08.14	5.8500	100.95	340.00
125869	15 锡东债	1500.00	3.00	2018.08.18	6.4000	100.00	1010.00
125870	15 伊资 01	1000.00	5.00	2020.08.14	6.5000	100.00	60.00
125871	15 云投债	2000.00	3.00	2018.08.17	5.1000	100.00	660.00
125872	15 永安债	600.00	3.00	2018.08.17	5.1000	100.00	0.00
125873	15 产投 01	600.00	6.00	2021.08.19	5.7500	100.00	430.00
125874	15 无锡 01	1000.00	5.00	2020.08.10	5.4500	100.00	130.00
125875	15 焦作 01	1000.00	5.00	2020.08.12	6.0000	99.98	1009.00
125876	15 天恒 01	3000.00	3.00	2018.08.10	5.5700	100.00	0.00
125877	15 城六局	1050.00	5.00	2020.08.12	7.0000	99.91	10.00
125878	15 星海湾	2000.00	3.00	2018.08.10	8.5000	100.00	2560.00
125879	15 金禹 01	1000.00	5.00	2020.08.12	7.8000	100.00	632.00
125880	15 苏高水	500.00	3.00	2018.08.06	7.1000	100.00	120.00
125882	15 兴市债	600.00	3.00	2018.08.07	9.0000	100.63	315.00
125883	15 滇路桥	110.00	3.00	2018.06.30	7.5000	100.00	0.00
125884	15 都堰债	250.00	3.00	2018.08.06	9.3000	100.00	330.00
125885	15 天房发	3000.00	5.00	2020.08.05	7.0000	99.98	986.00
125886	15 浏水债	800.00	3.00	2018.07.31	7.0000	98.05	2344.20
125887	15 新港债	1000.00	3.00	2018.08.05	5.8000	100.96	1250.00
125896	15 民生 03	1500.00	2.00	2017.06.17	6.1000	100.76	1310.00
125909	15 普湾 02	2000.00	5.00	2020.07.31	6.8500	102.43	1703.00
125910	15 天门旅	190.00	3.00	2018.07.29	9.8000	100.00	0.00
125911	15 龙投债	600.00	3.00	2018.07.29	8.5000	100.00	810.00
125912	15 华夏债	1000.00	3.00	2018.07.29	5.9900	99.91	389.00
125913	15 棒槌岛	50.00	3.00	2018.07.27	6.5000	100.00	0.00
125914	15 四联 01	500.00	2.00	2017.08.04	6.1000	94.00	450.00
125915	15 伟驰 03	500.00	5.00	2020.07.21	8.3000	100.00	0.00
125916	15 建工债	100.00	3.00	2018.07.16	9.8000	99.99	310.00
125917	15 华泰期	600.00	4.00	2019.07.22	5.8000	100.00	60.00
125918	15 湘高速	2000.00	3.00	2018.07.23	5.9800	101.10	230.00
125919	15 渝八方	400.00	3.00	2018.07.17	10.0000	99.74	1350.00
125920	15 洲际 02	200.00	1.00	2016.07.17	7.5000	100.00	129.00
125921	15 宁化工	800.00	5.00	2020.07.15	6.1000	99.98	330.00
125926	15 湘财 04	500.00	5.00	2020.07.16	7.0000	100.00	0.00
125927	15 伟驰 02	500.00	5.00	2020.07.14	8.3000	100.00	450.00
125928	15 金茂 01	300.00	3.00	2018.08.05	7.5000	100.00	200.00
125929	15 华福 Y1	1200.00	5.00	2020.07.13	6.1000	100.00	0.00
125930	15 中天 C1	1000.00	5.00	2020.07.16	5.7500	100.00	0.00
125931	15 滇建工	1000.00	3.00	2018.07.10	5.9000	97.00	660.00
125952	15 巴中债	300.00	2.00	2017.07.09	9.2000	100.00	355.00
125953	15 国金 01	3000.00	3.00	2018.07.15	5.6000	100.00	0.00
125954	15 诚兴债	300.00	3.00	2018.07.03	7.2000	100.00	0.00
125966	15 财富 C2	600.00	3.00	2018.07.07	6.2500	100.65	150.00

债券信息
List of Bonds

债券代码 Code	债券简称 Securities	发行数量(百万) Issued Val(M)	年限 Terms	到期日 Expiration Date	票面利率(%) Coupon Rate(%)	本年收盘 Close	成交数量(万) Trading Vol(10000)
125967	15 中信 C2	8500.00	5.00	2020.07.16	5.0000	100.00	0.00
125968	15 长荡湖	300.00	3.00	2018.08.07	9.3000	100.00	0.00
125969	15 桂金投	2000.00	3.00	2018.07.01	6.3500	100.00	400.00
125970	15 普湾 01	2000.00	5.00	2020.06.29	6.7500	102.46	3180.00
125971	15 浙商 05	2000.00	1.50	2016.12.29	5.7000	100.54	600.00
125972	15 伟驰 01	500.00	5.00	2020.07.02	8.3000	100.00	0.00
125973	15 新时代	500.00	4.00	2019.06.26	5.9800	100.00	270.00
125974	15 申证 C1	10000.00	4.00	2019.06.30	5.3000	100.01	930.00
125975	15 恒泰续	1500.00	5.00	2020.06.29	6.8000	100.00	815.00
125976	15 广证 01	1000.00	5.00	2020.06.25	6.0000	99.90	891.00
125977	15 方正 03	10000.00	2.00	2017.06.29	5.6000	100.00	0.00
125978	15 华泰 04	18000.00	2.00	2017.06.26	5.5000	100.00	0.00
125979	15 浙资 01	1200.00	3.00	2018.07.03	6.0500	102.41	4623.00
125980	14 永诚债	900.00	10.00	2025.06.15	6.2000	100.00	0.00
125981	15 齐鲁 F1	5000.00	3.00	2018.06.24	5.5000	99.95	1600.00
125982	15 太证 02	5650.00	3.00	2018.06.18	6.0000	99.92	2682.00
125983	15 首创 03	2000.00	2.00	2017.06.15	6.2000	100.48	1630.00
125984	15 华证 01	600.00	3.00	2018.06.26	6.0000	99.96	512.00
125985	15 东期债	600.00	3.00	2018.06.18	6.8200	100.00	0.00
125987	15 华西 04	2000.00	2.00	2017.06.18	5.9500	100.00	0.00
125988	15 中原 04	1650.00	1.50	2016.12.16	5.5000	100.05	20.00
125989	15 大同 02	230.00	4.00	2019.06.12	6.7000	99.90	50.00
125990	15 开源 01	500.00	4.00	2019.06.12	6.0000	100.00	0.00
125991	15 东海债	1000.00	5.00	2020.06.11	5.7000	101.60	100.00
125992	15 信建投	6000.00	5.00	2020.06.17	5.3200	100.00	0.00
125993	15 海通 C3	5000.00	5.00	2020.06.12	5.3800	100.80	1500.00
125994	15 海通 C2	15000.00	3.00	2018.06.12	5.3000	100.00	0.00
125995	15 财富 C1	1000.00	5.00	2020.06.09	5.8600	99.74	330.00
125996	15 国都 02	2000.00	2.00	2017.06.15	5.3900	100.00	0.00
125997	15 兴业 06	2500.00	3.00	2018.06.10	5.5000	100.00	0.00
125998	15 兴业 05	3000.00	2.00	2017.06.10	5.2000	100.41	350.00
125999	15 洲际 01	1300.00	1.00	2016.06.01	7.5000	100.00	892.00
126018	08 江铜债	6800.00	8.00	2016.09.22	1.0000	98.83	8434.64
126019	09 长虹债	3000.00	6.00	2015.07.31	0.8000	100.00	3855.65
127000	14 繁昌投	1000.00	7.00	2021.10.17	6.8000	101.61	360.00
127001	14 电投 02	3000.00	15.00	2029.09.17	5.7400	100.00	0.00
127002	14 天能 02	400.00	6.00	2020.09.29	8.0000	104.29	915.47
127003	14 德兴债	800.00	7.00	2021.10.17	7.1700	100.00	550.00
127004	14 溧昆仑	1100.00	7.00	2021.10.24	5.9000	98.00	470.00
127005	14 乐清债	1000.00	7.00	2021.10.20	5.9900	100.60	636.00
127006	14 蓬莱债	1000.00	8.00	2022.10.22	6.9800	105.23	226.00
127007	15 潭万楼	2000.00	7.00	2022.01.14	6.9000	100.00	462.00
127008	14 龙岩 01	500.00	7.00	2021.07.30	8.3500	104.57	130.00
127009	14 龙岩 02	500.00	7.00	2021.10.13	7.7000	100.00	270.00
127010	14 海城投	1300.00	7.00	2021.10.22	5.5800	100.00	2000.00
127011	14 鹰投债	1500.00	7.00	2021.10.17	6.2000	103.91	646.00
127012	14 柳微债	1000.00	3.00	2017.10.16	5.9500	100.00	290.00
127013	14 乐山债	1200.00	7.00	2021.10.22	5.6800	103.70	2645.00
127014	14 三门 01	400.00	7.00	2021.10.29	6.8500	100.00	120.00
127015	14 世园债	1200.00	7.00	2021.10.21	6.2000	102.80	140.00

债券信息
List of Bonds

债券
Bond

债券代码 Code	债券简称 Securities	发行数量 (百万) Issued Val(M)	年限 Terms	到期日 Expiration Date	票面利率(%) Coupon Rate(%)	本年收盘 Close	成交数量(万) Trading Vol(10000)
127016	14 忠旺债	1100.00	6.00	2020.10.22	5.4800	101.50	1833.35
127017	14 粤高债	2000.00	15.00	2029.10.29	5.4000	111.05	633.79
127018	14 新昌 01	600.00	7.00	2021.10.30	5.8800	100.00	60.00
127019	14 丹徒投	1500.00	7.00	2021.11.03	5.8900	101.93	1350.10
127020	14 玉交 01	500.00	7.00	2021.11.03	5.6500	100.00	160.00
127021	14 京天恒	1500.00	6.00	2020.10.24	5.4000	101.22	910.00
127022	10 句容福	1000.00	7.00	2017.10.27	6.2000	103.50	2350.00
127023	14 集城投	1200.00	7.00	2021.11.04	6.6900	100.00	450.00
127024	14 攀小微	600.00	5.00	2019.10.30	5.4800	103.00	0.03
127025	14 惠城投	900.00	7.00	2021.11.04	5.4900	100.00	1060.00
127026	14 沪建债	2000.00	10.00	2024.11.05	4.8000	103.67	840.00
127027	14 晋城债	1400.00	7.00	2021.11.11	4.9900	100.00	450.00
127028	14 新供销	800.00	7.00	2021.11.07	5.0700	101.50	582.06
127029	14 岳阳债	1300.00	7.00	2021.11.03	5.5000	102.00	875.88
127030	14 鹿城债	1200.00	7.00	2021.11.03	5.5800	103.00	1174.02
127031	14 鹤城投	1600.00	7.00	2021.11.11	5.6000	100.00	730.00
127032	14 连交通	900.00	7.00	2021.11.17	5.4700	104.50	186.00
127033	14 即旅投	1000.00	7.00	2021.11.17	5.4700	99.62	340.00
127034	14 永嘉债	800.00	7.00	2021.11.12	6.5000	100.00	250.00
127035	14 春辉 01	100.00	6.00	2020.11.13	7.8500	99.59	116.53
127037	14 渝双桥	900.00	7.00	2021.11.19	5.9900	101.00	595.00
127038	14 吴中债	2000.00	7.00	2021.11.19	5.4900	100.00	770.00
127039	14 西电债	500.00	5.00	2019.11.26	5.9600	100.00	0.00
127040	14 春辉 02	400.00	6.00	2020.11.18	8.5000	99.75	842.38
127041	14 中山交	800.00	7.00	2021.11.26	5.2500	100.00	160.00
127042	14 来工投	1000.00	7.00	2021.11.26	5.9700	100.00	190.00
127043	14 黑重建	700.00	6.00	2020.11.20	7.0600	99.00	321.00
127044	14 河润业	900.00	7.00	2021.12.03	6.2000	103.25	725.00
127045	14 长兴债	1300.00	7.00	2021.12.03	6.0000	99.00	500.01
127046	14 海控 02	1200.00	7.00	2021.12.04	5.6500	100.00	240.00
127047	15 江油债	1100.00	7.00	2022.09.02	6.5500	100.00	0.00
127048	14 浏经开	1300.00	7.00	2021.11.27	5.7000	101.48	710.08
127049	14 绍柯开	800.00	7.00	2021.12.10	7.0000	100.00	0.00
127050	14 松原债	1100.00	7.00	2021.12.04	5.7900	100.00	200.00
127051	15 滕建债	800.00	7.00	2022.06.08	6.0000	100.00	100.00
127052	14 甘公 02	2500.00	7.00	2021.12.01	5.8500	100.00	500.00
127053	15 天瑞 01	1500.00	6.00	2021.01.15	7.0000	99.98	1066.22
127054	15 黔物资	500.00	7.00	2022.01.23	6.0000	100.00	0.00
127055	14 邳恒润	1200.00	7.00	2021.12.05	6.4600	102.46	734.00
127057	14 牟中债	1000.00	7.00	2021.12.11	7.4800	106.20	1180.00
127058	14 连融达	4500.00	7.00	2021.12.05	5.6900	104.50	3172.00
127059	14 芜建债	1600.00	7.00	2021.12.08	6.6000	103.51	824.00
127060	14 遵义投	1600.00	7.00	2021.12.09	6.4500	107.50	934.01
127061	14 黔西南	1300.00	7.00	2021.12.15	7.4000	104.79	464.00
127062	14 博兴债	1000.00	7.00	2021.12.22	8.0000	107.00	2163.00
127063	14 中科 01	290.00	6.00	2015.07.21	7.9400	100.00	40.00
127064	14 中科 02	290.00	7.00	2015.07.21	8.3400	100.00	200.00
127065	14 阜新 01	800.00	7.00	2021.12.24	7.1800	100.00	470.00
127066	14 高安 02	800.00	7.00	2021.12.30	8.2000	106.00	878.00
127068	14 新昌 02	600.00	7.00	2021.12.31	6.9500	100.00	40.00

债券信息
List of Bonds

债券代码 Code	债券简称 Securities	发行数量 (百万) Issued Val(M)	年限 Terms	到期日 Expiration Date	票面利率(%) Coupon Rate(%)	本年收盘 Close	成交数量(万) Trading Vol(10000)
127069	14 准国资	1700.00	7.00	2021.12.31	6.5400	106.38	1008.50
127070	14 钦开投	800.00	4.00	2018.12.31	7.8000	100.00	690.00
127071	14 清微 02	500.00	4.00	2018.12.29	8.0500	105.00	938.00
127072	14 泾河债	1000.00	7.00	2022.01.05	6.8900	103.10	800.00
127073	15 铁西债	1200.00	7.00	2022.01.14	6.0000	102.40	65.01
127074	15 铜大江	800.00	7.00	2022.01.19	6.5000	100.00	100.00
127075	15 鸡西资	1300.00	7.00	2022.01.19	6.8700	102.65	2362.40
127076	15 宁城投	1300.00	7.00	2022.01.20	6.7000	100.20	1250.00
127077	15 本溪债	900.00	7.00	2022.01.22	6.2400	100.00	880.00
127078	15 盘山债	600.00	7.00	2022.01.21	7.4800	100.00	630.00
127079	15 郴高科	1500.00	7.00	2022.01.23	6.4500	100.00	310.00
127080	15 达州 01	500.00	7.00	2022.01.14	6.5500	100.00	55.00
127081	15 牟国资	500.00	7.00	2022.01.26	6.3900	100.00	110.00
127082	15 望经开	1200.00	7.00	2022.01.22	6.5700	100.00	291.00
127083	15 宜创债	1000.00	7.00	2022.03.23	6.7000	100.00	100.00
127084	15 中区债	1500.00	7.00	2022.01.29	6.3900	103.89	532.00
127085	14 抚微 02	400.00	4.00	2019.01.28	7.0800	100.00	30.00
127086	10 乌城投	2500.00	7.00	2017.01.15	6.5000	103.60	780.22
127087	15 榕城 01	600.00	7.00	2022.01.26	5.4800	100.00	10.00
127088	15 汇丰投	1000.00	7.00	2022.01.26	6.6000	100.00	0.00
127089	15 新郑 01	700.00	6.00	2021.01.29	6.4000	100.00	370.00
127090	15 新郑 02	700.00	6.00	2021.01.29	6.6000	100.00	660.00
127091	15 梵投债	1500.00	7.00	2022.01.28	6.9500	100.00	1278.00
127092	15 淀山湖	1300.00	6.00	2021.01.30	5.9500	100.00	260.00
127093	15 铜发债	500.00	7.00	2022.01.28	6.8800	100.81	240.00
127094	15 盘经开	800.00	7.00	2022.01.22	7.2500	103.50	1870.00
127095	15 湘九华	1500.00	7.00	2022.01.21	6.5900	101.12	750.00
127096	15 东方财	1600.00	7.00	2022.01.29	5.1900	100.72	720.00
127097	15 毕建投	1600.00	7.00	2022.01.28	6.5000	105.65	1450.00
127098	15 营沿海	1500.00	7.00	2022.01.26	6.4500	100.29	720.00
127099	15 天瑞 02	1000.00	6.00	2021.02.06	6.8900	96.58	1043.04
127100	15 新交投	1300.00	7.00	2022.02.06	6.1400	101.46	550.00
127101	15 吉华债	800.00	7.00	2022.02.09	7.1800	100.00	20.00
127102	15 襄矿债	800.00	7.00	2022.02.11	8.8000	99.00	3570.58
127103	10 顺义 02	1000.00	7.00	2017.02.01	4.5300	101.60	1022.00
127104	15 涪交旅	800.00	7.00	2022.02.03	6.6800	100.00	180.00
127105	15 咸荣盛	1400.00	7.00	2022.02.10	6.2900	105.00	669.80
127106	14 黑债 01	900.00	6.00	2020.11.19	7.1000	100.00	0.00
127107	14 紫微 02	900.00	3.00	2018.02.04	5.2900	103.70	1580.00
127108	15 常天宁	1200.00	7.00	2022.02.12	6.4800	100.00	120.00
127109	15 天盈债	800.00	7.00	2022.03.25	6.7900	102.20	357.50
127110	15 兴城建	600.00	7.00	2022.03.20	6.0000	100.00	0.00
127111	15 黔南投	1800.00	7.00	2022.03.09	6.4300	100.00	490.00
127112	15 天诚 01	800.00	7.00	2022.03.11	6.5000	100.00	90.00
127113	15 乌国投	1000.00	6.00	2021.03.16	6.1700	99.07	910.00
127114	15 乳国资	1000.00	7.00	2022.03.16	6.1700	100.00	210.00
127115	15 马经开	600.00	7.00	2022.03.06	6.4900	100.00	0.00
127116	15 淳新开	1100.00	7.00	2022.03.11	6.1000	101.59	102.00
127117	15 娄开债	1300.00	7.00	2022.03.13	6.3600	100.00	60.00
127118	15 丰城投	1000.00	7.00	2022.02.10	6.4900	100.00	110.00

债券信息
List of Bonds

债券
Bond

债券代码 Code	债券简称 Securities	发行数量(百万) Issued Val(M)	年限 Terms	到期日 Expiration Date	票面利率(%) Coupon Rate(%)	本年收盘 Close	成交数量(万) Trading Vol(10000)
127119	15 兴堰债	800.00	7.00	2022.03.12	6.1000	100.00	120.00
127120	15 巴南债	600.00	7.00	2022.03.13	6.1700	100.00	160.00
127121	15 苏国信	2800.00	5.00	2020.03.16	4.9000	105.70	1380.90
127122	10 湘高速	2800.00	10.00	2020.04.08	5.5000	107.00	1267.46
127123	14 阜新 02	800.00	7.00	2022.03.18	6.1800	102.80	878.00
127124	14 中色 03	3000.00	10.00	2025.03.20	5.3000	100.00	0.00
127125	14 三门 02	300.00	7.00	2022.03.18	6.8000	100.00	0.00
127127	15 渭城投	600.00	7.00	2022.03.11	6.0900	100.00	170.00
127128	15 沈大东	700.00	7.00	2022.03.20	6.0500	100.00	0.00
127129	15 苏通债	900.00	7.00	2022.03.18	6.2000	100.00	260.00
127130	15 临尧都	1200.00	7.00	2022.03.13	7.1900	105.00	350.05
127131	14 玉交 02	500.00	7.00	2022.03.20	6.1800	104.47	260.00
127132	15 梅山债	800.00	7.00	2022.03.23	6.2700	100.00	260.00
127133	15 泗洪债	1000.00	7.00	2022.03.16	6.1500	100.00	940.00
127134	15 广安债	1200.00	7.00	2022.03.24	6.3900	101.80	831.79
127135	15 益高新	1600.00	7.00	2022.03.30	7.0000	105.50	690.02
127136	15 西经微	500.00	4.00	2019.03.26	6.6500	100.35	120.00
127137	15 株今添	1600.00	7.00	2022.03.25	6.2500	100.00	140.00
127138	15 柯岩债	800.00	7.00	2022.03.24	6.2800	100.00	0.00
127139	15 邛崃债	800.00	7.00	2022.03.25	6.9800	100.00	20.00
127140	15 文小微	700.00	4.00	2019.03.24	5.2800	103.10	266.57
127141	15 东南债	800.00	7.00	2022.03.26	6.5300	100.00	170.00
127142	15 怀经开	700.00	7.00	2022.03.26	6.8000	100.00	0.00
127143	15 新泰债	1000.00	7.00	2022.03.23	6.3500	106.30	290.00
127144	15 黄河债	700.00	6.00	2021.03.27	8.0000	100.00	420.00
127145	15 长轨 01	3000.00	10.00	2025.04.03	5.9700	108.45	88.02
127146	15 汴新债	800.00	7.00	2022.03.23	6.3500	100.00	0.00
127147	15 郫国投	1400.00	7.00	2022.04.01	6.9500	100.00	360.00
127148	15 九江置	1200.00	7.00	2022.03.23	6.2000	102.00	344.64
127149	15 粤路桥	2000.00	15.00	2030.05.21	5.1800	100.00	0.00
127150	15 包科教	600.00	7.00	2022.03.25	6.4800	102.55	90.00
127151	15 白工投	1000.00	7.00	2022.03.27	7.3000	105.00	840.03
127152	15 渝铜梁	1200.00	7.00	2022.04.08	6.5900	100.00	180.00
127153	15 吐国投	1200.00	7.00	2022.03.19	6.2000	100.00	160.00
127154	15 乌小微	600.00	4.00	2019.03.27	6.7900	100.00	280.00
127155	15 宜兴债	1100.00	7.00	2022.03.30	6.1600	100.00	0.00
127156	15 联峰债	1000.00	6.00	2021.04.07	8.4000	100.00	1000.00
127157	15 石城投	800.00	7.00	2022.05.04	6.1000	100.00	100.00
127158	15 东营债	800.00	7.00	2022.03.31	5.5700	100.00	380.00
127159	15 越都债	1100.00	7.00	2022.04.07	6.3800	100.00	0.00
127160	15 耒城投	700.00	7.00	2022.04.10	7.8000	105.00	900.20
127161	15 石国控	850.00	7.00	2022.04.09	5.7500	100.00	60.00
127163	15 海城投	1400.00	7.00	2022.04.03	6.2200	103.50	900.00
127164	15 庐江债	1000.00	7.00	2022.04.16	6.7000	100.00	300.00
127165	15 高国资	900.00	7.00	2022.04.14	6.6800	100.00	730.00
127166	15 洋口港	900.00	7.00	2022.04.10	6.2300	100.00	180.00
127168	15 绍城投	1300.00	7.00	2022.04.17	5.7500	103.86	432.00
127169	15 鄂长江	450.00	7.00	2022.04.03	6.1500	100.00	0.00
127170	15 渝城投	1200.00	7.00	2022.06.24	7.7000	100.00	740.00
127171	15 乌经开	990.00	7.00	2022.04.13	6.4000	100.00	0.00

债券信息
List of Bonds

债券代码 Code	债券简称 Securities	发行数量(百万) Issued Val(M)	年限 Terms	到期日 Expiration Date	票面利率(%) Coupon Rate(%)	本年收盘 Close	成交数量(万) Trading Vol(10000)
127172	15 滨中海	500.00	7.00	2022.04.13	6.6500	100.00	150.00
127173	15 津铁投	2400.00	10.00	2025.04.13	5.5800	108.10	1033.96
127174	15 迁安债	1500.00	7.00	2022.04.22	6.2500	100.00	128.00
127175	15 武铁 01	1800.00	15.00	2030.04.14	5.1800	105.00	1029.12
127176	15 武铁 02	1500.00	7.00	2022.04.14	5.2500	103.90	1693.19
127177	15 梅金叶	1000.00	7.00	2022.04.22	6.0200	105.32	200.00
127178	15 华南城	1500.00	6.00	2021.04.13	7.0000	101.98	760.00
127180	15 郴新债	1050.00	7.00	2022.04.24	6.1500	105.30	300.00
127181	15 桂林债	1000.00	7.00	2022.04.22	5.6000	100.00	0.00
127182	15 阿信诚	800.00	7.00	2022.04.20	6.4000	100.00	0.00
127183	15 淮城资	1200.00	7.00	2022.04.23	5.7000	100.00	30.00
127184	15 漳经发	600.00	7.00	2022.04.27	6.1700	100.00	0.00
127185	15 绍城改	500.00	7.00	2022.04.27	6.0900	100.00	0.00
127186	15 遵道桥	900.00	8.00	2023.04.27	6.1000	100.00	390.00
127187	15 宜城债	1600.00	7.00	2022.04.27	6.0100	100.00	200.00
127188	15 江高新	800.00	7.00	2022.04.22	6.0300	106.15	2.89
127189	15 渝悦投	1100.00	7.00	2022.04.29	6.0900	100.00	0.00
127190	15 大足债	700.00	7.00	2022.04.28	6.3000	100.00	290.00
127191	15 济高新	800.00	7.00	2022.04.30	6.0900	100.00	320.00
127192	15 沪闵行	2000.00	7.00	2022.04.20	5.6300	105.50	563.23
127193	15 马花山	1000.00	7.00	2022.04.20	6.0700	100.00	0.00
127194	15 天诚 02	500.00	7.00	2022.04.30	6.4500	100.00	150.00
127196	15 海海业	600.00	7.00	2022.04.29	6.8400	100.00	30.00
127197	15 瓯海债	1600.00	7.00	2022.04.23	6.4500	100.00	580.00
127198	15 绍新城	400.00	7.00	2022.04.30	6.1300	100.00	270.00
127199	15 龙口债	700.00	7.00	2022.04.30	6.0900	100.00	500.00
127200	15 津环城	1200.00	7.00	2022.04.27	5.7500	100.00	525.00
127201	15 丹开债	900.00	7.00	2022.04.24	6.4000	100.00	340.00
127202	15 呼伦债	700.00	7.00	2022.04.30	6.3100	100.00	200.00
127203	15 兴泰债	1000.00	7.00	2022.04.29	5.6000	100.00	0.00
127204	15 七师微	500.00	4.00	2019.04.30	6.4200	100.00	80.00
127205	15 巢城投	800.00	7.00	2022.04.30	6.5000	100.00	200.00
127206	15 沈经区	1200.00	7.00	2022.04.29	7.1700	100.00	410.00
127207	15 呼小微	650.00	4.00	2019.04.30	6.7000	100.00	90.00
127208	15 国网 01	8000.00	7.00	2022.04.09	4.9000	105.50	862.00
127209	15 国网 02	2000.00	15.00	2030.04.09	4.9500	105.74	430.23
127210	15 双鸭微	600.00	4.00	2019.04.30	7.4000	103.00	370.00
127211	15 黄山债	900.00	7.00	2022.05.06	5.9500	100.00	16.00
127212	15 黄城投	1500.00	7.00	2022.04.29	5.9900	100.00	0.00
127214	15 建发债	1000.00	7.00	2022.05.27	4.2800	100.00	230.00
127216	15 蜀城投	500.00	7.00	2022.05.26	6.5800	102.21	445.19
127217	10 装备 01	1000.00	6.00	2016.04.30	4.9600	101.15	70.00
127218	10 装备 02	1500.00	7.00	2017.04.30	5.1000	102.09	660.00
127219	15 九城投	1400.00	7.00	2022.05.22	5.5000	103.50	862.00
127220	15 邯建投	1300.00	7.00	2022.05.27	5.4800	100.00	30.00
127221	15 赣城债	2000.00	7.00	2022.06.16	5.5000	100.00	0.00
127222	15 建湖债	1400.00	7.00	2022.06.01	6.3000	100.00	0.00
127223	15 大洼债	800.00	7.00	2022.06.12	6.2900	100.00	0.00
127224	15 西微 01	400.00	4.00	2019.06.11	5.8500	100.00	0.00
127225	15 鹰高新	900.00	7.00	2022.07.31	6.7500	100.00	96.00

债券信息 List of Bonds

债券 Bond

债券代码 Code	债券简称 Securities	发行数量(百万) Issued Val(M)	年限 Terms	到期日 Expiration Date	票面利率(%) Coupon Rate(%)	本年收盘 Close	成交数量(万) Trading Vol(10000)
127226	15 海基债	1500.00	7.00	2022.06.17	7.5000	100.00	0.00
127227	15 锡山债	800.00	7.00	2022.07.20	5.7800	100.00	160.00
127228	15 邗城建	1000.00	7.00	2022.06.15	5.8800	100.00	0.00
127229	15 潍高新	1000.00	7.00	2022.06.18	6.0500	102.45	1470.00
127230	15 牡新区	600.00	7.00	2022.06.30	6.4800	100.00	0.00
127231	15 冀广 01	300.00	8.00	2023.06.12	5.3000	100.00	0.00
127232	15 长轨 02	3000.00	10.00	2025.07.14	5.4000	100.00	0.00
127234	15 十师债	350.00	7.00	2022.04.24	6.1000	100.00	0.00
127235	15 椒江债	1000.00	7.00	2022.07.06	6.1800	100.00	129.00
127236	15 吴江债	1200.00	7.00	2022.07.08	5.2500	105.20	54.27
127237	15 喀城投	700.00	7.00	2022.07.20	5.8000	100.00	50.00
127238	15 陕东岭	1000.00	7.00	2022.07.14	8.0000	100.00	30.00
127239	15 东港债	900.00	7.00	2022.08.03	6.2500	100.00	915.00
127240	15 洪轨 02	3600.00	15.00	2030.08.03	5.0700	100.00	0.00
127241	15 郑经开	1300.00	7.00	2022.07.31	5.4800	100.00	200.00
127242	15 当涂债	900.00	7.00	2022.08.10	5.3800	100.00	0.00
127243	15 潍渤海	500.00	8.00	2023.08.05	6.8000	100.00	40.00
127244	15 中关村	1100.00	7.00	2022.08.12	4.2000	100.00	300.00
127246	15 徐新盛	2000.00	7.00	2022.08.12	5.1300	100.00	0.00
127247	15 任城债	600.00	4.00	2019.11.09	5.3300	100.00	150.00
127248	15 京科城	1000.00	7.00	2022.08.13	4.2000	100.00	0.00
127249	15 丽水债	600.00	7.00	2022.08.13	5.6700	100.00	0.00
127250	15 闽漳龙	600.00	7.00	2022.08.07	4.9900	100.00	0.00
127251	15 丰县债	1000.00	7.00	2022.03.20	6.4800	100.00	0.00
127252	15 通途债	700.00	7.00	2022.06.19	6.0000	100.00	0.00
127253	15 粤电 01	1500.00	10.00	2025.08.20	4.5400	100.00	0.00
127255	15 平湖债	1500.00	7.00	2022.08.25	4.9500	100.00	80.00
127256	15 温铁 01	800.00	5.00	2020.08.27	7.0000	100.00	0.00
127257	15 博投债	800.00	7.00	2022.08.26	5.7700	100.00	0.00
127258	15 温铁 02	700.00	15.00	2030.08.27	5.0400	100.00	0.00
127259	15 太科债	1400.00	7.00	2022.08.28	5.5400	100.00	30.00
127260	15 开小微	700.00	4.00	2019.09.09	5.9500	100.00	0.00
127261	15 般阳债	500.00	7.00	2022.09.09	5.5000	100.00	0.00
127262	15 连江债	1000.00	7.00	2022.04.30	6.2900	100.00	120.00
127264	15 彬煤债	800.00	7.00	2022.07.30	8.0000	100.00	100.00
127265	15 涪小微	700.00	4.00	2019.09.09	4.8000	100.00	0.00
127267	15 邵武债	700.00	7.00	2022.09.11	5.8800	100.00	0.00
127268	15 汝州债	800.00	6.00	2021.09.16	6.3000	100.00	0.00
127269	15 武夷债	1500.00	7.00	2022.09.28	4.9600	103.24	480.00
127270	15 港小微	800.00	4.00	2019.09.22	5.5800	100.00	0.00
127273	15 黑山债	400.00	7.00	2022.09.18	6.7900	100.00	0.00
127275	15 一师债	500.00	7.00	2022.09.16	5.3500	100.00	0.00
127276	15 昌小微	600.00	4.00	2019.09.22	6.4000	100.00	0.00
127277	15 内小微	450.00	6.00	2021.10.15	5.4000	100.00	0.00
127278	15 津地铁	2500.00	10.00	2025.10.16	4.2700	100.00	50.00
127280	15 魏桥债	1000.00	7.00	2022.10.26	5.2600	100.00	0.00
127281	15 邳经发	1000.00	7.00	2022.10.29	5.0000	100.00	0.00
127282	15 贵路桥	1500.00	7.00	2022.10.28	4.1700	100.00	0.00
127283	15 大同建	2000.00	7.00	2022.10.22	4.4900	102.30	60.01
127285	15 茂名港	600.00	7.00	2022.11.04	5.2400	100.00	0.00

债券信息
List of Bonds

债券代码 Code	债券简称 Securities	发行数量(百万) Issued Val(M)	年限 Terms	到期日 Expiration Date	票面利率(%) Coupon Rate(%)	本年收盘 Close	成交数量(万) Trading Vol(10000)
127286	15 沛城投	900.00	7.00	2022.11.10	5.2000	100.00	0.00
127288	15 通高新	1300.00	7.00	2022.10.19	5.0000	100.00	0.00
127289	15 河池债	700.00	7.00	2022.11.13	5.5800	100.00	0.00
127291	15 苍南债	800.00	7.00	2022.11.11	5.5800	100.00	0.00
127292	15 国网 03	5000.00	3.00	2018.10.21	3.5000	100.00	810.00
127293	15 国网 04	5000.00	5.00	2020.10.21	3.7900	100.00	360.00
127294	15 天心 01	800.00	7.00	2022.11.06	4.2000	100.00	0.00
127295	15 泰虹桥	600.00	7.00	2022.10.29	5.0300	100.00	0.00
127296	15 云能源	1500.00	10.00	2025.11.17	4.8000	100.00	0.00
127297	15 兴小微	500.00	4.00	2019.10.30	5.8000	100.00	20.00
127298	15 任丘债	700.00	7.00	2022.11.18	5.6800	100.00	0.00
127300	15 国泰债	800.00	7.00	2022.09.09	5.8000	100.00	0.00
127301	15 武清债	1800.00	7.00	2022.11.17	4.1500	100.00	0.00
127302	15 桂城投	1600.00	7.00	2022.12.02	5.2300	100.00	0.00
127304	15 蒙金隆	600.00	7.00	2022.11.19	7.3000	100.00	30.00
127309	15 赣陶债	1000.00	7.00	2022.11.27	5.3800	100.00	0.00
127311	15 麒麟债	1000.00	7.00	2022.11.26	5.3700	100.00	0.00
127312	15 海航债	3000.00	7.00	2022.11.27	5.9900	100.00	0.00
127316	15 洛城投	1000.00	7.00	2022.12.02	4.4700	100.00	0.00
127318	15 闽投专	800.00	10.00	2025.12.11	3.7000	100.00	0.00
127319	15 日照债	600.00	7.00	2022.12.07	3.9800	100.00	0.00
127321	15 湘产债	300.00	7.00	2022.12.08	4.9500	100.00	0.00
127322	15 义城投	1100.00	7.00	2022.12.07	4.3100	100.00	0.00
127323	15 海陵债	1200.00	7.00	2022.12.14	4.6000	100.00	0.00
127324	15 达州 02	500.00	7.00	2022.11.27	5.1000	100.00	0.00
127326	15 国网 05	8000.00	3.00	2018.11.11	3.5800	100.00	0.00
127327	15 国网 06	2000.00	5.00	2020.11.11	3.7500	100.00	0.00
127333	15 榕城 02	600.00	7.00	2022.07.08	4.8900	100.00	0.00
128001	14 平安 01	1210.00	0.92	2015.05.26	5.3000	0.00	0.00
128002	14 平安 02	1341.00	2.42	2016.11.26	5.6000	0.00	20.00
128003	14 平安 03	80.00	3.01	2017.06.26	0.0000	0.00	0.00
130051	10 地债 02	15200.00	5.00	2015.06.21	2.9000	100.00	0.00
130054	10 地债 05	18600.00	5.00	2015.08.10	2.6700	100.00	0.00
130057	10 地债 08	15200.00	5.00	2015.09.07	2.6700	100.00	0.00
130059	10 地债 10	12600.00	5.00	2015.11.15	3.7000	100.00	0.00
130060	11 地债 01	25400.00	5.00	2016.07.12	3.8400	100.00	0.00
130063	11 地债 04	22000.00	5.00	2016.08.09	4.1200	100.00	0.00
130065	11 地债 06	24000.00	5.00	2016.08.30	4.3000	100.00	0.00
130067	11 地债 08	17900.00	5.00	2016.10.25	3.7000	100.00	0.00
130069	11 上海 02	3500.00	5.00	2016.11.16	3.3000	100.00	0.00
130071	11 广东 02	3450.00	5.00	2016.11.21	3.2900	100.00	0.00
130073	11 浙江 02	3400.00	5.00	2016.11.22	3.2400	100.00	0.00
130075	11 深圳 02	1100.00	5.00	2016.11.28	3.2500	100.00	0.00
130076	12 地债 01	20600.00	3.00	2015.06.18	2.7600	100.00	0.00
130077	12 地债 02	21000.00	5.00	2017.07.02	3.0700	100.00	0.00
130078	12 地债 03	23900.00	3.00	2015.07.10	2.7500	100.00	0.00
130079	12 地债 04	23900.00	5.00	2017.07.17	3.0200	100.00	0.00
130080	12 地债 05	23100.00	3.00	2015.07.24	2.7400	100.00	0.00
130081	12 地债 06	23300.00	5.00	2017.07.31	3.1300	100.00	0.00
130082	12 地债 07	21600.00	3.00	2015.08.13	2.9800	100.00	0.00

债券信息
List of Bonds

债券代码 Code	债券简称 Securities	发行数量 (百万) Issued Val(M)	年限 Terms	到期日 Expiration Date	票面利率(%) Coupon Rate(%)	本年收盘 Close	成交数量(万) Trading Vol(10000)
130083	12 地债 08	22100.00	5.00	2017.08.20	3.3800	100.00	0.00
130084	12 上海 01	4450.00	5.00	2017.08.24	3.2500	100.00	0.00
130085	12 上海 02	4450.00	7.00	2019.08.24	3.3900	100.00	0.00
130086	12 广东 01	4300.00	5.00	2017.09.07	3.2100	100.00	0.00
130087	12 广东 02	4300.00	7.00	2019.09.07	3.4000	100.00	0.00
130088	12 地债 09	20600.00	3.00	2015.09.17	3.4700	100.00	0.00
130089	12 地债 10	21000.00	5.00	2017.09.17	3.5800	100.00	0.00
130090	12 浙江 01	4350.00	5.00	2017.09.24	3.3000	100.00	0.00
130091	12 浙江 02	4350.00	7.00	2019.09.24	3.4700	100.00	0.00
130092	12 深圳 01	1350.00	5.00	2017.10.15	3.2200	100.00	0.00
130093	12 深圳 02	1350.00	7.00	2019.10.15	3.4300	100.00	0.00
130094	13 地债 01	21000.00	3.00	2016.06.17	3.5300	100.00	0.00
130095	13 地债 02	21200.00	5.00	2018.06.17	3.6600	100.00	0.00
130096	13 地债 03	24200.00	3.00	2016.07.01	3.7900	100.00	0.00
130097	13 地债 04	24300.00	5.00	2018.07.15	3.8200	100.00	0.00
130098	13 地债 05	23600.00	3.00	2016.07.29	3.9200	100.00	0.00
130099	13 地债 06	23800.00	5.00	2018.08.05	3.8700	100.00	0.00
130100	13 地债 07	25300.00	3.00	2016.08.20	4.2900	100.00	0.00
130101	13 地债 08	25500.00	5.00	2018.08.20	4.4300	100.00	0.00
130102	13 山东 01	5600.00	5.00	2018.08.26	3.9400	100.00	0.00
130103	13 山东 02	5600.00	7.00	2020.08.26	4.0000	100.00	0.00
130104	13 地债 09	26000.00	3.00	2016.09.03	4.3400	100.00	0.00
130105	13 上海 01	5600.00	5.00	2018.09.09	3.9400	100.00	0.00
130106	13 上海 02	5600.00	7.00	2020.09.09	4.0100	100.00	0.00
130107	13 地债 10	26200.00	5.00	2018.09.10	4.4500	100.00	0.00
130108	13 广东 01	6050.00	5.00	2018.09.17	4.0000	100.00	0.00
130109	13 广东 02	6050.00	7.00	2020.09.17	4.1000	100.00	0.00
130110	13 江苏 01	7650.00	5.00	2018.10.11	3.8800	100.00	0.00
130111	13 江苏 02	7650.00	7.00	2020.10.11	4.0000	100.00	0.00
130112	13 地债 11	21600.00	3.00	2016.10.15	4.2500	100.00	0.00
130113	13 地债 12	22100.00	5.00	2018.10.22	4.3300	100.00	0.00
130114	13 浙江 01	5900.00	5.00	2018.10.28	3.9600	100.00	0.00
130115	13 浙江 02	5900.00	7.00	2020.10.28	4.1700	100.00	0.00
130116	13 深圳 01	1800.00	5.00	2018.11.11	4.1100	100.00	0.00
130117	13 深圳 02	1800.00	7.00	2020.11.11	4.1800	100.00	0.00
130118	14 地债 01	25800.00	3.00	2017.06.16	4.0000	100.00	0.00
130119	14 地债 02	25800.00	5.00	2019.06.16	3.9900	100.00	0.00
130120	14 广东 01	5920.00	5.00	2019.06.24	3.8400	100.00	0.00
130121	14 广东 02	4440.00	7.00	2021.06.24	3.9700	100.00	0.00
130122	14 广东 03	4440.00	10.00	2024.06.24	4.0500	100.00	0.00
130123	14 地债 03	18300.00	7.00	2021.06.23	4.1000	100.00	0.00
130124	14 地债 04	26000.00	3.00	2017.06.30	4.0100	100.00	0.00
130125	14 地债 05	26100.00	5.00	2019.06.30	4.1200	100.00	0.00
130126	14 山东 01	5480.00	5.00	2019.07.14	3.7500	100.00	0.00
130127	14 山东 02	4110.00	7.00	2021.07.14	3.8800	100.00	0.00
130128	14 山东 03	4110.00	10.00	2024.07.14	3.9300	100.00	0.00
130129	14 地债 06	23400.00	3.00	2017.07.15	4.1500	100.00	0.00
130130	14 地债 07	23400.00	5.00	2019.07.15	4.2800	100.00	0.00
130131	14 地债 08	19800.00	7.00	2021.07.21	4.5000	100.00	0.00
130132	14 江苏 01	6960.00	5.00	2019.07.25	4.0600	100.00	60.00

债券信息
List of Bonds

债券代码 Code	债券简称 Securities	发行数量 (百万) Issued Val(M)	年限 Terms	到期日 Expiration Date	票面利率(%) Coupon Rate(%)	本年收盘 Close	成交数量(万) Trading Vol(10000)
130133	14 江苏 02	5220.00	7.00	2021.07.25	4.2100	104.81	50.00
130134	14 江苏 03	5220.00	10.00	2024.07.25	4.2900	100.00	0.00
130135	14 江西 01	5720.00	5.00	2019.08.06	4.0100	100.00	0.00
130136	14 江西 02	4290.00	7.00	2021.08.06	4.1800	100.00	0.00
130137	14 江西 03	4290.00	10.00	2024.08.06	4.2700	100.00	0.00
130138	14 宁夏 01	2200.00	5.00	2019.08.12	3.9800	100.00	0.00
130139	14 宁夏 02	1650.00	7.00	2021.08.12	4.1700	100.00	0.00
130140	14 宁夏 03	1650.00	10.00	2024.08.12	4.2600	100.00	0.00
130141	14 地债 09	24200.00	3.00	2017.08.18	4.1000	100.00	0.00
130142	14 地债 10	24700.00	5.00	2019.08.18	4.1600	100.00	0.00
130143	14 青岛 01	1000.00	5.00	2019.08.19	3.9600	100.00	0.00
130144	14 青岛 02	750.00	7.00	2021.08.19	4.1800	100.00	0.00
130145	14 青岛 03	750.00	10.00	2024.08.19	4.2500	100.00	0.00
130146	14 浙江 01	5480.00	5.00	2019.08.20	3.9600	100.00	420.00
130147	14 浙江 02	4110.00	7.00	2021.08.20	4.1700	100.00	180.00
130148	14 浙江 03	4110.00	10.00	2024.08.20	4.2300	100.00	360.00
130149	14 北京 01	4200.00	5.00	2019.08.22	4.0000	100.00	0.00
130150	14 北京 02	3150.00	7.00	2021.08.22	4.1800	100.00	0.00
130151	14 北京 03	3150.00	10.00	2024.08.22	4.2400	100.00	0.00
130152	14 上海 01	5040.00	5.00	2019.09.12	4.0100	100.00	0.00
130153	14 上海 02	3780.00	7.00	2021.09.12	4.2200	100.00	0.00
130154	14 上海 03	3780.00	10.00	2024.09.12	4.3300	100.00	0.00
130155	14 地债 11	16300.00	3.00	2017.09.16	4.1400	100.00	0.00
130156	14 地债 12	16300.00	5.00	2019.09.16	4.1500	100.00	0.00
130157	14 地债 13	20700.00	7.00	2021.09.25	4.1200	100.00	0.00
130158	14 深圳 01	1680.00	5.00	2019.10.24	3.6300	100.00	0.00
130159	14 深圳 02	1260.00	7.00	2021.10.24	3.7900	100.00	0.00
130160	14 深圳 03	1260.00	10.00	2024.10.24	3.8100	100.00	0.00
130161	15 江苏 01	10440.00	3.00	2018.05.19	2.9400	100.25	75.60
130162	15 江苏 02	15660.00	5.00	2020.05.19	3.1200	96.00	0.26
130163	15 江苏 03	15660.00	7.00	2022.05.19	3.4100	100.25	201.36
130164	15 江苏 04	10440.00	10.00	2025.05.19	3.4100	98.80	53.49
130165	15 新疆 01	1180.00	3.00	2018.05.22	2.8400	100.00	0.00
130166	15 新疆 02	1770.00	5.00	2020.05.22	3.0700	100.00	0.00
130167	15 新疆 03	1770.00	7.00	2022.05.22	3.3700	100.00	0.00
130168	15 新疆 04	1180.00	10.00	2025.05.22	3.4100	100.00	0.00
130169	15 湖北 01	2000.00	3.00	2018.05.28	2.8500	100.00	0.00
130170	15 湖北 02	6000.00	5.00	2020.05.28	3.1500	100.00	0.00
130171	15 湖北 03	6000.00	7.00	2022.05.28	3.4000	99.96	390.00
130172	15 湖北 04	6000.00	10.00	2025.05.28	3.4500	100.00	500.00
130173	15 广西 01	4000.00	3.00	2018.05.29	2.8600	100.00	0.00
130174	15 广西 02	6000.00	5.00	2020.05.29	3.1600	100.00	0.00
130175	15 广西 03	6000.00	7.00	2022.05.29	3.4200	100.59	300.00
130176	15 广西 04	4000.00	10.00	2025.05.29	3.4700	100.00	100.00
130177	15 山东 01	7200.00	3.00	2018.06.01	2.8700	100.00	0.00
130178	15 山东 02	10800.00	5.00	2020.06.01	3.2000	100.00	0.00
130179	15 山东 03	10800.00	7.00	2022.06.01	3.4600	100.00	0.00
130180	15 山东 04	7200.00	10.00	2025.06.01	3.4900	100.00	0.00
130181	15 重庆 01	4000.00	3.00	2018.06.03	2.9000	100.00	0.00
130182	15 重庆 02	7900.00	5.00	2020.06.03	3.2600	100.00	0.00

债券信息
List of Bonds

债券代码 Code	债券简称 Securities	发行数量 (百万) Issued Val(M)	年限 Terms	到期日 Expiration Date	票面利率(%) Coupon Rate(%)	本年收盘 Close	成交数量(万) Trading Vol(10000)
130183	15 重庆 03	8000.00	7.00	2022.06.03	3.5500	100.00	0.00
130184	15 重庆 04	6600.00	10.00	2025.06.03	3.5700	100.00	0.00
130185	15 贵州 01	6800.00	3.00	2018.06.05	2.9100	100.00	0.00
130186	15 贵州 02	10000.00	5.00	2020.06.05	3.3000	100.00	0.00
130187	15 贵州 03	10000.00	7.00	2022.06.05	3.5800	100.00	0.00
130188	15 贵州 04	6800.00	10.00	2025.06.05	3.6000	100.00	0.00
130189	15 安徽 01	6300.00	3.00	2018.06.08	2.9000	100.00	0.00
130190	15 安徽 02	9300.00	5.00	2020.06.08	3.2900	100.00	0.00
130191	15 安徽 03	9300.00	7.00	2022.06.08	3.5800	100.00	0.00
130192	15 安徽 04	6300.00	10.00	2025.06.08	3.6100	100.00	0.00
130193	15 天津 01	1500.00	3.00	2018.06.09	2.8900	100.30	50.00
130194	15 天津 02	3900.00	5.00	2020.06.09	3.2800	100.00	0.00
130195	15 天津 03	3900.00	7.00	2022.06.09	3.5600	100.00	0.00
130196	15 天津 04	3900.00	10.00	2025.06.09	3.6000	100.00	0.00
130197	15 湖北 05	3640.00	3.00	2018.06.10	2.8800	100.00	0.00
130198	15 湖北 06	10920.00	5.00	2020.06.10	3.2600	100.00	0.00
130199	15 湖北 07	10920.00	7.00	2022.06.10	3.5400	100.00	0.00
130200	15 湖北 08	10920.00	10.00	2025.06.10	3.6000	100.00	0.00
130201	15 浙江 01	4000.00	3.00	2018.06.10	2.8800	100.00	0.00
130202	15 浙江 02	12000.00	5.00	2020.06.10	3.2600	100.00	0.00
130203	15 浙江 03	12000.00	7.00	2022.06.10	3.5400	100.00	50.00
130204	15 浙江 04	12000.00	10.00	2025.06.10	3.5900	100.00	0.00
130205	15 河北 01	9400.00	3.00	2018.06.11	2.8700	100.00	0.00
130206	15 河北 02	14100.00	5.00	2020.06.11	3.2500	100.00	0.00
130207	15 河北 03	14100.00	7.00	2022.06.11	3.5300	100.00	0.00
130208	15 河北 04	9400.00	10.00	2025.06.11	3.5800	100.00	0.00
130209	15 吉林 01	2290.00	3.00	2018.06.12	2.8700	100.00	0.00
130210	15 吉林 02	6870.00	5.00	2020.06.12	3.2500	100.00	0.00
130211	15 吉林 03	6870.00	7.00	2022.06.12	3.5200	100.00	0.00
130212	15 吉林 04	6870.00	10.00	2025.06.12	3.5800	100.00	0.00
130213	15 山西 01	2300.00	3.00	2018.06.15	2.8700	100.00	0.00
130214	15 山西 02	4800.00	5.00	2020.06.15	3.2500	100.00	0.00
130215	15 山西 03	4800.00	7.00	2022.06.15	3.5200	100.00	0.00
130216	15 山西 04	4800.00	10.00	2025.06.15	3.5800	100.00	0.00
130217	15 河北 Z1	480.00	3.00	2018.06.12	2.8700	100.00	0.00
130218	15 河北 Z2	480.00	5.00	2020.06.12	3.2500	100.00	0.00
130219	15 河北 Z3	640.00	7.00	2022.06.12	3.5200	100.00	0.00
130220	15 广东 01	3100.00	3.00	2018.06.15	2.8700	100.00	0.00
130221	15 广东 02	9300.00	5.00	2020.06.15	3.2500	100.00	0.00
130222	15 广东 03	9300.00	7.00	2022.06.15	3.5200	100.00	0.00
130223	15 广东 04	9300.00	10.00	2025.06.15	3.5800	100.00	0.00
130224	15 江西 01	4170.00	3.00	2018.06.16	2.8800	100.00	0.00
130225	15 江西 02	12510.00	5.00	2020.06.16	3.2500	100.00	0.00
130226	15 江西 03	12510.00	7.00	2022.06.16	3.5200	100.00	50.00
130227	15 江西 04	12510.00	10.00	2025.06.16	3.5900	100.00	0.00
130228	15 宁夏 01	700.00	3.00	2018.06.16	2.8900	100.00	0.00
130229	15 宁夏 02	2100.00	5.00	2020.06.16	3.2500	100.00	0.00
130230	15 宁夏 03	2100.00	7.00	2022.06.16	3.5200	100.00	0.00
130231	15 宁夏 04	2100.00	10.00	2025.06.16	3.5900	100.00	0.00
130232	15 新疆 05	5020.00	3.00	2018.06.17	2.8900	100.00	190.00

债券信息
List of Bonds

债券代码 Code	债券简称 Securities	发行数量 (百万) Issued Val(M)	年限 Terms	到期日 Expiration Date	票面利率(%) Coupon Rate(%)	本年收盘 Close	成交数量(万) Trading Vol(10000)
130233	15 新疆 06	7530.00	5.00	2020.06.17	3.2600	100.00	0.00
130234	15 新疆 07	7530.00	7.00	2022.06.17	3.5400	100.00	100.00
130235	15 新疆 08	5020.00	10.00	2025.06.17	3.6100	100.00	0.00
130236	15 四川 01	13500.00	3.00	2018.06.17	2.8900	100.00	0.00
130237	15 四川 02	13500.00	5.00	2020.06.17	3.2600	100.00	280.00
130238	15 四川 03	13500.00	7.00	2022.06.17	3.5400	100.00	0.00
130239	15 四川 04	4500.00	10.00	2025.06.17	3.6200	100.00	0.00
130240	15 河南 01	4300.00	3.00	2018.06.19	2.9200	100.00	80.00
130241	15 河南 02	12700.00	5.00	2020.06.19	3.2700	100.00	300.00
130242	15 河南 03	12700.00	7.00	2022.06.19	3.5500	100.00	180.00
130243	15 河南 04	12700.00	10.00	2025.06.19	3.6300	100.00	210.00
130244	15 辽宁 01	7300.00	3.00	2018.06.23	2.9200	100.00	0.00
130245	15 辽宁 02	10900.00	5.00	2020.06.23	3.2600	100.00	0.00
130246	15 辽宁 03	10900.00	7.00	2022.06.23	3.5400	100.00	0.00
130247	15 辽宁 04	7300.00	10.00	2025.06.23	3.6200	100.00	0.00
130248	15 云南 01	4600.00	3.00	2018.06.23	2.9200	99.59	220.00
130249	15 云南 02	8000.00	5.00	2020.06.23	3.2600	100.00	0.00
130250	15 云南 03	8000.00	7.00	2022.06.23	3.5400	100.00	0.00
130251	15 云南 04	8000.00	10.00	2025.06.23	3.6200	100.00	0.00
130252	15 青岛 01	280.00	3.00	2018.06.24	2.9200	100.00	0.00
130253	15 青岛 02	840.00	5.00	2020.06.24	3.2400	100.00	0.00
130254	15 青岛 03	840.00	7.00	2022.06.24	3.5300	100.00	0.00
130255	15 青岛 04	840.00	10.00	2025.06.24	3.6100	100.00	0.00
130256	15 海南 01	810.00	3.00	2018.06.24	2.9200	100.00	0.00
130257	15 海南 02	2430.00	5.00	2020.06.24	3.2400	100.00	0.00
130258	15 海南 03	2430.00	7.00	2022.06.24	3.5300	100.00	0.00
130259	15 海南 04	2430.00	10.00	2025.06.24	3.6100	100.00	0.00
130260	15 江苏 Z1	4227.87	5.00	2020.06.26	3.2100	100.00	0.00
130261	15 江苏 Z2	1680.00	7.00	2022.06.26	3.5200	101.95	120.00
130262	15 江苏 Z3	2520.00	10.00	2025.06.26	3.5900	100.00	0.00
130263	15 陕西 01	1800.00	3.00	2018.06.30	2.8700	100.00	0.00
130264	15 陕西 02	5300.00	5.00	2020.06.30	3.2000	100.00	0.00
130265	15 陕西 03	5300.00	7.00	2022.06.30	3.5300	101.18	320.00
130266	15 陕西 04	5300.00	10.00	2025.06.30	3.6000	100.00	0.00
130267	15 山东 05	7211.59	3.00	2018.06.29	2.8700	100.00	0.00
130268	15 山东 06	10700.00	5.00	2020.06.29	3.2000	100.70	50.00
130269	15 山东 07	10700.00	7.00	2022.06.29	3.5200	100.00	0.00
130270	15 山东 08	7100.00	10.00	2025.06.29	3.5900	100.00	0.00
130271	15 大连 01	1270.00	3.00	2018.07.03	2.8800	100.00	0.00
130272	15 大连 02	1900.00	5.00	2020.07.03	3.2100	100.00	0.00
130273	15 大连 03	1900.00	7.00	2022.07.03	3.5400	100.00	0.00
130274	15 大连 04	1260.00	10.00	2025.07.03	3.6000	100.00	0.00
130275	15 大连 Z1	170.00	3.00	2018.07.03	2.8800	100.00	0.00
130276	15 大连 Z2	240.00	5.00	2020.07.03	3.2100	100.00	0.00
130277	15 大连 Z3	240.00	7.00	2022.07.03	3.5400	100.00	0.00
130278	15 大连 Z4	160.00	10.00	2025.07.03	3.6000	100.00	0.00
130279	15 贵州 05	8000.00	3.00	2018.07.06	2.8800	100.00	0.00
130280	15 贵州 06	12000.00	5.00	2020.07.06	3.2000	100.00	0.00
130281	15 贵州 07	12000.00	7.00	2022.07.06	3.5400	100.00	0.00
130282	15 贵州 08	8000.00	10.00	2025.07.06	3.6100	100.00	0.00

债券信息
List of Bonds

债券代码 Code	债券简称 Securities	发行数量(百万) Issued Val(M)	年限 Terms	到期日 Expiration Date	票面利率(%) Coupon Rate(%)	本年收盘 Close	成交数量(万) Trading Vol(10000)
130283	15 内蒙 01	4400.00	3.00	2018.07.06	2.8800	100.00	0.00
130284	15 内蒙 02	8800.00	5.00	2020.07.06	3.2000	100.00	0.00
130285	15 内蒙 03	8800.00	7.00	2022.07.06	3.5400	100.00	300.00
130286	15 内蒙 04	7400.00	10.00	2025.07.06	3.6100	100.00	0.00
130287	15 新疆 Z1	660.00	3.00	2018.07.07	2.8900	100.25	0.00
130288	15 新疆 Z2	990.00	5.00	2020.07.07	3.1900	100.00	0.00
130289	15 新疆 Z3	990.00	7.00	2022.07.07	3.5400	101.95	120.00
130290	15 新疆 Z4	660.00	10.00	2025.07.07	3.6000	100.00	0.00
130291	15 北京 01	2800.00	3.00	2018.07.08	2.8800	100.00	0.00
130292	15 北京 02	8400.00	5.00	2020.07.08	3.1700	100.00	0.00
130293	15 北京 03	8400.00	7.00	2022.07.08	3.5200	100.00	0.00
130294	15 北京 04	8400.00	10.00	2025.07.08	3.5800	100.00	0.00
130295	15 四川 05	15000.00	3.00	2018.07.08	2.8900	100.00	900.00
130296	15 四川 06	15000.00	5.00	2020.07.08	3.1800	100.00	0.00
130297	15 四川 07	15000.00	7.00	2022.07.08	3.5300	100.00	160.00
130298	15 四川 08	5000.00	10.00	2025.07.08	3.6000	100.00	0.00
130299	15 甘肃 01	2000.00	3.00	2018.07.10	2.8500	100.00	0.00
130300	15 甘肃 02	6000.00	5.00	2020.07.10	3.1400	100.00	0.00
130301	15 甘肃 03	6000.00	7.00	2022.07.10	3.4800	100.00	300.00
130302	15 甘肃 04	6000.00	10.00	2025.07.10	3.5100	100.00	0.00
130303	15 青海 01	2800.00	3.00	2018.07.13	2.8400	100.00	0.00
130304	15 青海 02	4000.00	5.00	2020.07.13	3.1300	100.00	0.00
130305	15 青海 03	4000.00	7.00	2022.07.13	3.4600	100.00	0.00
130306	15 青海 04	4500.00	10.00	2025.07.13	3.4700	100.00	0.00
130307	15 宁波 01	2920.00	3.00	2018.07.13	2.8400	100.00	0.00
130308	15 宁波 02	4410.00	5.00	2020.07.13	3.1300	100.00	0.00
130309	15 宁波 03	2990.00	7.00	2022.07.13	3.4600	100.00	0.00
130310	15 宁波 04	4380.00	10.00	2025.07.13	3.4700	100.00	0.00
130311	15 宁波 Z1	1420.00	3.00	2018.07.13	2.8400	100.00	0.00
130312	15 宁波 Z2	1500.00	5.00	2020.07.13	3.1300	100.00	0.00
130313	15 宁波 Z3	1220.00	7.00	2022.07.13	3.4600	100.00	0.00
130314	15 宁波 Z4	1690.00	10.00	2025.07.13	3.4700	100.00	0.00
130315	15 广东 Z1	2750.00	5.00	2020.07.14	3.1200	100.00	0.00
130316	15 广东 Z2	1100.00	7.00	2022.07.14	3.4500	100.00	0.00
130317	15 广东 Z3	1650.00	10.00	2025.07.14	3.4600	100.00	0.00
130318	15 福建 01	1160.00	3.00	2018.07.15	2.8300	100.00	140.00
130319	15 福建 02	3480.00	5.00	2020.07.15	3.1300	100.00	0.00
130320	15 福建 03	3480.00	7.00	2022.07.15	3.4500	100.00	0.00
130321	15 福建 04	3480.00	10.00	2025.07.15	3.4600	100.00	0.00
130322	15 湖南 01	4400.00	3.00	2018.07.17	2.8300	100.00	1030.00
130323	15 湖南 02	12600.00	5.00	2020.07.17	3.1400	100.00	0.00
130324	15 湖南 03	12600.00	7.00	2022.07.17	3.4800	101.81	150.00
130325	15 湖南 04	12600.00	10.00	2025.07.17	3.5000	100.00	200.00
130326	15 湖北 09	2110.00	3.00	2018.07.20	2.8400	100.00	0.00
130327	15 湖北 10	6330.00	5.00	2020.07.20	3.1500	100.00	0.00
130328	15 湖北 11	6330.00	7.00	2022.07.20	3.4900	100.00	250.00
130329	15 湖北 12	6330.00	10.00	2025.07.20	3.5200	100.00	0.00
130330	15 湖北 Z1	230.00	3.00	2018.07.20	2.8400	100.00	0.00
130331	15 湖北 Z2	920.00	5.00	2020.07.20	3.1700	100.00	0.00
130332	15 湖北 Z3	460.00	7.00	2022.07.20	3.5900	100.00	0.00

债券信息
List of Bonds

债券代码 Code	债券简称 Securities	发行数量(百万) Issued Val(M)	年限 Terms	到期日 Expiration Date	票面利率(%) Coupon Rate(%)	本年收盘 Close	成交数量(万) Trading Vol(10000)
130333	15 湖北 Z4	690.00	10.00	2025.07.20	3.6200	100.00	0.00
130334	15 广西 05	5827.74	3.00	2018.07.20	2.8400	100.00	0.00
130335	15 广西 06	8500.00	5.00	2020.07.20	3.1500	100.00	0.00
130336	15 广西 07	8500.00	7.00	2022.07.20	3.4900	100.00	250.00
130337	15 广西 08	5600.00	10.00	2025.07.20	3.5200	100.00	0.00
130338	15 广西 Z1	650.00	5.00	2020.07.20	3.1500	100.00	0.00
130339	15 广西 Z2	650.00	7.00	2022.07.20	3.4900	100.00	0.00
130340	15 广东 05	2590.00	3.00	2018.07.22	2.8500	100.00	0.00
130341	15 广东 06	7770.00	5.00	2020.07.22	3.1600	100.00	0.00
130342	15 广东 07	7770.00	7.00	2022.07.22	3.4900	100.00	0.00
130343	15 广东 08	7770.00	10.00	2025.07.22	3.5300	100.00	0.00
130344	15 山东 Z1	9005.64	5.00	2020.07.27	3.1600	100.00	0.00
130345	15 山东 Z2	3600.00	7.00	2022.07.27	3.4600	100.00	0.00
130346	15 山东 Z3	5400.00	10.00	2025.07.27	3.5000	100.00	0.00
130347	15 福建 Z1	8550.00	5.00	2020.07.27	3.1600	100.00	0.00
130348	15 福建 Z2	8550.00	10.00	2025.07.27	3.5000	100.00	0.00
130349	15 福建 05	800.00	3.00	2018.07.27	2.8400	100.00	0.00
130350	15 福建 06	2400.00	5.00	2020.07.27	3.1600	100.00	0.00
130351	15 福建 07	2400.00	7.00	2022.07.27	3.4600	100.00	0.00
130352	15 福建 08	2400.00	10.00	2025.07.27	3.5000	100.00	0.00
130353	15 黑龙 01	4550.00	3.00	2018.07.28	2.8500	100.20	0.00
130354	15 黑龙 02	5460.00	5.00	2020.07.28	3.1700	100.57	50.00
130355	15 黑龙 03	2800.00	7.00	2022.07.28	3.4500	100.00	0.00
130356	15 黑龙 04	5400.00	10.00	2025.07.28	3.5000	100.00	0.00
130357	15 黑龙 Z1	1790.00	5.00	2020.07.28	3.1600	100.00	0.00
130358	15 黑龙 Z2	680.00	7.00	2022.07.28	3.4500	100.00	0.00
130359	15 黑龙 Z3	1100.00	10.00	2025.07.28	3.4900	100.00	0.00
130360	15 云南 Z1	1300.00	3.00	2018.07.28	2.8400	100.00	0.00
130361	15 云南 Z2	1300.00	5.00	2020.07.28	3.1600	100.00	90.00
130362	15 云南 Z3	1300.00	7.00	2022.07.28	3.4500	100.00	0.00
130363	15 云南 Z4	800.00	10.00	2025.07.28	3.4900	100.00	0.00
130364	15 重庆 05	6229.00	3.00	2018.08.05	2.8800	100.00	0.00
130365	15 重庆 06	11600.00	5.00	2020.08.05	3.1900	100.00	0.00
130366	15 重庆 07	11600.00	7.00	2022.08.05	3.4400	100.00	0.00
130367	15 重庆 08	9700.00	10.00	2025.08.05	3.4700	100.00	0.00
130368	15 重庆 Z1	1300.00	5.00	2020.08.05	3.1900	100.00	0.00
130369	15 重庆 Z2	1200.00	10.00	2025.08.05	3.4700	100.00	0.00
130370	15 新疆 09	740.00	3.00	2018.08.07	2.8800	100.20	0.00
130371	15 新疆 10	1110.00	5.00	2020.08.07	3.1900	100.00	0.00
130372	15 新疆 11	1110.00	7.00	2022.08.07	3.4500	100.00	0.00
130373	15 新疆 12	740.00	10.00	2025.08.07	3.4700	100.00	0.00
130374	15 新疆 Z5	240.00	3.00	2018.08.07	2.8800	100.00	40.00
130375	15 新疆 Z6	360.00	5.00	2020.08.07	3.1900	100.00	0.00
130376	15 新疆 Z7	360.00	7.00	2022.08.07	3.4500	100.00	0.00
130377	15 新疆 Z8	240.00	10.00	2025.08.07	3.4700	100.00	0.00
130378	15 上海 01	3850.00	3.00	2018.08.07	2.8800	100.00	0.00
130379	15 上海 02	11610.00	5.00	2020.08.07	3.1900	100.00	0.00
130380	15 上海 03	11610.00	7.00	2022.08.07	3.4500	100.00	450.00
130381	15 上海 04	11610.00	10.00	2025.08.07	3.4700	100.00	0.00
130382	15 上海 Z1	4700.00	5.00	2020.08.07	3.1900	100.00	0.00

债券信息 List of Bonds

债券 Bond

债券代码 Code	债券简称 Securities	发行数量(百万) Issued Val(M)	年限 Terms	到期日 Expiration Date	票面利率(%) Coupon Rate(%)	本年收盘 Close	成交数量(万) Trading Vol(10000)
130383	15 上海 Z2	4700.00	10.00	2025.08.07	3.4700	100.00	0.00
130384	15 辽宁 05	6800.00	3.00	2018.08.10	3.1700	100.00	0.00
130385	15 辽宁 06	6800.00	5.00	2020.08.10	3.4800	100.00	0.00
130386	15 辽宁 07	6800.00	7.00	2022.08.10	3.7500	100.00	0.00
130387	15 辽宁 08	2471.61	10.00	2025.08.10	3.6700	100.00	0.00
130388	15 辽宁 Z1	550.00	5.00	2020.08.10	3.4800	100.00	0.00
130389	15 辽宁 Z2	400.00	10.00	2025.08.10	3.9900	100.00	0.00
130390	15 青岛 05	80.00	3.00	2018.08.17	3.0300	100.00	0.00
130391	15 青岛 06	240.00	5.00	2020.08.17	3.3300	100.00	0.00
130392	15 青岛 07	240.00	7.00	2022.08.17	3.5700	100.00	0.00
130393	15 青岛 08	240.00	10.00	2025.08.17	3.6000	100.00	0.00
130394	15 青岛 Z1	350.00	5.00	2020.08.17	3.3300	100.00	0.00
130395	15 青岛 Z2	140.00	7.00	2022.08.17	3.5700	100.00	0.00
130396	15 青岛 Z3	210.00	10.00	2025.08.17	3.6000	100.00	0.00
130397	15 天津 05	819.00	3.00	2018.08.19	3.0400	100.60	20.00
130398	15 天津 06	2300.00	5.00	2020.08.19	3.3600	100.00	0.00
130399	15 天津 07	2300.00	7.00	2022.08.19	3.6000	100.00	0.00
130400	15 天津 08	2300.00	10.00	2025.08.19	3.6200	100.00	0.00
130401	15 天津 Z1	4541.00	5.00	2020.08.19	3.3600	100.00	0.00
130402	15 天津 Z2	500.00	7.00	2022.08.19	3.6000	100.00	0.00
130403	15 天津 Z3	3600.00	10.00	2025.08.19	3.6200	100.00	0.00
130404	15 甘肃 05	955.75	3.00	2018.08.21	3.0300	100.00	0.00
130405	15 甘肃 06	2000.00	5.00	2020.08.21	3.3600	100.00	0.00
130406	15 甘肃 07	2000.00	7.00	2022.08.21	3.6000	100.00	0.00
130407	15 甘肃 08	2000.00	10.00	2025.08.21	3.6100	100.00	0.00
130408	15 甘肃 Z1	4462.28	5.00	2020.08.21	3.3600	100.00	0.00
130409	15 甘肃 Z2	4400.00	10.00	2025.08.21	3.6100	100.00	0.00
130410	15 安徽 05	500.00	1.00	2016.08.21	2.3800	100.00	0.00
130411	15 安徽 06	4787.25	3.00	2018.08.21	3.0300	100.00	0.00
130412	15 安徽 07	7500.00	5.00	2020.08.21	3.3600	100.00	0.00
130413	15 安徽 08	7500.00	7.00	2022.08.21	3.6100	100.00	0.00
130414	15 安徽 09	5000.00	10.00	2025.08.21	3.6100	100.00	0.00
130415	15 安徽 Z1	4936.61	5.00	2020.08.21	3.3600	100.00	0.00
130416	15 安徽 Z2	4900.00	7.00	2022.08.21	3.6000	100.00	0.00
130417	15 厦门 01	647.18	3.00	2018.08.22	2.9200	100.00	0.00
130418	15 厦门 02	940.00	5.00	2020.08.22	3.2600	100.00	0.00
130419	15 厦门 03	940.00	7.00	2022.08.22	3.5100	100.00	0.00
130420	15 厦门 04	630.00	10.00	2025.08.22	3.5100	100.00	0.00
130421	15 厦门 Z1	707.42	5.00	2020.08.22	3.2600	100.00	0.00
130422	15 厦门 Z2	690.00	10.00	2025.08.22	3.5100	100.00	0.00
130423	15 青海 05	1527.12	3.00	2018.08.25	3.0200	100.00	0.00
130424	15 青海 06	2600.00	5.00	2020.08.25	3.3600	100.00	0.00
130425	15 青海 07	2600.00	7.00	2022.08.25	3.6100	100.00	0.00
130426	15 青海 08	2600.00	10.00	2025.08.25	3.6100	100.00	0.00
130427	15 青海 Z1	800.00	3.00	2018.08.25	3.0200	100.00	0.00
130428	15 青海 Z2	900.00	5.00	2020.08.25	3.3600	100.00	0.00
130429	15 青海 Z3	800.00	7.00	2022.08.25	3.6100	100.00	0.00
130430	15 青海 Z4	800.00	10.00	2025.08.25	3.6100	100.00	0.00
130431	15 北京 Z1	1560.00	3.00	2018.08.26	3.0200	100.06	30.00
130432	15 北京 Z2	3640.00	5.00	2020.08.26	3.3600	100.00	0.00

债券信息
List of Bonds

债券代码 Code	债券简称 Securities	发行数量(百万) Issued Val(M)	年限 Terms	到期日 Expiration Date	票面利率(%) Coupon Rate(%)	本年收盘 Close	成交数量(万) Trading Vol(10000)
130433	15 北京 Z3	1560.00	7.00	2022.08.26	3.6100	100.00	0.00
130434	15 北京 Z4	2340.00	10.00	2025.08.26	3.6000	100.00	0.00
130435	15 陕西 05	3534.12	3.00	2018.08.31	3.0300	100.00	0.00
130436	15 陕西 06	5280.00	5.00	2020.08.31	3.3600	100.00	0.00
130437	15 陕西 07	5280.00	7.00	2022.08.31	3.6200	100.00	0.00
130438	15 陕西 08	3530.00	10.00	2025.08.31	3.6000	100.00	0.00
130439	15 陕西 Z1	2630.49	3.00	2018.08.31	3.0300	100.00	0.00
130440	15 陕西 Z2	3940.00	5.00	2020.08.31	3.3600	100.00	0.00
130441	15 陕西 Z3	3940.00	7.00	2022.08.31	3.6200	100.00	0.00
130442	15 陕西 Z4	2630.00	10.00	2025.08.31	3.6000	100.00	0.00
130443	15 陕西 Z5	100.00	3.00	2018.08.31	3.0300	100.00	0.00
130444	15 陕西 Z6	150.00	5.00	2020.08.31	3.3600	100.00	0.00
130445	15 陕西 Z7	150.00	7.00	2022.08.31	3.6200	100.00	0.00
130446	15 陕西 Z8	100.00	10.00	2025.08.31	3.6000	100.00	0.00
130447	15 河南 05	5100.00	3.00	2018.09.01	3.0300	100.00	60.00
130448	15 河南 06	7660.00	5.00	2020.09.01	3.2900	100.00	40.00
130449	15 河南 07	7660.00	7.00	2022.09.01	3.5400	100.00	50.00
130450	15 河南 08	5100.00	10.00	2025.09.01	3.5300	100.00	30.00
130451	15 河南 Z1	3140.00	3.00	2018.09.01	3.0300	100.00	20.00
130452	15 河南 Z2	4700.00	5.00	2020.09.01	3.2900	100.00	30.00
130453	15 河南 Z3	4700.00	7.00	2022.09.01	3.5400	100.00	30.00
130454	15 河南 Z4	3140.00	10.00	2025.09.01	3.5300	100.00	20.00
130455	15 内蒙 05	4240.00	3.00	2018.09.09	3.1400	100.00	140.00
130456	15 内蒙 06	12720.00	5.00	2020.09.09	3.3500	100.00	0.00
130457	15 内蒙 07	12720.00	7.00	2022.09.09	3.5300	100.00	0.00
130458	15 内蒙 08	12720.00	10.00	2025.09.09	3.5200	100.00	0.00
130459	15 内蒙 Z1	1165.07	3.00	2018.09.09	3.1400	100.00	0.00
130460	15 内蒙 Z2	4470.00	5.00	2020.09.09	3.3500	100.00	0.00
130461	15 内蒙 Z3	2230.00	7.00	2022.09.09	3.5300	100.00	0.00
130462	15 内蒙 Z4	3350.00	10.00	2025.09.09	3.5200	100.00	0.00
130463	15 宁夏 05	572.79	3.00	2018.09.09	3.1400	100.00	0.00
130464	15 宁夏 06	1000.00	5.00	2020.09.09	3.3500	100.00	0.00
130465	15 宁夏 07	1000.00	7.00	2022.09.09	3.5300	100.00	0.00
130466	15 宁夏 08	1000.00	10.00	2025.09.09	3.5200	100.00	0.00
130467	15 江苏 05	9460.00	3.00	2018.09.11	3.2600	100.00	0.00
130468	15 江苏 06	14190.00	5.00	2020.09.11	3.4700	100.00	0.00
130469	15 江苏 07	14190.00	7.00	2022.09.11	3.6400	100.00	0.00
130470	15 江苏 08	9460.00	10.00	2025.09.11	3.6300	100.00	0.00
130471	15 江苏 Z4	6516.88	3.00	2018.09.11	3.2700	101.20	200.00
130472	15 江苏 Z5	9740.00	5.00	2020.09.11	3.4700	100.00	0.00
130473	15 江苏 Z6	9740.00	7.00	2022.09.11	3.6400	100.00	50.00
130474	15 江苏 Z7	6500.00	10.00	2025.09.11	3.6300	100.00	0.00
130475	15 山东 09	20250.00	3.00	2018.09.15	3.2400	100.50	2730.00
130476	15 山东 10	20250.00	5.00	2020.09.15	3.4400	101.50	1480.00
130477	15 山东 11	20250.00	7.00	2022.09.15	3.6100	100.00	0.00
130478	15 山东 12	6816.00	10.00	2025.09.15	3.6000	100.00	0.00
130479	15 山东 Z4	2220.00	3.00	2018.09.15	3.2300	101.00	100.00
130480	15 山东 Z5	2220.00	5.00	2020.09.15	3.4400	100.00	0.00
130481	15 山东 Z6	2220.00	7.00	2022.09.15	3.6000	100.00	0.00
130482	15 山东 Z7	777.00	10.00	2025.09.15	3.5900	100.00	0.00

债券信息
List of Bonds

债券代码 Code	债券简称 Securities	发行数量(百万) Issued Val(M)	年限 Terms	到期日 Expiration Date	票面利率(%) Coupon Rate(%)	本年收盘 Close	成交数量(万) Trading Vol(10000)
130483	15 新疆 13	3700.00	3.00	2018.09.16	3.1300	100.00	410.00
130484	15 新疆 14	5550.00	5.00	2020.09.16	3.3700	100.00	0.00
130485	15 新疆 15	5550.00	7.00	2022.09.16	3.5500	100.00	0.00
130486	15 新疆 16	3700.00	10.00	2025.09.16	3.4900	100.00	0.00
130487	15 新疆 Z9	1160.00	3.00	2018.09.16	2.9800	100.50	0.00
130488	15 新疆 17	1740.00	5.00	2020.09.16	3.1800	100.00	0.00
130489	15 新疆 18	1740.00	7.00	2022.09.16	3.4100	100.00	0.00
130490	15 新疆 19	1160.00	10.00	2025.09.16	3.3400	100.00	0.00
130491	15 广西 09	5900.00	3.00	2018.09.16	3.2300	100.00	100.00
130492	15 广西 10	8800.00	5.00	2020.09.16	3.4300	100.00	0.00
130493	15 广西 11	8800.00	7.00	2022.09.16	3.6000	100.00	0.00
130494	15 广西 12	5900.00	10.00	2025.09.16	3.5900	100.00	0.00
130495	15 广西 Z3	950.00	5.00	2020.09.16	3.4300	100.00	0.00
130496	15 广西 Z4	950.00	7.00	2022.09.16	3.6000	100.00	0.00
130497	15 浙江 05	2330.00	3.00	2018.09.18	2.9800	100.00	0.00
130498	15 浙江 06	6990.00	5.00	2020.09.18	3.2700	100.00	0.00
130499	15 浙江 07	6990.00	7.00	2022.09.18	3.3800	100.00	0.00
130500	15 浙江 08	6990.00	10.00	2025.09.18	3.4300	100.00	0.00
130501	15 浙江 Z1	4310.00	3.00	2018.09.18	2.9800	100.00	0.00
130502	15 浙江 Z2	6540.00	5.00	2020.09.18	3.1700	100.00	0.00
130503	15 浙江 Z3	4310.00	7.00	2022.09.18	3.3400	100.00	0.00
130504	15 浙江 Z4	6540.00	10.00	2025.09.18	3.3300	100.00	0.00
130505	15 河北 05	14000.00	3.00	2018.09.18	3.1800	100.00	0.00
130506	15 河北 06	14000.00	5.00	2020.09.18	3.3700	100.00	0.00
130507	15 河北 07	14000.00	7.00	2022.09.18	3.5400	100.00	0.00
130508	15 河北 08	4945.00	10.00	2025.09.18	3.5300	100.00	0.00
130509	15 河北 Z4	4700.00	3.00	2018.09.21	3.1700	100.00	0.00
130510	15 河北 Z5	4774.00	5.00	2020.09.21	3.3700	100.00	0.00
130511	15 贵州 09	10000.00	3.00	2018.09.21	3.2200	100.00	0.00
130512	15 贵州 10	15000.00	5.00	2020.09.21	3.4200	100.00	0.00
130513	15 贵州 11	15000.00	7.00	2022.09.21	3.5800	100.00	0.00
130514	15 贵州 12	10000.00	10.00	2025.09.21	3.5700	100.00	0.00
130515	15 云南 05	2760.00	3.00	2018.09.22	3.1700	100.22	100.00
130516	15 云南 06	5000.00	5.00	2020.09.22	3.3600	100.00	0.00
130517	15 云南 07	5000.00	7.00	2022.09.22	3.5300	100.00	0.00
130518	15 云南 08	5000.00	10.00	2025.09.22	3.5200	100.00	0.00
130519	15 云南 Z5	4440.00	3.00	2018.09.22	3.1700	100.00	0.00
130520	15 云南 Z6	4100.00	5.00	2020.09.22	3.3600	100.00	0.00
130521	15 云南 Z7	4200.00	7.00	2022.09.22	3.5300	100.00	0.00
130522	15 云南 Z8	4200.00	10.00	2025.09.22	3.5200	100.00	0.00
130523	15 福建 09	722.07	3.00	2018.09.23	3.2800	100.00	140.00
130524	15 福建 10	2090.00	5.00	2020.09.23	3.4500	100.00	0.00
130525	15 福建 11	2090.00	7.00	2022.09.23	3.6200	100.00	0.00
130526	15 福建 12	2090.00	10.00	2025.09.23	3.6100	100.00	0.00
130527	15 福建 Z3	7360.03	5.00	2020.09.23	3.4500	100.00	0.00
130528	15 福建 Z4	7360.00	10.00	2025.09.23	3.6100	100.00	0.00
130529	15 青海 09	500.00	3.00	2018.09.25	3.1900	100.00	0.00
130530	15 青海 10	800.00	5.00	2020.09.25	3.3500	100.00	0.00
130531	15 青海 11	800.00	7.00	2022.09.25	3.5300	100.00	0.00
130532	15 青海 12	800.00	10.00	2025.09.25	3.5200	100.00	0.00

债券信息
List of Bonds

债券代码 Code	债券简称 Securities	发行数量(百万) Issued Val(M)	年限 Terms	到期日 Expiration Date	票面利率(%) Coupon Rate(%)	本年收盘 Close	成交数量(万) Trading Vol(10000)
130533	15 湖北 13	780.00	3.00	2018.10.10	2.9400	100.00	0.00
130534	15 湖北 14	2340.00	5.00	2020.10.10	3.0700	100.00	0.00
130535	15 湖北 15	2340.00	7.00	2022.10.10	3.4500	100.00	0.00
130536	15 湖北 16	2340.00	10.00	2025.10.10	3.4400	100.00	0.00
130537	15 湖北 Z5	180.00	3.00	2018.10.10	2.9400	100.00	0.00
130538	15 湖北 Z6	720.00	5.00	2020.10.10	3.0700	100.00	0.00
130539	15 湖北 Z7	360.00	7.00	2022.10.10	3.2800	100.00	0.00
130540	15 湖北 Z8	540.00	10.00	2025.10.10	3.3000	100.00	0.00
130541	15 四川 09	8400.00	3.00	2018.10.10	3.2400	100.00	2380.00
130542	15 四川 10	8400.00	5.00	2020.10.10	3.3700	100.00	0.00
130543	15 四川 11	8400.00	7.00	2022.10.10	3.5800	100.00	0.00
130544	15 四川 12	2800.00	10.00	2025.10.10	3.5600	100.00	0.00
130545	15 广东 09	1926.34	3.00	2018.10.12	3.0200	100.07	320.00
130546	15 广东 10	5779.06	5.00	2020.10.12	3.1400	100.00	0.00
130547	15 广东 11	5779.06	7.00	2022.10.12	3.3500	100.00	0.00
130548	15 广东 12	5779.06	10.00	2025.10.12	3.3300	100.00	0.00
130549	15 广东 Z4	7750.80	5.00	2020.10.12	3.1500	100.00	0.00
130550	15 广东 Z5	3100.32	7.00	2022.10.12	3.3500	100.00	0.00
130551	15 广东 Z6	4650.48	10.00	2025.10.12	3.3300	100.00	0.00
130552	15 海南 05	535.48	3.00	2018.10.14	3.0700	100.00	0.00
130553	15 海南 06	1530.00	5.00	2020.10.14	3.2000	100.00	0.00
130554	15 海南 07	1530.00	7.00	2022.10.14	3.4000	100.00	0.00
130555	15 海南 08	1530.00	10.00	2025.10.14	3.3900	100.00	0.00
130556	15 海南 Z1	1844.84	5.00	2020.10.14	3.2000	100.00	0.00
130557	15 海南 Z2	700.00	7.00	2022.10.14	3.4000	100.00	0.00
130558	15 海南 Z3	1050.00	10.00	2025.10.14	3.3900	100.00	0.00
130559	15 浙江 09	1320.00	3.00	2018.10.16	2.9400	100.00	200.00
130560	15 浙江 10	3960.00	5.00	2020.10.16	3.0400	100.00	0.00
130561	15 浙江 11	3960.00	7.00	2022.10.16	3.2300	100.00	0.00
130562	15 浙江 12	3960.00	10.00	2025.10.16	3.3100	100.00	0.00
130563	15 浙江 Z5	2870.00	3.00	2018.10.16	2.9400	100.00	0.00
130564	15 浙江 Z6	4310.00	5.00	2020.10.16	3.0400	100.00	0.00
130565	15 浙江 Z7	2870.00	7.00	2022.10.16	3.2300	100.00	0.00
130566	15 浙江 Z8	4310.00	10.00	2025.10.16	3.3100	100.00	0.00
130567	15 甘肃 09	930.00	3.00	2018.10.21	3.0100	100.00	290.00
130568	15 甘肃 10	700.00	5.00	2020.10.21	3.1300	100.00	0.00
130569	15 甘肃 11	770.00	7.00	2022.10.21	3.3200	100.00	0.00
130570	15 甘肃 12	1000.00	10.00	2025.10.21	3.2900	100.00	0.00
130571	15 甘肃 Z3	1000.00	5.00	2020.10.21	3.1300	100.00	0.00
130572	15 甘肃 Z4	1000.00	10.00	2025.10.21	3.2900	100.00	0.00
130573	15 江西 05	4485.54	3.00	2018.10.21	3.0500	100.00	0.00
130574	15 江西 06	13450.00	5.00	2020.10.21	3.1800	100.00	0.00
130575	15 江西 07	13450.00	7.00	2022.10.21	3.3700	100.00	0.00
130576	15 江西 08	13450.00	10.00	2025.10.21	3.3400	100.00	0.00
130577	15 江西 Z1	750.00	3.00	2018.10.21	3.0300	100.00	150.00
130578	15 江西 Z2	750.00	5.00	2020.10.21	3.0700	100.00	0.00
130579	15 江西 Z3	750.00	7.00	2022.10.21	3.2700	100.00	0.00
130580	15 江西 Z4	750.00	10.00	2025.10.21	3.3400	100.00	0.00
130581	15 江西 Z5	150.00	3.00	2018.10.21	3.0000	100.00	0.00
130582	15 江西 Z6	150.00	5.00	2020.10.21	3.0500	100.00	0.00

债券信息 List of Bonds

债券 Bond

债券代码 Code	债券简称 Securities	发行数量(百万) Issued Val(M)	年限 Terms	到期日 Expiration Date	票面利率(%) Coupon Rate(%)	本年收盘 Close	成交数量(万) Trading Vol(10000)
130583	15 江西 Z7	150.00	7.00	2022.10.21	3.3600	100.00	0.00
130584	15 江西 Z8	150.00	10.00	2025.10.21	3.3400	100.00	0.00
130585	15 上海 05	500.00	5.00	2020.10.26	2.9300	100.00	0.00
130586	15 上海 06	7860.00	7.00	2022.10.26	3.1000	100.00	0.00
130587	15 上海 07	7860.00	10.00	2025.10.26	3.0800	100.00	0.00
130588	15 上海 Z3	3150.00	3.00	2018.10.26	2.8000	100.00	0.00
130589	15 上海 Z4	4750.00	5.00	2020.10.26	2.9300	100.00	0.00
130590	15 上海 Z5	4750.00	7.00	2022.10.26	3.1000	100.00	0.00
130591	15 上海 Z6	3150.00	10.00	2025.10.26	3.0800	100.00	0.00
130592	15 四川 Z1	15300.00	3.00	2018.10.27	3.0900	100.70	140.00
130593	15 四川 Z2	15300.00	5.00	2020.10.27	3.2100	100.00	0.00
130594	15 四川 Z3	15300.00	7.00	2022.10.27	3.3800	100.00	0.00
130595	15 四川 Z4	5342.00	10.00	2025.10.27	3.3700	100.00	0.00
130596	15 福建 13	310.00	3.00	2018.10.28	2.9800	100.00	0.00
130597	15 福建 14	930.00	5.00	2020.10.28	3.0900	100.00	0.00
130598	15 福建 15	930.00	7.00	2022.10.28	3.2600	100.00	0.00
130599	15 福建 16	930.00	10.00	2025.10.28	3.2500	100.00	0.00
130600	15 福建 Z5	330.00	5.00	2020.10.28	3.0900	100.00	0.00
130601	15 福建 Z6	320.00	10.00	2025.10.28	3.2500	100.00	0.00
130602	15 福建 Z7	180.00	5.00	2020.10.28	3.0900	100.00	0.00
130603	15 福建 Z8	170.00	10.00	2025.10.28	3.2500	100.00	0.00
130604	15 安徽 10	9540.00	3.00	2018.10.28	3.1300	100.80	400.00
130605	15 安徽 11	9540.00	5.00	2020.10.28	3.2400	100.00	0.00
130606	15 安徽 12	6360.00	7.00	2022.10.28	3.3600	100.00	0.00
130607	15 安徽 13	6436.86	10.00	2025.10.28	3.4500	100.00	0.00
130608	15 安徽 Z3	9901.05	5.00	2020.10.28	3.1900	100.00	0.00
130609	15 安徽 Z4	5200.00	10.00	2025.10.28	3.3900	100.00	0.00
130610	15 宁夏 09	2500.00	3.00	2018.10.30	3.0500	100.00	0.00
130611	15 宁夏 10	2500.00	5.00	2020.10.30	3.1500	100.00	0.00
130612	15 宁夏 11	2500.00	7.00	2022.10.30	3.3700	100.00	0.00
130613	15 宁夏 12	2010.11	10.00	2025.10.30	3.3700	100.00	0.00
130614	15 宁夏 Z1	2000.00	3.00	2018.10.30	3.0500	100.00	0.00
130615	15 宁夏 Z2	1500.00	5.00	2020.10.30	3.1500	100.00	0.00
130616	15 宁夏 Z3	1500.00	7.00	2022.10.30	3.3700	100.00	0.00
130617	15 宁夏 Z4	917.65	10.00	2025.10.30	3.3700	100.00	0.00
130618	15 宁夏 Z5	200.00	7.00	2022.10.30	3.3700	100.00	0.00
130619	15 宁夏 Z6	500.00	10.00	2025.10.30	3.3700	100.00	0.00
130620	15 天津 09	507.00	3.00	2018.10.30	3.0000	100.00	0.00
130621	15 天津 10	1540.00	5.00	2020.10.30	3.1000	100.00	0.00
130622	15 天津 11	1540.00	7.00	2022.10.30	3.2700	100.00	0.00
130623	15 天津 12	1540.00	10.00	2025.10.30	3.2700	100.00	0.00
130624	15 天津 Z4	831.00	5.00	2020.10.30	3.1000	100.00	0.00
130625	15 天津 Z5	310.00	7.00	2022.10.30	3.2500	100.00	0.00
130626	15 天津 Z6	370.00	10.00	2025.10.30	3.2700	100.00	0.00
130627	15 广东 13	1589.20	3.00	2018.11.03	2.8300	100.00	0.00
130628	15 广东 14	4750.00	5.00	2020.11.03	2.9600	99.40	20.31
130629	15 广东 15	4750.00	7.00	2022.11.03	3.1200	100.00	0.00
130630	15 广东 16	4750.00	10.00	2025.11.03	3.1200	100.00	0.00
130631	15 山西 05	2492.20	3.00	2018.11.04	2.8700	100.00	0.00
130632	15 山西 06	6620.79	5.00	2020.11.04	3.0700	100.00	0.00

债券信息
List of Bonds

债券代码 Code	债券简称 Securities	发行数量 (百万) Issued Val(M)	年限 Terms	到期日 Expiration Date	票面利率(%) Coupon Rate(%)	本年收盘 Close	成交数量(万) Trading Vol(10000)
130633	15 山西 07	6620.79	7.00	2022.11.04	3.2300	100.00	0.00
130634	15 山西 08	6620.79	10.00	2025.11.04	3.2300	100.00	0.00
130635	15 山西 Z1	6998.25	5.00	2020.11.04	2.9700	100.00	0.00
130636	15 山西 Z2	6748.27	10.00	2025.11.04	3.1800	100.00	0.00
130637	15 河南 09	7040.38	3.00	2018.11.04	3.0200	100.00	90.00
130638	15 河南 10	10200.00	5.00	2020.11.04	3.1700	100.00	0.00
130639	15 河南 11	10200.00	7.00	2022.11.04	3.3300	100.00	0.00
130640	15 河南 12	6800.00	10.00	2025.11.04	3.3300	100.00	0.00
130641	15 河南 Z5	4267.38	3.00	2018.11.04	3.0200	100.00	0.00
130642	15 河南 Z6	6300.00	5.00	2020.11.04	3.1700	100.00	0.00
130643	15 河南 Z7	6300.00	7.00	2022.11.04	3.3300	100.00	0.00
130644	15 河南 Z8	4200.00	10.00	2025.11.04	3.3300	100.00	80.00
130645	15 贵州 Z1	10000.00	3.00	2018.11.06	2.9900	100.00	0.00
130646	15 贵州 Z2	15000.00	5.00	2020.11.06	3.1700	100.00	0.00
130647	15 贵州 Z3	15000.00	7.00	2022.11.06	3.3200	100.00	0.00
130648	15 贵州 Z4	10000.00	10.00	2025.11.06	3.3300	100.00	0.00
130649	15 江苏 09	16240.00	3.00	2018.11.06	2.8900	100.00	100.00
130650	15 江苏 10	24360.00	5.00	2020.11.06	3.1100	100.40	20.21
130651	15 江苏 11	24360.00	7.00	2022.11.06	3.2600	100.00	0.00
130652	15 江苏 12	16240.00	10.00	2025.11.06	3.2300	100.00	0.00
130653	15 江苏 Z8	7132.12	3.00	2018.11.06	2.8900	100.00	0.00
130654	15 江苏 Z9	10670.00	5.00	2020.11.06	3.0700	100.00	0.00
130655	15 江苏 13	10670.00	7.00	2022.11.06	3.2200	100.00	0.00
130656	15 江苏 14	7120.00	10.00	2025.11.06	3.1800	100.00	40.00
130657	15 云南 09	6290.00	3.00	2018.11.09	2.9500	99.62	240.00
130658	15 云南 10	10900.00	5.00	2020.11.09	3.1400	100.00	0.00
130659	15 云南 11	10900.00	7.00	2022.11.09	3.2900	100.00	50.00
130660	15 云南 12	10900.00	10.00	2025.11.09	3.2900	100.00	0.00
130661	15 云南 Z9	6500.00	3.00	2018.11.09	2.9500	100.00	0.00
130662	15 云南 13	6500.00	5.00	2020.11.09	3.1400	100.00	0.00
130663	15 云南 14	6300.00	7.00	2022.11.09	3.2900	100.00	0.00
130664	15 云南 15	6300.00	10.00	2025.11.09	3.2900	100.00	0.00
130665	15 内蒙 09	1903.93	3.00	2018.11.10	3.1700	100.00	0.00
130666	15 内蒙 10	5670.00	5.00	2020.11.10	3.3900	100.00	0.00
130667	15 内蒙 11	5670.00	7.00	2022.11.10	3.5600	100.00	0.00
130668	15 内蒙 12	5670.00	10.00	2025.11.10	3.5500	100.00	0.00
130669	15 内蒙 Z5	493.76	3.00	2018.11.10	3.1700	100.00	0.00
130670	15 内蒙 Z6	2000.00	5.00	2020.11.10	3.3900	100.00	0.00
130671	15 内蒙 Z7	1480.00	7.00	2022.11.10	3.5600	100.00	0.00
130672	15 内蒙 Z8	1000.00	10.00	2025.11.10	3.5500	100.00	0.00
130673	15 宁波 05	1020.00	3.00	2018.11.11	2.8700	100.00	0.00
130674	15 宁波 06	1530.00	5.00	2020.11.11	3.0800	100.00	0.00
130675	15 宁波 07	1020.00	7.00	2022.11.11	3.2400	100.29	50.00
130676	15 宁波 08	1530.00	10.00	2025.11.11	3.3300	100.00	0.00
130677	15 宁波 Z5	840.00	3.00	2018.11.11	2.7800	100.00	0.00
130678	15 宁波 Z6	1260.00	5.00	2020.11.11	3.0800	100.00	0.00
130679	15 宁波 Z7	840.00	7.00	2022.11.11	3.2400	100.00	0.00
130680	15 宁波 Z8	1260.00	10.00	2025.11.11	3.3300	100.00	0.00
130681	15 厦门 05	187.25	3.00	2018.11.11	2.7800	100.00	0.00
130682	15 厦门 06	270.00	5.00	2020.11.11	2.9800	99.71	50.00

债券信息
List of Bonds

债券
Bond

债券代码 Code	债券简称 Securities	发行数量(百万) Issued Val(M)	年限 Terms	到期日 Expiration Date	票面利率(%) Coupon Rate(%)	本年收盘 Close	成交数量(万) Trading Vol(10000)
130683	15 厦门 07	270.00	7.00	2022.11.11	3.1400	99.68	50.00
130684	15 厦门 08	180.00	10.00	2025.11.11	3.1300	100.00	0.00
130685	15 厦门 Z3	1081.89	5.00	2020.11.11	2.9800	99.50	100.00
130686	15 厦门 Z4	1080.00	10.00	2025.11.11	3.1300	100.00	0.00
130687	15 陕西 09	4960.00	3.00	2018.11.13	3.1600	100.00	0.00
130688	15 陕西 10	4960.00	5.00	2020.11.13	3.3900	100.00	0.00
130689	15 陕西 11	4960.00	7.00	2022.11.13	3.5700	100.00	0.00
130690	15 陕西 12	1666.51	10.00	2025.11.13	3.5500	100.00	140.00
130691	15 陕西 Z9	6620.00	3.00	2018.11.13	3.0400	100.00	0.00
130692	15 陕西 13	6620.00	5.00	2020.11.13	3.2400	100.00	0.00
130693	15 陕西 14	6620.00	7.00	2022.11.13	3.4400	100.00	0.00
130694	15 陕西 15	2230.58	10.00	2025.11.13	3.5400	100.00	300.00
130695	15 黑龙 05	13000.00	3.00	2018.11.16	3.1300	100.00	0.00
130696	15 黑龙 06	13000.00	5.00	2020.11.16	3.3400	100.00	0.00
130697	15 黑龙 07	13000.00	7.00	2022.11.16	3.4800	100.00	0.00
130698	15 黑龙 08	5214.12	10.00	2025.11.16	3.4700	100.00	0.00
130699	15 黑龙 Z4	1500.00	5.00	2020.11.16	3.3200	100.00	0.00
130700	15 黑龙 Z5	900.00	7.00	2022.11.16	3.4700	100.00	0.00
130701	15 大连 05	1180.00	3.00	2018.11.18	3.0300	100.00	250.00
130702	15 大连 06	1770.00	5.00	2020.11.18	3.2600	100.00	0.00
130703	15 大连 07	1770.00	7.00	2022.11.18	3.4000	100.00	0.00
130704	15 大连 08	1180.00	10.00	2025.11.18	3.3900	100.00	0.00
130705	15 大连 Z5	1170.00	3.00	2018.11.18	3.0800	100.00	0.00
130706	15 大连 Z6	1750.00	5.00	2020.11.18	3.2600	100.00	0.00
130707	15 大连 Z7	1750.00	7.00	2022.11.18	3.4400	100.00	0.00
130708	15 大连 Z8	1170.00	10.00	2025.11.18	3.4300	100.00	0.00
130709	15 吉林 05	2446.86	3.00	2018.11.20	3.0800	100.00	0.00
130710	15 吉林 06	7320.00	5.00	2020.11.20	3.4400	101.76	200.00
130711	15 吉林 07	7320.00	7.00	2022.11.20	3.4500	100.00	0.00
130712	15 吉林 08	7320.00	10.00	2025.11.20	3.4500	100.00	0.00
130713	15 吉林 Z1	5432.21	5.00	2020.11.20	3.3500	100.00	0.00
130714	15 吉林 Z2	5430.00	10.00	2025.11.20	3.4500	100.00	0.00
130715	15 吉林 Z3	1648.29	5.00	2020.11.20	3.3500	100.00	0.00
130716	15 吉林 Z4	886.40	10.00	2025.11.20	3.5700	100.00	0.00
130717	15 北京 05	2017.07	3.00	2018.11.20	2.9200	100.00	0.00
130718	15 北京 06	2405.46	5.00	2020.11.20	3.1000	100.00	0.00
130719	15 北京 07	2538.86	7.00	2022.11.20	3.2400	100.00	0.00
130720	15 北京 08	1673.85	10.00	2025.11.20	3.2300	100.00	0.00
130721	15 北京 Z5	6229.84	3.00	2018.11.20	2.9300	100.00	0.00
130722	15 北京 Z6	6960.62	5.00	2020.11.20	3.1000	100.00	0.00
130723	15 北京 Z7	6690.75	7.00	2022.11.20	3.2400	100.00	0.00
130724	15 北京 Z8	5787.00	10.00	2025.11.20	3.2300	100.00	0.00
130725	15 北京 Z9	203.00	7.00	2022.11.20	3.2400	100.00	0.00
130726	15 湖南 05	4646.70	3.00	2018.11.23	3.0400	100.00	0.00
130727	15 湖南 06	13200.00	5.00	2020.11.23	3.1900	100.00	0.00
130728	15 湖南 07	13200.00	7.00	2022.11.23	3.3500	100.00	0.00
130729	15 湖南 08	13200.00	10.00	2025.11.23	3.3300	100.00	0.00
130730	15 上海 08	5000.00	3.00	2018.11.25	2.9500	100.00	0.00
130731	15 上海 09	5000.00	5.00	2020.11.25	3.1000	100.00	0.00
130732	15 山东 13	280.00	3.00	2018.11.27	3.0800	100.00	0.00

债券信息
List of Bonds

债券代码 Code	债券简称 Securities	发行数量(百万) Issued Val(M)	年限 Terms	到期日 Expiration Date	票面利率(%) Coupon Rate(%)	本年收盘 Close	成交数量(万) Trading Vol(10000)
130733	15 山东 14	840.00	5.00	2020.11.27	3.1900	100.00	0.00
130734	15 山东 15	840.00	7.00	2022.11.27	3.3800	100.00	0.00
130735	15 山东 16	840.00	10.00	2025.11.27	3.3400	100.00	0.00
130736	15 贵州 13	2725.92	3.00	2018.11.27	3.1100	100.00	300.00
130737	15 贵州 14	3900.00	5.00	2020.11.27	3.2200	100.00	0.00
130738	15 贵州 15	3900.00	7.00	2022.11.27	3.4100	100.00	0.00
130739	15 贵州 16	2600.00	10.00	2025.11.27	3.4000	100.00	0.00
130740	15 贵州 Z5	5815.94	3.00	2018.11.27	3.0900	100.00	0.00
130741	15 贵州 Z6	8500.00	5.00	2020.11.27	3.2500	100.00	0.00
130742	15 贵州 Z7	8500.00	7.00	2022.11.27	3.4100	100.00	0.00
130743	15 贵州 Z8	5600.00	10.00	2025.11.27	3.4700	100.00	0.00
130744	15 浙江 13	2560.00	3.00	2018.11.30	2.9500	100.00	0.00
130745	15 浙江 14	7600.00	5.00	2020.11.30	3.0600	100.00	0.00
130746	15 浙江 15	7600.00	7.00	2022.11.30	3.2400	100.00	0.00
130747	15 浙江 16	7600.00	10.00	2025.11.30	3.2000	100.00	0.00
130748	15 青岛 09	140.00	3.00	2018.12.04	3.0600	100.00	0.00
130749	15 青岛 10	420.00	5.00	2020.12.04	3.1500	100.00	0.00
130750	15 青岛 11	420.00	7.00	2022.12.04	3.3200	100.00	0.00
130751	15 青岛 12	420.00	10.00	2025.12.04	3.3000	100.00	0.00
130752	15 福建 17	1617.94	3.00	2018.12.04	3.0700	100.00	0.00
130753	15 福建 18	4800.00	5.00	2020.12.04	3.1500	100.00	0.00
130754	15 福建 19	4800.00	7.00	2022.12.04	3.3200	100.00	0.00
130755	15 福建 20	4800.00	10.00	2025.12.04	3.3000	100.00	0.00
130756	15 福建 Z9	12281.85	5.00	2020.12.04	3.1500	100.00	0.00
130757	15 福建 21	12280.00	10.00	2025.12.04	3.3000	100.00	0.00
130758	15 内蒙 13	870.00	3.00	2018.12.07	3.1100	100.00	0.00
130759	15 内蒙 14	1810.00	5.00	2020.12.07	3.2900	100.00	0.00
130760	15 内蒙 15	1810.00	7.00	2022.12.07	3.4200	100.00	0.00
130761	15 内蒙 16	1810.00	10.00	2025.12.07	3.4400	100.00	0.00
130762	15 内蒙 Z9	1100.00	5.00	2020.12.07	3.1900	100.00	0.00
130763	15 内蒙 17	1000.00	7.00	2022.12.07	3.3600	100.00	0.00
130764	15 辽宁 09	21660.00	3.00	2018.12.09	3.0000	100.00	200.00
130765	15 辽宁 10	21660.00	5.00	2020.12.09	3.1800	100.00	0.00
130766	15 辽宁 11	21660.00	7.00	2022.12.09	3.3400	100.00	0.00
130767	15 辽宁 12	7220.00	10.00	2025.12.09	3.3400	100.00	0.00
130768	15 甘肃 13	700.00	3.00	2018.12.11	3.0000	100.00	0.00
130769	15 甘肃 14	1500.00	5.00	2020.12.11	3.1500	100.00	0.00
130770	15 甘肃 15	1570.00	7.00	2022.12.11	3.3300	100.00	0.00
130771	15 甘肃 16	1500.00	10.00	2025.12.11	3.3200	100.00	0.00
130772	15 山西 09	550.00	3.00	2018.12.16	2.7100	100.00	0.00
130773	15 山西 10	1580.00	5.00	2020.12.16	2.8300	100.00	0.00
130774	15 山西 11	1580.00	7.00	2022.12.16	3.0100	100.00	0.00
130775	15 山西 12	1580.00	10.00	2025.12.16	3.0000	100.00	0.00
130776	15 贵州 17	600.00	3.00	2018.12.24	2.7900	100.00	0.00
130777	15 贵州 18	900.00	5.00	2020.12.24	2.9900	100.00	0.00
130778	15 贵州 19	900.00	7.00	2022.12.24	3.1800	100.00	0.00
130779	15 贵州 20	600.00	10.00	2025.12.24	3.2300	100.00	0.00
131000	丰汇 201	100.00	0.76	2016.07.25	4.5000	100.00	0.00
131001	丰汇 202	109.00	1.76	2017.07.25	4.8000	100.00	0.00
131002	丰汇 203	118.00	2.76	2018.07.25	5.0000	100.00	0.00

债券信息 List of Bonds

债券 Bond

债券代码 Code	债券简称 Securities	发行数量(百万) Issued Val(M)	年限 Terms	到期日 Expiration Date	票面利率(%) Coupon Rate(%)	本年收盘 Close	成交数量(万) Trading Vol(10000)
131003	丰汇 204	128.00	3.76	2019.07.25	5.5000	100.00	0.00
131004	丰汇 205	115.00	4.26	2020.01.25	6.3000	100.00	50.00
131006	PR 兴乾 1	380.00	29.24	2045.01.24	4.0700	99.17	0.00
131008	摩山 2A	242.00	3.00	2018.10.29	6.0000	100.00	33.00
131009	摩山 2B	69.00	3.00	2018.10.29	6.9000	100.00	30.00
131011	汇今一 A	1142.00	2.32	2018.02.27	5.2000	100.00	0.00
131012	汇今一 B	139.00	2.55	2018.05.21	6.4300	100.00	100.00
131014	太盟 1A1	18.00	0.20	2016.01.11	5.4000	100.00	0.00
131015	太盟 1A2	17.00	0.45	2016.04.11	5.4000	100.00	0.00
131016	太盟 1A3	17.00	0.69	2016.07.08	5.5000	100.00	0.00
131017	太盟 1A4	12.00	0.97	2016.10.17	5.5000	100.00	0.00
131018	太盟 1A5	18.00	1.20	2017.01.09	5.7000	100.00	0.00
131019	太盟 1A6	17.00	1.45	2017.04.11	5.7000	100.00	0.00
131020	太盟 1A7	16.00	1.70	2017.07.10	5.7000	100.00	0.00
131021	太盟 1A8	8.00	1.96	2017.10.16	5.7000	100.00	0.00
131022	太盟 1B1	18.00	2.20	2018.01.09	5.9000	100.00	0.00
131023	太盟 1B2	6.00	2.45	2018.04.10	5.9000	100.00	0.00
131025	聚信二 A1	155.00	0.82	2016.08.21	5.0000	100.00	0.00
131026	聚信二 A2	170.00	1.82	2017.08.21	5.2500	100.00	0.00
131027	聚信二 A3	110.00	2.82	2018.08.21	5.6000	100.00	0.00
131028	聚信二 B	14.00	0.56	2016.05.21	6.9000	100.00	0.00
131029	聚信二次	78.00	3.82	2019.08.21	0.0000	100.00	0.00
131030	15 中联 3A	2850.00	3.00	2018.08.14	5.6000	100.00	0.00
131031	15 中联 3B	150.00	3.00	2018.08.14	6.6000	100.00	0.00
131032	巩燃 01	60.00	1.00	2016.10.27	6.1000	100.00	0.00
131033	巩燃 02	70.00	2.00	2017.10.27	6.4000	100.00	0.00
131034	巩燃 03	80.00	3.00	2018.10.27	6.6000	100.00	0.00
131035	巩燃 04	90.00	4.00	2019.10.27	7.5000	100.00	0.00
131036	巩燃 05	100.00	5.01	2020.10.27	7.5000	100.00	0.00
131037	巩燃 06	100.00	6.01	2021.10.27	7.5000	100.00	0.00
131039	15 世建 01	180.00	1.15	2017.01.04	5.7500	100.00	0.00
131040	15 世建 02	180.00	2.15	2018.01.04	5.8500	100.00	0.00
131041	15 世建 03	180.00	3.13	2018.12.31	5.9500	100.00	0.00
131043	15 普惠 A1	25.00	0.15	2016.01.08	5.7000	100.00	0.00
131044	15 普惠 A2	25.00	0.23	2016.02.05	5.7000	100.00	0.00
131045	15 普惠 A3	50.00	0.32	2016.03.08	5.8000	100.00	0.00
131046	15 普惠 A4	30.00	0.49	2016.05.09	5.8000	100.00	0.00
131047	15 普惠 A5	50.00	0.57	2016.06.08	5.9000	100.00	0.00
131048	15 普惠 A6	10.00	0.65	2016.07.08	5.9000	100.00	0.00
131049	15 普惠 A7	24.00	0.82	2016.09.08	6.0000	100.00	0.00
131050	普惠中间	43.00	1.48	2017.05.08	8.0000	100.00	0.00
131052	PR 中铁 01	115.00	0.17	2016.01.19	3.7000	21.74	0.00
131053	中铁 1 优 2	112.00	0.67	2016.07.18	4.3000	100.00	0.00
131054	中铁 1 优 3	111.00	1.17	2017.01.18	4.7500	100.00	0.00
131055	中铁 1 优 4	101.00	1.67	2017.07.18	4.9000	100.00	0.00
131056	中铁 1 优 5	71.00	2.17	2018.01.17	5.3000	100.00	0.00
131057	中铁 1 次	170.00	4.58	2020.06.16	0.0000	100.00	0.00
131058	中民 1A1	100.00	0.21	2016.01.25	5.0500	100.00	0.00
131059	中民 1A2	75.00	0.45	2016.04.25	5.1000	100.00	0.00
131060	中民 1A3	75.00	0.70	2016.07.25	5.1500	100.00	0.00

债券信息
List of Bonds

债券代码 Code	债券简称 Securities	发行数量(百万) Issued Val(M)	年限 Terms	到期日 Expiration Date	票面利率(%) Coupon Rate(%)	本年收盘 Close	成交数量(万) Trading Vol(10000)
131061	中民 1A4	100.00	0.95	2016.10.24	5.2000	100.00	0.00
131062	中民 1A5	100.00	1.20	2017.01.23	5.2500	100.00	0.00
131063	中民 1A6	100.00	1.45	2017.04.24	5.3000	100.00	0.00
131064	中民 1A7	100.00	1.70	2017.07.24	5.3500	100.00	0.00
131065	中民 1A8	90.00	1.95	2017.10.23	5.4000	100.00	0.00
131066	中民 1A9	90.00	2.20	2018.01.23	5.4500	100.00	0.00
131067	中民 1A10	95.00	2.45	2018.04.23	5.6500	100.00	65.00
131068	中民 1A11	95.00	2.70	2018.07.23	5.7500	100.00	65.00
131069	中民 1A12	80.00	2.78	2018.08.23	5.8000	100.00	0.00
131082	方正 1 优	529.00	3.00	2018.11.19	5.3000	100.00	0.00
131097	扬汽 01	130.00	1.00	2016.11.18	4.3000	100.00	0.00
131098	扬汽 02	145.00	2.00	2017.11.18	4.5000	100.00	0.00
131099	扬汽 03	155.00	3.00	2018.11.18	4.7000	100.00	0.00
131100	扬汽 04	170.00	4.00	2019.11.18	5.0000	100.00	0.00
131101	扬汽 05	200.00	5.01	2020.11.18	5.2000	100.00	0.00
131118	渝西永 1	160.00	0.17	2015.12.30	4.4000	100.00	0.00
131119	渝西永 2	320.00	1.17	2016.12.29	4.6000	100.00	0.00
131120	渝西永 3	345.00	2.17	2017.12.28	4.6500	100.00	0.00
131121	渝西永 4	300.00	3.17	2018.12.28	4.7500	100.00	0.00
131122	渝西永 5	245.00	4.18	2019.12.30	4.9000	100.00	0.00
131123	渝西永 6	140.00	5.18	2020.12.30	5.0000	100.00	0.00
131132	先锋 01	169.00	3.00	2018.11.20	5.8000	100.00	0.00
132001	14 宝钢 EB	4000.00	3.00	2017.12.10	1.5000	154.76	13321.66
132002	15 天集 EB	1200.00	5.00	2020.06.08	1.0000	115.00	4584.33
132003	15 清控 EB	1000.00	3.00	2018.10.26	1.0000	138.00	964.24
132004	15 国盛 EB	5000.00	6.00	2021.11.05	1.0000	111.30	5068.19
132005	15 国资 EB	2000.00	5.00	2020.12.08	1.7000	114.94	2097.65
135001	14 国君 D1	1000.00	0.50	2015.04.30	4.4000	0.00	0.00
135002	14 海通 D1	5000.00	1.00	2015.12.02	4.6500	0.00	0.00
135003	14 西部 D1	1000.00	0.50	2015.06.04	5.2000	0.00	300.00
135004	14 证金 D1	1000.00	1.00	2015.12.07	5.0000	0.00	0.00
135005	14 中信 D1	8000.00	1.00	2015.12.15	5.5000	0.00	1860.00
135006	14 华泰 D1	7000.00	0.67	2015.08.18	6.0000	0.00	0.00
135007	14 银河 D1	6000.00	1.00	2015.12.26	6.5000	0.00	630.00
135008	14 国君 D2	5000.00	0.40	2015.05.19	5.9000	0.00	40.00
135009	14 海通 D2	2500.00	0.25	2015.03.22	5.8500	0.00	0.00
135010	14 西部 D2	630.00	0.50	2015.06.24	6.7000	0.00	150.00
135011	14 兴业 D1	2500.00	0.25	2015.04.16	5.4700	0.00	0.00
135012	14 西部 D3	670.00	0.40	2015.06.20	5.4000	0.00	0.00
135013	14 银河 D2	3200.00	0.50	2015.07.22	5.0000	0.00	80.00
135014	15 国金 D1	1100.00	0.50	2015.07.15	5.6000	0.00	0.00
135015	14 银河 D3	2630.00	1.00	2016.03.06	5.0200	0.00	100.00
135016	15 招商 D3	4000.00	1.00	2016.03.10	5.3400	0.00	1950.00
135017	14 兴业 D2	2500.00	0.25	2015.07.10	5.5000	0.00	0.00
135018	15 招商 D4	4000.00	1.00	2016.04.01	5.4000	0.00	0.00
135020	15 中信 D1	8000.00	1.00	2016.10.27	3.9000	0.00	0.00
135021	15 国金 D2	900.00	0.50	2015.10.12	5.5000	0.00	0.00
135022	15 方正 D1	3000.00	0.50	2015.10.20	5.8000	0.00	195.00
135023	15 方正 D2	1800.00	1.00	2016.04.23	5.9000	0.00	200.00
135024	15 申证 D1	5000.00	1.00	2016.04.30	5.1000	0.00	400.00

债券信息
List of Bonds

债券代码 Code	债券简称 Securities	发行数量 (百万) Issued Val(M)	年限 Terms	到期日 Expiration Date	票面利率(%) Coupon Rate(%)	本年收盘 Close	成交数量(万) Trading Vol(10000)
135025	14 海通 D3	8000.00	1.00	2016.05.13	5.0000	0.00	420.00
135026	15 申证 D2	5000.00	1.00	2016.05.25	4.3000	0.00	100.00
135027	15 申证 D3	4500.00	1.00	2016.05.27	4.5000	0.00	900.00
135039	15 东方 D1	3000.00	1.00	2016.11.10	3.7000	0.00	0.00
135040	15 太证 D1	1000.00	0.50	2016.05.23	4.0000	0.00	0.00
135500	14 昆高 01	1400.00	5.00	2020.01.20	7.5000	0.00	2186.00
135501	14 昆高 02	1100.00	5.00	2020.06.25	7.2000	0.00	480.00
135502	15 泉兴债	200.00	3.00	2018.07.10	9.0000	0.00	0.00
136000	15 浙国资	1600.00	5.00	2020.10.19	3.7800	100.50	440.00
136001	15 福能债	500.00	5.00	2020.10.22	3.8800	100.00	40.00
136002	15 赣粤 02	700.00	7.00	2022.10.23	3.8500	101.50	10.00
136003	15 如意债	2000.00	5.00	2020.10.23	5.9500	100.40	807.00
136005	15 海投 01	200.00	5.00	2020.10.27	3.8000	100.00	0.00
136006	15 鲁星 01	1100.00	5.00	2020.10.23	5.6400	100.10	425.00
136007	15 鲁焦 02	1500.00	3.00	2018.11.05	6.8000	100.20	1060.42
136008	15 协鑫债	1000.00	5.00	2020.10.28	5.6000	101.00	309.00
136009	15 红星 01	2000.00	5.00	2020.10.28	4.3700	100.68	20.00
136010	15 中骏 01	2000.00	5.00	2020.10.28	5.1800	100.30	619.60
136011	14 瀚华 02	900.00	4.00	2019.11.03	5.6000	99.99	384.14
136012	15 梅花 02	1500.00	4.00	2019.10.30	4.2700	100.00	150.00
136013	15 财达债	2500.00	5.00	2020.10.28	3.8000	100.00	0.00
136014	15 福投债	3000.00	8.00	2023.11.02	3.8600	101.99	182.30
136015	15 华安 01	1300.00	3.00	2018.11.02	3.7000	100.00	120.00
136016	15 赛轮债	700.00	3.00	2018.11.02	5.1000	100.20	171.00
136017	15 名城 01	1600.00	5.00	2020.11.04	6.9800	100.00	738.79
136019	15 龙湖 04	2000.00	7.00	2022.11.02	4.0800	100.98	670.00
136020	15 华安 02	500.00	5.00	2020.11.02	3.8000	99.17	20.00
136021	15 新城 01	3000.00	5.00	2020.11.03	4.5000	100.50	395.00
136022	15 东吴债	2500.00	5.00	2020.11.09	4.1500	100.00	350.00
136023	15 当代债	1000.00	5.00	2020.11.09	5.1000	101.60	265.30
136024	15 沪城开	1800.00	7.00	2022.11.06	4.4700	101.30	118.00
136025	15 黔路 01	2000.00	3.00	2018.11.05	4.2000	101.18	210.93
136026	15 蒙阜丰	1000.00	3.00	2018.11.05	3.9800	100.00	160.00
136027	15 三福 02	400.00	5.00	2020.11.09	6.0000	100.00	595.00
136028	15 花园 01	2000.00	5.00	2020.11.10	7.2500	100.40	1190.41
136029	15 华宝债	4000.00	3.00	2018.11.09	3.5500	100.70	762.00
136030	15 吉利 01	2000.00	6.00	2021.11.09	3.8800	100.00	150.00
136031	15 常发投	1000.00	5.00	2020.11.11	4.3000	100.00	200.00
136032	15 红美 01	5000.00	5.00	2020.11.10	4.5000	96.83	1680.00
136033	15 东旭 02	2000.00	5.00	2020.11.13	7.0000	101.00	1003.60
136034	15 沪国资	3000.00	5.00	2020.11.11	4.0000	102.00	250.93
136035	15 远东一	2000.00	5.00	2020.11.11	3.8500	100.00	20.00
136036	15 苏元禾	1000.00	5.00	2020.11.11	4.2900	100.70	30.00
136037	15 旭辉 02	500.00	5.00	2020.11.11	5.9600	100.00	441.80
136038	15 兴杭 01	2000.00	5.00	2020.11.12	4.0900	100.81	90.00
136039	15 石化 01	16000.00	3.00	2018.11.19	3.3000	101.00	9601.60
136040	15 石化 02	4000.00	5.00	2020.11.19	3.7000	100.00	200.00
136041	15 渝信 01	3700.00	3.00	2018.11.18	3.8800	101.20	681.00
136042	15 渝信 02	5300.00	7.00	2022.11.18	4.2600	103.00	968.70
136043	15 华凌 01	1200.00	5.00	2020.11.23	6.5000	100.80	72.00

债券信息
List of Bonds

债券代码 Code	债券简称 Securities	发行数量 (百万) Issued Val(M)	年限 Terms	到期日 Expiration Date	票面利率(%) Coupon Rate(%)	本年收盘 Close	成交数量(万) Trading Vol(10000)
136044	15 通运 01	500.00	7.00	2022.11.18	4.9000	100.00	120.00
136045	15 复地 01	4000.00	5.00	2020.11.20	4.1500	100.00	300.00
136047	15 国君 G1	5000.00	5.00	2020.11.19	3.6000	100.00	120.00
136048	15 国君 G2	1000.00	7.00	2022.11.19	3.8000	100.00	40.00
136050	15 景德 01	500.00	7.00	2022.11.19	5.3000	100.00	30.00
136051	15 五矿 03	1500.00	7.00	2022.11.20	4.5000	102.00	105.23
136052	15 五矿 04	2500.00	10.00	2025.11.20	4.9000	100.00	0.00
136053	15 南航 01	3000.00	5.00	2020.11.20	3.6300	102.00	278.00
136055	14 国贸 02	400.00	3.00	2018.11.25	3.8800	100.00	0.00
136056	15 玉皇 01	500.00	3.00	2018.11.23	6.3500	99.59	160.00
136057	15 华发 01	3000.00	5.00	2020.11.26	4.5000	100.00	500.00
136058	15 宜集债	1000.00	5.00	2020.11.26	5.9900	94.10	270.00
136061	15 东证债	12000.00	5.00	2020.11.26	3.9000	101.28	132.72
136062	15 大连港	3000.00	5.00	2020.11.26	3.9400	100.00	0.00
136063	15 中骏 02	1500.00	5.00	2020.12.08	5.3000	100.30	63.10
136064	13 铁龙 02	600.00	3.00	2018.11.30	3.7700	100.00	0.00
136065	15 晋电 01	3000.00	10.00	2025.11.27	4.2900	102.00	540.01
136066	15 西王 01	1000.00	7.00	2022.12.03	7.4100	100.88	118.10
136067	15 洪市政	1000.00	7.00	2022.12.02	4.0700	100.00	0.00
136068	15 哈投 02	800.00	5.00	2020.12.09	4.0000	100.00	0.00
136069	15 双欣债	1060.00	5.00	2020.12.04	7.3000	105.00	760.00
136070	15 必康债	800.00	5.00	2020.12.07	4.6800	100.60	2.00
136071	15 开元 01	1400.00	5.00	2020.12.03	4.2500	100.00	0.00
136072	15 开元 02	600.00	3.00	2018.12.03	3.9000	100.00	150.00
136074	15 合作债	600.00	5.00	2020.12.03	4.4300	100.80	31.00
136075	15 桂铁投	1000.00	10.00	2025.12.07	3.8000	100.00	0.00
136076	15 瑞贝卡	560.00	5.00	2020.12.08	5.6800	100.70	83.00
136077	15 中天 01	910.00	3.00	2018.12.10	7.5000	100.00	372.00
136081	15 广汇 01	520.00	5.00	2020.12.08	6.0000	100.00	300.02
136082	15 浙交 01	1000.00	5.00	2020.12.11	3.6800	100.00	0.00
136083	15 浙交 02	500.00	10.00	2025.12.11	4.0000	100.00	0.00
136085	15 金茂投	2200.00	5.00	2020.12.09	3.5500	100.00	0.00
136092	15 连云港	660.00	5.00	2020.12.10	3.9300	100.00	0.00
136093	15 华信债	3000.00	5.00	2020.12.10	4.9800	100.16	30.00
136094	15 晋电 02	1000.00	10.00	2025.12.14	3.9900	100.00	0.00

可转债基本信息
Convertible Bond

转债名称 Name	转股起始日 Start Date	转股终止日 End Date	转股价 Convert Price	累计转股数量(万股) Total Convert Vol (10000)	累计转股比例(%) Total Convert Ratio(%)
厦工转债	2010.03.01	2014.08.28	7.45	8043.61	99.88
西洋转债	2010.03.09	2014.09.03	14.55	1817.19	99.77
龙盛转债	2010.03.14	2014.09.14	8.90	14011.59	99.76
博汇转债	2010.03.23	2014.09.23	5.74	16384.61	98.51
王府转债	2010.04.26	2015.10.19	33.26	2466.89	99.94
双良转债	2010.11.04	2015.05.04	12.58	2.15	0.05
歌华转债	2011.05.26	2016.11.25	14.69	343.26	3.15
海运转债	2011.07.08	2016.01.07	4.50	129.44	0.81
国投转债	2011.07.26	2017.01.25	2.91	102027.09	99.66
石化转债	2011.08.24	2017.02.23	4.89	183295.50	40.44
川投转债	2011.09.22	2017.03.21	9.02	22840.96	98.42
中海转债	2012.02.02	2017.08.01	6.24	7685.30	12.14
国电转债	2012.02.20	2017.08.19	2.27	159344.30	65.77
恒丰转债	2012.09.24	2017.03.22	6.67	2105.53	31.62
南山转债	2013.04.17	2018.10.16	6.65	3053.30	3.38
同仁转债	2013.06.05	2017.12.04	17.27	916.51	13.30
民生转债	2013.09.16	2019.03.15	8.18	11424.74	4.68
隧道转债	2014.03.14	2019.09.13	4.71	48281.84	99.76
国金转债	2014.11.21	2020.05.13	9.99	24871.59	99.39
东方转债	2015.01.12	2020.07.10	12.00	0.00	0.00
冠城转债	2015.01.19	2020.07.18	6.20	0.00	0.00
浙能转债	2015.04.13	2020.10.12	5.66	0.00	0.00
中行转债	2010.12.02	2016.06.02	2.62	958398.53	62.88
工行转债	2011.03.01	2016.08.31	3.27	447566.80	61.85
重工转债	2012.12.05	2018.06.04	4.74	167491.10	99.94
平安转债	2014.05.23	2019.11.22	41.22	38197.18	60.56
深燃转债	2014.06.16	2019.12.13	8.32	14.78	0.08
吉视转债	2015.03.06	2020.09.05	12.08	0.00	0.00
洛钼转债	2015.06.02	2020.12.01	0.00	0.00	0.00

大宗交易平台
Bulk Trading

大宗交易平台 Bulk Trading	2015 年	2014 年	增减(%) Change (%)
交易天数 Trading Days	244	245	-0.41
交易证券数 No. of Securities	1464	1389	5.40
股票 Shares	568	405	40.25
债券 Bonds	886	977	-9.31
基金 Funds	10	7	42.86
总成交金额 (亿) Total Trading Val(100M)	4541.96	2942.90	54.34
股票 Shares	2893.15	1365.75	111.84
债券 Bonds	1584.69	1505.32	5.27
基金 Funds	64.12	71.82	-10.72
日均成交金额(百万)Average Turnover In Val(M)	1861.46	1201.18	54.97
股票 Shares	1185.72	557.45	112.70
债券 Bonds	649.46	614.42	5.70
基金 Funds	26.28	29.32	-10.37
总成交量(亿) Total Vol In Val(100M)	263.84	220.47	19.67
股票 Shares	231.32	180.54	28.13
债券 Bonds	15.71	15.01	4.66
基金 Funds	16.81	24.92	-32.54
日均成交量(百万) Average Vol In Val(M)	108.13	89.99	20.16
股票 Shares	94.80	73.69	28.65
债券 Bonds	6.44	6.13	5.06
基金 Funds	6.89	10.17	-32.25
总成笔数 Total Transactions	8413	8842	-4.85
股票 Shares	4137	3187	29.81
债券 Bonds	4176	5584	-25.21
基金 Funds	100	71	40.85
日均成交笔数 Average Transactions	34	36	-5.56
股票 Shares	16	13	23.08
债券 Bonds	17	22	-22.73
基金 Funds	0	0	0.00

注：债券成交量均以张为单位

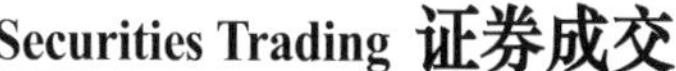

固定收益平台
Fixed-Incoming Trading System

固定收益平台交易 Trading of Fixed-Incoming Trading System	2015 年	2014 年	增减(%) Change (%)
交易天数 Trading Days	244	245	-0.41
上市债券数 No. of Bonds	2932	1979	48.16
政府债 G-Bonds	671	81	728.40
公司债 C-Bonds	202	87	132.18
新上市债券数 No. of New Bonds	2723	1892	43.92
总成交金额 (亿) Total Trading Val(100 M)	15827.33	11626.14	36.14
政府债 G-Bonds	2042.09	398.11	412.95
公司债 C-Bonds	13624.34	11228.03	21.34
债券回购 Bond Repo Trading	160.90	-	-
日均成交金额(百万)Average Turnover In Val(M)	6486.61	4745.36	36.69
政府债 G-Bonds	836.92	162.49	415.05
公司债 C-Bonds	5583.75	4582.87	21.84
债券回购 Bond Repo Trading	65.94	-	-
总成交量(万张) Total Vol In Val(10 Thousand)	15468.34	11530.43	35.41
政府债 G-Bonds	2032.00	399.00	409.27
公司债 C-Bonds	13420.05	11131.44	20.59
债券回购 Bond Repo Trading	16.09	-	-
日均成交量(百) Average Vol In Val(Hundred)	633948.36	470629.94	35.96
政府债 G-Bonds	83278.56	16285.64	411.36
公司债 C-Bonds	550010.38	454344.30	21.06
债券回购 Bond Repo Trading			
总成笔数 Total Transactions	42181	40990	2.91
政府债 G-Bonds	2429	574	323.17
公司债 C-Bonds	39498	40416	-2.28
债券回购 Bond Repo Trading	254	-	-
日均成交笔数(笔)Average Transactions	173	167	3.33
政府债 G-Bonds	10	2	324.91
公司债 C-Bonds	162	165	-1.88
债券回购 Bond Repo Trading	1	-	-
交易商年末持有量(亿)	50.50	37.28	35.46
政府债 G-Bonds	5.07	3.42	48.25
公司债 C-Bonds	45.44	33.87	34.16

固定收益平台券商持有
Hold of Brokers

固定收益平台
Fixed-Incoming Trading System

交易商名称 Investor Name	交易证券数 Number	交易量(万) Trading Vol(10000)	年末持有量(万) Hold Vol(10000)
长江证券	188	7513	3755
光大证券	218	2891	5924
广发证券	1635	141782	113313
国寿资产	196	2128	102678
国泰君安	1358	95352	104530
国信证券	427	13598	9105
华泰证券	822	14189	27762
南京证券	477	33957	2089
平安证券	147	7186	17204
人保财险	258	1450	36772
申万宏源	536	24070	14514
兴业证券	344	11580	14515
银河证券	134	1611	5600
招商证券	567	44543	17210
中金公司	204	30330	3492
中信建投	678	78394	12583
中信证券	1088	234867	18138
中银证券	84	4015	1068
中原证券	92	5876	972

沪港通概况
Shang-Hong Kong Stock Connect

成交情况
Trading in 2015

板块	家数	持有市值(亿元)	成交金额(亿元)
沪股通	569	1248.17	14710.64
港股通	296	975.61	6203.61

额度情况
Limit in 2015

板块	当年使用额度(亿元)	当年额度使用率%	年末剩余额度(亿元)
沪股通	450.83	15.03	1802.85
港股通	978.07	39.12	1417.51

基金通申赎
Fund Expert Trading

证券简称 code	证券代码 Name	申购总量(万) Buy Vol(10000)	赎回总量(万) Sell Vol(10000)
519001	银华优选	3186.70	3590.31
519002	安信消费	2760.71	20188.09
519003	海富收益	255.81	482.08
519005	海富股票	362.63	802.29
519007	海富回报	68.44	638.99
519008	添富优势	544.16	685.36
519011	海富精选	326.55	585.93
519013	海富优势	59.47	284.24
519015	海富贰号	12.04	28.43
519017	大成成长	1990.55	4321.40
519018	添富均衡	3949.51	5622.39
519019	大成景阳	5787.48	12376.28
519020	国泰金泰	130.13	8044.50
519021	金鼎价值	415.05	1629.93
519023	海富债券	3617.53	669.59
519025	海富领先	185.97	164.31
519026	海富小盘	493.45	485.48
519027	海富周期	17.47	159.57
519028	华夏稳增	0.00	630.68
519029	华夏稳增	491.95	1089.43
519030	海富稳固	47.94	25.17
519032	海富非周	34.88	75.46
519033	海富国策	119.45	142.52
519034	海富低碳	202.70	135.02
519035	富国天博	1465.72	3564.15
519039	长盛同德	716.39	4107.53
519050	海富养老	268.27	245.13
519056	海富内需	1665.52	1669.91
519060	海富纯 C	78009.26	77971.14
519061	海富纯 A	1239.32	1114.58
519062	海富对冲	415.30	369.50
519066	添富蓝筹	534.04	488.51
519068	添富焦点	666.92	657.34
519069	添富价值	646.61	688.64
519078	添富增收	3295.60	489.80
519087	新华分红	2307.97	1718.79
519089	新华成长	124.13	165.80
519093	新华钻石	69.05	82.83
519095	新华行业	124.71	111.18
519097	新华市值	11.34	18.69
519099	新华主题	28.98	35.13
519100	长盛 100	373.23	678.01
519110	价值 A	4708.51	4411.57
519111	浦银收益	8.14	18.75
519112	收益债 C	311.10	325.73
519113	浦银生活	98.53	38.55
519115	浦银红利	213.99	192.05
519116	浦银 300	9.64	47.13
519117	浦银 400	2.58	6.00

基金通申赎
Fund Expert Trading

证券简称 code	证券代码 Name	申购总量(万) Buy Vol(10000)	赎回总量(万) Sell Vol(10000)
519118	幸福债 A	98.16	0.00
519119	幸福债 B	9.83	0.00
519120	新兴产业	382.15	196.16
519121	6 月债 A	0.66	0.00
519122	6 月债 C	3.35	0.00
519123	浦银添 A	0.00	0.01
519124	浦银添 C	0.00	0.00
519125	浦银消费	1693.43	1673.65
519126	新经济	1042.12	1023.31
519127	盛世 A	8563.69	10566.38
519130	海富新内	7215.07	1962.15
519150	新华消费	218.48	209.42
519152	新华纯 A	40.95	66.71
519153	新华纯 C	1268.49	1423.42
519156	新华配置	5825.95	3062.27
519158	新华趋势	383.57	470.77
519160	新华惠 A	0.00	75.24
519161	新华惠 C	0.00	57.47
519162	新华增 A	7.45	6.66
519163	新华增 C	7.28	52.48
519167	新华鑫安	155.41	0.00
519170	浦银增长	1775.70	939.95
519171	浦银医疗	147.05	136.74
519180	万家 180	236.76	674.33
519181	万家和谐	118.94	332.97
519183	万家引擎	15.46	7.01
519185	万家精选	62.34	61.74
519186	万家稳增	74.76	74.91
519188	万家恒 A	4666.15	2161.74
519189	万家恒 C	6605.82	3139.07
519190	万家双利	0.33	267.69
519191	万家新利	5.12	5.12
519195	万家品质	19.18	2521.39
519300	大成 300A	502.63	1094.95
519505	海富货 A	83558.09	39334.20
519506	海富货 B	33462.10	8576.31
519507	万家货 B	13050.00	10080.80
519508	万家货 A	62402.47	55829.43
519509	浦银货 A	8886.04	7757.14
519510	浦银货 B	2300.00	3894.01
519511	万家薪 A	1263.99	1079.26
519512	万家薪 B	3250.00	3250.49
519518	添富货币	27495.96	29748.86
519519	友邦增利	31.95	30.07
519528	海富金 A	237.18	256.52
519529	海富金 B	14.99	0.00
519566	日日盈 A	5027.59	3285.52
519567	日日盈 B	2749.90	3931.22
519598	利息 B	721.56	1201.12

基金通申赎
Fund Expert Trading

证券简称 code	证券代码 Name	申购总量(万) Buy Vol(10000)	赎回总量(万) Sell Vol(10000)
519599	利息 A	1927.03	585.33
519606	国泰金鑫	1191.25	27070.85
519640	银河鸿 A	0.00	168.03
519641	银河鸿 C	3.22	194.69
519651	银河转型	58.96	73.83
519652	银河鑫 A	4938.65	6795.54
519653	银河鑫 C	55.25	93.20
519654	银河泽利	40.23	300.62
519655	银河服务	1093.63	45461.88
519656	银河灵 A	236.64	269.29
519657	银河灵 C	335.51	428.91
519660	银河增 A	3.83	65.69
519661	银河增 C	19.28	19.63
519662	银河回 A	39.09	23.66
519663	银河回 C	57.69	2.76
519664	美丽 A	148.42	1316.56
519665	美丽 C	377.89	1141.71
519666	银河银信	3424.17	1001.63
519668	银河成长	539.86	584.10
519669	银河领先	2135.67	430.10
519670	银河行业	1865.71	2077.38
519671	300 价值	630.81	2325.05
519672	银河蓝筹	120.17	339.34
519673	银河康乐	1933.90	18049.22
519674	银河创新	36.27	115.15
519675	银河润 A	58.33	508.75
519676	银河保本	71.45	363.06
519677	定投宝	8660.24	8571.93
519678	银河消费	44.67	127.00
519679	银河主题	1452.69	1546.65
519680	交银增利	3440.11	1011.71
519683	交银双利	31.70	22.43
519688	交银精选	312.98	1195.98
519690	交银稳健	1076.09	1088.13
519692	交银成长	136.17	242.97
519698	交银先锋	1708.95	885.99
519700	交银主题	116.06	273.07
519702	交银趋势	22.72	20.61
519704	交银制造	116.64	89.40
519706	交银价值	1.30	1.37
519712	交银核心	48.46	90.92
519714	交银消费	15.16	11.42
519718	交银纯债	11.09	16.27
519723	交银双轮	11.08	12.08
519727	交银 30	362.40	356.52
519733	交银强债	7946.14	443.20
519908	兴华基金	5617.50	28307.96
519909	安顺配置	5913.67	53677.08
519915	富国消费	3718.93	72680.25

基金通申赎
Fund Expert Trading

证券简称 code	证券代码 Name	申购总量(万) Buy Vol(10000)	赎回总量(万) Sell Vol(10000)
519918	基金兴和	1326.77	26069.83
519947	长信利保	0.01	0.00
519956	睿进 C	48.64	38.65
519957	睿进 A	3.70	0.87
519959	长信多利	15.73	2788.67
519961	利广 A	4.95	11.90
519963	利盈 A	4.95	11.90
519965	量化策略	2.17	4.09
519967	长信利富	16.01	15.91
519969	长信新利	67.36	27.32
519971	长信 GGHL	454.95	380.85
519972	CX 纯债 C	5.77	0.00
519973	CX 纯债 A	17.13	0.78
519975	CXLH 中小	124.68	43.70
519976	CX 转债 C	199.40	161.42
519977	CX 转债 A	962.24	1047.97
519979	长信内需	1400.96	1279.75
519983	长信量化	443.43	747.97
519985	长信 CZYH	694.39	127.45
519987	长信恒利	66.73	88.22
519989	长信利丰	707.86	523.82
519991	长信双利	71.23	101.00
519993	长信增利	107.79	434.20
519995	长信金利	183.57	493.85
519997	长信银利	309.06	434.72

历年上海市场股票市值占 GDP 比
Stock Market Capital and GDP

年份 Year	国内生产总值(亿) GDP (100M)	总市值(亿) Market Capital (100M)	占比(%) Rate(%)	流通市值(亿) Negotiable Capital (100M)	占比(%) Rate(%)
1990	18774	12.34	0.07	--	--
1991	21896	29.43	0.13	--	--
1992	27068	558.40	2.06	--	--
1993	35524	2206.20	6.21	423.94	1.57
1994	48460	2600.13	5.37	586.96	1.65
1995	61130	2525.66	4.13	587.00	1.21
1996	71572	5477.81	7.65	1408.75	2.30
1997	79430	9218.06	11.61	2513.47	3.51
1998	84884	10625.91	12.52	2947.44	3.71
1999	90188	14580.47	16.17	4249.69	5.01
2000	99776	26930.86	26.99	8481.33	9.40
2001	110270	27590.56	25.02	8382.11	8.40
2002	121002	25363.72	20.96	7467.30	6.77
2003	136565	29804.92	21.82	8201.14	6.78
2004	160714	26014.34	16.19	7350.88	5.38
2005	185896	23096.13	12.42	6754.61	4.20
2006	217657	71612.38	32.90	16428.33	8.84
2007	268019	269838.87	100.68	64532.17	29.65
2008	316752	97251.91	30.70	32305.91	12.05
2009	345629	184655.23	53.43	114805.00	36.24
2010	408903	179007.24	43.78	142337.45	41.18
2011	484124	148376.22	30.65	122851.36	30.04
2012	534123	158698.44	29.71	134294.45	27.74
2013	588019	151165.27	25.71	136526.38	25.56
2014	636463	243974.02	38.33	220495.87	34.64
2015	676708	295194.20	43.62	254127.84	37.55

注：GDP 数据来源于国家统计局

历年股票印花税占财政收入比 Stamp-duty and State Revenue

年份 Year	股票印花税(亿) Stamp duty(100M)	财政收入(亿) State Revenue(100M)	占比(%) Rate(%)
1998	111.48	9876	1.13
1999	135.51	11444	1.18
2000	250.30	13395	1.87
2001	167.55	16386	1.02
2002	67.59	18904	0.36
2003	82.85	21715	0.38
2004	105.69	26396	0.40
2005	39.90	31649	0.13
2006	115.63	38760	0.30
2007	1347.72	51322	2.63
2008	524.24	61330	0.85
2009	346.51	68518	0.51
2010	304.32	83102	0.37
2011	237.56	103874	0.23
2012	164.05	117254	0.14
2013	229.61	129210	0.18
2014	375.15	140350	0.27
2015	1325.59	152217	0.87

注：财政收入数据来源于国家统计局

Listed

Companies

上市公司

上市公司地区、行业分布
Area and Industrys Distributions

地区 Area	仅发A股 A Share	A、H股 A&H Share	A、B股 A&B Share	仅发B股 B Share	合计 Total	工业类 Industrial	商业类 Commercial	地产类 Real Estate	公用事业类 Utilities	综合 Conglomerates	合计 Total
上海	113	10	35	5	163	82	18	11	14	38	163
北京	83	25			108	53	10	4	11	30	108
浙江	105		1		106	80	7	1	6	12	106
江苏	94	4			98	75	7	2	3	11	98
广东	44	9			53	32		6	7	8	53
山东	48	3	1		52	34	3		4	11	52
湖北	35		1	1	37	27	1		3	6	37
福建	34	2			36	26	1		2	7	36
四川	33	2			35	25	2		5	3	35
安徽	31	3	1		35	28			2	5	35
辽宁	29	1	1	1	32	17	2		8	5	32
河南	23	4			27	24			1	2	27
黑龙江	24		1		25	15	1		3	6	25
湖南	24				24	15	2		2	5	24
新疆	23				23	16	1		1	5	23
天津	17	4	1		22	12	2	1	2	5	22
重庆	20	1			21	12	1		8		21
陕西	20				20	15				5	20
吉林	19				19	10	3		2	4	19
河北	17	1			18	15				3	18
山西	17				17	15			1	1	17
广西	16				16	9	2		4	1	16
江西	15	1			16	13			3		16
内蒙	14	1	1		16	14			2		16
甘肃	13				13	10	2			1	13
云南	11	1			12	9			1	2	12
贵州	10				10	10					10
海南	8		1		9	4	1		2	2	9
青海	7				7	7					7
西藏	7				7	3	1		1	2	7
宁夏	4				4	3	1				4
合计	958	71	45	7	1081	710	68	25	98	180	1081

2015 年市场筹融资
Capital Raised in 2015

证券类型 Type of Securities	筹资方式 Way of Capital Raising	筹资额 Capital Raised Val	
		2015 年	2014 年
股票	首次发行	1086.90	311.77
	再次发行	7626.06	3650.82
股票筹资合计		3962.59	8712.96
优先股	首次发行	1959.00	1030.00
	再次发行	0.00	0.00
优先股筹资合计		1030.00	1959.00
债券	公司债	17413.67	2995.20

注：再次发行包括：增发（向公众增发、定向增发）、配股、权证行权、可转债转股。公司债包括：可转债、可分离债、证监会审批发行的公司纯债、私募债

股票历年筹资
Capital Raised 1990-2015

年份 Year	A 股(亿) A-Shares(100M)		B 股(亿美元) B-Shares(100M)		总计 Total
	首发(IPO)	再发(SPO)	首发(IPO)	再发(SPO)	
1990	10.11	0.00	0.00	0.00	10.11
1991	0.00	0.24	0.00	0.00	0.24
1992	10.85	2.53	37.66	0.00	51.05
1993	57.52	27.40	22.83	0.50	107.06
1994	98.98	31.29	34.43	2.26	166.95
1995	24.29	27.76	6.13	0.00	58.16
1996	130.46	44.95	15.85	9.64	205.14
1997	278.57	131.00	47.02	18.28	474.87
1998	230.69	139.24	9.84	0.19	379.91
1999	291.96	190.86	1.89	0.33	486.37
2000	591.18	325.13	0.44	0.00	919.95
2001	534.29	423.20	0.00	0.00	957.49
2002	516.96	97.55	0.00	0.00	614.51
2003	453.51	103.90	0.00	0.43	560.96
2004	237.24	219.66	0.00	0.00	456.90
2005	28.55	271.22	0.00	0.00	299.77
2006	1180.23	534.18	0.00	0.00	1714.41
2007	4379.92	2425.89	0.00	0.00	6805.81
2008	733.54	1504.62	0.00	0.00	2238.16
2009	1251.25	2091.91	0.00	0.00	3343.15
2010	1891.51	3640.62	0.00	0.00	5532.14
2011	1014.01	2185.68	0.00	0.00	3199.69
2012	333.57	2556.74	0.00	0.00	2890.31
2013	0.00	2515.72	0.00	0.00	2515.72
2014	311.77	3650.82	0.00	0.00	3962.59
2015	1086.90	7626.06	0.00	0.00	8712.96

上市公司基本信息
Listed Companies in 2015

公司代码 Code	证券名称 Name	总市值 Market Capital	流通市值 Negotiable Capital	总股本 Total Vol	A股流通股 A-Share Negotiable	B股 B-Share	H股 H-Share	限售股 Limited Share
600000	浦发银行	340798.9	340798.9	18653.5	18653.5	0.0	0.0	0.0
600004	白云机场	16364.5	16364.5	1150.0	1150.0	0.0	0.0	0.0
600005	武钢股份	35025.4	35025.4	10093.8	10093.8	0.0	0.0	0.0
600006	东风汽车	17720.0	17720.0	2000.0	2000.0	0.0	0.0	0.0
600007	中国国贸	18916.8	18916.8	1007.3	1007.3	0.0	0.0	0.0
600008	首创股份	24561.0	22418.0	2410.3	2200.0	0.0	0.0	210.3
600009	上海机场	56883.8	32279.4	1927.0	1093.5	0.0	0.0	833.5
600010	包钢股份	117544.3	56828.7	32560.7	15742.0	0.0	0.0	16818.7
600011	华能国际	91665.0	91665.0	15200.4	10500.0	0.0	4700.4	0.0
600012	皖通高速	15584.1	15584.1	1658.6	1165.6	0.0	493.0	0.0
600015	华夏银行	129722.8	94512.6	10685.6	7785.2	0.0	0.0	2900.3
600016	民生银行	284879.1	284879.1	36485.3	29551.8	0.0	6933.6	0.0
600017	日照港	20114.8	20114.8	3075.7	3075.7	0.0	0.0	0.0
600018	上港集团	150165.4	147453.6	23173.7	22755.2	0.0	0.0	418.5
600019	宝钢股份	91888.7	91647.5	16467.5	16424.3	0.0	0.0	43.2
600020	中原高速	15372.0	15372.0	2247.4	2247.4	0.0	0.0	0.0
600021	上海电力	31497.0	31497.0	2139.7	2139.7	0.0	0.0	0.0
600022	山东钢铁	26187.5	20016.9	8420.4	6436.3	0.0	0.0	1984.1
600023	浙能电力	101869.2	22377.1	13600.7	2987.6	0.0	0.0	10613.1
600026	中海发展	25280.9	25280.9	4032.0	2736.0	0.0	1296.0	0.0
600027	华电国际	55391.1	40392.4	9863.0	5940.1	0.0	1717.2	2205.7
600028	中国石化	473966.5	473966.5	121071.2	95557.8	0.0	25513.4	0.0
600029	南方航空	60184.1	60184.1	9817.6	7022.7	0.0	2794.9	0.0
600030	中信证券	190376.5	189913.7	12116.9	9814.7	0.0	2278.3	23.9
600031	三一重工	50116.6	49966.6	7616.5	7593.7	0.0	0.0	22.8
600033	福建高速	11691.1	11691.1	2744.4	2744.4	0.0	0.0	0.0
600035	楚天高速	9534.2	9534.2	1453.4	1453.4	0.0	0.0	0.0
600036	招商银行	371114.7	371114.7	25219.8	20628.9	0.0	4590.9	0.0
600037	歌华有线	29965.0	25154.6	1391.8	1168.4	0.0	0.0	223.4
600038	中直股份	31083.1	20704.4	589.5	392.7	0.0	0.0	196.8
600039	四川路桥	15400.6	15400.6	3019.7	3019.7	0.0	0.0	0.0
600048	保利地产	114435.8	114435.8	10755.2	10755.2	0.0	0.0	0.0
600050	中国联通	130995.0	130995.0	21196.6	21196.6	0.0	0.0	0.0
600051	宁波联合	4116.1	4048.7	310.9	305.8	0.0	0.0	5.1
600052	浙江广厦	7697.9	7697.9	871.8	871.8	0.0	0.0	0.0
600053	九鼎投资	25453.2	25453.2	433.5	433.5	0.0	0.0	0.0
600054	黄山旅游	10145.8	4843.5	498.2	117.6	156.0	0.0	224.6
600055	华润万东	9160.2	9160.2	216.5	216.5	0.0	0.0	0.0
600056	中国医药	16838.1	16334.0	1012.5	982.2	0.0	0.0	30.3
600057	象屿股份	13512.7	7215.4	1036.3	553.3	0.0	0.0	482.9
600058	五矿发展	24332.4	24332.4	1071.9	1071.9	0.0	0.0	0.0
600059	古越龙山	8885.7	8885.7	808.5	808.5	0.0	0.0	0.0
600060	海信电器	25737.8	25737.8	1308.5	1308.5	0.0	0.0	0.0
600061	国投安信	95789.4	11126.1	3694.2	429.1	0.0	0.0	3265.1
600062	华润双鹤	16525.2	13040.4	724.5	571.7	0.0	0.0	152.8
600063	皖维高新	11109.8	10110.5	1645.9	1497.9	0.0	0.0	148.0
600064	南京高科	14673.5	14673.5	774.3	774.3	0.0	0.0	0.0
600066	宇通客车	49791.5	42809.4	2213.9	1903.5	0.0	0.0	310.5
600067	冠城大通	12960.6	12960.6	1482.9	1482.9	0.0	0.0	0.0
600068	葛洲坝	36239.6	32649.3	4604.8	4148.6	0.0	0.0	456.2

注：股本的单位为百万股，市值、营业收入、净利润的单位为百万元

上市公司基本信息
Listed Companies in 2015

优先股 Pref Share	所属行业 Industry	所属地区 Area	营业收入 Revenue	净利润 Net Profit	每股收益(元) EPS	每股净资产(元) NAVPS
300.0	金融业	上海	- -	50604.0	2.71	16.90
0.0	交通运输、仓储和邮政业	广东	5619.7	1253.1	1.09	8.32
0.0	制造业	湖北	44272.2	-7514.8	-0.74	2.80
0.0	制造业	湖北	16310.6	344.4	0.17	3.20
0.0	房地产业	北京	2271.3	627.6	0.62	5.61
0.0	电力、热力、燃气及水生产和供应业	北京	7004.1	536.3	0.22	3.54
0.0	交通运输、仓储和邮政业	上海	6285.4	2531.4	1.31	10.55
0.0	制造业	内蒙	22016.4	-3306.3	-0.10	1.45
0.0	电力、热力、燃气及水生产和供应业	北京	128165.8	13786.1	0.91	5.22
0.0	交通运输、仓储和邮政业	安徽	2373.8	937.9	0.57	4.89
0.0	金融业	北京	- -	18883.0	1.77	11.01
0.0	金融业	北京	- -	46111.0	1.26	8.26
0.0	交通运输、仓储和邮政业	山东	4025.5	308.2	0.10	3.29
0.0	交通运输、仓储和邮政业	上海	28664.8	6562.5	0.28	2.57
0.0	制造业	上海	162583.3	1012.9	0.06	6.85
34.0	交通运输、仓储和邮政业	河南	4448.4	1144.5	0.51	5.39
0.0	电力、热力、燃气及水生产和供应业	上海	16806.3	1332.4	0.62	4.79
0.0	制造业	山东	34972.0	75.9	0.01	1.97
0.0	电力、热力、燃气及水生产和供应业	浙江	37452.1	6976.5	0.51	4.09
0.0	交通运输、仓储和邮政业	上海	12222.2	389.7	0.10	6.37
0.0	电力、热力、燃气及水生产和供应业	山东	70383.4	7693.9	0.78	4.30
0.0	采矿业	北京	1976412.0	32207.0	0.27	5.58
0.0	交通运输、仓储和邮政业	广东	109400.0	3851.0	0.39	3.97
0.0	金融业	广东	- -	19799.8	1.63	11.48
0.0	制造业	湖南	22678.7	138.6	0.02	2.98
0.0	交通运输、仓储和邮政业	福建	2545.4	550.8	0.20	2.93
0.0	交通运输、仓储和邮政业	湖北	1169.1	429.7	0.30	2.80
0.0	金融业	广东	- -	57696.0	2.29	14.31
0.0	信息传输、软件和信息技术服务业	北京	2543.3	672.8	0.48	8.28
0.0	制造业	黑龙江	12377.3	437.1	0.74	11.11
0.0	建筑业	四川	27704.1	1025.1	0.34	2.86
0.0	房地产业	广东	123386.3	12347.6	1.15	6.65
0.0	信息传输、软件和信息技术服务业	上海	235277.1	3471.6	0.16	3.71
0.0	批发和零售业	浙江	3651.7	127.2	0.41	6.04
0.0	房地产业	浙江	2334.4	-656.1	-0.75	1.49
0.0	房地产业	江西	1118.4	286.5	0.66	2.67
0.0	水利、环境和公共设施管理业	安徽	1644.3	295.8	0.59	5.98
0.0	制造业	北京	807.0	40.3	0.19	3.23
0.0	制造业	北京	20467.4	614.5	0.61	5.33
0.0	租赁和商务服务业	福建	59388.7	288.9	0.25	5.16
0.0	批发和零售业	北京	61412.3	-3953.0	-3.69	4.64
0.0	制造业	浙江	1355.7	133.3	0.17	4.67
0.0	制造业	山东	28038.3	1488.8	1.14	9.08
0.0	金融业	上海	1842.1	4522.6	1.22	7.16
0.0	制造业	北京	4978.2	661.1	0.91	8.43
0.0	制造业	安徽	3424.0	109.2	0.07	2.23
0.0	房地产业	江苏	3836.7	848.2	1.10	11.62
0.0	制造业	河南	29599.7	3535.2	1.60	5.81
0.0	房地产业	福建	7254.5	212.5	0.14	4.75
0.0	建筑业	湖北	81646.8	2683.1	0.58	4.40

上市公司基本信息
Listed Companies in 2015

公司代码 Code	证券名称 Name	总市值 Market Capital	流通市值 Negotiable Capital	总股本 Total Vol	A 股流通股 A-Share Negotiable	B 股 B-Share	H 股 H-Share	限售股 Limited Share
600069	*ST 银鸽	6557.8	4333.2	1249.1	825.4	0.0	0.0	423.7
600070	浙江富润	3387.8	3387.8	356.6	356.6	0.0	0.0	0.0
600071	*ST 光学	6138.7	6138.7	237.5	237.5	0.0	0.0	0.0
600072	钢构工程	9362.9	9362.9	478.4	478.4	0.0	0.0	0.0
600073	上海梅林	13268.9	13268.9	937.7	937.7	0.0	0.0	0.0
600074	保千里	37320.2	14756.8	2266.0	896.0	0.0	0.0	1370.0
600075	新疆天业	4697.3	4697.3	438.6	438.6	0.0	0.0	0.0
600076	青鸟华光	10694.3	3779.6	1034.3	365.5	0.0	0.0	668.7
600077	宋都股份	9742.7	9742.7	1340.1	1340.1	0.0	0.0	0.0
600078	澄星股份	5234.3	5234.3	662.6	662.6	0.0	0.0	0.0
600079	人福医药	28627.5	22949.9	1286.0	1031.0	0.0	0.0	255.1
600080	金花股份	4374.9	4374.9	305.3	305.3	0.0	0.0	0.0
600081	东风科技	7042.6	7042.6	313.6	313.6	0.0	0.0	0.0
600082	海泰发展	4606.8	4508.8	646.1	632.4	0.0	0.0	13.7
600083	博信股份	5207.2	5137.5	230.0	226.9	0.0	0.0	3.1
600084	中葡股份	8338.1	7406.7	1123.7	998.2	0.0	0.0	125.5
600085	同仁堂	61181.3	61181.3	1371.5	1371.5	0.0	0.0	0.0
600086	东方金钰	16618.5	13009.8	1350.0	1056.8	0.0	0.0	293.2
600088	中视传媒	9979.1	9979.1	331.4	331.4	0.0	0.0	0.0
600089	特变电工	38241.4	37406.5	3249.1	3178.1	0.0	0.0	70.9
600090	啤酒花	7229.6	7229.6	367.9	367.9	0.0	0.0	0.0
600091	*ST 明科	5940.1	4570.0	437.4	336.5	0.0	0.0	100.9
600093	禾嘉股份	18374.5	5278.5	1122.4	322.4	0.0	0.0	800.0
600094	大名城	20555.0	20555.0	2011.6	1812.8	198.7	0.0	0.0
600095	哈高科	4020.9	4020.9	361.3	361.3	0.0	0.0	0.0
600096	云天化	14644.1	6760.8	1129.1	521.3	0.0	0.0	607.8
600097	开创国际	3979.0	3979.0	202.6	202.6	0.0	0.0	0.0
600098	广州发展	34431.9	34431.9	2726.2	2726.2	0.0	0.0	0.0
600099	林海股份	3109.3	3109.3	219.1	219.1	0.0	0.0	0.0
600100	同方股份	53587.3	37429.2	2963.9	2070.2	0.0	0.0	893.7
600101	明星电力	4639.0	4639.0	324.2	324.2	0.0	0.0	0.0
600103	青山纸业	8208.0	8208.0	1061.8	1061.8	0.0	0.0	0.0
600104	上汽集团	233962.5	233962.5	11025.6	11025.6	0.0	0.0	0.0
600105	永鼎股份	10872.1	8765.8	472.5	381.0	0.0	0.0	91.5
600106	重庆路桥	9567.6	9567.6	907.7	907.7	0.0	0.0	0.0
600107	美尔雅	7509.6	7509.6	360.0	360.0	0.0	0.0	0.0
600108	亚盛集团	14290.4	14290.4	1946.9	1946.9	0.0	0.0	0.0
600109	国金证券	48752.7	45730.2	3024.4	2836.9	0.0	0.0	187.5
600110	中科英华	11100.5	11100.5	1150.3	1150.3	0.0	0.0	0.0
600111	北方稀土	50935.6	31113.3	3633.1	2219.2	0.0	0.0	1413.9
600112	天成控股	8534.3	8534.3	509.2	509.2	0.0	0.0	0.0
600113	浙江东日	4721.7	4721.7	318.6	318.6	0.0	0.0	0.0
600114	东睦股份	6314.8	3870.0	390.8	239.5	0.0	0.0	151.3
600115	东方航空	64541.0	59222.6	13140.2	7782.2	0.0	4659.1	698.9
600116	三峡水利	7182.7	5805.5	331.0	267.5	0.0	0.0	63.5
600117	西宁特钢	5166.3	5166.3	741.2	741.2	0.0	0.0	0.0
600118	中国卫星	50303.1	50303.1	1182.5	1182.5	0.0	0.0	0.0
600119	长江投资	6080.4	6080.4	307.4	307.4	0.0	0.0	0.0
600120	浙江东方	10038.7	10038.7	505.5	505.5	0.0	0.0	0.0
600121	郑州煤电	7412.0	7412.0	1015.3	1015.3	0.0	0.0	0.0

注：股本的单位为百万股，市值、营业收入、净利润的单位为百万元

上市公司基本信息
Listed Companies in 2015

优先股 Pref Share	所属行业 Industry	所属地区 Area	营业收入 Revenue	净利润 Net Profit	每股收益(元) EPS	每股净资产(元) NAVPS
0.0	制造业	河南	2801.5	46.8	0.04	1.94
0.0	制造业	浙江	792.3	23.9	0.07	2.64
0.0	制造业	江西	795.2	19.8	0.08	2.16
0.0	制造业	上海	900.7	22.5	0.05	2.41
0.0	制造业	上海	12152.3	163.5	0.17	3.17
0.0	制造业	江苏	1633.9	373.5	0.16	0.63
0.0	制造业	新疆	2231.1	41.1	0.09	3.61
0.0	制造业	山东	1025.6	269.4	0.26	2.46
0.0	房地产业	辽宁	3441.1	77.5	0.06	2.82
0.0	制造业	江苏	2314.1	17.9	0.03	2.70
0.0	制造业	湖北	9976.2	653.8	0.51	6.13
0.0	制造业	陕西	728.9	25.4	0.08	3.42
0.0	制造业	上海	4605.2	153.2	0.49	3.44
0.0	综合	天津	683.8	10.4	0.02	2.72
0.0	制造业	广东	114.3	11.4	0.05	0.23
0.0	制造业	新疆	298.9	15.5	0.01	2.18
0.0	制造业	北京	10716.3	875.2	0.64	5.19
0.0	制造业	湖北	8655.2	300.3	0.22	2.04
0.0	文化、体育和娱乐业	上海	512.6	26.4	0.08	3.47
0.0	制造业	新疆	36431.7	1887.5	0.58	6.43
0.0	制造业	新疆	1176.6	12.8	0.04	1.24
0.0	制造业	内蒙	20.9	33.8	0.08	2.00
0.0	制造业	四川	5261.9	334.6	0.30	4.99
0.0	房地产业	上海	5105.4	457.2	0.23	2.48
0.0	制造业	黑龙江	243.4	14.6	0.04	1.99
0.0	制造业	云南	49605.2	101.2	0.09	4.99
0.0	农、林、牧、渔业	上海	670.1	-110.8	-0.55	3.89
0.0	电力、热力、燃气及水生产和供应业	广东	20685.6	1302.6	0.48	5.41
0.0	制造业	江苏	334.8	2.4	0.01	2.16
0.0	制造业	北京	28232.0	1261.6	0.43	5.96
0.0	电力、热力、燃气及水生产和供应业	四川	1252.4	89.1	0.28	5.86
0.0	制造业	福建	2039.4	-146.5	-0.14	1.03
0.0	制造业	上海	650377.4	29793.8	2.70	15.88
0.0	制造业	江苏	2197.1	180.7	0.38	4.64
0.0	交通运输、仓储和邮政业	重庆	317.6	224.7	0.25	3.59
0.0	制造业	湖北	454.5	3.4	0.01	1.47
0.0	农、林、牧、渔业	甘肃	2160.1	123.1	0.06	2.42
0.0	金融业	四川	- -	2359.8	0.78	5.45
0.0	制造业	吉林	1673.0	144.5	0.13	1.63
0.0	制造业	内蒙	6505.2	325.7	0.09	2.29
0.0	制造业	贵州	659.2	-176.6	-0.35	2.28
0.0	批发和零售业	浙江	984.7	92.5	0.29	1.49
0.0	制造业	浙江	1345.0	160.4	0.41	3.91
0.0	交通运输、仓储和邮政业	上海	86331.0	4541.0	0.35	2.67
0.0	电力、热力、燃气及水生产和供应业	重庆	1306.6	207.2	0.63	6.78
0.0	制造业	青海	5863.4	-1618.9	-2.18	1.45
0.0	制造业	北京	5424.9	383.5	0.32	3.89
0.0	交通运输、仓储和邮政业	上海	2348.6	85.0	0.28	2.73
0.0	批发和零售业	浙江	7681.3	588.9	1.17	10.15
0.0	采矿业	河南	11834.3	-544.3	-0.54	3.39

上市公司基本信息
Listed Companies in 2015

公司代码 Code	证券名称 Name	总市值 Market Capital	流通市值 Negotiable Capital	总股本 Total Vol	A 股流通股 A-Share Negotiable	B 股 B-Share	H 股 H-Share	限售股 Limited Share
600122	宏图高科	22250.4	22178.1	1145.7	1142.0	0.0	0.0	3.7
600123	兰花科创	9173.5	9173.5	1142.4	1142.4	0.0	0.0	0.0
600125	铁龙物流	11997.7	11997.7	1305.5	1305.5	0.0	0.0	0.0
600126	杭钢股份	6803.8	6803.8	838.9	838.9	0.0	0.0	0.0
600127	金健米业	4697.9	3985.4	641.8	544.5	0.0	0.0	97.3
600128	弘业股份	3864.4	3864.4	246.8	246.8	0.0	0.0	0.0
600129	太极集团	9105.6	9105.6	426.9	426.9	0.0	0.0	0.0
600130	波导股份	8440.3	8440.3	768.0	768.0	0.0	0.0	0.0
600131	岷江水电	4980.8	3926.0	504.1	397.4	0.0	0.0	106.8
600132	重庆啤酒	7738.7	7738.7	484.0	484.0	0.0	0.0	0.0
600133	东湖高新	7674.5	6509.2	634.3	537.9	0.0	0.0	96.3
600135	乐凯胶片	8079.0	7407.7	373.0	342.0	0.0	0.0	31.0
600136	道博股份	10228.2	6503.8	164.0	104.3	0.0	0.0	59.7
600137	浪莎股份	3716.6	3716.6	97.2	97.2	0.0	0.0	0.0
600138	中青旅	16872.7	16380.4	723.8	702.7	0.0	0.0	21.1
600139	西部资源	12106.0	12106.0	661.9	661.9	0.0	0.0	0.0
600141	兴发集团	7748.3	6392.3	530.0	437.2	0.0	0.0	92.8
600143	金发科技	22016.0	22016.0	2560.0	2560.0	0.0	0.0	0.0
600145	*ST 新亿	2794.9	2794.9	377.7	377.7	0.0	0.0	0.0
600146	商赢环球	6568.0	6568.0	200.0	200.0	0.0	0.0	0.0
600148	长春一东	3873.3	3873.3	141.5	141.5	0.0	0.0	0.0
600149	廊坊发展	5801.2	5801.2	380.2	380.2	0.0	0.0	0.0
600150	中国船舶	47999.8	47999.8	1378.1	1378.1	0.0	0.0	0.0
600151	航天机电	15452.2	15452.2	1250.2	1250.2	0.0	0.0	0.0
600152	维科精华	3563.0	3563.0	293.5	293.5	0.0	0.0	0.0
600153	建发股份	49077.3	49077.3	2835.2	2835.2	0.0	0.0	0.0
600155	宝硕股份	7139.5	6179.3	476.6	412.5	0.0	0.0	64.1
600156	华升股份	5585.3	5585.3	402.1	402.1	0.0	0.0	0.0
600157	永泰能源	53398.4	21921.3	11194.6	4595.7	0.0	0.0	6599.0
600158	中体产业	22004.6	17147.5	843.7	657.5	0.0	0.0	186.2
600159	大龙地产	5121.1	5121.1	830.0	830.0	0.0	0.0	0.0
600160	巨化股份	42502.2	42502.2	1810.9	1810.9	0.0	0.0	0.0
600161	天坛生物	18005.3	18005.3	515.5	515.5	0.0	0.0	0.0
600162	香江控股	14543.7	6994.8	1596.5	767.8	0.0	0.0	828.6
600163	*ST 闽能	7316.1	5280.8	999.5	721.4	0.0	0.0	278.0
600165	新日恒力	15909.9	11263.9	684.9	484.9	0.0	0.0	200.0
600166	福田汽车	21111.0	17785.2	3335.1	2809.7	0.0	0.0	525.4
600167	联美控股	4243.2	4243.2	211.0	211.0	0.0	0.0	0.0
600168	武汉控股	6868.6	5506.8	709.6	568.9	0.0	0.0	140.7
600169	太原重工	13913.5	13913.5	2424.0	2424.0	0.0	0.0	0.0
600170	上海建工	42078.0	40747.3	5943.2	5755.3	0.0	0.0	188.0
600171	上海贝岭	14278.0	14278.0	673.8	673.8	0.0	0.0	0.0
600172	黄河旋风	20055.6	12570.9	792.4	496.7	0.0	0.0	295.7
600173	卧龙地产	7251.5	7250.6	725.1	725.1	0.0	0.0	0.1
600175	美都能源	17721.0	10469.3	2451.0	1448.0	0.0	0.0	1003.0
600176	中国巨石	22173.5	22173.5	872.6	872.6	0.0	0.0	0.0
600177	雅戈尔	36249.2	36249.2	2226.6	2226.6	0.0	0.0	0.0
600178	东安动力	5189.2	5189.2	462.1	462.1	0.0	0.0	0.0
600179	黑化股份	6672.9	6672.9	390.0	390.0	0.0	0.0	0.0
600180	瑞茂通	22464.4	19486.7	1017.4	882.5	0.0	0.0	134.9

注：股本的单位为百万股，市值、营业收入、净利润的单位为百万元

上市公司基本信息
Listed Companies in 2015

优先股 Pref Share	所属行业 Industry	所属地区 Area	营业收入 Revenue	净利润 Net Profit	每股收益(元) EPS	每股净资产(元) NAVPS
0.0	批发和零售业	江苏	18486.6	421.7	0.37	6.71
0.0	采矿业	山西	4510.5	13.7	0.01	8.43
0.0	交通运输、仓储和邮政业	辽宁	6316.0	281.1	0.22	3.72
0.0	制造业	浙江	8273.9	-1088.9	-1.30	2.64
0.0	制造业	湖南	2240.3	-172.7	-0.27	1.14
0.0	批发和零售业	江苏	3659.9	66.2	0.27	6.13
0.0	制造业	重庆	7029.6	232.0	0.54	2.38
0.0	制造业	浙江	1788.5	61.0	0.08	1.26
0.0	电力、热力、燃气及水生产和供应业	四川	930.9	126.7	0.25	1.80
0.0	制造业	重庆	3237.2	-65.7	-0.14	2.36
0.0	建筑业	湖北	6189.8	142.0	0.22	2.70
0.0	制造业	河北	1167.7	36.7	0.10	4.32
0.0	文化、体育和娱乐业	湖北	426.7	53.5	0.33	5.30
0.0	制造业	四川	203.2	-20.7	-0.21	4.53
0.0	租赁和商务服务业	北京	10577.0	295.1	0.41	6.43
0.0	采矿业	四川	1456.6	-269.6	-0.41	1.55
0.0	制造业	湖北	12218.8	77.3	0.15	9.19
0.0	制造业	广东	15627.0	711.7	0.28	3.25
0.0	制造业	贵州	3.7	61.8	0.04	0.41
0.0	制造业	宁夏	14.8	-61.1	-0.31	0.42
0.0	制造业	吉林	505.1	1.1	0.01	2.56
0.0	综合	河北	10.9	-64.2	-0.17	0.55
0.0	制造业	上海	27209.5	61.8	0.05	12.73
0.0	制造业	上海	3807.0	172.6	0.14	3.30
0.0	制造业	浙江	730.5	44.2	0.15	2.02
0.0	批发和零售业	福建	127923.1	2641.4	0.93	6.74
0.0	制造业	河北	317.8	225.7	0.47	0.74
0.0	制造业	湖南	746.6	9.4	0.02	1.74
0.0	采矿业	山东	10726.7	603.0	0.05	1.83
0.0	房地产业	天津	844.7	77.6	0.09	1.84
0.0	房地产业	北京	653.4	59.6	0.07	2.59
0.0	制造业	浙江	6402.6	161.8	0.09	4.01
0.0	制造业	北京	1596.3	10.0	0.02	3.77
0.0	房地产业	广东	4211.7	389.7	0.24	2.77
0.0	制造业	福建	675.6	5.8	0.01	1.48
0.0	制造业	宁夏	1071.5	46.1	0.07	1.41
0.0	制造业	北京	32556.9	406.4	0.12	5.56
0.0	电力、热力、燃气及水生产和供应业	辽宁	735.8	176.6	0.84	5.52
0.0	电力、热力、燃气及水生产和供应业	湖北	1191.1	336.2	0.47	6.17
0.0	制造业	山西	6736.5	22.1	0.01	2.24
0.0	建筑业	上海	124937.7	1870.5	0.32	3.71
0.0	制造业	上海	446.7	51.1	0.08	2.71
0.0	制造业	河南	1806.6	274.9	0.35	5.71
0.0	房地产业	浙江	1526.3	60.4	0.08	2.25
0.0	综合	浙江	4901.4	49.9	0.02	1.85
0.0	制造业	北京	6970.5	983.0	0.89	8.79
0.0	房地产业	浙江	14436.7	4371.5	1.96	9.05
0.0	制造业	黑龙江	1250.4	23.4	0.05	3.79
0.0	制造业	黑龙江	776.4	-267.8	-0.69	-0.72
0.0	批发和零售业	山东	9387.5	427.6	0.42	4.06

上市公司基本信息
Listed Companies in 2015

公司代码 Code	证券名称 Name	总市值 Market Capital	流通市值 Negotiable Capital	总股本 Total Vol	A 股流通股 A-Share Negotiable	B 股 B-Share	H 股 H-Share	限售股 Limited Share
600182	S 佳通	7558.2	3779.1	340.0	170.0	0.0	0.0	170.0
600183	生益科技	14217.4	14217.4	1437.6	1437.6	0.0	0.0	0.0
600184	光电股份	12106.4	12106.4	418.8	418.8	0.0	0.0	0.0
600185	格力地产	12269.7	12269.7	577.7	577.7	0.0	0.0	0.0
600186	莲花味精	8528.1	8528.1	1062.0	1062.0	0.0	0.0	0.0
600187	国中水务	9039.4	9039.4	1455.6	1455.6	0.0	0.0	0.0
600188	兖州煤业	27972.0	27972.0	4918.4	2960.0	0.0	1958.4	0.0
600189	吉林森工	4002.3	4002.3	310.5	310.5	0.0	0.0	0.0
600190	锦州港	11139.9	8611.4	2002.3	1339.0	222.8	0.0	440.5
600191	华资实业	10139.9	10139.9	484.9	484.9	0.0	0.0	0.0
600192	长城电工	4567.7	4567.7	441.7	441.7	0.0	0.0	0.0
600193	创兴资源	6274.3	6274.3	425.4	425.4	0.0	0.0	0.0
600195	中牧股份	9189.1	9189.1	429.8	429.8	0.0	0.0	0.0
600196	复星医药	44884.5	44762.9	2314.1	1905.6	0.0	403.3	5.2
600197	伊力特	6460.7	6460.7	441.0	441.0	0.0	0.0	0.0
600198	大唐电信	21761.6	19949.4	882.1	808.6	0.0	0.0	73.5
600199	金种子酒	5580.0	5580.0	555.8	555.8	0.0	0.0	0.0
600200	江苏吴中	18676.4	14561.1	669.6	522.1	0.0	0.0	147.6
600201	生物股份	21177.5	20890.2	572.8	565.1	0.0	0.0	7.8
600202	哈空调	5060.1	5060.1	383.3	383.3	0.0	0.0	0.0
600203	福日电子	5213.6	4156.5	380.3	303.2	0.0	0.0	77.1
600206	有研新材	13336.6	9335.4	838.8	587.1	0.0	0.0	251.6
600207	安彩高科	10191.3	6498.8	690.0	440.0	0.0	0.0	250.0
600208	新湖中宝	43405.4	38813.3	9099.7	8137.0	0.0	0.0	962.7
600209	罗顿发展	5887.1	5659.6	439.0	422.0	0.0	0.0	17.0
600210	紫江企业	11830.5	11206.5	1516.7	1436.7	0.0	0.0	80.0
600211	西藏药业	6373.9	4995.7	145.6	114.1	0.0	0.0	31.5
600212	江泉实业	6339.9	6339.9	511.7	511.7	0.0	0.0	0.0
600213	亚星客车	3295.6	3295.6	220.0	220.0	0.0	0.0	0.0
600215	长春经开	5180.5	5180.5	465.0	465.0	0.0	0.0	0.0
600216	浙江医药	11579.7	11579.6	936.1	936.1	0.0	0.0	0.0
600217	*ST 秦岭	13979.3	6885.5	1341.6	660.8	0.0	0.0	680.8
600218	全柴动力	5004.0	3845.7	368.8	283.4	0.0	0.0	85.4
600219	南山铝业	18655.5	18655.5	2835.2	2835.2	0.0	0.0	0.0
600220	江苏阳光	10236.4	10236.4	1783.3	1783.3	0.0	0.0	0.0
600221	海南航空	47632.3	47629.7	12182.2	11812.1	369.4	0.0	0.7
600222	太龙药业	5400.3	4673.1	573.9	496.6	0.0	0.0	77.3
600223	鲁商置业	9198.9	9198.9	1001.0	1001.0	0.0	0.0	0.0
600225	天津松江	7848.8	5214.4	935.5	621.5	0.0	0.0	314.0
600226	升华拜克	11464.5	11464.5	1095.0	1095.0	0.0	0.0	0.0
600227	赤天化	4790.0	4790.0	950.4	950.4	0.0	0.0	0.0
600228	昌九生化	3897.3	3897.3	241.3	241.3	0.0	0.0	0.0
600229	城市传媒	12532.4	7064.8	702.1	395.8	0.0	0.0	306.3
600230	沧州大化	4562.9	4562.9	294.2	294.2	0.0	0.0	0.0
600231	凌钢股份	8615.5	5499.4	1259.6	804.0	0.0	0.0	455.6
600232	金鹰股份	4077.6	4077.6	364.7	364.7	0.0	0.0	0.0
600233	大杨创世	4146.5	4146.5	165.0	165.0	0.0	0.0	0.0
600234	山水文化	4119.8	4119.8	202.4	202.4	0.0	0.0	0.0
600235	民丰特纸	4605.5	4605.5	351.3	351.3	0.0	0.0	0.0
600236	桂冠电力	45354.0	8441.4	6063.4	1128.5	0.0	0.0	4934.8

注：股本的单位为百万股，市值、营业收入、净利润的单位为百万元

上市公司基本信息
Listed Companies in 2015

优先股 Pref Share	所属行业 Industry	所属地区 Area	营业收入 Revenue	净利润 Net Profit	每股收益(元) EPS	每股净资产(元) NAVPS
0.0	制造业	黑龙江	3147.3	202.3	0.60	3.31
0.0	制造业	广东	7487.2	544.2	0.38	3.25
0.0	制造业	湖北	2720.7	47.2	0.09	4.41
0.0	房地产业	陕西	2538.9	1370.8	2.37	6.76
0.0	制造业	河南	1770.0	-508.5	-0.48	0.09
0.0	电力、热力、燃气及水生产和供应业	黑龙江	448.0	-117.9	-0.08	1.75
0.0	采矿业	山东	36515.8	859.5	0.18	8.09
0.0	制造业	吉林	1230.4	44.7	0.14	4.28
0.0	交通运输、仓储和邮政业	辽宁	1393.3	129.1	0.06	2.94
0.0	制造业	内蒙	30.2	147.6	0.30	4.73
0.0	制造业	甘肃	1753.6	40.5	0.09	4.27
0.0	采矿业	上海	18.6	64.4	0.15	0.90
0.0	制造业	北京	4212.5	275.7	0.64	7.07
0.0	制造业	上海	12538.4	2460.1	1.06	7.86
0.0	制造业	新疆	1614.6	281.9	0.64	4.13
0.0	制造业	北京	8598.1	28.4	0.03	4.62
0.0	制造业	安徽	1721.7	52.1	0.09	4.03
0.0	综合	江苏	2908.0	49.1	0.07	2.30
0.0	制造业	内蒙	1244.5	479.7	0.84	3.61
0.0	制造业	黑龙江	680.0	13.9	0.04	2.25
0.0	批发和零售业	福建	6160.6	117.3	0.31	4.32
0.0	制造业	北京	1443.2	30.3	0.04	3.29
0.0	电力、热力、燃气及水生产和供应业	河南	1747.5	18.6	0.03	1.15
0.0	房地产业	浙江	11591.8	1160.7	0.13	2.65
0.0	建筑业	海南	109.1	2.5	0.01	1.64
0.0	制造业	上海	7863.1	107.2	0.07	2.69
0.0	制造业	西藏	1375.7	91.6	0.63	3.36
0.0	综合	山东	262.9	-340.5	-0.67	1.31
0.0	制造业	江苏	1979.0	20.2	0.09	0.30
0.0	房地产业	吉林	372.9	4.7	0.01	5.20
0.0	制造业	浙江	4491.7	161.8	0.17	7.05
0.0	制造业	陕西	1593.9	175.1	0.22	1.11
0.0	制造业	安徽	2825.9	77.0	0.21	4.90
0.0	制造业	山东	13583.1	560.3	0.20	8.36
0.0	制造业	江苏	1999.9	111.3	0.06	1.01
0.0	交通运输、仓储和邮政业	海南	33077.3	3002.7	0.25	2.75
0.0	制造业	河南	1014.9	5.6	0.01	2.58
0.0	房地产业	山东	5825.8	112.5	0.11	2.13
0.0	房地产业	天津	567.3	-679.5	-0.73	2.02
0.0	制造业	浙江	998.5	139.9	0.13	1.29
0.0	制造业	贵州	2708.6	20.2	0.02	3.03
0.0	制造业	江西	522.9	-24.6	-0.10	0.24
0.0	文化、体育和娱乐业	山东	1516.5	233.3	0.33	2.73
0.0	制造业	河北	1742.5	-610.0	-2.07	3.85
0.0	制造业	辽宁	9413.6	47.6	0.04	4.05
0.0	制造业	浙江	1102.8	29.8	0.08	3.23
0.0	制造业	辽宁	899.4	45.1	0.27	6.49
0.0	制造业	山西	11.0	-16.1	-0.08	0.23
0.0	制造业	浙江	1264.5	-155.2	-0.44	3.55
0.0	电力、热力、燃气及水生产和供应业	广西	10250.0	2569.2	0.42	2.07

上市公司基本信息
Listed Companies in 2015

公司代码 Code	证券名称 Name	总市值 Market Capital	流通市值 Negotiable Capital	总股本 Total Vol	A股流通股 A-Share Negotiable	B股 B-Share	H股 H-Share	限售股 Limited Share
600237	铜峰电子	3233.8	3233.8	564.4	564.4	0.0	0.0	0.0
600238	海南椰岛	7251.9	7200.1	448.2	445.0	0.0	0.0	3.2
600239	云南城投	7632.4	7632.4	1070.5	1070.5	0.0	0.0	0.0
600240	华业资本	21435.0	21435.0	1424.3	1424.3	0.0	0.0	0.0
600241	时代万恒	3345.4	2665.2	226.2	180.2	0.0	0.0	46.0
600242	*ST 中昌	4723.2	4619.0	273.3	267.3	0.0	0.0	6.0
600243	青海华鼎	5709.4	3081.4	438.9	236.9	0.0	0.0	202.0
600246	万通地产	9247.7	9247.7	1216.8	1216.8	0.0	0.0	0.0
600247	*ST 成城	7166.2	7166.2	336.4	336.4	0.0	0.0	0.0
600248	延长化建	5376.4	5304.9	473.7	467.4	0.0	0.0	6.3
600249	两面针	5109.5	4180.5	550.0	450.0	0.0	0.0	100.0
600250	南纺股份	4234.8	4234.8	258.7	258.7	0.0	0.0	0.0
600251	冠农股份	8868.7	8868.7	784.8	784.8	0.0	0.0	0.0
600252	中恒集团	25507.3	25176.9	3475.1	3430.1	0.0	0.0	45.0
600255	鑫科材料	9591.2	8475.5	1769.6	1563.8	0.0	0.0	205.8
600256	广汇能源	34826.9	34826.9	5221.4	5221.4	0.0	0.0	0.0
600257	大湖股份	6401.5	6401.5	427.1	427.1	0.0	0.0	0.0
600258	首旅酒店	6916.5	6916.5	231.4	231.4	0.0	0.0	0.0
600259	广晟有色	10380.1	10228.9	262.1	258.3	0.0	0.0	3.8
600260	凯乐科技	9961.2	7882.9	666.7	527.6	0.0	0.0	139.1
600261	阳光照明	12764.0	12764.0	1452.1	1452.1	0.0	0.0	0.0
600262	北方股份	7191.0	7191.0	170.0	170.0	0.0	0.0	0.0
600265	ST 景谷	3901.8	3901.8	129.8	129.8	0.0	0.0	0.0
600266	北京城建	22941.5	20736.8	1567.0	1416.5	0.0	0.0	150.6
600267	海正药业	15303.7	15303.7	965.5	965.5	0.0	0.0	0.0
600268	国电南自	6295.3	6295.3	635.2	635.2	0.0	0.0	0.0
600269	赣粤高速	13265.1	13265.1	2335.4	2335.4	0.0	0.0	0.0
600270	外运发展	24502.3	24502.3	905.5	905.5	0.0	0.0	0.0
600271	航天信息	51627.3	51627.3	923.4	923.4	0.0	0.0	0.0
600272	开开实业	3838.5	3781.6	243.0	160.0	80.0	0.0	3.0
600273	嘉化能源	13742.1	3932.6	1306.3	373.8	0.0	0.0	932.5
600275	武昌鱼	4503.2	4503.2	508.8	508.8	0.0	0.0	0.0
600276	恒瑞医药	96103.2	95741.6	1956.5	1949.1	0.0	0.0	7.4
600277	亿利洁能	18952.6	18952.6	2089.6	2089.6	0.0	0.0	0.0
600278	东方创业	9577.9	9577.9	522.2	522.2	0.0	0.0	0.0
600279	重庆港九	7525.5	7525.5	462.0	462.0	0.0	0.0	0.0
600280	中央商场	12826.9	12826.9	1148.3	1148.3	0.0	0.0	0.0
600281	太化股份	3971.2	3971.2	514.4	514.4	0.0	0.0	0.0
600282	南钢股份	12559.8	12286.1	3962.1	3875.8	0.0	0.0	86.3
600283	钱江水利	6481.0	5238.7	353.0	285.3	0.0	0.0	67.7
600284	浦东建设	9487.7	9049.6	693.0	661.0	0.0	0.0	32.0
600285	羚锐制药	7095.1	6170.6	535.5	465.7	0.0	0.0	69.8
600287	江苏舜天	5342.0	5342.0	436.8	436.8	0.0	0.0	0.0
600288	大恒科技	7639.6	7639.6	436.8	436.8	0.0	0.0	0.0
600289	亿阳信通	11148.7	11148.7	565.9	565.9	0.0	0.0	0.0
600290	华仪电气	8119.3	8119.3	526.9	526.9	0.0	0.0	0.0
600291	西水股份	11178.2	11178.2	384.0	384.0	0.0	0.0	0.0
600292	中电远达	16147.3	16147.3	780.8	780.8	0.0	0.0	0.0
600293	三峡新材	5053.9	5053.9	344.5	344.5	0.0	0.0	0.0
600295	鄂尔多斯	8748.9	8748.9	1032.0	612.0	420.0	0.0	0.0

注：股本的单位为百万股，市值、营业收入、净利润的单位为百万元

上市公司基本信息
Listed Companies in 2015

优先股 Pref Share	所属行业 Industry	所属地区 Area	营业收入 Revenue	净利润 Net Profit	每股收益(元) EPS	每股净资产(元) NAVPS
0.0	制造业	安徽	582.5	14.0	0.03	2.54
0.0	房地产业	海南	437.3	13.1	0.03	2.01
0.0	房地产业	云南	2552.5	278.6	0.26	4.02
0.0	房地产业	北京	4681.4	882.6	0.62	3.22
0.0	批发和零售业	辽宁	1461.7	16.6	0.07	3.15
0.0	交通运输、仓储和邮政业	广东	403.4	18.0	0.07	0.23
0.0	制造业	青海	1139.7	8.3	0.02	4.12
0.0	房地产业	北京	2612.6	-612.2	-0.50	2.40
0.0	批发和零售业	吉林	1005.5	29.4	0.09	0.30
0.0	建筑业	陕西	3809.6	121.1	0.26	3.85
0.0	制造业	广西	1321.3	-173.3	-0.32	3.88
0.0	批发和零售业	江苏	1344.9	-43.6	-0.17	1.27
0.0	制造业	新疆	1468.8	131.1	0.17	2.45
0.0	制造业	广西	1335.7	520.2	0.15	1.43
0.0	制造业	安徽	5761.1	33.0	0.02	1.83
0.0	采矿业	新疆	4541.8	248.4	0.05	2.08
0.0	农、林、牧、渔业	湖南	800.0	2.6	0.01	1.75
0.0	住宿和餐饮业	北京	1332.8	100.1	0.43	5.13
0.0	采矿业	海南	3427.6	-274.4	-1.05	2.03
0.0	综合	湖北	3197.3	123.4	0.19	4.25
0.0	制造业	浙江	4207.0	371.6	0.26	2.01
0.0	制造业	内蒙	986.3	-162.0	-0.95	5.85
0.0	农、林、牧、渔业	云南	82.9	-91.0	-0.70	-0.63
0.0	房地产业	北京	8984.6	1429.0	0.91	12.39
0.0	制造业	浙江	8612.3	13.6	0.01	7.17
0.0	制造业	江苏	5515.8	30.4	0.05	3.07
0.0	交通运输、仓储和邮政业	江西	5449.2	712.1	0.31	5.50
0.0	交通运输、仓储和邮政业	北京	4284.0	1010.3	1.12	8.04
0.0	制造业	北京	22303.8	1554.7	1.68	8.81
0.0	批发和零售业	上海	845.6	19.8	0.08	2.11
0.0	制造业	江苏	3106.8	672.4	0.52	2.63
0.0	房地产业	湖北	3.7	-35.8	-0.07	0.36
0.0	制造业	江苏	9142.0	2171.6	1.11	5.08
0.0	制造业	内蒙	7994.2	130.7	0.06	4.41
0.0	批发和零售业	上海	13719.9	147.4	0.28	5.59
0.0	交通运输、仓储和邮政业	重庆	2039.4	77.8	0.17	6.93
0.0	批发和零售业	江苏	6451.6	112.8	0.10	1.44
0.0	制造业	山西	2296.2	-177.2	-0.35	1.01
0.0	制造业	江苏	22163.9	-2432.4	-0.61	1.59
0.0	电力、热力、燃气及水生产和供应业	浙江	736.1	41.2	0.12	5.03
0.0	建筑业	上海	3156.0	379.2	0.55	7.25
0.0	制造业	河南	1069.1	132.5	0.25	3.19
0.0	批发和零售业	江苏	5812.4	76.2	0.17	2.87
0.0	制造业	北京	2598.4	27.6	0.06	3.40
0.0	信息传输、软件和信息技术服务业	黑龙江	1197.2	105.6	0.19	3.57
0.0	制造业	浙江	1971.0	60.1	0.08	5.50
0.0	制造业	内蒙	- -	177.8	0.27	15.56
0.0	水利、环境和公共设施管理业	重庆	3490.5	286.6	0.37	6.20
0.0	制造业	湖北	973.4	-66.3	-0.19	1.96
0.0	制造业	内蒙	14970.1	240.9	0.23	6.85

上市公司基本信息
Listed Companies in 2015

公司代码 Code	证券名称 Name	总市值 Market Capital	流通市值 Negotiable Capital	总股本 Total Vol	A 股流通股 A-Share Negotiable	B 股 B-Share	H 股 H-Share	限售股 Limited Share
600297	广汇汽车	70625.1	6741.0	5500.4	525.0	0.0	0.0	4975.4
600298	安琪酵母	10027.4	9864.8	329.6	324.3	0.0	0.0	5.3
600299	安迪苏	50258.8	9795.5	2681.9	522.7	0.0	0.0	2159.2
600300	维维股份	11988.2	11988.2	1672.0	1672.0	0.0	0.0	0.0
600301	*ST 南化	3402.6	3402.6	235.1	235.1	0.0	0.0	0.0
600302	标准股份	3622.7	3622.7	346.0	346.0	0.0	0.0	0.0
600303	曙光股份	9522.0	8818.7	620.3	574.5	0.0	0.0	45.8
600305	恒顺醋业	7736.1	7736.1	301.4	301.4	0.0	0.0	0.0
600306	商业城	5283.6	5261.9	178.1	177.4	0.0	0.0	0.7
600307	酒钢宏兴	23988.7	23988.7	6263.4	6263.4	0.0	0.0	0.0
600308	华泰股份	6736.8	6736.8	1167.6	1167.6	0.0	0.0	0.0
600309	万华化学	38597.7	38597.7	2162.3	2162.3	0.0	0.0	0.0
600310	桂东电力	7863.9	7863.9	827.8	827.8	0.0	0.0	0.0
600311	ST 荣华	4592.6	4592.6	665.6	665.6	0.0	0.0	0.0
600312	平高电气	22181.0	15969.8	1137.5	819.0	0.0	0.0	318.5
600313	农发种业	6571.1	5575.4	432.9	367.3	0.0	0.0	65.6
600315	上海家化	26617.5	26500.7	674.0	671.1	0.0	0.0	3.0
600316	洪都航空	16737.5	16737.5	717.1	717.1	0.0	0.0	0.0
600317	营口港	30746.7	30746.7	6473.0	6473.0	0.0	0.0	0.0
600318	巢东股份	7395.5	7395.5	242.0	242.0	0.0	0.0	0.0
600319	亚星化学	3197.0	3197.0	315.6	315.6	0.0	0.0	0.0
600320	振华重工	22782.7	22782.7	4390.3	2768.3	1622.0	0.0	0.0
600321	国栋建设	7824.6	6117.0	1510.6	1180.9	0.0	0.0	329.7
600322	天房发展	5926.6	5926.6	1105.7	1105.7	0.0	0.0	0.0
600323	瀚蓝环境	12298.5	9296.8	766.3	579.2	0.0	0.0	187.0
600325	华发股份	19055.4	13317.8	1169.0	817.0	0.0	0.0	352.0
600326	西藏天路	7515.5	6177.9	665.7	547.2	0.0	0.0	118.5
600327	大东方	5222.3	5222.3	521.7	521.7	0.0	0.0	0.0
600328	兰太实业	5372.4	5372.4	359.1	359.1	0.0	0.0	0.0
600329	中新药业	12048.7	11356.8	768.9	536.2	0.0	200.0	32.7
600330	天通股份	12199.6	8649.7	830.5	588.8	0.0	0.0	241.7
600331	宏达股份	15240.0	7740.0	2032.0	1032.0	0.0	0.0	1000.0
600332	白云山	32424.6	31370.0	1291.1	1036.3	0.0	219.9	34.8
600333	长春燃气	4644.8	4350.1	529.6	496.0	0.0	0.0	33.6
600335	国机汽车	11752.7	10771.0	627.1	574.8	0.0	0.0	52.4
600336	澳柯玛	5606.6	5590.2	682.1	680.1	0.0	0.0	2.0
600337	美克家居	10095.8	10034.2	646.3	642.4	0.0	0.0	3.9
600338	西藏珠峰	13647.9	3309.2	653.0	158.3	0.0	0.0	494.7
600339	天利高新	4347.7	4347.7	578.2	578.2	0.0	0.0	0.0
600340	华夏幸福	81277.7	81277.7	2645.8	2645.8	0.0	0.0	0.0
600343	航天动力	16318.9	14712.1	638.2	575.4	0.0	0.0	62.8
600345	长江通信	4736.2	4736.2	198.0	198.0	0.0	0.0	0.0
600346	大橡塑	8681.2	8681.2	667.8	667.8	0.0	0.0	0.0
600348	阳泉煤业	15536.3	15536.3	2405.0	2405.0	0.0	0.0	0.0
600350	山东高速	34207.4	34207.4	4811.2	4811.2	0.0	0.0	0.0
600351	亚宝药业	12293.6	10809.0	787.0	692.0	0.0	0.0	95.0
600352	浙江龙盛	37868.8	35617.6	3253.3	3059.9	0.0	0.0	193.4
600353	旭光股份	5377.4	5377.4	543.7	543.7	0.0	0.0	0.0
600354	敦煌种业	5214.7	4424.3	527.8	447.8	0.0	0.0	80.0
600355	精伦电子	3976.1	3976.1	492.1	492.1	0.0	0.0	0.0

注：股本的单位为百万股，市值、营业收入、净利润的单位为百万元

上市公司基本信息
Listed Companies in 2015

优先股 Pref Share	所属行业 Industry	所属地区 Area	营业收入 Revenue	净利润 Net Profit	每股收益(元) EPS	每股净资产(元) NAVPS
0.0	批发和零售业	辽宁	93342.6	1988.3	0.36	3.82
0.0	制造业	湖北	4188.0	280.1	0.85	9.22
0.0	制造业	北京	14995.7	1528.7	0.57	3.80
0.0	制造业	江苏	3858.9	101.5	0.06	1.61
0.0	制造业	广西	36.6	-41.8	-0.18	1.07
0.0	制造业	陕西	630.4	47.3	0.14	3.34
0.0	制造业	辽宁	4341.2	103.4	0.17	3.82
0.0	制造业	江苏	1279.5	239.6	0.80	4.89
0.0	批发和零售业	辽宁	1210.6	-163.3	-0.92	-0.25
0.0	制造业	甘肃	50653.6	-7363.9	-1.18	1.45
0.0	制造业	山东	8986.5	64.6	0.06	5.43
0.0	制造业	山东	19209.3	1609.7	0.74	5.35
0.0	电力、热力、燃气及水生产和供应业	广西	3581.4	375.9	0.45	3.24
0.0	采矿业	甘肃	78.8	4.3	0.01	1.34
0.0	制造业	河南	5736.9	826.8	0.73	5.39
0.0	农、林、牧、渔业	北京	3688.5	84.5	0.20	4.03
0.0	制造业	上海	5824.8	2210.0	3.28	8.50
0.0	制造业	江西	1958.0	78.2	0.11	7.37
0.0	交通运输、仓储和邮政业	辽宁	3603.4	500.1	0.08	1.54
0.0	制造业	安徽	817.4	76.0	0.31	4.79
0.0	制造业	山东	1279.3	-331.8	-1.05	-0.49
0.0	制造业	上海	23014.3	212.4	0.05	3.39
0.0	制造业	四川	536.7	-57.1	-0.04	1.77
0.0	房地产业	天津	3670.0	4.5	- -	4.11
0.0	电力、热力、燃气及水生产和供应业	广东	3214.9	402.9	0.53	5.74
0.0	房地产业	广东	7826.5	708.0	0.61	10.03
0.0	建筑业	西藏	2086.5	146.3	0.22	3.27
0.0	批发和零售业	江苏	8139.6	177.2	0.34	4.18
0.0	制造业	内蒙	2312.0	-33.1	-0.09	3.38
0.0	制造业	天津	7058.5	451.4	0.59	5.10
0.0	制造业	浙江	1270.8	73.2	0.09	4.23
0.0	制造业	四川	4286.4	39.5	0.02	2.26
0.0	制造业	广东	18966.5	1300.4	1.01	6.55
0.0	制造业	吉林	1468.1	-327.0	-0.62	2.97
0.0	批发和零售业	天津	63862.6	480.6	0.77	8.77
0.0	制造业	山东	3499.3	19.2	0.03	1.48
0.0	批发和零售业	新疆	2826.0	300.6	0.47	4.73
0.0	制造业	西藏	1481.6	160.0	0.25	1.02
0.0	制造业	新疆	1821.1	-947.6	-1.64	0.10
0.0	房地产业	浙江	38090.8	4800.8	1.82	5.11
0.0	制造业	陕西	1331.5	49.9	0.08	3.48
0.0	制造业	湖北	568.1	73.4	0.37	6.33
0.0	制造业	辽宁	837.4	-243.1	-0.36	0.62
0.0	采矿业	山西	15362.2	83.4	0.04	5.35
0.0	交通运输、仓储和邮政业	山东	6886.1	2757.9	0.57	4.77
0.0	制造业	山西	2053.0	222.1	0.28	3.41
0.0	制造业	浙江	14642.2	2541.3	0.78	4.25
0.0	制造业	四川	770.0	48.6	0.09	1.90
0.0	农、林、牧、渔业	甘肃	1279.6	22.3	0.04	2.18
0.0	制造业	湖北	393.1	-89.9	-0.18	0.81

上市公司基本信息
Listed Companies in 2015

公司代码 Code	证券名称 Name	总市值 Market Capital	流通市值 Negotiable Capital	总股本 Total Vol	A 股流通股 A-Share Negotiable	B 股 B-Share	H 股 H-Share	限售股 Limited Share
600356	恒丰纸业	3802.9	3802.9	298.7	298.7	0.0	0.0	0.0
600358	国旅联合	7344.0	7344.0	432.0	432.0	0.0	0.0	0.0
600359	新农开发	4562.9	4562.9	381.5	381.5	0.0	0.0	0.0
600360	华微电子	7181.5	7181.5	738.1	738.1	0.0	0.0	0.0
600361	华联综超	5359.8	5359.8	665.8	665.8	0.0	0.0	0.0
600362	江西铜业	32664.4	32664.4	3462.7	2075.2	0.0	1387.5	0.0
600363	联创光电	9069.1	9069.1	443.5	443.5	0.0	0.0	0.0
600365	通葡股份	6156.0	4309.2	400.0	280.0	0.0	0.0	120.0
600366	宁波韵升	11683.9	11236.6	535.0	514.5	0.0	0.0	20.5
600367	红星发展	3689.5	3689.5	291.2	291.2	0.0	0.0	0.0
600368	五洲交通	5478.1	5478.1	833.8	833.8	0.0	0.0	0.0
600369	西南证券	55886.6	45986.6	5645.1	4645.1	0.0	0.0	1000.0
600370	三房巷	5497.8	5497.8	318.9	318.9	0.0	0.0	0.0
600371	万向德农	5063.9	5063.9	225.1	225.1	0.0	0.0	0.0
600372	中航电子	43328.2	43328.2	1759.2	1759.2	0.0	0.0	0.0
600373	中文传媒	32367.8	27851.7	1377.9	1185.7	0.0	0.0	192.3
600375	华菱星马	4295.9	4295.9	555.7	555.7	0.0	0.0	0.0
600376	首开股份	28025.2	28025.2	2242.0	2242.0	0.0	0.0	0.0
600377	宁沪高速	33387.8	33232.3	5037.7	3798.0	0.0	1222.0	17.8
600378	天科股份	6166.8	6166.8	297.2	297.2	0.0	0.0	0.0
600379	宝光股份	5132.3	5132.3	235.9	235.9	0.0	0.0	0.0
600380	健康元	21889.2	21363.5	1583.9	1545.8	0.0	0.0	38.0
600381	青海春天	14606.0	4221.2	688.3	198.9	0.0	0.0	489.4
600382	广东明珠	5420.1	5420.1	341.7	341.7	0.0	0.0	0.0
600383	金地集团	62094.6	62094.6	4499.6	4499.6	0.0	0.0	0.0
600385	山东金泰	4061.1	3914.9	148.1	142.8	0.0	0.0	5.3
600386	北巴传媒	7096.3	7096.3	403.2	403.2	0.0	0.0	0.0
600387	海越股份	6521.2	6514.6	386.1	385.7	0.0	0.0	0.4
600388	龙净环保	18473.2	18473.2	1069.1	1069.1	0.0	0.0	0.0
600389	江山股份	5245.0	5245.0	198.0	198.0	0.0	0.0	0.0
600390	金瑞科技	7179.5	6076.8	451.3	381.9	0.0	0.0	69.3
600391	成发科技	17120.5	17120.5	330.1	330.1	0.0	0.0	0.0
600392	盛和资源	11584.2	4819.4	941.0	391.5	0.0	0.0	549.5
600393	东华实业	3759.0	3752.8	300.0	299.5	0.0	0.0	0.5
600395	盘江股份	13588.0	13588.0	1655.1	1655.1	0.0	0.0	0.0
600396	金山股份	10397.3	5738.4	1472.7	812.8	0.0	0.0	659.9
600397	安源煤业	5781.4	5781.4	990.0	990.0	0.0	0.0	0.0
600398	海澜之家	62718.9	21375.8	4492.8	1531.2	0.0	0.0	2961.5
600399	抚顺特钢	12181.0	10584.6	1300.0	1129.6	0.0	0.0	170.4
600400	红豆股份	15973.9	12575.4	711.9	560.4	0.0	0.0	151.5
600401	*ST 海润	14174.8	14174.8	4724.9	4724.9	0.0	0.0	0.0
600403	大有能源	14225.3	14225.3	2390.8	2390.8	0.0	0.0	0.0
600405	动力源	7331.2	7096.0	437.9	423.9	0.0	0.0	14.1
600406	国电南瑞	40514.9	36792.0	2429.0	2205.8	0.0	0.0	223.2
600408	*ST 安泰	5326.0	5326.0	1006.8	1006.8	0.0	0.0	0.0
600409	三友化工	14340.5	14340.5	1850.4	1850.4	0.0	0.0	0.0
600410	华胜天成	17012.1	16898.7	641.7	637.4	0.0	0.0	4.3
600415	小商品城	50023.1	50023.1	5443.2	5443.2	0.0	0.0	0.0
600416	湘电股份	15410.8	12613.9	743.4	608.5	0.0	0.0	134.9
600418	江淮汽车	21348.6	12104.1	1463.2	829.6	0.0	0.0	633.6

注：股本的单位为百万股，市值、营业收入、净利润的单位为百万元

上市公司基本信息
Listed Companies in 2015

优先股 Pref Share	所属行业 Industry	所属地区 Area	营业收入 Revenue	净利润 Net Profit	每股收益(元) EPS	每股净资产(元) NAVPS
0.0	制造业	黑龙江	1392.0	88.0	0.29	6.48
0.0	租赁和商务服务业	江苏	83.4	12.7	0.03	0.72
0.0	农、林、牧、渔业	新疆	576.7	13.4	0.04	2.14
0.0	制造业	吉林	1288.4	43.0	0.06	2.70
0.0	批发和零售业	北京	11774.0	53.1	0.08	4.62
0.0	制造业	江西	185063.8	637.2	0.18	13.26
0.0	制造业	江西	2312.6	142.5	0.32	4.31
0.0	制造业	吉林	474.7	2.5	0.01	1.72
0.0	制造业	浙江	1271.4	340.6	0.61	6.42
0.0	制造业	贵州	1022.8	-190.4	-0.65	3.52
0.0	交通运输、仓储和邮政业	广西	2056.1	-95.6	-0.12	3.43
0.0	金融业	重庆	- -	3554.7	0.63	3.37
0.0	制造业	江苏	976.2	18.6	0.06	3.77
0.0	农、林、牧、渔业	黑龙江	364.7	5.7	0.03	1.69
0.0	制造业	江西	6682.3	477.0	0.27	3.21
0.0	文化、体育和娱乐业	江西	11410.4	1058.0	0.77	7.08
0.0	制造业	安徽	3492.4	-943.0	-1.70	4.72
0.0	房地产业	北京	23590.9	2083.5	0.93	9.83
0.0	交通运输、仓储和邮政业	江苏	8323.2	2506.6	0.50	4.07
0.0	制造业	四川	467.0	43.2	0.15	2.47
0.0	制造业	陕西	542.3	27.5	0.12	1.84
0.0	制造业	广东	8486.3	412.5	0.26	2.96
0.0	制造业	青海	1399.2	357.6	0.52	2.55
0.0	批发和零售业	广东	87.9	157.2	0.46	7.73
0.0	房地产业	广东	32671.8	3200.4	0.71	7.47
0.0	制造业	山东	636.4	5.7	0.04	0.46
0.0	批发和零售业	北京	2918.2	146.1	0.36	4.37
0.0	批发和零售业	浙江	6016.5	23.0	0.06	3.49
0.0	制造业	福建	7327.7	560.1	0.52	3.34
0.0	制造业	江苏	2660.9	10.6	0.05	6.53
0.0	制造业	湖南	1343.5	-370.4	-0.82	2.59
0.0	制造业	四川	1999.8	31.6	0.10	5.14
0.0	制造业	山西	1095.1	19.3	0.02	1.28
0.0	房地产业	广东	830.6	64.5	0.22	3.42
0.0	采矿业	贵州	3798.4	23.2	0.01	3.42
0.0	电力、热力、燃气及水生产和供应业	辽宁	7107.0	258.6	0.18	2.48
0.0	采矿业	江西	4900.5	27.9	0.03	3.56
0.0	制造业	江苏	15405.0	2953.1	0.66	1.85
0.0	制造业	辽宁	4488.9	196.7	0.15	1.48
0.0	制造业	江苏	2605.7	86.1	0.12	3.07
0.0	制造业	江苏	5729.9	96.1	0.02	1.05
0.0	采矿业	河南	4111.3	-1288.3	-0.54	3.55
0.0	制造业	北京	1114.8	49.9	0.11	1.83
0.0	信息传输、软件和信息技术服务业	江苏	9662.8	1299.2	0.54	3.32
0.0	制造业	山西	2328.2	37.9	0.04	1.54
0.0	制造业	河北	13406.4	412.6	0.22	3.43
0.0	信息传输、软件和信息技术服务业	北京	4779.3	51.8	0.08	3.67
0.0	租赁和商务服务业	浙江	5267.3	688.4	0.13	1.74
0.0	制造业	湖南	9457.3	63.5	0.09	5.17
0.0	制造业	安徽	43900.8	857.6	0.59	5.75

上市公司基本信息
Listed Companies in 2015

公司代码 Code	证券名称 Name	总市值 Market Capital	流通市值 Negotiable Capital	总股本 Total Vol	A 股流通股 A-Share Negotiable	B 股 B-Share	H 股 H-Share	限售股 Limited Share
600419	天润乳业	3646.2	2824.2	103.6	80.2	0.0	0.0	23.3
600420	现代制药	10689.3	10689.3	287.7	287.7	0.0	0.0	0.0
600421	仰帆控股	4436.2	4436.2	195.6	195.6	0.0	0.0	0.0
600422	昆药集团	15702.8	13556.8	394.3	340.5	0.0	0.0	53.9
600423	柳化股份	3434.4	3434.4	399.3	399.3	0.0	0.0	0.0
600425	青松建化	8052.1	8052.1	1378.8	1378.8	0.0	0.0	0.0
600426	华鲁恒升	13760.8	13760.8	953.6	953.6	0.0	0.0	0.0
600428	中远航运	17344.0	17344.0	1690.4	1690.4	0.0	0.0	0.0
600429	三元股份	10917.2	6451.7	1497.6	885.0	0.0	0.0	612.6
600432	吉恩镍业	20672.0	10455.4	1603.7	811.1	0.0	0.0	792.6
600433	冠豪高新	14569.3	13640.6	1271.3	1190.3	0.0	0.0	81.0
600435	北方导航	21371.7	21371.7	744.7	744.7	0.0	0.0	0.0
600436	片仔癀	27668.1	27668.1	402.2	402.2	0.0	0.0	0.0
600438	通威股份	11611.1	9769.7	817.1	687.5	0.0	0.0	129.6
600439	瑞贝卡	6697.6	6697.6	943.3	943.3	0.0	0.0	0.0
600444	*ST 国通	3392.6	2432.9	146.4	105.0	0.0	0.0	41.4
600446	金证股份	40852.6	39199.8	830.5	796.9	0.0	0.0	33.6
600448	华纺股份	3780.2	3574.6	422.4	399.4	0.0	0.0	23.0
600449	宁夏建材	5355.6	5355.6	478.2	478.2	0.0	0.0	0.0
600452	涪陵电力	5262.4	5262.4	160.0	160.0	0.0	0.0	0.0
600455	博通股份	2874.9	2288.5	62.5	49.7	0.0	0.0	12.7
600456	宝钛股份	8734.4	8734.4	430.3	430.3	0.0	0.0	0.0
600458	时代新材	11707.2	11707.2	661.4	661.4	0.0	0.0	0.0
600459	贵研铂业	5470.1	5470.1	261.0	261.0	0.0	0.0	0.0
600460	士兰微	11037.4	11037.4	1247.2	1247.2	0.0	0.0	0.0
600461	洪城水业	5342.7	5342.7	330.0	330.0	0.0	0.0	0.0
600462	石岘纸业	7056.6	7056.6	533.8	533.8	0.0	0.0	0.0
600463	空港股份	4704.8	4704.8	252.0	252.0	0.0	0.0	0.0
600466	蓝光发展	30315.7	6286.6	2117.0	439.0	0.0	0.0	1678.0
600467	好当家	7757.9	7757.9	730.5	730.5	0.0	0.0	0.0
600468	百利电气	8083.7	8083.7	456.2	456.2	0.0	0.0	0.0
600469	风神股份	6445.3	6445.3	374.9	374.9	0.0	0.0	0.0
600470	六国化工	5930.6	5930.6	521.6	521.6	0.0	0.0	0.0
600475	华光股份	5296.6	5296.6	256.0	256.0	0.0	0.0	0.0
600476	湘邮科技	6322.0	6322.0	161.1	161.1	0.0	0.0	0.0
600477	杭萧钢构	9124.6	7453.2	741.8	605.9	0.0	0.0	135.9
600478	科力远	20328.2	18632.5	927.4	850.0	0.0	0.0	77.4
600479	千金药业	7313.4	6392.1	348.8	304.8	0.0	0.0	43.9
600480	凌云股份	7625.3	6116.6	450.9	361.7	0.0	0.0	89.2
600481	双良节能	14681.7	14681.7	1620.5	1620.5	0.0	0.0	0.0
600482	风帆股份	25242.3	24670.3	536.5	524.3	0.0	0.0	12.2
600483	福能股份	21631.0	4959.0	1258.3	288.5	0.0	0.0	969.9
600485	信威集团	78210.1	43641.1	2923.7	1631.4	0.0	0.0	1292.3
600486	扬农化工	9092.4	9092.4	309.9	309.9	0.0	0.0	0.0
600487	亨通光电	19785.8	18351.2	1241.3	1151.3	0.0	0.0	90.0
600488	天药股份	7081.5	6576.1	960.9	892.3	0.0	0.0	68.6
600489	中金黄金	29226.3	29226.3	2943.2	2943.2	0.0	0.0	0.0
600490	鹏欣资源	9776.2	9776.2	1479.0	1479.0	0.0	0.0	0.0
600491	龙元建设	8632.6	8632.6	947.6	947.6	0.0	0.0	0.0
600493	凤竹纺织	4575.0	4575.0	272.0	272.0	0.0	0.0	0.0

注：股本的单位为百万股，市值、营业收入、净利润的单位为百万元

上市公司基本信息
Listed Companies in 2015

优先股 Pref Share	所属行业 Industry	所属地区 Area	营业收入 Revenue	净利润 Net Profit	每股收益(元) EPS	每股净资产(元) NAVPS
0.0	制造业	新疆	585.8	50.9	0.49	6.37
0.0	制造业	上海	2672.1	221.1	0.77	4.62
0.0	制造业	湖北	27.8	0.2	- -	0.03
0.0	制造业	云南	4846.2	420.9	1.07	8.40
0.0	制造业	广西	2614.0	-485.6	-1.22	1.97
0.0	制造业	新疆	1718.2	-680.8	-0.49	3.32
0.0	制造业	山东	8603.2	904.6	0.94	7.69
0.0	交通运输、仓储和邮政业	广东	6239.5	145.6	0.09	3.94
0.0	制造业	北京	4401.9	78.7	0.05	3.74
0.0	制造业	吉林	3098.5	-2869.5	-1.79	3.26
0.0	制造业	广东	1291.8	36.8	0.03	1.92
0.0	制造业	北京	1842.9	38.6	0.05	2.77
0.0	制造业	福建	1875.2	466.7	1.16	7.85
0.0	制造业	四川	14004.2	331.1	0.41	3.06
0.0	制造业	河南	1936.1	141.4	0.15	2.48
0.0	制造业	安徽	719.9	30.2	0.21	2.23
0.0	信息传输、软件和信息技术服务业	广东	2585.6	254.7	0.31	1.54
0.0	制造业	山东	2228.5	12.5	0.03	1.98
0.0	制造业	宁夏	3165.5	19.9	0.04	8.71
0.0	电力、热力、燃气及水生产和供应业	重庆	1236.3	186.1	1.16	4.34
0.0	综合	陕西	171.7	3.2	0.05	2.15
0.0	制造业	陕西	2068.4	-186.8	-0.43	7.93
0.0	制造业	湖南	10091.9	255.6	0.32	5.82
0.0	制造业	云南	7723.8	64.0	0.25	6.84
0.0	制造业	浙江	1905.9	39.9	0.03	1.93
0.0	电力、热力、燃气及水生产和供应业	江西	1596.8	189.5	0.57	6.16
0.0	制造业	吉林	247.0	-35.8	-0.07	0.53
0.0	建筑业	北京	601.5	22.7	0.08	4.61
0.0	房地产业	四川	16846.4	805.0	0.38	4.16
0.0	农、林、牧、渔业	山东	979.5	35.2	0.05	4.01
0.0	制造业	天津	862.9	16.7	0.04	1.40
0.0	制造业	河南	6204.8	247.2	0.66	7.92
0.0	制造业	安徽	5400.0	148.8	0.29	4.15
0.0	制造业	江苏	3374.4	111.5	0.44	5.67
0.0	信息传输、软件和信息技术服务业	湖南	199.9	-39.5	-0.25	1.19
0.0	建筑业	浙江	3426.1	120.5	0.15	2.05
0.0	制造业	湖南	1098.8	7.5	0.01	1.61
0.0	制造业	湖南	2428.4	93.0	0.27	4.72
0.0	制造业	河北	7051.8	137.5	0.31	7.34
0.0	制造业	江苏	2955.6	348.5	0.22	1.31
0.0	制造业	河北	5679.4	175.1	0.33	4.09
0.0	电力、热力、燃气及水生产和供应业	福建	7114.6	1063.3	0.85	5.25
0.0	制造业	北京	3533.6	1901.3	0.65	4.18
0.0	制造业	江苏	3049.9	455.1	1.47	10.12
0.0	制造业	江苏	13417.6	572.8	0.46	3.72
0.0	制造业	天津	1381.2	78.7	0.08	2.53
0.0	采矿业	北京	36780.2	86.4	0.03	3.35
0.0	制造业	上海	1780.4	19.6	0.01	1.18
0.0	建筑业	浙江	16022.8	205.0	0.22	3.76
0.0	制造业	福建	711.7	13.0	0.05	2.35

上市公司基本信息
Listed Companies in 2015

公司代码 Code	证券名称 Name	总市值 Market Capital	流通市值 Negotiable Capital	总股本 Total Vol	A股流通股 A-Share Negotiable	B股 B-Share	H股 H-Share	限售股 Limited Share
600495	晋西车轴	12649.8	11551.8	1208.2	1103.3	0.0	0.0	104.9
600496	精工钢构	9077.8	9077.8	1510.4	1510.4	0.0	0.0	0.0
600497	驰宏锌锗	18409.9	18409.9	1667.6	1667.6	0.0	0.0	0.0
600498	烽火通信	29847.6	27560.7	1046.9	966.7	0.0	0.0	80.2
600499	科达洁能	15970.7	15586.1	705.7	688.7	0.0	0.0	17.0
600500	中化国际	26683.4	22073.2	2083.0	1723.1	0.0	0.0	359.9
600501	航天晨光	11121.9	10277.1	421.3	389.3	0.0	0.0	32.0
600502	安徽水利	7271.2	6861.4	531.9	501.9	0.0	0.0	30.0
600503	华丽家族	21951.4	21408.9	1602.3	1562.7	0.0	0.0	39.6
600505	西昌电力	3999.3	3999.3	364.6	364.6	0.0	0.0	0.0
600506	香梨股份	3460.8	3460.8	147.7	147.7	0.0	0.0	0.0
600507	方大特钢	8089.2	8089.2	1326.1	1326.1	0.0	0.0	0.0
600508	上海能源	7436.8	7436.8	722.7	722.7	0.0	0.0	0.0
600509	天富能源	8884.9	8227.6	905.7	838.7	0.0	0.0	67.0
600510	黑牡丹	12596.6	9570.1	1047.1	795.5	0.0	0.0	251.6
600511	国药股份	18156.1	10528.2	478.8	277.6	0.0	0.0	201.2
600512	腾达建设	5589.0	4045.8	1018.0	736.9	0.0	0.0	281.1
600513	联环药业	4401.8	3963.7	168.9	152.1	0.0	0.0	16.8
600515	海岛建设	7068.8	7068.8	422.8	422.8	0.0	0.0	0.0
600516	方大炭素	21506.7	21506.7	1719.2	1719.2	0.0	0.0	0.0
600517	置信电气	17169.1	14099.0	1356.2	1113.7	0.0	0.0	242.5
600518	康美药业	74536.4	74536.4	4397.4	4397.4	0.0	0.0	0.0
600519	贵州茅台	274089.8	274089.8	1256.2	1256.2	0.0	0.0	0.0
600520	中发科技	4417.0	4290.5	158.4	153.9	0.0	0.0	4.5
600521	华海药业	20137.8	19899.6	793.1	783.8	0.0	0.0	9.4
600522	中天科技	23914.7	19757.4	1044.3	862.8	0.0	0.0	181.5
600523	贵航股份	6469.0	6464.7	288.8	288.6	0.0	0.0	0.2
600525	长园集团	20556.7	16259.9	1091.7	863.5	0.0	0.0	228.2
600526	菲达环保	9760.2	7254.8	547.4	406.9	0.0	0.0	140.5
600527	江南高纤	5775.0	5775.0	802.1	802.1	0.0	0.0	0.0
600528	中铁二局	20910.3	20910.3	1459.2	1459.2	0.0	0.0	0.0
600529	山东药玻	4975.2	4975.2	257.4	257.4	0.0	0.0	0.0
600530	交大昂立	6667.4	6667.4	312.0	312.0	0.0	0.0	0.0
600531	豫光金铅	4877.5	4877.5	295.3	295.3	0.0	0.0	0.0
600532	宏达矿业	10053.0	7718.6	516.1	396.2	0.0	0.0	119.8
600533	栖霞建设	7108.5	7108.5	1050.0	1050.0	0.0	0.0	0.0
600535	天士力	44213.1	42263.9	1080.5	1032.8	0.0	0.0	47.6
600536	中国软件	17843.8	17488.4	494.6	484.7	0.0	0.0	9.9
600537	亿晶光电	8810.9	7278.4	588.2	485.9	0.0	0.0	102.3
600538	国发股份	5503.2	3308.7	464.4	279.2	0.0	0.0	185.2
600539	*ST 狮头	3019.9	3019.9	230.0	230.0	0.0	0.0	0.0
600540	新赛股份	3984.0	3918.0	470.9	463.1	0.0	0.0	7.8
600543	莫高股份	4155.3	4155.3	321.1	321.1	0.0	0.0	0.0
600545	新疆城建	7480.9	7480.9	675.8	675.8	0.0	0.0	0.0
600546	山煤国际	8782.3	8782.3	1982.5	1982.5	0.0	0.0	0.0
600547	山东黄金	29884.5	29884.5	1423.1	1423.1	0.0	0.0	0.0
600548	深高速	14046.0	14046.0	2180.8	1433.3	0.0	747.5	0.0
600549	厦门钨业	20344.4	16676.5	1081.6	886.6	0.0	0.0	195.0
600550	保变电气	13504.5	12082.3	1534.6	1373.0	0.0	0.0	161.6
600551	时代出版	11507.5	11507.5	505.8	505.8	0.0	0.0	0.0

注：股本的单位为百万股，市值、营业收入、净利润的单位为百万元

上市公司基本信息 Listed Companies in 2015

优先股 Pref Share	所属行业 Industry	所属地区 Area	营业收入 Revenue	净利润 Net Profit	每股收益(元) EPS	每股净资产(元) NAVPS
0.0	制造业	山西	1890.7	100.8	0.08	2.57
0.0	建筑业	安徽	7159.7	191.6	0.13	2.34
0.0	采矿业	云南	17978.0	49.5	0.03	4.13
0.0	制造业	湖北	13249.1	657.4	0.63	6.55
0.0	制造业	广东	3588.8	541.3	0.77	5.82
0.0	制造业	上海	43434.4	480.5	0.23	5.43
0.0	制造业	江苏	3140.2	18.8	0.05	5.09
0.0	建筑业	安徽	9144.9	255.9	0.48	4.92
0.0	房地产业	上海	426.1	21.3	0.01	2.26
0.0	电力、热力、燃气及水生产和供应业	四川	829.4	65.2	0.18	2.70
0.0	农、林、牧、渔业	新疆	52.2	2.4	0.02	1.86
0.0	制造业	江西	8072.1	105.9	0.08	1.52
0.0	采矿业	上海	4791.9	11.4	0.02	11.05
0.0	电力、热力、燃气及水生产和供应业	新疆	3339.8	312.5	0.35	5.10
0.0	房地产业	江苏	4256.4	270.9	0.26	6.33
0.0	批发和零售业	北京	12062.0	512.8	1.07	6.33
0.0	建筑业	浙江	2919.9	-28.7	-0.03	1.98
0.0	制造业	江苏	639.9	50.1	0.30	4.58
0.0	批发和零售业	海南	1220.9	63.9	0.15	2.08
0.0	制造业	甘肃	2223.8	31.0	0.02	3.36
0.0	制造业	上海	6260.8	443.6	0.33	2.35
30.0	制造业	广东	17994.2	2756.7	0.63	4.27
0.0	制造业	贵州	32654.0	15503.1	12.34	50.89
0.0	制造业	安徽	178.4	-57.0	-0.36	2.63
0.0	制造业	浙江	3489.5	442.5	0.56	4.53
0.0	制造业	江苏	16409.8	987.7	0.95	9.81
0.0	制造业	贵州	2963.2	165.6	0.57	6.82
0.0	制造业	广东	4110.1	482.9	0.44	4.89
0.0	制造业	浙江	3353.4	84.0	0.15	4.65
0.0	制造业	江苏	1489.6	-18.7	-0.02	2.08
0.0	建筑业	四川	57235.2	167.9	0.12	4.22
0.0	制造业	山东	1697.6	145.4	0.57	8.66
0.0	制造业	上海	249.4	99.3	0.32	5.88
0.0	制造业	河南	10860.3	12.5	0.04	4.63
0.0	采矿业	山东	443.6	-354.5	-0.69	3.48
0.0	房地产业	江苏	5687.1	185.7	0.18	3.80
0.0	制造业	天津	13142.7	1478.5	1.37	6.91
0.0	信息传输、软件和信息技术服务业	北京	3601.6	59.1	0.12	4.00
0.0	制造业	浙江	4914.4	233.5	0.40	4.68
0.0	制造业	广西	496.6	4.1	0.01	1.47
0.0	制造业	山西	86.9	13.9	0.06	2.09
0.0	农、林、牧、渔业	新疆	1128.0	-109.7	-0.23	2.31
0.0	制造业	甘肃	247.1	19.2	0.06	3.38
0.0	建筑业	新疆	4347.7	31.2	0.05	3.09
0.0	批发和零售业	山西	39347.8	-2380.2	-1.20	1.89
0.0	采矿业	山东	38498.0	587.0	0.41	6.79
0.0	交通运输、仓储和邮政业	广东	3014.1	1552.7	0.71	5.67
0.0	制造业	福建	7655.3	-662.5	-0.61	6.14
0.0	制造业	河北	3968.3	90.7	0.06	0.20
0.0	文化、体育和娱乐业	安徽	5965.4	393.0	0.78	8.32

上市公司基本信息
Listed Companies in 2015

公司代码 Code	证券名称 Name	总市值 Market Capital	流通市值 Negotiable Capital	总股本 Total Vol	A 股流通股 A-Share Negotiable	B 股 B-Share	H 股 H-Share	限售股 Limited Share
600552	方兴科技	8679.2	7744.9	383.5	342.2	0.0	0.0	41.3
600555	九龙山	10510.7	10510.7	1303.5	973.5	330.0	0.0	0.0
600556	慧球科技	10687.1	10687.1	394.8	394.8	0.0	0.0	0.0
600557	康缘药业	12853.0	9220.6	513.7	368.5	0.0	0.0	145.2
600558	大西洋	5457.4	5038.6	598.4	552.5	0.0	0.0	45.9
600559	老白干酒	10543.2	8423.8	175.2	140.0	0.0	0.0	35.2
600560	金自天正	4148.6	4148.6	223.6	223.6	0.0	0.0	0.0
600561	江西长运	3795.4	3795.4	237.1	237.1	0.0	0.0	0.0
600562	国睿科技	15986.7	10459.0	257.1	168.2	0.0	0.0	88.9
600563	法拉电子	9362.3	9362.3	225.0	225.0	0.0	0.0	0.0
600565	迪马股份	27399.7	17195.3	2345.9	1472.2	0.0	0.0	873.7
600566	济川药业	21615.0	4719.6	781.5	170.6	0.0	0.0	610.8
600567	山鹰纸业	14314.4	8269.6	3766.9	2176.2	0.0	0.0	1590.7
600568	中珠控股	12128.1	8767.5	506.6	366.2	0.0	0.0	140.4
600569	安阳钢铁	7564.0	7564.0	2393.7	2393.7	0.0	0.0	0.0
600570	恒生电子	37667.6	37667.6	617.8	617.8	0.0	0.0	0.0
600571	信雅达	12988.1	11959.0	219.8	202.4	0.0	0.0	17.4
600572	康恩贝	22362.2	18327.6	1673.8	1371.8	0.0	0.0	302.0
600573	惠泉啤酒	4562.5	4562.5	250.0	250.0	0.0	0.0	0.0
600575	皖江物流	17852.0	8809.6	2884.0	1423.2	0.0	0.0	1460.8
600576	万家文化	17264.8	13045.9	635.0	479.8	0.0	0.0	155.2
600577	精达股份	12611.8	9153.4	1955.3	1419.1	0.0	0.0	536.2
600578	京能电力	28027.1	28027.1	4617.3	4617.3	0.0	0.0	0.0
600579	天华院	6535.8	4260.9	392.1	255.6	0.0	0.0	136.5
600580	卧龙电气	17124.3	10604.8	1110.5	687.7	0.0	0.0	422.8
600581	八一钢铁	7549.5	7549.5	766.4	766.4	0.0	0.0	0.0
600582	天地科技	28266.6	16582.1	4138.6	2427.8	0.0	0.0	1710.7
600583	海油工程	39571.1	36238.7	4421.4	4049.0	0.0	0.0	372.3
600584	长电科技	22810.8	21680.2	1035.9	984.6	0.0	0.0	51.3
600585	海螺水泥	68394.9	68394.9	5299.3	3999.7	0.0	1299.6	0.0
600586	金晶科技	8913.8	8692.7	1458.9	1422.7	0.0	0.0	36.2
600587	新华医疗	14765.5	13308.9	406.4	366.3	0.0	0.0	40.1
600588	用友网络	46429.6	44584.8	1459.6	1401.6	0.0	0.0	58.0
600589	广东榕泰	10103.0	10103.0	601.7	601.7	0.0	0.0	0.0
600590	泰豪科技	9703.6	7866.4	619.2	502.0	0.0	0.0	117.2
600592	龙溪股份	6596.6	6101.3	399.6	369.6	0.0	0.0	30.0
600593	大连圣亚	4727.9	4727.9	92.0	92.0	0.0	0.0	0.0
600594	益佰制药	16788.9	16586.0	791.9	782.4	0.0	0.0	9.6
600595	中孚实业	12277.9	10679.9	1741.5	1514.9	0.0	0.0	226.7
600596	新安股份	6927.7	6927.7	679.2	679.2	0.0	0.0	0.0
600597	光明乳业	19591.7	19490.9	1230.6	1224.3	0.0	0.0	6.3
600598	北大荒	26185.2	26185.2	1777.7	1777.7	0.0	0.0	0.0
600599	熊猫金控	6244.9	4740.1	166.0	126.0	0.0	0.0	40.0
600600	青岛啤酒	23104.3	23104.3	1351.0	695.9	0.0	655.1	0.0
600601	方正科技	13564.4	13564.4	2194.9	2194.9	0.0	0.0	0.0
600602	仪电电子	14898.2	12929.9	1326.8	879.6	293.4	0.0	153.9
600603	大洲兴业	2398.0	2398.0	194.6	194.6	0.0	0.0	0.0
600604	市北高新	20425.2	13760.7	760.3	333.5	232.9	0.0	193.8
600605	汇通能源	3775.0	3775.0	147.3	147.3	0.0	0.0	0.0
600606	绿地控股	198706.0	8464.2	12168.2	518.3	0.0	0.0	11649.8

注：股本的单位为百万股，市值、营业收入、净利润的单位为百万元

上市公司基本信息
Listed Companies in 2015

优先股 Pref Share	所属行业 Industry	所属地区 Area	营业收入 Revenue	净利润 Net Profit	每股收益(元) EPS	每股净资产(元) NAVPS
0.0	制造业	安徽	1048.6	111.2	0.29	5.90
0.0	房地产业	上海	121.4	28.0	0.02	1.35
0.0	制造业	广西	85.7	5.1	0.01	0.08
0.0	制造业	江苏	2816.9	362.3	0.71	5.47
0.0	制造业	四川	1680.8	66.2	0.11	3.06
0.0	制造业	河北	2320.2	75.0	0.43	8.81
0.0	制造业	北京	530.1	18.2	0.08	3.20
0.0	交通运输、仓储和邮政业	江西	2200.7	77.1	0.33	6.40
0.0	制造业	江苏	1091.2	186.8	0.73	3.99
0.0	制造业	福建	1372.9	328.0	1.46	8.59
0.0	房地产业	重庆	7648.2	468.5	0.20	2.62
0.0	制造业	湖北	3759.1	686.6	0.88	3.41
0.0	制造业	安徽	9617.4	209.1	0.09	2.49
0.0	制造业	湖北	917.8	73.4	0.15	4.81
0.0	制造业	河南	20162.7	-2550.6	-1.07	1.97
0.0	信息传输、软件和信息技术服务业	浙江	2218.7	453.7	0.73	3.94
0.0	信息传输、软件和信息技术服务业	浙江	1066.0	121.0	0.55	4.83
0.0	制造业	浙江	5287.0	440.4	0.26	2.47
0.0	制造业	福建	742.5	23.0	0.09	4.39
0.0	交通运输、仓储和邮政业	安徽	3619.7	196.5	0.07	1.33
0.0	批发和零售业	浙江	361.6	27.6	0.04	2.71
0.0	制造业	安徽	7689.6	129.8	0.07	1.42
0.0	电力、热力、燃气及水生产和供应业	北京	10769.8	2615.0	0.57	3.46
0.0	制造业	山东	684.9	36.3	0.09	1.83
0.0	制造业	浙江	9101.9	360.3	0.32	3.48
0.0	制造业	新疆	10233.0	-2508.6	-3.27	-1.18
0.0	制造业	北京	14095.8	1227.4	0.30	3.21
0.0	采矿业	天津	16131.6	3409.9	0.77	5.20
0.0	制造业	江苏	10742.0	52.0	0.05	4.16
0.0	制造业	安徽	49728.7	7516.4	1.42	13.30
0.0	制造业	山东	3287.4	27.9	0.02	2.72
0.0	制造业	山东	7468.1	280.8	0.69	7.97
0.0	信息传输、软件和信息技术服务业	北京	4338.5	323.7	0.22	3.77
0.0	制造业	广东	815.1	20.8	0.04	3.39
0.0	制造业	江西	3427.8	86.0	0.14	5.01
0.0	制造业	福建	539.1	52.4	0.13	5.18
0.0	水利、环境和公共设施管理业	辽宁	295.0	43.0	0.47	4.20
0.0	制造业	贵州	3302.5	189.4	0.24	4.51
0.0	制造业	河南	8696.6	-435.7	-0.25	2.74
0.0	制造业	浙江	7189.4	-266.8	-0.39	5.84
0.0	制造业	上海	19115.5	418.3	0.34	3.69
0.0	农、林、牧、渔业	黑龙江	3229.9	658.7	0.37	3.17
0.0	制造业	湖南	290.1	19.9	0.12	4.23
0.0	制造业	山东	27208.4	1713.1	1.27	12.18
0.0	制造业	上海	6388.8	110.0	0.05	1.66
0.0	制造业	上海	2967.5	161.9	0.12	2.48
0.0	综合	上海	37.7	-194.7	-1.00	-0.78
0.0	房地产业	上海	991.2	131.7	0.17	3.80
0.0	批发和零售业	上海	1829.8	10.3	0.07	3.77
0.0	房地产业	上海	205364.6	6886.4	0.57	4.36

上市公司基本信息
Listed Companies in 2015

公司代码 Code	证券名称 Name	总市值 Market Capital	流通市值 Negotiable Capital	总股本 Total Vol	A 股流通股 A-Share Negotiable	B 股 B-Share	H 股 H-Share	限售股 Limited Share
600608	*ST 沪科	3492.5	3381.1	328.9	318.4	0.0	0.0	10.5
600609	金杯汽车	5485.2	5485.2	1092.7	1092.7	0.0	0.0	0.0
600610	中毅达	10840.1	5520.6	1071.3	290.7	360.4	0.0	420.2
600611	大众交通	20430.5	20430.5	1576.1	1042.2	533.9	0.0	0.0
600612	老凤祥	19428.0	19428.0	523.1	317.1	206.0	0.0	0.0
600613	神奇制药	11070.8	4557.7	534.1	177.2	54.8	0.0	302.1
600614	鼎立股份	18884.0	13142.2	1752.8	1017.8	241.3	0.0	493.7
600615	丰华股份	4238.0	4229.1	188.0	187.6	0.0	0.0	0.4
600616	金枫酒业	6422.4	6090.7	514.6	488.0	0.0	0.0	26.6
600617	国新能源	16019.3	4530.5	1084.7	225.5	109.7	0.0	749.4
600618	氯碱化工	14436.1	14436.1	1156.4	749.8	406.6	0.0	0.0
600619	海立股份	11698.2	7188.6	866.3	318.6	284.2	0.0	263.6
600620	天宸股份	9494.5	9494.5	457.8	457.8	0.0	0.0	0.0
600621	华鑫股份	7447.2	7447.2	524.1	524.1	0.0	0.0	0.0
600622	嘉宝集团	8738.0	8738.0	514.3	514.3	0.0	0.0	0.0
600623	双钱股份	37563.7	14293.8	2117.4	646.4	243.1	0.0	1228.0
600624	复旦复华	8880.2	7565.1	526.7	448.7	0.0	0.0	78.0
600626	申达股份	11747.4	11747.4	710.2	710.2	0.0	0.0	0.0
600628	新世界	9620.2	9620.2	531.8	531.8	0.0	0.0	0.0
600629	华建集团	8883.1	8609.5	359.1	348.0	0.0	0.0	11.1
600630	龙头股份	12609.9	12609.9	424.9	424.9	0.0	0.0	0.0
600633	浙报传媒	22375.5	21354.6	1188.3	1134.1	0.0	0.0	54.2
600634	中技控股	12418.5	8584.4	575.7	398.0	0.0	0.0	177.8
600635	大众公用	24327.6	24327.6	2467.3	2467.3	0.0	0.0	0.0
600636	三爱富	7428.2	6348.0	446.9	382.0	0.0	0.0	65.0
600637	东方明珠	99519.5	81783.1	2626.5	2158.4	0.0	0.0	468.1
600638	新黄浦	7974.1	7974.1	561.2	561.2	0.0	0.0	0.0
600639	浦东金桥	22302.3	17967.9	1122.4	656.6	272.2	0.0	193.6
600640	号百控股	11355.1	11355.1	535.4	535.4	0.0	0.0	0.0
600641	万业企业	12729.2	12729.2	806.2	806.2	0.0	0.0	0.0
600642	申能股份	34367.9	34367.9	4552.0	4552.0	0.0	0.0	0.0
600643	爱建集团	21054.1	21008.5	1437.1	1434.0	0.0	0.0	3.1
600644	*ST 乐电	4910.2	2977.5	538.4	326.5	0.0	0.0	211.9
600645	中源协和	25110.5	21119.3	386.3	324.9	0.0	0.0	61.4
600647	同达创业	4473.5	4473.5	139.1	139.1	0.0	0.0	0.0
600648	外高桥	27538.2	27538.2	1135.3	934.8	200.6	0.0	0.0
600649	城投控股	69191.0	69191.0	2987.5	2987.5	0.0	0.0	0.0
600650	锦江投资	20342.6	20342.6	551.6	390.6	161.1	0.0	0.0
600651	飞乐音响	14532.0	11337.2	985.2	768.6	0.0	0.0	216.6
600652	游久游戏	18169.6	13455.8	832.7	616.7	0.0	0.0	216.0
600653	申华控股	9482.8	9482.8	1746.4	1746.4	0.0	0.0	0.0
600654	中安消	37002.3	21775.4	1283.0	755.0	0.0	0.0	528.0
600655	豫园商城	23227.1	23227.1	1437.3	1437.3	0.0	0.0	0.0
600656	*ST 博元	0.0	0.0	190.3	190.3	0.0	0.0	0.0
600657	信达地产	10593.6	10593.6	1524.3	1524.3	0.0	0.0	0.0
600658	电子城	8104.0	8104.0	580.1	580.1	0.0	0.0	0.0
600660	福耀玻璃	30425.4	30425.4	2508.6	2003.0	0.0	505.6	0.0
600661	新南洋	10002.9	7003.9	259.1	181.4	0.0	0.0	77.7
600662	强生控股	17412.1	17412.1	1053.4	1053.4	0.0	0.0	0.0
600663	陆家嘴	81519.6	81519.6	1867.7	1358.1	509.6	0.0	0.0

注：股本的单位为百万股，市值、营业收入、净利润的单位为百万元

上市公司基本信息
Listed Companies in 2015

优先股 Pref Share	所属行业 Industry	所属地区 Area	营业收入 Revenue	净利润 Net Profit	每股收益(元) EPS	每股净资产(元) NAVPS
0.0	制造业	上海	184.2	35.0	0.11	0.03
0.0	制造业	辽宁	4512.8	35.7	0.03	0.24
0.0	建筑业	上海	67.2	-6.5	-0.01	1.08
0.0	交通运输、仓储和邮政业	上海	2183.1	512.0	0.33	5.44
0.0	制造业	上海	31031.1	1117.4	2.14	8.68
0.0	制造业	上海	1588.4	216.7	0.41	4.18
0.0	制造业	上海	1710.3	47.1	0.03	2.59
0.0	制造业	上海	67.4	3.6	0.02	2.54
0.0	制造业	上海	1061.4	77.6	0.15	3.80
0.0	电力、热力、燃气及水生产和供应业	上海	6586.9	542.2	0.50	3.25
0.0	制造业	上海	6124.6	95.6	0.08	1.96
0.0	制造业	上海	5669.8	68.4	0.08	4.49
0.0	综合	上海	30.9	49.7	0.11	9.26
0.0	房地产业	上海	321.5	130.4	0.25	3.53
0.0	房地产业	上海	2093.2	274.6	0.53	6.12
0.0	制造业	上海	40302.5	704.1	0.33	7.59
0.0	综合	上海	705.3	52.2	0.10	2.02
0.0	批发和零售业	上海	7684.0	170.0	0.24	3.32
0.0	批发和零售业	上海	3099.9	52.2	0.10	4.77
0.0	科学研究和技术服务业	上海	4264.0	146.6	0.41	2.06
0.0	制造业	上海	4193.8	80.9	0.19	3.99
0.0	文化、体育和娱乐业	浙江	3412.5	610.3	0.51	3.56
0.0	制造业	上海	1372.1	122.5	0.21	4.33
0.0	电力、热力、燃气及水生产和供应业	上海	4484.8	461.1	0.19	2.34
0.0	制造业	上海	3534.1	-311.0	-0.70	6.24
0.0	信息传输、软件和信息技术服务业	上海	20021.0	2906.7	1.11	9.52
0.0	房地产业	上海	1180.1	226.8	0.40	6.45
0.0	房地产业	上海	1495.5	471.5	0.42	8.11
0.0	租赁和商务服务业	上海	3308.6	46.3	0.09	4.76
0.0	房地产业	上海	2437.4	211.5	0.26	4.60
0.0	电力、热力、燃气及水生产和供应业	上海	28612.1	2131.5	0.47	5.25
0.0	金融业	上海	324.4	554.7	0.39	4.00
0.0	电力、热力、燃气及水生产和供应业	四川	1642.4	115.5	0.22	1.88
0.0	科学研究和技术服务业	天津	682.7	208.4	0.54	4.02
0.0	批发和零售业	上海	94.0	68.1	0.49	1.97
0.0	批发和零售业	上海	7877.7	539.4	0.48	7.94
0.0	房地产业	上海	7758.7	3612.0	1.21	6.78
0.0	交通运输、仓储和邮政业	上海	2138.5	221.6	0.40	6.29
0.0	制造业	上海	5027.1	376.1	0.38	3.31
0.0	采矿业	上海	1361.3	74.6	0.09	2.49
0.0	批发和零售业	上海	7087.9	53.0	0.03	1.04
0.0	信息传输、软件和信息技术服务业	上海	1965.5	280.1	0.22	2.27
0.0	批发和零售业	上海	17287.6	807.2	0.56	5.53
0.0	批发和零售业	广东	- -	-22.0	-0.12	2.39
0.0	房地产业	北京	7773.6	860.2	0.56	5.54
0.0	房地产业	北京	1731.1	519.5	0.90	5.85
0.0	制造业	福建	13272.7	2605.4	1.04	6.54
0.0	教育	上海	1147.6	60.1	0.23	3.23
0.0	交通运输、仓储和邮政业	上海	4700.6	180.2	0.17	3.02
0.0	房地产业	上海	5369.6	1900.0	1.02	6.96

上市公司基本信息
Listed Companies in 2015

公司代码 Code	证券名称 Name	总市值 Market Capital	流通市值 Negotiable Capital	总股本 Total Vol	A股流通股 A-Share Negotiable	B股 B-Share	H股 H-Share	限售股 Limited Share
600664	哈药股份	22875.6	22875.6	1917.5	1917.5	0.0	0.0	0.0
600665	天地源	6645.1	6645.1	864.1	864.1	0.0	0.0	0.0
600666	奥瑞德	36236.8	13706.5	767.1	290.1	0.0	0.0	476.9
600667	太极实业	13282.7	13282.7	1191.3	1191.3	0.0	0.0	0.0
600668	尖峰集团	6062.8	6058.7	344.1	343.9	0.0	0.0	0.2
600671	天目药业	3016.5	3015.0	121.8	121.7	0.0	0.0	0.1
600673	东阳光科	25157.8	25029.2	2468.9	2456.3	0.0	0.0	12.6
600674	川投能源	47367.0	47367.0	4402.1	4402.1	0.0	0.0	0.0
600675	中华企业	14544.4	14544.4	1867.1	1867.1	0.0	0.0	0.0
600676	交运股份	12168.1	12168.1	862.4	862.4	0.0	0.0	0.0
600677	航天通信	11448.1	8740.4	521.8	398.4	0.0	0.0	123.4
600678	四川金顶	9663.5	9663.5	349.0	349.0	0.0	0.0	0.0
600679	金山开发	5464.1	4560.0	402.2	182.0	171.6	0.0	48.6
600680	上海普天	14640.6	14640.6	382.2	257.4	124.8	0.0	0.0
600681	万鸿集团	3306.9	3261.6	251.5	248.0	0.0	0.0	3.5
600682	南京新百	31075.5	26876.4	828.0	716.1	0.0	0.0	111.9
600683	京投银泰	8030.0	8030.0	740.8	740.8	0.0	0.0	0.0
600684	珠江实业	7211.7	7211.7	711.2	711.2	0.0	0.0	0.0
600685	中船防务	32602.8	17402.6	1413.5	438.5	0.0	592.1	383.0
600686	金龙汽车	11643.3	8493.4	606.7	442.6	0.0	0.0	164.1
600687	刚泰控股	25432.0	12774.6	1078.5	541.8	0.0	0.0	536.8
600688	上海石化	47336.4	18954.0	10800.0	2925.0	0.0	3495.0	4380.0
600689	上海三毛	3939.2	3939.2	201.0	152.2	48.8	0.0	0.0
600690	青岛海尔	60741.7	54653.9	6123.2	5509.5	0.0	0.0	613.7
600691	*ST 阳化	8502.8	8500.9	1756.8	1756.4	0.0	0.0	0.4
600692	亚通股份	5638.8	4087.8	351.8	255.0	0.0	0.0	96.8
600693	东百集团	6072.0	4629.5	449.1	342.4	0.0	0.0	106.7
600694	大商股份	15164.7	15164.7	293.7	293.7	0.0	0.0	0.0
600695	绿庭投资	7335.8	7335.8	713.2	366.5	346.7	0.0	0.0
600696	匹凸匹	6824.9	6824.9	340.6	340.6	0.0	0.0	0.0
600697	欧亚集团	6592.6	6429.7	159.1	155.2	0.0	0.0	3.9
600698	湖南天雁	6502.7	4157.6	971.8	430.4	230.0	0.0	311.4
600699	均胜电子	21542.8	19879.5	689.4	636.1	0.0	0.0	53.2
600701	工大高新	11935.9	11935.9	498.8	498.8	0.0	0.0	0.0
600702	沱牌舍得	7720.8	7720.8	337.3	337.3	0.0	0.0	0.0
600703	三安光电	61890.1	57552.8	2549.0	2370.4	0.0	0.0	178.6
600704	物产中大	38914.7	12087.3	2208.6	686.0	0.0	0.0	1522.6
600705	中航资本	69925.6	58155.4	4488.2	3732.7	0.0	0.0	755.5
600706	曲江文旅	4306.4	4268.0	179.5	177.9	0.0	0.0	1.6
600707	彩虹股份	7986.5	7978.6	736.8	736.0	0.0	0.0	0.7
600708	光明地产	16866.4	6502.2	1318.7	508.4	0.0	0.0	810.3
600710	*ST 常林	3483.1	3483.1	640.3	640.3	0.0	0.0	0.0
600711	盛屯矿业	11482.4	9121.2	1497.1	1189.2	0.0	0.0	307.8
600712	南宁百货	5452.0	5382.7	544.7	537.7	0.0	0.0	6.9
600713	南京医药	9387.1	7254.9	897.4	693.6	0.0	0.0	203.8
600714	金瑞矿业	3412.0	3237.1	288.2	273.4	0.0	0.0	14.8
600715	*ST 松辽	34186.4	9297.7	824.6	224.3	0.0	0.0	600.3
600716	凤凰股份	8598.4	8598.4	740.6	740.6	0.0	0.0	0.0
600717	天津港	18874.6	18874.6	1674.8	1674.8	0.0	0.0	0.0
600718	东软集团	38582.0	38116.8	1242.6	1227.6	0.0	0.0	15.0

注：股本的单位为百万股，市值、营业收入、净利润的单位为百万元

上市公司基本信息
Listed Companies in 2015

优先股 Pref Share	所属行业 Industry	所属地区 Area	营业收入 Revenue	净利润 Net Profit	每股收益(元) EPS	每股净资产(元) NAVPS
0.0	制造业	黑龙江	15781.7	580.1	0.30	3.68
0.0	房地产业	上海	2974.2	206.9	0.24	3.12
0.0	制造业	重庆	1106.2	300.6	0.39	2.76
0.0	制造业	江苏	4378.6	23.6	0.02	1.37
0.0	制造业	浙江	2243.4	200.9	0.58	6.30
0.0	制造业	浙江	76.2	-21.5	-0.18	0.47
0.0	制造业	广东	4460.6	99.4	0.04	1.46
0.0	电力、热力、燃气及水生产和供应业	四川	1077.1	3872.9	0.88	4.14
0.0	房地产业	上海	4622.4	-2487.1	-1.33	1.46
0.0	交通运输、仓储和邮政业	上海	8082.1	341.9	0.40	4.30
0.0	批发和零售业	浙江	5887.6	10.8	0.02	5.95
0.0	制造业	四川	50.9	4.2	0.01	0.08
0.0	制造业	上海	434.4	3.7	0.01	3.03
0.0	制造业	上海	1207.3	-95.1	-0.25	3.33
0.0	建筑业	湖北	13.2	-4.0	-0.02	0.10
0.0	批发和零售业	江苏	15516.0	366.5	0.44	2.87
0.0	房地产业	浙江	8432.3	115.4	0.16	2.68
0.0	房地产业	广东	3327.8	286.8	0.40	3.24
0.0	制造业	广东	25244.9	98.3	0.07	7.30
0.0	制造业	福建	26157.9	535.2	0.88	6.39
0.0	制造业	浙江	8842.7	347.6	0.23	3.48
0.0	制造业	上海	80293.4	3245.8	0.30	1.84
0.0	制造业	上海	1106.2	-38.8	-0.19	1.64
0.0	制造业	山东	89168.9	4300.8	0.70	3.71
0.0	制造业	四川	17244.6	43.3	0.03	2.62
0.0	交通运输、仓储和邮政业	上海	512.1	41.2	0.12	1.67
0.0	批发和零售业	福建	1448.0	49.4	0.11	4.04
0.0	批发和零售业	辽宁	28241.9	662.1	2.25	21.76
0.0	制造业	上海	232.3	48.3	0.07	1.09
0.0	房地产业	上海	21.0	-102.4	-0.30	1.48
0.0	批发和零售业	吉林	11461.3	324.4	2.04	11.75
0.0	制造业	山东	432.9	-46.9	-0.05	0.67
0.0	制造业	吉林	7814.3	399.9	0.58	5.50
0.0	综合	黑龙江	795.3	-18.4	-0.04	1.78
0.0	制造业	四川	1115.5	7.1	0.02	6.66
0.0	制造业	湖北	4501.5	1694.6	0.67	6.25
0.0	批发和零售业	浙江	181694.4	1384.5	0.63	8.51
0.0	金融业	黑龙江	3273.4	2312.3	0.52	4.66
0.0	水利、环境和公共设施管理业	陕西	989.4	47.9	0.27	4.64
0.0	制造业	陕西	200.6	50.2	0.07	2.12
0.0	房地产业	上海	12291.8	510.3	0.39	6.02
0.0	制造业	江苏	874.4	-527.0	-0.82	1.82
0.0	采矿业	福建	6661.4	138.5	0.09	2.57
0.0	批发和零售业	广西	2264.2	27.7	0.05	2.03
0.0	批发和零售业	江苏	24722.9	156.7	0.18	2.56
0.0	采矿业	青海	325.5	-36.3	-0.13	1.84
0.0	制造业	辽宁	765.3	137.8	0.17	4.79
0.0	房地产业	河北	1051.6	-74.8	-0.10	2.67
0.0	交通运输、仓储和邮政业	天津	14124.5	1225.4	0.73	8.64
0.0	信息传输、软件和信息技术服务业	辽宁	7643.6	386.4	0.31	4.89

上市公司基本信息
Listed Companies in 2015

公司代码 Code	证券名称 Name	总市值 Market Capital	流通市值 Negotiable Capital	总股本 Total Vol	A 股流通股 A-Share Negotiable	B 股 B-Share	H 股 H-Share	限售股 Limited Share
600719	大连热电	3200.4	3200.4	404.6	404.6	0.0	0.0	0.0
600720	祁连山	6854.6	6853.5	776.3	776.2	0.0	0.0	0.1
600721	百花村	4157.8	4157.8	248.5	248.5	0.0	0.0	0.0
600722	*ST 金化	5993.6	5993.6	680.3	680.3	0.0	0.0	0.0
600723	首商股份	7314.9	7311.2	658.4	658.1	0.0	0.0	0.3
600724	宁波富达	10940.5	10938.2	1445.2	1444.9	0.0	0.0	0.3
600725	云维股份	4301.3	4301.3	616.2	616.2	0.0	0.0	0.0
600726	华电能源	12371.3	12371.3	1966.7	1534.7	432.0	0.0	0.0
600727	鲁北化工	3804.7	3804.0	351.0	350.9	0.0	0.0	0.1
600728	佳都科技	18631.3	14797.1	499.8	396.9	0.0	0.0	102.9
600729	重庆百货	13167.5	12059.2	406.5	372.3	0.0	0.0	34.2
600730	中国高科	10225.4	10225.4	586.7	586.7	0.0	0.0	0.0
600731	湖南海利	3852.5	3009.0	327.3	255.7	0.0	0.0	71.7
600732	*ST 新梅	3441.6	3441.6	446.4	446.4	0.0	0.0	0.0
600733	S 前锋	8298.6	3175.2	197.6	75.6	0.0	0.0	122.0
600734	实达集团	8549.9	8539.0	351.6	351.1	0.0	0.0	0.5
600735	新华锦	9031.3	9031.3	376.0	376.0	0.0	0.0	0.0
600736	苏州高新	13137.2	11636.7	1194.3	1057.9	0.0	0.0	136.4
600737	中粮屯河	29649.6	19112.5	2051.9	1322.7	0.0	0.0	729.2
600738	兰州民百	4131.3	2935.6	368.9	262.1	0.0	0.0	106.8
600739	辽宁成大	34571.4	30842.4	1529.7	1364.7	0.0	0.0	165.0
600740	山西焦化	4969.4	4262.8	765.7	656.8	0.0	0.0	108.9
600741	华域汽车	43552.8	43552.8	2583.2	2583.2	0.0	0.0	0.0
600742	一汽富维	6142.6	6142.6	211.5	211.5	0.0	0.0	0.0
600743	华远地产	12323.7	12323.7	1817.7	1817.7	0.0	0.0	0.0
600744	华银电力	15210.8	4051.2	1781.1	474.4	0.0	0.0	1306.7
600745	中茵股份	19806.5	19806.5	483.3	483.3	0.0	0.0	0.0
600746	江苏索普	2886.5	2869.9	306.4	304.7	0.0	0.0	1.8
600747	大连控股	10162.4	7386.4	1464.3	1064.3	0.0	0.0	400.0
600748	上实发展	14538.8	14538.8	1083.4	1083.4	0.0	0.0	0.0
600749	西藏旅游	4467.4	4467.4	189.1	189.1	0.0	0.0	0.0
600750	江中药业	10587.0	10587.0	300.0	300.0	0.0	0.0	0.0
600751	天海投资	26107.0	18599.8	2899.3	1792.8	326.1	0.0	780.4
600753	东方银星	4377.6	4377.6	128.0	128.0	0.0	0.0	0.0
600754	锦江股份	36911.2	26581.6	804.5	447.2	156.0	0.0	201.3
600755	厦门国贸	15512.9	15512.9	1664.5	1664.5	0.0	0.0	0.0
600756	浪潮软件	14336.0	14336.0	278.7	278.7	0.0	0.0	0.0
600757	长江传媒	13325.9	13324.2	1213.7	1213.5	0.0	0.0	0.2
600758	红阳能源	17418.0	1494.5	1340.9	115.1	0.0	0.0	1225.8
600759	洲际油气	17768.5	12409.5	2263.5	1580.8	0.0	0.0	682.7
600760	中航黑豹	5332.9	5332.9	344.9	344.9	0.0	0.0	0.0
600761	安徽合力	8234.5	8234.5	616.8	616.8	0.0	0.0	0.0
600763	通策医疗	15717.8	15717.8	320.6	320.6	0.0	0.0	0.0
600764	中电广通	6502.2	6502.2	329.7	329.7	0.0	0.0	0.0
600765	中航重机	15280.0	15280.0	778.0	778.0	0.0	0.0	0.0
600766	园城黄金	4569.7	4563.7	224.2	223.9	0.0	0.0	0.3
600767	运盛医疗	6980.5	6978.4	341.0	340.9	0.0	0.0	0.1
600768	宁波富邦	3196.6	3196.6	133.7	133.7	0.0	0.0	0.0
600769	祥龙电业	5335.9	5335.9	375.0	375.0	0.0	0.0	0.0
600770	综艺股份	23751.0	20181.0	1300.0	1104.6	0.0	0.0	195.4

注：股本的单位为百万股，市值、营业收入、净利润的单位为百万元

上市公司基本信息
Listed Companies in 2015

优先股 Pref Share	所属行业 Industry	所属地区 Area	营业收入 Revenue	净利润 Net Profit	每股收益(元) EPS	每股净资产(元) NAVPS
0.0	电力、热力、燃气及水生产和供应业	辽宁	678.7	10.6	0.03	1.78
0.0	制造业	甘肃	4811.9	179.2	0.23	6.20
0.0	制造业	新疆	791.9	-406.0	-1.63	1.34
0.0	制造业	河北	552.1	244.4	0.36	1.26
0.0	批发和零售业	北京	10566.1	344.3	0.52	5.00
0.0	房地产业	浙江	2719.1	-1158.4	-0.80	1.70
0.0	制造业	云南	2678.8	-2600.3	-4.22	-3.03
0.0	电力、热力、燃气及水生产和供应业	黑龙江	9031.4	23.4	0.01	1.63
0.0	制造业	山东	525.9	27.7	0.08	3.01
0.0	信息传输、软件和信息技术服务业	广东	2661.8	170.3	0.34	2.80
0.0	批发和零售业	重庆	28894.1	367.4	0.90	11.76
0.0	房地产业	上海	1305.4	69.6	0.12	2.40
0.0	制造业	湖南	1055.1	13.8	0.04	2.29
0.0	房地产业	上海	110.3	-112.4	-0.25	0.81
0.0	房地产业	四川	10.3	-30.3	-0.15	1.11
0.0	批发和零售业	福建	306.0	154.8	0.44	0.77
0.0	制造业	山东	1306.1	39.2	0.10	1.85
0.0	房地产业	江苏	3242.0	191.4	0.16	4.13
0.0	制造业	新疆	11402.7	76.1	0.04	2.89
0.0	批发和零售业	甘肃	1088.4	84.5	0.23	3.20
0.0	批发和零售业	辽宁	9070.1	514.5	0.34	11.40
0.0	制造业	山西	3339.4	-830.2	-1.08	2.61
0.0	制造业	上海	86917.5	4783.4	1.85	10.56
0.0	制造业	吉林	9668.0	425.1	2.01	18.74
0.0	房地产业	湖北	7441.5	730.5	0.40	2.41
0.0	电力、热力、燃气及水生产和供应业	湖南	6947.4	381.1	0.21	2.22
0.0	房地产业	湖北	675.7	-146.5	-0.23	6.71
0.0	制造业	江苏	560.5	-20.3	-0.07	1.36
0.0	房地产业	辽宁	1901.7	-82.1	-0.06	1.40
0.0	房地产业	上海	6603.6	519.7	0.48	4.40
0.0	水利、环境和公共设施管理业	西藏	143.7	5.4	0.03	3.36
0.0	制造业	江西	2591.3	367.0	1.22	7.85
0.0	交通运输、仓储和邮政业	天津	712.3	246.7	0.09	4.19
0.0	批发和零售业	河南	11.7	38.6	0.30	1.09
0.0	住宿和餐饮业	上海	5562.4	637.6	0.79	10.30
0.0	批发和零售业	福建	64219.9	650.5	0.39	4.77
0.0	信息传输、软件和信息技术服务业	山东	1229.9	107.8	0.39	3.45
0.0	文化、体育和娱乐业	湖北	11763.0	324.5	0.27	4.14
0.0	电力、热力、燃气及水生产和供应业	辽宁	4774.5	-465.4	-0.35	3.71
0.0	采矿业	海南	1260.7	64.8	0.03	2.32
0.0	制造业	山东	1650.0	-220.8	-0.64	1.14
0.0	制造业	安徽	5633.6	397.5	0.64	6.55
0.0	卫生和社会工作	浙江	758.8	192.5	0.60	2.56
0.0	信息传输、软件和信息技术服务业	北京	402.3	-125.0	-0.38	1.46
0.0	制造业	贵州	5718.2	-300.1	-0.39	4.17
0.0	采矿业	山东	5.2	14.7	0.07	0.21
0.0	房地产业	上海	39.5	-70.2	-0.21	0.87
0.0	制造业	浙江	809.7	-52.8	-0.40	0.34
0.0	制造业	湖北	20.8	6.3	0.02	0.11
0.0	综合	江苏	559.7	-246.3	-0.19	2.55

上市公司基本信息
Listed Companies in 2015

公司代码 Code	证券名称 Name	总市值 Market Capital	流通市值 Negotiable Capital	总股本 Total Vol	A 股流通股 A-Share Negotiable	B 股 B-Share	H 股 H-Share	限售股 Limited Share
600771	广誉远	8884.3	7797.0	277.8	243.8	0.0	0.0	34.0
600773	西藏城投	13271.7	12615.3	729.2	693.1	0.0	0.0	36.1
600774	汉商集团	4643.7	4639.8	174.6	174.4	0.0	0.0	0.1
600775	南京熊猫	12865.7	12114.7	913.8	632.6	0.0	242.0	39.2
600776	东方通信	12662.5	12662.5	1256.0	956.0	300.0	0.0	0.0
600777	新潮实业	14646.3	10651.0	860.0	625.4	0.0	0.0	234.6
600778	友好集团	3822.0	3817.0	311.5	311.1	0.0	0.0	0.4
600779	*ST 水井	6224.1	3762.4	488.5	295.3	0.0	0.0	193.2
600780	通宝能源	8128.7	8128.7	1146.5	1146.5	0.0	0.0	0.0
600781	辅仁药业	3438.2	3438.2	177.6	177.6	0.0	0.0	0.0
600782	新钢股份	7873.0	7873.0	1393.4	1393.4	0.0	0.0	0.0
600783	鲁信创投	29082.1	29082.1	744.4	744.4	0.0	0.0	0.0
600784	鲁银投资	4977.2	4350.3	568.2	496.6	0.0	0.0	71.6
600785	新华百货	6906.6	6349.5	225.6	207.4	0.0	0.0	18.2
600787	中储股份	22086.0	16869.3	2199.8	1680.2	0.0	0.0	519.6
600789	鲁抗医药	7764.0	7764.0	581.6	581.6	0.0	0.0	0.0
600790	轻纺城	8512.1	8512.1	1047.0	1047.0	0.0	0.0	0.0
600791	京能置业	4248.0	4242.7	452.9	452.3	0.0	0.0	0.6
600792	云煤能源	6177.1	5940.7	989.9	952.0	0.0	0.0	37.9
600793	ST 宜纸	2103.9	2103.9	105.3	105.3	0.0	0.0	0.0
600794	保税科技	8484.0	7635.6	1191.6	1072.4	0.0	0.0	119.2
600795	国电电力	77226.1	70015.1	19650.4	17815.5	0.0	0.0	1834.9
600796	钱江生化	3978.5	3978.5	301.4	301.4	0.0	0.0	0.0
600797	浙大网新	11960.9	11816.2	831.8	821.7	0.0	0.0	10.1
600798	宁波海运	7051.0	7051.0	1030.9	1030.9	0.0	0.0	0.0
600800	天津磁卡	6962.4	6951.4	611.3	610.3	0.0	0.0	1.0
600801	华新水泥	10631.4	10631.4	1497.6	972.8	524.8	0.0	0.0
600802	福建水泥	4231.2	4231.2	381.9	381.9	0.0	0.0	0.0
600803	新奥股份	15634.6	8556.8	985.8	539.5	0.0	0.0	446.3
600804	鹏博士	33218.8	32285.7	1400.5	1361.1	0.0	0.0	39.3
600805	悦达投资	10772.3	10750.9	850.9	849.2	0.0	0.0	1.7
600806	昆明机床	5778.7	5778.7	531.1	390.2	0.0	140.9	0.0
600807	天业股份	14828.3	8519.5	856.6	492.2	0.0	0.0	364.5
600808	马钢股份	18798.4	18798.4	7700.7	5967.8	0.0	1732.9	0.0
600809	山西汾酒	16684.9	16684.9	865.8	865.8	0.0	0.0	0.0
600810	神马股份	4038.0	4038.0	442.3	442.3	0.0	0.0	0.0
600811	东方集团	14467.9	14467.9	1666.8	1666.8	0.0	0.0	0.0
600812	华北制药	14041.2	11869.6	1630.8	1378.6	0.0	0.0	252.2
600814	杭州解百	8816.3	3827.0	715.0	310.4	0.0	0.0	404.6
600815	厦工股份	8956.8	8956.8	959.0	959.0	0.0	0.0	0.0
600816	安信信托	40300.4	25850.2	1769.9	1135.3	0.0	0.0	634.6
600817	ST 宏盛	2474.8	2274.9	160.9	147.9	0.0	0.0	13.0
600818	中路股份	15324.1	15324.1	321.4	238.0	83.5	0.0	0.0
600819	耀皮玻璃	6819.5	6227.4	934.9	672.5	187.5	0.0	74.9
600820	隧道股份	33453.2	33453.2	3144.1	3144.1	0.0	0.0	0.0
600821	津劝业	4662.2	4662.2	416.3	416.3	0.0	0.0	0.0
600822	上海物贸	6647.7	6647.7	496.0	396.1	99.8	0.0	0.0
600823	世茂股份	23406.5	21551.6	1913.9	1762.2	0.0	0.0	151.7
600824	益民集团	9275.4	9275.4	1054.0	1054.0	0.0	0.0	0.0
600825	新华传媒	12476.0	12476.0	1044.9	1044.9	0.0	0.0	0.0

注：股本的单位为百万股，市值、营业收入、净利润的单位为百万元

上市公司基本信息
Listed Companies in 2015

优先股 Pref Share	所属行业 Industry	所属地区 Area	营业收入 Revenue	净利润 Net Profit	每股收益(元) EPS	每股净资产(元) NAVPS
0.0	制造业	青海	421.3	2.0	0.01	2.57
0.0	房地产业	西藏	741.4	62.4	0.09	3.41
0.0	批发和零售业	湖北	908.2	10.2	0.06	3.26
0.0	制造业	江苏	3574.0	143.8	0.16	3.57
0.0	制造业	浙江	3533.2	169.8	0.14	2.36
0.0	综合	山东	426.7	30.4	0.04	4.01
0.0	批发和零售业	新疆	6220.2	15.3	0.05	5.13
0.0	制造业	四川	810.9	88.0	0.18	2.62
0.0	电力、热力、燃气及水生产和供应业	山西	5650.0	369.9	0.32	4.00
0.0	制造业	上海	462.0	27.8	0.16	2.00
0.0	制造业	江西	22384.6	60.6	0.04	5.82
0.0	综合	山东	188.4	224.1	0.30	4.60
0.0	综合	山东	2335.7	-64.8	-0.11	2.54
0.0	批发和零售业	宁夏	6987.3	136.7	0.61	8.22
0.0	交通运输、仓储和邮政业	天津	17731.6	666.3	0.30	3.94
0.0	制造业	山东	2377.1	7.9	0.01	3.11
0.0	租赁和商务服务业	浙江	694.4	295.5	0.28	3.54
0.0	房地产业	北京	824.9	78.6	0.17	3.32
0.0	制造业	云南	3405.6	-696.8	-0.70	2.78
0.0	制造业	四川	- -	8.9	0.08	0.48
0.0	交通运输、仓储和邮政业	江苏	626.7	24.6	0.02	1.58
0.0	电力、热力、燃气及水生产和供应业	辽宁	53579.9	4363.5	0.22	2.56
0.0	制造业	浙江	468.1	26.5	0.09	1.90
0.0	信息传输、软件和信息技术服务业	浙江	5245.4	212.9	0.23	2.25
0.0	交通运输、仓储和邮政业	浙江	1045.2	16.0	0.02	2.56
0.0	制造业	天津	131.1	-21.8	-0.04	0.15
0.0	制造业	湖北	13217.9	102.8	0.07	6.41
0.0	制造业	福建	1508.9	-390.4	-1.02	2.51
0.0	制造业	河北	5522.4	805.7	0.82	4.32
0.0	信息传输、软件和信息技术服务业	四川	7865.3	716.6	0.51	3.93
0.0	综合	江苏	1690.6	129.8	0.15	7.43
0.0	制造业	云南	769.3	-196.4	-0.37	1.67
0.0	房地产业	山东	1211.1	112.1	0.13	1.91
0.0	制造业	安徽	44008.6	-4804.3	-0.62	2.40
0.0	制造业	山西	4081.9	520.6	0.60	5.11
0.0	制造业	河南	4994.9	63.1	0.14	5.39
0.0	批发和零售业	黑龙江	6201.3	642.4	0.39	6.23
0.0	制造业	河北	7795.6	62.8	0.04	3.24
0.0	批发和零售业	浙江	5178.7	226.2	0.32	2.81
0.0	制造业	福建	3021.1	-999.8	-1.04	3.21
0.0	金融业	上海	- -	1722.1	0.97	3.57
0.0	综合	上海	12.0	-13.4	-0.08	0.59
0.0	制造业	上海	613.4	51.9	0.16	1.52
0.0	制造业	上海	2694.1	-364.3	-0.39	3.08
0.0	建筑业	上海	26668.4	1480.6	0.47	5.30
0.0	批发和零售业	天津	500.5	5.1	0.01	1.45
0.0	批发和零售业	上海	56949.3	-1584.4	-3.20	0.56
0.0	房地产业	上海	15032.8	2045.6	1.07	10.17
0.0	批发和零售业	上海	3012.0	193.0	0.18	1.86
0.0	文化、体育和娱乐业	上海	1464.1	57.8	0.06	2.45

上市公司基本信息
Listed Companies in 2015

公司代码 Code	证券名称 Name	总市值 Market Capital	流通市值 Negotiable Capital	总股本 Total Vol	A 股流通股 A-Share Negotiable	B 股 B-Share	H 股 H-Share	限售股 Limited Share
600826	兰生股份	14486.9	14486.9	420.6	420.6	0.0	0.0	0.0
600827	百联股份	29840.8	29840.8	1722.5	1542.8	179.7	0.0	0.0
600828	成商集团	5442.0	5436.1	570.4	569.8	0.0	0.0	0.6
600829	人民同泰	9631.9	9631.9	579.9	579.9	0.0	0.0	0.0
600830	香溢融通	6237.9	6237.9	454.3	454.3	0.0	0.0	0.0
600831	广电网络	8908.0	8908.0	563.4	563.4	0.0	0.0	0.0
600832	东方明珠	73859.2	73859.2	3186.3	3186.3	0.0	0.0	0.0
600833	第一医药	4497.4	4497.4	223.1	223.1	0.0	0.0	0.0
600834	申通地铁	9251.7	9251.7	477.4	477.4	0.0	0.0	0.0
600835	上海机电	28781.6	28781.6	1022.7	806.5	216.2	0.0	0.0
600836	界龙实业	10375.4	9817.7	331.4	313.6	0.0	0.0	17.8
600837	海通证券	128017.5	128017.5	11501.7	8092.1	0.0	3409.6	0.0
600838	上海九百	6281.8	6281.8	400.9	400.9	0.0	0.0	0.0
600839	四川长虹	26728.1	26691.9	4616.2	4610.0	0.0	0.0	6.2
600841	上柴股份	9980.3	9980.3	866.7	521.9	344.8	0.0	0.0
600843	上工申贝	7148.5	7148.5	548.6	304.6	243.9	0.0	0.0
600844	丹化科技	6032.7	6032.7	778.6	584.8	193.8	0.0	0.0
600845	宝信软件	19244.3	16909.7	391.6	236.8	114.4	0.0	40.4
600846	同济科技	7472.1	7472.1	624.8	624.8	0.0	0.0	0.0
600847	万里股份	5229.3	4441.1	158.0	134.2	0.0	0.0	23.8
600848	上海临港	19435.7	8045.2	895.2	292.1	107.1	0.0	495.9
600850	华东电脑	16618.1	16618.1	321.7	321.7	0.0	0.0	0.0
600851	海欣股份	13573.2	13573.2	1207.1	738.2	468.9	0.0	0.0
600853	龙建股份	4085.1	4085.1	536.8	536.8	0.0	0.0	0.0
600854	春兰股份	4306.3	4306.3	519.5	519.5	0.0	0.0	0.0
600855	航天长峰	13158.6	13098.9	331.6	330.1	0.0	0.0	1.5
600856	中天能源	15256.8	6317.0	567.2	234.8	0.0	0.0	332.3
600857	宁波中百	4441.5	4441.5	224.3	224.3	0.0	0.0	0.0
600858	银座股份	5751.9	5724.1	520.1	517.5	0.0	0.0	2.5
600859	王府井	12596.5	12596.5	462.8	462.8	0.0	0.0	0.0
600860	京城股份	4157.0	4157.0	422.0	322.0	0.0	100.0	0.0
600861	北京城乡	5895.7	5895.7	316.8	316.8	0.0	0.0	0.0
600862	南通科技	27707.7	12688.4	1393.0	637.9	0.0	0.0	755.1
600863	内蒙华电	25960.6	25960.6	5807.7	5807.7	0.0	0.0	0.0
600864	哈投股份	5944.6	5944.6	546.4	546.4	0.0	0.0	0.0
600865	百大集团	8077.9	8077.9	376.2	376.2	0.0	0.0	0.0
600866	星湖科技	5311.6	4529.7	645.4	550.4	0.0	0.0	95.0
600867	通化东宝	30860.5	30745.5	1135.8	1131.6	0.0	0.0	4.2
600868	梅雁吉祥	11844.4	11844.4	1898.1	1898.1	0.0	0.0	0.0
600869	智慧能源	18909.8	18909.8	1980.1	1980.1	0.0	0.0	0.0
600870	*ST 厦华	4504.7	4504.7	523.2	523.2	0.0	0.0	0.0
600871	石化油服	98268.1	3672.0	14142.7	450.0	0.0	2100.0	11592.7
600872	中炬高新	12467.4	12467.4	796.6	796.6	0.0	0.0	0.0
600873	梅花生物	28409.2	28409.2	3108.2	3108.2	0.0	0.0	0.0
600874	创业环保	11470.3	11470.3	1427.2	1087.2	0.0	340.0	0.0
600875	东方电气	27217.8	27217.8	2336.9	1996.9	0.0	340.0	0.0
600876	洛阳玻璃	8030.6	8030.6	500.0	250.0	0.0	250.0	0.0
600877	中国嘉陵	6701.0	6701.0	687.3	687.3	0.0	0.0	0.0
600879	航天电子	18576.5	18576.5	1039.5	1039.5	0.0	0.0	0.0
600880	博瑞传播	8200.0	5500.2	1093.3	733.4	0.0	0.0	360.0

注：股本的单位为百万股，市值、营业收入、净利润的单位为百万元

上市公司基本信息
Listed Companies in 2015

优先股 Pref Share	所属行业 Industry	所属地区 Area	营业收入 Revenue	净利润 Net Profit	每股收益(元) EPS	每股净资产(元) NAVPS
0.0	批发和零售业	上海	2360.5	510.9	1.22	7.67
0.0	批发和零售业	上海	47731.2	1275.5	0.74	8.79
0.0	批发和零售业	四川	1771.8	77.0	0.14	2.28
0.0	批发和零售业	黑龙江	8888.7	138.9	0.24	2.45
0.0	批发和零售业	浙江	1578.9	141.7	0.31	4.44
0.0	信息传输、软件和信息技术服务业	陕西	2380.4	133.2	0.24	3.38
0.0	水利、环境和公共设施管理业	上海	- -	0.0	- -	- -
0.0	批发和零售业	上海	1439.2	41.2	0.19	3.48
0.0	交通运输、仓储和邮政业	上海	773.9	69.0	0.14	2.95
0.0	制造业	上海	19064.9	1834.6	1.79	7.94
0.0	制造业	上海	1469.1	18.3	0.06	2.65
0.0	金融业	上海	- -	15838.9	1.38	9.36
0.0	批发和零售业	上海	86.5	92.3	0.23	2.87
0.0	制造业	四川	63321.6	-1975.9	-0.43	2.62
0.0	制造业	上海	2126.2	92.9	0.11	4.01
0.0	制造业	上海	2260.5	157.4	0.29	3.24
0.0	制造业	上海	1043.0	-30.7	-0.04	1.05
0.0	信息传输、软件和信息技术服务业	上海	3929.6	312.4	0.80	10.00
0.0	建筑业	上海	3256.2	160.3	0.26	2.86
0.0	制造业	重庆	213.8	-19.8	-0.13	4.49
0.0	制造业	上海	824.6	239.4	0.27	3.48
0.0	信息传输、软件和信息技术服务业	上海	6061.3	306.2	0.95	5.16
0.0	制造业	上海	970.9	157.4	0.13	3.79
0.0	建筑业	黑龙江	6714.9	19.9	0.04	1.50
0.0	制造业	江苏	192.4	11.2	0.02	3.70
0.0	制造业	北京	869.3	29.3	0.09	2.58
0.0	电力、热力、燃气及水生产和供应业	吉林	1973.9	284.1	0.48	3.18
0.0	批发和零售业	浙江	1072.8	43.1	0.19	2.72
0.0	批发和零售业	山东	13780.5	103.7	0.20	5.75
0.0	批发和零售业	北京	16642.8	661.2	1.43	15.95
0.0	制造业	北京	1037.5	-207.8	-0.49	1.69
0.0	批发和零售业	北京	2669.8	108.1	0.34	7.30
0.0	房地产业	江苏	1955.2	144.6	0.10	2.40
0.0	电力、热力、燃气及水生产和供应业	内蒙	10805.8	699.1	0.12	1.77
0.0	电力、热力、燃气及水生产和供应业	黑龙江	1148.2	108.3	0.20	7.08
0.0	批发和零售业	浙江	1018.4	140.6	0.37	3.93
0.0	制造业	广东	724.0	-422.4	-0.65	1.62
0.0	制造业	吉林	1655.9	493.0	0.43	2.17
0.0	电力、热力、燃气及水生产和供应业	广东	245.1	19.8	0.01	1.13
0.0	制造业	青海	11679.2	422.3	0.20	2.00
0.0	制造业	福建	216.8	14.0	0.03	0.04
0.0	采矿业	江苏	59510.7	24.5	- -	1.74
0.0	制造业	广东	2711.0	247.3	0.31	3.16
0.0	制造业	西藏	11798.1	425.5	0.14	2.68
0.0	电力、热力、燃气及水生产和供应业	天津	1753.7	330.5	0.23	3.08
0.0	制造业	四川	35769.6	439.1	0.19	9.86
0.0	制造业	河南	611.6	144.5	0.28	0.54
0.0	制造业	重庆	1041.6	-159.9	-0.23	0.01
0.0	制造业	湖北	5576.8	265.4	0.26	5.29
0.0	文化、体育和娱乐业	四川	1175.2	74.7	0.07	3.28

上市公司基本信息
Listed Companies in 2015

公司代码 Code	证券名称 Name	总市值 Market Capital	流通市值 Negotiable Capital	总股本 Total Vol	A 股流通股 A-Share Negotiable	B 股 B-Share	H 股 H-Share	限售股 Limited Share
600881	亚泰集团	18823.6	13717.9	2599.9	1894.7	0.0	0.0	705.2
600882	华联矿业	4523.4	4523.4	399.2	399.2	0.0	0.0	0.0
600883	博闻科技	4256.7	4256.7	236.1	236.1	0.0	0.0	0.0
600884	杉杉股份	16122.1	16122.1	410.9	410.9	0.0	0.0	0.0
600885	宏发股份	15900.7	15900.7	532.0	532.0	0.0	0.0	0.0
600886	国投电力	56663.3	56663.3	6786.0	6786.0	0.0	0.0	0.0
600887	伊利股份	100695.2	98837.1	6128.7	6015.6	0.0	0.0	113.1
600888	新疆众和	5636.4	5636.4	641.2	641.2	0.0	0.0	0.0
600889	南京化纤	4873.2	4873.2	307.1	307.1	0.0	0.0	0.0
600890	中房股份	4419.3	4419.3	579.2	579.2	0.0	0.0	0.0
600891	秋林集团	6373.5	3342.6	617.6	323.9	0.0	0.0	293.7
600892	宝诚股份	5507.0	5480.7	63.1	62.8	0.0	0.0	0.3
600893	中航动力	87750.8	61472.4	1948.7	1365.1	0.0	0.0	583.6
600894	广日股份	17190.3	17190.3	859.9	859.9	0.0	0.0	0.0
600895	张江高科	44648.7	44648.7	1548.7	1548.7	0.0	0.0	0.0
600896	中海海盛	9399.9	9399.9	581.3	581.3	0.0	0.0	0.0
600897	厦门空港	6885.4	6885.4	297.8	297.8	0.0	0.0	0.0
600898	三联商社	3416.6	3416.6	252.5	252.5	0.0	0.0	0.0
600900	长江电力	223740.0	132155.0	16500.0	9745.9	0.0	0.0	6754.1
600917	重庆燃气	23635.6	2369.6	1556.0	156.0	0.0	0.0	1400.0
600958	东方证券	123011.8	23290.0	5281.7	1000.0	0.0	0.0	4281.7
600959	江苏有线	61435.3	12274.3	2988.1	597.0	0.0	0.0	2391.1
600960	渤海活塞	5719.4	5589.7	524.7	512.8	0.0	0.0	11.9
600961	株冶集团	7052.1	7052.1	527.5	527.5	0.0	0.0	0.0
600962	*ST 中鲁	4680.4	4534.3	262.2	254.0	0.0	0.0	8.2
600963	岳阳林纸	8585.2	8585.2	1043.2	1043.2	0.0	0.0	0.0
600965	福成五丰	13344.8	6194.9	818.7	380.1	0.0	0.0	438.6
600966	博汇纸业	6042.5	6042.5	1336.8	1336.8	0.0	0.0	0.0
600967	北方创业	14605.2	14605.2	822.8	822.8	0.0	0.0	0.0
600969	郴电国际	5003.6	5003.6	264.3	264.3	0.0	0.0	0.0
600970	中材国际	13975.6	13064.9	1169.5	1093.3	0.0	0.0	76.2
600971	恒源煤电	6290.0	6290.0	1000.0	1000.0	0.0	0.0	0.0
600973	宝胜股份	6410.3	6410.3	414.4	414.4	0.0	0.0	0.0
600975	新五丰	5485.7	3939.6	326.3	234.4	0.0	0.0	92.0
600976	健民集团	5189.5	5183.7	153.4	153.2	0.0	0.0	0.2
600978	宜华木业	33112.5	33112.5	1482.9	1482.9	0.0	0.0	0.0
600979	广安爱众	5513.4	5513.4	717.9	717.9	0.0	0.0	0.0
600980	北矿磁材	3636.3	3105.7	152.2	130.0	0.0	0.0	22.2
600981	汇鸿集团	29084.4	3136.9	2242.4	241.9	0.0	0.0	2000.6
600982	宁波热电	5631.9	5098.0	746.9	676.1	0.0	0.0	70.8
600983	惠而浦	10492.5	7294.0	766.4	532.8	0.0	0.0	233.6
600984	*ST 建机	7335.5	1630.7	636.8	141.6	0.0	0.0	495.2
600985	雷鸣科化	3606.4	3606.4	262.9	262.9	0.0	0.0	0.0
600986	科达股份	18246.6	7040.7	868.9	335.3	0.0	0.0	533.6
600987	航民股份	8335.3	8335.3	635.3	635.3	0.0	0.0	0.0
600988	赤峰黄金	8251.6	6555.6	713.2	566.6	0.0	0.0	146.6
600990	四创电子	8578.1	8578.1	136.7	136.7	0.0	0.0	0.0
600992	贵绳股份	3948.4	3948.4	245.1	245.1	0.0	0.0	0.0
600993	马应龙	9491.8	9473.8	431.1	430.2	0.0	0.0	0.8
600995	文山电力	4412.0	4412.0	478.5	478.5	0.0	0.0	0.0

注：股本的单位为百万股，市值、营业收入、净利润的单位为百万元

上市公司基本信息
Listed Companies in 2015

优先股 Pref Share	所属行业 Industry	所属地区 Area	营业收入 Revenue	净利润 Net Profit	每股收益(元) EPS	每股净资产(元) NAVPS
0.0	制造业	吉林	10779.7	-189.6	-0.07	4.42
0.0	采矿业	山东	352.9	-274.9	-0.69	2.69
0.0	制造业	云南	12.3	73.8	0.31	2.82
0.0	制造业	浙江	4258.7	664.8	1.62	11.68
0.0	制造业	湖北	4217.8	472.3	0.89	5.48
0.0	电力、热力、燃气及水生产和供应业	甘肃	31133.9	5427.5	0.80	3.92
0.0	制造业	内蒙	58763.5	4631.8	0.76	3.30
0.0	制造业	新疆	7488.8	24.7	0.04	5.03
0.0	制造业	江苏	1353.5	457.5	1.49	4.55
0.0	房地产业	北京	3.8	12.1	0.02	0.57
0.0	批发和零售业	黑龙江	5040.9	233.5	0.38	4.45
0.0	批发和零售业	北京	11.9	-1.0	-0.01	10.85
0.0	制造业	陕西	22928.4	1033.3	0.53	7.73
0.0	制造业	广东	4802.0	2144.7	2.49	7.47
0.0	综合	上海	2317.2	481.6	0.31	4.88
0.0	交通运输、仓储和邮政业	海南	940.8	24.1	0.04	2.56
0.0	交通运输、仓储和邮政业	福建	1385.9	369.5	1.24	10.13
0.0	批发和零售业	山东	824.8	23.4	0.09	1.46
0.0	电力、热力、燃气及水生产和供应业	北京	23529.7	11520.0	0.70	5.54
0.0	电力、热力、燃气及水生产和供应业	重庆	5897.4	374.9	0.24	2.24
0.0	金融业	上海	- -	7325.2	1.39	6.62
0.0	信息传输、软件和信息技术服务业	江苏	4197.2	774.2	0.26	4.05
0.0	制造业	山东	973.1	22.3	0.04	3.88
0.0	制造业	湖南	13650.9	-604.6	-1.15	0.24
0.0	制造业	北京	1088.2	32.0	0.12	3.11
0.0	制造业	湖南	5763.1	-390.0	-0.37	5.01
0.0	农、林、牧、渔业	河北	1335.9	166.4	0.20	1.99
0.0	制造业	山东	6982.8	38.5	0.03	2.93
0.0	制造业	内蒙	1942.3	-56.7	-0.07	2.75
0.0	电力、热力、燃气及水生产和供应业	湖南	2226.1	106.3	0.40	11.69
0.0	制造业	江苏	22518.1	664.3	0.57	5.51
0.0	采矿业	安徽	3536.0	-1383.3	-1.38	5.54
0.0	制造业	江苏	12587.1	160.5	0.39	5.25
0.0	农、林、牧、渔业	湖南	1325.6	37.0	0.11	3.28
0.0	批发和零售业	湖北	2279.4	85.5	0.56	6.39
0.0	制造业	广东	4584.5	615.9	0.42	4.61
0.0	电力、热力、燃气及水生产和供应业	四川	1520.9	155.4	0.22	2.17
0.0	制造业	北京	411.4	37.7	0.25	3.16
0.0	批发和零售业	江苏	38995.8	762.6	0.34	3.35
0.0	电力、热力、燃气及水生产和供应业	浙江	974.7	92.0	0.12	3.27
0.0	制造业	安徽	5368.0	366.7	0.48	5.78
0.0	制造业	陕西	698.2	6.1	0.01	4.88
0.0	制造业	安徽	894.9	116.2	0.44	4.41
0.0	建筑业	山东	2410.3	117.1	0.14	4.41
0.0	制造业	浙江	3018.1	484.3	0.76	4.33
0.0	采矿业	内蒙	1590.1	231.2	0.32	3.00
0.0	制造业	安徽	2122.5	115.3	0.84	7.50
0.0	制造业	贵州	1478.5	18.4	0.08	5.49
0.0	批发和零售业	湖北	1767.8	223.3	0.52	4.14
0.0	电力、热力、燃气及水生产和供应业	云南	1950.8	103.2	0.22	3.07

上市公司基本信息
Listed Companies in 2015

公司代码 Code	证券名称 Name	总市值 Market Capital	流通市值 Negotiable Capital	总股本 Total Vol	A股流通股 A-Share Negotiable	B股 B-Share	H股 H-Share	限售股 Limited Share
600997	开滦股份	6889.3	6889.3	1234.6	1234.6	0.0	0.0	0.0
600998	九州通	32281.4	28036.0	1647.0	1430.4	0.0	0.0	216.6
600999	招商证券	126036.5	104227.3	5808.1	4803.1	0.0	0.0	1005.0
601000	唐山港	18549.6	16750.4	2248.4	2030.4	0.0	0.0	218.1
601001	大同煤业	9289.0	9289.0	1673.7	1673.7	0.0	0.0	0.0
601002	晋亿实业	9139.7	8514.6	792.7	738.5	0.0	0.0	54.2
601003	柳钢股份	10584.3	10584.3	2562.8	2562.8	0.0	0.0	0.0
601005	重庆钢铁	12824.1	6256.6	4436.0	1901.7	0.0	538.1	1996.2
601006	大秦铁路	128151.7	128151.7	14866.8	14866.8	0.0	0.0	0.0
601007	金陵饭店	4626.0	4626.0	300.0	300.0	0.0	0.0	0.0
601008	连云港	6862.9	5486.7	1015.2	811.6	0.0	0.0	203.6
601009	南京银行	59577.4	52550.1	3366.0	2968.9	0.0	0.0	397.0
601010	文峰股份	13435.0	13435.0	1848.0	1848.0	0.0	0.0	0.0
601011	宝泰隆	11350.3	8030.3	1367.5	967.5	0.0	0.0	400.0
601012	隆基股份	24179.3	22128.2	1771.4	1621.1	0.0	0.0	150.3
601015	陕西黑猫	7241.6	3457.3	620.0	296.0	0.0	0.0	324.0
601016	节能风电	28053.4	12904.6	1777.8	817.8	0.0	0.0	960.0
601018	宁波港	104448.0	104448.0	12800.0	12800.0	0.0	0.0	0.0
601021	春秋航空	48800.0	12200.0	800.0	200.0	0.0	0.0	600.0
601028	玉龙股份	7367.0	7337.0	786.2	783.0	0.0	0.0	3.2
601038	一拖股份	8213.8	8213.8	995.9	593.9	0.0	402.0	0.0
601058	赛轮金宇	9384.3	9067.6	1042.7	1007.5	0.0	0.0	35.2
601069	西部黄金	13565.9	2687.6	636.0	126.0	0.0	0.0	510.0
601088	中国神华	246870.8	246870.8	19889.6	16491.0	0.0	3398.6	0.0
601098	中南传媒	42924.4	42924.4	1796.0	1796.0	0.0	0.0	0.0
601099	太平洋	34669.2	32459.7	3530.5	3305.5	0.0	0.0	225.0
601100	恒立油缸	10458.0	10458.0	630.0	630.0	0.0	0.0	0.0
601101	昊华能源	9432.0	9432.0	1200.0	1200.0	0.0	0.0	0.0
601106	中国一重	52107.9	52107.9	6538.0	6538.0	0.0	0.0	0.0
601107	四川成渝	12911.6	12911.6	3058.1	2162.7	0.0	895.3	0.0
601111	中国国航	73119.3	71465.1	13084.8	8329.3	0.0	4562.7	192.8
601113	华鼎股份	9263.5	7116.8	833.1	640.0	0.0	0.0	193.1
601116	三江购物	5274.1	5274.1	410.8	410.8	0.0	0.0	0.0
601117	中国化学	33988.4	33988.4	4933.0	4933.0	0.0	0.0	0.0
601118	海南橡胶	29719.7	29719.7	3931.2	3931.2	0.0	0.0	0.0
601126	四方股份	10798.9	10798.9	813.2	813.2	0.0	0.0	0.0
601137	博威合金	5342.8	5342.8	215.0	215.0	0.0	0.0	0.0
601139	深圳燃气	19820.0	19820.0	2178.0	2178.0	0.0	0.0	0.0
601155	新城控股	34690.8	10796.5	1708.1	531.6	0.0	0.0	1176.5
601158	重庆水务	44784.0	44784.0	4800.0	4800.0	0.0	0.0	0.0
601166	兴业银行	325223.4	276186.1	19052.3	16179.6	0.0	0.0	2872.7
601168	西部矿业	17610.4	17610.4	2383.0	2383.0	0.0	0.0	0.0
601169	北京银行	133438.6	133438.6	12672.2	12672.2	0.0	0.0	0.0
601177	杭齿前进	4388.7	4388.7	400.1	400.1	0.0	0.0	0.0
601179	中国西电	34907.3	29671.2	5125.9	4357.0	0.0	0.0	768.9
601186	中国铁建	155063.7	138321.6	13579.5	10261.2	0.0	2076.3	1242.0
601188	龙江交通	7605.8	7012.3	1315.9	1213.2	0.0	0.0	102.7
601198	东兴证券	75044.9	14985.0	2504.0	500.0	0.0	0.0	2004.0
601199	江南水务	8907.8	8907.8	467.6	467.6	0.0	0.0	0.0
601208	东材科技	5769.7	5769.7	615.8	615.8	0.0	0.0	0.0

注：股本的单位为百万股，市值、营业收入、净利润的单位为百万元

上市公司基本信息
Listed Companies in 2015

优先股 Pref Share	所属行业 Industry	所属地区 Area	营业收入 Revenue	净利润 Net Profit	每股收益(元) EPS	每股净资产(元) NAVPS
0.0	制造业	河北	10384.2	-416.9	-0.34	5.31
0.0	批发和零售业	湖北	49504.6	694.5	0.42	5.68
0.0	金融业	广东	- -	10908.7	1.88	8.33
0.0	交通运输、仓储和邮政业	河北	5119.5	1199.8	0.53	4.62
0.0	采矿业	山西	6984.3	-1801.0	-1.08	2.91
0.0	制造业	浙江	2167.6	-13.6	-0.02	2.83
0.0	制造业	广西	23968.0	-1189.4	-0.46	1.73
0.0	制造业	重庆	8322.3	-5987.2	-1.35	0.90
0.0	交通运输、仓储和邮政业	山西	51010.0	12647.7	0.85	5.99
0.0	住宿和餐饮业	江苏	723.1	49.9	0.17	4.67
0.0	交通运输、仓储和邮政业	江苏	1240.4	53.4	0.05	3.17
0.0	金融业	江苏	- -	7000.6	2.08	15.46
0.0	批发和零售业	江苏	6989.4	257.2	0.14	2.14
0.0	制造业	黑龙江	1459.0	91.2	0.07	3.11
0.0	制造业	陕西	5947.0	520.3	0.29	3.18
0.0	制造业	陕西	5109.9	-280.9	-0.45	4.01
0.0	电力、热力、燃气及水生产和供应业	北京	1345.7	203.4	0.10	3.01
0.0	交通运输、仓储和邮政业	浙江	16309.7	2554.0	0.20	2.51
0.0	交通运输、仓储和邮政业	上海	7669.6	1327.9	1.66	8.18
0.0	制造业	江苏	2149.5	130.2	0.17	3.34
0.0	制造业	河南	8902.0	135.3	0.14	4.69
0.0	制造业	山东	8641.9	193.2	0.19	4.07
0.0	采矿业	新疆	998.0	64.4	0.10	2.52
0.0	采矿业	北京	162905.0	16144.0	0.81	14.72
0.0	文化、体育和娱乐业	湖南	9866.3	1695.1	0.94	6.37
0.0	金融业	云南	- -	1133.1	0.32	2.10
0.0	制造业	江苏	1073.7	63.5	0.10	5.51
0.0	采矿业	北京	6117.5	57.6	0.05	5.46
0.0	制造业	黑龙江	4914.7	-1795.1	-0.28	2.28
0.0	交通运输、仓储和邮政业	四川	9577.9	995.7	0.33	4.09
0.0	交通运输、仓储和邮政业	北京	106392.5	6774.0	0.52	4.57
0.0	制造业	浙江	1571.2	100.2	0.12	3.27
0.0	批发和零售业	浙江	4357.4	67.1	0.16	3.85
0.0	建筑业	北京	63089.5	2841.8	0.58	5.30
0.0	农、林、牧、渔业	海南	7920.9	-989.7	-0.25	2.03
0.0	制造业	北京	3289.5	344.1	0.42	4.53
0.0	制造业	浙江	2899.7	70.5	0.33	9.50
0.0	电力、热力、燃气及水生产和供应业	广东	7824.0	659.7	0.30	3.27
0.0	房地产业	江苏	23143.4	1836.3	1.08	7.10
0.0	电力、热力、燃气及水生产和供应业	重庆	3830.4	1551.6	0.32	2.83
260.0	金融业	福建	- -	50207.0	2.64	16.46
0.0	采矿业	青海	26532.3	30.4	0.01	4.77
0.0	金融业	北京	- -	16839.0	1.33	9.20
0.0	制造业	浙江	1418.2	-119.9	-0.30	4.04
0.0	制造业	陕西	12808.7	904.0	0.18	3.60
0.0	建筑业	北京	598663.9	12645.5	0.93	8.22
0.0	交通运输、仓储和邮政业	黑龙江	503.5	276.1	0.21	2.73
0.0	金融业	北京	- -	2043.9	0.82	5.43
0.0	电力、热力、燃气及水生产和供应业	江苏	845.3	269.5	0.58	4.70
0.0	制造业	四川	1335.3	61.1	0.10	3.60

上市公司基本信息
Listed Companies in 2015

公司代码 Code	证券名称 Name	总市值 Market Capital	流通市值 Negotiable Capital	总股本 Total Vol	A股流通股 A-Share Negotiable	B股 B-Share	H股 H-Share	限售股 Limited Share
601211	国泰君安	182237.5	36447.5	7625.0	1525.0	0.0	0.0	6100.0
601216	君正集团	42209.3	42209.3	3686.4	3686.4	0.0	0.0	0.0
601218	吉鑫科技	6932.4	6932.4	991.8	991.8	0.0	0.0	0.0
601222	林洋能源	14934.5	13045.5	406.6	355.2	0.0	0.0	51.4
601225	陕西煤业	48600.0	13170.6	10000.0	2710.0	0.0	0.0	7290.0
601226	华电重工	14610.8	4648.9	1155.0	367.5	0.0	0.0	787.5
601231	环旭电子	31463.9	31463.9	2175.9	2175.9	0.0	0.0	0.0
601233	桐昆股份	12671.3	12671.3	963.6	963.6	0.0	0.0	0.0
601238	广汽集团	95284.2	95284.2	6435.0	4221.7	0.0	2213.3	0.0
601258	庞大集团	25402.0	25402.0	6480.1	6480.1	0.0	0.0	0.0
601268	*ST 二重	0.0	0.0	2293.4	1690.0	0.0	0.0	603.4
601288	农业银行	949798.6	949798.6	324794.1	294055.3	0.0	30738.8	0.0
601299	中国北车	329705.3	329705.3	12259.8	10126.1	0.0	2133.7	0.0
601311	骆驼股份	18591.2	18520.5	851.6	848.4	0.0	0.0	3.2
601313	江南嘉捷	6278.4	6185.5	400.4	394.5	0.0	0.0	5.9
601318	中国平安	389975.9	389975.9	18280.2	10832.7	0.0	7447.6	0.0
601328	交通银行	252775.6	252775.6	74262.7	39250.9	0.0	35011.9	0.0
601333	广深铁路	28317.7	28317.7	7083.5	5652.2	0.0	1431.3	0.0
601336	新华保险	108880.8	108880.8	3119.5	2085.4	0.0	1034.1	0.0
601339	百隆东方	11295.0	11295.0	1500.0	1500.0	0.0	0.0	0.0
601368	绿城水务	12891.4	2575.4	735.8	147.0	0.0	0.0	588.8
601369	陕鼓动力	14322.9	14322.9	1638.8	1638.8	0.0	0.0	0.0
601377	兴业证券	57200.0	57200.0	5200.0	5200.0	0.0	0.0	0.0
601388	怡球资源	12434.9	12434.9	533.0	533.0	0.0	0.0	0.0
601390	中国中铁	203515.1	186650.2	22844.3	17092.5	0.0	4207.4	1544.4
601398	工商银行	1234823.9	1234823.9	356406.3	269612.2	0.0	86794.0	0.0
601515	东风股份	18437.0	18437.0	1112.0	1112.0	0.0	0.0	0.0
601518	吉林高速	5641.4	5641.4	1213.2	1213.2	0.0	0.0	0.0
601519	大智慧	25482.3	25482.3	1987.7	1987.7	0.0	0.0	0.0
601555	东吴证券	43389.0	41637.4	2700.0	2591.0	0.0	0.0	109.0
601558	华锐风电	25750.7	5760.9	6030.6	1349.2	0.0	0.0	4681.4
601566	九牧王	13136.2	13136.2	574.6	574.6	0.0	0.0	0.0
601567	三星医疗	18182.7	15293.2	1198.6	1008.1	0.0	0.0	190.5
601579	会稽山	5532.0	3429.8	400.0	248.0	0.0	0.0	152.0
601588	北辰实业	14257.6	14257.6	3367.0	2660.0	0.0	707.0	0.0
601599	鹿港科技	9457.0	8701.6	381.9	351.4	0.0	0.0	30.5
601600	中国铝业	54470.4	47615.2	14903.8	9580.5	0.0	3944.0	1379.3
601601	中国太保	181434.2	181434.2	9062.0	6286.7	0.0	2775.3	0.0
601607	上海医药	38287.3	38285.6	2688.9	1922.9	0.0	765.9	0.1
601608	中信重工	28678.4	28153.5	4186.6	4110.0	0.0	0.0	76.6
601616	广电电气	8049.1	8049.1	934.9	934.9	0.0	0.0	0.0
601618	中国中冶	97758.8	97758.8	19110.0	16239.0	0.0	2871.0	0.0
601628	中国人寿	589514.1	589514.1	28264.7	20823.5	0.0	7441.2	0.0
601633	长城汽车	72573.9	72573.9	9127.3	6027.7	0.0	3099.5	0.0
601636	旗滨集团	12904.3	10500.9	2525.3	2055.0	0.0	0.0	470.3
601666	平煤股份	11003.0	11003.0	2361.2	2361.2	0.0	0.0	0.0
601668	中国建筑	190200.0	189569.5	30000.0	29900.6	0.0	0.0	99.4
601669	中国电建	110449.7	26499.0	13754.6	3300.0	0.0	0.0	10454.6
601677	明泰铝业	7724.1	6523.2	482.8	407.7	0.0	0.0	75.1
601678	滨化股份	7939.8	7939.8	990.0	990.0	0.0	0.0	0.0

注：股本的单位为百万股，市值、营业收入、净利润的单位为百万元

上市公司基本信息
Listed Companies in 2015

优先股 Pref Share	所属行业 Industry	所属地区 Area	营业收入 Revenue	净利润 Net Profit	每股收益(元) EPS	每股净资产(元) NAVPS
0.0	金融业	上海	- -	15700.3	2.06	12.50
0.0	制造业	内蒙	4818.6	839.9	0.20	2.89
0.0	制造业	江苏	1734.8	128.6	0.13	2.46
0.0	制造业	江苏	2652.8	495.2	1.22	12.27
0.0	采矿业	陕西	32000.2	-2988.5	-0.30	3.12
0.0	科学研究和技术服务业	北京	5132.9	260.7	0.23	3.19
0.0	制造业	上海	21300.5	690.5	0.32	3.13
0.0	制造业	浙江	19711.7	115.2	0.12	7.21
0.0	制造业	广东	28669.4	4232.4	0.66	6.00
0.0	批发和零售业	河北	54652.0	235.8	0.04	1.92
0.0	制造业	四川	- -	0.0	- -	- -
800.0	金融业	北京	- -	180582.0	0.56	3.73
0.0	制造业	北京	- -	0.0	- -	- -
0.0	制造业	湖北	5328.9	609.5	0.72	5.33
0.0	制造业	江苏	2645.0	225.5	0.56	3.94
0.0	金融业	广东	- -	54203.0	2.97	18.29
0.0	金融业	上海	- -	66528.0	0.90	7.20
0.0	交通运输、仓储和邮政业	广东	14633.7	1070.8	0.15	3.88
0.0	金融业	北京	- -	8601.0	2.76	18.54
0.0	制造业	浙江	4796.1	324.0	0.22	4.48
0.0	电力、热力、燃气及水生产和供应业	广西	1125.8	236.9	0.32	3.51
0.0	制造业	陕西	4201.9	358.6	0.22	3.73
0.0	金融业	福建	- -	4167.2	0.80	3.56
0.0	制造业	江苏	3481.8	9.8	0.02	3.96
0.0	建筑业	北京	616217.0	12257.7	0.54	5.72
450.0	金融业	北京	- -	277131.0	0.78	5.02
0.0	制造业	广东	2209.9	741.2	0.67	3.23
0.0	交通运输、仓储和邮政业	吉林	561.3	139.2	0.12	2.07
0.0	信息传输、软件和信息技术服务业	上海	643.3	-456.0	-0.23	1.31
0.0	金融业	江苏	- -	2708.5	1.00	6.13
0.0	制造业	北京	1360.0	-4452.3	-0.74	0.71
0.0	制造业	福建	2239.2	404.3	0.70	7.46
0.0	制造业	浙江	4131.4	564.0	0.47	2.54
0.0	制造业	浙江	902.9	113.7	0.28	3.76
0.0	房地产业	北京	7168.1	612.0	0.18	3.35
0.0	制造业	江苏	2269.9	118.7	0.31	4.09
0.0	制造业	北京	121036.5	206.3	0.01	2.61
0.0	金融业	上海	- -	17728.0	1.96	14.71
0.0	批发和零售业	上海	105067.3	2877.0	1.07	11.13
0.0	制造业	河南	4020.5	62.0	0.01	2.03
0.0	制造业	上海	764.6	7.9	0.01	2.67
0.0	建筑业	北京	215915.6	4801.6	0.25	3.17
0.0	金融业	北京	- -	34699.0	1.23	11.41
0.0	制造业	河北	75776.8	8059.3	0.88	4.20
0.0	制造业	湖南	5100.1	171.3	0.07	2.03
0.0	采矿业	河南	10802.2	-2137.6	-0.91	3.95
150.0	建筑业	北京	878651.3	26061.9	0.87	5.60
20.0	建筑业	北京	209282.2	5236.5	0.38	4.03
0.0	制造业	河南	6249.4	173.0	0.36	7.48
0.0	制造业	山东	4792.9	431.0	0.44	4.80

上市公司基本信息
Listed Companies in 2015

公司代码 Code	证券名称 Name	总市值 Market Capital	流通市值 Negotiable Capital	总股本 Total Vol	A股流通股 A-Share Negotiable	B股 B-Share	H股 H-Share	限售股 Limited Share
601688	华泰证券	107350.2	107350.2	7162.8	5443.7	0.0	1719.0	0.0
601689	拓普集团	18077.4	3595.4	649.1	129.1	0.0	0.0	520.0
601699	潞安环能	19204.8	19204.8	2991.4	2991.4	0.0	0.0	0.0
601700	风范股份	11321.1	11215.7	1133.2	1122.7	0.0	0.0	10.6
601717	郑煤机	10361.7	10361.7	1621.1	1377.9	0.0	243.2	0.0
601718	际华集团	44239.8	44239.8	3857.0	3857.0	0.0	0.0	0.0
601727	上海电气	113680.6	113680.6	12823.9	9851.0	0.0	2972.9	0.0
601766	中国中车	294492.3	294492.3	27288.8	22917.7	0.0	4371.1	0.0
601777	力帆股份	21785.2	17232.1	1256.4	993.8	0.0	0.0	262.6
601788	光大证券	89619.7	78408.9	3906.7	3418.0	0.0	0.0	488.7
601789	宁波建工	6012.7	6012.7	488.0	488.0	0.0	0.0	0.0
601798	蓝科高新	5009.5	5009.5	354.5	354.5	0.0	0.0	0.0
601799	星宇股份	9037.2	9037.2	239.7	239.7	0.0	0.0	0.0
601800	中国交建	157530.4	157530.4	16174.7	11747.2	0.0	4427.5	0.0
601801	皖新传媒	29738.8	29738.8	910.0	910.0	0.0	0.0	0.0
601808	中海油服	45946.5	45946.5	4771.6	2960.5	0.0	1811.1	0.0
601818	光大银行	168795.9	168795.9	46236.6	39810.4	0.0	6426.2	0.0
601857	中国石油	1352049.3	1352049.3	183021.0	161922.1	0.0	21098.9	0.0
601866	中海集运	55842.2	55842.2	11683.1	7932.1	0.0	3751.0	0.0
601872	招商轮船	37573.2	33471.3	5299.5	4720.9	0.0	0.0	578.5
601877	正泰电器	33911.4	33911.4	1314.9	1314.9	0.0	0.0	0.0
601880	大连港	20045.9	20045.9	4426.0	3363.4	0.0	1062.6	0.0
601886	江河创建	14552.6	14552.6	1154.1	1154.1	0.0	0.0	0.0
601888	中国国旅	57900.7	57900.7	976.2	976.2	0.0	0.0	0.0
601890	亚星锚链	11771.8	11771.8	959.4	959.4	0.0	0.0	0.0
601898	中煤能源	55369.6	55369.6	13258.7	9152.0	0.0	4106.7	0.0
601899	紫金矿业	55629.4	55629.4	21572.8	15803.8	0.0	5769.0	0.0
601901	方正证券	79028.2	60382.6	8232.1	6289.9	0.0	0.0	1942.3
601908	京运通	16382.6	4697.9	1993.0	571.5	0.0	0.0	1421.5
601918	国投新集	23833.0	23833.0	2590.5	2590.5	0.0	0.0	0.0
601919	中国远洋	68873.8	68873.8	10216.3	7635.7	0.0	2580.6	0.0
601928	凤凰传媒	40540.3	40540.3	2544.9	2544.9	0.0	0.0	0.0
601929	吉视传媒	19224.8	19224.8	3110.8	3110.8	0.0	0.0	0.0
601933	永辉超市	41082.1	31023.2	4067.5	3071.6	0.0	0.0	995.9
601939	建设银行	55451.3	55451.3	250011.0	9593.7	0.0	240417.3	0.0
601958	金钼股份	26716.3	26716.3	3226.6	3226.6	0.0	0.0	0.0
601965	中国汽研	9025.5	9025.5	961.2	961.2	0.0	0.0	0.0
601968	宝钢包装	11133.3	2783.3	833.3	208.3	0.0	0.0	625.0
601969	海南矿业	26301.4	12098.7	1866.7	858.7	0.0	0.0	1008.0
601985	中国核电	148494.2	37120.1	15565.4	3891.0	0.0	0.0	11674.4
601988	中国银行	845169.7	845169.7	294387.8	210765.5	0.0	83622.3	0.0
601989	中国重工	172599.7	168803.8	18361.7	17957.9	0.0	0.0	403.8
601991	大唐发电	51371.0	51371.0	13310.0	9994.4	0.0	3315.7	0.0
601992	金隅股份	39068.2	29153.8	5338.9	3111.4	0.0	1169.4	1058.1
601996	丰林集团	4276.5	4276.5	468.9	468.9	0.0	0.0	0.0
601998	中信银行	230355.3	230355.3	46787.3	31905.2	0.0	14882.2	0.0
601999	出版传媒	6996.6	6996.6	550.9	550.9	0.0	0.0	0.0
603000	人民网	25220.8	25220.8	1105.7	1105.7	0.0	0.0	0.0
603001	奥康国际	13480.9	13480.9	401.0	401.0	0.0	0.0	0.0
603002	宏昌电子	4614.0	4614.0	600.0	600.0	0.0	0.0	0.0

注：股本的单位为百万股，市值、营业收入、净利润的单位为百万元

上市公司基本信息
Listed Companies in 2015

优先股 Pref Share	所属行业 Industry	所属地区 Area	营业收入 Revenue	净利润 Net Profit	每股收益(元) EPS	每股净资产(元) NAVPS
0.0	金融业	江苏	- -	10696.9	1.49	11.28
0.0	制造业	浙江	2960.6	408.5	0.63	4.86
0.0	采矿业	山西	10617.9	103.0	0.03	5.94
0.0	制造业	江苏	2746.6	202.7	0.18	2.49
0.0	制造业	河南	4389.7	42.2	0.03	5.86
0.0	制造业	北京	22177.7	1152.6	0.30	3.33
0.0	制造业	上海	75579.0	2128.6	0.17	2.91
0.0	制造业	北京	238598.4	11818.4	0.43	3.55
0.0	制造业	重庆	12053.9	393.8	0.31	5.47
0.0	金融业	上海	- -	7646.5	1.96	10.36
0.0	建筑业	浙江	13265.8	191.0	0.39	4.71
0.0	制造业	甘肃	732.8	44.7	0.13	5.54
0.0	制造业	江苏	2325.9	293.5	1.23	8.74
145.0	建筑业	北京	402204.2	15696.3	0.97	9.10
0.0	文化、体育和娱乐业	安徽	6470.3	772.8	0.85	6.31
0.0	采矿业	天津	23574.6	1073.9	0.23	9.80
200.0	金融业	北京	- -	29528.0	0.63	4.79
0.0	采矿业	北京	1684644.0	35653.0	0.20	6.45
0.0	交通运输、仓储和邮政业	上海	31834.2	-2949.1	-0.25	1.90
0.0	交通运输、仓储和邮政业	上海	6155.8	1153.7	0.22	2.59
0.0	制造业	浙江	11707.1	1743.3	1.33	5.10
0.0	交通运输、仓储和邮政业	辽宁	8534.7	484.3	0.11	3.17
0.0	建筑业	北京	16151.9	312.5	0.27	5.16
0.0	租赁和商务服务业	北京	20949.3	1505.9	1.54	11.45
0.0	制造业	江苏	1472.6	177.2	0.19	3.06
0.0	采矿业	北京	58392.7	-2520.1	-0.19	6.30
0.0	采矿业	福建	73760.6	1655.7	0.08	1.28
0.0	金融业	湖南	- -	4064.2	0.49	4.25
0.0	制造业	北京	1449.2	224.5	0.11	3.05
0.0	采矿业	安徽	4533.0	-2561.2	-0.99	1.66
0.0	交通运输、仓储和邮政业	天津	57300.4	283.4	0.03	2.41
0.0	文化、体育和娱乐业	江苏	9693.6	1124.1	0.44	4.20
0.0	信息传输、软件和信息技术服务业	吉林	2171.1	411.3	0.13	1.94
0.0	批发和零售业	福建	40199.5	605.3	0.15	3.01
0.0	金融业	北京	- -	228145.0	0.91	5.74
0.0	采矿业	陕西	9443.0	34.0	0.01	3.97
0.0	制造业	重庆	1189.2	310.9	0.32	3.93
0.0	制造业	上海	3270.1	87.3	0.11	2.41
0.0	采矿业	海南	877.0	10.2	0.01	2.31
0.0	电力、热力、燃气及水生产和供应业	北京	26110.1	3781.2	0.24	2.42
600.0	金融业	北京	- -	170845.0	0.58	4.43
0.0	制造业	北京	58941.4	-2621.5	-0.14	3.10
0.0	电力、热力、燃气及水生产和供应业	北京	61216.9	2809.0	0.21	3.38
0.0	制造业	北京	40361.1	2017.5	0.38	7.13
0.0	制造业	广西	1147.0	53.9	0.12	3.66
0.0	金融业	北京	- -	41158.0	0.84	6.49
0.0	文化、体育和娱乐业	辽宁	1499.9	80.2	0.15	3.39
0.0	信息传输、软件和信息技术服务业	北京	1601.2	274.3	0.25	2.44
0.0	制造业	浙江	3285.6	390.2	0.97	10.19
0.0	制造业	广东	949.2	62.2	0.10	1.63

上市公司基本信息
Listed Companies in 2015

公司代码 Code	证券名称 Name	总市值 Market Capital	流通市值 Negotiable Capital	总股本 Total Vol	A 股流通股 A-Share Negotiable	B 股 B-Share	H 股 H-Share	限售股 Limited Share
603003	龙宇燃油	6021.6	6021.6	202.0	202.0	0.0	0.0	0.0
603005	晶方科技	11402.9	5011.8	226.7	99.6	0.0	0.0	127.1
603006	联明股份	5947.5	2167.7	94.5	34.4	0.0	0.0	60.1
603008	喜临门	7843.5	4937.0	315.0	198.3	0.0	0.0	116.7
603009	北特科技	4276.2	1349.6	110.0	34.7	0.0	0.0	75.3
603010	万盛股份	6440.7	2653.4	115.6	47.6	0.0	0.0	68.0
603011	合锻股份	4553.9	2482.5	179.5	97.9	0.0	0.0	81.7
603012	创力集团	8370.8	2093.5	318.3	79.6	0.0	0.0	238.7
603015	弘讯科技	6819.4	1707.4	200.1	50.1	0.0	0.0	150.0
603017	中衡设计	5672.9	2771.4	122.3	59.8	0.0	0.0	62.6
603018	设计股份	7993.4	4837.0	104.0	62.9	0.0	0.0	41.1
603019	中科曙光	27351.0	16352.7	300.0	179.4	0.0	0.0	120.6
603020	爱普股份	9171.2	2292.8	160.0	40.0	0.0	0.0	120.0
603021	山东华鹏	5091.9	1275.4	105.4	26.4	0.0	0.0	79.0
603022	新通联	4162.4	1040.6	80.0	20.0	0.0	0.0	60.0
603023	威帝股份	6154.8	1538.7	120.0	30.0	0.0	0.0	90.0
603025	大豪科技	18286.8	2086.4	447.0	51.0	0.0	0.0	396.0
603026	石大胜华	8563.2	2141.2	202.7	50.7	0.0	0.0	152.0
603030	全筑股份	5928.0	1482.0	160.0	40.0	0.0	0.0	120.0
603066	音飞储存	5108.0	1277.0	100.0	25.0	0.0	0.0	75.0
603077	和邦生物	22291.4	18717.2	3312.2	2781.2	0.0	0.0	531.1
603085	天成自控	4879.0	1219.8	100.0	25.0	0.0	0.0	75.0
603088	宁波精达	3960.0	1237.5	80.0	25.0	0.0	0.0	55.0
603099	长白山	6266.7	2412.7	266.7	102.7	0.0	0.0	164.0
603100	川仪股份	7165.3	4197.3	395.0	231.4	0.0	0.0	163.6
603108	润达医疗	9655.5	2420.9	94.1	23.6	0.0	0.0	70.5
603111	康尼机电	8491.4	4263.6	295.4	148.3	0.0	0.0	147.1
603116	红蜻蜓	12991.7	1868.7	408.8	58.8	0.0	0.0	350.0
603117	万林股份	10537.5	1540.2	410.5	60.0	0.0	0.0	350.5
603118	共进股份	14556.2	3528.8	309.4	75.0	0.0	0.0	234.4
603123	翠微股份	5749.9	4041.3	524.1	368.4	0.0	0.0	155.7
603126	中材节能	8656.9	3091.8	610.5	218.0	0.0	0.0	392.5
603128	华贸物流	9296.0	9296.0	808.3	808.3	0.0	0.0	0.0
603158	腾龙股份	6715.9	1679.1	106.7	26.7	0.0	0.0	80.0
603166	福达股份	11721.8	1758.7	433.5	65.0	0.0	0.0	368.5
603167	渤海轮渡	5979.0	5979.0	481.4	481.4	0.0	0.0	0.0
603168	莎普爱思	8998.7	5541.4	163.4	100.6	0.0	0.0	62.8
603169	兰石重装	17261.7	7057.3	945.8	386.7	0.0	0.0	559.1
603188	亚邦股份	12890.9	8482.2	576.0	379.0	0.0	0.0	197.0
603198	迎驾贡酒	23832.0	2383.2	800.0	80.0	0.0	0.0	720.0
603199	九华旅游	5677.9	1420.0	110.7	27.7	0.0	0.0	83.0
603222	济民制药	6200.0	1550.0	160.0	40.0	0.0	0.0	120.0
603223	恒通股份	4635.6	1158.9	120.0	30.0	0.0	0.0	90.0
603227	雪峰科技	11112.3	2778.5	329.4	82.4	0.0	0.0	247.0
603268	松发股份	6043.8	1511.0	88.0	22.0	0.0	0.0	66.0
603288	海天味业	95665.8	9525.4	2706.2	269.5	0.0	0.0	2436.8
603299	井神股份	2970.6	477.9	559.4	90.0	0.0	0.0	469.4
603300	华铁科技	9756.5	2439.3	202.7	50.7	0.0	0.0	152.0
603306	华懋科技	6016.3	2030.4	142.6	48.1	0.0	0.0	94.5
603308	应流股份	12528.3	7511.2	400.0	239.8	0.0	0.0	160.2

注：股本的单位为百万股，市值、营业收入、净利润的单位为百万元

上市公司基本信息
Listed Companies in 2015

优先股 Pref Share	所属行业 Industry	所属地区 Area	营业收入 Revenue	净利润 Net Profit	每股收益(元) EPS	每股净资产(元) NAVPS
0.0	批发和零售业	上海	10866.9	-160.4	-0.79	3.12
0.0	制造业	江苏	575.6	113.3	0.50	7.27
0.0	制造业	上海	680.8	97.7	1.03	7.63
0.0	制造业	浙江	1679.3	190.6	0.61	4.25
0.0	制造业	上海	702.4	46.4	0.42	4.71
0.0	制造业	浙江	878.6	85.0	0.74	8.04
0.0	制造业	安徽	469.3	27.1	0.15	3.24
0.0	制造业	上海	1002.2	126.3	0.40	7.36
0.0	制造业	浙江	378.3	67.1	0.34	5.33
0.0	科学研究和技术服务业	江苏	636.0	67.7	0.55	7.13
0.0	科学研究和技术服务业	江苏	1379.1	160.3	1.54	16.77
0.0	制造业	天津	3657.9	176.9	0.59	4.47
0.0	制造业	上海	1811.7	178.4	1.12	11.03
0.0	制造业	山东	719.0	50.1	0.48	6.73
0.0	制造业	上海	494.8	32.3	0.40	6.98
0.0	制造业	黑龙江	203.2	80.0	0.67	3.81
0.0	制造业	北京	599.0	185.3	0.42	3.27
0.0	制造业	山东	3309.4	44.1	0.22	6.67
0.0	建筑业	上海	2184.2	82.5	0.52	5.31
0.0	交通运输、仓储和邮政业	江苏	462.2	67.9	0.68	7.23
0.0	制造业	四川	2837.0	239.9	0.07	1.90
0.0	制造业	浙江	291.5	33.4	0.33	4.03
0.0	制造业	浙江	188.6	21.9	0.27	5.71
0.0	水利、环境和公共设施管理业	吉林	317.9	100.6	0.38	3.23
0.0	制造业	重庆	3137.9	152.9	0.39	4.56
0.0	批发和零售业	上海	1621.6	91.8	0.98	9.82
0.0	制造业	江苏	1258.8	183.8	0.62	3.75
0.0	制造业	浙江	2927.4	300.0	0.73	7.20
0.0	租赁和商务服务业	江苏	379.7	73.6	0.18	3.31
0.0	制造业	广东	6481.0	252.6	0.82	7.53
0.0	批发和零售业	北京	5618.1	166.1	0.32	5.50
0.0	科学研究和技术服务业	天津	1353.9	107.1	0.18	2.25
0.0	交通运输、仓储和邮政业	上海	7978.0	143.1	0.18	1.87
0.0	制造业	江苏	605.4	92.8	0.87	7.29
0.0	制造业	广西	876.0	50.3	0.10	4.10
0.0	交通运输、仓储和邮政业	山东	1177.2	170.8	0.36	5.85
0.0	制造业	浙江	921.3	176.0	1.08	5.46
0.0	制造业	甘肃	1557.9	646.5	0.63	3.05
0.0	制造业	江苏	2289.6	665.9	1.16	5.37
0.0	制造业	安徽	2674.3	530.4	0.66	4.57
0.0	水利、环境和公共设施管理业	安徽	399.0	70.7	0.64	8.10
0.0	制造业	浙江	448.1	51.7	0.32	4.51
0.0	交通运输、仓储和邮政业	山东	2018.4	43.7	0.36	4.87
0.0	制造业	新疆	849.2	100.4	0.31	3.71
0.0	制造业	广东	290.9	36.9	0.42	6.08
0.0	制造业	广东	11171.0	2509.6	0.93	3.23
0.0	制造业	江苏	2015.3	61.8	0.11	3.51
0.0	租赁和商务服务业	浙江	316.0	70.0	0.35	5.31
0.0	制造业	福建	670.4	174.7	1.23	7.56
0.0	制造业	安徽	1314.0	75.0	0.19	4.70

上市公司基本信息
Listed Companies in 2015

公司代码 Code	证券名称 Name	总市值 Market Capital	流通市值 Negotiable Capital	总股本 Total Vol	A 股流通股 A-Share Negotiable	B 股 B-Share	H 股 H-Share	限售股 Limited Share
603309	维力医疗	8830.0	2207.5	200.0	50.0	0.0	0.0	150.0
603311	金海环境	6140.4	1535.1	210.0	52.5	0.0	0.0	157.5
603315	福鞍股份	4699.0	1174.8	100.0	25.0	0.0	0.0	75.0
603318	派思股份	6611.2	1652.8	120.4	30.1	0.0	0.0	90.3
603328	依顿电子	14430.4	2891.4	489.0	98.0	0.0	0.0	391.0
603333	明星电缆	5002.4	5002.4	520.0	520.0	0.0	0.0	0.0
603338	浙江鼎力	8672.6	2168.2	162.5	40.6	0.0	0.0	121.9
603355	莱克电气	18726.7	1914.7	401.0	41.0	0.0	0.0	360.0
603366	日出东方	8480.0	8480.0	800.0	800.0	0.0	0.0	0.0
603368	柳州医药	10337.6	5273.0	112.5	57.4	0.0	0.0	55.1
603369	今世缘	16825.4	9130.2	501.8	272.3	0.0	0.0	229.5
603398	邦宝益智	8872.3	2218.1	96.0	24.0	0.0	0.0	72.0
603399	新华龙	6300.5	4476.4	499.3	354.7	0.0	0.0	144.5
603456	九洲药业	15756.1	4113.0	221.6	57.8	0.0	0.0	163.7
603508	思维列控	12454.4	3113.6	160.0	40.0	0.0	0.0	120.0
603518	维格娜丝	4992.8	1876.9	148.0	55.6	0.0	0.0	92.4
603519	立霸股份	4259.2	1064.8	80.0	20.0	0.0	0.0	60.0
603555	贵人鸟	21754.0	4034.9	614.0	113.9	0.0	0.0	500.1
603558	健盛集团	6987.0	1746.8	300.0	75.0	0.0	0.0	225.0
603566	普莱柯	9169.6	2292.4	160.0	40.0	0.0	0.0	120.0
603567	珍宝岛	21993.2	3345.2	424.6	64.6	0.0	0.0	360.0
603568	伟明环保	23007.7	2322.1	453.8	45.8	0.0	0.0	408.0
603588	高能环境	12648.4	9500.3	161.6	121.4	0.0	0.0	40.2
603589	口子窖	25764.0	2576.4	600.0	60.0	0.0	0.0	540.0
603598	引力传媒	9179.1	2295.1	133.3	33.3	0.0	0.0	100.0
603599	广信股份	9363.1	2340.8	188.2	47.1	0.0	0.0	141.2
603600	永艺股份	7555.0	1888.8	100.0	25.0	0.0	0.0	75.0
603601	再升科技	6088.7	1522.2	149.6	37.4	0.0	0.0	112.2
603606	东方电缆	5476.2	2452.0	311.0	139.2	0.0	0.0	171.7
603609	禾丰牧业	11279.1	5677.6	831.2	418.4	0.0	0.0	412.8
603611	诺力股份	6230.4	1557.6	160.0	40.0	0.0	0.0	120.0
603616	韩建河山	6008.0	1502.4	146.7	36.7	0.0	0.0	110.0
603618	杭电股份	7042.7	1761.1	213.4	53.4	0.0	0.0	160.0
603636	南威软件	9782.0	4166.7	100.0	42.6	0.0	0.0	57.4
603669	灵康药业	9071.4	2267.9	260.0	65.0	0.0	0.0	195.0
603678	火炬电子	14275.5	3568.9	166.4	41.6	0.0	0.0	124.8
603686	龙马环卫	10593.3	2649.3	266.7	66.7	0.0	0.0	200.0
603688	石英股份	5353.3	1833.7	223.8	76.7	0.0	0.0	147.1
603696	安记食品	6644.4	1661.1	120.0	30.0	0.0	0.0	90.0
603698	航天工程	14451.1	2884.6	412.3	82.3	0.0	0.0	330.0
603699	纽威股份	16365.0	3382.1	750.0	155.0	0.0	0.0	595.0
603703	盛洋科技	7082.1	1772.8	91.9	23.0	0.0	0.0	68.9
603718	海利生物	14408.8	3602.2	280.0	70.0	0.0	0.0	210.0
603729	龙韵股份	7488.4	1872.4	66.7	16.7	0.0	0.0	50.0
603766	隆鑫通用	19869.4	19084.1	837.3	804.2	0.0	0.0	33.1
603778	乾景园林	2186.4	546.6	80.0	20.0	0.0	0.0	60.0
603788	宁波高发	5424.5	1316.0	141.0	34.2	0.0	0.0	106.8
603789	星光农机	8804.0	2201.0	200.0	50.0	0.0	0.0	150.0
603799	华友钴业	14000.6	2380.6	535.2	91.0	0.0	0.0	444.2
603800	道森股份	11217.4	2804.4	208.0	52.0	0.0	0.0	156.0

注：股本的单位为百万股，市值、营业收入、净利润的单位为百万元

上市公司基本信息
Listed Companies in 2015

优先股 Pref Share	所属行业 Industry	所属地区 Area	营业收入 Revenue	净利润 Net Profit	每股收益(元) EPS	每股净资产(元) NAVPS
0.0	制造业	广东	548.6	91.3	0.46	3.89
0.0	制造业	浙江	418.7	51.8	0.25	2.82
0.0	制造业	辽宁	418.3	55.2	0.55	6.39
0.0	制造业	辽宁	342.6	19.3	0.16	3.84
0.0	制造业	广东	2928.5	467.3	0.96	8.91
0.0	制造业	四川	623.3	3.3	0.01	2.85
0.0	制造业	浙江	472.0	125.7	0.77	5.64
0.0	制造业	江苏	3971.0	363.8	0.91	6.37
0.0	制造业	江苏	2302.1	269.5	0.34	4.61
0.0	批发和零售业	广西	6501.1	208.4	1.85	11.82
0.0	制造业	江苏	2403.7	685.3	1.37	8.04
0.0	制造业	广东	308.8	66.2	0.69	5.62
0.0	制造业	辽宁	1613.4	-352.3	-0.71	3.68
0.0	制造业	浙江	1359.6	200.1	0.90	11.35
0.0	信息传输、软件和信息技术服务业	河南	733.9	270.4	1.69	14.30
0.0	制造业	江苏	823.3	112.1	0.76	9.30
0.0	制造业	江苏	786.1	63.5	0.79	8.19
0.0	制造业	福建	1968.3	331.8	0.54	3.88
0.0	制造业	浙江	710.8	101.4	0.34	2.58
0.0	制造业	河南	477.1	141.7	0.89	8.36
0.0	制造业	黑龙江	2071.2	585.3	1.38	9.43
0.0	水利、环境和公共设施管理业	浙江	669.7	291.4	0.64	3.70
0.0	水利、环境和公共设施管理业	北京	1018.4	106.4	0.66	11.23
0.0	制造业	安徽	2539.9	605.4	1.01	6.11
0.0	租赁和商务服务业	北京	1858.0	27.2	0.20	4.18
0.0	制造业	安徽	1324.8	130.3	0.69	11.84
0.0	制造业	浙江	1132.4	91.2	0.91	5.52
0.0	制造业	重庆	230.6	51.1	0.34	2.26
0.0	制造业	浙江	1820.5	50.4	0.16	2.60
0.0	制造业	辽宁	9672.0	314.2	0.38	3.20
0.0	制造业	浙江	1142.4	107.2	0.67	5.40
0.0	制造业	北京	595.9	20.9	0.14	5.71
0.0	制造业	浙江	3108.3	135.0	0.63	7.07
0.0	信息传输、软件和信息技术服务业	福建	340.8	63.1	0.63	8.49
0.0	制造业	西藏	550.6	149.7	0.58	4.31
0.0	制造业	福建	1080.5	153.5	0.92	6.84
0.0	制造业	福建	1502.6	150.8	0.57	3.89
0.0	制造业	江苏	406.2	72.2	0.32	5.08
0.0	制造业	福建	248.0	53.2	0.44	5.60
0.0	科学研究和技术服务业	北京	1550.2	296.0	0.72	5.50
0.0	制造业	江苏	2136.9	342.1	0.46	3.24
0.0	制造业	浙江	360.0	35.0	0.38	5.75
0.0	制造业	上海	316.6	95.4	0.34	3.30
0.0	租赁和商务服务业	上海	1320.4	40.7	0.61	14.63
0.0	制造业	重庆	6994.0	770.3	0.92	6.14
0.0	建筑业	北京	603.7	93.3	1.17	10.89
0.0	制造业	浙江	666.2	112.4	0.80	5.19
0.0	制造业	浙江	583.5	79.4	0.40	5.16
0.0	制造业	浙江	4026.4	-246.0	-0.46	4.46
0.0	制造业	江苏	570.2	27.6	0.13	4.77

上市公司基本信息
Listed Companies in 2015

公司代码 Code	证券名称 Name	总市值 Market Capital	流通市值 Negotiable Capital	总股本 Total Vol	A股流通股 A-Share Negotiable	B股 B-Share	H股 H-Share	限售股 Limited Share
603806	福斯特	20096.0	4509.6	402.0	90.2	0.0	0.0	311.8
603808	歌力思	8118.4	1960.4	165.6	40.0	0.0	0.0	125.6
603818	曲美家居	9963.2	2491.0	484.1	121.0	0.0	0.0	363.1
603828	柯利达	4307.7	1044.0	123.8	30.0	0.0	0.0	93.8
603838	四通股份	5170.9	1292.9	133.3	33.3	0.0	0.0	100.0
603866	桃李面包	17379.4	1737.9	450.1	45.0	0.0	0.0	405.1
603869	北部湾旅	5570.3	1392.6	216.2	54.1	0.0	0.0	162.2
603883	老百姓	18949.0	4755.0	267.0	67.0	0.0	0.0	200.0
603885	吉祥航空	38817.1	4647.1	1136.0	136.0	0.0	0.0	1000.0
603889	新澳股份	5120.9	2217.4	162.3	70.3	0.0	0.0	92.0
603898	好莱客	9990.1	2497.5	294.0	73.5	0.0	0.0	220.5
603899	晨光文具	19347.6	2523.6	460.0	60.0	0.0	0.0	400.0
603901	永创智能	7484.0	1871.0	200.0	50.0	0.0	0.0	150.0
603918	金桥信息	6676.6	1669.1	88.0	22.0	0.0	0.0	66.0
603936	博敏电子	8581.7	2146.1	167.4	41.9	0.0	0.0	125.5
603939	益丰药房	13513.6	3378.4	320.0	80.0	0.0	0.0	240.0
603968	醋化股份	6038.3	1509.6	204.5	51.1	0.0	0.0	153.4
603969	银龙股份	7984.0	1996.0	400.0	100.0	0.0	0.0	300.0
603979	金诚信	11456.3	2902.3	375.0	95.0	0.0	0.0	280.0
603988	中电电机	4688.8	1312.9	80.0	22.4	0.0	0.0	57.6
603989	艾华集团	10707.0	2676.8	300.0	75.0	0.0	0.0	225.0
603993	洛阳钼业	57773.6	57773.6	16887.2	12953.7	0.0	3933.5	0.0
603996	中新科技	5911.0	1480.0	200.1	50.1	0.0	0.0	150.0
603997	继峰股份	11344.2	1620.6	420.0	60.0	0.0	0.0	360.0
603998	方盛制药	7232.6	4578.7	141.7	89.7	0.0	0.0	52.0
603999	读者传媒	14112.0	3528.0	240.0	60.0	0.0	0.0	180.0
900929	锦旅B股	2139.8	2139.8	132.6	0.0	66.0	0.0	66.6
900935	阳晨B股	2463.5	2463.5	244.6	0.0	105.6	0.0	139.0
900939	汇丽B	1191.3	1191.3	181.5	0.0	88.0	0.0	93.5
900948	伊泰B股	7837.6	7837.6	3254.0	0.0	1328.0	326.0	1600.0
900950	新城B股	9074.9	9074.9	1593.2	0.0	642.8	0.0	950.4
900951	大化B股	988.8	988.8	275.0	0.0	100.0	0.0	175.0
900953	凯马B	2165.0	2165.0	640.0	0.0	240.0	0.0	400.0
900956	东贝B股	1596.3	1596.3	235.0	0.0	115.0	0.0	120.0
900957	凌云B股	1755.1	1755.1	349.0	0.0	184.0	0.0	165.0

注：股本的单位为百万股，市值、营业收入、净利润的单位为百万元

上市公司基本信息
Listed Companies in 2015

优先股 Pref Share	所属行业 Industry	所属地区 Area	营业收入 Revenue	净利润 Net Profit	每股收益(元) EPS	每股净资产(元) NAVPS
0.0	制造业	浙江	3253.9	647.3	1.61	10.62
0.0	制造业	广东	823.9	159.8	0.97	9.13
0.0	制造业	北京	1249.6	116.9	0.24	2.52
0.0	建筑业	江苏	1627.3	55.1	0.45	8.01
0.0	制造业	广东	465.0	54.7	0.41	4.68
0.0	制造业	辽宁	2563.3	347.0	0.77	4.15
0.0	水利、环境和公共设施管理业	广西	361.3	71.4	0.33	3.57
0.0	批发和零售业	湖南	4533.9	240.5	0.90	8.31
0.0	交通运输、仓储和邮政业	上海	8101.0	1047.3	0.92	2.96
0.0	制造业	浙江	1545.7	132.1	0.81	6.57
0.0	制造业	广东	1064.2	162.4	0.55	3.22
0.0	制造业	上海	3745.7	422.6	0.92	4.71
0.0	制造业	浙江	897.1	76.2	0.38	4.10
0.0	信息传输、软件和信息技术服务业	上海	639.6	36.8	0.42	5.27
0.0	制造业	广东	1106.0	61.0	0.36	5.31
0.0	批发和零售业	湖南	2745.9	175.9	0.55	4.41
0.0	制造业	江苏	1236.6	103.9	0.51	5.31
0.0	制造业	天津	1379.6	128.5	0.32	3.77
0.0	采矿业	北京	2586.8	205.0	0.55	9.38
0.0	制造业	江苏	276.0	42.8	0.54	7.95
0.0	制造业	湖南	1305.6	225.8	0.75	5.76
0.0	采矿业	河南	4044.1	761.2	0.23	5.14
0.0	制造业	浙江	3458.9	107.9	0.54	6.79
0.0	制造业	浙江	1028.1	176.4	0.42	3.18
0.0	制造业	湖南	466.9	90.7	0.64	6.25
0.0	文化、体育和娱乐业	甘肃	646.4	101.6	0.42	6.63
0.0	租赁和商务服务业	上海	2255.3	60.8	0.46	9.57
0.0	电力、热力、燃气及水生产和供应业	上海	426.7	36.5	0.15	2.56
0.0	建筑业	上海	10.6	4.3	0.02	0.31
0.0	采矿业	内蒙	19340.0	90.5	0.03	6.81
0.0	房地产业	江苏	- -	0.0	- -	- -
0.0	制造业	辽宁	827.3	-94.4	-0.34	0.91
0.0	制造业	上海	4631.8	8.6	0.01	1.31
0.0	制造业	湖北	3350.6	69.8	0.30	4.27
0.0	房地产业	上海	52.1	3.4	0.01	1.14

股票年度首次发行 IPO in 2015

证券代码 Code	证券简称 Name	招股说明书刊登日 Prospectus Announced Date	所属行业 Industry	注册地 Area	发行数量 (百万股) Issue Vol(M)	发行方式 Issue Method
600958	东方证券	2015.03.09	金融业	上海	1000.000	按市值资金申购
600959	江苏有线	2015.04.13	信息传输、软件和信息	江苏	597.000	按市值资金申购
601021	春秋航空	2015.01.08	交通运输、仓储和邮政	上海	100.000	按市值资金申购
601069	西部黄金	2015.01.12	采矿业	新疆	126.000	按市值资金申购
601198	东兴证券	2015.02.06	金融业	北京	500.000	按市值资金申购
601211	国泰君安	2015.06.16	金融业	上海	1525.000	按市值资金申购
601368	绿城水务	2015.05.29	电力、热力、燃气及水	广西	147.000	按市值资金申购
601689	拓普集团	2015.03.09	制造业	浙江	129.100	按市值资金申购
601968	宝钢包装	2015.06.01	制造业	上海	208.333	按市值资金申购
601985	中国核电	2015.05.29	电力、热力、燃气及水	北京	3891.000	按市值资金申购
603012	创力集团	2015.03.10	制造业	上海	79.600	按市值资金申购
603015	弘讯科技	2015.02.09	制造业	浙江	50.100	按市值资金申购
603020	爱普股份	2015.03.10	制造业	上海	40.000	按市值资金申购
603021	山东华鹏	2015.04.13	制造业	山东	26.400	按市值资金申购
603022	新通联	2015.05.04	制造业	上海	20.000	按市值资金申购
603023	威帝股份	2015.05.15	制造业	黑龙江	20.000	按市值资金申购
603025	大豪科技	2015.04.10	制造业	北京	51.000	按市值资金申购
603026	石大胜华	2015.05.19	制造业	山东	50.680	按市值资金申购
603030	全筑股份	2015.03.10	建筑业	上海	40.000	按市值资金申购
603066	音飞储存	2015.06.01	交通运输、仓储和邮政	江苏	25.000	按市值资金申购
603085	天成自控	2015.06.17	制造业	浙江	25.000	按市值资金申购
603108	润达医疗	2015.05.15	批发和零售业	上海	23.600	按市值资金申购
603116	红蜻蜓	2015.06.16	制造业	浙江	58.800	按市值资金申购
603117	万林股份	2015.06.16	租赁和商务服务业	江苏	60.000	按市值资金申购
603118	共进股份	2015.02.06	制造业	广东	75.000	按市值资金申购
603158	腾龙股份	2015.03.10	制造业	江苏	26.670	按市值资金申购
603198	迎驾贡酒	2015.05.18	制造业	安徽	80.000	按市值资金申购
603199	九华旅游	2015.03.10	水利、环境和公共设施	安徽	27.680	按市值资金申购
603222	济民制药	2015.02.06	制造业	浙江	40.000	按市值资金申购
603223	恒通股份	2015.06.17	交通运输、仓储和邮政	山东	30.000	按市值资金申购
603227	雪峰科技	2015.05.04	制造业	新疆	82.350	按市值资金申购
603268	松发股份	2015.03.09	制造业	广东	22.000	按市值资金申购
603299	井神股份	2015.12.21	制造业	江苏	90.000	按市值资金申购
603300	华铁科技	2015.05.18	租赁和商务服务业	浙江	50.670	按市值资金申购
603309	维力医疗	2015.02.06	制造业	广东	25.000	按市值资金申购
603311	金海环境	2015.05.05	制造业	浙江	52.500	按市值资金申购
603315	福鞍股份	2015.04.13	制造业	辽宁	25.000	按市值资金申购
603318	派思股份	2015.04.10	制造业	辽宁	30.100	按市值资金申购
603338	浙江鼎力	2015.03.11	制造业	浙江	16.250	按市值资金申购
603355	莱克电气	2015.04.30	制造业	江苏	41.000	按市值资金申购
603398	邦宝益智	2015.11.27	制造业	广东	24.000	按市值资金申购
603508	思维列控	2015.12.10	信息传输、软件和信息	河南	40.000	按市值资金申购
603519	立霸股份	2015.03.09	制造业	江苏	20.000	按市值资金申购
603558	健盛集团	2015.01.13	制造业	浙江	20.000	按市值资金申购
603566	普莱柯	2015.05.05	制造业	河南	40.000	按市值资金申购
603567	珍宝岛	2015.04.10	制造业	黑龙江	64.580	按市值资金申购
603568	伟明环保	2015.05.18	水利、环境和公共设施	浙江	45.800	按市值资金申购

注:发行数量指同一股票不同发行方式的发行总量

股票年度首次发行 IPO in 2015

发行价 Issue Price	发行日期 Issue Date	中签率 Lot Rate%	筹资金额(百万) Capital Raised(M)	发行市盈率 Issue P/E	主承销商 Lead Underwriter
10.030	2015.03.11	1.6235	10030.000	22.98	光大证券股份有限公司
5.470	2015.04.15	1.2390	3265.590	22.98	华泰联合证券有限责任公司
18.160	2015.01.12	0.6524	1816.000	22.96	瑞银证券有限责任公司
3.570	2015.01.14	0.7598	449.820	22.31	国泰君安证券股份有限公司
9.180	2015.02.10	1.4416	4590.000	22.97	瑞银证券有限责任公司
19.710	2015.06.18	1.5742	30057.750	22.99	中国银河证券股份有限公司
6.430	2015.06.02	0.2955	945.210	22.96	国泰君安证券股份有限公司
11.370	2015.03.11	1.1352	1467.867	19.81	华林证券有限责任公司
3.080	2015.06.03	0.4530	641.667	22.93	中信证券股份有限公司
3.390	2015.06.02	1.6319	13190.490	22.29	中信证券股份有限公司
13.560	2015.03.12	1.2202	1079.376	20.14	国金证券股份有限公司
10.600	2015.02.11	0.7136	531.060	22.78	西南证券股份有限公司
20.470	2015.03.12	1.1603	818.800	22.61	光大证券股份有限公司
8.730	2015.04.15	0.4677	230.472	22.97	广发证券股份有限公司
14.310	2015.05.06	0.3608	286.200	22.98	中德证券有限责任公司
13.250	2015.05.19	0.2644	265.000	14.46	民生证券股份有限公司
11.170	2015.04.14	0.6184	569.670	22.98	中信建投证券股份有限公司
6.510	2015.05.21	0.2956	329.927	32.55	招商证券股份有限公司
9.850	2015.03.12	0.8299	394.000	22.91	国信证券股份有限公司
12.430	2015.06.03	0.2574	310.750	20.98	华泰联合证券有限责任公司
7.270	2015.06.19	0.2724	181.750	22.98	东方花旗证券有限公司
17.000	2015.05.19	0.2799	401.200	22.97	国金证券股份有限公司
17.700	2015.06.18	0.7693	1040.760	22.94	国泰君安证券股份有限公司
5.930	2015.06.18	0.3062	355.800	22.98	安信证券股份有限公司
11.950	2015.02.10	0.9299	896.250	22.98	国信证券股份有限公司
14.530	2015.03.12	0.9024	387.515	17.51	民生证券股份有限公司
11.800	2015.05.20	0.7001	944.000	19.40	日信证券有限责任公司
12.080	2015.03.12	0.7221	334.374	22.79	国元证券股份有限公司
7.360	2015.02.10	0.5392	294.400	16.69	安信证券股份有限公司
8.310	2015.06.19	0.3463	249.300	22.97	国信证券股份有限公司
4.980	2015.05.06	0.2977	410.103	22.95	东方花旗证券有限公司
11.660	2015.03.11	0.5891	256.520	22.86	广发证券股份有限公司
3.690	2015.12.23	0.2472	332.100	22.92	西南证券股份有限公司
8.220	2015.05.20	0.3722	416.507	22.98	国信证券股份有限公司
15.400	2015.02.10	0.6096	385.000	22.87	齐鲁证券有限公司
5.390	2015.05.07	0.2996	282.975	22.99	西南证券股份有限公司
10.770	2015.04.15	0.4717	269.250	22.91	国信证券股份有限公司
6.520	2015.04.14	0.3188	196.252	22.97	广发证券股份有限公司
29.560	2015.03.13	0.3603	480.350	21.34	中国中投证券有限责任公司
19.080	2015.05.05	0.3951	782.280	22.99	华林证券有限责任公司
13.970	2015.12.01	0.2318	335.280	22.99	国金证券股份有限公司
33.560	2015.12.14	0.3997	1342.400	22.99	中信建投证券股份有限公司
13.690	2015.03.11	0.5735	273.800	22.44	华泰联合证券有限责任公司
19.250	2015.01.15	0.6835	385.000	22.92	国信证券股份有限公司
15.520	2015.05.07	0.5059	620.800	18.89	平安证券有限责任公司
23.600	2015.04.14	0.8283	1524.088	22.91	招商证券股份有限公司
11.270	2015.05.20	0.4607	516.166	22.97	中国国际金融有限公司

股票年度首次发行
IPO in 2015

证券代码 Code	证券简称 Name	招股说明书刊登日 Prospectus Announced Date	所属行业 Industry	注册地 Area	发行数量(百万股) Issue Vol(M)	发行方式 Issue Method
603589	口子窖	2015.06.16	制造业	安徽	60.000	按市值资金申购
603598	引力传媒	2015.05.15	租赁和商务服务业	北京	33.340	按市值资金申购
603599	广信股份	2015.04.30	制造业	安徽	47.060	按市值资金申购
603600	永艺股份	2015.01.13	制造业	浙江	25.000	按市值资金申购
603601	再升科技	2015.01.12	制造业	重庆	17.000	按市值资金申购
603611	诺力股份	2015.01.12	制造业	浙江	20.000	按市值资金申购
603616	韩建河山	2015.06.01	制造业	北京	36.680	按市值资金申购
603618	杭电股份	2015.02.06	制造业	浙江	53.350	按市值资金申购
603669	灵康药业	2015.05.18	制造业	西藏	65.000	按市值资金申购
603678	火炬电子	2015.01.12	制造业	福建	41.600	按市值资金申购
603686	龙马环卫	2015.01.13	制造业	福建	33.350	按市值资金申购
603696	安记食品	2015.11.27	制造业	福建	30.000	按市值资金申购
603698	航天工程	2015.01.14	科学研究和技术服务业	北京	82.300	按市值资金申购
603703	盛洋科技	2015.04.10	制造业	浙江	23.000	按市值资金申购
603718	海利生物	2015.05.04	制造业	上海	70.000	按市值资金申购
603729	龙韵股份	2015.03.09	租赁和商务服务业	上海	16.670	按市值资金申购
603778	乾景园林	2015.12.21	建筑业	北京	20.000	按市值资金申购
603788	宁波高发	2015.01.08	制造业	浙江	34.200	按市值资金申购
603789	星光农机	2015.04.10	制造业	浙江	50.000	按市值资金申购
603799	华友钴业	2015.01.14	制造业	浙江	91.000	按市值资金申购
603800	道森股份	2015.11.27	制造业	江苏	52.000	按市值资金申购
603808	歌力思	2015.04.10	制造业	广东	40.000	按市值资金申购
603818	曲美股份	2015.04.10	制造业	北京	60.520	按市值资金申购
603828	柯利达	2015.02.09	建筑业	江苏	30.000	按市值资金申购
603838	四通股份	2015.06.16	制造业	广东	33.340	按市值资金申购
603866	桃李面包	2015.12.10	制造业	辽宁	45.013	按市值资金申购
603869	北部湾旅	2015.03.10	水利、环境和公共设施	广西	54.060	按市值资金申购
603883	老百姓	2015.04.10	批发和零售业	湖南	67.000	按市值资金申购
603885	吉祥航空	2015.05.15	交通运输、仓储和邮政	上海	68.000	按市值资金申购
603898	好莱客	2015.02.06	制造业	广东	24.500	按市值资金申购
603899	晨光文具	2015.01.13	制造业	上海	60.000	按市值资金申购
603901	永创智能	2015.05.18	制造业	浙江	25.000	按市值资金申购
603918	金桥信息	2015.05.18	信息传输、软件和信息	上海	22.000	按市值资金申购
603936	博敏电子	2015.11.27	制造业	广东	41.850	按市值资金申购
603939	益丰药房	2015.02.06	批发和零售业	湖南	40.000	按市值资金申购
603968	醋化股份	2015.05.05	制造业	江苏	25.560	按市值资金申购
603969	银龙股份	2015.02.09	制造业	天津	50.000	按市值资金申购
603979	金诚信	2015.06.17	采矿业	北京	95.000	按市值资金申购
603989	艾华集团	2015.05.05	制造业	湖南	50.000	按市值资金申购
603996	中新科技	2015.12.10	制造业	浙江	50.100	按市值资金申购
603997	继峰股份	2015.02.10	制造业	浙江	60.000	按市值资金申购
603999	读者传媒	2015.11.27	文化、体育和娱乐业	甘肃	60.000	按市值资金申购

注:发行数量指同一股票不同发行方式的发行总量

股票年度首次发行 IPO in 2015

发行价 Issue Price	发行日期 Issue Date	中签率 Lot Rate%	筹资金额(百万) Capital Raised(M)	发行市盈率 Issue P/E	主承销商 Lead Underwriter
16.000	2015.06.18	0.6946	960.000	22.98	华林证券有限责任公司
7.200	2015.05.19	0.1691	240.048	22.96	德邦证券股份有限公司
16.110	2015.05.05	0.3158	758.137	20.62	华林证券有限责任公司
10.220	2015.01.15	0.4525	255.500	22.71	国信证券股份有限公司
7.900	2015.01.14	0.4407	134.300	22.34	齐鲁证券有限公司
18.370	2015.01.14	0.7550	367.400	21.36	广发证券股份有限公司
11.350	2015.06.03	0.3292	416.318	20.64	招商证券股份有限公司
11.650	2015.02.10	1.1181	621.528	22.84	华林证券有限责任公司
11.700	2015.05.20	0.4139	760.500	22.98	中信证券股份有限公司
10.380	2015.01.14	0.6278	431.808	15.04	东北证券股份有限公司
14.860	2015.01.15	0.5194	495.581	21.23	兴业证券股份有限公司
10.100	2015.12.01	0.2761	303.000	22.95	安信证券股份有限公司
12.520	2015.01.16	0.6081	1030.396	22.97	中国中投证券有限责任公司
11.320	2015.04.14	0.4511	260.360	22.98	浙商证券股份有限公司
6.810	2015.05.06	0.3078	476.700	21.28	海通证券股份有限公司
26.610	2015.03.11	0.5380	443.589	22.94	华林证券有限责任公司
18.980	2015.12.23	0.1714	379.600	19.57	招商证券股份有限公司
10.280	2015.01.12	0.3117	351.576	19.40	国信证券股份有限公司
11.230	2015.04.14	0.6635	561.500	21.19	中航证券有限公司
4.770	2015.01.16	0.5343	434.070	22.94	中信证券股份有限公司
10.950	2015.12.01	0.3156	569.400	21.15	华泰联合证券有限责任公司
19.160	2015.04.14	0.8040	766.400	22.81	国信证券股份有限公司
8.980	2015.04.14	0.5748	543.470	22.99	中信建投证券股份有限公司
17.200	2015.02.11	0.9563	516.000	21.50	东吴证券股份有限公司
7.730	2015.06.18	0.2713	257.718	22.96	广发证券股份有限公司
13.760	2015.12.14	0.4080	619.373	22.98	中信证券股份有限公司
5.030	2015.03.12	0.5262	271.922	22.95	国海证券股份有限公司
16.410	2015.04.14	0.5435	1099.470	22.52	瑞银证券有限责任公司
11.180	2015.05.19	0.3059	760.240	22.98	国泰君安证券股份有限公司
19.570	2015.02.10	0.9067	479.465	19.00	广发证券股份有限公司
13.150	2015.01.15	0.6903	789.000	22.99	兴业证券股份有限公司
15.810	2015.05.20	0.3499	395.250	22.91	海通证券股份有限公司
9.500	2015.05.20	0.2131	209.000	22.99	申银万国证券股份有限公司
8.060	2015.12.01	0.2340	337.311	22.98	国信证券股份有限公司
19.470	2015.02.10	0.9233	778.800	22.93	中信证券股份有限公司
19.580	2015.05.07	0.5811	500.465	22.98	平安证券有限责任公司
13.790	2015.02.11	1.1068	689.500	22.98	海通证券股份有限公司
17.190	2015.06.19	0.7811	1633.050	22.98	中信证券股份有限公司
20.740	2015.05.07	0.6409	1037.000	22.99	平安证券有限责任公司
10.520	2015.12.14	0.2387	527.052	22.96	国信证券股份有限公司
7.970	2015.02.12	0.4551	478.200	18.98	东方花旗证券有限公司
9.770	2015.12.01	0.2545	586.200	19.85	华龙证券有限责任公司

股票年度再次发行 Reissuance of Share in 2015

证券代码 Code	证券简称 Name	所属行业 Industry	注册地 Area	发行数量(百万) Issue Vol (M)	发行方式 Issue Method	发行价 Issue Price	发行日期 Issue Date	筹资金额(百万) Capital Raised (M)
600008	首创股份	电力、热力、燃气及水	北京	210.307	定向募集	9.770	2015.01.23	2054.700
600010	包钢股份	制造业	内蒙	16555.556	定向募集	1.800	2015.05.26	29800.000
600018	上港集团	交通运输、仓储和邮政	上海	418.495	定向募集	4.180	2015.06.04	1749.309
600022	山东钢铁	制造业	山东	1984.127	定向募集	2.520	2015.08.12	5000.000
600027	华电国际	电力、热力、燃气及水	山东	1055.687	定向募集	6.770	2015.09.08	7147.000
600037	歌华有线	信息传输、软件和信息	北京	223.426	定向募集	14.770	2015.12.08	3300.000
600048	保利地产	房地产业	广东	2.559	定向募集	4.850	2015.09.15	12.412
600048	保利地产	房地产业	广东	4.030	定向募集	5.070	2015.02.06	20.434
600048	保利地产	房地产业	广东	18.912	定向募集	4.850	2015.06.16	91.721
600054	黄山旅游	水利、环境和公共设施	安徽	26.850	定向募集	18.550	2015.08.11	498.068
600061	中纺投资	金融业	上海	327.454	定向募集	18.600	2015.03.23	6090.654
600061	中纺投资	金融业	上海	2937.614	定向募集	6.220	2015.02.16	18271.961
600062	华润双鹤	制造业	北京	152.775	定向募集	19.690	2015.12.03	3008.134
600063	皖维高新	制造业	安徽	125.781	定向募集	2.150	2015.04.15	270.430
600063	皖维高新	制造业	安徽	22.260	定向募集	5.840	2015.04.15	129.998
600066	宇通客车	制造业	河南	206.970	定向募集	15.580	2014.12.29	3224.593
600069	*ST 银鸽	制造业	河南	423.729	定向募集	3.540	2015.07.08	1500.000
600074	中达股份	制造业	江苏	1359.972	定向募集	2.120	2015.03.10	2883.140
600074	保千里	制造业	江苏	10.000	定向募集	11.300	2015.10.12	113.000
600076	青鸟华光	制造业	山东	557.740	定向募集	5.900	2015.11.18	3290.668
600076	青鸟华光	制造业	山东	110.988	定向募集	9.010	2015.12.07	1000.000
600079	人福医药	制造业	湖北	114.247	定向募集	22.320	2015.04.03	2550.000
600086	东方金钰	制造业	湖北	97.718	定向募集	15.270	2015.02.17	1492.159
600089	特变电工	制造业	新疆	8.920	定向募集	7.870	2015.06.11	70.200
600091	*ST 明科	制造业	内蒙	100.887	定向募集	5.640	2015.12.25	569.000
600093	禾嘉股份	制造业	四川	800.000	定向募集	6.060	2015.07.01	4848.000
600100	同方股份	制造业	北京	766.017	定向募集	7.180	2015.02.27	5500.000
600105	永鼎股份	制造业	江苏	20.966	定向募集	8.180	2015.08.07	171.500
600105	永鼎股份	制造业	江苏	70.576	定向募集	7.290	2015.08.07	514.500
600109	国金证券	金融业	四川	187.500	定向募集	24.000	2015.05.27	4500.000
600114	东睦股份	制造业	浙江	12.750	定向募集	7.440	2015.07.28	94.860
600114	东睦股份	制造业	浙江	0.800	定向募集	6.950	2015.08.13	5.560
600116	三峡水利	电力、热力、燃气及水	重庆	63.469	定向募集	13.550	2015.02.04	860.000
600135	乐凯胶片	制造业	河北	30.992	定向募集	19.360	2015.05.21	600.000
600136	道博股份	文化、体育和娱乐业	湖北	59.574	定向募集	11.750	2015.02.17	700.000
600157	永泰能源	采矿业	山东	5076.142	定向募集	1.970	2015.02.13	10000.000
600162	香江控股	房地产业	广东	399.628	定向募集	5.380	2015.10.21	2150.000
600162	香江控股	房地产业	广东	22.040	定向募集	3.050	2015.11.27	67.222
600162	香江控股	房地产业	广东	406.977	定向募集	6.020	2015.12.18	2450.000
600163	*ST 南纸	制造业	福建	182.710	定向募集	3.280	2015.05.07	599.288
600163	*ST 南纸	制造业	福建	95.335	定向募集	3.280	2015.05.14	312.700
600166	福田汽车	制造业	北京	525.394	定向募集	5.710	2015.03.18	3000.000
600172	黄河旋风	制造业	河南	161.670	定向募集	6.600	2015.02.04	1067.020
600172	黄河旋风	制造业	河南	53.571	定向募集	7.840	2015.11.12	420.000
600172	黄河旋风	制造业	河南	43.796	定向募集	9.590	2015.12.16	420.000
600180	瑞茂通	批发和零售业	山东	0.745	定向募集	9.530	2015.06.01	7.100
600180	瑞茂通	批发和零售业	山东	4.470	定向募集	7.66	2015.06.01	34.240
600180	瑞茂通	批发和零售业	山东	133.929	定向募集	11.200	2015.07.01	1500.000
600183	生益科技	制造业	广东	14.536	定向募集	3.760	2015.09.25	54.654
600196	复星医药	制造业	上海	2.695	定向募集	10.540	2015.11.27	28.405

股票年度再次发行
Reissuance of Share in 2015

证券发行
Security Issue

证券代码 Code	证券简称 Name	所属行业 Industry	注册地 Area	发行数量(百万) Issue Vol (M)	发行方式 Issue Method	发行价 Issue Price	发行日期 Issue Date	筹资金额(百万) Capital Raised (M)
600200	江苏吴中	综合	江苏	4.900	定向募集	6.300	2015.02.03	30.870
600200	江苏吴中	综合	江苏	41.046	定向募集	12.520	2015.10.13	513.897
600201	金宇集团	制造业	内蒙	0.560	定向募集	26.340	2015.04.24	14.750
600203	福日电子	批发和零售业	福建	96.502	定向募集	8.290	2014.12.30	800.000
600208	新湖中宝	房地产业	浙江	105.316	定向募集	5.070	2015.03.02	533.953
600208	新湖中宝	房地产业	浙江	961.538	定向募集	5.200	2015.11.25	5000.000
600210	紫江企业	制造业	上海	80.000	定向募集	2.600	2015.01.13	208.000
600217	*ST 秦岭	制造业	陕西	680.788	定向募集	2.750	2015.05.08	1872.166
600218	全柴动力	制造业	安徽	85.355	定向募集	8.000	2015.02.27	682.840
600222	太龙药业	制造业	河南	77.277	定向募集	6.850	2015.03.19	529.350
600225	天津松江	房地产业	天津	309.091	定向募集	5.500	2015.02.09	1700.000
600229	青岛碱业	文化、体育和娱乐业	山东	226.572	定向募集	5.110	2015.08.31	1157.785
600229	青岛碱业	文化、体育和娱乐业	山东	79.737	定向募集	5.330	2015.08.31	425.000
600231	凌钢股份	制造业	辽宁	455.581	定向募集	4.390	2015.12.10	2000.000
600236	桂冠电力	电力、热力、燃气及水	广西	3782.918	定向募集	4.460	2015.12.10	16871.814
600241	时代万恒	批发和零售业	辽宁	45.992	定向募集	7.610	2015.08.24	350.000
600243	青海华鼎	制造业	青海	202.000	定向募集	5.390	2015.12.28	1088.780
600249	两面针	制造业	广西	100.000	定向募集	4.600	2015.03.02	460.000
600255	鑫科材料	制造业	安徽	205.844	定向募集	5.850	2015.05.26	1204.185
600260	凯乐科技	综合	湖北	139.108	定向募集	7.060	2015.04.23	982.100
600276	恒瑞医药	制造业	江苏	1.023	定向募集	15.510	2015.01.14	15.867
600282	南钢股份	制造业	江苏	86.320	定向募集	2.290	2015.12.07	197.673
600283	钱江水利	电力、热力、燃气及水	浙江	67.666	定向募集	11.010	2015.03.02	745.000
600297	美罗药业	批发和零售业	辽宁	3019.610	定向募集	7.560	2015.06.16	22828.250
600297	广汇汽车	批发和零售业	辽宁	297.324	定向募集	20.180	2015.06.29	5999.998
600299	蓝星新材	制造业	北京	51.852	定向募集	13.500	2015.10.28	700.000
600299	蓝星新材	制造业	北京	2107.342	定向募集	4.080	2015.10.28	8597.955
600313	农发种业	农、林、牧、渔业	北京	65.592	定向募集	7.710	2015.10.28	505.716
600315	上海家化	制造业	上海	1.665	定向募集	19.000	2015.09.18	31.643
600321	国栋建设	制造业	四川	329.670	定向募集	1.820	2015.03.12	599.999
600323	瀚蓝环境	电力、热力、燃气及水	广东	49.467	定向募集	15.050	2015.02.09	744.480
600325	华发股份	房地产业	广东	352.000	定向募集	12.250	2015.11.25	4312.000
600326	西藏天路	建筑业	西藏	118.480	定向募集	8.160	2015.11.04	966.800
600329	中新药业	制造业	天津	29.564	定向募集	28.280	2015.07.10	836.080
600330	天通股份	制造业	浙江	181.653	定向募集	11.010	2015.04.01	2000.000
600338	西藏珠峰	制造业	西藏	494.674	定向募集	6.370	2015.08.20	3151.073
600351	亚宝药业	制造业	山西	95.041	定向募集	8.200	2015.12.16	779.340
600352	浙江龙盛	制造业	浙江	96.700	定向募集	12.030	2015.03.25	1163.301
600354	敦煌种业	农、林、牧、渔业	甘肃	80.000	定向募集	6.000	2015.10.20	480.000
600366	宁波韵升	制造业	浙江	20.480	定向募集	8.230	2015.05.06	168.550
600373	中文传媒	文化、体育和娱乐业	江西	129.552	定向募集	12.730	2015.01.22	1649.200
600373	中文传媒	文化、体育和娱乐业	江西	62.706	定向募集	14.140	2015.02.13	886.667
600380	健康元	制造业	广东	38.043	定向募集	4.140	2015.07.01	157.500
600381	贤成矿业	制造业	青海	489.388	定向募集	8.010	2015.03.26	3920.000
600383	金地集团	房地产业	广东	8.146	定向募集	7.290	2015.07.23	59.387
600390	金瑞科技	制造业	湖南	60.599	定向募集	11.020	2015.07.10	667.800
600396	金山股份	电力、热力、燃气及水	辽宁	604.042	定向募集	4.730	2015.12.24	2857.121
600400	红豆股份	制造业	江苏	151.451	定向募集	5.170	2015.08.03	783.000
600405	动力源	制造业	北京	14.050	定向募集	4.610	2015.12.21	64.771
600410	华胜天成	信息传输、软件和信息	北京	4.280	定向募集	15.848	2015.07.10	67.829

股票年度再次发行
Reissuance of Share in 2015

证券代码 Code	证券简称 Name	所属行业 Industry	注册地 Area	发行数量(百万) Issue Vol (M)	发行方式 Issue Method	发行价 Issue Price	发行日期 Issue Date	筹资金额(百万) Capital Raised (M)
600416	湘电股份	制造业	湖南	134.921	定向募集	12.600	2015.02.09	1700.000
600418	江淮汽车	制造业	安徽	633.616	定向募集	10.120	2015.04.27	6412.194
600419	天润乳业	制造业	新疆	14.058	定向募集	18.850	2015.08.31	264.998
600419	天润乳业	制造业	新疆	3.110	定向募集	28.300	2015.08.31	88.000
600422	昆药集团	制造业	云南	53.214	定向募集	23.490	2015.10.28	1250.000
600429	三元股份	制造业	北京	612.557	定向募集	6.530	2015.02.06	4000.000
600433	冠豪高新	制造业	广东	81.035	定向募集	8.650	2015.03.03	700.957
600444	*ST 国通	制造业	安徽	41.422	定向募集	12.470	2015.09.23	516.531
600446	金证股份	信息传输、软件和信息	广东	1.492	定向募集	7.350	2014.12.29	10.963
600446	金证股份	信息传输、软件和信息	广东	11.200	定向募集	22.340	2015.06.24	250.208
600466	迪康药业	房地产业	四川	1438.075	定向募集	4.660	2015.03.30	6701.432
600466	蓝光发展	房地产业	四川	239.937	定向募集	9.310	2015.04.14	2233.811
600477	杭萧钢构	建筑业	浙江	18.889	定向募集	2.490	2015.07.03	47.034
600477	杭萧钢构	建筑业	浙江	3.454	定向募集	3.610	2015.10.15	12.469
600478	科力远	制造业	湖南	77.357	定向募集	7.910	2015.06.10	611.893
600479	千金药业	制造业	湖南	43.937	定向募集	11.380	2015.08.24	500.000
600480	凌云股份	制造业	河北	89.219	定向募集	13.450	2015.11.25	1200.000
600498	烽火通信	制造业	湖北	45.646	定向募集	14.240	2015.06.04	650.000
600498	烽火通信	制造业	湖北	6.143	定向募集	35.000	2015.07.02	215.000
600499	科达洁能	制造业	广东	8.505	定向募集	9.430	2015.06.02	80.202
600501	航天晨光	制造业	江苏	32.000	定向募集	30.000	2015.06.30	960.000
600502	安徽水利	建筑业	安徽	29.980	定向募集	20.100	2015.06.25	602.600
600510	黑牡丹	房地产业	江苏	251.572	定向募集	6.360	2015.12.25	1600.000
600512	腾达建设	建筑业	浙江	281.097	定向募集	3.210	2015.03.12	902.320
600513	联环药业	制造业	江苏	12.209	定向募集	26.000	2015.04.28	317.430
600517	置信电气	制造业	上海	111.646	定向募集	10.120	2015.12.24	1129.853
600521	华海药业	制造业	浙江	0.234	定向募集	10.730	2015.03.05	2.511
600521	华海药业	制造业	浙江	7.251	定向募集	11.270	2015.08.31	81.713
600522	中天科技	制造业	江苏	154.268	定向募集	14.580	2015.11.11	2249.230
600522	中天科技	制造业	江苏	27.273	定向募集	22.000	2015.12.07	600.000
600525	长园集团	制造业	广东	21.445	定向募集	6.460	2015.03.02	138.535
600525	长园集团	制造业	广东	163.650	定向募集	10.300	2015.08.07	1685.600
600525	长园集团	制造业	广东	41.703	定向募集	11.510	2015.08.18	480.000
600525	长园集团	制造业	广东	1.475	定向募集	10.300	2015.12.18	15.193
600526	菲达环保	制造业	浙江	140.515	定向募集	8.540	2015.04.14	1200.000
600532	宏达矿业	采矿业	山东	119.831	定向募集	8.300	2015.08.27	994.600
600535	天士力	制造业	天津	47.633	定向募集	33.590	2015.03.26	1600.000
600537	亿晶光电	制造业	浙江	102.308	定向募集	12.000	2015.01.15	1227.700
600550	*ST 天威	制造业	河北	161.616	定向募集	4.950	2014.12.30	800.000
600552	方兴科技	制造业	安徽	24.530	定向募集	18.110	2015.12.11	444.240
600559	老白干酒	制造业	河北	35.224	定向募集	23.430	2015.12.10	825.300
600568	中珠控股	制造业	湖北	140.378	定向募集	9.510	2015.01.09	1334.995
600571	信雅达	信息传输、软件和信息	浙江	3.425	定向募集	17.620	2015.09.23	60.340
600571	信雅达	信息传输、软件和信息	浙江	13.995	定向募集	19.590	2015.09.23	274.168
600572	康恩贝	制造业	浙江	175.000	定向募集	11.840	2015.04.14	2072.000
600576	万家文化	批发和零售业	浙江	116.550	定向募集	7.780	2015.11.06	906.757
600576	万家文化	批发和零售业	浙江	38.614	定向募集	7.830	2015.11.06	302.348
600582	天地科技	制造业	北京	682.126	定向募集	8.610	2015.01.05	5873.108
600582	天地科技	制造业	北京	173.248	定向募集	11.300	2015.01.27	1957.703
600584	长电科技	制造业	江苏	28.077	定向募集	11.710	2015.11.24	328.778

股票年度再次发行 Reissuance of Share in 2015

证券发行 Security Issue

证券代码 Code	证券简称 Name	所属行业 Industry	注册地 Area	发行数量(百万) Issue Vol (M)	发行方式 Issue Method	发行价 Issue Price	发行日期 Issue Date	筹资金额(百万) Capital Raised (M)
600584	长电科技	制造业	江苏	23.268	定向募集	14.130	2015.11.24	328.778
600586	金晶科技	制造业	山东	36.185	定向募集	2.770	2015.11.27	100.232
600587	新华医疗	制造业	山东	3.287	定向募集	37.500	2015.03.04	123.250
600588	用友软件	信息传输、软件和信息	北京	1.632	定向募集	10.510	2015.01.16	17.147
600588	用友软件	信息传输、软件和信息	北京	5.132	定向募集	10.275	2015.01.26	52.732
600588	用友网络	信息传输、软件和信息	北京	53.485	定向募集	30.850	2015.08.24	1650.000
600588	用友网络	信息传输、软件和信息	北京	0.405	定向募集	8.310	2015.09.30	3.363
600590	泰豪科技	制造业	江西	113.319	定向募集	7.500	2015.07.07	849.895
600602	仪电电子	制造业	上海	153.892	定向募集	7.020	2015.12.14	1080.322
600604	市北高新	房地产业	上海	48.021	定向募集	9.910	2015.08.20	475.883
600604	市北高新	房地产业	上海	145.827	定向募集	9.790	2015.06.17	1427.650
600606	金丰投资	房地产业	上海	11649.834	定向募集	5.540	2015.06.30	64540.082
600614	鼎立股份	制造业	上海	200.593	定向募集	6.740	2015.11.20	1352.000
600614	鼎立股份	制造业	上海	20.024	定向募集	8.490	2015.12.17	170.000
600614	鼎立股份	制造业	上海	47.490	定向募集	11.160	2015.01.26	529.988
600617	国新能源	电力、热力、燃气及水	上海	76.500	定向募集	13.140	2015.12.02	1005.210
600619	海立股份	制造业	上海	151.351	定向募集	7.400	2015.08.12	1120.000
600619	海立股份	制造业	上海	47.215	定向募集	7.900	2015.11.04	373.000
600623	双钱股份	制造业	上海	287.178	定向募集	13.000	2015.12.04	3733.317
600623	双钱股份	制造业	上海	940.785	定向募集	12.380	2015.09.01	11646.918
600629	棱光实业	科学研究和技术服务业	上海	11.060	定向募集	10.850	2015.09.10	120.005
600636	三爱富	制造业	上海	64.991	定向募集	23.080	2015.07.06	1500.000
600637	百视通	信息传输、软件和信息	上海	308.356	定向募集	32.430	2015.05.18	10000.000
600637	百视通	信息传输、软件和信息	上海	159.746	定向募集	32.430	2015.06.12	5180.567
600639	浦东金桥	房地产业	上海	193.588	定向募集	14.050	2015.08.14	2719.909
600645	中源协和	科学研究和技术服务业	天津	33.714	定向募集	24.500	2015.01.23	826.000
600651	飞乐音响	制造业	上海	246.155	定向募集	6.820	2014.12.30	1678.775
600654	飞乐股份	制造业	上海	395.983	定向募集	7.220	2014.12.31	2859.000
600654	飞乐股份	信息传输、软件和信息	上海	131.994	定向募集	7.220	2015.01.23	953.000
600666	西南药业	制造业	重庆	26.410	定向募集	39.000	2015.06.10	1030.000
600666	西南药业	制造业	重庆	450.522	定向募集	7.410	2015.05.08	3338.371
600677	航天通信	批发和零售业	浙江	105.364	定向募集	15.670	2015.12.03	1651.048
600679	金山开发	制造业	上海	48.579	定向募集	10.910	2015.12.08	530.000
600682	南京新百	批发和零售业	江苏	101.754	定向募集	5.700	2015.08.03	580.000
600682	南京新百	批发和零售业	江苏	9.619	定向募集	20.100	2015.11.24	193.333
600685	广船国际	制造业	广东	42.559	定向募集	37.780	2015.04.08	1607.882
600685	广船国际	制造业	广东	340.413	定向募集	14.170	2015.04.08	4823.647
600686	金龙汽车	制造业	福建	164.141	定向募集	7.920	2015.05.07	1300.000
600690	青岛海尔	制造业	山东	30.904	定向募集	8.070	2015.07.17	249.395
600690	青岛海尔	制造业	山东	0.190	定向募集	10.060	2015.04.08	1.911
600693	东百集团	批发和零售业	福建	105.892	定向募集	6.110	2015.03.31	647.000
600699	均胜电子	制造业	吉林	53.225	定向募集	21.200	2015.09.08	1128.370
600703	三安光电	制造业	湖北	155.931	定向募集	22.510	2015.12.14	3510.000
600704	物产中大	批发和零售业	浙江	1220.994	定向募集	8.710	2015.10.27	10634.860
600704	物产中大	批发和零售业	浙江	301.563	定向募集	8.710	2015.11.05	2626.615
600705	中航资本	金融业	黑龙江	575.568	定向募集	7.720	2015.12.02	4443.386
600705	中航资本	金融业	黑龙江	179.896	定向募集	7.720	2015.12.14	1388.800
600708	海博股份	房地产业	上海	570.329	定向募集	8.860	2015.09.09	5053.116
600708	光明地产	房地产业	上海	238.021	定向募集	10.960	2015.11.18	2608.706
600714	金瑞矿业	采矿业	青海	12.273	定向募集	8.250	2015.03.30	101.256

股票年度再次发行 Reissuance of Share in 2015

证券代码 Code	证券简称 Name	所属行业 Industry	注册地 Area	发行数量(百万) Issue Vol (M)	发行方式 Issue Method	发行价 Issue Price	发行日期 Issue Date	筹资金额(百万) Capital Raised (M)
600714	金瑞矿业	采矿业	青海	2.498	定向募集	13.510	2015.04.24	33.752
600715	*ST 松辽	制造业	辽宁	600.309	定向募集	6.480	2015.08.19	3889.999
600718	东软集团	信息传输、软件和信息	辽宁	14.983	定向募集	9.000	2015.10.12	134.843
600736	苏州高新	房地产业	江苏	136.411	定向募集	9.530	2015.05.26	1300.000
600739	辽宁成大	批发和零售业	辽宁	100.000	定向募集	13.960	2015.03.20	1396.000
600744	华银电力	电力、热力、燃气及水	湖南	144.267	定向募集	6.520	2015.09.24	940.620
600744	华银电力	电力、热力、燃气及水	湖南	925.209	定向募集	3.050	2015.09.28	2821.889
600751	天津海运	交通运输、仓储和邮政	天津	2006.689	定向募集	5.980	2014.12.29	12000.000
600758	红阳能源	电力、热力、燃气及水	辽宁	885.533	定向募集	6.720	2015.11.17	5950.782
600758	红阳能源	电力、热力、燃气及水	辽宁	247.664	定向募集	8.010	2015.12.15	1983.792
600771	广誉远	制造业	青海	34.000	定向募集	18.800	2015.07.28	639.200
600777	新潮实业	综合	山东	234.607	定向募集	9.420	2015.11.18	2210.000
600787	中储股份	交通运输、仓储和邮政	天津	339.973	定向募集	5.860	2015.12.09	1992.240
600801	华新水泥	制造业	湖北	1.091	定向募集	9.060	2015.07.13	9.888
600804	鹏博士	信息传输、软件和信息	四川	0.983	定向募集	16.600	2015.06.05	16.318
600804	鹏博士	信息传输、软件和信息	四川	8.637	定向募集	6.370	2015.08.26	55.015
600807	天业股份	房地产业	山东	151.950	定向募集	7.000	2015.09.10	1063.651
600816	安信信托	金融业	上海	253.846	定向募集	12.300	2015.07.02	3122.308
600823	世茂股份	房地产业	上海	1.320	定向募集	6.290	2015.06.05	8.303
600823	世茂股份	房地产业	上海	2.250	定向募集	6.290	2015.08.21	14.153
600823	世茂股份	房地产业	上海	151.668	定向募集	9.890	2015.12.24	1500.000
600836	界龙实业	制造业	上海	17.813	定向募集	28.780	2015.06.09	512.663
600845	宝信软件	信息传输、软件和信息	上海	27.493	定向募集	42.920	2015.10.21	1180.000
600847	万里股份	制造业	重庆	0.550	定向募集	11.150	2015.09.23	6.133
600848	自仪股份	制造业	上海	376.441	定向募集	7.080	2015.09.25	2665.201
600848	自仪股份	制造业	上海	119.444	定向募集	7.920	2015.10.19	946.000
600856	长百集团	电力、热力、燃气及水	吉林	300.746	定向募集	6.630	2015.03.27	1993.944
600856	长百集团	电力、热力、燃气及水	吉林	31.588	定向募集	23.470	2015.04.29	741.378
600862	南通科技	房地产业	江苏	755.121	定向募集	3.120	2015.12.15	2355.976
600867	通化东宝	制造业	吉林	2.721	定向募集	10.360	2015.09.21	28.185
600871	*ST 仪化	制造业	江苏	9224.328	定向募集	2.610	2014.12.31	24075.495
600871	*ST 仪化	采矿业	江苏	1333.333	定向募集	4.500	2015.03.03	6000.000
600881	亚泰集团	制造业	吉林	705.214	定向募集	4.150	2015.04.29	2926.637
600891	秋林集团	批发和零售业	黑龙江	232.137	定向募集	5.850	2015.10.16	1358.000
600891	秋林集团	批发和零售业	黑龙江	59.920	定向募集	7.510	2015.11.19	450.000
600965	福成五丰	农、林、牧、渔业	河北	290.698	定向募集	5.160	2015.07.21	1500.000
600970	中材国际	制造业	江苏	76.208	定向募集	13.220	2015.11.20	1007.470
600973	宝胜股份	制造业	江苏	2.984	定向募集	6.120	2015.07.15	18.259
600975	新五丰	农、林、牧、渔业	湖南	91.978	定向募集	5.760	2015.04.20	529.791
600980	北矿磁材	制造业	北京	22.210	定向募集	18.010	2015.11.04	400.000
600981	汇鸿集团	批发和零售业	江苏	1511.581	定向募集	4.090	2015.11.16	6182.366
600981	汇鸿集团	批发和零售业	江苏	488.998	定向募集	4.090	2015.12.02	2000.000
600984	*ST 建机	制造业	陕西	307.258	定向募集	6.200	2015.09.11	1905.000
600984	*ST 建机	制造业	陕西	87.950	定向募集	7.220	2015.11.17	635.000
600986	科达股份	建筑业	山东	533.617	定向募集	5.560	2015.09.01	2966.909
600988	赤峰黄金	采矿业	内蒙	114.017	定向募集	7.150	2015.02.13	815.220
600988	赤峰黄金	采矿业	内蒙	32.569	定向募集	8.290	2015.03.19	270.000
600998	九州通	批发和零售业	湖北	3.935	定向募集	15.680	2015.08.21	61.695
601000	唐山港	交通运输、仓储和邮政	河北	218.087	定向募集	11.500	2015.05.27	2508.000
601009	南京银行	金融业	江苏	397.022	定向募集	20.150	2015.06.19	8000.000
601011	宝泰隆	制造业	黑龙江	160.000	定向募集	8.510	2015.02.06	1361.600

股票年度再次发行
Reissuance of Share in 2015

证券发行
Security Issue

证券代码 Code	证券简称 Name	所属行业 Industry	注册地 Area	发行数量(百万) Issue Vol (M)	发行方式 Issue Method	发行价 Issue Price	发行日期 Issue Date	筹资金额(百万) Capital Raised (M)
601012	隆基股份	制造业	陕西	9.272	定向募集	9.900	2015.01.14	91.796
601012	隆基股份	制造业	陕西	128.105	定向募集	15.300	2015.06.23	1960.000
601113	华鼎股份	制造业	浙江	193.050	定向募集	5.180	2015.09.17	999.999
601139	深圳燃气	电力、热力、燃气及水	广东	1.807	定向募集	7.180	2015.02.05	12.972
601139	深圳燃气	电力、热力、燃气及水	广东	3.464	定向募集	7.180	2015.05.06	24.872
601139	深圳燃气	电力、热力、燃气及水	广东	0.408	定向募集	7.040	2015.09.23	2.874
601186	中国铁建	建筑业	北京	1242.000	定向募集	8.000	2015.07.16	9936.000
601222	林洋电子	制造业	江苏	51.429	定向募集	35.000	2015.05.15	1800.000
601390	中国中铁	建筑业	北京	1544.402	定向募集	7.770	2015.07.14	12000.000
601567	三星电气	制造业	浙江	70.000	定向募集	8.860	2015.04.01	620.200
601567	三星电气	制造业	浙江	0.770	定向募集	20.620	2015.06.02	15.877
601567	三星电气	制造业	浙江	3.248	定向募集	8.548	2015.08.07	27.766
601599	鹿港科技	制造业	江苏	4.521	定向募集	5.880	2015.12.03	26.581
601600	中国铝业	制造业	北京	1379.310	定向募集	5.800	2015.06.16	8000.000
601608	中信重工	制造业	河南	76.627	定向募集	4.150	2015.12.14	318.000
601616	广电电气	制造业	上海	0.721	定向募集	3.720	2015.01.28	2.681
601616	广电电气	制造业	上海	0.713	定向募集	3.670	2015.11.16	2.618
601616	广电电气	制造业	上海	0.847	定向募集	3.560	2015.11.16	3.014
601636	旗滨集团	制造业	湖南	179.670	定向募集	7.200	2015.04.01	1293.624
601669	中国电建	建筑业	北京	4154.633	定向募集	3.530	2015.06.18	14665.856
601677	明泰铝业	制造业	河南	16.756	定向募集	6.000	2014.12.31	100.536
601677	明泰铝业	制造业	河南	65.000	定向募集	11.330	2015.12.02	736.450
601766	中国南车	制造业	北京	11138.692	定向募集	0.000	2015.05.28	0.000
601777	力帆股份	制造业	重庆	6.320	定向募集	4.340	2015.01.13	27.429
601777	力帆股份	制造业	重庆	242.857	定向募集	7.000	2015.01.30	1700.000
601788	光大证券	金融业	上海	488.699	定向募集	16.370	2015.09.02	8000.000
601872	招商轮船	交通运输、仓储和邮政	上海	578.536	定向募集	3.457	2015.08.11	2000.000
601908	京运通	制造业	北京	273.477	定向募集	7.880	2015.11.26	2155.000
601933	永辉超市	批发和零售业	福建	813.100	定向募集	7.000	2015.04.02	5691.703
601992	金隅股份	制造业	北京	554.245	定向募集	8.480	2015.12.03	4700.000
603006	联明股份	制造业	上海	14.495	定向募集	35.530	2015.12.17	515.000
603009	北特科技	制造业	上海	3.370	定向募集	14.800	2015.12.17	49.876
603010	万盛股份	制造业	浙江	15.633	定向募集	22.780	2015.12.14	356.113
603017	园区设计	科学研究和技术服务业	江苏	2.340	定向募集	18.960	2015.07.10	44.366
603077	和邦股份	制造业	四川	92.985	定向募集	15.010	2015.05.15	1395.700
603111	康尼机电	制造业	江苏	6.440	定向募集	12.420	2015.02.12	79.985
603118	共进股份	制造业	广东	9.378	定向募集	16.780	2015.12.18	157.363
603128	华贸物流	交通运输、仓储和邮政	上海	8.349	定向募集	2.980	2015.11.26	24.880
603306	华懋科技	制造业	福建	2.600	定向募集	14.630	2015.12.17	38.038
603399	新华龙	制造业	辽宁	144.547	定向募集	7.610	2015.08.31	1100.000
603456	九洲药业	制造业	浙江	13.793	定向募集	58.000	2015.12.03	800.000
603766	隆鑫通用	制造业	重庆	4.838	定向募集	9.569	2015.09.25	46.292
603766	隆鑫通用	制造业	重庆	33.096	定向募集	14.832	2015.10.20	490.875
603766	隆鑫通用	制造业	重庆	0.146	定向募集	9.797	2015.06.24	1.434
603766	隆鑫通用	制造业	重庆	0.481	定向募集	9.569	2015.11.30	4.607
603766	隆鑫通用	制造业	重庆	0.154	定向募集	11.172	2015.11.30	1.716
603788	宁波高发	制造业	浙江	4.170	定向募集	11.790	2015.11.30	49.164
603808	歌力思	制造业	广东	5.649	定向募集	26.290	2015.10.20	148.504
603828	柯利达	建筑业	江苏	3.785	定向募集	22.440	2015.07.27	84.935
603889	新澳股份	制造业	浙江	2.290	定向募集	15.030	2015.11.05	34.419

优先股年度首次发行
Reissuance of Pref in 2015

代码 Code	简称 Name	公司代码 Company Code	发行标志 Issue Flag	发行股息率 dividend	发行日期 Issue Date	发行价 Issue Price	筹资金额(百万) Capital Raised (M)
360007	中建优 1	601668	首次非公开发行	5.80	2015-03-05	100.00	15000.00
360008	浦发优 2	600000	首次非公开发行	5.50	2015-03-16	100.00	15000.00
360009	农行优 2	601288	首次非公开发行	5.50	2015-03-18	100.00	40000.00
360010	中行优 2	601988	首次非公开发行	5.50	2015-03-20	100.00	28000.00
360011	工行优 1	601398	首次非公开发行	4.50	2015-11-27	100.00	45000.00
360012	兴业优 2	601166	首次非公开发行	5.40	2015-06-29	100.00	13000.00
360013	光大优 1	601818	首次非公开发行	5.30	2015-07-01	100.00	20000.00
360014	中原优 1	600020	首次非公开发行	5.80	2015-07-10	100.00	3400.00
360015	中交优 1	601800	首次非公开发行	5.10	2015-08-26	100.00	9000.00
360016	电建优 1	601669	首次非公开发行	5.00	2015-09-28	100.00	2000.00
360017	中交优 2	601800	首次非公开发行	4.70	2015-10-26	100.00	5500.00
360018	北银优 1	601169	首次非公开发行	4.50	2015-12-17	100.00	4900.00
360019	南银优 1	601009	首次非公开发行	4.58	2015-12-30	100.00	4900.00

上市公司股份变动
Change of Equity in 2015

股票代码 Code	股票简称 Name	变动后总股本 Total Share	流通股份增加 Share Add		变动原因 Change Reason	变动日期 Change Date
			A 股 A Share	B 股 B share		
600000	浦发银行	18653.47	3730.69	0.00	有限售条件流通股上市	2015.10.14
600008	首创股份	2410.31	0.00	0.00	A 股增发上市	2015.01.28
600010	包钢股份	32560.74	0.00	0.00	A 股增发上市	2015.06.01
600011	华能国际	15200.38	0.00	0.00	其他股本变动	2015.11.25
600015	华夏银行	10685.57	1297.54	0.00	送股	2015.07.09
600016	民生银行	34153.10	113.45	0.00	债转股	2015.01.07
600016	民生银行	34230.68	77.57	0.00	债转股	2015.04.03
600016	民生银行	36485.35	2254.67	0.00	债转股	2015.06.29
600017	日照港	3075.65	445.02	0.00	有限售条件流通股上市	2015.04.13
600018	上港集团	23173.67	0.00	0.00	A 股增发上市	2015.06.08
600019	宝钢股份	16469.29	0.00	0.00	股份注销	2015.05.29
600019	宝钢股份	16468.49	0.00	0.00	股份注销	2015.11.17
600019	宝钢股份	16467.52	0.00	0.00	股份注销	2015.12.24
600022	山东钢铁	6436.30	1093.14	0.00	有限售条件流通股上市	2015.03.19
600022	山东钢铁	8420.42	0.00	0.00	A 股增发上市	2015.08.17
600023	浙能电力	13600.69	575.05	0.00	债转股	2015.05.29
600023	浙能电力	13025.64	1188.57	0.00	债转股	2015.05.25
600023	浙能电力	13600.69	433.34	0.00	有限售条件流通股上市	2015.12.31
600026	中海发展	3762.99	281.59	0.00	债转股	2015.02.09
600026	中海发展	3481.41	76.85	0.00	债转股	2015.01.08
600026	中海发展	4032.03	269.04	0.00	债转股	2015.02.12
600027	华电国际	8807.29	60.00	0.00	有限售条件流通股上市	2015.07.03
600027	华电国际	9862.98	0.00	0.00	A 股增发上市	2015.09.11
600028	中国石化	118280.40	1484.79	0.00	债转股	2015.01.07
600028	中国石化	121071.21	2790.81	0.00	债转股	2015.02.16
600030	中信证券	12116.91	0.00	0.00	其他股本变动	2015.06.26
600035	楚天高速	1453.38	242.23	0.00	送股	2015.04.17
600037	歌华有线	1168.35	102.47	0.00	债转股	2015.05.04
600037	歌华有线	1065.89	2.09	0.00	债转股	2015.04.03
600037	歌华有线	1063.79	0.01	0.00	债转股	2015.01.07
600037	歌华有线	1391.78	0.00	0.00	A 股增发上市	2015.12.15
600039	四川路桥	3019.73	998.60	0.00	有限售条件流通股上市	2015.06.30
600048	保利地产	10733.78	4.03	0.00	A 股增发上市	2015.02.12
600048	保利地产	10752.69	18.91	0.00	A 股增发上市	2015.06.23
600048	保利地产	10755.25	2.56	0.00	A 股增发上市	2015.09.22
600051	宁波联合	310.88	3.39	0.00	股权激励股份限售期满	2015.05.22
600054	黄山旅游	498.20	0.00	0.00	A 股增发上市	2015.08.14
600056	中国医药	1012.51	97.74	0.00	有限售条件流通股上市	2015.03.16
600057	象屿股份	1036.25	123.49	0.00	有限售条件流通股上市	2015.11.11
600061	国投安信	3366.70	0.00	0.00	A 股增发上市	2015.02.25
600061	国投安信	3694.15	0.00	0.00	A 股增发上市	2015.03.26
600062	华润双鹤	724.47	0.00	0.00	A 股增发上市	2015.12.09
600063	皖维高新	1645.89	0.00	0.00	A 股增发上市	2015.04.22
600063	皖维高新	1645.89	0.00	0.00	A 股增发上市	2015.04.22
600064	南京高科	774.33	258.11	0.00	送股	2015.04.30
600066	宇通客车	1477.33	0.00	0.00	A 股增发上市	2015.01.05
600066	宇通客车	2213.94	36.19	0.00	股权激励股份限售期满	2015.07.16
600066	宇通客车	2213.94	0.00	0.00	股份注销	2015.07.13
600066	宇通客车	2216.00	622.43	0.00	送股	2015.05.21
600067	冠城大通	1197.88	4.54	0.00	债转股	2015.04.03

上市公司股份变动
Change of Equity in 2015

股票代码 Code	股票简称 Name	变动后总股本 Total Share	流通股份增加 Share Add A 股 A Share	流通股份增加 Share Add B 股 B share	变动原因 Change Reason	变动日期 Change Date
600067	冠城大通	1330.92	133.04	0.00	债转股	2015.04.22
600067	冠城大通	1482.90	151.99	0.00	债转股	2015.04.28
600068	葛洲坝	4604.78	661.12	0.00	有限售条件流通股上市	2015.03.26
600069	*ST 银鸽	1249.10	0.00	0.00	A 股增发上市	2015.07.14
600070	浙江富润	356.61	82.30	0.00	送股	2015.06.23
600073	上海梅林	937.73	114.99	0.00	有限售条件流通股上市	2015.12.17
600074	保千里	2255.95	0.00	0.00	A 股增发上市	2015.03.13
600074	保千里	2265.95	0.00	0.00	A 股增发上市	2015.10.16
600076	青鸟华光	1034.26	0.00	0.00	A 股增发上市	2015.12.10
600076	青鸟华光	923.28	0.00	0.00	A 股增发上市	2015.11.23
600077	宋都股份	1340.12	249.16	0.00	有限售条件流通股上市	2015.12.28
600079	人福医药	643.02	0.00	0.00	A 股增发上市	2015.04.09
600079	人福医药	1286.05	505.92	0.00	送股	2015.07.23
600079	人福医药	1286.05	19.15	0.00	股权分置股份限售期满	2015.08.19
600082	海泰发展	646.12	2.39	0.00	股权分置股份限售期满	2015.07.13
600084	中葡股份	1123.73	188.28	0.00	有限售条件流通股上市	2015.12.23
600085	同仁堂	1311.23	0.09	0.00	债转股	2015.01.09
600085	同仁堂	1371.47	60.24	0.00	债转股	2015.03.06
600086	东方金钰	450.00	0.00	0.00	A 股增发上市	2015.02.27
600086	东方金钰	1350.00	704.56	0.00	送股	2015.10.23
600089	特变电工	3249.05	0.00	0.00	A 股增发上市	2015.06.17
600089	特变电工	3249.05	12.21	0.00	股权激励股份限售期满	2015.08.07
600091	*ST 明科	437.41	0.00	0.00	A 股增发上市	2015.12.30
600093	禾嘉股份	1122.45	0.00	0.00	A 股增发上市	2015.07.07
600094	大名城	2011.56	500.00	0.00	有限售条件流通股上市	2015.09.30
600098	广州发展	2726.20	288.82	0.00	有限售条件流通股上市	2015.07.02
600100	同方股份	2963.90	0.00	0.00	A 股增发上市	2015.03.04
600105	永鼎股份	472.50	0.00	0.00	A 股增发上市	2015.08.13
600105	永鼎股份	472.50	0.00	0.00	A 股增发上市	2015.08.13
600109	国金证券	2836.86	248.72	0.00	债转股	2015.01.05
600109	国金证券	3024.36	0.00	0.00	A 股增发上市	2015.06.02
600111	北方稀土	3633.07	739.73	0.00	送股	2015.05.12
600114	东睦股份	377.22	68.97	0.00	有限售条件流通股上市	2015.03.13
600114	东睦股份	377.22	4.50	0.00	股权激励股份限售期满	2015.03.27
600114	东睦股份	389.97	0.00	0.00	A 股增发上市	2015.07.31
600114	东睦股份	390.77	0.00	0.00	A 股增发上市	2015.08.18
600115	东方航空	13140.18	0.00	0.00	其他股本变动	2015.09.14
600116	三峡水利	331.00	0.00	0.00	A 股增发上市	2015.02.09
600121	郑州煤电	1015.34	317.00	0.00	有限售条件流通股上市	2015.12.28
600122	宏图高科	1146.35	0.00	0.00	股份注销	2015.02.04
600122	宏图高科	1145.75	0.00	0.00	股份注销	2015.09.17
600122	宏图高科	1145.75	1.75	0.00	股权激励股份限售期满	2015.11.16
600135	乐凯胶片	372.99	0.00	0.00	A 股增发上市	2015.05.28
600136	道博股份	164.02	0.00	0.00	A 股增发上市	2015.02.27
600138	中青旅	723.84	79.69	0.00	有限售条件流通股上市	2015.05.11
600141	兴发集团	529.98	0.00	0.00	股份注销	2015.06.19
600141	兴发集团	529.98	30.35	0.00	有限售条件流通股上市	2015.07.15
600151	航天机电	1250.18	45.48	0.00	有限售条件流通股上市	2015.08.14
600157	永泰能源	8611.26	0.00	0.00	A 股增发上市	2015.02.25
600157	永泰能源	8611.26	522.12	0.00	有限售条件流通股上市	2015.03.06

上市公司股份变动
Change of Equity in 2015

股票代码 Code	股票简称 Name	变动后总股本 Total Share	流通股份增加 Share Add A 股 A Share	流通股份增加 Share Add B 股 B share	变动原因 Change Reason	变动日期 Change Date
600157	永泰能源	11194.64	1060.54	0.00	送股	2015.06.05
600162	香江控股	1189.48	0.00	0.00	A 股增发上市	2015.12.02
600162	香江控股	1167.44	0.00	0.00	A 股增发上市	2015.10.26
600162	香江控股	1596.46	0.00	0.00	A 股增发上市	2015.12.28
600163	*ST 闽能	904.13	0.00	0.00	A 股增发上市	2015.05.12
600163	*ST 闽能	999.47	0.00	0.00	A 股增发上市	2015.05.19
600165	新日恒力	684.88	290.93	0.00	送股	2015.10.13
600166	福田汽车	3335.07	0.00	0.00	A 股增发上市	2015.03.23
600166	福田汽车	3335.07	271.57	0.00	有限售条件流通股上市	2015.06.23
600170	上海建工	4571.70	2508.19	0.00	股权分置股份限售期满	2015.04.24
600170	上海建工	5943.21	1065.06	0.00	有限售条件流通股上市	2015.11.09
600170	上海建工	5943.21	1082.35	0.00	送股	2015.05.13
600172	黄河旋风	695.03	0.00	0.00	A 股增发上市	2015.02.09
600172	黄河旋风	792.40	0.00	0.00	A 股增发上市	2015.12.21
600172	黄河旋风	748.60	0.00	0.00	A 股增发上市	2015.11.17
600175	美都能源	2451.04	0.00	0.00	股份注销	2015.06.24
600180	瑞茂通	878.26	0.93	0.00	股权激励股份限售期满	2015.01.20
600180	瑞茂通	883.48	4.47	0.00	A 股增发上市	2015.06.05
600180	瑞茂通	1017.41	618.13	0.00	有限售条件流通股上市	2015.08.31
600180	瑞茂通	1017.41	0.00	0.00	A 股增发上市	2015.07.06
600180	瑞茂通	883.48	0.75	0.00	A 股增发上市	2015.06.05
600183	生益科技	1437.55	14.54	0.00	A 股增发上市	2015.10.12
600184	光电股份	418.76	209.38	0.00	送股	2015.04.24
600185	格力地产	577.61	0.02	0.00	债转股	2015.07.22
600185	格力地产	577.67	0.08	0.00	债转股	2015.10.13
600196	复星医药	2311.38	0.00	0.00	股份注销	2015.02.13
600196	复星医药	2314.08	0.00	0.00	A 股增发上市	2015.12.03
600196	复星医药	2311.38	1.22	0.00	股权激励股份限售期满	2015.02.25
600198	大唐电信	882.11	37.82	0.00	有限售条件流通股上市	2015.06.08
600198	大唐电信	882.11	30.77	0.00	有限售条件流通股上市	2015.05.12
600198	大唐电信	882.11	275.66	0.00	有限售条件流通股上市	2015.11.02
600200	江苏吴中	628.60	0.00	0.00	A 股增发上市	2015.02.05
600200	江苏吴中	669.65	0.00	0.00	A 股增发上市	2015.10.16
600201	生物股份	285.85	1.71	0.00	股权激励股份限售期满	2015.04.03
600201	生物股份	286.41	0.00	0.00	A 股增发上市	2015.04.29
600201	生物股份	572.83	282.53	0.00	送股	2015.10.15
600203	福日电子	380.28	0.00	0.00	A 股增发上市	2015.01.06
600203	福日电子	380.28	43.23	0.00	有限售条件流通股上市	2015.04.09
600203	福日电子	380.28	19.39	0.00	有限售条件流通股上市	2015.12.31
600206	有研新材	838.78	90.15	0.00	有限售条件流通股上市	2015.01.12
600206	有研新材	838.78	61.98	0.00	有限售条件流通股上市	2015.01.28
600208	新湖中宝	8138.13	105.32	0.00	A 股增发上市	2015.03.09
600208	新湖中宝	9099.67	0.00	0.00	A 股增发上市	2015.11.30
600208	新湖中宝	9099.67	1773.96	0.00	有限售条件流通股上市	2015.12.03
600209	罗顿发展	439.01	43.05	0.00	股权分置股份限售期满	2015.06.19
600210	紫江企业	1516.74	0.00	0.00	A 股增发上市	2015.01.19
600217	*ST 秦岭	1341.59	0.00	0.00	A 股增发上市	2015.05.15
600218	全柴动力	368.76	0.00	0.00	A 股增发上市	2015.03.04
600219	南山铝业	1964.69	30.51	0.00	债转股	2015.01.08
600219	南山铝业	2177.17	212.48	0.00	债转股	2015.02.03

上市公司股份变动
Change of Equity in 2015

股票代码 Code	股票简称 Name	变动后总股本 Total Share	流通股份增加 Share Add		变动原因 Change Reason	变动日期 Change Date
			A 股 A Share	B 股 B share		
600219	南山铝业	2835.18	658.01	0.00	债转股	2015.03.13
600222	太龙药业	573.89	0.00	0.00	A 股增发上市	2015.03.23
600225	天津松江	626.40	0.95	0.00	股权分置股份限售期满	2015.01.29
600225	天津松江	935.49	0.00	0.00	A 股增发上市	2015.02.12
600225	天津松江	935.49	0.55	0.00	股权分置股份限售期满	2015.11.20
600225	天津松江	935.49	0.85	0.00	股权分置股份限售期满	2015.08.20
600225	天津松江	935.49	0.73	0.00	股权分置股份限售期满	2015.06.11
600226	升华拜克	1094.98	689.43	0.00	送股	2015.10.13
600229	城市传媒	702.10	0.00	0.00	A 股增发上市	2015.09.10
600229	城市传媒	702.10	0.00	0.00	A 股增发上市	2015.09.10
600231	凌钢股份	1259.58	0.00	0.00	A 股增发上市	2015.12.15
600236	桂冠电力	6063.37	0.00	0.00	A 股增发上市	2015.12.17
600238	海南椰岛	448.20	0.27	0.00	股权分置股份限售期满	2015.12.31
600239	云南城投	1070.46	247.03	0.00	送股	2015.06.17
600241	时代万恒	226.19	0.00	0.00	A 股增发上市	2015.08.31
600242	*ST 中昌	273.34	0.34	0.00	股权分置股份限售期满	2015.08.05
600243	青海华鼎	438.85	0.00	0.00	A 股增发上市	2015.12.30
600248	延长化建	473.69	47.70	0.00	有限售条件流通股上市	2015.04.20
600249	两面针	550.00	0.00	0.00	A 股增发上市	2015.03.06
600251	冠农股份	784.84	362.10	0.00	送股	2015.05.20
600251	冠农股份	784.84	60.64	0.00	有限售条件流通股上市	2015.06.24
600252	中恒集团	3475.11	2183.50	0.00	送股	2015.09.17
600252	中恒集团	3475.11	154.85	0.00	有限售条件流通股上市	2015.11.19
600255	鑫科材料	1769.59	0.00	0.00	A 股增发上市	2015.06.01
600256	广汇能源	5221.42	2175.37	0.00	股权分置股份限售期满	2015.06.03
600259	广晟有色	262.12	8.91	0.00	有限售条件流通股上市	2015.10.14
600260	凯乐科技	666.75	0.00	0.00	A 股增发上市	2015.05.19
600261	阳光照明	1452.10	484.03	0.00	送股	2015.05.27
600266	北京城建	1567.04	349.41	0.00	有限售条件流通股上市	2015.08.20
600267	海正药业	965.53	125.82	0.00	有限售条件流通股上市	2015.09.25
600270	外运发展	905.48	574.64	0.00	股权分置股份限售期满	2015.03.18
600273	嘉化能源	1306.29	58.82	0.00	有限售条件流通股上市	2015.12.16
600276	恒瑞医药	1956.50	448.87	0.00	送股	2015.06.16
600276	恒瑞医药	1505.00	0.00	0.00	股份注销	2015.05.28
600276	恒瑞医药	1505.02	0.00	0.00	A 股增发上市	2015.01.20
600276	恒瑞医药	1956.50	4.02	0.00	股权激励股份限售期满	2015.07.17
600279	重庆港九	461.97	119.88	0.00	有限售条件流通股上市	2015.11.23
600280	中央商场	1148.33	574.17	0.00	送股	2015.06.15
600282	南钢股份	3962.07	0.00	0.00	A 股增发上市	2015.12.10
600283	钱江水利	353.00	0.00	0.00	A 股增发上市	2015.03.05
600285	羚锐制药	535.48	0.00	0.00	股份注销	2015.06.25
600285	羚锐制药	535.48	6.01	0.00	股权激励股份限售期满	2015.07.10
600289	亿阳信通	565.92	-1.46	0.00	股份注销	2015.09.23
600292	中电远达	780.82	153.56	0.00	送股	2015.07.14
600292	中电远达	780.82	115.38	0.00	有限售条件流通股上市	2015.08.24
600297	广汇汽车	3369.61	0.00	0.00	A 股增发上市	2015.06.19
600297	广汇汽车	3666.93	0.00	0.00	A 股增发上市	2015.07.03
600297	广汇汽车	5500.40	175.00	0.00	送股	2015.11.17
600298	安琪酵母	329.63	4.40	0.00	有限售条件流通股上市	2015.05.08
600299	安迪苏	2681.90	0.00	0.00	A 股增发上市	2015.11.03

上市公司股份变动
Change of Equity in 2015

股票代码 Code	股票简称 Name	变动后总股本 Total Share	流通股份增加 Share Add		变动原因 Change Reason	变动日期 Change Date
			A 股 A Share	B 股 B share		
600299	安迪苏	2681.90	0.00	0.00	A 股增发上市	2015.11.03
600305	恒顺醋业	301.37	47.07	0.00	有限售条件流通股上市	2015.05.08
600306	商业城	178.14	0.01	0.00	股权分置股份限售期满	2015.07.29
600310	桂东电力	827.78	551.85	0.00	送股	2015.09.15
600313	农发种业	367.29	63.09	0.00	有限售条件流通股上市	2015.09.28
600313	农发种业	432.88	0.00	0.00	A 股增发上市	2015.11.04
600315	上海家化	672.37	10.21	0.00	股权激励股份限售期满	2015.06.08
600315	上海家化	674.03	0.00	0.00	A 股增发上市	2015.09.24
600317	营口港	6472.98	3180.27	0.00	有限售条件流通股上市	2015.10.12
600321	国栋建设	1510.55	0.00	0.00	A 股增发上市	2015.03.17
600323	瀚蓝环境	766.26	0.00	0.00	A 股增发上市	2015.02.12
600323	瀚蓝环境	766.26	91.32	0.00	有限售条件流通股上市	2015.08.07
600325	华发股份	1169.05	0.00	0.00	A 股增发上市	2015.12.01
600326	西藏天路	665.68	0.00	0.00	A 股增发上市	2015.11.11
600329	中新药业	739.31	2.77	0.00	股权分置股份限售期满	2015.01.29
600329	中新药业	768.87	0.00	0.00	A 股增发上市	2015.07.20
600330	天通股份	830.47	0.00	0.00	A 股增发上市	2015.04.07
600332	白云山	1291.08	-0.26	0.00	股份注销	2015.05.08
600335	国机汽车	627.15	14.76	0.00	有限售条件流通股上市	2015.08.27
600337	美克家居	646.46	0.00	0.00	股份注销	2015.01.08
600337	美克家居	646.46	4.07	0.00	股权激励股份限售期满	2015.05.25
600337	美克家居	646.34	0.00	0.00	股份注销	2015.07.30
600338	西藏珠峰	653.01	0.00	0.00	A 股增发上市	2015.08.28
600340	华夏幸福	2645.76	1322.88	0.00	送股	2015.05.05
600346	大橡塑	290.34	49.34	0.00	有限售条件流通股上市	2015.02.12
600346	大橡塑	667.79	377.44	0.00	送股	2015.07.16
600351	亚宝药业	692.00	59.05	0.00	有限售条件流通股上市	2015.10.19
600351	亚宝药业	787.04	0.00	0.00	A 股增发上市	2015.12.22
600352	浙江龙盛	1626.67	0.00	0.00	A 股增发上市	2015.03.30
600352	浙江龙盛	3253.33	1529.97	0.00	送股	2015.06.11
600353	旭光股份	543.72	271.86	0.00	送股	2015.07.07
600354	敦煌种业	527.80	0.00	0.00	A 股增发上市	2015.10.23
600355	精伦电子	492.09	246.04	0.00	送股	2015.09.28
600356	恒丰纸业	252.66	0.32	0.00	债转股	2015.01.12
600356	恒丰纸业	257.03	4.38	0.00	债转股	2015.01.28
600356	恒丰纸业	270.11	13.08	0.00	债转股	2015.04.07
600356	恒丰纸业	298.73	28.62	0.00	债转股	2015.04.29
600359	新农开发	381.51	60.51	0.00	有限售条件流通股上市	2015.12.25
600363	联创光电	443.48	20.67	0.00	有限售条件流通股上市	2015.11.30
600365	通葡股份	400.00	140.00	0.00	送股	2015.10.27
600366	宁波韵升	534.98	0.00	0.00	A 股增发上市	2015.05.11
600369	西南证券	5645.11	2322.55	0.00	送股	2015.09.30
600371	万向德农	225.06	20.46	0.00	送股	2015.07.15
600373	中文传媒	1315.23	0.00	0.00	A 股增发上市	2015.01.27
600373	中文传媒	1377.94	0.00	0.00	A 股增发上市	2015.02.25
600375	华菱星马	555.74	24.50	0.00	有限售条件流通股上市	2015.07.13
600377	宁沪高速	5037.75	5.23	0.00	股权分置股份限售期满	2015.01.15
600380	健康元	1583.88	0.00	0.00	A 股增发上市	2015.07.06
600381	青海春天	688.31	0.00	0.00	A 股增发上市	2015.03.31
600381	青海春天	688.31	11.81	0.00	有限售条件流通股上市	2015.07.06

上市公司股份变动
Change of Equity in 2015

股票代码 Code	股票简称 Name	变动后总股本 Total Share	流通股份增加 Share Add		变动原因 Change Reason	变动日期 Change Date
			A 股 A Share	B 股 B share		
600383	金地集团	4499.61	8.15	0.00	A 股增发上市	2015.07.30
600388	龙净环保	1069.05	641.43	0.00	送股	2015.06.08
600390	金瑞科技	451.26	0.00	0.00	A 股增发上市	2015.07.15
600392	盛和资源	941.04	234.90	0.00	送股	2015.10.08
600393	东华实业	300.00	10.00	0.00	股权分置股份限售期满	2015.11.09
600396	金山股份	868.66	131.60	0.00	有限售条件流通股上市	2015.01.09
600396	金山股份	1472.71	0.00	0.00	A 股增发上市	2015.12.30
600397	安源煤业	989.96	344.63	0.00	有限售条件流通股上市	2015.02.04
600398	海澜之家	4492.76	884.62	0.00	有限售条件流通股上市	2015.03.13
600399	抚顺特钢	1300.00	677.77	0.00	送股	2015.06.11
600400	红豆股份	711.85	0.00	0.00	A 股增发上市	2015.08.07
600401	*ST 海润	4724.94	2164.96	0.00	送股	2015.05.29
600401	*ST 海润	4724.94	1477.50	0.00	有限售条件流通股上市	2015.09.14
600405	动力源	437.94	0.00	0.00	A 股增发上市	2015.12.24
600409	三友化工	1850.39	180.67	0.00	有限售条件流通股上市	2015.02.17
600410	华胜天成	645.60	0.00	0.00	A 股增发上市	2015.07.16
600410	华胜天成	641.73	0.00	0.00	股份注销	2015.07.27
600415	小商品城	5443.21	2721.61	0.00	送股	2015.05.13
600416	湘电股份	743.41	0.00	0.00	A 股增发上市	2015.02.12
600418	江淮汽车	829.62	-239.42	0.00	股份注销	2015.04.28
600418	江淮汽车	1463.23	0.00	0.00	A 股增发上市	2015.04.30
600419	天润乳业	103.56	0.00	0.00	A 股增发上市	2015.09.08
600419	天润乳业	103.56	0.00	0.00	A 股增发上市	2015.09.08
600422	昆药集团	341.13	0.61	0.00	股权激励股份限售期满	2015.06.11
600422	昆药集团	341.13	-0.68	0.00	其他股本变动	2015.06.16
600422	昆药集团	341.13	0.68	0.00	股权激励股份限售期满	2015.06.26
600422	昆药集团	341.13	0.17	0.00	股权激励股份限售期满	2015.07.27
600422	昆药集团	394.34	0.00	0.00	A 股增发上市	2015.11.03
600429	三元股份	1497.56	0.00	0.00	A 股增发上市	2015.02.11
600433	冠豪高新	1271.32	0.00	0.00	A 股增发上市	2015.03.06
600436	片仔癀	402.21	241.33	0.00	送股	2015.06.05
600444	*ST 国通	146.42	0.00	0.00	A 股增发上市	2015.09.30
600446	金证股份	265.64	1.49	0.00	A 股增发上市	2015.01.13
600446	金证股份	276.84	0.00	0.00	A 股增发上市	2015.06.26
600446	金证股份	830.51	531.27	0.00	送股	2015.09.18
600448	华纺股份	422.36	79.59	0.00	有限售条件流通股上市	2015.03.23
600466	蓝光发展	2117.02	0.00	0.00	A 股增发上市	2015.04.17
600466	蓝光发展	1877.08	0.00	0.00	A 股增发上市	2015.04.02
600477	杭萧钢构	738.38	0.00	0.00	A 股增发上市	2015.07.08
600477	杭萧钢构	719.50	139.04	0.00	送股	2015.06.05
600477	杭萧钢构	741.84	3.45	0.00	A 股增发上市	2015.10.21
600478	科力远	850.02	377.79	0.00	送股	2015.05.19
600478	科力远	927.38	0.00	0.00	A 股增发上市	2015.06.16
600479	千金药业	348.76	0.00	0.00	A 股增发上市	2015.08.31
600480	凌云股份	450.93	0.00	0.00	A 股增发上市	2015.12.01
600481	双良节能	810.25	0.14	0.00	债转股	2015.05.06
600481	双良节能	810.11	0.01	0.00	债转股	2015.04.03
600481	双良节能	810.10	0.00	0.00	债转股	2015.01.07
600481	双良节能	1620.50	810.25	0.00	送股	2015.09.10
600485	信威集团	2923.74	1492.86	0.00	有限售条件流通股上市	2015.09.10

上市公司股份变动
Change of Equity in 2015

股票代码 Code	股票简称 Name	变动后总股本 Total Share	流通股份增加 Share Add		变动原因 Change Reason	变动日期 Change Date
			A 股 A Share	B 股 B share		
600486	扬农化工	309.90	51.65	0.00	送股	2015.07.08
600487	亨通光电	413.76	73.13	0.00	有限售条件流通股上市	2015.03.06
600487	亨通光电	1241.27	767.51	0.00	送股	2015.09.25
600490	鹏欣资源	1479.00	637.50	0.00	有限售条件流通股上市	2015.05.29
600495	晋西车轴	1208.19	490.36	0.00	送股	2015.07.10
600496	精工钢构	1510.45	703.88	0.00	送股	2015.05.25
600496	精工钢构	1510.45	220.00	0.00	有限售条件流通股上市	2015.10.28
600498	烽火通信	1040.78	0.00	0.00	A 股增发上市	2015.06.09
600498	烽火通信	1046.92	0.00	0.00	A 股增发上市	2015.07.07
600499	科达洁能	697.23	5.24	0.00	有限售条件流通股上市	2015.02.26
600499	科达洁能	705.73	8.51	0.00	A 股增发上市	2015.06.08
600499	科达洁能	705.73	19.65	0.00	有限售条件流通股上市	2015.08.10
600501	航天晨光	421.28	0.00	0.00	A 股增发上市	2015.07.06
600502	安徽水利	531.91	0.00	0.00	A 股增发上市	2015.07.01
600503	华丽家族	1602.29	463.21	0.00	有限售条件流通股上市	2015.09.07
600510	黑牡丹	1047.10	0.00	0.00	A 股增发上市	2015.12.31
600512	腾达建设	1018.04	0.00	0.00	A 股增发上市	2015.03.17
600513	联环药业	168.91	0.00	0.00	A 股增发上市	2015.05.04
600515	海岛建设	422.77	127.21	0.00	有限售条件流通股上市	2015.07.15
600517	置信电气	1356.17	0.00	0.00	A 股增发上市	2015.12.31
600518	康美药业	4397.43	2198.71	0.00	送股	2015.06.17
600519	贵州茅台	1256.20	114.20	0.00	送股	2015.07.20
600520	中发科技	158.43	40.85	0.00	有限售条件流通股上市	2015.04.17
600521	华海药业	785.89	0.23	0.00	A 股增发上市	2015.03.13
600521	华海药业	793.14	0.00	0.00	A 股增发上市	2015.09.09
600521	华海药业	785.89	2.29	0.00	股权激励股份限售期满	2015.07.03
600522	中天科技	862.77	158.26	0.00	有限售条件流通股上市	2015.09.24
600522	中天科技	1017.04	0.00	0.00	A 股增发上市	2015.11.17
600522	中天科技	1044.31	0.00	0.00	A 股增发上市	2015.12.11
600525	长园集团	884.96	0.00	0.00	A 股增发上市	2015.03.05
600525	长园集团	1048.61	0.00	0.00	A 股增发上市	2015.08.13
600525	长园集团	1090.31	0.00	0.00	A 股增发上市	2015.08.24
600525	长园集团	1091.70	0.00	0.00	A 股增发上市	2015.12.24
600525	长园集团	1090.22	0.00	0.00	股份注销	2015.10.30
600526	菲达环保	547.40	0.00	0.00	A 股增发上市	2015.04.17
600532	宏达矿业	516.07	0.00	0.00	A 股增发上市	2015.09.02
600532	宏达矿业	516.07	231.13	0.00	有限售条件流通股上市	2015.12.07
600535	天士力	1080.48	0.00	0.00	A 股增发上市	2015.03.31
600537	亿晶光电	588.18	0.00	0.00	A 股增发上市	2015.01.20
600540	新赛股份	470.92	90.81	0.00	送股	2015.11.16
600540	新赛股份	470.92	69.60	0.00	有限售条件流通股上市	2015.12.25
600549	厦门钨业	1081.57	204.59	0.00	送股	2015.05.12
600550	保变电气	1534.61	0.00	0.00	A 股增发上市	2015.01.06
600552	方兴科技	383.52	0.00	0.00	A 股增发上市	2015.12.17
600558	大西洋	398.94	98.89	0.00	有限售条件流通股上市	2015.03.11
600558	大西洋	598.40	184.16	0.00	送股	2015.07.27
600559	老白干酒	175.22	0.00	0.00	A 股增发上市	2015.12.15
600562	国睿科技	257.06	35.88	0.00	股权分置股份限售期满	2015.03.25
600565	迪马股份	2345.86	439.42	0.00	有限售条件流通股上市	2015.09.09
600565	迪马股份	2345.86	312.78	0.00	有限售条件流通股上市	2015.05.11

上市公司股份变动
Change of Equity in 2015

股票代码 Code	股票简称 Name	变动后总股本 Total Share	流通股份增加 Share Add A 股 A Share	流通股份增加 Share Add B 股 B share	变动原因 Change Reason	变动日期 Change Date
600566	济川药业	781.45	32.43	0.00	有限售条件流通股上市	2015.02.12
600568	中珠控股	506.60	2.33	0.00	股权分置股份限售期满	2015.05.22
600568	中珠控股	506.60	0.00	0.00	A 股增发上市	2015.01.15
600568	中珠控股	506.60	2.95	0.00	股权分置股份限售期满	2015.08.18
600571	信雅达	219.84	0.00	0.00	A 股增发上市	2015.09.30
600571	信雅达	219.84	0.00	0.00	A 股增发上市	2015.09.30
600572	康恩贝	984.60	0.00	0.00	A 股增发上市	2015.04.17
600572	康恩贝	1673.82	490.67	0.00	送股	2015.07.08
600572	康恩贝	1673.82	180.20	0.00	有限售条件流通股上市	2015.12.29
600576	万家文化	634.97	0.00	0.00	A 股增发上市	2015.11.17
600576	万家文化	479.80	261.71	0.00	送股	2015.09.29
600576	万家文化	634.97	0.00	0.00	A 股增发上市	2015.11.17
600577	精达股份	1955.32	709.57	0.00	送股	2015.06.12
600578	京能电力	4617.32	2360.00	0.00	有限售条件流通股上市	2015.12.30
600582	天地科技	2069.29	0.00	0.00	A 股增发上市	2015.02.02
600582	天地科技	1896.05	0.00	0.00	A 股增发上市	2015.01.09
600582	天地科技	4138.59	1213.92	0.00	送股	2015.12.15
600584	长电科技	984.57	131.44	0.00	有限售条件流通股上市	2015.10.08
600584	长电科技	1035.91	0.00	0.00	A 股增发上市	2015.11.30
600584	长电科技	1035.91	0.00	0.00	A 股增发上市	2015.11.30
600586	金晶科技	1422.71	455.60	0.00	股权分置股份限售期满	2015.07.06
600586	金晶科技	1458.89	0.00	0.00	A 股增发上市	2015.12.02
600587	新华医疗	406.43	4.80	0.00	有限售条件流通股上市	2015.06.30
600587	新华医疗	406.43	0.00	0.00	A 股增发上市	2015.03.09
600587	新华医疗	406.43	2.63	0.00	有限售条件流通股上市	2015.11.23
600588	用友网络	1166.29	0.00	0.00	A 股增发上市	2015.01.21
600588	用友网络	1171.42	5.13	0.00	A 股增发上市	2015.01.30
600588	用友网络	1405.70	232.85	0.00	送股	2015.05.04
600588	用友网络	1459.19	0.00	0.00	A 股增发上市	2015.08.28
600588	用友网络	1459.59	0.40	0.00	A 股增发上市	2015.10.14
600588	用友网络	1459.59	4.09	0.00	股权激励股份限售期满	2015.11.12
600590	泰豪科技	619.65	0.00	0.00	A 股增发上市	2015.07.13
600590	泰豪科技	619.65	0.00	0.00	股份注销	2015.08.19
600590	泰豪科技	619.25	1.68	0.00	股权激励股份限售期满	2015.12.14
600594	益佰制药	395.96	30.59	0.00	有限售条件流通股上市	2015.01.19
600594	益佰制药	395.96	2.32	0.00	股权激励股份限售期满	2015.02.09
600594	益佰制药	791.93	391.18	0.00	送股	2015.07.17
600602	仪电电子	1326.84	0.00	0.00	A 股增发上市	2015.12.17
600604	市北高新	712.28	0.00	0.00	A 股增发上市	2015.06.25
600604	市北高新	760.30	0.00	0.00	A 股增发上市	2015.08.26
600606	绿地控股	12168.15	0.00	0.00	A 股增发上市	2015.07.07
600610	中毅达	1071.27	10.81	0.00	股权分置	2015.08.19
600610	中毅达	1071.27	171.81	0.00	股权分置股份限售期满	2015.11.25
600613	神奇制药	524.95	29.54	0.00	送股	2015.07.07
600614	鼎立股份	766.08	0.00	0.00	A 股增发上市	2015.01.29
600614	鼎立股份	1411.51	446.76	0.00	送股	2015.09.25
600614	鼎立股份	1532.16	124.27	0.00	有限售条件流通股上市	2015.10.20
600614	鼎立股份	1732.75	0.00	0.00	A 股增发上市	2015.11.25
600614	鼎立股份	1752.77	0.00	0.00	A 股增发上市	2015.12.22
600616	金枫酒业	514.62	49.37	0.00	有限售条件流通股上市	2015.03.09

上市公司股份变动
Change of Equity in 2015

股票代码 Code	股票简称 Name	变动后总股本 Total Share	流通股份增加 Share Add A 股 A Share	流通股份增加 Share Add B 股 B share	变动原因 Change Reason	变动日期 Change Date
600617	国新能源	593.04	30.00	0.00	有限售条件流通股上市	2015.01.23
600617	国新能源	962.97	92.85	0.00	送股	2015.04.21
600617	国新能源	1084.66	0.00	0.00	A 股增发上市	2015.12.07
600619	海立股份	819.10	0.00	0.00	A 股增发上市	2015.08.17
600619	海立股份	866.31	0.00	0.00	A 股增发上市	2015.11.09
600623	双钱股份	1830.25	0.00	0.00	A 股增发上市	2015.09.09
600623	双钱股份	2117.43	0.00	0.00	A 股增发上市	2015.12.09
600624	复旦复华	526.70	103.55	0.00	送股	2015.07.24
600629	华建集团	359.06	0.00	0.00	A 股增发上市	2015.09.17
600634	中技控股	575.73	119.02	0.00	有限售条件流通股上市	2015.01.12
600635	大众公用	2467.30	822.43	0.00	送股	2015.05.28
600636	三爱富	446.94	0.00	0.00	A 股增发上市	2015.07.16
600637	东方明珠	1422.09	0.00	0.00	A 股增发上市	2015.05.21
600637	东方明珠	2466.79	1044.70	0.00	A 股增发上市	2015.06.03
600637	东方明珠	2626.54	0.00	0.00	A 股增发上市	2015.06.18
600639	浦东金桥	1122.41	0.00	0.00	A 股增发上市	2015.08.19
600640	号百控股	535.36	328.96	0.00	股权分置股份限售期满	2015.05.15
600643	爱建集团	1105.49	0.01	0.00	股权分置股份限售期满	2015.01.29
600643	爱建集团	1105.49	285.09	0.00	有限售条件流通股上市	2015.06.08
600643	爱建集团	1437.14	0.02	0.00	股权分置股份限售期满	2015.07.29
600643	爱建集团	1437.14	330.92	0.00	送股	2015.06.19
600645	中源协和	386.26	0.00	0.00	A 股增发上市	2015.01.28
600648	外高桥	1135.35	124.57	0.00	有限售条件流通股上市	2015.04.27
600651	飞乐音响	985.22	0.00	0.00	A 股增发上市	2015.01.07
600651	飞乐音响	985.22	29.56	0.00	有限售条件流通股上市	2015.12.30
600652	游久游戏	832.70	59.67	0.00	有限售条件流通股上市	2015.11.04
600654	中安消	1151.03	0.00	0.00	A 股增发上市	2015.01.06
600654	中安消	1283.02	0.00	0.00	A 股增发上市	2015.01.28
600660	福耀玻璃	2442.67	0.00	0.00	其他股本变动	2015.04.02
600660	福耀玻璃	2508.62	0.00	0.00	行使超额配售选择权	2015.04.30
600661	新南洋	259.08	7.72	0.00	有限售条件流通股上市	2015.12.03
600664	哈药股份	1917.48	864.09	0.00	股权分置股份限售期满	2015.01.22
600666	奥瑞德	740.67	0.00	0.00	A 股增发上市	2015.05.14
600666	奥瑞德	767.08	0.00	0.00	A 股增发上市	2015.06.16
600673	东阳光科	949.57	122.10	0.00	有限售条件流通股上市	2015.03.31
600673	东阳光科	2468.87	1511.54	0.00	送股	2015.05.08
600674	川投能源	4402.14	2201.07	0.00	送股	2015.06.29
600676	交运股份	862.37	80.23	0.00	有限售条件流通股上市	2015.03.02
600677	航天通信	521.79	0.00	0.00	A 股增发上市	2015.12.09
600679	金山开发	402.20	0.00	0.00	A 股增发上市	2015.12.14
600681	万鸿集团	251.48	1.47	0.00	股权分置股份限售期满	2015.09.08
600682	南京新百	716.64	357.96	0.00	送股	2015.06.15
600682	南京新百	716.64	0.21	0.00	股权分置股份限售期满	2015.07.28
600682	南京新百	828.02	0.00	0.00	A 股增发上市	2015.12.01
600682	南京新百	818.40	0.00	0.00	A 股增发上市	2015.08.11
600685	中船防务	1413.51	0.00	0.00	A 股增发上市	2015.04.13
600685	中船防务	1413.51	0.00	0.00	A 股增发上市	2015.04.13
600686	金龙汽车	606.74	0.00	0.00	A 股增发上市	2015.05.11
600687	刚泰控股	1078.54	295.50	0.00	送股	2015.09.28
600688	上海石化	10800.00	540.00	0.00	股权分置股份限售期满	2015.08.20

上市公司股份变动
Change of Equity in 2015

股票代码 Code	股票简称 Name	变动后总股本 Total Share	流通股份增加 Share Add A 股 A Share	流通股份增加 Share Add B 股 B share	变动原因 Change Reason	变动日期 Change Date
600690	青岛海尔	6092.25	2736.84	0.00	送股	2015.07.17
600690	青岛海尔	6092.25	4.88	0.00	股权激励股份限售期满	2015.07.23
600690	青岛海尔	6123.15	30.90	0.00	A 股增发上市	2015.08.05
600690	青岛海尔	3046.13	0.00	0.00	A 股增发上市	2015.04.10
600691	*ST 阳化	1756.79	288.83	0.00	送股	2015.07.10
600691	*ST 阳化	1756.79	564.95	0.00	有限售条件流通股上市	2015.10.26
600693	东百集团	449.11	0.00	0.00	A 股增发上市	2015.04.03
600693	东百集团	449.11	0.25	0.00	股权分置股份限售期满	2015.11.27
600695	绿庭投资	713.20	36.89	0.00	有限售条件流通股上市	2015.09.07
600698	湖南天雁	971.82	0.60	0.00	股权分置股份限售期满	2015.07.06
600698	湖南天雁	971.82	0.19	0.00	股权分置股份限售期满	2015.11.06
600699	均胜电子	636.14	206.32	0.00	有限售条件流通股上市	2015.03.02
600699	均胜电子	689.37	0.00	0.00	A 股增发上市	2015.09.11
600699	均胜电子	689.37	187.00	0.00	有限售条件流通股上市	2015.12.18
600703	三安光电	2549.02	0.00	0.00	A 股增发上市	2015.12.18
600703	三安光电	2393.08	204.36	0.00	有限售条件流通股上市	2015.01.28
600704	物产中大	996.00	164.38	0.00	有限售条件流通股上市	2015.08.06
600704	物产中大	686.00	-268.90	0.00	股份注销	2015.10.28
600704	物产中大	1906.99	0.00	0.00	A 股增发上市	2015.11.02
600704	物产中大	2208.56	0.00	0.00	A 股增发上市	2015.11.11
600705	中航资本	3732.70	1555.66	0.00	股权分置股份限售期满	2015.08.31
600705	中航资本	3732.70	687.76	0.00	有限售条件流通股上市	2015.03.19
600705	中航资本	4308.27	0.00	0.00	A 股增发上市	2015.12.07
600705	中航资本	4488.16	0.00	0.00	A 股增发上市	2015.12.17
600706	曲江文旅	179.51	92.18	0.00	有限售条件流通股上市	2015.06.30
600707	彩虹股份	736.76	1.32	0.00	股权分置股份限售期满	2015.10.13
600708	光明地产	1080.70	0.00	0.00	A 股增发上市	2015.09.15
600708	光明地产	1318.72	0.00	0.00	A 股增发上市	2015.11.24
600711	盛屯矿业	1497.05	65.86	0.00	有限售条件流通股上市	2015.01.14
600711	盛屯矿业	1497.05	323.00	0.00	有限售条件流通股上市	2015.06.16
600714	金瑞矿业	285.68	0.00	0.00	A 股增发上市	2015.04.02
600714	金瑞矿业	288.18	0.00	0.00	A 股增发上市	2015.04.30
600715	*ST 松辽	824.56	0.00	0.00	A 股增发上市	2015.08.24
600718	东软集团	1242.58	0.00	0.00	A 股增发上市	2015.10.16
600719	大连热电	404.60	202.30	0.00	送股	2015.12.01
600721	百花村	248.52	0.00	0.00	股份注销	2015.02.03
600721	百花村	248.52	127.83	0.00	股权分置股份限售期满	2015.02.10
600721	百花村	248.52	0.73	0.00	股权分置股份限售期满	2015.06.03
600722	*ST 金化	680.32	258.90	0.00	有限售条件流通股上市	2015.09.16
600723	首商股份	658.41	0.85	0.00	股权分置股份限售期满	2015.03.06
600726	华电能源	1966.68	814.09	0.00	股权分置股份限售期满	2015.01.06
600730	中国高科	586.66	293.33	0.00	送股	2015.11.20
600731	湖南海利	327.31	0.08	0.00	股权分置股份限售期满	2015.03.19
600735	新华锦	376.05	104.50	0.00	送股	2015.05.08
600735	新华锦	375.99	0.00	0.00	股份注销	2015.06.23
600735	新华锦	375.99	62.50	0.00	有限售条件流通股上市	2015.11.23
600736	苏州高新	1194.29	0.00	0.00	A 股增发上市	2015.06.01
600739	辽宁成大	1529.71	0.00	0.00	A 股增发上市	2015.03.25
600744	华银电力	1781.12	0.00	0.00	A 股增发上市	2015.10.08
600744	华银电力	1781.12	0.00	0.00	A 股增发上市	2015.10.08

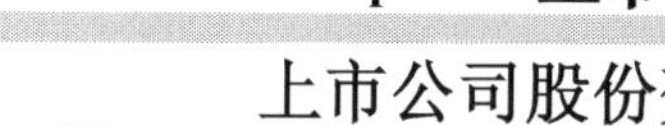

上市公司股份变动
Change of Equity in 2015

股票代码 Code	股票简称 Name	变动后总股本 Total Share	流通股份增加 Share Add A 股 A Share	流通股份增加 Share Add B 股 B share	变动原因 Change Reason	变动日期 Change Date
600745	中茵股份	483.32	155.95	0.00	有限售条件流通股上市	2015.09.18
600751	天海投资	2899.34	0.00	0.00	A 股增发上市	2015.01.05
600751	天海投资	2899.34	44.63	0.00	股权分置股份限售期满	2015.06.24
600751	天海投资	2899.34	1404.68	0.00	有限售条件流通股上市	2015.12.30
600757	长江传媒	1213.65	675.34	0.00	股权分置股份限售期满	2015.01.27
600757	长江传媒	1213.65	4.91	0.00	股权分置股份限售期满	2015.06.12
600757	长江传媒	1213.65	0.79	0.00	股权分置股份限售期满	2015.12.04
600758	红阳能源	1093.21	0.00	0.00	A 股增发上市	2015.11.24
600758	红阳能源	1340.88	0.00	0.00	A 股增发上市	2015.12.22
600759	洲际油气	2263.51	364.81	0.00	送股	2015.07.07
600763	通策医疗	320.64	160.32	0.00	送股	2015.12.07
600771	广誉远	277.81	0.00	0.00	A 股增发上市	2015.08.03
600771	广誉远	277.81	54.05	0.00	股权分置股份限售期满	2015.08.07
600773	西藏城投	729.21	153.51	0.00	有限售条件流通股上市	2015.11.17
600777	新潮实业	860.03	0.00	0.00	A 股增发上市	2015.11.24
600778	友好集团	311.49	0.77	0.00	股权分置股份限售期满	2015.08.10
600787	中储股份	2199.80	0.00	0.00	A 股增发上市	2015.12.14
600790	轻纺城	1046.99	185.63	0.00	送股	2015.05.22
600790	轻纺城	1046.99	242.58	0.00	有限售条件流通股上市	2015.09.21
600794	保税科技	1191.57	552.66	0.00	送股	2015.03.19
600794	保税科技	1191.57	59.20	0.00	有限售条件流通股上市	2015.09.25
600795	国电电力	18822.88	7.76	0.00	债转股	2015.01.07
600795	国电电力	19650.40	827.52	0.00	债转股	2015.03.03
600798	宁波海运	872.44	1.27	0.00	债转股	2015.01.07
600798	宁波海运	894.93	22.49	0.00	债转股	2015.04.03
600798	宁波海运	962.43	67.50	0.00	债转股	2015.04.24
600798	宁波海运	1030.85	68.42	0.00	债转股	2015.05.14
600801	华新水泥	1497.57	1.09	0.00	A 股增发上市	2015.07.17
600803	新奥股份	985.79	122.95	0.00	股权分置股份限售期满	2015.06.30
600803	新奥股份	985.79	63.75	0.00	有限售条件流通股上市	2015.03.17
600804	鹏博士	1391.82	8.61	0.00	股权激励股份限售期满	2015.06.15
600804	鹏博士	1391.82	0.00	0.00	A 股增发上市	2015.06.11
600804	鹏博士	1391.82	0.98	0.00	股份注销	2015.06.10
600804	鹏博士	1400.45	8.64	0.00	A 股增发上市	2015.09.02
600807	天业股份	542.07	12.00	0.00	股权分置股份限售期满	2015.02.06
600807	天业股份	704.68	95.97	0.00	送股	2015.05.08
600807	天业股份	704.68	76.32	0.00	有限售条件流通股上市	2015.07.31
600807	天业股份	856.63	0.00	0.00	A 股增发上市	2015.09.15
600812	华北制药	1630.80	350.00	0.00	有限售条件流通股上市	2015.10.19
600815	厦工股份	958.97	19.26	0.00	有限售条件流通股上市	2015.03.05
600816	安信信托	454.11	0.26	0.00	股权分置股份限售期满	2015.03.13
600816	安信信托	707.96	0.00	0.00	A 股增发上市	2015.07.08
600816	安信信托	1769.89	681.16	0.00	送股	2015.09.24
600819	耀皮玻璃	934.92	128.72	0.00	有限售条件流通股上市	2015.01.12
600820	隧道股份	3144.10	825.85	0.00	有限售条件流通股上市	2015.06.26
600823	世茂股份	1758.62	586.21	0.00	送股	2015.06.05
600823	世茂股份	1759.94	1.32	0.00	A 股增发上市	2015.06.25
600823	世茂股份	1762.19	2.25	0.00	A 股增发上市	2015.09.21
600823	世茂股份	1913.86	0.00	0.00	A 股增发上市	2015.12.30
600824	益民集团	1054.03	175.67	0.00	送股	2015.06.01

上市公司股份变动
Change of Equity in 2015

股票代码 Code	股票简称 Name	变动后总股本 Total Share	流通股份增加 Share Add A股 A Share	流通股份增加 Share Add B股 B share	变动原因 Change Reason	变动日期 Change Date
600836	界龙实业	331.38	0.00	0.00	A 股增发上市	2015.06.12
600837	海通证券	11501.70	0.00	0.00	其他股本变动	2015.06.04
600841	上柴股份	866.69	29.72	0.00	有限售条件流通股上市	2015.03.23
600843	上工申贝	548.59	99.70	0.00	有限售条件流通股上市	2015.03.30
600845	宝信软件	364.13	10.33	0.00	有限售条件流通股上市	2015.03.09
600845	宝信软件	391.62	0.00	0.00	A 股增发上市	2015.10.26
600847	万里股份	157.48	1.05	0.00	股权激励股份限售期满	2015.08.11
600847	万里股份	158.03	0.00	0.00	A 股增发上市	2015.09.28
600848	上海临港	775.73	0.00	0.00	A 股增发上市	2015.10.08
600848	上海临港	895.17	0.00	0.00	A 股增发上市	2015.10.22
600850	华东电脑	321.74	150.71	0.00	有限售条件流通股上市	2015.08.14
600855	航天长峰	331.62	0.25	0.00	股权分置股份限售期满	2015.05.11
600856	中天能源	535.58	0.00	0.00	A 股增发上市	2015.04.01
600856	中天能源	567.17	0.00	0.00	A 股增发上市	2015.05.05
600862	南通科技	1393.05	0.00	0.00	A 股增发上市	2015.12.21
600863	内蒙华电	5807.75	3168.64	0.00	股权分置股份限售期满	2015.01.15
600867	通化东宝	1133.11	102.46	0.00	送股	2015.05.19
600867	通化东宝	1133.11	1.82	0.00	股权激励股份限售期满	2015.09.15
600867	通化东宝	1135.83	2.72	0.00	A 股增发上市	2015.09.28
600869	智慧能源	1980.09	990.04	0.00	送股	2015.10.19
600870	*ST 厦华	523.20	152.38	0.00	有限售条件流通股上市	2015.11.30
600871	石化油服	3585.00	0.00	0.00	股份注销	2015.01.05
600871	石化油服	12809.33	0.00	0.00	A 股增发上市	2015.01.06
600871	石化油服	14142.66	0.00	0.00	A 股增发上市	2015.03.06
600875	东方电气	2217.80	213.94	0.00	债转股	2015.02.16
600875	东方电气	2336.90	119.10	0.00	债转股	2015.02.26
600881	亚泰集团	2599.95	0.00	0.00	A 股增发上市	2015.05.05
600882	华联矿业	399.24	117.14	0.00	有限售条件流通股上市	2015.08.17
600885	宏发股份	531.97	55.33	0.00	有限售条件流通股上市	2015.01.05
600885	宏发股份	531.97	239.23	0.00	有限售条件流通股上市	2015.10.23
600887	伊利股份	6128.74	3007.82	0.00	送股	2015.05.29
600887	伊利股份	6128.74	-63.94	0.00	股份注销	2015.11.06
600891	秋林集团	557.67	0.00	0.00	A 股增发上市	2015.10.21
600891	秋林集团	617.59	0.00	0.00	A 股增发上市	2015.11.25
600893	中航动力	1948.72	278.92	0.00	有限售条件流通股上市	2015.07.01
600894	广日股份	859.95	71.43	0.00	有限售条件流通股上市	2015.05.27
600894	广日股份	859.95	11.59	0.00	有限售条件流通股上市	2015.06.26
600958	东方证券	5281.74	1000.00	0.00	A 股新上市	2015.03.23
600959	江苏有线	2988.10	597.00	0.00	A 股新上市	2015.04.28
600960	渤海活塞	524.72	127.00	0.00	送股	2015.04.15
600960	渤海活塞	524.72	174.14	0.00	有限售条件流通股上市	2015.04.24
600963	岳阳林纸	1043.16	200.00	0.00	有限售条件流通股上市	2015.12.21
600965	福成五丰	818.70	0.00	0.00	A 股增发上市	2015.07.28
600966	博汇纸业	1336.84	668.42	0.00	送股	2015.05.15
600967	北方创业	822.83	49.80	0.00	有限售条件流通股上市	2015.12.18
600969	郴电国际	264.32	54.05	0.00	有限售条件流通股上市	2015.10.19
600970	中材国际	1169.51	0.00	0.00	A 股增发上市	2015.11.26
600973	宝胜股份	414.37	2.98	0.00	A 股增发上市	2015.07.27
600975	新五丰	326.34	0.00	0.00	A 股增发上市	2015.04.23
600976	健民集团	153.40	-0.07	0.00	其他股本变动	2015.09.21

上市公司股份变动
Change of Equity in 2015

股票代码 Code	股票简称 Name	变动后总股本 Total Share	流通股份增加 Share Add		变动原因 Change Reason	变动日期 Change Date
			A 股 A Share	B 股 B share		
600976	健民集团	153.40	-0.07	0.00	其他股本变动	2015.10.15
600980	北矿磁材	152.21	0.00	0.00	A 股增发上市	2015.11.09
600981	汇鸿集团	241.85	-274.25	0.00	股份注销	2015.11.17
600981	汇鸿集团	2242.43	0.00	0.00	A 股增发上市	2015.12.08
600981	汇鸿集团	1753.44	0.00	0.00	A 股增发上市	2015.11.20
600982	宁波热电	746.93	256.13	0.00	有限售条件流通股上市	2015.07.02
600984	*ST 建机	548.81	0.00	0.00	A 股增发上市	2015.09.18
600984	*ST 建机	636.76	0.00	0.00	A 股增发上市	2015.11.23
600985	雷鸣科化	262.85	64.80	0.00	送股	2015.07.13
600985	雷鸣科化	262.85	68.45	0.00	有限售条件流通股上市	2015.11.30
600986	科达股份	868.89	0.00	0.00	A 股增发上市	2015.09.08
600988	赤峰黄金	680.62	0.00	0.00	A 股增发上市	2015.02.25
600988	赤峰黄金	713.19	285.60	0.00	有限售条件流通股上市	2015.12.04
600988	赤峰黄金	713.19	0.00	0.00	A 股增发上市	2015.03.24
600993	马应龙	331.58	0.07	0.00	股权分置股份限售期满	2015.01.12
600993	马应龙	431.05	99.29	0.00	送股	2015.07.22
600998	九州通	1643.07	9.89	0.00	股权激励股份限售期满	2015.08.10
600998	九州通	1647.01	0.00	0.00	A 股增发上市	2015.08.27
600999	招商证券	5808.14	142.00	0.00	有限售条件流通股上市	2015.05.27
601000	唐山港	2248.44	0.00	0.00	A 股增发上市	2015.06.02
601009	南京银行	3365.96	0.00	0.00	A 股增发上市	2015.06.26
601010	文峰股份	1848.00	1108.80	0.00	送股	2015.04.13
601011	宝泰隆	1367.50	580.50	0.00	送股	2015.09.29
601011	宝泰隆	547.00	0.00	0.00	A 股增发上市	2015.02.11
601012	隆基股份	1771.38	0.00	0.00	股份注销	2015.12.18
601012	隆基股份	1771.49	0.00	0.00	A 股增发上市	2015.06.29
601012	隆基股份	1643.39	1077.05	0.00	送股	2015.05.06
601012	隆基股份	547.80	227.50	0.00	有限售条件流通股上市	2015.04.13
601012	隆基股份	1771.38	5.54	0.00	股权激励股份限售期满	2015.12.25
601012	隆基股份	547.80	0.00	0.00	A 股增发上市	2015.01.19
601015	陕西黑猫	620.00	176.00	0.00	有限售条件流通股上市	2015.11.06
601016	节能风电	1777.78	640.00	0.00	有限售条件流通股上市	2015.09.29
601021	春秋航空	400.00	0.00	0.00	A 股新上市	2015.01.21
601021	春秋航空	400.00	100.00	0.00	A 股新上市	2015.01.21
601021	春秋航空	800.00	100.00	0.00	送股	2015.10.22
601028	玉龙股份	787.81	381.75	0.00	送股	2015.05.07
601028	玉龙股份	786.24	0.00	0.00	股份注销	2015.07.07
601028	玉龙股份	786.24	83.15	0.00	有限售条件流通股上市	2015.11.20
601038	一拖股份	995.90	443.91	0.00	有限售条件流通股上市	2015.08.10
601058	赛轮金宇	521.35	57.40	0.00	有限售条件流通股上市	2015.01.14
601058	赛轮金宇	1042.70	435.40	0.00	送股	2015.05.11
601058	赛轮金宇	1042.70	136.71	0.00	有限售条件流通股上市	2015.11.26
601069	西部黄金	636.00	126.00	0.00	A 股新上市	2015.01.22
601099	太平洋	3530.47	825.00	0.00	有限售条件流通股上市	2015.04.21
601113	华鼎股份	833.05	0.00	0.00	A 股增发上市	2015.09.22
601126	四方股份	813.17	406.59	0.00	送股	2015.10.13
601139	深圳燃气	1982.49	0.00	0.00	债转股	2015.04.03
601139	深圳燃气	1982.49	1.81	0.00	A 股增发上市	2015.02.12
601139	深圳燃气	1980.60	0.14	0.00	债转股	2015.01.07
601139	深圳燃气	2174.15	191.66	0.00	债转股	2015.05.06

上市公司股份变动
Change of Equity in 2015

股票代码 Code	股票简称 Name	变动后总股本 Total Share	流通股份增加 Share Add A股 A Share	流通股份增加 Share Add B股 B share	变动原因 Change Reason	变动日期 Change Date
601139	深圳燃气	2178.03	0.41	0.00	A 股增发上市	2015.09.30
601139	深圳燃气	2177.62	3.46	0.00	A 股增发上市	2015.05.13
601155	新城控股	1708.06	531.59	0.00	A 股新上市	2015.12.04
601169	北京银行	12672.23	2112.04	0.00	送股	2015.07.20
601169	北京银行	10560.19	1592.50	0.00	有限售条件流通股上市	2015.03.26
601186	中国铁建	13579.54	0.00	0.00	A 股增发上市	2015.07.22
601198	东兴证券	2504.00	500.00	0.00	A 股新上市	2015.02.26
601199	江南水务	467.60	233.80	0.00	送股	2015.12.21
601211	国泰君安	7625.00	1525.00	0.00	A 股新上市	2015.06.26
601216	君正集团	3686.40	1638.40	0.00	送股	2015.07.16
601222	林洋能源	406.60	0.00	0.00	A 股增发上市	2015.05.20
601222	林洋能源	406.60	2.87	0.00	股权激励股份限售期满	2015.08.21
601225	陕西煤业	10000.00	2210.00	0.00	有限售条件流通股上市	2015.01.28
601226	华电重工	1155.00	75.00	0.00	送股	2015.06.12
601226	华电重工	1155.00	142.50	0.00	有限售条件流通股上市	2015.12.11
601231	环旭电子	1087.96	904.92	0.00	有限售条件流通股上市	2015.02.25
601231	环旭电子	2175.92	1011.72	0.00	送股	2015.06.24
601231	环旭电子	2175.92	152.48	0.00	有限售条件流通股上市	2015.11.18
601233	桐昆股份	963.60	4.33	0.00	股权激励股份限售期满	2015.05.13
601238	广汽集团	6435.02	3617.40	0.00	有限售条件流通股上市	2015.03.30
601258	庞大集团	6480.11	1237.11	0.00	有限售条件流通股上市	2015.11.17
601258	庞大集团	6480.11	2621.50	0.00	送股	2015.06.19
601288	农业银行	324794.12	9891.76	0.00	有限售条件流通股上市	2015.05.15
601311	骆驼股份	851.64	0.00	0.00	股份注销	2015.06.02
601311	骆驼股份	851.64	3.78	0.00	股权激励股份限售期满	2015.06.08
601313	江南嘉捷	400.46	121.29	0.00	有限售条件流通股上市	2015.01.16
601313	江南嘉捷	400.41	0.00	0.00	股份注销	2015.07.16
601313	江南嘉捷	400.46	4.66	0.00	股权激励股份限售期满	2015.03.31
601318	中国平安	9140.12	247.95	0.00	债转股	2015.01.14
601318	中国平安	8892.17	381.90	0.00	债转股	2015.01.07
601318	中国平安	18280.24	5416.33	0.00	送股	2015.07.28
601328	交通银行	74262.73	6541.81	0.00	有限售条件流通股上市	2015.08.24
601339	百隆东方	750.00	558.00	0.00	有限售条件流通股上市	2015.06.12
601339	百隆东方	1500.00	750.00	0.00	送股	2015.06.30
601368	绿城水务	735.81	147.00	0.00	A 股新上市	2015.06.12
601388	怡球资源	533.00	310.46	0.00	有限售条件流通股上市	2015.04.23
601390	中国中铁	22844.30	0.00	0.00	A 股增发上市	2015.07.20
601398	工商银行	353494.21	1982.39	0.00	债转股	2015.01.08
601398	工商银行	356406.26	2912.04	0.00	债转股	2015.02.17
601515	东风股份	1112.00	942.70	0.00	有限售条件流通股上市	2015.02.16
601555	东吴证券	2700.00	591.00	0.00	有限售条件流通股上市	2015.08.05
601558	华锐风电	6030.60	210.20	0.00	送股	2015.01.05
601558	华锐风电	6030.60	718.56	0.00	有限售条件流通股上市	2015.08.20
601567	三星医疗	1195.75	600.75	0.00	送股	2015.06.18
601567	三星医疗	478.30	0.00	0.00	A 股增发上市	2015.06.11
601567	三星医疗	477.53	0.00	0.00	A 股增发上市	2015.04.07
601567	三星医疗	1199.00	0.00	0.00	A 股增发上市	2015.08.12
601567	三星医疗	1198.60	6.87	0.00	股权激励股份限售期满	2015.08.24
601567	三星医疗	1198.60	0.00	0.00	股份注销	2015.08.17
601579	会稽山	400.00	148.00	0.00	有限售条件流通股上市	2015.08.25

上市公司股份变动
Change of Equity in 2015

股票代码 Code	股票简称 Name	变动后总股本 Total Share	流通股份增加 Share Add A股 A Share	流通股份增加 Share Add B股 B share	变动原因 Change Reason	变动日期 Change Date
601599	鹿港科技	377.43	16.92	0.00	有限售条件流通股上市	2015.11.06
601599	鹿港科技	377.43	16.52	0.00	有限售条件流通股上市	2015.11.23
601599	鹿港科技	381.95	0.00	0.00	A股增发上市	2015.12.10
601600	中国铝业	14903.80	0.00	0.00	A股增发上市	2015.06.18
601608	中信重工	2740.00	1987.32	0.00	有限售条件流通股上市	2015.07.06
601608	中信重工	4186.63	0.00	0.00	A股增发上市	2015.12.17
601608	中信重工	4110.00	1370.00	0.00	送股	2015.08.26
601616	广电电气	934.86	0.71	0.00	A股增发上市	2015.11.23
601616	广电电气	933.30	0.72	0.00	A股增发上市	2015.02.04
601616	广电电气	934.86	0.85	0.00	A股增发上市	2015.11.23
601633	长城汽车	9127.27	4018.49	0.00	送股	2015.10.14
601636	旗滨集团	839.12	0.00	0.00	股份注销	2015.01.20
601636	旗滨集团	1018.79	0.00	0.00	A股增发上市	2015.04.07
601636	旗滨集团	1018.79	145.45	0.00	有限售条件流通股上市	2015.04.24
601636	旗滨集团	1010.17	0.00	0.00	股份注销	2015.07.03
601636	旗滨集团	2525.43	1232.98	0.00	送股	2015.09.24
601636	旗滨集团	2525.29	0.00	0.00	股份注销	2015.12.24
601668	中国建筑	30000.00	47.34	0.00	股权激励股份限售期满	2015.07.10
601669	中国电建	13754.63	0.00	0.00	A股增发上市	2015.06.26
601677	明泰铝业	417.76	0.00	0.00	A股增发上市	2015.01.07
601677	明泰铝业	482.76	6.70	0.00	股权激励股份限售期满	2015.12.25
601677	明泰铝业	482.76	0.00	0.00	A股增发上市	2015.12.09
601678	滨化股份	990.00	330.00	0.00	送股	2015.04.16
601688	华泰证券	7000.00	-140.00	0.00	其他股本变动	2015.06.02
601688	华泰证券	7162.77	-16.28	0.00	股份注销	2015.06.25
601688	华泰证券	7162.77	0.00	0.00	其他股本变动	2015.06.25
601689	拓普集团	649.10	129.10	0.00	A股新上市	2015.03.19
601699	潞安环能	2991.41	690.33	0.00	送股	2015.06.12
601700	风范股份	1133.25	10.55	0.00	股权激励股份限售期满	2015.11.11
601700	风范股份	1133.25	0.00	0.00	股份注销	2015.10.28
601700	风范股份	1133.36	667.29	0.00	送股	2015.05.14
601727	上海电气	12823.91	0.29	0.00	债转股	2015.10.13
601766	中国中车	27288.76	11138.69	0.00	A股增发上市	2015.06.04
601766	中国中车	16150.07	0.00	0.00	吸收合并	2015.05.28
601766	中国中车	13803.00	1362.10	0.00	有限售条件流通股上市	2015.03.16
601777	力帆股份	1257.62	0.00	0.00	A股增发上市	2015.02.03
601777	力帆股份	1256.35	0.00	0.00	股份注销	2015.09.25
601777	力帆股份	1256.35	19.63	0.00	股权激励股份限售期满	2015.10.14
601777	力帆股份	1014.77	0.00	0.00	A股增发上市	2015.01.19
601788	光大证券	3906.70	0.00	0.00	A股增发上市	2015.09.09
601789	宁波建工	488.04	49.96	0.00	有限售条件流通股上市	2015.12.21
601799	星宇股份	239.65	0.71	0.00	股权激励股份限售期满	2015.12.21
601799	星宇股份	239.65	0.00	0.00	股份注销	2015.09.25
601799	星宇股份	239.65	0.00	0.00	股份注销	2015.01.21
601800	中国交建	16174.74	10397.50	0.00	有限售条件流通股上市	2015.03.11
601872	招商轮船	5299.46	0.00	0.00	A股增发上市	2015.08.19
601872	招商轮船	4720.92	944.18	0.00	有限售条件流通股上市	2015.03.09
601877	正泰电器	1314.91	303.44	0.00	送股	2015.05.22
601886	江河创建	1154.05	34.05	0.00	有限售条件流通股上市	2015.01.13
601890	亚星锚链	959.40	491.40	0.00	送股	2015.06.10

上市公司股份变动
Change of Equity in 2015

股票代码 Code	股票简称 Name	变动后总股本 Total Share	流通股份增加 Share Add		变动原因 Change Reason	变动日期 Change Date
			A股 A Share	B股 B share		
601899	紫金矿业	21572.81	0.00	0.00	股份回购	2015.06.05
601901	方正证券	8232.10	189.85	0.00	有限售条件流通股上市	2015.08.10
601908	京运通	1993.02	0.00	0.00	A股增发上市	2015.12.02
601908	京运通	1719.54	285.76	0.00	送股	2015.09.29
601929	吉视传媒	3110.80	1555.40	0.00	送股	2015.10.12
601929	吉视传媒	1555.40	45.29	0.00	债转股	2015.07.10
601929	吉视传媒	1510.11	42.22	0.00	债转股	2015.07.03
601929	吉视传媒	1467.89	0.00	0.00	债转股	2015.04.03
601929	吉视传媒	1467.89	601.67	0.00	有限售条件流通股上市	2015.02.25
601933	永辉超市	4067.54	0.00	0.00	A股增发上市	2015.04.08
601965	中国汽研	961.18	673.18	0.00	有限售条件流通股上市	2015.06.11
601965	中国汽研	961.18	96.00	0.00	送股	2015.06.01
601968	宝钢包装	833.33	208.33	0.00	A股新上市	2015.06.11
601969	海南矿业	1866.67	672.00	0.00	有限售条件流通股上市	2015.12.14
601985	中国核电	15565.43	3891.00	0.00	A股新上市	2015.06.10
601988	中国银行	288731.15	9195.91	0.00	债转股	2015.01.07
601988	中国银行	294387.79	5656.64	0.00	债转股	2015.03.11
601989	中国重工	18361.67	1615.24	0.00	有限售条件流通股上市	2015.01.23
601992	金隅股份	5338.89	0.00	0.00	A股增发上市	2015.12.09
603000	人民网	1105.69	552.85	0.00	送股	2015.07.15
603000	人民网	552.85	329.80	0.00	有限售条件流通股上市	2015.04.27
603001	奥康国际	400.98	284.03	0.00	有限售条件流通股上市	2015.04.27
603002	宏昌电子	400.00	210.00	0.00	有限售条件流通股上市	2015.05.19
603002	宏昌电子	600.00	200.00	0.00	送股	2015.12.24
603003	龙宇燃油	202.00	137.89	0.00	有限售条件流通股上市	2015.08.17
603005	晶方科技	226.70	42.96	0.00	有限售条件流通股上市	2015.02.10
603006	联明股份	80.00	14.44	0.00	有限售条件流通股上市	2015.06.30
603006	联明股份	94.49	0.00	0.00	A股增发上市	2015.12.23
603009	北特科技	106.67	8.06	0.00	有限售条件流通股上市	2015.07.20
603009	北特科技	110.04	0.00	0.00	A股增发上市	2015.12.24
603010	万盛股份	100.00	22.64	0.00	有限售条件流通股上市	2015.10.12
603010	万盛股份	115.63	0.00	0.00	A股增发上市	2015.12.21
603011	合锻股份	179.50	52.85	0.00	有限售条件流通股上市	2015.11.09
603012	创力集团	318.28	79.60	0.00	A股新上市	2015.03.20
603015	弘讯科技	200.10	50.10	0.00	A股新上市	2015.03.03
603017	中衡设计	122.34	0.00	0.00	A股增发上市	2015.07.14
603017	中衡设计	120.00	15.00	0.00	送股	2015.04.27
603017	中衡设计	122.34	29.77	0.00	有限售条件流通股上市	2015.12.31
603018	设计股份	104.00	36.93	0.00	有限售条件流通股上市	2015.10.14
603019	中科曙光	300.00	104.37	0.00	有限售条件流通股上市	2015.11.06
603020	爱普股份	160.00	40.00	0.00	A股新上市	2015.03.25
603021	山东华鹏	105.40	26.40	0.00	A股新上市	2015.04.23
603022	新通联	80.00	20.00	0.00	A股新上市	2015.05.18
603023	威帝股份	80.00	20.00	0.00	A股新上市	2015.05.27
603023	威帝股份	120.00	10.00	0.00	送股	2015.09.25
603025	大豪科技	447.00	51.00	0.00	A股新上市	2015.04.22
603026	石大胜华	202.68	50.68	0.00	A股新上市	2015.05.29
603030	全筑股份	160.00	40.00	0.00	A股新上市	2015.03.20
603066	音飞储存	100.00	25.00	0.00	A股新上市	2015.06.11
603077	和邦生物	1104.08	0.00	0.00	A股增发上市	2015.05.21

上市公司股份变动
Change of Equity in 2015

股票代码 Code	股票简称 Name	变动后总股本 Total Share	流通股份增加 Share Add		变动原因 Change Reason	变动日期 Change Date
			A 股 A Share	B 股 B share		
603077	和邦生物	1011.09	27.05	0.00	有限售条件流通股上市	2015.04.20
603077	和邦生物	1104.08	600.00	0.00	有限售条件流通股上市	2015.08.13
603077	和邦生物	3312.24	1854.10	0.00	送股	2015.09.07
603085	天成自控	100.00	25.00	0.00	A 股新上市	2015.06.30
603088	宁波精达	80.00	5.00	0.00	有限售条件流通股上市	2015.11.11
603099	长白山	266.67	36.00	0.00	有限售条件流通股上市	2015.08.24
603100	川仪股份	395.00	131.38	0.00	有限售条件流通股上市	2015.08.06
603108	润达医疗	94.13	23.60	0.00	A 股新上市	2015.05.27
603111	康尼机电	295.35	0.00	0.00	A 股增发上市	2015.02.17
603111	康尼机电	295.35	76.00	0.00	有限售条件流通股上市	2015.08.03
603116	红蜻蜓	408.80	58.80	0.00	A 股新上市	2015.06.29
603117	万林股份	410.50	60.00	0.00	A 股新上市	2015.06.29
603118	共进股份	300.00	75.00	0.00	A 股新上市	2015.02.25
603118	共进股份	309.38	0.00	0.00	A 股增发上市	2015.12.28
603123	翠微股份	524.14	195.54	0.00	有限售条件流通股上市	2015.05.04
603123	翠微股份	524.14	60.39	0.00	有限售条件流通股上市	2015.12.02
603126	中材节能	610.50	40.00	0.00	送股	2015.05.22
603126	中材节能	610.50	98.04	0.00	有限售条件流通股上市	2015.07.31
603128	华贸物流	400.00	240.00	0.00	有限售条件流通股上市	2015.05.29
603128	华贸物流	808.35	8.35	0.00	A 股增发上市	2015.12.03
603128	华贸物流	800.00	400.00	0.00	送股	2015.06.15
603158	腾龙股份	106.67	26.67	0.00	A 股新上市	2015.03.20
603166	福达股份	433.50	21.54	0.00	有限售条件流通股上市	2015.11.27
603167	渤海轮渡	481.40	176.88	0.00	有限售条件流通股上市	2015.09.10
603168	莎普爱思	163.38	24.50	0.00	送股	2015.06.10
603168	莎普爱思	163.38	59.77	0.00	有限售条件流通股上市	2015.07.02
603169	兰石重装	945.85	60.00	0.00	送股	2015.04.27
603169	兰石重装	945.85	226.70	0.00	有限售条件流通股上市	2015.10.16
603188	亚邦股份	576.00	72.00	0.00	送股	2015.05.11
603188	亚邦股份	576.00	235.01	0.00	有限售条件流通股上市	2015.09.09
603198	迎驾贡酒	800.00	80.00	0.00	A 股新上市	2015.05.28
603199	九华旅游	110.68	27.68	0.00	A 股新上市	2015.03.26
603222	济民制药	160.00	40.00	0.00	A 股新上市	2015.02.17
603223	恒通股份	120.00	30.00	0.00	A 股新上市	2015.06.30
603227	雪峰科技	329.35	82.35	0.00	A 股新上市	2015.05.15
603268	松发股份	88.00	22.00	0.00	A 股新上市	2015.03.19
603288	海天味业	2706.44	119.76	0.00	送股	2015.04.16
603288	海天味业	2706.25	0.00	0.00	股份注销	2015.09.15
603299	井神股份	559.44	90.00	0.00	A 股新上市	2015.12.31
603300	华铁科技	202.67	50.67	0.00	A 股新上市	2015.05.29
603306	华懋科技	140.00	13.13	0.00	有限售条件流通股上市	2015.09.28
603306	华懋科技	142.60	0.00	0.00	A 股增发上市	2015.12.23
603308	应流股份	400.01	159.81	0.00	有限售条件流通股上市	2015.01.22
603309	维力医疗	100.00	25.00	0.00	A 股新上市	2015.03.02
603309	维力医疗	200.00	25.00	0.00	送股	2015.09.28
603311	金海环境	210.00	52.50	0.00	A 股新上市	2015.05.18
603315	福鞍股份	100.00	25.00	0.00	A 股新上市	2015.04.24
603318	派思股份	120.40	30.10	0.00	A 股新上市	2015.04.24
603328	依顿电子	489.00	7.98	0.00	有限售条件流通股上市	2015.07.01
603333	明星电缆	520.01	325.50	0.00	有限售条件流通股上市	2015.05.08

上市公司股份变动
Change of Equity in 2015

股票代码 Code	股票简称 Name	变动后总股本 Total Share	流通股份增加 Share Add A 股 A Share	流通股份增加 Share Add B 股 B share	变动原因 Change Reason	变动日期 Change Date
603338	浙江鼎力	65.00	16.25	0.00	A 股新上市	2015.03.25
603338	浙江鼎力	162.50	24.38	0.00	送股	2015.09.07
603355	莱克电气	401.00	41.00	0.00	A 股新上市	2015.05.13
603366	日出东方	400.00	258.60	0.00	有限售条件流通股上市	2015.05.21
603366	日出东方	800.00	400.00	0.00	送股	2015.05.29
603368	柳州医药	112.50	34.88	0.00	有限售条件流通股上市	2015.12.04
603369	今世缘	501.80	220.50	0.00	有限售条件流通股上市	2015.07.03
603398	邦宝益智	96.00	24.00	0.00	A 股新上市	2015.12.09
603399	新华龙	354.70	229.45	0.00	有限售条件流通股上市	2015.08.31
603399	新华龙	499.25	0.00	0.00	A 股增发上市	2015.09.07
603399	新华龙	499.25	0.00	0.00	A 股增发上市	2015.09.09
603456	九洲药业	221.57	0.00	0.00	A 股增发上市	2015.12.09
603456	九洲药业	207.78	5.88	0.00	有限售条件流通股上市	2015.10.12
603508	思维列控	160.00	40.00	0.00	A 股新上市	2015.12.24
603518	维格娜丝	147.98	18.63	0.00	有限售条件流通股上市	2015.12.03
603519	立霸股份	80.00	20.00	0.00	A 股新上市	2015.03.19
603555	贵人鸟	614.00	24.89	0.00	有限售条件流通股上市	2015.01.26
603558	健盛集团	120.00	10.00	0.00	送股	2015.06.09
603558	健盛集团	80.00	20.00	0.00	A 股新上市	2015.01.27
603558	健盛集团	300.00	45.00	0.00	送股	2015.09.17
603566	普莱柯	160.00	40.00	0.00	A 股新上市	2015.05.18
603567	珍宝岛	424.58	64.58	0.00	A 股新上市	2015.04.24
603568	伟明环保	453.80	45.80	0.00	A 股新上市	2015.05.28
603588	高能环境	161.60	80.98	0.00	有限售条件流通股上市	2015.12.29
603589	口子窖	600.00	60.00	0.00	A 股新上市	2015.06.29
603598	引力传媒	133.34	33.34	0.00	A 股新上市	2015.05.27
603599	广信股份	188.24	47.06	0.00	A 股新上市	2015.05.13
603600	永艺股份	100.00	25.00	0.00	A 股新上市	2015.01.23
603601	再升科技	68.00	17.00	0.00	A 股新上市	2015.01.22
603601	再升科技	149.60	20.40	0.00	送股	2015.05.27
603606	东方电缆	310.97	37.62	0.00	送股	2015.05.29
603606	东方电缆	310.97	70.27	0.00	有限售条件流通股上市	2015.10.15
603609	禾丰牧业	554.12	198.93	0.00	有限售条件流通股上市	2015.08.10
603609	禾丰牧业	831.18	139.46	0.00	送股	2015.09.21
603611	诺力股份	160.00	20.00	0.00	送股	2015.06.01
603611	诺力股份	80.00	20.00	0.00	A 股新上市	2015.01.28
603616	韩建河山	146.68	36.68	0.00	A 股新上市	2015.06.11
603618	杭电股份	213.35	53.35	0.00	A 股新上市	2015.02.17
603636	南威软件	100.00	17.60	0.00	有限售条件流通股上市	2015.12.30
603669	灵康药业	260.00	65.00	0.00	A 股新上市	2015.05.28
603678	火炬电子	166.40	41.60	0.00	A 股新上市	2015.01.26
603686	龙马环卫	133.35	33.35	0.00	A 股新上市	2015.01.26
603686	龙马环卫	266.70	33.35	0.00	送股	2015.09.23
603688	石英股份	223.80	20.71	0.00	有限售条件流通股上市	2015.11.02
603696	安记食品	120.00	30.00	0.00	A 股新上市	2015.12.09
603698	航天工程	412.30	82.30	0.00	A 股新上市	2015.01.28
603699	纽威股份	750.00	72.50	0.00	有限售条件流通股上市	2015.01.19
603703	盛洋科技	91.88	23.00	0.00	A 股新上市	2015.04.23
603718	海利生物	280.00	70.00	0.00	A 股新上市	2015.05.15
603729	龙韵股份	66.67	16.67	0.00	A 股新上市	2015.03.24

上市公司股份变动
Change of Equity in 2015

股票代码 Code	股票简称 Name	变动后总股本 Total Share	流通股份增加 Share Add A 股 A Share	流通股份增加 Share Add B 股 B share	变动原因 Change Reason	变动日期 Change Date
603766	隆鑫通用	803.58	4.84	0.00	A 股增发上市	2015.10.09
603766	隆鑫通用	798.74	407.38	0.00	有限售条件流通股上市	2015.08.10
603766	隆鑫通用	798.74	0.15	0.00	A 股增发上市	2015.07.01
603766	隆鑫通用	798.60	-6.31	0.00	股份注销	2015.05.25
603766	隆鑫通用	836.68	0.00	0.00	A 股增发上市	2015.10.26
603766	隆鑫通用	837.31	0.48	0.00	A 股增发上市	2015.12.07
603766	隆鑫通用	837.31	0.15	0.00	A 股增发上市	2015.12.07
603778	乾景园林	80.00	20.00	0.00	A 股新上市	2015.12.31
603788	宁波高发	136.80	34.20	0.00	A 股新上市	2015.01.20
603788	宁波高发	140.97	0.00	0.00	A 股增发上市	2015.12.04
603789	星光农机	200.00	50.00	0.00	A 股新上市	2015.04.27
603799	华友钴业	535.19	91.00	0.00	A 股新上市	2015.01.29
603800	道森股份	208.00	52.00	0.00	A 股新上市	2015.12.10
603806	福斯特	402.00	30.21	0.00	有限售条件流通股上市	2015.09.08
603808	歌力思	160.00	40.00	0.00	A 股新上市	2015.04.22
603808	歌力思	165.65	0.00	0.00	A 股增发上市	2015.10.23
603818	曲美家居	242.06	60.52	0.00	A 股新上市	2015.04.22
603818	曲美家居	484.12	60.52	0.00	送股	2015.09.22
603828	柯利达	120.00	30.00	0.00	A 股新上市	2015.02.26
603828	柯利达	123.79	0.00	0.00	A 股增发上市	2015.07.30
603838	四通股份	133.34	33.34	0.00	A 股新上市	2015.07.01
603866	桃李面包	450.13	45.01	0.00	A 股新上市	2015.12.22
603869	北部湾旅	216.24	54.06	0.00	A 股新上市	2015.03.26
603883	老百姓	267.00	67.00	0.00	A 股新上市	2015.04.23
603885	吉祥航空	568.00	68.00	0.00	A 股新上市	2015.05.27
603885	吉祥航空	1136.00	68.00	0.00	送股	2015.12.29
603889	新澳股份	160.02	13.34	0.00	送股	2015.06.01
603889	新澳股份	162.31	30.26	0.00	有限售条件流通股上市	2015.12.31
603889	新澳股份	162.31	0.00	0.00	A 股增发上市	2015.11.10
603898	好莱客	294.00	49.00	0.00	送股	2015.09.08
603898	好莱客	98.00	24.50	0.00	A 股新上市	2015.02.17
603899	晨光文具	460.00	60.00	0.00	A 股新上市	2015.01.27
603901	永创智能	100.00	25.00	0.00	A 股新上市	2015.05.29
603901	永创智能	200.00	25.00	0.00	送股	2015.10.12
603918	金桥信息	88.00	22.00	0.00	A 股新上市	2015.05.28
603936	博敏电子	167.35	41.85	0.00	A 股新上市	2015.12.09
603939	益丰药房	320.00	40.00	0.00	送股	2015.11.09
603939	益丰药房	160.00	40.00	0.00	A 股新上市	2015.02.17
603968	醋化股份	204.48	25.56	0.00	送股	2015.09.22
603968	醋化股份	102.24	25.56	0.00	A 股新上市	2015.05.18
603969	银龙股份	400.00	50.00	0.00	送股	2015.06.01
603969	银龙股份	200.00	50.00	0.00	A 股新上市	2015.02.27
603979	金诚信	375.00	95.00	0.00	A 股新上市	2015.06.30
603988	中电电机	80.00	2.40	0.00	有限售条件流通股上市	2015.11.04
603989	艾华集团	200.00	50.00	0.00	A 股新上市	2015.05.15
603989	艾华集团	300.00	25.00	0.00	送股	2015.10.14
603993	洛阳钼业	16887.20	8635.82	0.00	送股	2015.11.16
603993	洛阳钼业	5629.07	484.34	0.00	债转股	2015.07.14
603993	洛阳钼业	5629.07	1796.59	0.00	有限售条件流通股上市	2015.10.09
603993	洛阳钼业	5144.73	68.56	0.00	债转股	2015.07.07

上市公司股份变动
Change of Equity in 2015

股票代码 Code	股票简称 Name	变动后总股本 Total Share	流通股份增加 Share Add		变动原因 Change Reason	变动日期 Change Date
			A 股 A Share	B 股 B share		
603996	中新科技	200.10	50.10	0.00	A 股新上市	2015.12.22
603997	继峰股份	420.00	60.00	0.00	A 股新上市	2015.03.02
603998	方盛制药	141.73	8.18	0.00	送股	2015.04.20
603998	方盛制药	141.73	54.29	0.00	有限售条件流通股上市	2015.12.07
603999	读者传媒	240.00	60.00	0.00	A 股新上市	2015.12.10
900904	神奇 B 股	534.07	0.00	9.13	送股	2015.07.10
900907	鼎立 B 股	1532.16	0.00	120.64	送股	2015.09.30
900913	国新 B 股	1008.16	0.00	45.19	送股	2015.04.24

上市公司派发现金红利
Dividends in 2015

红利代码 Code	红利简称 Name	发放日期 Date	每股红利(含税) Dividend (Pre-Tax)	代发总股本(百万) Equity (M)	代发红利总额 (百万) Cash(M)
600000	浦发银行	2015.06.23	0.757	18653.47	13414.64
600004	白云机场	2015.06.12	0.290	1150.00	316.83
600005	武钢股份	2015.06.19	0.050	10093.78	479.45
600006	东风汽车	2015.07.24	0.021	2000.00	40.28
600007	中国国贸	2015.06.19	0.200	1007.28	191.38
600008	首创股份	2015.06.01	0.150	2410.31	343.47
600009	上海机场	2015.08.20	0.350	1926.96	640.71
600011	华能国际	2015.07.13	0.380	10500.00	3790.50
600012	皖通高速	2015.07.20	0.230	1165.60	254.68
600015	华夏银行	2015.07.08	0.435	8904.64	3679.84
600016	民生银行	2015.01.09	0.075	27219.52	1939.39
600016	民生银行	2015.07.07	0.110	29551.77	3088.16
600017	日照港	2015.06.03	0.040	3075.65	116.87
600018	上港集团	2015.05.15	0.154	22755.18	3329.08
600019	宝钢股份	2015.05.14	0.180	16471.03	2816.55
600020	中原高速	2015.06.18	0.120	2247.37	256.20
600021	上海电力	2015.07.22	0.250	2139.74	508.19
600023	浙能电力	2015.06.23	0.250	13600.69	3230.16
600026	中海发展	2015.07.03	0.030	2736.03	77.98
600027	华电国际	2015.06.19	0.270	7090.06	1818.60
600028	中国石化	2015.06.19	0.110	95557.77	9985.79
600028	中国石化	2015.09.23	0.090	95557.77	8600.20
600029	南方航空	2015.08.06	0.040	7022.65	266.86
600030	中信证券	2015.08.14	0.282	9838.58	2634.38
600031	三一重工	2015.06.11	0.048	7616.50	347.31
600033	福建高速	2015.07.17	0.100	2744.40	260.72
600035	楚天高速	2015.04.16	0.070	1211.15	80.54
600036	招商银行	2015.07.03	0.670	20628.94	13130.32
600037	歌华有线	2015.06.17	0.180	1168.35	199.79
600038	中直股份	2015.07.09	0.140	589.48	78.40
600039	四川路桥	2015.07.10	0.050	3019.73	143.44
600048	保利地产	2015.06.11	0.216	10733.78	2202.57
600050	中国联通	2015.07.03	0.067	21196.60	1355.31
600052	浙江广厦	2015.05.29	0.075	871.79	62.11
600053	中江地产	2015.06.26	0.060	433.54	24.71
600054	黄山旅游	2015.06.11	0.060	315.35	17.97
600055	华润万东	2015.07.23	0.040	216.45	8.23
600056	中国医药	2015.06.19	0.163	1012.51	156.79
600058	五矿发展	2015.06.29	0.080	1071.91	81.47
600059	古越龙山	2015.07.09	0.080	808.52	61.45
600060	海信电器	2015.06.26	0.325	1308.48	403.99
600063	皖维高新	2015.09.18	0.020	1645.89	32.92
600064	南京高科	2015.04.29	0.100	516.22	36.14
600066	宇通客车	2015.05.20	1.000	1477.33	1403.47
600067	冠城大通	2015.06.18	0.200	1482.90	281.75
600068	葛洲坝	2015.06.26	0.150	4604.78	656.18
600070	浙江富润	2015.06.19	0.050	274.32	10.29
600072	钢构工程	2015.08.28	0.010	478.43	4.55
600073	上海梅林	2015.08.19	0.060	937.73	53.45
600077	宋都股份	2015.07.16	0.010	1340.12	12.73

上市公司派发现金红利
Dividends in 2015

红利代码 Code	红利简称 Name	发放日期 Date	每股红利(含税) Dividend (Pre-Tax)	代发总股本(百万) Equity (M)	代发红利总额 (百万) Cash(M)
600078	澄星股份	2015.06.10	0.015	662.57	9.44
600079	人福医药	2015.07.22	0.150	643.02	91.63
600081	东风科技	2015.07.23	0.200	313.56	59.58
600085	同仁堂	2015.08.07	0.220	1371.47	286.64
600088	中视传媒	2015.06.16	0.048	331.42	15.11
600089	特变电工	2015.07.23	0.160	3249.05	493.86
600094	大名城	2015.06.02	0.040	1812.84	68.89
600095	哈高科	2015.05.28	0.010	361.26	3.43
600097	开创国际	2015.07.13	0.160	202.60	30.79
600098	广州发展	2015.07.08	0.180	2726.20	466.18
600100	同方股份	2015.07.17	0.080	2963.90	225.26
600101	明星电力	2015.06.25	0.050	324.18	15.40
600104	上汽集团	2015.07.22	1.300	11025.57	13616.57
600105	永鼎股份	2015.06.10	0.150	380.95	54.29
600106	重庆路桥	2015.06.30	0.082	907.74	70.71
600108	亚盛集团	2015.07.03	0.015	1946.92	27.74
600109	国金证券	2015.04.23	0.030	2836.86	80.85
600111	北方稀土	2015.05.11	0.125	2422.04	227.07
600112	天成控股	2015.07.13	0.005	509.20	2.42
600114	东睦股份	2015.04.21	0.120	377.22	43.00
600116	三峡水利	2015.07.14	0.150	331.00	47.17
600118	中国卫星	2015.05.18	0.080	1182.49	89.87
600119	长江投资	2015.06.19	0.080	307.40	23.36
600120	浙江东方	2015.07.03	0.120	505.47	57.62
600122	宏图高科	2015.05.22	0.040	1146.35	43.56
600123	兰花科创	2015.06.26	0.018	1142.40	19.54
600125	铁龙物流	2015.05.28	0.080	1305.52	99.22
600126	杭钢股份	2015.08.06	0.005	838.94	3.98
600128	弘业股份	2015.07.13	0.100	246.77	23.44
600131	岷江水电	2015.06.16	0.050	504.13	23.95
600132	重庆啤酒	2015.06.26	0.200	483.97	91.95
600135	乐凯胶片	2015.04.20	0.025	342.00	8.12
600138	中青旅	2015.07.10	0.100	723.84	68.76
600141	兴发集团	2015.06.04	0.200	530.73	100.84
600143	金发科技	2015.06.19	0.100	2560.00	243.20
600148	长春一东	2015.06.25	0.082	141.52	10.97
600150	中国船舶	2015.05.29	0.010	1378.12	13.09
600153	建发股份	2015.07.23	0.200	2835.20	538.69
600157	永泰能源	2015.06.04	0.020	8611.26	163.61
600158	中体产业	2015.06.17	0.038	843.74	30.46
600159	大龙地产	2015.07.09	0.050	830.00	39.43
600160	巨化股份	2015.05.29	0.100	1810.92	172.04
600162	香江控股	2015.07.24	0.110	767.81	80.24
600166	福田汽车	2015.07.16	0.043	3335.07	136.24
600168	武汉控股	2015.04.30	0.138	709.57	93.02
600170	上海建工	2015.05.12	0.200	4571.70	868.62
600171	上海贝岭	2015.06.19	0.020	673.81	12.80
600172	黄河旋风	2015.06.19	0.040	695.03	26.41
600173	卧龙地产	2015.06.17	0.050	725.15	34.44
600175	美都能源	2015.05.20	0.006	2457.18	14.01

上市公司派发现金红利 Dividends in 2015

红利代码 Code	红利简称 Name	发放日期 Date	每股红利(含税) Dividend (Pre-Tax)	代发总股本(百万) Equity (M)	代发红利总额 (百万) Cash(M)
600176	中国巨石	2015.04.23	0.165	872.63	136.78
600177	雅戈尔	2015.06.10	0.500	2226.61	1057.64
600182	S 佳通	2015.06.19	0.600	340.00	193.80
600183	生益科技	2015.05.28	0.250	1423.02	337.97
600188	兖州煤业	2015.06.18	0.020	2960.00	56.24
600189	吉林森工	2015.07.09	0.100	310.50	29.50
600190	锦州港	2015.07.03	0.034	1779.48	57.48
600191	华资实业	2015.07.03	0.010	484.93	4.61
600192	长城电工	2015.05.29	0.018	441.75	7.55
600195	中牧股份	2015.06.12	0.205	429.80	83.70
600196	复星医药	2015.08.12	0.280	1908.10	507.55
600197	伊力特	2015.07.30	0.230	441.00	96.36
600199	金种子酒	2015.07.03	0.050	555.78	26.40
600200	江苏吴中	2015.06.10	0.020	628.60	11.94
600201	金宇集团	2015.04.22	0.300	285.85	81.47
600202	哈空调	2015.08.24	0.018	383.34	6.56
600203	福日电子	2015.08.26	0.070	380.28	25.29
600208	新湖中宝	2015.06.10	0.056	8138.13	432.95
600209	罗顿发展	2015.05.27	0.007	439.01	2.71
600210	紫江企业	2015.07.16	0.050	1516.74	72.04
600211	西藏药业	2015.06.01	0.050	145.59	6.92
600215	长春经开	2015.06.30	0.006	465.03	2.63
600216	浙江医药	2015.07.23	0.060	936.11	53.36
600218	全柴动力	2015.06.16	0.100	368.76	35.03
600219	南山铝业	2015.06.10	0.100	2835.18	269.34
600221	海南航空	2015.06.09	0.064	11812.74	715.97
600222	太龙药业	2015.07.09	0.010	573.89	5.45
600226	升华拜克	2015.06.08	0.150	405.55	57.79
600226	升华拜克	2015.10.12	0.250	405.55	101.39
600232	金鹰股份	2015.06.30	0.080	364.72	27.72
600233	大杨创世	2015.06.04	0.100	165.00	15.68
600235	民丰特纸	2015.06.30	0.015	351.30	5.01
600236	桂冠电力	2015.07.24	0.130	2280.45	281.64
600239	云南城投	2015.06.16	0.060	823.43	34.58
600240	华业资本	2015.07.17	0.100	1424.25	135.30
600248	延长化建	2015.06.10	0.050	473.69	22.50
600251	冠农股份	2015.05.19	0.200	392.42	74.56
600252	中恒集团	2015.06.25	0.600	1158.37	660.27
600252	中恒集团	2015.09.16	0.325	1158.37	376.47
600256	广汇能源	2015.07.16	0.050	5221.42	248.02
600258	首旅酒店	2015.06.26	0.150	231.40	32.97
600261	阳光照明	2015.05.26	0.150	968.07	137.95
600262	北方股份	2015.06.12	0.250	170.00	40.38
600266	北京城建	2015.06.23	0.270	1567.04	401.95
600267	海正药业	2015.06.18	0.110	965.53	100.90
600268	国电南自	2015.06.30	0.100	635.25	60.35
600269	赣粤高速	2015.06.05	0.100	2335.41	221.86
600270	外运发展	2015.07.09	0.400	905.48	344.08
600271	航天信息	2015.05.13	0.630	923.40	552.65
600272	开开实业	2015.07.21	0.045	163.00	6.97

上市公司派发现金红利
Dividends in 2015

红利代码 Code	红利简称 Name	发放日期 Date	每股红利(含税) Dividend (Pre-Tax)	代发总股本(百万) Equity (M)	代发红利总额 (百万) Cash(M)
600273	嘉化能源	2015.05.14	0.063	1306.29	78.18
600276	恒瑞医药	2015.06.15	0.100	1505.00	127.92
600277	亿利能源	2015.07.27	0.038	2089.59	75.43
600278	东方创业	2015.07.31	0.080	522.24	39.69
600279	重庆港九	2015.05.26	0.070	461.97	30.72
600280	中央商场	2015.06.12	0.250	574.17	107.66
600283	钱江水利	2015.08.07	0.040	353.00	13.41
600284	浦东建设	2015.06.04	0.155	693.04	102.05
600285	羚锐制药	2015.06.11	0.060	535.56	30.53
600287	江苏舜天	2015.05.28	0.060	436.80	24.90
600288	大恒科技	2015.05.08	0.019	436.80	7.88
600289	亿阳信通	2015.05.29	0.055	567.38	29.65
600290	华仪电气	2015.04.30	0.060	526.88	30.03
600291	西水股份	2015.07.01	0.007	384.00	2.55
600292	中电远达	2015.07.13	0.130	600.63	74.18
600293	三峡新材	2015.07.16	0.013	344.50	4.25
600295	鄂尔多斯	2015.06.25	0.100	612.00	58.14
600298	安琪酵母	2015.06.10	0.150	329.63	46.97
600300	维维股份	2015.06.12	0.020	1672.00	31.77
600305	恒顺醋业	2015.06.23	0.075	301.37	21.47
600308	华泰股份	2015.06.19	0.016	1167.56	17.75
600309	万华化学	2015.05.28	0.300	2162.33	616.27
600310	桂东电力	2015.05.28	0.280	275.93	73.40
600310	桂东电力	2015.09.14	0.240	275.93	66.22
600312	平高电气	2015.08.19	0.500	1137.49	540.31
600313	农发种业	2015.06.04	0.100	367.29	34.89
600315	上海家化	2015.05.18	0.610	672.37	389.64
600316	洪都航空	2015.07.10	0.010	717.11	6.81
600317	营口港	2015.07.15	0.010	6472.98	61.49
600321	国栋建设	2015.08.13	0.010	1510.55	14.35
600322	天房发展	2015.05.29	0.046	1105.70	48.32
600323	瀚蓝环境	2015.08.19	0.100	766.26	72.80
600325	华发股份	2015.05.11	0.100	817.05	77.62
600326	西藏天路	2015.05.28	0.050	547.20	25.99
600327	大东方	2015.07.16	0.100	521.71	49.56
600328	兰太实业	2015.07.10	0.013	359.12	4.44
600329	中新药业	2015.06.01	0.150	539.31	76.85
600332	白云山	2015.08.07	0.280	1071.18	284.93
600335	国机汽车	2015.07.23	0.200	627.15	119.16
600337	美克家居	2015.06.19	0.150	646.46	92.12
600340	华夏幸福	2015.05.04	0.800	1322.88	939.24
600345	长江通信	2015.07.27	0.100	198.00	18.81
600350	山东高速	2015.07.14	0.194	4811.17	886.70
600351	亚宝药业	2015.05.29	0.180	692.00	118.33
600352	浙江龙盛	2015.06.10	0.500	1626.67	772.67
600353	旭光股份	2015.07.06	0.070	271.86	18.08
600356	恒丰纸业	2015.07.17	0.080	298.73	22.80
600360	华微电子	2015.07.15	0.020	738.08	14.02
600361	华联综超	2015.07.10	0.100	665.81	63.25
600362	江西铜业	2015.07.17	0.200	2075.25	394.30

上市公司派发现金红利
Dividends in 2015

红利代码 Code	红利简称 Name	发放日期 Date	每股红利(含税) Dividend (Pre-Tax)	代发总股本(百万) Equity (M)	代发红利总额 (百万) Cash(M)
600363	联创光电	2015.06.30	0.037	443.48	15.59
600366	宁波韵升	2015.04.28	0.200	514.50	97.75
600367	红星发展	2015.07.10	0.026	291.20	7.19
600369	西南证券	2015.06.03	0.180	2822.55	482.66
600369	西南证券	2015.09.29	0.120	2822.55	338.71
600370	三房巷	2015.05.13	0.015	318.90	4.54
600371	万向德农	2015.07.14	0.036	204.60	5.97
600372	中航电子	2015.08.21	0.050	1759.16	83.56
600373	中文传媒	2015.07.06	0.150	1377.94	196.36
600376	首开股份	2015.05.18	0.240	2242.01	511.18
600377	宁沪高速	2015.07.10	0.380	3815.75	1377.48
600378	天科股份	2015.05.22	0.080	297.19	22.59
600380	健康元	2015.08.10	0.100	1583.88	150.47
600382	广东明珠	2015.05.25	0.030	341.75	9.74
600383	金地集团	2015.07.03	0.130	4491.46	554.70
600386	北巴传媒	2015.06.26	0.280	403.20	107.25
600387	海越股份	2015.07.14	0.100	386.10	36.68
600388	龙净环保	2015.06.05	0.330	427.62	123.37
600389	江山股份	2015.06.19	0.310	198.00	58.31
600391	成发科技	2015.06.19	0.030	330.13	9.41
600392	盛和资源	2015.09.30	0.200	376.42	75.28
600393	东华实业	2015.04.23	0.100	300.00	28.50
600395	盘江股份	2015.07.29	0.160	1655.05	251.57
600396	金山股份	2015.07.15	0.100	868.66	82.52
600398	海澜之家	2015.04.30	0.380	4492.76	1621.89
600399	抚顺特钢	2015.06.10	0.050	520.00	14.30
600400	红豆股份	2015.05.21	0.050	560.40	26.62
600403	大有能源	2015.07.17	0.015	2390.81	34.07
600406	国电南瑞	2015.06.02	0.160	2428.95	369.20
600409	三友化工	2015.07.08	0.080	1850.39	140.63
600410	华胜天成	2015.06.02	0.062	641.32	37.77
600415	小商品城	2015.05.12	0.120	2721.61	174.18
600416	湘电股份	2015.07.08	0.030	743.41	21.19
600418	江淮汽车	2015.07.16	0.110	1463.23	152.91
600420	现代制药	2015.06.12	0.200	287.73	54.67
600422	昆药集团	2015.04.30	0.170	341.13	55.09
600423	柳化股份	2015.06.26	0.050	399.35	18.97
600425	青松建化	2015.07.03	0.040	1378.79	52.39
600426	华鲁恒升	2015.06.23	0.150	953.63	135.89
600428	中远航运	2015.07.16	0.020	1690.45	32.12
600433	冠豪高新	2015.05.22	0.030	1271.32	36.23
600435	北方导航	2015.07.14	0.050	744.66	35.37
600436	片仔癀	2015.06.04	0.900	160.88	137.56
600438	通威股份	2015.05.19	0.200	817.11	155.25
600439	瑞贝卡	2015.06.08	0.040	943.32	35.85
600446	金证股份	2015.05.26	0.116	265.64	29.27
600446	金证股份	2015.09.17	0.112	276.84	31.01
600449	宁夏建材	2015.06.05	0.180	478.18	81.77
600452	涪陵电力	2015.05.15	0.200	160.00	30.40
600456	宝钛股份	2015.06.24	0.050	430.27	20.44

上市公司派发现金红利
Dividends in 2015

红利代码 Code	红利简称 Name	发放日期 Date	每股红利(含税) Dividend (Pre-Tax)	代发总股本(百万) Equity (M)	代发红利总额 (百万) Cash(M)
600458	时代新材	2015.06.17	0.020	661.42	12.57
600459	贵研铂业	2015.06.26	0.100	260.98	24.79
600460	士兰微	2015.05.29	0.025	1247.17	29.62
600461	洪城水业	2015.07.24	0.150	330.00	47.03
600463	空港股份	2015.04.23	0.100	252.00	23.94
600466	蓝光发展	2015.06.18	0.010	2117.02	20.11
600467	好当家	2015.07.13	0.009	730.50	6.25
600468	百利电气	2015.04.23	0.032	456.19	13.87
600469	风神股份	2015.06.11	0.150	374.94	53.43
600475	华光股份	2015.06.19	0.100	256.00	24.32
600477	杭萧钢构	2015.06.04	0.060	553.46	31.55
600479	千金药业	2015.06.05	0.200	304.82	57.92
600480	凌云股份	2015.06.05	0.120	361.71	41.24
600481	双良节能	2015.05.28	0.400	810.25	307.89
600481	双良节能	2015.09.09	0.050	810.25	40.51
600482	风帆股份	2015.06.17	0.081	536.50	41.28
600483	福能股份	2015.06.24	0.200	1258.35	239.09
600485	信威集团	2015.07.17	0.006	2923.74	16.67
600486	扬农化工	2015.07.07	0.200	258.25	46.48
600487	亨通光电	2015.05.22	0.084	413.76	33.02
600488	天药股份	2015.05.22	0.028	960.85	25.56
600489	中金黄金	2015.07.01	0.010	2943.23	27.96
600491	龙元建设	2015.07.08	0.030	947.60	27.01
600493	凤竹纺织	2015.07.10	0.020	272.00	5.17
600495	晋西车轴	2015.07.09	0.065	671.22	41.45
600496	精工钢构	2015.05.22	0.040	686.57	26.09
600497	驰宏锌锗	2015.07.10	0.150	1667.56	237.63
600498	烽火通信	2015.05.28	0.250	995.13	236.34
600499	科达洁能	2015.05.29	0.200	697.23	132.47
600500	中化国际	2015.07.10	0.130	2083.01	257.25
600501	航天晨光	2015.06.03	0.070	389.28	25.89
600502	安徽水利	2015.06.01	0.050	501.93	23.84
600503	华丽家族	2015.06.29	0.004	1602.29	6.09
600505	西昌电力	2015.06.08	0.030	364.57	10.39
600507	方大特钢	2015.06.19	0.800	1326.09	1007.83
600509	天富能源	2015.07.17	0.116	905.70	99.81
600510	黑牡丹	2015.07.10	0.085	795.52	64.47
600511	国药股份	2015.06.26	0.100	478.80	45.49
600512	腾达建设	2015.06.19	0.020	1018.04	19.34
600513	联环药业	2015.04.02	0.085	156.70	12.65
600517	置信电气	2015.07.06	0.100	1244.52	118.23
600518	康美药业	2015.06.16	0.320	2198.71	613.44
600519	贵州茅台	2015.07.17	4.374	1142.00	4739.63
600521	华海药业	2015.05.22	0.150	785.89	111.99
600522	中天科技	2015.06.12	0.110	862.77	90.16
600523	贵航股份	2015.07.17	0.150	288.79	41.15
600525	长园集团	2015.07.01	0.125	884.96	105.09
600526	菲达环保	2015.07.09	0.100	547.40	52.00
600527	江南高纤	2015.06.08	0.090	802.09	68.58
600528	中铁二局	2015.06.26	0.060	1459.20	83.17

上市公司派发现金红利
Dividends in 2015

红利代码 Code	红利简称 Name	发放日期 Date	每股红利(含税) Dividend (Pre-Tax)	代发总股本(百万) Equity (M)	代发红利总额 (百万) Cash(M)
600529	山东药玻	2015.07.09	0.150	257.38	36.68
600530	交大昂立	2015.08.14	0.150	312.00	44.46
600531	豫光金铅	2015.06.17	0.030	295.25	8.41
600532	宏达矿业	2015.06.15	0.100	396.23	37.64
600533	栖霞建设	2015.06.05	0.050	1050.00	49.88
600535	天士力	2015.05.21	0.390	1080.48	400.32
600536	中国软件	2015.06.01	0.021	494.56	9.87
600537	亿晶光电	2015.06.09	0.110	588.18	61.46
600545	新疆城建	2015.06.09	0.043	675.79	27.61
600547	山东黄金	2015.06.12	0.100	1423.07	135.19
600548	深高速	2015.06.01	0.450	1433.27	612.72
600549	厦门钨业	2015.05.11	0.200	831.98	158.08
600551	时代出版	2015.05.18	0.232	505.83	111.48
600557	康缘药业	2015.06.26	0.100	513.71	48.80
600558	大西洋	2015.07.24	0.050	398.94	18.95
600559	老白干酒	2015.05.27	0.150	140.00	19.95
600560	金自天正	2015.05.25	0.025	223.65	5.31
600561	江西长运	2015.07.10	0.190	237.06	42.79
600562	国睿科技	2015.07.28	0.171	257.06	41.76
600563	法拉电子	2015.05.22	0.700	225.00	149.63
600565	迪马股份	2015.05.19	0.030	2345.86	66.86
600566	济川药业	2015.04.07	0.400	781.45	296.95
600567	山鹰纸业	2015.07.15	0.010	3766.94	35.79
600568	中珠控股	2015.06.11	0.020	506.60	9.63
600570	恒生电子	2015.05.29	0.180	617.81	105.64
600571	信雅达	2015.06.16	0.170	202.42	32.69
600572	康恩贝	2015.07.07	0.170	984.60	149.17
600573	惠泉啤酒	2015.06.26	0.040	250.00	9.50
600577	精达股份	2015.06.11	0.100	977.66	87.99
600578	京能电力	2015.07.28	0.200	4617.32	877.29
600580	卧龙电气	2015.06.12	0.060	1110.53	63.30
600582	天地科技	2015.08.05	0.100	2069.29	196.58
600583	海油工程	2015.06.11	0.230	4421.35	966.07
600584	长电科技	2015.05.28	0.010	984.57	9.35
600585	海螺水泥	2015.06.19	0.650	3999.70	2469.82
600587	新华医疗	2015.07.06	0.081	406.43	31.27
600588	用友网络	2015.04.30	0.300	1171.42	333.85
600589	广东榕泰	2015.07.14	0.016	601.73	8.86
600590	泰豪科技	2015.06.24	0.060	506.33	28.86
600592	龙溪股份	2015.07.24	0.100	399.55	37.96
600593	大连圣亚	2015.04.09	0.150	92.00	13.11
600594	益佰制药	2015.07.16	0.120	395.96	45.14
600596	新安股份	2015.06.18	0.100	679.18	64.52
600597	光明乳业	2015.05.26	0.280	1230.64	327.35
600598	北大荒	2015.05.07	0.390	1777.68	658.63
600599	熊猫金控	2015.06.11	0.080	166.00	12.62
600600	青岛啤酒	2015.07.31	0.450	695.91	297.50
600601	方正科技	2015.07.23	0.012	2194.89	25.02
600604	市北高新	2015.07.03	0.002	479.35	1.09
600605	汇通能源	2015.06.09	0.017	147.34	2.38

上市公司派发现金红利
Dividends in 2015

红利代码 Code	红利简称 Name	发放日期 Date	每股红利(含税) Dividend (Pre-Tax)	代发总股本(百万) Equity (M)	代发红利总额 (百万) Cash(M)
600611	大众交通	2015.06.18	0.090	1042.21	89.11
600612	老凤祥	2015.08.10	0.900	317.11	271.13
600613	神奇制药	2015.07.06	0.065	399.43	24.67
600614	鼎立股份	2015.07.24	0.035	645.44	21.46
600616	金枫酒业	2015.07.17	0.050	514.62	24.44
600617	国新能源	2015.11.20	0.100	898.41	89.84
600619	海立股份	2015.06.23	0.100	383.57	36.44
600620	天宸股份	2015.06.17	0.070	457.78	30.44
600621	华鑫股份	2015.08.05	0.090	524.08	44.81
600622	嘉宝集团	2015.07.15	0.210	514.30	102.60
600623	双钱股份	2015.05.12	0.150	646.37	92.11
600624	复旦复华	2015.07.23	0.031	405.16	11.93
600626	申达股份	2015.06.18	0.100	710.24	67.47
600628	新世界	2015.08.07	0.150	531.80	75.78
600630	龙头股份	2015.07.10	0.045	424.86	18.16
600633	浙报传媒	2015.05.19	0.220	1188.29	248.35
600635	大众公用	2015.05.27	0.035	1644.87	13.57
600636	三爱富	2015.04.30	0.010	381.95	3.63
600637	百视通	2015.04.14	0.110	1113.74	116.39
600638	新黄浦	2015.07.31	0.100	561.16	53.31
600639	浦东金桥	2015.07.10	0.140	656.65	87.33
600640	号百控股	2015.07.16	0.050	535.36	25.43
600641	万业企业	2015.07.09	0.150	806.16	114.88
600642	申能股份	2015.07.21	0.200	4552.04	864.89
600648	外高桥	2015.06.30	0.190	934.79	168.73
600649	城投控股	2015.06.19	0.200	2987.52	567.63
600650	锦江投资	2015.08.05	0.250	390.56	92.76
600651	飞乐音响	2015.08.18	0.020	985.22	18.72
600654	中安消	2015.05.06	0.100	1283.02	121.89
600655	豫园商城	2015.06.19	0.210	1437.32	286.75
600657	信达地产	2015.06.18	0.100	1524.26	144.80
600658	电子城	2015.05.15	0.260	580.10	143.28
600660	福耀玻璃	2015.04.15	0.750	2002.99	1427.13
600662	强生控股	2015.07.08	0.100	1053.36	100.07
600663	陆家嘴	2015.06.05	0.429	1358.08	553.23
600664	哈药股份	2015.11.13	1.000	1917.48	1917.48
600665	天地源	2015.06.26	0.105	864.12	86.20
600666	西南药业	2015.04.21	0.011	290.15	3.03
600667	太极实业	2015.07.07	0.010	1191.27	11.32
600668	尖峰集团	2015.07.31	0.250	344.08	81.72
600673	东阳光科	2015.05.07	0.060	949.57	49.38
600674	川投能源	2015.06.26	0.300	2201.07	627.31
600676	交运股份	2015.05.28	0.120	862.37	98.31
600682	南京新百	2015.06.12	0.100	358.32	34.04
600684	珠江实业	2015.06.19	0.080	711.22	54.05
600686	金龙汽车	2015.10.30	0.050	606.74	30.34
600687	刚泰控股	2015.07.13	0.060	490.25	27.94
600690	青岛海尔	2015.07.16	0.492	3046.13	1423.76
600693	东百集团	2015.06.05	0.200	449.11	85.33
600694	大商股份	2015.06.29	1.260	293.72	351.58

上市公司派发现金红利
Dividends in 2015

红利代码 Code	红利简称 Name	发放日期 Date	每股红利(含税) Dividend (Pre-Tax)	代发总股本(百万) Equity (M)	代发红利总额 (百万) Cash(M)
600697	欧亚集团	2015.07.03	0.330	159.09	49.87
600699	均胜电子	2015.06.29	0.110	636.14	66.48
600702	沱牌舍得	2015.07.16	0.020	337.30	6.41
600703	三安光电	2015.06.26	0.200	2393.08	454.69
600704	物产中大	2015.06.19	0.150	996.00	141.93
600705	中航资本	2015.08.10	0.070	3732.70	248.22
600708	海博股份	2015.06.09	0.100	510.37	48.49
600712	南宁百货	2015.06.26	0.009	544.66	4.66
600716	凤凰股份	2015.07.30	0.100	740.60	70.36
600717	天津港	2015.06.19	0.207	1674.77	329.34
600718	东软集团	2015.07.27	0.063	1227.59	73.47
600719	大连热电	2015.06.12	0.033	202.30	6.34
600720	祁连山	2015.07.31	0.220	776.29	162.24
600723	首商股份	2015.07.10	0.160	658.41	100.08
600724	宁波富达	2015.06.09	0.100	1445.24	137.30
600729	重庆百货	2015.06.16	0.365	406.53	140.96
600730	中国高科	2015.11.19	0.112	293.33	32.85
600736	苏州高新	2015.05.07	0.049	1057.88	49.24
600737	中粮屯河	2015.06.30	0.030	2051.88	58.48
600739	辽宁成大	2015.06.12	0.200	1529.71	290.64
600741	华域汽车	2015.07.23	0.520	2583.20	1276.10
600742	一汽富维	2015.06.09	0.480	211.52	96.45
600743	华远地产	2015.06.10	0.120	1817.66	207.21
600748	上实发展	2015.07.30	0.071	1083.37	73.07
600750	江中药业	2015.06.02	0.300	300.00	85.50
600754	锦江股份	2015.08.04	0.400	648.52	246.44
600755	厦门国贸	2015.06.11	0.100	1664.47	158.12
600757	长江传媒	2015.08.13	0.020	1213.65	23.06
600758	红阳能源	2015.06.19	0.020	207.68	3.95
600761	安徽合力	2015.06.26	0.300	616.82	175.79
600764	中电广通	2015.06.26	0.010	329.73	3.13
600765	中航重机	2015.06.25	0.040	778.00	29.56
600773	西藏城投	2015.06.19	0.010	729.21	6.93
600775	南京熊猫	2015.07.24	0.066	671.84	42.12
600776	东方通信	2015.08.13	0.060	956.00	54.49
600778	友好集团	2015.07.01	0.090	311.49	26.63
600780	通宝能源	2015.07.22	0.150	1146.50	163.38
600783	鲁信创投	2015.07.16	0.150	744.36	106.07
600784	鲁银投资	2015.06.12	0.020	568.18	10.80
600787	中储股份	2015.04.30	0.030	1859.83	53.01
600791	京能置业	2015.06.26	0.020	452.88	8.60
600794	保税科技	2015.03.18	0.100	541.62	51.45
600795	国电电力	2015.07.08	0.150	19650.40	2800.18
600798	宁波海运	2015.05.29	0.010	1030.85	9.79
600801	华新水泥	2015.06.12	0.170	971.68	156.93
600802	福建水泥	2015.07.24	0.039	381.87	14.15
600803	新奥股份	2015.08.06	0.160	985.79	149.84
600804	鹏博士	2015.06.30	0.120	1391.82	158.67
600805	悦达投资	2015.06.30	0.150	850.89	121.25
600811	东方集团	2015.06.18	0.030	1666.81	47.50

上市公司派发现金红利
Dividends in 2015

红利代码 Code	红利简称 Name	发放日期 Date	每股红利(含税) Dividend (Pre-Tax)	代发总股本(百万) Equity (M)	代发红利总额 (百万) Cash(M)
600814	杭州解百	2015.07.20	0.105	715.03	71.32
600816	安信信托	2015.06.08	0.700	454.11	301.98
600819	耀皮玻璃	2015.07.20	0.020	747.42	14.20
600820	隧道股份	2015.07.15	0.150	3144.10	448.03
600823	世茂股份	2015.06.04	0.170	1172.42	189.35
600824	益民集团	2015.05.29	0.063	878.36	43.79
600825	新华传媒	2015.08.19	0.015	1044.89	14.89
600826	兰生股份	2015.07.22	0.380	420.64	151.85
600827	百联股份	2015.07.30	0.250	1542.78	366.41
600828	成商集团	2015.05.13	0.050	570.44	27.10
600830	香溢融通	2015.06.18	0.080	454.32	34.53
600831	广电网络	2015.06.26	0.030	563.44	16.06
600832	东方明珠	2015.04.14	0.056	3186.33	169.51
600833	第一医药	2015.07.17	0.050	223.09	10.60
600834	申通地铁	2015.07.09	0.070	477.38	31.75
600835	上海机电	2015.06.02	0.340	806.50	260.50
600836	界龙实业	2015.05.12	0.020	313.56	5.96
600837	海通证券	2015.07.06	0.250	8092.13	1921.88
600838	上海九百	2015.08.21	0.033	400.88	12.57
600841	上柴股份	2015.07.06	0.052	521.89	25.78
600845	宝信软件	2015.05.11	0.270	249.73	64.06
600846	同济科技	2015.07.23	0.100	624.76	59.35
600850	华东电脑	2015.06.25	0.250	321.74	76.41
600851	海欣股份	2015.07.21	0.100	738.21	70.13
600853	龙建股份	2015.08.10	0.010	536.81	5.10
600855	航天长峰	2015.06.26	0.021	331.62	6.62
600857	宁波中百	2015.05.29	0.060	224.32	12.79
600858	银座股份	2015.08.26	0.110	520.07	54.35
600859	王府井	2015.07.23	0.420	462.77	184.64
600861	北京城乡	2015.05.29	0.150	316.80	45.14
600863	内蒙华电	2015.07.24	0.180	5807.75	993.12
600864	哈投股份	2015.07.31	0.250	546.38	129.76
600867	通化东宝	2015.05.18	0.200	1030.10	190.57
600872	中炬高新	2015.06.24	0.110	796.64	83.25
600873	梅花生物	2015.06.04	0.100	3108.23	295.28
600874	创业环保	2015.07.17	0.070	1087.23	72.30
600875	东方电气	2015.08.25	0.090	1996.90	170.73
600880	博瑞传播	2015.05.20	0.100	1093.33	103.87
600883	博闻科技	2015.06.02	0.020	236.09	4.49
600884	杉杉股份	2015.07.03	0.080	410.86	31.23
600885	宏发股份	2015.06.09	0.300	531.97	151.61
600886	国投电力	2015.06.26	0.289	6786.02	1860.93
600887	伊利股份	2015.05.28	0.800	3064.37	2328.92
600889	南京化纤	2015.07.22	0.030	307.07	8.75
600891	秋林集团	2015.07.02	0.040	325.53	12.37
600893	中航动力	2015.07.16	0.145	1948.72	268.44
600894	广日股份	2015.05.21	0.100	859.95	81.69
600895	张江高科	2015.08.06	0.090	1548.69	132.41
600897	厦门空港	2015.06.19	0.470	297.81	132.97
600898	三联商社	2015.06.02	0.020	252.52	4.80

上市公司派发现金红利 Dividends in 2015

红利代码 Code	红利简称 Name	发放日期 Date	每股红利(含税) Dividend (Pre-Tax)	代发总股本(百万) Equity (M)	代发红利总额 (百万) Cash(M)
600900	长江电力	2015.06.30	0.379	16500.00	5942.48
600917	重庆燃气	2015.06.05	0.130	1556.00	192.17
600958	东方证券	2015.06.26	0.150	5281.74	752.65
600958	东方证券	2015.11.04	0.100	5281.74	528.17
600959	江苏有线	2015.11.06	0.160	2988.10	478.10
600960	渤海活塞	2015.04.14	0.030	327.95	9.35
600963	岳阳林纸	2015.06.19	0.004	1043.16	3.96
600965	福成五丰	2015.06.10	0.070	528.00	35.11
600967	北方创业	2015.06.26	0.025	822.83	19.54
600969	郴电国际	2015.07.09	0.124	264.32	31.04
600970	中材国际	2015.05.29	0.041	1093.30	42.58
600973	宝胜股份	2015.05.18	0.100	411.39	39.08
600976	健民集团	2015.05.08	0.380	153.40	55.38
600978	宜华木业	2015.07.06	0.110	1482.87	154.96
600981	汇鸿股份	2015.07.24	0.020	516.11	9.81
600982	宁波热电	2015.06.29	0.062	746.93	43.99
600983	惠而浦	2015.07.08	0.050	766.44	36.41
600985	雷鸣科化	2015.07.10	0.170	175.24	28.30
600987	航民股份	2015.05.15	0.210	635.31	126.74
600990	四创电子	2015.06.18	0.050	136.70	6.49
600992	贵绳股份	2015.06.23	0.030	245.09	6.99
600993	马应龙	2015.07.21	0.040	331.58	7.63
600995	文山电力	2015.06.19	0.066	478.53	30.00
600997	开滦股份	2015.06.26	0.025	1234.64	29.32
600999	招商证券	2015.05.21	0.265	5808.14	1462.20
600999	招商证券	2015.10.12	0.504	5808.14	2927.30
601000	唐山港	2015.09.30	0.100	2248.44	224.84
601001	大同煤业	2015.07.01	0.027	1673.70	42.93
601002	晋亿实业	2015.07.10	0.100	792.69	75.31
601003	柳钢股份	2015.07.16	0.030	2562.79	73.04
601006	大秦铁路	2015.06.19	0.480	14866.79	6779.26
601007	金陵饭店	2015.07.24	0.040	300.00	11.40
601008	连云港	2015.06.02	0.035	1015.22	33.76
601009	南京银行	2015.09.23	0.500	3365.96	1682.98
601010	文峰股份	2015.04.10	0.360	739.20	252.81
601011	宝泰隆	2015.08.06	0.100	547.00	51.97
601012	隆基股份	2015.05.05	0.130	547.80	53.96
601015	陕西黑猫	2015.06.17	0.096	620.00	56.25
601016	节能风电	2015.05.29	0.046	1777.78	77.87
601018	宁波港	2015.05.22	0.084	12800.00	1021.44
601021	春秋航空	2015.06.12	0.240	400.00	91.20
601028	玉龙股份	2015.05.06	0.200	358.10	68.04
601038	一拖股份	2015.07.13	0.051	593.91	28.77
601058	赛轮金宇	2015.05.08	0.220	521.35	108.96
601069	西部黄金	2015.06.25	0.021	636.00	12.69
601088	中国神华	2015.06.15	0.740	16491.04	11593.20
601098	中南传媒	2015.06.15	0.270	1796.00	460.67
601099	太平洋	2015.05.21	0.050	3530.47	167.70
601100	恒立油缸	2015.06.12	0.056	630.00	33.52
601101	昊华能源	2015.07.08	0.046	1200.00	52.21

上市公司派发现金红利 Dividends in 2015

红利代码 Code	红利简称 Name	发放日期 Date	每股红利(含税) Dividend (Pre-Tax)	代发总股本(百万) Equity (M)	代发红利总额(百万) Cash(M)
601106	中国一重	2015.07.21	0.001	6538.00	7.32
601107	四川成渝	2015.06.12	0.080	2162.74	164.37
601111	中国国航	2015.07.08	0.052	8522.07	422.86
601116	三江购物	2015.05.25	0.200	410.76	78.04
601117	中国化学	2015.07.17	0.105	4933.00	492.07
601118	海南橡胶	2015.06.12	0.002	3931.17	7.47
601126	四方股份	2015.05.27	0.250	406.59	96.56
601137	博威合金	2015.06.17	0.120	215.00	24.51
601139	深圳燃气	2015.06.26	0.143	2177.62	295.83
601158	重庆水务	2015.05.28	0.250	4800.00	1140.00
601166	兴业银行	2015.05.27	0.570	19052.34	10316.84
601168	西部矿业	2015.06.17	0.050	2383.00	113.19
601169	北京银行	2015.07.17	0.250	10560.19	2402.44
601177	杭齿前进	2015.06.25	0.020	400.06	7.60
601179	中国西电	2015.06.08	0.100	5125.88	486.96
601186	中国铁建	2015.06.24	0.150	10261.25	1462.23
601188	龙江交通	2015.07.16	0.070	1315.88	87.51
601198	东兴证券	2015.06.17	0.160	2504.00	380.61
601199	江南水务	2015.06.30	0.230	233.80	51.09
601208	东材科技	2015.06.12	0.100	615.76	58.50
601211	国泰君安	2015.10.22	0.100	7625.00	762.50
601216	内蒙君正	2015.07.15	0.040	2048.00	77.82
601218	吉鑫科技	2015.07.02	0.030	991.76	28.27
601222	林洋电子	2015.09.21	0.500	406.60	203.30
601225	陕西煤业	2015.06.26	0.030	10000.00	285.00
601226	华电重工	2015.06.11	0.150	770.00	109.73
601231	环旭电子	2015.06.23	0.194	1087.96	200.51
601233	桐昆股份	2015.07.03	0.035	963.60	32.04
601238	广汽集团	2015.07.21	0.080	4221.72	320.85
601238	广汽集团	2015.10.14	0.080	4221.72	337.74
601288	农业银行	2015.07.10	0.182	294055.29	50842.16
601311	骆驼股份	2015.06.19	0.100	851.64	80.91
601313	江南嘉捷	2015.04.15	0.300	400.46	114.13
601318	中国平安	2015.07.27	0.500	5416.33	2572.76
601318	中国平安	2015.09.09	0.180	10832.66	1949.88
601328	交通银行	2015.06.03	0.270	39250.86	10067.85
601333	广深铁路	2015.07.27	0.050	5652.24	268.48
601336	新华保险	2015.08.20	0.210	2085.44	416.05
601339	百隆东方	2015.06.29	0.220	750.00	156.75
601369	陕鼓动力	2015.04.30	0.250	1638.77	389.21
601377	兴业证券	2015.05.19	0.050	5200.00	247.00
601388	怡球资源	2015.07.10	0.020	533.00	10.13
601390	中国中铁	2015.06.10	0.078	17092.51	1266.55
601398	工商银行	2015.07.07	0.255	269612.21	65416.01
601515	东风股份	2015.06.23	0.240	1112.00	253.54
601518	吉林高速	2015.06.12	0.064	1213.20	73.76
601555	东吴证券	2015.06.26	0.125	2700.00	320.63
601566	九牧王	2015.05.27	1.000	574.64	545.91
601567	三星电气	2015.06.17	0.100	478.30	45.44
601579	会稽山	2015.06.17	0.110	400.00	41.80

上市公司派发现金红利 Dividends in 2015

红利代码 Code	红利简称 Name	发放日期 Date	每股红利(含税) Dividend (Pre-Tax)	代发总股本(百万) Equity (M)	代发红利总额(百万) Cash(M)
601588	北辰实业	2015.06.17	0.060	2660.00	151.62
601599	鹿港科技	2015.05.06	0.080	377.43	28.68
601601	中国太保	2015.07.17	0.500	6286.70	2986.18
601607	上海医药	2015.06.19	0.290	1923.02	529.79
601608	中信重工	2015.08.25	0.065	2740.00	169.20
601616	广电电气	2015.06.12	0.050	933.30	44.33
601618	中国中冶	2015.07.15	0.050	16239.00	771.35
601628	中国人寿	2015.06.12	0.400	20823.53	7912.94
601633	长城汽车	2015.05.26	0.800	2009.24	1527.02
601633	长城汽车	2015.10.13	0.250	2009.24	502.31
601636	旗滨集团	2015.09.23	0.100	1010.17	101.02
601666	平煤股份	2015.06.30	0.026	2361.16	58.32
601668	中国建筑	2015.06.16	0.172	30000.00	4902.00
601669	中国电建	2015.06.01	0.100	9600.00	912.00
601677	明泰铝业	2015.05.07	0.100	417.76	39.69
601678	滨化股份	2015.04.15	0.170	660.00	106.59
601688	华泰证券	2015.04.30	0.500	5600.00	2660.00
601689	拓普集团	2015.07.28	0.185	649.10	114.08
601699	潞安环能	2015.06.11	0.035	2301.08	41.99
601700	风范股份	2015.05.13	0.430	453.35	185.19
601717	郑煤机	2015.06.30	0.038	1377.89	49.74
601718	际华集团	2015.07.15	0.046	3857.00	168.55
601727	上海电气	2015.07.02	0.059	9850.71	549.57
601766	中国中车	2015.12.16	0.120	22917.69	2750.12
601777	力帆股份	2015.07.10	0.200	1257.62	238.95
601788	光大证券	2015.05.14	0.080	3418.00	259.77
601789	宁波建工	2015.07.03	0.120	488.04	55.64
601798	蓝科高新	2015.07.15	0.050	354.53	16.84
601799	星宇股份	2015.06.11	0.780	239.65	177.58
601800	中国交建	2015.06.30	0.172	11747.24	1916.33
601801	皖新传媒	2015.06.04	0.230	910.00	198.84
601808	中海油服	2015.06.16	0.480	2960.47	1349.97
601818	光大银行	2015.06.03	0.186	39810.36	7034.49
601857	中国石油	2015.07.09	0.096	161922.08	14768.91
601857	中国石油	2015.09.18	0.062	161922.08	10115.27
601872	招商轮船	2015.06.05	0.013	4720.92	58.30
601877	正泰电器	2015.05.21	0.300	1011.47	288.27
601877	正泰电器	2015.10.14	0.600	1314.91	788.94
601880	大连港	2015.08.25	0.040	3363.40	127.81
601886	江河创建	2015.06.15	0.080	1154.05	87.71
601888	中国国旅	2015.07.14	0.460	976.24	426.62
601890	亚星锚链	2015.06.09	0.050	468.00	21.06
601898	中煤能源	2015.07.06	0.024	9152.00	208.67
601899	紫金矿业	2015.07.09	0.080	15803.80	1201.09
601908	京运通	2015.06.26	0.050	859.77	40.84
601928	凤凰传媒	2015.07.22	0.100	2544.90	241.77
601928	凤凰传媒	2015.12.16	0.100	2544.90	254.49
601929	吉视传媒	2015.06.18	0.050	1467.89	69.72
601933	永辉超市	2015.07.16	0.120	4067.54	463.74
601939	建设银行	2015.07.01	0.301	9593.66	2743.31

上市公司派发现金红利
Dividends in 2015

红利代码 Code	红利简称 Name	发放日期 Date	每股红利(含税) Dividend (Pre-Tax)	代发总股本(百万) Equity (M)	代发红利总额 (百万) Cash(M)
601958	金钼股份	2015.05.18	0.040	3226.60	122.61
601965	中国汽研	2015.05.29	0.100	640.79	54.47
601969	海南矿业	2015.05.27	0.150	1866.67	266.00
601988	中国银行	2015.07.03	0.190	210765.51	38043.18
601989	中国重工	2015.08.18	0.038	18361.67	662.86
601991	大唐发电	2015.08.21	0.130	9994.36	1234.30
601992	金隅股份	2015.06.19	0.050	3615.26	171.72
601996	丰林集团	2015.05.07	0.060	468.91	26.73
601999	出版传媒	2015.08.05	0.041	550.91	21.46
603000	人民网	2015.07.14	0.180	552.85	94.54
603001	奥康国际	2015.06.03	0.500	400.98	190.47
603002	宏昌电子	2015.07.06	0.048	400.00	18.05
603003	龙宇燃油	2015.07.14	0.011	202.00	2.11
603005	晶方科技	2015.05.22	0.180	226.70	38.77
603006	联明股份	2015.04.27	0.200	80.00	15.20
603009	北特科技	2015.01.30	0.220	106.67	22.29
603010	万盛股份	2015.06.16	0.130	100.00	12.35
603011	合锻股份	2015.07.10	0.100	179.50	17.05
603012	创力集团	2015.07.01	0.100	318.28	30.24
603015	弘讯科技	2015.06.25	0.100	200.10	19.01
603017	园区设计	2015.04.24	0.600	60.00	34.20
603018	设计股份	2015.06.18	0.350	104.00	34.58
603019	中科曙光	2015.06.09	0.080	300.00	22.80
603020	爱普股份	2015.06.09	0.300	160.00	45.60
603025	大豪科技	2015.06.04	0.340	447.00	144.38
603030	全筑股份	2015.06.12	0.050	160.00	7.60
603066	音飞储存	2015.11.05	0.123	100.00	12.30
603077	和邦股份	2015.04.22	0.070	1011.09	67.24
603088	宁波精达	2015.05.25	0.200	80.00	15.20
603099	长白山	2015.06.10	0.090	266.67	22.80
603100	川仪股份	2015.05.13	0.120	395.00	45.03
603111	康尼机电	2015.05.18	0.150	295.35	42.09
603118	共进股份	2015.05.29	0.230	300.00	65.55
603123	翠微股份	2015.07.01	0.160	524.14	79.67
603126	中材节能	2015.05.21	0.080	407.00	24.83
603128	华贸物流	2015.06.12	0.116	400.00	44.08
603166	福达股份	2015.05.06	0.150	433.50	61.77
603167	渤海轮渡	2015.07.14	0.150	481.40	68.60
603168	莎普爱思	2015.06.09	0.724	65.35	41.68
603169	兰石重装	2015.04.24	0.150	591.16	66.50
603188	亚邦股份	2015.05.08	1.000	288.00	273.60
603198	迎驾贡酒	2015.08.07	0.400	800.00	304.00
603199	九华旅游	2015.07.15	0.120	110.68	12.62
603222	济民制药	2015.06.12	0.150	160.00	22.80
603268	松发股份	2015.06.11	0.100	88.00	8.36
603288	海天味业	2015.04.15	0.850	1503.58	1214.14
603306	华懋科技	2015.06.11	0.153	140.00	20.35
603308	应流股份	2015.07.17	0.054	400.01	20.52
603309	维力医疗	2015.09.25	0.300	100.00	30.00
603328	依顿电子	2015.05.28	0.170	489.00	78.97

上市公司派发现金红利
Dividends in 2015

红利代码 Code	红利简称 Name	发放日期 Date	每股红利(含税) Dividend (Pre-Tax)	代发总股本(百万) Equity (M)	代发红利总额 (百万) Cash(M)
603338	浙江鼎力	2015.09.02	0.100	65.00	6.18
603355	莱克电气	2015.07.21	0.180	401.00	68.57
603366	日出东方	2015.05.28	0.267	400.00	101.46
603368	柳州医药	2015.05.08	0.310	112.50	33.13
603369	今世缘	2015.05.15	0.390	501.80	185.92
603399	新华龙	2015.04.30	0.024	354.70	8.09
603456	九洲药业	2015.05.28	0.200	207.78	39.48
603518	维格娜丝	2015.05.28	0.150	147.98	21.09
603519	立霸股份	2015.07.17	0.140	80.00	10.64
603555	贵人鸟	2015.06.15	0.300	614.00	174.99
603558	健盛集团	2015.06.08	0.450	80.00	32.20
603588	高能环境	2015.07.23	0.100	161.60	15.35
603600	永艺股份	2015.05.25	0.220	100.00	20.90
603601	再升科技	2015.05.26	0.200	68.00	11.22
603606	东方电缆	2015.05.28	0.100	141.35	10.60
603609	禾丰牧业	2015.05.21	0.050	554.12	26.32
603611	诺力股份	2015.05.29	0.500	80.00	38.00
603618	杭电股份	2015.04.28	0.200	213.35	40.54
603636	南威软件	2015.08.10	0.180	100.00	17.10
603678	火炬电子	2015.05.12	0.170	166.40	26.87
603686	龙马环卫	2015.06.10	0.350	133.35	44.34
603688	石英股份	2015.06.15	0.500	223.80	106.31
603698	航天工程	2015.06.01	0.063	412.30	24.68
603699	纽威股份	2015.07.14	0.400	750.00	285.00
603729	龙韵股份	2015.07.24	0.130	66.67	8.23
603766	隆鑫通用	2015.05.07	0.228	804.91	174.34
603788	宁波高发	2015.05.08	0.350	136.80	45.49
603789	星光农机	2015.10.08	0.400	200.00	80.00
603799	华友钴业	2015.07.08	0.100	535.19	50.84
603806	福斯特	2015.05.21	0.450	402.00	171.86
603808	歌力思	2015.07.02	0.250	160.00	38.00
603828	柯利达	2015.06.05	0.150	120.00	17.10
603869	北部湾旅	2015.07.09	0.080	216.24	16.43
603885	吉祥航空	2015.12.28	0.600	568.00	340.80
603889	新澳股份	2015.05.29	0.500	106.68	50.67
603898	好莱客	2015.05.28	0.250	98.00	23.28
603899	晨光文具	2015.05.11	0.500	460.00	218.50
603939	益丰药房	2015.11.06	0.500	160.00	80.00
603969	银龙股份	2015.05.29	0.150	200.00	28.50
603988	中电电机	2015.05.22	0.200	80.00	15.20
603989	艾华集团	2015.10.13	1.000	200.00	200.00
603993	洛阳钼业	2015.07.23	0.180	4317.91	738.36
603997	继峰股份	2015.06.09	0.150	420.00	59.85
603998	方盛制药	2015.04.17	0.120	109.02	10.79
900902	市北 B 股	2015.07.03	0.002	232.93	0.53
900903	大众 B 股	2015.06.18	0.090	533.87	45.65
900904	神奇 B 股	2015.07.06	0.065	45.63	2.82
900905	老凤祥 B	2015.08.10	0.900	206.01	176.14
900907	鼎立 B 股	2015.07.24	0.035	120.64	4.01
900909	双钱 B 股	2015.05.12	0.150	243.10	34.64

上市公司派发现金红利
Dividends in 2015

红利代码 Code	红利简称 Name	发放日期 Date	每股红利(含税) Dividend (Pre-Tax)	代发总股本(百万) Equity (M)	代发红利总额 (百万) Cash(M)
900910	海立B股	2015.06.23	0.100	284.17	27.00
900911	金桥B股	2015.07.10	0.140	272.18	36.20
900912	外高B股	2015.06.30	0.190	200.56	36.20
900913	国新B股	2015.11.20	0.100	109.75	10.97
900914	锦投B股	2015.08.05	0.250	161.05	38.25
900917	海欣B股	2015.07.21	0.100	468.85	44.54
900918	耀皮B股	2015.07.20	0.020	187.50	3.56
900920	上柴B股	2015.07.06	0.052	344.80	17.03
900923	百联B股	2015.07.30	0.250	179.72	42.68
900925	机电B股	2015.06.02	0.340	216.24	69.84
900926	宝信B股	2015.05.11	0.270	114.40	29.34
900929	锦旅B股	2015.08.04	0.222	132.56	27.96
900932	陆家B股	2015.06.05	0.429	509.60	207.59
900933	华新B股	2015.06.12	0.170	524.80	84.76
900934	锦江B股	2015.08.04	0.400	156.00	59.28
900935	阳晨B股	2015.07.07	0.065	244.60	15.10
900936	鄂资B股	2015.06.25	0.100	420.00	39.90
900940	大名城B	2015.06.02	0.040	198.72	7.55
900941	东信B股	2015.08.13	0.060	300.00	17.10
900942	黄山B股	2015.06.11	0.060	156.00	8.89
900943	开开B股	2015.07.21	0.045	80.00	3.42
900945	海航B股	2015.06.09	0.064	369.45	22.39
900948	伊泰B股	2015.06.25	0.208	2928.00	578.58
900950	新城B股	2015.04.28	0.070	1593.19	105.95
900952	锦港B股	2015.07.03	0.034	222.81	7.20

年度上市公司送股
Bonus Shares in 2015

股票代码 Code	股票简称 Name	股权登记日 Registration Date	除净日 Ex-Date	送股上市 Bonus Share Listing	收盘价 Close Price	除净价 Ex-Price	送股比例 Bonus Share Ratio
600015	华夏银行	2015.07.07	2015.07.08	2015.07.09	16.41	11.09	0.20
600035	楚天高速	2015.04.15	2015.04.16	2015.04.17	10.45	7.21	0.20
600064	南京高科	2015.04.28	2015.04.29	2015.04.30	32.65	14.47	0.50
600066	宇通客车	2015.05.19	2015.05.20	2015.05.21	33.18	14.30	0.50
600070	浙江富润	2015.06.18	2015.06.19	2015.06.23	26.11	15.42	0.30
600079	人福医药	2015.07.21	2015.07.22	2015.07.23	39.70	9.89	1.00
600086	东方金钰	2015.10.21	2015.10.22	2015.10.23	36.41	4.05	2.00
600111	北方稀土	2015.05.08	2015.05.11	2015.05.12	31.72	14.04	0.50
600157	永泰能源	2015.06.03	2015.06.04	2015.06.05	11.29	6.67	0.30
600165	新日恒力	2015.10.09	2015.10.12	2015.10.13	28.20	4.51	1.50
600170	上海建工	2015.05.11	2015.05.12	2015.05.13	12.65	7.37	0.30
600184	光电股份	2015.04.22	2015.04.23	2015.04.24	52.53	13.14	1.00
600201	生物股份	2015.10.13	2015.10.14	2015.10.15	56.32	14.08	1.00
600226	升华拜克	2015.10.09	2015.10.12	2015.10.13	14.37	1.94	1.70
600239	云南城投	2015.06.15	2015.06.16	2015.06.17	15.41	9.09	0.30
600251	冠农股份	2015.05.18	2015.05.19	2015.05.20	28.45	7.07	1.00
600252	中恒集团	2015.09.15	2015.09.16	2015.09.17	16.97	1.85	2.00
600261	阳光照明	2015.05.25	2015.05.26	2015.05.27	15.48	6.81	0.50
600276	恒瑞医药	2015.06.12	2015.06.15	2015.06.16	62.47	36.91	0.30
600280	中央商场	2015.06.11	2015.06.12	2015.06.15	39.96	9.93	1.00
600292	中电远达	2015.07.10	2015.07.13	2015.07.14	20.77	12.22	0.30
600297	广汇汽车	2015.11.13	2015.11.16	2015.11.17	17.46	7.76	0.50
600310	桂东电力	2015.09.11	2015.09.14	2015.09.15	29.14	3.21	2.00
600340	华夏幸福	2015.04.30	2015.05.04	2015.05.05	62.05	15.32	1.00
600346	大橡塑	2015.07.14	2015.07.15	2015.07.16	16.73	3.16	1.30
600352	浙江龙盛	2015.06.09	2015.06.10	2015.06.11	40.53	10.01	1.00
600353	旭光股份	2015.07.03	2015.07.06	2015.07.07	18.03	4.49	1.00
600355	精伦电子	2015.09.24	2015.09.25	2015.09.28	11.72	2.93	1.00
600365	通葡股份	2015.10.23	2015.10.26	2015.10.27	24.01	6.01	1.00
600369	西南证券	2015.09.28	2015.09.29	2015.09.30	15.61	3.88	1.00
600371	万向德农	2015.07.13	2015.07.14	2015.07.15	21.20	17.49	0.10
600388	龙净环保	2015.06.04	2015.06.05	2015.06.08	68.75	10.95	1.50
600392	盛和资源	2015.09.29	2015.09.30	2015.10.08	27.09	4.30	1.50
600399	抚顺特钢	2015.06.09	2015.06.10	2015.06.11	41.55	6.64	1.50
600401	*ST 海润	2015.05.27	2015.05.28	2015.05.29	15.73	1.75	2.00
600415	小商品城	2015.05.11	2015.05.12	2015.05.13	27.48	6.84	1.00
600436	片仔癀	2015.06.03	2015.06.04	2015.06.05	224.89	35.84	1.50
600446	金证股份	2015.09.16	2015.09.17	2015.09.18	101.55	11.27	2.00
600477	杭萧钢构	2015.06.03	2015.06.04	2015.06.05	18.76	11.06	0.30
600478	科力远	2015.05.15	2015.05.18	2015.05.19	38.28	11.82	0.80
600481	双良节能	2015.09.08	2015.09.09	2015.09.10	17.96	4.48	1.00
600486	扬农化工	2015.07.06	2015.07.07	2015.07.08	29.24	20.17	0.20
600487	亨通光电	2015.09.23	2015.09.24	2015.09.25	29.45	3.27	2.00
600495	晋西车轴	2015.07.08	2015.07.09	2015.07.10	11.29	3.47	0.80
600496	精工钢构	2015.05.21	2015.05.22	2015.05.25	20.77	4.28	1.20
600518	康美药业	2015.06.15	2015.06.16	2015.06.17	47.01	11.68	1.00
600519	贵州茅台	2015.07.16	2015.07.17	2015.07.20	251.59	204.31	0.10
600540	新赛股份	2015.11.12	2015.11.13	2015.11.16	10.77	6.37	0.30
600549	厦门钨业	2015.05.08	2015.05.11	2015.05.12	38.88	22.89	0.30
600558	大西洋	2015.07.23	2015.07.24	2015.07.27	21.44	9.51	0.50

年度上市公司送股
Bonus Shares in 2015

股票代码 Code	股票简称 Name	股权登记日 Registration Date	除净日 Ex-Date	送股上市 Bonus Share Listing	收盘价 Close Price	除净价 Ex-Price	送股比例 Bonus Share Ratio
600572	康恩贝	2015.07.06	2015.07.07	2015.07.08	25.69	8.83	0.70
600576	万家文化	2015.09.25	2015.09.28	2015.09.29	28.89	5.97	1.20
600577	精达股份	2015.06.10	2015.06.11	2015.06.12	22.93	5.71	1.00
600582	天地科技	2015.12.11	2015.12.14	2015.12.15	15.41	3.86	1.00
600588	用友网络	2015.04.29	2015.04.30	2015.05.04	46.45	32.05	0.20
600594	益佰制药	2015.07.15	2015.07.16	2015.07.17	53.92	13.45	1.00
600613	神奇制药	2015.07.03	2015.07.06	2015.07.07	20.83	14.42	0.20
600614	鼎立股份	2015.09.23	2015.09.24	2015.09.25	16.96	4.24	1.00
600617	国新能源	2015.04.17	2015.04.20	2015.04.21	34.69	12.01	0.70
600624	复旦复华	2015.07.22	2015.07.23	2015.07.24	17.79	10.51	0.30
600635	大众公用	2015.05.26	2015.05.27	2015.05.28	22.31	9.90	0.50
600643	爱建集团	2015.06.17	2015.06.18	2015.06.19	27.02	15.99	0.30
600673	东阳光科	2015.05.06	2015.05.07	2015.05.08	21.80	3.22	1.60
600674	川投能源	2015.06.25	2015.06.26	2015.06.29	29.43	7.29	1.00
600682	南京新百	2015.06.11	2015.06.12	2015.06.15	79.62	19.88	1.00
600687	刚泰控股	2015.09.24	2015.09.25	2015.09.28	26.64	5.51	1.20
600690	青岛海尔	2015.07.15	2015.07.16	2015.07.17	28.95	7.12	1.00
600691	*ST 阳化	2015.07.08	2015.07.09	2015.07.10	4.88	3.09	0.32
600719	大连热电	2015.11.27	2015.11.30	2015.12.01	15.22	3.81	1.00
600730	中国高科	2015.11.18	2015.11.19	2015.11.20	34.69	8.65	1.00
600735	新华锦	2015.05.06	2015.05.07	2015.05.08	28.40	12.62	0.50
600759	洲际油气	2015.07.03	2015.07.06	2015.07.07	11.99	7.09	0.30
600763	通策医疗	2015.12.03	2015.12.04	2015.12.07	110.36	27.59	1.00
600790	轻纺城	2015.05.20	2015.05.21	2015.05.22	16.81	9.95	0.30
600794	保税科技	2015.03.17	2015.03.18	2015.03.19	19.00	3.91	1.20
600807	天业股份	2015.05.06	2015.05.07	2015.05.08	23.06	13.65	0.30
600816	安信信托	2015.09.22	2015.09.23	2015.09.24	40.84	6.54	1.50
600823	世茂股份	2015.06.03	2015.06.04	2015.06.05	26.84	11.85	0.50
600824	益民集团	2015.05.28	2015.05.29	2015.06.01	13.01	8.99	0.20
600867	通化东宝	2015.05.15	2015.05.18	2015.05.19	31.28	25.68	0.10
600869	智慧能源	2015.10.15	2015.10.16	2015.10.19	18.00	4.50	1.00
600887	伊利股份	2015.05.27	2015.05.28	2015.05.29	43.58	10.70	1.00
600960	渤海活塞	2015.04.13	2015.04.14	2015.04.15	18.08	7.05	0.60
600966	博汇纸业	2015.05.13	2015.05.14	2015.05.15	11.56	2.89	1.00
600985	雷鸣科化	2015.07.09	2015.07.10	2015.07.13	14.76	6.49	0.50
600993	马应龙	2015.07.20	2015.07.21	2015.07.22	31.60	18.68	0.30
601010	文峰股份	2015.04.09	2015.04.10	2015.04.13	49.18	7.81	1.50
601011	宝泰隆	2015.09.25	2015.09.28	2015.09.29	13.80	2.21	1.50
601012	隆基股份	2015.05.04	2015.05.05	2015.05.06	53.98	5.98	2.00
601021	春秋航空	2015.10.20	2015.10.21	2015.10.22	130.58	32.65	1.00
601028	玉龙股份	2015.05.05	2015.05.06	2015.05.07	32.16	6.61	1.20
601058	赛轮金宇	2015.05.07	2015.05.08	2015.05.11	20.09	4.97	1.00
601126	四方股份	2015.10.09	2015.10.12	2015.10.13	28.50	7.13	1.00
601169	北京银行	2015.07.16	2015.07.17	2015.07.20	12.72	8.66	0.20
601199	江南水务	2015.12.17	2015.12.18	2015.12.21	40.49	10.13	1.00
601216	君正集团	2015.07.14	2015.07.15	2015.07.16	20.80	6.41	0.80
601226	华电重工	2015.06.10	2015.06.11	2015.06.12	33.82	14.97	0.50
601231	环旭电子	2015.06.19	2015.06.23	2015.06.24	41.35	10.29	1.00
601258	庞大集团	2015.06.17	2015.06.18	2015.06.19	15.40	3.85	1.00
601318	中国平安	2015.07.24	2015.07.27	2015.07.28	80.62	20.03	1.00

年度上市公司送股
Bonus Shares in 2015

股票代码 Code	股票简称 Name	股权登记日 Registration Date	除净日 Ex-Date	送股上市 Bonus Share Listing	收盘价 Close Price	除净价 Ex-Price	送股比例 Bonus Share Ratio
601339	百隆东方	2015.06.26	2015.06.29	2015.06.30	21.72	5.38	1.00
601558	华锐风电	2014.12.30	2014.12.31	2015.01.05	4.43	1.97	0.50
601567	三星医疗	2015.06.16	2015.06.17	2015.06.18	55.25	8.82	1.50
601608	中信重工	2015.08.24	2015.08.25	2015.08.26	11.40	5.04	0.50
601633	长城汽车	2015.10.12	2015.10.13	2015.10.14	37.27	4.11	2.00
601636	旗滨集团	2015.09.22	2015.09.23	2015.09.24	12.18	1.93	1.50
601678	滨化股份	2015.04.14	2015.04.15	2015.04.16	15.47	6.80	0.50
601699	潞安环能	2015.06.10	2015.06.11	2015.06.12	15.78	9.32	0.30
601700	风范股份	2015.05.12	2015.05.13	2015.05.14	36.66	5.80	1.50
601877	正泰电器	2015.05.20	2015.05.21	2015.05.22	40.11	23.55	0.30
601890	亚星锚链	2015.06.08	2015.06.09	2015.06.10	31.66	7.52	1.05
601908	京运通	2015.09.25	2015.09.28	2015.09.29	12.75	3.19	1.00
601929	吉视传媒	2015.10.08	2015.10.09	2015.10.12	11.38	2.85	1.00
601965	中国汽研	2015.05.28	2015.05.29	2015.06.01	22.42	9.92	0.50
603000	人民网	2015.07.13	2015.07.14	2015.07.15	49.86	12.42	1.00
603002	宏昌电子	2015.12.22	2015.12.23	2015.12.24	12.16	5.41	0.50
603017	中衡设计	2015.04.23	2015.04.24	2015.04.27	95.18	23.65	1.00
603023	威帝股份	2015.09.23	2015.09.24	2015.09.25	37.39	16.62	0.50
603077	和邦生物	2015.09.01	2015.09.02	2015.09.07	18.85	2.09	2.00
603126	中材节能	2015.05.20	2015.05.21	2015.05.22	26.36	11.68	0.50
603128	华贸物流	2015.06.11	2015.06.12	2015.06.15	37.00	9.22	1.00
603168	莎普爱思	2015.06.08	2015.06.09	2015.06.10	218.51	34.84	1.50
603169	兰石重装	2015.04.23	2015.04.24	2015.04.27	32.98	12.83	0.60
603188	亚邦股份	2015.05.07	2015.05.08	2015.05.11	65.90	16.23	1.00
603288	海天味业	2015.04.14	2015.04.15	2015.04.16	68.90	21.01	0.80
603309	维力医疗	2015.09.24	2015.09.25	2015.09.28	70.40	17.53	1.00
603338	浙江鼎力	2015.09.01	2015.09.02	2015.09.07	77.42	12.37	1.50
603366	日出东方	2015.05.27	2015.05.28	2015.05.29	35.62	8.84	1.00
603558	健盛集团	2015.06.05	2015.06.08	2015.06.09	83.36	36.85	0.50
603558	健盛集团	2015.09.15	2015.09.16	2015.09.17	34.81	5.57	1.50
603601	再升科技	2015.05.25	2015.05.26	2015.05.27	91.56	18.88	1.20
603606	东方电缆	2015.05.27	2015.05.28	2015.05.29	70.55	14.56	1.20
603609	禾丰牧业	2015.09.17	2015.09.18	2015.09.21	14.51	6.45	0.50
603611	诺力股份	2015.05.28	2015.05.29	2015.06.01	101.36	25.22	1.00
603686	龙马环卫	2015.09.21	2015.09.22	2015.09.23	79.18	19.80	1.00
603818	曲美家居	2015.09.18	2015.09.21	2015.09.22	24.70	6.18	1.00
603885	吉祥航空	2015.12.25	2015.12.28	2015.12.29	75.00	18.60	1.00
603889	新澳股份	2015.05.28	2015.05.29	2015.06.01	62.65	27.62	0.50
603898	好莱客	2015.09.02	2015.09.07	2015.09.08	137.49	15.28	2.00
603901	永创智能	2015.10.08	2015.10.09	2015.10.12	46.22	11.56	1.00
603939	益丰药房	2015.11.05	2015.11.06	2015.11.09	79.81	19.83	1.00
603968	醋化股份	2015.09.18	2015.09.21	2015.09.22	47.30	11.83	1.00
603969	银龙股份	2015.05.28	2015.05.29	2015.06.01	63.62	15.87	1.00
603989	艾华集团	2015.10.12	2015.10.13	2015.10.14	47.01	20.45	0.50
603993	洛阳钼业	2015.11.12	2015.11.13	2015.11.16	14.32	1.59	2.00
603998	方盛制药	2015.04.16	2015.04.17	2015.04.20	48.50	28.63	0.30
900904	神奇 B 股	2015.07.08	2015.07.06	2015.07.10	1.31	1.77	0.20
900907	鼎立 B 股	2015.09.28	2015.09.24	2015.09.30	0.52	0.52	1.00
900913	国新 B 股	2015.04.22	2015.04.20	2015.04.24	2.09	1.95	0.70

上市公司通讯录
Contact Information of Listed Companies

A股代码 A Code	A股简称 A Name	B股代码 B Code	B股简称 B Name	行业分类名称 Industry Name	电话 Telephone
600000	浦发银行			货币金融服务	61618731
600004	白云机场			航空运输业	020-36063593
600005	武钢股份			黑色金属冶炼和压延加工业	027-86802031
600006	东风汽车			汽车制造业	027-84287977
600007	中国国贸			房地产业	010-65052288
600008	首创股份			水的生产和供应业	010-64689035
600009	上海机场			航空运输业	021-68341609
600010	包钢股份			黑色金属冶炼和压延加工业	0472-2189515
600011	华能国际			电力、热力生产和供应业	010-63226997
600012	皖通高速			道路运输业	0551-65338681
600015	华夏银行			货币金融服务	01085238888
600016	民生银行			货币金融服务	010－68467286
600017	日照港			水上运输业	0633-8387350
600018	上港集团			水上运输业	021-55333388-28066
600019	宝钢股份			黑色金属冶炼和压延加工业	26647000
600020	中原高速			道路运输业	0371-87166818
600021	上海电力			电力、热力生产和供应业	021-23108810
600022	山东钢铁			黑色金属冶炼和压延加工业	0531-67606886
600023	浙能电力			电力、热力生产和供应业	0571-8721 0223
600026	中海发展			水上运输业	65967160
600027	华电国际			电力、热力生产和供应业	8610-8356 7779
600028	中国石化			石油和天然气开采业	010-59962210
600029	南方航空			航空运输业	020-86124738;020-861
600030	中信证券			资本市场服务	010-84588581
600031	三一重工			专用设备制造业	0731-84031640/838
600033	福建高速			道路运输业	0591-87077366
600035	楚天高速			道路运输业	02784863942
600036	招商银行			货币金融服务	0755-83195105
600037	歌华有线			电信、广播电视和卫星传输服务	010-62035573
600038	中直股份			铁路、船舶、航空航天和其他运输设备制造业	0451-86528350
600039	四川路桥			土木工程建筑业	028-85126085
600048	保利地产			房地产业	020-89898001
600050	中国联通			电信、广播电视和卫星传输服务	010－52733331
600051	宁波联合			批发业	0574-86222002
600052	浙江广厦			房地产业	0571-87974176
600053	九鼎投资			房地产业	13803545388
600054	黄山旅游	900942	黄山B股	公共设施管理业	0559-5580567
600055	华润万东			专用设备制造业	010-84569688
600056	中国医药			医药制造业	010-67107667
600057	象屿股份			商务服务业	0592-2613677
600058	五矿发展			批发业	010-68494205
600059	古越龙山			酒、饮料和精制茶制造业	0575-85158435
600060	海信电器			计算机、通信和其他电子设备制造业	0532-83889556
600061	国投安信			资本市场服务	021-62838888
600062	华润双鹤			医药制造业	010-64742227*380
600063	皖维高新			化学纤维制造业	0551-82189280
600064	南京高科			房地产业	025-85800721
600066	宇通客车			汽车制造业	0371-66733790
600067	冠城大通			房地产业	0591-83350026
600068	葛洲坝			土木工程建筑业	027-83790801

上市公司通讯录
Contact Information of Listed Companies

公司全称 Company Name	通讯地址 Address	邮编 Zip
上海浦东发展银行股份有限公司	上海市中山东一路 12 号	200002
广州白云国际机场股份有限公司	广州白云国际机场南工作区机场股份公司机关办公楼	510470
武汉钢铁股份有限公司	武汉市青山区沿港路 3 号	430080
东风汽车股份有限公司	湖北省武汉经济技术开发区创业路 58 号	430056
中国国际贸易中心股份有限公司	北京市建国门外大街 1 号国贸大厦 29 层	100004
北京首创股份有限公司	北京市朝阳区北三环东路 8 号静安中心三层	100028
上海国际机场股份有限公司	上海市浦东新区启航路 900 号	201207
内蒙古包钢钢联股份有限公司	内蒙古包头市昆区包钢信息大楼东副楼	014010
华能国际电力股份有限公司	北京市西城区复兴门内大街 6 号华能大厦	100031
安徽皖通高速公路股份有限公司	安徽省合肥市望江西路 520 号	230088
华夏银行股份有限公司	北京市东城区建国门内大街 22 号华夏银行大厦	100005
中国民生银行股份有限公司	北京市海淀区中关村南大街 1 号友谊宾馆嘉宾楼 87707	100873
日照港股份有限公司	山东省日照市海滨二路 81 号	276826
上海国际港务（集团）股份有限公司	上海市虹口区东大名路 358 号国际港务大厦	200080
宝山钢铁股份有限公司	上海市宝山区富锦路 885 号宝钢指挥中心	201900
河南中原高速公路股份有限公司	郑州市郑东新区农业东路 100 号中原高速	450016
上海电力股份有限公司	上海市中山南路 268 号 1 号楼 36 层	200010
山东钢铁股份有限公司	济南市舜华路 2000 号，舜泰广场 4 号楼	250101
浙江浙能电力股份有限公司	杭州市天目山路 152 号浙能大楼 2 楼	310007
中海发展股份有限公司	东大名路 670 号 7 楼	200080
华电国际电力股份有限公司	北京市西城区宣武门内大街 2 号 B 座 12 至 16 层	100031
中国石油化工股份有限公司	中国北京市朝阳区朝阳门北大街 22 号	100728
中国南方航空股份有限公司	广东省广州市机场路 278 号	510405
中信证券股份有限公司	北京市朝阳区亮马桥路 48 号中信证券大厦；深圳市福田区中心三路 8 号中信证券大厦	100026
三一重工股份有限公司	湖南省长沙经济技术开发区	410100
福建发展高速公路股份有限公司	福州市东水路 18 号福建交通综合大楼 26 层	350001
湖北楚天高速公路股份有限公司	武汉市汉阳区龙阳大道 9 号	430051
招商银行股份有限公司	深圳市福田区深南大道 7088 号招商银行大厦	518040
北京歌华有线电视网络股份有限公司	北京市东城区青龙胡同 1 号歌华大厦七层	100007
中航直升机股份有限公司	哈尔滨市平房区友协大街 15 号	150066
四川路桥建设股份有限公司	成都市高新区九兴大道 12 号	610041
保利房地产（集团）股份有限公司	广州市海珠区阅江中路 688 号保利国际广场北塔 29-33 层	510308
中国联合网络通信股份有限公司	上海市长宁区长宁路 1033 号联通大厦 29 楼	200050
宁波联合集团股份有限公司	宁波开发区东海路 1 号联合大厦	315803
浙江广厦股份有限公司	浙江省杭州市玉古路 166 号	310013
江西中江地产股份有限公司	江西省南昌市东湖区沿江北大道 1379 号紫金城 A 栋写字楼	330096
黄山旅游发展股份有限公司	安徽黄山市黄山风景区汤泉	245800
华润万东医疗装备股份有限公司	北京市朝阳区酒仙桥东路 9 号院 3 号楼	100015
中国医药保健品股份有限公司	北京市东城区光明中街 18 号美康大厦	100061
厦门象屿股份有限公司	厦门现代物流园区象兴四路 21 号银盛大厦 9 楼	361022
五矿发展股份有限公司	北京市海淀区三里河路 5 号 B 座	100044
浙江古越龙山绍兴酒股份有限公司	浙江省绍兴市北海桥	312000
青岛海信电器股份有限公司	青岛市市南区东海西路 17 号海信大厦 15 层 1511 室	266071
中纺投资发展股份有限公司	上海市长宁区延安西路 1228 号嘉利大厦 33 层	200052
华润双鹤药业股份有限公司	北京市朝阳区望京利泽东二路 1 号	100102
安徽皖维高新材料股份有限公司	安徽省合肥市巢湖市皖维路 56 号	238002
南京高科股份有限公司	南京经济技术开发区新港大道 129 号	210038
郑州宇通客车股份有限公司	郑州市管城回族区宇通路宇通工业园	450016
冠城大通股份有限公司	福建省福州市鼓楼区五一中路 32 号元洪大厦 26 层	350005
中国葛洲坝集团股份有限公司	湖北省武汉市解放大道 558 号葛洲坝大酒店 B 座 7 层	430033

上市公司通讯录
Contact Information of Listed Companies

A 股代码 A Code	A 股简称 A Name	B 股代码 B Code	B 股简称 B Name	行业分类名称 Industry Name	电话 Telephone
600069	*ST 银鸽			造纸和纸制品业	0395-5615559
600070	浙江富润			纺织业	0575-87015763
600071	*ST 光学			仪器仪表制造业	0793-8259523
600072	钢构工程			铁路、船舶、航空航天和其他运输设备制造业	021-53023456*672
600073	上海梅林			食品制造业	021-53891298
600074	保千里			计算机、通信和其他电子设备制造业	0510-86686352
600075	新疆天业			化学原料和化学制品制造业	0993-2623118
600076	青鸟华光			计算机、通信和其他电子设备制造业	0536-2991601
600077	宋都股份			房地产业	0571-86759619
600078	澄星股份			化学原料和化学制品制造业	0510-80622329
600079	人福医药			医药制造业	027-87597232
600080	金花股份			医药制造业	029-81778688
600081	东风科技			汽车制造业	021-62033003*52
600082	海泰发展			综合	022-85689891
600083	博信股份			计算机、通信和其他电子设备制造业	0755-86278086
600084	中葡股份			酒、饮料和精制茶制造业	0991-8868389
600085	同仁堂			医药制造业	010-67020018
600086	东方金钰			其他制造业	0755-25266298
600088	中视传媒			广播、电视、电影和影视录音制作业	010-65999008
600089	特变电工			电气机械和器材制造业	0994-2724766
600090	啤酒花			酒、饮料和精制茶制造业	0991-3687305
600091	*ST 明科			化学原料和化学制品制造业	0472-2207068
600093	禾嘉股份			汽车制造业	028-85155498
600094	大名城	900940	大名城 B	房地产业	021-62479058
600095	哈高科			农副食品加工业	0451-84348141
600096	云天化			化学原料和化学制品制造业	0871-66242239
600097	开创国际			渔业	021-65686875
600098	广州发展			电力、热力生产和供应业	020-37850228
600099	林海股份			铁路、船舶、航空航天和其他运输设备制造业	0523-86992165
600100	同方股份			计算机、通信和其他电子设备制造业	010－82399888
600101	明星电力			电力、热力生产和供应业	0825-2210829
600103	青山纸业			造纸和纸制品业	0591-83367773
600104	上汽集团			汽车制造业	(021)22011290
600105	永鼎股份			电气机械和器材制造业	0512-63271201
600106	重庆路桥			道路运输业	023-62803729
600107	美尔雅			纺织服装、服饰业	0714－6360299
600108	亚盛集团			农业	0931-8857178
600109	国金证券			资本市场服务	021-61357527
600110	中科英华			有色金属冶炼和压延加工业	0431-85161088
600111	北方稀土			有色金属冶炼和压延加工业	0472-2207525
600112	天成控股			电气机械和器材制造业	0852－8634986
600113	浙江东日			批发业	0577-88852188
600114	东睦股份			金属制品业	0574-87840906
600115	东方航空			航空运输业	22330928
600116	三峡水利			电力、热力生产和供应业	023-63801161
600117	西宁特钢			黑色金属冶炼和压延加工业	0971-5299186
600118	中国卫星			计算机、通信和其他电子设备制造业	010-68197793
600119	长江投资			道路运输业	68407009
600120	浙江东方			批发业	0571-87600320
600121	郑州煤电			煤炭开采和洗选业	0371-87785116

上市公司通讯录
Contact Information of Listed Companies

公司全称 Company Name	通讯地址 Address	邮编 Zip
河南银鸽实业投资股份有限公司	河南省漯河市人民东路与东环路交叉口银鸽投资研发大厦 603 室	462000
浙江富润股份有限公司	浙江省诸暨市陶朱南路 12 号	311800
凤凰光学股份有限公司	江西省上饶市光学路 1 号	334000
中船江南重工股份有限公司	上海市鲁班路 600 号江南造船大厦 11-13 楼	200023
上海梅林正广和股份有限公司	上海市新闸路 1418 号	200040
江苏中达新材料集团股份有限公司	江苏省江阴市滨江西路 589 号亚包公司二楼 212 室	214443
新疆天业股份有限公司	新疆石河子市经济技术开发区北三东路 36 号	832000
潍坊北大青鸟华光科技股份有限公司	山东省潍坊市高新技术产业开发区北宫东街 6 号	261061
宋都基业投资股份有限公司	杭州市富春路 789 号 5 楼	110168
江苏澄星磷化工股份有限公司	江苏省江阴市梅园大街 618 号	214432
人福医药集团股份公司	武汉市东湖高新区高新大道 666 号人福医药大厦 713 室	430075
金花企业(集团)股份有限公司	西安高新技术产业开发区科技四路 202(710065)	710065
东风电子科技股份有限公司	上海市中山北路 2000 号 22 楼	200063
天津海泰科技发展股份有限公司	天津新技术产业园区华苑产业区海泰西路 18 号软件与服务外包产业基地中北楼五层	300384
广东博信投资控股股份有限公司	广东省清远市新城方正二街 1 号自来水大厦	511518
中信国安葡萄酒业股份有限公司	新疆乌鲁木齐市红山路 39 号	830002
北京同仁堂股份有限公司	北京市东城区崇外大街 42 号，北京市东城区东兴隆街 52 号	100062
东方金钰股份有限公司	深圳市罗湖区贝丽北路水贝工业园 2 栋东方金钰大厦 3 楼	518020
中视传媒股份有限公司	上海浦东新区福山路 450 号新天国际大厦 17 层 A 座	200122
特变电工股份有限公司	新疆昌吉市延安南路 52 号	831100
新疆啤酒花股份有限公司	新疆乌鲁木齐经济技术开发区上海路 130 号	830026
包头明天科技股份有限公司	包头稀土高新技术产业开发区曙光路 22 号	014030
四川禾嘉股份有限公司	四川省成都市高新技术开发区九兴大道 3 号	610041
上海大名城企业股份有限公司	上海市闵行区红松东路 1116 号 1 幢 5 楼 A 区	201103
哈尔滨高科技(集团)股份有限公司	哈尔滨开发区迎宾路集中区天平路 2 号	150078
云南云天化股份有限公司	云南省昆明市滇池路 1417 号	650000
上海开创国际海洋资源股份有限公司	上海市杨浦区共青路 448 号	200090
广州发展集团股份有限公司	广州市珠江新城临江大道 3 号发展中心 31-33 楼	510623
林海股份有限公司	江苏省泰州市迎春西路 199 号	225300
同方股份有限公司	北京市海淀区五道口清华同方科技广场	100084
四川明星电力股份有限公司	四川省遂宁市开发区明月路 88 号	629000
福建省青山纸业股份有限公司	福建省福州市鼓楼区五一北路 171 号新都会花园广场 16 层	350005
上海汽车集团股份有限公司	上海市静安区威海路 489 号上海汽车大厦	200041
江苏永鼎股份有限公司	江苏省吴江市芦墟镇汾湖经济技术开发区	215211
重庆路桥股份有限公司	重庆南坪经济技术开发区丹龙路 11 号	400060
湖北美尔雅股份有限公司	湖北省黄石市团城山开发区 8 号小区美尔雅工业园	435003
甘肃亚盛实业(集团)股份有限公司	甘肃省兰州市城关区雁兴路 21 号 10－15 楼	730010
国金证券股份有限公司	成都市青羊区东城根上街 95 号 16 楼	610015
中科英华高技术股份有限公司	吉林省长春市高新技术开发区火炬路 286 号	130022
内蒙古包钢稀土(集团)高科技股份有限公司	内蒙古包头市稀土高新技术产业开发区黄河路 83 号	014030
贵州长征电气股份有限公司	贵州省遵义市武汉路长征电气工业园	563002
浙江东日股份有限公司	浙江省温州市矮凳桥 92 号	325003
东睦新材料集团股份有限公司	宁波市鄞州工业园区（姜山）景江路 8 号	315191
中国东方航空股份有限公司	上海市长宁区空港三路 92 号 1 号楼 3 楼	200335
重庆三峡水利电力(集团)股份有限公司	重庆市渝中区邹容路 68 号大都会商厦 3611 室	400010
西宁特殊钢股份有限公司	青海省西宁市柴达木西路 52 号	810005
中国东方红卫星股份有限公司	北京市海淀区中关村南大街 31 号神舟科技大厦 12 层	100081
长发集团长江投资实业股份有限公司	上海闵行区光华路 888 号	201108
浙江东方集团股份有限公司	杭州西湖大道１２号 新东方大厦 A 座	310009
郑州煤电股份有限公司	郑州市中原区中原西路 188 号	450007

上市公司通讯录
Contact Information of Listed Companies

A 股代码 A Code	A 股简称 A Name	B 股代码 B Code	B 股简称 B Name	行业分类名称 Industry Name	电话 Telephone
600122	宏图高科			零售业	025-83274691
600123	兰花科创			煤炭开采和洗选业	0356-2189698
600125	铁龙物流			铁路运输业	0411-82590881
600126	杭钢股份			黑色金属冶炼和压延加工业	0571-88132917
600127	金健米业			农副食品加工业	0736-2588288
600128	弘业股份			批发业	025-52308738
600129	太极集团			医药制造业	023-89886719
600130	波导股份			计算机、通信和其他电子设备制造业	0574-88918939
600131	岷江水电			电力、热力生产和供应业	028-80808555
600132	重庆啤酒			酒、饮料和精制茶制造业	023-89139399
600133	东湖高新			土木工程建筑业	027-87172021
600135	乐凯胶片			化学原料和化学制品制造业	0312-3302372
600136	道博股份			广播、电视、电影和影视录音制作业	027-81732221
600137	浪莎股份			纺织服装、服饰业	0831-8216216
600138	中青旅			商务服务业	010-58158717
600139	西部资源			有色金属矿采选业	028-85915709
600141	兴发集团			化学原料和化学制品制造业	0717-6760939
600143	金发科技			橡胶和塑料制品业	020-66818881
600145	*ST 新亿			非金属矿物制品业	0851-5833622
600146	商赢环球			化学原料和化学制品制造业	010-84987171
600148	长春一东			汽车制造业	0431-85158520
600149	廊坊发展			综合	021-53960935
600150	中国船舶			铁路、船舶、航空航天和其他运输设备制造业	021-68860618
600151	航天机电			计算机、通信和其他电子设备制造业	64827176
600152	维科精华			纺织业	0574-87341480
600153	建发股份			批发业	0592-2263616
600155	宝硕股份			橡胶和塑料制品业	0312-3109607
600156	华升股份			纺织业	0731-85237877
600157	永泰能源			煤炭开采和洗选业	0351－8366508
600158	中体产业			房地产业	010-65524133
600159	大龙地产			房地产业	010-69445636
600160	巨化股份			化学原料和化学制品制造业	0570-3091758
600161	天坛生物			医药制造业	010-65724045
600162	香江控股			房地产业	020-34821006
600163	*ST 闽能			造纸和纸制品业	0599-8808806
600165	新日恒力			金属制品业	0952-3671222
600166	福田汽车			汽车制造业	010-80716459
600167	联美控股			电力、热力生产和供应业	024-23811545
600168	武汉控股			水的生产和供应业	027-85790699
600169	太原重工			专用设备制造业	0351-6361155
600170	上海建工			土木工程建筑业	021-35312079
600171	上海贝岭			计算机、通信和其他电子设备制造业	021-24261341
600172	黄河旋风			非金属矿物制品业	0374-6108899
600173	卧龙地产			房地产业	0575-82177017
600175	美都能源			综合	0571-88301613
600176	中国巨石			非金属矿物制品业	010-68139199
600177	雅戈尔			房地产业	0574-87425136
600178	东安动力			汽车制造业	0451-86528173
600179	黑化股份			石油加工、炼焦和核燃料加工业	0452-8927129
600180	瑞茂通			批发业	0371-89988090

上市公司通讯录
Contact Information of Listed Companies

公司全称 Company Name	通讯地址 Address	邮编 Zip
江苏宏图高科技股份有限公司	江苏省南京市雨花台区软件大道 60 号 4 楼	210012
山西兰花科技创业股份有限公司	山西省晋城市凤台东街 2288 号兰花科技大厦	048000
中铁铁龙集装箱物流股份有限公司	辽宁省大连市中山区新安街 1 号	116001
杭州钢铁股份有限公司	浙江省杭州市半山路 178 号	310022
湖南金健米业股份有限公司	湖南省常德市德山经济开发区金健米业总部办公大楼	415001
江苏弘业股份有限公司	江苏省南京市中华路 50 号弘业大厦	210001
重庆太极实业（集团）股份有限公司	重庆市渝北区龙塔街道黄龙路 38 号	401147
宁波波导股份有限公司	浙江省奉化市大成东路 999 号	315500
四川岷江水利电力股份有限公司	四川省都江堰市奎光路 301 号	611830
重庆啤酒股份有限公司	重庆市九龙坡区马王乡龙泉村 1 号	401123
武汉东湖高新集团股份有限公司	武汉市东湖开发区佳园路 1 号东湖高新大楼	430074
乐凯胶片股份有限公司	河北省保定市乐凯南大街 6 号	071054
武汉道博股份有限公司	武汉东湖新技术开发区光谷大道 112 号当代国际花园三栋 C 座二楼	430205
四川浪莎控股股份有限公司	四川省宜宾市外南街 63 号进出口大厦 8 楼	644000
中青旅控股股份有限公司	北京市东城区东直门南大街 5 号中青旅大厦	100007
四川西部资源控股股份有限公司	四川省成都市锦江区锦江工业开发区毕升路 168 号	610063
湖北兴发化工集团股份有限公司	湖北省宜昌市发展大道 97 号宜昌三峡企业总部基地 D7 号楼二层（通讯地址）	443000
金发科技股份有限公司	广州市高新技术产业开发区科丰路 33 号	510663
贵州国创能源控股(集团)股份有限公司	贵州省贵阳市正新街 9 号富水花园 D 座 30-3 号	550003
宁夏大元化工股份有限公司	北京市朝阳区北辰东路 8 号北辰时代大厦 1406 室	100101
长春一东离合器股份有限公司	吉林省长春市高新技术产业开发区超然街 2555 号	130103
廊坊发展股份有限公司	廊坊市开发区科技谷园区青果路 99 号	065000
中国船舶工业股份有限公司	上海市浦东大道 1 号	200120
上海航天汽车机电股份有限公司	上海市漕溪路 222 号航天大厦南楼八楼	200235
宁波维科精华集团股份有限公司	宁波市和义路 99 号维科大厦 10 楼	315016
厦门建发股份有限公司	厦门市鹭江道 52 号海滨大厦七楼	361001
河北宝硕股份有限公司	河北省保定市国家高新技术产业开发区朝阳北大街 1098 号	071051
湖南华升股份有限公司	湖南省长沙市芙蓉中路三段 420 号	410015
永泰能源股份有限公司	山西省太原市小店区亲贤北街 9 号双喜广场 26－27F	030006
中体产业集团股份有限公司	北京市朝阳区朝外大街 225 号	100020
北京市大龙伟业房地产开发股份有限公司	北京市顺义区府前东街甲 2 号	101300
浙江巨化股份有限公司	浙江省衢州市柯城区	324004
北京天坛生物制品股份有限公司	北京市朝阳区三间房南里四号天坛生物综合楼 403 室　董事会办公室	100024
深圳香江控股股份有限公司	广东省广州市番禺区番禺大道锦绣香江花园香江控股办公楼	511442
福建省南纸股份有限公司	福建省南平市滨江北路 177 号	353000
宁夏新日恒力钢丝绳股份有限公司	宁夏银川市解放西街 33 号建发现代城金座 10 楼	750001
北汽福田汽车股份有限公司	北京市昌平区沙河镇沙阳路	102206
联美控股股份有限公司	沈阳市浑南新区远航中路 1 号	110168
武汉三镇实业控股股份有限公司	武汉市武昌区友谊大道特 8 号长江隧道公司管理大楼	430062
太原重工股份有限公司	太原市万柏林区玉河街 53 号	030024
上海建工集团股份有限公司	上海市虹口区东大名路 666 号上海建工大厦	200080
上海贝岭股份有限公司	上海市漕河泾开发区宜山路 810 号	200233
河南黄河旋风股份有限公司	河南省长葛市人民路 200 号	461500
卧龙地产集团股份有限公司	浙江省上虞市经济开发区人民西路 1801 号	312300
美都控股股份有限公司	杭州市拱墅区密渡桥路 70 号美都恒升名楼 4F	310005
中国玻纤股份有限公司	北京市海淀区复兴路 17 号国海广场 2 号楼 10 层	100036
雅戈尔集团股份有限公司	浙江宁波鄞县大道西段 2 号	315153
哈尔滨东安汽车动力股份有限公司	哈尔滨市平房区保国街 51 号	150066
黑龙江黑化股份有限公司	黑龙江省齐齐哈尔市富拉基尔区向阳大街 2 号	161041
瑞茂通供应链管理股份有限公司	河南省郑州市郑东新区商务外环路 20 号海联大厦 20 楼	450000

上市公司通讯录
Contact Information of Listed Companies

A 股代码 A Code	A 股简称 A Name	B 股代码 B Code	B 股简称 B Name	行业分类名称 Industry Name	电话 Telephone
600182	S 佳通			橡胶和塑料制品业	021-22073138
600183	生益科技			计算机、通信和其他电子设备制造业	0769-22271828*8183
600184	光电股份			专用设备制造业	0710-3349838
600185	格力地产			房地产业	0756-8860606
600186	莲花味精			食品制造业	0394-4298889
600187	国中水务			水的生产和供应业	010-51695610
600188	兖州煤业			煤炭开采和洗选业	0537-5384031
600189	吉林森工			木材加工和木、竹、藤、棕、草制品业	0431-88480580
600190	锦州港	900952	锦港 B 股	水上运输业	0416-3586462
600191	华资实业			农副食品加工业	0472-6957558
600192	长城电工			电气机械和器材制造业	0931-8415501
600193	创兴资源			黑色金属矿采选业	021-58125999-8037
600195	中牧股份			医药制造业	010-63701951
600196	复星医药			医药制造业	021-63321165
600197	伊力特			酒、饮料和精制茶制造业	0991-3667490
600198	大唐电信			计算机、通信和其他电子设备制造业	010-62303607
600199	金种子酒			酒、饮料和精制茶制造业	0558-2210568
600200	江苏吴中			综合	0512-65272131
600201	生物股份			医药制造业	0471-3315176
600202	哈空调			电气机械和器材制造业	0451-84612279
600203	福日电子			批发业	13615031212,0591-833
600206	有研新材			有色金属冶炼和压延加工业	010-82240626
600207	安彩高科			燃气生产和供应业	0372-3733820
600208	新湖中宝			房地产业	0571-87395003
600209	罗顿发展			建筑装饰和其他建筑业	0898-66266364
600210	紫江企业			橡胶和塑料制品业	62377118-858
600211	西藏药业			医药制造业	028-86653915
600212	江泉实业			综合	0539-7100388
600213	亚星客车			汽车制造业	0514-82989880
600215	长春经开			房地产业	0431-84644225
600216	浙江医药			医药制造业	0571-87213883
600217	*ST 秦岭			非金属矿物制品业	0919-6233649
600218	全柴动力			通用设备制造业	0550-5038369
600219	南山铝业			有色金属冶炼和压延加工业	0535-8616188
600220	江苏阳光			纺织业	0510-86121688
600221	海南航空	900945	海航 B 股	航空运输业	0898-66739659
600222	太龙药业			医药制造业	0371-67986158
600223	鲁商置业			房地产业	0531-66697002
600225	天津松江			房地产业	022-58915818
600226	升华拜克			化学原料和化学制品制造业	0572-8402738
600227	赤天化			化学原料和化学制品制造业	0852-2878788
600228	昌九生化			化学原料和化学制品制造业	0791-88504560
600229	城市传媒			新闻和出版业	0532-88082817
600230	沧州大化			化学原料和化学制品制造业	0317-3556143
600231	凌钢股份			黑色金属冶炼和压延加工业	0421-6838192
600232	金鹰股份			纺织业	0580-8021228
600233	大杨创世			纺织服装、服饰业	0411-87555199
600234	山水文化			计算机、通信和其他电子设备制造业	0351-4040922
600235	民丰特纸			造纸和纸制品业	0573-82839666
600236	桂冠电力			电力、热力生产和供应业	0771-6118608

上市公司通讯录
Contact Information of Listed Companies

公司全称 Company Name	通讯地址 Address	邮编 Zip
佳通轮胎股份有限公司	上海市长宁区临虹路 280－2 号	200335
广东生益科技股份有限公司	广东省东莞市万江区莞穗大道４１１号	523039
北方光电股份有限公司	陕西省西安市长乐中路 35 号	710043
格力地产股份有限公司	珠海市石花西路 213 号	519020
河南莲花味精股份有限公司	河南省项城市莲花大道 18 号	466200
黑龙江国中水务股份有限公司	北京市东城区灯市口大街 33 号国中商业大厦 10 层	100006
兖州煤业股份有限公司	山东省邹城市凫山南路 298 号	273500
吉林森林工业股份有限公司	吉林省长春市朝阳区延安大街 1399 号	130012
锦州港股份有限公司	锦州经济技术开发区锦港大街一段 1 号	121007
包头华资实业股份有限公司	包头市东河区	014045
兰州长城电工股份有限公司	兰州市城关区农民巷 215 号	730000
上海创兴资源开发股份有限公司	上海市浦东新区康桥路 1388 号 2 楼	201315
中牧实业股份有限公司	北京市丰台区南四环西路 188 号总部基地八区 16 号楼	100070
上海复星医药（集团）股份有限公司	上海市复兴东路 2 号 911 室	200010
新疆伊力特实业股份有限公司	新疆乌鲁木齐市昆明路 148 号新捷小区 1 号楼 2 单元 102 室	830011
大唐电信科技股份有限公司	北京市海淀区永嘉北路 6 号	100094
安徽金种子酒业股份有限公司	安徽省阜阳市莲花路 259 号	236023
江苏吴中实业股份有限公司	江苏省苏州市吴中区宝带东路 388 号	215128
内蒙古金宇集团股份有限公司	内蒙古呼和浩特市鄂尔多斯大街 26 号	010020
哈尔滨空调股份有限公司	哈尔滨高新技术开发区迎宾路集中区滇池街 7 号	150078
福建福日电子股份有限公司	福建省福州市六一中路 106 号榕航花园 1 号楼 3 层	350005
有研半导体材料股份有限公司	北京市新街口外大街２号	100088
河南安彩高科股份有限公司	河南省安阳市中州路南段	455000
新湖中宝股份有限公司	浙江省杭州市西溪路 128 号新湖商务大厦 11 层	310007
罗顿发展股份有限公司	海南省海口市人民大道 68 号北 12 楼	570208
上海紫江企业集团股份有限公司	上海市虹桥路 2272 号上海虹桥商务大厦 7 楼 C 座	200336
西藏诺迪康药业股份有限公司	四川省成都市中新街 49 号锦贸大厦 18 楼	610016
山东江泉实业股份有限公司	山东省临沂市罗庄区江泉工业园三江路 6 号	276017
扬州亚星客车股份有限公司	江苏省扬州市渡江南路 41 号	225001
长春经开(集团)股份有限公司	吉林省长春市自由大路 5188 号	130031
浙江医药股份有限公司	浙江省杭州市拱墅区登云路 268 号	310011
陕西秦岭水泥(集团)股份有限公司	陕西省铜川市耀州区东郊	727100
安徽全柴动力股份有限公司	安徽省全椒县襄河镇吴敬梓路 788 号	239500
山东南山铝业股份有限公司	山东省龙口市东江镇南山村	265706
江苏阳光股份有限公司	江苏省江阴市新桥镇马嘶桥	214426
海南航空股份有限公司	海南省海口市国兴大道 7 号海航大厦	570203
河南太龙药业股份有限公司	郑州市高新技术产业开发区金梭路 8 号	450001
鲁商置业股份有限公司	山东省济南市历下区经十路 9777 号 2 号楼 21 层	250014
天津松江股份有限公司	天津市西青区友谊南路与外环线交口东北侧环岛西路天湾园公建 1 号楼	300221
浙江升华拜克生物股份有限公司	浙江省德清县武康镇长虹中街 333 号（德清县科技创业园内）	313200
贵州赤天化股份有限公司	贵州省赤水市化工路	564707
江西昌九生物化工股份有限公司	江西省南昌市青山湖区尤氨路	330012
青岛碱业股份有限公司	青岛市四流北路 78 号	266043
沧州大化股份有限公司	河北省沧州市永济东路 20 号沧州大化办公楼	061000
凌源钢铁股份有限公司	辽宁省凌源市钢铁路３号	122500
浙江金鹰股份有限公司	浙江省舟山市定海区小沙镇	316051
大连大杨创世股份有限公司	大连经济技术开发区哈尔滨路２３号	116600
太原天龙集团股份有限公司	太原市迎泽大街 289 号	030001
民丰特种纸股份有限公司	浙江省嘉兴市用里街 70 号	314000
广西桂冠电力股份有限公司	中国广西南宁市民族大道 126 号	530029

上市公司通讯录
Contact Information of Listed Companies

A 股代码 A Code	A 股简称 A Name	B 股代码 B Code	B 股简称 B Name	行业分类名称 Industry Name	电话 Telephone
600237	铜峰电子			计算机、通信和其他电子设备制造业	0562-5883188
600238	海南椰岛			房地产业	0898-66522612
600239	云南城投			房地产业	0871-67199767
600240	华业资本			房地产业	010－85710732
600241	时代万恒			批发业	0411-82357777-699
600242	*ST 中昌			水上运输业	0662-2881777
600243	青海华鼎			通用设备制造业	0971-7111668
600246	万通地产			房地产业	010-59070788
600247	*ST 成城			批发业	010-63220272
600248	延长化建			土木工程建筑业	029-87016796
600249	两面针			化学原料和化学制品制造业	0772-2506159
600250	南纺股份			批发业	025-83331716
600251	冠农股份			农副食品加工业	0996-2113386
600252	中恒集团			医药制造业	0774-3939138
600255	鑫科材料			有色金属冶炼和压延加工业	0553-5840468
600256	广汇能源			石油和天然气开采业	0991-2365211
600257	大湖股份			渔业	0736-7252796
600258	首旅酒店			住宿业	010-66014466*446
600259	广晟有色			有色金属矿采选业	0898-68669470
600260	凯乐科技			综合	027-87312527
600261	阳光照明			电气机械和器材制造业	0575-2027721
600262	北方股份			专用设备制造业	0472-2642210
600265	ST 景谷			林业	0879-5226502
600266	北京城建			房地产业	010-82275538
600267	海正药业			医药制造业	057185278141\0576888
600268	国电南自			电气机械和器材制造业	025-83410173
600269	赣粤高速			道路运输业	0791-6539322
600270	外运发展			航空运输业	010-80418268
600271	航天信息			计算机、通信和其他电子设备制造业	010-88439766
600272	开开实业	900943	开开 B 股	零售业	86-21-62712135
600273	嘉化能源			化学原料和化学制品制造业	0512-58438222
600275	武昌鱼			房地产业	010-84094197
600276	恒瑞医药			医药制造业	0518-85469805
600277	亿利洁能			化学原料和化学制品制造业	010-56632432
600278	东方创业			批发业	021-62785489
600279	重庆港九			水上运输业	023-63100993
600280	中央商场			零售业	025-66008061
600281	太化股份			石油加工、炼焦和核燃料加工业	0351-5638016
600282	南钢股份			黑色金属冶炼和压延加工业	025-57072069,025-570
600283	钱江水利			水的生产和供应业	0571-87974378
600284	浦东建设			土木工程建筑业	021-68765762
600285	羚锐制药			医药制造业	0376-2973569
600287	江苏舜天			批发业	025-52875624
600288	大恒科技			计算机、通信和其他电子设备制造业	010-82827855
600289	亿阳信通			软件和信息技术服务业	010-88158699
600290	华仪电气			电气机械和器材制造业	0577-62661122
600291	西水股份			非金属矿物制品业	0473-4663855
600292	中电远达			生态保护和环境治理业	023-65933055
600293	三峡新材			非金属矿物制品业	0717-3280108
600295	鄂尔多斯	900936	鄂资 B 股	黑色金属冶炼和压延加工业	0477-8543509

上市公司通讯录
Contact Information of Listed Companies

公司全称 Company Name	通讯地址 Address	邮编 Zip
安徽铜峰电子股份有限公司	安徽省铜陵市经济技术开发区铜峰工业园	244000
海南椰岛（集团）股份有限公司	海南省海口市龙昆北路 13-1 号	570105
云南城投置业股份有限公司	云南省昆明市民航路 400 号云南城投大厦三楼	650200
北京华业地产股份有限公司	北京市朝阳区东四环中路 39 号华业国际中心 A 座 16 层	100025
辽宁时代万恒股份有限公司	大连市中山区港湾街 7 号时代大厦	116001
中昌海运股份有限公司	广东省阳江市江城区安宁路 A7 号金达商贸大厦 7-8 楼	529500
青海华鼎实业股份有限公司	青海省西宁市七一路 318 号	810000
北京万通地产股份有限公司	北京市朝阳区朝外大街甲 6 号万通中心写字楼 D 座 4 层	100020
吉林成城集团股份有限公司	北京市朝阳区朝阳公园路 19 号佳隆国际大厦 A 座 1204 室	100026
陕西延长石油化建股份有限公司	杨凌农业高新技术产业示范区新桥北路 2 号	712100
柳州两面针股份有限公司	广西柳州市东环路 282 号	545006
南京纺织品进出口股份有限公司	南京市鼓楼区云南北路 77 号	210009
新疆冠农果茸集团股份有限公司	新疆库尔勒市团结南路 48 号小区	841000
广西梧州中恒集团股份有限公司	广西梧州工业园区工业大道 1 号第 1 幢	543000
安徽鑫科新材料股份有限公司	安徽省芜湖市经济技术开发区珠江路 23 号	241009
广汇能源股份有限公司	乌鲁木齐市新华北路 165 号中天广场 27 层	830002
大湖水殖股份有限公司	湖南省常德市洞庭大道西段 388 号	415000
北京首都旅游股份有限公司	北京市西城区复兴门内大街 51 号（民族饭店四层）	100031
广晟有色金属股份有限公司	广州市广州大道北 613 号振兴商业大厦四楼	510501
湖北凯乐科技股份有限公司	湖北省武汉市武昌区武珞路五巷 46 号凯乐花园 7 号楼 1 单元 2004 室	430070
浙江阳光照明电器集团股份有限公司	浙江省上虞市凤山路 485 号阳光大厦	312300
内蒙古北方重型汽车股份有限公司	内蒙古包头稀土高新技术产业开发区北方股份大厦	014030
云南景谷林业股份有限公司	云南省景谷傣族彝族自治县林纸路 201 号	666400
北京城建投资发展股份有限公司	北京市朝阳区北土城西路 11 号城建开发大厦	100029
浙江海正药业股份有限公司	浙江省台州市椒江区外沙路 46 号	318000
国电南京自动化股份有限公司	江苏省南京市浦口高新技术开发区星火路 8 号	210032
江西赣粤高速公路股份有限公司	南昌市西湖区朝阳洲中路 367 号赣粤大厦	330025
中外运空运发展股份有限公司	北京市顺义区北京天竺空港工业区 A 区天柱路 20 号	101312
航天信息股份有限公司	北京市海淀区杏石口路甲 18 号	100195
上海开开实业股份有限公司	上海市静安区新闸路 921 号(国际丽都)二楼	200041
华芳纺织股份有限公司	张家港市城北路 178 号华芳国际大厦 17 层	215600
湖北武昌鱼股份有限公司	北京市东城区东直门南大街 9 号华普花园 D 座 2503	10000
江苏恒瑞医药股份有限公司	江苏连云港经济技术开发区昆仑山路 7 号	222047
内蒙古亿利能源股份有限公司	北京市西城区宣武门西大街甲 129 号金隅大厦 F15A	100031
东方国际创业股份有限公司	上海市娄山关路 85 号 A 座 2003 室	200336
重庆港九股份有限公司	重庆市江北区海尔路 318 号保税港大楼 10 楼	400025
南京中央商场（集团）股份有限公司	江苏省南京市建邺区雨润路 10 号	210041
太原化工股份有限公司	山西省太原市晋源区义井街 20 号主楼五层	030021
南京钢铁股份有限公司	江苏省南京市六合区卸甲甸南钢集团新大楼	210035
钱江水利开发股份有限公司	浙江省杭州市三台山路 3 号	310013
上海浦东路桥建设股份有限公司	上海市浦东新区银城中路 8 号中融碧玉蓝天大厦 14 楼	200122
河南羚锐制药股份有限公司	河南省新县解放路 59 号	465550
江苏舜天股份有限公司	南京市宁南大道 21 号 B 座	210012
大恒新纪元科技股份有限公司	北京市海淀区苏州街 3 号大恒科技大厦十五层	100080
亿阳信通股份有限公司	北京市海淀区杏石口路 99 号 B 座	100093
华仪电气股份有限公司	浙江省乐清市经济开发区（盐盆新区）纬九路华仪工业园	325600
内蒙古西水创业股份有限公司	内蒙古乌海市海南区西卓子山街	016032
中电投远达环保（集团）股份有限公司	重庆市北部新区黄环北路 10 号 1 栋	401122
湖北三峡新型建材股份有限公司	湖北省当阳市经济技术开发区	444105
内蒙古鄂尔多斯资源股份有限公司	内蒙古鄂尔多斯市东胜区达拉特南路 102 号	017000

上市公司通讯录
Contact Information of Listed Companies

A 股代码 A Code	A 股简称 A Name	B 股代码 B Code	B 股简称 B Name	行业分类名称 Industry Name	电话 Telephone
600297	广汇汽车			零售业	0411-84820297
600298	安琪酵母			食品制造业	0717-6369865
600299	安迪苏			化学原料和化学制品制造业	010-61958805
600300	维维股份			酒、饮料和精制茶制造业	0516-83398030
600301	*ST 南化			化学原料和化学制品制造业	0771-4835135
600302	标准股份			专用设备制造业	029-88279352
600303	曙光股份			汽车制造业	0415-4139071
600305	恒顺醋业			食品制造业	0511-85226003
600306	商业城			零售业	024-24861933
600307	酒钢宏兴			黑色金属冶炼和压延加工业	0937-6715370
600308	华泰股份			造纸和纸制品业	0546-7798848
600309	万华化学			化学原料和化学制品制造业	0535-3388898
600310	桂东电力			电力、热力生产和供应业	0774-5297796
600311	ST 荣华			有色金属矿采选业	0935-6151222
600312	平高电气			电气机械和器材制造业	0375-3804018
600313	农发种业			农业	010-83607416-817
600315	上海家化			化学原料和化学制品制造业	65123206
600316	洪都航空			铁路、船舶、航空航天和其他运输设备制造业	0791-87668162
600317	营口港			水上运输业	0417-6268506
600318	巢东股份			非金属矿物制品业	0551-88610368
600319	亚星化学			化学原料和化学制品制造业	0536-8591007
600320	振华重工	900947	振华 B 股	专用设备制造业	58395000
600321	国栋建设			木材加工和木、竹、藤、棕、草制品业	028-86119148
600322	天房发展			房地产业	022-23314949
600323	瀚蓝环境			水的生产和供应业	0757-86282425
600325	华发股份			房地产业	0756-8282111
600326	西藏天路			土木工程建筑业	0891-6902702
600327	大东方			零售业	0510-82702093
600328	兰太实业			化学原料和化学制品制造业	0483-8182718
600329	中新药业			医药制造业	022-27020892
600330	天通股份			计算机、通信和其他电子设备制造业	0573-80701333
600331	宏达股份			有色金属冶炼和压延加工业	028-86141081
600332	白云山			医药制造业	020-81218084
600333	长春燃气			石油加工、炼焦和核燃料加工业	0431-85954615
600335	国机汽车			批发业	010-82169006
600336	澳柯玛			电气机械和器材制造业	0532-86765168
600337	美克家居			零售业	0991-3836028
600338	西藏珠峰			有色金属冶炼和压延加工业	021-66284960
600339	天利高新			化学原料和化学制品制造业	0992-3658662
600340	华夏幸福			房地产业	010-56982706
600343	航天动力			专用设备制造业	029-81881823
600345	长江通信			计算机、通信和其他电子设备制造业	027-67840308
600346	大橡塑			专用设备制造业	0411-86641378
600348	阳泉煤业			煤炭开采和洗选业	0353-7071015
600350	山东高速			道路运输业	0531－89260008
600351	亚宝药业			医药制造业	0359-3388078
600352	浙江龙盛			化学原料和化学制品制造业	0575-82518561
600353	旭光股份			计算机、通信和其他电子设备制造业	028-83967599
600354	敦煌种业			农业	0937-2669328
600355	精伦电子			计算机、通信和其他电子设备制造业	027-87921111-3231

上市公司通讯录
Contact Information of Listed Companies

公司全称 Company Name	通讯地址 Address	邮编 Zip
美罗药业股份有限公司	大连市甘井子区营升路 9 号	116036
安琪酵母股份有限公司	湖北省宜昌市城东大道 168 号	443003
蓝星化工新材料股份有限公司	北京市朝阳区北土城西路 9 号蓝星大厦 6 层	100029
维维食品饮料股份有限公司	江苏省徐州市维维大道 300 号	221111
南宁化工股份有限公司	广西南宁市南建路 26 号	530031
西安标准工业股份有限公司	西安市太白南路 335 号	710068
辽宁曙光汽车集团股份有限公司	丹东市振安区曙光路 50 号	118001
江苏恒顺醋业股份有限公司	镇江市丹徒新城广园路 66 号	212028
沈阳商业城股份有限公司	沈阳市沈河区中街路 212 号	110011
甘肃酒钢集团宏兴钢铁股份有限公司	甘肃省嘉峪关市雄关东路 10 号 诚信广场 5007 房间	735100
山东华泰纸业股份有限公司	山东省东营市广饶县大王镇	257335
万华化学集团股份有限公司	烟台市幸福南路 7 号	264013
广西桂东电力股份有限公司	广西贺州市平安西路 12 号	542899
甘肃荣华实业（集团）股份有限公司	甘肃省武威市东关街荣华路 1 号	733000
河南平高电气股份有限公司	河南省平顶山市南环东路 22 号	467001
中垦农业资源开发股份有限公司	北京市西城区阜外大街甲 28 号京润大厦 12 层（西楼）	100037
上海家化联合股份有限公司	上海市保定路 527 号	200082
江西洪都航空工业股份有限公司	南昌市新溪桥	330024
营口港务股份有限公司	辽宁省营口市鲅鱼圈区营港路一号	115007
安徽巢东水泥股份有限公司	巢湖市长江西路 269 号	238001
潍坊亚星化学股份有限公司	山东省潍坊市奎文区北宫东街 321 号	261031
上海振华重工（集团）股份有限公司	上海市浦东南路 3470 号	200125
四川国栋建设股份有限公司	四川省成都市金盾路 52 号国栋中央商务大厦 28 楼	610041
天津市房地产发展（集团）股份有限公司	天津市和平区常德道 80 号	300050
南海发展股份有限公司	广东省佛山市南海区桂城南海大道建行大厦	528200
珠海华发实业股份有限公司	广东省珠海市昌盛路 155 号	519030
西藏天路股份有限公司	西藏拉萨市夺底路 14 号	850000
无锡商业大厦大东方股份有限公司	江苏省无锡市中山路 343 号(东方广场 8F 董秘办)	214001
内蒙古兰太实业股份有限公司	内蒙古阿拉善经济开发区	750336
天津中新药业集团股份有限公司	天津市南开区白堤路 17 号	300193
天通控股股份有限公司	浙江省海宁经济开发区双联路 129 号	314400
四川宏达股份有限公司	成都市锦里东路 2 号宏达国际广场 28 楼	610041
广州白云山医药集团股份有限公司	中国广东省广州市沙面北街 45 号	510130
长春燃气股份有限公司	长春市朝阳区延安大街 421 号	130021
国机汽车股份有限公司	北京市海淀区中关村南三街 6 号	100190
澳柯玛股份有限公司	青岛市经济技术开发区前湾港路 315 号	266510
美克国际家具股份有限公司	新疆乌鲁木齐市北京南路 506 号美克大厦	830011
西藏珠峰工业股份有限公司	上海市闸北区柳营路 305 号 7 楼	200072
新疆独山子天利高新技术股份有限公司	新疆独山子区大庆东路 2 号	833600
华夏幸福基业股份有限公司	北京市朝阳区东三环北路霞光里 18 号佳程广场 A 座 23 层	100027
陕西航天动力高科技股份有限公司	西安高新区锦业路 78 号	710077
武汉长江通信产业集团股份有限公司	武汉市东湖开发区关东工业园文华路 2 号	430074
大连橡胶塑料机械股份有限公司	辽宁省大连市甘井子区营辉路 18 号	116033
阳泉煤业（集团）股份有限公司	山西省阳泉市北大街 5 号	045000
山东高速公路股份有限公司	济南市文化东路 29 号	250014
亚宝药业集团股份有限公司	山西省风陵渡经济开发区工业大道 1 号	044602
浙江龙盛集团股份有限公司	浙江省上虞市道墟镇龙盛大道 1 号	312368
成都旭光电子股份有限公司	成都市新都区新都镇新工大道 318 号	610500
甘肃省敦煌种业股份有限公司	甘肃省酒泉市肃州区肃州路 28 号	735000
精伦电子股份有限公司	湖北省武汉市东湖开发区光谷大道 70 号	430223

上市公司通讯录
Contact Information of Listed Companies

A股代码 A Code	A股简称 A Name	B股代码 B Code	B股简称 B Name	行业分类名称 Industry Name	电话 Telephone
600356	恒丰纸业			造纸和纸制品业	0453-6886668
600358	国旅联合			商务服务业	010-64336289
600359	新农开发			农业	0997-2134018
600360	华微电子			计算机、通信和其他电子设备制造业	0432-64678411
600361	华联综超			零售业	010-57391823
600362	江西铜业			有色金属冶炼和压延加工业	0701-3777002
600363	联创光电			计算机、通信和其他电子设备制造业	0791-88169279
600365	通葡股份			酒、饮料和精制茶制造业	0435-3530506
600366	宁波韵升			计算机、通信和其他电子设备制造业	0574-87776804
600367	红星发展			化学原料和化学制品制造业	0853-6780388
600368	五洲交通			道路运输业	0771-5568918
600369	西南证券			资本市场服务	010-88091989
600370	三房巷			纺织业	0510-86229867
600371	万向德农			农业	0451-82368408 转 8807
600372	中航电子			铁路、船舶、航空航天和其他运输设备制造业	010-84409808
600373	中文传媒			新闻和出版业	13803511216
600375	华菱星马			汽车制造业	0555-8323012
600376	首开股份			房地产业	010-66428156
600377	宁沪高速			道路运输业	8625-84469332
600378	天科股份			化学原料和化学制品制造业	028-85963417
600379	宝光股份			电气机械和器材制造业	0917-3561879
600380	健康元			医药制造业	0755-86252388
600381	青海春天			食品制造业	0971-6363155
600382	广东明珠			批发业	0753-3337228
600383	金地集团			房地产业	0755-82039866
600385	山东金泰			医药制造业	0531-88902341
600386	北巴传媒			零售业	010-68477383
600387	海越股份			批发业	057587016161
600388	龙净环保			专用设备制造业	0597-2210288
600389	江山股份			化学原料和化学制品制造业	0513-83558270
600390	金瑞科技			黑色金属冶炼和压延加工业	0731-88657400
600391	成发科技			铁路、船舶、航空航天和其他运输设备制造业	028-89358616
600392	盛和资源			有色金属冶炼和压延加工业	028-85425108
600393	东华实业			房地产业	020-87397172
600395	盘江股份			煤炭开采和洗选业	0858-3703046;0858-37
600396	金山股份			电力、热力生产和供应业	024-83996005
600397	安源煤业			煤炭开采和洗选业	0791-87151832
600398	海澜之家			纺织服装、服饰业	0510-86121071
600399	抚顺特钢			黑色金属冶炼和压延加工业	024-56676495
600400	红豆股份			纺织服装、服饰业	0510-66868422
600401	*ST 海润			计算机、通信和其他电子设备制造业	0510-86530938
600403	大有能源			煤炭开采和洗选业	0398-5886075
600405	动力源			计算机、通信和其他电子设备制造业	010-83681321
600406	国电南瑞			软件和信息技术服务业	025-81087495
600408	*ST 安泰			黑色金属冶炼和压延加工业	0354-7531070,7531034
600409	三友化工			化学原料和化学制品制造业	0315-8517527
600410	华胜天成			软件和信息技术服务业	010-82733135
600415	小商品城			商务服务业	0579－85182700
600416	湘电股份			通用设备制造业	0731-58596818
600418	江淮汽车			汽车制造业	0551-62296837

上市公司通讯录
Contact Information of Listed Companies

公司全称 Company Name	通讯地址 Address	邮编 Zip
牡丹江恒丰纸业股份有限公司	黑龙江省牡丹江市阳明区恒丰路 11 号	157013
国旅联合股份有限公司	南京汉中路８９号金鹰国际商城１８层Ａ座	210029
新疆塔里木农业综合开发股份有限公司	新疆阿克苏市南大街 2 号新农大厦 19 楼	843000
吉林华微电子股份有限公司	吉林省吉林市高新区深圳街 99 号	132013
北京华联综合超市股份有限公司	北京市大兴区青云店镇祥云路北四条 208 号	102605
江西铜业股份有限公司	江西省贵溪市冶金大道 15 号	335424
江西联创光电科技股份有限公司	南昌国家高新产业开发区京东大道 168 号科技大楼 9 楼	330096
通化葡萄酒股份有限公司	通化市前兴路 28 号	134002
宁波韵升股份有限公司	浙江省宁波国家高新区扬帆路 1 号	315040
贵州红星发展股份有限公司	贵州省安顺市镇宁县丁旗镇	561206
广西五洲交通股份有限公司	广西南宁市民族大道 115-1 号现代国际大厦 27 楼	530028
西南证券股份有限公司	重庆市江北区桥北苑 8 号西南证券大厦	400023
江苏三房巷实业股份有限公司	江苏江阴周庄镇三房巷	214423
万向德农股份有限公司	黑龙江省哈尔滨市南岗区玉山路 18 号	150090
中航机载电子股份有限公司	北京市朝阳区曙光西里甲 5 号院凤凰置地广场 F 座第九层 901 单元	100028
中文天地出版传媒股份有限公司	中文传媒大厦(江西省南昌市红谷滩新区学府大道 299 号)	330038
华菱星马汽车（集团）股份有限公司	安徽省马鞍山市经济技术开发区	243061
北京首都开发股份有限公司	北京市西城区复兴门内大街 156 号 D 座	100031
江苏宁沪高速公路股份有限公司	中华人民共和国江苏省南京市仙林大道 6 号	210049
四川天一科技股份有限公司	四川省成都市外南机场路常乐 2 段 12 号	610225
陕西宝光真空电器股份有限公司	陕西省宝鸡市宝光路 53 号	721006
健康元药业集团股份有限公司	深圳市南山区科技园北区朗山路 17 号健康元药业集团股份有限公司大厦	518057
青海贤成矿业股份有限公司	青海省西宁市城西区冷湖路 27 号宁景苑商务中心 16 楼	510623
广东明珠集团股份有限公司	广东省兴宁市官汕路 99 号	514500
金地（集团）股份有限公司	深圳市福田区福强路金地商业大楼 5-6 楼	518048
山东金泰集团股份有限公司	山东省济南市洪楼西路 29 号	250100
北京巴士传媒股份有限公司	北京市海淀区紫竹院路 32 号	100048
浙江海越股份有限公司	浙江省诸暨市西施大街 59 号	311800
福建龙净环保股份有限公司	福建省龙岩市新罗区陵园路 81 号	364000
南通江山农药化工股份有限公司	江苏省南通市经济技术开发区江山路 998 号	226006
金瑞新材料科技股份有限公司	湖南省长沙市岳麓区麓山南路 966 号	410012
四川成发航空科技股份有限公司	成都市新都区三河场蜀龙大道成发工业园	610503
盛和资源控股股份有限公司	成都市高新区锦城大道 539 号盈创动力大厦 B1 座 16 楼	610041
广州东华实业股份有限公司	广州市越秀区寺右新马路 170 号第四层	510600
贵州盘江精煤股份有限公司	贵州省六盘水市盘县红果经济开发区干沟桥	553536
沈阳金山能源股份有限公司	沈阳市和平区南五马路 183 号泰宸商务大厦 B 座 2207	110006
安源煤业集团股份有限公司	南昌市西湖区丁公路 117 号	330002
凯诺科技股份有限公司	江苏省江阴市新桥镇	214426
抚顺特殊钢股份有限公司	辽宁省抚顺市望花区鞍山路东段 8 号	113001
江苏红豆实业股份有限公司	江苏省无锡市锡山区港下镇	214199
海润光伏科技股份有限公司	江苏省江阴市徐霞客镇璜塘工业园区	214407
河南大有能源股份有限公司	河南省义马市千秋路 6 号	472300
北京动力源科技股份有限公司	北京丰台区科技园区星火路 8 号	100070
国电南瑞科技股份有限公司	南京市江宁区诚信大道 19 号	211106
山西安泰集团股份有限公司	山西省介休市安泰工业区安泰集团	032002
唐山三友化工股份有限公司	河北省唐山市南堡开发区三友化工办公大楼七层证券部	063305
北京华胜天成科技股份有限公司	北京市海淀区学清路 8 号科技财富中心 A 座 10-11 层	100192
浙江中国小商品城集团股份有限公司	浙江省义乌市福田路 105 号海洋商务写字楼	322000
湘潭电机股份有限公司	湖南省湘潭市下摄司街 302 号	411101
安徽江淮汽车股份有限公司	安徽合肥市东流路 176 号	230022

上市公司通讯录
Contact Information of Listed Companies

A 股代码 A Code	A 股简称 A Name	B 股代码 B Code	B 股简称 B Name	行业分类名称 Industry Name	电话 Telephone
600419	天润乳业			食品制造业	0993-7526008
600420	现代制药			医药制造业	62510786
600421	仰帆控股			医药制造业	027-87654767
600422	昆药集团			医药制造业	0871-68324311
600423	柳化股份			化学原料和化学制品制造业	0772-2516580
600425	青松建化			非金属矿物制品业	0997-2811282
600426	华鲁恒升			化学原料和化学制品制造业	0534-2465426
600428	中远航运			水上运输业	020-38161816
600429	三元股份			食品制造业	56306009
600432	吉恩镍业			有色金属冶炼和压延加工业	0432-65610887
600433	冠豪高新			造纸和纸制品业	0759-2820985
600435	北方导航			计算机、通信和其他电子设备制造业	010-58089788
600436	片仔癀			医药制造业	0596-2302666
600438	通威股份			农副食品加工业	028-86168571
600439	瑞贝卡			皮革、毛皮、羽毛及其制品和制鞋业	0374-5136699
600444	*ST 国通			橡胶和塑料制品业	0551-63817860
600446	金证股份			软件和信息技术服务业	0755-86393989
600448	华纺股份			纺织业	0543-3288507
600449	宁夏建材			非金属矿物制品业	0951-2085256
600452	涪陵电力			电力、热力生产和供应业	023-72286777
600455	博通股份			综合	029-82693206
600456	宝钛股份			有色金属冶炼和压延加工业	0917-3382636
600458	时代新材			橡胶和塑料制品业	0731-22837718
600459	贵研铂业			有色金属冶炼和压延加工业	0871-68329909
600460	士兰微			计算机、通信和其他电子设备制造业	0571-88210155
600461	洪城水业			水的生产和供应业	0791-85210336
600462	石岘纸业			造纸和纸制品业	04333810015
600463	空港股份			土木工程建筑业	010-80489306
600466	蓝光发展			房地产业	028-87838282
600467	好当家			渔业	0631-7438073
600468	百利电气			电气机械和器材制造业	022-23979181
600469	风神股份			橡胶和塑料制品业	0391-3999006
600470	六国化工			化学原料和化学制品制造业	0562-3801675
600475	华光股份			通用设备制造业	0510-85225852
600476	湘邮科技			软件和信息技术服务业	0731-8899 8688
600477	杭萧钢构			建筑装饰和其他建筑业	0571-87246788-8216
600478	科力远			电气机械和器材制造业	0731-88980623
600479	千金药业			医药制造业	0731-22492987
600480	凌云股份			汽车制造业	0312-3951002
600481	双良节能			化学原料和化学制品制造业	0510-86632358
600482	风帆股份			电气机械和器材制造业	0312-3208588
600483	福能股份			电力、热力生产和供应业	0599-8813009
600485	信威集团			计算机、通信和其他电子设备制造业	010-62100109
600486	扬农化工			化学原料和化学制品制造业	0514-85888888-7486
600487	亨通光电			电气机械和器材制造业	0512-63196773
600488	天药股份			医药制造业	022-24160910
600489	中金黄金			有色金属矿采选业	010-56353902
600490	鹏欣资源			有色金属冶炼和压延加工业	021-61677397
600491	龙元建设			土木工程建筑业	021-65615689
600493	凤竹纺织			纺织业	0595-85656506

上市公司通讯录
Contact Information of Listed Companies

公司全称 Company Name	通讯地址 Address	邮编 Zip
新疆天宏纸业股份有限公司	新疆石河子市西三路 17 号	832009
上海现代制药股份有限公司	上海市静安区北京西路 1320 号	200040
武汉国药科技股份有限公司	武汉市武昌武珞路６２８号亚洲贸易广场Ｂ座	430070
昆明制药集团股份有限公司	云南省昆明市国家高新技术开发区科医路 166 号	650106
柳州化工股份有限公司	广西壮族自治区柳州市北雀路 67 号	545002
新疆青松建材化工（集团）股份有限公司	新疆维吾尔自治区阿克苏市林园	843005
山东华鲁恒升化工股份有限公司	山东德州市德城区天衢西路 24 号	253024
中远航运股份有限公司	广东省广州市天河区珠江新城花城大道 20 号广州远洋大厦 15-26 楼	510623
北京三元食品股份有限公司	北京市大兴区瀛海瀛昌街 8 号	100076
吉林吉恩镍业股份有限公司	吉林省磐石市红旗岭镇红旗大街 54 号	132311
广东冠豪高新技术股份有限公司	广东省湛江经济技术开发区乐怡路 6 号	524022
北方导航控制技术股份有限公司	北京亦庄经济技术开发区科创十五街 2 号	100176
漳州片仔癀药业股份有限公司	福建省漳州市芗城区上街 1 号	363000
通威股份有限公司	四川省成都市高新区二环路南四段 11 号	610041
河南瑞贝卡发制品股份有限公司	河南省许昌市瑞贝卡大道 666 号	461100
安徽国通高新管业股份有限公司	安徽省合肥市经济技术开发区繁华大道国通工业园	230601
深圳市金证科技股份有限公司	深圳市南山区高新南五道金证科技大楼（8—9 层）	518057
华纺股份有限公司	山东省滨州市黄河二路 819 号	256617
宁夏建材集团股份有限公司	宁夏银川市西夏区新小线二公里处	750021
重庆涪陵电力实业股份有限公司	重庆市涪陵区望州路 20 号	408000
西安交大博通资讯股份有限公司	西安市高新技术开发区东区火炬路 3 号楼 10 层 C 座	710043
宝鸡钛业股份有限公司	陕西省宝鸡市钛城路 1 号宝钛股份董事办	721000
株洲时代新材料科技股份有限公司	株洲市天元区海天路 18 号	412007
贵研铂业股份有限公司	云南省昆明市高新技术开发区科技路 988 号	650106
杭州士兰微电子股份有限公司	浙江省杭州市黄姑山路 4 号	310012
江西洪城水业股份有限公司	江西省南昌市灌婴路 99 号	330025
延边石岘白麓纸业股份有限公司	吉林省图们市石岘镇	133101
北京空港科技园区股份有限公司	北京天竺空港工业区 B 区裕民大街甲 6 号 4 层 405	101318
四川迪康科技药业股份有限公司	成都市高新区西部园区迪康大道 1 号	611731
山东好当家海洋发展股份有限公司	荣成市虎山镇沙咀子	264305
天津百利特精电气股份有限公司	天津市西青经济开发区民和道 12 号	300385
风神轮胎股份有限公司	河南省焦作市焦东南路 48 号	454003
安徽六国化工股份有限公司	安徽省铜陵市铜港路	244023
无锡华光锅炉股份有限公司	无锡市城南路 3 号	214028
湖南湘邮科技股份有限公司	长沙市高新技术产业开发区麓谷基地玉兰路 2 号	410205
浙江杭萧钢构股份有限公司	杭州市中河中路 258 号瑞丰国际商务大厦五楼董事会办公室	310003
湖南科力远新能源股份有限公司	长沙市岳麓区长沙国家高新技术产业开发区桐梓坡西路 348 号	410205
株洲千金药业股份有限公司	株洲市天元区株洲大道 801 号	412007
凌云工业股份有限公司	河北省涿州市松林店镇	072761
双良节能系统股份有限公司	江苏江阴利港西利路 88 号	214444
风帆股份有限公司	河北省保定市富昌路 8 号	071057
福建南纺股份有限公司	福建省南平市安丰路 63 号	353000
北京中创信测科技股份有限公司	北京市海淀区中关村南大街甲 18 号北京国际 C 座 12-14 层	100081
江苏扬农化工股份有限公司	江苏省扬州市文峰路 39 号	225009
江苏亨通光电股份有限公司	江苏省吴江市经济开发区亨通路 100 号	215200
天津天药药业股份有限公司	天津市河东区八纬路 109 号金耀大厦 1001 室	300171
中金黄金股份有限公司	北京市东城区安定门外大街 9 号 中国黄金集团	100010
上海中科合臣股份有限公司	上海市虹桥路 2188 弄 41、47 号楼	200336
龙元建设集团股份有限公司	上海市逸仙路 768 号	200434
福建凤竹纺织科技股份有限公司	福建省晋江市青阳凤竹工业区	362200

上市公司通讯录
Contact Information of Listed Companies

A 股代码 A Code	A 股简称 A Name	B 股代码 B Code	B 股简称 B Name	行业分类名称 Industry Name	电话 Telephone
600495	晋西车轴			铁路、船舶、航空航天和其他运输设备制造业	0351-6629027
600496	精工钢构			建筑装饰和其他建筑业	021-54453188
600497	驰宏锌锗			有色金属矿采选业	0874-8966816
600498	烽火通信			计算机、通信和其他电子设备制造业	027-87694185
600499	科达洁能			专用设备制造业	0757-23833869
600500	中化国际			化学原料和化学制品制造业	021-50475048
600501	航天晨光			汽车制造业	025-52826007
600502	安徽水利			土木工程建筑业	0552-3950506
600503	华丽家族			房地产业	021-62376199
600505	西昌电力			电力、热力生产和供应业	0834-3830006
600506	香梨股份			农业	0996-2115936
600507	方大特钢			黑色金属冶炼和压延加工业	0791-88394025
600508	上海能源			煤炭开采和洗选业	021-68865597
600509	天富能源			电力、热力生产和供应业	0993-2902860
600510	黑牡丹			房地产业	0519-68866958
600511	国药股份			批发业	010-67262920
600512	腾达建设			土木工程建筑业	021-68406906
600513	联环药业			医药制造业	0514-87813082
600515	海岛建设			零售业	0898—68876405
600516	方大炭素			非金属矿物制品业	0931-6239320
600517	置信电气			电气机械和器材制造业	021-62386082
600518	康美药业			医药制造业	0755-33187777-8009
600519	贵州茅台			酒、饮料和精制茶制造业	0852-2386002
600520	中发科技			电气机械和器材制造业	0562-2627503
600521	华海药业			医药制造业	0576-85016009
600522	中天科技			电气机械和器材制造业	0513-83599505
600523	贵航股份			汽车制造业	0851-3802670
600525	长园集团			计算机、通信和其他电子设备制造业	0755-26739872
600526	菲达环保			专用设备制造业	0575-7385602
600527	江南高纤			化学纤维制造业	0512-65481181
600528	中铁二局			土木工程建筑业	028-66752811
600529	山东药玻			非金属矿物制品业	0533-3259028
600530	交大昂立			医药制造业	54271688－108
600531	豫光金铅			有色金属冶炼和压延加工业	0391-6665835
600532	宏达矿业			黑色金属矿采选业	0533-7608266
600533	栖霞建设			房地产业	025-85633668-2120
600535	天士力			医药制造业	022-26736699
600536	中国软件			软件和信息技术服务业	010-51508699
600537	亿晶光电			电气机械和器材制造业	0519-82588818
600538	国发股份			化学原料和化学制品制造业	0779-3200619
600539	*ST 狮头			非金属矿物制品业	0351-2857002
600540	新赛股份			农业	0909-2268166
600543	莫高股份			酒、饮料和精制茶制造业	（0931）8776219
600545	新疆城建			土木工程建筑业	0991-4889803
600546	山煤国际			批发业	0351-4645788
600547	山东黄金			有色金属矿采选业	0531-67710379
600548	深高速			道路运输业	0755-82853319
600549	厦门钨业			有色金属冶炼和压延加工业	0592-5363891
600550	保变电气			电气机械和器材制造业	0312-3308501
600551	时代出版			新闻和出版业	0551-63533027

上市公司通讯录
Contact Information of Listed Companies

公司全称 Company Name	通讯地址 Address	邮编 Zip
晋西车轴股份有限公司	山西省太原市和平北路北巷 5 号	030027
长江精工钢结构（集团）股份有限公司	安徽省六安市经济技术开发区长江精工工业园	237161
云南驰宏锌锗股份有限公司	云南省曲靖市经济技术开发区翠峰路延长线	655000
烽火通信科技股份有限公司	武汉市洪山区光谷创业街 42 号烽火通信董事会秘书处	430074
广东科达机电股份有限公司	广东省佛山市顺德区陈村镇广隆工业园环镇西路 1 号	528313
中化国际（控股）股份有限公司	上海市浦东新区世纪大道 88 号金茂大厦三区 18 层	200121
航天晨光股份有限公司	南京市江宁经济技术开发区天元中路 188 号	211100
安徽水利开发股份有限公司	安徽省蚌埠市东海大道张公山南侧	233010
华丽家族股份有限公司	上海市虹桥路 2272 号虹桥商务中心 3 楼 L 座	200336
四川西昌电力股份有限公司	四川省西昌市胜利路 66 号	615000
新疆库尔勒香梨股份有限公司	新疆库尔勒市圣果路圣果名苑	841000
方大特钢科技股份有限公司	南昌市青山湖区冶金大道 475 号	330012
上海大屯能源股份有限公司	上海市浦东新区浦东南路 256 华夏银行大厦 12 层	200120
新疆天富热电股份有限公司	新疆石河子市红星路 54 号	83200
黑牡丹（集团）股份有限公司	江苏省常州市青洋北路 47 号	213017
国药集团药业股份有限公司	北京市东城区永外三元西巷甲 12 号	100077
腾达建设集团股份有限公司	上海市浦东新区向城路 58 号 11 楼东方国际科技大厦	200122
江苏联环药业股份有限公司	江苏省扬州市文峰路 21 号	225009
海南海岛建设股份有限公司	海南省海口市国兴大道 7 号海航大厦 4 层	570203
方大炭素新材料科技股份有限公司	甘肃省兰州市红古区海石湾镇 2 号街坊 354 号	730084
上海置信电气股份有限公司	上海市天山西路 1028 号	200335
康美药业股份有限公司	深圳市福田区下梅林泰科路 3 号	518000
贵州茅台酒股份有限公司	贵州省仁怀市茅台镇 （邮件收件人：陈艳红）	564501
铜陵中发三佳科技股份有限公司	安徽省铜陵市石城路电子工业园	244000
浙江华海药业股份有限公司	浙江省临海市汛桥镇利庄浙江华海药业股份有限公司证券办	317024
江苏中天科技股份有限公司	江苏省南通经济技术开发区中天 6 号	226009
贵州贵航汽车零部件股份有限公司	贵州省贵阳市小河区珠江路 166 号	550009
长园集团股份有限公司	深圳市南山区高新区科苑中路长园新材料港 F 栋 5 楼	518057
浙江菲达环保科技股份有限公司	浙江诸暨市	311800
江苏江南高纤股份有限公司	江苏省苏州市相城区黄埭镇	21514
中铁二局股份有限公司	成都市马家花园 10 号中铁二局大厦	610031
山东省药用玻璃股份有限公司	山东省淄博市沂源县城药玻路	256100
上海交大昂立股份有限公司	上海市宜山路 700 号	200233
河南豫光金铅股份有限公司	河南省济源市荆梁南街 1 号	454650
山东宏达矿业股份有限公司	山东省淄博市临淄区凤凰镇南金村宏达矿业办公楼	255419
南京栖霞建设股份有限公司	南京市龙蟠路 9 号兴隆大厦	210037
天士力制药集团股份有限公司	天津市北辰科技园区天士力现代中药城	300402
中国软件与技术服务股份有限公司	北京市昌平区昌盛路 18 号	102200
亿晶光电科技股份有限公司	江苏省金坛市金武路 18 号	213213
北海国发海洋生物产业股份有限公司	广西壮族自治区北海市北京路西侧 9 号	536000
太原狮头水泥股份有限公司	山西省太原市万柏林区开城街一号	030056
新疆赛里木现代农业股份有限公司	新疆博乐市红星路 158 号	833400
甘肃莫高实业发展股份有限公司	甘肃省兰州市城关区东岗西路 638 号兰州财富中心 23 层	730000
新疆城建(集团)股份有限公司	新疆维吾尔自治区乌鲁木齐市南湖路 133 号号城建大厦	830063
山煤国际能源集团股份有限公司	山西省太原市长风街 115 号世纪广场 B 座	030006
山东黄金矿业股份有限公司	济南市舜华路 2000 号舜泰广场 3 号楼	250100
深圳高速公路股份有限公司	深圳市福田区益田路江苏大厦裙楼 2-4 层	518026
厦门钨业股份有限公司	厦门市湖滨南路 619 号 16 层	361004
保定天威保变电气股份有限公司	河北省保定市天威西路 2222 号	071056
时代出版传媒股份有限公司	安徽省合肥市蜀山区圣泉路 1118 号 时代出版传媒股份有限公司	230071

上市公司通讯录
Contact Information of Listed Companies

A 股代码 A Code	A 股简称 A Name	B 股代码 B Code	B 股简称 B Name	行业分类名称 Industry Name	电话 Telephone
600552	方兴科技			非金属矿物制品业	0552-4077780
600555	九龙山	900955	九龙山 B	房地产业	010-60195377
600556	慧球科技			医药制造业	0779-2228937
600557	康缘药业			医药制造业	0518-85521993
600558	大西洋			金属制品业	0813-5103847
600559	老白干酒			酒、饮料和精制茶制造业	0318-2122755
600560	金自天正			专用设备制造业	010-56982602
600561	江西长运			道路运输业	0791-88283072
600562	国睿科技			计算机、通信和其他电子设备制造业	025-57889698
600563	法拉电子			计算机、通信和其他电子设备制造业	0592-6208590
600565	迪马股份			房地产业	023-89021877,8902187
600566	济川药业			医药制造业	0716-8221198
600567	山鹰纸业			造纸和纸制品业	0555-2826275
600568	中珠控股			医药制造业	0756-8131018
600569	安阳钢铁			黑色金属冶炼和压延加工业	0372-3120175
600570	恒生电子			软件和信息技术服务业	0571-28829702
600571	信雅达			软件和信息技术服务业	0571-56686627
600572	康恩贝			医药制造业	0571-87774711
600573	惠泉啤酒			酒、饮料和精制茶制造业	0595-87371186
600575	皖江物流			水上运输业	0553-5840528
600576	万家文化			批发业	0571-85866518
600577	精达股份			电气机械和器材制造业	0562-2809086
600578	京能电力			电力、热力生产和供应业	010-65666995
600579	天华院			专用设备制造业	0532－68016139
600580	卧龙电气			电气机械和器材制造业	0575-82176628
600581	八一钢铁			黑色金属冶炼和压延加工业	0991-3890166
600582	天地科技			专用设备制造业	010-84262803
600583	海油工程			开采辅助活动	022-59898035
600584	长电科技			计算机、通信和其他电子设备制造业	0510-86851811
600585	海螺水泥			非金属矿物制品业	0553-8398927
600586	金晶科技			非金属矿物制品业	0533－3586666
600587	新华医疗			专用设备制造业	0533-3587766
600588	用友网络			软件和信息技术服务业	010-62436838
600589	广东榕泰			化学原料和化学制品制造业	0663-8675710
600590	泰豪科技			电气机械和器材制造业	0791-88102171
600592	龙溪股份			通用设备制造业	0596-2072155
600593	大连圣亚			公共设施管理业	0411-84581771
600594	益佰制药			医药制造业	0851-4705177
600595	中孚实业			有色金属冶炼和压延加工业	0371-64569088
600596	新安股份			化学原料和化学制品制造业	0571-64715693
600597	光明乳业			食品制造业	64658100
600598	北大荒			农业	0451-55196916
600599	熊猫金控			化学原料和化学制品制造业	0731-83620963
600600	青岛啤酒			酒、饮料和精制茶制造业	0532-85713831
600601	方正科技			计算机、通信和其他电子设备制造业	021-58407668*650
600602	仪电电子	900901	仪电 B 股	计算机、通信和其他电子设备制造业	021-34695878
600603	大洲兴业			综合	0592-2033603
600604	市北高新	900902	市北 B 股	房地产业	021-66528130
600605	汇通能源			批发业	62560000-108,6215335
600606	绿地控股			房地产业	021-20771258

上市公司通讯录
Contact Information of Listed Companies

公司全称 Company Name	通讯地址 Address	邮编 Zip
安徽方兴科技股份有限公司	安徽省蚌埠市涂山路 767 号	233054
上海九龙山旅游股份有限公司	上海市浦东新区世纪大道 1500 号东方大厦 4 楼	200122
广西北生药业股份有限公司	广西北海市北海大道西 16 号海富大厦 17 层 D 座	536000
江苏康缘药业股份有限公司	连云港经济技术开发区江宁工业城	222047
四川大西洋焊接材料股份有限公司	四川省自贡市大安区马冲口街 2 号	643010
河北衡水老白干酒业股份有限公司	河北省衡水市人民东路 809 号衡水老白干酒董秘办	053000
北京金自天正智能控制股份有限公司	北京市丰台区科学城富丰路 6 号	100070
江西长运股份有限公司	江西省南昌市八一大道 199 号	330003
国睿科技股份有限公司	江苏省南京市江宁开发区将军大道 39 号	211106
厦门法拉电子股份有限公司	福建省厦门市新园路 99 号	361022
重庆市迪马实业股份有限公司	重庆市南岸区南城大道 199 号正联大厦 21 楼	400060
湖北洪城通用机械股份有限公司	湖北省荆州市红门路 3 号	434000
安徽山鹰纸业股份有限公司	安徽省马鞍山市勤俭路 3 号	243021
中珠控股股份有限公司	湖北省潜江市章华南路特 1 号	433133
安阳钢铁股份有限公司	河南省安阳市殷都区梅元庄	455004
恒生电子股份有限公司	杭州市滨江区江南大道 3588 号恒生大厦	310053
信雅达系统工程股份有限公司	杭州市滨江区江南大道 3888 号	310053
浙江康恩贝制药股份有限公司	浙江省杭州市高新技术开发区滨江科技经济园滨康路 568 号	310052
福建省燕京惠泉啤酒股份有限公司	福建省惠安县城北工业区	362100
芜湖港储运股份有限公司	安徽省芜湖市长江中路港一路 16 号	241006
浙江万好万家实业股份有限公司	浙江省杭州市密渡桥路 1 号白马大厦 12 楼	310005
铜陵精达特种电磁线股份有限公司	安徽铜陵经济技术开发区	244000
北京京能电力股份有限公司	北京市朝阳区永安东里 16 号 CBD 国际大厦 A 区 22 层	100022
青岛黄海橡胶股份有限公司	山东省青岛市沧安路 1 号	266041
卧龙电气集团股份有限公司	浙江上虞人民西路 1801 号	312300
新疆八一钢铁股份有限公司	新疆乌鲁木齐市头屯河区新钢路	830022
天地科技股份有限公司	北京朝阳区和平里青年沟东路 5 号天地大厦 6 层	100013
海洋石油工程股份有限公司	天津港保税区海滨十五路 199 号	300461
江苏长电科技股份有限公司	江苏省江阴市滨江中路 275 号	214431
安徽海螺水泥股份有限公司	安徽省芜湖市九华南路 1011 号海螺国际会议中心	241070
山东金晶科技股份有限公司	淄博市高新技术开发区宝石镇王庄	255086
山东新华医疗股份有限公司	山东省淄博高新技术产业开发区新华医疗科技园	255086
用友软件股份有限公司	北京市海淀区北清路 68 号	100094
广东榕泰实业股份有限公司	广东省揭阳市榕城区新兴东二路 1 号	522000
泰豪科技股份有限公司	江西省南昌高新开发区泰豪大厦 B 座 5 楼	330096
福建龙溪轴承（集团）股份有限公司	福建省漳州市延安北路	363000
大连圣亚旅游控股股份有限公司	大连市沙河区中山路 608—6-8 号	116023
贵州益佰制药股份有限公司	贵州省贵阳市白云大道 220-1 号	550008
河南中孚实业股份有限公司	河南省巩义市新华路 31 号	451200
浙江新安化工集团股份有限公司	浙江省建德市新安江镇新安东路 555 号	311600
光明乳业股份有限公司	上海市吴中路 578 号	201103
黑龙江北大荒农业股份有限公司	黑龙江省哈尔滨市南岗区汉水路 263 号	150090
熊猫烟花集团股份有限公司	湖南省浏阳市浏阳大道 271 号	410300
青岛啤酒股份有限公司	青岛市香港中路五四广场青啤大厦	266071
方正科技集团股份有限公司	上海市浦东南路 360 号新上海国际大厦 36 楼	200120
上海仪电电子股份有限公司	上海市田林路 168 号 4-5 楼	200233
厦门大洲兴业能源控股股份有限公司	厦门市思明区鹭江道 2 号厦门第一广场 1701 室	361001
上海市北高新股份有限公司	上海市江场三路 262 号 1 楼	200436
上海汇通能源股份有限公司	上海南京西路 1576 号 4 楼	200040
上海金丰投资股份有限公司	上海市浦东新区雪野路 928 号 11 楼	200125

上市公司通讯录
Contact Information of Listed Companies

A 股代码 A Code	A 股简称 A Name	B 股代码 B Code	B 股简称 B Name	行业分类名称 Industry Name	电话 Telephone
600608	*ST 沪科			黑色金属冶炼和压延加工业	021-62319566
600609	金杯汽车			汽车制造业	024-24815610
600610	中毅达	900906	中毅达 B	土木工程建筑业	021-65701961
600611	大众交通	900903	大众 B 股	道路运输业	021-64285708
600612	老凤祥	900905	老凤祥 B	其他制造业	54480605
600613	神奇制药	900904	神奇 B 股	医药制造业	021-53750009
600614	鼎立股份	900907	鼎立 B 股	有色金属冶炼和压延加工业	021-35071889*698
600615	丰华股份			金属制品业	50903399
600616	金枫酒业			酒、饮料和精制茶制造业	58352625
600617	国新能源	900913	国新 B 股	燃气生产和供应业	021-61639718
600618	氯碱化工	900908	氯碱 B 股	化学原料和化学制品制造业	021-64340601
600619	海立股份	900910	海立 B 股	通用设备制造业	021－50326956
600620	天宸股份			综合	62788696
600621	华鑫股份			房地产业	021-63610217
600622	嘉宝集团			房地产业	021-59529711
600623	双钱股份	900909	双钱 B 股	化学原料和化学制品制造业	021-63390372
600624	复旦复华			综合	021-63872288
600626	申达股份			批发业	021-62310242
600628	新世界			零售业	021-63587734
600629	华建集团			专业技术服务业	6219283
600630	龙头股份			纺织业	021-34061116
600633	浙报传媒			新闻和出版业	0571-85310949
600634	中技控股			非金属矿物制品业	021-55137796
600635	大众公用			燃气生产和供应业	64280683
600636	三爱富			化学原料和化学制品制造业	643474638
600637	东方明珠			电信、广播电视和卫星传输服务	021-33396736
600638	新黄浦			房地产业	53086681
600639	浦东金桥	900911	金桥 B 股	房地产业	021-50307702
600640	号百控股			商务服务业	62762171
600641	万业企业			房地产业	50366699 总机转
600642	申能股份			燃气生产和供应业	021-33570870
600643	爱建集团			其他金融业	021-64396600
600644	*ST 乐电			电力、热力生产和供应业	0833-2408836
600645	中源协和			研究和试验发展	022-23318350 转 8007
600647	同达创业			批发业	021-68871928;6163880
600648	外高桥	900912	外高 B 股	批发业	58668890
600649	城投控股			房地产业	021-58772103
600650	锦江投资	900914	锦投 B 股	道路运输业	021-63218800*405
600651	飞乐音响			电气机械和器材制造业	021-59978606
600652	游久游戏			煤炭开采和洗选业	021-64710022*8811
600653	申华控股			零售业	021-63372360
600654	中安消			软件和信息技术服务业	36358600
600655	豫园商城			零售业	23028508
600656	*ST 博元			零售业	0756-2660313-817
600657	信达地产			房地产业	010-82190959
600658	电子城			房地产业	010-58833506
600660	福耀玻璃			非金属矿物制品业	0591-85363328
600661	新南洋			教育	62826347
600662	强生控股			道路运输业	021-62582098
600663	陆家嘴	900932	陆家 B 股	房地产业	021-33848807

上市公司通讯录
Contact Information of Listed Companies

公司全称 Company Name	通讯地址 Address	邮编 Zip
上海宽频科技股份有限公司	上海市万航渡路 889 号悦达广场 29 楼	200042
金杯汽车股份有限公司	沈阳市沈河区万柳塘路 38 号	110015
中国纺织机械股份有限公司	上海市长阳路 1687 号	200090
大众交通（集团）股份有限公司	上海市中山西路 1515 号大众大厦 22 楼	200235
老凤祥股份有限公司	上海市漕溪路 270 号六楼	200235
上海神奇制药投资管理股份有限公司	上海市威海路 128 号长发大厦 613 室	200003
上海鼎立科技发展（集团）股份有限公司	上海杨浦区国权路 39 号财富广场（金座）18 楼	200433
上海丰华(集团）股份有限公司	上海浦东新区浦建路 76 号 901 室	200127
上海金枫酒业股份有限公司	上海市普陀区宁夏路 777 号（海棠大厦内）	200063
上海联华合纤股份有限公司	上海市浦东新区长柳路 58 号证大立方大厦 1103 室	200135
上海氯碱化工股份有限公司	上海市龙吴路 4747 号	200241
上海海立(集团)股份有限公司	上海市浦东新区金桥出口加工区宁桥路 888 号	201206
上海市天宸股份有限公司	上海市长宁区仙霞路 8 号 29 楼	200336
上海华鑫股份有限公司	上海福州路 666 号 26 楼	200001
上海嘉宝实业(集团)股份有限公司	上海市嘉定区清河路 55 号嘉宝商厦 6-7F	201800
双钱集团股份有限公司	上海市四川中路 63 号	200002
上海复旦复华科技股份有限公司	上海国权路 525 号	200433
上海申达股份有限公司	上海市江宁路 1500 号申达国际大厦	200060
上海新世界股份有限公司	上海市南京西路 2 号-88 号	200003
上海棱光实业股份有限公司	上海市延安西路 2558 号 2 号楼	200336
上海龙头（集团）股份有限公司	上海市制造局路 584 号 A 座 4 楼	200023
浙报传媒集团股份有限公司	浙江省杭州市体育场路 178 号浙报产业大厦	310039
上海澄海企业发展股份有限公司	上海市国权路 39 号财富国际广场金座 21 楼	200433
上海大众公用事业(集团)股份有限公司	上海中山西路 1515 号大众大厦 8 楼	200235
上海三爱富新材料股份有限公司	上海市漕溪路 250 号银海大楼 A805 室	200235
百视通新媒体股份有限公司	上海市宜山路 757 号	200233
上海新黄浦置业股份有限公司	上海北京东路 668 号东楼 32、33 层	200001
上海金桥出口加工区开发股份有限公司	上海浦东新金桥路 27 号 1 号楼	201206
号百控股股份有限公司	上海市江宁路 1207 号国脉大厦	200060
上海万业企业股份有限公司	上海市浦东大道 720 号 9 层	200120
申能股份有限公司	上海市虹井路 159 号 5 楼	201103
上海爱建股份有限公司	上海市零陵路 599 号（爱建城内）	200030
乐山电力股份有限公司	四川省乐山市市中区嘉定北路 46 号	614000
中源协和干细胞生物工程股份公司	天津市和平区大理道 106 号	300050
上海同达创业投资股份有限公司	上海浦东商城路 660 号乐凯大厦 21 楼	201206
上海外高桥保税区开发股份有限公司	上海外高桥保税区杨高北路 2001 号	200131
上海城投控股股份有限公司	上海市浦东南路 500 号国家开发银行大厦 39 楼	200120
上海锦江国际实业投资股份有限公司	上海市延安东路 100 号 28 楼	20002
上海飞乐音响股份有限公司	上海市嘉定区嘉新公路 1001 号	201801
上海爱使股份有限公司	上海市肇嘉浜路 666 号	200031
上海申华控股股份有限公司	上海市宁波路 1 号申华金融大厦上海申华控股股份有限公司 证券法律部	200002
上海飞乐股份有限公司	上海市永和路 398 号	200072
上海豫园旅游商城股份有限公司	中国上海市方浜中路 269 号	200010
珠海市博元投资股份有限公司	广东省珠海市香洲区人民西路 291 号日荣大厦 8 楼 806 室	519070
信达地产股份有限公司	北京市海淀区中关村南大街甲 18 号北京国际大厦 C 座 16 层	100081
北京电子城投资开发股份有限公司	北京市朝阳区酒仙桥路北路 10 号院 205 楼 6 层（610）	100015
福耀玻璃工业集团股份有限公司	福建省福清市福耀工业村	350301
上海新南洋股份有限公司	上海番禺路 667 号六楼	200030
上海强生控股股份有限公司	上海南京西路 920 号 18 楼	200041
上海陆家嘴金融贸易区开发股份有限公司	上海峨山路 101 号 1 号楼	200127

上市公司通讯录
Contact Information of Listed Companies

A 股代码 A Code	A 股简称 A Name	B 股代码 B Code	B 股简称 B Name	行业分类名称 Industry Name	电话 Telephone
600664	哈药股份			医药制造业	0451-51870077
600665	天地源			房地产业	029-88337300
600666	奥瑞德			医药制造业	023-89855628
600667	太极实业			计算机、通信和其他电子设备制造业	0510-85419120
600668	尖峰集团			非金属矿物制品业	0579-82320582
600671	天目药业			医药制造业	0571-63722229
600673	东阳光科			金属制品业	0751-5282740
600674	川投能源			电力、热力生产和供应业	028-86098646
600675	中华企业			房地产业	(021)20772222
600676	交运股份			道路运输业	021-63178257
600677	航天通信			批发业	0571-87916327
600678	四川金顶			非金属矿物制品业	0833-2218123
600679	金山开发	900916	金山 B 股	铁路、船舶、航空航天和其他运输设备制造业	021-31351508
600680	上海普天	900930	沪普天 B	计算机、通信和其他电子设备制造业	021-64834310
600681	万鸿集团			建筑装饰和其他建筑业	027-88066666
600682	南京新百			零售业	025-84761613
600683	京投银泰			房地产业	010-65636685
600684	珠江实业			房地产业	020-83752355
600685	中船防务			铁路、船舶、航空航天和其他运输设备制造业	020-81581732
600686	金龙汽车			汽车制造业	0592-2969855
600687	刚泰控股			其他制造业	021-68866507
600688	上海石化			石油加工、炼焦和核燃料加工业	8621-57943143
600689	上海三毛	900922	三毛 B 股	纺织业	021－63059496
600690	青岛海尔			电气机械和器材制造业	0532-88931696
600691	*ST 阳化			化学原料和化学制品制造业	0351-7255821
600692	亚通股份			水上运输业	021-69695918
600693	东百集团			零售业	0591-87531724
600694	大商股份			零售业	0411-83880962
600695	绿庭投资	900919	绿庭 B 股	农副食品加工业	021-34225027
600696	匹凸匹			房地产业	021－56715833
600697	欧亚集团			零售业	0431-87666905
600698	湖南天雁	900946	天雁 B 股	汽车制造业	0734-8532558
600699	均胜电子			汽车制造业	0437-3512077
600701	工大高新			综合	0451-86269018
600702	沱牌舍得			酒、饮料和精制茶制造业	0825-6618268
600703	三安光电			计算机、通信和其他电子设备制造业	0592-5903387
600704	物产中大			零售业	0571-85777007
600705	中航资本			其他金融业	010-65675113
600706	曲江文旅			公共设施管理业	029-89129355
600707	彩虹股份			计算机、通信和其他电子设备制造业	029-33332866
600708	光明地产			房地产业	61132700
600710	*ST 常林			专用设备制造业	0519-86781168
600711	盛屯矿业			有色金属矿采选业	0592-5891697
600712	南宁百货			零售业	0771-2610906,2098826
600713	南京医药			零售业	025-84552680
600714	金瑞矿业			煤炭开采和洗选业	0971-6321867
600715	*ST 松辽			汽车制造业	024-31387077
600716	凤凰股份			房地产业	025-83566267
600717	天津港			水上运输业	022-25702708
600718	东软集团			软件和信息技术服务业	024-83661070

上市公司通讯录
Contact Information of Listed Companies

公司全称 Company Name	通讯地址 Address	邮编 Zip
哈药集团股份有限公司	哈尔滨市群力新区群力大道 1 号	150070
天地源股份有限公司	西安高新技术产业开发区科技路 33 号国际商务中心数码大厦 27 层	710075
西南药业股份有限公司	重庆市沙坪坝区天星桥 21 号	400038
无锡市太极实业股份有限公司	无锡市华清大桥南堍	214024
浙江尖峰集团股份有限公司	浙江金华市婺江东路 88 号	321000
杭州天目山药业股份有限公司	浙江省临安市苕溪南路 78 号	311300
广东东阳光铝业股份有限公司	广东东莞市长安镇上沙村第五工业区	523871
四川川投能源股份有限公司	四川省成都市小南街 23 号	610015
中华企业股份有限公司	上海市浦东新区雪野路 928 号 6 楼	200125
上海交运集团股份有限公司	上海市恒丰路 288 号	200070
航天通信控股集团股份有限公司	浙江省杭州市解放路 138 号	310009
四川金顶(集团)股份有限公司	四川省峨眉山市乐都镇	614224
金山开发建设股份有限公司	上海市吴中路 369 号 15 楼	201103
上海普天邮通科技股份有限公司	上海市宜山路 700 号	200233
万鸿集团股份有限公司	武汉市汉阳区阳新路特一号	430000
南京新街口百货商店股份有限公司	南京市中山南路 1 号	210005
京投银泰股份有限公司	北京市朝阳区建国门外大街 2 号银泰中心 C 座 17 层	100022
广州珠江实业开发股份有限公司	广州市环市东路 362-366 号好世界广场 30 楼	510060
广州广船国际股份有限公司	广州市荔湾区芳村大道南 40 号	510382
厦门金龙汽车集团股份有限公司	厦门市厦禾路 668 号 22-23 层	361004
甘肃刚泰控股（集团）股份有限公司	上海陆家嘴环路 958 号华能联合大厦 18 楼	200120
中国石化上海石油化工股份有限公司	上海市金山区金一路 48 号	200540
上海三毛企业（集团）股份有限公司	上海市斜土路 791 号 C 幢 7 楼	200023
青岛海尔股份有限公司	青岛市崂山区海尔信息产业园董事局大楼 513B	266101
阳煤化工股份有限公司	山西省太原市高新区科技街阳煤大厦	030006
上海亚通股份有限公司	上海市崇明县寒山寺路 297 号	202150
福建东百集团股份有限公司	福建省福州市八一七北路 84 号东百大厦 18 层	350001
大商股份有限公司	辽宁省大连市中山区青三街 1 号	116001
上海大江食品集团股份有限公司	上海市徐汇区宜山路 810 号 20 号楼 10 楼	200233
上海多伦实业股份有限公司	上海市浦东新区世纪大道 88 号 3804B	200081
长春欧亚集团股份有限公司	长春市飞跃路 2686 号	130012
济南轻骑摩托车股份有限公司	湖南省衡阳市石鼓区合江套路 195 号	421005
辽源均胜电子股份有限公司	浙江省宁波市国家高新区聚贤路 1266 号	315000
哈尔滨工大高新技术产业开发股份有限公司	哈尔滨市南岗区西大直街 118 号	150001
四川沱牌舍得酒业股份有限公司	四川省射洪县沱牌镇沱牌大道 999 号	629209
三安光电股份有限公司	厦门市思明区吕岭路 1721-1725 号	361009
浙江物产中大元通集团股份有限公司	杭州市中大广场 A 座 29 楼	310003
中航投资控股股份有限公司	北京市朝阳区东三环中路乙 10 号艾维克大厦 20 层	100022
西安曲江文化旅游股份有限公司	陕西省西安市雁塔南路 292 号曲江文化大厦 6-7 层	710061
彩虹显示器件股份有限公司	陕西省咸阳市彩虹路一号	712021
上海海博股份有限公司	上海市徐汇区宜山路 829 号海博大楼	200233
常林股份有限公司	江苏省常州市新北区黄河西路 898 号	213136
盛屯矿业集团股份有限公司	厦门市湖滨北路 72 号中闽大厦 9 楼 2 单元	361012
南宁百货大楼股份有限公司	广西南宁市朝阳路 39-41，45 号	530012
南京医药股份有限公司	江苏省南京市中山东路 486 号南京医药大厦	210002
青海金瑞矿业发展股份有限公司	青海省西宁市新宁路 36 号青海投资大厦 4 楼	810008
松辽汽车股份有限公司	辽宁省沈阳市苏家屯区白松路 22 号（110101）	110101
江苏凤凰置业投资股份有限公司	南京市中央路 389 号凤凰国际大厦六楼	210037
天津港股份有限公司	天津市塘沽区津港路 99 号	300461
东软集团股份有限公司	沈阳市浑南新区新秀街 2 号 东软软件园	110179

上市公司通讯录
Contact Information of Listed Companies

A 股代码 A Code	A 股简称 A Name	B 股代码 B Code	B 股简称 B Name	行业分类名称 Industry Name	电话 Telephone
600719	大连热电			电力、热力生产和供应业	0411-84498988
600720	祁连山			非金属矿物制品业	0931-4900606
600721	百花村			石油加工、炼焦和核燃料加工业	0991-2356619
600722	*ST 金化			化学原料和化学制品制造业	0317-8885004
600723	首商股份			零售业	010-82270256
600724	宁波富达			房地产业	0574-87647859
600725	云维股份			石油加工、炼焦和核燃料加工业	0874-3068588
600726	华电能源	900937	华电 B 股	电力、热力生产和供应业	0451-82525998
600727	鲁北化工			化学原料和化学制品制造业	0543-6451265
600728	佳都科技			软件和信息技术服务业	020-85520635
600729	重庆百货			零售业	023-63822594
600730	中国高科			房地产业	010-82524756
600731	湖南海利			化学原料和化学制品制造业	0731-85357829
600732	*ST 新梅			房地产业	021-51005380
600733	S 前锋			房地产业	028-86316723
600734	实达集团			批发业	0591-83725878
600735	新华锦			皮革、毛皮、羽毛及其制品和制鞋业	0532-85967156
600736	苏州高新			房地产业	0512-68096283
600737	中粮屯河			农副食品加工业	0991-5571601
600738	兰州民百			零售业	0931-8473891
600739	辽宁成大			批发业	0411-82512731
600740	山西焦化			石油加工、炼焦和核燃料加工业	0357-6626012
600741	华域汽车			汽车制造业	021-22016905
600742	一汽富维			汽车制造业	0431-85765798
600743	华远地产			房地产业	010-68036966
600744	华银电力			电力、热力生产和供应业	0731-85388003
600745	中茵股份			房地产业	0714-6358389
600746	江苏索普			化学原料和化学制品制造业	0511-83366244
600747	大连控股			房地产业	0411-88853122
600748	上实发展			房地产业	53859026
600749	西藏旅游			公共设施管理业	0891-6339150
600750	江中药业			医药制造业	0791-88164079
600751	天海投资	900938	天海 B	水上运输业	022-58679088
600753	东方银星			批发业	023-67990677
600754	锦江股份	900934	锦江 B 股	住宿业	63217132
600755	厦门国贸			批发业	0592-5898578
600756	浪潮软件			软件和信息技术服务业	0531-85105606
600757	长江传媒			新闻和出版业	027-87679807
600758	红阳能源			电力、热力生产和供应业	024-86131806
600759	洲际油气			石油和天然气开采业	0898-66787367
600760	中航黑豹			汽车制造业	025-51815019
600761	安徽合力			专用设备制造业	15255166611
600763	通策医疗			卫生	0571-88868808
600764	中电广通			软件和信息技术服务业	010-88578820
600765	中航重机			通用设备制造业	010-57827163
600766	园城黄金			有色金属矿采选业	0535-6636299
600767	运盛医疗			房地产业	50720222
600768	宁波富邦			有色金属冶炼和压延加工业	0574-87410500
600769	祥龙电业			化学原料和化学制品制造业	027-87602482
600770	综艺股份			综合	0513-86639987

上市公司通讯录
Contact Information of Listed Companies

公司全称 Company Name	通讯地址 Address	邮编 Zip
大连热电股份有限公司	大连市西岗区沿海街 90 号	116021
甘肃祁连山水泥集团股份有限公司	兰州市城关区酒泉路力行新村 3 号祁连山大厦	730030
新疆百花村股份有限公司	乌鲁木齐市中山路 141 号	830002
河北金牛化工股份有限公司	沧州临港化工园区化工大道	061108
北京首商集团股份有限公司	北京市西城区北三环中路 23 号燕莎盛世大厦二层	100029
宁波富达股份有限公司	宁波市江东区和济街 68 号城投大厦 26 楼	315040
云南云维股份有限公司	云南省曲靖市沾益县盘江镇花山工业区	655338
华电能源股份有限公司	哈尔滨市南岗区大成街 209 号	150001
山东鲁北化工股份有限公司	山东省无棣县埕口镇	251909
佳都新太科技股份有限公司	广州市天河区天河软件园建工路 4 号佳都新太	510665
重庆百货大楼股份有限公司	重庆市渝中区民权路 28 号英利大厦	40001
中国高科集团股份有限公司	北京市海淀区成府路 298 号中关村方正大厦 8 层	100871
湖南海利化工股份有限公司	湖南长沙市芙蓉中路二段 251 号	410007
上海新梅置业股份有限公司	上海天目中路 585 号 20 楼	200070
成都前锋电子股份有限公司	四川省成都市人民南路四段 1 号	610041
福建实达集团股份有限公司	福州市洪山园路 68 号招标大厦 A 座 6 楼	350002
山东新华锦国际股份有限公司	青岛市崂山区松岭路 127 号	266101
苏州新区高新技术产业股份有限公司	苏州市高新区狮山路 35 号金河国际大厦 25 层	215011
中粮屯河股份有限公司	新疆乌市黄河路 2 号招商银行大厦 20 楼	830000
兰州民百(集团)股份有限公司	兰州市中山路 120 号亚欧商厦 9-10 层	730030
辽宁成大股份有限公司	辽宁省大连市中山区人民路 71 号	116001
山西焦化股份有限公司	山西省洪洞县广胜寺镇	041606
华域汽车系统股份有限公司	上海市威海路 489 号综合楼一楼	200041
长春一汽富维汽车零部件股份有限公司	吉林省长春市东风南街 1399 号	130011
华远地产股份有限公司	北京市西城区北展北街 11 号华远・企业中心 11 号楼	100044
大唐华银电力股份有限公司	湖南省长沙市芙蓉中路 3 段 255 号五华酒店 915 房	410007
中茵股份有限公司	湖北省黄石市团城山开发区杭州西路 91 号金山大楼三楼	435003
江苏索普化工股份有限公司	江苏省镇江市谏壁越河街 50 号	212006
大连大显控股股份有限公司	大连市沙河口区会展路 129 号期货大厦 A 座 36 楼	116023
上海实业发展股份有限公司	淮海中路 98 号 20 楼	200021
西藏旅游股份有限公司	拉萨市经济技术开发区格桑路 5 号总部经济基地大楼 8 层	850000
江中药业股份有限公司	江西省南昌市火炬大道 788 号	330096
天津市海运股份有限公司	天津空港经济区中心大道华盈大厦八层	300380
河南东方银星投资股份有限公司	河南省商丘市神火大道 99 号悦华大酒店 25 层	476000
上海锦江国际酒店发展股份有限公司	上海市延安东路 100 号 25 楼	200002
厦门国贸集团股份有限公司	中国福建省厦门市湖滨南路国贸大厦 12 层证券事务部	361004
山东浪潮齐鲁软件产业股份有限公司	山东省济南市高新区浪潮路 1036 号 S06 号楼南楼三层	250013
长江出版传媒股份有限公司	湖北省武汉市武昌雄楚大街 268 号出版城 B 座 12 楼	430070
辽宁红阳能源投资股份有限公司	沈阳市皇姑区黄河南大街 96－6 号启运大厦	110031
海南正和实业集团股份有限公司	海南省海口市国贸大道 2 号海南时代广场 17 层	570125
中航黑豹股份有限公司	山东省文登市龙山路 107 号	264400
安徽合力股份有限公司	合肥市方兴大道 668 号	230022
通策医疗投资股份有限公司	浙江省杭州市天目山路 327 号“合生国贸中心”5 号楼 10 楼;	310019
中电广通股份有限公司	北京市海淀区中关村南大街 17 号韦伯时代中心 C 座 21 层	100081
中航重机股份有限公司	北京市朝阳区安定门外小关东里 14 号中航工业大厦 A 座 8 层	100029
烟台园城黄金股份有限公司	山东省烟台市南大街 261 号	264001
运盛(上海)实业股份有限公司	上海市浦东新区仁庆路 509 号 12 号楼	200135
宁波富邦精业集团股份有限公司	宁波市鄞州区天童北路 702 号工业城办公大楼三楼	315010
武汉祥龙电业股份有限公司	武汉市洪山区葛化街化工路 31 号	430078
江苏综艺股份有限公司	江苏省南通市通州区兴东镇综艺数码城	226376

上市公司通讯录
Contact Information of Listed Companies

A 股代码 A Code	A 股简称 A Name	B 股代码 B Code	B 股简称 B Name	行业分类名称 Industry Name	电话 Telephone
600771	广誉远			医药制造业	029-88330835
600773	西藏城投			房地产业	021-63536929
600774	汉商集团			零售业	027-68849119
600775	南京熊猫			计算机、通信和其他电子设备制造业	8625-84801442
600776	东方通信	900941	东信 B 股	计算机、通信和其他电子设备制造业	0571-86676199
600777	新潮实业			综合	0535-2109779
600778	友好集团			零售业	0991-4541008
600779	*ST 水井			酒、饮料和精制茶制造业	028-86252847
600780	通宝能源			电力、热力生产和供应业	0351-7021857
600781	辅仁药业			医药制造业	021-51573890
600782	新钢股份			黑色金属冶炼和压延加工业	0790-6292577
600783	鲁信创投			综合	0531-86566781
600784	鲁银投资			综合	0531-82024116
600785	新华百货			零售业	0951-6071161
600787	中储股份			仓储业	010-83673209
600789	鲁抗医药			医药制造业	0537-2983174
600790	轻纺城			商务服务业	0575-84116158
600791	京能置业			房地产业	010-62698639
600792	云煤能源			石油加工、炼焦和核燃料加工业	0871-63170700
600793	ST 宜纸			造纸和纸制品业	0831-3560668
600794	保税科技			仓储业	0512-58320358
600795	国电电力			电力、热力生产和供应业	010-58682200
600796	钱江生化			化学原料和化学制品制造业	0573-87038237
600797	浙大网新			软件和信息技术服务业	0571-87950500
600798	宁波海运			水上运输业	0574-87352405
600800	天津磁卡			计算机、通信和其他电子设备制造业	022-58585662
600801	华新水泥	900933	华新 B 股	非金属矿物制品业	02787773896
600802	福建水泥			非金属矿物制品业	0591-87617751
600803	新奥股份			化学原料和化学制品制造业	0311-85915898
600804	鹏博士			互联网和相关服务	028-86755190
600805	悦达投资			综合	0515-88202778
600806	昆明机床			通用设备制造业	0871-6166612
600807	天业股份			房地产业	0531-82685365
600808	马钢股份			黑色金属冶炼和压延加工业	0555-2876033
600809	山西汾酒			酒、饮料和精制茶制造业	0358-7320948
600810	神马股份			化学纤维制造业	0375-2729337
600811	东方集团			批发业	010-56311896
600812	华北制药			医药制造业	0311-85992929
600814	杭州解百			零售业	0571-87016888-5015
600815	厦工股份			专用设备制造业	0592-6389388
600816	安信信托			其他金融业	021-63529786
600817	ST 宏盛			综合	029-88661759
600818	中路股份	900915	中路 B 股	铁路、船舶、航空航天和其他运输设备制造业	021-50596906
600819	耀皮玻璃	900918	耀皮 B 股	非金属矿物制品业	58801177
600820	隧道股份			土木工程建筑业	021-65869999-5072
600821	津劝业			零售业	022-27304989
600822	上海物贸	900927	物贸 B 股	批发业	63231818-5032
600823	世茂股份			房地产业	021－20203366
600824	益民集团			零售业	021-64339888
600825	新华传媒			新闻和出版业	021-60376227

上市公司通讯录
Contact Information of Listed Companies

公司全称 Company Name	通讯地址 Address	邮编 Zip
广誉远中药股份有限公司	陕西省西安市高新六路 52 号立人科技园 A 座六层	710065
西藏城市发展投资股份有限公司	上海市闸北区天目中路 380 号北方大厦 23 楼	200070
武汉市汉商集团股份有限公司	湖北省武汉市汉阳大道 134 号	430050
南京熊猫电子股份有限公司	中国南京市中山东路 301 号	210002
东方通信股份有限公司	中国浙江省杭州市滨江高新技术开发区东信大道 66 号研发楼 B413 室	310053
烟台新潮实业股份有限公司	山东省烟台市莱山区港城东大街 301 号南山世纪大厦 B 座 14 楼	264003
新疆友好(集团)股份有限公司	乌鲁木齐市友好南路 668 号	830000
四川水井坊股份有限公司	四川省成都市金牛区全兴路 9 号	610036
山西通宝能源股份有限公司	太原市长治路 272 号	030006
上海辅仁实业（集团）股份有限公司	上海市建国西路 285 号（科投大厦）13 楼	200031
新余钢铁股份有限公司	江西省新余市冶金路	338001
鲁信创业投资集团股份有限公司	山东省济南市解放路 166 号鲁信大厦	250013
鲁银投资集团股份有限公司	山东省济南市经十路 10777 号	250014
银川新华百货商业集团股份有限公司	宁夏银川市解放西街 2 号（老大楼写字楼 7 楼）	750001
中储发展股份有限公司	北京市丰台区南四环西路 188 号 6 区 18 号楼	100070
山东鲁抗医药股份有限公司	山东省济宁市太白楼西路 152 号	272021
浙江中国轻纺城集团股份有限公司	浙江省绍兴县柯桥街道鉴湖路 1 号中轻大厦	312030
京能置业股份有限公司	北京市海淀区彩和坊路 8 号天创科技大厦 12 层西侧	100080
云南煤业能源股份有限公司	昆明市拓东路 75 号集成广场 5 楼	650021
宜宾纸业股份有限公司	四川省宜宾市岷江西路５４号	644007
张家港保税科技股份有限公司	江苏省张家港保税区北京路保税科技大厦六楼	215634
国电电力发展股份有限公司	北京市朝阳区安慧北里安园 19 号楼	100101
浙江钱江生物化学股份有限公司	浙江省海宁市西山路 598 号 7 楼	314400
浙大网新科技股份有限公司	浙江省杭州市西湖区西园一路 18 号浙大网新软件园 A 楼 15 层	310030
宁波海运股份有限公司	宁波市北岸财富中心 1 幢	315020
天津环球磁卡股份有限公司	天津市河西区解放南路３２５号	300202
华新水泥股份有限公司	湖北省武汉市光谷大道特 1 号国际企业中心 5 号楼	430074
福建水泥股份有限公司	福州市杨桥东路 118 号宏扬新城建福大厦	350001
河北威远生物化工股份有限公司	石家庄市和平东路 383 号	050031
鹏博士电信传媒集团股份有限公司	四川省成都市顺城大街 229 号顺城大厦 5 楼	610015
江苏悦达投资股份有限公司	江苏省盐城市世纪大道东路 2 号	224007
沈机集团昆明机床股份有限公司	中华人民共和国云南省昆明市茨坝路 23 号	650203
山东天业恒基股份有限公司	济南市高新开发区新宇南路 1 号济南国际会展中心 A 区	250101
马鞍山钢铁股份有限公司	安徽省马鞍山市九华西路 8 号	243003
山西杏花村汾酒厂股份有限公司	山西省汾阳市杏花村汾酒厂	032205
神马实业股份有限公司	河南平顶山建设路中段 63 号	467000
东方集团股份有限公司	哈尔滨市南岗区花园街 235 号	150001
华北制药股份有限公司	河北省石家庄市和平东路 388 号	050015
杭州解百集团股份有限公司	杭州市上城区解放路 251 号	310001
厦门厦工机械股份有限公司	厦门市灌口南路 668 号之八	361023
安信信托投资股份有限公司	上海广东路 689 号海通证券大厦 29 层	200001
西安宏盛科技发展股份有限公司	西安市曲江新区雁南五路商通大道曲江综合服务中心 306 室	710061
中路股份有限公司	上海市浦东新区花木路 832 号	201300
上海耀皮玻璃集团股份有限公司	上海市浦东新区张东路 1388 号 4-5 幢	201203
上海隧道工程股份有限公司	上海市大连路 118 号	200082
天津劝业场（集团）股份有限公司	天津市和平区和平路 290 号	300022
上海物资贸易股份有限公司	上海南苏州路 325 号	200002
上海世茂股份有限公司	上海市浦东新区银城中路 68 号 43 楼	200120
上海益民商业集团股份有限公司	上海市淮海中路 809 号甲	200020
上海新华传媒股份有限公司	上海市徐汇区漕溪北路 331 号新华中心(中金国际广场 A 座)7-8 楼	200030

上市公司通讯录
Contact Information of Listed Companies

A 股代码 A Code	A 股简称 A Name	B 股代码 B Code	B 股简称 B Name	行业分类名称 Industry Name	电话 Telephone
600826	兰生股份			批发业	021-51991608
600827	百联股份	900923	百联 B 股	零售业	021-63223344*62201
600828	成商集团			零售业	028-86651945
600829	人民同泰			批发业	0451-86649908
600830	香溢融通			零售业	0574-87315310
600831	广电网络			电信、广播电视和卫星传输服务	029-87991258
600833	第一医药			零售业	64337282
600834	申通地铁			道路运输业	54259971
600835	上海机电	900925	机电 B 股	通用设备制造业	68547507
600836	界龙实业			印刷和记录媒介复制业	021-58942955
600837	海通证券			资本市场服务	021-63411298
600838	上海九百			零售业	021-62569866
600839	四川长虹			计算机、通信和其他电子设备制造业	0816-2418866
600841	上柴股份	900920	上柴 B 股	通用设备制造业	021-60652707
600843	上工申贝	900924	上工 B 股	专用设备制造业	68407515 68407700*12
600844	丹化科技	900921	丹科 B 股	化学原料和化学制品制造业	021-64015598
600845	宝信软件	900926	宝信B股	软件和信息技术服务业	021-20378893
600846	同济科技			土木工程建筑业	65983325
600847	万里股份			电气机械和器材制造业	023-85532408
600848	上海临港	900928	临港 B 股	仪器仪表制造业	66986962
600850	华东电脑			软件和信息技术服务业	021-33390138
600851	海欣股份	900917	海欣 B 股	纺织业	63917000-1866
600853	龙建股份			土木工程建筑业	0451-82281860
600854	春兰股份			电气机械和器材制造业	0523-86217958、86663
600855	航天长峰			专用设备制造业	88219815
600856	中天能源			燃气生产和供应业	0431-8965414
600857	宁波中百			零售业	0574-87367060
600858	银座股份			零售业	0531-83175518
600859	王府井			零售业	010-65125960
600860	京城股份			专用设备制造业	010-67802690
600861	北京城乡			零售业	010-68296595
600862	南通科技			房地产业	0513-81110523
600863	内蒙华电			电力、热力生产和供应业	0471-6228403
600864	哈投股份			电力、热力生产和供应业	0451-82332828
600865	百大集团			零售业	0571-85064581
600866	星湖科技			食品制造业	0758-2291130
600867	通化东宝			医药制造业	0435-5088025
600868	梅雁吉祥			电力、热力生产和供应业	0753-2218286
600869	智慧能源			电气机械和器材制造业	0510-87243402
600870	*ST 厦华			计算机、通信和其他电子设备制造业	0592-5620620
600871	石化油服			开采辅助活动	86-514-83232997
600872	中炬高新			食品制造业	0760-85599947
600873	梅花生物			食品制造业	0316-2359999 转 8072
600874	创业环保			水的生产和供应业	022-23930128
600875	东方电气			通用设备制造业	86-28-87583088
600876	洛阳玻璃			非金属矿物制品业	86-379-63908507
600877	中国嘉陵			铁路、船舶、航空航天和其他运输设备制造业	023-65192750
600879	航天电子			专用设备制造业	010-88106033
600880	博瑞传播			新闻和出版业	028-62560666
600881	亚泰集团			非金属矿物制品业	0431-84956688

上市公司通讯录
Contact Information of Listed Companies

公司全称 Company Name	通讯地址 Address	邮编 Zip
上海兰生股份有限公司	上海市中山北二路 1800 号	200437
上海友谊集团股份有限公司	上海市六合路 58 号新一百大厦 22 楼	200001
成商集团股份有限公司	成都市东御街１９号	610011
哈药集团三精制药股份有限公司	哈尔滨市香坊区哈平路 233 号	150069
香溢融通控股集团股份有限公司	宁波市西河街 158 号	315000
陕西广电网络传媒（集团）股份有限公司	西安曲江新区曲江行政商务区曲江首座大厦	710061
上海第一医药股份有限公司	上海市徐汇区小木桥路 681 号 20 楼	200032
上海申通地铁股份有限公司	上海市桂林路 909 号 3 号楼 2 楼	201103
上海机电股份有限公司	上海市浦东新区民生路 1286 号汇商大厦 9 楼(200135)	200135
上海界龙实业集团股份有限公司	上海市浦东新区杨高中路 2112 号界龙总部园 5 楼	200135
海通证券股份有限公司	上海市黄浦区广东路 689 号海通证券证券大厦	200001
上海九百股份有限公司	上海市常德路 940 号	200040
四川长虹电器股份有限公司	四川省绵阳市高新区绵兴东路 35 号	621000
上海柴油机股份有限公司	上海市军工路 2636 号	200438
上工申贝（集团）股份有限公司	上海市浦东新区世纪大道 1500 号东方大厦 12 楼	200122
丹化化工科技股份有限公司	上海市闵行区虹许路 788 号名都城别墅 61 幢	201103
上海宝信软件股份有限公司	上海市浦东新区张江高科技园区郭守敬路 515 号	201203
上海同济科技实业股份有限公司	上海市杨浦区四平路 1398 号同济联合广场 B 座 20 层	200092
重庆万里新能源股份有限公司	重庆市江津区双福街道创业大道 2 号	402247
上海自动化仪表股份有限公司	上海市广中西路 191 号	200072
上海华东电脑股份有限公司	上海市徐汇区桂平路 391 号新漕河泾国际商务中心 B 幢 27 楼	200233
上海海欣集团股份有限公司	上海市福州路 666 号金陵海欣大厦 18 楼	200001
龙建路桥股份有限公司	黑龙江省哈尔滨市南岗区嵩山路 109 号	150009
江苏春兰制冷设备股份有限公司	江苏省泰州市春兰工业园区春兰路 1 号	225300
北京航天长峰股份有限公司	北京市 142 信箱 41 分箱（邮信地址），北京市海淀区永定路甲５１号数控大楼北楼 518 室（?	100854
长春百货大楼集团股份有限公司	吉林省长春市人民大街 1881 号	130061
哈工大首创科技股份有限公司	宁波市海曙区和义路 77 号汇金大厦 21 层	315000
银座集团股份有限公司	山东省济南市泺源大街 22 号中银大厦 20F	250063
北京王府井百货（集团）股份有限公司	中国北京王府井大街 253 号	100006
北京京城机电股份有限公司	北京市北京经济技术开发区荣昌东街 6 号	100176
北京城乡贸易中心股份有限公司	北京市海淀区复兴路甲 23 号	100036
南通科技投资集团股份有限公司	江苏省南通市港闸区永和路 1 号	226011
内蒙古蒙电华能热电股份有限公司	内蒙古呼和浩特市锡林南路工艺厂巷电力科技楼六楼	010020
哈尔滨哈投投资股份有限公司	哈尔滨市南岗区汉水路 172 号二楼	150090
百大集团股份有限公司	杭州市庆春东路 1-1 号西子联合大厦 18 楼	310016
广东肇庆星湖生物科技股份有限公司	广东省肇庆市工农北路 67 号	526060
通化东宝药业股份有限公司	吉林省通化东宝新村	134123
广东梅雁吉祥水电股份有限公司	广东省梅州市梅县新县城沿江南路 1 号	514787
远东电缆股份有限公司	江苏省宜兴市高塍远东大道 6 号	214257
厦门华侨电子股份有限公司	厦门市湖里大道 22 号	361006
中国石化仪征化纤股份有限公司	江苏省仪征市	211900
中炬高新技术实业（集团）股份有限公司	广东省中山市中山火炬高技术产业开发区火炬大厦	528437
梅花生物科技集团股份有限公司	廊坊市经济技术开发区华祥路 66 号	065001
天津创业环保集团股份有限公司	天津市南开区卫津南路 76 号创业环保大厦	300381
东方电气股份有限公司	四川省成都市金牛区蜀汉路 333 号	610036
洛阳玻璃股份有限公司	中华人民共和国河南省洛阳市西工区唐宫中路 9 号	471009
中国嘉陵工业股份有限公司(集团)	重庆市璧山永嘉大道 111 号	402760
航天时代电子技术股份有限公司	北京海淀区丰滢东路 1 号	100094
成都博瑞传播股份有限公司	成都市锦江区三色路 38 号“创意成都”大厦 A 座 23 楼	610063
吉林亚泰(集团)股份有限公司	长春市吉林大路 1801 号	130031

上市公司通讯录
Contact Information of Listed Companies

A股代码 A Code	A股简称 A Name	B股代码 B Code	B股简称 B Name	行业分类名称 Industry Name	电话 Telephone
600882	华联矿业			黑色金属矿采选业	0533-3389666
600883	博闻科技			非金属矿物制品业	0871-67197370
600884	杉杉股份			电气机械和器材制造业	0574-88323048
600885	宏发股份			电气机械和器材制造业	0592-6106688 转 287
600886	国投电力			电力、热力生产和供应业	010-88006355
600887	伊利股份			食品制造业	0471-3350092
600888	新疆众和			计算机、通信和其他电子设备制造业	0991-6689885
600889	南京化纤			化学纤维制造业	025-84208005
600890	中房股份			房地产业	010-82618898
600891	秋林集团			零售业	0451-58938188
600892	宝诚股份			批发业	0755-82359089
600893	中航动力			铁路、船舶、航空航天和其他运输设备制造业	029-86152115
600894	广日股份			通用设备制造业	020-38371902
600895	张江高科			综合	51371250
600896	中海海盛			水上运输业	0898-68583985
600897	厦门空港			航空运输业	0592-5706005
600898	三联商社			零售业	0531-81675201
600900	长江电力			电力、热力生产和供应业	010-58688891
600917	重庆燃气			燃气生产和供应业	86-23-67952837
600958	东方证券			资本市场服务	86-21-63325888
600959	江苏有线			电信、广播电视和卫星传输服务	86-25-83187799
600960	渤海活塞			汽车制造业	0543-3288868
600961	株冶集团			有色金属冶炼和压延加工业	0731-28392172
600962	*ST 中鲁			酒、饮料和精制茶制造业	010-88009002
600963	岳阳林纸			造纸和纸制品业	0730-8590330
600965	福成五丰			畜牧业	010-61595607
600966	博汇纸业			造纸和纸制品业	0533-8539966
600967	北方创业			铁路、船舶、航空航天和其他运输设备制造业	0472-3117903
600969	郴电国际			电力、热力生产和供应业	0735-2339226
600970	中材国际			专用设备制造业	010－64399527
600971	恒源煤电			煤炭开采和洗选业	0557－3981268
600973	宝胜股份			电气机械和器材制造业	0514-88248910
600975	新五丰			畜牧业	0731-84449593
600976	健民集团			零售业	027-85355032
600978	宜华木业			家具制造业	0754-85100989
600979	广安爱众			电力、热力生产和供应业	0826-2983218
600980	北矿磁材			计算机、通信和其他电子设备制造业	010-67537184
600981	汇鸿集团			批发业	025-86895068
600982	宁波热电			电力、热力生产和供应业	0574-86897102
600983	惠而浦			电气机械和器材制造业	13605517468
600984	*ST 建机			专用设备制造业	029-82592297
600985	雷鸣科化			化学原料和化学制品制造业	0561-4948135
600986	科达股份			土木工程建筑业	0546-8304191
600987	航民股份			纺织业	0571－82575698
600988	赤峰黄金			有色金属矿采选业	010-82447018
600990	四创电子			计算机、通信和其他电子设备制造业	0551-65391323
600992	贵绳股份			金属制品业	08528419247
600993	马应龙			批发业	027—87389583
600995	文山电力			电力、热力生产和供应业	087163193778
600997	开滦股份			石油加工、炼焦和核燃料加工业	03153026757

上市公司通讯录
Contact Information of Listed Companies

公司全称 Company Name	通讯地址 Address	邮编 Zip
山东华联矿业控股股份有限公司	山东省淄博市沂源县东里镇	256119
云南博闻科技实业股份有限公司	云南省昆明市官渡区春城路 219 号东航投资大厦 806 室	650041
宁波杉杉股份有限公司	宁波市鄞州区日丽中路 777 号杉杉商务大厦 8 层	315100
宏发科技股份有限公司	厦门市集美北部工业区孙坂南路 91-101 号	361021
国投电力控股股份有限公司	北京市西城区西直门南小街 147 号 5 号楼 12 层	100034
内蒙古伊利实业集团股份有限公司	呼和浩特市金山开发区金山大道 8 号	010110
新疆众和股份有限公司	新疆维吾尔自治区乌鲁木齐市喀什东路１８号	830013
南京化纤股份有限公司	南京市丰富路 163 号民族大厦 1702 室	210004
中房置业股份有限公司	北京市海淀区苏州街 18 号院长远天地大厦 C 座 2 层	100080
哈尔滨秋林集团股份有限公司	哈尔滨市南岗区东大直街 319 号	150001
宝诚投资股份有限公司	广东省深圳市罗湖区笋岗东路 3012 号中民时代广场 B 座 2103 室	518023
西安航空动力股份有限公司	陕西省西安市未央区徐家湾	710021
广州广日股份有限公司	广州市天河区华利路 59 号东塔 12 层	510623
上海张江高科技园区开发股份有限公司	上海浦东松涛路 560 号 8 层	201203
中海（海南）海盛船务股份有限公司	海南省海口市龙昆北路 2 号珠江广场帝豪大厦 25 层	570125
厦门国际航空港股份有限公司	厦门市湖里区翔云一路 121 号	361006
三联商社股份有限公司	济南市历下区趵突泉北路 12 号 5 层	250011
中国长江电力股份有限公司	北京市西城区金融大街 19 号富凯大厦 B 座 2116 房间	100033
重庆燃气集团股份有限公司	重庆市江北区小苑一村 30 号	400020
东方证券股份有限公司	上海市中山南路 318 号 2 号楼 22 层，23 层，25-29 层	200010
江苏省广电有线信息网络股份有限公司	江苏南京市江东中路 222 号南京市奥体体育科技中心六楼	210008
山东滨州渤海活塞股份有限公司	山东省滨州市渤海二十一路 569 号	256602
株洲冶炼集团股份有限公司	湖南省株洲市石峰区清水塘（来信来件请寄往该处）	412004
国投中鲁果汁股份有限公司	北京市西城区阜成门外大街 2 号万通新世界广场 B 座 21 层	100037
岳阳林纸股份有限公司	岳阳市岳阳楼区城陵矶光明路	414002
河北福成五丰食品股份有限公司	河北省三河市燕郊经济技术开发区	065201
山东博汇纸业股份有限公司	山东省桓台县马桥镇工业路北首	256405
包头北方创业股份有限公司	包头市兵工大道车辆大厦北方创业股份有限公司	014032
湖南郴电国际发展股份有限公司	湖南省郴州市青年大道民生路口万国大厦十四楼 1408 室	423000
中国中材国际工程股份有限公司	北京市朝阳区望京北路 16 号	100102
安徽恒源煤电股份有限公司	安徽省宿州市西昌路 157 号	234011
宝胜科技创新股份有限公司	江苏省宝应县安宜镇苏中路 1 号	225800
湖南新五丰股份有限公司	长沙市芙蓉区五一西路二号第一大道十九、二十楼	410005
武汉健民药业集团股份有限公司	武汉市汉阳区鹦鹉大道 484 号	430015
广东省宜华木业股份有限公司	广东省汕头市澄海区莲下槐东工业区	515834
四川广安爱众股份有限公司	四川省广安市广安区渠江北路 86 号	638000
北矿磁材科技股份有限公司	北京市大兴区北兴路东段 22 号 1 号楼 A 座 804	100070
江苏汇鸿股份有限公司	南京市户部街 15 号	210002
宁波热电股份有限公司	宁波市海曙区解放北路 128 号新金穗大厦 A 座 12 楼	315000
合肥荣事达三洋电器股份有限公司	合肥高新技术产业开发区北区 L-2 号 (科学大道 96 号)	230088
陕西建设机械股份有限公司	西安市金花北路 418 号	710032
安徽雷鸣科化股份有限公司	安徽省淮北市东山路 148 号	235000
科达集团股份有限公司	山东省东营市府前大街 65 号	257091
浙江航民股份有限公司	浙江省杭州市萧山区瓜沥镇航民村	311241
赤峰吉隆黄金矿业股份有限公司	北京市海淀区善缘街一号立方庭大厦 2-230	100080
安徽四创电子股份有限公司	安徽省合肥市高新技术产业开发区香樟大道 199 号	230088
贵州钢绳股份有限公司	贵州省遵义市桃溪路４７号贵州钢绳股份有限公司	56300
马应龙药业集团股份有限公司	湖北省武汉市武昌南湖周家湾 100 号	430064
云南文山电力股份有限公司	云南省昆明市东风东路 48 号金泰大厦 19 楼	650051
开滦能源化工股份有限公司	河北省唐山市新华东道 70 号东楼	063018

上市公司通讯录
Contact Information of Listed Companies

A 股代码 A Code	A 股简称 A Name	B 股代码 B Code	B 股简称 B Name	行业分类名称 Industry Name	电话 Telephone
600998	九州通			批发业	010-60210333
600999	招商证券			资本市场服务	0755－82943666
601000	唐山港			水上运输业	0315-2916903
601001	大同煤业			煤炭开采和洗选业	0352-7018978
601002	晋亿实业			通用设备制造业	0573-4185001
601003	柳钢股份			黑色金属冶炼和压延加工业	0772-2595996, 259597
601005	重庆钢铁			黑色金属冶炼和压延加工业	023-68873311
601006	大秦铁路			铁路运输业	0351-2620605
601007	金陵饭店			住宿业	025-84711888-4139
601008	连云港			水上运输业	0518-82389269
601009	南京银行			货币金融服务	025－86775055
601010	文峰股份			零售业	051385505666-8958
601011	宝泰隆			石油加工、炼焦和核燃料加工业	0464-2915999
601012	隆基股份			非金属矿物制品业	86-29-81566863
601015	陕西黑猫			石油加工、炼焦和核燃料加工业	86-913-5326936
601016	节能风电			电力、热力生产和供应业	86-10-62248707
601018	宁波港			水上运输业	0574-27695662
601021	春秋航空			航空运输业	86-21-22353088
601028	玉龙股份			金属制品业	0510-83896210
601038	一拖股份			专用设备制造业	0379-64961467
601058	赛轮金宇			橡胶和塑料制品业	0532-68862851
601069	西部黄金			有色金属矿采选业	86-991-3771795
601088	中国神华			煤炭开采和洗选业	01058133348
601098	中南传媒			新闻和出版业	0731-84302628
601099	太平洋			资本市场服务	010-88321618
601100	恒立油缸			专用设备制造业	0519-81689797
601101	昊华能源			煤炭开采和洗选业	010-69839412
601106	中国一重			专用设备制造业	0452--6810123
601107	四川成渝			道路运输业	028-85527504
601111	中国国航			航空运输业	010-61461959
601113	华鼎股份			化学纤维制造业	0579-85261479
601116	三江购物			零售业	0574-83886810
601117	中国化学			土木工程建筑业	010-59765697
601118	海南橡胶			农业	0898-31669317
601126	四方股份			电气机械和器材制造业	010-62961515
601137	博威合金			有色金属冶炼和压延加工业	0574-82829383
601139	深圳燃气			燃气生产和供应业	075588660068
601155	新城控股			房地产业	021-22835888
601158	重庆水务			水的生产和供应业	023-63632255
601166	兴业银行			货币金融服务	0591-87838598
601168	西部矿业			有色金属矿采选业	0971-6108188
601169	北京银行			货币金融服务	010-66223811
601177	杭齿前进			通用设备制造业	0571-83802672
601179	中国西电			电气机械和器材制造业	029-88832004
601186	中国铁建			土木工程建筑业	010-52688180
601188	龙江交通			道路运输业	0451-51688198
601198	东兴证券			资本市场服务	86-10-66555171
601199	江南水务			水的生产和供应业	13606160977
601208	东材科技			化学原料和化学制品制造业	0816-2289750
601211	国泰君安			资本市场服务	86-21-38676798

上市公司通讯录
Contact Information of Listed Companies

公司全称 Company Name	通讯地址 Address	邮编 Zip
九州通医药集团股份有限公司	湖北省武汉市汉阳区龙阳大道特 8 号	430051
招商证券股份有限公司	深圳市福田区益田路江苏大厦 A 座 38-45 层	518026
唐山港集团股份有限公司	河北唐山海港经济开发区唐山港大厦十四层	063611
大同煤业股份有限公司	山西省大同市矿区新平旺	037003
晋亿实业股份有限公司	浙江省嘉善经济开发区晋亿大道 8 号	314100
柳州钢铁股份有限公司	广西柳州市北雀路 117 号	545002
重庆钢铁股份有限公司	重庆市长寿区经济技术开发区钢城大道一号	400084
大秦铁路股份有限公司	山西省太原市建设北路 202 号	030013
金陵饭店股份有限公司	南京市汉中路 2 号	210005
江苏连云港港口股份有限公司	江苏省连云港市连云区中华路 18 号港口大厦 22-23 层	222042
南京银行股份有限公司	南京市玄武区中山路 288 号	210008
文峰大世界连锁发展股份有限公司	江苏省南通市青年东路 1 号	22600
七台河宝泰隆煤化工股份有限公司	黑龙江省七台河市桃山区景丰路 117 号宝泰隆矿业大厦 5 层	154600
西安隆基硅材料股份有限公司	西安市长安区航天中路 388 号	710100
陕西黑猫焦化股份有限公司	陕西省韩城市煤化工业园	715403
中节能风力发电股份有限公司	北京市海淀区西直门北大街 42 号节能大厦 A 座 12 层	100082
宁波港股份有限公司	宁波市北仑区明州路 301 号宁波港大厦	315800
春秋航空股份有限公司	上海市虹桥机场空港一路 528 号航友宾馆	200335
江苏玉龙钢管股份有限公司	江苏省无锡市惠山区玉祁镇玉龙路 15 号	214183
第一拖拉机股份有限公司	河南省洛阳市建设路 154 号	471004
赛轮股份有限公司	青岛市郑州路 43 号橡胶谷 B 栋	266045
西部黄金股份有限公司	新疆维吾尔自治区乌鲁木齐市经济技术开发区嵩山街 229 号	834000
中国神华能源股份有限公司	中国北京市东城区安定门西滨河路 22 号	100011
中南出版传媒集团股份有限公司	湖南省长沙市开福区营盘东路 38 号	410005
太平洋证券股份有限公司	云南省昆明市青年路 389 号志远大厦 18 层	650021
江苏恒立高压油缸股份有限公司	常州市武进高新区龙潜路 99 号	213167
北京昊华能源股份有限公司	北京市门头沟区新桥南大街 2 号	102300
中国第一重型机械股份公司	黑龙江省齐齐哈尔市富拉尔基区铁西厂前路 9 号	16104
四川成渝高速公路股份有限公司	四川省成都市武侯祠大街 252 号	610041
中国国际航空股份有限公司	中国北京市顺义区天竺经济开发区天柱路 30 号	101312
义乌华鼎锦纶股份有限公司	义乌市北苑街道雪峰西路 751 号	322000
三江购物俱乐部股份有限公司	宁波市海曙区孝闻街 29 弄 1 号	315010
中国化学工程股份有限公司	北京市东城区东直门内大街 2 号	100007
海南天然橡胶产业集团股份有限公司	海南省海口市滨海大道 103 号财富广场四楼	570105
北京四方继保自动化股份有限公司	北京市海淀区上地四街九号	100085
宁波博威合金材料股份有限公司	浙江省宁波市鄞州区云龙镇前后陈村博威大厦 11F	315135
深圳市燃气集团股份有限公司	深圳市福田区中康北路深燃大厦	518049
新城控股集团股份有限公司	常州市武进区武宜北路 10 号湖塘镇吾悦广场	213161
重庆水务集团股份有限公司	重庆市渝中区龙家湾 1 号	400015
兴业银行股份有限公司	福州市湖东路 154 号	350003
西部矿业股份有限公司	青海省西宁市五四大街 52 号	810001
北京银行股份有限公司	北京市西城区金融大街丙 17 号北京银行大厦	100033
杭州前进齿轮箱集团股份有限公司	浙江省杭州市萧山区萧金路 45 号	311203
中国西电电气股份有限公司	中国陕西省西安市高新区唐兴路 7 号 A 座	710075
中国铁建股份有限公司	北京市海淀区复兴路 40 号中国铁建大厦	100855
黑龙江交通发展股份有限公司	黑龙江省哈尔滨市南岗区轩辕东路 1 号怡东大厦 3 层	150090
东兴证券股份有限公司	北京市西城区金融大街 5 号(新盛大厦)B 座 12,15 层	100033
江苏江南水务股份有限公司	江苏省江阴市长江路 141 号	214432
四川东材科技集团股份有限公司	绵阳市三星路 188 号	621000
国泰君安证券股份有限公司	上海市浦东新区银城中路 168 号	200120

上市公司通讯录
Contact Information of Listed Companies

A股代码 A Code	A股简称 A Name	B股代码 B Code	B股简称 B Name	行业分类名称 Industry Name	电话 Telephone
601216	君正集团			化学原料和化学制品制造业	0473-6921035
601218	吉鑫科技			专用设备制造业	0510-86157396
601222	林洋能源			仪器仪表制造业	051383115006
601225	陕西煤业			煤炭开采和洗选业	86-29-81772610
601226	华电重工			专业技术服务业	86-10-68466145
601231	环旭电子			计算机、通信和其他电子设备制造业	021-58966996-83636
601233	桐昆股份			化学纤维制造业	0573-88187878
601238	广汽集团			汽车制造业	020-83150886
601258	庞大集团			零售业	0315-7181576
601288	农业银行			货币金融服务	010-85109619
601311	骆驼股份			电气机械和器材制造业	13707278039
601313	江南嘉捷			通用设备制造业	13862112255
601318	中国平安			保险业	0755-22623487
601328	交通银行			货币金融服务	021-58400270
601333	广深铁路			铁路运输业	0755-25587920
601336	新华保险			保险业	010-85213023
601339	百隆东方			纺织业	0574-89085564
601368	绿城水务			水的生产和供应业	86-771-4851348
601369	陕鼓动力			电气机械和器材制造业	029-81871036
601377	兴业证券			资本市场服务	0591-38281888
601388	怡球资源			有色金属冶炼和压延加工业	13962655529
601390	中国中铁			土木工程建筑业	010-51843037
601398	工商银行			货币金融服务	（8610）6610-7151
601515	东风股份			印刷和记录媒介复制业	0754-88118555
601518	吉林高速			道路运输业	0431-84687588
601519	大智慧			软件和信息技术服务业	021-20219261
601555	东吴证券			资本市场服务	0512-62938866
601558	华锐风电			通用设备制造业	010-62515566
601566	九牧王			纺织服装、服饰业	0592-2955799
601567	三星医疗			仪器仪表制造业	057488072272
601579	会稽山			酒、饮料和精制茶制造业	86-575-81188579
601588	北辰实业			房地产业	010-64993370
601599	鹿港科技			纺织业	051258353258
601600	中国铝业			有色金属冶炼和压延加工业	8610 8229 8103
601601	中国太保			保险业	021-33965011
601607	上海医药			零售业	021-63730908
601608	中信重工			专用设备制造业	0379-64088008
601616	广电电气			电气机械和器材制造业	37531469
601618	中国中冶			土木工程建筑业	010-59868801
601628	中国人寿			保险业	010-63632199
601633	长城汽车			汽车制造业	0312-2197813
601636	旗滨集团			非金属矿物制品业	0596-5699668
601666	平煤股份			煤炭开采和洗选业	03752726764
601668	中国建筑			土木工程建筑业	010-88082888
601669	中国电建			土木工程建筑业	010-58381999
601677	明泰铝业			有色金属冶炼和压延加工业	0371-67898155
601678	滨化股份			化学原料和化学制品制造业	13906499999
601688	华泰证券			资本市场服务	025-83290788
601689	拓普集团			汽车制造业	86-574-86800850
601699	潞安环能			煤炭开采和洗选业	0355-5923838

上市公司通讯录
Contact Information of Listed Companies

公司全称 Company Name	通讯地址 Address	邮编 Zip
内蒙古君正能源化工股份有限公司	内蒙古鄂尔多斯市鄂托克旗蒙西工业园区	016014
江苏吉鑫风能科技股份有限公司	江阴市云亭街道工业园区那巷路 8 号	214422
江苏林洋电子股份有限公司	江苏省启东经济技术开发区林洋路 666 号	226200
陕西煤业股份有限公司	陕西省西安市碑林区太乙路 182 号	710054
华电重工股份有限公司	北京市丰台区汽车博物馆东路华电发展大厦 B 座	100070
环旭电子股份有限公司	上海市浦东新区张江高科技园区张东路 1558 号	201203
桐昆集团股份有限公司	浙江省桐乡市经济开发区光明路 199 号	314500
广州汽车集团股份有限公司	广州市东风中路 448 号成悦大厦 16 楼	510030
庞大汽贸集团股份有限公司	北京市朝阳区五环外王四营乡黄厂路甲 3 号庞大双龙培训中心四楼	100023
中国农业银行股份有限公司	中国北京市东城区建国门内大街 69 号	100005
骆驼集团股份有限公司	湖北省谷城县石花镇武当路 83 号	441057
江南嘉捷电梯股份有限公司	江苏省苏州工业园区唯新路 28 号	215122
中国平安保险（集团）股份有限公司	深圳市福田中心区福华三路星河中心大厦 16 楼	518048
交通银行股份有限公司	上海浦东新区银城中路 188 号	200120
广深铁路股份有限公司	广东省深圳市和平路 1052 号	518010
新华人寿保险股份有限公司	北京市朝阳区建国门外大街甲 12 号	100022
百隆东方股份有限公司	宁波市镇海区骆驼街道南二东路 1 号	315206
广西绿城水务股份有限公司	广西壮族自治区南宁市江南区体育路 4 号	530031
西安陕鼓动力股份有限公司	同上	710075
兴业证券股份有限公司	上海市浦东新区民生路 1199 弄 1 号楼 2211 室	350003
怡球金属资源再生（中国）股份有限公司	No.88 Hufuhuang Road, Fuqiao Town, Taicang City	215434
中国中铁股份有限公司	北京市海淀区复兴路 69 号中国中铁广场 A 座	100039
中国工商银行股份有限公司	北京市西城区复兴门内大街 55 号	100140
汕头东风印刷股份有限公司	汕头市潮汕路金园工业城（二围工业区）、4A2-2 片区、2M4 片区、13-02 片区 A-F 座	515064
吉林高速公路股份有限公司	吉林省长春市经开区浦东路 4488 号	130033
上海大智慧股份有限公司	上海市浦东新区杨高南路 428 号由由世纪广场 1 号楼	200127
东吴证券股份有限公司	苏州工业园区星阳街 5 号	215021
华锐风电科技（集团）股份有限公司	北京市海淀区中关村大街 59 号文化大厦	100872
九牧王股份有限公司	厦门市思明区宜兰路 1 号	361008
宁波三星电气股份有限公司	浙江省宁波市鄞州工业区（宁波市鄞州区姜山镇）	315191
会稽山绍兴酒股份有限公司	浙江省绍兴市河桥区鉴湖路 1053 号	312030
北京北辰实业股份有限公司	北京朝阳区北辰东路 8 号汇欣大厦 A 座 707	100101
江苏鹿港科技股份有限公司	江苏省苏州市张家港市塘桥镇鹿苑	215616
中国铝业股份有限公司	北京市海淀区西直门北大街 62 号	100082
中国太平洋保险（集团）股份有限公司	上海市银城中路 190 号交银金融大厦南楼	200120
上海医药集团股份有限公司	上海市太仓路 200 号上海医药大厦	200020
中信重工机械股份有限公司	洛阳市涧西区建设路 206 号	471039
上海广电电气（集团）股份有限公司	上海市奉贤区南桥镇环城东路 123 弄 1 号	201401
中国冶金科工股份有限公司	北京市朝阳区曙光西里 28 号中冶大厦	100028
中国人寿保险股份有限公司	北京市西城区金融大街 16 号中国人寿广场 A 座	100033
长城汽车股份有限公司	河北省保定市朝阳南大街 2266 号	071000
株洲旗滨集团股份有限公司	福建省漳州市东山县环岛路 8 号旗滨领海国际	363400
平顶山天安煤业股份有限公司	河南省平顶山市矿工路 21 号	467000
中国建筑股份有限公司	北京市海淀区三里河路 15 号	100037
中国水利水电建设股份有限公司	北京市海淀区车公庄西路 22 号中国水电大厦	100048
河南明泰铝业股份有限公司	河南省郑州市高新技术开发区长椿路 11 号大学科技园区 Y19 栋	450001
滨化集团股份有限公司	山东省滨州市黄河五路 869 号	256619
华泰证券股份有限公司	江苏省南京市中山东路 90 号华泰证券大厦	210002
宁波拓普集团股份有限公司	浙江省宁波市北仑区黄山西路 215 号	315800
山西潞安环保能源开发股份有限公司	山西省长治市襄垣县侯堡镇	046204

上市公司通讯录
Contact Information of Listed Companies

A 股代码 A Code	A 股简称 A Name	B 股代码 B Code	B 股简称 B Name	行业分类名称 Industry Name	电话 Telephone
601700	风范股份			金属制品业	051252122997
601717	郑煤机			专用设备制造业	18603861673
601718	际华集团			纺织服装、服饰业	010-63706018
601727	上海电气			通用设备制造业	021-33261016
601766	中国中车			铁路、船舶、航空航天和其他运输设备制造业	010-51862188
601777	力帆股份			汽车制造业	023-61663020
601788	光大证券			资本市场服务	021-22169588
601789	宁波建工			土木工程建筑业	057487066873
601798	蓝科高新			专用设备制造业	13609333377
601799	星宇股份			汽车制造业	0086-519-85156063
601800	中国交建			土木工程建筑业	8610-82016526
601801	皖新传媒			新闻和出版业	0551-62661237
601808	中海油服			开采辅助活动	010-84521129
601818	光大银行			货币金融服务	010-63636868
601857	中国石油			石油和天然气开采业	010-59986900
601866	中海集运			水上运输业	021-65966978
601872	招商轮船			水上运输业	0755-88237361
601877	正泰电器			电气机械和器材制造业	021-37791001
601880	大连港			水上运输业	0411-82623910
601886	江河创建			建筑装饰和其他建筑业	010-60411166-8409
601888	中国国旅			商务服务业	010-84479696
601890	亚星锚链			铁路、船舶、航空航天和其他运输设备制造业	052384686986
601898	中煤能源			煤炭开采和洗选业	010-82256618
601899	紫金矿业			有色金属矿采选业	0592-2933662
601901	方正证券			资本市场服务	0731-85832367
601908	京运通			专用设备制造业	010-80803016-8308
601918	国投新集			煤炭开采和洗选业	0554-8661819
601919	中国远洋			水上运输业	010-66492259
601928	凤凰传媒			新闻和出版业	025-5188 3301
601929	吉视传媒			电信、广播电视和卫星传输服务	0431-88789005
601933	永辉超市			零售业	0591-83762200
601939	建设银行			货币金融服务	010-6759 8523
601958	金钼股份			有色金属矿采选业	88320076
601965	中国汽研			汽车制造业	023-68825531
601968	宝钢包装			金属制品业	86-21-31165678
601969	海南矿业			黑色金属矿采选业	86-898-26607630
601985	中国核电			电力、热力生产和供应业	86-10-68555988
601988	中国银行			货币金融服务	010-66595465
601989	中国重工			铁路、船舶、航空航天和其他运输设备制造业	01088475208
601991	大唐发电			电力、热力生产和供应业	010-88008996
601992	金隅股份			非金属矿物制品业	01066410128
601996	丰林集团			木材加工和木、竹、藤、棕、草制品业	0771-4016666
601998	中信银行			货币金融服务	65556501
601999	出版传媒			新闻和出版业	024-23284236
603000	人民网			互联网和相关服务	010-65368433
603001	奥康国际			皮革、毛皮、羽毛及其制品和制鞋业	0577-67915188
603002	宏昌电子			化学原料和化学制品制造业	86-20-82266156
603003	龙宇燃油			批发业	13901986256
603005	晶方科技			计算机、通信和其他电子设备制造业	86-512-67730001
603006	联明股份			汽车制造业	86-21-58560017

上市公司通讯录
Contact Information of Listed Companies

公司全称 Company Name	通讯地址 Address	邮编 Zip
常熟风范电力设备股份有限公司	江苏常熟市尚湖镇人民南路 8 号	215554
郑州煤矿机械集团股份有限公司	郑州市经济技术开发区第九大街 167 号	450016
际华集团股份有限公司	北京市丰台区南四环西路 188 号十五区 6 号楼	100070
上海电气集团股份有限公司	上海市钦江路 212 号	200233
中国南车股份有限公司	北京市海淀区西四环中路 16 号	100036
力帆实业（集团）股份有限公司	重庆市沙坪坝区上桥张家湾 60 号	400037
光大证券股份有限公司	上海市静安区新闸路 1508 号	200040
宁波建工股份有限公司	宁波市江东区宁穿路 538 号	315040
甘肃蓝科石化高新装备股份有限公司	甘肃省兰州市安宁区蓝科路 8 号	730070
常州星宇车灯股份有限公司	江苏省常州市新北区秦岭路 182 号	213022
中国交通建设股份有限公司	北京西城区德胜门外大街 85 号	100088
安徽新华传媒股份有限公司	安徽省合肥市包河区北京路 8 号	230051
中海油田服务股份有限公司	北京市朝阳门内大街 2 号凯恒中心 B 座	100010
中国光大银行股份有限公司	北京市西城区太平桥大街 25 号中国光大中心	100033
中国石油天然气股份有限公司	北京东城区东直门北大街 9 号	100007
中海集装箱运输股份有限公司	上海市浦东新区福山路 450 号 3 楼	200122
招商局能源运输股份有限公司	上海市中山东一路 9 号	200002
浙江正泰电器股份有限公司	浙江省乐清市北白象镇正泰工业园区正泰路 1 号	325603
大连港股份有限公司	大连国际物流园区金港路新港商务大厦	116601
江河创建集团股份有限公司	北京市顺义区牛汇北五街 5 号	101300
中国国旅股份有限公司	北京市东城区东直门外小街甲 2 号 A 座 8 层	100027
江苏亚星锚链股份有限公司	靖江市东兴镇何德村	214533
中国中煤能源股份有限公司	北京市朝阳区黄寺大街 1 号	100120
紫金矿业集团股份有限公司	福建省上杭县紫金大道 1 号；福建省厦门市湖里区泗水道 599 号海富中心 19-22 层	361016
方正证券股份有限公司	长沙市芙蓉中路二段华侨国际大厦 22-24 层	410015
北京京运通科技股份有限公司	北京市北京经济技术开发区经海四路 158 号	100176
国投新集能源股份有限公司	安徽省淮南市山南新区民惠街 国投新集办公园区 1 号楼	232001
中国远洋控股股份有限公司	天津市天津空港经济区中心大道与东七道交口远航商务中心 12 号楼二层	300461
江苏凤凰出版传媒股份有限公司	南京市百子亭 34 号	210009
吉视传媒股份有限公司	吉林省长春市新民大街 1027-1 号	130021
永辉超市股份有限公司	福建省福州市鼓楼区西二环中路 436 号	350002
中国建设银行股份有限公司	北京市西城区金融大街 25 号	100033
金堆城钼业股份有限公司	陕西省西安市高新技术产业开发区锦业一路 88 号金钼股份综合楼 A 座	710077
中国汽车工程研究院股份有限公司	重庆市北部新区金渝大道 9 号	400039
上海宝钢包装股份有限公司	上海市宝山区罗东路 1818 号	201908
海南矿业股份有限公司	海南省昌江黎族自治县石碌镇(海钢办公大楼)	572700
中国核能电力股份有限公司	北京市西城区三里河南四巷一号	100045
中国银行股份有限公司	北京市复兴门内大街 1 号	100818
中国船舶重工股份有限公司	北京市海淀区昆明湖南路 72 号	100097
大唐国际发电股份有限公司	北京市西城区广宁伯街 9 号	100033
北京金隅股份有限公司	北京市东城区北三环东路 36 号环球贸易中心 D 座	100013
广西丰林木业集团股份有限公司	广西南宁市白沙大道 22 号	530031
中信银行股份有限公司	中国北京市东城区朝阳门北大街 8 号富华大厦 C 座	100027
北方联合出版传媒（集团）股份有限公司	辽宁省沈阳市和平区十一纬路 29 号	110003
人民网股份有限公司	北京市朝阳区金台西路 2 号	100733
浙江奥康鞋业股份有限公司	浙江省永嘉县瓯北镇千石工业区奥康工业园	325101
宏昌电子材料股份有限公司	广州市萝岗区云埔一路一号之二	510530
上海龙宇燃油股份有限公司	上海市浦东新区东方路 710 号 19 楼	20012
苏州晶方半导体科技股份有限公司	江苏省苏州市工业园区汀兰巷 29 号	215026
上海联名机械股份有限公司	上海市浦东新区施湾六路 950 号	201209

上市公司通讯录
Contact Information of Listed Companies

A股代码 A Code	A股简称 A Name	B股代码 B Code	B股简称 B Name	行业分类名称 Industry Name	电话 Telephone
603008	喜临门			家具制造业	0575-85159531
603009	北特科技			汽车制造业	86-21-39900388
603010	万盛股份			化学原料和化学制品制造业	86-576-85322099
603011	合锻股份			通用设备制造业	86-551-63676767
603012	创力集团			专用设备制造业	86-21-59869999,86-21
603015	弘讯科技			电气机械和器材制造业	86-574-86838286
603017	中衡设计			专业技术服务业	86-512-62586618
603018	设计股份			专业技术服务业	86-25-84202066
603019	中科曙光			计算机、通信和其他电子设备制造业	86-10-56308016
603020	爱普股份			食品制造业	86-21-66523100
603021	山东华鹏			非金属矿物制品业	86-631-7381873
603022	新通联			造纸和纸制品业	86-21-36535008
603023	威帝股份			计算机、通信和其他电子设备制造业	86-451-87101100
603025	大豪科技			计算机、通信和其他电子设备制造业	86-10-59248940
603026	石大胜华			化学原料和化学制品制造业	86-546-8395233
603030	全筑股份			建筑装饰和其他建筑业	86-21-64086775
603066	音飞储存			仓储业	86-25-52726391
603077	和邦生物			化学原料和化学制品制造业	86-833-3207168
603085	天成自控			专用设备制造业	86-576-83737726
603088	宁波精达			专用设备制造业	86-574-87562563
603099	长白山			公共设施管理业	86-433-5310177
603100	川仪股份			仪器仪表制造业	86-23-67033458
603108	润达医疗			批发业	86-21-68406213
603111	康尼机电			铁路、船舶、航空航天和其他运输设备制造业	86-25-83497082
603116	红蜻蜓			皮革、毛皮、羽毛及其制品和制鞋业	86-577-67998807
603117	万林股份			商务服务业	86-523-89112012
603118	共进股份			计算机、通信和其他电子设备制造业	86-755-26859219
603123	翠微股份			零售业	01068241688
603126	中材节能			专业技术服务业	86-22-86341590
603128	华贸物流			装卸搬运和运输代理业	13512194923
603158	腾龙股份			汽车制造业	86-519-69690275
603166	福达股份			汽车制造业	86-773-3681001
603167	渤海轮渡			水上运输业	86-535-6291223
603168	莎普爱思			医药制造业	86-573-85021168
603169	兰石重装			专用设备制造业	86-931-2343145
603188	亚邦股份			化学原料和化学制品制造业	86-519-88316008
603198	迎驾贡酒			酒、饮料和精制茶制造业	86-564-5231473
603199	九华旅游			公共设施管理业	86-566-5578899
603222	济民制药			医药制造业	86-576-84066800
603223	恒通股份			道路运输业	86-535-3453777
603227	雪峰科技			化学原料和化学制品制造业	86-991-8801120
603268	松发股份			非金属矿物制品业	86-768-2922603
603288	海天味业			食品制造业	86-757-82836083
603299	井神股份			化学原料和化学制品制造业	86-517-85998513
603300	华铁科技			租赁业	86-571-86038116
603306	华懋科技			汽车制造业	86-592-7795188
603308	应流股份			专用设备制造业	86-551-63737776
603309	维力医疗			专用设备制造业	86-20-39945995
603311	金海环境			专用设备制造业	86-575-87847722
603315	福鞍股份			通用设备制造业	86-412-8437608

上市公司通讯录
Contact Information of Listed Companies

公司全称 Company Name	通讯地址 Address	邮编 Zip
喜临门家具股份有限公司	浙江省绍兴市西大门钟家湾	312001
上海北特科技股份有限公司	上海市嘉定区华亭镇镇高石路(北新村内)	201816
浙江万盛股份有限公司	浙江省临海市城关两水开发区	317000
合肥合锻机床股份有限公司	安徽省合肥市经济技术开发区紫云路 123 号	230601
上海创力集团股份有限公司	上海市青浦工业园区崧复路 1568 号	201706
宁波弘讯科技股份有限公司	浙江省宁波市北仑区大港五路 88 号	315800
中衡设计集团股份有限公司	江苏省苏州市工业园区苏虹中路 393 号	215021
江苏省交通规划设计院股份有限公司	江苏省南京市秦淮区紫云大道 9 号（南京白下高新技术产业园区）	210005
曙光信息产业股份有限公司	北京市海淀区东北旺西路 8 号院 36 号楼	100193
爱普香料集团股份有限公司	上海市闸北区高平路 733 号	200436
山东华鹏玻璃股份有限公司	山东省荣成市石岛龙云路 468 号	264309
上海新通联包装股份有限公司	上海市闸北区永和路 118 弄 15 号	200072
哈尔滨威帝电子股份有限公司	黑龙江省哈尔滨市经开区哈平路集中区哈平西路 11 号	150060
北京大豪科技股份有限公司	北京市朝阳区酒仙桥东路 1 号	100015
山东石大胜华化工集团股份有限公司	山东省东营市北二路 489 号	257061
上海全筑建筑装饰集团股份有限公司	上海市青浦区朱家角镇沪青平公路 6335 号 7 幢 461	200233
南京音飞储存设备股份有限公司	江苏省南京市江宁经济技术开发区殷华街 470 号	211102
四川和邦股份有限公司	四川省成都市青羊区广富路 8 号 C6 幢	610091
浙江天成自控股份有限公司	浙江省台州市天台县西工业区	317200
宁波精达成形装备股份有限公司	浙江省宁波市江北投资创业园 C 区长阳路 191 号	315033
长白山旅游股份有限公司	吉林省延边朝鲜族自治州长白山保护开发区池北区(白林西区和平街)	133613
重庆川仪自动化股份有限公司	重庆市北部新区黄山大道中段 61 号	401121
上海润达医疗科技股份有限公司	上海市浦东新区向城路 58 号东方国际科技大厦 15 楼 D 室	200122
南京康尼机电股份有限公司	江苏省南京市经济技术开发区恒达路 19 号	210038
浙江红蜻蜓鞋业股份有限公司	浙江省温州市永嘉县瓯北镇东瓯工业区王家圩路	325102
江苏万林现代物流股份有限公司	江苏省靖江市人民中路 68 号国贸中心 8 楼 A,B 座	214500
深圳市共进电子股份有限公司	广东省深圳市南山区南海大道 1019 号南山医疗器械产业园	518067
北京翠微大厦股份有限公司	北京市海淀区复兴路 33 号翠微大厦 6 层董事会办公室	100036
中材节能股份有限公司	天津市北辰科技园区中捷科技园火炬大厦	300400
港中旅华贸国际物流股份有限公司	上海市南京西路 338 号天安中心 20 楼	201202
常州腾龙汽车零部件股份有限公司	江苏省常州市武进经济开发区延政西路腾龙路 1 号	213149
桂林福达股份有限公司	广西壮族自治区桂林市西城经济开发区秧塘工业园秧十八路东侧	541199
渤海轮渡股份有限公司	山东省烟台市芝罘区环海路 2 号	264000
浙江莎普爱思药业股份有限公司	浙江省平湖市城北路角棉巾桥	314200
兰州兰石重型装备股份有限公司	甘肃省兰州市七里河区西津西路 196 号	730050
江苏亚邦染料股份有限公司	江苏省常州市武进区牛塘镇人民西路 105 号	213163
安徽迎驾贡酒股份有限公司	安徽省六安市霍山县佛子岭镇	237271
安徽九华山旅游发展股份有限公司	安徽省池州市九华山风景名胜区九华街	242811
浙江济民制药股份有限公司	浙江省台州市黄岩区北院路 888 号	318020
恒通物流股份有限公司	山东省龙口市外向型加工区城子村	265716
新疆雪峰科技（集团）股份有限公司	新疆维吾尔自治区乌鲁木齐市天山区翠泉路东一巷 246 号	830002
广东松发陶瓷股份有限公司	广东省潮州市枫溪区如意路工业区 C2-2 号楼	521031
佛山市海天调味食品股份有限公司	广东省佛山市文沙路 16 号	528000
江苏井神盐化股份有限公司	江苏省淮安市淮安区华西路 18 号	223200
浙江华铁建筑安全科技股份有限公司	浙江省杭州市江干区九盛路 9 号 A05 幢 4 层	310019
华懋(厦门)新材料科技股份有限公司	福建省厦门市集美区溪镇苏山路 69 号	361024
安徽应流机电股份有限公司	安徽省合肥市经济技术开发区民营科技园齐云路 26 号	230601
广州维力医疗器械股份有限公司	广东省广州市番禺区化龙镇金湖工业城 C 区 4 号	511434
浙江金海环境技术股份有限公司	浙江省诸暨市应店街镇工业区	311817
辽宁福鞍重工股份有限公司	辽宁省鞍山市千山区鞍郑路 8 号	114016

上市公司通讯录
Contact Information of Listed Companies

A 股代码 A Code	A 股简称 A Name	B 股代码 B Code	B 股简称 B Name	行业分类名称 Industry Name	电话 Telephone
603318	派思股份			专用设备制造业	86-411-62493369
603328	依顿电子			计算机、通信和其他电子设备制造业	86-760-22813689
603333	明星电缆			电气机械和器材制造业	0833-2596866
603338	浙江鼎力			专用设备制造业	86-572-8681698
603355	莱克电气			电气机械和器材制造业	86-512-68253260
603366	日出东方			电气机械和器材制造业	0518-85959908
603368	柳州医药			批发业	86-772-2566078
603369	今世缘			酒、饮料和精制茶制造业	86-517-82433619
603398	邦宝益智			文教、工美、体育和娱乐用品制造业	86-754-88118320
603399	新华龙			有色金属冶炼和压延加工业	04163198622
603456	九洲药业			医药制造业	86-576-88706789
603508	思维列控			软件和信息技术服务业	86-371-60671678
603518	维格娜丝			纺织服装、服饰业	86-25-8473763
603519	立霸股份			电气机械和器材制造业	86-510-87061738
603555	贵人鸟			纺织服装、服饰业	86-592-5725650
603558	健盛集团			纺织业	86-571-22897199
603566	普莱柯			医药制造业	86-379-63282386
603567	珍宝岛			医药制造业	86-451-86811969
603568	伟明环保			生态保护和环境治理业	86-577-86051886
603588	高能环境			生态保护和环境治理业	86-10-85782168
603589	口子窖			酒、饮料和精制茶制造业	86-561-6898000
603598	引力传媒			商务服务业	86-10-87521979
603599	广信股份			化学原料和化学制品制造业	86-563-6832979
603600	永艺股份			家具制造业	86-572-5137669
603601	再升科技			非金属矿物制品业	86-23-67176293
603606	东方电缆			电气机械和器材制造业	86-574-86188666
603609	禾丰牧业			农副食品加工业	86-24-88081409
603611	诺力股份			通用设备制造业	86-572-6210906
603616	韩建河山			非金属矿物制品业	86-10-80387212*8215
603618	杭电股份			电气机械和器材制造业	86-571-63167793
603636	南威软件			软件和信息技术服务业	86-595-68288889
603669	灵康药业			医药制造业	86-893-7830999
603678	火炬电子			计算机、通信和其他电子设备制造业	86-595-22353689
603686	龙马环卫			专用设备制造业	86-597-2796968
603688	石英股份			非金属矿物制品业	86-518-87018519
603696	安记食品			食品制造业	86-595-22499222
603698	航天工程			专业技术服务业	86-10-56325888
603699	纽威股份			通用设备制造业	86-512-66626468
603703	盛洋科技			电气机械和器材制造业	86-575-88622076
603718	海利生物			医药制造业	86-21-60890892
603729	龙韵股份			商务服务业	86-21-58822098,86-21
603766	隆鑫通用			铁路、船舶、航空航天和其他运输设备制造业	86-23-89028829
603778	乾景园林			土木工程建筑业	86-10-88862070
603788	宁波高发			汽车制造业	86-574-88169136
603789	星光农机			专用设备制造业	86-572-3966768
603799	华友钴业			有色金属冶炼和压延加工业	86-573-88586238
603800	道森股份			专用设备制造业	86-512-65435543
603806	福斯特			橡胶和塑料制品业	86-571-61076968
603808	歌力思			纺织服装、服饰业	86-755-83438860
603818	曲美家居			家具制造业	86-10-84482500

上市公司通讯录
Contact Information of Listed Companies

公司全称 Company Name	通讯地址 Address	邮编 Zip
大连派思燃气系统股份有限公司	辽宁省大连市经济技术开发区振鹏工业城 73#	116600
广东依顿电子科技股份有限公司	广东省中山市三角镇高平化工区	528445
四川明星电缆股份有限公司	四川省乐山市高新区迎宾大道 18 号	614001
浙江鼎力机械股份有限公司	浙江省湖州市德清县雷甸镇白云南路 1255 号	313219
莱克电气股份有限公司	江苏省苏州市高新区向阳路 1 号	215009
日出东方太阳能股份有限公司	江苏省连云港市海宁工贸园瀛洲南路 199 号	222243
广西柳州医药股份有限公司	广西壮族自治区柳州市柳东新区官塘创业园研发中心 1 号楼 8-2 号	545000
江苏今世缘酒业股份有限公司	江苏省淮安市涟水县高沟镇今世缘大道 1 号	223411
广东邦宝益智玩具股份有限公司	广东省汕头市潮汕路金园工业城 13-09 片区	515021
锦州新华龙钼业股份有限公司	辽宁省锦州经济技术开发区天山路一段 50 号	121007
浙江九洲药业股份有限公司	浙江省台州市椒江区外沙工业区	318000
河南思维自动化设备股份有限公司	河南省郑州市高新区科学大道 97 号	450001
维格娜丝时装股份有限公司	江苏省南京市秦淮区中山南路 1 号 60 层	210005
江苏立霸实业股份有限公司	宜兴市环保科技工业园新城路 258 号	214205
贵人鸟股份有限公司	福建省晋江市陈埭沟西工业区	362200
浙江健盛集团股份有限公司	浙江省杭州市萧山经济开发区金一路 111 号	311215
普莱柯生物工程股份有限公司	河南省洛阳市洛阳高新开发区凌波路	471003
黑龙江珍宝岛药业股份有限公司	黑龙江省鸡西市虎林市虎林镇红星街 72 号	158400
浙江伟明环保股份有限公司	浙江省温州市车站大道高联大厦八楼	325014
北京高能时代环境技术股份有限公司	北京市海淀区地锦路 9 号院高能时代大厦	100095
安徽口子酒业股份有限公司	安徽省淮北市三堤口	235034
引力传媒股份有限公司	北京市朝阳区西大望路甲 12 号 2,4 号楼五层	100020
安徽广信农化股份有限公司	安徽省宣城市广德县新杭镇彭村村	242234
永艺家具股份有限公司	浙江省湖州市安吉县递铺镇永艺西路 1 号	313300
重庆再升科技股份有限公司	重庆市渝北区回兴街两港大道 197 号 1 幢	401120
宁波东方电缆股份有限公司	浙江省宁波市北仑区江南东路 968 号	315801
辽宁禾丰牧业股份有限公司	辽宁省沈阳市沈北新区辉山大街 169 号	110164
浙江诺力机械股份有限公司	浙江省湖州市长兴县经济开发区经一路	313100
北京韩建河山管业股份有限公司	北京市房山区韩村河镇韩村河村大自然新城雅苑商业楼 C 座 3 号	102423
杭州电缆股份有限公司	浙江省杭州市经济技术开发区 6 号大街 68-1	310018
南威软件股份有限公司	福建省泉州市丰泽区丰海路南威大厦 2 号楼	362000
灵康药业集团股份有限公司	西藏自治区山南地区泽当镇乃东路 68 号乃东县商住楼第二幢一层	856000
福建火炬电子科技股份有限公司	福建省泉州市鲤城区江南高新技术电子信息园区紫华路 4 号	362000
福建龙马环卫装备股份有限公司	福建省龙岩市经济开发区	364028
江苏太平洋石英股份有限公司	江苏省连云港市东海县平明镇马河电站东侧	222342
安记食品股份有限公司	福建省泉州市清濛科技工业区 4-9(A)(美泰路)	352005
航天长征化学工程股份有限公司	北京市经济技术开发区路东区经海四路 141 号	101111
苏州纽威阀门股份有限公司	江苏省苏州市苏州新区湘江路 999 号	215129
浙江盛洋科技股份有限公司	浙江省绍兴市越城区人民东路 1417 号	312000
上海海利生物技术股份有限公司	上海市奉贤区金海公路 6720 号	201403
上海龙韵广告传播股份有限公司	上海市松江区佘山三角街 9 号	201602
隆鑫通用动力股份有限公司	重庆市南岸区经济技术开发区白鹤工业园隆鑫工业园	400060
北京乾景园林股份有限公司	北京市海淀区蓝靛厂东路 2 号院 2 号楼(金源时代商务中心 2 号楼)4 层 1 单元(A 座)5B	100097
宁波高发汽车控制系统股份有限公司	浙江省宁波市鄞州投资创业中心下应北路 717 号	315105
星光农机股份有限公司	浙江省湖州市和孚镇星光大街 1688 号	313017
浙江华友钴业股份有限公司	浙江省桐乡市经济开发区二期梧振东路 18 号	314500
苏州道森钻采设备股份有限公司	江苏省苏州市相城区太平镇	215137
杭州福斯特光伏材料股份有限公司	浙江省临安市锦北街道保锦路	311300
深圳歌力思服饰股份有限公司	广东省深圳市福田区车公庙天安创新科技广场 A 栋 1901-1905	51804
曲美家居集团股份有限公司	北京市朝阳区望京北路 51 号院 8 号楼	101300

上市公司通讯录
Contact Information of Listed Companies

A股代码 A Code	A股简称 A Name	B股代码 B Code	B股简称 B Name	行业分类名称 Industry Name	电话 Telephone
603828	柯利达			建筑装饰和其他建筑业	86-512-68257826
603838	四通股份			非金属矿物制品业	86-768-2972746
603866	桃李面包			食品制造业	86-24-22817166
603869	北部湾旅			公共设施管理业	86-779-3078098
603883	老百姓			零售业	86-731-84035189
603885	吉祥航空			航空运输业	86-21-22388581
603889	新澳股份			纺织业	86-573-88455801
603898	好莱客			家具制造业	86-20-82150886
603899	晨光文具			文教、工美、体育和娱乐用品制造业	86-21-57475621
603901	永创智能			专用设备制造业	86-571-28057366
603918	金桥信息			软件和信息技术服务业	86-21-33674999
603936	博敏电子			计算机、通信和其他电子设备制造业	86-753-2329896
603939	益丰药房			零售业	86-731-89953989
603968	醋化股份			化学原料和化学制品制造业	86-513-68091213
603969	银龙股份			金属制品业	86-22-26983538
603979	金诚信			开采辅助活动	86-10-82561878
603988	中电电机			电气机械和器材制造业	86-510-85628128
603989	艾华集团			计算机、通信和其他电子设备制造业	86-737-6183891
603993	洛阳钼业			有色金属矿采选业	037968658018
603996	中新科技			计算机、通信和其他电子设备制造业	86-576-88322505
603997	继峰股份			汽车制造业	86-574-86163701
603998	方盛制药			医药制造业	86-731-88997135
603999	读者传媒			新闻和出版业	86-931-8773313
		900929	锦旅B股	商务服务业	021-63299090-116 63901001
		900935	阳晨B股	水的生产和供应业	63901800-11
		900939	汇丽B	建筑装饰和其他建筑业	58138717
		900948	伊泰B股	煤炭开采和洗选业	0477-8565642
		900949	东电B股	电力、热力生产和供应业	0571-85774569
		900950	新城B股	房地产业	021-32522906
		900951	大化B股	化学原料和化学制品制造业	0411-86893436
		900953	凯马B	汽车制造业	52046619
		900956	东贝B股	通用设备制造业	0714-5415858
		900957	凌云B股	房地产业	021-68400880

上市公司通讯录
Contact Information of Listed Companies

公司全称 Company Name	通讯地址 Address	邮编 Zip
苏州柯利达装饰股份有限公司	江苏省苏州市高新区邓尉路 6 号	215011
广东四通集团股份有限公司	广东省潮州市潮州火车站区南片 B11-4-1 地块	521031
沈阳桃李面包股份有限公司	辽宁省沈阳市苏家屯区丁香街 176 号	110101
北部湾旅游股份有限公司	广西壮族自治区北海市四川南路铁路桥以南新奥大厦	536000
老百姓大药房连锁股份有限公司	湖南省长沙市开福区湘雅路 288 号	410005
上海吉祥航空股份有限公司	上海市浦东新区康桥东路 8 号	200336
浙江新澳纺织股份有限公司	嘉兴市桐乡市崇福镇观庄桥	314511
广州好莱客创意家居股份有限公司	广东省广州市经济技术开发区东区连云路 8 号	510760
上海晨光文具股份有限公司	上海市奉贤区金钱公路 3469 号 3 号楼	201406
杭州永创智能设备股份有限公司	浙江省杭州市西湖区三墩镇西园九路 1 号	310030
上海金桥信息股份有限公司	上海市徐汇区田林路 487 号 25 号楼	200233
博敏电子股份有限公司	广东省梅州市经济开发区试验区东升工业园	514768
益丰大药房连锁股份有限公司	湖南省长沙市高新区金洲大道 68 号	410000
南通醋酸化工股份有限公司	江苏省南通市经济技术开发区江山路 968 号	226009
天津银龙预应力材料股份有限公司	天津市北辰区双源够工业区双江道 62 号	300400
金诚信矿业管理股份有限公司	北京市海淀区长春桥路 5 号新起点嘉园 12 号楼 15 层	100089
中电电机股份有限公司	江苏省无锡市高浪东路 777 号	214131
湖南艾华集团股份有限公司	湖南省益阳市桃花仑东路(紫竹路南侧)	413000
洛阳栾川钼业集团股份有限公司	河南省洛阳市栾川县城东新区画眉山路伊河以北	471500
中新科技集团股份有限公司	浙江省台州市椒江区工人西路 618-2 号	318000
宁波继峰汽车零部件股份有限公司	浙江省宁波市北仑区纬十路 69 号	315800
湖南方盛制药股份有限公司	湖南省长沙市河西麓谷麓天路 19 号	410205
读者出版传媒股份有限公司	甘肃省兰州市城关区南滨河东路 520 号	730030
上海锦江国际旅游股份有限公司	上海市延安东路 100 号联谊大厦 27 楼	200002
上海阳晨投资股份有限公司	上海市吴淞路 130 号城投控股大厦 16 楼	200080
上海汇丽建材股份有限公司	上海市南汇区康桥工业区康桥东路 299 号	201319
内蒙古伊泰煤炭股份有限公司	内蒙古鄂尔多斯市东胜区天骄北路伊泰大厦	017000
浙江东南发电股份有限公司	杭州市天目山路 152 号浙能大厦	310007
江苏新城地产股份有限公司	上海市中山北路 3000 号长城大厦 22 楼	200063
大化集团大连化工股份有限公司	大连市甘井子区工兴路 10 号	116032
恒天凯马股份有限公司	上海市中山北路 1958 号华源世界广场 6 楼	200063
黄石东贝电器股份有限公司	湖北省黄石市经济技术开发区金山大道东 6 号	435000
上海凌云实业发展股份有限公司	上海浦东新区源深路 1088 号葛洲坝大厦 12 楼 1201 室	200122

Member

Companies

会员公司

会员公司概貌
Member Companies Overview

会员公司 Member Companies	2015 年	2014 年	增减(%) Change(%)
会员公司数量 No. of Member Companies	112	113	-0.89
席位数量 No. of Seats	13871	10860	27.73
A 股 A Share Seat	13686	10675	28.21
B 股 B Share Seat	185	185	0.00
B 股证券商 B Share Brokers	101	102	-0.98
境内 Domestic	61	62	-1.61
境外 Overseas	40	40	0.00
会员公司交易金额(亿) Trading Val (100M)			
合计 Total	5326811.88	2562987.43	107.84
股票 Share	2661984.20	754324.25	252.90
A 股 A Share	2646462.33	750299.91	252.72
B 股 B Share	4714.24	968.89	386.56
股票回购 Share Repo	10807.63	3055.45	253.72
基金 Fund	207628.32	74958.50	176.99
债券 Bond	2457067.42	1733697.18	41.72
政府债 G-Bond	9380.77	2494.95	275.99
公司债现货 C-Bond	52700.77	48397.90	8.89
债券回购 Repo	2395705.22	1682804.33	42.36
其他 Other	131.94	7.50	1659.83

会员公司交易
Trading of Member Companies

会员公司 Company	地址 Address	法人代表 Representative	电话 Tel	传真 Fax	注册资本 Registed Capital
华泰证券股份有限公司	江苏省南京市江东中路 228 号	吴万善	025-83387933	83387337	5600.0
国泰君安证券股份有限公司	上海市浦东新区银城中路 168 号	杨德红	021-38676838	38670666	6100.0
中信证券股份有限公司	北京市朝阳区亮马桥路 48 号中信证券大厦(100026)	王东明	010-84585028	60836031	11116.9
广发证券股份有限公司	广州市天河北路 183 号大都会广场 42 楼	孙树明	020-87555888-8277	87553600	5919.3
海通证券股份有限公司	上海市黄浦区广东路 689 号海通证券大厦	王开国	021-23219304	63411010	9584.7
中国银河证券股份有限公司	北京市西城区金融大街 35 号 2-6 层	陈有安		66568532	6000.0
申万宏源证券有限公司	上海市徐汇区长乐路 989 号 45 层	李梅	021-33389888	54035333	33000.0
中信建投证券股份有限公司	北京市东城区朝内大街 188 号	王常青	010-85130505	65186399	6100.0
招商证券股份有限公司	深圳市福田区益田路江苏大厦 38-45 层	宫少林	0755-82943522	82943100	4661.1
国信证券股份有限公司	深圳市罗湖区红岭中路 1012 号国信证券大厦	何如	82130639	82130570	7000.0
安信证券股份有限公司	深圳市福田区金田路 4018 号安联大厦 35 层	王连志	0755-82825568	82825566	3200.0
光大证券股份有限公司	上海市静安区新闸路 1508 号	薛峰	021-22169910	62151789	3418.0
中泰证券股份有限公司	山东省济南市市中区经七路 86 号	李玮	0531-68889988	68889889	5212.2
平安证券有限责任公司	深圳市福田中心区金田路 4036 号荣超大厦 16-20 层	谢永林	021-38638538	82400862	5500.0
兴业证券股份有限公司	福建省福州市湖东路 268 号证券大厦	兰荣	021-38565699	338565888	5200.0
长江证券股份有限公司	湖北省武汉市江汉区新华路特 8 号	杨泽柱	027-65799655	85481881	4742.5
东方证券股份有限公司	上海市中山南路 318 号 2 号楼 22 层、23 层、25 层—29 层	潘鑫军	021-63325888	63327888	4281.7
中国国际金融有限公司	中国北京建国门外大街 1 号国贸大厦 2 座 28 层	丁学东	01065051166	01065058120	1037.0
方正证券股份有限公司	长沙市芙蓉区芙蓉中路二段华侨国际大厦 22-24 层	何其聪	010-57398157	57398157	6100.0
中国中投证券有限责任公司	深圳市福田区益田路与福中路交界处荣超商务中心 A 栋第 18-21 层及第 04 层	高涛	0755-82026666	82026976	5000.0
国金证券股份有限公司	四川省成都市东城根上街 95 号	冉云	028-86690307	86690365	2588.1
申万宏源西部证券有限公司	乌鲁木齐文艺路 233 号	冯戎	010-88085858	88085059	3972.4
世纪证券有限责任公司	深圳市深南大道 7088 号招商银行大厦 40 层	姜昧军	0755--83199599	83199502	700.0
中银国际证券有限责任公司	上海市浦东新区银城中路 200 号中银大厦 39 楼	钱卫	010-66229068	66578956	2500.0
西南证券股份有限公司	重庆市江北区桥北苑 8 号西南证券大厦	余维佳	023-67602988	63786513	2822.6
长城证券股份有限公司	深圳市深南大道 6008 号特区报业大厦 14、16、17 楼	黄耀华	0755-83516178	83516189	2067.0
东吴证券股份有限公司	苏州市工业园区星阳街 5 号	范力	0512－62938858	62938858	2000.0
财通证券股份有限公司	浙江省杭州市杭大路 15 号嘉华国际 16、17 层	沈继宁	0571-87828166	87826858	1800.0
湘财证券股份有限公司	中国湖南省长沙市天心区湘府中路 198 号新南城商务中心 A 栋 11 楼	林俊波	0731-84430252	84430252	3197.3
浙商证券股份有限公司	浙江省杭州市黄龙世纪广场 A 座七楼	吴承根	0571-87902963	87901370	3000.0
东兴证券股份有限公司	北京市西城区金融大街 5 号新盛大厦 B 座 12-15 层	魏庆华	010-66555633	66555663	2004.0
国元证券股份有限公司	合肥市梅山路 18 号国元证券	蔡咏	0551-62207888	62645709	1964.1
东北证券股份有限公司	长春市自由大路 1138 号	杨树财	0431-85096777	85604083	1957.2
华西证券股份有限公司	四川省成都市高新区 198 号	杨炯洋	028-86150593	86150615	2100.0
第一创业证券股份有限公司	深圳市福田区福华一路 115 号投行大厦	刘学民	0755-25832699	25832833	1970.0
广州证券股份有限公司	广州市天河区珠江西路 5 号广州国际金融中心主塔 19 层、20 层	邱三发	020-88836999	88836900	3330.0
信达证券股份有限公司	北京市西城区闹市口大街 9 号院 1 号楼信达金融中心	张志刚	010-63081000	63081199	2568.7
华福证券有限责任公司	福州市五四路 157 号新天地大厦 7-10 层	黄金琳	0591-87855777	87841150	550.0
上海证券有限责任公司	上海市黄浦区西藏中路 336 号	龚德雄	021-53519888	1110	2610.0
渤海证券股份有限公司	天津市南开区宾水西道 8 号	王春峰	022-28451813	28451600	4037.2
国联证券股份有限公司	无锡市滨湖区太湖新城金融一街 8 号国联金融大厦 7-9 楼	姚志勇	0510-82833989	82833124	1500.0
东莞证券股份有限公司	广东省东莞市莞城区可园南路 1 号金源中心	张运勇	0769-22116111	22116999	1500.0
中信证券(山东)有限责任公司	青岛市崂山区深圳路 222 号天泰金融广场 21 层	杨宝林	0532-85022517	85022301	800.0
华安证券股份有限公司	合肥市政务文化新区天鹅湖路 198 号	李工	0551-65161601	65161600	2821.0
国海证券股份有限公司	南宁市滨湖路 46 号	何春梅	0771-5896688	5530903	800.0
中原证券股份有限公司	河南省郑州市郑东新区商务外环路 10 号	菅明军	0371-65585698	65585118	2033.5
新时代证券股份有限公司	北京市海淀区北三环西路 99 号院 1 号楼 15 层 1501	田德军	010-83561028	83561028	1693.1
南京证券股份有限公司	南京市大钟亭 8 号	步国旬	025-83367888-0	83367377	1900.0
财达证券有限责任公司	石家庄市桥西区自强路 35 号庄家金融大厦	翟建强	0311-66006222	66006200	1416.9
国都证券股份有限公司	北京市东城区东直门南大街 3 号国华投资大厦 9 层、10 层	常喆	010-84183118	84183311	2623.0

注：会员交易金额的单位为百万元

会员公司交易
Trading of Member Companies

名次 Rank	总计 Total	股票 Share	基金 Fund	政府债 G-Bond	公司债 C-Bond	债券回购 Repo
1	35440483.4	19199179.2	6518552.8	13331.9	217847.8	9487765.6
2	35105542.0	12879029.5	446853.8	69749.3	295928.6	21414423.0
3	32929715.7	11736890.1	821609.1	130590.1	587744.2	19649507.5
4	26898969.0	12984399.6	475085.5	17805.3	259641.4	13159607.6
5	26816563.2	13258220.3	1901830.7	72876.5	184575.9	11394304.7
6	24045907.3	14084430.0	592255.7	12611.6	328960.9	9026823.5
7	22761100.8	9590714.1	390233.1	21303.6	137734.7	12620701.4
8	21914369.5	8238147.0	773705.5	70425.4	302233.7	12525036.6
9	21068104.9	10884532.6	319448.6	36547.3	175082.9	9648229.2
10	20918571.8	10321088.1	282424.5	12492.8	83202.6	10218143.0
11	14075543.6	6447106.0	423325.9	16246.7	91490.5	7096543.1
12	12446169.1	7147795.9	1226383.7	5759.9	193223.9	3872571.6
13	11709452.5	6535151.0	714991.1	8831.6	69280.9	4380293.8
14	10567195.4	3508914.4	58330.7	9986.2	87054.0	6902834.6
15	9334951.8	3916479.8	164064.1	5112.9	84996.5	5164192.3
16	8871161.4	4608721.2	154346.7	6338.3	59703.1	4041640.1
17	8621721.6	3383736.6	248566.5	18518.5	75281.2	4895123.1
18	7762124.3	1324626.7	151698.1	77818.3	114502.3	6093469.2
19	7581526.3	5066365.8	116490.1	4853.9	56995.5	2336665.5
20	7502647.5	5458949.1	231379.6	7388.4	27298.6	1777366.6
21	6429784.7	3137265.0	269645.0	6590.7	100770.2	2915396.1
22	6190336.4	3634920.6	53603.3	10712.5	44799.3	2446236.4
23	6133805.6	677364.4	5131.1	92.7	2076.0	5449141.0
24	5125927.5	2193322.4	200463.5	12065.6	51279.6	2668744.7
25	4752916.1	2209394.3	37491.6	8198.2	17740.0	2479847.0
26	4708737.1	2184755.1	184178.8	3873.9	48131.6	2287536.5
27	4623171.5	2867286.6	172880.1	603.0	30589.0	1551929.7
28	4380718.2	3052937.4	38222.5	2759.9	88873.2	1197820.2
29	4277804.6	1919286.9	1106016.2	3996.2	60854.8	1186518.1
30	4255800.7	3246180.8	100045.7	1529.7	30616.5	877271.3
31	3647394.4	2664842.2	100868.3	8837.0	49699.8	823004.8
32	3586104.8	2593954.3	81850.7	1032.1	25292.7	883491.3
33	3423146.3	1940767.5	83296.7	18754.2	69596.4	1310800.1
34	3404581.0	2452242.8	55274.1	1154.2	8142.5	887668.0
35	3251230.0	994744.7	73589.3	9496.8	74136.6	2099226.0
36	3206286.5	954827.2	28915.7	2378.2	35616.7	2184540.6
37	3155677.5	2087934.2	78491.9	3256.9	28742.1	957029.5
38	3084927.6	2253597.2	46523.1	1093.4	18689.3	765025.2
39	2739948.1	1951141.2	37707.5	686.2	14208.0	736137.6
40	2691939.7	1173413.3	158571.6	9617.9	29959.5	1320370.4
41	2642205.5	1525408.6	81856.4	225.8	9089.7	1025560.1
42	2636622.0	2007682.0	20707.7	403.3	14243.8	593490.0
43	2565120.8	1909578.1	46257.2	654.6	5904.6	602614.0
44	2460378.7	1910663.1	69663.3	261.6	13005.3	466724.7
45	2429790.2	1618842.6	20058.0	2232.7	30436.9	758152.7
46	2427303.6	1748569.9	23703.0	1235.5	8594.2	645057.8
47	2343660.3	1234944.5	27248.5	928.8	72235.8	1008086.8
48	2309285.5	1687465.2	25156.2	4010.1	37611.4	554891.5
49	2268001.2	1655077.2	19758.9	447.7	11213.7	581450.7
50	2148321.9	1102482.4	21161.2	3177.9	25940.4	995519.8

会员公司交易
Trading of Member Companies

会员公司 Company	地址 Address	法人代表 Representative	电话 Tel	传真 Fax	注册资本 Registed Capital
中国民族证券有限责任公司	北京市朝阳区北四环中路 27 号盘古大观 A 座 40-43 层	何亚刚			4486.6
西部证券股份有限公司	西安市东新街 232 号陕西信托大厦	刘建武	029-87406097	87406483	1200.0
华融证券股份有限公司	北京市西城区金融大街 8 号 A 座三层	祝献忠	010-58568188	58315299	3177.5
山西证券股份有限公司	太原市府西街 69 号山西国贸中心	侯巍	0351-8689699	8686918	2399.8
恒泰证券股份有限公司	内蒙古呼和浩特市赛罕区敕勒川大街东方君座 D 座光大银行办公楼 14-18 楼	庞介民	0471-4913858	4913858	2194.7
东海证券股份有限公司	江苏常州延陵西路 23 号投资广场 18、19 号楼	朱科敏	021-20333666	50585608	1670.0
民生证券股份有限公司	北京市东城区建国门内大街 28 号民生金融中心 A 座 16、17、18 层	余政	010-85127699	85127699	2177.3
国盛证券有限责任公司	南昌市北京西路 88 号江信国际金融大厦	曾小普	0791-86289667	86281441	593.3
华创证券有限责任公司	贵州省贵阳市中华北路 216 号华创大厦	陶永泽	0851-86856815	86856537	1500.0
华鑫证券有限责任公司	深圳市福田区金田路 4018 号安联大厦 28 层 A01、B01（b）单元	俞洋	0755-82083788	82083408	1600.0
英大证券有限责任公司	深圳市福田区深南中路华能大厦三十、三十一层	吴骏	0755-83007088	83007040	2200.0
万联证券有限责任公司	广州市天河区珠江东路 11 号 18、19 楼全层	张建军	020-38286218	38286588	2000.0
北京高华证券有限责任公司	北京市西城区金融大街 7 号北京英蓝国际金融中心十八层	章星	010-66273038	66273001	1072.0
财富证券有限责任公司	长沙市芙蓉中路中路二段 80 号顺天国际财富中心 26 层	蔡一兵	0731-88954626	84403330	2135.7
金元证券股份有限公司	深圳市深南大道 4001 号时代金融中心大厦 17 层	陆涛	0755-83025559	83025511	3174.3
中航证券有限公司	江西省南昌市红谷滩新区红谷中大道 1619 号南昌国际金融大厦 A 栋 41 层	王宜四	0791-86771128	64818300	1985.2
首创证券有限责任公司	北京市西城区德胜门外大街 115 号德胜尚城 E 座	吴涛	010-59366066	84976609	650.0
江海证券有限公司	黑龙江省哈尔滨市香坊区赣水路 56 号	孙名扬	0451-82269208	82269290	1363.2
德邦证券股份有限公司	上海市福山路 500 号城建国际中心 26 楼	姚文平	68761616	68767880	2300.0
华龙证券股份有限公司	甘肃省兰州市东岗西路 638 号	李晓安	0931-4890688	4890515	2153.4
华宝证券有限责任公司	浦东世纪大道 100 号 57 层	陈林	021-68778808	68778108	1500.0
中山证券有限责任公司	深圳南山区科技中一路华强高新发展大厦 7-8 楼	黄扬录	0755-82943769	82940511	1355.0
西藏同信证券股份有限公司	上海市闸北区永和路 118 弄东方环球企业园 24 号楼	贾绍君	021-36535003	36535000	600.0
宏信证券有限责任公司	成都市人民南路二段十八号川信大厦 10 楼	吴玉明	028-86199160	86199079	500.0
大通证券股份有限公司	大连市沙河口区会展路 129 号期货大厦 38、39 层	李红光	0411-39673388	82826601	2200.0
天风证券股份有限公司	武汉市武昌区中南路 99 号武汉保利广场 37 楼	余磊	027-87618881	87618863	1741.1
华林证券有限责任公司	深圳市福田区民田路 178 号华融大厦 5-6 楼	陈永健	0755-82707801	82707700	2080.0
太平洋证券股份有限公司	昆明市青年路 389 号志远大厦 18 层	李长伟	0871-68885858	68898100	1653.6
联讯证券股份有限公司	惠州市江北东江三路 55 号广播电视新闻中心西南面一楼大堂和三、四层	徐刚	0752-2119388	2119369	1214.3
红塔证券股份有限公司	昆明市北京路 155 号附 1 号红塔大厦 7-11 楼	况雨林	0871-63577970	63577922	2057.7
大同证券有限责任公司	山西省太原市长治路 111 号山西世贸中心 A 座 12、13 层	董祥	0351-4192998	4192803	500.0
瑞银证券有限责任公司	北京市西城区金融大街 7 号英蓝国际金融中心 15 层	程宜荪	01058328883	58328912	1490.0
中天证券有限责任公司	沈阳市和平区光荣街 23 甲	马功勋	024-23253627	23255606	1098.6
长城国瑞证券有限公司	厦门市莲前西路 2 号莲富大厦十七楼	胡建忠	0592-5161708	5161102	1750.0
五矿证券有限公司	深圳市金田路 4028 号荣超经贸中心 A 座 47 层	赵立功	0755-82545501	82545500	880.0
银泰证券有限责任公司	广东省深圳市福田区竹子林四路紫竹七道 18 号	黄冰	0755-83710058	83708126	1200.0
爱建证券有限责任公司	上海市浦东新区世纪大道 1600 号 32 楼	钱华	021-32229888	68728700	1100.0
川财证券有限责任公司	成都市高新区交子大道 177 号中海国际中心 B 座 17 楼	孟建军	028-86583099	86583002	650.0
开源证券股份有限公司	西安市高新区锦业路 1 号都市之门 B 座 5 层	李刚	029-88365836	88365835	1300.0
日信证券有限责任公司	内蒙古呼和浩特市锡林南路 18 号	孔佑杰	0471-6292480	6292513	1000.0
国开证券有限责任公司	北京市西城区阜外大街 29 号	侯绍泽	010-51789198	51789198	7370.0
中国证券金融股份有限公司	北京市西城区丰盛胡同 28 号太平洋保险大厦 6 层	聂庆平	01063211658	63211601	7500.0
万和证券有限责任公司	深圳市福田区深南大道 7028 号时代科技大厦 20 层西厅	朱治理	0755-25170777	25171762	500.0
中邮证券有限责任公司	陕西省西安市高新区唐延路 5 号陕西邮政大厦 9-11 层	丁奇文	029-88602188	88602189	560.0
华金证券有限责任公司	上海市浦东新区杨高南路 759 号 30 层	宋卫东	021-20655599	20655566	1280.0
众成证券有限责任公司	深圳市福田区华强北圣廷苑酒店 B 座 26 楼	李兵	0755-83296900	83277670	610.0
网信证券有限责任公司	沈阳市沈河区热闹路 49 号	王嫫	024-22939909	22958441	500.0
九州证券有限公司	青海省西宁市城中区西大街 11 号	曲国辉	010-63889326-8078	63889326	547.6
上海华信证券有限责任公司	上海市浦东新区世纪大道 100 号环球金融中心 9 楼	陈海平	021-38784818	68774818	500.0
华英证券有限责任公司	江苏省无锡市新区高浪东路 19 号 15 层 01-11 单元	雷建辉	0510-82833995	85203300	800.0

注：会员交易金额的单位为百万元

会员公司交易
Trading of Member Companies

名次 Rank	总计 Total	股票 Share	基金 Fund	政府债 G-Bond	公司债 C-Bond	债券回购 Repo
51	2136232.6	1474596.6	26166.6	2524.0	4917.4	627912.7
52	2104469.6	1524834.4	8080.8	762.8	13277.1	557313.0
53	2012414.0	815101.8	110096.4	247.7	22293.7	1064666.7
54	1996545.9	1455339.9	39364.4	204.6	3962.7	497586.2
55	1949808.8	1285797.6	23598.6	958.3	16759.1	623625.6
56	1931411.6	1354914.3	43744.5	574.4	13275.6	518852.5
57	1912066.2	1261685.9	7528.4	72.4	43852.0	598906.7
58	1848472.1	989851.4	235369.1	3235.1	4535.2	615479.1
59	1847844.6	594771.8	4616.9	5438.8	29987.7	1213029.3
60	1748474.1	1053196.9	14233.1	6875.5	11537.3	662683.8
61	1678599.1	684685.9	9587.6	635.0	7576.3	976114.3
62	1578916.5	990207.4	210728.3	7337.5	17137.9	353477.7
63	1461075.9	364151.5	58519.2	113.6	5784.4	1032507.3
64	1394290.1	1109122.7	24757.1	469.4	30111.3	229792.0
65	1363330.2	722426.5	31685.9	2826.6	9210.6	597156.2
66	1327760.9	999633.8	6566.0	7361.3	94199.7	219977.6
67	1270164.9	579313.5	9107.3	15252.8	127467.4	539023.9
68	1224248.3	897521.1	15347.1	71.6	3609.6	307621.4
69	1214288.8	431687.8	107139.1	49.4	17105.4	658297.7
70	1194757.1	659103.9	9175.5	903.6	8030.2	517505.7
71	1110266.0	409470.0	66798.1	736.7	9877.6	616048.9
72	1104150.5	557249.9	8970.8	1804.1	10524.5	525600.0
73	1092662.1	677339.4	16211.9	2839.5	7296.0	388975.3
74	1049824.6	584047.6	5961.0	721.8	20191.7	438879.2
75	975495.0	611561.4	4720.2	16.0	1966.1	357230.3
76	951959.4	534547.6	46007.1	2242.5	32367.5	336720.2
77	939432.7	685785.2	10228.3	1354.8	8966.5	233097.9
78	926997.4	655517.2	11959.3	929.2	11424.0	247158.0
79	861374.0	644497.7	3491.6	2.6	674.0	212705.8
80	711622.1	489065.0	4540.9	19.9	756.7	217217.0
81	619086.1	480903.2	12110.3	1067.5	1868.8	123136.0
82	615553.5	336525.4	4958.6	48460.9	11141.7	214465.9
83	591668.5	373253.3	1626.0	189.5	5809.3	210790.4
84	546681.1	333666.0	3727.5	5.5	332.2	208949.9
85	517028.3	330593.0	3467.9	2.5	3235.6	179729.3
86	506566.9	392696.1	4676.4	49.5	825.4	108308.9
87	500864.9	356968.8	4019.0	60.7	395.5	139420.9
88	391470.6	142867.5	10722.5	981.7	3812.4	233081.0
89	375857.0	241575.5	2213.0	103.3	10665.1	121299.8
90	364393.6	246497.1	2664.6	2721.1	25641.6	86869.1
91	322152.7	212778.9	1691.5	1144.0	3787.2	102751.2
92	310077.8	309475.0	602.7	0.0	0.1	0.0
93	249841.6	141010.7	2434.4	15.3	1406.6	104974.6
94	183894.1	148326.8	1851.6	21.9	881.2	32812.6
95	183725.3	69294.1	1077.6	1433.2	473.3	111447.1
96	151580.6	122813.8	818.4	5.0	192.1	27751.3
97	138179.7	95166.9	202.9	58.8	334.2	42416.9
98	113067.4	84367.2	342.1	19.4	2815.4	25522.4
99	40426.6	22774.5	235.9	47.7	157.7	17210.9
100	4199.2	0.0	0.0	50.9	3850.3	298.0

会员公司交易
Trading of Member Companies

会员公司 Company	地址 Address	法人代表 Representative	电话 Tel	传真 Fax	注册资本 Registed Capital
东方花旗证券有限公司	上海市黄浦区中山南路 318 号 24 层	潘鑫军	021-63326178	63326175	800.0
摩根士丹利华鑫证券有限责任公司	上海市浦东新区世纪大道 100 号上海环球金融中心 75 层	王文学	021-20336008	20336040	1020.0

注：会员交易金额的单位为百万元

会员公司交易
Trading of Member Companies

名次 Rank	总计 Total	股票 Share	基金 Fund	政府债 G-Bond	公司债 C-Bond	债券回购 Repo
101	70.2	0.0	0.0	0.1	70.0	0.1
102	0.7	0.0	0.0	0.0	0.7	0.0

证券营业部交易
Trading of Business Department

营业部名称 Business Department	省份 Province	城市 City	总计 Total	股票 Share	基金 Fund	政府债 G-Bond	公司债 C-Bond	债券回购 Repo
中信建投证券公司北京市三里河路证券营业部	北京	北京	5068776.0	217723.6	27702.5	10075.6	125955.7	4687058.1
招商证券公司深圳南山南油大道证券营业部	深圳	深圳	4130668.6	617060.4	25828.6	3706.6	50154.1	3433913.7
中信证券公司上海淮海中路证券营业部	上海	上海	3490437.7	509417.3	33610.4	8347.3	96131.0	2842124.7
中信证券公司北京总部证券营业部	北京	北京	3290670.3	1293064.6	77406.8	403.5	9707.5	1909600.8
中国国际金融有限公司北京建国门外大街证券营业部	北京	北京	3237233.9	407413.9	48081.8	20621.1	52199.2	2708916.6
广发证券公司广州环市东路证券营业部	广东	广州	3062998.6	187807.4	2363.0	8416.4	133189.5	2730418.4
广发证券公司广州天河北路大都会广场证券营业部	广东	广州	3007863.1	355509.0	36084.4	3524.5	16140.0	2596605.3
中信建投证券公司北京市东直门南大街证券营业部	北京	北京	2669286.5	502242.4	56557.4	14185.6	43871.0	2051974.3
国泰君安证券公司上海江苏路证券营业部	上海	上海	2492184.2	539169.5	38988.7	582.1	3774.2	1909669.7
中信证券公司北京安外大街证券营业部	北京	北京	2436570.9	379152.7	18931.0	2235.3	24497.8	2011744.5
招商证券公司哈尔滨长江路证券营业部	黑龙江	哈尔滨	2329252.1	222339.2	22499.0	14653.6	19403.5	2046457.8
平安证券公司深圳金田路证券营业部	深圳	深圳	2278714.6	191508.5	2814.9	3572.1	36809.1	2043986.9
世纪证券公司抚州大公路证券营业部	江西	抚州	2254078.2	70278.0	743.7	0.0	385.4	2182671.1
中银国际证券公司上海欧阳路证券营业部	上海	上海	2238108.9	394226.7	39724.9	4968.8	29537.9	1769641.3
中国国际金融有限公司上海淮海中路证券营业部	上海	上海	2211710.2	497671.8	74287.1	36540.3	23620.6	1579566.1
海通证券公司上海真华路证券营业部	上海	上海	2206947.2	108401.4	4883.9	436.7	11106.8	2082112.3
国金证券公司上海浦东新区芳甸路证券营业部	上海	上海	2104118.8	233507.8	12693.4	3433.6	33348.4	1821135.7
申万宏源证券有限公司上海浦东新区城东路证券营业部	上海	上海	2038273.3	131151.6	2386.0	11.5	244.6	1904477.8
国信证券公司深圳红岭中路证券营业部	深圳	深圳	1844129.2	591305.6	46007.7	2394.8	12013.6	1192398.6
中信证券公司深圳总部证券营业部	深圳	深圳	1810546.7	443023.5	64919.2	11192.1	47414.1	1243976.2
国信证券公司深圳泰然九路证券营业部	深圳	深圳	1593572.8	1135670.3	8039.2	44.8	1089.0	448634.6
中国国际金融有限公司深圳福华一路证券营业部	深圳	深圳	1590761.7	224445.2	7838.0	2726.6	19607.9	1335943.3
申万宏源证券有限公司上海浦东新区陆家嘴环路证券营业部	上海	上海	1549757.7	274820.4	4087.4	1428.4	16536.5	1252853.2
国金证券公司上海互联网证券分公司	上海	上海	1505726.5	1139206.8	189221.2	776.1	36785.9	139695.0
海通证券公司青岛湛山一路营业部	山东	青岛	1328242.7	624728.8	646456.5	0.0	404.5	56540.8
国信证券公司北京三里河路证券营业部	北京	北京	1257172.9	638302.3	49580.0	2450.9	2253.2	564533.2
国信证券公司上海北京东路证券营业部	上海	上海	1237323.3	823376.6	27057.6	34.7	1055.8	385639.4
长江证券公司武汉胜利街证券营业部	湖北	武汉	1205411.1	176088.0	11542.9	1629.8	23839.3	992309.9
招商证券公司上海肇嘉浜路证券营业部	上海	上海	1094765.3	283183.9	3014.9	29.8	3128.5	805387.3
国泰君安证券公司上海银城中路证券营业部	上海	上海	1075750.9	297377.7	20991.8	63.5	2035.3	755282.6
东方证券公司上海浦东新区张杨路证券营业部	上海	上海	1070116.5	253795.0	8139.4	1209.6	18249.3	788626.0
华泰证券公司上海武定路证券营业部	上海	上海	996999.8	784445.5	56924.3	121.7	9446.9	146018.2
国泰君安证券公司北京知春路证券营业部	北京	北京	969997.6	311529.1	46701.7	2881.6	897.1	607988.1
长江证券公司上海锦绣路证券营业部	上海	上海	967015.7	83259.7	788.3	1706.7	12036.3	869222.6
北京高华证券公司北京金融大街证券营业部	北京	北京	939620.6	173669.5	58290.3	111.5	3684.2	703865.1
光大证券公司苏州苏惠路证券营业部	江苏	苏州	933722.0	214025.4	23596.8	821.0	8335.5	686942.8
长江证券公司上海宁波路证券营业部	上海	上海	930663.2	624987.1	14873.4	30.4	1849.8	288919.7
中国银河证券公司深圳香林路证券营业部	深圳	深圳	878201.5	63027.4	974.8	0.0	9984.4	804214.9
申万宏源证券有限公司南通青年中路证券营业部	江苏	南通	857070.0	118592.9	911.5	2536.0	3702.5	731326.9
华泰证券公司华泰证券股份有限公司淮安分公司	江苏	淮安	829934.7	99608.4	12959.1	6.7	255.7	717103.6
华泰证券公司北京雍和宫证券营业部	北京	北京	829273.3	400715.7	51165.2	20.2	177.4	377182.4
广州证券公司广州珠江西路证券营业部	广东	广州	826243.3	66385.9	4260.7	1697.5	9460.3	744438.9
中信证券公司上海溧阳路证券营业部	上海	上海	815990.4	648753.0	6831.2	4.7	461.1	159938.7
中信证券公司北京呼家楼证券营业部	北京	北京	800884.2	337883.9	8220.4	210.5	1066.6	453493.9
华泰证券公司北京月坛南街证券营业部	北京	北京	795207.4	375456.9	242611.6	131.8	4627.4	172370.7
中泰证券公司成都新光华街证券营业部	四川	成都	783473.7	91522.1	25595.2	70.8	6832.0	659452.2
中信证券公司北京复外大街证券营业部	北京	北京	777037.2	232074.5	8641.8	123.7	14289.3	521882.6
中信证券公司上海世纪大道证券营业部	上海	上海	763808.3	554759.4	23283.0	51.8	783.0	184828.1
国信证券公司广州东风中路证券营业部	广东	广州	753252.6	675481.7	9449.4	23.6	717.8	67430.1
新时代证券公司上海天山路证券营业部	上海	上海	733466.1	324501.6	8851.3	16.0	6584.7	393212.5

注：营业部交易金额的单位为百万元

证券营业部交易
Trading of Business Department

营业部名称 Business Department	省份 Province	城市 City	总计 Total	股票 Share	基金 Fund	政府债 G-Bond	公司债 C-Bond	债券回购 Repo
华创证券公司上海宜山路证券营业部	上海	上海	725203.6	81894.7	735.0	526.8	7657.9	634389.3
申万宏源证券有限公司北京安定路证券营业部	北京	北京	724979.9	182461.8	8075.6	494.7	4229.4	529716.4
中国银河证券公司北京金融街证券营业部	北京	北京	724112.7	296379.0	106674.1	1466.9	5274.3	314297.5
申万宏源证券有限公司上海静安区昌化路证券营业部	上海	上海	698824.4	79398.9	5775.1	257.1	5867.0	607497.7
招商证券公司上海世纪大道证券营业部	上海	上海	679701.0	530604.6	9471.8	950.3	3144.7	135501.2
国信证券公司浙江分公司	浙江	杭州	667045.0	575294.1	8170.2	40.9	926.7	82552.2
兴业证券公司福州湖东路证券营业部	福建	福州	655580.5	319436.7	14514.7	937.9	4846.4	315836.4
中信建投证券公司北京市安立路证券营业部	北京	北京	649817.9	237088.2	12932.3	165.5	4776.2	394843.0
申万宏源证券有限公司厦门厦禾路第一证券营业部	福建	厦门	637996.3	107263.2	981.0	127.9	3021.3	526580.1
申万宏源证券有限公司眉山湖滨路证券营业部	四川	眉山	637509.9	88896.2	870.5	14.8	665.3	547063.2
华泰证券公司江阴分公司	江苏	江阴	615048.7	456054.9	37107.2	2.8	403.9	121466.5
招商证券公司深圳益田路免税商务大厦证券营业部	深圳	深圳	612818.5	459538.9	6609.5	371.3	1743.0	144541.2
招商证券公司深圳益田路江苏大厦证券营业部	深圳	深圳	603001.9	164914.6	16233.2	2145.1	2270.4	417434.1
中国银河证券公司上海共康路证券营业部	上海	上海	593036.6	67623.7	2221.5	1266.6	1672.8	520252.0
平安证券公司深圳深南东路罗湖商务中心证券营业部	深圳	深圳	590582.5	562576.5	4677.5	16.5	1044.1	22267.8
申万宏源证券有限公司上海徐汇区上中西路证券营业部	上海	上海	589698.0	135780.4	5124.8	64.9	871.4	447853.9
海通证券公司上海建国西路证券营业部	上海	上海	586900.4	245385.4	12769.6	38.4	5930.5	322735.4
安信证券公司北京北三环东路证券营业部	北京	北京	582363.1	55633.8	7557.4	0.0	725.7	518446.1
华泰证券公司深圳益田路荣超商务中心证券营业部	深圳	深圳	542205.0	324113.8	22029.7	107.4	2196.7	193739.8
招商证券公司北京建国路证券营业部	北京	北京	541370.1	335164.5	4259.2	21.9	820.9	201080.6
民生证券公司郑州西太康路证券营业部	河南	郑州	535560.2	439371.1	2373.3	8.6	985.1	92822.1
申万宏源证券有限公司哈尔滨黄河路证券营业部	黑龙江	哈尔滨	535252.2	30063.4	263.5	1663.9	10121.8	493137.1
华泰证券公司常州和平北路证券营业部	江苏	常州	534707.0	285660.1	117631.6	34.7	2298.0	129070.8
华泰证券公司广州天河东路证券营业部	广东	广州	530374.1	208144.7	191578.0	21.3	71370.9	58263.2
华泰证券公司南京户部街证券营业部	江苏	南京	526546.5	155414.8	342585.2	25.2	317.8	28184.4
华泰证券公司南京止马营证券营业部	江苏	南京	504677.1	119815.3	336647.9	3.3	249.5	47955.6
华泰证券公司南昌苏圃路证券营业部	江西	南昌	495094.1	156009.8	32462.3	2018.6	4893.3	299710.1
中信证券公司上海恒丰路证券营业部	上海	上海	491420.7	390191.2	10630.7	37.0	52.3	90502.2
广发证券公司济南泺源大街证券营业部	山东	济南	475548.0	85242.5	7147.6	0.0	80.9	383076.8
国信证券公司上海民生路证券营业部	上海	上海	472074.5	67705.4	688.1	68.3	532.3	403077.2
中国银河证券公司绍兴证券营业部	浙江	绍兴	467116.9	361471.3	1198.1	4.9	159.0	104283.5
广发证券公司石家庄裕华西路裕园证券营业部	河北	石家庄	461184.7	56955.0	1085.1	372.1	10746.3	392022.2
华泰证券公司徐州中山南路证券营业部	江苏	徐州	458693.4	198370.4	177739.7	35.4	1209.5	81314.6
华泰证券公司无锡解放西路证券营业部	江苏	无锡	455410.7	262615.0	45425.2	1325.7	5030.9	140989.0
中信建投证券公司北京丹棱街证券营业部	北京	北京	452291.8	281940.4	5158.3	10.1	187.6	164959.4
海通证券公司新余劳动南路营业部	江西	新余	449260.7	361685.3	63153.2	0.2	139.3	24279.5
申万宏源西部证券有限公司深圳福华一路证券营业部	深圳	深圳	449051.4	270051.5	2520.6	7.8	374.7	176094.6
海通证券公司杭州解放路证券营业部	浙江	杭州	444231.5	322554.3	21481.4	25.0	6197.5	93959.5
中国银河证券公司北京黄寺大街证券营业部	北京	北京	443983.4	106632.9	4369.7	11.3	496.0	332472.4
华泰证券公司深圳深南大道证券营业部	深圳	深圳	443325.9	377620.4	6869.1	7.0	480.6	58345.1
第一创业证券公司上海巨野路证券营业部	上海	上海	435361.8	230592.1	6938.7	260.8	3070.2	194500.1
中信建投证券公司上海浦东新区福山路证券营业部	上海	上海	433334.6	118534.4	10569.2	43.5	2238.1	301944.2
中国银河证券公司广州天河北路证券营业部	广东	广州	431876.7	127858.5	23626.3	0.7	175010.3	104954.6
华泰证券公司上海国宾路证券营业部	上海	上海	430398.3	230232.7	61916.8	31.3	14099.1	124099.1
新时代证券公司上海金桥路证券营业部	上海	上海	429257.7	328643.3	3613.1	59.5	12752.6	84189.2
世纪证券公司昆明青年路证券营业部	云南	昆明	428450.2	12541.0	107.1	0.1	6.0	415796.0
国泰君安证券公司上海福山路证券营业部	上海	上海	428018.7	259781.9	3063.4	24.0	766.5	164383.0
国联证券公司北京首体南路证券营业部	北京	北京	425478.8	50714.7	3197.2	0.0	44.9	371521.8
国泰君安证券公司呼和浩特新城西街营业部	内蒙	呼和浩特	422605.4	56807.1	229.2	27.5	2475.3	363066.3
东兴证券公司北京复兴路证券营业部	北京	北京	417609.0	119997.5	16063.6	31.8	13988.8	267523.2

注：营业部交易金额的单位为百万元

证券营业部交易
Trading of Business Department

营业部名称 Business Department	省份 Province	城市 City	总计 Total	股票 Share	基金 Fund	政府债 G-Bond	公司债 C-Bond	债券回购 Repo
兴业证券公司厦门兴隆路证券营业部	福建	厦门	416323.3	277608.6	8139.2	222.2	11453.4	118899.0
华泰证券公司南京中山北路证券营业部	江苏	南京	415261.6	142361.3	227073.9	7.5	593.0	45223.5
招商证券公司深圳建安路证券营业部	深圳	深圳	414719.7	310978.8	2675.2	6.2	661.2	100393.6
光大证券公司上海世纪大道证券营业部	上海	上海	401854.9	175437.4	10089.6	31.1	8427.7	207835.1
华融证券公司北京金融大街证券营业部	北京	北京	400807.6	62065.4	1108.2	0.0	3041.1	334589.6
中信证券公司杭州市心南路证券营业部	浙江	杭州	396636.6	256204.4	4785.1	7.9	1613.9	134021.1
中信证券公司余姚南雷路证券营业部	浙江	宁波	396214.1	243427.6	97815.8	0.1	364.3	54597.6
中信证券公司上海东方路证券营业部	上海	上海	395051.0	216364.3	12508.7	779.2	3131.5	162234.2
华泰证券公司南京解放路证券营业部	江苏	南京	394270.5	277569.6	66625.7	11.3	342.6	49681.2
华西证券公司北京紫竹院路证券营业部	北京	北京	390714.3	295688.4	7166.6	0.6	658.3	87183.4
申万宏源证券有限公司上海静安区余姚路证券营业部	上海	上海	389813.1	74440.5	14914.3	1238.2	1382.6	297834.8
华创证券公司贵阳中华北路证券营业部	贵州	贵阳	388920.6	48753.5	164.5	4685.7	19230.0	316086.9
华泰证券公司北京西三环北路证券营业部	北京	北京	388393.4	268484.8	50356.8	8.2	2770.7	66695.5
华泰证券公司上海黄浦区来福士广场证券营业部	上海	上海	384209.8	275184.9	42416.9	20.2	994.6	65587.9
光大证券公司上海淮海中路证券营业部	上海	上海	384090.2	258303.6	5471.5	10.5	475.8	119808.8
中国银河证券公司北京方庄南路证券营业部	北京	北京	382819.6	49101.0	4840.8	0.0	3.3	328874.5
招商证券公司深圳前海路证券营业部	深圳	深圳	382348.6	311223.3	2266.7	984.7	1069.0	66798.5
海通证券公司杭州文化路证券营业部	浙江	杭州	380125.8	260493.8	73829.3	1.5	113.5	45687.6
湘财证券公司上海陆家嘴证券营业部	上海	上海	378601.4	323654.4	3212.3	2.0	297.3	51424.2
国都证券公司北京中关村南大街证券营业部	北京	北京	378469.9	82591.1	2385.2	0.0	103.6	293389.2
申万宏源证券有限公司上海徐汇区龙漕路证券营业部	上海	上海	378458.0	121370.0	3146.5	18.4	946.7	252976.2
光大证券公司沈阳十一纬路证券营业部	辽宁	沈阳	378147.5	122604.8	239497.2	1.9	167.6	15875.2
国信证券公司义乌稠州北路证券营业部	浙江	义乌	371929.0	349878.3	1605.9	0.7	137.1	20293.7
华泰证券公司苏州人民路证券营业部	江苏	苏州	369687.7	219353.3	70771.8	582.2	1328.1	77651.5
中信建投证券公司北京南大红门路证券营业部	北京	北京	368029.0	93829.5	7318.8	1.1	7907.0	258783.6
民生证券公司北京北蜂窝路证券营业部	北京	北京	366663.8	92453.3	1121.7	59.9	2378.6	270650.3
国泰君安证券公司上海虹口区大连路证券营业部	上海	上海	366478.2	71726.2	791.9	392.3	2055.5	291357.4
光大证券公司北京丽泽路证券营业部	北京	北京	364757.8	39883.1	11842.0	166.8	38124.9	274740.9
华泰证券公司上海澳门路证券营业部	上海	上海	360455.4	106782.4	52703.0	7.1	830.6	200089.0
中信证券公司义乌城中中路证券营业部	浙江	金华	360248.7	319534.6	2028.1	9.3	153.1	38523.7
华泰证券公司绍兴上大路证券营业部	浙江	绍兴	357803.8	184707.6	123465.1	0.0	827.7	48802.5
申万宏源证券有限公司桐乡和平路证券营业部	浙江	桐乡	357261.3	195344.0	8182.8	132.1	1179.1	152422.5
国信证券公司武汉沿江大道证券营业部	湖北	武汉	356358.4	164166.8	3752.5	7.6	245.7	188178.8
华泰证券公司深圳益田路证券营业部	深圳	深圳	354468.8	178074.9	26678.4	2699.1	1679.2	145328.6
招商证券公司昆明北京路证券营业部	云南	昆明	352897.3	80193.2	348.9	12.8	137.4	272203.7
海通证券公司广州东风西路证券营业部	广东	广州	352176.8	214461.5	58468.5	2.0	187.4	79038.6
平安证券公司北京东花市北里证券营业部	北京	北京	350817.1	192654.8	2232.6	44.4	1350.1	154535.3
国金证券公司上海奉贤区金碧路证券营业部	上海	上海	350678.7	318101.2	18640.7	23.7	8079.6	5832.6
中信证券公司北京望京证券营业部	北京	北京	350644.5	222205.2	4224.8	0.0	168.5	124045.1
华泰证券公司深圳侨香路证券营业部	深圳	深圳	350485.8	112705.4	1472.8	1.0	1259.8	235046.7
东莞证券公司东莞南城分公司	广东	东莞	347605.6	208589.9	1697.5	43.8	3355.5	133915.8
中信证券公司深圳深南大道证券营业部	深圳	深圳	346459.3	238660.8	2450.5	7.2	166.2	105156.7
华泰证券公司厦门厦禾路证券营业部	福建	厦门	345252.5	208428.0	77039.4	0.3	891.2	58881.2
华泰证券公司南京长江路证券营业部	江苏	南京	343468.0	175162.7	92330.9	7.2	3077.3	72889.4
中信证券公司北京建国门证券营业部	北京	北京	342975.6	155817.6	26926.8	137.6	281.2	159799.5
招商证券公司深圳福民路证券营业部	深圳	深圳	339381.1	260133.2	1865.0	9.8	281.4	77081.8
海通证券公司北京知春路证券营业部	北京	北京	336653.5	160846.9	56216.2	1.8	145.6	119314.8
中国银河证券公司沈阳三经街证券营业部	辽宁	沈阳	336554.2	37985.7	262.6	69.0	77.4	298159.2
中信证券公司温岭万昌中路证券营业部	浙江	台州	335858.0	307688.9	2264.9	30.8	1065.8	24797.0
招商证券公司北京北三环路证券营业部	北京	北京	335251.7	222217.8	36390.6	211.5	1990.2	74433.8

注：营业部交易金额的单位为百万元

证券营业部交易
Trading of Business Department

营业部名称 Business Department	省份 Province	城市 City	总计 Total	股票 Share	基金 Fund	政府债 G-Bond	公司债 C-Bond	债券回购 Repo
中泰证券公司深圳吉祥路证券营业部	深圳	深圳	334214.3	206176.9	344.0	0.0	12.2	127681.1
国信证券公司南京洪武路证券营业部	江苏	南京	333972.9	280179.3	7030.1	2.0	332.9	46360.2
财通证券公司杭州体育馆证券营业部	浙江	杭州	333222.2	141816.1	714.1	0.6	59.7	190630.0
中信证券公司大连星海广场证券营业部	辽宁	大连	331432.3	120505.6	2443.3	5.7	754.4	207720.8
国泰君安证券公司石家庄建华南大街证券营业部	河北	石家庄	331059.8	238094.8	66952.3	0.1	141.1	25871.4
安信证券公司深圳深南大道证券营业部	深圳	深圳	330457.1	126284.2	124259.3	1.7	582.8	79323.7
华泰证券公司上海黄河路证券营业部	上海	上海	329101.3	169089.3	12404.6	18.8	542.0	147031.9
中信证券公司武汉建设大道证券营业部	湖北	武汉	329056.8	193859.8	8167.4	1.1	11329.8	115693.5
第一创业证券公司长沙韶山中路证券营业部	湖南	长沙	326763.6	52688.7	819.5	12.9	410.8	272831.7
中信建投证券公司上海浦东南路证券营业部	上海	上海	323330.6	37878.2	2845.0	3918.3	3962.3	274711.9
湘财证券公司北京首体南路证券营业部	北京	北京	322825.5	82962.0	8318.3	1.4	5942.2	225597.8
海通证券公司绍兴劳动路营业部	浙江	绍兴	321290.4	267246.3	2278.9	13.3	169.0	51570.2
招商证券公司广州天河北路证券营业部	广东	广州	320583.6	274909.1	3007.9	8.0	299.1	42333.7
申万宏源证券有限公司北京劲松九区证券营业部	北京	北京	319369.1	100707.0	4462.0	571.4	2516.1	211111.8
瑞银证券公司上海花园石桥路证券营业部	上海	上海	317018.1	265296.5	1401.8	39275.5	1728.7	9315.6
申万宏源证券有限公司上海松江区人民北路证券营业部	上海	上海	314417.5	141250.0	3452.4	1473.9	3497.8	164738.1
光大证券公司东莞运河东一路证券营业部	广东	东莞	314125.2	162933.0	108791.7	0.8	134.7	42201.6
华泰证券公司南京瑞金路证券营业部	江苏	南京	312352.7	165636.4	117801.6	3.8	531.9	28364.0
长城证券公司北京西直门外大街证券营业部	北京	北京	308354.8	93900.9	3741.9	136.1	3461.5	207086.5
财通证券公司杭州解放路证券营业部	浙江	杭州	306445.7	191929.1	5948.2	985.3	2201.7	105378.7
浙商证券公司杭州玉古路证券营业部	浙江	杭州	305742.4	144323.3	20428.3	1004.0	1180.8	138797.8
国元证券公司合肥寿春路第一证券营业部	安徽	合肥	304624.9	73438.5	1774.4	26.3	1092.0	228293.7
广发证券公司上海控江路证券营业部	上海	上海	303893.2	78742.4	580.6	9.3	589.3	223969.7
兴业证券公司上海金陵东路证券营业部	上海	上海	303109.5	143575.9	6292.1	29.5	488.7	152721.6
国金证券公司上海长宁区延安西路证券营业部	上海	上海	302482.0	101564.2	7242.3	40.5	37.6	193596.1
华泰证券公司广州环市东路证券营业部	广东	广州	301628.2	97735.0	152065.4	0.0	191.7	51633.4
中国银河证券公司上海长宁区镇宁路证券营业部	上海	上海	301537.6	93565.7	1914.4	32.8	97.5	205922.0
海通证券公司北京中关村南大街证券营业部	北京	北京	298636.9	199183.5	5869.7	12.1	217.8	93352.9
东吴证券公司苏州狮山路证券营业部	江苏	苏州	297240.0	183067.3	45076.4	4.6	251.1	68838.6
方正证券公司台州解放路证券营业部	浙江	台州	292230.6	272844.2	1227.7	1.2	169.5	17987.3
中银国际证券公司北京宣外大街证券营业部	北京	北京	290553.1	153706.8	35545.2	3.8	2132.7	99158.9
中国银河证券公司北京阜成路证券营业部	北京	北京	288436.0	227264.8	3066.1	10.1	677.9	57414.3
广发证券公司上海玉兰路证券营业部	上海	上海	288416.7	163911.4	3465.5	4.9	612.5	120413.1
中信建投证券公司北京农大南路证券营业部	北京	北京	288246.9	119985.1	3215.4	2.0	489.4	164548.4
新时代证券公司包头钢铁大街证券营业部	内蒙	包头	287595.5	83543.2	1347.1	0.1	12179.1	190526.0
五矿证券有限公司深圳金田路证券营业部	深圳	深圳	287325.2	172754.1	1243.9	2.5	3031.7	110293.0
招商证券公司上海娄山关路证券营业部	上海	上海	287264.9	204176.5	8216.8	10178.6	635.2	64039.0
中信建投证券公司济南市泺源大街证券营业部	山东	济南	285965.0	165032.7	102211.2	8.6	69.2	18565.4
国联证券公司无锡中山路证券营业部	江苏	无锡	285716.3	168240.1	5605.9	188.6	913.3	110750.9
申万宏源证券有限公司上海闵行区莘松路证券营业部	上海	上海	285268.2	200781.7	3277.1	63.5	2479.4	78659.7
华泰证券公司广州番禺东环路证券营业部	广东	广州	285188.6	120569.7	158220.1	0.1	167.3	6221.7
国金证券公司沈阳北陵大街证券营业部	辽宁	沈阳	284965.0	126706.9	845.6	0.0	0.0	157412.5
第一创业证券公司北京新街口北大街证券营业部	北京	北京	283114.0	151244.2	10282.5	487.4	5530.7	115569.2
中山证券公司深圳深南大道证券营业部	深圳	深圳	282915.2	90258.6	4597.8	32.7	1378.3	186647.9
东吴证券公司苏州西北街证券营业部	江苏	苏州	282782.4	165932.5	36113.3	4.1	3455.2	77264.7
国盛证券公司赣州红旗大道赣龙商厦证券券营业部	江西	赣州	282668.9	46698.5	228445.1	5.0	47.4	7473.0
招商证券公司杭州文三路证券营业部	浙江	杭州	282403.8	215435.8	5327.4	1.3	1102.0	60509.8
申万宏源西部证券有限公司北京金融大街证券营业部	北京	北京	281960.3	103475.4	1450.0	804.5	6995.0	169235.5
国泰君安证券公司宁波彩虹北路证券营业部	浙江	宁波	281762.8	219795.4	4505.9	7.0	850.5	56604.1
国信证券公司杭州市心中路证券营业部	浙江	杭州	281633.8	268181.5	1560.6	0.0	506.1	11371.8

注：营业部交易金额的单位为百万元

证券营业部交易
Trading of Business Department

营业部名称 Business Department	省份 Province	城市 City	总计 Total	股票 Share	基金 Fund	政府债 G-Bond	公司债 C-Bond	债券回购 Repo
华泰证券公司江西分公司	江西	南昌	281506.1	158291.6	87786.6	0.0	398.9	35025.5
信达证券公司北京西单北大街证券营业部	北京	北京	281225.6	63240.6	598.7	0.0	5092.0	212258.3
中国银河证券公司桂林中山中路证券营业部	广西	桂林	280178.2	26642.0	171.8	1468.1	4302.4	247593.9
中国民族证券公司上海羽山路证券营业部	上海	上海	279677.8	74408.5	4634.1	308.1	55.8	200264.9
中信证券公司杭州解放东路证券营业部	浙江	杭州	279008.6	60482.7	16647.3	19.5	26.3	201826.8
方正证券公司上海延安西路证券营业部	上海	上海	278784.2	118900.2	2592.0	77.6	711.0	156501.0
华宝证券公司上海西藏中路证券营业部	上海	上海	277495.3	93441.2	25670.9	175.7	1524.0	156138.3
中信证券公司广州临江大道证券营业部	广东	广州	276707.7	177180.5	13989.7	2.1	9642.7	75882.5
广发证券公司普宁流沙证券营业部	广东	普宁	276620.8	233752.1	2981.0	18.3	84.7	39782.1
光大证券公司北京月坛北街证券营业部	北京	北京	276492.1	112021.0	1215.2	51.5	341.7	162861.8
华泰证券公司上海浦东新区福山路证券营业部	上海	上海	275371.0	165279.9	12587.3	4.7	670.2	96800.0
国信证券公司福州五一中路证券营业部	福建	福州	275058.1	198212.1	22445.5	2.8	439.3	53924.4
中信建投证券公司重庆市南坪西路证券营业部	重庆	重庆	274920.5	29233.3	562.5	0.1	978.2	244138.8
申万宏源证券有限公司温州车站大道证券营业部	浙江	温州	272924.5	249145.6	1750.2	2.0	241.5	21783.3
海通证券公司上海玉田支路证券营业部	上海	上海	270578.9	88394.7	3508.7	197.8	7745.9	170727.0
中信证券公司杭州四季路证券营业部	浙江	杭州	269545.5	229251.9	1190.7	5.9	619.7	38476.3
国泰君安证券公司郑州黄河路证券营业部	河南	郑州	269409.0	238517.3	5199.1	3.5	405.3	25283.7
华泰证券公司成都蜀金路证券营业部	四川	成都	267494.3	229532.5	5361.7	6.7	162.9	32430.3
招商证券公司北京车公庄西路证券营业部	北京	北京	265958.3	196162.1	7819.9	206.0	858.1	60882.7
中信证券公司北京紫竹院路证券营业部	北京	北京	265875.2	171060.7	25194.3	1.2	851.9	68753.8
光大证券公司宁波解放南路证券营业部	浙江	宁波	264262.4	188428.3	682.3	0.1	37.4	75114.0
中信证券公司杭州延安路证券营业部	浙江	杭州	263677.6	176339.6	2253.7	194.1	2152.6	82722.1
中信证券公司海宁海昌南路证券营业部	浙江	嘉兴	263172.6	197112.7	28037.3	2.7	248.0	37764.4
申万宏源证券有限公司大连武汉街证券营业部	辽宁	大连	262889.1	35008.6	0.0	158.7	2423.6	225298.1
华泰证券公司上海静安区威海路证券营业部	上海	上海	262442.9	108572.4	125784.1	250.5	342.0	27486.9
华泰证券公司镇江分公司	江苏	镇江	261612.2	139847.1	104473.2	1.3	337.2	16941.2
国泰君安证券公司杭州庆春路证券营业部	浙江	杭州	260314.0	191912.5	1472.3	56.6	976.2	65896.5
兴业证券公司南平滨江中路证券营业部	福建	南平	258980.1	247108.7	2257.0	1.4	82.8	9530.1
山西证券公司太原府西街证券营业部	山西	太原	258696.4	63352.9	11675.9	1.4	2583.5	181072.0
招商证券公司南京中山南路证券营业部	江苏	南京	258630.8	209901.0	5019.6	12.2	331.5	43358.0
华泰证券公司天津勤俭道证券营业部	天津	天津	257240.7	131155.7	90705.2	7.2	1160.8	34207.9
华泰证券公司张家港杨舍东街证券营业部	江苏	苏州	257214.0	191432.7	28424.9	15.2	641.3	36690.3
中信证券公司杭州朝晖路证券营业部	浙江	杭州	255733.4	174850.3	1911.6	2.8	740.8	78224.9
申万宏源证券有限公司上海黄浦区新昌路证券营业部	上海	上海	255529.2	159911.0	5945.7	3036.7	1436.6	85184.7
申万宏源证券有限公司上海闸北区洛川东路证券营业部	上海	上海	255370.9	85586.6	7248.1	14.1	770.4	161708.7
招商证券公司北京知春东里证券营业部	北京	北京	255235.2	164485.7	2001.0	543.0	669.6	87532.6
国泰君安证券公司深圳益田路证券营业部	深圳	深圳	255128.6	174719.5	2918.8	0.3	607.1	76883.0
浙商证券公司义乌江滨北路证券营业部	浙江	金华	252695.1	235546.0	772.0	2.5	133.6	16235.7
华泰证券公司上海共和新路证券营业部	上海	上海	252047.5	181991.8	33602.1	17.4	1169.4	35263.1
光大证券公司宁波中山西路证券营业部	浙江	宁波	251949.7	131363.2	82162.8	101.5	1694.7	36626.0
中银国际证券公司郑州农业路证券营业部	河南	郑州	251731.8	104379.6	6854.4	539.5	226.7	139725.9
华泰证券公司南通姚港路证券营业部	江苏	南通	251654.7	178325.6	39522.4	24.3	696.8	33071.1
中银国际证券公司南昌会展路证券营业部	江西	南昌	251427.3	62149.2	212.4	3465.7	4758.9	180841.1
招商证券公司深圳东门南路证券营业部	深圳	深圳	251422.5	185353.9	1016.9	13.8	84.0	64949.6
东吴证券公司昆山前进中路证券营业部	江苏	苏州	251346.8	179892.6	1599.5	3.3	300.0	69551.2
中泰证券公司济南经七路证券营业部	山东	济南	251226.2	60252.1	1117.9	0.0	42.5	189812.5
中信建投证券公司北京望京中环南路证券营业部	北京	北京	251180.9	90970.0	1933.7	127.3	2013.3	156109.9
财富证券公司温州车站大道证券营业部	浙江	温州	250641.8	240858.2	1594.4	0.1	493.1	7695.0
中国银河证券公司北京中关村大街证券营业部	北京	北京	250585.7	164380.4	20936.7	42.5	1607.4	63608.8
平安证券公司上海零陵路证券营业部	上海	上海	250266.7	201183.9	1855.2	17.9	465.8	46744.0

注：营业部交易金额的单位为百万元

证券营业部交易
Trading of Business Department

营业部名称 Business Department	省份 Province	城市 City	总计 Total	股票 Share	基金 Fund	政府债 G-Bond	公司债 C-Bond	债券回购 Repo
中信证券公司上海漕溪北路证券营业部	上海	上海	249674.8	91313.9	2758.8	3.9	134.5	155461.8
中信建投证券公司上海市华灵路证券营业部	上海	上海	248670.1	137225.2	5707.9	32.6	472.1	105222.4
中国银河证券公司宁波解放南路证券营业部	浙江	宁波	248495.2	173180.5	1941.9	7.6	276.5	73064.0
华泰证券公司南京汉中门大街证券营业部	江苏	南京	247795.8	105291.1	124912.2	3.4	645.3	16929.6
中信建投证券公司上海市营口路证券营业部	上海	上海	247290.7	117795.8	4689.3	57.4	317.8	124427.3
光大证券公司深圳深南大道证券营业部	深圳	深圳	246951.5	221245.1	4112.9	0.2	488.5	21098.6
华泰证券公司上海威宁路证券营业部	上海	上海	246922.7	186002.3	19613.6	22.7	2263.2	39003.8
中泰证券公司青岛江西路证券营业部	山东	青岛	246666.7	140461.9	90037.7	0.2	427.3	15266.7
海通证券公司济南泉城路证券营业部	山东	济南	245328.8	48793.6	1086.0	8.4	673.6	194734.7
中信证券公司诸暨暨东路证券营业部	浙江	绍兴	245080.6	215777.3	4922.3	0.0	215.1	24162.5
国泰君安证券公司成都北一环路证券营业部	四川	成都	245075.2	175021.0	2635.3	12.3	1026.0	66380.7
海通证券公司上虞市民大道证券营业部	浙江	绍兴	241835.6	219727.3	4061.4	0.4	86.1	17953.8
国联证券公司宜兴人民南路证券营业部	江苏	无锡	241247.5	216321.6	1392.8	2.5	304.3	23216.0
华西证券公司成都高升桥证券营业部	四川	成都	240532.9	194141.4	4983.9	4.2	204.3	41193.3
国信证券公司深圳振华路证券营业部	深圳	深圳	240284.8	128867.2	4143.5	267.0	1378.5	105594.1
渤海证券公司天津友谊路证券营业部	天津	天津	239654.8	25298.6	207.6	4.3	1161.2	212983.1
广发证券公司泉州涂门街证券营业部	福建	泉州	238894.5	133165.7	974.7	369.9	3337.8	101045.7
中国银河证券公司福州证券营业部	福建	福州	238759.7	175950.1	2694.6	4.0	125.2	59946.8
广发证券公司北京广安门内大街证券营业部	北京	北京	238684.1	120897.3	1328.0	89.4	2168.6	114197.5
东兴证券公司莆田梅园东路证券营业部	福建	莆田	238675.2	215629.3	995.4	0.9	609.8	21439.5
招商证券公司北京西直门北大街证券营业部	北京	北京	238457.7	152474.8	1750.2	1554.7	5121.2	77548.9
招商证券公司深圳笋岗路证券营业部	深圳	深圳	238415.4	194089.9	1275.4	103.9	6681.4	36262.9
西南证券公司重庆洋河北路证券营业部	重庆	江北	237481.5	36517.2	392.2	0.0	4.2	200567.9
华泰证券公司华泰证券股份有限公司湖南分公司	湖南	长沙	236912.5	174304.7	49983.7	3.6	857.5	11761.6
中国银河证券公司温州大南路证券营业部	浙江	温州	236662.1	212475.9	2538.7	1.2	245.5	21388.9
中国银河证券公司深圳深南大道证券营业部	深圳	深圳	236312.4	196659.2	3050.1	42.2	241.6	36316.7
中信建投证券公司石家庄建设南大街证券营业部	河北	石家庄	235894.1	158970.9	59121.9	0.6	553.8	17218.0
东方证券公司上海乌鲁木齐北路证券营业部	上海	上海	235545.8	70561.5	1203.4	39.7	1425.5	162303.9
中信证券公司杭州定安路证券营业部	浙江	杭州	235185.7	158421.3	5010.9	1.2	198.1	71553.3
浙商证券公司东阳新南路证券营业部	浙江	金华	234402.8	215287.9	13552.0	2.1	143.1	5411.3
招商证券公司上海翔殷路证券营业部	上海	上海	234036.7	176305.3	2569.3	1.5	865.3	54284.5
海通证券公司上海天平路营业部	上海	上海	233992.4	133446.2	10849.2	1618.5	120.9	87768.8
渤海证券公司北京西外大街证券营业部	北京	北京	233870.4	41057.3	484.9	4.0	103.6	192220.5
招商证券公司成都人民南路证券营业部	四川	成都	233643.5	204268.0	2243.1	1.9	217.9	26912.0
申万宏源证券有限公司长春东朝阳路证券营业部	吉林	长春	233562.9	38240.8	129.5	73.5	176.8	194942.3
英大证券公司沈阳青年大街证券营业部	辽宁	沈阳	233303.4	32208.5	1584.4	330.1	3141.6	196038.8
华宝证券公司北京朝阳建国门外大街证券营业部	北京	北京	231955.8	56030.5	8821.6	2.3	358.3	166678.2
大通证券公司大连昆明街证券营业部	辽宁	大连	231752.4	46705.7	385.8	1.0	38.7	184621.2
申万宏源西部证券有限公司上海中山北一路证券营业部	上海	上海	230928.5	90294.6	983.3	319.5	2718.2	136612.4
招商证券公司北京颐和园路证券营业部	北京	北京	230686.2	182488.9	2050.5	4.0	377.9	45754.8
中银国际证券公司深圳彩田路证券营业部	深圳	深圳	228812.6	199365.9	1220.7	53.9	632.3	27539.9
国盛证券公司南昌朝阳中路证券营业部	江西	南昌	228473.6	56985.7	1395.2	0.0	106.5	169986.2
英大证券公司深圳华侨城证券营业部	深圳	深圳	228051.6	149742.9	591.4	2.8	248.3	77466.3
广发证券公司武汉京汉大道证券营业部	湖北	武汉	226522.9	200808.4	10077.8	2.7	99.2	15534.5
华泰证券公司南通环城西路证券营业部	江苏	南通	226475.6	150609.5	50781.5	3.7	423.4	24655.1
中国银河证券公司金华证券营业部	浙江	金华	225804.2	210074.2	2065.0	0.1	160.2	13501.8
国金证券公司北京长椿街证券营业部	北京	北京	225500.8	155505.4	8297.7	0.5	184.4	61503.9
海通证券公司上海共和新路证券营业部	上海	上海	225289.9	156216.4	6118.8	10.8	51.7	62891.0
中信证券公司北京北三环中路证券营业部	北京	北京	225266.9	139881.1	7484.8	6.6	23949.2	53916.1
广发证券公司广州中山三路中华广场证券营业部	广东	广州	224826.5	182972.8	2679.4	0.1	276.4	38874.9

注：营业部交易金额的单位为百万元

证券营业部交易
Trading of Business Department

营业部名称 Business Department	省份 Province	城市 City	总计 Total	股票 Share	基金 Fund	政府债 G-Bond	公司债 C-Bond	债券回购 Repo
中信建投证券公司上海市徐家汇路证券营业部	上海	上海	224224.3	95706.5	5540.3	111.1	857.1	122006.3
华泰证券公司宁波柳汀街证券营业部	浙江	宁波	223899.6	137850.7	67080.8	0.3	744.2	18155.7
西南证券公司北京北三环中路证券营业部	北京	北京	223801.0	114106.4	1263.4	12.4	872.9	107544.2
海通证券公司太原新建路营业部	山西	太原	221945.4	153073.6	47322.6	1.4	169.1	21315.3
招商证券公司北京朝外大街证券营业部	北京	北京	221639.5	174244.8	1651.3	0.8	487.8	45252.9
海通证券公司上海普陀区澳门路证券营业部	上海	上海	221588.7	196580.6	3595.2	0.0	23.9	21386.3
申万宏源证券有限公司上海虹口区大连路证券营业部	上海	上海	221532.3	70176.3	1855.5	81.8	2045.8	147370.5
中信证券公司北京国贸证券营业部	北京	北京	221507.7	98184.0	3848.5	51.2	8370.2	111047.7
中泰证券公司石家庄中华南大街证券营业部	河北	石家庄	220675.5	108902.7	109923.7	0.1	2.8	1844.9
海通证券公司杭州环城西路证券营业部	浙江	杭州	220266.8	153707.8	1712.1	2.1	508.4	64293.4
国泰君安证券公司南京太平南路证券营业部	江苏	南京	219725.1	195192.4	2039.0	4.7	343.2	22145.7
华泰证券公司常州新北区高新科技园证券营业部	江苏	常州	219692.9	98444.1	13858.2	0.0	127.6	107263.1
中信建投证券公司揭阳市站前路证券营业部	广东	揭阳	219151.1	200646.8	900.7	6.4	236.7	17360.5
国信证券公司南海大沥证券营业部	广东	佛山	219130.5	198642.0	1954.8	16.2	124.6	18307.0
广发证券公司佛山汾江中路证券营业部	广东	佛山	218438.1	146208.8	1249.5	1.2	103.9	70874.2
中国银河证券公司武汉武珞路证券营业部	湖北	武汉	218425.0	75276.4	1383.5	142.7	1453.6	140168.9
中信证券公司常州环府路证券营业部	江苏	常州	217924.3	159322.2	4504.7	2.7	579.3	53510.8
广发证券公司深圳深南东路证券营业部	深圳	深圳	217856.6	172020.3	6930.5	0.0	98.9	38806.5
国金证券公司成都武成大街证券营业部	四川	成都	217789.2	179785.9	1296.7	5.4	336.4	36344.5
中信证券公司上海浦东大道证券营业部	上海	上海	217301.4	123959.5	1534.2	30.4	50.5	91726.2
华泰证券公司常州东横街证券营业部	江苏	常州	217127.6	120798.4	59388.7	2.1	286.5	36638.5
国联证券公司上海邯郸路证券营业部	上海	上海	216537.5	124295.5	46762.9	7.7	272.6	45183.5
中信建投证券公司福州市东街证券营业部	福建	福州	216100.6	134236.1	16437.6	0.1	593.0	64823.6
湘财证券公司上海金杨路证券营业部	上海	上海	215868.6	51155.3	11509.8	2.9	3995.7	148207.9
华泰证券公司常熟金沙江路证券营业部	江苏	苏州	215816.0	127566.9	56237.3	0.7	115.8	31895.3
广发证券公司北京阜成门南大街证券营业部	北京	北京	215590.3	133453.6	1248.1	15.6	773.9	80090.5
国信证券公司佛山季华六路证券营业部	广东	佛山	215512.2	194216.1	1412.1	6.6	305.6	19537.4
招商证券公司武汉中北路证券营业部	湖北	武汉	215488.5	190446.4	2449.3	3.2	197.9	22387.9
安信证券公司厦门湖里大道证券营业部	福建	厦门	214650.3	141767.8	4150.3	0.0	935.5	67776.5
兴业证券公司上海天钥桥路证券营业部	上海	上海	214021.7	125634.5	9906.1	7.3	435.5	78026.0
国泰君安证券公司成都顺城大街证券营业部	四川	成都	213800.4	124719.8	4055.3	3.0	603.2	84419.1
招商证券公司深圳龙岗龙岗大道证券营业部	深圳	深圳	213617.9	152758.6	592.7	5.7	47995.1	12265.0
广发证券公司上海吴兴路证券营业部	上海	上海	213433.5	101932.4	2829.2	8.5	415.1	108247.0
华泰证券公司南宁中泰路证券营业部	广西	南宁	213343.9	58161.4	149249.7	0.0	355.1	5566.7
中国银河证券公司杭州体育场路证券营业部	浙江	杭州	212936.8	111513.0	1593.9	5.4	539.4	99285.1
中信证券公司杭州凤起路证券营业部	浙江	杭州	212789.7	120066.2	4979.2	0.0	328.3	87398.4
华泰证券公司盐城分公司	江苏	盐城	212624.0	166641.7	29619.7	0.7	141.2	16211.1
中国银河证券公司厦门美湖路证券营业部	福建	厦门	212535.7	177365.2	1203.9	20.7	432.7	33505.7
财通证券公司温岭东辉北路证券营业部	浙江	温岭	212239.4	179080.0	4084.4	0.4	373.9	28684.6
东吴证券公司吴江中山北路证券营业部	江苏	苏州	211839.6	159891.6	1040.5	4.9	182.6	50714.6
中信证券(山东)公司青岛标山路证券营业部	山东	青岛	211108.8	172472.3	1470.9	14.4	380.4	36751.1
光大证券公司绍兴胜利东路北辰广场证券营业部	浙江	绍兴	209783.7	101770.7	407.8	631.2	2421.3	104552.6
东吴证券公司张家港杨舍证券营业部	江苏	苏州	209638.4	165190.0	1077.9	1.8	160.4	43205.2
华泰证券公司南京中央路第三证券营业部	江苏	南京	209474.5	138475.8	43154.3	1.4	235.7	27604.0
国海证券公司南宁新民路证券营业部	广西	南宁	209384.6	95099.6	662.0	0.6	2895.3	110726.1
光大证券公司慈溪三北西大街证券营业部	浙江	宁波	209223.6	170340.1	15559.3	0.5	383.4	22931.9
华泰证券公司武汉新华路证券营业部	湖北	武汉	208209.3	167884.9	1183.8	20.8	91.5	39028.2
中国银河证券公司北京学院南路证券营业部	北京	北京	208192.2	127939.4	2370.5	128.6	329.7	77418.5
国泰君安证券公司上海打浦路证券营业部	上海	上海	207908.9	146991.7	2127.5	144.5	459.1	58186.0
中信证券公司上海沪闵路证券营业部	上海	上海	207814.5	154777.3	13696.9	8.8	1460.1	37863.2

注：营业部交易金额的单位为百万元

证券营业部交易
Trading of Business Department

营业部名称 Business Department	省份 Province	城市 City	总计 Total	股票 Share	基金 Fund	政府债 G-Bond	公司债 C-Bond	债券回购 Repo
国信证券公司成都二环路证券营业部	四川	成都	207716.3	183917.8	2154.3	0.2	353.7	21273.2
华泰证券公司扬州文昌中路证券营业部	江苏	扬州	206887.0	113505.3	81944.5	19.5	152.7	11256.1
华泰证券公司郑州经三路证券营业部	河南	郑州	205525.6	115231.6	60283.7	4.2	1166.3	28832.2
华泰证券公司广州云城西路证券营业部	广东	广州	205452.4	137406.3	45262.6	168.6	1491.9	21095.3
华泰证券公司天津白堤路证券营业部	天津	天津	205236.4	110715.5	73639.9	35.7	807.3	20009.4
海通证券公司深圳华富路营业部	深圳	深圳	204491.5	169278.1	13488.1	4.2	465.6	21251.5
广发证券公司汕头梅溪东路证券营业部	广东	汕头	204081.8	156378.1	2434.4	2.6	424.4	44841.5
海通证券公司上海余姚路证券营业部	上海	上海	204072.7	55461.4	2212.5	18.5	2254.3	144120.4
华泰证券公司上海天钥桥路证券营业部	上海	上海	203943.6	85357.3	8381.0	38.7	452.8	109594.6
信达证券公司北京北辰东路证券营业部	北京	北京	203757.7	44694.6	2296.3	543.1	6322.9	149900.8
安信证券公司上海世纪大道证券营业部	上海	上海	203662.3	68247.7	6386.0	900.2	346.6	127781.7
中国银河证券公司台州证券营业部	浙江	台州	203288.2	190389.1	555.5	0.9	47.0	12293.8
安信证券公司梅州新中路证券营业部	广东	梅州	202734.6	177340.6	2634.2	3.6	3341.6	19408.1
国信证券公司西安友谊东路证券营业部	陕西	西安	202615.2	180497.0	1392.6	0.7	232.7	20490.3
招商证券公司福州六一中路证券营业部	福建	福州	202603.6	145570.0	1519.8	5.0	113.3	55395.0
浙商证券公司永康九铃东路证券营业部	浙江	金华	202479.3	185756.5	1437.7	0.5	115.7	15165.3
申万宏源西部证券有限公司北京紫竹院路证券营业部	北京	北京	202392.6	118840.6	954.4	0.7	312.5	82284.2
申万宏源证券有限公司上海普陀区兰溪路证券营业部	上海	上海	202253.7	83815.3	5439.2	17.6	69.4	112908.7
中信证券公司金华中山路证券营业部	浙江	金华	202230.3	182181.8	1632.5	0.4	131.9	18279.2
招商证券公司深圳深南大道车公庙证券营业部	深圳	深圳	202122.5	149414.7	1711.8	3.9	237.1	50754.8
申万宏源证券有限公司上海徐汇区斜土路证券营业部	上海	上海	201756.9	135230.1	1617.6	5.0	413.6	64485.0
广发证券公司广州黄埔大道证券营业部	广东	广州	201716.5	140645.0	5134.1	1484.7	33549.2	20893.2
广发证券公司上海西藏南路证券营业部	上海	上海	201465.1	134565.4	3751.1	3.4	256.6	62871.5
海通证券公司南京广州路营业部	江苏	南京	201301.5	167726.7	22841.7	20.3	128.7	10583.3
国联证券公司无锡梁溪路证券营业部	江苏	无锡	200840.1	135246.8	4447.5	2.4	144.9	60992.8
华泰证券公司泰州分公司	江苏	泰州	200706.0	130674.9	59234.8	6.3	414.5	10375.1
申万宏源证券有限公司上海嘉定区塔城路证券营业部	上海	上海	200461.0	149550.7	7829.3	5.6	2455.5	40619.4
中国银河证券公司北京太阳宫证券营业部	北京	北京	200394.0	100668.2	5058.7	177.0	370.0	94118.7
光大证券公司上海新闸路证券营业部	上海	上海	200292.0	80598.9	1662.2	3.7	829.4	117197.9
东方证券公司上海黄浦区中山南路第一证券营业部	上海	上海	200270.0	44150.8	20445.9	0.0	1969.3	133704.0
华泰证券公司南京中央路证券营业部	江苏	南京	200224.7	86476.4	97031.9	0.0	78.7	16625.2
华泰证券公司杭州庆春路证券营业部	浙江	杭州	200137.1	123935.2	60842.3	40.6	616.0	14693.0
东吴证券公司苏州石路证券营业部	江苏	苏州	199879.4	123674.7	3196.6	47.5	48.6	72907.6
东吴证券公司常熟阜湖路证券营业部	江苏	常熟	199527.7	154432.0	836.0	0.2	302.1	43957.2
广发证券公司深圳天安创新科技广场证券营业部	深圳	深圳	199526.9	73429.7	953.3	622.1	25.8	124495.8
海通证券公司嵊州西前街证券营业部	浙江	嵊州	198969.4	142175.2	6801.9	0.0	560.0	49430.6
申万宏源证券有限公司上海黄浦区福州路证券营业部	上海	上海	198744.2	71093.7	5955.4	54.9	1773.3	119865.9
安信证券公司北京阜成路证券营业部	北京	北京	198683.6	153372.1	6062.5	31.8	171.1	39032.9
东吴证券公司上海分公司	上海	上海	198192.5	194633.7	1115.0	0.5	329.7	2113.6
国泰君安证券公司绍兴中兴中路证券营业部	浙江	绍兴	198108.5	46842.2	90.4	152.4	1380.6	149642.9
西藏同信证券公司深圳益田路证券营业部	深圳	深圳	198029.5	42914.8	622.8	0.1	40.3	154451.6
西南证券公司重庆惠工路证券营业部	重庆	重庆	197955.3	115403.1	1710.9	360.9	1269.7	79209.8
安信证券公司上海黄浦区跨龙路证券营业部	上海	上海	197723.6	89215.9	65030.6	0.2	168.9	43305.5
中国中投证券公司上海西康路证券营业部	上海	上海	197317.9	43676.4	133293.3	0.0	168.0	20167.7
华泰证券公司南京草场门大街证券营业部	江苏	南京	197286.2	93769.1	77018.7	2.2	284.2	26199.3
华鑫证券公司上海茅台路证券营业部	上海	上海	196940.7	154220.6	820.4	4726.2	250.3	36920.7
国泰君安证券公司深圳华发北路营业部	深圳	深圳	196670.5	89021.7	458.9	185.3	2409.5	104595.1
华泰证券公司扬州文昌西路证券营业部	江苏	扬州	196559.4	109501.5	42513.2	1.4	124.8	44418.6
方正证券公司绍兴胜利东路证券营业部	浙江	绍兴	195792.4	166553.0	372.7	0.4	171.6	28694.4
方正证券公司杭州中河中路证券营业部	浙江	杭州	195688.0	131237.0	3366.0	12.7	142.1	60930.1

注：营业部交易金额的单位为百万元

证券营业部交易
Trading of Business Department

营业部名称 Business Department	省份 Province	城市 City	总计 Total	股票 Share	基金 Fund	政府债 G-Bond	公司债 C-Bond	债券回购 Repo
广发证券公司汕头海滨路证券营业部	广东	汕头	195625.5	158329.0	1180.3	6.4	183.2	35911.5
广发证券公司西安南广济街证券营业部	陕西	西安	195256.3	129243.8	2103.9	577.2	918.3	62412.7
华福证券公司厦门湖滨南路证券营业部	福建	厦门	195020.7	142618.6	2915.7	11.6	462.2	48997.1
华龙证券公司重庆公园路证券营业部	重庆	重庆	194941.4	21305.0	333.2	689.1	4452.6	168161.5
浙商证券公司台州环城东路证券营业部	浙江	台州	194926.1	172837.0	771.1	0.7	200.6	21109.5
招商证券公司北京安外大街证券营业部	北京	北京	194024.4	144211.3	8122.5	31.7	652.5	40997.3
国金证券公司成都东城根街证券营业部	四川	成都	193988.1	139452.2	1384.9	4.3	154.6	52985.4
安信证券公司上海杨浦区殷行路证券营业部	上海	上海	193944.1	87362.5	4052.2	0.0	74.2	102423.1
方正证券公司深圳福永大道证券营业部	深圳	深圳	193921.5	35991.1	993.3	10.6	3630.9	153295.1
东方证券公司上海肇嘉浜路证券营业部	上海	上海	193258.7	132557.8	5854.9	7.1	165.8	54654.2
财通证券公司杭州湖墅南路证券营业部	浙江	杭州	193093.7	136343.8	2095.1	0.0	107.5	54544.7
华福证券公司福州广达路证券营业部	福建	福州	192488.9	82780.6	856.9	0.3	45.5	108805.0
国金证券公司成都双元街证券营业部	四川	成都	192254.8	159830.2	746.7	2.5	120.0	31551.5
中信证券公司杭州文三路证券营业部	浙江	杭州	192185.2	115275.9	3952.7	4.1	2113.2	70833.4
长城证券公司上海延安西路证券营业部	上海	上海	190841.4	72789.8	4050.4	645.2	10758.1	102554.8
招商证券公司上海浦东新区浦东南路证券营业部	上海	上海	190646.1	118803.7	1892.2	397.8	1272.0	68250.4
平安证券公司深圳蛇口招商路招商大厦证券营业部	深圳	深圳	190204.9	169571.7	827.5	0.1	90.6	19715.1
平安证券公司芜湖江北证券营业部	安徽	芜湖	189392.3	185466.4	1098.4	4.1	286.6	2536.8
申万宏源证券有限公司成都槐树街证券营业部	四川	成都	189326.6	68001.5	1486.1	174.3	5241.2	114423.5
光大证券公司青岛香港西路证券营业部	山东	青岛	189302.7	63997.9	2909.4	321.9	3768.7	118298.4
中信证券公司太原迎泽西大街证券营业部	山西	太原	189301.3	168547.2	2892.4	0.3	42.1	17818.7
国信证券公司厦门湖滨北路证券营业部	福建	厦门	189252.3	157367.1	2175.5	2.0	587.6	29109.4
上海证券公司温州谢池商城证券营业部	浙江	温州	189042.8	161835.3	2615.0	0.3	531.3	24050.1
申万宏源证券有限公司上海普陀区中山北路证券营业部	上海	上海	188986.9	130703.9	5123.1	23.1	274.8	52855.9
中泰证券公司烟台长江路证券营业部	山东	烟台	188923.9	49282.1	4859.1	0.1	13.5	134764.1
中国银河证券公司上海东方路证券营业部	上海	上海	188786.2	59552.9	1177.2	1196.1	743.6	126116.5
中信证券公司上海安亭证券营业部	上海	上海	188709.9	112388.2	9348.2	0.0	519.1	66423.4
广发证券公司深圳蛇口兴华路证券营业部	深圳	深圳	188430.5	123297.3	668.7	2.1	54.2	64408.0
中信证券公司深圳深南中路中信大厦证券营业部	深圳	深圳	188414.6	155014.6	5165.3	5.1	142.6	28079.8
北京高华证券公司上海长乐路证券营业部	上海	上海	188042.2	31091.8	117.9	2.1	993.7	155836.6
华泰证券公司南京鱼市街证券营业部	江苏	南京	187847.9	97769.3	33249.4	1.2	585.1	56242.9
湘财证券公司上海金沙江路证券营业部	上海	上海	187822.3	72256.3	74785.5	51.3	156.1	40563.3
光大证券公司上海中兴路证券营业部	上海	上海	187706.7	70344.9	6811.7	368.0	2053.0	108128.0
中国银河证券公司上海东宝兴路证券营业部	上海	上海	187651.8	86868.1	8244.9	1.4	563.9	91972.3
中国中投证券公司广州珠江东路证券营业部	广东	广州	187651.7	102910.5	1975.9	0.2	1087.6	81672.6
中国中投证券公司广州番禺桥南路证券营业部	广东	番禺	187558.6	162284.0	2805.9	1.2	131.4	22321.9
华泰证券公司天津真理道证券营业部	天津	天津	186997.5	89389.5	84063.3	12.8	429.9	13096.6
国信证券公司珠海翠香路证券营业部	广东	珠海	186527.6	169954.3	1969.6	16.6	158.3	14412.5
长江证券公司武汉武珞路证券营业部	湖北	武汉	185748.3	128595.2	1606.9	675.3	1221.0	53644.4
招商证券公司上海江苏路证券营业部	上海	上海	185683.4	113110.6	5592.9	29.6	74.1	66874.7
中信证券公司上海石化证券营业部	上海	上海	185595.7	108567.6	1391.2	39.2	789.6	74805.9
国泰君安证券公司上海静安区南京西路证券营业部	上海	上海	184714.4	94967.3	8899.9	13.9	644.0	80189.4
兴业证券公司武汉青年路证券营业部	湖北	武汉	184679.9	117523.8	1256.3	15.3	606.9	65277.6
申万宏源西部证券有限公司深圳上步中路证券营业部	深圳	深圳	184656.5	154351.1	2425.7	0.2	174.3	27705.0
海通证券公司福州群众路证券营业部	福建	福州	183804.1	98040.2	64223.6	1.6	138.7	21398.5
中国中投证券公司北京宋庄路证券营业部	北京	北京	183660.8	154540.8	1700.7	0.9	335.4	27068.8
国泰君安证券公司上海商城路证券营业部	上海	上海	183442.3	113040.3	5833.7	97.8	62.7	64407.8
方正证券公司上海保定路证券营业部	上海	上海	182594.9	104840.2	1850.0	0.7	426.5	75473.0
申万宏源证券有限公司深圳金田路证券营业部	深圳	深圳	182231.0	83389.2	40243.5	266.3	1018.0	57314.0
国信证券公司上海淮海西路证券营业部	上海	上海	181857.2	126368.2	1391.6	3.8	160.7	53921.5

注：营业部交易金额的单位为百万元

证券营业部交易
Trading of Business Department

营业部名称 Business Department	省份 Province	城市 City	总计 Total	股票 Share	基金 Fund	政府债 G-Bond	公司债 C-Bond	债券回购 Repo
华西证券公司深圳民田路证券营业部	深圳	深圳	181425.5	157182.9	1101.5	52.5	118.1	22969.3
中国银河证券公司宁波大庆南路证券营业部	浙江	宁波	180277.3	139359.4	2098.5	56.6	366.6	38393.9
西南证券公司深圳滨河大道证券营业部	深圳	深圳	179870.3	119635.0	1840.3	1.0	30.2	58356.0
中国中投证券公司广州天河路证券营业部	广东	广州	179050.4	146444.4	4833.5	0.9	166.4	27586.3
东兴证券公司北京大望路证券营业部	北京	北京	178563.8	66110.7	443.4	1194.6	1074.3	109740.9
光大证券公司佛山顺德北滘证券营业部	广东	佛山	178111.4	25489.1	62866.5	0.0	86465.4	3289.9
信达证券公司上海四川北路证券营业部	上海	上海	177930.0	114849.5	3143.9	8.7	1920.2	58007.7
广发证券公司上海东方路证券营业部	上海	上海	177739.7	100924.4	11414.1	0.2	249.1	65144.7
海通证券公司常州健身路营业部	江苏	常州	177703.1	133488.7	3384.4	20.2	296.0	40509.5
第一创业证券公司佛山季华四路证券营业部	广东	佛山	177592.1	76690.5	14825.6	1206.7	8487.6	76374.1
德邦证券公司上海志丹路营业部	上海	上海	177307.5	73722.3	54276.5	11.2	424.6	48873.0
招商证券公司深圳科技园高新南一道证券营业部	深圳	深圳	177117.5	129097.9	766.3	2.3	927.6	46318.7
招商证券公司北京光明路证券营业部	北京	北京	177049.6	135741.2	1066.1	0.8	2068.8	38168.5
中国民族证券公司北京佟麟阁路证券营业部	北京	北京	176928.3	57147.3	1306.1	1595.7	1129.7	115744.7
招商证券公司青岛香港中路证券营业部	山东	青岛	176898.5	74312.5	69368.7	19.0	100.7	33097.6
华泰证券公司上海西藏南路证券营业部	上海	上海	176863.1	115146.6	14118.7	48.6	830.9	46714.6
国泰君安证券公司北京德外大街证券营业部	北京	北京	176718.0	130446.4	1645.9	1.9	168.8	44454.9
中信证券公司杭州杭大路证券营业部	浙江	杭州	176473.9	104059.9	12334.6	0.1	327.5	59742.9
中泰证券公司北京苏州桥证券营业部	北京	北京	176391.8	40453.8	116630.9	0.0	256.8	19047.8
东兴证券公司三明列东街证券营业部	福建	三明	176203.9	88373.2	3952.4	7187.7	19594.5	57090.9
海通证券公司上海青浦区青湖路证券营业部	上海	上海	175834.6	87838.3	69548.7	0.0	25.1	18296.2
中国银河证券公司杭州庆春路证券营业部	浙江	杭州	175828.9	123411.3	2182.0	0.8	92.3	50137.6
方正证券公司杭州延安路证券营业部	浙江	杭州	175143.2	115226.3	459.9	19.3	725.1	58710.9
光大证券公司北京东中街证券营业部	北京	北京	175088.5	104917.1	29518.4	0.3	410.2	40235.4
华泰证券公司北京广渠门内大街证券营业部	北京	北京	174651.7	90016.8	2337.7	108.8	848.3	81327.1
中信证券公司徐州解放南路证券营业部	江苏	徐州	174421.1	110921.9	41380.6	5.6	36.6	22073.8
国元证券公司上海虹桥路证券营业部	上海	上海	174222.6	109612.9	2084.0	0.0	875.3	61643.0
国都证券公司北京北三环中路证券营业部	北京	北京	174087.1	100467.0	750.2	4.9	113.2	72751.8
浙商证券公司上海长乐路证券营业部	上海	上海	173615.9	71441.4	1940.6	1.7	7487.3	92743.6
中国中投证券公司北京复兴路证券营业部	北京	北京	173600.5	143761.3	3433.8	16.0	93.6	26289.2
财通证券公司杭州庆春路证券营业部	浙江	杭州	173215.2	136727.8	928.7	0.3	356.4	35199.7
华泰证券公司沈阳大西路证券营业部	辽宁	沈阳	172972.9	84551.7	65088.1	7.3	209.1	23097.9
财通证券公司绍兴县柯桥湖西路证券营业部	浙江	绍兴	172333.3	137497.5	501.0	0.8	690.1	33643.7
光大证券公司广州天河北路证券营业部	广东	广州	172312.3	119700.9	17883.0	26.8	384.6	34313.8
华泰证券公司南京广州路证券营业部	江苏	南京	172097.4	103449.4	33310.1	2.9	684.8	34641.7
中信证券公司上海古北路证券营业部	上海	上海	171899.4	86753.0	7251.4	3.7	66.0	77822.4
民生证券公司河南分公司	河南	郑州	171833.5	149428.1	652.9	1.6	108.0	21641.8
国盛证券公司上饶赣栋北大道证券营业部	江西	上饶	171807.3	60747.4	356.5	1233.0	422.7	109047.7
广发证券公司上海石泉路证券营业部	上海	上海	171427.1	118448.4	823.0	69.6	1067.2	51011.8
中国银河证券公司上海东大名路外滩证券营业部	上海	上海	171288.6	113057.5	328.3	0.0	201.4	57701.3
中信建投证券公司天津市解放南路证券营业部	天津	天津	171288.5	63735.7	3082.1	364.9	3956.7	100148.6
申万宏源证券有限公司上海闵行区东川路证券营业部	上海	上海	170657.3	137882.6	1456.1	13.2	107.1	31198.1
申万宏源证券有限公司上海浦东新区关岳西路证券营业部	上海	上海	170408.7	114916.3	1438.8	1.6	66.4	53979.8
安信证券公司汕头金砂路第一证券营业部	广东	汕头	170367.1	124332.5	2066.2	0.3	96.0	43865.3
海通证券公司成都人民西路营业部	四川	成都	170050.9	134708.9	4723.5	5.2	1678.0	28922.5
广发证券公司佛山岭南大道北证券营业部	广东	佛山	170033.3	100365.3	1588.1	4.1	331.2	67716.5
中信建投证券公司北京燕山燕房路证券营业部	北京	北京	169837.8	47523.2	762.7	191.9	2991.4	118367.2
招商证券公司广州华穗路证券营业部	广东	广州	168247.9	71452.2	3852.8	32.0	334.7	92518.2
中国中投证券公司深圳深南大道证券营业部	深圳	深圳	168118.7	117034.9	2269.3	0.2	1301.4	47511.0
方正证券公司杭州保俶路证券营业部	浙江	杭州	167994.5	127958.7	992.9	0.9	124.1	38915.7

注：营业部交易金额的单位为百万元

证券营业部交易
Trading of Business Department

营业部名称 Business Department	省份 Province	城市 City	总计 Total	股票 Share	基金 Fund	政府债 G-Bond	公司债 C-Bond	债券回购 Repo
长江证券公司十堰人民北路证券营业部	湖北	十堰	167955.2	71284.9	512.2	0.5	16.4	96126.1
申万宏源西部证券有限公司宜兴人民中路证券营业部	江苏	宜兴	167928.1	53755.6	92.1	0.0	16.8	114063.6
国泰君安证券公司上海陆家嘴东路证券营业部	上海	上海	167865.6	117647.7	5227.1	83.5	3373.6	41533.8
申万宏源证券有限公司上海浦东新区川沙路证券营业部	上海	上海	167621.3	133805.8	6541.5	10.3	1028.1	26213.2
东兴证券公司福清一拂路证券营业部	福建	福清	167172.9	144523.4	906.3	0.5	76.8	21666.1
中信建投证券公司上海控江路证券营业部	上海	上海	167131.3	117118.0	1995.6	87.6	539.5	47383.9
中银国际证券公司武汉黄孝河路证券营业部	湖北	武汉	167094.6	129102.1	7866.6	2.2	133.8	29985.2
财通证券公司绍兴人民中路证券营业部	浙江	绍兴	166609.6	137097.9	226.1	1.9	34.7	29242.5
海通证券公司大庆昆仑大街证券营业部	黑龙江	大庆	166570.1	134344.9	1171.4	9.8	738.4	30109.9
中国银河证券公司上海宜川路证券营业部	上海	上海	166553.3	51182.3	624.6	16.1	184.2	114546.1
中泰证券公司福州湖东路证券营业部	福建	福州	166193.2	93991.1	1450.9	20.6	44.8	70683.6
华鑫证券公司上海金山证券营业部	上海	上海	166043.8	37456.7	591.5	10.5	1800.3	126184.5
上海证券公司瑞安罗阳大道证券营业部	浙江	瑞安	165788.0	160105.7	601.1	0.1	47.3	5032.1
中银国际证券公司上海新华路证券营业部	上海	上海	165515.5	37637.8	1180.5	16.8	814.8	125864.9
国联证券公司无锡人民东路证券营业部	江苏	无锡	165470.5	98533.2	3347.0	3.6	214.0	63367.4
方正证券公司温州小南路证券营业部	浙江	温州	164920.9	136942.8	827.8	5.5	131.6	27011.3
海通证券公司淄博石化营业部	山东	淄博	164768.2	70858.0	1498.2	175.6	3283.4	88949.3
中国中投证券公司无锡清扬路证券营业部	江苏	无锡	164652.6	70579.8	223.3	5.8	158.5	93684.9
国盛证券公司南昌永叔路证券营业部	江西	南昌	164630.9	67503.0	445.0	1777.3	1433.2	93472.4
海通证券公司南通人民中路证券营业部	江苏	南通	164543.6	108360.3	4679.9	594.5	39.1	50868.8
方正证券公司北京和平里东街证券营业部	北京	北京	164331.3	74222.0	1944.1	6.8	2740.4	85417.9
东方证券公司上海黄浦区中华路证券营业部	上海	上海	164089.1	53419.8	8275.6	51.1	1105.3	101237.0
平安证券公司深圳商报路奥林匹克大厦证券营业部	深圳	深圳	164065.1	138543.5	1178.7	1.5	189.0	24152.5
湘财证券公司昆明护国路证券营业部	云南	昆明	163868.2	40102.5	44668.5	47.5	391.1	78637.9
申万宏源证券有限公司上海青浦区公园路证券营业部	上海	上海	163851.0	122970.8	1277.6	0.3	103.1	39498.6
申万宏源证券有限公司上海宝山区同泰路证券营业部	上海	上海	163312.7	87803.4	969.6	3.9	479.0	74056.2
安信证券公司北京远大路证券营业部	北京	北京	162919.4	107299.7	3964.1	147.3	418.5	51065.8
中信建投证券公司武汉市中北路证券营业部	湖北	武汉	162746.5	85309.8	48799.1	107.8	459.5	28059.8
中泰证券公司济南解放路证券营业部	山东	济南	162543.4	60564.2	1112.5	0.1	63.5	100794.7
国信证券公司深圳深南中路证券营业部	深圳	深圳	162487.0	101561.4	1578.2	0.0	369.7	58963.0
国泰君安证券公司衢州柯城证券营业部	浙江	衢州	162412.5	154988.0	123.4	0.0	3.4	7297.6
光大证券公司广州解放北路证券营业部	广东	广州	161739.3	90426.1	29029.5	0.4	115.9	42165.1
长城证券公司深圳福华三路证券营业部	深圳	深圳	161686.7	107405.6	2905.7	4.5	1351.9	50011.3
广发证券公司郑州农业路证券营业部	河南	郑州	161672.2	125369.1	1388.3	1.4	217.9	34693.2
华泰证券公司广州体育东路证券营业部	广东	广州	161672.1	105909.9	15027.7	30.3	1935.7	38763.1
海通证券公司上海黄浦区福州路证券营业部	上海	上海	161534.5	102043.1	12466.1	2.2	2464.6	44312.5
海通证券公司上海杨浦区政本路证券营业部	上海	上海	161496.0	128566.6	1620.7	0.0	165.7	31141.0
国泰君安证券公司台州临海证券营业部	浙江	台州	161368.2	151524.0	412.8	14.4	37.3	9379.9
中信证券公司杭州东新路证券营业部	浙江	杭州	161015.3	108493.2	13428.3	1.3	154.6	38930.2
中国银河证券公司深圳福华一路证券营业部	深圳	深圳	160604.0	75801.8	2410.6	8.0	33250.1	49133.5
华泰证券公司南京中华路证券营业部	江苏	南京	160539.0	116086.4	20574.8	1.6	163.8	23709.0
申万宏源证券有限公司南京华侨路证券营业部	江苏	南京	160015.0	54217.4	394.6	3.2	453.1	104945.7
兴业证券公司泉州市丰泽街证券营业部	福建	泉州	159964.4	110514.5	1467.5	5.6	236.1	47740.6
中国银河证券公司厦门嘉禾路证券营业部	福建	厦门	159830.4	149066.1	1829.6	11.8	119.2	8800.8
国信证券公司无锡梁溪路证券营业部	江苏	无锡	159742.0	127561.1	5067.5	0.2	455.9	26629.1
中信建投证券公司北京市马家堡西路证券营业部	北京	北京	159310.2	49465.3	4445.5	18.2	1133.5	104247.4
东莞证券公司东莞长安分公司	广东	东莞	159107.4	147078.9	701.7	0.1	127.6	11198.7
国联证券公司无锡湖滨路证券营业部	江苏	无锡	159045.0	86658.9	1530.6	2.0	66.0	70787.5
海通证券公司汕头中山中路营业部	广东	汕头	158994.2	138830.5	1415.7	5.2	76.0	18666.7
中泰证券公司深圳红荔路银荔大厦证券营业部	深圳	深圳	158890.2	116016.6	265.9	1.1	196.2	42410.0

注：营业部交易金额的单位为百万元

证券营业部交易
Trading of Business Department

营业部名称 Business Department	省份 Province	城市 City	总计 Total	股票 Share	基金 Fund	政府债 G-Bond	公司债 C-Bond	债券回购 Repo
中国银河证券公司中山证券营业部	广东	中山	158835.8	105464.3	19701.9	4.6	932.5	32732.3
国泰君安证券公司北京方庄路证券营业部	北京	北京	158824.1	112560.3	789.1	129.2	59.8	45285.7
湘财证券公司上海泰兴路证券营业部	上海	上海	158764.6	68888.0	18982.0	10.8	948.2	69924.4
国信证券公司长沙五一大道证券营业部	湖南	长沙	158425.8	116782.5	716.5	0.0	100.6	40822.2
国泰君安证券公司顺德东乐路证券营业部	广东	顺德	158202.6	124353.6	2120.8	27.0	356.5	31344.6
华福证券公司泉州丰泽街证券营业部	福建	泉州	158078.6	115742.8	3462.1	0.2	125.8	38733.6
海通证券公司上海崮山路营业部	上海	上海	156994.0	132067.9	1523.6	4.0	38.3	23359.8
华西证券公司上海曲阳路证券营业部	上海	上海	156881.6	96100.6	3422.7	0.0	64.5	57293.7
安信证券公司上海杨高南路证券营业部	上海	上海	156768.9	123579.3	3268.7	0.0	807.0	29113.2
海通证券公司上海牡丹江路证券营业部	上海	上海	156665.5	96616.5	11032.6	443.1	1807.8	46758.7
国海证券公司桂林中山中路证券营业部	广西	桂林	156504.1	137204.0	596.3	0.5	47.6	18650.2
中国中投证券公司深圳爱国路证券营业部	深圳	深圳	156295.7	119442.0	2201.4	1.0	4914.8	29736.1
金元证券公司上海徐汇区漕溪北路证券营业部	上海	上海	156295.6	34606.1	2256.1	0.0	48.3	119385.1
申万宏源证券有限公司上海徐汇区中山西路证券营业部	上海	上海	156147.0	74783.8	7777.8	4.2	501.4	73071.2
西藏同信证券公司上海东方路证券营业部	上海	上海	155717.5	88489.6	807.8	2831.0	1470.6	62118.6
平安证券公司浙江分公司	浙江	杭州	155497.3	76920.5	848.5	441.4	84.4	77202.6
海通证券公司大连天津街证券营业部	辽宁	大连	155462.3	41751.0	815.5	738.1	1922.7	110233.5
兴业证券公司厦门湖滨南路证券营业部	福建	厦门	155359.8	106229.9	4551.1	1.3	851.6	43716.6
金元证券公司海口南宝路证券营业部	海南	海口	154757.5	41090.2	1879.6	1609.6	1349.2	108828.9
中国银河证券公司广州东风西路证券营业部	广东	广州	154388.1	76631.0	877.4	3.9	113.2	76762.3
中泰证券公司济南历山路证券营业部	山东	济南	154266.3	113934.2	31778.0	0.5	24.3	8521.9
华泰证券公司长沙韶山北路证券营业部	湖南	长沙	153597.3	105927.3	14716.8	62.8	755.7	32134.7
华创证券公司上海大连路证券营业部	上海	上海	153541.1	137854.6	2013.7	0.1	49.5	13623.3
长江证券公司上海后长街证券营业部	上海	上海	153512.5	98069.5	3387.0	0.7	227.3	51824.6
中信证券公司南京高楼门证券营业部	江苏	南京	153349.5	111471.7	4889.6	7.4	1489.0	35484.9
华泰证券公司南通人民中路证券营业部	江苏	南通	153348.6	116327.2	20517.4	3.7	1071.4	15408.8
中国银河证券公司杭州艮山西路证券营业部	浙江	杭州	153232.8	138410.7	1267.5	0.4	662.9	12879.1
湘财证券公司上海共和新路证券营业部	上海	上海	152899.6	60145.4	52964.0	2.6	262.9	39524.8
中信证券公司苏州苏雅路证券营业部	江苏	苏州	152473.9	91812.5	3588.0	0.0	162.2	56896.6
广发证券公司深圳民田路证券营业部	深圳	深圳	152267.2	129440.9	2872.8	200.9	220.7	19523.4
华泰证券公司武汉武珞路证券营业部	湖北	武汉	152172.4	121951.0	7294.6	9.7	508.9	22403.4
广发证券公司杭州凤起路证券营业部	浙江	杭州	151470.7	112851.2	5102.9	4.9	221.5	33281.3
西南证券公司上海田林东路证券营业部	上海	上海	151244.4	85310.6	3097.3	2.3	767.8	62058.8
安信证券公司广州猎德大道证券营业部	广东	广州	150914.4	126292.6	2796.3	0.9	149.5	21668.7
申万宏源证券有限公司上海闸北区海宁路证券营业部	上海	上海	150879.1	57813.6	2322.7	965.8	910.1	88866.6
中信建投证券公司西安市南大街证券营业部	陕西	西安	150536.4	100028.7	5254.4	187.4	1997.3	43020.3
平安证券公司广州新港中路证券营业部	广东	广州	150510.7	137045.4	816.3	21.7	672.5	11954.7
中国银河证券公司上海中山北路证券营业部	上海	上海	150454.5	66742.7	1929.4	5.4	5237.3	76539.8
平安证券公司深圳分公司	深圳	深圳	150194.3	135729.2	833.9	0.1	191.3	13438.4
安信证券公司广州体育西路证券营业部	广东	广州	150173.8	111825.2	1484.9	2.0	404.0	36443.9
德邦证券公司上海凉城路营业部	上海	上海	150146.1	64513.7	42468.8	3.9	430.8	42729.0
东莞证券公司东莞虎门分公司	广东	东莞	150097.4	110298.5	986.2	0.7	82.0	38721.1
中国银河证券公司宁波翠柏路证券营业部	浙江	宁波	149746.1	119625.7	1405.6	12.4	235.2	28466.4
长城证券公司北京中关村大街证券营业部	北京	北京	149301.7	99164.3	2046.8	14.9	222.9	47852.8
中国银河证券公司湖州证券营业部	浙江	湖州	149269.8	134446.4	872.3	1.3	336.9	13612.9
兴业证券公司上海民生路证券营业部	上海	上海	149148.1	93285.6	4625.2	3.0	135.3	51093.9
华福证券公司福清向高街证券营业部	福建	福清	149130.0	121925.6	1419.4	1.9	154.0	25625.8
国泰君安证券公司广州东风中路证券营业部	广东	广州	149042.9	115974.9	2301.8	120.3	1462.3	29183.6
华泰证券公司深圳竹子林四路证券营业部	深圳	深圳	149013.5	79572.0	12580.8	116.4	1710.4	55028.4
安信证券公司佛山顺德政通路证券营业部	广东	佛山	148632.9	95615.7	757.0	3.9	18.6	52210.0

注：营业部交易金额的单位为百万元

证券营业部交易
Trading of Business Department

营业部名称 Business Department	省份 Province	城市 City	总计 Total	股票 Share	基金 Fund	政府债 G-Bond	公司债 C-Bond	债券回购 Repo
安信证券公司南昌胜利路证券营业部	江西	南昌	148426.4	115234.9	255.2	0.0	3.4	32931.7
山西证券公司太原迎泽大街证券营业部	山西	太原	147917.4	105923.1	2269.1	0.5	174.2	39540.9
中国银河证券公司上海浦东南路证券营业部	上海	上海	147503.9	40589.4	14585.3	0.0	7.4	92321.8
中国银河证券公司南京洪武路证券营业部	江苏	南京	147489.4	119157.7	2915.6	5.9	720.3	24689.6
中国银河证券公司北京望京证券营业部	北京	北京	147415.9	120666.7	1124.0	86.0	261.9	25265.7
安信证券公司广州中山六路证券营业部	广东	广州	147401.9	112683.4	4275.0	0.2	150.4	30282.7
国泰君安证券公司深圳上步中路证券营业部	深圳	深圳	147394.0	112328.9	973.5	0.0	216.7	33874.9
中银国际证券公司广州天河路证券营业部	广东	广州	147297.0	112961.4	1657.0	9.7	1632.0	31036.9
华泰证券公司上海牡丹江路证券营业部	上海	上海	147198.0	107451.7	5152.8	11.8	107.7	34467.1
申万宏源证券有限公司上海浦东新区东方路证券营业部	上海	上海	146956.9	88112.3	14642.5	125.7	1078.7	42984.3
华林证券公司北京北三环东路证券营业部	北京	北京	146572.4	109990.7	2627.8	6.3	97.0	33850.6
国泰君安证券公司上海虹桥路证券营业部	上海	上海	146523.8	112147.4	2266.5	6.0	403.3	31700.6
国泰君安证券公司上海天山路证券营业部	上海	上海	146515.2	86654.6	9239.3	12.7	127.6	50481.0
招商证券公司北京金融大街证券营业部	北京	北京	146069.1	64088.2	1355.7	0.0	35.1	80590.1
广发证券公司厦门湖滨南路证券营业部	福建	厦门	145638.5	115602.6	785.5	4.8	75.1	29160.3
东兴证券公司泉州温陵北路证券营业部	福建	泉州	145546.2	135742.3	891.0	13.9	217.4	8672.8
东兴证券公司泉州田安路证券营业部	福建	泉州	145507.1	129388.5	3766.5	0.5	131.2	12216.3
中信证券公司天津友谊路证券营业部	天津	天津	145273.6	97705.5	6417.2	4.3	764.9	40367.6
东莞证券公司北京中关村大街证券营业部	北京	北京	145231.3	116223.5	1132.3	2.1	377.6	27483.7
中泰证券公司烟台环山路证券营业部	山东	烟台	145085.7	50467.7	430.0	7.1	32.5	94147.9
国联证券公司无锡县前东街证券营业部	江苏	无锡	145007.5	92080.5	5478.7	5.3	319.6	47122.6
海通证券公司乌鲁木齐新医路证券营业部	新疆	乌鲁木齐	144975.8	99931.9	37739.2	5.1	43.8	7242.8
华泰证券公司南通通州人民路证券营业部	江苏	南通	144923.3	73225.8	47527.9	0.0	119.7	24020.0
长城证券公司广州天河北路证券营业部	广东	广州	144695.9	101948.3	2177.7	624.3	355.3	39442.1
光大证券公司宁波孝闻街证券营业部	浙江	宁波	144614.0	95990.6	11239.6	0.0	395.2	36952.8
中信证券(山东)公司青岛南京路证券营业部	山东	青岛	144318.6	104158.9	2235.2	1.7	112.7	37805.6
中信建投证券公司成都市马家花园证券营业部	四川	成都	144262.1	104572.3	11771.1	8.9	264.8	27597.3
华融证券公司上海浦东新区杨高南路证券营业部	上海	上海	144179.1	11366.1	10540.8	0.0	4990.8	117281.4
华泰证券公司杭州学院路证券营业部	浙江	杭州	144116.6	110881.7	8654.8	2.4	1112.6	23452.4
海通证券公司北京光华路营业部	北京	北京	144002.7	100104.4	8012.4	0.0	463.7	35415.9
申万宏源证券有限公司上海浦东新区云台路证券营业部	上海	上海	143884.4	101736.1	2485.9	4.7	1245.8	38409.4
国泰君安证券公司福州华林路证券营业部	福建	福州	143624.7	117685.8	5498.8	0.8	203.9	20235.5
广发证券公司上海民生路证券营业部	上海	上海	143520.7	93607.6	978.6	0.4	325.4	48608.4
华泰证券公司合肥长江东大街证券营业部	安徽	合肥	143214.6	100313.5	31141.7	13.1	1028.7	10717.3
申万宏源证券有限公司深圳华强北路证券营业部	深圳	深圳	143157.9	46962.3	2712.7	0.0	270.2	93212.7
中信建投证券公司广州市黄埔东路证券营业部	广东	广州	143053.7	100386.5	1378.5	11.6	129.4	41146.3
国泰君安证券公司福州杨桥东路证券营业部	福建	福州	142716.1	121986.5	629.4	0.3	159.2	19940.7
华福证券公司福州杨桥路证券营业部	福建	福州	142532.6	97091.9	16419.4	0.0	39.7	28979.9
东兴证券公司北京北四环中路证券营业部	北京	北京	142519.0	86020.2	2873.6	55.6	2294.3	51270.8
中信建投证券公司济南市经四路证券营业部	山东	济南	142311.6	107037.9	20341.0	2.9	194.5	14696.5
中国中投证券公司佛山顺德东乐路证券营业部	广东	顺德	142211.5	114946.3	1385.0	1.9	96.3	25782.0
华金证券公司上海宁夏路证券营业部	上海	上海	141958.1	51793.9	543.9	1433.2	397.0	87790.1
华泰证券公司深圳彩田路证券营业部	深圳	深圳	141854.2	116455.9	4798.6	3.2	163.2	20422.9
广发证券公司汕头珠池路证券营业部	广东	汕头	141442.1	116800.5	2785.8	2.3	66.2	21785.6
中信建投证券公司常州延陵西路证券营业部	江苏	常州	141244.4	78018.5	6102.6	316.6	545.7	56256.3
湘财证券公司北京北四环东路证券营业部	北京	北京	141083.3	58245.7	57633.8	0.2	135.8	25067.6
万联证券公司广州广园证券营业部	广东	广州	140578.3	118599.5	8308.3	0.1	388.4	13280.2
华泰证券公司西安文艺北路证券营业部	陕西	西安	140472.7	78997.3	35476.7	63.8	887.5	25035.6
华泰证券公司成都南一环路第二证券营业部	四川	成都	140462.8	128120.5	1070.7	26.3	109.6	11132.4
安信证券公司潮州城新西路证券营业部	广东	潮州	140402.3	118924.7	1266.0	3.9	54.1	20138.7

注：营业部交易金额的单位为百万元

证券营业部交易
Trading of Business Department

营业部名称 Business Department	省份 Province	城市 City	总计 Total	股票 Share	基金 Fund	政府债 G-Bond	公司债 C-Bond	债券回购 Repo
长江证券公司北京新源里证券营业部	北京	北京	140148.1	78941.2	6209.5	5.4	95.7	54859.3
海通证券公司上海种德桥路营业部	上海	上海	140135.7	45710.6	778.8	3.4	9.8	93632.5
中信证券(山东)公司青岛经济技术开发区井冈山路证券营业	山东	青岛	139783.5	120804.6	3649.1	9.7	50.5	15262.3
东方证券公司上海长阳路证券营业部	上海	上海	139342.5	67347.6	6546.7	3.0	448.9	64991.5
东吴证券公司苏州工业园区现代大道证券营业部	江苏	苏州	139115.5	99526.5	2127.9	6.6	131.3	37320.1
中信建投证券公司杭州庆春路证券营业部	浙江	杭州	139019.2	113532.3	1094.1	0.1	80.1	24311.0
海通证券公司郑州经七路证券营业部	河南	郑州	138902.2	131880.2	1500.6	0.0	216.5	5303.0
国信证券公司绵阳兴达街证券营业部	四川	绵阳	138732.9	124724.9	1195.2	6.7	682.4	12081.3
国泰君安证券公司深圳深南东路证券营业部	深圳	深圳	138537.8	80488.8	491.7	0.0	17.7	57539.6
国都证券公司北京阜外大街证券营业部	北京	北京	138355.8	78226.3	522.7	2.7	572.0	59028.7
国泰君安证券公司广州黄埔大道证券营业部	广东	广州	138339.2	111615.6	1666.2	17.4	113.5	24926.5
上海证券公司乐清旭阳路证券营业部	浙江	乐清	138241.2	125567.8	483.1	0.0	110.0	12077.7
国泰君安证券公司上海团结路证券营业部	上海	上海	138177.0	104318.5	917.4	1.5	82.9	32856.7
中国中投证券公司成都一环路北三段万达广场证券营业部	四川	成都	138130.7	94401.7	4257.1	12.7	54.0	39405.2
国信证券公司佛山南海大道证券营业部	广东	佛山	138125.1	121010.6	2285.8	3.7	49.8	14725.5
兴业证券公司漳州胜利东路证券营业部	福建	漳州	138021.5	106975.8	624.2	1.1	68.1	30347.4
湘财证券公司义乌篁园路证券营业部	浙江	义乌	137955.7	50434.3	74750.9	0.0	128.3	12642.2
国元证券公司广州江南大道中路证券营业部	广东	广州	137931.0	105480.6	17184.8	804.1	2133.7	11984.6
西南证券公司包头昆仑广场证券营业部	内蒙	包头	137920.7	94017.3	99.2	0.0	0.0	43804.1
中信证券公司广州花城广场证券营业部	广东	广州	137886.7	10098.1	475.8	0.0	7448.4	119861.5
长江证券公司武汉友谊路证券营业部	湖北	武汉	137868.1	109829.6	1346.4	0.8	69.1	26617.5
中国银河证券公司北京广渠门大街证券营业部	北京	北京	137674.4	113729.7	2009.4	79.3	147.3	21695.8
广发证券公司南通青年中路证券营业部	江苏	南通	137356.9	112424.3	4044.0	0.8	12.8	20872.7
中银国际证券公司杭州庆春路证券营业部	浙江	杭州	137244.2	116164.4	1158.4	0.0	227.2	19693.1
海通证券公司上海香港路营业部	上海	上海	137128.0	63023.5	1308.6	22.7	2160.8	70611.1
兴业证券公司成都航空路证券营业部	四川	成都	137080.9	95386.3	1844.7	74.9	100.7	39670.8
招商证券公司深圳蛇口工业七路证券营业部	深圳	深圳	136818.2	114021.9	933.6	0.3	82.5	21779.6
东北证券公司江阴朝阳路证券营业部	江苏	江阴	136762.5	97177.3	3241.8	1.0	380.6	35960.7
国泰君安证券公司长沙五一中路证券营业部	湖南	长沙	136697.5	117108.7	521.1	15.6	304.2	18747.9
招商证券公司西安北大街证券营业部	陕西	西安	136600.4	116438.0	842.8	2.2	288.7	19022.4
中信证券(山东)公司青岛东海西路证券营业部	山东	青岛	136470.4	88245.9	2759.4	187.4	214.9	45057.3
申万宏源西部证券有限公司杭州金华路证券营业部	浙江	杭州	136464.8	51945.8	147.5	6.0	49.3	84316.2
海通证券公司深圳红岭中路营业部	深圳	深圳	136414.9	127133.5	2392.5	22.0	73.4	6792.1
国海证券公司上海世纪大道证券营业部	上海	上海	136400.3	61916.7	878.5	109.5	114.7	73378.3
华泰证券公司无锡永乐路证券营业部	江苏	无锡	136099.3	89912.2	5556.7	495.5	1324.2	38809.7
广发证券公司梅州梅江二路证券营业部	广东	梅州	136087.7	123593.1	1898.3	1.3	252.7	10338.5
国信证券公司深圳福中一路证券营业部	深圳	深圳	135991.0	109435.0	1422.1	0.1	243.8	24870.5
中国银河证券公司北京朝阳门北大街证券营业部	北京	北京	135571.6	84800.6	5006.3	0.0	154.3	45610.3
海通证券公司上海乳山路证券营业部	上海	上海	135386.9	68819.0	1476.9	92.4	532.0	64463.1
申万宏源证券有限公司广州天河北路证券营业部	广东	广州	135327.8	79036.0	2862.1	37.5	335.2	53054.0
湘财证券公司北京朝外大街证券营业部	北京	北京	135286.9	48640.2	30379.7	15.8	504.2	55746.4
广发证券公司唐山友谊路证券营业部	河北	唐山	135213.9	68454.7	6352.4	1.0	20.2	60368.2
中信证券公司绍兴兴越路证券营业部	浙江	绍兴	135066.9	127850.4	597.9	0.7	136.5	6481.3
海通证券公司深圳海德三道证券营业部	深圳	深圳	134580.7	83003.5	3024.4	102.7	1862.7	46566.0
广发证券公司上海天山路证券营业部	上海	上海	134469.3	81385.3	814.0	4.1	335.8	51929.3
浙商证券公司绍兴人民路证券营业部	浙江	绍兴	134251.5	97162.2	516.2	0.9	73.9	36497.8
中信建投证券公司深圳福中路证券营业部	深圳	深圳	134212.0	72244.8	1344.0	1.6	157.8	60463.7
东海证券公司常州延陵中路证券营业部	江苏	常州	134072.0	77664.1	709.0	261.7	123.4	55313.8
华泰证券公司广州东风西路证券营业部	广东	广州	134066.4	97234.9	10615.0	13.0	400.4	25798.2
中国中投证券公司广州滨江东路证券营业部	广东	广州	134052.7	96832.4	20373.2	2.6	1126.1	15711.9

注：营业部交易金额的单位为百万元

证券营业部交易
Trading of Business Department

营业部名称 Business Department	省份 Province	城市 City	总计 Total	股票 Share	基金 Fund	政府债 G-Bond	公司债 C-Bond	债券回购 Repo
东北证券公司长春东风大街证券营业部	吉林	长春	133983.6	52147.6	1530.2	137.3	563.0	79595.8
广发证券公司北京朝阳门北大街证券营业部	北京	北京	133569.8	78658.3	947.7	6.6	398.5	53557.8
湘财证券公司杭州教工路证券营业部	浙江	杭州	133498.0	66498.8	39308.4	0.3	2331.7	25351.6
华泰证券公司永嘉阳光大道证券营业部	浙江	温州	133465.8	80866.3	11517.2	0.0	711.0	40371.0
中银国际证券公司沈阳和平南大街证券营业部	辽宁	沈阳	133035.5	87676.9	9793.3	7.2	1011.1	34547.0
华泰证券公司徐州青年路证券营业部	江苏	徐州	132971.1	79106.1	33660.8	0.2	408.9	19790.0
安信证券公司佛山北窖证券营业部	广东	佛山	132941.5	96766.2	1091.5	17.6	32.8	35007.1
浙商证券公司金华后街证券营业部	浙江	金华	132875.8	118764.2	878.8	12.0	215.9	13003.3
中信建投证券公司宁波市曙光路证券营业部	浙江	宁波	132869.6	98636.6	17277.3	38.3	736.8	16167.1
中国银河证券公司上海五莲路证券营业部	上海	上海	132862.2	79972.4	1226.3	32.1	3411.2	48219.1
申万宏源西部证券有限公司北京丰北路证券营业部	北京	北京	132714.7	34679.4	1078.7	0.6	39.8	96916.2
长江证券公司上海徐汇区斜土路证券营业部	上海	上海	132700.7	79367.9	4687.8	5.1	155.9	48482.9
华泰证券公司成都人民南路证券营业部	四川	成都	132690.9	118255.5	1783.2	0.7	194.5	12427.9
中泰证券公司上海建国中路证券营业部	上海	上海	132471.8	101441.1	3568.7	2.3	900.6	26518.0
国盛证券公司深圳红荔路证券营业部	深圳	深圳	132131.1	14586.5	10.9	0.0	0.1	117533.7
国泰君安证券公司昆明人民中路证券营业部	云南	昆明	132118.2	120437.8	847.9	3.8	162.6	10666.0
中信证券公司绍兴越王城证券营业部	浙江	绍兴	132092.2	110696.6	308.2	0.4	62.4	21024.5
中信证券公司上海长寿路证券营业部	上海	上海	131746.9	89829.7	872.4	168.9	113.9	40760.2
兴业证券公司福州五四路证券营业部	福建	福州	131731.1	73813.9	20846.9	10.0	43.5	37016.6
华鑫证券公司上海莘庄证券营业部	上海	上海	131589.8	62344.2	2067.7	85.5	1379.7	65712.3
国泰君安证券公司深圳人民南路证券营业部	深圳	深圳	131504.9	109774.2	1114.6	6.5	291.7	20317.9
长江证券公司武汉珞瑜路证券营业部	湖北	武汉	131501.7	80304.3	32408.5	1.4	102.6	18674.1
招商证券公司济南泉城路证券营业部	山东	济南	131315.9	103332.7	7919.6	16.4	187.5	19842.2
财通证券公司北京成府路证券营业部	北京	北京	131140.3	20389.9	306.8	1.9	32.3	110409.3
中信证券公司武汉徐东大街证券营业部	湖北	武汉	131018.5	44822.1	14922.8	0.0	12.8	71260.8
海通证券公司南京常府街证券营业部	江苏	南京	130878.7	75295.3	18538.2	2.4	116.9	36925.1
中信证券(山东)公司青岛总部证券营业部	山东	青岛	130877.4	34785.2	13142.6	0.0	462.1	82487.5
光大证券公司哈尔滨经纬二道街证券营业部	黑龙江	哈尔滨	130844.2	39019.7	83329.4	8.9	8.1	8478.1
平安证券公司上海分公司	上海	上海	130731.9	93620.5	2710.0	3.1	393.3	34005.0
申万宏源证券有限公司上海崇明县川心街证券营业部	上海	上海	130415.1	107977.1	328.4	0.1	1058.9	21050.5
申万宏源证券有限公司上海长宁区淞虹路证券营业部	上海	上海	130294.7	49618.5	3187.8	7.2	989.5	76491.5
中信建投证券公司广州市中山三路证券营业部	广东	广州	130261.9	78722.5	10220.3	0.7	229.1	41081.8
广发证券公司东莞虎门证券营业部	广东	东莞	130046.3	104416.7	1821.1	0.0	61.9	23732.5
兴业证券公司杭州清泰街证券营业部	浙江	杭州	129810.6	84385.0	3236.3	1.4	339.5	41824.6
海通证券公司宁波解放北路证券营业部	浙江	宁波	129760.0	95096.0	2979.4	0.4	1430.6	30251.7
渤海证券公司天津营口道第一证券营业部	天津	天津	129756.4	64961.8	39554.7	1.5	268.9	24969.5
东北证券公司长春东盛大街证券营业部	吉林	长春	129471.4	46706.3	3095.1	1683.5	1786.3	76184.4
恒泰证券公司上海张杨路证券营业部	上海	上海	128890.0	90283.3	3304.6	0.2	67.7	35232.9
广发证券公司苏州干将东路证券营业部	江苏	苏州	128840.4	83326.5	646.8	0.2	85.5	44759.6
中国中投证券公司北京北三环东路证券营业部	北京	北京	128733.8	101769.0	1670.4	240.9	288.6	24761.8
第一创业证券公司佛山绿景三路证券营业部	广东	佛山	128659.5	67933.9	6875.9	3.2	3346.1	50471.6
国泰君安证券公司深圳笋岗路证券营业部	深圳	深圳	128550.8	92077.6	1206.0	59.3	227.2	34980.7
湘财证券公司福州东街证券营业部	福建	福州	128545.5	46058.5	70945.1	0.0	259.2	11282.7
招商证券公司珠海人民西路证券营业部	广东	珠海	128486.5	104427.0	501.0	0.1	1174.7	22378.4
华泰证券公司苏州何山路证券营业部	江苏	苏州	128410.6	67532.5	10987.3	91.3	167.0	49632.2
兴业证券公司福州五一中路证券营业部	福建	福州	128343.7	85414.8	754.3	0.2	67.1	42106.6
国海证券公司南宁教育路证券营业部	广西	南宁	128336.1	108798.9	1682.6	14.1	55.6	17775.1
国开证券公司北京中关村南大街证券营业部	北京	北京	128228.1	63087.0	1088.1	1124.7	3543.0	59385.3
申万宏源证券有限公司上海奉贤区人民中路证券营业部	上海	上海	127695.8	111597.1	1490.7	0.0	105.7	14501.8
申万宏源证券有限公司上海黄浦区广东路证券营业部	上海	上海	127694.9	84289.8	6196.8	17.0	466.9	36721.2

注：营业部交易金额的单位为百万元

证券营业部交易
Trading of Business Department

营业部名称 Business Department	省份 Province	城市 City	总计 Total	股票 Share	基金 Fund	政府债 G-Bond	公司债 C-Bond	债券回购 Repo
光大证券公司宁波彩虹南路证券营业部	浙江	宁波	127635.5	111829.0	1056.4	0.4	45.6	14702.4
中国银河证券公司福州中山路证券营业部	福建	福州	127205.7	68729.7	1044.1	275.0	1709.1	55447.9
光大证券公司杭州庆春路证券营业部	浙江	杭州	127145.5	96230.6	2087.0	0.0	73.9	28750.6
中国银河证券公司佛山顺德大良证券营业部	广东	佛山	126754.1	80319.4	2647.4	19.7	48.6	43692.3
海通证券公司武汉赵家条证券营业部	湖北	武汉	126725.6	100804.0	1343.7	2.4	23.5	24521.7
招商证券公司深圳深南中路证券营业部	深圳	深圳	126678.1	108595.1	466.0	0.3	51.0	17560.6
兴业证券公司西安朱雀大街证券营业部	陕西	西安	126505.9	99019.2	6195.6	0.1	307.9	20981.6
广发证券公司上海中山北二路证券营业部	上海	上海	126396.9	86743.8	1883.3	2.1	605.1	37145.1
光大证券公司宁波镇海城关证券营业部	浙江	宁波	126330.0	105533.9	5056.5	4.0	163.8	15569.5
华泰证券公司深圳侨香路智慧广场证券营业部	深圳	深圳	125969.0	81434.0	869.6	51.9	949.8	42663.3
申万宏源西部证券有限公司上海浦北路证券营业部	上海	上海	125707.0	68191.3	624.4	3.9	159.8	56727.5
中国银河证券公司上海恒丰路证券营业部	上海	上海	125675.9	56780.1	1038.3	260.9	419.1	67177.1
申万宏源证券有限公司上海杨浦区黄兴路证券营业部	上海	上海	125646.6	89810.4	1852.0	2.0	222.0	33760.3
中信证券公司嘉兴吉杨路证券营业部	浙江	嘉兴	125626.9	88517.4	1320.8	0.0	110.3	35675.0
中泰证券公司东营北一路证券营业部	山东	东营	125524.0	113974.1	1043.5	1.6	109.5	10393.4
国泰君安证券公司深圳蔡屋围金华街证券营业部	深圳	深圳	125278.1	96930.3	1725.6	0.0	118.3	26503.9
广发证券公司珠海粤海中路证券营业部	广东	珠海	125227.9	37572.4	460.0	2.0	1775.3	85417.5
光大证券公司成都武成大街证券营业部	四川	成都	124920.5	97726.9	1677.5	1.6	295.9	25215.5
浙商证券公司绍兴解放北路证券营业部	浙江	绍兴	124778.3	98383.4	387.1	0.0	74.7	25933.1
广发证券公司广州天河路证券营业部	广东	广州	124768.6	105396.3	3283.5	106.4	198.8	15780.3
中信证券公司宁波中山东路证券营业部	浙江	宁波	124564.1	98410.8	1067.5	1.0	176.0	24908.3
广发证券公司福州古田路证券营业部	福建	福州	124354.2	91730.4	1162.2	303.2	125.0	31028.6
华西证券公司成都东一环路证券营业部	四川	成都	124309.4	96925.3	3899.7	3.6	67.7	23391.3
中国中投证券公司广州体育东路证券营业部	广东	广州	124264.6	87929.4	1440.6	0.2	46.4	34839.6
东方证券公司上海黄浦区北京东路证券营业部	上海	上海	124147.7	63723.5	1225.5	4.8	301.4	58888.8
光大证券公司重庆民权路证券营业部	重庆	重庆	123847.9	54019.3	335.4	277.7	3885.1	65316.7
华泰证券公司石家庄中华北大街证券营业部	河北	石家庄	123845.1	59608.5	27021.6	3.5	165.2	37035.9
渤海证券公司天津卫津南路证券营业部	天津	天津	123470.2	40891.1	37021.7	340.3	595.5	44621.5
方正证券公司长沙建湘路证券营业部	湖南	长沙	123428.9	57680.8	250.3	15.5	53.9	65426.5
申万宏源西部证券有限公司盐城解放北路证券营业部	江苏	盐城	123420.4	86781.3	347.4	1.4	855.1	35434.3
华福证券公司漳州延安北路证券营业部	福建	漳州	123336.4	99433.8	1887.8	0.2	143.4	21866.3
国都证券公司北京工体北路证券营业部	北京	北京	123325.9	86558.1	3108.1	4.6	112.9	33542.0
长城证券公司杭州文一西路证券营业部	浙江	杭州	123281.9	100636.4	915.7	1.1	758.9	20969.9
中航证券有限公司北京慧忠路证券营业部	北京	北京	123120.3	70392.8	1216.6	838.5	7435.5	43234.1
国信证券公司北京朝阳北路证券营业部	北京	北京	123095.1	104049.4	1312.2	10.4	123.1	17598.3
东方证券公司上海浦东南路证券营业部	上海	上海	123036.3	75607.2	4118.8	1.0	1035.9	42273.4
广发证券公司韶关解放路证券营业部	广东	韶关	122957.4	103560.4	567.8	0.2	61.7	18762.3
招商证券公司深圳布吉罗岗路证券营业部	深圳	深圳	122677.5	103428.1	391.4	0.3	206.2	18651.3
申万宏源证券有限公司宁波甬江大道证券营业部	浙江	宁波	122617.6	96956.5	479.5	0.0	45.2	25125.0
中国银河证券公司成都建设路证券营业部	四川	成都	122602.2	100692.1	1234.9	7.4	414.1	20253.4
中国银河证券公司杭州新塘路证券营业部	浙江	杭州	122547.1	88757.9	851.6	6.0	229.7	32698.1
平安证券公司广州体育东路证券营业部	广东	广州	122539.1	110578.8	1000.7	1.5	140.5	10817.7
华泰证券公司苏州新市路证券营业部	江苏	苏州	122518.4	64515.3	39560.1	0.8	151.3	18289.6
中泰证券公司上海东方路证券营业部	上海	上海	122489.6	57184.4	1810.9	0.0	2318.3	61163.8
中国银河证券公司上海大连西路证券营业部	上海	上海	122470.4	88173.6	927.0	36.0	1329.0	32004.9
中国银河证券公司德清证券营业部	浙江	德清	122438.3	102458.3	508.4	0.0	45.3	19426.1
安信证券公司深圳宝安海秀路证券营业部	深圳	深圳	122408.0	76775.8	400.7	734.1	74.4	44414.7
海通证券公司上海桂林路证券营业部	上海	上海	122394.3	69339.1	3479.6	36.6	1343.7	48158.8
中国银河证券公司上海杨浦区靖宇东路证券营业部	上海	上海	122381.6	93700.1	1046.1	0.8	137.3	27497.4
中信证券公司台州市府大道证券营业部	浙江	台州	122055.6	110167.3	582.7	0.0	211.3	11094.4

注：营业部交易金额的单位为百万元

证券营业部交易 Trading of Business Department

营业部名称 Business Department	省份 Province	城市 City	总计 Total	股票 Share	基金 Fund	政府债 G-Bond	公司债 C-Bond	债券回购 Repo
中国银河证券公司汕头嵩山路证券营业部	广东	汕头	122007.1	67040.7	647.2	0.5	25.2	54293.5
平安证券公司北京分公司	北京	北京	121972.9	70096.7	889.3	38.6	336.4	50612.0
联讯证券公司北京北辰东路证券营业部	北京	北京	121938.0	54674.2	602.4	0.4	228.9	66432.2
海通证券公司广州珠江西路证券营业部	广东	广州	121789.0	45333.4	1486.2	0.0	101.5	74850.0
方正证券公司益阳长益路证券营业部	湖南	益阳	121747.2	117131.2	462.8	0.3	39.4	4113.5
广发证券公司江门新会知政中路证券营业部	广东	江门	121663.7	96630.5	1959.0	1.0	150.8	22918.3
南京证券公司南京大钟亭证券营业部	江苏	南京	121614.5	81000.8	5577.4	33.0	148.7	34854.5
浙商证券公司温岭人民东路证券营业部	浙江	台州	121451.2	50083.5	582.1	0.0	119.0	70665.9
华泰证券公司北京中关村南大街证券营业部	北京	北京	121434.5	101834.5	3827.1	0.0	104.5	15660.8
华泰证券公司郑州农业路证券营业部	河南	郑州	121136.1	108611.2	8090.6	2.5	295.2	4135.4
申万宏源证券有限公司海口龙昆南路证券营业部	海南	海口	120887.4	83718.3	424.1	36.2	1438.5	35251.9
方正证券公司北京阜外大街证券营业部	北京	北京	120785.5	72674.5	1975.1	7.6	225.9	45901.0
中信证券公司湖州环城西路证券营业部	浙江	湖州	120731.1	85546.7	636.8	2.3	810.0	33735.3
光大证券公司奉化南山路证券营业部	浙江	宁波	120671.3	106770.1	544.8	1.4	49.9	13304.7
申万宏源证券有限公司宁波中兴路证券营业部	浙江	宁波	120664.0	72577.7	3994.4	173.0	2968.0	40951.0
华西证券公司杭州学院路证券营业部	浙江	杭州	120537.6	98768.3	1666.8	0.0	69.5	20032.9
广州证券公司番禺富华西路营业部	广东	广州	120502.0	97207.7	1625.5	2.4	175.4	21489.5
华泰证券公司宜昌西陵一路证券营业部	湖北	宜昌	120152.1	103119.3	9736.4	0.3	354.7	6939.1
中国银河证券公司武汉中南路证券营业部	湖北	武汉	120101.0	68433.1	492.7	0.7	9.2	51160.9
国元证券公司上海中山北路证券营业部	上海	上海	120061.3	77819.8	1357.6	0.0	48.3	40835.5
东方证券公司上海浦东新区耀华路证券营业部	上海	上海	119927.4	59348.4	935.3	0.4	341.3	59300.3
华泰证券公司南京江宁金箔路证券营业部	江苏	南京	119827.4	73943.9	41636.4	0.0	453.1	3792.4
东方证券公司北京安苑路证券营业部	北京	北京	119735.0	75077.5	15547.5	211.7	279.9	28616.0
中国银河证券公司广州临江大道证券营业部	广东	广州	119688.6	50579.7	1060.1	4.2	2046.0	65998.3
东兴证券公司上海肇嘉浜路证券营业部	上海	上海	119376.4	89875.9	11172.9	202.8	1371.0	16734.7
光大证券公司佛山绿景路证券营业部	广东	佛山	119190.2	86887.9	14402.4	1.3	22.9	17875.0
东北证券公司长春市解放大路证券营业部	吉林	长春	119167.8	77218.8	5984.1	366.1	267.6	35329.5
海通证券公司长沙五一大道证券营业部	湖南	长沙	119154.7	108989.2	1084.4	98.7	471.3	8502.5
申万宏源证券有限公司金华八一北街证券营业部	浙江	金华	118844.2	105515.1	1060.1	0.0	358.6	11910.5
中国银河证券公司深圳景田证券营业部	深圳	深圳	118751.0	81449.5	3808.2	0.0	29.6	33463.5
长江证券公司深圳福华一路证券营业部	深圳	深圳	118740.7	97088.4	4495.9	3.8	116.2	17011.7
申万宏源西部证券有限公司杭州体育场路证券营业部	浙江	杭州	118495.3	83084.0	3028.2	0.0	566.9	31816.2
中国银河证券公司南昌广场东路证券营业部	江西	南昌	118417.6	97741.3	2495.0	7.0	54.2	18120.1
广发证券公司广州农林下路证券营业部	广东	广州	118344.0	93974.6	2188.4	15.8	110.9	22053.3
华宝证券公司深圳新闻路证券营业部	深圳	深圳	118298.8	35284.0	4911.9	23.6	1090.2	72009.1
西南证券公司重庆沧白路证券营业部	重庆	重庆	118206.1	74304.2	428.1	307.7	716.8	42445.0
国泰君安证券公司北京金融街证券营业部	北京	北京	118004.3	60387.9	2969.4	85.2	677.4	53884.4
华泰证券公司青岛宁夏路证券营业部	山东	青岛	117832.4	55651.5	54125.8	7.1	265.3	7747.8
申万宏源证券有限公司嘉兴禾兴南路证券营业部	浙江	嘉兴	117735.6	96549.7	1234.6	0.2	2754.6	17194.3
财通证券公司杭州环城西路证券营业部	浙江	杭州	117616.0	94741.6	907.2	0.0	240.0	21724.1
安信证券公司广州新港西路证券营业部	广东	广州	117391.0	73142.3	1425.2	1.0	58.2	42759.0
广发证券公司广州花城大道证券营业部	广东	广州	117004.4	82649.6	1374.3	0.9	194.7	32783.8
中信建投证券公司海口海府大道证券营业部	海南	海口	116950.9	73459.7	395.5	0.2	181.1	42913.7
东方证券公司上海长宁区遵义路证券营业部	上海	上海	116921.7	78621.1	19323.5	27.7	118.3	18831.1
东方证券公司上海徐汇广元西路证券营业部	上海	上海	116914.5	50321.5	1169.0	67.1	2962.5	62392.9
光大证券公司惠州麦地路证券营业部	广东	惠州	116741.3	86305.2	14087.8	4.2	43.7	16298.3
华泰证券公司南昌新建文化大道证券营业部	江西	南昌	116615.0	43858.7	52.7	285.0	2020.0	70398.7
申万宏源证券有限公司广州江南大道证券营业部	广东	广州	116366.6	61395.4	1865.8	330.7	3965.6	48800.8
招商证券公司深圳沙头角金融路证券营业部	深圳	深圳	116184.9	108810.4	886.3	0.4	36.1	6450.9
中信建投证券公司沈阳小西路证券营业部	辽宁	沈阳	115937.5	41028.5	17602.6	28.5	440.9	56832.5

注：营业部交易金额的单位为百万元

证券营业部交易
Trading of Business Department

营业部名称 Business Department	省份 Province	城市 City	总计 Total	股票 Share	基金 Fund	政府债 G-Bond	公司债 C-Bond	债券回购 Repo
兴业证券公司北京西直门北大街证券营业部	北京	北京	115587.8	60735.6	9431.9	0.0	80.1	45324.3
海通证券公司贵阳富水北路证券营业部	贵州	贵阳	115323.9	67901.3	9869.7	2.3	497.3	37048.1
光大证券公司东莞石龙证券营业部	广东	东莞	115226.7	72706.6	439.6	1.0	204.0	41875.2
招商证券公司北京安立路证券营业部	北京	北京	114948.8	90144.3	1689.9	0.1	66.4	23042.7
中国银河证券公司杭州绍兴路证券营业部	浙江	杭州	114930.3	102468.1	525.3	5.4	118.9	11811.9
华安证券公司北京东三环中路证券营业部	北京	北京	114835.9	77968.6	455.5	0.0	54.5	36357.1
广发证券公司江门江华路证券营业部	广东	江门	114724.6	97143.5	1045.0	0.2	5444.9	11090.4
华福证券公司龙岩中山路证券营业部	福建	龙岩	114568.3	101272.8	2373.2	0.1	54.3	10863.0
国泰君安证券公司上海大渡河路证券营业部	上海	上海	114500.2	73874.4	1262.9	0.6	45.6	39316.8
光大证券公司丹阳中新路证券营业部	江苏	镇江	114227.8	79999.5	20722.7	71.2	65.2	13368.7
华宝证券公司舟山解放西路证券营业部	浙江	舟山	114208.7	95217.8	3563.4	7.4	458.7	14961.4
浙商证券公司厦门港务大厦证券营业部	福建	厦门	114202.8	67756.9	556.3	0.0	6.1	45883.3
海通证券公司上海合肥路证券营业部	上海	上海	114187.8	80703.3	2764.3	0.0	19.6	30685.5
财通证券公司杭州西大街证券营业部	浙江	杭州	114148.0	99990.5	479.0	6.8	54.8	13616.8
中信建投证券公司上海青浦证券营业部	上海	上海	114123.0	51669.8	797.5	100.3	648.2	60900.3
中航证券有限公司南昌广场南路证券营业部	江西	南昌	113929.8	93480.9	521.6	141.8	129.9	19650.0
广发证券公司青岛香港中路证券营业部	山东	青岛	113917.9	56126.0	1064.9	0.1	12.5	56704.9
光大证券公司宁波北仑新碶证券营业部	浙江	宁波	113890.5	101683.7	520.2	0.0	69.2	11615.9
申万宏源证券有限公司上海黄浦区瞿溪路证券营业部	上海	上海	113703.7	47260.9	1168.9	1.1	673.4	64597.9
光大证券公司象山县象山港路证券营业部	浙江	宁波	113485.3	100404.0	2203.9	0.0	83.5	10793.7
长江证券公司宜昌夷陵大道证券营业部	湖北	宜昌	113168.7	78286.8	647.9	10.6	252.0	33969.5
中信证券公司临安钱王街证券营业部	浙江	杭州	113144.0	102961.2	679.4	6.2	19.3	9477.1
东方证券公司杭州体育场路证券营业部	浙江	杭州	113132.2	88810.4	6195.8	62.3	1513.8	16549.9
中信建投证券公司重庆青枫北路证券营业部	重庆	重庆	113102.2	55989.5	173.0	0.0	404.0	56534.5
新时代证券公司郑州红专路证券营业部	河南	郑州	113096.7	24814.0	148.9	832.9	109.3	87191.6
广发证券公司广州洛溪新城证券营业部	广东	广州	113075.2	103250.7	875.2	2.1	75.2	8871.4
中国银河证券公司上海虹井路证券营业部	上海	上海	113044.6	83040.9	1385.4	5.3	60.0	28552.1
海通证券公司常熟海虞北路营业部	江苏	常熟	112984.6	88497.1	10876.3	0.9	43.7	13566.0
中信建投证券公司福清田乾路证券营业部	福建	福清	112898.4	97232.6	968.0	0.0	328.4	14366.4
中航证券有限公司重庆珊瑚路证券营业部	重庆	重庆	112763.6	20642.5	155.7	5688.6	82553.9	3722.9
广发证券公司成都新光路证券营业部	四川	成都	112741.4	93086.1	945.2	4.7	49.6	18652.1
广发证券公司武汉友谊大道证券营业部	湖北	武汉	112724.2	90090.6	518.8	0.1	506.9	21606.7
广发证券公司中山小榄证券营业部	广东	中山	112625.5	88417.6	1769.3	5.8	21.0	22411.5
中国银河证券公司烟台证券营业部	山东	烟台	112614.7	98772.7	782.5	0.9	39.6	13017.0
西南证券公司杭州庆春东路证券营业部	浙江	杭州	112602.5	99777.2	1873.9	31.3	1450.7	9466.5
金元证券公司杭州体育场路证券营业部	浙江	杭州	112477.9	61107.5	226.4	0.0	283.9	50860.1
华龙证券公司深圳深南大道证券营业部	深圳	深圳	112445.1	13031.6	10.8	165.4	1711.5	97525.8
华福证券公司福州上三路证券营业部	福建	福州	112393.7	87495.4	691.3	5.3	61.5	24139.4
广发证券公司西安金花北路证券营业部	陕西	西安	112325.1	102004.2	536.9	0.5	63.3	9712.3
中泰证券公司长沙万家丽路证券营业部	湖南	长沙	112314.6	50930.0	117.4	0.0	22.4	61244.8
兴业证券公司北京朝阳公园路证券营业部	北京	北京	112022.8	77583.6	5769.3	56.5	934.4	27679.0
中泰证券公司聊城柳园南路证券营业部	山东	聊城	111980.2	97545.5	812.3	0.5	88.1	13503.2
广发证券公司南海天佑三路证券营业部	广东	佛山	111975.7	93434.7	694.9	1.3	123.8	17708.9
海通证券公司上海普陀区铜川路证券营业部	上海	上海	111966.4	82605.6	1524.0	3.1	781.5	27049.2
中国银河证券公司成都科华北路证券营业部	四川	成都	111947.2	95822.9	1814.2	66.4	187.3	14055.1
光大证券公司深圳新园路营业部	深圳	深圳	111918.4	83584.1	1449.2	0.5	7968.7	18915.0
中国银河证券公司上海莲溪路证券营业部	上海	上海	111773.4	97650.7	747.9	2.5	34.2	13338.0
太平洋证券公司昆明翠湖西路证券营业部	云南	昆明	111457.9	41501.2	338.2	196.5	716.8	68704.5
安信证券公司上海南丹路证券营业部	上海	上海	110870.8	76255.5	1342.1	5.1	323.9	32938.7
华创证券公司北京新兴桥证券营业部	北京	北京	110624.5	27780.4	59.4	20.8	107.2	82656.7

注：营业部交易金额的单位为百万元

证券营业部交易
Trading of Business Department

营业部名称 Business Department	省份 Province	城市 City	总计 Total	股票 Share	基金 Fund	政府债 G-Bond	公司债 C-Bond	债券回购 Repo
信达证券公司北京古城路证券营业部	北京	北京	110513.4	93712.8	2544.7	0.7	52.7	14202.5
东吴证券公司苏州干将东路证券营业部	江苏	苏州	110466.1	53179.7	31580.9	10.2	31.2	25664.2
中国中投证券公司晋江迎宾路证券营业部	福建	泉州	110450.3	94492.2	710.7	0.4	65.5	15180.9
广发证券公司北京建外大街证券营业部	北京	北京	110332.7	75036.0	785.1	1.6	105.7	34388.2
东北证券公司长春西安大路证券营业部	吉林	长春	110293.8	89612.1	6010.9	2.3	33.7	14631.6
中信建投证券公司南京王府大街证券营业部	江苏	南京	110259.6	57882.5	33546.9	0.8	1167.7	17653.2
西南证券公司重庆建新北路证券营业部	重庆	重庆	110128.3	87994.7	977.2	0.3	51.9	21096.5
东吴证券公司太仓上海东路证券营业部	江苏	苏州	110017.8	88327.9	426.4	17.8	175.7	21069.6
中国银河证券公司上海中原路证券营业部	上海	上海	109946.8	71702.6	941.9	73.8	602.4	36626.2
东莞证券公司深圳新闻路证券营业部	深圳	深圳	109917.1	49114.8	844.8	0.0	3625.3	56331.3
中信建投证券公司哈尔滨中医街证券营业部	黑龙江	哈尔滨	109885.1	50853.8	12207.2	0.3	1435.3	45385.1
申万宏源证券有限公司上海浦东新区三林路证券营业部	上海	上海	109867.4	89314.0	730.6	19.0	41.0	19754.5
方正证券公司长沙留芳岭证券营业部	湖南	长沙	109864.8	97065.2	1265.1	1.9	281.7	11250.4
海通证券公司苏州南园北路证券营业部	江苏	苏州	109837.2	92375.1	1609.7	0.3	511.7	15339.6
东方证券公司上海闵行区鹤庆路证券营业部	上海	上海	109411.2	77653.1	550.8	4.2	53.2	31140.0
华泰证券公司合肥阜阳路证券营业部	安徽	合肥	109176.3	61493.5	30863.9	12.3	85.5	16719.7
方正证券公司常德武陵大道证券营业部	湖南	常德	109159.6	92741.4	854.1	0.1	97.1	15465.9
中信证券公司北京天通苑证券营业部	北京	北京	109159.3	77626.8	861.1	4.7	57.8	30608.7
申万宏源西部证券有限公司深圳莲花路证券营业部	深圳	深圳	109121.2	97110.4	547.1	0.3	19.6	11443.8
中银国际证券公司南京庐山路证券营业部	江苏	南京	109106.2	58776.5	12918.3	0.0	220.4	37191.0
国泰君安证券公司成都建设路证券营业部	四川	成都	109096.6	90359.0	812.2	13.7	87.3	17824.4
海通证券公司上海周家嘴路营业部	上海	上海	109037.4	44458.2	934.4	1.2	818.0	62825.4
中信证券(山东)公司德州湖滨中大道证券营业部	山东	德州	108900.9	34433.9	1517.2	347.9	524.4	72077.4
申万宏源西部证券有限公司济南文化西路证券营业部	山东	济南	108851.4	49260.4	1197.3	0.0	1.2	58392.5
华泰证券公司高新南一道证券营业部	深圳	深圳	108840.6	74824.2	1070.0	2.5	175.9	32767.9
中泰证券公司厦门厦禾路证券营业部	福建	厦门	108770.6	92493.5	989.9	1.0	133.6	15141.9
东莞证券公司东莞东城分公司	广东	东莞	108722.1	93349.1	394.0	0.0	55.1	14909.7
财达证券公司石家庄裕华西路证券营业部	河北	石家庄	108461.2	31966.4	330.3	0.0	2755.2	73408.2
广州证券公司花都建设路营业部	广东	广州	108437.6	99247.0	982.8	1.3	110.6	8096.0
国泰君安证券公司南昌站前路营业部	江西	南昌	108327.7	98255.9	1510.9	0.9	317.6	8242.4
华泰证券公司沈阳青年大街证券营业部	辽宁	沈阳	108304.7	93370.0	3378.3	0.9	3229.5	8318.9
金元证券公司上海杨浦区平凉路证券营业部	上海	上海	108258.5	36067.5	18040.4	0.4	525.0	53625.0
广州证券公司广州先烈中路证券营业部	广东	广州	108230.7	74824.7	2796.1	4.5	510.6	30090.4
第一创业证券公司深圳深南大道证券营业部	深圳	深圳	108177.2	63811.6	3546.9	103.6	1789.1	38926.1
中信证券(山东)公司淄博美食街证券营业部	山东	淄博	108119.2	92539.0	605.0	0.4	114.2	14854.3
中泰证券公司北京朝外大街证券营业部	北京	北京	108090.6	78437.9	1102.4	0.0	40.0	28475.7
华泰证券公司昆山黑龙江北路证券营业部	江苏	苏州	108044.2	70615.4	28096.3	0.1	436.5	8895.8
华泰证券公司郑州玉凤路证券营业部	河南	郑州	108037.0	60061.2	38696.5	0.1	39.4	9239.5
广发证券公司杭州天目山路证券营业部	浙江	杭州	107950.3	86087.5	729.3	0.0	244.5	20888.7
方正证券公司苍南站前大道证券营业部	浙江	温州	107879.1	20948.8	2908.2	0.0	384.7	83637.5
中信建投证券公司上海张杨北路证券营业部	上海	上海	107809.2	88790.0	734.7	2.8	206.0	18072.5
国泰君安证券公司衡阳雁城路证券营业部	湖南	衡阳	107746.0	103567.6	633.5	0.7	32.7	3511.5
华林证券公司上海南京西路证券营业部	上海	上海	107731.0	74454.7	892.6	8.6	101.4	32273.7
中国中投证券公司北京朝阳路证券营业部	北京	北京	107325.0	84739.9	1549.8	0.2	206.0	20828.7
国泰君安证券公司广州人民中路证券营业部	广东	广州	107220.8	89766.8	1005.0	0.4	294.9	16153.7
中国中投证券公司常州劳动西路证券营业部	江苏	常州	107154.8	88376.6	2303.8	3.9	163.1	16300.8
中国银河证券公司厦门虎园路证券营业部	福建	厦门	107149.7	78978.8	7833.9	15.7	335.5	19983.9
华西证券公司绵阳安昌路证券营业部	四川	绵阳	107120.0	93831.7	1167.1	6.7	93.8	12013.3
华泰证券公司南京中山北路第二证券营业部	江苏	南京	107114.2	67894.0	27884.1	17.8	153.7	11163.6
西藏同信证券公司成都东大街证券营业部	四川	成都	107107.0	78813.2	2388.5	0.1	597.6	25307.6

注：营业部交易金额的单位为百万元

证券营业部交易
Trading of Business Department

营业部名称 Business Department	省份 Province	城市 City	总计 Total	股票 Share	基金 Fund	政府债 G-Bond	公司债 C-Bond	债券回购 Repo
光大证券公司福州湖东路证券营业部	福建	福州	107070.4	85992.4	6483.3	0.0	77.5	14508.9
申万宏源证券有限公司上海闸北区延长中路证券营业部	上海	上海	106757.2	76152.9	2100.6	0.9	27.6	28468.8
中信建投证券公司成都市南一环路证券营业部	四川	成都	106750.5	81624.7	1371.8	1.0	222.8	23482.7
方正证券公司武汉中南二路证券营业部	湖北	武汉	106665.7	15391.4	244.6	0.0	8029.5	83000.2
广发证券公司江门天宁路证券营业部	广东	江门	106658.6	79956.9	1092.3	5.0	61.2	25540.8
长江证券公司荆州江津西路证券营业部	湖北	荆州	106631.9	89427.2	1279.2	2.1	198.6	15711.9
广发证券公司武汉黄孝河路证券营业部	湖北	武汉	106402.9	80408.3	2587.8	0.1	561.4	22844.0
安信证券公司揭阳市晓翠路证券营业部	广东	揭阳	106366.2	94687.9	914.1	51.9	75.0	10621.5
国泰君安证券公司厦门嘉禾路证券营业部	福建	厦门	106365.7	88531.8	2826.7	0.0	147.4	14859.9
英大证券公司北京东直门证券营业部	北京	北京	106292.9	27015.9	1208.9	9.0	338.2	77721.0
申万宏源证券有限公司上海长宁区双流路证券营业部	上海	上海	106289.5	52347.1	1762.4	8.0	176.2	51977.6
方正证券公司郑州嵩山南路证券营业部	河南	郑州	106168.9	99985.9	293.2	0.0	114.1	5775.5
华鑫证券公司上海斜土路证券营业部	上海	上海	106151.1	30268.9	679.0	1850.8	236.6	73115.2
申万宏源证券有限公司扬州扬子江中路证券营业部	江苏	扬州	106126.2	90520.4	2045.9	15.2	81.6	13460.7
国泰君安证券公司重庆九尺坎证券营业部	重庆	重庆	106120.0	66528.3	678.5	2.3	120.2	38790.8
安信证券公司杭州莫干山路证券营业部	浙江	杭州	106023.4	66199.8	2755.8	0.6	258.4	36805.6
联讯证券公司惠州演达大道证券营业部	广东	惠州	105969.6	96358.0	641.5	0.6	74.4	8895.1
中国银河证券公司丽水证券营业部	浙江	丽水	105893.8	97420.3	1041.8	266.2	453.7	6711.4
华泰证券公司长春自由大路证券营业部	吉林	长春	105874.8	49337.4	41365.5	2.2	52.7	15112.4
方正证券公司娄底南贸西街证券营业部	湖南	娄底	105842.4	75129.5	330.7	1.1	14.1	30366.5
华泰证券公司成都晋阳路证券营业部	四川	成都	105788.5	80493.9	1407.1	5.0	136.9	23743.1
东兴证券公司上海虹口区广灵二路证券营业部	上海	上海	105646.2	72843.4	674.9	88.5	1116.5	30921.6
中泰证券公司上海赤峰路证券营业部	上海	上海	105409.6	68541.9	828.4	38.8	298.7	35700.8
光大证券公司上海斜土路证券营业部	上海	上海	105369.7	54171.9	1083.9	350.7	255.9	49505.4
浙商证券公司衢州荷花中路证券营业部	浙江	衢州	105154.0	96446.5	649.5	0.0	46.8	8004.7
平安证券公司四川分公司	四川	成都	104981.3	58770.2	377.3	0.0	95.6	45728.7
中国银河证券公司上海漕宝路证券营业部	上海	上海	104921.3	82026.5	3245.6	144.1	108.5	19396.2
申万宏源证券有限公司上海杨浦区吉林路证券营业部	上海	上海	104817.0	58666.7	847.0	52.3	53.2	45196.5
中国中投证券公司杭州环球中心证券营业部	浙江	杭州	104773.0	87284.9	687.9	0.0	266.2	16532.4
东兴证券公司福州五一中路证券营业部	福建	福州	104479.9	64301.8	30466.9	2.0	145.7	9562.5
招商证券公司长沙芙蓉中路证券营业部	湖南	长沙	104457.2	91972.7	683.6	7.3	55.1	11733.6
中国银河证券公司晋中迎宾街证券营业部	山西	晋中	104430.5	66719.9	1850.6	1.2	27.0	35830.3
中信证券公司天津大港证券营业部	天津	天津	104405.4	65707.4	1170.3	4.5	75.2	37447.3
浙商证券公司温州温迪路证券营业部	浙江	温州	104374.4	93861.8	1187.8	0.0	621.4	8702.4
中国银河证券公司兰溪三江路证券营业部	浙江	金华	104347.0	92921.1	278.2	0.3	48.2	11098.5
招商证券公司东莞鸿福路证券营业部	广东	东莞	104305.4	88032.3	493.8	2.8	84.2	15691.6
申万宏源证券有限公司成都火车南站东路证券营业部	四川	成都	104287.1	67179.6	988.1	32.1	952.0	35135.1
东吴证券公司苏州竹辉路证券营业部	江苏	苏州	104183.1	71253.5	8189.2	0.4	198.9	24540.8
国泰君安证券公司常州广化街营业部	江苏	常州	104105.0	87773.1	705.5	71.5	227.0	15327.9
光大证券公司宁波悦盛路证券营业部	浙江	宁波	104071.9	96449.3	1002.6	2.1	19.2	6597.6
安信证券公司北京中关村南大街证券营业部	北京	北京	103937.3	41769.0	584.9	0.5	33.1	61541.0
招商证券公司沈阳惠工街证券营业部	辽宁	沈阳	103894.4	83551.3	765.3	0.4	208.4	19363.8
国泰君安证券公司九江甘棠路证券营业部	江西	九江	103777.1	75583.8	642.1	9.4	312.9	27228.9
方正证券公司义乌北门街证券营业部	浙江	义乌	103720.6	99015.1	249.0	2.9	37.9	4415.4
中信证券公司平湖人民东路证券营业部	浙江	嘉兴	103666.3	93557.1	623.6	3.4	133.2	9328.1
招商证券公司上海陆家嘴东路证券营业部	上海	上海	103525.3	66846.2	1002.7	0.4	1242.8	34423.2
广发证券公司东莞东城证券营业部	广东	东莞	103376.8	59430.2	1019.5	11.3	1190.8	41713.5
安信证券公司汕头峡山证券营业部	广东	汕头	103353.1	82631.4	235.2	0.1	7.6	20474.6
信达证券公司深圳深南东路证券营业部	深圳	深圳	103308.6	15845.7	22352.2	404.1	3964.3	60742.3
东吴证券公司昆山环城北路证券营业部	江苏	昆山	103222.4	69019.9	262.8	1.8	64.2	33873.8

注：营业部交易金额的单位为百万元

证券营业部交易
Trading of Business Department

营业部名称 Business Department	省份 Province	城市 City	总计 Total	股票 Share	基金 Fund	政府债 G-Bond	公司债 C-Bond	债券回购 Repo
财通证券公司杭州龙井路证券营业部	浙江	杭州	103216.4	73718.8	435.4	0.0	63.3	28989.1
安信证券公司佛山乐从证券营业部	广东	佛山	103122.7	82378.2	620.1	15.1	66.8	20034.1
中国中投证券公司深圳人民北路证券营业部	深圳	深圳	103064.0	89931.5	1502.3	0.4	161.5	11468.3
申万宏源西部证券有限公司南通工农北路证券营业部	江苏	南通	102949.0	14192.8	20.7	0.0	0.1	88735.4
中国中投证券公司广州中山六路证券营业部	广东	广州	102834.9	87243.3	1275.0	0.0	79.7	14231.5
中国银河证券公司上海浦东新区源深路证券营业部	上海	上海	102782.4	60450.4	1240.6	0.8	148.9	40941.5
广发证券公司上海水清南路证券营业部	上海	上海	102772.9	85076.4	2356.8	0.1	175.3	15161.1
浙商证券公司丽水花园路证券营业部	浙江	丽水	102557.9	95428.0	937.0	0.0	27.2	6164.4
中国银河证券公司上海安业路证券营业部	上海	上海	102361.7	79227.3	1873.1	73.8	68.5	21118.9
东海证券公司常州劳动西路证券营业部	江苏	常州	102349.7	64616.8	2785.3	5.4	274.3	34660.3
招商证券公司深圳福华三路证券营业部	深圳	深圳	102016.3	90177.9	510.2	0.1	45.1	11280.8
国泰君安证券公司上海威海路证券营业部	上海	上海	101987.2	84213.0	2167.6	5.0	253.8	15347.7
长城证券公司前海分公司	深圳	深圳	101623.5	100677.3	406.8	0.1	192.4	347.0
中泰证券公司临沂通达路证券营业部	山东	临沂	101498.2	88392.0	9255.1	3.5	49.0	3789.5
安信证券公司佛山顺德容奇大道证券营业部	广东	佛山	101492.3	69101.8	1306.3	3.4	47.5	31031.1
中国银河证券公司嘉兴证券营业部	浙江	嘉兴	101448.1	93742.9	893.8	12.3	276.4	6514.4
广发证券公司中山市中山四路证券营业部	广东	中山	101406.7	82861.2	981.1	0.2	83.8	17475.1
长城证券公司武汉云林街证券营业部	湖北	武汉	101391.6	91839.0	911.1	1.5	64.6	8575.4
广发证券公司中山兴中道证券营业部	广东	中山	101309.2	74367.7	534.8	1.5	47.7	26346.3
中信建投证券公司重庆汉渝路证券营业部	重庆	重庆	101303.4	43168.5	744.1	80.6	992.4	56299.8
中国中投证券公司南京中央路证券营业部	江苏	南京	101283.0	61125.0	857.6	1.4	70.2	39227.8
中信证券公司东阳中山路证券营业部	浙江	金华	101226.0	83204.2	154.2	0.6	39.0	17827.9
安信证券公司阳江安宁路证券营业部	广东	阳江	101181.1	93145.0	460.4	0.3	20.2	7514.8
国元证券公司合肥长江路证券营业部	安徽	合肥	101175.7	44496.3	1067.0	0.1	324.8	55287.6
招商证券公司合肥北一环证券营业部	安徽	合肥	100748.7	90348.2	621.9	2.6	438.6	9335.8
海通证券公司宁波百丈东路证券营业部	浙江	宁波	100690.0	91921.3	2294.3	0.1	343.9	6130.1
方正证券公司长沙芙蓉中路证券营业部	湖南	长沙	100525.5	66820.8	354.5	0.2	297.8	33052.2
东莞证券公司东莞厚街分公司	广东	东莞	100374.4	89746.1	446.6	0.8	39.6	10141.2
中银国际证券公司重庆江北证券营业部	重庆	重庆	100369.5	89827.0	498.1	7.0	253.9	9783.0
国泰君安证券公司深圳松岗证券营业部	深圳	深圳	100247.4	76580.3	132.9	62.4	539.3	22932.6
中国银河证券公司深圳高新南一道中科大厦证券营业部	深圳	深圳	100236.9	47912.6	501.0	4.2	218.7	51600.2
华泰证券公司济南无影山东路证券营业部	山东	济南	100149.8	63253.1	26455.7	0.8	171.0	10269.2
中信证券(山东)公司青岛深圳路证券营业部	山东	青岛	100119.8	44078.3	2266.6	0.0	532.5	53241.8
中泰证券公司宁波江东北路证券营业部	浙江	宁波	100085.8	92137.3	127.8	0.0	2.9	7815.1
华泰证券公司深圳泰然路证券营业部	深圳	深圳	100049.5	90939.9	1152.2	0.8	41.9	7801.4
华福证券公司泉州田安路证券营业部	福建	泉州	100047.7	73251.4	251.4	0.1	6.0	26538.5
中信证券公司温州分公司	浙江	温州	100040.8	86669.4	719.9	0.0	63.4	12584.3
国都证券公司上海长阳路证券营业部	上海	上海	99920.9	62899.3	615.7	6.7	405.3	35993.5
长江证券公司上海浦东大道证券营业部	上海	上海	99889.1	70197.0	5118.4	0.6	87.5	24483.6
华西证券公司成都龙腾东路证券营业部	四川	成都	99747.5	82044.7	1222.6	0.6	99.3	16379.3
申万宏源证券有限公司杭州密渡桥路证券营业部	浙江	杭州	99737.9	84321.8	889.5	10.6	252.6	14261.0
海通证券公司北京工人体育场北路证券营业部	北京	北京	99584.7	73243.2	7354.0	0.2	34.9	18951.9
华泰证券公司天津东丽开发区二纬路证券营业部	天津	天津	99318.7	79517.5	8311.7	0.3	523.1	10964.4
海通证券公司蚌埠中荣街证券营业部	安徽	蚌埠	99168.2	90313.9	2420.1	3.9	152.7	6096.4
财通证券公司新昌环城南路证券营业部	浙江	绍兴	99167.7	90902.6	495.9	0.0	24.4	7744.1
中泰证券公司淄博临淄大道证券营业部	山东	淄博	99146.0	75045.0	9157.1	13.0	183.2	14736.2
南京证券公司南京新华路证券营业部	江苏	南京	99014.4	85886.3	1952.7	0.8	190.9	10978.8
财通证券公司深圳新湖路证券营业部	深圳	深圳	98912.6	21784.9	3222.6	0.0	5.8	73899.4
广发证券公司济南经七路证券营业部	山东	济南	98870.7	95094.0	62.6	0.6	16.0	3697.5
中信建投证券公司苏州工业园区星海街证券营业部	江苏	苏州	98746.3	69543.0	527.3	18.0	1214.0	27442.4

注：营业部交易金额的单位为百万元

证券营业部交易
Trading of Business Department

营业部名称 Business Department	省份 Province	城市 City	总计 Total	股票 Share	基金 Fund	政府债 G-Bond	公司债 C-Bond	债券回购 Repo
中国银河证券公司郑州南阳路证券营业部	河南	郑州	98705.2	85513.2	420.1	0.8	53.8	12717.1
申万宏源西部证券有限公司盐城大庆中路证券营业部	江苏	盐城	98662.4	90696.3	301.6	390.7	1356.4	5914.9
东兴证券公司福州江厝路证券营业部	福建	福州	98597.0	84979.6	717.9	0.3	43.7	12849.1
中国银河证券公司临汾解放东路证券营业部	山西	临汾	98541.4	70734.8	514.3	1.0	104.5	27186.1
中泰证券公司慈溪天九街证券营业部	浙江	慈溪	98495.4	88804.7	430.2	0.0	12.0	9248.3
国泰君安证券公司北京通州新华西街证券营业部	北京	北京	98429.9	86287.7	3434.7	9.3	169.1	8529.2
财达证券公司唐山龙泽路证券营业部	河北	唐山	98115.4	64036.5	331.9	5.2	47.2	33693.3
华福证券公司福州鼓屏路证券营业部	福建	福州	98064.9	51311.5	1103.9	2.2	61.3	45584.6
中原证券公司新乡人民路证券营业部	河南	新乡	97964.5	90448.6	1278.1	2.8	251.6	5975.9
华泰证券公司海门解放中路证券营业部	江苏	南通	97948.9	74587.1	12561.4	5.8	477.4	10316.8
海通证券公司武汉中北路证券营业部	湖北	武汉	97945.6	71258.3	3425.7	40.2	227.5	22986.4
长城证券公司成都天晖中街证券营业部	四川	成都	97751.6	61477.2	464.8	92.1	27.2	35690.3
财通证券公司义乌丹溪北路证券营业部	浙江	义乌	97702.3	57572.4	1982.8	664.3	27532.3	9949.7
中国银河证券公司太原迎泽西大街证券营业部	山西	太原	97672.9	85329.1	909.7	0.2	47.1	11344.3
财通证券公司杭州凤起路证券营业部	浙江	杭州	97568.3	80905.5	704.4	0.2	28.9	15928.8
中原证券公司南阳人民路证券营业部	河南	南阳	97449.6	92348.4	1063.2	0.0	163.5	3873.8
广发证券公司珠海银桦路证券营业部	广东	珠海	97370.7	51314.9	374.2	0.0	69.3	45611.1
广发证券公司珠海翠前北路证券营业部	广东	珠海	97151.5	66490.3	3835.1	0.2	17.5	26804.7
东兴证券公司漳州南昌中路证券营业部	福建	漳州	97146.7	88604.3	553.1	1.2	151.0	7828.9
中国银河证券公司广州中山二路证券营业部	广东	广州	97140.6	75984.2	1407.6	9.0	832.5	18906.4
申万宏源证券有限公司上海闵行区碧江路证券营业部	上海	上海	97133.7	74803.1	882.6	16.5	75.4	21349.3
国都证券公司上海华山路证券营业部	上海	上海	97108.1	68914.4	1187.5	2.6	153.6	26848.7
华泰证券公司孝感长征路证券营业部	湖北	孝感	97079.9	86671.2	728.6	10.5	99.9	9569.5
国泰君安证券公司上海牡丹江路证券营业部	上海	上海	96929.2	73301.7	589.3	23.5	51.5	22963.2
中信证券公司西安科技路证券营业部	陕西	西安	96914.7	77451.4	505.6	0.0	131.1	18806.0
申万宏源证券有限公司沈阳中山路证券营业部	辽宁	沈阳	96905.3	55844.0	222.8	0.3	83.6	40749.9
中泰证券公司德州三八中路证券营业部	山东	德州	96891.0	86999.6	415.2	1.1	104.3	9355.0
财通证券公司杭州文二西路证券营业部	浙江	杭州	96887.5	82751.9	358.4	16.0	350.0	13411.1
西南证券公司上海黄陵路证券营业部	上海	上海	96741.0	60116.3	734.8	0.1	39.2	35850.3
广发证券公司惠州下埔路证券营业部	广东	惠州	96725.6	88449.5	365.2	0.0	40.5	7779.5
中信证券公司海盐河滨西路证券营业部	浙江	嘉兴	96658.6	83390.6	315.8	0.0	103.4	12848.4
兴业证券公司深圳侨香路证券营业部	深圳	深圳	96563.5	68940.0	1443.9	0.2	55.4	26122.8
海通证券公司合肥黄山路证券营业部	安徽	合肥	96402.6	84013.8	2929.4	33.7	1008.2	8409.8
中银国际证券公司成都人民中路证券营业部	四川	成都	96392.6	57307.3	22569.1	1.6	43.1	16471.2
英大证券公司南京汉中路证券营业部	江苏	南京	96390.2	52859.7	1440.0	148.1	639.5	41303.0
申万宏源证券有限公司南京山西路证券营业部	江苏	南京	96345.4	54472.9	370.4	65.6	773.8	40662.6
东北证券公司上海虹口区吴淞路证券营业部	上海	上海	96308.0	28039.8	1510.0	21.8	483.3	66250.1
中国中投证券公司深圳沙井中心路证券营业部	深圳	深圳	96283.2	79493.7	712.9	0.0	32.4	16044.2
西部证券公司上海梅川路证券营业部	上海	上海	96187.9	63906.7	320.6	0.0	168.0	31782.7
中国银河证券公司汕头金砂路证券营业部	广东	汕头	96178.7	79639.1	861.7	1.1	441.5	15235.3
中信证券公司北京金融大街证券营业部	北京	北京	96169.7	94348.4	601.9	0.0	0.4	1218.8
申万宏源证券有限公司上海浦东新区临沂路证券营业部	上海	上海	96150.0	62857.1	918.0	4.5	97.9	32272.0
国海证券公司北京和平街证券营业部	北京	北京	96140.2	64542.4	1916.6	0.0	175.0	29498.7
广发证券公司广州番禺环城东路证券营业部	广东	番禺	96136.3	82999.8	1126.9	1.8	90.8	11915.3
华鑫证券公司上海松江证券营业部	上海	上海	96100.5	80991.1	661.7	4.9	24.5	14416.7
华泰证券公司福州六一中路证券营业部	福建	福州	96089.7	59569.1	17973.3	12.7	512.7	18021.1
中国银河证券公司上海新郁路证券营业部	上海	上海	96034.6	46646.2	11911.6	1.3	112.2	37362.1
东吴证券公司苏州胥江路证券营业部	江苏	苏州	95992.4	63201.2	12874.3	4.2	27.0	19882.9
中国民族证券公司上海延平路证券营业部	上海	上海	95955.8	55569.2	753.5	1.2	16.0	39615.8
中信建投证券公司上海市五莲路证券营业部	上海	上海	95928.7	61585.6	6184.7	41.0	327.2	27779.5

注：营业部交易金额的单位为百万元

证券营业部交易
Trading of Business Department

营业部名称 Business Department	省份 Province	城市 City	总计 Total	股票 Share	基金 Fund	政府债 G-Bond	公司债 C-Bond	债券回购 Repo
国元证券公司杭州密渡桥路证券营业部	浙江	杭州	95771.0	62931.7	1317.5	0.6	42.6	31469.0
上海证券公司商城路证券营业部	上海	上海	95693.1	46446.6	385.8	400.6	943.9	47509.6
光大证券公司重庆大坪正街证券营业部	重庆	重庆	95673.6	85462.8	304.9	0.8	33.4	9871.0
东莞证券公司东莞运河西路证券营业部	广东	东莞	95624.5	71495.1	5166.2	3.6	80.3	18879.4
安信证券公司上海黄浦区中山南路证券营业部	上海	上海	95621.0	71807.0	1103.9	182.4	87.9	22438.2
广发证券公司佛山季华路证券营业部	广东	佛山	95582.3	76046.3	719.7	53.5	48.1	18706.1
海通证券公司无锡工运路证券营业部	江苏	无锡	95462.8	67611.1	2869.7	10.7	1312.2	23653.5
国泰君安证券公司上海四平路证券营业部	上海	上海	95438.3	61774.3	1961.8	1.2	169.5	31531.5
招商证券公司佛山季华五路证券营业部	广东	佛山	95400.1	81487.1	1622.6	9.5	125.1	12153.5
国泰君安证券公司临沂沂蒙路证券营业部	山东	临沂	95311.2	88652.0	554.8	0.6	46.7	6057.1
国泰君安证券公司合肥长江西路证券营业部	安徽	合肥	95284.6	77478.5	1416.8	524.3	61.4	15803.7
国元证券公司上海东方路证券营业部	上海	上海	95281.1	63775.9	1589.9	0.8	58.7	29853.5
华泰证券公司北京苏州街证券营业部	北京	北京	95277.6	70489.8	10796.1	0.0	149.9	13838.6
中泰证券公司淄博重庆路证券营业部	山东	淄博	95267.8	61799.9	13456.3	204.1	951.9	18841.1
海通证券公司上海天山西路证券营业部	上海	上海	95025.7	58221.7	507.4	3.4	78.6	36210.2
中国银河证券公司平阳人民路证券营业部	浙江	温州	94767.6	81813.3	9393.3	0.0	138.3	3417.7
广发证券公司广州江湾证券营业部	广东	广州	94743.6	73278.3	2086.5	34.8	46.7	19295.6
中国银河证券公司上海上南路证券营业部	上海	上海	94739.3	69175.0	1043.9	12.0	320.8	24179.5
申万宏源西部证券有限公司大连金马路证券营业部	辽宁	大连	94738.0	78601.9	730.3	0.0	70.2	15331.4
中信建投证券公司深圳市深南中路证券营业部	深圳	深圳	94700.8	69682.7	3352.5	76.9	909.2	20653.9
信达证券公司北京前门证券营业部	北京	北京	94637.1	60399.4	874.4	96.7	186.4	33080.2
西藏同信证券公司北京陶然亭路证券营业部	北京	北京	94624.7	78084.8	653.8	0.7	159.1	15726.4
方正证券公司长沙星沙三一路证券营业部	湖南	长沙	94534.0	28494.2	52.4	468.6	119.8	65398.9
方正证券公司衡阳船山大道证券营业部	湖南	衡阳	94455.4	90978.5	442.6	2.3	33.2	2984.0
中信证券公司成都玉林北街证券营业部	四川	成都	94454.3	75937.1	1980.9	10.0	42.3	16480.3
华泰证券公司哈尔滨宣化街证券营业部	黑龙江	哈尔滨	94450.2	61495.1	6592.5	6.9	93.5	26261.0
东莞证券公司东莞常平分公司	广东	东莞	94408.0	87915.7	545.7	1.5	38.3	5902.5
财通证券公司上海漕溪路证券营业部	上海	上海	94389.2	56321.0	525.3	500.8	160.4	36876.8
渤海证券公司苏州景德路证券营业部	江苏	苏州	94341.0	48448.0	21456.1	1.4	1293.9	23140.3
中泰证券公司烟台北大街证券营业部	山东	烟台	94317.1	41653.5	551.7	14.1	581.7	51506.2
西南证券公司成都天府大道证券营业部	四川	成都	94242.5	78712.8	791.1	0.4	216.6	14505.4
中泰证券公司济南共青团路证券营业部	山东	济南	94232.6	58533.1	935.7	2.1	534.4	34208.4
安信证券公司嘉兴纺工路证券营业部	浙江	嘉兴	94229.2	78793.5	1189.4	1.4	122.5	14110.4
中泰证券公司上海西安路证券营业部	上海	上海	94149.2	75022.2	342.3	0.1	138.7	18645.9
申万宏源西部证券有限公司上海妙境路证券营业部	上海	上海	93936.4	67573.3	9781.4	3.9	2614.6	13963.1
英大证券公司深圳福华三路证券营业部	深圳	深圳	93912.6	60782.0	1602.3	0.0	92.1	31436.2
华泰证券公司南京六合彤华街证券营业部	江苏	南京	93901.2	62069.6	8616.7	0.3	82.0	23128.4
国信证券公司天津湘江道证券营业部	天津	天津	93833.6	85276.5	853.0	0.4	55.6	7633.1
长江证券公司武汉友谊大道证券营业部	湖北	武汉	93831.2	76419.8	1605.1	1.3	628.6	15171.2
申万宏源西部证券有限公司乌鲁木齐北京南路证券营业部	新疆	乌鲁木齐	93825.1	87544.7	438.8	0.4	80.0	5761.3
中信证券(山东)公司临沂金雀山路证券营业部	山东	临沂	93819.6	83576.1	799.9	10.8	301.4	9130.4
海通证券公司扬州汶河南路证券营业部	江苏	扬州	93797.9	72486.5	623.7	36.6	152.2	20498.8
申万宏源证券有限公司上海闵行区吴中路证券营业部	上海	上海	93732.0	64753.0	996.6	8.5	19.1	27954.6
招商证券公司南宁金湖路证券营业部	广西	南宁	93709.7	86519.7	385.0	137.1	350.3	6312.9
浙商证券公司临海崇和路证券营业部	浙江	台州	93606.1	84553.0	392.5	0.2	40.6	8618.2
中信证券公司宁波天童北路证券营业部	浙江	宁波	93536.4	80897.6	864.6	0.0	61.6	11708.5
中国银河证券公司福州东水路证券营业部	福建	福州	93528.0	68989.5	806.4	0.0	98.0	23633.7
海通证券公司东莞胜和路证券营业部	广东	东莞	93517.6	81393.1	862.7	0.3	60.1	11201.4
光大证券公司惠州平山证券营业部	广东	惠州	93485.7	23817.8	68882.7	0.1	74.0	711.2
申万宏源西部证券有限公司上海康定路证券营业部	上海	上海	93387.8	42084.7	2968.2	3.6	16.6	48314.6

注：营业部交易金额的单位为百万元

证券营业部交易
Trading of Business Department

营业部名称 Business Department	省份 Province	城市 City	总计 Total	股票 Share	基金 Fund	政府债 G-Bond	公司债 C-Bond	债券回购 Repo
中航证券有限公司上海漕溪北路证券营业部	上海	上海	93057.1	64558.5	500.8	20.0	213.7	27757.1
湘财证券公司长沙韶山路证券营业部	湖南	长沙	92986.2	55931.7	30180.4	7.5	712.0	6153.3
中原证券公司郑州桐柏路证券营业部	河南	郑州	92973.9	83039.1	778.0	0.4	40.0	9101.1
方正证券公司邵阳邵水西路证券营业部	湖南	邵阳	92863.7	90947.4	201.6	0.7	290.5	1423.5
华创证券公司深圳香梅路证券营业部	深圳	深圳	92856.3	33194.6	9.3	186.2	575.9	58890.3
申万宏源证券有限公司苏州吴中西路证券营业部	江苏	苏州	92842.6	76536.9	1429.5	0.2	34.4	14841.6
华泰证券公司徐州淮海西路证券营业部	江苏	徐州	92824.6	58385.9	13960.3	3.5	244.0	20228.4
中国中投证券公司江门迎宾大道证券营业部	广东	江门	92799.2	74262.5	2064.3	104.1	220.1	16144.7
中信证券(山东)公司青岛香港东路证券营业部	山东	青岛	92785.6	62010.5	1061.1	52.3	1582.9	28077.0
英大证券公司天津新开路证券营业部	天津	天津	92766.0	22576.7	197.4	65.7	683.0	69243.3
长城证券公司深圳深南大道证券营业部	深圳	深圳	92709.2	76746.1	2347.5	0.0	758.2	12857.4
湘财证券公司长沙新民路证券营业部	湖南	长沙	92707.9	55833.9	32301.8	1.0	43.8	4526.9
兴业证券公司龙岩九一南路证券营业部	福建	龙岩	92601.3	74981.3	477.2	0.2	60.9	17080.8
上海证券公司乐都路证券营业部	上海	上海	92580.7	75334.0	492.1	0.9	140.3	16610.5
首创证券公司北京北辰东路证券营业部	北京	北京	92419.2	50980.3	494.6	0.0	55.7	40888.6
财达证券公司佳木斯长安东路证券营业部	黑龙江	佳木斯	92409.1	67625.2	196.8	0.6	61.4	24504.1
广发证券公司肇庆端州五路证券营业部	广东	肇庆	92407.4	68562.2	251.0	1.0	54.4	23538.8
光大证券公司武汉紫阳路证券营业部	湖北	武汉	92400.8	58362.3	20393.6	0.4	13.4	13631.2
国信证券公司烟台南大街证券营业部	山东	烟台	92219.4	80695.7	1203.9	34.0	58.8	10220.0
西南证券公司深圳蛇口后海路证券营业部	深圳	深圳	92196.4	31629.8	919.2	154.7	543.2	58949.5
申万宏源证券有限公司上海金山区蒙山路证券营业部	上海	上海	92135.1	75803.0	721.1	11.0	26.7	15573.3
广发证券公司温州瓯江路证券营业部	浙江	温州	91963.8	81973.4	830.1	0.0	123.4	9030.1
江海证券有限公司上海瑞金南路证券营业部	上海	上海	91886.8	47861.8	422.3	0.1	84.9	43517.6
浙商证券公司杭州萧山恒隆广场证券营业部	浙江	杭州	91849.9	83823.1	266.4	0.2	32.3	7726.7
申万宏源证券有限公司上海黄浦区中华路证券营业部	上海	上海	91662.1	58779.3	1432.8	0.1	6.5	31443.0
东北证券公司上海局门路证券营业部	上海	上海	91358.1	57887.7	878.5	1.3	56.4	32528.5
中原证券公司北京酒仙桥路证券营业部	北京	北京	91344.2	54986.8	675.0	0.0	27.6	35654.4
中国银河证券公司上海肇嘉浜路证券营业部	上海	上海	91256.4	58244.0	1814.9	0.0	61.7	31135.8
华安证券公司合肥润安大厦证券营业部	安徽	合肥	91233.3	32727.8	52870.2	0.0	36.8	5598.6
海通证券公司芜湖文化路证券营业部	安徽	芜湖	91221.9	70580.8	2954.8	2.8	148.8	17532.2
东海证券公司常州博爱路证券营业部	江苏	常州	91185.4	72781.6	979.0	1.0	28.4	17392.5
国泰君安证券公司上海九江路证券营业部	上海	上海	91183.9	67384.0	3537.5	15.0	504.8	19742.6
申万宏源证券有限公司上海闵行区龙茗路证券营业部	上海	上海	91073.2	60591.7	3190.5	712.6	2244.8	24333.2
中信建投证券公司烟台市青年路证券营业部	山东	烟台	91046.3	61459.8	21569.8	4.9	208.1	7795.8
湘财证券公司乌鲁木齐克拉玛依东路营业部	新疆	克拉玛依	91015.8	40537.7	40562.9	0.2	23.5	9891.6
国都证券公司北京鲁谷路证券营业部	北京	北京	90973.7	73346.0	849.9	13.7	126.7	16616.5
财通证券公司海宁水月亭西路证券营业部	浙江	嘉兴	90945.8	83390.6	327.7	0.1	106.3	7112.6
中泰证券公司温州车站大道证券营业部	浙江	温州	90638.8	83452.6	3114.0	0.1	309.6	3762.4
广发证券公司秦皇岛和平大街证券营业部	河北	秦皇岛	90600.4	69810.8	621.8	0.0	268.8	19893.3
中国中投证券公司湛江百园路证券营业部	广东	湛江	90563.4	59350.9	265.9	0.0	102.3	30844.3
湘财证券公司长沙芙蓉中路证券营业部	湖南	长沙	90508.3	62355.3	19963.4	0.5	45.5	8141.9
华西证券公司广州江海路证券营业部	广东	广州	90470.8	66267.7	8138.3	5.0	84.6	15974.4
广发证券公司广州科韵路证券营业部	广东	广州	90400.7	85597.4	634.6	2.4	40.4	4125.1
华泰证券公司泰州鼓楼北路营业部	江苏	泰州	90340.5	57647.7	10626.3	0.0	106.3	21960.3
国泰君安证券公司西安高新路证券营业部	陕西	西安	90159.4	82740.7	893.2	33.0	119.8	6372.7
东兴证券公司福州学军路证券营业部	福建	福州	90157.1	77089.3	468.1	0.8	348.1	12249.1
华西证券公司武汉珞瑜路证券营业部	湖北	武汉	90113.4	5072.5	44.6	0.0	2.0	84994.3
华泰证券公司银川新华西街证券营业部	宁夏	银川	90088.1	53393.3	30986.0	4.1	134.6	5569.7
西南证券公司保定朝阳北大街证券营业部	河北	保定	90026.4	49023.0	273.7	327.3	2268.2	38133.8
东兴证券公司福州五一北路证券营业部	福建	福州	89986.6	68816.6	1046.2	8.8	72.5	20040.9

注：营业部交易金额的单位为百万元

证券营业部交易
Trading of Business Department

营业部名称 Business Department	省份 Province	城市 City	总计 Total	股票 Share	基金 Fund	政府债 G-Bond	公司债 C-Bond	债券回购 Repo
安信证券公司梅州兴宁迎宾大道证券营业部	广东	梅州	89834.3	83069.2	1679.5	2.6	77.9	4992.0
中国中投证券公司上海横浜路证券营业部	上海	上海	89678.5	55566.9	259.3	1.5	192.6	33658.1
中国银河证券公司北京陶然桥证券营业部	北京	北京	89606.1	68269.8	4813.6	5.0	10406.2	6103.7
申万宏源证券有限公司上海杨浦区隆昌路证券营业部	上海	上海	89470.1	56075.7	771.9	0.5	297.4	32323.4
华西证券公司成都南一环路证券营业部	四川	成都	89424.0	77819.0	1313.9	24.0	26.1	10240.0
财富证券公司长沙芙蓉中路证券营业部	湖南	长沙	89326.1	69017.9	258.3	3.1	64.1	19982.4
中国中投证券公司南昌叠山路证券营业部	江西	南昌	89184.2	78810.6	401.0	0.1	44.7	9927.9
长江证券公司北京万柳东路证券营业部	北京	北京	89052.5	62426.2	899.4	0.0	71.4	25653.3
招商证券公司武汉航空路证券营业部	湖北	武汉	88957.4	82952.5	418.6	2.7	284.8	5298.7
国泰君安证券公司乌鲁木齐新华北路证券营业部	新疆	乌鲁木齐	88908.8	79591.6	1429.9	0.7	127.5	7759.1
海通证券公司石家庄师范街证券营业部	河北	石家庄	88871.6	59963.7	1464.6	1.9	30.5	27410.3
南京证券公司连云港通灌南路证券营业部	江苏	连云港	88784.2	83471.9	847.7	0.0	286.8	4167.0
万联证券公司广州开发区证券营业部	广东	广州	88779.4	58457.1	3792.4	0.5	10.3	26514.3
国泰君安证券公司南宁民族大道证券营业部	广西	南宁	88725.5	81951.2	420.9	4.2	101.9	6247.3
华福证券公司莆田城涵东大道证券营业部	福建	莆田	88714.9	84248.3	232.0	1.7	135.7	4097.0
金元证券公司乌鲁木齐黄河路证券营业部	新疆	乌鲁木齐	88709.5	22990.9	1433.5	1191.1	5665.2	57428.9
湘财证券公司深圳深南大道证券营业部	深圳	深圳	88674.2	21635.1	53541.0	57.4	808.0	12632.7
申万宏源证券有限公司上海黄浦区雁荡路证券营业部	上海	上海	88642.6	65691.8	2348.9	4.1	534.2	20060.6
广发证券公司北京中关村东路证券营业部	北京	北京	88539.5	50561.7	940.6	0.0	38.2	36992.4
东兴证券公司福州杨桥中路证券营业部	福建	福州	88459.8	73858.5	998.9	3.9	61.1	13537.0
申万宏源证券有限公司合肥阜南路证券营业部	安徽	合肥	88338.0	51143.6	3422.6	95.5	1065.5	32610.8
中信证券公司长兴金陵中路证券营业部	浙江	湖州	88148.3	31164.7	53632.2	2.9	1.7	3346.7
国泰君安证券公司贵阳中华中路证券营业部	贵州	贵阳	88075.7	82848.3	1168.0	2.7	27.5	4029.1
东吴证券公司苏州相城采莲路证券营业部	江苏	苏州	88031.4	69299.5	436.0	0.7	26.4	18267.5
英大证券公司深圳新城广场证券营业部	深圳	深圳	87942.1	54777.8	189.5	0.2	496.5	32478.1
中信建投证券公司南昌市子固路证券营业部	江西	南昌	87879.5	65929.6	420.7	107.6	550.0	20870.5
国元证券公司北京东直门外大街证券营业部	北京	北京	87797.0	64600.5	904.6	0.0	24.7	22266.2
东北证券公司长春建设街证券营业部	吉林	长春	87725.0	63698.5	378.9	25.0	31.5	23590.4
中信建投证券公司天津育梁道证券营业部	天津	天津	87692.0	45324.0	816.1	3.6	223.4	41324.6
安信证券公司深圳红荔西路证券营业部	深圳	深圳	87661.9	73896.6	220.5	0.0	159.8	13385.0
平安证券公司深圳深南大道证券营业部	深圳	深圳	87631.9	77802.8	469.7	3.9	127.9	9227.6
华泰证券公司武汉友谊大道证券营业部	湖北	武汉	87623.3	72941.1	965.1	1.2	20.6	13686.4
中信证券公司长沙芙蓉路证券营业部	湖南	长沙	87444.5	65593.3	6491.0	1.1	16.6	15342.2
中泰证券公司济南经十路证券营业部	山东	济南	87441.3	64090.2	5506.2	8.0	102.0	17726.0
东方证券公司长春同志街证券营业部	吉林	长春	87362.8	15416.4	139.7	0.0	225.0	71579.0
长城证券公司重庆观音桥步行街证券营业部	重庆	重庆	87195.0	64766.2	17569.0	3.8	31.2	4824.8
湘财证券公司沈阳绥化西街证券营业部	辽宁	沈阳	87107.3	40032.6	31441.3	6.9	217.4	15384.5
中航证券有限公司深圳春风路证券营业部	深圳	深圳	87100.6	79387.2	356.9	0.0	32.8	7322.9
光大证券公司佛山季华六路证券营业部	广东	佛山	87046.1	67563.8	2174.7	0.4	81.6	17225.6
中国银河证券公司苍南车站大道证券营业部	浙江	温州	86949.0	84498.6	270.0	0.0	42.4	2137.9
上海证券公司临平路证券营业部	上海	上海	86891.5	42669.9	5221.9	0.1	18.7	38979.4
华泰证券公司梧州西堤三路证券营业部	广西	梧州	86872.7	35226.2	50675.8	0.0	48.1	921.5
海通证券公司上海普陀区宜川路证券营业部	上海	上海	86735.1	59761.4	644.8	0.9	922.6	25405.4
东莞证券公司上海古北路证券营业部	上海	上海	86735.1	60765.6	604.2	2.5	277.8	25085.0
华泰证券公司十堰朝阳北路证券营业部	湖北	十堰	86695.6	71645.1	9214.8	1.3	34.6	5793.5
国泰君安证券公司徐州解放路证券营业部	江苏	徐州	86634.5	75372.0	495.3	2.0	29.7	10735.6
东海证券公司溧阳南大街证券营业部	江苏	常州	86588.7	79580.2	234.6	0.0	89.1	6684.7
国泰君安证券公司汕头金沙路营业部	广东	汕头	86546.4	77263.6	351.6	0.6	138.4	8792.3
国信证券公司大连和平广场证券营业部	辽宁	大连	86413.5	79786.6	804.1	0.0	101.3	5661.2
广发证券公司武汉珞狮路证券营业部	湖北	武汉	86407.6	67876.6	1706.3	0.1	452.5	16369.3

注：营业部交易金额的单位为百万元

证券营业部交易
Trading of Business Department

营业部名称 Business Department	省份 Province	城市 City	总计 Total	股票 Share	基金 Fund	政府债 G-Bond	公司债 C-Bond	债券回购 Repo
渤海证券公司天津滨海新区新港三号路证券营业部	天津	天津	86405.4	55796.7	21225.9	35.1	75.2	9272.5
中国中投证券公司南京太平南路证券营业部	江苏	南京	86385.2	56402.3	500.8	0.4	81.9	29399.8
财通证券公司温州人民东路证券营业部	浙江	温州	86313.1	78994.1	639.0	2.1	94.4	6576.4
申万宏源证券有限公司西安长安北路证券营业部	陕西	西安	86284.8	44295.9	585.8	5.8	641.0	40756.3
兴业证券公司三明列东街证券营业部	福建	三明	86225.5	72000.9	730.9	16.9	49.8	13425.3
中国银河证券公司深圳海德三道证券营业部	深圳	深圳	86220.8	58993.0	1695.1	2.9	29.0	25500.7
国泰君安证券公司大连成义街证券营业部	辽宁	大连	86143.4	59555.2	554.4	7.6	142.7	25883.5
中国银河证券公司浙江分公司	浙江	杭州	86056.4	23925.5	1596.9	0.0	84.7	60449.4
华林证券公司鹤山东升路证券营业部	广东	江门	86052.4	73522.1	410.8	0.0	63.4	12056.1
新时代证券公司天津西市大街证券营业部	天津	天津	86011.1	52073.3	462.1	0.1	17.6	33458.1
金元证券公司北京方庄芳古园证券营业部	北京	北京	85958.5	64862.4	672.0	3.5	45.7	20362.1
中泰证券公司厦门思明南路证券营业部	福建	厦门	85922.2	66560.6	630.5	1.2	101.4	18628.6
第一创业证券公司金华施光南音乐广场证券营业部	浙江	金华	85866.1	50947.5	3008.6	3.0	59.8	31847.2
国联证券公司江阴大桥北路证券营业部	江苏	无锡	85839.3	70419.9	237.4	1.5	58.5	15121.9
长江证券公司南京中央路证券营业部	江苏	南京	85790.9	44326.9	1089.3	8.4	382.4	39965.6
光大证券公司宁海气象北路证券营业部	浙江	宁波	85747.9	73306.8	214.0	0.0	43.7	12183.2
光大证券公司南京中山北路证券营业部	江苏	南京	85721.1	46917.9	19254.3	0.0	68.8	19478.9
中信建投证券公司北京东三环中路证券营业部	北京	北京	85693.2	53900.9	2023.0	78.3	1466.7	28221.2
广发证券公司深圳南园路证券营业部	深圳	深圳	85636.0	59253.2	717.3	0.0	0.9	25664.2
海通证券公司上海平武路证券营业部	上海	上海	85600.5	43539.8	1960.6	17.3	87.7	39276.6
东方证券公司上海浦东新区南门大街证券营业部	上海	上海	85511.6	71747.7	339.1	9.1	56.6	13359.2
申万宏源证券有限公司武汉青年路证券营业部	湖北	武汉	85410.0	76260.0	196.5	0.1	13.0	8940.4
中国银河证券公司义乌稠州北路证券营业部	浙江	义乌	85377.4	50674.4	755.2	0.0	764.1	33181.6
中国中投证券公司郑州建设路证券营业部	河南	郑州	85309.1	73385.0	817.3	0.1	279.5	10815.7
国泰君安证券公司重庆中山三路证券营业部	重庆	重庆	85260.3	74260.0	240.8	12.6	219.9	10527.0
宏信证券公司成都人民南路证券营业部	四川	成都	85231.6	43483.6	167.2	0.0	7.6	41573.2
国泰君安证券公司武汉紫阳东路证券营业部	湖北	武汉	85220.2	76188.4	588.6	0.5	59.0	8383.7
中国银河证券公司汕头澄海证券营业部	广东	汕头	85131.0	82674.9	267.6	0.0	36.7	2151.5
光大证券公司郑州金水路证券营业部	河南	郑州	85129.3	69124.2	10327.0	0.1	113.9	5561.3
华宝证券公司上海东大名路证券营业部	上海	上海	85096.6	7471.0	11521.6	332.5	634.6	64951.9
国泰君安证券公司海口国贸大道证券营业部	海南	海口	84954.2	71943.9	1337.1	2.0	45.0	11620.7
财富证券公司长沙韶山北路证券营业部	湖南	长沙	84892.9	60051.3	949.4	1.0	123.7	23766.4
中信建投证券公司深圳深南中路中核大厦证券营业部	深圳	深圳	84856.9	67527.1	895.7	0.0	70.4	16363.0
国信证券公司武汉中北路证券营业部	湖北	武汉	84841.2	71774.8	726.2	0.2	28.9	12311.0
财通证券公司湖州红旗路证券营业部	浙江	湖州	84666.2	63461.9	471.4	13.1	5105.3	15614.4
国信证券公司广州新港西路证券营业部	广东	广州	84655.1	48926.0	654.2	0.2	2435.5	31005.6
中信证券公司深圳望海路证券营业部	深圳	深圳	84654.8	30898.2	2435.3	14.9	0.5	51297.1
东海证券公司洛阳周山路证券营业部	河南	洛阳	84566.1	72714.2	1737.8	0.7	331.0	9782.3
华西证券公司宜宾北正街证券营业部	四川	宜宾	84527.1	73699.5	2060.5	3.9	166.1	8593.8
方正证券公司长沙黄兴中路证券营业部	湖南	长沙	84450.1	75883.7	611.1	0.3	43.9	7911.2
方正证券公司昆明三市街证券营业部	云南	昆明	84385.5	23232.9	250.5	0.2	9.0	60892.0
中银国际证券公司大连黄河路证券营业部	辽宁	大连	84378.9	70573.8	335.4	1.8	63.1	13404.8
中国银河证券公司东莞东城大道证券营业部	广东	东莞	84370.0	47832.3	2545.3	0.4	411.0	33581.0
湘财证券公司南京汉中路证券营业部	江苏	南京	84273.9	20328.8	49757.4	3.6	202.4	13981.6
方正证券公司杭州南山路证券营业部	浙江	杭州	84192.4	65254.9	463.5	0.0	49.1	18402.8
华泰证券公司武汉首义路证券营业部	湖北	武汉	84190.9	56427.9	13787.1	24.1	242.2	13709.6
华融证券公司乌鲁木齐人民路证券营业部	新疆	乌鲁木齐	84148.4	74657.9	317.7	0.0	16.7	9155.5
国元证券公司合肥金寨路凯旋大厦证券营业部	安徽	合肥	84056.4	36844.0	20112.9	11.3	19.3	27062.1
长江证券公司惠州下埔路证券营业部	广东	惠州	83987.3	77855.4	1421.6	3.1	86.7	4610.9
中国银河证券公司郑州陇海路证券营业部	河南	郑州	83856.9	71732.1	772.6	0.1	75.0	11277.2

注：营业部交易金额的单位为百万元

证券营业部交易
Trading of Business Department

营业部名称 Business Department	省份 Province	城市 City	总计 Total	股票 Share	基金 Fund	政府债 G-Bond	公司债 C-Bond	债券回购 Repo
中信证券公司中山中山四路证券营业部	广东	中山	83851.1	65442.1	1655.8	0.2	41.3	16710.5
国泰君安证券公司太原并州北路营业部	山西	太原	83698.4	76653.6	672.7	0.1	78.5	6293.5
东方证券公司上海松江区沪亭北路证券营业部	上海	上海	83692.9	29600.7	343.8	20.0	1332.8	52387.9
中国银河证券公司西安友谊东路证券营业部	陕西	西安	83656.0	56309.0	1210.6	6.3	2880.9	23248.4
万联证券公司乐山柏杨路证券营业部	四川	乐山	83551.6	34032.4	43612.1	18.9	37.8	5850.4
广发证券公司潮州潮枫路证券营业部	广东	潮州	83500.7	73023.8	1089.5	0.0	188.1	9199.0
海通证券公司广州宝岗大道证券营业部	广东	广州	83272.6	68658.0	556.6	0.0	36.4	14018.1
申万宏源证券有限公司哈尔滨中山路证券营业部	黑龙江	哈尔滨	83167.3	40064.3	2903.3	250.0	586.1	39362.9
中银国际证券公司天津解放南路证券营业部	天津	天津	83133.3	37281.9	26673.9	0.0	67.5	19110.0
广发证券公司武汉万松园路证券营业部	湖北	武汉	83075.6	61747.5	859.6	56.3	90.6	20309.7
中国银河证券公司重庆民族路证券营业部	重庆	重庆	83073.5	65669.3	2150.4	0.0	43.5	15204.3
浙商证券公司宁波四明中路证券营业部	浙江	宁波	83018.9	62124.0	1247.0	0.6	22.4	19624.5
中泰证券公司上海甘河路证券营业部	上海	上海	82908.4	47568.2	3967.9	0.2	51.8	31319.4
广州证券公司广州中山八路证券营业部	广东	广州	82893.0	66558.8	1055.9	24.2	304.4	14949.7
中国银河证券公司襄阳证券营业部	湖北	襄阳	82741.0	65670.8	747.3	7.8	34.9	16277.8
东方证券公司广州平月路证券营业部	广东	广州	82723.6	44655.6	31586.7	1429.7	1942.8	3087.1
广发证券公司珠海柠溪路证券营业部	广东	珠海	82669.8	58136.6	526.4	0.0	113.3	23892.2
中国银河证券公司深圳罗湖证券营业部	深圳	深圳	82660.1	71930.4	336.5	149.5	52.8	10190.9
安信证券公司茂名市文明中路证券营业部	广东	茂名	82652.4	66995.6	764.0	180.9	68.2	14622.4
海通证券公司鞍山二道街营业部	辽宁	鞍山	82621.9	79127.0	432.5	7.8	22.3	3032.4
国泰君安证券公司深圳海岸城海德三道证券营业部	深圳	深圳	82616.6	62428.2	3679.4	0.1	80.3	16428.5
国泰君安证券公司重庆民生路证券营业部	重庆	重庆	82546.5	62213.6	526.5	0.3	174.7	19631.5
华鑫证券公司上海嘉定棋盘路证券营业部	上海	上海	82527.8	50431.6	247.8	170.9	1919.9	29755.8
万联证券公司广州石牌东证券营业部	广东	广州	82515.0	41611.0	16508.5	0.0	19.4	24375.5
国信证券公司惠州承修二路证券营业部	广东	惠州	82498.1	76297.8	146.3	1.3	76.2	5975.7
长江证券公司深圳红荔路证券营业部	深圳	深圳	82470.9	70847.5	596.7	0.0	165.2	10858.2
东方证券公司上海闵行区古龙路证券营业部	上海	上海	82462.9	44907.8	361.9	0.1	875.4	36314.6
山西证券公司上海松花江路证券营业部	上海	上海	82452.9	45397.9	583.9	13.8	127.7	36329.6
恒泰证券公司上海小木桥路证券营业部	上海	上海	82427.3	55373.5	783.4	23.3	42.7	26204.4
世纪证券公司南昌阳明路证券营业部	江西	南昌	82364.9	64560.2	414.8	0.5	97.8	17291.3
方正证券公司岳阳东茅岭证券营业部	湖南	岳阳	82312.8	77776.7	189.1	1.8	68.1	4277.1
广州证券公司北京复兴路证券营业部	北京	北京	82308.5	44120.5	616.4	0.3	27.8	37543.5
渤海证券公司天津自贸区中心证券营业部	天津	天津	82266.2	43177.5	767.1	0.0	1.5	38320.1
申万宏源证券有限公司靖江骥江路证券营业部	江苏	靖江	82227.4	71981.5	1139.9	0.3	27.1	9078.6
申万宏源证券有限公司上海闸北区沪太路证券营业部	上海	上海	82227.3	48138.0	2136.5	9.0	104.6	31839.2
开源证券公司西安西大街证券营业部	陕西	西安	82202.0	30349.4	1093.9	77.2	1121.2	49560.3
东海证券公司洛阳凯旋西路证券营业部	河南	洛阳	82185.4	75314.8	387.7	15.4	65.1	6399.7
广发证券公司珠海凤凰北路证券营业部	广东	珠海	82099.5	66106.9	451.1	23.7	29.9	15485.8
方正证券公司长沙芙蓉路证券营业部	湖南	长沙	82089.1	63646.2	292.9	1.7	55.3	18092.8
中原证券公司许昌分公司	河南	许昌	82074.6	79344.3	338.6	0.4	12.0	2375.2
招商证券公司南昌北京西路证券营业部	江西	南昌	82046.2	71389.0	227.1	13.0	156.3	10256.3
东海证券公司上海长顺路证券营业部	上海	上海	81875.1	44340.3	1146.6	2.0	98.4	36287.7
国海证券公司深圳深南大道证券营业部	深圳	深圳	81842.4	57595.7	705.1	0.0	441.3	23099.6
华泰证券公司溧阳南大街证券营业部	江苏	常州	81810.9	24420.6	56806.8	0.0	10.1	573.4
光大证券公司北京小营路证券营业部	北京	北京	81808.7	61628.3	473.1	61.5	67.9	19569.6
光大证券公司广州中山二路证券营业部	广东	广州	81790.5	55272.7	18748.5	0.5	646.2	7122.7
东方证券公司抚顺裕民路证券营业部	辽宁	抚顺	81584.3	76901.0	1985.1	2.9	113.2	2580.9
广发证券公司深圳彩田路证券营业部	深圳	深圳	81565.0	63754.1	1254.5	0.1	111.4	16436.3
广发证券公司佛山高明跃华路证券营业部	广东	佛山	81561.2	54633.8	2008.7	0.0	1202.7	23714.2
申万宏源证券有限公司福州鼓屏路证券营业部	福建	福州	81470.9	55410.1	911.3	0.3	132.2	25015.1

注：营业部交易金额的单位为百万元

证券营业部交易 Trading of Business Department

营业部名称 Business Department	省份 Province	城市 City	总计 Total	股票 Share	基金 Fund	政府债 G-Bond	公司债 C-Bond	债券回购 Repo
平安证券公司福建分公司	福建	福州	81441.5	66095.8	654.7	0.0	41.1	14649.9
申万宏源证券有限公司重庆中山一路营业部	重庆	重庆	81438.6	74291.8	351.1	0.2	208.7	6586.1
中信建投证券公司上海市哈密路证券营业部	上海	上海	81327.1	51153.3	943.6	268.0	573.2	28376.7
招商证券公司天津友谊北路证券营业部	天津	天津	81270.3	64660.3	716.6	1.3	90.5	15800.9
财富证券公司长沙八一路证券营业部	湖南	长沙	81267.8	65165.6	8611.6	21.5	58.0	7397.2
申万宏源证券有限公司上海黄浦区陆家浜路证券营业部	上海	上海	81253.8	53765.1	771.4	3.3	9.6	26698.5
中国银河证券公司宜昌新世纪证券营业部	湖北	宜昌	81177.7	74157.6	572.9	4.6	223.1	6216.6
中信证券公司佛山季华五路证券营业部	广东	佛山	81078.2	52667.4	1085.0	0.5	199.8	27122.4
中国银河证券公司秦皇岛证券营业部	河北	秦皇岛	81038.2	60916.1	451.6	0.7	165.7	19504.1
东莞证券公司东莞塘厦证券营业部	广东	东莞	81006.7	75854.9	234.7	0.0	63.6	4852.7
长江证券公司成都东大街证券营业部	四川	成都	80958.1	68184.7	1096.9	0.0	122.7	11553.3
光大证券公司深圳金田路证券营业部	深圳	深圳	80850.7	67437.5	2008.2	0.0	103.3	11286.3
信达证券公司上海灵山路证券营业部	上海	上海	80846.9	38711.9	2013.9	193.3	448.2	39479.6
中国银河证券公司湛江海滨大道南证券营业部	广东	湛江	80773.8	75890.2	1472.0	1.1	20.6	3383.7
海通证券公司西安西新街证券营业部	陕西	西安	80749.2	62743.1	657.1	0.2	185.4	17163.3
东莞证券公司东莞石龙分公司	广东	东莞	80638.9	69700.1	380.2	0.2	9.9	10547.9
国泰君安证券公司常德武陵大道证券营业部	湖南	常德	80528.6	56095.8	72.8	198.4	1696.9	22464.6
海通证券公司许昌建设路证券营业部	河南	许昌	80515.3	79453.4	128.5	0.1	46.6	886.7
西部证券公司咸阳渭阳中路证券营业部	陕西	咸阳	80497.9	73972.9	300.2	3.3	31.2	6179.7
中泰证券公司绍兴环城北路证券营业部	浙江	绍兴	80385.8	63982.6	949.1	0.0	18.8	15434.8
长城证券公司上海民生路证券营业部	上海	上海	80362.4	44803.6	1223.6	24.2	190.7	34120.3
申万宏源西部证券有限公司深圳深南大道证券营业部	深圳	深圳	80289.9	72059.9	391.8	0.0	55.4	7782.8
财达证券公司沧州广场街证券营业部	河北	沧州	80252.0	70043.4	1692.6	3.2	84.0	8414.9
中国银河证券公司武汉澳门路证券营业部	湖北	武汉	80192.7	69239.1	630.1	0.0	139.4	10184.0
中国中投证券公司上海杨浦区黄兴路证券营业部	上海	上海	80192.6	27556.1	1149.1	6.1	534.4	50944.1
首创证券公司上海共和新路证券营业部	上海	上海	80188.8	42074.6	1611.4	3.7	18.5	36480.6
华宝证券公司杭州玉古路证券营业部	浙江	杭州	80131.1	27614.0	6060.0	0.0	3587.6	42622.7
中信建投证券公司厦门凤山路证券营业部	福建	厦门	80078.7	59493.5	410.4	3.5	10.4	20160.6
西藏同信证券公司拉萨察古大道证券营业部	西藏	拉萨	80015.8	74999.8	3735.4	0.4	105.0	1175.2
中信建投证券公司锦州市解放路证券营业部	辽宁	锦州	79981.9	44089.4	21873.0	100.1	139.5	13774.0
广发证券公司哈尔滨学府路证券营业部	黑龙江	哈尔滨	79920.8	64133.1	978.4	115.6	56.9	14623.1
国泰君安证券公司深圳红荔西路证券营业部	深圳	深圳	79877.9	70733.8	337.7	0.0	92.8	8713.7
华泰证券公司无锡解放北路证券营业部	江苏	无锡	79850.7	46972.8	11369.9	0.5	83.2	21422.9
渤海证券公司上海彰武路证券营业部	上海	上海	79809.9	54949.2	984.2	14.9	126.9	23734.7
海通证券公司上海闵行区吴中路证券营业部	上海	上海	79792.7	59515.8	1341.6	17.2	887.4	18030.1
恒泰证券公司杭州凤起路证券营业部	浙江	杭州	79642.9	68283.7	1262.4	0.0	1112.7	8983.7
方正证券公司株洲新华西路证券营业部	湖南	株洲	79632.7	76338.1	278.8	1.3	52.5	2961.9
国海证券公司柳州飞鹅二路证券营业部	广西	柳州	79593.8	63724.7	618.8	0.2	164.4	15085.3
中原证券公司上海大连西路证券营业部	上海	上海	79572.4	52429.8	539.9	1.8	127.8	26471.3
光大证券公司长沙芙蓉中路营业部	湖南	长沙	79543.8	64696.1	9140.0	1.2	6.5	5699.9
招商证券公司深圳深南东路证券营业部	深圳	深圳	79368.7	63735.3	1029.3	3.9	6761.7	7838.5
西部证券公司西安西五路证券营业部	陕西	西安	79349.1	64860.7	108.6	3.5	203.6	14172.0
中国银河证券公司昆明白塔路证券营业部	云南	昆明	79193.1	68593.6	405.1	10.8	46.9	10135.7
平安证券公司大连人民路证券营业部	辽宁	大连	79085.6	70227.9	453.3	1.9	95.0	8307.5
东兴证券公司福州斗西路证券营业部	福建	福州	79031.9	61830.2	622.9	0.3	69.1	16509.2
申万宏源西部证券有限公司上海源深路证券营业部	上海	上海	79025.7	57030.3	4081.0	148.6	18.1	17745.3
中信证券公司北京京城大厦证券营业部	北京	北京	79016.4	40456.8	1959.2	0.7	18.7	36580.7
申万宏源证券有限公司湖北武汉中山路营业部	湖北	武汉	78981.8	60977.3	1403.7	0.0	114.7	16486.0
中信证券公司沈阳市府大路营业部	辽宁	沈阳	78967.2	32467.7	5157.8	0.3	275.6	41065.6
华福证券公司福州五一北路证券营业部	福建	福州	78918.4	49926.3	1627.5	1.3	20.5	27341.9

注：营业部交易金额的单位为百万元

证券营业部交易
Trading of Business Department

营业部名称 Business Department	省份 Province	城市 City	总计 Total	股票 Share	基金 Fund	政府债 G-Bond	公司债 C-Bond	债券回购 Repo
渤海证券公司天津友谊南路证券营业部	天津	天津	78857.0	9905.5	280.3	0.0	10.0	68661.3
华福证券公司莆田梅园路证券营业部	福建	莆田	78812.7	74873.4	294.8	0.0	99.3	3545.1
申万宏源西部证券有限公司杭州莫干山路证券营业部	浙江	杭州	78723.5	62166.2	573.7	0.1	211.9	15771.7
华鑫证券公司上海惠南镇人民东路证券营业部	上海	上海	78701.4	57448.1	497.7	0.5	11.1	20740.0
申万宏源证券有限公司天津吴家窑大街证券营业部	天津	天津	78671.3	25306.1	369.5	11.0	2.9	52981.5
南京证券公司常熟吉祥商城证券营业部	江苏	苏州	78644.8	65912.9	641.9	0.4	18.0	12070.0
广发证券公司武汉沿江大道证券营业部	湖北	武汉	78562.7	68841.8	204.5	4.1	22.0	9487.4
国金证券公司杭州钱江路证券营业部	浙江	杭州	78480.8	32944.4	619.3	0.0	24.1	44891.6
华泰证券公司深圳海德三道证券营业部	深圳	深圳	78445.4	65052.9	3959.9	2.6	234.5	9195.5
中原证券公司漯河黄河路证券营业部	河南	漯河	78435.1	76496.6	555.6	5.4	38.6	1334.1
海通证券公司淄博通济街营业部	山东	淄博	78388.3	73577.7	1141.1	0.0	138.6	3519.8
中国银河证券公司马鞍山证券营业部	安徽	马鞍山	78335.3	73418.8	328.7	10.3	48.8	4528.1
中国银河证券公司青岛南京路证券营业部	山东	青岛	78306.8	39365.7	1584.7	0.5	96.9	37258.9
方正证券公司苍南龙港大道证券营业部	浙江	温州	78250.5	74747.1	473.9	0.0	25.1	3004.4
西南证券公司重庆渝碚路证券营业部	重庆	重庆	78237.5	71490.5	541.5	2.8	122.0	6079.5
安信证券公司上海江宁路证券营业部	上海	上海	78169.8	60212.5	777.6	0.0	44.5	17135.2
华泰证券公司张家港金港镇长江中路证券营业部	江苏	张家港	78140.8	28387.2	14915.8	0.1	245.7	34592.0
华福证券公司上海遵义路证券营业部	上海	上海	78126.2	49235.0	778.4	0.1	31.2	28081.0
中信建投证券公司株州建设中路证券营业部	湖南	株洲	78107.3	57134.7	16470.7	0.0	64.1	4430.8
华西证券公司重庆中山三路证券营业部	重庆	重庆	78091.1	67427.8	795.3	0.2	110.7	9749.1
山西证券公司太原坞城路证券营业部	山西	太原	78088.9	57018.0	528.5	2.4	50.9	20487.9
长江证券公司杭州秋涛北路证券营业部	浙江	杭州	78032.7	43850.4	573.7	0.0	53.6	33554.8
东方证券公司上海宝山区长江西路证券营业部	上海	上海	77997.0	57638.2	387.4	1.6	178.3	19791.4
长江证券公司成都光华村街证券营业部	四川	成都	77997.0	68693.9	867.8	0.2	18.0	8412.8
国泰君安证券公司深圳华强北路证券营业部	深圳	深圳	77995.5	57020.6	251.3	0.3	443.1	20280.3
长城证券公司北京望京西路证券营业部	北京	北京	77919.0	62622.2	791.0	0.0	61.8	14444.0
中国银河证券公司宁波大沙泥街证券营业部	浙江	宁波	77863.6	60610.9	502.0	2.4	535.4	16211.4
光大证券公司广州花地大道证券营业部	广东	广州	77849.7	57646.2	9293.4	0.5	1709.4	9197.6
海通证券公司深圳分公司红岭南路证券营业部	深圳	深圳	77841.5	70384.7	1895.8	0.0	83.6	5471.0
广发证券公司广州昌岗中路证券营业部	广东	广州	77723.6	69860.7	1028.4	6.7	240.6	6585.4
南京证券公司上海西藏南路证券营业部	上海	上海	77677.2	38013.3	338.2	2.3	27.3	39295.4
湘财证券公司广州恒福路证券营业部	广东	广州	77662.6	27361.0	40391.7	0.1	36.9	9872.9
西南证券公司上海浦东新区陆家嘴东路证券营业部	上海	上海	77641.6	61552.4	2789.8	34.9	249.6	13014.5
华泰证券公司海口大同路证券营业部	海南	海口	77563.6	68797.8	731.2	0.2	82.6	7951.3
中银国际证券公司海口蓝天路证券营业部	海南	海口	77550.4	64383.8	5802.2	0.0	142.3	7222.1
华安证券公司合肥金寨路证券营业部	安徽	合肥	77484.2	58389.2	448.1	0.2	184.1	18458.2
光大证券公司上海张杨路证券营业部	上海	上海	77473.0	56560.6	423.0	4.3	371.6	20100.3
中银国际证券公司青岛香港中路证券营业部	山东	青岛	77448.0	55865.0	10253.0	0.0	59.0	11250.4
招商证券公司苏州华池街证券营业部	江苏	苏州	77390.3	64051.0	719.4	2.3	48.0	12569.5
财通证券公司嘉兴禾兴南路证券营业部	浙江	嘉兴	77343.1	48093.6	265.1	0.4	1140.8	27842.5
兴业证券公司福州树汤路证券营业部	福建	福州	77306.2	63064.4	321.6	0.0	8.6	13911.7
民生证券公司郑州郑汴路证券营业部	河南	郑州	77280.8	71813.5	290.1	0.0	43.3	5132.7
中国银河证券公司南宁园湖南路证券营业部	广西	南宁	77269.0	43579.7	747.1	0.0	612.4	32329.3
中原证券公司郑州经三路证券营业部	河南	郑州	77246.1	65126.5	383.3	1.0	30.9	11702.0
东方证券公司上海光新路证券营业部	上海	上海	77240.2	48896.9	387.5	5.3	69.3	27880.4
国都证券公司上海大连路证券营业部	上海	上海	77200.6	53959.5	329.4	0.2	53.0	22847.8
中国中投证券公司东莞胜和路证券营业部	广东	东莞	77127.5	37952.2	450.2	2.9	375.0	38347.2
中国银河证券公司重庆珠江路证券营业部	重庆	重庆	77121.7	49775.6	712.7	7.3	1805.0	24821.2
联讯证券公司惠州下埔路证券营业部	广东	惠州	77065.7	71478.2	315.8	0.2	45.5	5225.0
安信证券公司韶关惠民北路证券营业部	广东	韶关	77048.7	55724.2	7552.2	0.3	6.2	13764.4

注：营业部交易金额的单位为百万元

证券营业部交易
Trading of Business Department

营业部名称 Business Department	省份 Province	城市 City	总计 Total	股票 Share	基金 Fund	政府债 G-Bond	公司债 C-Bond	债券回购 Repo
世纪证券公司南昌北京西路证券营业部	江西	南昌	76768.7	64238.3	697.7	7.4	40.3	11785.0
国信证券公司佛山顺德大良证券营业部	广东	佛山	76754.0	68776.1	573.2	0.0	117.8	7285.9
华泰证券公司苏州干将西路证券营业部	江苏	苏州	76689.1	55700.0	10965.1	2.5	73.2	9948.2
国元证券公司马鞍山雨山西路证券营业部	安徽	马鞍山	76611.9	63931.8	3790.3	2.9	68.9	8795.4
中泰证券公司潍坊东风西街证券营业部	山东	潍坊	76498.7	58568.6	3391.3	0.9	229.6	14300.1
招商证券公司重庆临江支路证券营业部	重庆	重庆	76493.9	48582.3	408.6	0.9	45.7	27452.3
安信证券公司中山石岐路证券营业部	广东	中山	76468.2	51771.8	753.4	0.1	108.1	23825.0
长江证券公司上海凉城路证券营业部	上海	上海	76461.7	56327.9	1633.0	1.5	55.0	18440.3
兴业证券公司天津大沽南路证券营业部	天津	天津	76432.7	56344.3	1426.6	0.0	52.8	18608.9
东方证券公司上海长宁区长宁路证券营业部	上海	上海	76429.2	59179.9	645.7	115.6	63.3	16424.7
中国银河证券公司佛山证券营业部	广东	佛山	76361.2	51079.0	8359.4	0.0	69.0	16853.7
申万宏源西部证券有限公司广州广州大道中证券营业部	广东	广州	76312.8	56809.6	2127.5	0.0	3640.8	13725.4
西南证券公司济南大明湖路证券营业部	山东	济南	76253.3	28801.2	2096.3	1341.3	34.0	43979.7
华泰证券公司武汉青年路证券营业部	湖北	武汉	76230.4	51563.2	16231.8	0.5	55.4	8364.3
东吴证券公司苏州木渎镇证券营业部	江苏	苏州	76071.9	63330.8	720.6	0.5	39.9	11980.2
华鑫证券公司上海龙吴路证券营业部	上海	上海	75914.8	56187.8	1367.5	0.3	305.7	18053.0
方正证券公司长沙五一东路证券营业部	湖南	长沙	75902.4	54437.8	331.5	4.9	25.4	21099.3
安信证券公司河源兴源路证券营业部	广东	河源	75819.4	67830.5	563.2	0.0	490.0	6929.4
长江证券公司武汉彭刘杨路证券营业部	湖北	武汉	75819.0	61321.4	1162.6	1213.2	19.4	12090.1
广发证券公司上海张江路证券营业部	上海	上海	75783.8	63174.6	1600.8	0.4	103.0	10904.7
南京证券公司南京龙蟠路证券营业部	江苏	南京	75779.0	68541.3	943.7	36.2	42.1	6214.4
华泰证券公司大连胜利路证券营业部	辽宁	大连	75749.5	39990.9	29923.1	0.0	26.0	5807.3
广发证券公司肇庆黄塘路证券营业部	广东	肇庆	75662.2	63327.4	404.4	0.7	67.3	11849.0
世纪证券公司上海威海路证券营业部	上海	上海	75635.8	44347.7	491.8	0.0	34.7	30761.6
申万宏源证券有限公司上海宝山区长江南路证券营业部	上海	上海	75622.0	54964.5	1956.7	0.0	83.0	18617.0
广发证券公司重庆科园一路证券营业部	重庆	重庆	75534.6	63682.2	1119.5	0.1	20.7	10709.5
民生证券公司郑州桐柏路证券营业部	河南	郑州	75513.4	68477.8	192.0	1.2	47.8	6794.6
中信证券公司杭州南大街证券营业部	浙江	杭州	75509.5	61943.4	928.7	0.0	250.0	12386.0
广发证券公司南京北京东路证券营业部	江苏	南京	75461.7	66364.3	1820.3	2.1	80.4	7194.3
申万宏源证券有限公司无锡清扬路证券营业部	江苏	无锡	75368.8	49340.3	6777.5	2.4	495.8	18752.7
恒泰证券公司北京安德路证券营业部	北京	北京	75301.3	66179.9	552.1	0.1	31.5	8537.7
上海证券公司高安路证券营业部	上海	上海	75103.8	47007.8	1554.9	1.0	43.2	26497.0
中国银河证券公司合肥屯溪路证券营业部	安徽	合肥	75044.1	43433.7	753.7	0.2	585.1	30271.2
湘财证券公司武汉友谊大道证券营业部	湖北	武汉	74982.3	26684.3	32418.2	0.0	275.1	15604.7
中国中投证券公司自贡解放路证券营业部	四川	自贡	74979.3	63865.9	351.7	24.7	212.1	10524.7
中信证券公司北京东三环中路证券营业部	北京	北京	74894.5	49255.1	1224.1	0.0	72.3	24337.1
华融证券公司南京北京东路证券营业部	江苏	南京	74870.6	3129.9	43.0	0.3	647.5	71049.9
华安证券公司上海浦东南路证券营业部	上海	上海	74734.0	43501.7	358.4	0.0	298.8	30545.4
中国银河证券公司广州环市东路证券营业部	广东	广州	74691.0	62317.7	902.5	53.0	148.2	11269.7
国海证券公司玉林人民东路证券营业部	广西	玉林	74685.9	68637.3	353.4	0.0	16.1	5676.8
东吴证券公司吴江盛泽镇西环路证券营业部	江苏	吴江	74682.3	64986.0	160.5	0.2	5.7	9529.5
光大证券公司西安兴庆路证券营业部	陕西	西安	74670.5	65151.7	380.9	1.4	58.8	9074.4
中信建投证券公司南昌市井冈山大道证券营业部	江西	南昌	74652.8	55624.3	11389.9	1.3	6.9	7620.6
宏信证券公司西安唐延路证券营业部	陕西	西安	74650.7	19860.2	249.6	0.0	2.3	54538.5
南京证券公司南京常府街证券营业部	江苏	南京	74606.4	53272.2	386.1	1.0	44.2	20864.6
华鑫证券公司上海武宁路证券营业部	上海	上海	74576.8	52928.6	540.0	0.9	34.4	21070.0
华泰证券公司济南千佛山路证券营业部	山东	济南	74530.8	32959.9	18966.2	99.9	1051.9	21452.9
安信证券公司佛山南海大道证券营业部	广东	南海	74511.4	63568.7	606.5	3.8	56.4	10269.3
中信建投证券公司上海市大木桥路证券营业部	上海	上海	74497.5	45942.1	750.9	0.1	45.0	27756.0
方正证券公司怀化芷江路证券营业部	湖南	怀化	74368.4	72418.0	231.4	0.6	194.1	1524.1

注：营业部交易金额的单位为百万元

证券营业部交易
Trading of Business Department

营业部名称 Business Department	省份 Province	城市 City	总计 Total	股票 Share	基金 Fund	政府债 G-Bond	公司债 C-Bond	债券回购 Repo
中原证券公司濮阳分公司	河南	濮阳	74317.5	68848.4	1315.8	0.5	311.0	3830.3
湘财证券公司哈尔滨中山路证券营业部	黑龙江	哈尔滨	74238.7	27302.3	29621.7	0.9	36.7	17277.1
东海证券公司焦作建设西路证券营业部	河南	焦作	74232.3	67553.1	245.1	1.1	88.3	6344.7
东吴证券公司北京安德里北街证券营业部	北京	北京	74203.9	56024.6	606.6	0.1	47.7	17524.7
中国银河证券公司上虞王充路证券营业部	浙江	上虞	74191.7	18814.8	54206.8	0.0	28.5	1141.7
西部证券公司咸阳西兰路证券营业部	陕西	咸阳	74167.9	69123.7	205.7	17.4	109.6	4710.3
广州证券公司增城荔城镇证券营业部	广东	广州	74067.2	66905.1	440.4	0.0	286.5	6435.1
光大证券公司东莞元美路证券营业部	广东	东莞	73952.8	47647.0	14647.4	0.0	204.9	11453.5
中信证券公司桐乡复兴北路证券营业部	浙江	嘉兴	73925.6	65836.9	447.0	0.0	35.6	7606.1
方正证券公司广州兴盛路证券营业部	广东	广州	73901.2	53316.7	613.2	6.6	41.3	19921.4
华西证券公司南充涪江路证券营业部	四川	南充	73887.0	68409.2	400.0	0.8	134.2	4942.7
中信证券(山东)公司烟台南大街证券营业部	山东	烟台	73837.5	62555.9	2184.3	2.1	100.4	8966.9
中信建投证券公司长沙市芙蓉中路证券营业部	湖南	长沙	73811.8	67916.8	732.3	0.1	339.3	4801.9
申万宏源西部证券有限公司库尔勒滨河路证券营业部	新疆	库尔勒	73774.4	63309.9	326.6	0.2	38.6	10084.2
中国中投证券公司上海灵石路证券营业部	上海	上海	73764.2	49715.7	1736.7	7.0	250.4	22053.3
申万宏源证券有限公司上海虹口区黄浦路证券营业部	上海	上海	73759.6	48142.6	756.7	11.9	156.1	24691.8
华安证券公司淮南朝阳路证券营业部	安徽	淮南	73741.3	65801.6	1315.0	2.6	43.8	6567.8
华泰证券公司西安丈八东路证券营业部	陕西	西安	73700.5	44754.4	21964.1	1.0	962.5	6016.5
海通证券公司威海高山街营业部	山东	威海	73643.2	59019.2	993.0	1.2	111.3	13490.7
广发证券公司深圳高新南一道证券营业部	深圳	深圳	73588.4	54091.9	1265.0	0.0	16.6	18212.0
国泰君安证券公司东莞体育路证券营业部	广东	东莞	73553.8	53388.3	624.9	0.0	178.4	19362.2
兴业证券公司厦门展鸿路证券营业部	福建	厦门	73499.1	23120.8	2319.5	0.0	151.6	47907.3
安信证券公司佛山三水三兴路证券营业部	广东	佛山	73464.9	61413.1	769.9	6.2	97.8	11176.7
方正证券公司杭州庆春东路证券营业部	浙江	杭州	73418.6	65187.0	731.0	16.4	103.9	7380.3
方正证券公司郴州文化路证券营业部	湖南	郴州	73150.7	57370.5	430.8	0.6	15.6	15331.2
广发证券公司武汉珞瑜路证券营业部	湖北	武汉	73142.8	65769.1	569.0	35.0	144.9	6614.1
中信建投证券公司南京龙园西路证券营业部	江苏	南京	73120.1	51749.5	12442.8	0.0	225.4	8702.0
湘财证券公司成都西一环路证券营业部	四川	成都	73117.8	25554.0	39625.9	21.6	143.6	7772.7
海通证券公司昆明东风西路营业部	云南	昆明	73113.3	62187.6	300.0	0.2	79.3	10541.7
万联证券公司广州农林下路证券营业部	广东	广州	73111.2	35182.8	6018.7	11.5	673.1	31224.4
招商证券公司宁波福明路证券营业部	浙江	宁波	73081.3	60203.6	271.6	36.4	776.9	11791.7
中信证券公司海门人民西路证券营业部	江苏	海门	73022.2	49791.8	8442.1	0.0	96.4	14691.8
信达证券公司盘锦兴隆台街证券营业部	辽宁	盘锦	72961.9	66146.9	411.0	3.5	321.0	6079.5
信达证券公司广州寺右新马路证券营业部	广东	广州	72909.2	47400.5	695.9	318.1	2037.3	22457.3
兴业证券公司福州五一南路证券营业部	福建	福州	72897.5	51553.3	1061.2	66.1	175.9	20040.9
海通证券公司上海宣化路证券营业部	上海	上海	72888.0	49528.7	1094.4	4.5	33.2	22224.5
中信建投证券公司吉安井冈山大道证券营业部	江西	吉安	72820.8	60022.6	428.4	65.8	49.2	12247.9
申万宏源西部证券有限公司乌鲁木齐文艺路证券营业部	新疆	乌鲁木齐	72817.6	64519.8	139.7	0.0	17.5	8140.3
华泰证券公司成都双流县正东中街证券营业部	四川	成都	72751.1	58992.8	851.5	16.2	46.9	12843.6
华西证券公司成都西玉龙街证券营业部	四川	成都	72736.4	58934.0	616.6	16.9	361.0	12803.4
华安证券公司马鞍山花雨路证券营业部	安徽	马鞍山	72569.1	69057.3	267.9	41.5	27.5	3174.9
华泰证券公司泉州九一街证券营业部	福建	泉州	72539.1	51151.4	10251.9	0.0	301.3	10834.0
中国中投证券公司上海复兴东路证券营业部	上海	上海	72470.8	46934.9	527.6	1.2	62.0	24945.0
方正证券公司台州邮电路证券营业部	浙江	台州	72440.8	62498.1	4113.5	0.0	19.8	5803.2
长江证券公司广州天河北路证券营业部	广东	广州	72388.9	60463.0	1632.4	0.6	494.3	9791.5
中国银河证券公司沈阳北站路证券营业部	辽宁	沈阳	72225.1	38323.2	911.7	5.0	56.9	32922.3
广发证券公司保定恒祥南大街证券营业部	河北	保定	72203.1	65821.6	371.6	17.8	162.8	5812.3
东兴证券公司南平滨江中路证券营业部	福建	南平	72179.7	68909.7	739.0	1.2	510.9	2017.3
开源证券公司西安长安南路证券营业部	陕西	西安	72037.2	41952.6	214.8	23.2	9288.0	20558.4
东方证券公司上海普陀区兰溪路证券营业部	上海	上海	71987.2	54622.1	394.1	0.1	25.8	16944.9

注：营业部交易金额的单位为百万元

证券营业部交易
Trading of Business Department

营业部名称 Business Department	省份 Province	城市 City	总计 Total	股票 Share	基金 Fund	政府债 G-Bond	公司债 C-Bond	债券回购 Repo
中国银河证券公司南京江东中路证券营业部	江苏	南京	71974.3	43952.5	3630.2	57.2	1342.7	22991.5
光大证券公司上海仙霞路证券营业部	上海	上海	71906.2	49213.0	652.8	2.2	221.3	21815.8
中泰证券公司厦门松柏路证券营业部	福建	厦门	71902.2	62798.3	628.9	0.3	706.8	7767.9
中信建投证券公司厦门市大同路证券营业部	福建	厦门	71899.5	54088.3	4412.2	10.4	40.4	13345.3
中信建投证券公司十堰市朝阳中路证券营业部	湖北	十堰	71895.7	56341.6	5216.1	0.0	19.3	10317.7
国信证券公司广州天河北路证券营业部	广东	广州	71881.7	45001.4	6161.3	0.2	37.4	20666.2
中国民族证券公司北京西坝河证券营业部	北京	北京	71863.2	51209.0	1046.5	527.2	768.9	18297.4
中国银河证券公司郑州健康路证券营业部	河南	郑州	71809.1	66147.8	391.5	12.0	35.4	5219.1
中国银河证券公司太原桃园证券营业部	山西	太原	71794.6	59330.9	747.6	0.4	11.9	11703.3
申万宏源证券有限公司镇江中山东路证券营业部	江苏	镇江	71773.9	67171.2	159.3	1.1	16.0	4426.1
东北证券公司北京三里河东路证券营业部	北京	北京	71669.4	50481.4	9192.0	1.2	1219.1	10775.0
国都证券公司开封大梁路证券营业部	河南	开封	71665.2	66756.1	399.2	0.3	102.1	4407.2
中信建投证券公司潮州市潮枫路证券营业部	广东	潮州	71575.5	62841.1	905.1	0.1	10.6	7818.0
华泰证券公司南通海安长江中路证券营业部	江苏	南通	71575.5	66618.9	869.4	3.7	132.4	3948.0
中国中投证券公司鞍山南胜利路证券营业部	辽宁	鞍山	71543.3	67698.9	308.7	0.0	11.3	3524.3
中泰证券公司武汉宝丰路证券营业部	湖北	武汉	71521.6	60783.7	318.2	0.0	3.9	10411.8
安信证券公司宁波车轿街证券营业部	浙江	宁波	71513.4	59237.6	801.2	0.0	3094.4	8379.8
中泰证券公司天津开发区第三大街证券营业部	天津	天津	71453.4	8559.5	208.2	0.0	0.0	62685.7
联讯证券公司上海长宁路证券营业部	上海	上海	71434.3	45645.3	195.6	0.2	4.8	25587.7
方正证券公司深圳福中路证券营业部	深圳	深圳	71336.4	47333.0	563.7	0.4	234.2	23205.1
光大证券公司深圳海德二路证券营业部	深圳	深圳	71269.9	67578.1	753.1	0.1	36.0	2897.4
国元证券公司上海斜土路证券营业部	上海	上海	71269.0	44337.4	902.6	0.2	477.1	25551.6
山西证券公司北京太平庄证券营业部	北京	北京	71264.5	45050.9	1656.6	0.2	35.6	24513.1
中信建投证券公司鞍山人民路证券营业部	辽宁	鞍山	71237.0	32122.2	144.7	458.0	646.1	37857.7
财达证券公司保定莲池北大街证券营业部	河北	保定	71209.0	55264.6	226.5	1.4	5.2	15711.3
申万宏源西部证券有限公司北京东四环中路证券营业部	北京	北京	71140.6	55340.9	670.4	16.9	247.4	14863.8
东方证券公司汕头长平路证券营业部	广东	汕头	71093.1	44102.8	137.0	0.1	12.0	26841.3
财富证券公司北京中关村东路证券营业部	北京	北京	71056.0	33309.1	1264.2	0.0	17.2	36464.6
华林证券公司广州体育西路证券营业部	广东	广州	71033.3	63458.1	1215.0	17.2	81.6	6261.4
华福证券公司宁德蕉城南路证券营业部	福建	宁德	71031.7	65753.5	186.3	0.0	6.0	5084.7
方正证券公司湘潭韶山中路证券营业部	湖南	湘潭	70966.1	54209.8	214.1	0.5	34.9	16506.4
中国中投证券公司上海东方路证券营业部	上海	上海	70869.0	53916.9	631.4	6.3	27.8	16286.5
广发证券公司辽阳民主路证券营业部	辽宁	辽阳	70787.0	63030.7	173.4	6.1	243.9	7332.8
太平洋证券公司北京海淀大街证券营业部	北京	北京	70768.2	42474.4	663.5	3.5	59.8	27565.8
西南证券公司重庆嘉陵桥西村证券营业部	重庆	重庆	70761.0	58376.2	813.0	1.1	122.1	11446.5
平安证券公司青岛香港中路证券营业部	山东	青岛	70750.7	58555.5	530.5	0.1	374.0	11290.6
申万宏源证券有限公司上海虹口区丰镇路证券营业部	上海	上海	70730.5	40391.8	939.2	0.3	389.6	29007.4
财通证券公司富阳市迎宾路证券营业部	浙江	杭州	70729.3	66286.4	698.5	0.0	320.6	3423.8
国盛证券公司萍乡市文化路证券营业部	江西	萍乡	70718.3	66166.4	219.2	0.1	43.5	4289.1
中泰证券公司青岛正阳路证券营业部	山东	青岛	70643.9	23942.9	312.5	0.2	35.2	46247.7
中国银河证券公司昆明东风西路证券营业部	云南	昆明	70643.2	57360.7	4089.8	6.3	162.5	9017.8
安信证券公司茂名人民南路证券营业部	广东	茂名	70550.8	58041.7	643.6	3.1	28.8	11826.3
中信建投证券公司广州体育东路证券营业部	广东	广州	70543.0	54057.2	1531.7	4.9	6769.6	8179.2
东兴证券公司石狮八七路证券营业部	福建	石狮	70515.5	60579.4	589.0	0.0	3.1	9342.8
中信建投证券公司南昌北京东路证券营业部	江西	南昌	70481.6	56401.9	285.7	0.5	34.9	13757.2
兴业证券公司上海民生路第二证券营业部	上海	上海	70413.0	10240.0	4391.9	0.0	1049.1	54732.0
中信证券(山东)公司即墨蓝鳌路证券营业部	山东	青岛	70330.9	63566.5	234.4	0.0	12.1	6517.9
华安证券公司黄山前南新村证券营业部	安徽	黄山	70314.2	64748.4	277.3	8.9	24.5	5254.8
海通证券公司天津霞光道营业部	天津	天津	70281.7	51008.2	710.3	0.8	9124.6	9437.7
国泰君安证券公司南昌象山北路证券营业部	江西	南昌	70259.9	62809.1	1227.1	0.1	143.2	6080.4

注：营业部交易金额的单位为百万元

证券营业部交易
Trading of Business Department

营业部名称 Business Department	省份 Province	城市 City	总计 Total	股票 Share	基金 Fund	政府债 G-Bond	公司债 C-Bond	债券回购 Repo
中信证券(山东)公司青岛麦岛路证券营业部	山东	青岛	70198.3	48274.6	668.2	0.4	50.9	21203.1
中国银河证券公司南京上海路证券营业部	江苏	南京	70169.8	49903.4	4238.9	4.4	1132.0	14891.0
国盛证券公司吉安阳明东路证券营业部	江西	吉安	70099.9	67609.6	189.1	0.0	18.9	2282.4
恒泰证券公司北京南滨河路证券营业部	北京	北京	70066.9	38201.3	273.1	0.1	10.6	31581.8
安信证券公司福州八一七北路证券营业部	福建	福州	70011.3	39345.7	1415.9	6.4	3.0	29238.3
东方证券公司上海浦东新区新川路证券营业部	上海	上海	69985.2	58702.6	610.7	0.3	43.6	10628.0
方正证券公司温岭泽楚路证券营业部	浙江	温岭	69955.1	48100.4	178.6	0.5	14.0	21661.7
中泰证券公司日照黄海一路证券营业部	山东	日照	69919.0	65890.8	658.3	0.6	136.7	3229.6
中国银河证券公司荆门证券营业部	湖北	荆门	69881.4	60043.5	374.5	0.0	6713.0	2750.2
国盛证券公司赣州文清路证券营业部	江西	赣州	69869.7	60023.9	674.0	211.8	111.2	8848.8
东方证券公司杭州龙井路证券营业部	浙江	杭州	69865.9	65571.0	688.1	0.0	127.1	3479.0
东北证券公司上海洪山路证券营业部	上海	上海	69823.1	45610.7	463.8	0.7	28.5	23718.1
申万宏源证券有限公司南宁长湖路证券营业部	广西	南宁	69802.6	50824.2	244.6	5.0	1286.0	17442.8
中国银河证券公司广州广州大道中证券营业部	广东	广州	69777.1	15850.4	637.3	0.0	4.1	53285.3
长城国瑞证券有限公司厦门莲前西路证券营业部	福建	厦门	69771.9	45417.4	509.6	0.0	41.1	23803.8
国元证券公司上海威海路证券营业部	上海	上海	69767.8	45311.0	545.2	0.5	93.1	23817.5
华福证券公司福州达道路证券营业部	福建	福州	69741.4	56877.1	249.8	0.5	12.2	12598.3
中泰证券公司济宁古槐路证券营业部	山东	济宁	69736.5	63770.7	836.4	0.7	147.3	4977.3
中银国际证券公司三亚新风路证券营业部	海南	三亚	69734.5	58187.6	460.7	1.5	24.6	11060.0
中泰证券公司上海苗圃路证券营业部	上海	上海	69700.2	30330.8	680.6	10.3	16.6	38659.7
招商证券公司无锡新生路证券营业部	江苏	无锡	69682.1	56872.2	409.5	0.1	76.9	12319.4
红塔证券公司昆明春城路证券营业部	云南	昆明	69674.6	54704.7	267.9	5.4	17.0	14679.6
江海证券有限公司北京东三环南路证券营业部	北京	北京	69668.6	59355.3	474.1	9.1	61.9	9761.1
国元证券公司合肥宿州路证券营业部	安徽	合肥	69628.6	51733.4	312.5	3.2	48.5	17531.0
中国中投证券公司绵阳临园路证券营业部	四川	绵阳	69625.1	63745.0	999.2	1.9	76.5	4801.3
华安证券公司阜阳颍河路证券营业部	安徽	阜阳	69608.0	56979.3	419.7	0.3	100.1	12108.0
中信建投证券公司上海市永嘉路证券营业部	上海	上海	69385.4	47551.3	967.6	3.9	195.6	20666.2
国泰君安证券公司株洲建设中路证券营业部	湖南	株洲	69383.4	64664.9	1228.5	3.6	24.0	3462.5
安信证券公司汕头潮阳棉西路证券营业部	广东	汕头	69347.6	60976.0	437.5	1.9	11.2	7920.4
平安证券公司江苏分公司	江苏	南京	69255.4	55386.7	502.1	1.0	26.7	13338.9
渤海证券公司天津万科中心证券营业部	天津	天津	69252.0	47957.1	16139.5	0.0	28.0	5127.5
长江证券公司厦门湖滨北路证券营业部	福建	厦门	69196.6	56025.8	911.9	0.0	8.4	12241.6
中信证券公司合肥濉溪路证券营业部	安徽	合肥	69174.0	55601.0	489.7	0.0	576.5	12505.4
国元证券公司中山体育路证券营业部	广东	中山	69124.8	55425.0	2043.9	0.0	61.5	11592.0
国信证券公司辽宁分公司	辽宁	沈阳	69122.6	61614.1	327.3	0.0	118.1	7061.7
西部证券公司西安沣镐东路证券营业部	陕西	西安	68966.5	55229.8	117.4	0.4	78.4	13539.9
东北证券公司长春同志街第三证券营业部	吉林	长春	68932.3	58735.2	513.1	0.1	182.9	9499.6
长江证券公司郑州金水路证券营业部	河南	郑州	68919.5	59736.7	307.7	0.0	84.0	8787.1
华林证券公司江门港口路证券营业部	广东	江门	68911.5	52946.8	555.1	0.3	62.8	15346.5
华泰证券公司无锡苏锡路证券营业部	江苏	无锡	68720.2	57475.4	1453.6	50.1	178.2	9562.9
招商证券公司柳州解放北路证券营业部	广西	柳州	68706.3	64439.7	183.2	0.1	80.3	4002.9
华安证券公司淮北古城路证券营业部	安徽	淮北	68681.5	67835.1	189.9	0.0	84.9	571.6
海通证券公司上海普陀区枣阳路证券营业部	上海	上海	68658.0	45913.0	1339.2	1.2	757.1	20647.1
广发证券公司宁波丽园北路证券营业部	浙江	宁波	68656.2	58451.3	497.7	0.0	311.7	9393.3
德邦证券公司上海福山路证券营业部	上海	上海	68644.3	35116.2	1086.7	15.9	27.8	32397.8
广发证券公司清远连江路证券营业部	广东	清远	68581.9	65221.7	387.9	0.5	31.5	2938.5
中信证券公司浦江恒昌财富广场证券营业部	浙江	金华	68564.8	64445.2	364.4	0.3	33.6	3721.3
中信建投证券公司泰州青年路证券营业部	江苏	泰州	68556.7	50530.9	2218.2	174.3	1527.7	14105.5
中信证券(山东)公司济南山大路证券营业部	山东	济南	68520.6	44040.4	852.5	0.0	227.5	23399.7
东方证券公司广州宝岗大道证券营业部	广东	广州	68450.7	34035.4	857.9	0.0	8.6	33546.6

注：营业部交易金额的单位为百万元

证券营业部交易
Trading of Business Department

营业部名称 Business Department	省份 Province	城市 City	总计 Total	股票 Share	基金 Fund	政府债 G-Bond	公司债 C-Bond	债券回购 Repo
光大证券公司天津广东路证券营业部	天津	天津	68407.9	37653.8	9449.5	0.0	268.8	21035.4
渤海证券公司天津开发区第二大街证券营业部	天津	天津	68329.5	53931.5	7329.2	0.0	16.6	7052.1
恒泰证券公司上海祥德路证券营业部	上海	上海	68266.6	44399.8	1030.1	6.5	250.5	22579.6
招商证券公司桂林中山北路证券营业部	广西	桂林	68167.5	61777.8	422.1	0.6	115.4	5849.8
华西证券公司广汉湖南路证券营业部	四川	德阳	68138.3	64362.4	267.7	12.7	40.4	3454.7
中信证券公司福州连江北路证券营业部	福建	福州	68132.1	53281.5	135.3	0.0	174.9	14540.1
中国中投证券公司东莞虎门证券营业部	广东	东莞	68118.9	58479.3	1146.3	25.6	105.4	8348.1
东北证券公司上海永嘉路证券营业部	上海	上海	68087.3	40973.2	401.1	0.1	68.8	26643.8
中山证券公司上海零陵路证券营业部	上海	上海	68070.8	35472.3	279.1	0.5	363.2	31955.7
中原证券公司商丘分公司	河南	商丘	68049.2	65147.9	418.3	0.0	14.1	2446.0
国联证券公司无锡五爱北路证券营业部	江苏	无锡	67995.4	46271.4	1059.8	2.4	51.2	20610.1
东海证券公司洛阳青岛路证券营业部	河南	洛阳	67955.3	57864.7	350.4	1.9	84.5	9653.8
光大证券公司昆明人民中路证券营业部	云南	昆明	67883.1	51909.2	386.9	20.3	27.6	15539.2
广发证券公司锦州解放路证券营业部	辽宁	锦州	67881.4	60829.0	305.9	1.7	36.6	6707.3
华泰证券公司沈阳光荣街证券营业部	辽宁	沈阳	67789.3	29267.4	32866.3	0.3	39.2	5613.0
上海证券公司大统路证券营业部	上海	上海	67787.4	44154.4	2372.0	0.3	40.8	21219.9
华泰证券公司重庆春晖路证券营业部	重庆	重庆	67704.8	59799.4	1620.2	4.0	306.1	5965.8
国开证券公司上海龙华西路证券营业部	上海	上海	67657.5	47463.1	319.9	5.0	128.2	19741.4
东方证券公司上海浦东新区金口路证券营业部	上海	上海	67625.3	51912.6	424.7	1.9	20.9	15265.2
国泰君安证券公司西安东关正街证券营业部	陕西	西安	67575.0	63236.5	226.1	0.8	45.8	4065.9
中国中投证券公司珠海水湾路证券营业部	广东	珠海	67480.6	55881.0	540.9	0.0	22.3	11034.3
华泰证券公司黄冈赤壁大道证券营业部	湖北	黄冈	67460.5	50218.5	15650.8	0.0	185.7	1405.5
恒泰证券公司深圳梅林路证券营业部	深圳	深圳	67365.7	54133.5	1729.8	198.9	286.4	11017.1
中国中投证券公司深圳宝安区创业一路证券营业部	深圳	深圳	67349.8	65160.3	225.6	0.0	17.3	1946.5
安信证券公司汕头红领巾路证券营业部	广东	汕头	67328.9	51783.7	3344.8	3.5	56.4	12100.5
德邦证券公司上海岳州路营业部	上海	上海	67301.7	41609.7	1640.9	0.8	154.8	23895.5
华泰证券公司岳阳五里牌证券营业部	湖南	岳阳	67294.2	57654.9	7334.8	2.0	107.4	2195.0
中航证券有限公司郑州中原东路证券营业部	河南	郑州	67224.3	58926.3	240.8	0.1	57.9	7998.0
中信建投证券公司上海市北京西路证券营业部	上海	上海	67147.1	45095.3	1252.5	4.3	175.9	20619.0
中信建投证券公司青岛南京路证券营业部	山东	青岛	67104.1	49119.6	5647.3	0.0	120.9	12213.1
第一创业证券公司廊坊建设路证券营业部	河北	廊坊	67027.6	59869.7	878.5	0.1	67.1	6212.2
国信证券公司哈尔滨田地街证券营业部	黑龙江	哈尔滨	67014.2	58016.1	494.5	2.6	30.5	8461.9
国泰君安证券公司天津西市大街证券营业部	天津	天津	66991.7	37116.5	205.1	58.9	1315.5	28295.7
国信证券公司昆明安康路证券营业部	云南	昆明	66953.4	63144.5	377.1	1.0	68.3	3329.5
中国国际金融有限公司厦门莲岳路证券营业部	福建	厦门	66938.1	28289.8	943.8	0.0	54.4	37650.0
长城证券公司南昌福州路证券营业部	江西	南昌	66812.7	55172.4	686.4	71.1	76.0	10806.9
大同证券公司太原青年路证券营业部	山西	太原	66733.1	42501.8	926.0	5.0	236.6	23063.7
国泰君安证券公司宜昌四新路证券营业部	湖北	宜昌	66703.7	64083.9	451.3	1.2	115.7	2051.6
信达证券公司成都一环路证券营业部	四川	成都	66679.4	52921.4	1547.5	8.1	45.0	12157.4
中信证券公司宁波分公司	浙江	宁波	66618.5	16606.8	4926.9	0.0	107.3	44977.2
华鑫证券公司上海漕宝路证券营业部	上海	上海	66605.6	38376.5	1040.2	0.5	19.5	27168.7
申万宏源证券有限公司衢州县西街证券营业部	浙江	衢州	66549.1	62399.2	727.6	0.0	6.2	3416.0
中国中投证券公司上海法华镇路证券营业部	上海	上海	66525.7	46545.6	883.9	0.0	45.0	19051.2
国泰君安证券公司仙居酒坊巷证券营业部	浙江	临海	66482.8	63286.6	221.4	0.0	22.9	2951.8
中国银河证券公司上海人民路证券营业部	上海	上海	66364.1	45930.8	255.4	0.0	47.5	20130.4
平安证券公司广州机场路证券营业部	深圳	深圳	66354.7	63340.4	501.6	1.0	66.6	2445.1
东方证券公司上海嘉定区曹安公路证券营业部	上海	上海	66351.2	48371.0	4037.0	1487.7	793.2	11662.0
东兴证券公司南宁祥宾路证券营业部	广西	南宁	66346.2	54472.5	6440.6	9.1	441.3	4979.7
国信证券公司合肥马鞍山路证券营业部	安徽	合肥	66249.4	60458.3	1040.7	1.2	87.1	4657.8
广发证券公司大连中山路证券营业部	辽宁	大连	66234.0	59548.2	598.8	0.8	34.9	6050.0

注：营业部交易金额的单位为百万元

证券营业部交易
Trading of Business Department

营业部名称 Business Department	省份 Province	城市 City	总计 Total	股票 Share	基金 Fund	政府债 G-Bond	公司债 C-Bond	债券回购 Repo
财富证券公司湘潭韶山中路证券营业部	湖南	湘潭	66198.6	61500.5	949.9	0.4	19.0	3726.0
中国民族证券公司鞍山胜利南路证券营业部	辽宁	鞍山	66137.6	56632.7	658.8	8.3	64.1	8765.6
国泰君安证券公司天台环城东路证券营业部	浙江	临海	66112.3	63523.8	158.1	0.0	10.4	2420.0
国金证券公司厦门湖滨北路证券营业部	福建	厦门	66112.2	52249.3	189.0	0.0	55.3	13618.6
光大证券公司齐齐哈尔龙华路证券营业部	黑龙江	齐齐哈尔	66108.9	33794.3	28088.8	0.0	181.8	4043.1
首创证券公司北京五道口证券营业部	北京	北京	65985.8	54115.1	1181.3	4.0	113.8	10571.6
中信证券公司杭州狮山路证券营业部	浙江	杭州	65959.6	48228.7	1540.1	0.8	74.8	16115.2
国海证券公司柳州驾鹤路证券营业部	广西	柳州	65912.4	56672.7	367.2	0.1	45.4	8826.5
中泰证券公司枣庄青檀中路证券营业部	山东	枣庄	65910.4	60949.9	356.1	0.2	115.6	4484.0
华泰证券公司连云港通灌南路证券营业部	江苏	连云港	65894.5	56702.5	3785.6	0.2	132.3	5274.0
西南证券公司广州天河路证券营业部	广东	广州	65872.6	56624.3	559.6	0.0	16.6	8671.7
中国中投证券公司武汉徐东大街证券营业部	湖北	武汉	65834.8	50788.2	266.9	0.1	64.8	14714.9
中信建投证券公司武汉建设八路证券营业部	湖北	武汉	65795.9	39231.1	3858.6	0.1	53.0	22651.6
申万宏源证券有限公司大连分公司	辽宁	大连	65793.5	52049.0	820.8	2.5	16.7	12900.9
中信证券公司东莞鸿福路证券营业部	广东	东莞	65705.4	55209.1	312.7	0.0	64.5	10112.6
西南证券公司重庆涪陵滨江路证券营业部	重庆	重庆	65694.1	63169.1	419.4	0.2	16.4	2087.5
方正证券公司郴州宜章宜兴路证券营业部	湖南	郴州	65691.1	14952.6	30.6	0.6	21.4	50685.0
金元证券公司成都二环路证券营业部	四川	成都	65581.4	45904.7	190.6	10.3	285.4	19190.4
财通证券公司玉环广陵路证券营业部	浙江	台州	65532.5	58775.5	174.1	0.4	33.0	6547.9
海通证券公司深圳福华三路证券营业部	深圳	深圳	65525.1	56861.3	2363.5	0.0	18.0	6279.7
广发证券公司佛山南海竹基南路证券营业部	广东	佛山	65462.7	14650.7	74.3	0.0	11.3	50726.1
国元证券公司上海民生路证券营业部	上海	上海	65448.1	20771.1	620.3	124.1	360.8	43571.6
山西证券公司深圳蛇口工业七路证券营业部	深圳	深圳	65443.5	31785.1	565.5	23.7	2.1	33067.1
国泰君安证券公司无锡湖滨路证券营业部	江苏	无锡	65375.7	55941.4	895.2	0.2	26.5	8512.4
中国民族证券公司北京安慧东里证券营业部	北京	北京	65337.8	29659.4	489.8	0.0	176.1	35010.8
东兴证券公司南昌抚河北路滕王阁证券营业部	江西	南昌	65305.8	57949.4	484.1	4.4	233.9	6633.9
联讯证券公司北京北苑证券营业部	北京	北京	65271.0	54429.2	367.0	0.1	86.1	10388.6
华鑫证券公司上海浦雪路证券营业部	上海	上海	65245.6	39182.6	1129.0	0.8	363.5	24569.7
爱建证券公司上海安国路证券营业部	上海	上海	65228.1	29927.0	517.0	22.1	65.4	34696.7
兴业证券公司石狮八七路证券营业部	福建	石狮	65166.9	42358.1	789.6	0.0	147.3	21872.0
广发证券公司开平曙光西路证券营业部	广东	江门	65153.4	58573.4	310.7	0.0	41.1	6220.2
中国银河证券公司长沙解放中路证券营业部	湖南	长沙	65097.4	56075.4	323.8	2.6	38.9	8656.7
华福证券公司永安五四路证券营业部	福建	永安	65051.4	60109.5	152.6	1.0	15.6	4769.2
方正证券公司宁波解放北路证券营业部	浙江	宁波	65021.2	45045.9	1471.4	0.0	74.2	18429.7
山西证券公司长治长兴南路证券营业部	山西	长治	64994.5	55479.8	357.1	2.9	43.0	9111.8
信达证券公司上海虹梅南路证券营业部	上海	上海	64977.4	52033.4	899.3	0.3	59.7	11984.7
中泰证券公司杭州求是路证券营业部	浙江	杭州	64897.4	53916.0	1433.0	0.0	21.7	9526.6
东北证券公司上海世纪大道证券营业部	上海	上海	64843.4	37775.4	1267.5	0.0	66.4	25733.2
英大证券公司深圳横岗证券交易营业部	深圳	深圳	64837.5	60681.3	108.2	0.0	39.2	4008.8
南京证券公司南京云南北路证券营业部	江苏	南京	64826.1	50565.4	1062.6	0.6	73.6	13123.8
广发证券公司南京洪武路证券营业部	江苏	南京	64788.2	52004.6	1027.8	0.0	77.1	11677.0
财通证券公司杭州金城路证券营业部	浙江	杭州	64771.7	58446.7	346.4	0.0	581.3	5396.2
中国银河证券公司成都北二环路证券营业部	四川	成都	64740.6	52789.6	760.2	0.6	113.3	11072.4
中国银河证券公司建德新安路证券营业部	浙江	建德	64688.2	59941.7	163.7	0.0	11.9	4571.0
天风证券公司武汉八一路证券营业部	湖北	武汉	64659.4	35918.1	8980.5	0.7	51.4	19708.7
光大证券公司上海西藏中路证券营业部	上海	上海	64586.1	44955.7	339.2	1.2	51.6	19238.4
中国银河证券公司武汉汉阳证券营业部	湖北	武汉	64583.5	58887.3	255.9	0.3	19.4	5420.1
浙商证券公司武义中兴街证券营业部	浙江	金华	64543.3	61469.4	311.9	0.0	384.9	2370.7
兴业证券公司南京珠江路证券营业部	江苏	南京	64379.7	40070.9	1190.5	261.7	1413.1	21442.4
东方证券公司沈阳长江南街证券营业部	辽宁	沈阳	64340.4	32379.9	185.6	0.1	102.2	31670.1

注：营业部交易金额的单位为百万元

证券营业部交易
Trading of Business Department

营业部名称 Business Department	省份 Province	城市 City	总计 Total	股票 Share	基金 Fund	政府债 G-Bond	公司债 C-Bond	债券回购 Repo
中信建投证券公司荆州北京西路证券营业部	湖北	荆州	64276.0	48579.0	524.6	0.1	28.1	15142.5
湘财证券公司岳阳五里牌证券营业部	湖南	岳阳	64265.1	56324.3	5356.5	9.4	143.5	2416.3
东方证券公司长沙劳动西路证券营业部	湖南	长沙	64233.8	47710.8	460.4	0.0	39.4	16015.5
广州证券公司广州江南大道证券营业部	广东	广州	64170.9	50105.3	6498.8	0.1	27.5	7539.2
万联证券公司衡阳证券营业部	湖南	衡阳	64126.9	56755.9	4444.3	8.4	54.3	2862.3
南京证券公司南京热河路证券营业部	江苏	南京	64103.4	55436.9	651.7	1.5	55.7	7957.5
平安证券公司乌鲁木齐人民路证券营业部	新疆	乌鲁木齐	64003.3	59631.1	146.9	17.2	66.2	4141.9
华安证券公司北京慧忠北里证券营业部	北京	北京	63980.3	38602.3	304.3	98.7	111.9	24860.8
信达证券公司鞍山工人街证券营业部	辽宁	鞍山	63964.8	4920.7	15.7	0.0	921.9	58106.5
财富证券公司长沙曙光中路证券营业部	湖南	长沙	63947.5	57302.9	444.0	0.8	250.9	5948.5
广发证券公司沈阳小西路证券营业部	辽宁	沈阳	63707.2	47218.1	297.6	0.4	159.5	16030.9
中泰证券公司莱芜鲁中东大街证券营业部	山东	莱芜	63701.0	46631.7	16077.6	0.5	51.8	937.5
中国中投证券公司福州八一七中路证券营业部	福建	福州	63662.5	52900.5	465.3	0.3	21.7	10274.3
财通证券公司永康九铃东路证券营业部	浙江	永康	63628.1	55319.6	473.8	1.0	366.7	7467.0
中信证券公司乐清鸣阳路证券营业部	浙江	温州	63604.1	53834.0	663.7	0.0	32.7	9072.2
中泰证券公司济宁光河路证券营业部	山东	济宁	63584.1	58357.9	676.0	7.1	256.2	4284.0
长城国瑞证券有限公司北京远大路证券营业部	北京	北京	63531.6	20944.5	166.0	1.1	26.1	42394.0
中原证券公司郑州商务外环路证券营业部	河南	郑州	63457.6	45620.4	568.8	0.0	27.7	17240.1
万联证券公司鄂州滨湖南路证券营业部	湖北	鄂州	63428.5	44451.5	14324.3	0.1	87.0	4563.9
光大证券公司北京中关村证券营业部	北京	北京	63414.7	49221.6	469.8	0.0	44.9	13677.0
申万宏源西部证券有限公司大连友好路证券营业部	辽宁	大连	63374.1	52544.4	251.5	18.5	15.5	10543.2
东兴证券公司福州五四路证券营业部	福建	福州	63343.9	54225.1	428.5	9.9	42.6	8637.7
南京证券公司江阴人民中路证券营业部	江苏	无锡	63335.2	47480.9	451.7	0.0	25.2	15376.4
长城证券公司大连水仙街证券营业部	辽宁	大连	63323.4	55023.0	837.4	0.3	21.8	7441.0
国泰君安证券公司泸州星光路证券营业部	四川	泸州	63308.8	54001.0	154.9	0.9	499.0	8653.1
海通证券公司兰州西津西路证券营业部	甘肃	兰州	63286.9	55353.9	1460.0	1.3	131.0	6332.2
上海证券公司乐清柳市惠丰路证券营业部	浙江	乐清	63282.1	57719.3	601.5	0.0	34.5	4926.6
中银国际证券公司牡丹江西平安街证券营业部	黑龙江	牡丹江	63282.0	44849.3	4893.0	2.0	36.0	13501.6
中信建投证券公司南京江宁金箔路证券营业部	江苏	南京	63270.1	57622.5	339.8	3.8	24.3	5278.6
中国民族证券公司宁波中山西路证券营业部	浙江	宁波	63217.5	51298.1	491.7	3.0	25.0	11395.8
申万宏源证券有限公司珠海粤海东路证券营业部	广东	珠海	63146.0	49416.3	1494.8	403.2	83.9	11747.6
中原证券公司郑州经六路证券营业部	河南	郑州	63033.7	56992.5	400.1	0.4	45.5	5593.9
中国中投证券公司中山石岐宏基路证券营业部	广东	中山	63022.3	50855.2	395.7	0.4	50.9	11717.1
国海证券公司南宁滨湖路证券营业部	广西	南宁	62943.6	56312.4	317.1	0.0	73.4	6240.0
招商证券公司扬州汶河北路证券营业部	江苏	扬州	62932.2	51758.2	298.0	5.0	850.4	10020.7
中信建投证券公司大连市同兴街证券营业部	辽宁	大连	62920.0	47823.0	3896.2	70.4	65.0	11043.0
金元证券公司深圳文心二路证券营业部	深圳	深圳	62908.1	31139.9	155.6	0.0	86.3	31520.8
中国中投证券公司淮安淮海东路证券营业部	江苏	淮安	62905.2	44775.8	842.7	4.5	39.0	17243.2
光大证券公司余姚南雷南路证券营业部	浙江	宁波	62901.7	50941.4	1854.0	0.0	36.9	10069.3
广发证券公司绍兴云东路证券营业部	浙江	绍兴	62889.0	53510.8	1156.7	2.6	90.8	8127.6
中泰证券公司菏泽人民路证券营业部	山东	菏泽	62833.2	53915.6	5439.4	9.3	1611.8	1851.1
万和证券公司深圳笋岗东路证券营业部	深圳	深圳	62820.7	23466.4	105.6	2.0	0.3	39246.4
浙商证券公司上海万航渡路证券营业部	上海	上海	62805.7	38647.6	4216.2	0.8	35.9	19905.1
长江证券公司襄樊建华路证券营业部	湖北	襄樊	62784.3	49970.2	931.3	698.9	1312.2	9868.9
申万宏源证券有限公司黄石黄石大道证券营业部	湖北	黄石	62742.8	58727.2	245.3	1.0	12.2	3757.2
国元证券公司淮北淮海路证券营业部	安徽	淮北	62742.3	60286.2	259.1	0.0	15.6	2181.4
东北证券公司广州东风东路证券营业部	广东	广州	62649.4	40478.9	997.4	0.2	15.0	21156.4
华安证券公司安庆龙山路证券营业部	安徽	安庆	62596.3	58347.8	631.0	4.8	54.9	3557.7
中信证券公司如皋健康南路证券营业部	江苏	南通	62527.4	58770.2	674.5	5.9	121.7	2954.5
招商证券公司北京东四十条证券营业部	北京	北京	62497.3	46432.3	4156.7	10.8	167.0	11718.2

注：营业部交易金额的单位为百万元

证券营业部交易
Trading of Business Department

营业部名称 Business Department	省份 Province	城市 City	总计 Total	股票 Share	基金 Fund	政府债 G-Bond	公司债 C-Bond	债券回购 Repo
世纪证券公司深圳福虹路证券营业部	深圳	深圳	62471.3	56986.0	172.1	0.0	8.2	5304.9
中国银河证券公司济南经七路证券营业部	山东	济南	62469.2	16782.2	3421.1	236.7	1092.6	40936.7
财富证券公司邵阳城北路证券营业部	湖南	邵阳	62458.1	58345.3	302.4	0.6	50.9	3758.8
安信证券公司汕头澄海证券营业部	广东	汕头	62454.9	56722.2	490.4	0.0	30.7	5209.5
国盛证券公司赣州章江南大道证券营业部	江西	赣州	62431.6	55022.9	161.6	1.3	568.2	6675.9
国信证券公司东莞胜和路证券营业部	广东	东莞	62423.8	53918.9	1289.4	0.6	22.4	7184.7
长城证券公司长沙五一中路证券营业部	湖南	长沙	62329.3	55925.0	314.6	117.7	41.9	5930.2
国泰君安证券公司深圳福华三路证券营业部	深圳	深圳	62314.9	57789.8	580.4	0.0	47.4	3897.3
国泰君安证券公司南京中央路证券营业部	江苏	南京	62311.2	51548.1	838.5	0.4	130.4	9793.7
光大证券公司武汉新华路证券营业部	湖北	武汉	62257.6	45578.7	10046.5	0.0	67.3	6564.5
申万宏源证券有限公司南昌北京西路证券营业部	江西	南昌	62236.0	53067.8	166.5	11.3	63.4	8924.7
国元证券公司淮南朝阳中路证券营业部	安徽	淮南	62208.8	56822.7	1730.7	4.3	23.6	3627.4
长江证券公司青岛山东路证券营业部	山东	青岛	62177.5	46516.6	546.6	0.0	53.3	15061.0
东方证券公司深圳金田路证券营业部	深圳	深圳	62171.7	34801.9	142.1	603.4	13.4	26610.4
银泰证券公司上海嘉善路证券营业部	上海	上海	62129.4	41223.6	1393.1	0.0	431.2	19080.6
光大证券公司宁波康庄南路证券营业部	浙江	宁波	62017.4	53407.7	547.3	0.0	49.2	8013.1
国元证券公司佛山季华五路证券营业部	广东	佛山	61998.1	50733.1	1775.0	0.1	32.3	9457.7
中泰证券公司淄博人民西路营业部	山东	淄博	61994.6	46069.7	5040.1	0.6	30.1	10823.3
中国中投证券公司江都龙城路证券营业部	江苏	扬州	61985.6	56407.8	214.9	3.5	328.8	5025.2
中国中投证券公司苏州干将西路证券营业部	江苏	苏州	61945.9	51311.8	372.3	0.7	78.1	10182.8
中国民族证券公司南京西康路证券营业部	江苏	南京	61862.4	40716.4	1210.6	7.7	32.4	19894.9
广发证券公司烟台环山路证券营业部	山东	烟台	61726.9	43092.3	253.9	0.2	40.5	18339.9
万联证券公司广州滨江东路证券营业部	广东	广州	61701.9	36071.4	11950.5	2.3	1687.8	11989.7
万联证券公司广州寺右新马路证券营业部	广东	广州	61520.7	49795.9	1092.3	0.4	29.1	10600.3
信达证券公司沈阳黑龙江街营业部	辽宁	沈阳	61468.9	34144.7	20311.7	0.5	570.7	6402.7
华鑫证券公司上海凌河路证券营业部	上海	上海	61449.3	31914.6	316.9	23.2	520.7	28665.0
财达证券公司唐山华岩路证券营业部	河北	唐山	61438.0	30577.3	1074.8	0.1	6.8	29779.0
中国银河证券公司合肥长江中路证券营业部	安徽	合肥	61403.0	50424.8	200.4	6.6	78.7	10692.5
银泰证券公司无锡兴源北路证券营业部	江苏	无锡	61343.1	42967.8	966.7	0.0	11.6	17397.0
太平洋证券公司玉溪玉兴路证券营业部	云南	玉溪	61333.3	48321.8	398.7	0.0	124.7	12488.0
红塔证券公司上海骊山路证券营业部	上海	上海	61327.0	32004.1	220.5	4.8	229.5	28868.2
上海证券公司瑞安塘下大道证券营业部	浙江	瑞安	61298.7	56180.1	598.9	0.0	22.2	4497.5
南京证券公司上海南车站路证券营业部	上海	上海	61201.2	27407.8	289.3	0.0	4.7	33498.8
西南证券公司重庆胜利路证券营业部	重庆	重庆	61195.0	57214.4	443.5	11.1	183.1	3336.2
华安证券公司蚌埠胜利中路证券营业部	安徽	蚌埠	61183.7	41463.3	176.7	1.4	116.0	19426.3
太平洋证券公司曲靖麒麟南路证券营业部	云南	曲靖	61174.3	59212.2	492.8	0.3	15.2	1453.3
广发证券公司天津环湖中路证券营业部	天津	天津	61161.1	48579.2	222.8	0.0	50.2	12308.4
光大证券公司湛江海滨大道南证券营业部	广东	湛江	61153.3	40194.5	15921.1	9.5	9.3	5018.9
西南证券公司重庆杨家坪正街证券营业部	重庆	重庆	61103.4	53512.3	387.2	0.0	41.0	7159.1
长城证券公司沈阳惠工街证券营业部	辽宁	沈阳	61055.0	48095.8	2650.1	0.5	102.1	10206.5
海通证券公司淮北相山路证券营业部	安徽	淮北	60983.2	59108.4	142.3	0.0	35.8	1666.1
中国中投证券公司扬州邗江北路证券营业部	江苏	扬州	60965.0	52449.2	342.1	43.9	57.9	8071.8
国泰君安证券公司武汉洞庭街证券营业部	湖北	武汉	60956.6	52743.4	197.7	0.2	55.4	7960.0
东方证券公司上海闵行区都市路证券营业部	上海	上海	60950.2	43914.6	975.3	0.6	26.4	16028.7
中信建投证券公司黄石市颐阳路证券营业部	湖北	黄石	60937.0	37384.2	8447.3	0.0	5070.9	10034.5
中国中投证券公司深圳深南中路证券营业部	深圳	深圳	60837.4	51957.0	405.0	0.0	13.5	8460.9
国泰君安证券公司鹰潭环城西路证券营业部	江西	鹰潭	60832.5	56570.3	186.6	0.1	34.1	4041.4
广发证券公司锦州山西街证券营业部	辽宁	锦州	60804.4	52811.2	218.4	2.7	201.3	7569.0
大通证券公司徐州湖北路证券营业部	江苏	徐州	60747.5	52021.6	284.1	0.1	86.4	8355.3
东方证券公司成都天祥寺街证券营业部	四川	成都	60730.5	47445.7	805.5	15.8	136.2	12327.2

注：营业部交易金额的单位为百万元

证券营业部交易
Trading of Business Department

营业部名称 Business Department	省份 Province	城市 City	总计 Total	股票 Share	基金 Fund	政府债 G-Bond	公司债 C-Bond	债券回购 Repo
南京证券公司深圳深南中路证券营业部	深圳	深圳	60680.9	48083.1	744.9	0.0	67.2	11751.0
湘财证券公司合肥长江中路证券营业部	安徽	合肥	60664.9	30330.1	22269.6	1.2	52.3	8010.8
红塔证券公司昆明滇池路证券营业部	云南	昆明	60662.7	15959.9	257.8	0.0	53.5	44391.5
联讯证券公司南通工农路证券营业部	江苏	南通	60657.2	47327.3	178.1	0.0	23.9	13127.9
财通证券公司台州解放南路证券营业部	浙江	台州	60650.6	55788.3	444.7	2.1	180.4	4233.9
中泰证券公司上海斜土路证券营业部	上海	上海	60613.3	33729.6	1690.3	25.5	522.9	24640.8
兴业证券公司广州东风中路证券营业部	广东	广州	60575.6	45606.5	697.2	0.7	17.4	14253.0
中信建投证券公司淄博市中心路证券营业部	山东	淄博	60471.3	54009.1	1559.5	2.2	52.6	4845.5
信达证券公司深圳福星路证券营业部	深圳	深圳	60460.3	52749.0	4578.9	0.1	30.1	3102.2
中山证券公司中山竹苑路证券营业部	广东	中山	60400.1	49924.7	430.3	0.1	49.0	9996.1
广发证券公司昆明东风西路证券营业部	云南	昆明	60367.6	40867.8	3731.6	0.1	17.1	14241.3
中信证券(山东)公司淄博柳泉路证券营业部	山东	淄博	60345.2	54134.0	456.5	0.5	37.2	5716.6
东莞证券公司东莞东泰证券营业部	广东	东莞	60323.2	47426.6	176.5	0.3	22.3	12690.9
广发证券公司肇庆星湖大道证券营业部	广东	肇庆	60315.2	46786.5	399.3	0.1	52.2	13076.4
中信建投证券公司长春市人民大街证券营业部	吉林	长春	60304.0	37696.9	160.1	0.0	17.4	22402.4
华泰证券公司哈尔滨西十六道街证券营业部	黑龙江	哈尔滨	60204.2	44386.6	9061.5	0.6	80.2	6672.9
方正证券公司南京珠江路证券营业部	江苏	南京	60196.6	49634.2	1403.8	0.4	157.3	8997.9
中泰证券公司龙口环城北路证券营业部	山东	烟台	60178.8	57327.5	160.3	0.1	41.1	2649.8
长城证券公司南京童卫路证券营业部	江苏	南京	60155.1	39241.0	10240.4	0.9	50.9	10621.9
东吴证券公司上海西藏南路证券营业部	上海	上海	60113.5	43168.0	1023.3	0.0	65.4	15856.8
光大证券公司长春解放大路证券营业部	吉林	长春	60110.4	43585.9	8348.7	338.0	359.2	7476.2
广发证券公司珠海景山路证券营业部	广东	珠海	60109.3	51119.9	578.4	29.8	34.8	8337.5
恒泰证券公司呼和浩特新城北街证券营业部	内蒙	呼和浩特	60080.0	49697.0	879.1	0.6	142.9	9360.1
长江证券公司大连西安路证券营业部	辽宁	大连	60052.2	51292.7	1114.2	2.6	61.1	7580.8
国泰君安证券公司宜春中山中路证券营业部	江西	宜春	60046.6	56845.3	194.0	0.3	12.6	2994.4
申万宏源西部证券有限公司乌鲁木齐新华南路证券营业部	新疆	乌鲁木齐	59999.2	55319.5	67.8	0.0	78.8	4533.1
广发证券公司兰州甘南路证券营业部	甘肃	兰州	59992.7	53227.7	431.3	0.0	64.3	6269.1
海通证券公司哈尔滨中山路证券营业部	黑龙江	哈尔滨	59963.9	48657.1	400.8	2.9	10.8	10867.4
江海证券有限公司哈尔滨赣水路证券营业部	黑龙江	哈尔滨	59927.1	27174.4	1020.1	0.0	2326.1	29396.5
中国中投证券公司深圳科技园证券营业部	深圳	深圳	59901.7	51205.4	324.8	0.1	53.5	8316.2
中国银河证券公司大连新开路证券营业部	辽宁	大连	59870.1	52458.0	638.8	2.5	11.1	6759.8
国泰君安证券公司上海分公司	上海	上海	59853.3	39848.3	839.4	55.0	4225.1	14885.5
华龙证券公司上海中山北二路证券营业部	上海	上海	59847.3	31114.2	207.4	0.1	731.9	27792.9
大同证券公司上海长寿路证券营业部	上海	上海	59810.8	35025.2	399.0	1.1	4.5	24381.1
中国银河证券公司佛山顺德容桂证券营业部	广东	佛山	59796.2	47590.7	335.1	1.3	62.3	11806.8
信达证券公司湛江中山一路证券营业部	广东	湛江	59776.3	55409.4	441.0	42.8	54.2	3828.9
中国银河证券公司上海新昌路证券营业部	上海	上海	59771.6	42360.2	764.3	30.9	35.0	16576.6
海通证券公司上海南翔镇证券营业部	上海	上海	59719.3	53523.3	472.0	1.6	7.0	5705.4
国泰君安证券公司武汉京汉大道证券营业部	湖北	武汉	59699.1	51500.0	290.6	1.6	44.1	7862.8
信达证券公司北京裕民路证券营业部	北京	北京	59668.9	45527.6	2132.6	0.2	52.5	11956.0
海通证券公司淮安淮海北路证券营业部	江苏	淮安	59663.6	56040.2	291.3	1.7	28.6	3298.1
广发证券公司天津泰安道证券营业部	天津	天津	59635.7	44714.5	411.4	0.0	182.7	14327.1
中原证券公司郑州紫荆山路证券营业部	河南	郑州	59550.0	50543.4	383.9	0.0	41.6	8574.3
长江证券公司厦门鹭江道证券营业部	福建	厦门	59541.6	48687.1	1111.6	0.0	27.7	9711.5
中国银河证券公司长沙芙蓉中路证券营业部	湖南	长沙	59527.4	54938.1	601.7	0.5	91.5	3895.5
光大证券公司上海人民北路证券营业部	上海	上海	59518.3	33737.9	1740.8	0.0	42.8	23996.7
中国银河证券公司包头乌兰道证券营业部	内蒙	包头	59452.2	52980.1	837.9	0.0	54.0	5579.7
中国国际金融有限公司广州天河路证券营业部	广东	广州	59405.7	38857.7	2393.3	0.0	64.8	18090.0
中国中投证券公司南通姚港路证券营业部	江苏	南通	59349.2	49915.3	2866.1	0.3	31.2	6528.5
东吴证券公司常熟商城中路证券营业部	江苏	常熟	59265.8	45884.8	300.3	0.0	36.7	13044.0

注：营业部交易金额的单位为百万元

证券营业部交易
Trading of Business Department

营业部名称 Business Department	省份 Province	城市 City	总计 Total	股票 Share	基金 Fund	政府债 G-Bond	公司债 C-Bond	债券回购 Repo
海通证券公司吉林朝阳街营业部	吉林	吉林	59097.6	39050.9	388.1	3.0	552.8	19087.1
浙商证券公司绍兴金柯桥大道证券营业部	浙江	绍兴	59075.1	51629.6	231.0	0.0	51.9	7162.7
广州证券公司广州北京路证券营业部	广东	广州	59066.3	44197.3	7597.2	0.1	21.9	7249.6
东海证券公司上海静安区新闸路证券营业部	上海	上海	59064.5	36326.5	612.3	0.0	28.8	22096.9
首创证券公司成都府城大道证券营业部	四川	成都	59051.5	41308.6	410.8	24.3	418.9	16889.0
东方证券公司北京学院路证券营业部	北京	北京	59038.0	36501.7	548.8	0.5	62.6	21924.3
申万宏源证券有限公司上海浦东新区利津路证券营业部	上海	上海	59029.1	45382.1	512.4	0.7	69.9	13063.9
长江证券公司黄石武汉路证券营业部	湖北	黄石	58989.0	53401.3	1049.4	0.1	10.7	4493.2
申万宏源西部证券有限公司厦门厦禾路证券营业部	福建	厦门	58973.0	46422.6	578.5	0.0	109.2	11862.7
长江证券公司无锡政和大道证券营业部	江苏	无锡	58932.8	17253.2	410.3	0.0	18.5	41250.8
长城证券公司深圳东园路证券营业部	深圳	深圳	58865.5	49785.8	489.8	0.0	42.5	8547.4
财富证券公司杭州庆春路证券营业部	浙江	杭州	58863.9	55735.0	233.5	0.1	15.2	2880.0
东方证券公司上海闸北区中兴路证券营业部	上海	上海	58850.8	35787.8	595.1	4.2	33.9	22429.9
上海证券公司深圳福虹路证券营业部	深圳	深圳	58808.5	38354.7	544.7	0.0	2.0	19907.2
中泰证券公司上海仙霞西路证券营业部	上海	上海	58765.6	34312.8	246.7	0.0	8.2	24194.5
国元证券公司阜阳临泉路证券营业部	安徽	阜阳	58730.5	54917.8	265.3	6.1	246.9	3293.5
中信证券(山东)公司平度人民路证券营业部	山东	青岛	58690.4	52649.6	927.9	2.5	180.3	4930.0
万联证券公司广州东风中路证券营业部	广东	广州	58676.3	37781.3	11627.4	0.6	111.7	9155.1
海通证券公司嘉兴中山西路证券营业部	浙江	嘉兴	58650.0	55947.2	843.4	0.0	43.6	1815.8
宏信证券公司德阳凉山路证券营业部	四川	德阳	58629.4	49100.5	187.3	0.1	49.6	9287.7
中国中投证券公司承德翠桥路证券营业部	河北	承德	58517.9	56089.5	135.0	0.0	64.5	2228.8
长城证券公司青岛台东一路证券营业部	山东	青岛	58501.2	39262.6	253.8	0.9	67.5	18916.4
江海证券有限公司上海仁德路证券营业部	上海	上海	58445.3	38418.5	440.2	20.1	45.5	19520.3
中原证券公司安阳红旗路证券营业部	河南	安阳	58419.2	54219.5	1594.9	0.7	188.3	2402.9
山西证券公司太原并州南路证券营业部	山西	太原	58400.6	53865.1	868.0	1.9	19.2	3646.3
西藏同信证券公司拉萨察古大道第二证券营业部	西藏	拉萨	58391.8	54595.4	647.8	0.6	128.8	3019.2
方正证券公司新昌人民中路证券营业部	浙江	绍兴	58365.1	56587.6	65.6	0.0	50.6	1661.4
申万宏源西部证券有限公司昌吉延安路证券营业部	新疆	昌吉	58342.0	54666.6	153.5	0.0	3.6	3518.4
中信建投证券公司哈尔滨上京大道证券营业部	黑龙江	哈尔滨	58295.4	32415.0	23354.5	0.0	1.0	2524.9
西南证券公司北京昌平政府街证券营业部	北京	北京	58287.4	51012.4	533.6	2.0	672.7	6055.3
安信证券公司汕头中山路证券营业部	广东	汕头	58285.9	51574.8	509.6	0.4	120.4	6071.8
国泰君安证券公司宜昌珍珠路证券营业部	湖北	宜昌	58275.4	49970.4	535.5	0.5	16.8	7752.1
南京证券公司镇江中山东路证券营业部	江苏	镇江	58272.2	50686.5	768.8	0.0	21.9	6794.6
国泰君安证券公司抚州赣东大道证券营业部	江西	抚州	58253.5	45327.7	10926.9	0.0	14.7	1984.1
中国银河证券公司西安和平路证券营业部	陕西	西安	58181.6	50507.7	805.1	43.9	39.4	6785.5
海通证券公司咸阳沈兴北路证券营业部	陕西	咸阳	57983.5	36561.8	207.0	61.8	377.5	20775.2
华林证券公司深圳振华路证券营业部	深圳	深圳	57934.4	52521.4	257.1	0.0	44.2	5111.8
东海证券公司上海水城南路证券营业部	上海	上海	57852.0	39463.6	236.9	0.0	359.9	17791.6
安信证券公司广州花都凤凰北路证券营业部	广东	广州	57789.3	37796.0	683.3	0.0	181.9	19127.5
中国中投证券公司海口龙华路证券营业部	海南	海口	57775.4	48670.9	126.1	4.5	62.1	8909.1
中航证券有限公司景德镇珠山东路证券营业部	江西	景德镇	57688.1	52905.3	307.4	0.0	39.6	4435.8
广发证券公司石家庄友谊南大街证券营业部	河北	石家庄	57650.8	53072.5	553.1	0.6	129.5	3885.9
长江证券公司杭州西湖大道证券营业部	浙江	杭州	57638.9	44350.7	1385.0	0.4	135.8	11767.0
华创证券公司贵阳北京路证券营业部	贵州	贵阳	57555.9	41655.2	480.3	1.2	41.9	15377.2
长江证券公司齐齐哈尔龙门街证券营业部	黑龙江	齐齐哈尔	57547.5	49636.1	240.6	0.3	2.4	7660.4
华西证券公司攀枝花新华街证券营业部	四川	攀枝花	57528.1	49420.3	1838.9	0.0	52.7	6213.1
中信证券公司南昌贤士一路证券营业部	江西	南昌	57495.1	41812.9	607.5	0.0	44.3	15030.2
海通证券公司武汉十升路证券营业部	湖北	武汉	57483.6	41340.9	65.5	1.2	102.1	15968.2
财通证券公司上虞市民大道证券营业部	浙江	绍兴	57470.9	47953.9	99.7	0.0	22.3	9394.9
长江证券公司深圳后海海岸城证券营业部	深圳	深圳	57441.4	48373.4	3165.3	0.0	38.9	5854.0

注：营业部交易金额的单位为百万元

证券营业部交易
Trading of Business Department

营业部名称 Business Department	省份 Province	城市 City	总计 Total	股票 Share	基金 Fund	政府债 G-Bond	公司债 C-Bond	债券回购 Repo
国都证券公司成都天益街证券营业部	四川	成都	57410.9	50891.1	677.0	0.0	20.6	5822.2
长城证券公司昆明西昌路证券营业部	云南	昆明	57343.5	30776.3	252.2	0.1	64.2	26250.6
申万宏源证券有限公司沈阳岐山中路证券营业部	辽宁	沈阳	57326.4	47980.7	261.4	6.1	285.9	8790.9
光大证券公司海口国贸大道证券营业部	海南	海口	57319.6	54285.2	223.8	58.3	12.2	2739.1
海通证券公司营口辽河大街证券营业部	辽宁	营口	57308.7	47815.7	133.7	252.9	19.6	9086.7
恒泰证券公司上海水电路证券营业部	上海	上海	57272.9	35823.3	783.2	4.5	12.9	20648.7
申万宏源西部证券有限公司杭州学院路证券营业部	浙江	杭州	57260.8	46851.6	581.7	0.1	147.9	9679.5
西部证券公司西安长安中路证券营业部	陕西	西安	57222.8	51253.2	150.0	11.3	41.0	5762.2
长江证券公司西宁东大街证券营业部	青海	西宁	57213.2	27751.5	107.8	0.0	1.4	29352.6
兴业证券公司福清一拂路证券营业部	福建	福清	57162.2	46487.2	4622.7	0.0	41.5	6010.8
国信证券公司南昌八一大道证券营业部	江西	南昌	57144.3	52129.6	2005.8	0.0	25.8	2982.8
中国银河证券公司沈阳大北关街证券营业部	辽宁	沈阳	57092.2	46851.7	1120.2	0.0	845.4	8274.0
申万宏源西部证券有限公司乌鲁木齐北京路证券营业部	新疆	乌鲁木齐	57077.3	50091.3	181.7	1.1	5.6	6796.5
国信证券公司太原府西街证券营业部	山西	太原	57060.6	47604.4	323.8	0.8	75.5	9056.1
兴业证券公司长沙芙蓉南路证券营业部	湖南	长沙	57055.1	41691.9	308.4	0.7	7.2	15046.8
国联证券公司上海漕宝路证券营业部	上海	上海	57041.4	39068.3	707.0	6.9	39.9	17218.8
上海证券公司堡镇证券营业部	上海	上海	57038.8	48351.0	475.6	0.1	56.6	8155.5
中银国际证券公司武汉武珞路证券营业部	湖北	武汉	56966.3	50002.1	1826.6	2.1	38.3	5097.1
申万宏源西部证券有限公司乌鲁木齐解放南路证券营业部	新疆	乌鲁木齐	56961.5	50558.1	53.4	0.0	9.1	6340.9
海通证券公司泰安岱宗大街营业部	山东	泰安	56888.1	47090.6	1039.6	1.7	72.6	8609.3
中山证券公司北京车公庄大街证券营业部	北京	北京	56881.5	43252.5	289.9	16.3	81.2	13241.6
山西证券公司运城河东街证券营业部	山西	运城	56783.3	48114.6	5385.7	0.0	31.4	3244.9
中国中投证券公司洛阳天津路证券营业部	河南	洛阳	56753.5	53146.2	474.5	2.3	34.1	3096.5
平安证券公司湖北分公司	湖北	武汉	56680.3	53414.3	276.1	0.0	32.5	2957.4
华融证券公司娄底春园路证券营业部	湖南	娄底	56542.1	29984.2	26253.6	4.3	23.0	276.9
财富证券公司郴州八一南路证券营业部	湖南	郴州	56520.3	51780.4	463.9	1.2	21.9	4247.9
华安证券公司深圳深南西路证券营业部	深圳	深圳	56492.1	40640.0	147.3	7.4	0.1	15697.2
湘财证券公司济南马鞍山路证券营业部	山东	济南	56453.6	39774.4	8450.2	3.8	260.4	7963.4
首创证券公司上海斜土路证券营业部	上海	上海	56428.2	28795.9	1186.9	0.0	105.8	26339.6
长江证券公司仙桃仙桃大道证券营业部	湖北	仙桃	56412.9	54746.1	207.4	0.0	54.1	1405.3
光大证券公司东莞厚街证券营业部	广东	东莞	56351.4	47343.1	1006.6	0.0	9.8	7988.2
安信证券公司广州滨江中路证券营业部	广东	广州	56345.2	32830.9	514.9	0.0	18.9	22974.9
信达证券公司丹东锦山大街证券营业部	辽宁	丹东	56341.6	49766.0	234.5	10.0	749.0	5582.1
长城证券公司南宁民族大道证券营业部	广西	南宁	56303.3	46628.0	2075.3	0.0	45.1	7554.9
华安证券公司上海丽园路证券营业部	上海	上海	56291.6	26043.0	226.2	0.1	8.6	30013.7
中信证券公司嘉善晋阳西路证券营业部	浙江	嘉兴	56286.8	45705.4	938.6	4.1	110.6	9523.1
申万宏源证券有限公司南昌南京东路证券营业部	江西	南昌	56260.3	41102.9	67.4	115.0	1031.0	13944.1
财富证券公司天津烟台道证券营业部	天津	天津	56256.7	32495.6	801.3	0.0	57.2	22899.0
安信证券公司韶关西堤北路证券营业部	广东	韶关	56246.8	31537.5	21408.1	1.4	69.4	3228.4
广发证券公司荆州江津路证券营业部	湖北	荆州	56239.8	47948.1	236.5	9.5	13.2	8024.1
平安证券公司天津绍兴道证券营业部	天津	天津	56215.4	44199.9	565.7	105.0	497.9	10846.9
申万宏源西部证券有限公司天津华天道证券营业部	天津	天津	56123.5	2839.5	28.6	0.0	0.1	53255.2
财达证券公司衡水人民东路证券营业部	河北	衡水	56080.7	51915.2	256.6	0.4	97.9	3805.9
海通证券公司重庆龙华大道证券营业部	重庆	重庆	56070.9	52617.2	927.5	0.5	73.4	2438.2
万联证券公司广州花蕾路证券营业部	广东	广州	56069.2	41394.2	1401.7	14.1	49.0	13208.3
西部证券公司西安莲湖路第一证券营业部	陕西	西安	56027.0	46036.4	170.5	2.7	21.8	9794.5
宏信证券公司北京雅宝路证券营业部	北京	北京	56010.4	14130.3	94.9	0.0	1.0	41784.2
国信证券公司青岛香港中路证券营业部	山东	青岛	55987.9	44303.8	3367.1	0.2	69.7	8247.0
中泰证券公司青岛香港中路证券营业部	山东	青岛	55985.6	44494.8	3020.5	0.0	151.9	8299.4
国信证券公司重庆红锦大道证券营业部	重庆	重庆	55953.3	51939.7	693.3	0.1	264.4	3054.2

注：营业部交易金额的单位为百万元

证券营业部交易
Trading of Business Department

营业部名称 Business Department	省份 Province	城市 City	总计 Total	股票 Share	基金 Fund	政府债 G-Bond	公司债 C-Bond	债券回购 Repo
财通证券公司安吉体育场证券营业部	浙江	湖州	55944.3	47105.1	1606.9	0.0	1.6	7230.5
天风证券公司上海芳甸路证券营业部	上海	上海	55866.5	28129.4	29.4	0.0	179.2	27528.5
中国银河证券公司郑州山河证券营业部	河南	郑州	55823.2	52445.7	211.2	1.3	73.3	3091.1
安信证券公司大连中山路证券营业部	辽宁	大连	55816.3	31529.8	1656.6	146.1	401.0	22080.2
东方证券公司上海杨浦区安波路证券营业部	上海	上海	55746.6	38086.8	481.0	34.0	46.7	17097.5
广发证券公司廊坊新开路营业部	河北	廊坊	55689.5	48048.0	371.5	1.2	15.0	7248.9
东方证券公司上海浦东新区银城中路证券营业部	上海	上海	55683.6	27514.0	553.9	25.4	39.9	27550.2
中国银河证券公司海口滨海大道证券营业部	海南	海口	55613.9	38964.4	2137.4	0.0	85.7	14420.8
华泰证券公司深圳龙岗黄阁北路证券营业部	深圳	深圳	55574.5	43846.2	696.8	0.0	31.9	10999.7
山西证券公司上海虹桥路证券营业部	上海	上海	55568.4	40072.0	1013.6	1.1	21.8	14459.8
东方证券公司上海黄浦区凤阳路证券营业部	上海	上海	55533.7	39971.1	1270.5	0.0	4.7	14287.4
安信证券公司广州增城新塘证券营业部	广东	广州	55533.6	43340.3	375.8	0.0	36.1	11761.0
华泰证券公司长春民康路证券营业部	吉林	长春	55456.6	42837.6	9438.3	0.7	9.8	3164.6
平安证券公司重庆分公司	重庆	重庆	55453.1	53437.1	315.3	2.5	29.7	1668.5
中国中投证券公司西安友谊东路证券营业部	陕西	西安	55387.3	45846.2	483.4	1.4	1392.6	7663.7
长城证券公司苏州东吴北路证券营业部	江苏	苏州	55385.7	43649.3	622.6	1.2	24.7	11087.9
广发证券公司云浮浩林东路证券营业部	广东	云浮	55298.2	49065.2	797.2	0.1	60.0	5374.7
中国银河证券公司南京南瑞路证券营业部	江苏	南京	55283.9	39262.5	3565.9	58.3	116.2	12275.8
中山证券公司上海长宁路证券营业部	上海	上海	55241.0	34361.3	737.8	1.7	29.5	20110.7
浙商证券公司杭州体育场路证券营业部	浙江	杭州	55208.7	33462.8	351.2	0.0	8.1	21385.7
五矿证券有限公司五矿证券有限公司杭州市心北路证券营业部	浙江	杭州	55134.8	31548.3	44.3	0.0	1.1	23541.1
平安证券公司河北分公司	河北	石家庄	55105.2	27857.7	79.0	134.5	180.4	26851.3
中泰证券公司滨州渤海七路证券营业部	山东	滨州	55100.0	27018.5	21816.3	0.1	141.7	6121.1
中泰证券公司淄博中润大道证券营业部	山东	淄博	55082.0	44982.9	4868.4	0.7	70.9	5157.5
上海证券公司莘庄证券营业部	上海	上海	55066.3	43942.6	410.5	1.4	109.5	10599.8
中信建投证券公司赣州市文清路证券营业部	江西	赣州	55059.4	49419.1	1652.0	0.0	43.2	3935.4
长江证券公司荆门白庙路证券营业部	湖北	荆门	55031.1	48647.6	3238.8	3.3	187.5	2952.8
华鑫证券公司西安西大街证券营业部	陕西	西安	55026.0	44832.0	249.2	0.0	1.9	9942.3
兴业证券公司晋江崇德路证券营业部	福建	晋江	54950.5	46809.1	428.9	0.0	18.5	7693.9
东方证券公司北海北海大道证券营业部	广西	北海	54930.1	51964.6	503.8	1.1	10.9	2449.6
湘财证券公司北京顺义站前街证券营业部	北京	北京	54916.3	43346.9	4462.2	10.0	42.2	7054.9
万和证券公司成都蜀汉路证券营业部	四川	成都	54891.3	37710.4	178.1	1.2	1081.7	15919.9
国泰君安证券公司天津塘沽上海道证券营业部	天津	天津	54822.1	47716.4	484.8	1.4	35.2	6584.3
浙商证券公司厦门文康路证券营业部	福建	厦门	54816.7	32626.6	132.8	0.0	12.2	22044.5
中国银河证券公司哈尔滨中山路证券营业部	黑龙江	哈尔滨	54751.8	38784.7	1497.6	0.1	7.9	14461.3
广发证券公司东营济南路证券营业部	山东	东营	54748.9	52628.8	351.8	0.5	40.5	1727.3
海通证券公司哈尔滨和平路证券营业部	黑龙江	哈尔滨	54721.1	36471.3	238.9	0.0	273.9	17735.7
中信建投证券公司南昌抚河中路证券营业部	江西	南昌	54719.1	48411.8	286.5	21.5	47.0	5951.4
英大证券公司武汉汉阳大道证券营业部	湖北	武汉	54607.1	27784.9	416.5	73.6	248.9	26083.1
上海证券公司南桥证券营业部	上海	上海	54592.2	47266.6	157.3	0.1	61.2	7107.0
宏信证券公司北京百万庄大街证券营业部	北京	北京	54569.0	17887.3	502.3	0.0	7.3	36172.0
长城国瑞证券有限公司上海陆家滨路证券营业部	上海	上海	54542.3	29478.4	252.4	0.1	3.6	24807.7
中山证券公司杭州杨公堤证券营业部	浙江	杭州	54539.6	41153.1	92.1	0.0	28.8	13265.6
中国银河证券公司青田涌金街证券营业部	浙江	丽水	54506.0	47852.5	517.3	0.0	45.0	6091.2
广发证券公司合肥长江中路证券营业部	安徽	合肥	54501.6	46416.9	447.6	0.0	35.7	7601.0
中信证券(山东)公司胶州湖州路证券营业部	山东	青岛	54454.2	51879.3	313.4	1.0	45.7	2214.7
华泰证券公司太仓太平南路证券营业部	江苏	太仓	54447.6	39621.9	7302.1	0.5	9.7	7513.4
国信证券公司宁波百丈东路证券营业部	浙江	宁波	54418.8	51366.9	56.2	0.0	28.8	2965.3
中国中投证券公司郑州商务内环路证券营业部	河南	郑州	54389.4	50925.3	246.9	0.0	13.7	3203.1
中信证券公司厦门湖滨南路证券营业部	福建	厦门	54388.2	31260.6	695.3	0.0	1.2	22431.0

注：营业部交易金额的单位为百万元

证券营业部交易
Trading of Business Department

营业部名称 Business Department	省份 Province	城市 City	总计 Total	股票 Share	基金 Fund	政府债 G-Bond	公司债 C-Bond	债券回购 Repo
兴业证券公司南安新华街证券营业部	福建	南安	54364.8	51122.2	342.6	4.6	42.6	2852.7
光大证券公司上海环城南路证券营业部	上海	上海	54356.3	28681.0	109.6	0.1	26.3	25539.3
西南证券公司北京海淀证券营业部	北京	北京	54350.4	11874.6	98.2	0.0	0.0	42377.6
江海证券有限公司上海万航渡路证券营业部	上海	上海	54341.9	34487.5	355.0	0.4	7.2	19491.6
中国银河证券公司哈尔滨西十道街证券营业部	黑龙江	哈尔滨	54320.3	37279.5	109.9	0.4	3920.2	13010.4
渤海证券公司上海虹口区大连路证券营业部	上海	上海	54260.4	30957.9	515.2	0.0	5.6	22781.6
信达证券公司广州番禺富华东路证券营业部	广东	广州	54179.2	50269.8	363.8	19.0	146.6	3379.9
上海证券公司乐清虹桥飞虹南路证券营业部	浙江	乐清	54175.7	51428.3	531.3	0.2	49.2	2163.5
招商证券公司南宁民族大道证券营业部	广西	南宁	54152.7	48495.5	229.8	0.1	49.3	5378.0
信达证券公司湛江海滨大道南证券营业部	广东	湛江	54054.7	42371.0	457.0	1012.9	1654.9	8558.9
中信证券公司湖北分公司	湖北	武汉	54002.4	19067.8	190.4	0.0	89.8	34654.4
申万宏源证券有限公司成都北一环路证券营业部	四川	成都	53985.9	50790.4	205.1	11.1	4.0	2975.3
中信证券(山东)公司济宁吴泰闸路证券营业部	山东	济宁	53962.4	47293.4	835.4	0.7	36.4	5794.7
东海证券公司常州通江中路证券营业部	江苏	常州	53936.3	44317.7	237.9	0.0	84.8	9295.9
爱建证券公司宁波碶闸街证券营业部	浙江	宁波	53923.5	46223.8	143.9	0.1	27.3	7528.4
广发证券公司武汉武珞路证券营业部	湖北	武汉	53906.7	42859.3	409.9	71.2	89.3	10473.7
广发证券公司杭州密渡桥路证券营业部	浙江	杭州	53829.8	45420.9	370.1	0.1	55.6	7982.2
上海证券公司静安南京西路证券营业部	上海	上海	53792.5	31538.2	650.0	25.5	607.0	20971.7
中国中投证券公司仪征大庆北路证券营业部	江苏	扬州	53752.8	50011.9	496.3	0.3	208.3	3035.2
中国银河证券公司佛山南海桂平西路证券营业部	广东	佛山	53740.8	37635.7	478.7	0.0	9.2	15615.4
国信证券公司深圳海德三道证券营业部	深圳	深圳	53722.7	39941.6	2696.6	0.0	11.5	11072.8
东北证券公司四平爱民路证券营业部	吉林	四平	53721.3	34328.2	7762.3	0.1	2975.7	8653.8
银泰证券公司北京马甸路证券营业部	北京	北京	53717.8	42182.7	590.3	1.6	16.0	10922.1
中国银河证券公司石家庄红旗大街证券营业部	河北	石家庄	53709.9	49206.2	217.1	26.5	15.9	4239.2
申万宏源西部证券有限公司沈阳十一纬路证券营业部	辽宁	沈阳	53705.1	45548.2	300.5	10.0	140.3	7706.0
山西证券公司山西证券股份有限公司太原上肖墙路证券营业	山西	太原	53694.6	48019.4	1669.5	0.4	8.0	3975.1
申万宏源证券有限公司泸州广凤路证券营业部	四川	泸州	53672.9	50788.5	342.9	6.4	7.9	2527.2
广发证券公司揭阳临江北路证券营业部	广东	揭阳	53643.5	33513.4	798.8	0.0	67.7	19263.6
安信证券公司镇江中山东路证券营业部	江苏	镇江	53638.6	41725.8	1009.3	1.1	12.6	10885.2
安信证券公司成都领事馆路证券营业部	四川	成都	53634.9	43934.3	284.1	0.1	61.1	9348.0
中国银河证券公司北京建国路证券营业部	北京	北京	53633.7	37384.3	408.4	41.6	1731.5	14067.9
广发证券公司茂名高凉中路证券营业部	广东	茂名	53568.7	47643.5	469.6	1.3	83.4	5363.0
首创证券公司哈尔滨西大直街证券营业部	黑龙江	哈尔滨	53563.0	22286.5	150.9	386.1	755.9	29983.5
中国银河证券公司汕头韩江路证券营业部	广东	汕头	53559.3	42741.2	382.1	0.0	33.5	10402.5
申万宏源证券有限公司成都西一环路证券营业部	四川	成都	53510.5	47689.5	305.6	21.6	160.8	5332.9
英大证券公司上海陆家嘴证券营业部	上海	上海	53495.8	23498.2	896.6	0.2	3.2	29097.7
中信建投证券公司北京太阳宫中路证券营业部	北京	北京	53442.7	29036.0	18586.2	0.0	9.2	5811.3
国泰君安证券公司哈尔滨西大直街证券营业部	黑龙江	哈尔滨	53433.5	42341.8	203.7	67.9	261.3	10558.7
东方证券公司上海杨浦区四平路证券营业部	上海	上海	53423.0	34177.7	590.7	0.5	190.0	18455.2
海通证券公司上海金山区卫清西路证券营业部	上海	上海	53361.9	19073.3	753.1	0.0	91.5	33444.0
中国银河证券公司郑州经三路证券营业部	河南	郑州	53320.7	44882.6	628.0	0.0	59.4	7750.7
中国民族证券公司吉首人民北路证券营业部	湖南	吉首	53302.9	52948.1	39.5	0.2	0.9	314.2
招商证券公司天津开发区第三大街证券营业部	天津	天津	53291.7	38693.1	895.6	1.1	165.2	13536.3
兴业证券公司济南历山路证券营业部	山东	济南	53290.0	41573.5	1180.3	4.6	78.9	10451.5
申万宏源证券有限公司重庆小新街营业部	重庆	重庆	53278.8	48735.8	166.7	0.4	703.8	3666.0
中信建投证券公司北京远大路证券营业部	北京	北京	53087.8	22934.4	1492.8	0.0	2.4	28658.3
中国银河证券公司沈阳建设东路证券营业部	辽宁	沈阳	53043.4	46007.1	636.0	0.4	192.1	6207.8
国盛证券公司抚州赣东大道证券营业部	江西	抚州	52967.6	48492.2	278.2	0.0	1169.3	3027.9
浙商证券公司武汉中南路证券营业部	湖北	武汉	52959.9	11498.6	40285.2	0.0	4.3	1171.8
华泰证券公司荆州北京中路证券营业部	湖北	荆州	52953.0	40080.1	9734.1	1.2	622.0	2515.6

注：营业部交易金额的单位为百万元

证券营业部交易
Trading of Business Department

营业部名称 Business Department	省份 Province	城市 City	总计 Total	股票 Share	基金 Fund	政府债 G-Bond	公司债 C-Bond	债券回购 Repo
国海证券公司南宁友爱路证券营业部	广西	南宁	52931.0	46488.1	1886.4	0.0	38.2	4518.3
中信证券(山东)公司青岛香港中路证券营业部	山东	青岛	52885.2	40400.8	828.4	0.0	35.3	11618.2
中信建投证券公司佛山市南海区南桂东路证券营业部	广东	佛山	52832.2	39600.2	611.6	0.7	18.9	12581.3
山西证券公司大同云中路证券营业部	山西	大同	52801.1	48219.3	326.2	5.6	22.0	4227.9
国泰君安证券公司青岛南京路证券营业部	山东	青岛	52792.7	46907.9	501.0	2.1	24.2	5357.5
江海证券有限公司哈尔滨邮政街证券营业部	黑龙江	哈尔滨	52653.2	35704.1	262.2	28.3	216.4	16440.0
东方证券公司桂林中山中路证券营业部	广西	桂林	52644.1	50400.4	267.8	0.0	23.5	1950.7
申万宏源证券有限公司芜湖利民西路证券营业部	安徽	芜湖	52544.0	5825.2	45911.0	0.0	30.3	777.6
中信建投证券公司泸州迎晖路证券营业部	四川	泸州	52543.6	43790.9	1430.3	0.6	99.8	7218.2
华林证券公司长沙韶山中路证券营业部	湖南	长沙	52538.9	50403.0	185.7	0.1	32.0	1918.1
国泰君安证券公司余姚舜水南路证券营业部	浙江	余姚	52538.4	49315.7	233.5	0.0	73.4	2915.9
中原证券公司平顶山中兴南路证券营业部	河南	平顶山	52512.5	50772.0	364.0	3.6	20.0	1353.0
海通证券公司大庆经六街营业部	黑龙江	大庆	52496.5	49663.4	546.1	6.0	75.1	2197.2
西部证券公司宝鸡经二路证券营业部	陕西	宝鸡	52463.0	48628.5	195.1	0.2	37.1	3602.2
华安证券公司铜陵淮河北路证券营业部	安徽	铜陵	52435.4	44867.3	143.8	0.8	66.7	7353.1
华泰证券公司牡丹江长安街证券营业部	黑龙江	牡丹江	52432.8	42030.9	7305.6	9.9	69.7	3016.3
财通证券公司淳安新安大街证券营业部	浙江	杭州	52429.9	42245.3	196.2	0.8	70.9	9914.6
中国银河证券公司南昌沿江中路证券营业部	江西	南昌	52327.2	46576.9	481.6	0.8	12.7	5255.3
中国银河证券公司大连延安路证券营业部	辽宁	大连	52301.4	46480.4	224.1	6.1	20.6	5565.3
中原证券公司杭州新华路证券营业部	浙江	杭州	52244.2	41477.0	717.6	0.0	2.5	10047.2
中国银河证券公司大连黄河路证券营业部	辽宁	大连	52212.5	39779.2	586.8	0.9	201.3	11644.4
国盛证券公司杭州萧绍路证券营业部	浙江	杭州	52091.7	42639.7	281.0	0.0	9.7	9161.2
国元证券公司青岛辽宁路证券营业部	山东	青岛	52064.4	40917.8	149.4	0.0	51.5	10945.7
申万宏源证券有限公司重庆杨家坪正街证券营业部	重庆	重庆	52045.9	48035.1	397.7	1.4	35.9	3574.5
海通证券公司长春大经路营业部	吉林	长春	52009.8	36739.3	185.6	71.6	238.0	14769.8
国海证券公司北海北海大道证券营业部	广西	北海	51959.0	46729.5	233.1	0.0	292.3	4703.1
信达证券公司葫芦岛连山大街证券营业部	辽宁	葫芦岛	51924.7	47819.0	251.5	2.1	167.3	3684.8
东方证券公司上海虹口区飞虹路证券营业部	上海	上海	51900.2	32399.6	463.5	0.0	25.4	19009.5
华融证券公司西安小寨西路证券营业部	陕西	西安	51871.7	42482.6	6046.2	0.0	4.5	3337.4
东方证券公司上海宝山区殷高西路证券营业部	上海	上海	51840.3	40864.0	294.1	0.0	75.1	10604.5
中国中投证券公司贵阳护国路证券营业部	贵州	贵阳	51839.4	30669.2	219.8	0.0	317.0	20633.5
国盛证券公司南昌物资大楼证券营业部	江西	南昌	51836.9	39819.7	70.7	0.0	219.6	11726.9
中信建投证券公司宜昌市解放路证券营业部	湖北	宜昌	51794.6	47109.9	89.0	0.0	48.6	4543.0
方正证券公司平顶山建设路证券营业部	河南	平顶山	51739.4	45262.2	230.8	0.2	39.5	6206.6
宏信证券公司南充涪江路证券营业部	四川	南充	51732.5	48376.8	165.6	1.6	153.0	3030.0
华泰证券公司大连解放路证券营业部	辽宁	大连	51667.7	32941.3	15857.9	3.9	34.7	2829.5
国元证券公司合肥金寨路证券营业部	安徽	合肥	51662.5	41008.6	416.2	2.8	144.5	10090.3
首创证券公司石家庄中山东路证券营业部	河北	石家庄	51656.2	48054.1	323.6	0.8	67.6	3210.1
中国民族证券公司上海南丹东路证券营业部	上海	上海	51646.1	42852.3	342.4	0.0	5.6	8445.3
光大证券公司金华宾虹路证券营业部	浙江	金华	51563.7	48160.1	715.1	0.1	136.9	2549.3
中国银河证券公司中山古镇证券营业部	广东	中山	51543.4	45161.4	693.7	3.0	10.1	5673.2
大通证券公司大连民意街证券营业部	辽宁	大连	51531.6	44119.9	267.4	0.1	43.0	7100.9
西南证券公司南宁中泰路证券营业部	广西	南宁	51525.1	3993.4	9.7	18.6	0.0	47503.4
南京证券公司银川民族北街证券营业部	宁夏	银川	51516.5	47896.6	250.1	0.9	15.9	3350.6
国开证券公司保定五四西路证券营业部	河北	保定	51506.2	45763.7	143.6	13.6	72.1	5513.2
东北证券公司长春自由大路证券营业部	吉林	长春	51459.6	37673.1	247.7	0.8	233.4	13299.9
长城国瑞证券有限公司杭州新塘路证券营业部	浙江	杭州	51416.6	17735.0	108.8	0.1	10.0	33562.7
中国银河证券公司苏州三香路证券营业部	江苏	苏州	51404.8	37933.0	591.6	1.4	94.9	12783.5
中信建投证券公司佛山南庄证券营业部	广东	佛山	51396.8	40164.7	763.5	0.1	34.0	10434.6
中国民族证券公司北京丰台东大街证券营业部	北京	北京	51373.2	41637.4	1181.8	7.9	74.4	8465.9

注：营业部交易金额的单位为百万元

证券营业部交易
Trading of Business Department

营业部名称 Business Department	省份 Province	城市 City	总计 Total	股票 Share	基金 Fund	政府债 G-Bond	公司债 C-Bond	债券回购 Repo
浙商证券公司三门南山路证券营业部	浙江	台州	51373.2	47487.8	82.7	0.0	2.5	3800.2
浙商证券公司诸暨艮塔路证券营业部	浙江	绍兴	51329.2	46936.1	361.8	0.0	11.5	4019.8
海通证券公司大庆经三街证券营业部	黑龙江	大庆	51298.4	38646.5	2607.0	1.0	59.7	9960.5
世纪证券公司新余仙来中大道证券营业部	江西	新余	51298.3	43649.3	104.6	0.5	12.0	7531.9
国金证券公司都江堰都江大道证券营业部	四川	成都	51215.5	49872.2	154.9	0.4	29.4	1158.6
中信证券公司启东人民中路证券营业部	江苏	启东	51184.8	43740.8	1445.0	3.2	17.6	5977.4
华融证券公司常德武陵大道证券营业部	湖南	常德	51155.5	24147.0	24392.7	0.0	4.6	2611.2
国海证券公司上海国定东路证券营业部	上海	上海	51128.3	32778.3	454.2	10.0	6.6	17878.4
上海证券公司九江路证券营业部	上海	上海	51073.4	31162.2	358.8	19.3	25.2	19501.8
中信建投证券公司重庆龙山路证券营业部	重庆	重庆	51072.9	48747.9	368.2	1.1	13.7	1934.7
中信建投证券公司兰州皋兰路证券营业部	甘肃	兰州	51040.3	34071.7	11415.5	0.0	34.2	5505.8
申万宏源证券有限公司长沙蔡锷中路证券营业部	湖南	长沙	50981.7	46940.7	440.6	0.8	12.1	3587.6
广发证券公司北京安立路证券营业部	北京	北京	50961.4	41082.2	567.9	0.0	16.2	9292.5
信达证券公司深圳深南大道证券营业部	深圳	深圳	50942.3	44076.9	591.6	99.4	15.6	6158.8
中信建投证券公司深圳市宝安前进一路证券营业部	深圳	深圳	50800.9	45141.0	449.5	11.1	1329.8	3869.2
国海证券公司上海宝源路证券营业部	上海	上海	50712.5	33646.0	241.1	2.8	55.8	16764.5
申万宏源西部证券有限公司郑州花园路证券营业部	河南	郑州	50701.0	20004.7	44.8	1.3	1.6	30648.7
中国中投证券公司合肥淮河路证券营业部	安徽	合肥	50664.5	44193.9	216.3	0.2	34.7	6219.5
西部证券公司西安金花南路证券营业部	陕西	西安	50636.2	41528.3	81.9	2.4	20.3	9003.3
西部证券公司西安高新技术产业开发区证券营业部	陕西	西安	50624.5	41470.6	241.7	0.8	48.6	8862.8
中信证券公司广州番禺广华南路证券营业部	广东	广州	50573.5	20616.5	4159.6	0.0	4.8	25791.9
财通证券公司江山中山路证券营业部	浙江	衢州	50536.6	47355.7	169.3	0.0	74.0	2937.4
万联证券公司荆门长宁大道证券营业部	湖北	荆门	50516.6	30108.4	18236.9	0.0	14.0	2152.8
中原证券公司黄河金三角示范区分公司	河南	三门峡	50493.8	47196.2	499.3	0.2	21.1	2772.4
中信证券公司石家庄建设北大街证券营业部	河北	石家庄	50486.6	34084.8	3203.0	0.0	15.1	13180.3
东兴证券公司龙海公园路证券营业部	福建	龙海	50483.5	45564.2	379.1	1.2	427.6	4111.0
华泰证券公司吴江盛泽镇市场路证券营业部	江苏	吴江	50476.8	28872.6	15902.1	0.0	15.8	5686.3
中信证券公司桐庐迎春南路证券营业部	浙江	杭州	50421.2	44596.3	827.8	3.0	1.7	4992.3
华安证券公司六安梅山路证券营业部	安徽	六安	50394.5	47216.9	335.5	0.7	7.4	2834.0
国盛证券公司南昌洪都大道证券营业部	江西	南昌	50347.3	42169.5	80.0	0.2	23.4	8074.2
湘财证券公司广州大道北证券营业部	广东	广州	50277.4	18453.5	15916.7	0.0	347.0	15560.2
国元证券公司芜湖文化路证券营业部	安徽	芜湖	50269.8	44463.3	305.3	1.3	36.9	5462.2
东北证券公司南京标营路证券营业部	江苏	南京	50232.6	34131.8	11295.7	0.0	49.4	4749.4
广发证券公司佛山顺德南国东路证券营业部	广东	顺德	50218.8	37304.0	3001.7	0.0	17.2	9891.8
国泰君安证券公司荆州便河东路证券营业部	湖北	荆州	50201.3	45331.4	160.7	0.0	146.6	4562.6
西藏同信证券公司杭州城星路证券营业部	浙江	杭州	50100.8	43019.1	518.7	0.0	62.5	6500.5
银泰证券公司苏州干将东路证券营业部	江苏	苏州	50083.6	35207.0	373.1	1.1	124.4	14377.9
国海证券公司柳州北站路证券营业部	广西	柳州	50081.3	46139.0	237.4	0.2	21.7	3676.2
广发证券公司海口和平大道证券营业部	海南	海口	50056.1	42803.9	154.6	115.0	8.3	6974.0
中泰证券公司泰安东岳大街第一证券营业部	山东	泰安	50053.3	48564.8	358.0	0.0	18.2	1111.8
广发证券公司珠海斗门证券营业部	广东	珠海	50049.1	44703.2	114.3	0.5	2.3	5226.0
世纪证券公司长沙韶山北路证券营业部	湖南	长沙	50037.4	43882.5	757.3	0.1	18.1	5379.4
南京证券公司杭州新塘路证券营业部	浙江	杭州	50013.7	45319.2	568.3	0.0	80.8	4045.2
中国银河证券公司乌鲁木齐解放北路证券营业部	新疆	乌鲁木齐	49959.8	44960.5	85.1	0.0	0.4	4913.8
华安证券公司芜湖新芜路证券营业部	安徽	芜湖	49942.3	45295.6	228.1	4.1	91.6	4323.0
申万宏源西部证券有限公司乌鲁木齐公园北街证券营业部	新疆	乌鲁木齐	49917.6	45851.9	116.1	0.0	1.6	3947.0
海通证券公司泉州田安路证券营业部	福建	泉州	49883.6	44357.5	555.8	0.0	81.9	4887.3
山西证券公司太原漪汾街证券营业部	山西	太原	49836.5	42615.2	1575.1	0.0	93.5	5552.6
国都证券公司郑州花园路证券营业部	河南	郑州	49786.2	35947.7	298.8	0.0	124.6	13414.8
海通证券公司深圳景田路证券营业部	深圳	深圳	49782.8	44007.1	1031.5	0.0	158.1	4583.2

注：营业部交易金额的单位为百万元

证券营业部交易
Trading of Business Department

营业部名称 Business Department	省份 Province	城市 City	总计 Total	股票 Share	基金 Fund	政府债 G-Bond	公司债 C-Bond	债券回购 Repo
中原证券公司郑州纬二路证券营业部	河南	郑州	49779.7	44373.8	366.4	7.2	43.8	4988.4
东方证券公司上海牡丹路证券营业部	上海	上海	49767.9	35286.5	438.2	1.1	103.0	13939.0
中国银河证券公司重庆建新东路证券营业部	重庆	重庆	49762.4	45374.5	536.6	0.0	45.4	3804.3
申万宏源西部证券有限公司武汉和平大道证券营业部	湖北	武汉	49759.0	33313.1	187.3	8.7	36.5	16211.6
江海证券有限公司哈尔滨友谊路证券营业部	黑龙江	哈尔滨	49757.2	40001.1	120.5	0.0	78.8	9555.2
中国银河证券公司佛山顺德乐从证券营业部	广东	佛山	49742.9	35068.3	128.1	40.9	12.9	14492.7
东海证券公司上海虹口区中山北一路证券营业部	上海	上海	49672.5	32150.3	249.8	6.2	134.6	17129.3
中泰证券公司淄博中心路证券营业部	山东	淄博	49646.8	37331.6	9107.7	1.6	45.4	3160.4
东兴证券公司三明崇宁路证券营业部	福建	三明	49570.4	45993.9	514.4	0.0	734.0	2327.7
安信证券公司肇庆四会光明北路证券营业部	广东	四会	49569.5	44184.6	503.4	2.7	21.4	4848.6
中泰证券公司济南舜耕路证券营业部	山东	济南	49516.1	45409.6	334.9	0.3	9.5	3756.6
中国银河证券公司武汉新华路证券营业部	湖北	武汉	49494.5	43480.8	697.2	0.0	4.2	5312.2
申万宏源证券有限公司上海金山区临仓街证券营业部	上海	上海	49493.2	38193.1	842.5	0.7	12.6	10444.0
西部证券公司渭南东风街证券营业部	陕西	渭南	49436.8	47720.9	103.5	1.3	85.7	1525.5
渤海证券公司上海定西路证券营业部	上海	上海	49393.5	24485.1	1598.0	0.5	75.3	23234.7
华泰证券公司宿迁洪泽湖路证券营业部	江苏	宿迁	49304.0	42579.9	1902.5	4.2	66.7	4749.0
爱建证券公司厦门湖滨一里证券营业部	福建	厦门	49296.0	41320.0	517.0	0.4	22.8	7435.9
财富证券公司深圳深南大道证券营业部	深圳	深圳	49290.2	43668.7	1397.2	0.2	0.4	4223.8
长城国瑞证券有限公司厦门仙岳路证券营业部	福建	厦门	49276.6	36638.4	510.9	2.9	115.8	12008.7
申万宏源证券有限公司青岛山东路证券营业部	山东	青岛	49168.2	41850.0	983.7	1.2	54.5	6278.7
湘财证券公司海口证券交易营业部	海南	海口	49150.5	31552.7	12854.7	0.3	269.3	4471.7
信达证券公司上海黄浦区九江路证券营业部	上海	上海	49147.5	36328.8	791.8	0.0	777.5	11232.9
西南证券公司徐州二环西路证券营业部	江苏	徐州	49097.4	46695.4	218.1	0.2	7.0	2176.7
国元证券公司淮南朝阳西路证券营业部	安徽	淮南	49088.7	42691.7	118.7	0.2	13.9	6263.3
南京证券公司北京东三环南路证券营业部	北京	北京	48985.3	33574.1	310.2	0.7	13.1	15084.5
中国民族证券公司鞍山人民路证券营业部	辽宁	鞍山	48965.4	44540.6	109.4	8.5	32.1	4271.4
国泰君安证券公司唐山建华西道证券营业部	河北	唐山	48930.6	37359.2	6763.5	0.0	27.9	4780.0
申万宏源证券有限公司上海浦东新区博山东路证券营业部	上海	上海	48930.5	33673.0	1762.6	0.0	36.9	13457.6
上海证券公司虹梅路证券营业部	上海	上海	48920.6	33838.0	360.0	0.0	9.2	14713.4
中信证券公司北京中关村大街证券营业部	北京	北京	48912.0	34775.9	1090.2	0.0	353.8	12692.2
海通证券公司烟台解放路证券营业部	山东	烟台	48905.0	43926.4	337.7	70.0	24.0	4509.1
国海证券公司贵港中山路证券营业部	广西	贵港	48798.6	35628.2	97.7	51.1	604.5	12417.2
长城证券公司深圳宝安海秀路证券营业部	深圳	深圳	48768.9	38605.4	173.8	116.8	24.9	9848.0
安信证券公司潮州潮安证券营业部	广东	潮州	48763.7	40283.0	237.2	0.0	5.7	8234.1
中国中投证券公司济南历山路证券营业部	山东	济南	48710.5	43278.6	997.8	0.2	192.9	4229.8
中信证券公司嵊州时代商务广场证券营业部	浙江	绍兴	48697.8	37033.8	111.4	0.0	12.3	11540.3
金元证券公司上海东方路证券营业部	上海	上海	48691.5	35014.4	214.7	0.3	15.8	13446.3
渤海证券公司北京大兴三中西巷证券营业部	北京	北京	48688.9	45048.0	300.9	0.0	49.5	3290.5
国泰君安证券公司长春卫星路证券营业部	吉林	长春	48683.1	44269.6	235.6	0.0	37.7	4140.2
恒泰证券公司赤峰哈达街证券营业部	内蒙	赤峰	48668.2	46016.9	520.7	0.0	42.3	2088.3
万联证券公司黄石天津路证券营业部	湖北	黄石	48651.4	35768.9	9779.6	3.1	11.8	3088.0
东海证券公司洛阳中州东路证券营业部	河南	洛阳	48648.7	43256.2	184.5	8.5	46.0	5153.4
华安证券公司宿州汴河路证券营业部	安徽	宿州	48644.9	46912.0	157.2	5.7	35.6	1533.7
英大证券公司南昌解放西路证券营业部	江西	南昌	48631.4	36032.1	302.5	0.2	279.7	12017.0
光大证券公司广州马场路证券营业部	广东	广州	48611.4	43460.4	843.5	0.7	61.1	4245.6
兴业证券公司哈尔滨友谊路证券营业部	黑龙江	哈尔滨	48598.2	31826.3	397.1	0.0	36.0	16337.3
信达证券公司沈阳惠工街证券营业部	辽宁	沈阳	48595.7	43962.4	495.2	0.9	46.7	4068.4
申万宏源证券有限公司天津十一经路证券营业部	天津	天津	48595.5	33051.9	771.5	1.5	58.2	14705.5
上海证券公司崇明证券营业部	上海	上海	48574.8	42440.2	107.3	0.1	6.2	6020.8
华泰证券公司扬州宝应叶挺东路证券营业部	江苏	扬州	48547.4	43116.2	3696.8	0.0	21.2	1703.1

注：营业部交易金额的单位为百万元

证券营业部交易
Trading of Business Department

营业部名称 Business Department	省份 Province	城市 City	总计 Total	股票 Share	基金 Fund	政府债 G-Bond	公司债 C-Bond	债券回购 Repo
日信证券公司呼和浩特锡林南路证券营业部	内蒙	呼和浩特	48541.1	30832.5	140.2	149.2	1013.8	16405.4
华福证券公司仙游鲤城街证券营业部	福建	莆田	48520.8	47525.5	71.4	0.0	24.0	898.8
西部证券公司西安莲湖路第二证券营业部	陕西	西安	48486.2	38607.8	57.0	3.8	386.8	9430.8
广发证券公司湛江海滨大道证券营业部	广东	湛江	48473.7	42417.1	200.2	5.2	91.8	5740.0
国泰君安证券公司沧州沧县交通北大道证券营业部	河北	沧州	48448.4	45157.0	316.4	0.0	48.0	2927.1
国金证券公司深圳深南大道证券营业部	深圳	深圳	48438.0	14100.1	423.6	0.0	375.7	33538.6
财达证券公司涿州东兴北街证券营业部	河北	石家庄	48405.2	35532.5	214.6	3.6	33.8	12619.6
长城国瑞证券有限公司厦门湖滨西路证券营业部	福建	厦门	48388.8	37310.8	849.3	1.0	16.9	10210.9
中国银河证券公司扬州文昌中路证券营业部	江苏	扬州	48369.6	38827.9	3554.4	0.0	397.4	5589.9
东吴证券公司杭州文晖路证券营业部	浙江	杭州	48353.9	40882.5	312.4	0.0	69.3	7089.7
广发证券公司乌鲁木齐北京南路证券营业部	新疆	乌鲁木齐	48350.9	43257.4	111.0	1.1	67.6	4913.9
华福证券公司长乐吴航路证券营业部	福建	长乐	48304.4	44525.6	132.0	0.0	36.9	3609.0
长江证券公司乌鲁木齐光明路证券营业部	新疆	乌鲁木齐	48298.4	42505.9	390.6	0.0	22.8	5377.7
金元证券公司北京新外大街证券营业部	北京	北京	48253.1	21342.0	74.7	0.0	13.7	26822.7
海通证券公司海口龙昆北路营业部	海南	海口	48245.5	41093.7	315.4	1.9	2.5	6830.7
中国银河证券公司上海延安西路证券营业部	上海	上海	48239.8	26493.7	478.1	175.5	572.2	20520.3
长城证券公司西安沣镐东路证券营业部	陕西	西安	48205.6	38984.2	1447.7	19.7	20.3	7733.7
东兴证券公司长乐郑和路证券营业部	福建	福州	48203.6	45205.0	399.9	0.5	125.6	2470.5
东吴证券公司苏州滨河路证券营业部	江苏	苏州	48183.5	34912.5	440.2	0.0	25.1	12805.8
西部证券公司西安未央路第一证券营业部	陕西	西安	48151.2	46105.1	105.3	0.1	12.0	1924.1
银泰证券公司深圳彩田路证券营业部	深圳	深圳	48096.8	44203.1	217.4	0.0	70.2	3605.6
中信证券(山东)公司日照北京路证券营业部	山东	日照	48086.9	33392.3	387.2	0.7	25.8	14280.1
华融证券公司长沙韶山路证券营业部	湖南	长沙	48077.2	41964.4	2562.2	0.8	14.6	3535.3
中国银河证券公司遂昌北街证券营业部	浙江	丽水	48026.6	46633.6	187.7	0.0	118.9	1086.4
上海证券公司嘉定证券营业部	上海	上海	48023.6	42506.0	323.4	1.3	17.2	5175.8
华龙证券公司杭州北山路证券营业部	浙江	杭州	48023.6	30246.8	284.3	0.0	2.2	17490.2
西南证券公司温州江滨西路证券营业部	浙江	温州	47996.4	40987.1	639.3	0.0	42.3	6327.5
中邮证券公司西安南大街证券营业部	陕西	西安	47995.7	43618.7	231.4	7.1	41.8	4096.8
华福证券公司上海宛平南路证券营业部	上海	上海	47923.5	27365.2	301.4	3.2	49.7	20204.0
浙商证券公司临安万马路证券营业部	浙江	杭州	47914.3	42043.1	316.4	0.0	9.1	5545.7
国信证券公司郑州商务内环路证券营业部	河南	郑州	47823.3	45041.1	273.5	0.0	34.8	2465.5
中泰证券公司广州天河路证券营业部	广东	广州	47765.8	34093.5	516.8	0.0	10.5	13136.9
华西证券公司达州朝阳中路证券营业部	四川	达州	47745.8	45255.7	587.8	0.1	135.2	1765.4
中航证券有限公司厦门沧虹路证券营业部	福建	厦门	47670.5	31045.1	18.5	5.1	15.2	16586.7
信达证券公司北京翠微路证券营业部	北京	北京	47662.3	40274.1	775.8	0.2	98.9	6513.4
江海证券有限公司厦门吕岭路证券营业部	福建	厦门	47592.6	42003.4	516.5	0.0	44.7	5026.7
中航证券有限公司郑州嵩山南路证券营业部	河南	郑州	47575.7	43687.7	198.6	0.0	39.4	3650.0
海通证券公司遵义中华南路营业部	贵州	遵义	47529.5	39784.7	194.5	1.0	2.4	7546.8
红塔证券公司上海田林东路证券营业部	上海	上海	47508.8	21741.7	1140.6	0.6	29.7	24586.6
安信证券公司青岛山东路证券营业部	山东	青岛	47507.8	40538.1	189.6	7.6	459.7	6312.0
中泰证券公司聊城卫育南路证券营业部	山东	聊城	47489.4	43189.2	156.3	0.1	33.9	4103.2
华鑫证券公司上海淞滨路证券营业部	上海	上海	47477.9	26440.6	439.2	0.1	83.1	20513.5
西部证券公司兰州东岗东路证券营业部	甘肃	兰州	47477.3	7119.8	375.9	0.0	1145.4	38836.2
华西证券公司自贡五星街证券营业部	四川	自贡	47473.6	42769.7	340.2	1.5	51.2	4310.3
国海证券公司梧州奥奇丽路证券营业部	广西	梧州	47447.1	40993.6	536.2	0.0	1029.2	4887.9
财通证券公司宁波天童北路证券营业部	浙江	宁波	47446.0	39845.1	289.5	0.0	119.9	7191.4
光大证券公司江门市东华一路证券营业部	广东	江门	47441.8	40149.8	461.5	0.2	34.1	6785.9
浙商证券公司海宁水月亭西路证券营业部	浙江	嘉兴	47434.5	40809.6	896.6	0.3	70.5	5656.9
江海证券有限公司哈尔滨地段街证券营业部	黑龙江	哈尔滨	47431.0	32556.1	145.1	0.0	6.2	14721.8
东方证券公司南京进香河路证券营业部	江苏	南京	47395.2	43487.5	245.5	0.0	54.0	3608.2

注：营业部交易金额的单位为百万元

证券营业部交易
Trading of Business Department

营业部名称 Business Department	省份 Province	城市 City	总计 Total	股票 Share	基金 Fund	政府债 G-Bond	公司债 C-Bond	债券回购 Repo
国元证券公司北京西坝河南路证券营业部	北京	北京	47345.6	37414.6	1279.2	5.2	10.6	8635.5
中信证券(山东)公司聊城东昌东路证券营业部	山东	聊城	47291.4	34383.4	1146.0	14.5	181.1	11559.0
上海证券公司广灵四路证券营业部	上海	上海	47279.2	31126.5	2456.7	23.1	43.1	13629.4
中泰证券公司威海新威路证券营业部	山东	威海	47273.1	38758.0	1558.3	126.9	139.5	6686.2
东北证券公司长春前进大街证券营业部	吉林	长春	47230.9	31106.5	588.9	0.0	19.4	15514.7
光大证券公司南宁桃源路证券营业部	广西	南宁	47208.8	44511.8	417.6	0.1	17.8	2256.2
大同证券公司大同迎宾街证券营业部	山西	大同	47203.4	40093.0	269.5	0.0	38.1	6802.7
财达证券公司北京花园路证券营业部	北京	北京	47202.7	28195.7	3513.1	183.2	94.1	15216.7
中国中投证券公司哈尔滨赣水路证券营业部	黑龙江	哈尔滨	47177.9	41178.5	186.7	0.0	46.1	5764.6
国海证券公司南宁公园路证券营业部	广西	南宁	47139.4	44111.4	730.3	0.0	91.5	2206.1
中航证券有限公司杭州莫干山路证券营业部	浙江	杭州	47095.7	31124.3	102.2	637.9	1347.7	13883.7
中国银河证券公司北京亦庄荣京东街证券营业部	北京	北京	47064.8	18660.0	1744.1	351.9	2272.5	24036.3
中国中投证券公司太原三墙路证券营业部	山西	太原	47043.0	41939.4	305.8	151.4	240.2	4355.3
英大证券公司深圳园岭三街证券营业部	深圳	深圳	47007.6	37798.3	117.9	0.0	293.0	8798.4
中信证券公司无锡清扬路证券营业部	江苏	无锡	47002.0	16273.9	602.8	0.0	60.5	30064.2
中泰证券公司泰安岱宗大街证券营业部	山东	泰安	46961.5	45478.0	210.5	0.4	21.4	1236.5
华鑫证券公司南京中山北路证券营业部	江苏	南京	46960.9	8561.5	145.2	0.0	0.1	38254.1
平安证券公司陕西分公司	陕西	西安	46875.5	31441.8	208.3	191.7	22.2	14999.1
中泰证券公司潍坊北海路证券营业部	山东	潍坊	46847.5	43033.2	298.8	0.2	35.9	3477.8
广发证券公司深圳新安二路证券营业部	深圳	深圳	46841.4	41222.1	1674.7	0.0	6.4	3936.8
上海证券公司闸北北苏州路证券营业部	上海	上海	46834.6	25991.4	1285.7	2.0	9.1	19546.4
广发证券公司太原新建南路证券营业部	山西	太原	46812.5	34233.2	248.8	2.4	44.8	12280.8
中国银河证券公司珠海景山路证券营业部	广东	珠海	46777.2	32283.0	992.3	7.8	78.4	13414.8
中原证券公司焦作解放中路证券营业部	河南	焦作	46764.6	43033.1	319.5	1.8	23.8	3378.8
长江证券公司沈阳三好街证券营业部	辽宁	沈阳	46701.4	38275.5	2187.7	3.1	48.5	6186.5
信达证券公司广州中山大道证券营业部	广东	广州	46687.5	34727.3	524.6	122.9	294.3	11018.4
广发证券公司珠海情侣中路证券营业部	广东	珠海	46686.8	40617.3	99.5	0.1	5.5	5958.9
中航证券有限公司宜春东风大街证券营业部	江西	宜春	46668.7	43451.6	161.5	0.0	14.9	3040.6
中国银河证券公司中山小榄紫荆东路证券营业部	广东	中山	46660.3	39693.7	618.1	4.1	11.8	6332.5
华福证券公司北京分公司	北京	北京	46654.8	20272.1	143.6	0.0	6.1	26233.0
国元证券公司合肥桐城路证券营业部	安徽	合肥	46639.1	39523.5	232.6	0.2	259.9	6622.9
东北证券公司上海迎春路证券营业部	上海	上海	46635.5	32593.9	1710.2	6.5	99.7	12218.2
安信证券公司清远金碧路证券营业部	广东	清远	46628.6	41935.9	766.9	0.0	55.2	3843.4
国盛证券公司九江市孤溪埂证券营业部	江西	九江	46617.4	44418.4	229.3	0.0	52.0	1917.6
华林证券公司江门冈州大道证券营业部	广东	江门	46595.4	36641.1	1525.8	1.8	30.2	8396.6
国信证券公司肇庆端州四路证券营业部	广东	肇庆	46567.2	43822.9	182.7	0.5	17.4	2542.0
中信建投证券公司连云港龙河南路证券营业部	江苏	连云港	46552.9	41019.3	689.9	1.7	85.6	4751.0
华福证券公司南平滨江中路证券营业部	福建	南平	46512.1	39666.1	595.4	0.4	460.0	5787.8
华福证券公司石狮福辉路证券营业部	福建	石狮	46509.6	43673.6	218.2	0.0	1.1	2616.7
广发证券公司南宁星湖路证券营业部	广西	南宁	46480.2	42692.4	629.6	0.2	15.3	3142.7
海通证券公司上海南桥证券营业部	上海	上海	46432.1	39673.1	222.8	1.5	101.6	6433.1
中国银河证券公司长春东南湖大路证券营业部	吉林	长春	46389.1	41877.5	241.1	0.9	1.9	4266.8
广发证券公司吉林吉林大街证券营业部	吉林	吉林	46329.3	32074.0	4345.1	0.1	42.9	9866.5
中信建投证券公司长沙车站北路证券营业部	湖南	长沙	46277.7	41812.5	439.8	0.0	61.1	3964.3
国元证券公司青岛源头路证券营业部	山东	青岛	46254.0	44815.4	228.7	0.0	30.1	1179.8
中信证券(山东)公司郑州商务内环路证券营业部	河南	郑州	46201.5	34627.5	492.6	0.0	26.9	11054.0
国金证券公司成都新都区马超西路证券营业部	四川	成都	46184.3	40471.3	2364.8	0.9	7.1	3340.2
国金证券公司成都龙泉驿区龙都南路证券营业部	四川	成都	46158.6	38289.0	562.5	0.8	28.7	7277.6
华泰证券公司营口渤海大街证券营业部	辽宁	营口	46136.0	26345.8	14986.6	0.0	11.7	4790.0
华融证券公司上海黄浦区中山东二路证券营业部	上海	上海	46040.3	28664.4	1146.0	0.2	4.1	16225.6

注：营业部交易金额的单位为百万元

证券营业部交易
Trading of Business Department

营业部名称 Business Department	省份 Province	城市 City	总计 Total	股票 Share	基金 Fund	政府债 G-Bond	公司债 C-Bond	债券回购 Repo
中泰证券公司揭阳普宁长春路证券营业部	广东	普宁	46036.3	44417.3	187.2	0.0	8.4	1423.3
国金证券公司长沙芙蓉中路证券营业部	湖南	长沙	46029.9	41763.9	173.8	0.0	36.8	4055.4
川财证券公司成都益州大道证券营业部	四川	成都	45988.7	21838.4	286.9	0.1	164.1	23699.2
东吴证券公司东莞鸿福路证券营业部	广东	东莞	45969.3	43238.1	141.0	0.1	9.6	2580.5
中原证券公司平顶山新华路证券营业部	河南	平顶山	45939.5	42969.2	211.2	0.2	46.4	2710.8
东北证券公司长春湖西路证券营业部	吉林	长春	45931.8	28877.7	216.5	0.0	768.6	16064.1
中信建投证券公司哈尔滨新阳路证券营业部	黑龙江	哈尔滨	45849.8	34282.0	134.2	0.6	215.9	11215.8
海通证券公司牡丹江牡丹街证券营业部	黑龙江	牡丹江	45821.5	41100.8	199.9	4.7	71.6	4443.6
上海证券公司定西路证券营业部	上海	上海	45717.1	27284.3	646.9	2.5	14.0	17769.4
爱建证券公司上海零陵路证券营业部	上海	上海	45652.9	28546.8	260.5	16.5	12.5	16816.7
中泰证券公司电子商务分公司	山东	济南	45598.9	45222.5	207.7	0.0	34.5	134.3
华龙证券公司兰州东岗西路证券营业部	甘肃	兰州	45573.4	43009.9	93.8	7.4	29.5	2424.2
财通证券公司瑞安塘河北路证券营业部	浙江	温州	45540.9	41196.6	125.9	0.0	3.6	4196.8
华泰证券公司启东人民中路证券营业部	江苏	启东	45516.7	39971.5	325.8	0.1	61.7	5157.5
国元证券公司芜湖黄山西路证券营业部	安徽	芜湖	45506.6	42273.2	375.8	0.4	50.4	2796.0
国泰君安证券公司襄阳襄城西街证券营业部	湖北	襄樊	45469.3	41358.0	80.7	0.2	114.4	3916.0
金元证券公司天津大沽南路证券营业部	天津	天津	45465.9	21219.7	87.9	0.0	25.7	24132.3
中泰证券公司淄博青年路证券营业部	山东	淄博	45430.1	42725.1	268.1	0.9	62.5	2370.9
光大证券公司东莞寮步石大路证券营业部	广东	东莞	45420.3	39997.5	732.2	0.0	17.7	4672.9
财通证券公司绍兴县钱清镇前路证券营业部	浙江	绍兴	45390.3	37337.7	131.0	0.0	2.7	7918.5
中原证券公司信阳中山路证券营业部	河南	信阳	45385.8	39515.8	305.9	0.0	5.0	5558.1
国泰君安证券公司北京亦庄宏达北路证券营业部	北京	北京	45298.4	32113.4	197.2	0.0	77.5	12910.3
国泰君安证券公司深圳龙华梅龙中路证券营业部	深圳	深圳	45221.4	43870.9	203.5	0.0	106.4	1040.6
申万宏源西部证券有限公司克拉玛依天山路证券营业部	新疆	克拉玛依	45163.4	41543.6	184.1	0.0	33.9	3401.8
广发证券公司长沙荷花路证券营业部	湖南	长沙	45082.2	43364.7	350.0	0.1	24.5	1335.6
长江证券公司深圳莲塘聚福路证券营业部	深圳	深圳	45056.0	37889.5	667.2	0.0	43.8	6454.1
光大证券公司厦门展鸿路金融中心大厦证券营业部	福建	厦门	45054.7	39867.8	559.3	0.0	24.9	4598.6
东莞证券公司东莞证券公司唐山新天地证券营业部	河北	唐山	44993.4	30855.9	164.5	0.0	560.4	13412.5
财达证券公司邯郸光明北大街证券营业部	河北	邯郸	44989.9	31299.6	217.0	140.1	844.6	12488.5
山西证券公司上海浦东大道证券营业部	上海	上海	44960.4	19669.4	152.7	2.8	225.7	24909.9
财富证券公司深圳红桂路证券营业部	深圳	深圳	44944.0	39498.7	52.9	0.0	49.3	5341.9
广发证券公司重庆新南路证券营业部	重庆	重庆	44926.6	33654.3	257.6	0.0	3.1	11010.9
申万宏源证券有限公司嘉善体育南路证券营业部	浙江	嘉兴	44909.7	41328.0	406.2	1.7	44.0	3129.8
第一创业证券公司第一创业证券股份有限公司上海长清路证	上海	上海	44887.0	42751.6	109.6	0.1	70.7	1955.1
大同证券公司晋城凤台西街证券营业部	山西	晋城	44878.8	35239.9	177.8	214.0	80.7	9166.2
申万宏源证券有限公司九江九瑞大道证券营业部	江西	九江	44873.2	42750.6	213.3	0.1	5.1	1904.1
湘财证券公司广州农林下路证券营业部	广东	广州	44855.3	29905.7	9112.6	0.1	12.8	5824.0
中原证券公司驻马店解放路证券营业部	河南	驻马店	44733.3	41798.3	762.1	10.3	55.8	2106.7
华泰证券公司扬中扬子中路证券营业部	江苏	镇江	44721.5	40769.6	1437.6	0.9	81.2	2432.1
世纪证券公司北京平安大街证券营业部	北京	北京	44704.5	22858.0	153.7	0.0	31.7	21661.0
红塔证券公司昆明青年路证券营业部	云南	昆明	44693.0	36935.6	333.1	7.2	105.5	7309.4
东方证券公司南宁民主路证券营业部	广西	南宁	44659.7	36656.9	505.3	0.0	13.8	7472.0
长城证券公司海口滨海大道证券营业部	海南	海口	44627.3	28074.5	372.5	0.4	21.9	16157.9
申万宏源证券有限公司襄阳沿江大道证券营业部	湖北	襄阳	44626.4	43029.9	250.8	4.5	17.6	1322.0
中信证券公司宁波北仑新大路证券营业部	浙江	宁波	44607.3	32684.6	828.5	0.0	3.4	11090.7
华安证券公司池州东湖南路证券营业部	安徽	池州	44600.6	42988.0	145.7	3.8	7.0	1456.2
中国中投证券公司威海公园路证券营业部	山东	威海	44573.4	37337.6	1450.6	0.0	95.5	5689.7
万联证券公司北京上地创业路证券营业部	北京	北京	44552.7	30306.7	2846.4	6.2	70.3	11322.8
中原证券公司濮阳中原路证券营业部	河南	濮阳	44532.4	43075.1	296.1	0.2	70.4	1089.5
金元证券公司武汉洪山路证券营业部	湖北	武汉	44468.0	36276.3	214.1	0.3	63.5	7909.6

注：营业部交易金额的单位为百万元

证券营业部交易
Trading of Business Department

营业部名称 Business Department	省份 Province	城市 City	总计 Total	股票 Share	基金 Fund	政府债 G-Bond	公司债 C-Bond	债券回购 Repo
华泰证券公司姜堰东大街证券营业部	江苏	泰州	44440.7	31914.1	9282.9	0.0	41.2	3202.6
光大证券公司重庆永川营业部	重庆	重庆	44421.3	41828.5	660.8	0.0	9.2	1922.6
长城证券公司郑州文化路证券营业部	河南	郑州	44397.0	39847.2	293.0	1.3	15.2	4240.4
光大证券公司上海牡丹江路证券营业部	上海	上海	44328.3	30589.3	393.6	2.1	349.2	12993.9
中国银河证券公司兰州庆阳路证券营业部	甘肃	兰州	44255.7	35086.5	1614.9	0.0	6.6	7547.7
国元证券公司深圳百花二路证券营业部	深圳	深圳	44251.3	36720.6	579.4	3.7	53.7	6893.8
招商证券公司上海牡丹江路证券营业部	上海	上海	44199.0	29988.2	553.4	19.5	21.1	13616.8
湘财证券公司天津大沽北路证券营业部	天津	天津	44177.6	16671.2	24144.5	0.0	4.2	3357.7
万联证券公司绍兴解放南路证券营业部	浙江	绍兴	44167.1	36473.6	2631.0	1.7	18.5	5039.3
中国银河证券公司武汉汉阳大道证券营业部	湖北	武汉	44164.5	34139.1	223.2	0.6	77.8	9722.9
国元证券公司深圳深南大道中国凤凰大厦营业部	深圳	深圳	44140.4	39140.7	672.1	0.2	318.6	4008.8
方正证券公司长沙韶山南路证券营业部	湖南	长沙	44108.7	41520.6	545.5	0.8	28.3	2010.7
中航证券有限公司赣州红旗大道证券营业部	江西	赣州	44103.8	38222.1	416.1	4.3	29.3	5430.8
申万宏源证券有限公司郑州未来路证券营业部	河南	郑州	44103.3	39083.4	329.9	0.4	127.6	4562.1
中国民族证券公司石家庄谈固西街证券营业部	河北	石家庄	44080.4	36095.3	2281.0	1.3	15.4	5683.6
山西证券公司阳泉德胜东街证券营业部	山西	阳泉	44065.6	40876.9	164.5	0.6	39.6	2984.0
英大证券公司长沙芙蓉中路证券营业部	湖南	长沙	44049.7	30263.9	459.4	2.0	6.2	13318.2
东北证券公司上海武宁路证券营业部	上海	上海	44024.0	27296.5	232.7	100.5	1734.9	14659.3
广发证券公司吴江仲英大道证券营业部	江苏	苏州	43981.9	42925.1	69.8	0.0	4.3	982.7
中信建投证券公司北京亦庄荣华中路证券营业部	北京	北京	43973.2	20490.9	750.2	0.0	10.3	22721.8
信达证券公司蚌埠淮河路证券营业部	安徽	蚌埠	43911.5	39040.0	457.7	14.5	103.8	4295.4
爱建证券公司上海龙水北路证券营业部	上海	上海	43906.6	27419.2	247.3	16.9	7.6	16215.6
宏信证券公司广州华明路证券营业部	广东	广州	43901.7	12651.3	85.1	0.0	0.0	31165.3
安信证券公司宜宾民主路证券营业部	四川	宜宾	43859.9	39270.5	179.3	2.5	52.7	4353.2
华安证券公司安庆人民路证券营业部	安徽	安庆	43793.5	42106.0	124.3	1.9	174.7	1386.5
安信证券公司深圳沙头角证券营业部	深圳	深圳	43788.6	41380.1	98.4	0.0	121.3	2188.7
国泰君安证券公司沈阳十一纬路证券营业部	辽宁	沈阳	43769.5	40258.7	1439.3	0.0	3.1	2068.4
大通证券公司上海淮海西路证券营业部	上海	上海	43683.8	24218.4	692.9	2.0	31.4	18739.2
金元证券公司宁波天童南路证券营业部	浙江	宁波	43678.8	36208.1	180.0	0.0	323.7	6966.6
国元证券公司绍兴金柯桥大道证券营业部	浙江	绍兴	43670.8	41086.8	314.5	0.0	15.1	2254.4
中信证券公司上海中信广场证券营业部	上海	上海	43627.8	4923.3	12353.6	0.0	0.7	26348.1
国信证券公司杭州分公司	浙江	杭州	43594.5	22089.6	168.8	10.1	59.2	21266.8
海通证券公司上海松江区人民北路证券营业部	上海	上海	43589.6	38023.4	724.0	0.3	15.2	4822.0
申万宏源证券有限公司永嘉阳光大道证券营业部	浙江	温州	43585.3	41655.4	400.0	0.0	6.6	1523.3
中泰证券公司邹城东滩路证券营业部	山东	济宁	43573.4	38311.6	215.9	0.4	8.1	5035.1
国元证券公司重庆观音桥步行街证券营业部	重庆	重庆	43564.0	36797.8	152.1	0.0	132.4	6481.7
国泰君安证券公司济南解放路证券营业部	山东	济南	43553.1	41164.1	311.4	0.0	20.4	2057.3
华龙证券公司天水广场证券营业部	甘肃	天水	43549.2	39749.0	190.9	0.0	2.4	3604.7
瑞银证券公司瑞银证券有限责任公司上海浦东新区花园石桥	上海	上海	43492.4	10259.2	25.6	0.0	0.4	33207.2
华林证券公司开平东兴大道证券营业部	广东	江门	43482.1	37213.8	192.0	0.5	4.4	6071.4
渤海证券公司天津大沽北路证券营业部	天津	天津	43383.3	26924.5	838.1	0.0	6.8	15613.9
广发证券公司罗定人民南路证券营业部	广东	罗定	43360.9	40102.8	301.3	0.2	5.9	2950.7
中泰证券公司招远温泉路证券营业部	山东	烟台	43359.9	40820.8	122.4	0.0	26.3	2388.2
中泰证券公司潍坊四平路证券营业部	山东	潍坊	43306.8	37764.5	240.6	5.4	40.8	5245.4
广发证券公司重庆凤天大道证券营业部	重庆	重庆	43270.2	39548.9	295.7	10.3	19.8	3388.5
中航证券有限公司南昌红谷中大道证券营业部	江西	南昌	43265.7	36768.3	70.7	0.0	2.6	6424.0
山西证券公司太原西矿街证券营业部	山西	太原	43210.4	39634.0	371.6	0.0	29.1	3175.5
银泰证券公司青岛宁夏路证券营业部	山东	青岛	43207.8	35174.0	177.9	0.0	49.8	7806.0
中国民族证券公司北京彩和坊路证券营业部	北京	北京	43166.9	36598.8	373.4	4.1	71.7	6113.2
江海证券有限公司哈尔滨花园街第二证券营业部	黑龙江	哈尔滨	43127.4	34973.8	133.6	0.0	25.2	7994.8

注：营业部交易金额的单位为百万元

证券营业部交易
Trading of Business Department

营业部名称 Business Department	省份 Province	城市 City	总计 Total	股票 Share	基金 Fund	政府债 G-Bond	公司债 C-Bond	债券回购 Repo
广发证券公司鹤山新城路证券营业部	广东	鹤山	43065.7	37593.6	1174.0	1.2	11.7	4278.6
西部证券公司西安雁塔路证券营业部	陕西	西安	43052.8	38756.5	78.8	0.0	8.7	4208.8
西部证券公司西安东大街证券营业部	陕西	西安	43041.6	36145.5	95.2	1.4	41.7	6757.7
东莞证券公司东莞大朗证券营业部	广东	东莞	43038.5	39998.2	67.4	0.0	81.5	2891.3
日信证券公司北京中关村大街证券营业部	北京	北京	43014.1	36491.2	548.9	0.0	18.9	5955.1
中信建投证券公司上饶赣东北大道证券营业部	江西	上饶	43004.6	33521.3	182.8	0.0	5.9	9283.1
国元证券公司无锡学前街证券营业部	江苏	无锡	42992.3	37089.8	412.6	0.0	38.7	5451.1
申万宏源证券有限公司成都双流迎春路证券营业部	四川	成都	42966.4	35997.9	436.2	0.0	112.6	6417.2
广发证券公司东莞中堂证券营业部	广东	东莞	42962.6	39565.6	264.7	0.0	91.3	3036.9
方正证券公司青岛香港中路证券营业部	山东	青岛	42948.6	32052.1	36.3	0.0	0.4	10859.8
南京证券公司南京长乐路证券营业部	江苏	南京	42915.5	34546.4	1199.0	7.7	90.9	7071.0
东北证券公司吉林遵义东路证券营业部	吉林	吉林	42907.3	36220.8	1511.4	0.1	5.8	5160.5
东北证券公司重庆科园一路证券营业部	重庆	重庆	42899.7	36727.2	414.4	29.6	16.6	5708.9
东方证券公司上海浦东新区周东路证券营业部	上海	上海	42898.4	23553.9	705.5	45.2	1414.7	17177.1
东方证券公司义乌宾王路证券营业部	浙江	金华	42861.4	20749.1	557.1	0.0	3.7	21551.6
中信建投证券公司鞍山市五一路证券营业部	辽宁	鞍山	42823.4	31975.8	145.7	52.8	339.5	10289.6
广发证券公司诸暨暨东路证券营业部	浙江	诸暨	42708.8	29032.6	1389.4	0.2	2.2	12284.5
光大证券公司南昌广场南路证券营业部	江西	南昌	42706.8	37631.2	859.4	0.0	28.3	4181.2
华西证券公司大连港湾街证券营业部	辽宁	大连	42699.2	38248.8	227.8	0.0	9.4	4212.4
中泰证券公司东营东三路证券营业部	山东	东营	42695.6	39569.5	209.4	0.4	18.8	2897.6
财达证券公司邯郸人民路证券营业部	河北	邯郸	42674.7	25334.2	191.2	2.2	11.9	17135.1
中信证券公司汕头海滨路证券营业部	广东	汕头	42669.5	29492.7	3600.1	0.0	0.8	9575.5
东莞证券公司揭阳分公司	广东	揭阳	42664.1	39473.4	111.3	0.0	3.8	3075.7
中国银河证券公司杭州古墩路证券营业部	浙江	杭州	42636.3	33818.2	755.8	0.2	245.1	7817.0
广发证券公司珠海情侣南路证券营业部	广东	珠海	42618.3	34465.8	749.9	11.0	22.4	7369.0
光大证券公司深圳龙岗区龙福路证券营业部	深圳	深圳	42602.4	30814.4	2737.3	0.0	9.4	9041.3
国元证券公司广州体育东路证券营业部	广东	广州	42591.5	33354.5	277.5	0.0	20.9	8938.6
东莞证券公司东莞石碣证券营业部	广东	东莞	42561.7	37822.6	170.1	0.0	23.0	4543.0
东北证券公司北京朝外大街证券营业部	北京	北京	42537.2	36443.7	1075.1	0.0	24.9	4993.0
安信证券公司肇庆端州四路证券营业部	广东	肇庆	42488.4	36846.3	403.3	0.1	12.4	5224.0
东方证券公司天津西康路证券营业部	天津	天津	42480.6	29645.6	621.8	5.2	79.4	12128.4
中信建投证券公司长沙金星中路证券营业部	湖南	长沙	42475.2	36103.5	325.0	1.4	209.5	5833.7
上海证券公司周浦证券营业部	上海	上海	42447.3	38314.5	171.7	5.9	7.1	3948.1
广州证券公司广州丰乐中路证券营业部	广东	广州	42429.4	37274.2	188.3	0.4	19.3	4947.2
广发证券公司佛山南海西樵证券营业部	广东	佛山	42422.2	38533.6	212.8	0.0	6.9	3667.2
国海证券公司深圳宝安裕安路证券营业部	深圳	深圳	42417.6	32950.5	281.8	0.0	3.2	9182.0
中国中投证券公司天津南马路证券营业部	天津	天津	42414.6	30409.5	716.3	2.1	4.1	11282.6
中国民族证券公司苏州玉山路证券营业部	江苏	苏州	42380.0	35389.6	219.2	3.3	42.9	6724.2
中泰证券公司威海海滨北路证券营业部	山东	威海	42336.7	39853.4	167.0	0.0	101.1	2211.8
信达证券公司朝阳五一街证券营业部	辽宁	朝阳	42321.1	40475.1	166.2	0.0	93.2	1586.5
万联证券公司上海富贵东路证券营业部	上海	上海	42314.6	30244.1	2159.1	1.1	561.5	9348.8
国元证券公司巢湖团结东路证券营业部	安徽	巢湖	42313.0	38771.0	221.4	0.4	22.9	3296.9
国泰君安证券公司海口龙昆南路证券营业部	海南	海口	42312.8	38208.1	251.4	0.4	12.1	3840.5
安信证券公司汕尾香洲西路证券营业部	广东	汕尾	42312.0	34569.0	381.4	0.1	8.2	7341.3
国泰君安证券公司上海自贸试验区分公司	上海	上海	42282.6	3373.3	282.7	0.0	0.0	38626.7
国盛证券公司景德镇珠山中路证券营业部	江西	南昌	42232.1	35716.6	146.2	1.0	8.1	6360.3
爱建证券公司嘉兴斜西街证券营业部	浙江	嘉兴	42214.3	36714.0	183.3	0.4	110.3	5206.4
中国民族证券公司漳州胜利东路证券营业部	福建	漳州	42176.1	38831.5	490.7	0.0	20.5	2833.0
财达证券公司北京首体南路营业部	北京	北京	42123.7	29184.3	267.8	0.0	14.1	12657.6
中国银河证券公司大连人民路证券营业部	辽宁	大连	42088.8	38084.9	212.4	0.1	50.9	3740.5

注：营业部交易金额的单位为百万元

证券营业部交易
Trading of Business Department

营业部名称 Business Department	省份 Province	城市 City	总计 Total	股票 Share	基金 Fund	政府债 G-Bond	公司债 C-Bond	债券回购 Repo
财达证券公司保定朝阳南大街证券营业部	河北	保定	42046.1	37450.9	198.8	5.8	14.7	4375.9
宏信证券公司西昌胜利路证券营业部	四川	西昌	42043.0	33160.4	49.0	0.0	7.5	8823.6
中泰证券公司洛阳南昌路证券营业部	河南	洛阳	42020.4	40249.0	154.1	0.0	25.0	1592.2
山西证券公司绍兴鲁讯西路证券营业部	浙江	绍兴	42009.5	33829.9	1793.5	0.0	26.8	6359.3
湘财证券公司西安沣惠南路证券营业部	陕西	西安	42001.9	15508.4	3535.7	60.1	4662.5	18231.4
申万宏源西部证券有限公司桂林漓江路证券营业部	广西	桂林	41952.6	37613.8	211.6	0.0	7.8	4119.4
长江证券公司武汉鹦鹉大道证券营业部	湖北	武汉	41929.6	34286.4	1835.2	0.0	30.7	5770.8
光大证券公司东莞大朗证券营业部	广东	东莞	41908.8	39129.1	343.2	0.0	18.9	2416.3
安信证券公司武汉胜利街证券营业部	湖北	武汉	41898.2	35532.1	164.4	0.0	15.7	6185.3
东北证券公司长春人民大街证券营业部	吉林	长春	41850.0	23572.6	1616.8	0.1	6.4	16652.9
申万宏源西部证券有限公司乌鲁木齐和平北路证券营业部	新疆	乌鲁木齐	41822.1	37993.3	178.7	0.0	16.1	3633.2
上海证券公司西藏南路证券营业部	上海	上海	41789.6	20562.2	412.7	0.2	19.6	20794.9
方正证券公司冷水江锑都中路证券营业部	湖南	娄底	41773.3	40523.3	182.5	1.2	23.2	1043.1
申万宏源证券有限公司瑞安安盛路证券营业部	浙江	瑞安	41771.9	39349.9	153.9	0.0	8.0	2260.1
华融证券公司上海华山路证券营业部	上海	上海	41770.6	27376.7	116.9	0.0	6.8	14269.4
东海证券公司北京安苑北里证券营业部	北京	北京	41731.3	30189.4	126.8	0.0	204.0	11211.1
中国银河证券公司石家庄胜利北街证券营业部	河北	石家庄	41727.9	29242.0	334.4	3.8	94.1	12053.6
西部证券公司宝鸡中山东路证券营业部	陕西	宝鸡	41725.6	34841.2	85.8	2.0	19.8	6776.9
爱建证券公司宁波中山西路证券营业部	浙江	宁波	41717.8	31034.0	542.1	0.0	21.8	10119.9
广发证券公司东莞长安证券营业部	广东	东莞	41672.9	38349.4	1483.1	0.0	12.8	1821.4
浙商证券公司深圳福华一路证券营业部	深圳	深圳	41671.9	15574.2	152.1	0.0	0.6	25944.5
中国银河证券公司揭阳望江北路证券营业部	广东	揭阳	41538.0	34157.9	168.8	1.3	29.8	7180.2
华融证券公司长沙五一西路证券营业部	湖南	长沙	41494.0	29303.5	6250.0	0.0	14.8	5925.7
国泰君安证券公司重庆新南路证券营业部	重庆	重庆	41443.0	38415.1	677.2	10.7	189.1	2151.0
申万宏源西部证券有限公司长沙韶山北路证券营业部	湖南	长沙	41406.4	39026.2	343.8	0.7	67.4	1967.7
国联证券公司无锡新区长江北路证券营业部	江苏	无锡	41402.3	33871.2	756.4	0.0	21.4	6753.1
国泰君安证券公司温州江滨西路证券营业部	浙江	温州	41326.2	37240.7	1543.6	0.0	18.6	2523.2
兴业证券公司晋江泉安路证券营业部	福建	晋江	41279.8	33823.0	372.2	0.8	7.1	7076.8
长江证券公司上海番禺路证券营业部	上海	上海	41259.7	24545.1	763.6	81.8	1023.8	14844.5
中国银河证券公司天津开华道证券营业部	天津	天津	41236.6	29690.2	554.4	0.9	8.1	10983.1
海通证券公司重庆中山三路证券营业部	重庆	重庆	41202.9	35861.6	159.1	9.8	787.2	4378.1
中国银河证券公司长春西民主大街证券营业部	吉林	长春	41186.2	31418.3	1641.4	181.4	264.2	7677.8
中国银河证券公司银川解放西街证券营业部	宁夏	银川	41152.3	33084.4	1226.6	160.5	15.8	6665.1
万联证券公司内江交通路证券营业部	四川	内江	41149.3	36930.6	865.1	0.0	33.2	3320.4
银泰证券公司苏州葑门西街证券营业部	江苏	苏州	41106.3	29177.1	171.9	0.1	3.1	11754.0
国元证券公司铜陵义安南路证券营业部	安徽	铜陵	41075.4	38917.6	109.0	1.8	5.8	2041.3
华西证券公司攀枝花大河北路证券营业部	四川	攀枝花	41073.3	37913.7	790.3	0.8	39.1	2323.1
南京证券公司南京中山南路证券营业部	江苏	南京	41063.1	33925.1	269.2	11.0	339.2	6518.7
安信证券公司佛山南海罗村证券营业部	广东	佛山	41028.6	32407.1	354.6	0.0	26.3	8240.6
华林证券公司合肥潜山路证券营业部	安徽	合肥	40991.2	36811.1	1452.8	0.0	13.0	2714.2
东海证券公司深圳香梅路证券营业部	深圳	深圳	40971.1	33722.4	1081.2	0.0	4.4	6163.1
渤海证券公司天津郑州道证券营业部	天津	天津	40965.9	25792.3	1859.7	2.2	174.7	13137.0
财达证券公司秦皇岛河北大街证券营业部	河北	秦皇岛	40914.8	34283.5	249.1	0.1	29.9	6352.2
海通证券公司泰州鼓楼南路证券营业部	江苏	泰州	40898.9	30166.6	610.5	0.0	55.1	10058.4
世纪证券公司南昌民德路证券营业部	江西	南昌	40883.9	32286.2	57.0	1.0	67.6	8472.2
中航证券有限公司吉安中山西路证券营业部	江西	吉安	40860.2	39557.5	76.3	15.3	14.2	1197.0
南京证券公司昆明丹霞路证券营业部	云南	昆明	40839.9	34920.9	472.4	1.1	97.3	5348.2
华安证券公司铜陵淮河路证券营业部	安徽	铜陵	40778.2	39284.2	292.6	17.6	155.7	1028.2
天风证券公司成都武侯祠大街证券营业部	四川	成都	40735.3	36070.8	141.4	0.0	9.4	4513.7
太平洋证券公司保山正阳北路证券营业部	云南	保山	40725.5	17535.5	239.3	47.0	873.6	22029.0

注：营业部交易金额的单位为百万元

证券营业部交易
Trading of Business Department

营业部名称 Business Department	省份 Province	城市 City	总计 Total	股票 Share	基金 Fund	政府债 G-Bond	公司债 C-Bond	债券回购 Repo
中国民族证券公司延吉友谊路证券营业部	吉林	延吉	40719.9	35987.5	123.0	0.0	11.6	4593.5
东北证券公司延吉光明街证券营业部	吉林	延吉	40705.3	34902.8	171.9	0.0	3.1	5627.1
光大证券公司顺德大良证券营业部	广东	佛山	40637.8	36100.1	461.9	0.1	89.3	3986.1
太平洋证券公司昆明人民中路证券营业部	云南	昆明	40617.0	32278.4	479.9	0.0	345.9	7512.0
上海证券公司北京和平里北街证券营业部	北京	北京	40594.6	17246.0	375.5	0.0	4.3	22968.8
方正证券公司天津新华路证券营业部	天津	天津	40564.3	32431.7	184.4	0.0	4.3	7943.5
中航证券有限公司天津万东路证券营业部	天津	天津	40557.0	32700.2	469.1	0.9	171.8	7214.2
广发证券公司吉林珲春街证券营业部	吉林	吉林	40542.5	36036.2	456.1	1.5	38.8	4009.6
广发证券公司广州康王中路证券营业部	广东	广州	40535.3	34890.4	330.2	8.1	13.2	5292.8
太平洋证券公司上海黄浦区黄河路证券营业部	上海	上海	40505.9	28420.7	145.9	148.8	792.4	10998.1
中信证券(山东)公司莱州文化东路证券营业部	山东	烟台	40503.5	36425.2	452.8	0.0	27.9	3596.0
东莞证券公司东莞桥头证券营业部	广东	东莞	40461.2	32886.8	339.3	0.0	92.8	7142.2
财达证券公司唐山新华西道证券营业部	河北	唐山	40452.2	35773.5	270.5	2.1	13.7	4392.2
中国民族证券公司大连五四路证券营业部	辽宁	大连	40446.4	32162.7	142.3	0.1	24.0	8110.7
中泰证券公司大连鲁迅路证券营业部	辽宁	大连	40425.7	30331.0	863.0	0.0	4.6	9225.0
中国民族证券公司鞍山胜利北路证券营业部	辽宁	鞍山	40398.8	36292.0	57.7	0.4	20.7	4028.0
江海证券有限公司哈尔滨建设街证券营业部	黑龙江	哈尔滨	40363.8	28247.1	122.9	5.3	8.8	11968.8
招商证券公司郑州商务外环路证券营业部	河南	郑州	40344.7	37341.1	150.3	1.4	35.9	2816.0
中国中投证券公司沈阳三好街证券营业部	辽宁	沈阳	40332.7	35265.9	266.1	5.8	111.0	4683.8
恒泰证券公司包头钢铁大街证券营业部	内蒙	包头	40315.1	32855.0	157.7	0.0	13.4	7289.0
国泰君安证券公司上海宜山路证券营业部	上海	上海	40304.5	31373.1	391.3	0.1	183.0	8357.0
安信证券公司广州中山大道中证券营业部	广东	广州	40285.6	27954.1	391.9	16.3	55.2	11866.0
广发证券公司沧州黄河东路证券营业部	河北	沧州	40256.2	35228.2	223.2	0.0	7.0	4797.7
华福证券公司安溪民主路证券营业部	福建	泉州	40160.8	37635.7	76.1	0.7	25.9	2422.4
中信建投证券公司广元市利州东路证券营业部	四川	广元	40124.0	39567.3	125.7	4.1	34.2	391.9
华龙证券公司白银四龙路证券营业部	甘肃	白银	40091.0	36056.3	2463.8	0.0	314.5	1249.4
浙商证券公司永嘉双塔路证券营业部	浙江	温州	40069.6	36959.4	349.1	0.0	34.6	2726.5
中泰证券公司上海分公司	上海	上海	40032.7	4071.2	336.6	0.0	5.1	35619.9
天风证券公司大连天河路证券营业部	辽宁	大连	40024.7	35055.8	232.0	2.2	5.0	4727.5
中银国际证券公司唐山新华道证券营业部	河北	唐山	39989.1	28301.7	217.8	0.0	21.5	11447.2
恒泰证券公司东胜鄂尔多斯大街证券营业部	内蒙	东胜	39980.0	33659.7	239.2	0.0	30.3	6050.9
渤海证券公司上海斜土路证券营业部	上海	上海	39965.3	21136.8	156.7	3.9	18.4	18649.6
中天证券公司上海临青路证券营业部	上海	上海	39871.4	27679.6	160.4	0.8	21.8	12008.8
南京证券公司上海番禺路证券营业部	上海	上海	39870.3	29871.4	381.6	0.0	72.6	9529.6
金元证券公司深圳深南大道证券营业部	深圳	深圳	39816.2	34292.8	337.8	0.0	214.5	4971.1
天风证券公司成都市一环路东五段证券营业部	四川	成都	39810.8	31887.1	168.6	0.0	49.1	7705.8
西部证券公司西安未央路第二证券营业部	陕西	西安	39772.5	36142.6	56.6	0.0	20.7	3552.5
信达证券公司义乌宾王路证券营业部	浙江	义乌	39737.8	37708.7	142.5	0.0	298.1	1493.0
财达证券公司唐山车站路证券营业部	河北	唐山	39737.5	36805.8	191.4	0.0	1.3	2739.0
东北证券公司杭州凯旋路证券营业部	浙江	杭州	39733.5	27868.0	3347.0	0.0	17.8	8499.2
中泰证券公司厦门城南路证券营业部	福建	厦门	39699.8	27952.6	166.7	0.0	3.8	11576.0
国泰君安证券公司长春人民大街证券营业部	吉林	长春	39688.0	36036.1	131.9	2.7	5.7	3511.6
中信建投证券公司广州云城南三路证券营业部	广东	广州	39680.6	19170.4	220.9	0.0	37.4	20252.0
财达证券公司衡水新华中路证券营业部	河北	衡水	39648.2	36944.8	275.5	0.0	57.8	2370.1
广发证券公司张家口建设东街证券营业部	河北	张家口	39638.0	35479.1	494.9	0.0	39.4	3623.0
安信证券公司茂名高州证券营业部	广东	高州	39633.2	34929.0	189.6	0.7	2.3	4511.6
国元证券公司沈阳北站路证券营业部	辽宁	沈阳	39620.2	29898.8	86.3	0.3	11.5	9623.4
海通证券公司哈尔滨西大直街证券营业部	黑龙江	哈尔滨	39584.3	31687.6	223.8	0.0	8.4	7661.3
东吴证券公司南京中山南路证券营业部	江苏	南京	39559.8	27065.6	2551.6	77.8	1923.6	7939.4
中国中投证券公司哈尔滨友谊路证券营业部	黑龙江	哈尔滨	39531.6	33302.8	112.9	0.0	141.7	5974.2

注：营业部交易金额的单位为百万元

证券营业部交易
Trading of Business Department

营业部名称 Business Department	省份 Province	城市 City	总计 Total	股票 Share	基金 Fund	政府债 G-Bond	公司债 C-Bond	债券回购 Repo
信达证券公司上海铁岭路证券营业部	上海	上海	39504.5	27120.8	233.3	0.3	101.0	12049.1
申万宏源西部证券有限公司石河子西环路证券营业部	新疆	石河子	39492.7	36831.3	172.5	0.0	18.2	2470.7
海通证券公司青岛杭州路营业部	山东	青岛	39424.8	28695.0	116.2	0.2	5.5	10606.9
方正证券公司杭州杭海路证券营业部	浙江	杭州	39416.5	34955.0	175.8	0.1	2230.5	2054.8
中原证券公司周口七一路证券营业部	河南	周口	39415.8	37670.8	630.5	0.0	33.2	1050.5
中泰证券公司深圳深南大道证券营业部	深圳	深圳	39405.7	28427.5	224.8	14.9	436.5	10302.0
中泰证券公司青岛凤凰山路证券营业部	山东	青岛	39405.6	37927.4	138.1	0.1	44.2	1291.8
方正证券公司杭州下沙证券营业部	浙江	杭州	39352.1	35020.9	114.6	0.0	24.0	4192.7
广发证券公司杭州钱江路证券营业部	浙江	杭州	39304.9	33800.1	1912.1	3.6	29.1	3557.5
光大证券公司上海宝山华和路证券营业部	上海	上海	39296.4	31254.6	301.3	2.0	41.0	7697.2
东兴证券公司南京洪武路证券营业部	江苏	南京	39291.9	26508.3	592.3	0.2	1257.2	10883.2
广发证券公司长春民康路证券营业部	吉林	长春	39229.5	28065.9	129.4	0.1	14.4	11018.2
红塔证券公司大理人民路证券营业部	云南	大理	39226.6	37953.5	76.6	0.2	53.7	1138.3
光大证券公司慈溪观海卫证券营业部	浙江	宁波	39165.9	28526.2	9464.1	0.0	102.2	1073.4
中山证券公司南通姚港路证券营业部	江苏	南通	39150.2	34434.3	231.3	0.0	125.3	4359.3
国金证券公司成都青白江青江东路证券营业部	四川	成都	39134.1	37192.6	218.8	1.0	38.7	1682.3
首创证券公司石家庄新华路证券营业部	河北	石家庄	39099.0	33262.2	826.8	0.0	12.1	4997.9
海通证券公司鸡西中心大街证券营业部	黑龙江	鸡西	39070.7	35343.9	1133.0	1.2	21.4	2566.9
西部证券公司宝鸡红旗路证券营业部	陕西	宝鸡	39058.5	36188.5	84.6	0.0	30.9	2754.5
海通证券公司厦门乐海北里证券营业部	福建	厦门	39012.7	37122.4	276.6	0.0	28.2	1585.4
华鑫证券公司西安科技路证券营业部	陕西	西安	38985.8	31404.1	140.1	0.2	17.3	7424.0
江海证券有限公司哈尔滨香山路证券营业部	黑龙江	哈尔滨	38938.2	29432.3	116.9	0.0	108.5	9280.5
西南证券公司昆明北京路证券营业部	云南	昆明	38936.5	29630.2	3117.0	0.3	129.1	6055.6
大通证券公司上海南车站路证券营业部	上海	上海	38898.0	21454.6	160.9	0.0	1.7	17280.8
中泰证券公司广州华穗路证券营业部	广东	广州	38883.8	31057.0	533.3	0.0	4.1	7287.0
东北证券公司南京中山北路证券营业部	江苏	南京	38869.7	25152.9	2455.4	816.7	1298.7	9141.6
中国银河证券公司湖州适园路证券营业部	浙江	湖州	38864.5	34553.1	188.1	0.0	8.6	4114.8
中天证券公司沈阳长江街证券营业部	辽宁	沈阳	38862.3	32436.2	127.9	0.1	150.2	6147.9
中国银河证券公司龙泉新华街证券营业部	浙江	丽水	38858.2	37075.1	80.7	0.0	134.6	1567.8
渤海证券公司广州天河东路证券营业部	广东	广州	38857.4	31796.1	185.1	5.2	73.4	6796.7
方正证券公司永州清桥路证券营业部	湖南	永州	38832.6	36001.9	102.0	0.0	55.0	2671.2
国盛证券公司北京知春路证券营业部	北京	北京	38817.0	29731.0	355.4	0.0	29.2	8701.3
中邮证券公司北京西直门北大街证券营业部	北京	北京	38803.0	18047.7	1238.4	0.0	75.5	19441.4
首创证券公司上海长宁区天山路证券营业部	上海	上海	38796.8	29319.5	511.0	0.1	34.8	8931.5
广发证券公司黄石颐阳路证券营业部	湖北	黄石	38742.6	33671.1	1678.0	112.1	43.5	3233.1
山西证券公司解放北路证券营业部	山西	太原	38738.8	32155.8	1248.8	0.3	10.3	5315.1
华创证券公司德阳黄河西路证券营业部	四川	德阳	38728.7	23984.8	116.0	0.5	18.3	14609.1
广发证券公司珠海九洲大道证券营业部	广东	珠海	38660.5	32871.6	134.4	0.0	5.9	5647.9
中国银河证券公司廊坊银河北路证券营业部	河北	廊坊	38645.7	32331.4	2635.0	0.0	4.3	3674.9
广州证券公司番禺大石证券营业部	广东	广州	38618.4	32014.8	511.0	0.1	430.9	5661.7
方正证券公司深圳别墅路证券营业部	深圳	深圳	38612.6	31928.0	58.7	0.0	8.4	6617.3
国盛证券公司南昌洪城路证券营业部	江西	南昌	38586.0	33631.5	392.2	0.1	77.5	4484.7
中泰证券公司诸城人民东路证券营业部	山东	潍坊	38582.0	37774.4	405.2	0.0	4.4	396.4
方正证券公司深圳怡景路证券营业部	深圳	深圳	38548.3	32747.3	116.4	0.0	7.4	5673.2
华金证券公司北京万柳中路证券营业部	北京	北京	38520.3	16214.0	499.4	0.0	71.8	21735.1
光大证券公司南京中山东路证券营业部	江苏	南京	38520.0	20761.4	14330.9	0.0	22.6	3405.2
东方证券公司深圳深南大道证券营业部	深圳	深圳	38492.8	34777.5	691.6	0.0	7.0	3013.9
方正证券公司湘潭建设路证券营业部	湖南	湘潭	38442.9	35939.0	205.7	216.0	27.1	2055.2
东海证券公司上海浦东新区世纪大道证券营业部	上海	上海	38434.0	20074.6	770.0	0.0	69.6	17519.6
华西证券公司雅安朝阳街证券营业部	四川	雅安	38409.4	34442.4	321.9	0.0	176.2	3468.9

注：营业部交易金额的单位为百万元

证券营业部交易
Trading of Business Department

营业部名称 Business Department	省份 Province	城市 City	总计 Total	股票 Share	基金 Fund	政府债 G-Bond	公司债 C-Bond	债券回购 Repo
国金证券公司成都温江区柳城商业新街证券营业部	四川	成都	38392.7	34098.8	114.1	3.1	17.4	4155.1
中国国际金融有限公司大连港兴路证券营业部	辽宁	大连	38332.0	8022.0	72.9	0.0	0.2	30236.9
西部证券公司潍坊东风东街证券营业部	山东	潍坊	38314.3	35339.5	151.4	1.4	37.0	2783.3
财达证券公司邢台郭守敬北路证券营业部	河北	邢台	38272.2	31663.2	161.9	0.5	313.4	6133.3
南京证券公司张家港步行街证券营业部	江苏	张家港	38269.1	36047.9	430.8	0.9	32.0	1757.4
渤海证券公司西安劳动南路证券营业部	陕西	西安	38256.9	29400.7	209.7	0.0	242.8	8403.7
光大证券公司黑河东兴路证券营业部	黑龙江	黑河	38222.6	21787.5	12895.1	0.0	4.8	3535.1
安信证券公司云浮新兴新洲大道南证券营业部	广东	云浮	38101.7	35471.4	96.2	0.0	23.0	2506.8
华龙证券公司上海长宁路证券营业部	上海	上海	38100.8	20200.8	1831.4	0.0	551.8	15516.7
方正证券公司衡阳祁东民生街证券营业部	湖南	衡阳	38087.7	37463.4	45.2	0.0	21.3	557.8
国开证券公司深圳龙华证券营业部	深圳	深圳	38076.5	34021.2	71.4	0.8	33.6	3949.6
长江证券公司咸宁淦河大道证券营业部	湖北	咸宁	38045.1	36253.2	485.8	0.1	88.4	1217.5
安信证券公司深圳龙岗龙翔大道证券营业部	深圳	深圳	38044.8	28349.2	421.1	0.0	8.2	9264.9
华鑫证券公司深圳深南东路证券营业部	深圳	深圳	38013.5	20212.1	227.2	0.0	60.3	17513.8
中信建投证券公司郴州解放路证券营业部	湖南	郴州	37999.6	35740.7	87.0	0.0	509.7	1660.7
浙商证券公司杭州滨江威陵大厦证券营业部	浙江	杭州	37988.6	26346.1	74.5	0.0	7.3	11560.7
华融证券公司武汉解放大道证券营业部	湖北	武汉	37916.9	33515.2	329.9	0.0	6.9	4063.8
国金证券公司昆明北京路证券营业部	云南	昆明	37898.0	30124.0	469.8	0.0	25.9	7276.8
浙商证券公司缙云溪滨北路证券营业部	浙江	丽水	37850.1	36824.1	170.2	2.0	26.5	804.8
广发证券公司武汉鹦鹉大道证券营业部	湖北	武汉	37837.6	33881.3	287.1	0.3	43.2	3624.9
东兴证券公司杭州凤起路证券营业部	浙江	杭州	37834.1	31086.4	469.1	0.0	354.9	5923.4
长江证券公司广州江湾路证券营业部	广东	广州	37822.1	33754.8	667.6	0.2	12.2	3382.0
东莞证券公司梅州彬芳大道证券营业部	广东	梅州	37820.0	32529.2	217.2	0.0	37.9	5035.5
招商证券公司深圳宝兴路证券营业部	深圳	深圳	37816.1	34891.0	449.3	0.2	94.8	2380.8
中国银河证券公司南京龙蟠中路证券营业部	江苏	南京	37801.0	9703.9	4011.1	50.0	63.6	23972.4
江海证券有限公司上海瞿溪路证券营业部	上海	上海	37791.4	24855.5	98.7	0.0	30.9	12806.0
上海证券公司宝山友谊路证券营业部	上海	上海	37768.4	34709.9	195.4	4.0	4.5	2854.6
东海证券公司金坛西门大街证券营业部	江苏	金坛	37737.4	34515.4	229.6	0.0	58.1	2934.4
东莞证券公司东莞鸿福路第一国际证券营业部	广东	东莞	37719.1	30188.2	85.8	0.0	25.1	7417.7
开源证券公司西安纺织城正街证券营业部	陕西	西安	37713.6	31687.5	123.4	0.0	36.3	5866.5
国元证券公司蚌埠胜利西路证券营业部	安徽	蚌埠	37688.2	33146.8	221.1	1.5	30.9	4287.8
山西证券公司朔州开发路证券营业部	山西	朔州	37684.5	32200.6	111.8	1.2	20.9	5347.4
大通证券公司葫芦岛新华大街证券营业部	辽宁	葫芦岛	37678.7	12429.1	82.4	0.8	326.5	24839.9
方正证券公司长沙桐梓坡路证券营业部	湖南	长沙	37656.1	35784.0	87.5	209.9	27.4	1546.9
国泰君安证券公司上海马当路证券营业部	上海	上海	37606.2	4375.8	744.3	24.5	472.9	31988.7
财通证券公司诸暨暨阳路证券营业部	浙江	绍兴	37585.9	35795.5	97.0	0.0	2.2	1691.2
湘财证券公司佛山祖庙路证券营业部	广东	佛山	37555.6	13272.8	18849.9	0.1	229.4	5195.0
新时代证券公司重庆江北城证券营业部	重庆	重庆	37496.0	27012.9	175.4	0.0	58.8	10249.0
中国银河证券公司沈阳三好街证券营业部	辽宁	沈阳	37494.6	31762.2	1246.8	100.6	53.8	4331.0
中泰证券公司济宁运河路证券营业部	山东	济宁	37486.6	34473.3	370.7	2.6	74.4	2543.0
国金证券公司成都天府大道证券营业部	四川	成都	37466.7	31931.9	421.0	0.1	8.9	5104.8
大同证券公司北京西四环中路证券营业部	北京	北京	37461.3	31830.4	282.7	0.0	83.8	5264.4
海通证券公司兰州武都路证券营业部	甘肃	兰州	37459.1	28958.7	142.7	0.6	4435.3	3920.3
东莞证券公司东莞凤岗证券营业部	广东	东莞	37450.5	35519.6	56.1	0.0	3.8	1859.8
光大证券公司重庆鱼洞巴县大道证券营业部	重庆	重庆	37400.6	34484.1	183.5	0.1	509.1	2223.8
中国民族证券公司通化新华大街证券营业部	吉林	通化	37373.3	34517.4	130.0	0.1	10.6	2712.9
招商证券公司烟台长江路证券营业部	山东	烟台	37308.9	30013.6	5001.4	0.0	5.0	2288.9
方正证券公司保定朝阳北大街证券营业部	河北	保定	37300.5	33521.7	139.7	0.0	37.7	3601.4
华西证券公司彭州西大街证券营业部	四川	成都	37291.2	35374.3	428.3	1.2	56.4	1430.0
华创证券公司贵阳新华路证券营业部	贵州	贵阳	37289.7	32879.0	258.5	7.6	17.0	4127.6

注：营业部交易金额的单位为百万元

证券营业部交易 Trading of Business Department

营业部名称 Business Department	省份 Province	城市 City	总计 Total	股票 Share	基金 Fund	政府债 G-Bond	公司债 C-Bond	债券回购 Repo
西部证券公司上海开鲁路证券营业部	上海	上海	37274.4	24245.5	103.3	1.0	87.3	12837.1
国元证券公司合肥长江中路证券营业部	安徽	合肥	37263.8	27876.0	339.7	2.7	15.3	9030.1
中信证券(山东)公司潍坊四平路证券营业部	山东	潍坊	37242.5	34811.4	278.4	0.0	21.3	2131.3
安信证券公司武汉中北路证券营业部	湖北	武汉	37226.0	31727.0	942.9	0.0	40.1	4515.2
宏信证券公司武汉江汉路证券营业部	湖北	武汉	37207.3	16322.8	280.4	0.0	0.0	20604.1
财达证券公司秦皇岛迎宾路证券营业部	河北	秦皇岛	37182.2	31508.5	109.2	0.4	28.8	5532.6
广发证券公司惠州博罗证券营业部	广东	惠州	37144.3	35399.6	155.3	0.2	21.3	1563.4
广发证券公司揭阳揭西证券营业部	广东	揭阳	37138.8	35965.8	135.6	0.0	9.0	1028.3
中泰证券公司烟台宁海大街证券营业部	山东	烟台	37089.3	32401.7	561.1	0.0	2.8	4121.1
长江证券公司重庆八一路证券营业部	重庆	重庆	37050.4	31484.8	254.4	0.4	2.2	5308.5
国泰君安证券公司常德人民路证券营业部	湖南	常德	37045.8	15477.5	968.4	0.0	104.0	20495.9
国元证券公司宣城叠嶂西路证券营业部	安徽	宣城	37036.7	35312.6	135.4	0.1	3.6	1585.0
中国中投证券公司武汉香港路证券营业部	湖北	武汉	37016.2	32444.1	515.5	0.8	22.7	4033.1
浙商证券公司北京朝阳门北大街证券营业部	北京	北京	37013.4	30636.7	362.2	5.3	36.4	5971.1
安信证券公司娄底春园路证券营业部	湖南	娄底	37011.0	27167.4	162.2	6.3	15.1	9656.6
国海证券公司梧州西江路证券营业部	广西	梧州	36994.9	27129.6	219.9	40.5	38.2	9565.4
广发证券公司沈阳北二中路证券营业部	辽宁	沈阳	36964.6	30159.3	1051.3	0.6	75.3	5678.1
广发证券公司南昌北京西路证券营业部	江西	南昌	36951.4	32884.0	142.2	0.0	26.6	3896.4
财达证券公司石家庄裕华路证券营业部	河北	石家庄	36945.4	33239.2	209.3	3.8	4.6	3488.6
东莞证券公司东莞东坑证券营业部	广东	东莞	36931.4	32227.4	119.4	0.0	8.3	4576.2
兴业证券公司厦门嘉禾路证券营业部	福建	厦门	36928.7	29206.8	369.6	0.6	13.3	7338.4
国都证券公司武汉江汉北路证券营业部	湖北	武汉	36905.7	29582.2	334.2	0.0	4.3	6984.9
申万宏源西部证券有限公司乌鲁木齐友好路证券营业部	新疆	乌鲁木齐	36879.0	32294.8	103.9	0.0	36.0	4444.3
广发证券公司珠海市珠海大道证券营业部	广东	珠海	36857.6	31548.9	1075.2	311.0	250.8	3670.7
山西证券公司太原平阳路证券营业部	山西	太原	36849.7	34880.2	99.6	0.0	16.2	1853.3
宏信证券公司上海崂山东路证券营业部	上海	上海	36821.9	15636.8	301.4	0.0	3809.3	17072.2
五矿证券有限公司北京广安门外大街证券营业部	北京	北京	36809.8	10007.7	1241.8	0.0	24.2	25536.0
安信证券公司广州番禺繁华路证券营业部	广东	广州	36783.2	31689.0	757.8	5.1	17.9	4313.0
安信证券公司深圳深南大道耀华创建大厦证券营业部	深圳	深圳	36775.1	28420.4	959.8	0.0	112.5	7280.8
广发证券公司安阳文峰大道证券营业部	河南	安阳	36769.4	17661.6	400.2	0.0	215.0	18492.6
德邦证券公司抚顺东四路营业部	辽宁	抚顺	36743.1	33797.5	590.9	1.1	26.8	2326.9
方正证券公司三门中海路证券营业部	浙江	台州	36715.6	36226.3	160.3	0.0	38.1	290.9
方正证券公司南昌南京西路证券营业部	江西	南昌	36691.1	33691.3	221.4	0.8	66.7	2710.4
东北证券公司长春同志街证券营业部	吉林	长春	36654.8	30699.7	273.2	0.4	36.0	5644.8
国元证券公司滁州琅琊东路证券营业部	安徽	滁州	36634.2	35529.5	162.1	0.8	33.5	908.3
国泰君安证券公司兰州福利西路证券营业部	甘肃	兰州	36624.8	28593.2	237.5	0.1	109.6	7684.4
安信证券公司东莞樟木头证券营业部	广东	东莞	36619.9	34040.4	124.8	0.1	4.0	2448.3
财达证券公司廊坊新华路证券营业部	河北	廊坊	36606.8	32253.4	185.8	2.4	50.2	4114.4
光大证券公司长沙人民中路证券营业部	湖南	长沙	36591.4	35243.0	220.3	0.0	0.0	1128.1
国信证券公司吉林分公司	吉林	长春	36584.4	32049.1	207.2	0.0	127.7	4197.9
光大证券公司乌鲁木齐新华北路证券营业部	新疆	乌鲁木齐	36573.6	30630.0	49.9	0.0	16.1	5877.7
国元证券公司宿州汴河路证券营业部	安徽	宿州	36555.9	35436.0	174.5	0.2	33.8	910.2
中信证券(山东)公司滨州黄河二路证券营业部	山东	滨州	36531.7	33600.0	1203.9	0.0	49.8	1677.9
渤海证券公司天津奉化道证券营业部	天津	天津	36520.3	29832.7	174.2	0.1	3.6	6509.7
中国银河证券公司合肥金城证券营业部	安徽	合肥	36486.6	31269.5	513.0	0.1	5.7	4698.3
招商证券公司兰州庆阳路证券营业部	甘肃	兰州	36476.4	30716.5	84.8	0.1	745.7	4929.4
中信证券公司唐山建设北路证券营业部	河北	唐山	36445.9	30225.1	680.3	0.0	89.7	5447.4
中国民族证券公司长春西安大路证券营业部	吉林	长春	36443.5	31256.8	79.1	6.0	6.1	5095.4
方正证券公司株洲新华路证券营业部	湖南	株洲	36432.8	34817.2	137.4	11.1	22.1	1444.6
安信证券公司潮州饶平证券营业部	广东	潮州	36431.0	32061.4	402.3	0.2	8.4	3957.5

注：营业部交易金额的单位为百万元

证券营业部交易
Trading of Business Department

营业部名称 Business Department	省份 Province	城市 City	总计 Total	股票 Share	基金 Fund	政府债 G-Bond	公司债 C-Bond	债券回购 Repo
财达证券公司张家口明德南街证券营业部	河北	张家口	36429.7	24116.8	127.3	6.1	3.4	12176.1
中泰证券公司济南英雄山路证券营业部	山东	济南	36404.1	25935.5	538.9	0.0	32.0	9892.8
中国银河证券公司南京江宁竹山路证券营业部	江苏	南京	36384.7	36056.8	184.0	0.0	0.2	143.6
湘财证券公司广州番禺光明南路证券营业部	广东	广州	36332.6	12849.7	21406.2	0.0	11.9	2064.8
大同证券公司大同新建南路证券营业部	山西	大同	36322.1	32127.2	598.9	0.1	6.0	3589.8
光大证券公司太原解放路证券营业部	山西	太原	36304.3	30996.7	2708.1	1.2	85.6	2512.5
海通证券公司南宁民主路证券营业部	广西	南宁	36232.6	32994.5	209.5	0.0	99.4	2927.2
南京证券公司深圳蛇口南海大道证券营业部	深圳	深圳	36226.7	31491.2	891.0	0.0	27.3	3814.3
平安证券公司海口国贸大道证券营业部	海南	海口	36210.6	34346.4	118.6	0.3	70.7	1674.7
华泰证券公司太原体育路证券营业部	山西	太原	36192.7	34809.7	606.0	4.2	44.2	728.5
申万宏源西部证券有限公司昆明祥云街证券营业部	云南	昆明	36172.7	22453.1	123.7	35.6	74.2	13486.1
国盛证券公司鹰潭胜利西路证券营业部	江西	鹰潭	36165.4	33404.2	689.3	0.2	9.2	2062.2
中泰证券公司济南第一大道证券营业部	山东	济南	36152.8	27862.3	125.2	0.0	85.2	8078.3
财通证券公司财通证券公司重庆邹容路证券营业部	重庆	重庆	36150.4	9047.4	45.0	0.0	8.1	27049.8
华鑫证券公司西安闫良红安路证券营业部	陕西	西安	36138.6	32700.2	233.2	0.0	59.0	3145.4
南京证券公司南通姚港路证券营业部	江苏	南通	36100.8	23276.4	251.8	0.0	364.0	12208.2
长城国瑞证券有限公司厦门观日路证券营业部	福建	厦门	36097.6	31574.2	314.6	0.3	41.2	4167.3
国泰君安证券公司北京怀柔府前街证券营业部	北京	北京	36085.8	32053.9	95.0	0.7	2038.0	1898.2
安信证券公司梅州五华证券营业部	广东	梅州	36063.8	34613.6	271.1	1.2	8.8	1167.4
中泰证券公司滕州善国中路证券营业部	山东	滕州	36024.9	32821.3	2337.0	0.0	39.5	823.6
华西证券公司遂宁遂州南路证券营业部	四川	遂宁	36011.7	32955.2	1786.6	0.2	13.1	1256.2
中国银河证券公司重庆江南大道证券营业部	重庆	重庆	36004.7	30141.5	710.7	0.0	37.7	5114.9
中泰证券公司天津红旗路证券营业部	天津	天津	35978.7	31242.9	101.0	0.7	19.9	4613.1
东吴证券公司沈阳滂江街证券营业部	辽宁	沈阳	35974.1	30284.3	66.9	12.7	34.0	5576.3
中泰证券公司青州海岱中路证券营业部	山东	潍坊	35955.0	29685.4	512.0	1.9	174.7	5580.5
日信证券公司北京东四环中路证券营业部	北京	北京	35944.3	24921.5	170.2	0.0	8.6	10844.0
中信建投证券公司郑州商务外环路证券营业部	河南	郑州	35934.0	29114.7	630.7	0.5	46.6	6140.5
广发证券公司昆明人民西路证券营业部	云南	昆明	35902.4	26754.5	734.9	0.0	3.0	8410.1
长江证券公司天门接官路证券营业部	湖北	天门	35865.8	33335.4	572.6	0.0	74.3	1883.1
中泰证券公司北京百万庄大街证券营业部	北京	北京	35854.7	23137.0	775.6	0.0	8.3	11931.6
万联证券公司上海浦东新区福山路证券营业部	上海	上海	35851.8	18870.9	6589.5	119.0	209.0	10063.2
东莞证券公司中山分公司	广东	中山	35826.1	31158.6	94.0	0.0	30.0	4543.3
华泰证券公司浙江分公司	浙江	杭州	35806.5	32719.3	111.2	0.2	147.1	2828.7
第一创业证券公司广州猎德大道证券营业部	广东	广州	35794.5	22432.8	664.7	8.7	343.9	12344.5
广发证券公司海口龙昆北路证券营业部	海南	海口	35784.9	28199.8	391.6	0.0	24.5	7168.7
爱建证券公司上海中华路证券营业部	上海	上海	35779.3	22367.4	708.2	0.3	3.1	12700.3
华龙证券公司兰州合水路证券营业部	甘肃	兰州	35772.9	29992.6	155.7	0.7	42.0	5581.6
东兴证券公司深圳中兴路证券营业部	深圳	深圳	35734.1	30969.7	326.3	0.0	0.8	4437.2
中国中投证券公司重庆民权路证券营业部	重庆	重庆	35713.4	31747.4	72.6	4.2	1.8	3887.0
新时代证券公司苏州白塔西路证券营业部	江苏	苏州	35685.2	27656.0	541.0	0.0	9.7	7478.5
红塔证券公司昆明环城南路证券营业部	云南	昆明	35651.9	29685.4	323.6	0.7	32.9	5609.3
江海证券有限公司伊春繁荣路证券营业部	黑龙江	伊春	35612.3	34055.3	93.5	0.1	2.1	1460.3
国元证券公司青岛四流中路证券营业部	山东	青岛	35610.8	33553.4	174.9	0.0	10.6	1871.9
海通证券公司兰州东岗东路证券营业部	甘肃	兰州	35553.4	33776.7	66.5	0.0	15.5	1688.2
中天证券公司上海志丹路证券营业部	上海	上海	35512.7	20892.8	107.3	0.6	7.4	14504.6
信达证券公司阜新解放大街证券营业部	辽宁	阜新	35512.0	32980.2	119.1	11.1	93.7	2307.9
山西证券公司晋城黄华街证券营业部	山西	晋城	35475.1	28859.9	158.4	61.9	11.6	6379.4
中航证券有限公司丰城东方红大街证券营业部	江西	丰城	35466.5	33609.5	144.2	0.0	15.9	1696.9
广发证券公司珠海敬业路证券营业部	广东	珠海	35415.4	28929.2	156.4	1.1	2.4	6325.7
国海证券公司昆明人民中路证券营业部	云南	昆明	35344.9	26943.2	44.6	0.0	34.1	8323.1

注：营业部交易金额的单位为百万元

证券营业部交易
Trading of Business Department

营业部名称 Business Department	省份 Province	城市 City	总计 Total	股票 Share	基金 Fund	政府债 G-Bond	公司债 C-Bond	债券回购 Repo
方正证券公司北京回龙观西大街证券营业部	北京	北京	35325.6	17129.5	209.8	11.7	222.9	17746.0
国都证券公司西安长安北路证券营业部	陕西	西安	35320.4	30564.9	132.9	0.0	18.6	4603.9
华泰证券公司上海浦东新区乳山路证券营业部	上海	上海	35294.5	17699.3	576.3	0.0	12.4	17006.5
上海证券公司平顺路证券营业部	上海	上海	35294.1	24780.6	340.8	0.2	27.7	10144.9
东兴证券公司成都锦东路证券营业部	四川	成都	35280.4	31595.2	281.1	0.6	6.6	3396.9
江海证券有限公司哈尔滨珠江路证券营业部	黑龙江	哈尔滨	35265.9	30360.8	85.3	0.0	10.2	4804.8
国都证券公司天津永安道证券营业部	天津	天津	35238.9	30706.1	618.2	0.0	59.4	3855.2
中泰证券公司潍坊东风东街证券营业部	山东	潍坊	35233.0	31200.3	439.6	0.3	24.5	3562.5
国信证券公司海南分公司	海南	海口	35207.3	32123.3	986.5	15.0	36.1	2045.5
海通证券公司盐城建军中路证券营业部	江苏	盐城	35204.7	33315.9	568.0	0.0	11.4	1308.9
渤海证券公司天津南门外大街证券营业部	天津	天津	35169.2	29541.1	222.8	0.4	79.9	5324.9
西部证券公司汉中东大街证券营业部	陕西	汉中	35153.5	33941.0	74.9	0.5	29.7	1107.4
太平洋证券公司深圳红荔路证券营业部	深圳	深圳	35131.3	19700.6	158.1	0.0	2.1	15270.5
兴业证券公司合肥肥西路证券营业部	安徽	合肥	35107.5	26237.9	380.9	0.0	19.2	8469.4
中泰证券公司章丘山泉路证券营业部	山东	济南	35099.7	33167.1	394.1	0.0	4.2	1530.9
中泰证券公司奉化南山路证券营业部	浙江	宁波	35091.0	31853.9	57.1	0.0	75.0	3105.0
中国民族证券公司鞍山二道街证券营业部	辽宁	鞍山	35084.6	25180.4	6728.6	0.0	8.1	3167.4
财达证券公司唐山新城道证券营业部	河北	唐山	35073.9	32154.5	263.8	0.0	34.3	2620.7
联讯证券公司沈阳大西路证券营业部	辽宁	沈阳	35065.0	31096.0	25.0	0.0	12.0	3931.6
中泰证券公司南京中山南路证券营业部	江苏	南京	35043.3	30002.2	153.5	0.0	327.8	4559.8
国泰君安证券公司天津环湖中路营业部	天津	天津	35037.3	30299.4	981.3	0.5	23.1	3733.1
财通证券公司台州黄岩横街证券营业部	浙江	台州	35035.1	31528.5	99.3	0.0	14.5	3392.3
安信证券公司南京珠江路证券营业部	江苏	南京	35028.6	29676.6	135.3	0.2	12.9	5202.5
西南证券公司福州井大路证券营业部	福建	福州	35028.6	27112.4	301.5	0.0	116.9	7497.8
光大证券公司珠海海滨南路证券营业部	广东	珠海	35027.6	25334.6	4349.3	0.0	17.9	5323.5
中国银河证券公司西宁长江路证券营业部	青海	西宁	35001.9	33420.1	76.1	0.0	37.4	1468.4
国都证券公司杭州延安路证券营业部	浙江	杭州	34999.2	28419.4	100.8	0.0	255.2	6221.9
华泰证券公司南京分公司	江苏	南京	34983.2	15412.4	1031.5	0.0	0.3	18539.0
渤海证券公司上海普陀区梅川路证券营业部	上海	上海	34974.4	23853.0	1588.7	0.0	20.9	9511.8
上海证券公司东方路证券营业部	上海	上海	34963.7	21778.8	445.0	0.0	13.5	12726.5
国金证券公司福州乌山西路证券营业部	福建	福州	34956.8	11919.5	232.4	0.2	2.0	22802.6
安信证券公司昆明东风西路证券营业部	云南	昆明	34946.0	30097.4	553.6	0.5	4.2	4290.1
中信证券(山东)公司滨州黄河五路证券营业部	山东	滨州	34917.3	33110.0	569.3	0.0	9.0	1227.3
兴业证券公司厦门杏林北路证券营业部	福建	厦门	34910.1	25420.8	445.1	0.0	44.3	8999.9
长江证券公司福州五一北路证券营业部	福建	福州	34884.0	33010.8	1731.2	0.0	14.1	127.7
东兴证券公司武汉台北一路证券营业部	湖北	武汉	34871.5	31209.1	323.7	0.0	20.7	3316.2
南京证券公司银川凤凰北街证券营业部	宁夏	银川	34870.5	34347.3	117.6	0.0	1.3	401.4
广发证券公司广州从化沿江南路证券营业部	广东	广州	34870.1	33381.1	290.2	0.5	18.1	1180.3
国泰君安证券公司杭州天目山路证券营业部	浙江	杭州	34858.1	13682.3	608.2	0.8	579.7	19987.2
长江证券公司台州市府大道证券营业部	浙江	台州	34835.6	32270.5	795.5	0.0	14.6	1754.8
方正证券公司岳阳巴陵东路证券营业部	湖南	岳阳	34831.0	21698.4	113.1	0.0	172.9	12846.2
中国中投证券公司潜江江汉路证券营业部	湖北	潜江	34795.7	32403.1	735.7	0.5	22.7	1633.7
广发证券公司上海新松江路证券营业部	上海	上海	34759.0	29953.7	198.6	0.0	6.9	4599.1
民生证券公司北京工体北路证券营业部	北京	北京	34696.0	11363.7	53.2	0.0	9.5	23269.6
渤海证券公司深圳福中路证券营业部	深圳	深圳	34670.0	24777.6	95.3	55.1	91.1	9650.9
华泰证券公司当阳长坂路证券营业部	湖北	当阳	34643.4	28392.0	5769.1	0.0	28.9	452.4
西部证券公司北京德胜门外大街证券营业部	北京	北京	34643.0	26138.1	70.7	0.2	6.9	8426.3
西部证券公司丹阳丹凤北路证券营业部	江苏	丹阳	34560.7	31110.0	115.8	0.0	15.0	3318.4
光大证券公司江门新会冈州大道东证券营业部	广东	江门	34552.2	30230.3	218.3	0.4	15.9	4086.6
光大证券公司内江公园街证券营业部	四川	内江	34503.7	32297.5	114.1	0.1	9.9	2082.2

注：营业部交易金额的单位为百万元

证券营业部交易
Trading of Business Department

营业部名称 Business Department	省份 Province	城市 City	总计 Total	股票 Share	基金 Fund	政府债 G-Bond	公司债 C-Bond	债券回购 Repo
中信证券(山东)公司东营北一路证券营业部	山东	东营	34501.6	29840.3	974.8	0.8	13.0	3670.4
长城国瑞证券有限公司厦门莲前东路证券营业部	福建	厦门	34467.0	27427.0	100.7	0.0	26.8	6912.5
光大证券公司北京天通苑证券营业部	北京	北京	34465.5	26960.8	197.0	0.0	1.9	7301.8
平安证券公司珠海园林路证券营业部	广东	珠海	34457.4	32101.0	120.9	0.1	14.9	2220.5
上海证券公司天山路证券营业部	上海	上海	34442.2	21343.8	3362.5	1.0	45.0	9689.9
华融证券公司衡阳东风南路证券营业部	湖南	衡阳	34402.1	22292.0	11700.2	0.3	8.4	401.2
中国民族证券公司深圳高新南一道证券营业部	深圳	深圳	34398.1	26587.2	231.4	0.4	103.5	7475.2
安信证券公司汕尾海丰证券营业部	广东	汕尾	34393.2	28423.7	94.5	0.2	19.8	5854.1
光大证券公司济南经十路证券营业部	山东	济南	34389.3	28052.4	2810.1	0.0	10.6	3506.5
广发证券公司邢台公园东街证券营业部	河北	邢台	34375.9	31903.9	346.6	0.0	50.4	2068.6
财达证券公司邯郸丛台路证券营业部	河北	邯郸	34341.3	28872.1	867.4	0.0	8.7	4593.1
西部证券公司宝鸡公园路证券营业部	陕西	宝鸡	34334.8	32331.4	82.8	9.7	16.9	1893.9
申万宏源证券有限公司昆明东风东路证券营业部	云南	昆明	34269.3	19575.5	410.5	0.0	4.8	14278.5
德邦证券公司南京龙园西路证券营业部	江苏	南京	34250.8	4197.0	334.8	0.0	511.2	29207.9
兴业证券公司莆田学园中街证券营业部	福建	莆田	34242.3	32270.8	191.3	0.0	96.2	1684.0
浙商证券公司瑞安罗阳大道证券营业部	浙江	温州	34212.6	32329.2	229.4	0.0	32.4	1591.5
浙商证券公司湖州双子大厦证券营业部	浙江	湖州	34206.0	18541.8	35.2	2.0	129.6	15497.4
浙商证券公司重庆中山一路证券营业部	重庆	重庆	34184.1	30316.5	133.4	0.0	6.5	3727.6
中泰证券公司新泰府前街证券营业部	山东	泰安	34182.9	33243.5	167.2	0.0	20.3	752.0
华安证券公司合肥长江中路证券营业部	安徽	合肥	34163.3	30180.2	264.4	1.5	38.3	3677.1
中信证券公司衢州新桥街证券营业部	浙江	衢州	34128.4	27242.7	1396.3	0.0	58.0	5429.3
金元证券公司广州中山大道证券营业部	广东	广州	34120.0	24956.0	268.2	0.0	16.8	8879.0
华龙证券公司北京安外大街证券营业部	北京	北京	34077.9	23921.7	38.9	40.2	4.3	10071.9
安信证券公司长春解放大路证券营业部	吉林	长春	34068.3	16156.3	120.1	0.0	0.5	17776.2
浙商证券公司天津永安道证券营业部	天津	天津	34065.9	26261.5	574.6	0.0	23.8	7205.0
东方证券公司抚顺辽中街证券营业部	辽宁	抚顺	34044.3	30584.2	160.8	0.2	197.5	3101.6
东北证券公司辽源人民大街证券营业部	吉林	辽源	34020.9	26862.6	142.0	0.2	6.0	6997.5
首创证券公司石家庄和平东路证券营业部	河北	石家庄	33998.5	30478.8	216.6	0.5	18.1	3284.5
南京证券公司南京中山北路证券营业部	江苏	南京	33996.8	26254.0	349.7	0.1	73.1	7320.0
国信证券公司深圳龙华证券营业部	深圳	深圳	33974.7	29033.0	292.4	0.0	14.2	4628.3
东北证券公司福州五一中路证券营业部	福建	福州	33960.7	28104.2	548.4	0.0	17.0	5291.0
中山证券公司上海东园路证券营业部	上海	上海	33934.2	23249.7	246.2	0.0	21.8	10416.6
中国中投证券公司大连上海路证券营业部	辽宁	大连	33911.2	29973.4	116.2	14.5	10.3	3796.4
广发证券公司随州烈山大道证券营业部	湖北	随州	33906.8	32053.7	390.6	1.3	30.8	1430.4
上海证券公司北京万寿路证券营业部	北京	北京	33894.3	22762.5	217.9	0.1	18.6	10895.3
西部证券公司西安康乐路证券营业部	陕西	西安	33877.4	27981.6	45.3	0.0	25.7	5824.7
国元证券公司武汉常青花园花园中路证券营业部	湖北	武汉	33870.9	29310.7	369.1	0.0	8.1	4181.2
信达证券公司福州远洋路证券营业部	福建	福州	33839.0	31060.1	893.2	0.1	124.1	1761.5
上海证券公司杭州文二路证券营业部	浙江	杭州	33836.5	27776.2	212.9	0.4	2.0	5844.9
中国银河证券公司武汉积玉桥证券营业部	湖北	武汉	33825.9	28371.7	147.9	0.4	83.8	5222.0
西藏同信证券公司拉萨市北京中路证券营业部	西藏	拉萨	33824.1	33529.0	57.7	0.0	0.7	236.6
申万宏源西部证券有限公司海口龙昆北路证券营业部	海南	海口	33800.2	30716.0	155.1	0.0	25.9	2903.2
国信证券公司天津分公司	天津	天津	33796.6	11555.1	1214.0	0.0	14.8	21012.6
中国中投证券公司长春人民大街证券营业部	吉林	长春	33771.7	30920.8	79.9	0.6	19.9	2750.5
国盛证券公司上海西凌家宅路营业部	上海	上海	33758.1	20729.2	160.5	4.2	132.6	12731.6
中国民族证券公司杭州中河北路证券营业部	浙江	杭州	33688.3	27058.6	242.5	0.0	438.1	5949.2
浙商证券公司天台劳动路证券营业部	浙江	台州	33667.2	32713.4	170.0	0.0	6.4	775.0
中国民族证券公司乐山大桥证券营业部	四川	乐山	33643.5	30996.1	223.8	0.8	19.4	2391.2
长江证券公司北京百万庄大街证券营业部	北京	北京	33617.0	32710.4	889.4	0.0	7.8	0.0
广发证券公司葫芦岛龙湾大街证券营业部	辽宁	葫芦岛	33601.5	30302.9	222.3	1.3	114.3	2960.7

注：营业部交易金额的单位为百万元

证券营业部交易
Trading of Business Department

营业部名称 Business Department	省份 Province	城市 City	总计 Total	股票 Share	基金 Fund	政府债 G-Bond	公司债 C-Bond	债券回购 Repo
国海证券公司福州五四路证券营业部	福建	福州	33583.8	26582.0	788.5	0.0	6.9	6206.5
国海证券公司成都神仙树北路证券营业部	四川	成都	33490.4	24420.3	105.1	0.0	15.3	8949.7
东北证券公司吉林市光华路证券营业部	吉林	吉林	33414.2	28603.0	95.6	2.1	3.8	4709.7
中国银河证券公司重庆江津证券营业部	重庆	重庆	33402.0	32951.3	176.9	0.0	17.3	256.5
东方证券公司抚顺新华大街证券营业部	辽宁	抚顺	33394.3	30615.8	101.5	0.0	17.0	2659.5
中泰证券公司莱芜府前大街证券营业部	山东	莱芜	33381.1	28300.6	3640.7	1.3	241.3	1193.8
渤海证券公司北京慧忠里证券营业部	北京	北京	33378.2	19749.8	339.6	1.3	26.4	13260.9
太平洋证券公司开远灵泉东路营业部	云南	开远	33338.1	29203.0	225.7	327.8	3025.4	556.3
东北证券公司武汉香港路证券营业部	湖北	武汉	33317.5	28711.0	605.8	0.2	100.6	3899.9
光大证券公司烟台胜利路证券营业部	山东	烟台	33294.5	16858.3	13223.1	2.2	3.4	3207.5
上海证券公司青浦证券营业部	上海	上海	33284.8	25818.2	156.4	2.1	3.6	7304.6
西部证券公司汉中兴汉路证券营业部	陕西	汉中	33239.2	31942.0	78.7	0.5	17.4	1200.5
海通证券公司哈尔滨果戈里大街证券营业部	黑龙江	哈尔滨	33226.6	23773.3	1933.7	0.0	29.9	7486.5
方正证券公司常德石门宝峰路证券营业部	湖南	常德	33200.4	4233.6	8.2	20.1	2251.9	26686.7
招商证券公司佛山顺德东乐路证券营业部	广东	佛山	33188.9	21646.4	676.4	0.0	2.0	10849.7
众成证券公司平顶山中兴路证券营业部	河南	平顶山	33186.2	31174.0	196.0	3.3	24.8	1788.2
开源证券公司榆林航宇路证券营业部	陕西	榆林	33175.3	26119.2	101.9	2.7	62.5	6889.0
华泰证券公司兰州酒泉路证券营业部	甘肃	兰州	33129.2	31909.3	136.0	1.0	47.6	1035.2
中国中投证券公司深圳龙华和平路证券营业部	深圳	深圳	33103.9	25488.5	150.6	0.0	6.3	7458.5
申万宏源证券有限公司上饶中山西路证券营业部	江西	上饶	33070.8	31824.1	63.8	0.0	53.2	1129.4
安信证券公司汕尾陆丰东海大道证券营业部	广东	汕尾	33068.8	27910.0	76.6	0.0	1.7	5076.4
信达证券公司信达证券股份有限公司厦门分公司	福建	厦门	33065.4	22910.2	864.4	0.0	5.9	9284.9
招商证券公司温州新城大道证券营业部	浙江	温州	33034.5	29600.2	103.4	0.0	8.0	3322.5
华西证券公司广安兴安中街证券营业部	四川	广安	33013.0	31140.8	1005.1	0.0	258.6	608.5
国泰君安证券公司北京鲁谷路证券营业部	北京	北京	33012.4	27344.2	211.6	0.0	55.6	5400.9
上海证券公司南京江东北路证券营业部	江苏	南京	32980.6	15578.2	216.3	4.5	121.4	17059.2
方正证券公司邵阳邵东红岭路证券营业部	湖南	邵阳	32962.1	32554.4	153.6	0.0	23.3	230.8
大通证券公司福州塔头路证券营业部	福建	福州	32947.0	26177.7	216.5	0.0	137.8	6415.0
中原证券公司中原证券股份有限公司洛阳分公司	河南	洛阳	32946.6	31732.9	166.9	0.0	12.1	1034.3
恒泰证券公司长春北京大街证券营业部	吉林	长春市	32944.6	27887.4	136.7	0.0	49.3	4869.8
中国银河证券公司呼和浩特新华东街证券营业部	内蒙	呼和浩特	32941.2	29496.2	544.2	0.2	17.4	2883.2
东兴证券公司永安牺和路证券营业部	福建	三明	32930.8	31820.6	157.7	0.0	1.0	951.2
江海证券有限公司深圳宝安南路证券营业部	深圳	深圳	32901.0	25170.2	359.7	2.8	6.9	7361.4
信达证券公司铁岭光荣街营业部	辽宁	铁岭	32842.5	25523.4	119.7	170.2	445.1	6584.2
海通证券公司哈尔滨长江路证券营业部	黑龙江	哈尔滨	32815.0	29780.3	80.0	0.0	3.9	2949.5
华鑫证券公司北京阜成门外大街证券营业部	北京	北京	32809.0	20591.8	316.9	0.0	63.6	11829.2
万和证券公司成都大墙西街证券营业部	四川	成都	32794.1	26312.0	75.0	5.5	13.7	6387.9
华泰证券公司成都郫县犀浦天府大道证券营业部	四川	成都	32792.6	24198.0	3521.1	0.0	5.8	5067.6
华泰证券公司莱阳昌山路证券营业部	山东	烟台	32772.8	27325.5	4068.1	2.7	38.1	1338.5
红塔证券公司北京板井路证券营业部	北京	北京	32741.3	21312.7	126.6	0.0	15.4	11286.6
中泰证券公司荣成成山大道证券营业部	山东	威海	32735.2	29573.7	2226.0	0.1	3.6	931.8
新时代证券公司包头广场西道证券营业部	内蒙	包头	32717.9	30695.9	213.0	0.0	11.9	1797.1
众成证券公司平顶山建设中路证券营业部	河南	平顶山	32712.6	30587.9	215.7	0.9	28.0	1880.2
宏信证券公司西昌顺城街证券营业部	四川	西昌	32708.1	29648.9	286.3	1.8	16.9	2753.9
中泰证券公司泰安东岳大街第二证券营业部	山东	泰安	32641.6	30167.0	137.6	1.5	16.0	2319.5
申万宏源证券有限公司宜昌西陵二路证券营业部	湖北	宜昌	32637.4	27386.1	81.6	0.0	4.6	5165.1
申万宏源证券有限公司莱西烟台路证券营业部	山东	青岛	32627.2	30970.9	258.0	0.0	73.5	1324.8
天风证券公司南京建邺路证券营业部	江苏	南京	32607.7	20975.5	135.0	1.4	9.7	11486.0
世纪证券公司深圳深南大道中证券营业部	深圳	深圳	32568.1	28532.2	140.5	0.2	45.6	3849.7
大通证券公司大连瓦房店钻石街证券营业部	辽宁	大连	32535.4	30170.1	158.3	0.0	45.8	2161.2

注：营业部交易金额的单位为百万元

证券营业部交易
Trading of Business Department

营业部名称 Business Department	省份 Province	城市 City	总计 Total	股票 Share	基金 Fund	政府债 G-Bond	公司债 C-Bond	债券回购 Repo
东莞证券公司东莞黄江证券营业部	广东	东莞	32529.6	31742.5	317.0	0.2	33.0	436.6
大通证券公司北京建国路证券营业部	北京	北京	32522.5	27150.9	127.1	0.0	76.5	5168.0
太平洋证券公司厦门嘉禾路证券营业部	福建	厦门	32480.4	29898.9	166.4	0.0	13.6	2401.4
海通证券公司双鸭山五马路证券营业部	黑龙江	双鸭山	32470.2	30826.6	423.9	0.1	83.9	1129.7
华西证券公司乐山嘉定南路证券营业部	四川	乐山	32455.9	29383.4	159.9	0.0	21.5	2891.1
海通证券公司徐州中山北路证券营业部	江苏	徐州	32454.4	28020.1	655.5	0.0	25.5	3736.8
国泰君安证券公司天津新开路证券营业部	天津	天津	32452.4	27984.5	629.7	1.0	28.5	3808.7
东海证券公司杭州江南大道证券营业部	浙江	杭州	32404.8	24544.7	701.5	0.3	16.3	7142.0
信达证券公司本溪解放北路证券营业部	辽宁	本溪	32368.0	30696.0	162.8	0.4	133.9	1374.9
中国中投证券公司溧阳平陵中路证券营业部	江苏	溧阳	32366.7	30408.2	136.6	0.0	10.0	1811.9
万和证券公司成都建设路证券营业部	四川	成都	32359.3	23585.1	367.9	6.2	5.2	8394.8
东兴证券公司邵武五一九路证券营业部	福建	南平	32336.4	31996.6	153.4	0.0	39.9	146.5
国泰君安证券公司中山中山三路证券营业部	广东	中山	32321.1	30164.7	304.7	1.5	22.9	1827.4
国泰君安证券公司邯郸人民东路证券营业部	河北	石家庄	32318.2	28691.7	1202.3	0.0	28.7	2395.4
华鑫证券公司常州晋陵中路证券营业部	江苏	常州	32309.8	28742.3	522.2	0.0	11.0	3034.1
平安证券公司北京知春路证券营业部	北京	北京	32307.2	30435.5	329.8	0.2	17.1	1524.8
山西证券公司离石滨河北西路证券营业部	山西	吕梁	32288.7	26708.9	315.3	1.1	2.0	5260.6
西南证券公司太原长治路证券营业部	山西	太原	32277.1	22594.2	181.8	9.8	96.1	9395.0
西南证券公司重庆金渝大道证券营业部	重庆	重庆	32262.6	29643.2	294.6	0.6	61.7	2262.5
光大证券公司西宁五四大街证券营业部	青海	西宁	32262.0	28318.3	93.2	0.0	30.1	3820.3
上海证券公司襄阳北路证券营业部	上海	上海	32255.7	18742.8	489.7	3.0	23.3	12978.9
华泰证券公司包头东河区证券营业部	内蒙	包头	32252.7	26370.1	74.1	0.0	3.5	5805.0
宏信证券公司成都福兴街证券营业部	四川	成都	32240.8	29199.0	103.9	1.1	14.6	2922.2
中国银河证券公司汕头潮阳证券营业部	广东	汕头	32229.6	29635.1	302.0	0.0	3.4	2289.1
中信证券公司丽水寿尔福路证券营业部	浙江	丽水	32215.4	30596.3	126.8	0.1	7.5	1484.7
光大证券公司石家庄建华南大街证券营业部	河北	石家庄	32186.5	12079.0	19114.6	0.0	0.0	992.8
方正证券公司醴陵胜利路证券营业部	湖南	株洲	32179.5	31094.9	98.3	0.2	27.5	958.6
首创证券公司岳阳南湖大道证券营业部	湖南	岳阳	32177.3	30019.8	439.3	0.0	22.9	1695.2
华泰证券公司东台望海西路证券营业部	江苏	盐城	32155.8	26662.5	3326.7	0.8	123.0	2042.9
中国中投证券公司遂宁遂州南路证券营业部	四川	遂宁	32154.6	31574.4	126.9	0.1	9.6	443.5
华宝证券公司舟山普陀东港兴普大道证券营业部	浙江	舟山	32151.3	30157.5	219.3	0.0	16.2	1757.9
广发证券公司无锡清扬路证券营业部	江苏	无锡	32146.5	28572.6	667.4	0.0	5.3	2900.0
东海证券公司广州分公司	广东	广州	32128.6	13232.4	14994.8	0.0	9.4	3888.3
中国银河证券公司中山黄圃新丰北路证券营业部	广东	中山	32102.4	28331.8	929.0	0.2	58.4	2783.0
信达证券公司常州延陵中路证券营业部	江苏	常州	32076.2	28234.1	223.6	1.9	36.9	3579.6
山西证券公司西安高新二路证券营业部	陕西	西安	32055.6	28749.0	276.2	0.1	10.4	3019.9
浙商证券公司龙游太平西路证券营业部	浙江	衢州	32015.7	31159.7	90.7	0.2	12.9	751.0
中山证券公司鞍山南胜利路证券营业部	辽宁	鞍山	31984.0	25825.1	23.1	5.6	12.9	6117.4
方正证券公司重庆新南路证券营业部	重庆	重庆	31969.1	28876.9	117.9	1.5	194.9	2777.9
恒泰证券公司北京东三环中路证券营业部	北京	北京	31968.9	29762.0	136.3	0.0	11.8	2058.8
华龙证券公司兰州民主东路证券营业部	甘肃	兰州	31958.4	27144.1	68.7	0.0	1.3	4740.2
华福证券公司三明列东街证券营业部	福建	三明	31944.3	29470.4	396.2	0.2	2.8	2074.5
国元证券公司青岛山东路证券营业部	山东	青岛	31936.1	26837.3	610.0	0.1	34.6	4444.9
安信证券公司绵阳涪城路证券营业部	四川	绵阳	31933.5	27693.7	174.8	1.9	1.2	4057.2
光大证券公司重庆李家沱证券营业部	重庆	重庆	31928.6	23744.5	6286.2	46.4	52.9	1797.8
国联证券公司北京建材城西路证券营业部	北京	北京	31927.0	23185.3	650.7	0.3	21.1	8069.5
华福证券公司连江八一六北路证券营业部	福建	福州	31866.7	29135.1	83.6	0.0	1.2	2646.3
德邦证券公司丹东锦山大街营业部	辽宁	丹东	31816.5	28264.2	254.2	0.4	41.9	3255.7
浙商证券公司嘉兴梅湾街证券营业部	浙江	嘉兴	31785.0	28103.6	273.5	36.6	41.8	3329.5
新时代证券公司北京北三环西路证券营业部	北京	北京	31739.7	5568.5	605.5	0.0	0.2	25565.5

注：营业部交易金额的单位为百万元

证券营业部交易
Trading of Business Department

营业部名称 Business Department	省份 Province	城市 City	总计 Total	股票 Share	基金 Fund	政府债 G-Bond	公司债 C-Bond	债券回购 Repo
华林证券公司江门聚德街证券营业部	广东	江门	31733.0	20460.6	142.8	0.0	20.7	11109.0
中泰证券公司东营永安路证券营业部	山东	东营	31722.1	26896.9	163.7	0.0	19.5	4640.9
山西证券公司福州杨桥东路证券营业部	福建	福州	31699.1	27053.9	213.2	0.0	5.6	4426.4
中泰证券公司徐州民主南路证券营业部	江苏	徐州	31688.3	30890.7	49.2	0.0	11.5	735.6
方正证券公司西安南大街证券营业部	陕西	西安	31684.0	19162.5	396.7	0.0	1.3	12123.3
东北证券公司松原松江大街证券营业部	吉林	松原	31675.7	29206.3	75.5	0.1	14.3	2377.0
湘财证券公司邵阳宝庆东路证券营业部	湖南	邵阳	31664.2	23029.7	7596.5	0.4	43.4	994.3
华安证券公司合肥花园街证券营业部	安徽	合肥	31663.0	28603.8	315.1	3.4	114.5	2626.2
安信证券公司青岛四流南路证券营业部	山东	青岛	31600.7	26214.2	141.5	0.1	24.9	5217.5
中国银河证券公司北京学清路证券营业部	北京	北京	31570.1	26263.5	724.2	0.9	81.8	4499.8
东方证券公司沈阳大北关街证券营业部	辽宁	沈阳	31553.8	25631.4	147.6	8.3	132.8	5633.7
江海证券有限公司哈尔滨霞曼街证券营业部	黑龙江	哈尔滨	31535.8	23990.5	2064.3	0.0	22.1	5457.6
长城证券公司佛山三水张边路证券营业部	广东	佛山	31535.0	22384.2	124.3	0.1	8.5	9017.9
中泰证券公司济南民生大街证券营业部	山东	济南	31535.0	23544.7	3379.5	0.1	8.1	4600.3
东海证券公司青岛香港中路证券营业部	山东	青岛	31530.1	23574.3	64.8	0.0	20.6	7870.4
国泰君安证券公司兰州酒泉路证券营业部	甘肃	兰州	31455.2	29529.6	83.1	0.0	43.2	1799.3
首创证券公司深圳吉华路证券营业部	深圳	深圳	31452.2	27680.2	200.3	8.2	4.2	3559.3
华福证券公司福州五四路证券营业部	福建	福州	31429.9	23790.2	201.9	18.4	477.6	6941.5
东方证券公司济南经七路证券营业部	山东	济南	31406.8	28120.2	323.6	0.0	16.6	2945.6
湘财证券公司北京建国门内大街证券营业部	北京	北京	31387.2	27088.7	86.0	1.6	28.2	4181.2
上海证券公司妙境路证券营业部	上海	上海	31375.6	28642.3	97.4	0.3	16.8	2618.8
上海华信证券公司上海仙霞路证券营业部	上海	上海	31374.9	15485.7	235.9	0.1	59.5	15593.8
海通证券公司义乌丹溪北路证券营业部	浙江	义乌	31373.6	24014.1	393.6	0.0	83.1	6882.9
东吴证券公司泰州海陵南路证券营业部	江苏	泰州	31361.7	28312.2	129.4	0.0	38.8	2881.3
平安证券公司安徽分公司	安徽	合肥	31360.5	18692.8	131.5	30.4	419.0	12064.1
华泰证券公司高邮通湖路证券营业部	江苏	高邮	31359.8	25287.2	4245.4	0.0	170.2	1656.5
华安证券公司滁州天长路证券营业部	安徽	滁州	31354.3	28784.5	298.0	5.7	87.6	2178.4
安信证券公司内江西林大道证券营业部	四川	内江	31342.1	29310.8	245.0	0.0	125.9	1659.9
广发证券公司江门台山南门西路证券营业部	广东	台山	31341.8	28310.1	106.0	14.3	6.9	2904.2
华宝证券公司成都天泰路证券营业部	四川	成都	31318.5	20011.4	1036.7	0.1	34.8	8925.2
华安证券公司北京西三环北路证券营业部	北京	北京	31267.5	23738.1	71.9	0.0	1.0	7456.5
渤海证券公司天津滨海新区大港世纪大道证券营业部	天津	天津	31266.2	28973.7	108.9	0.2	60.6	2122.8
中邮证券公司西安电子二路证券营业部	陕西	西安	31256.1	27551.1	115.7	2.2	17.4	3569.7
南京证券公司福州华林路证券营业部	福建	福州	31224.5	26208.3	151.5	4.2	37.3	4823.1
华泰证券公司云南分公司	云南	昆明	31169.7	26546.9	465.1	0.8	111.4	4045.4
华鑫证券公司西安群贤路证券营业部	陕西	西安	31160.5	26103.3	385.6	0.1	3.8	4667.7
方正证券公司太原新建南路证券营业部	山西	太原	31159.9	29130.3	84.0	0.0	6.3	1939.2
华龙证券公司兰州永昌路证券营业部	甘肃	兰州	31118.6	27030.3	836.8	0.0	11.2	3240.2
国元证券公司安庆人民路证券营业部	安徽	安庆	31109.0	30339.8	132.5	0.2	16.0	620.2
申万宏源证券有限公司眉山彭山区紫薇路证券营业部	四川	眉山	31086.4	27989.5	172.0	0.0	13.1	2911.8
海通证券公司齐齐哈尔卜奎大街证券营业部	黑龙江	齐齐哈尔	31080.9	29787.3	57.7	0.2	11.1	1224.6
华融证券公司阿克苏东大街证券营业部	新疆	阿克苏	31077.7	30540.8	49.3	0.0	3.3	484.3
国泰君安证券公司宜春高安桥北路证券营业部	江西	宜春	31072.9	30812.8	61.2	0.0	11.3	187.7
东海证券公司天津友谊路证券营业部	天津	天津	31057.0	19221.3	77.4	0.0	10.3	11748.0
国元证券公司芜湖北京中路证券营业部	安徽	芜湖	31052.6	24689.0	1585.5	2.1	20.9	4749.0
东海证券公司苏州分公司	江苏	苏州	31049.8	21763.0	31.4	0.0	28.5	9218.2
长江证券公司成都人民南路证券营业部	四川	成都	30997.1	29034.1	1923.1	0.0	2.2	0.0
西南证券公司金华丹溪路证券营业部	浙江	金华	30992.4	29846.3	103.7	0.3	25.7	1016.3
中信证券公司深圳前海证券营业部	深圳	深圳	30967.1	22483.8	1332.4	0.0	0.1	7141.8
江海证券有限公司哈尔滨一曼街证券营业部	黑龙江	哈尔滨	30924.6	23968.9	374.8	1.9	13.7	6564.0

注：营业部交易金额的单位为百万元

证券营业部交易
Trading of Business Department

营业部名称 Business Department	省份 Province	城市 City	总计 Total	股票 Share	基金 Fund	政府债 G-Bond	公司债 C-Bond	债券回购 Repo
中银国际证券公司福州五四路证券营业部	福建	福州	30921.1	28574.4	339.0	2.0	10.6	1995.1
安信证券公司哈尔滨红军街证券营业部	黑龙江	哈尔滨	30918.0	24943.2	1218.2	0.0	24.0	4732.1
广发证券公司深圳前海证券营业部	深圳	深圳	30916.6	17667.2	147.9	0.0	1.2	13100.4
平安证券公司郑州经三路证券营业部	河南	郑州	30886.3	30068.9	287.1	0.0	16.8	513.5
安信证券公司梅州丰顺证券营业部	广东	梅州	30882.0	26342.4	151.7	0.0	0.3	4387.7
东海证券公司长沙韶山北路证券营业部	湖南	长沙	30761.2	28721.7	94.1	0.0	9.2	1936.2
信达证券公司青岛麦岛路证券营业部	山东	青岛	30732.5	17700.2	145.1	0.0	9.7	12877.6
东兴证券公司惠安建设南路证券营业部	福建	泉州	30732.3	29503.6	244.5	0.0	18.9	965.3
中信证券公司上海南京西路证券营业部	上海	上海	30725.6	7309.5	410.1	0.0	0.0	23006.0
世纪证券公司南昌井岗山大道证券营业部	江西	南昌	30722.6	28016.8	83.7	1.7	70.0	2550.4
东兴证券公司长沙韶山北路证券营业部	湖南	长沙	30722.1	19088.5	103.5	0.0	14.8	11515.4
中国银河证券公司西宁西大街证券营业部	青海	西宁	30721.5	22665.5	2544.8	0.1	49.8	5461.3
光大证券公司上海塔城路证券营业部	上海	上海	30716.6	24376.1	372.4	0.0	16.3	5951.3
信达证券公司沈阳市府大路证券营业部	辽宁	沈阳	30707.2	28532.2	490.4	8.3	77.8	1596.5
海通证券公司北京密云鼓楼东大街证券营业部	北京	北京	30689.8	28091.0	1241.0	0.0	46.1	1310.6
长江证券公司大庆东风路证券营业部	黑龙江	大庆	30680.3	27815.9	141.6	0.0	11.5	2707.3
中信建投证券公司重庆万州高笋塘证券营业部	重庆	重庆	30676.7	27972.0	915.7	0.1	41.7	1745.9
中国中投证券公司天津武清雍阳西道证券营业部	天津	天津	30666.9	14359.1	154.5	0.0	24.4	16128.9
东吴证券公司太仓人民南路证券营业部	江苏	太仓	30662.7	27060.9	102.4	0.0	19.8	3479.6
中泰证券公司深圳泰然九路证券营业部	深圳	深圳	30635.0	18526.3	13.3	0.0	0.2	12095.2
安信证券公司重庆中华路证券营业部	重庆	重庆	30609.3	26961.7	106.9	0.0	4.9	3535.9
网信证券公司沈阳兴华南街证券营业部	辽宁	沈阳	30593.0	24429.7	42.5	4.2	72.5	6044.1
川财证券公司乐山五通桥文化街证券营业部	四川	乐山	30579.7	23219.3	248.5	25.4	16.5	7070.1
中航证券有限公司泉州田安路证券营业部	福建	泉州	30574.7	18473.2	90.2	0.0	21.0	11990.4
申万宏源西部证券有限公司南宁英华路证券营业部	广西	南宁	30564.8	28566.8	292.4	0.0	113.0	1592.6
中信建投证券公司张家界市紫舞东路证券营业部	湖南	张家界	30558.0	29636.7	115.0	0.0	12.1	788.9
财达证券公司邢台西门里证券营业部	河北	邢台	30516.7	28336.2	103.9	12.2	78.5	1985.8
西南证券公司郑州商务外环路证券营业部	河南	郑州	30473.9	22782.5	18.3	0.0	29.2	7643.9
东莞证券公司厦门枋湖东路证券营业部	福建	厦门	30462.1	25008.1	163.8	0.0	27.9	5262.3
申万宏源证券有限公司兰州分公司	甘肃	兰州	30460.3	28147.8	236.3	0.0	1.5	2072.9
财达证券公司石家庄新华路证券营业部	河北	石家庄	30437.8	24893.3	367.7	0.3	43.7	5132.8
英大证券公司兰州庆阳路证券营业部	甘肃	兰州	30430.3	27279.7	98.2	0.1	286.1	2766.2
渤海证券公司天津泉旺路证券营业部	天津	天津	30425.6	28471.2	172.4	0.0	28.2	1753.8
中山证券公司济南解放路证券营业部	山东	济南	30423.6	8453.4	12.4	0.0	35.0	21922.8
国海证券公司济南济安街证券营业部	山东	济南	30422.2	10243.9	17.6	0.0	3.5	20156.6
大通证券公司沈阳大西路证券营业部	辽宁	沈阳	30419.4	24566.9	179.1	0.3	161.4	5511.7
国元证券公司亳州魏武大道证券营业部	安徽	亳州	30398.4	28828.8	1019.1	0.0	3.3	547.2
瑞银证券公司北京金融大街证券营业部	北京	北京	30372.1	4165.6	256.9	0.0	9.4	25940.2
光大证券公司西宁长江路证券营业部	青海	西宁	30308.3	29394.4	197.2	0.2	14.9	701.6
申万宏源西部证券有限公司伊宁斯大林街证券营业部	新疆	伊宁	30304.1	29380.4	73.5	0.0	2.9	847.3
光大证券公司泉州田安路证券营业部	福建	泉州	30263.8	26070.2	688.4	0.1	5.4	3499.5
方正证券公司长沙宁乡沿河北路证券营业部	湖南	长沙	30242.2	29603.4	124.8	11.0	9.0	494.1
广发证券公司佛山三水广海大道证券营业部	广东	佛山	30234.1	25502.7	303.0	0.0	14.4	4413.3
中航证券有限公司上饶滨江西路证券营业部	江西	上饶	30228.4	28402.5	200.9	0.0	8.6	1616.3
万联证券公司永州湘永路证券营业部	湖南	永州	30205.6	23759.4	4827.4	0.0	4.2	1614.5
大通证券公司上海广中西路证券营业部	上海	上海	30198.6	15254.3	323.0	0.0	363.0	14258.3
中信证券公司上海张江园区证券营业部	上海	上海	30174.6	25904.7	750.0	0.0	59.4	3460.5
中泰证券公司芜湖镜湖路证券营业部	安徽	芜湖	30088.9	24362.0	197.3	0.1	14.4	5515.0
国联证券公司杭州中山北路证券营业部	浙江	杭州	30085.0	22115.5	547.4	0.0	15.1	7407.0
天风证券公司资阳广场路证券营业部	四川	资阳	30021.1	28726.4	149.4	0.0	62.0	1083.3

注：营业部交易金额的单位为百万元

证券营业部交易
Trading of Business Department

营业部名称 Business Department	省份 Province	城市 City	总计 Total	股票 Share	基金 Fund	政府债 G-Bond	公司债 C-Bond	债券回购 Repo
光大证券公司大庆金融街证券营业部	黑龙江	大庆	30018.3	26985.2	160.5	0.0	64.8	2807.8
东方证券公司沈阳南八中路证券营业部	辽宁	沈阳	30001.1	27423.0	40.0	1.5	96.6	2440.0
东莞证券公司东莞证券公司杭州丹枫路证券营业部	浙江	杭州	29970.9	22621.2	158.5	0.0	8.2	7183.0
华融证券公司重庆江北证券营业部	重庆	重庆	29962.4	23093.7	98.5	0.0	10.7	6759.5
江海证券有限公司齐齐哈尔站前大街证券营业部	黑龙江	齐齐哈尔	29959.5	27566.0	165.4	0.3	46.5	2179.5
中山证券公司深圳福华三路证券营业部	深圳	深圳	29959.1	20984.0	271.2	0.0	45.1	8658.2
金元证券公司中山兴中道证券营业部	广东	中山	29955.8	25472.2	176.9	0.0	19.1	4286.8
中国中投证券公司天津大丰路证券营业部	天津	天津	29899.1	27990.4	113.9	0.0	41.2	1753.6
华泰证券公司恩施施州大道证券营业部	湖北	恩施	29889.1	27514.3	904.0	0.2	87.7	1382.8
华龙证券公司兰州七里河证券营业部	甘肃	兰州	29881.1	27333.8	52.0	0.1	33.1	2462.1
太平洋证券公司昆明金碧路证券营业部	云南	昆明	29880.0	24649.6	173.5	1.1	5.5	5049.6
华龙证券公司乌鲁木齐扬子江路证券营业部	新疆	乌鲁木齐	29876.3	18977.5	68.1	0.0	6.1	10824.6
东兴证券公司沙县府西路证券营业部	福建	三明	29854.6	29271.8	190.8	0.8	221.3	169.8
国都证券公司北京九棵树街证券营业部	北京	北京	29848.8	27503.4	153.9	0.0	7.4	2184.1
财通证券公司海盐秦山路证券营业部	浙江	嘉兴	29848.4	24146.4	329.9	0.0	66.2	5304.3
广发证券公司邯郸陵园路证券营业部	河北	邯郸	29827.3	22405.8	129.0	0.0	51.3	7232.0
海通证券公司鹤岗东解放路证券营业部	黑龙江	鹤岗	29814.2	28704.8	205.5	1.7	137.7	761.1
联讯证券公司广州东风中路证券营业部	广东	广州	29808.1	14259.6	39.0	0.0	6.4	15503.1
中泰证券公司日照昭阳路证券营业部	山东	日照	29792.8	27902.9	155.7	2.7	27.4	1700.0
江海证券有限公司大连五四路证券营业部	辽宁	大连	29790.0	25269.8	156.7	1.4	38.5	4323.4
华安证券公司合肥大通路证券营业部	安徽	合肥	29783.2	10843.1	62.4	0.0	7.0	18870.7
南京证券公司吴忠迎宾大街证券营业部	宁夏	吴忠	29777.6	28554.9	427.8	2.2	89.2	703.5
华福证券公司厦门悦华路证券营业部	福建	厦门	29776.0	27702.9	216.8	0.0	43.1	1813.2
恒泰证券公司呼和浩特中山西路证券营业部	内蒙	呼和浩特	29767.0	25063.5	150.3	0.0	4.2	4549.0
西南证券公司重庆长寿证券营业部	重庆	重庆	29733.8	28863.5	77.3	0.8	17.5	774.7
国信证券公司江苏阜宁新城北京路证券营业部	江苏	盐城	29718.1	7010.7	6.7	0.0	0.0	22700.7
太平洋证券公司宁波中山东路证券营业部	浙江	宁波	29704.1	26188.8	296.5	0.0	77.9	3140.9
安信证券公司广州分公司	广东	广州	29686.7	23896.0	30.3	0.0	73.8	5686.6
新时代证券公司广州环市东路证券营业部	广东	广州	29686.2	10311.1	3339.7	0.0	15834.9	0.0
申万宏源西部证券有限公司哈密天山北路证券营业部	新疆	哈密	29685.8	28930.7	119.9	0.1	10.0	625.2
中泰证券公司泉州宝洲路证券营业部	福建	泉州	29635.3	20833.0	188.5	0.0	1.3	8612.3
西藏同信证券公司泉州宝洲路证券营业部	福建	泉州	29629.5	24568.1	219.0	0.0	43.7	4798.7
长江证券公司随州烈山大道证券营业部	湖北	随州	29622.1	28518.5	218.5	0.0	24.3	860.2
平安证券公司泉州安吉南路证券营业部	福建	泉州	29584.5	28839.9	150.4	0.0	2.8	591.4
浙商证券公司福州华林路证券营业部	福建	福州	29579.2	26800.1	195.0	0.0	331.7	2252.4
江海证券有限公司哈尔滨新疆大街证券营业部	黑龙江	哈尔滨	29568.8	25425.8	126.3	0.3	19.5	3996.2
中国中投证券公司潜江广华大道证券营业部	湖北	潜江	29544.9	26009.4	515.3	1.2	47.4	2971.6
海通证券公司阜阳清河东路证券营业部	安徽	阜阳	29528.4	27614.8	890.8	0.0	31.0	991.8
江海证券有限公司大庆龙凤大街证券营业部	黑龙江	大庆	29511.7	27252.3	86.4	0.0	21.2	2151.8
民生证券公司新密青屏大街证券营业部	河南	新密	29493.4	27077.3	48.7	0.1	22.2	2345.0
华西证券公司眉山湖滨路证券营业部	四川	眉山	29467.2	26927.9	347.6	0.0	146.1	2045.0
信达证券公司杭州莫干山路证券营业部	浙江	杭州	29453.6	24467.1	306.3	0.0	10.7	4669.4
中泰证券公司寿光公园北街证券营业部	山东	寿光	29452.4	27412.0	169.7	0.0	0.8	1869.4
中国民族证券公司长沙车站北路证券营业部	湖南	长沙	29426.2	27445.3	69.4	0.0	1.8	1908.3
华鑫证券公司西安解放路证券营业部	陕西	西安	29412.9	25575.3	173.9	0.0	24.2	3637.2
财达证券公司石家庄槐北路证券营业部	河北	石家庄	29407.2	19704.5	67.7	0.0	6.9	9627.9
德邦证券公司北京朝阳北路证券营业部	北京	北京	29406.8	26081.0	287.4	0.0	853.5	2184.9
中国中投证券公司天津解放南路证券营业部	天津	天津	29405.2	25316.1	323.2	0.0	105.1	3660.8
东莞证券公司惠州演达大道证券家营业部	广东	惠州	29393.5	25159.4	118.9	0.0	12.3	4102.9
海通证券公司兰州万新南路证券营业部	甘肃	兰州	29383.0	27795.4	135.4	0.1	52.4	1395.6

注：营业部交易金额的单位为百万元

证券营业部交易
Trading of Business Department

营业部名称 Business Department	省份 Province	城市 City	总计 Total	股票 Share	基金 Fund	政府债 G-Bond	公司债 C-Bond	债券回购 Repo
广发证券公司宜昌东山大道证券营业部	湖北	宜昌	29356.0	24967.0	253.9	0.0	5.8	4126.1
广州证券公司盘锦泰山路证券营业部	辽宁	盘锦	29348.2	25544.9	62.3	0.1	151.0	3589.9
国元证券公司黄山新街证券营业部	安徽	黄山	29334.1	28272.6	169.4	0.3	21.8	869.9
海通证券公司上海自贸试验区分公司	上海	上海	29309.0	18614.2	123.0	0.0	0.6	10571.3
新时代证券公司包头南门外大街证券营业部	内蒙	包头	29301.1	25056.7	186.3	0.3	3.6	4054.3
中国民族证券公司沈阳中华路证券营业部	辽宁	沈阳	29295.3	23422.9	112.7	0.0	74.1	5685.3
国信证券公司济南泺源大街证券营业部	山东	济南	29267.6	27060.1	166.6	0.1	82.9	1957.9
国联证券公司无锡洛社镇人民南路证券营业部	江苏	无锡	29246.5	22008.1	356.4	0.0	4.1	6877.9
国泰君安证券公司上海松江中山东路证券营业部	上海	上海	29242.6	25843.6	164.1	0.7	277.3	2956.9
申万宏源西部证券有限公司成都蜀金路证券营业部	四川	成都	29232.1	24135.2	99.4	0.0	243.0	4754.6
众成证券公司上海中山西路证券营业部	上海	上海	29213.4	16403.1	265.9	0.2	1.8	12542.4
华安证券公司巢湖市巢湖路证券营业部	安徽	巢湖	29211.1	28145.0	106.1	5.0	116.6	838.5
海通证券公司齐齐哈尔和平路证券营业部	黑龙江	齐齐哈尔	29188.6	27579.6	403.6	0.0	3.6	1201.6
中国中投证券公司长沙建湘路证券营业部	湖南	长沙	29162.5	25980.0	396.9	1.2	451.0	2333.4
中国民族证券公司天津三马路证券营业部	天津	天津	29132.1	26163.5	44.2	0.6	55.6	2861.7
信达证券公司辽阳武圣路证券营业部	辽宁	辽阳	29128.3	27894.3	203.8	0.0	100.5	929.6
兴业证券公司福州工农路证券营业部	福建	福州	29114.2	21464.5	106.5	0.0	14.0	7529.1
国海证券公司南宁东葛路证券营业部	广西	南宁	29030.8	26162.4	296.4	0.0	23.7	2548.1
国信证券公司深圳宝安兴华路证券营业部	深圳	深圳	29007.8	22174.7	116.3	0.0	17.8	6699.0
申万宏源西部证券有限公司克拉玛依准噶尔路证券营业部	新疆	克拉玛依	28832.5	25819.1	122.7	0.3	48.9	2837.8
申万宏源西部证券有限公司柳州解放南路证券营业部	广西	柳州	28791.9	25851.4	138.0	0.0	10.7	2791.7
联讯证券公司惠州云山西路证券营业部	广东	惠州	28785.8	25380.8	57.3	0.0	39.2	3308.5
华福证券公司福州排尾路证券营业部	福建	福州	28717.1	24364.3	23.2	0.0	0.4	4327.9
海通证券公司辽源人民大街证券营业部	吉林	辽源	28711.6	27456.3	46.1	0.0	1.5	1207.7
渤海证券公司天津士英路证券营业部	天津	天津	28678.1	21643.7	133.3	0.0	17.1	6884.0
首创证券公司杭州文二路证券营业部	浙江	杭州	28645.0	22068.4	53.7	0.0	19.0	6503.8
国泰君安证券公司鞍山新华街证券营业部	辽宁	鞍山	28634.2	11052.1	14.6	0.0	536.8	17030.7
国信证券公司宜昌沿江大道证券营业部	湖北	宜昌	28600.9	27589.8	165.4	0.0	60.3	785.4
华创证券公司北京东三环中路证券营业部	北京	北京	28559.5	1466.7	0.5	0.0	0.0	27092.3
东北证券公司长春东风大街第二证券营业部	吉林	长春	28555.8	23120.5	256.6	80.4	37.9	5059.2
日信证券公司通辽和平路证券营业部	内蒙	通辽	28545.4	26862.8	52.7	0.2	28.0	1601.9
大通证券公司柳州中山东路证券营业部	广西	柳州	28544.6	25626.1	69.3	1.6	5.7	2841.9
华福证券公司上杭北环路证券营业部	福建	龙岩	28526.7	26317.8	370.1	0.0	3.2	1833.9
海通证券公司绥化康庄路证券营业部	黑龙江	绥化	28524.9	27501.3	246.0	0.0	7.2	769.5
大通证券公司丹东财神庙街证券营业部	辽宁	丹东	28519.6	26308.3	93.7	0.1	59.1	2058.3
安信证券公司天津红旗路证券营业部	天津	天津	28515.8	24417.6	122.9	0.0	7.7	3967.5
恒泰证券公司济南解放路证券营业部	山东	济南	28510.8	26172.3	200.4	0.0	85.4	2052.2
安信证券公司韶关乐昌人民南路证券营业部	广东	韶关	28485.1	22493.2	4828.8	1.0	0.8	1154.3
上海证券公司温州永中西路证券营业部	浙江	温州	28475.4	26141.1	205.5	0.0	19.8	2106.7
中山证券公司海城海州大街证券营业部	辽宁	海城	28468.3	26449.5	30.0	2.3	2.6	1983.6
长城证券公司仙桃钱沟路证券营业部	湖北	仙桃	28460.2	27551.3	416.7	0.0	18.2	474.1
海通证券公司牡丹江平安街证券营业部	黑龙江	牡丹江	28444.2	26777.2	485.3	0.2	4.0	1177.2
上海证券公司嘉兴中山西路证券营业部	浙江	嘉兴	28432.6	25058.8	227.8	0.0	54.3	3091.7
大同证券公司深圳南山南油大道证券营业部	深圳	深圳	28420.9	19283.9	502.9	0.5	3.0	8630.5
中国国际金融有限公司长沙车站北路证券营业部	湖南	长沙	28399.6	13131.6	192.9	0.0	7.7	15067.3
长城证券公司杭州世纪大道证券营业部	浙江	杭州	28398.5	26816.5	96.5	0.0	180.7	1304.9
国泰君安证券公司襄阳东风汽车大道证券营业部	湖北	襄阳	28388.5	26429.1	136.7	0.0	4.0	1818.7
长城国瑞证券有限公司成都蜀汉路证券营业部	四川	成都	28383.5	9517.3	78.0	0.0	0.0	18788.2
爱建证券公司上海兰溪路证券营业部	上海	上海	28362.4	18380.3	119.5	0.0	5.9	9856.7
中信证券(山东)公司邹平黛溪三路证券营业部	山东	滨州	28338.9	26876.0	125.0	3.7	10.7	1323.5

注：营业部交易金额的单位为百万元

证券营业部交易
Trading of Business Department

营业部名称 Business Department	省份 Province	城市 City	总计 Total	股票 Share	基金 Fund	政府债 G-Bond	公司债 C-Bond	债券回购 Repo
安信证券公司深圳科发路证券营业部	深圳	深圳	28326.6	25013.8	1024.8	0.2	5.3	2279.5
东莞证券公司南京分公司	江苏	南京	28291.7	20173.6	321.7	0.0	111.7	7684.8
华安证券公司郑州商都路证券营业部	河南	郑州	28282.6	25712.0	471.8	0.0	20.0	2078.9
国联证券公司镇江檀山路证券营业部	江苏	镇江	28267.9	25131.4	653.4	2.0	27.4	2451.7
上海证券公司台州东环大道证券营业部	浙江	台州	28230.5	23164.8	1025.4	0.0	7.7	4032.6
华创证券公司德阳泰山南路证券营业部	四川	德阳	28184.9	24971.1	113.3	0.0	18.2	3082.2
民生证券公司鹤壁淇滨大道证券营业部	河南	鹤壁	28139.0	23859.5	168.3	0.4	71.4	4039.2
国泰君安证券公司兰州东岗西路证券营业部	甘肃	兰州	27973.6	25391.9	118.0	0.0	8.0	2455.8
方正证券公司贵阳中华中路证券营业部	贵州	贵阳	27954.1	26194.0	116.2	0.5	10.7	1632.6
中国银河证券公司庆元濛洲街证券营业部	浙江	丽水	27925.3	24060.9	3483.7	0.0	1.4	379.4
渤海证券公司天津芥园道证券营业部	天津	天津	27924.6	24708.3	75.1	3.3	47.7	3090.2
东北证券公司白山通江路证券营业部	吉林	白山	27923.5	25576.0	80.8	0.0	3.2	2258.7
国元证券公司大连金州证券营业部	辽宁	大连	27921.1	25607.9	407.9	0.1	12.5	1892.5
东海证券公司北京西三环北路证券营业部	北京	北京	27917.7	17584.0	102.9	0.2	44.6	10186.1
东吴证券公司江阴长江路证券营业部	江苏	江阴	27895.1	27076.3	6.3	0.0	0.3	812.2
中原证券公司开封大梁路证券营业部	河南	开封	27872.8	27112.2	89.0	0.0	4.0	667.5
海通证券公司江都龙川南路证券营业部	江苏	江都	27869.6	26603.4	157.3	0.0	37.6	1071.2
中泰证券公司东营西四路证券营业部	山东	东营	27846.1	25988.2	100.6	0.0	100.2	1654.0
中国中投证券公司登封少林大道证券营业部	河南	登封	27813.0	27037.0	287.3	1.3	13.1	474.0
财达证券公司石家庄工农路证券营业部	河北	石家庄	27800.7	25511.5	109.6	7.5	7.2	2164.8
首创证券公司天津大港世纪大道证券营业部	天津	天津	27763.2	24659.7	213.0	0.0	20.9	2869.6
国海证券公司南宁星光大道证券营业部	广西	南宁	27754.2	25451.1	246.1	0.0	45.4	2009.4
中天证券公司沈阳大南街证券营业部	辽宁	沈阳	27745.0	20692.8	168.5	54.0	37.4	6792.3
德邦证券公司沈阳三好街证券营业部	辽宁	沈阳	27724.7	24259.1	90.8	0.0	9.2	3365.6
中国民族证券公司哈尔滨东大直街证券营业部	黑龙江	哈尔滨	27722.1	23915.3	87.4	0.9	166.9	3550.3
申万宏源证券有限公司茂名油城六路证券营业部	广东	茂名	27720.2	26494.6	51.4	0.0	1.0	1173.1
华西证券公司自贡丹桂街证券营业部	四川	自贡	27679.5	24577.5	413.5	6.2	47.3	2635.0
海通证券公司淄博桓台东岳路证券营业部	山东	淄博	27670.8	21731.7	698.8	0.0	25.5	5213.6
安信证券公司合肥长江西路证券营业部	安徽	合肥	27658.6	24296.1	620.2	0.0	0.9	2563.3
国元证券公司六安人民路证券营业部	安徽	六安	27650.3	26344.5	176.2	0.0	13.0	1116.6
海通证券公司哈尔滨通江街证券营业部	黑龙江	哈尔滨	27650.1	24154.4	463.8	0.3	15.0	3016.6
华泰证券公司大丰金丰南大街证券营业部	江苏	盐城	27649.3	25693.6	125.4	24.1	200.0	1605.4
中原证券公司西安未央路证券营业部	陕西	西安	27636.3	27275.7	57.3	0.9	31.7	270.7
国泰君安证券公司泉州百源路证券营业部	福建	泉州	27625.5	26960.2	75.5	0.0	19.6	570.2
长江证券公司慈溪新城大道证券营业部	浙江	宁波	27625.3	23868.0	306.9	0.0	48.9	3397.8
国元证券公司合肥芜湖路证券营业部	安徽	合肥	27611.3	24461.9	139.8	0.0	83.1	2926.4
华安证券公司宣城鳌峰西路证券营业部	安徽	宣城	27587.3	25620.9	93.1	16.4	1.4	1855.5
中信建投证券公司太原迎泽大街证券营业部	山西	太原	27575.8	5317.5	42.1	0.0	52.3	22163.9
中国民族证券公司石家庄水源街证券营业部	河北	石家庄	27541.1	24463.8	111.5	0.4	27.6	2937.8
国泰君安证券公司长沙芙蓉中路证券营业部	湖南	长沙	27479.6	26187.0	98.5	0.0	27.6	1166.6
申万宏源西部证券有限公司天津滨海新区黄海路证券营业部	天津	天津	27444.4	23028.8	34.2	0.0	3.5	4377.9
海通证券公司丹阳东方路证券营业部	江苏	丹阳	27423.8	23637.7	2153.8	0.1	6.3	1625.8
申万宏源证券有限公司泰兴府前街证券营业部	江苏	泰兴	27415.9	26523.4	192.9	0.0	41.1	658.6
中国中投证券公司西宁胜利路证券营业部	青海	西宁	27390.4	25055.8	243.1	0.0	18.3	2073.1
东方证券公司苏州临顿路证券营业部	江苏	苏州	27340.6	17642.0	112.5	0.0	0.6	9585.5
广发证券公司梅州蕉岭证券营业部	广东	梅州	27319.4	25503.5	64.9	0.2	11.1	1739.4
中天证券公司沈阳天坛一街证券营业部	辽宁	沈阳	27292.4	17941.8	79.7	15.0	45.1	9210.8
浙商证券公司玉环长兴路证券营业部	浙江	台州	27265.5	20900.5	21.9	0.0	1.8	6338.7
东莞证券公司东莞清溪证券营业部	广东	东莞	27262.7	25747.8	164.8	0.0	4.4	1332.9
中国民族证券公司江门港口路证券营业部	广东	江门	27261.5	20615.5	525.1	0.2	98.4	6017.0

注：营业部交易金额的单位为百万元

证券营业部交易
Trading of Business Department

营业部名称 Business Department	省份 Province	城市 City	总计 Total	股票 Share	基金 Fund	政府债 G-Bond	公司债 C-Bond	债券回购 Repo
华泰证券公司镇江丹阳东方路证券营业部	江苏	丹阳	27260.2	4152.0	22986.6	0.0	10.2	111.4
海通证券公司上海浦东新区成山路证券营业部	上海	上海	27259.1	24368.9	1242.0	0.0	4.7	1513.1
华融证券公司北京太平桥路证券营业部	北京	北京	27244.9	21054.8	372.7	0.0	3.2	5814.2
华安证券公司广州东华南路证券营业部	广东	广州	27244.1	19266.5	295.1	0.0	285.7	7396.9
恒泰证券公司沈阳奉天街证券营业部	辽宁	沈阳市	27199.7	24735.4	791.0	2.0	97.2	1574.1
方正证券公司永州祁阳金盆西路证券营业部	湖南	永州	27187.0	20701.6	94.2	0.0	4.1	6387.2
中国民族证券公司乐山小十字证券营业部	四川	乐山	27129.4	24758.3	83.8	0.6	21.9	2264.7
国泰君安证券公司济南永庆街证券营业部	山东	济南	27064.4	24786.2	103.9	9.1	27.3	2137.9
方正证券公司长沙枫林三路证券营业部	湖南	长沙	27043.7	21411.9	42.0	30.9	25.2	5533.6
方正证券公司永州南津中路证券营业部	湖南	永州	27023.3	26170.1	177.4	0.7	0.9	674.1
中泰证券公司淄博淄城东路证券营业部	山东	淄博	27021.8	12918.7	12811.2	0.0	8.8	1282.1
方正证券公司衡阳东风北路证券营业部	湖南	衡阳	27019.0	26533.4	49.9	38.9	26.6	366.2
国盛证券公司上海南丹东路证券营业部	上海	上海	27018.1	14964.8	76.9	0.6	0.9	11974.9
浙商证券公司青岛香港东路证券营业部	山东	青岛	27010.6	23127.2	12.6	0.0	12.4	3858.4
中泰证券公司文登市香山路证券营业部	山东	威海	26943.3	26176.7	99.8	0.1	28.0	636.8
山西证券公司深圳华富路证券营业部	深圳	深圳	26927.9	18235.4	525.3	0.0	3.7	8163.5
招商证券公司青岛开发区长江中路证券营业部	山东	青岛	26911.2	22418.3	2918.1	0.3	71.8	1502.7
中国中投证券公司佛山顺德政和北路证券营业部	广东	佛山	26908.7	23947.0	161.0	0.0	1.4	2799.3
宏信证券公司上海桂平路证券营业部	上海	上海	26878.7	15172.2	282.7	0.4	14.5	11408.8
恒泰证券公司南京水西门大街证券营业部	江苏	南京	26842.6	23970.2	370.2	0.0	30.5	2471.8
东莞证券公司扬州兴城西路证券营业部	江苏	扬州	26839.2	10329.4	1878.4	0.0	65.1	14566.2
广发证券公司广州黄埔东路证券营业部	广东	广州	26829.5	25831.2	82.4	0.1	9.3	906.3
华泰证券公司汉川仙女大道证券营业部	湖北	汉川	26807.3	23625.8	2264.3	0.9	10.2	906.1
申万宏源西部证券有限公司富阳江滨西大道证券营业部	浙江	杭州	26792.2	19521.5	124.2	0.0	174.5	6971.9
平安证券公司山西分公司	山西	太原	26787.4	24660.1	109.1	0.0	54.1	1964.2
中泰证券公司烟台南大街中心广场证券营业部	山东	烟台	26783.7	23050.2	502.2	2.0	10.4	3208.3
中国中投证券公司沈阳和平北大街证券营业部	辽宁	沈阳	26774.5	23520.0	199.3	2.6	34.0	3018.5
中信证券(山东)公司威海青岛北路证券营业部	山东	威海	26762.3	24968.0	274.2	0.0	64.8	1448.6
申万宏源西部证券有限公司台州腾达路证券营业部	浙江	台州	26750.4	23195.4	65.4	4.8	9.8	3474.9
广州证券公司广州增城新塘证券营业部	广东	增城	26744.1	23856.7	143.6	0.0	34.9	2708.0
西部证券公司上海漕东支路证券营业部	上海	上海	26729.4	17812.9	144.9	0.0	11.0	8760.7
中天证券公司沈阳八王寺街证券营业部	辽宁	沈阳	26687.9	22778.4	76.5	1.9	36.4	3794.8
宏信证券公司泸州江阳中路证券营业部	四川	泸州	26672.9	23827.3	578.0	0.2	48.6	2216.9
中泰证券公司宁波北仑恒山路证券营业部	浙江	宁波	26658.6	25497.2	105.3	0.0	42.7	1008.1
渤海证券公司天津开华道证券营业部	天津	天津	26618.1	22503.8	121.3	0.0	26.0	3967.0
西部证券公司上海西江湾路证券营业部	上海	上海	26590.8	15484.2	122.3	0.0	19.2	10965.1
新时代证券公司福州台江路证券营业部	福建	福州	26574.5	22720.1	254.1	0.0	13.5	3586.8
浙商证券公司成都董家湾北街证券营业部	四川	成都	26556.8	25165.3	171.2	0.3	13.3	1205.9
财达证券公司沧州任丘建设中路营业部	河北	沧州	26540.9	23834.7	109.7	0.6	13.6	2581.5
华宝证券公司福州八一七北路证券营业部	福建	福州	26532.3	19869.3	482.8	13.6	9.0	6157.6
东方证券公司福州五四路证券营业部	福建	福州	26528.7	22628.4	591.1	0.0	11.2	3297.9
招商证券公司玉林广场东路证券营业部	广西	玉林	26528.2	24930.4	90.3	0.0	5.9	1501.6
财通证券公司临海靖江中路证券营业部	浙江	临海	26512.2	25673.4	46.8	0.0	2.7	785.4
恒泰证券公司海拉尔河西开发区证券营业部	内蒙	呼伦贝尔	26502.3	25016.7	229.1	0.3	5.2	1251.0
恒泰证券公司长春东盛大街证券营业部	吉林	长春	26494.0	24117.2	254.4	1.8	0.3	2120.3
新时代证券公司青岛福州南路证券营业部	山东	青岛	26453.1	21247.8	348.5	0.0	27.6	4829.1
恒泰证券公司临河胜利北路证券营业部	内蒙	巴彦淖尔	26423.7	24331.2	205.6	0.1	13.5	1873.4
国泰君安证券公司衡阳解放大道证券营业部	湖南	衡阳	26369.0	25826.9	97.3	0.0	188.2	256.6
恒泰证券公司乌海海拉南路证券营业部	内蒙	乌海	26365.5	20634.3	183.0	0.6	5.5	5541.9
东吴证券公司常州通江中路证券营业部	江苏	常州	26352.8	22179.5	190.8	0.0	6.6	3976.0

注：营业部交易金额的单位为百万元

证券营业部交易
Trading of Business Department

营业部名称 Business Department	省份 Province	城市 City	总计 Total	股票 Share	基金 Fund	政府债 G-Bond	公司债 C-Bond	债券回购 Repo
平安证券公司湛江绿华路证券营业部	广东	湛江	26342.0	25570.5	202.4	2.4	7.8	559.0
中泰证券公司淄博沂源证券营业部	山东	淄博	26322.4	20637.4	5410.4	0.0	4.2	256.3
中国中投证券公司成都新都桂湖东路证券营业部	四川	成都	26315.5	25307.3	72.2	0.7	10.6	924.6
中国民族证券公司乐山柏杨路证券营业部	四川	乐山	26312.3	23729.6	82.7	0.2	4.8	2488.7
英大证券公司福州五四路证券营业部	福建	福州	26299.5	21016.9	184.2	0.0	68.0	5030.4
江海证券有限公司沈阳朝阳街证券营业部	辽宁	沈阳	26268.1	20143.6	185.4	0.0	38.3	5899.1
华西证券公司郫县东大街证券营业部	四川	成都	26256.2	24228.4	174.5	1.0	1.0	1851.3
国海证券公司钦州永福西大街证券营业部	广西	钦州	26200.5	25091.2	161.5	0.0	6.6	928.8
申万宏源西部证券有限公司南京汉中路证券营业部	江苏	南京	26180.2	23854.5	225.2	0.0	19.2	2081.4
大同证券公司运城人民北路证券营业部	山西	运城	26167.2	23936.3	285.1	0.0	17.0	1928.8
申万宏源西部证券有限公司唐山光明路证券营业部	河北	唐山	26156.8	16058.7	177.0	400.5	2402.8	7117.9
财达证券公司唐山翔云道证券营业部	河北	唐山	26140.6	24095.9	131.8	0.0	6.4	1906.6
万联证券公司广州番禺清河东路证券营业部	广东	广州	26117.4	18881.3	5330.1	0.0	18.7	1887.2
湘财证券公司娄底氐星路证券营业部	湖南	娄底	26068.6	15662.0	9586.2	0.0	43.3	777.1
恒泰证券公司北京西四环北路证券营业部	北京	北京	26065.9	24134.0	55.3	0.0	61.6	1815.0
华融证券公司天津鞍山西道证券营业部	天津	天津	26064.7	20874.2	526.1	0.0	42.7	4621.2
国泰君安证券公司宁波君子街证券营业部	浙江	宁波	26054.5	23242.3	178.9	0.0	258.7	2374.6
国海证券公司国海证券股份有限公司深圳经纪分公司	深圳	深圳	26053.7	17574.3	93.9	0.0	0.0	8385.5
光大证券公司大连民主广场证券营业部	辽宁	大连	26051.5	20104.6	3545.6	0.0	76.3	2324.3
中泰证券公司蓬莱钟楼北路证券营业部	山东	蓬莱	26043.8	24099.4	244.0	4.8	22.9	1671.8
华安证券公司重庆建新东路证券营业部	重庆	重庆	26023.3	21739.1	1938.4	0.0	0.5	2345.4
国泰君安证券公司宁波民安东路证券营业部	浙江	宁波	26001.7	24621.3	100.3	0.6	84.7	1194.8
中信建投证券公司厦门杏东路证券营业部	福建	厦门	25994.0	21874.2	693.1	0.0	348.1	3073.7
安信证券公司郑州花园路证券营业部	河南	郑州	25952.1	24389.7	67.6	0.0	8.9	1484.9
东方证券公司武汉三阳路证券营业部	湖北	武汉	25931.5	23484.7	282.9	1.2	2.2	2160.3
德邦证券公司沈阳建设东路证券营业部	辽宁	沈阳	25923.7	19747.1	66.1	0.0	10.6	6099.9
新时代证券公司嘉兴梅湾街证券营业部	浙江	嘉兴	25909.0	21406.0	2577.0	0.6	18.0	1907.4
中国中投证券公司铁岭银州路证券营业部	辽宁	铁岭	25905.0	23204.9	590.1	2.6	8.5	2098.8
信达证券公司南京汉中门大街证券营业部	江苏	南京	25904.3	20868.0	191.6	0.4	13.9	4830.4
红塔证券公司上海曲阳路证券营业部	上海	上海	25895.3	17002.3	166.8	0.1	85.2	8634.7
西南证券公司兰州南昌路证券营业部	甘肃	兰州	25864.3	25023.5	53.0	0.6	30.0	757.3
申万宏源证券有限公司长沙芙蓉中路证券营业部	湖南	长沙	25852.6	25315.9	182.8	0.0	0.8	353.1
国都证券公司洛阳南昌路证券营业部	河南	洛阳	25784.1	20006.0	447.9	4.8	0.7	5324.7
东吴证券公司东吴证券股份有限公司盐城人民南路证券营业	江苏	盐城	25776.8	24883.8	107.4	0.0	3.1	782.6
华福证券公司厦门分公司	福建	厦门	25746.4	20949.2	44.0	0.0	0.4	4752.9
中国银河证券公司成都成飞大道证券营业部	四川	成都	25688.1	23096.7	285.4	0.0	34.4	2271.6
新时代证券公司包头少先路证券营业部	内蒙	包头	25687.4	20275.8	98.8	0.0	1.4	5311.4
中信建投证券公司北京宣武门外大街证券营业部	北京	北京	25683.9	5367.3	70.1	55.6	26.8	20163.3
中国中投证券公司阳江阳东证券营业部	广东	阳江	25679.5	24015.3	103.2	0.0	2.9	1558.1
第一创业证券公司重庆融景中心证券营业部	重庆	重庆	25669.2	9529.4	2687.5	53.8	238.8	13159.6
华龙证券公司兰州静宁路证券营业部	甘肃	兰州	25654.0	24186.7	257.9	0.0	2.0	1200.4
华安证券公司武汉沿江大道证券营业部	湖北	武汉	25638.1	20186.1	122.5	0.0	7.4	5322.1
爱建证券公司宁波兴宁路证券营业部	浙江	宁波	25620.1	23535.8	53.6	0.0	3.1	2027.6
财通证券公司慈溪开发大道证券营业部	浙江	宁波	25595.0	8518.3	316.9	0.0	0.0	16759.7
大通证券公司上海民生路证券营业部	上海	上海	25582.4	15138.3	351.2	0.2	5.8	10086.8
上海证券公司温州月乐西街证券营业部	浙江	温州	25578.5	24473.1	167.9	0.0	24.7	912.8
广州证券公司唐山卫国路证券营业部	河北	唐山	25519.8	23632.2	81.8	2.7	16.4	1786.7
中信建投证券公司成都天府三街证券营业部	四川	成都	25482.2	6412.6	403.4	5.4	2.2	18658.6
国都证券公司深圳金田路证券营业部	深圳	深圳	25478.9	23743.0	125.0	0.0	263.9	1347.0
财通证券公司杭州潮王路证券营业部	浙江	杭州	25470.1	3085.6	222.0	0.0	2.3	22160.2

注：营业部交易金额的单位为百万元

证券营业部交易
Trading of Business Department

营业部名称 Business Department	省份 Province	城市 City	总计 Total	股票 Share	基金 Fund	政府债 G-Bond	公司债 C-Bond	债券回购 Repo
西藏同信证券公司河南分公司	河南	郑州	25466.0	10745.0	346.0	0.0	0.7	14374.4
信达证券公司天津复康路证券营业部	天津	天津	25455.0	20455.1	355.9	36.7	109.0	4498.3
海通证券公司杭州瓜沥东灵北路证券营业部	浙江	杭州	25426.2	24271.5	132.4	0.0	78.1	944.2
爱建证券公司上海广中路证券营业部	上海	上海	25414.3	15349.9	280.6	4.2	66.0	9713.6
东莞证券公司河源建设大道证券营业部	广东	河源	25376.6	24663.6	40.8	0.0	15.5	655.6
中山证券公司鞍山二道街证券营业部	辽宁	鞍山	25362.2	22385.5	64.0	0.1	11.8	2900.8
中信建投证券公司重庆合川南屏路证券营业部	重庆	合川	25346.4	23661.4	487.3	1.9	48.6	1140.2
中天证券公司沈阳南六东路证券营业部	辽宁	沈阳	25329.3	21116.6	65.6	0.0	33.5	4113.5
银泰证券公司济南市大纬二路证券营业部	山东	济南	25310.2	23271.0	163.7	0.0	14.4	1861.0
大通证券公司新余仙来中大道证券营业部	江西	新余	25299.0	22453.8	63.7	2.6	0.8	2778.0
海通证券公司哈尔滨一曼街证券营业部	黑龙江	哈尔滨	25293.1	23172.2	462.4	0.0	1.7	1656.9
山西证券公司临汾北洪家楼证券营业部	山西	临汾	25289.5	22342.3	1203.3	0.2	22.7	1721.0
财达证券公司邯郸水院北路证券营业部	河北	邯郸	25281.8	22817.7	64.5	2.1	140.4	2257.0
国泰君安证券公司重庆万州太白岩证券营业部	重庆	重庆	25276.8	24773.5	53.6	0.5	16.4	432.8
大通证券公司天津解放南路证券营业部	天津	天津	25268.5	18648.7	147.4	0.0	17.0	6455.5
华安证券公司南昌子安路证券营业部	江西	南昌	25265.6	16724.9	134.3	0.0	10.3	8396.1
安信证券公司沈阳北京街证券营业部	辽宁	沈阳	25264.1	20335.0	81.0	1506.2	206.7	3129.9
华林证券公司江门台山证券营业部	广东	台山	25256.7	24255.8	85.0	3.5	20.8	891.6
中信证券公司奉化桥东岸路证券营业部	浙江	宁波	25252.1	19453.2	135.5	0.0	10.9	5652.5
海通证券公司淮南田大路证券营业部	安徽	淮南	25208.1	23508.1	285.8	0.4	5.1	1404.5
方正证券公司益阳五一路证券营业部	湖南	益阳	25202.2	24255.6	44.5	0.4	3.4	898.2
中天证券公司中天证券有限责任公司沈阳南京北街证券营业	辽宁	沈阳	25178.0	19992.5	93.6	115.4	70.3	4906.1
中国民族证券公司鞍山湖南街证券营业部	辽宁	鞍山	25164.2	22698.9	51.0	0.2	11.1	2402.3
国泰君安证券公司郴州国庆北路证券营业部	湖南	郴州	25149.9	24796.8	59.1	0.0	6.1	287.8
大同证券公司大同站北街证券营业部	山西	大同	25137.8	18026.7	1566.6	0.0	11.3	5533.3
广发证券公司东莞大朗证券营业部	广东	东莞	25121.1	23941.0	110.6	0.0	22.6	1046.9
东吴证券公司张家港金港镇证券营业部	江苏	张家港	25086.1	24012.8	107.3	0.1	5.9	960.1
首创证券公司北京雍和宫证券营业部	北京	北京	25081.6	20410.8	145.2	0.0	5.0	4520.6
国信证券公司南宁金浦路证券营业部	广西	南宁	25061.4	22428.5	265.6	0.0	77.8	2287.9
西南证券公司长沙韶山南路证券营业部	湖南	长沙	25007.3	21387.0	213.3	0.0	11.2	3395.8
中信证券公司永康金城路证券营业部	浙江	金华	25006.5	18762.0	1261.5	0.2	41.1	4941.8
华福证券公司厦门仙岳路证券营业部	福建	厦门	24963.1	21325.3	38.6	0.0	7.6	3589.0
南京证券公司连云港墟沟中华西路证券营业部	江苏	连云港	24870.6	23349.7	346.7	0.0	4.2	1170.0
海通证券公司兰州天水路证券营业部	甘肃	兰州	24859.9	18426.0	46.5	1.1	219.7	6166.6
东吴证券公司上海奉贤环城东路证券营业部	上海	上海	24839.7	17288.7	430.6	0.0	2.8	7117.6
广发证券公司东莞塘厦证券营业部	广东	东莞	24802.5	16027.0	130.3	0.0	19.7	8623.9
中国银河证券公司青岛香港西路证券营业部	山东	青岛	24800.5	20268.6	73.0	1.4	51.7	4405.7
国联证券公司南京太平南路证券营业部	江苏	南京	24786.0	17141.9	135.8	0.0	5.2	7503.0
华林证券公司江门恩平证券营业部	广东	恩平	24785.6	21791.3	208.1	6.3	13.3	2766.6
东兴证券公司郑州商务外环路证券营业部	河南	郑州	24785.5	21910.1	133.2	0.0	6.3	2735.8
华福证券公司福安新华中路证券营业部	福建	福安	24773.9	23844.6	46.3	0.0	47.0	836.0
东方证券公司沈阳惠工街证券营业部	辽宁	沈阳	24743.4	17591.7	139.0	0.0	29.4	6983.3
安信证券公司阳江阳春广场路证券营业部	广东	阳春	24737.8	23610.9	59.0	0.0	2.1	1062.5
信达证券公司营口营港路证券营业部	辽宁	营口	24706.2	22566.1	72.5	23.5	102.3	1941.8
南京证券公司银川文化东街证券营业部	宁夏	银川	24699.2	22485.0	433.6	0.0	10.6	1769.2
华西证券公司江油东大街证券营业部	四川	绵阳	24697.0	22059.7	252.4	2.8	39.6	2338.7
天风证券公司江油李白大道证券营业部	四川	绵阳	24636.7	22238.1	39.7	1.3	14.3	2343.1
中国银河证券公司平湖解放西路证券营业部	浙江	平湖	24624.2	23111.7	206.4	0.7	63.0	1242.3
大同证券公司大同新平旺证券营业部	山西	大同	24620.4	19746.2	331.3	0.5	30.7	4511.7
申万宏源西部证券有限公司阿克苏东大街证券营业部	新疆	阿克苏	24618.5	23915.7	119.6	0.0	0.2	583.0

注：营业部交易金额的单位为百万元

证券营业部交易
Trading of Business Department

营业部名称 Business Department	省份 Province	城市 City	总计 Total	股票 Share	基金 Fund	政府债 G-Bond	公司债 C-Bond	债券回购 Repo
西藏同信证券公司拉萨金珠西路第一证券营业部	西藏	拉萨	24616.2	23100.1	313.9	0.1	9.4	1192.7
财富证券公司北京德胜门外大街证券营业部	北京	北京	24599.9	21609.0	583.8	0.0	4.3	2401.2
长江证券公司公安利达路证券营业部	湖北	荆州	24589.0	22869.4	72.2	0.0	3.2	1644.3
中信建投证券公司重庆涪陵广场路证券营业部	重庆	重庆	24578.5	24057.2	36.3	0.0	0.8	484.3
湘财证券公司台州市府大道证券营业部	浙江	台州	24570.6	21240.4	584.5	0.0	44.4	2701.3
华福证券公司福鼎河乾路证券营业部	福建	福鼎	24565.2	23222.7	49.8	0.0	32.4	1260.2
南京证券公司银川怀远西路证券营业部	宁夏	银川	24546.7	23525.7	100.7	1.2	102.8	816.3
中国民族证券公司成都沙湾路证券营业部	四川	成都	24535.4	23257.3	220.2	2.1	24.7	1030.2
华融证券公司重庆中山三路证券营业部	重庆	重庆	24498.5	17414.7	139.0	1.0	9.5	6934.4
申万宏源西部证券有限公司奎屯北京西路证券营业部	新疆	乌鲁木齐	24488.9	23780.3	30.7	0.0	6.7	671.2
海通证券公司新余分宜府前路证券营业部	江西	新余	24487.6	23919.6	120.0	0.2	8.1	409.6
国泰君安证券公司上海嘉定塔城路证券营业部	上海	上海	24474.3	21821.9	214.8	0.1	13.9	2423.6
长城国瑞证券有限公司成都星辉中路证券营业部	四川	成都	24471.2	17420.7	87.0	0.1	8.9	6954.5
海通证券公司保定东风东路证券营业部	河北	保定	24444.2	12999.1	381.3	112.5	235.1	10714.7
万联证券公司广州花都公益路证券营业部	广东	广州	24439.9	17193.2	6513.5	0.0	99.0	633.6
太平洋证券公司昆明白塔路证券营业部	云南	昆明	24437.9	21524.2	255.7	20.7	29.9	2605.9
中信证券(山东)公司龙口南山路证券营业部	山东	烟台	24433.0	20547.1	99.5	0.0	85.3	3694.3
信达证券公司佛山季华七路证券营业部	广东	佛山	24417.6	22844.1	80.7	0.0	16.9	1475.9
国元证券公司合肥胜利路证券营业部	安徽	合肥	24415.8	19412.1	625.7	0.0	19.8	4358.0
申万宏源证券有限公司泸州酒城大道证券营业部	四川	泸州	24408.0	20484.9	84.0	0.0	1.6	3837.5
国泰君安证券公司赣州章江南大道证券营业部	江西	赣州	24370.1	23191.2	40.3	0.0	7.0	1131.6
国泰君安证券公司邵阳宝庆西路证券营业部	湖南	邵阳	24369.4	24131.4	109.3	0.0	12.5	116.2
上海证券公司延长西路证券营业部	上海	上海	24344.5	16015.8	107.1	1.9	3.3	8216.5
海通证券公司七台河大同街证券营业部	黑龙江	七台河	24321.2	23142.8	406.4	0.2	5.3	766.5
中国中投证券公司宁波江东北路证券营业部	浙江	宁波	24305.8	14105.5	153.9	0.0	2.6	10043.8
东方证券公司昆明白龙路证券营业部	云南	昆明	24294.9	1424.7	7.7	0.0	1.7	22860.8
长江证券公司深圳龙华民旺路证券营业部	深圳	深圳	24278.6	22963.6	390.7	0.0	9.3	915.0
中信证券(山东)公司菏泽中山路证券营业部	山东	菏泽	24264.3	12286.5	123.8	0.0	110.5	11743.5
信达证券公司大连中山路证券营业部	辽宁	大连	24257.3	19715.9	276.2	0.2	15.0	4250.0
申万宏源西部证券有限公司喀什克孜都维路证券营业部	新疆	喀什	24238.3	23829.2	49.8	0.0	17.9	341.4
国泰君安证券公司哈尔滨尚志大街证券营业部	黑龙江	哈尔滨	24236.9	19741.3	50.8	0.2	36.0	4408.6
湘财证券公司衡阳先锋路证券营业部	湖南	衡阳	24209.1	19443.8	3974.0	0.0	65.0	726.3
中信证券公司武汉关山大道证券营业部	湖北	武汉	24184.6	18149.2	33.1	0.1	17.6	5984.3
国泰君安证券公司包头证券营业部	内蒙	包头	24164.2	13792.4	7.7	0.0	8.4	10355.8
中国民族证券公司广州环市东路证券营业部	广东	广州	24158.5	21704.4	270.5	26.7	11.2	2143.4
五矿证券有限公司杭州中山北路证券营业部	浙江	杭州	24158.4	20265.2	116.8	0.0	19.3	3757.1
东兴证券公司天津航天道证券营业部	天津	天津	24157.3	21257.8	234.8	0.0	2.2	2662.5
国联证券公司无锡华夏南路证券营业部	江苏	无锡	24152.0	19460.5	960.3	0.0	9.0	3722.2
湘财证券公司益阳桃花仑西路证券营业部	湖南	益阳	24139.6	12870.9	10177.7	0.0	13.6	1075.4
申万宏源证券有限公司成都温江南江路证券营业部	四川	成都	24139.4	22371.0	76.1	0.7	30.2	1661.4
东北证券公司大连花园广场证券营业部	辽宁	大连	24136.2	21745.7	301.4	0.0	4.6	2083.7
西南证券公司武汉中北路证券营业部	湖北	武汉	24113.2	15335.6	464.2	289.4	89.1	7934.1
西部证券公司宝鸡金台大道证券营业部	陕西	宝鸡	24105.3	16811.3	65.4	0.0	33.5	7195.1
恒泰证券公司长春迎春南路证券营业部	吉林	长春	24090.1	19029.1	284.4	0.0	55.0	4721.6
国信证券公司石家庄广安大街证券营业部	河北	石家庄	24089.8	21764.0	298.4	0.4	38.8	1988.2
中航证券有限公司武汉新华路证券营业部	湖北	武汉	24087.9	22316.3	73.2	6.1	7.0	1685.3
西部证券公司江阴环城北路证券营业部	江苏	江阴	24050.9	17779.7	24.0	0.0	0.1	6247.1
海通证券公司齐齐哈尔安顺路证券营业部	黑龙江	齐齐哈尔	24040.6	22786.8	42.1	0.5	5.8	1205.5
国泰君安证券公司南昌进贤岚湖路证券营业部	江西	南昌	24023.5	23509.4	49.9	0.0	1.1	463.2
安信证券公司茂名信宜证券营业部	广东	信宜	24019.9	23657.2	164.0	28.3	13.4	156.0

注：营业部交易金额的单位为百万元

证券营业部交易
Trading of Business Department

营业部名称 Business Department	省份 Province	城市 City	总计 Total	股票 Share	基金 Fund	政府债 G-Bond	公司债 C-Bond	债券回购 Repo
东北证券公司通化新华大街证券营业部	吉林	通化	23963.7	21925.2	63.3	0.0	16.4	1958.4
长江证券公司保定五四中路证券营业部	河北	保定	23954.5	20415.0	269.2	0.0	26.2	3243.4
湘财证券公司怀化人民路证券营业部	湖南	怀化	23937.4	17251.6	6639.0	0.0	3.9	43.0
光大证券公司上海蒙山路证券营业部	上海	上海	23903.1	19627.8	324.9	0.1	915.8	3031.3
海通证券公司安庆湖心北路证券营业部	安徽	安庆	23888.5	22698.7	175.1	0.2	17.4	980.5
财达证券公司承德都统府大街证券营业部	河北	承德	23876.6	21178.1	40.3	0.2	36.6	2621.3
华安证券公司马鞍山江东大道证券营业部	安徽	马鞍山	23839.1	18276.0	2313.6	1.7	70.5	3176.4
华泰证券公司台州中心大道证券营业部	浙江	台州	23789.7	18862.0	1141.0	0.0	48.2	3736.5
华西证券公司天津友谊路证券营业部	天津	天津	23788.1	20978.8	237.1	0.0	25.1	2547.1
东方证券公司合肥望江西路证券营业部	安徽	合肥	23763.2	22440.9	153.7	0.0	0.2	1168.3
中国中投证券公司深圳龙岗龙福路证券营业部	深圳	深圳	23758.9	22756.6	90.1	0.0	121.6	790.5
华西证券公司峨眉山名山路证券营业部	四川	乐山	23757.7	22057.1	896.8	0.0	37.5	763.4
中泰证券公司沈阳青年大街证券营业部	辽宁	沈阳	23709.5	20867.1	110.6	0.0	138.6	2593.1
浙商证券公司象山靖南大街证券营业部	浙江	宁波	23701.9	23008.5	33.1	0.0	40.6	618.5
申万宏源证券有限公司南昌县澄湖北大道证券营业部	江西	南昌	23673.2	23284.0	47.9	0.0	1.3	339.9
长江证券公司南阳八一路证券营业部	河南	南阳	23643.0	21754.3	437.8	0.0	331.4	1117.9
华泰证券公司武汉民族大道证券营业部	湖北	武汉	23641.1	20810.7	731.2	3.5	84.1	2011.6
红塔证券公司楚雄鹿城北路证券营业部	云南	楚雄	23620.5	23344.8	141.7	0.5	4.2	129.2
恒泰证券公司长春人民大街证券营业部	吉林	长春	23590.9	18665.0	94.6	0.0	1.8	4829.5
东海证券公司南京长江路证券营业部	江苏	南京	23565.6	14191.8	175.9	0.0	38.7	9159.1
财通证券公司金华兰溪街证券营业部	浙江	金华	23552.6	22778.4	42.7	0.0	25.8	705.7
华安证券公司合肥桐城南路证券营业部	安徽	合肥	23549.0	12979.0	21.7	0.0	8.2	10540.2
长江证券公司潜江东风路证券营业部	湖北	潜江	23535.8	20969.9	463.1	0.0	8.1	2094.7
中信证券公司上虞王充路证券营业部	浙江	绍兴	23533.0	22692.3	78.7	0.0	260.7	501.4
中信证券公司镇江电力路证券营业部	江苏	镇江	23524.1	16419.3	687.4	0.2	5.6	6408.1
天风证券公司大连中山路证券营业部	辽宁	大连	23513.1	20100.7	157.3	0.4	0.5	3253.7
中泰证券公司东营河口海盛路证券营业部	山东	东营	23510.9	22600.5	193.9	2.4	35.4	678.8
信达证券公司本溪市府南街证券营业部	辽宁	本溪	23488.0	21892.1	98.2	0.1	34.1	1463.5
申万宏源证券有限公司成都崇州市蜀州北路证券营业部	四川	成都	23477.8	21945.0	821.2	0.0	3.4	707.0
中天证券公司上海武夷路证券营业部	上海	上海	23453.8	15182.4	56.5	0.0	85.6	8129.3
民生证券公司北京菜市口大街证券营业部	北京	北京	23390.7	17574.4	277.2	0.0	209.3	5329.8
银泰证券公司沈阳市十一纬路证券营业部	辽宁	沈阳	23270.8	19689.0	75.4	46.7	49.2	3410.3
广发证券公司张家口宣府大街证券营业部	河北	张家口	23259.3	22432.6	202.5	4.5	0.6	617.9
中泰证券公司宝鸡联盟路证券营业部	陕西	宝鸡	23243.9	21214.0	113.2	79.1	5.5	1832.1
华泰证券公司南通如东人民路证券营业部	江苏	南通	23238.2	17765.2	3974.4	0.2	17.0	1481.3
申万宏源证券有限公司上海闸北区汾西路证券营业部	上海	上海	23223.7	17093.7	136.6	0.0	2.6	5990.6
中国中投证券公司青岛延吉路证券营业部	山东	青岛	23222.5	19033.9	1640.3	0.0	86.2	2432.8
信达证券公司盘锦红旗大街证券营业部	辽宁	盘锦	23197.8	22494.1	130.1	13.3	19.4	541.0
东北证券公司南昌阳明路证券营业部	江西	南昌	23181.9	19497.1	154.1	0.0	0.2	3530.4
中泰证券公司南昌叠山路证券营业部	江西	南昌	23165.6	19419.7	188.8	0.0	18.0	3533.7
中信证券(山东)公司枣庄文化中路证券营业部	山东	枣庄	23151.9	20673.7	239.9	0.0	5.0	2233.2
华福证券公司福州金环路证券营业部	福建	福州	23115.5	20507.5	232.6	0.1	11.2	2361.5
中原证券公司张家港建农路证券营业部	江苏	张家港	23113.7	7422.0	0.9	0.0	1.2	15689.7
中国民族证券公司西安高新路证券营业部	陕西	西安	23112.8	19807.3	90.5	0.0	29.0	3186.1
广州证券公司辽阳新华路证券营业部	辽宁	辽阳	23076.8	21396.2	33.4	0.0	16.0	1631.1
中信证券公司惠州麦地东路证券营业部	广东	惠州	23064.8	19728.3	207.4	0.0	271.8	2857.3
南京证券公司银川中山北街证券营业部	宁夏	银川	23063.8	21334.8	257.0	0.0	6.9	1465.1
安信证券公司韶关曲江韶钢大道证券营业部	广东	韶关	23054.1	11573.5	10432.3	0.0	4.5	1043.1
东吴证券公司福州五四路证券营业部	福建	福州	23051.2	20684.7	173.1	0.0	5.2	2188.2
开源证券公司西安锦业路证券营业部	陕西	西安	23009.6	9019.7	152.2	0.0	0.1	13837.7

注：营业部交易金额的单位为百万元

证券营业部交易
Trading of Business Department

营业部名称 Business Department	省份 Province	城市 City	总计 Total	股票 Share	基金 Fund	政府债 G-Bond	公司债 C-Bond	债券回购 Repo
浙商证券公司舟山人民南路证券营业部	浙江	舟山	22930.8	17683.9	96.4	0.0	6.6	5143.9
中国银河证券公司呼和浩特大学西街证券营业部	内蒙	呼和浩特	22916.1	20700.3	260.1	20.7	266.9	1668.2
长城证券公司北京中核路证券营业部	北京	北京	22903.3	15519.1	220.0	0.0	65.6	7098.6
财通证券公司宁海中山西路证券营业部	浙江	宁波	22896.7	20615.5	157.0	0.0	11.9	2112.3
大通证券公司大连车家村证券营业部	辽宁	大连	22882.2	21194.7	237.1	2.8	3.7	1444.0
华泰证券公司盘锦石油大街证券营业部	辽宁	盘锦	22859.0	11857.9	10360.1	2.3	42.0	595.9
海通证券公司南昌广场北路证券营业部	江西	南昌	22833.7	18785.7	1430.2	0.0	6.3	2611.6
国泰君安证券公司深圳分公司	深圳	深圳	22824.4	13661.3	127.4	0.0	46.7	8989.0
国元证券公司马鞍山华飞路证券营业部	安徽	马鞍山	22815.9	10969.5	6869.9	0.0	45.2	4899.3
华龙证券公司平凉西大街证券营业部	甘肃	平凉	22810.2	22097.5	63.1	0.0	3.6	646.0
大同证券公司邯郸人民东路证券营业部	河北	邯郸	22805.2	20887.4	262.3	0.0	24.7	1630.8
中信建投证券公司绍兴胜利东路证券营业部	浙江	绍兴	22802.8	16129.2	140.4	0.0	2.8	6530.4
民生证券公司上海漕溪北路证券营业部	上海	上海	22781.4	13647.1	264.5	0.0	0.0	8869.8
华泰证券公司上海浦东新区妙境路证券营业部	上海	上海	22772.2	15640.9	523.9	0.1	457.1	6150.3
恒泰证券公司吉林中兴街证券营业部	吉林	吉林	22766.7	19711.5	55.8	0.1	7.8	2991.5
海通证券公司哈尔滨新阳路证券营业部	黑龙江	哈尔滨	22766.5	19822.8	32.7	0.0	56.1	2853.4
国信证券公司深圳布吉证券营业部	深圳	深圳	22749.1	22317.3	40.1	0.0	0.7	390.9
信达证券公司茂名迎宾路证券营业部	广东	茂名	22733.7	20833.3	151.1	0.0	1.1	1748.2
广发证券公司昆山前进东路证券营业部	江苏	苏州	22698.1	21573.9	57.7	0.0	2.2	1064.3
渤海证券公司天津京津路第一证券营业部	天津	天津	22696.8	19636.1	61.6	97.6	50.4	2851.2
西部证券公司安康兴安中路证券营业部	陕西	安康	22680.2	21074.1	60.2	0.0	21.2	1524.2
光大证券公司汕头华山路证券营业部	广东	汕头	22667.6	17373.2	546.7	0.3	175.9	4571.5
国泰君安证券公司梅州新中路证券营业部	广东	梅州	22651.4	21740.4	258.0	0.0	138.1	515.0
川财证券公司成都中新街证券营业部	四川	成都	22624.1	15677.0	214.7	3.5	911.4	5817.5
国泰君安证券公司济源济水大街证券营业部	河南	济源	22613.2	20255.2	65.7	0.1	54.9	2237.3
德邦证券公司广州华夏路证券营业部	广东	广州	22606.0	21651.4	123.0	0.1	0.5	831.1
财通证券公司丽水北苑路证券营业部	浙江	丽水	22590.9	20472.6	678.1	0.1	63.6	1376.5
东方证券公司西安锦业路证券营业部	陕西	西安	22583.0	12012.2	173.2	0.0	39.1	10358.4
中国银河证券公司侯马浍滨街证券营业部	山西	侯马	22572.4	22052.3	101.2	0.0	13.9	404.4
华鑫证券公司临沂金雀山路证券营业部	山东	临沂	22566.7	4395.8	301.9	0.0	0.1	17868.9
西部证券公司西安朱雀大街证券营业部	陕西	西安	22564.0	20748.5	70.7	0.0	8.6	1732.0
华泰证券公司枝江马店路证券营业部	湖北	枝江	22562.7	17438.3	4207.7	0.0	2.1	914.6
财达证券公司上海浦东大道证券营业部	上海	上海	22547.5	14567.5	148.6	7.9	16.2	7807.4
长城证券公司哈尔滨爱建路证券营业部	黑龙江	哈尔滨	22546.3	4472.6	80.5	0.0	706.2	17287.1
海通证券公司嘉峪关新华中路证券营业部	甘肃	嘉峪关	22446.3	21355.2	61.1	0.0	6.0	1024.0
联讯证券公司揭阳临江北路证券营业部	广东	揭阳	22427.0	20463.1	20.1	0.7	0.3	1942.8
华龙证券公司兰州农民巷证券营业部	甘肃	兰州	22422.1	19476.9	39.5	0.2	17.1	2888.2
中银国际证券公司上海畹町路证券营业部	上海	上海	22413.8	22293.1	91.3	0.0	29.4	0.0
南京证券公司南昌洪城路证券营业部	江西	南昌	22406.4	18431.7	228.3	0.0	5.4	3740.9
华泰证券公司宜都清江大道证券营业部	湖北	宜都	22398.9	21199.4	408.8	0.0	3.2	787.5
长江证券公司西安太白北路证券营业部	陕西	西安	22397.6	22118.4	272.0	0.0	3.8	0.0
南京证券公司宁波锦寓路证券营业部	浙江	宁波	22363.5	20527.6	116.1	0.0	56.5	1658.9
南京证券公司石嘴山大武口证券营业部	宁夏	石嘴山	22361.0	21728.1	76.8	0.2	5.3	550.7
上海证券公司南昌民德路证券营业部	江西	南昌	22345.7	20074.1	108.9	0.0	99.4	2063.3
中国银河证券公司邢台冶金北路证券营业部	河北	邢台	22331.8	14137.7	184.9	515.7	744.5	6749.0
东海证券公司武汉云彩路证券营业部	湖北	武汉	22331.4	17282.0	68.8	0.0	8.1	4972.5
江海证券有限公司佳木斯永安街证券营业部	黑龙江	佳木斯	22325.1	19288.4	87.5	0.1	36.1	2910.7
华福证券公司晋江新华街证券营业部	福建	泉州	22306.6	19842.2	805.9	0.0	13.1	1643.3
中信证券公司武汉东风大道证券营业部	湖北	武汉	22306.6	8131.2	54.6	0.0	0.8	14120.0
宏信证券公司成都一环路西三段证券营业部	四川	成都	22305.8	14766.3	142.6	0.3	88.2	7308.4

注：营业部交易金额的单位为百万元

证券营业部交易
Trading of Business Department

营业部名称 Business Department	省份 Province	城市 City	总计 Total	股票 Share	基金 Fund	政府债 G-Bond	公司债 C-Bond	债券回购 Repo
中信建投证券公司兴化建设路证券营业部	江苏	兴化	22281.2	19307.2	1057.2	0.0	105.4	1809.2
广州证券公司珠海银桦路证券营业部	广东	珠海	22276.4	15604.6	119.0	0.0	2.9	6549.9
湘财证券公司库尔勒人民东路证券营业部	新疆	库尔勒	22272.1	11110.5	10156.7	0.0	0.2	1004.8
海通证券公司肥城新城路证券营业部	山东	肥城	22228.2	21310.3	106.7	0.0	6.2	804.9
银泰证券公司大连市五五路证券营业部	辽宁	大连	22221.6	18696.5	42.3	0.0	1.8	3481.0
长江证券公司哈尔滨东大直街证券营业部	黑龙江	哈尔滨	22201.0	21081.7	1105.4	0.0	2.9	11.0
招商证券公司北京顺义仓上街证券营业部	北京	北京	22180.6	19632.0	29.9	0.2	11.8	2506.5
国信证券公司北京北苑路证券营业部	北京	北京	22154.9	17038.6	270.2	0.4	29.9	4814.8
长城证券公司莆田荔城大道证券营业部	福建	莆田	22132.8	20773.6	17.0	0.0	3.5	1338.7
中山证券公司武汉新华下路证券营业部	湖北	武汉	22118.1	16784.2	134.6	0.0	19.0	5180.0
山西证券公司晋中安宁街证券营业部	山西	晋中	22110.3	19201.6	897.0	0.0	13.5	1997.8
中原证券公司安阳文峰大道证券营业部	河南	安阳	22105.8	21313.8	149.9	0.9	15.5	625.8
安信证券公司北京万柳华府北街证券营业部	北京	北京	22085.8	1374.0	1.7	0.0	0.0	20710.1
中信建投证券公司简阳雄州大道证券营业部	四川	简阳	22072.5	21206.0	225.0	0.1	23.7	613.5
中泰证券公司枣庄黄河路证券营业部	山东	枣庄	22060.0	19601.0	1212.4	0.0	2.4	1244.1
海通证券公司宿州汴河路证券营业部	安徽	宿州	22046.1	21767.0	14.3	0.0	10.3	254.5
申万宏源证券有限公司乌鲁木齐人民路证券营业部	新疆	乌鲁木齐	22018.8	20567.8	29.0	0.0	0.1	1421.4
国海证券公司郑州商务外环路证券营业部	河南	郑州	22010.9	12416.0	159.5	86.3	337.2	9012.0
中泰证券公司厦门嘉禾路证券营业部	福建	厦门	21991.7	10514.2	196.6	0.0	0.0	11280.9
华西证券公司什邡东顺城街证券营业部	四川	什邡	21969.2	18859.1	387.2	0.1	2.1	2720.4
华龙证券公司酒泉西文化街证券营业部	甘肃	酒泉	21963.4	21614.3	92.3	0.0	2.8	254.0
财通证券公司福州长乐北路证券营业部	福建	福州	21907.3	20160.6	60.0	0.0	2.1	1684.6
国泰君安证券公司洛阳中州中路证券营业部	河南	洛阳	21901.6	19228.5	1002.2	0.1	82.3	1588.5
大同证券公司台州西街证券营业部	浙江	台州	21887.0	16776.8	1899.1	0.0	20.5	3190.6
东莞证券公司佛山分公司	广东	佛山	21883.6	15923.0	72.1	0.2	31.0	5853.3
财达证券公司天津江都路证券营业部	天津	天津	21874.7	18099.2	59.1	29.8	6.9	3679.7
国泰君安证券公司桂林空明西路证券营业部	广西	桂林	21869.8	20590.4	176.8	0.0	27.9	1074.6
海通证券公司沈阳大西路证券营业部	辽宁	沈阳	21867.7	20451.3	287.2	1.3	47.6	1080.4
中国银河证券公司长兴县前西街证券营业部	浙江	湖州	21867.4	20296.1	51.5	2.0	10.4	1507.3
财富证券公司湘潭芙蓉路证券营业部	湖南	湘潭	21860.8	21099.8	78.4	4.3	13.1	665.2
中信证券(山东)公司青岛山东路证券营业部	山东	青岛	21860.2	17698.0	324.3	0.2	7.4	3830.1
南京证券公司广州体育西路证券营业部	广东	广州	21849.1	20379.4	346.8	0.5	24.7	1097.6
光大证券公司曲靖南宁西路证券营业部	云南	曲靖	21795.0	16110.5	5028.0	0.3	150.7	505.5
中国银河证券公司绍兴金柯桥大道证券营业部	浙江	绍兴	21794.8	17100.3	412.0	0.0	0.3	4282.1
浙商证券公司杭州余杭朝阳东路证券营业部	浙江	杭州	21783.9	20449.2	25.0	0.3	41.7	1243.8
长江证券公司新乡金穗大道证券营业部	河南	新乡	21780.3	18721.1	216.7	0.0	9.8	2832.1
中天证券公司沈阳十三纬路证券营业部	辽宁	沈阳	21761.1	16634.4	70.1	0.5	24.2	5031.8
华泰证券公司舟山解放东路证券营业部	浙江	舟山	21715.1	15723.2	5426.0	0.0	15.1	550.8
方正证券公司新乡平原路证券营业部	河南	新乡	21699.0	20039.1	47.8	0.0	70.5	1541.6
长江证券公司长沙晚报大道证券营业部	湖南	长沙	21687.5	21515.4	163.6	0.0	1.8	3.6
国元证券公司郑州金水东路证券营业部	河南	郑州	21685.3	20669.5	95.3	0.0	27.2	893.4
上海证券公司金山证券营业部	上海	上海	21683.8	16187.7	162.7	0.3	4.4	5328.7
恒泰证券公司包头青山区自由路证券营业部	内蒙	包头	21683.1	20657.1	116.4	0.0	48.3	861.3
兴业证券公司南宁民族大道证券营业部	广西	南宁	21680.9	17318.4	118.6	0.0	23.5	4220.4
国信证券公司贵阳市中华北路证券营业部	贵州	贵阳	21612.8	11475.8	204.7	0.0	7.1	9925.2
西部证券公司深圳深南大道证券营业部	深圳	深圳	21609.6	16969.5	148.0	0.0	0.8	4491.4
财达证券公司石家庄自强路证券营业部	河北	石家庄	21599.0	19055.5	52.3	0.0	113.9	2377.0
国泰君安证券公司吉林松江路证券营业部	吉林	吉林	21568.5	20479.9	177.2	0.0	2.9	908.4
中国银河证券公司杭州天城东路证券营业部	浙江	杭州	21567.9	19383.1	23.8	0.0	0.2	2160.8
中信建投证券公司北京回龙观西大街证券营业部	北京	北京	21507.3	16623.8	177.4	0.0	25.5	4677.2

注：营业部交易金额的单位为百万元

证券营业部交易
Trading of Business Department

营业部名称 Business Department	省份 Province	城市 City	总计 Total	股票 Share	基金 Fund	政府债 G-Bond	公司债 C-Bond	债券回购 Repo
国海证券公司太原体育路证券营业部	山西	太原	21498.9	11712.5	10.4	0.0	246.9	9529.2
国泰君安证券公司贵溪建设路证券营业部	江西	贵溪	21489.3	20813.5	56.2	0.0	0.7	618.9
大同证券公司忻州七一北路证券营业部	山西	忻州	21479.4	19140.8	669.0	0.0	16.0	1653.6
广州证券公司广州南沙大岗证券营业部	广东	广州	21478.8	19089.1	152.0	0.0	0.3	2237.4
财达证券公司石家庄中华北大街证券营业部	河北	石家庄	21478.0	18041.0	877.1	2.1	1.2	2556.5
中邮证券公司西安阎良人民路证券营业部	陕西	西安	21445.6	19431.8	119.7	0.0	4.8	1889.3
华西证券公司上海镇宁路证券营业部	上海	上海	21440.6	6195.3	418.1	0.0	1.3	14825.9
山西证券公司忻州七一北路证券营业部	山西	忻州	21435.9	19869.4	117.1	0.0	6.8	1442.6
方正证券公司北京通朝大街证券营业部	北京	北京	21420.8	9821.2	83.5	0.0	67.6	11448.5
财达证券公司沧州解放中路证券营业部	河北	沧州	21411.3	20771.4	100.9	0.5	1.4	537.1
天风证券公司武汉佳园路证券营业部	湖北	武汉	21394.6	3190.6	16212.6	0.3	56.9	1934.3
南京证券公司高淳淳溪镇宝塔路证券营业部	江苏	南京	21384.6	20378.6	151.2	0.0	2.6	847.1
申万宏源证券有限公司石家庄翟营南大街证券营业部	河北	石家庄	21365.8	16635.4	163.5	1.3	38.8	4526.8
申万宏源证券有限公司常山定阳北路证券营业部	浙江	衢州	21364.9	20783.5	47.4	0.0	0.7	533.2
恒泰证券公司长春普阳街证券营业部	吉林	长春	21343.2	17746.7	178.9	0.7	3.0	3413.9
华安证券公司厦门钟林路证券营业部	福建	厦门	21342.7	17713.6	89.7	1.8	13.5	3524.1
华泰证券公司绥化肇东正阳大街证券营业部	黑龙江	绥化	21321.6	8677.5	11125.0	0.0	4.2	1514.9
中国银河证券公司杭州余杭邱山大街证券营业部	浙江	杭州	21320.0	20265.7	75.9	0.0	10.6	967.7
国联证券公司广州滨江东路证券营业部	广东	广州	21312.8	18031.6	571.1	0.0	6.0	2704.2
国泰君安证券公司萍乡跃进南路证券营业部	江西	萍乡	21266.5	20620.2	493.1	0.0	10.8	142.5
万联证券公司成都天府二街证券营业部	四川	成都	21266.2	18368.8	1663.3	0.0	0.5	1233.5
天风证券公司杭州教工路证券营业部	浙江	杭州	21250.9	18245.7	155.5	0.1	22.6	2827.1
东兴证券公司西安沣镐东路证券营业部	陕西	西安	21236.1	16535.2	93.1	0.0	0.3	4607.5
川财证券公司南充龙吟路证券营业部	四川	南充	21203.1	18786.3	29.6	0.7	14.7	2371.8
华融证券公司沈阳同泽北街证券营业部	辽宁	沈阳	21174.2	16931.4	146.0	0.0	4.8	4092.1
新时代证券公司信阳北京大街证券营业部	河南	信阳	21158.4	21043.1	101.6	0.2	13.6	0.0
天风证券公司新津武阳中路证券营业部	四川	成都	21154.3	20372.4	190.1	0.0	2.9	588.9
华泰证券公司徐州沛县汤沐路证券营业部	江苏	徐州	21149.0	17856.7	2370.5	0.1	5.5	916.3
光大证券公司惠州淡水证券营业部	广东	惠州	21145.0	19470.0	77.6	4.0	5.0	1588.5
华融证券公司深圳金田路证券营业部	深圳	深圳	21136.2	18757.0	245.4	0.0	3.2	2130.3
广州证券公司本溪东明路证券营业部	辽宁	本溪	21103.8	18786.1	87.5	0.0	37.9	2192.3
兴业证券公司莆田涵华西路证券营业部	福建	莆田	21075.3	19770.7	117.8	0.4	5.7	1180.8
海通证券公司上海嘉定区福海路证券营业部	上海	上海	21073.6	11074.8	156.3	4.5	198.0	9640.0
中泰证券公司重庆西郊路证券营业部	重庆	重庆	21070.6	16963.2	215.9	0.8	1.4	3889.3
国信证券公司南充嘉陵区耀目路证券营业部	四川	南充	21038.9	19765.0	53.7	0.2	10.8	1204.1
兴业证券公司云霄云平路证券营业部	福建	漳州	21036.0	17563.0	77.8	0.0	13.7	3381.5
宏信证券公司乐山嘉定中路证券营业部	四川	乐山	21031.9	18229.7	61.0	0.0	17.7	2723.5
华融证券公司重庆天星桥正街证券营业部	重庆	重庆	21020.2	19902.7	112.7	0.0	0.7	1004.1
华安证券公司无为人民广场证券营业部	安徽	巢湖	21008.4	20687.4	30.7	0.3	8.6	281.3
南京证券公司重庆较场口营业部	重庆	重庆	21002.1	16693.1	232.8	0.0	9.8	4050.8
华融证券公司株洲天台路证券营业部	湖南	株洲	20988.1	14538.9	5915.4	0.0	14.8	519.0
中信证券(山东)公司济南阳光新路证券营业部	山东	济南	20983.7	13319.5	112.1	0.2	1.3	7550.6
华融证券公司成都交子大道证券营业部	四川	成都	20978.6	16438.5	141.5	0.0	0.0	4398.6
上海证券公司重庆南城大道证券营业部	重庆	重庆	20955.8	18731.1	97.1	0.0	7.4	2120.2
中泰证券公司高密创业街证券营业部	山东	潍坊	20949.3	20423.5	73.7	0.1	1.7	450.3
兴业证券公司南昌二七南路证券营业部	江西	南昌	20946.8	17475.8	163.0	0.0	13.4	3294.7
华福证券公司南安普莲路证券营业部	福建	泉州	20917.2	18284.4	59.5	0.0	55.5	2517.5
中天证券公司葫芦岛泰康路证券营业部	辽宁	葫芦岛	20905.4	19392.3	42.2	0.1	43.7	1427.1
华泰证券公司靖江人民中路证券营业部	江苏	靖江	20893.4	16268.0	4171.1	0.0	18.8	435.6
海通证券公司揭阳普宁新河东路证券营业部	广东	揭阳	20878.6	18900.1	857.5	0.0	0.1	1121.0

注：营业部交易金额的单位为百万元

证券营业部交易
Trading of Business Department

营业部名称 Business Department	省份 Province	城市 City	总计 Total	股票 Share	基金 Fund	政府债 G-Bond	公司债 C-Bond	债券回购 Repo
上海证券公司广州员村二横路证券营业部	广东	广州	20878.4	11011.3	255.3	0.0	8226.6	1385.2
中泰证券公司潍坊滨海经济开发区海化街证券营业部	山东	潍坊	20875.6	16002.3	52.7	0.0	0.9	4819.7
东北证券公司重庆沙南街证券营业部	重庆	重庆	20870.0	18956.5	178.9	0.0	23.7	1710.6
中国民族证券公司通化新站路证券营业部	吉林	通化	20851.1	19712.3	66.9	0.7	1.7	1068.2
万联证券公司内江隆昌县跃进街证券营业部	四川	内江	20846.9	13066.1	7222.3	1.7	21.1	535.7
中信建投证券公司北京青年路证券营业部	北京	北京	20833.1	15862.1	132.5	0.0	32.6	4805.9
华泰证券公司应城东大街证券营业部	湖北	应城	20831.5	16469.5	3466.2	0.0	1.1	894.8
财达证券公司上海黄浦区九江路证券营业部	上海	上海	20829.9	14899.6	72.3	1.5	2.8	5853.4
兴业证券公司武夷山崇阳路证券营业部	福建	武夷山	20764.6	13010.8	59.0	0.1	1.5	7693.3
新时代证券公司郑州丰产路证券营业部	河南	郑州	20759.9	18252.8	61.2	5.1	19.3	2421.5
渤海证券公司福州营迹路证券营业部	福建	福州	20750.4	16575.6	199.1	0.0	6.5	3969.2
东北证券公司白城中兴东大路证券营业部	吉林	白城	20744.3	19591.2	42.1	0.0	18.3	1088.3
中国银河证券公司赣州客家大道证券营业部	江西	赣州	20702.5	19326.7	220.5	0.0	11.0	1144.4
南京证券公司银川新华东街证券营业部	宁夏	银川	20700.9	19256.3	178.4	0.1	36.5	1229.7
财达证券公司邯郸铁西北大街证券营业部	河北	邯郸	20700.9	17551.8	369.5	0.0	3.4	2775.7
渤海证券公司北京广顺北大街证券营业部	北京	北京	20696.0	14668.3	121.9	0.1	11.7	5894.0
中国国际金融有限公司杭州教工路证券营业部	浙江	杭州	20690.3	13462.6	195.5	0.0	23.5	7008.8
长江证券公司京山轻机大道证券营业部	湖北	荆门	20685.6	18166.0	1283.0	0.0	8.2	1228.2
首创证券公司南京高淳古檀大道证券营业部	江苏	南京	20555.8	5413.7	560.1	253.9	217.9	14110.1
华泰证券公司武穴永宁大道证券营业部	湖北	武穴	20542.8	14518.2	4666.4	0.0	17.5	1340.8
广发证券公司北京鲁谷路证券营业部	北京	北京	20542.2	16600.6	1855.1	0.0	43.2	2041.6
中信证券公司襄阳解放路证券营业部	湖北	襄樊	20541.9	16873.5	544.2	0.0	2.5	3121.7
中国银河证券公司黄山新园东路证券营业部	安徽	黄山	20536.2	19402.5	83.5	0.0	9.6	1040.6
财达证券公司深圳滨河路证券营业部	深圳	深圳	20524.1	16929.6	174.1	9.9	36.8	3373.8
华安证券公司宁国津河东路证券营业部	安徽	宁国	20514.1	16893.0	41.6	0.0	1.8	3577.7
北京高华证券公司北京高华证券有限责任公司深圳中心四路	深圳	深圳	20510.5	356.8	0.0	0.0	1105.9	19047.7
海通证券公司北京平谷金乡路证券营业部	北京	北京	20468.1	15135.6	449.7	0.1	20.4	4859.8
第一创业证券公司杭州金城路证券营业部	浙江	杭州	20461.7	16680.2	404.3	9.0	291.5	3076.9
湘财证券公司浏阳劳动路证券营业部	湖南	浏阳	20453.4	11208.2	8939.6	0.0	0.7	304.8
招商证券公司北京北苑路证券营业部	北京	北京	20452.8	7343.7	77.6	0.3	21.7	13009.5
联讯证券公司潮州潮州大道证券营业部	广东	潮州	20446.9	17046.7	94.6	0.0	6.8	3298.8
长江证券公司合肥长江西路证券营业部	安徽	合肥	20441.1	15200.1	531.1	0.2	24.3	4685.2
国信证券公司温州黎明东路证券营业部	浙江	温州	20437.2	19611.7	248.9	0.0	16.8	559.4
天风证券公司大连普兰店商业大街证券营业部	辽宁	大连	20419.1	18151.6	65.3	0.0	15.2	2187.0
中信建投证券公司北京太平桥路证券营业部	北京	北京	20414.2	9289.5	51.2	0.0	36.5	11036.9
宏信证券公司内江公园街证券营业部	四川	内江	20412.7	19464.0	103.8	0.9	13.5	830.5
广州证券公司深圳福华一路证券营业部	深圳	深圳	20402.5	9154.5	225.5	5.2	1206.9	9810.4
华创证券公司杭州伟业路证券营业部	浙江	杭州	20390.5	5539.8	23.5	0.8	371.9	14454.5
浙商证券公司富阳文教路证券营业部	浙江	杭州	20385.1	19672.8	112.3	0.0	18.6	581.4
中山证券公司广州花城大道证券营业部	广东	广州	20375.2	16436.8	36.1	0.0	5.4	3896.9
山西证券公司河津泰兴东路证券营业部	山西	河津	20341.4	19223.3	85.7	0.5	8.6	1023.3
海通证券公司赣州红旗大道证券营业部	江西	赣州	20329.3	19217.9	210.7	0.0	13.1	886.0
国泰君安证券公司丽江福慧路证券营业部	云南	丽江	20323.1	19041.6	40.7	0.0	0.4	1240.4
联讯证券公司成都永陵路证券营业部	四川	成都	20315.7	17803.3	135.7	0.0	5.0	2371.7
中天证券公司沈阳黑龙江街证券营业部	辽宁	沈阳	20274.1	17338.4	44.5	0.6	22.6	2868.0
中信证券(山东)公司泰安长城路证券营业部	山东	泰安	20274.1	14163.6	149.3	0.0	27.1	5933.9
金元证券公司苏州养育巷证券营业部	江苏	苏州	20258.4	15701.1	46.2	0.0	1.5	4509.5
海通证券公司马鞍山湖东中路证券营业部	安徽	马鞍山	20190.6	18446.1	553.1	0.0	80.3	1107.6
金元证券公司沈阳青年大街证券营业部	辽宁	沈阳	20175.4	18063.2	123.8	0.3	22.7	1965.4
财达证券公司石家庄广安大街证券营业部	河北	石家庄	20161.9	16379.4	27.6	0.7	0.8	3753.5

注：营业部交易金额的单位为百万元

证券营业部交易
Trading of Business Department

营业部名称 Business Department	省份 Province	城市 City	总计 Total	股票 Share	基金 Fund	政府债 G-Bond	公司债 C-Bond	债券回购 Repo
东北证券公司敦化证券营业部	吉林	敦化	20144.3	18885.6	125.0	0.0	0.1	1133.2
国信证券公司陕西分公司	陕西	西安	20124.7	10775.2	114.2	0.0	3.1	9232.3
宏信证券公司上海中华新路证券营业部	上海	上海	20081.7	10642.7	120.7	0.1	0.2	9318.1
恒泰证券公司呼和浩特乌兰察布东街证券营业部	内蒙	呼和浩特	20078.7	18620.9	69.2	0.0	4.8	1383.8
世纪证券公司宜春上高和平路证券营业部	江西	宜春	20078.1	19618.4	76.9	0.0	21.8	361.1
上海证券公司南京胜太路证券营业部	江苏	南京	20010.2	17811.5	105.6	0.2	4.2	2088.6
太平洋证券公司昭通西街证券营业部	云南	昭通	19984.0	16923.8	104.4	63.3	140.7	2751.9
国都证券公司长春人民大街证券营业部	吉林	长春	19981.1	13890.6	126.8	0.0	0.4	5963.2
东方证券公司上海嘉定区金沙路证券营业部	上海	上海	19956.8	9801.2	403.0	11.8	4.7	9736.2
方正证券公司怀化迎丰路证券营业部	湖南	怀化	19942.9	19278.8	19.2	0.1	14.5	630.4
中泰证券公司德州东方红路证券营业部	山东	德州	19929.5	19043.4	120.2	0.1	76.0	685.6
信达证券公司郑州文化路证券营业部	河南	郑州	19919.5	19608.3	60.6	0.0	22.4	216.2
申万宏源西部证券有限公司烟台大马路证券营业部	山东	烟台	19917.5	16332.5	59.6	0.9	15.4	3509.1
浙商证券公司浦江环城南路证券营业部	浙江	金华	19909.7	17715.6	79.2	0.0	14.9	2099.9
国元证券公司天津河北路证券营业部	天津	天津	19882.5	17933.0	263.6	15.0	242.6	1428.3
招商证券公司中山中山四路证券营业部	广东	中山	19875.3	14857.6	171.7	0.0	34.5	4811.5
宏信证券公司江油金轮干道证券营业部	四川	江油	19864.0	17648.9	187.9	2.2	9.9	2014.8
新时代证券公司三门峡崤山路证券营业部	河南	三门峡	19860.8	18714.5	403.7	1.1	122.7	619.0
光大证券公司遵义民主路证券营业部	贵州	遵义	19859.7	18669.2	253.2	0.2	2.5	934.7
南京证券公司无锡五爱北路证券营业部	江苏	无锡	19851.7	16160.3	237.1	0.0	5.5	3448.9
东兴证券公司将乐府前东路证券营业部	福建	三明	19828.1	19470.9	121.0	0.5	1.5	234.2
申万宏源西部证券有限公司石河子北四路证券营业部	新疆	石河子	19814.4	18773.5	30.5	0.3	72.9	937.4
安信证券公司茂名电白证券营业部	广东	茂名	19813.1	16128.9	804.4	0.0	9.1	2856.2
广发证券公司大连中华西路证券营业部	辽宁	大连	19807.4	18032.9	42.6	0.0	0.0	1728.6
宏信证券公司深圳深南大道证券营业部	深圳	深圳	19799.3	6163.0	106.8	198.6	107.3	13223.6
新时代证券公司北京东三环北路证券营业部	北京	北京	19785.4	12716.3	327.5	1.5	164.4	6575.7
中信证券(山东)公司洛阳九都东路证券营业部	河南	洛阳	19781.5	16170.0	177.7	0.0	15.4	3418.5
中信证券公司南通工农路证券营业部	江苏	南通	19768.5	5649.2	866.9	0.6	6.9	13244.9
南京证券公司吴江松陵镇笠泽路证券营业部	江苏	苏州	19765.4	16117.0	281.4	0.0	17.7	3349.3
红塔证券公司苏州人民路证券营业部	江苏	苏州	19764.2	13942.3	65.1	0.0	18.2	5738.6
湘财证券公司贵阳瑞金北路证券营业部	贵州	贵阳	19739.6	16592.1	83.9	0.0	6.5	3053.9
南京证券公司中卫证券营业部	宁夏	中卫	19738.4	19595.1	121.0	0.0	1.5	18.8
国泰君安证券公司南京溧水中大街证券营业部	江苏	南京	19724.5	18561.5	73.4	0.0	7.4	1082.2
信达证券公司营口光华路证券营业部	辽宁	营口	19720.6	17317.2	402.9	3.9	31.6	1965.1
广发证券公司韶关曲江证券营业部	广东	韶关	19711.5	18850.7	55.9	0.5	8.4	795.3
中泰证券公司上海自贸试验区富特北路证券营业部	上海	上海	19683.4	4538.9	1450.0	0.0	150.9	13543.6
东北证券公司深圳百花四路证券营业部	深圳	深圳	19669.2	16549.3	39.8	0.0	6.9	3073.2
山西证券公司常德建设东路证券营业部	湖南	常德	19657.5	19583.5	8.3	0.0	20.7	44.9
方正证券公司岳阳华容迎宾北路证券营业部	湖南	岳阳	19616.9	17245.6	54.2	0.0	13.9	2303.1
申万宏源证券有限公司句容华阳东路第一证券营业部	江苏	句容	19601.5	19100.9	73.4	0.0	3.9	423.3
第一创业证券公司武汉解放大道证券营业部	湖北	武汉	19589.5	12192.0	221.2	8.7	84.7	7083.0
东吴证券公司无锡东亭中路证券营业部	江苏	无锡	19580.0	15844.6	102.8	0.0	1.4	3631.2
方正证券公司杭州滨江通和路证券营业部	浙江	杭州	19564.7	18457.2	83.2	0.0	4.5	1019.8
东吴证券公司深圳龟山路证券营业部	深圳	深圳	19509.1	11867.0	1121.5	0.0	3.6	6517.0
申万宏源证券有限公司吉林吉林大街证券营业部	吉林	吉林	19437.0	16905.3	180.6	31.8	58.0	2261.3
安信证券公司济南泉城路证券营业部	山东	济南	19433.5	12920.6	13.0	0.0	5.5	6493.7
申万宏源证券有限公司泉州丰泽街证券营业部	福建	泉州	19427.6	6122.8	6625.9	6.9	1.9	6667.6
西部证券公司铜川体育路证券营业部	陕西	铜川	19419.8	18875.5	30.4	0.3	67.8	445.8
山西证券公司阳泉桃北中路证券营业部	山西	阳泉	19417.9	13873.7	46.8	0.3	1.3	5495.8
广州证券公司广州花都狮岭证券营业部	广东	广州	19417.6	15816.4	115.5	0.0	21.9	3463.9

注：营业部交易金额的单位为百万元

证券营业部交易 Trading of Business Department

营业部名称 Business Department	省份 Province	城市 City	总计 Total	股票 Share	基金 Fund	政府债 G-Bond	公司债 C-Bond	债券回购 Repo
海通证券公司景洪嘎兰中路证券营业部	云南	景洪	19412.2	18223.1	191.4	0.0	19.4	978.3
海通证券公司乐山人民南路证券营业部	四川	乐山	19388.1	18647.5	207.6	0.2	6.6	526.1
中国中投证券公司吴江盛泽舜新中路证券营业部	江苏	苏州	19355.6	15664.6	34.5	0.0	3.4	3652.2
方正证券公司玉环长治路证券营业部	浙江	台州	19346.7	14580.7	133.9	0.0	1.5	4630.6
中信证券公司宜春高士路证券营业部	江西	宜春	19345.1	17508.6	122.5	0.0	15.4	1693.1
中国银河证券公司重庆银桦路证券营业部	重庆	重庆	19338.6	18778.9	275.5	0.0	0.9	283.4
网信证券公司沈阳启工街证券营业部	辽宁	沈阳	19334.5	10916.5	45.0	0.3	63.8	8308.9
日信证券公司赤峰玉龙大街证券营业部	内蒙	赤峰	19321.1	17701.1	15.5	0.0	1.0	1603.4
财通证券公司兰溪人民南路证券营业部	浙江	兰溪	19310.4	18406.3	37.9	0.0	11.9	853.9
平安证券公司长沙五一大道证券营业部	湖南	长沙	19289.8	18972.2	64.4	0.0	9.4	243.8
中泰证券公司荣成石岛黄海中路证券营业部	山东	威海	19286.7	9616.1	8036.9	0.0	0.0	1633.8
中信证券公司杭州庆春路证券营业部	浙江	杭州	19284.8	13415.8	267.6	0.0	6.0	5595.1
信达证券公司石家庄裕华东路证券营业部	河北	石家庄	19279.5	17978.8	180.8	0.0	5.8	1114.1
兴业证券公司青岛东海东路证券营业部	山东	青岛	19232.8	10530.1	79.6	0.0	227.2	8395.9
中国银河证券公司广州阅江中路证券营业部	广东	广州	19212.2	9790.7	1570.7	0.0	1.3	7849.5
中天证券公司沈阳枫杨路证券营业部	辽宁	沈阳	19208.8	17867.0	77.3	0.1	50.8	1213.7
东北证券公司重庆铜梁证券营业部	重庆	重庆	19198.7	18172.0	65.1	0.2	31.0	928.0
国泰君安证券公司个旧金湖西路证券营业部	云南	个旧	19198.0	17845.3	79.2	0.0	1.0	1272.6
华安证券公司淮南蔡新中路证券营业部	安徽	淮南	19138.3	18186.9	50.4	0.3	19.6	881.1
申万宏源西部证券有限公司中山中山四路证券营业部	广东	中山	19121.2	15798.5	74.1	0.9	43.9	3203.8
中国银河证券公司广州番禺南郊路证券营业部	广东	广州	19058.7	8111.5	247.8	4.5	12.5	10682.4
方正证券公司合肥黄山路证券营业部	安徽	合肥	19055.5	7696.2	335.6	0.0	910.8	10112.9
山西证券公司宁波惊驾路证券营业部	浙江	宁波	19026.1	17312.8	23.8	0.0	3.6	1685.9
中泰证券公司青岛香港中路民航大厦证券营业部	山东	青岛	19002.1	15909.5	37.8	0.0	6.7	3046.8
国金证券公司成都大邑县晋原镇南街证券营业部	四川	成都	18979.8	18507.1	84.3	0.2	33.0	355.2
中泰证券公司苏州干将西路证券营业部	江苏	苏州	18942.2	10141.4	292.1	0.0	12.5	8496.2
方正证券公司郴州桂阳芙蓉西路证券营业部	湖南	郴州	18925.0	13489.2	1209.4	0.2	12.9	4213.3
中原证券公司永城中原路证券营业部	河南	商丘	18903.2	18704.9	98.7	0.0	40.2	59.4
新时代证券公司深圳益田路证券营业部	深圳	深圳	18889.5	16082.1	234.0	0.0	5.7	2567.8
方正证券公司常德津市澹津路证券营业部	湖南	常德	18866.5	17698.6	48.3	0.0	3.5	1116.1
长江证券公司佛山普澜二路证券营业部	广东	佛山	18865.6	17788.5	544.5	0.0	0.5	528.4
国海证券公司百色中山二路证券营业部	广西	百色	18852.1	16560.0	56.2	0.0	6.3	2226.9
宏信证券公司成都西御街证券营业部	四川	成都	18844.3	11411.3	30.7	0.4	279.3	7122.2
长江证券公司江门东华二路证券营业部	广东	江门	18835.0	17084.3	118.4	0.0	0.8	1625.6
天风证券公司武汉唐家墩路证券营业部	湖北	武汉	18823.2	3988.8	8441.8	0.0	3.9	6388.7
中信证券公司杭州玉皇山南基金小镇证券营业部	浙江	杭州	18813.6	5856.9	90.4	0.0	13.0	12852.6
世纪证券公司南京中山南路证券营业部	江苏	南京	18805.6	16124.7	75.5	0.1	23.4	2581.8
世纪证券公司樟树富通街证券营业部	江西	樟树	18805.2	17596.2	72.0	0.0	6.2	1130.9
安信证券公司揭阳惠来证券营业部	广东	揭阳	18800.2	17758.0	249.9	0.1	13.8	776.3
恒泰证券公司北京金融大街证券营业部	北京	北京	18797.5	14791.3	49.3	0.0	4.8	3952.1
大通证券公司大连黑石礁街证券营业部	辽宁	大连	18785.8	15387.6	71.5	0.0	5.9	3320.8
中天证券公司天津新开路证券营业部	天津	天津	18780.9	16165.2	65.2	0.0	3.1	2547.4
申万宏源证券有限公司本溪解放北路证券营业部	辽宁	本溪	18769.4	16678.7	116.2	0.0	83.8	1890.7
华创证券公司贵阳飞山街证券营业部	贵州	贵阳	18759.6	14934.2	73.2	3.6	12.3	3736.3
华泰证券公司汕头珠江路证券营业部	广东	汕头	18746.2	8662.9	6555.0	1.4	146.2	3377.3
东莞证券公司东莞证券公司青岛东海西路证券营业	山东	青岛	18723.8	14112.4	16.2	0.0	53.9	4541.4
中泰证券公司贵阳瑞金北路证券营业部	贵州	贵阳	18663.1	17157.2	346.4	0.0	6.1	1153.5
中国民族证券公司济南历山路证券营业部	山东	济南	18629.4	15729.6	45.1	0.0	5.8	2848.0
网信证券公司沈阳热闹路证券营业部	辽宁	沈阳	18625.9	5551.3	10.8	0.0	6.1	13057.7
恒泰证券公司长春工农大路证券营业部	吉林	长春市	18616.8	15830.2	80.9	0.0	11.5	2694.0

注：营业部交易金额的单位为百万元

证券营业部交易 Trading of Business Department

营业部名称 Business Department	省份 Province	城市 City	总计 Total	股票 Share	基金 Fund	政府债 G-Bond	公司债 C-Bond	债券回购 Repo
海通证券公司柳州桂中大道证券营业部	广西	柳州	18609.7	17521.7	125.6	0.0	1.4	960.6
民生证券公司北京航丰路证券营业部	北京	北京	18603.8	10267.1	82.8	0.0	12.7	8241.1
太平洋证券公司大理建设路证券营业部	云南	大理	18581.3	14017.9	148.0	0.0	11.0	4404.4
中信证券公司海口国兴大道证券营业部	海南	海口	18565.3	13508.7	779.6	0.0	0.5	4276.4
国联证券公司宜兴阳羡东路证券营业部	江苏	宜兴	18523.7	15702.0	22.3	0.0	3.5	2795.9
中国银河证券公司昆明民航路证券营业部	云南	昆明市	18513.2	17390.7	46.8	0.0	20.6	1055.1
国都证券公司江苏分公司	江苏	南京	18512.1	10368.5	243.2	0.0	11.9	7888.6
西南证券公司重庆荣昌证券营业部	重庆	重庆	18495.1	16855.1	133.5	0.0	38.4	1467.6
华泰证券公司济南阳光新路证券营业部	山东	济南	18478.0	12191.0	5399.3	0.1	39.0	848.7
国泰君安证券公司荥阳万山路证券营业部	河南	荥阳	18406.4	18133.1	80.6	0.0	2.8	189.9
大通证券公司上海尚博路证券营业部	上海	上海	18406.2	13312.9	63.9	0.3	1.0	5028.1
国泰君安证券公司龙岩华莲路证券营业部	福建	龙岩	18391.7	14969.2	488.4	0.6	518.0	2415.5
中泰证券公司张家港杨舍东街证券营业部	江苏	张家港	18391.4	18064.6	19.5	0.0	0.0	307.4
海通证券公司湖州吴兴商城西路证券营业部	浙江	湖州	18365.0	18072.1	172.7	0.0	0.3	119.8
中国民族证券公司峨眉金顶南路证券营业部	四川	峨眉山	18351.0	17448.6	30.5	0.6	5.4	864.4
中信证券公司福建分公司	福建	福州	18330.9	13717.9	828.9	0.0	1211.1	2572.1
方正证券公司东阳吴宁东路证券营业部	浙江	东阳	18329.8	16653.9	15.6	0.0	0.7	1659.4
中泰证券公司珠海情侣中路证券营业部	广东	珠海	18322.2	16849.7	158.0	0.0	7.1	1307.4
广发证券公司广州花都紫薇路证券营业部	广东	广州	18319.1	16609.5	355.2	0.0	1.9	1352.5
广发证券公司攀枝花攀枝花大道证券营业部	四川	攀枝花	18308.0	16891.0	324.6	0.0	15.0	1076.4
国信证券公司深圳松岗证券营业部	深圳	深圳	18301.5	17760.8	148.1	0.0	2.3	390.2
海通证券公司湖州苕溪西路证券营业部	浙江	湖州	18268.3	10732.4	181.8	0.0	32.0	7322.1
广发证券公司梅州大埔证券营业部	广东	梅州	18262.1	17749.1	17.1	0.0	0.9	495.0
方正证券公司温州黎明西路证券营业部	浙江	温州	18260.6	16560.7	129.8	0.0	34.7	1535.2
国信证券公司深圳龙岗龙城大道营业部	深圳	深圳	18238.4	16676.6	158.4	0.0	4.7	1398.0
恒泰证券公司包头乌兰道证券营业部	内蒙	包头	18229.2	13661.7	43.4	0.5	3.0	4520.6
华西证券公司夹江迎春东路证券营业部	四川	乐山	18222.5	17854.0	67.3	0.3	15.1	285.7
申万宏源西部证券有限公司重庆华一路证券营业部	重庆	重庆	18207.3	17479.6	81.0	0.0	5.3	641.5
海通证券公司金昌长春路证券营业部	甘肃	金昌	18206.4	17865.6	72.3	0.0	26.7	241.8
上海证券公司苏州干将西路证券营业部	江苏	苏州	18182.2	15612.8	242.3	0.8	68.0	2258.3
海通证券公司衡阳蒸阳南路证券营业部	湖南	衡阳	18171.8	8853.8	2480.2	0.0	0.6	6836.3
东北证券公司石家庄民生路证券营业部	河北	石家庄	18168.5	14450.2	624.6	0.0	50.0	3043.6
宏信证券公司成都一环路西二段证券营业部	四川	成都	18144.3	15390.3	109.9	0.2	7.5	2636.5
财通证券公司大连黄浦路证券营业部	辽宁	大连	18139.3	15676.4	221.5	0.0	41.6	2199.7
长江证券公司钟祥王府大道证券营业部	湖北	荆门	18137.8	17876.9	77.5	0.0	9.6	173.9
中山证券公司沈阳文艺路证券营业部	辽宁	沈阳	18134.5	14125.4	74.1	0.0	31.0	3904.0
国信证券公司宜宾航天路证券营业部	四川	宜宾	18129.8	17652.2	61.7	0.0	12.8	401.9
中泰证券公司漳州延安北路证券营业部	福建	漳州	18124.4	16306.6	148.3	0.0	25.2	1642.7
中航证券有限公司九江浔阳路证券营业部	江西	九江	18086.8	16615.2	49.9	0.0	19.5	1402.0
中信证券(山东)公司淄博分公司	山东	淄博	18076.0	8145.9	42.9	0.0	0.0	9887.2
中国银河证券公司天津鼓楼东街证券营业部	天津	天津	18061.4	15831.9	43.8	0.7	2.0	2183.0
中泰证券公司乳山胜利街证券营业部	山东	乳山	18052.2	17465.2	195.1	8.5	11.2	372.0
国元证券公司太和人民路证券营业部	安徽	阜阳	18018.7	16545.3	48.6	0.0	1.5	1423.3
中泰证券公司长春亚泰大街证券营业部	吉林	长春	18009.9	15770.8	30.5	0.0	7.8	2200.7
安信证券公司苏州人民路证券营业部	江苏	苏州	18001.4	13979.5	166.8	1.2	1.3	3852.5
中泰证券公司齐鲁证券有限公司沂水长安中路证券营业部	山东	临沂	17999.8	17155.0	27.0	0.0	12.4	794.0
招商证券公司铜陵石城大道证券营业部	安徽	铜陵	17998.8	16936.5	98.8	0.0	3.8	959.6
东兴证券公司佛山汾江南路证券营业部	广东	佛山	17971.4	14575.6	483.8	0.0	5.2	2894.3
兴业证券公司建瓯中山路第一证券营业部	福建	南平	17943.4	16349.4	955.6	0.0	23.5	614.9
国元证券公司池州青阳路证券营业部	安徽	池州	17932.0	16249.7	49.8	0.9	0.3	1631.4

注：营业部交易金额的单位为百万元

证券营业部交易
Trading of Business Department

营业部名称 Business Department	省份 Province	城市 City	总计 Total	股票 Share	基金 Fund	政府债 G-Bond	公司债 C-Bond	债券回购 Repo
长城国瑞证券有限公司福州五一北路证券营业部	福建	福州	17911.6	10023.8	101.5	0.0	0.4	7785.9
日信证券公司长沙芙蓉中路证券营业部	湖南	长沙	17910.7	13043.1	38.8	0.0	36.9	4791.8
海通证券公司大庆乘风大街证券营业部	黑龙江	大庆	17903.7	16653.8	118.1	0.0	6.1	1125.5
华安证券公司合肥合作化南路证券营业部	安徽	合肥	17899.0	12307.6	219.2	0.7	111.9	5259.5
财达证券公司唐山丰南青年路证券营业部	河北	唐山	17897.4	16160.2	85.0	0.0	1.6	1650.6
华泰证券公司德阳中江县凯丰北路证券营业部	四川	德阳	17890.0	16593.8	123.3	0.2	67.8	1104.9
浙商证券公司长沙芙蓉中路证券营业部	湖南	长沙	17876.8	16577.2	147.7	0.0	161.9	986.9
华龙证券公司兰州民主西路证券营业部	甘肃	兰州	17870.7	16504.8	29.5	0.0	1.7	1334.3
西部证券公司北京学院南路证券营业部	北京	北京	17848.4	14741.6	122.7	0.0	2.2	2981.8
中国银河证券公司温州锦绣路证券营业部	浙江	温州	17848.0	16229.4	118.2	0.0	13.8	1486.6
华龙证券公司西安太白南路证券营业部	陕西	西安	17842.9	16313.0	96.7	0.0	16.8	1416.3
国泰君安证券公司成都金堂县复兴街证券营业部	四川	成都	17837.5	17004.0	147.4	0.0	14.4	671.7
华安证券公司繁昌北门大道证券营业部	安徽	芜湖	17831.7	17508.8	28.5	0.7	60.4	233.3
国信证券公司嵊州兴盛街证券营业部	浙江	嵊州	17828.8	17141.8	310.5	0.0	15.2	358.8
宏信证券公司峨眉山绥山路证券营业部	四川	峨眉山	17827.3	15037.1	107.9	1.2	4.4	2676.7
中泰证券公司汕头榕江路证券营业部	广东	汕头	17817.7	12129.4	374.0	0.0	5.9	5307.5
中国中投证券公司深圳坪山和平路证券营业部	深圳	深圳	17794.9	17182.4	67.4	0.0	19.9	525.2
天风证券公司深圳滨河路证券营业部	深圳	深圳	17789.2	14797.4	24.1	0.0	758.3	2209.3
华龙证券公司兰州雁滩路证券营业部	甘肃	兰州	17775.9	16080.1	476.5	0.0	1.7	1215.6
第一创业证券公司大连会展路证券营业部	辽宁	大连	17775.7	11089.0	93.4	6.7	178.6	6408.0
太平洋证券公司温州百里西路证券营业部	浙江	温州	17767.2	15887.7	283.7	0.0	15.6	1580.3
申万宏源证券有限公司沈阳白山路证券营业部	辽宁	沈阳	17757.3	15124.6	57.7	0.0	30.9	2544.2
东北证券公司中央西路证券营业部	吉林	四平	17750.1	9909.8	6924.4	1.0	2.8	905.2
华西证券公司重庆万州高笋塘证券营业部	重庆	重庆	17737.4	16020.2	37.5	0.0	9.0	1670.6
国泰君安证券公司株洲长江南路证券营业部	湖南	株洲	17726.4	17612.2	38.7	0.3	7.4	67.7
国泰君安证券公司湘潭建设南路证券营业部	湖南	湘潭	17712.8	13413.9	911.0	0.0	1.8	3386.2
海通证券公司景德镇瓷都大道证券营业部	江西	景德镇	17703.6	17612.1	29.4	0.0	0.5	61.6
联讯证券公司惠州惠阳体育路证券营业部	广东	惠州	17683.0	17269.0	23.3	0.0	0.4	390.3
国盛证券公司宜春袁山中路证券营业部	江西	宜春	17678.1	17071.8	74.2	0.0	7.6	524.4
国元证券公司太原新建南路证券营业部	山西	太原	17659.2	5400.3	371.8	0.0	0.5	11886.6
国泰君安证券公司安庆人民路证券营业部	安徽	安庆	17655.7	17135.4	77.3	0.3	35.6	407.2
中国银河证券公司武汉沌口宁康路证券营业部	湖北	武汉	17646.1	14913.0	78.0	0.0	2.0	2653.1
东莞证券公司东莞证券公司珠海九洲大道证券营业	广东	珠海	17632.1	16361.9	137.6	0.0	27.6	1104.5
东北证券公司东北证券股份有限公司上海南奉公路证券营业	上海	上海	17583.7	16016.0	87.0	0.5	40.8	1437.8
大通证券公司广州华夏路证券营业部	广东	广州	17577.1	15872.9	116.1	0.0	5.1	1583.0
恒泰证券公司长春珠江路证券营业部	吉林	长春	17564.8	15609.2	92.1	0.0	17.1	1846.4
浙商证券公司南京大光路证券营业部	江苏	南京	17553.1	13664.8	69.2	0.0	142.4	3666.1
中国银河证券公司邢台清河证券营业部	河北	邢台	17532.6	17312.2	94.0	0.0	26.2	100.0
华融证券公司北京石景山路证券营业部	北京	北京	17526.7	12346.6	790.7	0.0	17.3	4372.0
海通证券公司洛阳体育场路证券营业部	河南	洛阳	17525.0	16608.7	167.3	0.2	14.2	730.5
中原证券公司长葛八七路证券营业部	河南	长葛	17483.4	17237.3	89.8	0.9	17.5	137.8
世纪证券公司赣州金钻广场证券营业部	江西	赣州	17481.2	14573.6	72.7	0.0	36.9	2798.0
中国民族证券公司乌鲁木齐人民路证券营业部	新疆	乌鲁木齐	17480.5	15101.1	34.2	0.0	1.8	2343.4
华泰证券公司烟台长江路证券营业部	山东	烟台	17472.1	11910.7	3915.4	0.0	36.9	1609.0
广州证券公司福州交通路证券营业部	福建	福州	17459.4	14964.2	29.0	0.0	12.4	2453.9
国元证券公司临沂八一路证券营业部	山东	临沂	17417.8	15771.9	278.5	0.0	13.6	1353.8
海通证券公司牡丹江绥芬河山城路证券营业部	黑龙江	牡丹江	17415.4	16745.3	78.0	0.0	222.1	359.1
申万宏源西部证券有限公司昌吉延安北路证券营业部	新疆	昌吉	17410.7	15663.0	15.8	0.0	11.2	1720.7
东兴证券公司晋江和平路证券营业部	福建	泉州	17404.9	15916.2	172.5	4.1	0.5	1311.6
中信证券公司泉州宝洲路证券营业部	福建	泉州	17393.0	13764.0	162.8	3.7	33.0	3429.5

注：营业部交易金额的单位为百万元

证券营业部交易
Trading of Business Department

营业部名称 Business Department	省份 Province	城市 City	总计 Total	股票 Share	基金 Fund	政府债 G-Bond	公司债 C-Bond	债券回购 Repo
恒泰证券公司集宁光明街证券营业部	内蒙	集宁	17392.3	15785.5	152.4	0.3	0.5	1453.7
国元证券公司台州世纪大道证券营业部	浙江	台州	17377.5	15096.2	156.4	0.0	7.3	2117.6
中信建投证券公司北京时代花园南路证券营业部	北京	北京	17365.3	11712.9	637.2	0.0	0.3	5015.0
申万宏源证券有限公司宜昌夷兴大道证券营业部	湖北	宜昌	17349.2	15258.2	73.0	0.0	1.9	2015.2
上海证券公司鳌江兴敖中路证券营业部	浙江	温州	17319.9	16084.9	204.0	0.0	43.4	987.6
安信证券公司资阳雁城路证券营业部	四川	资阳	17317.8	16805.7	103.1	0.5	11.3	394.2
华泰证券公司上海奉贤区望园南路证券营业部	上海	上海	17313.3	12974.7	308.1	0.0	9.0	4021.5
财达证券公司石家庄建设南大街证券营业部	河北	石家庄	17296.6	15882.6	110.7	0.0	1.3	1301.9
中信证券公司重庆洪湖东路证券营业部	重庆	重庆	17285.4	6611.4	518.6	0.0	4.2	10151.2
中国民族证券公司沈阳热闹路证券营业部	辽宁	沈阳	17253.2	15128.7	70.1	0.2	7.1	2047.0
东兴证券公司重庆邹容路证券营业部	重庆	重庆	17248.2	15466.4	512.0	0.0	1.5	1268.3
山西证券公司重庆红黄路证券营业部	重庆	重庆	17222.0	15270.6	153.1	0.0	2.7	1795.6
国开证券公司深圳振华路证券营业部	深圳	深圳	17208.7	10258.8	16.3	0.0	2.5	6931.1
国信证券公司绍兴东池路证券营业部	浙江	绍兴	17204.1	11111.1	90.9	0.0	0.1	6002.0
兴业证券公司上杭二环路证券营业部	福建	龙岩	17196.3	12830.7	388.8	1.1	12.8	3963.0
中航证券有限公司广州天河北路证券营业部	广东	广州	17192.2	16053.0	99.3	0.0	24.6	1014.8
红塔证券公司温州百里西路证券营业部	浙江	温州	17177.6	13058.9	98.5	0.0	2.9	4017.2
中泰证券公司淮安淮海东路证券营业部	江苏	淮安	17166.1	9497.3	42.1	0.0	0.0	7626.7
东吴证券公司姜堰人民中路证券营业部	江苏	姜堰	17163.4	15690.5	445.7	0.0	0.1	1027.1
华安证券公司濉溪淮海路证券营业部	安徽	淮北	17119.9	16793.3	54.6	0.0	0.1	271.9
光大证券公司内江威远县南大街证券营业部	四川	内江	17084.5	16797.7	52.9	0.0	12.5	221.4
华西证券公司遂宁射洪证券营业部	四川	遂宁	17082.0	16075.6	129.0	0.0	11.5	865.7
国信证券公司天津滨海新区第二大街证券营业部	天津	天津	17076.4	9219.0	74.5	0.0	12.8	7769.9
平安证券公司佛山季华四路证券营业部	广东	佛山	17071.8	16512.1	75.5	19.7	36.3	428.3
中国中投证券公司北京丽泽路证券营业部	北京	北京	17070.6	15159.9	194.7	0.0	12.4	1703.2
山西证券公司天津长江道证券营业部	天津	天津	17066.5	15241.1	103.8	0.0	38.1	1683.6
中国国际金融有限公司重庆洪湖西路证券营业部	重庆	重庆	17065.6	6290.9	141.7	0.0	0.0	10633.0
广发证券公司四会市四会大道证券营业部	广东	四会	17041.1	15068.2	88.7	0.0	19.9	1863.8
华泰证券公司嘉兴纺工路证券营业部	浙江	嘉兴	17019.3	13290.1	1922.1	0.0	94.6	1712.5
中信建投证券公司重庆开县证券营业部	重庆	重庆	16997.1	16111.3	303.3	0.0	14.3	556.7
申万宏源证券有限公司南京浦口凤凰大街证券营业部	江苏	南京	16986.0	16411.7	54.9	0.0	4.4	515.0
湘财证券公司东莞莞太路证券营业部	广东	东莞	16985.2	4930.7	75.4	2.1	911.7	11065.4
财富证券公司株洲建设南路证券营业部	湖南	株洲	16976.8	15846.6	45.6	0.0	66.8	1017.0
中天证券公司沈阳小西路证券营业部	辽宁	沈阳	16961.8	12869.9	50.7	0.3	31.0	4010.0
东海证券公司杭州秋涛北路证券营业部	浙江	杭州	16936.3	12577.9	601.5	0.0	38.5	3718.5
国联证券公司盐城解放南路证券营业部	江苏	盐城	16917.3	16190.1	149.5	0.0	2.5	575.2
中国银河证券公司合肥祁门路证券营业部	安徽	合肥	16903.9	16435.8	93.3	0.0	11.4	363.4
华泰证券公司如皋福寿路证券营业部	江苏	南通	16891.1	15481.2	210.3	0.0	67.5	1132.2
国泰君安证券公司长乐朝阳中路证券营业部	福建	长乐	16878.3	16426.9	92.6	0.0	0.2	358.6
湘财证券公司株洲建设路证券营业部	湖南	株洲	16877.8	12797.3	3396.7	0.0	14.7	669.1
山西证券公司介休北坛中路证券营业部	山西	介休	16874.3	16214.9	161.5	0.0	0.9	497.1
金元证券公司南京广州路证券营业部	江苏	南京	16858.0	14865.3	115.3	0.0	5.6	1871.9
安信证券公司石家庄裕华东路证券营业部	河北	石家庄	16856.0	13178.2	165.2	0.1	0.8	3511.8
安信证券公司上海年家浜路证券营业部	上海	上海	16825.3	16316.9	32.8	0.0	0.0	475.7
中国中投证券公司天津蓟县迎宾路证券营业部	天津	天津	16810.4	15917.7	107.3	0.0	4.7	780.7
方正证券公司永州道县红星东路证券营业部	湖南	永州	16769.6	16348.3	77.4	0.0	18.0	325.9
国泰君安证券公司张掖县府南街证券营业部	甘肃	张掖	16746.0	16551.6	54.9	1.5	5.4	132.6
中泰证券公司胶州福州南路证券营业部	山东	胶州	16739.6	14483.8	78.2	0.0	61.9	2112.8
财通证券公司南京中山北路证券营业部	江苏	南京	16731.2	12509.0	137.1	0.0	27.0	4058.1
东兴证券公司龙岩九一北路证券营业部	福建	龙岩	16730.5	16032.0	116.6	0.0	10.0	571.9

注：营业部交易金额的单位为百万元

证券营业部交易
Trading of Business Department

营业部名称 Business Department	省份 Province	城市 City	总计 Total	股票 Share	基金 Fund	政府债 G-Bond	公司债 C-Bond	债券回购 Repo
广发证券公司湛江廉江市廉江大道证券营业部	广东	湛江	16729.6	15596.8	74.5	0.0	4.4	1053.9
海通证券公司深圳深南大道证券营业部	深圳	深圳	16719.6	16208.8	263.6	0.0	0.4	246.8
西南证券公司重庆万州高笋塘证券营业部	重庆	重庆	16689.8	12771.4	443.6	0.2	4.6	3467.5
江海证券有限公司鹤岗东解放路证券营业部	黑龙江	鹤岗	16680.6	15622.9	35.3	0.1	0.9	1021.4
国泰君安证券公司邳州解放东路证券营业部	江苏	邳州	16680.0	16006.5	435.2	0.3	2.1	235.9
安信证券公司梅州梅县证券营业部	广东	梅州	16655.3	13197.8	111.6	2.3	40.1	3303.3
广州证券公司杭州建国北路证券营业部	浙江	杭州	16651.1	15416.5	27.1	0.0	6.2	1201.3
平安证券公司银川进宁北街证券营业部	宁夏	银川	16620.4	12996.0	48.8	0.0	3.4	3572.3
中信证券(山东)公司莱芜花园北路证券营业部	山东	莱芜	16612.6	14260.9	30.6	0.0	2.9	2318.2
招商证券公司长春亚泰大街证券营业部	吉林	长春	16601.0	12656.8	26.7	0.0	25.8	3891.7
方正证券公司常州延陵西路证券营业部	江苏	常州	16596.6	4985.8	38.2	0.0	15.7	11556.9
金元证券公司长沙韶山中路证券营业部	湖南	长沙	16574.4	15954.2	28.2	0.0	0.8	591.2
国泰君安证券公司北京建国路证券营业部	北京	北京	16564.4	11383.3	4487.2	0.0	21.2	672.7
中国中投证券公司宿迁发展大道证券营业部	江苏	宿迁	16536.2	16192.5	193.5	0.0	26.8	123.4
财富证券公司衡阳解放西路证券营业部	湖南	衡阳	16535.0	15856.2	59.7	0.2	1.4	617.6
华安证券公司昆明五一路证券营业部	云南	昆明	16503.6	10375.8	20.6	0.0	17.9	6089.4
广发证券公司中山三乡证券营业部	广东	中山	16503.4	15624.2	129.1	0.0	39.7	710.4
国信证券公司呼和浩特大学东街证券营业部	内蒙	呼和浩特	16498.8	16172.6	40.0	0.0	2.6	280.9
财富证券公司怀化红星路证券营业部	湖南	怀化	16478.7	16242.2	82.2	0.0	6.5	147.9
国信证券公司南通跃龙路证券营业部	江苏	南通	16465.0	15840.7	44.9	0.0	0.1	579.3
东吴证券公司嘉善体育南路证券营业部	浙江	嘉兴	16458.8	15069.1	134.2	0.0	7.0	1248.4
华安证券公司成都高升桥路证券营业部	四川	成都	16430.1	12728.3	235.9	0.0	100.2	3365.7
广发证券公司咸阳世纪大道证券营业部	陕西	咸阳	16405.4	15159.9	49.9	0.0	28.3	1159.6
华泰证券公司麻城融辉路证券营业部	湖北	麻城	16390.2	13537.9	1494.3	0.0	8.9	1349.0
中国民族证券公司呼和浩特锡林南路证券营业部	内蒙	呼和浩特	16348.3	15350.6	146.1	0.0	1.8	849.4
华福证券公司泉州丰泽街第二证券营业部	福建	泉州	16340.6	11885.9	80.1	0.0	21.6	4352.9
方正证券公司成都高升桥路证券营业部	四川	成都	16337.8	14787.7	313.0	0.0	56.4	1177.5
东海证券公司洛阳太康路证券营业部	河南	洛阳	16336.0	15359.1	28.8	1.1	4.0	943.0
海通证券公司太原平阳路证券营业部	山西	太原	16328.2	14621.4	338.5	0.0	1.1	1365.8
中国银河证券公司天津胜利路证券营业部	天津	天津	16315.5	14131.8	1377.2	0.0	3.3	803.1
国联证券公司长沙芙蓉中路证券营业部	湖南	长沙	16299.8	14461.9	140.8	0.0	0.2	1691.2
国海证券公司贺州建设中路证券营业部	广西	贺州	16299.7	16012.4	50.8	0.0	22.2	214.3
广发证券公司驻马店雪松大道证券营业部	河南	驻马店	16284.4	15796.2	39.0	0.0	14.0	435.2
国泰君安证券公司齐齐哈尔中环广场证券营业部	黑龙江	齐齐哈尔	16284.2	15253.2	173.4	83.7	1.0	772.8
浙商证券公司广州天河东路证券营业部	广东	广州	16268.8	13909.2	225.0	0.0	10.8	2123.8
国信证券公司国信证券股份有限公司深圳振华分公司	深圳	深圳	16224.9	4016.5	442.2	44.4	23.8	11690.8
东吴证券公司太仓沙溪镇白云中路证券营业部	江苏	太仓	16202.4	14642.7	80.6	0.0	1.3	1477.8
华创证券公司上海三元路证券营业部	上海	上海	16189.9	7651.3	82.2	0.0	8.7	8447.8
西藏同信证券公司上海分公司	上海	上海	16184.5	10826.9	3028.5	0.0	42.0	2287.1
华泰证券公司中山小榄证券营业部	广东	中山	16167.8	14683.0	427.6	0.0	134.6	922.7
中信建投证券公司昆明人民东路证券营业部	云南	昆明	16153.9	11589.2	166.9	11.8	49.7	4334.1
中天证券公司锦州延安路证券营业部	辽宁	锦州	16143.1	8677.0	37.2	0.2	20.9	7407.9
国海证券公司河池西环路证券营业部	广西	河池	16139.2	15711.9	38.2	0.0	2.9	384.5
财达证券公司石家庄和平东路证券营业部	河北	石家庄	16134.4	13492.5	70.1	0.2	12.8	2558.8
广发证券公司衡水中心街证券营业部	河北	衡水	16130.1	12638.4	169.0	0.0	7.6	3314.8
中国中投证券公司天津滨海新区汉沽东风南路证券营业部	天津	天津	16126.8	15663.8	30.2	0.1	20.8	411.9
广州证券公司惠州麦地路证券营业部	广东	惠州	16122.5	14493.6	61.5	0.0	2.0	1565.5
申万宏源证券有限公司株洲珠江北路证券营业部	湖南	株洲	16120.4	14025.4	52.3	1.5	15.3	2025.9
山西证券公司石家庄槐安东路证券营业部	河北	石家庄	16113.2	14722.8	58.3	0.0	5.8	1326.4
东莞证券公司潮州潮州大道证券营业部	广东	潮州	16103.1	14740.6	82.6	0.0	21.0	1258.9

注：营业部交易金额的单位为百万元

证券营业部交易
Trading of Business Department

营业部名称 Business Department	省份 Province	城市 City	总计 Total	股票 Share	基金 Fund	政府债 G-Bond	公司债 C-Bond	债券回购 Repo
国泰君安证券公司哈尔滨安隆街证券营业部	黑龙江	哈尔滨	16070.6	12477.3	29.0	0.0	5.9	3558.4
东莞证券公司东莞寮步证券营业部	广东	东莞	16049.2	15601.3	50.1	0.0	2.1	395.7
世纪证券公司景德镇新厂林萌路证券营业部	江西	景德镇	16042.3	13592.2	130.2	0.0	27.4	2292.4
金元证券公司西安玄武路证券营业部	陕西	西安	16028.4	15092.0	35.3	0.0	8.7	892.4
联讯证券公司佛山南海大道证券营业部	广东	佛山	16020.4	13455.5	60.9	0.1	8.6	2495.5
安信证券公司重庆洪湖东路证券营业部	重庆	重庆	16010.8	15140.1	48.6	0.0	2.6	819.5
万联证券公司耒阳五一东路证券营业部	湖南	衡阳	15998.3	14598.8	719.9	0.2	10.3	669.0
江海证券有限公司大庆思源街证券营业部	黑龙江	大庆	15982.4	15068.4	43.0	0.7	6.5	863.7
中信建投证券公司清远清新清新大道证券营业部	广东	清远	15975.9	13539.4	57.7	1.8	29.7	2347.3
东莞证券公司江门迎宾大道证券营业部	广东	江门	15973.6	11731.1	53.4	0.0	43.0	4145.7
国泰君安证券公司临沂双月湖路证券营业部	山东	临沂	15964.8	13163.0	40.2	0.0	0.5	2761.1
申万宏源证券有限公司武汉解放大道证券营业部	湖北	武汉	15955.7	14190.8	429.7	0.0	11.5	1323.7
国元证券公司厦门钟林路证券营业部	福建	厦门	15954.7	14500.7	408.0	0.0	10.8	1035.2
广发证券公司清远英德浈阳东路证券营业部	广东	英德	15948.9	15740.6	32.6	0.0	9.2	161.2
东北证券公司深圳南山大道证券营业部	深圳	深圳	15935.5	14008.8	99.6	0.0	1.2	1825.8
安信证券公司佛山南海大沥证券营业部	广东	佛山	15934.3	14077.6	138.5	0.2	2.6	1714.5
国泰君安证券公司潍坊东风东街证券营业部	山东	潍坊	15926.9	13959.1	168.5	2.4	75.5	1721.5
开源证券公司北京金鱼池证券营业部	北京	北京	15914.9	8072.2	88.5	0.0	0.2	7754.1
国海证券公司玉林北流市永安路证券营业部	广西	玉林	15902.1	12322.3	3096.9	0.0	3.2	479.6
国金证券公司邛崃东星大道证券营业部	四川	成都	15856.9	14607.8	48.3	0.2	0.2	1200.3
浙商证券公司淳安明珠路证券营业部	浙江	杭州	15854.0	14666.9	50.5	0.0	24.7	1111.9
方正证券公司郴州永兴干劲路证券营业部	湖南	郴州	15824.9	14683.4	14.7	125.6	4.8	996.4
华泰证券公司扬州仪征白沙路证券营业部	江苏	仪征	15818.7	12087.5	137.0	0.0	3.4	3590.8
招商证券公司宜昌胜利四路证券营业部	湖北	宜昌	15813.1	14918.8	88.4	0.0	4.0	801.9
国泰君安证券公司金华环城东路证券营业部	浙江	金华	15806.5	15491.0	36.1	0.0	1.4	277.9
国联证券公司南通工农路证券营业部	江苏	南通	15792.3	14098.0	30.9	0.0	1.3	1662.1
中国银河证券公司漳州水仙大街证券营业部	福建	漳州	15782.7	14887.6	316.2	0.0	10.6	568.4
东兴证券公司宁德蕉城北路证券营业部	福建	宁德	15761.5	15624.1	72.6	0.0	33.6	30.1
华融证券公司北京文慧园证券营业部	北京	北京	15755.2	5944.1	628.5	0.2	0.7	9181.8
中信证券公司慈溪慈甬路证券营业部	浙江	宁波	15753.6	14897.7	40.7	0.0	23.6	791.5
国泰君安证券公司嘉兴中山西路证券营业部	浙江	嘉兴	15739.9	14461.4	219.0	3.4	24.1	1031.9
华安证券公司庐江牌楼中路证券营业部	安徽	巢湖	15737.2	15492.2	98.8	0.0	23.0	123.3
海通证券公司济南洪家楼南路证券营业部	山东	济南	15719.0	14020.1	405.0	0.5	34.6	1258.7
渤海证券公司济南英雄山路证券营业部	山东	济南	15709.9	13914.7	67.5	0.6	1.4	1725.7
上海证券公司杭州解放路证券营业部	浙江	杭州	15707.8	13864.7	56.8	0.0	44.0	1741.6
华泰证券公司扬州江都龙城路证券营业部	江苏	扬州	15701.1	3497.2	12085.4	0.0	15.8	102.7
国海证券公司广州华就路证券营业部	广东	广州	15685.6	11718.3	49.9	3.1	4.7	3909.2
大同证券公司阳泉桃河北路证券营业部	山西	阳泉	15681.8	11799.9	201.2	816.4	1026.7	1837.5
西部证券公司廊坊金光道证券营业部	河北	廊坊	15675.8	10762.6	199.6	0.0	0.1	4713.5
华龙证券公司兰州酒泉路证券营业部	甘肃	兰州	15673.3	14566.0	37.1	0.1	22.2	1047.8
光大证券公司上海峨山路证券营业部	上海	上海	15663.6	7557.3	603.8	0.0	1.7	7500.7
中国银河证券公司江阴虹桥北路证券营业部	江苏	江阴	15657.4	7992.9	1108.4	0.0	3.6	6552.5
长城证券公司汕头德政路证券营业部	广东	汕头	15653.0	15005.7	236.9	0.0	0.4	410.0
中国银河证券公司厦门同安祥平证券营业部	福建	厦门	15651.7	14145.8	249.4	0.0	28.4	1228.1
中信建投证券公司老河口东启街证券营业部	湖北	老河口	15634.4	14841.8	237.9	0.0	3.3	551.0
光大证券公司深圳海秀路证券营业部	深圳	深圳	15632.5	14009.9	506.9	0.0	0.1	1115.6
华西证券公司南京雨花东路证券营业部	江苏	南京	15626.0	8785.1	110.1	0.0	56.3	6674.5
国泰君安证券公司广州福场路证券营业部	广东	广州	15585.2	13225.2	92.6	0.0	23.9	2243.6
第一创业证券公司第一创业证券股份有限公司福州连江南路	福建	福州	15580.7	4266.1	401.5	4.0	292.2	10617.0
财富证券公司武冈武强路证券营业部	湖南	邵阳	15566.9	15489.6	27.4	0.3	2.2	47.1

注：营业部交易金额的单位为百万元

证券营业部交易
Trading of Business Department

营业部名称 Business Department	省份 Province	城市 City	总计 Total	股票 Share	基金 Fund	政府债 G-Bond	公司债 C-Bond	债券回购 Repo
海通证券公司太原迎泽西大街证券营业部	山西	太原	15563.9	10899.8	344.1	2.4	1.2	4316.2
国泰君安证券公司九江十里大道证券营业部	江西	九江	15554.3	15033.7	66.4	0.0	11.9	442.3
太平洋证券公司广州金穗路证券营业部	广东	广州	15551.8	13361.3	95.6	0.0	2.5	2090.3
长城证券公司佛山顺德容奇大道证券营业部	广东	佛山	15528.7	13265.4	112.5	15.6	336.7	1798.6
华安证券公司长沙人民东路证券营业部	湖南	长沙	15502.9	14516.4	29.3	0.0	29.7	927.5
中国国际金融有限公司青岛香港中路证券营业部	山东	青岛	15494.6	2959.9	1465.6	0.0	4.5	11064.6
中泰证券公司昆明拓东路证券营业部	云南	昆明	15484.2	13556.3	243.7	0.0	1.0	1683.0
东兴证券公司合肥芜湖路证券营业部	安徽	合肥	15481.2	14114.8	456.3	0.0	2.8	907.3
西南证券公司重庆大石坝七村证券营业部	重庆	重庆	15474.7	14594.9	195.1	0.1	13.5	670.8
东北证券公司常州花园街证券营业部	江苏	常州	15470.7	12157.2	160.9	0.1	5.2	3147.3
第一创业证券公司宁波百丈东路证券营业部	浙江	宁波	15451.6	8509.4	217.6	63.9	130.8	6530.0
申万宏源西部证券有限公司哈尔滨闽江路证券营业部	黑龙江	哈尔滨	15448.1	11505.3	355.5	0.0	0.0	3587.3
兴业证券公司郑州商务外环路证券营业部	河南	郑州	15434.9	9787.4	126.6	0.0	47.0	5470.8
安信证券公司茂名化州证券营业部	广东	化州	15408.4	14013.9	49.4	0.1	2.8	1341.4
申万宏源西部证券有限公司盐城射阳兴阳广场证券营业部	江苏	盐城	15404.0	3617.0	2.2	0.0	1.1	11783.6
中信建投证券公司石家庄辛集新开街证券营业部	河北	辛集	15396.6	15080.5	43.8	0.0	0.7	271.6
渤海证券公司重庆建新东路证券营业部	重庆	重庆	15394.2	14183.5	38.5	0.0	4.7	1167.5
中信建投证券公司连云港东海海陵西路证券营业部	江苏	连云港	15393.6	14912.0	84.7	0.1	4.2	392.6
财达证券公司唐山遵化文化北路证券营业部	河北	唐山	15379.1	14864.8	77.8	8.3	36.6	391.5
华泰证券公司金坛东门大街证券营业部	江苏	金坛	15377.9	13525.5	350.7	0.0	34.9	1456.6
华泰证券公司镇江丹徒谷阳大道证券营业部	江苏	镇江	15375.3	13071.5	276.7	0.0	1.8	2025.3
国都证券公司北京双峪路证券营业部	北京	北京	15370.6	6715.3	19.9	0.0	2.6	8632.8
广发证券公司河源沿江东路证券营业部	广东	河源	15366.1	15131.3	75.6	0.0	4.7	154.4
金元证券公司三亚解放路证券营业部	海南	三亚	15365.4	14012.0	83.1	0.0	2.1	1268.2
浙商证券公司仙居环城南路证券营业部	浙江	台州	15361.1	12612.4	26.7	0.1	12.3	2709.6
安信证券公司南宁朱槿路证券营业部	广西	南宁	15354.0	11656.0	809.0	0.0	1.1	2887.5
方正证券公司资兴东江中路证券营业部	湖南	郴州	15335.7	15225.6	25.4	0.0	7.7	75.4
海通证券公司温州锦绣路证券营业部	浙江	温州	15299.1	11884.8	343.4	0.0	16.1	3054.8
长江证券公司武汉文华路证券营业部	湖北	武汉	15298.2	14650.0	58.3	0.0	6.9	582.8
财达证券公司唐山迁安惠宁大街证券营业部	河北	唐山	15295.2	13814.4	50.7	0.0	1.2	1428.8
中国中投证券公司广州开创大道北证券营业部	广东	广州	15285.1	12922.8	529.2	0.0	5.8	1827.2
海通证券公司常德朗州路证券营业部	湖南	常德	15279.4	13269.3	441.8	1.4	420.7	1146.2
中信证券公司南昌红谷中大道证券营业部	江西	南昌	15273.3	13272.6	110.5	0.0	11.9	1878.3
国泰君安证券公司抚州南丰橘都大道证券营业部	江西	抚州	15265.7	15206.5	16.7	0.0	16.3	26.3
安信证券公司海口滨海大道证券营业部	海南	海口	15264.3	12699.9	108.0	0.0	1.7	2454.7
西部证券公司深圳海德三道证券营业部	深圳	深圳	15261.6	10985.0	46.0	1.1	21.7	4207.8
中原证券公司鹤壁兴鹤大街证券营业部	河南	鹤壁	15260.4	14542.4	96.2	0.0	52.7	568.9
东海证券公司长春西安大路证券营业部	吉林	长春	15254.4	13302.0	21.8	0.2	1.3	1929.0
广发证券公司贵阳延安中路证券营业部	贵州	贵阳	15248.1	14517.3	47.2	0.2	4.6	677.8
上海证券公司深圳民田路证券营业部	深圳	深圳	15237.2	11877.6	34.8	0.0	16.4	3308.4
华西证券公司南充阆中天马寺街证券营业部	四川	南充	15236.3	14974.8	40.9	0.0	1.6	219.0
华龙证券公司合肥亳州路证券营业部	安徽	合肥	15236.0	12432.1	41.7	0.0	3.7	2758.4
东莞证券公司大连白山路证券营业部	辽宁	大连	15207.7	11801.8	128.9	0.0	3.8	3273.3
兴业证券公司石家庄中山西路证券营业部	河北	石家庄	15198.7	11828.4	155.1	0.0	133.5	3081.7
中国中投证券公司嘉兴中山西路证券营业部	浙江	嘉兴	15176.7	12924.0	64.9	0.0	44.4	2143.4
中信证券公司赣州长征大道证券营业部	江西	赣州	15176.0	13367.5	399.8	0.0	1.3	1407.4
广发证券公司大冶新冶大道证券营业部	湖北	大冶	15149.5	14603.7	102.7	0.0	2.9	440.2
海通证券公司成都温江区杨柳东路证券营业部	四川	成都	15147.4	14449.0	45.0	0.0	4.3	649.1
广州证券公司厦门鹭江道证券营业部	福建	厦门	15133.6	8013.1	10.8	0.2	5.2	7104.3
海通证券公司太原兴华街证券营业部	山西	太原	15104.1	13448.3	231.4	0.0	10.0	1414.4

注：营业部交易金额的单位为百万元

证券营业部交易
Trading of Business Department

营业部名称 Business Department	省份 Province	城市 City	总计 Total	股票 Share	基金 Fund	政府债 G-Bond	公司债 C-Bond	债券回购 Repo
华安证券公司大连会展路证券营业部	辽宁	大连	15081.8	11559.9	79.3	0.0	1.5	3437.9
华福证券公司龙海工农路证券营业部	福建	龙海	15065.6	14273.0	30.3	0.1	74.7	687.4
广发证券公司凌海健康路证券营业部	辽宁	凌海	15047.5	13207.9	52.6	0.0	241.9	1545.1
财富证券公司吉首人民北路证券营业部	湖南	吉首	15035.1	14881.4	90.2	0.0	0.5	63.0
中国中投证券公司天津宝坻建设路证券营业部	天津	天津	15018.1	14182.2	36.2	0.7	3.6	795.5
华泰证券公司广州花都迎宾大道证券营业部	广东	广州	15009.4	13774.2	625.0	0.0	62.4	547.2
方正证券公司宁波文昌街证券营业部	浙江	宁波	14999.1	6684.3	21.1	0.0	469.6	7823.8
海通证券公司武威建国街证券营业部	甘肃	武威	14994.6	14754.6	191.0	0.0	2.0	47.0
申万宏源西部证券有限公司博乐北京路证券营业部	新疆	博乐	14991.2	12227.1	30.4	3.0	4.9	2725.9
世纪证券公司广州天河路证券营业部	广东	广州	14980.8	13079.2	167.4	0.0	15.8	1718.4
日信证券公司成都东大街证券营业部	四川	成都	14980.7	12243.2	21.1	0.0	39.6	2676.8
中信证券公司芜湖新时代商业街证券营业部	安徽	芜湖	14976.0	12994.4	251.3	7.0	54.8	1668.5
长江证券公司东莞鸿福路证券营业部	广东	东莞	14962.9	12998.7	131.5	0.0	41.7	1790.4
中航证券有限公司南阳建设中路证券营业部	河南	南阳	14936.2	14379.5	41.1	0.0	21.0	494.6
国泰君安证券公司嘉峪关新华中路证券营业部	甘肃	嘉峪关	14918.5	13940.2	40.4	0.0	0.4	937.4
广发证券公司汕头潮南峡山证券营业部	广东	汕头	14913.7	14245.8	169.9	0.0	6.1	492.0
广发证券公司广州增城府佑路证券营业部	广东	广州	14910.6	14020.9	66.4	0.0	8.3	815.1
中信建投证券公司西安科技路证券营业部	陕西	西安	14902.3	6257.9	55.5	0.0	1.1	8583.1
西藏同信证券公司临沂双桥街证券营业部	山东	临沂	14900.7	14173.7	18.9	0.0	4.3	703.9
民生证券公司深圳深南中路证券营业部	深圳	深圳	14896.8	5214.3	43.1	0.0	164.3	9475.1
华泰证券公司石首笔架山路证券营业部	湖北	石首	14869.8	12456.0	2183.0	0.2	0.5	230.2
广发证券公司韶关南雄新城证券营业部	广东	南雄	14856.2	14513.0	48.7	0.0	15.9	268.6
兴业证券公司昆明滇池路证券营业部	云南	昆明	14855.2	8163.0	198.2	0.0	0.2	6493.2
中国中投证券公司信阳民权路证券营业部	河南	信阳	14852.4	14570.0	66.8	0.0	4.6	211.0
中信建投证券公司佛山顺德大良证券营业部	广东	佛山	14817.5	7950.9	1068.7	3.1	49.2	5745.6
广发证券公司惠州文明一路证券营业部	广东	惠州	14810.7	13869.6	149.1	0.0	7.7	781.2
中信建投证券公司天津滨海新区展望路证券营业部	天津	天津	14799.8	10044.2	58.8	0.0	6.5	4690.3
华泰证券公司常州延政中大道证券营业部	江苏	常州	14792.9	10482.9	829.1	0.0	29.3	3451.5
中信建投证券公司安吉天荒坪路证券营业部	浙江	湖州	14791.9	14333.9	55.5	0.0	1.2	401.4
大通证券公司深圳深南中路证券营业部	深圳	深圳	14778.8	11478.8	51.8	0.0	11.9	3236.3
长江证券公司天津鼓楼南街证券营业部	天津	天津	14751.6	13199.6	187.1	0.0	98.1	1265.2
中信建投证券公司乌鲁木齐南湖北路证券营业部	新疆	乌鲁木齐	14734.2	10700.9	222.8	0.4	9.1	3800.8
中信建投证券公司北京昌平昌崔路证券营业部	北京	北京	14724.7	12918.9	124.8	0.0	0.5	1679.0
国信证券公司广州增城东坑三横中路证券营业部	广东	广州	14721.3	6704.5	161.7	0.0	2.5	7852.6
长江证券公司武汉巨龙大道证券营业部	湖北	武汉	14702.1	12665.8	102.4	0.0	11.3	1922.5
申万宏源证券有限公司银川民族北街证券营业部	宁夏	银川	14695.0	13559.2	43.1	0.0	11.1	1081.6
中信证券公司昆明环城西路证券营业部	云南	昆明	14688.6	12882.3	163.5	0.0	201.3	1441.6
东北证券公司太原桃园北路证券营业部	山西	太原	14682.3	13357.2	136.8	0.0	38.9	1149.4
安信证券公司常熟北门大街证券营业部	江苏	常熟	14654.3	11440.5	32.3	0.0	7.9	3173.6
国泰君安证券公司贵溪冶金大道证券营业部	江西	贵溪	14651.4	14052.2	41.8	0.0	31.0	526.5
湘财证券公司温州车站大道证券营业部	浙江	温州	14651.4	9291.0	385.4	0.0	22.6	4952.3
兴业证券公司武汉公正路证券营业部	湖北	武汉	14645.7	11992.8	113.8	0.0	1.2	2537.8
网信证券公司沈阳西顺城街证券营业部	辽宁	沈阳	14629.3	11216.9	9.6	1.0	41.8	3360.1
中国银河证券公司衢州荷花中路证券营业部	浙江	衢州	14613.3	14170.1	38.8	0.0	4.9	399.5
世纪证券公司九江庐山区长虹大道证券营业部	江西	九江	14603.1	13537.3	59.0	0.0	10.6	996.2
光大证券公司海门长江路证券营业部	江苏	海门	14593.7	9922.5	3985.2	0.8	70.1	614.9
联讯证券公司盘锦市府大街证券营业部	辽宁	盘锦	14583.4	13674.0	77.6	0.0	21.7	810.0
中天证券公司辽阳新运大街证券营业部	辽宁	辽阳	14581.0	12857.9	27.3	0.0	2.2	1693.7
招商证券公司太原平阳路证券营业部	山西	太原	14571.4	12098.9	124.4	0.0	19.6	2328.5
东海证券公司洛阳河阳路证券营业部	河南	洛阳	14571.3	13161.9	34.9	0.0	3.1	1371.3

注：营业部交易金额的单位为百万元

证券营业部交易
Trading of Business Department

营业部名称 Business Department	省份 Province	城市 City	总计 Total	股票 Share	基金 Fund	政府债 G-Bond	公司债 C-Bond	债券回购 Repo
中国银河证券公司格尔木昆仑南路证券营业部	青海	格尔木	14569.0	14202.3	59.0	0.0	0.6	307.1
申万宏源西部证券有限公司乌鲁木齐深圳街证券营业部	新疆	乌鲁木齐	14536.6	13027.1	36.0	0.0	3.2	1470.4
海通证券公司贵阳长岭北路证券营业部	贵州	贵阳	14518.0	13235.7	825.2	0.0	3.0	454.2
渤海证券公司天津联盟大街证券营业部	天津	天津	14515.6	14213.1	29.6	0.1	7.8	265.0
国泰君安证券公司芒市阔时路证券营业部	云南	潞西	14502.6	13994.3	156.3	0.2	1.2	350.6
长江证券公司武汉吴家山二雅路证券营业部	湖北	武汉	14501.8	11810.9	45.2	0.1	5.7	2640.0
招商证券公司漳州胜利西路证券营业部	福建	漳州	14501.2	13248.2	262.7	0.0	8.7	980.8
第一创业证券公司北京阜石路证券营业部	北京	北京	14496.4	5991.5	678.6	2.8	109.2	7714.3
华创证券公司南京和燕路证券营业部	江苏	南京	14496.3	11469.8	20.1	0.1	2.4	3003.9
华泰证券公司牡丹江新华路证券营业部	黑龙江	牡丹江	14491.9	11215.0	2609.9	0.3	13.6	653.1
中原证券公司青岛仙霞岭路证券营业部	山东	青岛	14486.2	13493.7	144.8	0.1	17.5	829.9
渤海证券公司郑州东明路证券营业部	河南	郑州	14481.3	12896.4	20.6	0.0	5.5	1558.8
国元证券公司蚌埠兴业街证券营业部	安徽	蚌埠	14475.4	13938.6	132.4	0.0	3.0	401.1
川财证券公司射洪沱牌大道证券营业部	四川	遂宁	14462.2	13728.4	234.7	0.0	5.7	493.5
联讯证券公司梅州彬芳大道证券营业部	广东	梅州	14442.8	12575.7	17.3	0.0	12.5	1837.4
信达证券公司锦州解放路证券营业部	辽宁	锦州	14438.4	13543.3	40.8	0.0	8.8	845.5
方正证券公司诸暨东二路证券营业部	浙江	绍兴	14437.0	14279.8	15.0	0.0	1.1	141.1
长城证券公司北京通胡大街证券营业部	北京	北京	14428.5	8866.2	256.7	0.0	7.4	5298.1
中国中投证券公司南通如东青园北路证券营业部	江苏	南通	14419.9	12421.4	61.4	0.0	2.6	1934.4
华融证券公司广州林和西路证券营业部	广东	广州	14416.9	13112.0	91.7	0.0	9.5	1203.7
中原证券公司深圳民田路证券营业部	深圳	深圳	14394.6	11335.8	81.0	0.2	0.7	2976.8
东兴证券公司广州珠江东路证券营业部	广东	广州	14390.6	12000.9	120.4	0.0	1.0	2267.4
山西证券公司长治太行西路证券营业部	山西	长治	14384.4	13177.5	32.4	0.1	20.1	1154.1
中信证券公司富阳迎宾路证券营业部	浙江	杭州	14372.8	13868.2	67.4	0.0	1.2	436.1
西部证券公司延安北关街证券营业部	陕西	延安	14372.8	13969.9	24.0	0.3	39.1	338.0
财达证券公司秦皇岛关城南路证券营业部	河北	秦皇岛	14330.7	10542.2	3098.0	0.0	0.9	689.7
海通证券公司加格达奇人民路证券营业部	黑龙江	加格达奇	14317.3	13569.0	232.3	0.0	27.8	488.2
国元证券公司宁国宁城中路证券营业部	安徽	宁国	14315.8	13468.2	51.0	0.0	0.3	795.4
华泰证券公司南京高淳宝塔路证券营业部	江苏	南京	14312.7	10653.3	539.7	0.0	3.5	3116.3
华泰证券公司徐州睢宁中山南路证券营业部	江苏	徐州	14309.3	13614.8	430.3	0.1	32.4	231.8
光大证券公司盐城人民南路证券营业部	江苏	盐城	14308.7	13486.8	42.7	0.0	3.3	776.0
中航证券有限公司西安未央路证券营业部	陕西	西安	14308.3	7281.6	44.6	0.0	5.6	6975.5
财通证券公司青田前路街证券营业部	浙江	丽水	14294.7	13568.1	31.0	0.0	0.0	695.6
世纪证券公司吉安井冈山大道证券营业部	江西	吉安	14280.8	12070.6	34.0	0.0	2.4	2173.8
中泰证券公司武汉文馨街证券营业部	湖北	武汉	14279.8	9500.4	829.7	0.0	0.9	3948.8
申万宏源证券有限公司上海普陀区金沙江路证券营业部	上海	上海	14274.9	10663.5	1734.0	0.0	2.7	1867.0
世纪证券公司抚州东乡龙山北路证券营业部	江西	抚州	14267.2	13627.0	36.7	0.0	19.2	584.3
国联证券公司常州通江大道证券营业部	江苏	常州	14255.9	12151.0	269.8	0.0	3.6	1831.5
中航证券有限公司萍乡康庄路证券营业部	江西	萍乡	14251.7	13026.6	32.2	0.0	2.2	1190.7
财富证券公司常德柳叶大道证券营业部	湖南	常德	14249.4	13069.5	131.4	0.0	21.7	1026.8
东兴证券公司新疆分公司	新疆	乌鲁木齐	14219.0	13633.9	53.4	0.0	2.2	529.5
兴业证券公司上海谷阳北路证券营业部	上海	松江	14217.8	2945.0	27.6	0.0	8.2	11237.0
中信建投证券公司上饶广丰永丰大道证券营业部	江西	上饶	14213.0	14111.1	40.0	0.0	9.1	52.8
宏信证券公司广州天河北路证券营业部	广东	广州	14211.4	7119.4	1382.0	0.0	0.0	5709.9
华安证券公司桐城和平路证券营业部	安徽	安庆	14182.5	13633.0	44.7	0.0	16.3	488.4
恒泰证券公司赤峰临潢大街证券营业部	内蒙	赤峰	14156.1	13809.4	28.2	0.0	82.9	235.7
财通证券公司青岛麦岛路证券营业部	山东	青岛	14146.5	10828.2	321.5	0.0	57.8	2939.1
长城国瑞证券有限公司广州华利路证券营业部	广东	广州	14120.4	4498.2	54.1	0.0	0.6	9567.5
华林证券公司北京太平桥大街证券营业部	北京	北京	14116.7	827.4	16.0	0.0	0.0	13273.3
中国中投证券公司湛江吴川证券营业部	广东	湛江	14090.9	13498.9	19.3	0.0	0.2	572.5

注：营业部交易金额的单位为百万元

证券营业部交易
Trading of Business Department

营业部名称 Business Department	省份 Province	城市 City	总计 Total	股票 Share	基金 Fund	政府债 G-Bond	公司债 C-Bond	债券回购 Repo
方正证券公司嘉兴中环西路证券营业部	浙江	嘉兴	14087.4	13825.1	46.7	0.0	1.7	213.9
西部证券公司西安北长安街证券营业部	陕西	西安	14079.5	12981.4	33.9	3.5	25.8	1034.9
第一创业证券公司深圳海城西路证券营业部	深圳	深圳	14075.0	4799.2	7695.0	4.3	300.7	1275.9
国元证券公司福州五一南路证券营业部	福建	福州	14061.0	11620.5	87.2	0.1	16.1	2337.1
国海证券公司防城港贵州路证券营业部	广西	防城港	14039.7	13495.7	100.2	0.0	6.4	437.4
恒泰证券公司呼和浩特锡林南路证券营业部	内蒙	呼和浩特	14031.1	13000.9	117.5	0.0	1.3	911.4
长江证券公司泉州宝洲路证券营业部	福建	泉州	14013.5	11740.6	228.0	0.0	2.9	2037.8
天风证券公司什邡蓥峰北路证券营业部	四川	德阳	14006.4	12924.9	35.4	0.0	13.3	1032.9
东北证券公司长沙芙蓉中路证券营业部	湖南	长沙	13994.6	12316.5	157.6	0.0	1.0	1519.4
华安证券公司涡阳站前路证券营业部	安徽	亳州	13984.6	13845.5	35.6	0.0	3.1	100.4
中泰证券公司兖州建设路证券营业部	山东	兖州	13956.5	12375.6	1072.4	0.0	13.0	495.5
长城证券公司合肥马鞍山路证券营业部	安徽	合肥	13956.3	12382.4	174.9	2.9	69.5	1326.6
爱建证券公司重庆壁山证券营业部	重庆	重庆	13950.9	13258.4	26.3	0.0	19.8	646.4
国泰君安证券公司文山普阳路证券营业部	云南	文山	13924.2	13595.6	85.2	0.0	14.7	228.6
东兴证券公司沈阳惠工街证券营业部	辽宁	沈阳市	13921.2	10958.2	595.6	0.0	308.0	2059.3
江海证券有限公司黑河中央街证券营业部	黑龙江	黑河	13912.8	10300.1	14.6	0.0	0.5	3596.9
浙商证券公司济南和平路证券营业部	山东	济南	13909.4	10927.6	625.6	0.0	4.9	2351.2
红塔证券公司昆明金源大道证券营业部	云南	昆明	13856.9	12926.9	40.6	0.0	4.5	884.9
东莞证券公司清远连江路证券营业部	广东	清远	13850.3	13101.2	134.6	0.0	0.1	614.4
华鑫证券公司乐清双雁路证券营业部	浙江	乐清	13849.4	12448.8	122.0	0.0	0.0	1278.6
山西证券公司大连五五路证券营业部	辽宁	大连	13849.3	10965.1	96.3	0.0	8.2	2776.2
广州证券公司广州长堤大马路证券营业部	广东	广州	13849.0	11136.8	130.7	0.0	2.2	2579.3
国元证券公司天长园林路证券营业部	安徽	天长	13848.5	13467.4	342.6	0.0	0.7	37.5
中信建投证券公司莆田学园南街证券营业部	福建	莆田	13842.8	13544.6	69.0	0.0	15.1	214.0
招商证券公司鞍山胜利北路证券营业部	辽宁	鞍山	13801.3	11805.3	35.2	0.2	3.7	1956.9
长江证券公司重庆红黄路证券营业部	重庆	重庆	13760.8	13544.3	215.3	0.0	0.2	0.0
中信证券公司三明新市中路证券营业部	福建	三明	13760.5	9787.9	635.0	0.0	181.3	3155.4
中信证券(山东)公司邹城太平东路证券营业部	山东	济宁	13724.3	12181.1	203.6	0.2	18.4	1319.9
华福证券公司浙江分公司	浙江	杭州	13720.4	11511.6	108.0	0.0	87.3	2013.4
华融证券公司合肥宁国南路证券营业部	安徽	合肥	13714.9	12341.9	50.3	0.0	32.9	1289.8
山西证券公司汾阳汾酒厂证券营业部	山西	吕梁	13713.9	12992.7	112.5	0.0	4.1	604.6
红塔证券公司重庆江南大道证券营业部	重庆	重庆	13669.6	5895.7	185.0	0.0	20.1	7568.8
华泰证券公司深圳分公司	深圳	深圳	13655.5	4433.2	2.5	0.0	0.2	9219.6
财达证券公司沧州河间新华北路证券营业部	河北	沧州	13650.9	13136.5	47.9	0.0	12.9	453.7
东兴证券公司成都都江堰市迎宾路证券营业部	四川	成都	13644.0	13361.4	139.1	0.0	33.2	110.3
海通证券公司石家庄藁城胜利路证券营业部	河北	藁城	13629.2	12598.6	139.1	0.0	0.6	890.3
大通证券公司天津滨海新区塘沽春风路证券营业部	天津	天津	13564.4	12359.9	9.4	0.0	2.2	1193.0
申万宏源证券有限公司贵阳中华北路证券营业部	贵州	贵阳	13552.5	11971.3	185.0	0.2	65.1	1330.8
华融证券公司太原学府街证券营业部	山西	太原	13546.7	12727.6	48.4	0.0	8.1	762.5
东北证券公司天津西市大街证券营业部	天津	天津	13536.5	11904.1	104.5	0.2	25.7	1502.0
中原证券公司禹州府东路证券营业部	河南	许昌	13532.3	13436.4	32.7	0.0	13.4	49.6
招商证券公司株洲天台路证券营业部	湖南	株洲	13528.7	12743.1	107.1	0.0	6.5	671.9
光大证券公司广州番禺环城东路证券营业部	广东	广州	13521.3	12590.9	651.7	0.0	0.2	278.5
中原证券公司北京广安门外大街证券营业部	北京	北京	13513.3	11385.1	315.8	0.0	19.7	1792.5
中航证券有限公司昆明北京路证券营业部	云南	昆明	13508.7	11963.1	124.7	0.0	15.8	1405.0
东吴证券公司嘉兴常秀街证券营业部	浙江	嘉兴	13507.9	9624.5	34.3	0.0	1.9	3847.2
东北证券公司晋江长兴路证券营业部	福建	晋江	13495.4	8909.2	89.5	0.0	1.1	4495.7
国信证券公司中山中山四路证券营业部	广东	中山	13485.4	8702.7	475.2	0.0	4.8	4302.3
中信建投证券公司南康蓉江西路证券营业部	江西	南康	13481.8	12881.5	46.2	0.0	3.8	550.3
东吴证券公司昆明春城路证券营业部	云南	昆明	13464.6	11369.9	68.7	0.0	0.5	2025.6

注：营业部交易金额的单位为百万元

证券营业部交易
Trading of Business Department

营业部名称 Business Department	省份 Province	城市 City	总计 Total	股票 Share	基金 Fund	政府债 G-Bond	公司债 C-Bond	债券回购 Repo
广发证券公司慈溪慈甬路证券营业部	浙江	慈溪	13446.2	10655.8	48.4	0.0	3.3	2738.7
西南证券公司重庆垫江证券营业部	重庆	重庆	13433.6	13230.4	24.2	0.1	60.6	118.3
东莞证券公司东莞证券公司徐州淮海西路证券营业	江苏	徐州	13406.1	12348.3	27.0	0.0	3.1	1027.7
东海证券公司常州延政中路证券营业部	江苏	常州	13386.7	11481.5	42.8	1.6	0.3	1860.5
广发证券公司柳州广场路证券营业部	广西	柳州	13385.9	11519.1	58.9	0.6	17.8	1789.5
长江证券公司孝感乾坤大道证券营业部	湖北	孝感	13380.1	13234.0	145.9	0.0	0.2	0.0
长城国瑞证券有限公司厦门后江埭路证券营业部	福建	厦门	13359.9	11028.6	24.0	0.0	0.1	2307.3
东海证券公司泉州丰泽街证券营业部	福建	泉州	13341.2	12542.6	146.5	0.0	0.2	651.8
国海证券公司贵港桂平市杏花街证券营业部	广西	桂平	13315.2	13056.2	46.1	0.0	2.0	210.9
中银国际证券公司哈尔滨安定街证券营业部	黑龙江	哈尔滨	13309.2	13120.7	188.2	0.0	0.2	0.0
信达证券公司凌源朝阳路证券营业部	辽宁	凌源	13307.7	12977.7	19.3	0.0	36.9	273.7
联讯证券公司中山博爱路证券营业部	广东	中山	13291.0	11853.0	21.4	0.1	2.8	1413.7
浙商证券公司磐安文溪南路证券营业部	浙江	金华	13287.7	12966.4	30.7	0.0	7.6	275.5
首创证券公司济南文化东路证券营业部	山东	济南	13265.2	6995.9	42.9	0.0	0.0	6226.4
广发证券公司东莞厚街证券营业部	广东	东莞	13263.8	8832.6	1285.8	0.0	1.6	3143.5
财富证券公司张家界回龙路证券营业部	湖南	张家界	13260.4	13056.1	27.8	0.0	0.4	175.9
中泰证券公司临沂费县证券营业部	山东	临沂	13249.7	12986.5	35.8	0.0	2.2	225.1
财达证券公司秦皇岛东经路证券营业部	河北	秦皇岛	13237.9	11646.0	127.6	0.0	6.2	1458.0
中国中投证券公司四川分公司	四川	成都	13224.1	10458.0	36.5	0.0	65.5	2664.1
中信证券公司大连人民东路证券营业部	辽宁	大连	13213.2	6180.2	201.1	0.0	235.4	6596.5
众成证券公司济南经七路证券营业部	山东	济南	13212.0	9747.4	16.4	0.2	10.8	3437.2
银泰证券公司成都顺城大街证券营业部	四川	成都	13200.1	9260.1	100.3	0.0	29.3	3810.4
东莞证券公司中山三乡证券营业部	广东	中山	13199.2	12440.9	37.7	0.0	25.0	695.6
中信证券(山东)公司滕州新兴北路证券营业部	山东	滕州	13195.3	12153.5	21.5	0.1	18.5	1001.8
方正证券公司临海巾山东路证券营业部	浙江	台州	13189.5	12710.6	26.9	0.0	2.4	449.6
山西证券公司孝义迎宾路证券营业部	山西	孝义	13179.8	12626.4	52.4	0.0	2.3	498.7
平安证券公司金华金瓯路证券营业部	浙江	金华	13173.0	11113.0	918.1	0.0	0.1	1141.9
第一创业证券公司南京营苑北路证券营业部	江苏	南京	13167.4	8707.0	234.3	18.8	162.8	4044.6
国联证券公司苏州解放西路证券营业部	江苏	苏州	13160.9	10449.2	106.8	0.0	11.6	2593.3
中国银河证券公司娄底月塘街证券营业部	湖南	娄底	13149.5	12713.8	103.8	0.0	6.8	325.1
华福证券公司广东分公司	广东	广州	13137.5	11685.4	567.1	0.0	4.0	881.1
华泰证券公司华泰证券股份有限公司呼和浩特赛罕区新华东	内蒙	呼和浩特	13129.8	3818.6	1343.3	0.0	8.9	7959.1
浙商证券公司上海桃浦路证券营业部	上海	上海	13126.1	9645.7	8.1	0.0	0.0	3472.3
天风证券公司京山轻机大道证券营业部	湖北	荆门	13118.1	11944.2	310.6	0.0	2.1	861.1
东北证券公司青岛山东路证券营业部	山东	青岛	13112.4	10406.6	107.5	0.0	3.3	2595.0
长江证券公司南昌洪都中大道证券营业部	江西	南昌	13100.6	12329.3	35.9	0.0	27.7	707.7
中泰证券公司济南会展西路证券营业部	山东	济南	13100.0	12324.0	207.2	0.0	37.4	531.4
华安证券公司兰州金昌路证券营业部	甘肃	兰州	13078.0	10999.0	94.3	0.0	11.6	1973.1
华西证券公司三台恒昌路证券营业部	四川	绵阳	13040.2	12164.5	77.4	0.0	1.4	796.8
财通证券公司无锡政和大道证券营业部	江苏	无锡	13037.9	10316.0	57.1	0.0	38.8	2626.0
中国国际金融有限公司成都滨江东路证券营业部	四川	成都	13026.9	5746.9	74.6	0.0	0.0	7205.4
方正证券公司舟山环城西路证券营业部	浙江	舟山	13015.5	9546.1	67.2	0.0	10.4	3391.8
华泰证券公司贵阳延安中路证券营业部	贵州	贵阳	13010.5	12061.1	421.1	0.0	26.4	501.8
新时代证券公司佛山南海大道证券营业部	广东	佛山	13006.4	10177.4	323.4	0.0	7.6	2497.9
信达证券公司海口金贸西路证券营业部	海南	海口	13005.7	12273.1	64.9	0.0	0.1	667.7
浙商证券公司松阳长松路证券营业部	浙江	丽水	13000.4	12047.5	2.2	0.0	0.0	950.7
招商证券公司厦门湖滨东路证券营业部	福建	厦门	12995.0	10796.6	46.7	0.0	233.0	1914.4
渤海证券公司青岛银川西路证券营业部	山东	青岛	12987.5	609.4	20.6	0.0	0.9	12356.6
中信建投证券公司温州车站大道证券营业部	浙江	温州	12986.5	11927.9	283.9	0.0	1.9	772.9
华安证券公司亳州三曹路证券营业部	安徽	亳州	12982.1	12694.7	46.9	0.0	2.8	237.7

注：营业部交易金额的单位为百万元

证券营业部交易
Trading of Business Department

营业部名称 Business Department	省份 Province	城市 City	总计 Total	股票 Share	基金 Fund	政府债 G-Bond	公司债 C-Bond	债券回购 Repo
华泰证券公司泰兴国庆西路证券营业部	江苏	泰州	12972.5	11920.1	854.4	0.1	13.7	184.3
长江证券公司宿州淮海北路证券营业部	安徽	宿州	12959.5	12186.5	62.0	0.0	71.3	623.5
太平洋证券公司沈阳市府大路证券营业部	辽宁	沈阳	12946.6	10722.8	57.9	0.0	5.0	2160.9
中原证券公司灵宝五龙路证券营业部	河南	三门峡	12943.0	12641.1	147.2	0.2	11.5	143.1
中国银河证券公司广州庆亿街证券营业部	广东	广州	12925.2	3461.2	15.7	0.0	1.0	9447.3
大同证券公司安阳人民大道证券营业部	河南	安阳	12902.0	12344.5	43.8	0.0	4.0	509.7
南京证券公司石嘴山富强西路证券营业部	宁夏	石嘴山	12897.7	12031.1	75.2	0.0	2.3	789.1
财达证券公司保定安国药都北大街证券营业部	河北	保定	12884.7	12304.2	13.7	0.0	3.9	562.9
中泰证券公司曲阜大同路证券营业部	山东	济宁	12881.3	12257.4	103.4	5.1	131.9	374.3
信达证券公司大石桥交通街证券营业部	辽宁	大石桥	12865.9	12343.5	43.0	0.9	9.3	469.2
招商证券公司青岛高新区智力岛路证券营业部	山东	青岛	12841.2	5007.4	2.7	0.0	0.0	7831.1
兴业证券公司重庆珊瑚路证券营业部	重庆	重庆	12840.6	9443.2	187.5	0.0	39.9	3170.0
光大证券公司丹阳东方路证券营业部	江苏	丹阳	12834.8	11482.3	647.9	0.0	2.4	702.3
中航证券有限公司抚州赣东大道证券营业部	江西	抚州	12832.5	11900.3	26.5	0.0	6.8	898.9
信达证券公司北京朝阳路证券营业部	北京	北京	12831.2	6844.4	6.3	0.0	2.3	5978.1
光大证券公司扬州文昌西路证券营业部	江苏	扬州	12826.2	8319.1	201.7	4.2	13.4	4287.7
华融证券公司克拉玛依独山子证券营业部	新疆	克拉玛依	12820.5	10946.1	22.4	0.0	3.7	1848.3
海通证券公司桂林漓江路证券营业部	广西	桂林	12810.0	11967.1	402.0	0.0	0.8	438.7
民生证券公司漯河人民西路证券营业部	河南	漯河	12800.5	11585.9	36.5	0.0	60.6	1117.1
东北证券公司宁波江安路证券营业部	浙江	宁波	12797.4	9837.2	143.1	0.0	13.2	2803.7
东北证券公司济南解放路证券营业部	山东	济南	12764.1	10831.0	140.7	0.0	1.0	1791.5
万联证券公司衡阳解放大道证券营业部	湖南	衡阳	12736.0	11506.0	965.2	0.0	0.2	264.7
英大证券公司重庆渝鲁大道证券营业部	重庆	重庆	12713.7	10420.1	10.4	0.0	2.3	2281.0
国都证券公司北京三元西桥证券营业部	北京	北京	12706.3	9518.8	153.0	0.0	0.4	3034.1
华泰证券公司徐州铜山同昌街证券营业部	江苏	徐州	12704.2	8898.0	322.4	0.0	5.2	3478.7
东北证券公司梅河口证券营业部	吉林	梅河口	12697.4	11741.3	209.0	0.0	4.2	741.6
浙商证券公司江山南市街证券营业部	浙江	衢州	12667.7	11863.6	20.2	0.0	0.2	783.2
华泰证券公司襄阳长虹北路证券营业部	湖北	襄阳	12656.7	11129.1	277.7	0.0	36.0	1213.4
九州证券有限公司西宁西关大街第二证券营业部	青海	西宁	12655.2	9137.1	8.9	10.3	55.1	3443.8
国联证券公司北京石景山路证券营业部	北京	北京	12640.6	3499.9	62.8	0.0	4.3	9073.6
东吴证券公司张家港锦丰镇证券营业部	江苏	张家港	12628.3	11342.4	30.0	0.0	1.4	1254.4
华泰证券公司苏州现代大道证券营业部	江苏	苏州	12623.0	10702.0	266.0	0.0	18.2	1636.9
华安证券公司浦江江滨中路证券营业部	浙江	金华	12618.5	12069.2	47.3	0.0	4.3	497.7
华泰证券公司佛山顺德新桂中路证券营业部	广东	佛山	12603.7	8967.0	2018.6	0.0	57.6	1560.4
渤海证券公司天津津沽路证券营业部	天津	天津	12597.4	11575.7	191.8	8.0	10.9	811.0
华鑫证券公司厦门莲岳路证券营业部	福建	厦门	12581.6	7113.3	92.4	0.0	0.0	5376.0
中信建投证券公司衡阳解放西路证券营业部	湖南	衡阳	12562.0	12302.2	24.3	0.0	2.4	232.6
东方证券公司上虞财富广场证券营业部	浙江	绍兴	12559.4	4936.6	966.5	0.0	0.0	6654.5
中信证券公司上饶信阳路证券营业部	江西	上饶	12542.2	9612.0	64.6	0.0	51.2	2813.8
华安证券公司太和人民南路证券营业部	安徽	阜阳	12538.9	11341.8	310.4	0.0	0.9	885.7
德邦证券公司杭州环城北路营业部	浙江	杭州	12537.6	8046.9	38.5	0.0	96.7	4355.5
首创证券公司宁波日丽中路证券营业部	浙江	宁波	12534.9	10374.4	37.9	0.0	74.3	2048.4
万联证券公司永州芝山路证券营业部	湖南	永州	12532.2	9432.2	2384.9	0.4	0.3	712.8
信达证券公司丹东振五街证券营业部	辽宁	丹东	12523.8	11803.6	209.8	2.3	2.1	506.0
恒泰证券公司赤峰平庄哈河街证券营业部	内蒙	赤峰	12514.5	11851.9	176.5	1.5	1.1	483.5
南京证券公司重庆义学路证券营业部	重庆	重庆	12512.7	12308.1	102.9	0.0	2.3	99.3
广发证券公司龙岩市龙岩大道证券营业部	福建	龙岩	12511.0	9543.2	567.5	0.2	2301.0	99.1
国金证券公司绵阳警钟街证券营业部	四川	绵阳	12510.4	4914.2	4166.2	0.0	0.1	3429.8
东吴证券公司合肥黄山路证券营业部	安徽	合肥	12507.9	11523.9	57.4	0.0	23.9	902.7
申万宏源证券有限公司武汉珞瑜路证券营业部	湖北	武汉	12500.3	12276.0	53.2	0.0	0.4	170.6

注：营业部交易金额的单位为百万元

证券营业部交易
Trading of Business Department

营业部名称 Business Department	省份 Province	城市 City	总计 Total	股票 Share	基金 Fund	政府债 G-Bond	公司债 C-Bond	债券回购 Repo
中银国际证券公司合肥滨湖新区证券营业部	安徽	合肥	12496.4	11864.6	77.7	0.0	16.8	537.4
广发证券公司汕头潮阳棉城证券营业部	广东	汕头	12496.1	11855.6	131.2	0.0	2.0	507.2
申万宏源西部证券有限公司玛纳斯团结路证券营业部	新疆	昌吉	12495.3	12220.6	5.2	0.0	0.0	269.5
南京证券公司扬中江洲南路证券营业部	江苏	镇江	12488.6	12319.1	68.6	0.0	17.0	83.9
东莞证券公司东莞证券公司海城永安路证券营业部	辽宁	海城	12476.4	9282.3	10.5	0.0	0.3	3181.5
中信证券公司泉州安吉路证券营业部	福建	泉州	12462.5	10206.5	68.7	0.0	7.3	2179.5
方正证券公司湘乡桑梅路证券营业部	湖南	湘潭	12456.2	12246.2	39.9	0.0	0.6	169.6
广发证券公司上海龙华路证券营业部	上海	上海	12444.5	9825.3	150.3	0.0	27.2	2441.8
中信建投证券公司北京良乡拱辰南大街证券营业部	北京	北京	12429.1	11685.4	75.4	0.1	36.2	632.1
长江证券公司济南花园路证券营业部	山东	济南	12424.6	11748.0	77.8	0.0	15.4	583.4
第一创业证券公司第一创业证券公司郑州农业东路	河南	郑州	12423.6	8256.5	146.5	0.1	133.4	3887.1
上海证券公司福州五四路证券营业部	福建	福州	12407.0	10225.9	48.0	0.0	0.6	2132.6
光大证券公司无锡金融一街证券营业部	江苏	无锡	12405.2	11191.9	70.5	0.0	0.2	1142.6
大同证券公司长治延安中路证券营业部	山西	长治	12403.4	9872.7	126.0	0.0	61.5	2343.2
东海证券公司厦门祥福路证券营业部	福建	厦门	12402.3	10942.7	43.6	0.0	0.2	1412.6
中国银河证券公司惠州文明一路证券营业部	广东	惠州	12379.1	11537.9	163.5	0.0	4.6	673.1
中国中投证券公司马鞍山雨山东路证券营业部	安徽	马鞍山	12378.2	9535.7	59.0	0.1	43.0	2740.4
东北证券公司公主岭证券营业部	吉林	公主岭	12377.5	11548.9	37.5	0.0	4.7	785.8
长江证券公司泰州迎春西路证券营业部	江苏	泰州	12375.9	12285.7	87.9	0.0	0.8	0.0
中原证券公司孟州西韩愈大街证券营业部	河南	焦作	12373.9	11801.0	64.7	0.0	1.2	507.0
西藏同信证券公司东营东三路证券营业部	山东	东营	12367.8	11092.3	9.6	0.0	45.0	1220.9
中信建投证券公司重庆綦江双龙路证券营业部	重庆	綦江	12359.8	10682.5	1079.5	0.0	1.6	595.4
国盛证券公司武汉京汉大道证券营业部	湖北	武汉	12356.0	9359.5	27.7	0.0	1.1	2967.8
西部证券公司咸阳人民东路证券营业部	陕西	咸阳	12355.1	11319.8	25.8	0.0	5.9	1003.5
湘财证券公司郴州青年大道证券营业部	湖南	郴州	12352.7	6569.6	3.4	0.6	1.1	5777.9
中信证券(山东)公司城阳春城路证券营业部	山东	青岛	12327.9	11814.9	166.5	0.0	25.3	321.2
东北证券公司郑州城东路证券营业部	河南	郑州	12327.4	10777.5	92.6	0.0	5.4	1451.9
方正证券公司唐山兴源道证券营业部	河北	唐山	12321.5	11595.3	28.1	0.0	2.9	694.5
长城证券公司贵阳中华南路证券营业部	贵州	贵阳	12311.1	9731.3	2019.4	0.0	1.1	559.3
华福证券公司永春留安路证券营业部	福建	泉州	12306.4	10997.6	23.3	0.0	1.3	1284.3
广发证券公司湛江遂溪证券营业部	广东	湛江	12304.6	10293.2	54.3	0.0	18.2	1938.9
国元证券公司盐城解放南路证券营业部	江苏	盐城	12304.6	11603.7	95.5	0.0	2.6	602.8
浙商证券公司台州解放南路证券营业部	浙江	台州	12302.1	11009.0	72.3	0.0	0.9	1220.0
东吴证券公司镇江黄山北路证券营业部	江苏	镇江	12291.8	9336.7	1511.1	0.4	0.2	1443.3
德邦证券公司上海南京西路证券营业部	上海	上海	12284.8	10331.6	191.1	0.0	22.2	1740.0
东莞证券公司东莞道滘证券营业部	广东	东莞	12271.2	11533.6	18.1	0.0	1.3	718.3
方正证券公司娄底涟源交通路证券营业部	湖南	娄底	12268.6	12117.3	76.4	0.0	5.2	69.7
国联证券公司烟台迎春大街证券营业部	山东	烟台	12226.7	10340.8	162.3	0.0	8.0	1715.6
申万宏源证券有限公司重庆金开大道证券营业部	重庆	重庆	12220.0	11613.4	35.7	0.0	42.2	527.7
中泰证券公司包头钢铁大街证券营业部	内蒙	包头	12217.2	11236.8	205.8	0.0	4.8	769.7
中信建投证券公司杭州余杭南大街证券营业部	浙江	杭州	12213.8	11844.8	45.9	0.0	33.1	290.1
中信建投证券公司重庆黔江证券营业部	重庆	重庆	12202.8	11854.2	40.9	0.0	8.0	299.6
中信证券(山东)公司莱西青岛路证券营业部	山东	青岛	12190.4	11742.4	70.8	0.0	7.9	369.3
上海证券公司九亭证券营业部	上海	上海	12181.7	11161.3	75.0	0.0	17.9	927.4
招商证券公司上海上南路证券营业部	上海	上海	12163.0	9571.3	54.9	0.0	0.5	2536.3
上海证券公司青浦明珠路证券营业部	上海	上海	12160.1	10222.5	195.7	0.0	1.7	1734.2
中信建投证券公司合肥长江西路证券营业部	安徽	合肥	12154.5	10220.6	472.0	0.0	60.3	1399.6
国信证券公司大连金马路证券营业部	辽宁	大连	12148.5	5993.0	161.1	0.0	0.0	5994.4
国泰君安证券公司南通工农路证券营业部	江苏	南通	12144.4	8160.1	20.1	0.0	12.2	3952.0
广发证券公司佛山顺德建设南路证券营业部	广东	佛山	12140.2	10493.5	32.3	0.0	0.5	1610.0

注：营业部交易金额的单位为百万元

证券营业部交易
Trading of Business Department

营业部名称 Business Department	省份 Province	城市 City	总计 Total	股票 Share	基金 Fund	政府债 G-Bond	公司债 C-Bond	债券回购 Repo
海通证券公司绵阳长虹大道证券营业部	四川	绵阳	12134.5	10870.0	222.5	0.0	9.6	1032.4
山西证券公司永济河东大道证券营业部	山西	永济	12130.2	11031.9	225.3	0.0	8.1	865.0
申万宏源西部证券有限公司广州中山大道中证券营业部	广东	广州	12127.9	3754.3	3172.1	0.0	4982.2	204.8
东吴证券公司苏州星湖街证券营业部	江苏	苏州	12121.0	10085.2	34.7	0.0	899.3	1101.8
中国银河证券公司台州引泉路证券营业部	浙江	台州	12102.2	11958.1	19.7	0.0	1.3	123.2
东吴证券公司仪征真州西路证券营业部	江苏	仪征	12101.0	11257.6	60.8	0.0	17.8	764.8
大通证券公司抚顺新城路证券营业部	辽宁	抚顺	12092.4	11167.7	29.0	0.0	24.3	871.4
财达证券公司廊坊建设路证券营业部	河北	廊坊	12087.2	10437.1	52.0	0.0	10.5	1587.6
海通证券公司自贡丹桂大街证券营业部	四川	自贡	12079.3	11703.7	54.9	0.1	39.5	281.1
第一创业证券公司深圳笋岗东路证券营业部	深圳	深圳	12077.9	9198.9	146.8	50.2	199.2	2482.8
中泰证券公司临朐朐山路证券营业部	山东	潍坊	12065.2	10414.7	16.6	0.0	89.6	1544.4
国泰君安证券公司酒泉南大街证券营业部	甘肃	酒泉	12063.3	11837.5	43.1	0.0	3.1	179.7
银泰证券公司绍兴胜利东路证券营业部	浙江	绍兴	12061.6	10123.1	16.4	0.0	2.3	1919.9
中信证券(山东)公司南阳人民北路证券营业部	河南	南阳	12051.7	11506.5	267.4	0.3	1.2	276.4
招商证券公司大连新开路证券营业部	辽宁	大连	12048.2	6539.9	45.6	0.0	0.0	5462.7
国元证券公司佛山顺德新桂北路证券营业部	广东	佛山	12043.3	10734.7	56.5	0.0	0.6	1251.4
海通证券公司鞍山岫岩证券营业部	辽宁	鞍山	12033.7	7231.4	30.7	0.0	29.2	4742.4
广发证券公司上海曹安公路证券营业部	上海	上海	12017.6	8942.4	556.9	0.0	40.2	2478.0
东莞证券公司阳江西平北路证券营业部	广东	阳江	12017.2	11554.6	49.0	0.0	9.2	404.4
广州证券公司佛山南海大道证券营业部	广东	佛山	12005.9	10501.5	138.2	0.0	1.2	1365.0
华泰证券公司苏州吴中大道证券营业部	江苏	苏州	11985.1	7144.7	3144.1	0.0	891.9	797.2
南京证券公司靖江骥江路证券营业部	江苏	泰州	11980.4	11340.5	104.3	0.0	4.5	531.0
申万宏源西部证券有限公司乌鲁木齐绿洲街证券营业部	新疆	乌鲁木齐	11980.1	10888.1	24.6	0.0	2.5	1064.9
东海证券公司重庆新华路证券营业部	重庆	重庆	11978.9	8888.0	14.6	6.8	40.9	3028.6
财达证券公司唐山古冶京山道证券营业部	河北	唐山	11978.8	11196.0	33.3	0.0	4.2	745.3
财达证券公司保定瑞安路证券营业部	河北	保定	11942.3	5761.6	4.5	0.0	0.5	6175.7
兴业证券公司仙游鲤城街证券营业部	福建	莆田	11938.8	11019.9	7.9	0.0	0.2	910.9
中信建投证券公司南宁金湖路证券营业部	广西	南宁	11936.9	9543.5	647.1	0.0	0.1	1746.2
海通证券公司丽水城东路证券营业部	浙江	丽水	11934.6	10891.5	139.0	0.0	6.3	897.8
万和证券公司福州江滨西大道证券营业部	福建	福州	11924.9	8841.1	83.6	0.0	6.2	2994.0
广州证券公司抚顺浑河南路证券营业部	辽宁	抚顺	11920.1	11069.5	32.2	4.6	9.3	804.6
国泰君安证券公司儋州中兴大道证券营业部	海南	儋州	11914.7	11552.0	18.3	0.2	23.2	321.0
国信证券公司四川第一分公司	四川	成都	11882.1	8813.6	129.6	0.0	3.6	2935.3
第一创业证券公司第一创业证券公司梅州彬芳大道	广东	梅州	11877.7	9631.3	65.0	0.0	50.4	2131.0
中国中投证券公司济宁供销路证券营业部	山东	济宁	11869.5	11165.7	24.0	0.0	8.2	671.6
国金证券公司南充江东中路证券营业部	四川	南充	11868.8	10979.2	54.6	0.3	10.8	823.9
广发证券公司清远连州番禺路证券营业部	广东	清远	11857.4	11641.1	41.8	0.1	1.5	171.8
中信建投证券公司武汉关山大道证券营业部	湖北	武汉	11820.7	10917.4	154.6	0.0	8.2	735.9
东方证券公司上海青浦区公园东路证券营业部	上海	上海	11818.2	11313.6	43.2	0.0	2.2	459.3
华福证券公司惠安建设南路证券营业部	福建	泉州	11801.5	11317.9	58.2	0.0	28.2	397.2
华融证券公司福州乌山路证券营业部	福建	福州	11799.6	10172.1	35.8	0.0	15.3	1576.5
世纪证券公司南昌安义前进大道证券营业部	江西	南昌	11791.5	11478.9	28.8	0.0	8.5	275.4
中天证券公司深圳深南东路证券营业部	深圳	深圳	11763.4	11351.2	32.8	0.0	1.7	377.8
新时代证券公司上海武定路证券营业部	上海	上海	11759.4	11745.1	14.0	0.0	0.4	0.0
江海证券有限公司牡丹江爱民街证券营业部	黑龙江	牡丹江	11753.1	9137.9	502.4	0.2	21.9	2090.6
平安证券公司南昌红谷中大道证券营业部	江西	南昌	11749.2	10751.8	29.6	0.0	16.0	951.8
宏信证券公司成都红庙子证券营业部	四川	成都	11740.7	9677.8	25.4	0.2	20.3	2017.0
广发证券公司上海成山路证券营业部	上海	上海	11738.0	10840.0	60.6	0.0	0.3	837.2
国联证券公司泰州济川东路证券营业部	江苏	泰州	11735.4	10022.3	50.1	0.0	8.9	1654.1
西南证券公司重庆南川河滨南路证券营业部	重庆	重庆	11727.7	11591.6	27.0	0.0	9.3	96.7

注：营业部交易金额的单位为百万元

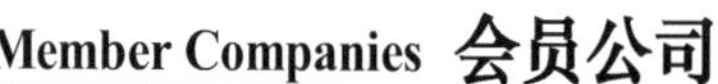

证券营业部交易
Trading of Business Department

营业部名称 Business Department	省份 Province	城市 City	总计 Total	股票 Share	基金 Fund	政府债 G-Bond	公司债 C-Bond	债券回购 Repo
江海证券有限公司七台河景丰路证券营业部	黑龙江	七台河	11724.6	11299.0	45.1	0.0	16.6	363.8
招商证券公司上海樱花路证券营业部	上海	上海	11722.8	9733.5	310.4	0.0	3.0	1675.9
东吴证券公司常熟梅李镇证券营业部	江苏	常熟	11713.4	5855.1	170.0	0.2	1.8	5686.3
中信建投证券公司东莞东莞大道证券营业部	广东	东莞	11711.3	7390.8	422.0	0.0	2.8	3895.7
华西证券公司巴中江北大道证券营业部	四川	巴中	11697.7	11129.8	273.8	0.0	27.5	266.5
长江证券公司松滋乐乡大道证券营业部	湖北	松滋	11686.3	11230.7	55.6	0.0	1.9	398.1
国泰君安证券公司沙县滨河路证券营业部	福建	福州	11682.8	11397.1	34.3	4.0	0.7	246.7
国泰君安证券公司漳州水仙大街证券营业部	福建	漳州	11677.0	9687.6	22.2	0.0	7.8	1959.4
日信证券公司南京庐山路证券营业部	江苏	南京	11676.0	3626.8	6.7	0.0	0.0	8042.5
浙商证券公司温州西山东路证券营业部	浙江	温州	11665.7	10050.5	89.5	0.0	3.6	1522.2
中泰证券公司太原并州南路证券营业部	山西	太原	11644.7	10965.9	43.6	0.0	1.5	633.1
申万宏源证券有限公司黄冈浠水丽文大道证券营业部	湖北	黄冈	11644.2	11417.5	38.7	0.0	4.1	183.9
长江证券公司银川北京中路证券营业部	宁夏	银川	11636.4	11092.1	20.2	0.0	0.2	523.7
中信建投证券公司北京西翠路证券营业部	北京	北京	11607.4	10289.2	202.1	0.0	10.3	1105.8
国泰君安证券公司扬州扬子江中路证券营业部	江苏	扬州	11595.6	9892.2	147.3	0.0	125.9	1430.2
信达证券公司湛江坡头证券营业部	广东	湛江	11565.0	10723.0	102.4	0.0	1.1	738.5
南京证券公司盐城建湖县人民路证券营业部	江苏	盐城	11560.1	11223.1	80.0	0.0	11.0	246.0
财通证券公司衢州新桥街证券营业部	浙江	衢州	11555.4	10419.7	61.8	0.0	31.3	1041.2
国泰君安证券公司重庆忠县证券营业部	重庆	重庆	11542.1	11375.9	30.2	0.0	5.0	131.0
东吴证券公司长沙人民中路证券营业部	湖南	长沙	11529.3	10428.0	61.9	0.1	0.3	1039.0
中信建投证券公司东营东三路证券营业部	山东	东营	11523.2	7139.3	39.0	0.0	2.7	4341.9
国信证券公司泉州德泰路证券营业部	福建	泉州	11520.1	10491.1	699.9	0.0	8.6	320.6
江海证券有限公司哈尔滨埃德蒙顿路证券营业部	黑龙江	哈尔滨	11509.0	5871.5	11.2	0.0	0.8	5625.4
广发证券公司汕头澄海澄江路证券营业部	广东	汕头	11502.9	11408.8	23.0	0.0	2.9	68.2
中信建投证券公司广州增城凤凰城步行南街证券营业部	广东	广州	11487.9	9288.5	280.7	0.0	15.8	1902.8
中国银河证券公司北京呼家楼证券营业部	北京	北京	11481.6	7424.3	50.9	0.1	129.0	3877.4
渤海证券公司天津津塘路证券营业部	天津	天津	11455.3	10905.1	36.9	0.0	0.4	513.0
东莞证券公司湛江观海北路证券营业部	广东	湛江	11447.1	10090.4	50.0	0.0	1.2	1305.5
兴业证券公司宁德蕉城南路证券营业部	福建	宁德	11446.6	10962.7	48.9	0.0	4.0	431.0
太平洋证券公司泰安东岳大街证券营业部	山东	泰安	11443.5	10604.8	75.9	0.8	1.5	759.8
联讯证券公司佛山顺德清晖路证券营业部	广东	佛山	11424.0	9990.1	42.5	0.0	4.1	1387.3
东莞证券公司东莞大岭山证券营业部	广东	东莞	11419.7	10078.3	62.7	0.0	4.6	1274.1
长江证券公司成都天府大道证券营业部	四川	成都	11395.3	10209.8	168.9	0.0	11.5	1005.1
西南证券公司重庆春晖路证券营业部	重庆	重庆	11387.8	10667.5	75.0	0.0	27.2	618.1
申万宏源西部证券有限公司合肥马鞍山路证券营业部	安徽	合肥	11387.7	10857.3	192.5	1.8	59.2	276.8
大同证券公司晋城矿务局证券营业部	山西	晋城	11382.5	9956.6	203.6	24.5	7.8	1189.9
中信建投证券公司北京酒仙桥路证券营业部	北京	北京	11370.1	10950.6	196.4	0.0	0.1	218.9
广发证券公司宜兴解放路证券营业部	江苏	宜兴	11363.8	8852.9	820.0	0.0	0.3	1690.6
华西证券公司西昌长安东路证券营业部	四川	西昌	11358.7	10486.7	302.9	0.0	5.0	564.0
新时代证券公司北京南礼士路证券营业部	北京	北京	11356.3	9536.6	0.8	0.0	23.7	1795.2
海通证券公司镇江中山西路证券营业部	江苏	镇江	11350.1	9782.3	49.5	3.0	2.8	1512.6
东莞证券公司韶关新华南路证券营业部	广东	韶关	11324.7	9842.1	30.0	0.0	17.3	1435.3
中信证券公司厦门沧林路证券营业部	福建	厦门	11321.1	6649.0	202.5	0.0	1.2	4468.5
国金证券公司成都蒲江县桫椤路证券营业部	四川	成都	11316.8	10954.9	58.3	0.2	6.2	297.3
方正证券公司怀化溆浦警予东路证券营业部	湖南	怀化	11314.0	11003.4	32.3	0.0	2.1	276.3
东海证券公司郑州经七路证券营业部	河南	郑州	11293.0	7531.5	92.6	0.0	5.6	3662.8
国泰君安证券公司北京朝内大街证券营业部	北京	北京	11272.2	4645.4	92.0	0.0	0.7	6534.1
五矿证券有限公司广州环市东路证券营业部	广东	广州	11262.5	5811.1	76.7	0.0	23.9	5350.8
广发证券公司上海唐安路证券营业部	上海	上海	11246.8	8011.2	461.9	0.0	2.9	2770.8
中原证券公司济南解放路证券营业部	山东	济南	11232.4	8124.9	71.9	0.0	0.0	3033.8

注：营业部交易金额的单位为百万元

证券营业部交易
Trading of Business Department

营业部名称 Business Department	省份 Province	城市 City	总计 Total	股票 Share	基金 Fund	政府债 G-Bond	公司债 C-Bond	债券回购 Repo
招商证券公司宁波丽江东路证券营业部	浙江	宁波	11225.0	10590.9	29.3	0.0	34.2	570.6
日信证券公司广州华强路证券营业部	广东	广州	11207.2	5883.3	427.7	0.0	58.2	4838.0
海通证券公司舟山环城西路证券营业部	浙江	舟山	11206.2	10189.3	576.7	0.0	6.5	433.7
中泰证券公司哈尔滨红专街证券营业部	黑龙江	哈尔滨	11195.7	7628.5	27.9	6.0	0.2	3533.2
东北证券公司合肥芜湖路证券营业部	安徽	合肥	11191.9	9554.1	92.8	0.0	271.5	1273.5
南京证券公司银川正源南街证券营业部	宁夏	银川	11184.3	10372.3	34.3	0.0	0.1	777.6
海通证券公司宜兴氿滨南路证券营业部	江苏	宜兴	11178.4	10631.9	38.4	0.0	2.3	505.9
华安证券公司杭州建国北路证券营业部	浙江	杭州	11172.0	10377.1	142.1	0.0	0.2	652.7
广发证券公司焦作人民路证券营业部	河南	焦作	11170.6	9633.7	167.0	0.0	7.7	1362.2
山西证券公司广安思源大道证券营业部	四川	广安	11153.1	10713.6	31.7	0.0	97.4	310.4
中国银河证券公司枣阳襄阳路证券营业部	湖北	枣阳	11146.5	10872.6	50.2	0.0	34.5	189.2
长江证券公司鄂州南浦路证券营业部	湖北	鄂州	11141.0	10970.8	113.2	0.0	0.1	56.0
华泰证券公司沭阳北京北路证券营业部	江苏	宿迁	11139.2	10827.1	149.5	0.0	49.9	112.7
大同证券公司玉溪南北大街证券营业部	云南	玉溪	11108.7	9893.7	43.1	0.1	11.0	1160.9
方正证券公司邵阳洞口桔城路证券营业部	湖南	邵阳	11101.7	10978.0	45.4	0.0	17.3	61.0
国泰君安证券公司沈阳黄河南大街证券营业部	辽宁	沈阳	11080.3	10537.4	207.2	0.9	17.8	317.2
华安证券公司阜阳文峰路证券营业部	安徽	阜阳	11072.7	10821.8	37.4	0.0	4.2	209.1
网信证券公司朝阳朝阳大街证券营业部	辽宁	朝阳	11067.6	9057.7	10.3	4.3	0.1	1995.2
财达证券公司沧州黄骅迎宾大街证券营业部	河北	沧州	11041.6	10290.6	12.8	0.4	0.9	737.0
中信建投证券公司金昌公园路证券营业部	甘肃	金昌	11034.7	10299.1	90.6	0.0	0.3	635.5
国泰君安证券公司银川解放西街证券营业部	宁夏	银川	11027.6	8659.3	83.2	0.1	11.9	2273.2
湘财证券公司重庆学府大道证券营业部	重庆	重庆	11011.2	2901.4	4.3	0.0	652.0	7453.5
中原证券公司安阳中华路证券营业部	河南	安阳	10993.9	10725.8	58.0	0.0	0.0	210.0
浙商证券公司长春生态大街证券营业部	吉林	长春	10986.8	7329.5	5.6	1.5	3.6	3646.6
华创证券公司六盘水钟山中路证券营业部	贵州	六盘水	10960.9	10726.3	18.2	0.1	18.1	198.2
安信证券公司深圳梅龙路营业部	深圳	深圳	10941.9	10590.6	43.9	0.0	10.9	296.5
东北证券公司松原建设街证券营业部	吉林	松原	10938.2	10501.1	29.8	0.1	34.5	372.2
平安证券公司贵阳金阳南路证券营业部	贵州	贵阳	10937.9	10281.4	46.3	0.0	77.4	532.8
西部证券公司西安高新路证券营业部	陕西	西安	10920.3	10200.8	30.3	0.0	0.7	688.5
海通证券公司佛山顺德新宁路证券营业部	广东	佛山	10917.1	8251.3	641.8	0.0	2.6	2021.2
申万宏源证券有限公司南通建设路证券营业部	江苏	南通	10909.1	10053.5	87.1	0.0	0.8	767.6
首创证券公司成都双流县华阳协和上街证券营业部	四川	成都	10908.5	5065.7	2.0	0.0	0.0	5840.8
国泰君安证券公司敦煌阳关中路证券营业部	甘肃	敦煌	10904.8	10749.7	83.0	0.0	0.1	72.0
财通证券公司德清中兴南路证券营业部	浙江	德清	10902.8	9301.6	108.9	0.0	176.8	1315.4
浙商证券公司路桥南官大道证券营业部	浙江	台州	10897.1	9230.7	37.6	0.0	15.1	1613.7
国信证券公司上海荣乐东路证券营业部	上海	上海	10887.8	10054.3	78.5	0.0	6.0	749.0
国海证券公司玉林容县兴容街证券营业部	广西	玉林	10867.3	10682.0	87.8	0.0	0.1	95.1
长城国瑞证券有限公司厦门沧虹路证券营业部	福建	厦门	10863.5	9173.4	115.5	0.0	13.5	1561.1
第一创业证券公司东莞元美路证券营业部	广东	东莞	10863.2	9003.4	183.7	7.7	178.0	1490.5
中银国际证券公司上海真金路证券营业部	上海	上海	10855.7	4641.0	4.7	2770.4	3426.9	11.1
联讯证券公司湛江海滨大道证券营业部	广东	湛江	10836.3	10275.7	40.4	0.2	14.8	505.2
招商证券公司北京方庄路证券营业部	北京	北京	10833.6	5650.1	137.9	0.0	5.2	5040.4
东吴证券公司苏州相城黄埭中市路证券营业部	江苏	苏州	10833.4	2035.9	8724.4	0.0	0.6	72.6
西藏同信证券公司潍坊东方路证券营业部	山东	潍坊	10833.2	8982.7	830.1	0.0	68.6	951.7
德邦证券公司长春西安大路证券营业部	吉林	长春	10815.5	9658.5	39.7	0.0	2.6	1114.7
民生证券公司北京顺义府前东街证券营业部	北京	北京	10809.2	9255.0	15.8	0.4	15.5	1522.5
中信证券(山东)公司郑州纬五路证券营业部	河南	郑州	10801.1	10317.0	130.9	2.2	7.1	343.9
海通证券公司宣城敬亭路证券营业部	安徽	宣城	10791.4	7677.7	1412.4	0.0	36.2	1665.0
联讯证券公司清远人民二路证券营业部	广东	清远	10789.2	9514.5	36.3	0.0	30.7	1207.7
国泰君安证券公司遵义香港路证券营业部	贵州	遵义	10785.0	10257.5	75.3	0.0	2.3	449.8

注：营业部交易金额的单位为百万元

证券营业部交易
Trading of Business Department

营业部名称 Business Department	省份 Province	城市 City	总计 Total	股票 Share	基金 Fund	政府债 G-Bond	公司债 C-Bond	债券回购 Repo
中泰证券公司大连开发区金马路证券营业部	辽宁	大连	10777.0	9197.7	962.3	0.0	35.0	577.6
中信证券公司张家港人民中路证券营业部	江苏	张家港	10775.3	5465.2	82.0	0.2	0.7	5227.2
海通证券公司天水大众路证券营业部	甘肃	天水	10764.1	10705.4	7.8	0.0	12.1	38.5
浙商证券公司横店万盛北街证券营业部	浙江	金华	10748.4	10619.0	32.6	0.0	11.1	85.6
华福证券公司平潭西航路证券营业部	福建	福州	10744.1	10294.8	40.6	0.0	10.8	397.9
华西证券公司成都天府二街证券营业部	四川	成都	10736.3	9537.8	241.9	0.0	4.9	951.7
安信证券公司北京青塔西路证券营业部	北京	北京	10724.7	4084.9	22.4	0.0	0.2	6617.1
国盛证券公司天津西园道证券营业部	天津	天津	10722.3	8112.5	18.0	0.0	2.5	2589.3
安信证券公司江门建设二路证券营业部	广东	江门	10722.0	9226.4	456.4	0.0	0.7	1036.5
广发证券公司上海南奉公路证券营业部	上海	上海	10710.4	5476.6	95.7	0.0	1.0	5137.0
安信证券公司成都蜀辉路证券营业部	四川	成都	10706.4	6149.1	88.8	0.0	14.2	4450.2
五矿证券有限公司杭州民心路证券营业部	浙江	杭州	10703.5	9782.1	33.6	0.0	14.6	873.2
中国银河证券公司泉州南俊路证券营业部	福建	泉州	10703.4	5060.3	19.2	0.0	0.2	5623.7
国泰君安证券公司琼海金海路证券营业部	海南	琼海	10700.8	10448.7	25.1	0.0	1.3	225.7
海通证券公司大同永宁街证券营业部	山西	大同	10694.6	7298.9	143.0	0.0	1.0	3251.7
东莞证券公司东莞证券公司北京黄村东大街证券营	北京	北京	10694.3	7958.2	13.3	0.0	54.9	2667.9
中泰证券公司海阳海河路证券营业部	山东	烟台	10687.6	9648.3	55.4	0.0	7.4	974.7
中信建投证券公司瑞金中山路证券营业部	江西	瑞金	10681.4	10570.2	37.6	0.0	1.1	72.6
光大证券公司合肥南一环路证券营业部	安徽	合肥	10681.1	8177.2	448.2	0.0	3.2	2051.1
方正证券公司东莞万道路证券营业部	广东	东莞	10674.3	8870.6	37.9	0.5	1.0	1764.3
平安证券公司南宁民族大道证券营业部	广西	南宁	10660.0	10405.0	66.7	0.0	5.5	182.9
中泰证券公司佛山影荫路证券营业部	广东	佛山	10650.2	8562.3	58.6	0.0	60.6	1968.6
安信证券公司江苏分公司	江苏	南京	10650.1	2007.3	91.3	0.0	100.6	8450.9
长江证券公司赤壁河北大道证券营业部	湖北	赤壁	10640.1	9809.6	44.2	0.0	8.4	777.9
西部证券公司商洛北新街证券营业部	陕西	商洛	10592.9	10434.2	74.1	0.0	1.4	83.1
金元证券公司南通青年中路证券营业部	江苏	南通	10574.7	8812.7	50.5	0.2	12.9	1698.5
国泰君安证券公司赤峰钢铁街证券营业部	内蒙	赤峰	10573.6	10003.9	18.1	0.0	0.3	551.3
宏信证券公司乐山嘉州大道证券营业部	四川	乐山	10549.5	9828.8	12.6	0.3	13.0	694.9
浙商证券公司慈溪三北西大街证券营业部	浙江	宁波	10548.7	9642.4	4.5	0.0	16.5	885.4
国海证券公司贵港平南县朝阳大街证券营业部	广西	贵港	10537.4	10292.8	180.6	0.0	0.3	63.8
安信证券公司西安南二环路证券营业部	陕西	西安	10501.7	9288.0	83.4	0.0	0.6	1129.7
东方证券公司上海松江区新松江路证券营业部	上海	上海	10495.1	6532.7	210.9	16.1	72.2	3663.2
东北证券公司南宁双拥路证券营业部	广西	南宁	10470.5	9609.0	77.6	0.0	18.9	764.8
红塔证券公司昆明北京路证券营业部	云南	昆明	10462.9	9276.2	34.9	0.0	2.3	1149.6
申万宏源西部证券有限公司哈密吐哈石油证券营业部	新疆	哈密	10459.2	10251.4	33.7	0.0	5.6	168.5
开源证券公司西咸新区世纪大道证券营业部	陕西	咸阳	10455.2	9912.0	56.9	0.0	0.3	486.0
中邮证券公司汉中西环路证券营业部	陕西	汉中	10455.0	9565.8	4.7	0.0	1.2	883.3
太平洋证券公司宣威振兴街证券营业部	云南	宣威	10451.8	10096.6	77.9	0.0	2.0	275.3
安信证券公司太原新晋祠路证券营业部	山西	太原	10444.0	3585.8	29.7	0.0	0.1	6828.3
大通证券公司无锡建筑路证券营业部	江苏	无锡	10443.4	7638.6	177.1	0.0	0.4	2627.3
中信建投证券公司北京富丰路证券营业部	北京	北京	10424.3	9515.7	173.3	8.7	10.3	716.3
西部证券公司咸阳兴平证券营业部	陕西	咸阳	10415.7	10067.8	13.7	0.0	0.4	333.8
网信证券公司沈阳宁山中路证券营业部	辽宁	沈阳	10415.0	7115.0	8.8	39.9	90.8	3160.5
申万宏源证券有限公司太原亲贤北街证券营业部	山西	太原	10413.1	9474.0	166.5	2.3	2.3	768.0
国泰君安证券公司河南分公司	河南	郑州	10407.1	3970.7	14.7	0.0	0.2	6421.4
中泰证券公司海口人民大道证券营业部	海南	海口	10391.6	9681.5	341.0	0.0	0.4	368.7
大通证券公司大连开发区金马路证券营业部	辽宁	大连	10378.7	9621.5	152.9	0.0	0.1	604.2
广发证券公司台州市府大道证券营业部	浙江	台州	10367.1	10058.8	56.0	0.0	0.4	251.9
中国银河证券公司白银人民路证券营业部	甘肃	白银	10354.7	9996.9	14.8	0.0	0.7	342.3
长城国瑞证券有限公司厦门环城西路证券营业部	福建	厦门	10350.7	8409.6	40.9	0.0	0.2	1900.0

注：营业部交易金额的单位为百万元

证券营业部交易
Trading of Business Department

营业部名称 Business Department	省份 Province	城市 City	总计 Total	股票 Share	基金 Fund	政府债 G-Bond	公司债 C-Bond	债券回购 Repo
长江证券公司武汉蔡甸大街证券营业部	湖北	武汉	10329.4	9419.1	485.3	0.0	0.2	424.9
海通证券公司盘锦人民路证券营业部	辽宁	盘锦	10295.0	9206.4	69.9	0.3	833.9	184.5
中天证券公司天津中山路证券营业部	天津	天津	10280.7	8221.1	19.7	0.0	3.6	2036.3
东北证券公司德惠德惠路证券营业部	吉林	德惠	10276.4	9635.5	30.3	0.0	0.1	610.4
浙商证券公司西安金花北路证券营业部	陕西	西安	10263.3	6778.1	29.7	0.0	0.0	3455.5
中信证券(山东)公司潍坊鸢飞路证券营业部	山东	潍坊	10246.0	8685.8	615.4	0.0	17.0	927.7
华创证券公司都匀广惠路证券营业部	贵州	都匀	10238.0	9958.1	24.5	0.0	1.7	253.7
广发证券公司扬州扬子江北路证券营业部	江苏	扬州	10235.4	9553.6	3.5	0.0	19.0	659.3
中泰证券公司江阴中山北路证券营业部	江苏	无锡	10234.7	7964.1	71.8	0.0	0.1	2198.7
江海证券有限公司鸡西东风路证券营业部	黑龙江	鸡西	10224.0	9430.9	99.2	0.0	6.3	687.6
西部证券公司西安临潼证券营业部	陕西	西安	10216.7	9873.3	90.0	0.0	8.2	245.2
中国民族证券公司昆明西昌路证券营业部	云南	昆明	10203.0	8164.0	66.0	0.0	0.6	1972.4
东海证券公司偃师华夏路证券营业部	河南	偃师	10186.5	9715.9	26.7	0.0	4.1	439.7
西藏同信证券公司温州车站大道证券营业部	浙江	温州	10180.6	9826.8	17.3	0.0	18.3	318.2
国盛证券公司广州东风中路证券营业部	广东	广州	10177.2	7613.1	167.8	0.0	4.6	2391.6
东北证券公司成都南二环路证券营业部	四川	成都	10140.2	5822.8	59.2	0.0	8.3	4249.9
安信证券公司成都龙泉驿区江华路证券营业部	四川	成都	10138.5	9946.0	26.5	0.1	3.1	161.8
国泰君安证券公司雅安东大街证券营业部	四川	雅安	10130.6	8641.3	29.4	0.0	4.1	1455.8
中泰证券公司台州解放北路证券营业部	浙江	台州	10121.0	9215.4	21.2	0.0	2.6	881.8
大通证券公司新沂幸福路证券营业部	江苏	新沂	10117.1	9487.7	39.2	0.0	34.5	555.8
长江证券公司黄冈八一路证券营业部	湖北	黄冈	10090.5	9994.9	94.8	0.0	0.3	0.0
网信证券公司沈阳泉园街证券营业部	辽宁	沈阳	10089.5	7638.3	32.0	1.7	12.3	2405.2
安信证券公司深圳宝安中心路证券营业部	深圳	深圳	10061.3	9643.7	28.6	0.0	8.4	380.6
申万宏源西部证券有限公司乌鲁木齐古牧地中路证券营业部	新疆	乌鲁木齐	10057.4	9620.0	35.0	0.6	0.3	401.5
国金证券公司内江汉安大道证券营业部	四川	内江	10056.3	8848.4	184.4	0.0	38.7	984.8
国信证券公司乌鲁木齐南湖东路证券营业部	新疆	乌鲁木齐	10039.6	9197.3	78.7	0.0	0.2	761.4
中信证券公司上海牡丹江路证券营业部	上海	上海	10026.5	8002.2	156.8	0.0	5.4	1862.1
浙商证券公司大连港兴路证券营业部	辽宁	大连	10015.4	7270.8	40.7	0.0	0.0	2703.9
金元证券公司瑞安安阳路证券营业部	浙江	温州	10014.7	7565.6	56.5	0.0	0.0	2392.6
东吴证券公司北京市东三环中路证券营业部	北京	北京	10013.7	8444.3	91.1	0.0	4.3	1474.0
信达证券公司东港东港路证券营业部	辽宁	东港	9989.9	8098.3	1235.8	0.0	33.8	622.0
华安证券公司和县陋室西街证券营业部	安徽	巢湖	9989.0	7040.6	183.9	10.3	2596.0	158.1
财通证券公司诸暨店口华佳路证券营业部	浙江	绍兴	9984.2	5277.7	42.8	0.0	141.5	4522.3
国海证券公司重庆建新北路证券营业部	重庆	重庆	9970.9	6355.6	77.7	0.0	2.9	3534.7
兴业证券公司太原双塔寺街证券营业部	山西	太原	9970.0	7421.4	132.5	0.0	2.2	2413.8
中原证券公司长沙车站北路证券营业部	湖南	长沙	9959.4	9591.7	89.8	0.8	0.1	277.0
中航证券有限公司中航证券有限公司烟台迎春大街证券营业部	山东	烟台	9946.6	6308.4	196.6	0.0	1.4	3440.0
财达证券公司秦皇岛昌黎学院路证券营业部	河北	秦皇岛	9943.9	9348.2	35.7	0.0	3.3	556.7
渤海证券公司天津柳霞路证券营业部	天津	天津	9939.0	9478.9	51.8	0.0	2.1	406.2
信达证券公司葫芦岛龙湾大街证券营业部	辽宁	葫芦岛	9938.0	9331.8	21.5	0.0	13.6	571.1
东莞证券公司东莞证券公司德清武源街证券营业部	浙江	德清	9933.5	9606.9	13.6	0.0	5.5	307.5
南京证券公司绍兴新昌人民西路证券营业部	浙江	绍兴	9920.7	9824.7	27.7	0.0	0.3	67.9
方正证券公司南宁衡阳西路证券营业部	广西	南宁	9907.8	9301.3	77.7	0.0	2.6	526.2
中国国际金融有限公司武汉中南路证券营业部	湖北	武汉	9907.0	6583.4	8.1	0.0	62.1	3253.4
国联证券公司扬州文汇西路证券营业部	江苏	扬州	9899.1	8729.6	83.5	0.0	1.3	1084.8
光大证券公司宁波范江岸路证券营业部	浙江	宁波	9888.5	4881.9	71.9	0.0	1.3	4933.4
申万宏源证券有限公司广汉中山大道证券营业部	四川	广汉	9887.6	9247.6	55.8	0.2	4.6	579.4
五矿证券有限公司揭阳临江南路证券营业部	广东	揭阳	9885.3	9535.8	6.3	0.0	17.3	325.9
申万宏源西部证券有限公司福州杨桥东路证券营业部	福建	福州	9881.1	8513.7	49.0	0.0	0.1	1318.2
海通证券公司珠海九洲大道东证券营业部	广东	珠海	9874.6	7087.1	32.1	0.0	6.3	2749.2

注：营业部交易金额的单位为百万元

证券营业部交易
Trading of Business Department

营业部名称 Business Department	省份 Province	城市 City	总计 Total	股票 Share	基金 Fund	政府债 G-Bond	公司债 C-Bond	债券回购 Repo
第一创业证券公司合肥东流路证券营业部	安徽	合肥	9858.5	7470.9	128.6	0.0	95.2	2163.8
华西证券公司自贡富顺钟秀街证券营业部	四川	自贡	9847.1	9265.6	132.6	0.0	5.2	443.7
山西证券公司沧州朝阳大街证券营业部	河北	沧州	9844.8	8929.3	153.4	1.9	0.7	759.3
中信证券公司呼和浩特如意和大街证券营业部	内蒙	呼和浩特	9837.3	8678.6	52.1	0.0	6.2	1100.4
民生证券公司唐山大里路证券营业部	河北	唐山	9830.7	8173.6	58.9	0.0	0.7	1591.8
国泰君安证券公司晋城凤台西街证券营业部	山西	晋城	9821.1	7981.4	71.7	69.0	0.1	1698.8
招商证券公司深圳布龙路证券营业部	深圳	深圳	9798.0	9244.2	42.3	0.0	26.8	484.8
华西证券公司青白江新河街证券营业部	四川	成都	9796.3	8863.3	224.6	0.0	17.3	691.2
东海证券公司栾川君山中路证券营业部	河南	洛阳	9790.8	9609.5	13.1	0.0	3.1	165.1
广发证券公司营口学府路证券营业部	辽宁	营口	9783.3	8310.9	983.4	0.0	1.0	487.9
长城证券公司扬州扬子江中路证券营业部	江苏	扬州	9774.8	5523.6	265.2	0.0	0.0	3986.0
申万宏源西部证券有限公司阜康天池南街证券营业部	新疆	阜康	9773.2	9068.5	16.5	0.0	0.0	688.2
财达证券公司唐山南堡开发区证券营业部	河北	唐山	9747.2	5566.3	40.4	0.0	0.2	4140.3
中信建投证券公司张家港人民中路证券营业部	江苏	苏州	9734.5	8945.4	6.1	0.0	0.0	783.0
中信证券公司上海嘉定证券营业部	上海	上海	9730.1	7710.3	38.8	0.0	8.0	1972.6
国信证券公司揭阳揭东证券营业部	广东	揭东	9727.6	9002.0	46.6	0.0	0.6	678.4
中泰证券公司莒县银杏大道证券营业部	山东	日照	9723.6	9338.3	109.8	0.0	12.9	262.4
财富证券公司长沙万芙路证券营业部	湖南	长沙	9722.5	8900.9	6.7	0.2	126.2	688.6
国海证券公司长沙中意一路证券营业部	湖南	长沙	9719.2	6440.1	110.3	0.0	0.3	3168.3
华龙证券公司无锡北大街证券营业部	江苏	无锡	9709.9	7888.4	216.6	0.0	1.4	1602.9
国泰君安证券公司重庆奉节证券营业部	重庆	重庆	9709.1	9667.5	13.6	0.0	0.0	28.0
中信证券公司温州汤家桥路证券营业部	浙江	温州	9707.6	8986.2	199.5	0.0	0.1	521.8
众成证券公司西安兴庆南路证券营业部	陕西	西安	9702.8	8615.4	25.0	0.0	66.4	996.1
浙商证券公司乐清柳青南路证券营业部	浙江	温州	9691.3	9014.2	126.5	0.0	31.3	519.2
国信证券公司深圳罗湖人民南路证券营业部	深圳	深圳	9686.7	9546.4	14.3	0.0	8.6	117.4
东北证券公司农安利民路证券营业部	吉林	长春	9685.6	8816.5	49.1	0.0	0.4	817.4
南京证券公司银川燕鸽湖证券营业部	宁夏	银川	9674.5	9074.4	29.1	0.0	3.1	567.9
恒泰证券公司满洲里树林路证券营业部	内蒙	呼伦贝尔	9665.1	8811.1	59.8	0.0	1.3	792.9
申万宏源西部证券有限公司湛江人民大道中证券营业部	广东	湛江	9654.6	8800.9	68.4	0.0	0.8	784.5
中银国际证券公司佛山城门头路证券营业部	广东	佛山	9641.8	6929.7	23.8	0.0	0.9	2687.2
国金证券公司西安科技路证券营业部	陕西	西安	9635.9	1633.5	821.8	0.0	0.1	7180.5
国海证券公司崇左凭祥市北环路证券营业部	广西	凭祥	9635.8	9099.2	7.7	0.0	13.1	515.8
五矿证券有限公司上海东方路证券营业部	上海	上海	9635.3	7323.1	96.5	0.0	0.0	2215.7
国元证券公司西安高新四路证券营业部	陕西	西安	9633.8	9355.3	29.5	0.0	1.0	248.0
华安证券公司泾县云岭路证券营业部	安徽	宣城	9631.6	9124.5	15.8	0.1	2.7	488.6
首创证券公司深圳金田路证券营业部	深圳	深圳	9631.0	5880.7	1.3	69.8	87.3	3592.0
山西证券公司太原康宁西街证券营业部	山西	太原	9630.9	9240.9	120.5	0.0	0.6	268.3
中信建投证券公司长沙星沙证券营业部	湖南	长沙	9626.9	8744.8	7.0	0.0	1.5	873.6
上海证券公司大连民主广场证券营业部	辽宁	大连	9621.1	7925.5	42.2	0.0	1.7	1651.5
新时代证券公司北京中关村东路证券营业部	北京	北京	9620.2	9293.7	4.1	0.0	0.0	322.3
华福证券公司漳平和平中路证券营业部	福建	龙岩	9611.8	9136.3	37.5	0.0	19.6	418.3
大同证券公司鄂尔多斯天骄路证券营业部	内蒙	鄂尔多斯	9597.0	7280.7	31.6	0.0	13.8	2270.9
光大证券公司宁波鄞州集士港证券营业部	浙江	宁波	9595.0	5481.8	1406.0	0.0	8.8	2694.9
长江证券公司兰州万新南路证券营业部	甘肃	兰州	9588.3	4521.8	41.1	0.0	1.0	5024.4
中国银河证券公司潍坊福寿西街证券营业部	山东	潍坊	9586.8	7884.2	140.3	0.0	43.1	1519.2
山西证券公司济南历山路证券营业部	山东	济南	9582.1	8583.5	26.6	0.1	0.5	971.4
广州证券公司长沙三一大道证券营业部	湖南	长沙	9546.6	8743.5	18.3	0.0	0.9	783.9
万和证券公司万和证券经纪有限公司广州中山大道西证券营	广东	广州	9519.9	8043.5	43.2	0.0	0.2	1433.1
财富证券公司永州零陵中路证券营业部	湖南	永州	9517.6	8265.5	191.1	0.0	6.0	1055.0
广州证券公司大连庄河新华路证券营业部	辽宁	大连	9510.1	8902.6	42.9	0.0	0.4	564.2

注：营业部交易金额的单位为百万元

证券营业部交易
Trading of Business Department

营业部名称 Business Department	省份 Province	城市 City	总计 Total	股票 Share	基金 Fund	政府债 G-Bond	公司债 C-Bond	债券回购 Repo
东北证券公司黑龙江分公司	黑龙江	哈尔滨	9508.9	7629.2	67.3	0.0	0.6	1811.8
华鑫证券公司天津十一经路证券营业部	天津	天津	9504.5	7534.1	30.7	0.0	33.6	1906.1
广发证券公司阳江东风一路证券营业部	广东	阳江	9495.3	8031.9	554.5	0.0	19.3	889.6
华安证券公司济南英贤街证券营业部	山东	济南	9483.8	9168.7	51.6	0.0	0.5	263.0
华泰证券公司湖北分公司	湖北	武汉	9483.3	6551.4	1.1	0.0	0.0	2930.8
国盛证券公司兴国凤凰大道证券营业部	江西	赣州	9480.4	8344.5	49.0	0.1	0.2	1086.7
国金证券公司德阳岷江东路证券营业部	四川	德阳	9471.9	8548.1	63.9	0.0	1.5	848.1
大同证券公司徐州解放北路证券营业部	江苏	徐州	9468.2	8618.4	83.8	0.0	1.0	765.1
华西证券公司乐山沙湾石龙街证券营业部	四川	乐山	9463.8	9018.3	44.5	0.1	0.5	400.4
浙商证券公司开化芹南路证券营业部	浙江	衢州	9454.7	8988.9	39.2	0.0	5.0	421.5
中山证券公司张家港园林南路证券营业部	江苏	苏州	9451.3	4441.1	16.2	0.0	152.6	4841.4
华安证券公司舒城桃溪路证券营业部	安徽	六安	9447.2	8925.8	16.4	0.0	3.0	502.0
海通证券公司伊春新兴中路证券营业部	黑龙江	伊春	9443.3	8944.6	68.3	0.0	2.4	428.0
方正证券公司济南顺河东街证券营业部	山东	济南	9425.7	6378.3	220.4	0.0	0.1	2826.9
宏信证券公司重庆星光大道证券营业部	重庆	重庆	9415.3	2360.6	0.4	0.0	0.2	7054.2
大同证券公司淄博柳泉路证券营业部	山东	淄博	9412.9	7483.5	250.0	0.1	16.4	1663.0
长江证券公司丹江口人民路证券营业部	湖北	丹江口	9402.2	8193.6	48.7	0.1	3.1	1156.8
中国民族证券公司集安黎明街证券营业部	吉林	集安	9400.3	9066.2	20.9	0.3	6.0	306.9
太平洋证券公司温州瓯江路证券营业部	浙江	温州	9399.5	8800.8	86.7	0.0	1.5	510.6
国泰君安证券公司重庆巫山证券营业部	重庆	重庆	9396.7	8800.4	33.9	1.0	7.2	554.2
财达证券公司廊坊万庄友好街证券营业部	河北	廊坊	9396.0	7866.4	324.5	0.0	13.6	1191.5
众成证券公司郑州文化路证券营业部	河南	郑州	9394.7	8386.3	33.6	0.4	55.9	918.5
浙商证券公司青田华庭街证券营业部	浙江	丽水	9379.1	8679.9	66.1	0.0	0.2	632.9
安信证券公司东莞常平大道证券营业部	广东	东莞	9377.5	7670.2	300.6	0.0	3.3	1403.4
华创证券公司凯里宁波路证券营业部	贵州	凯里	9376.4	9120.5	18.9	0.8	0.8	235.4
华创证券公司安顺塔山西路证券营业部	贵州	安顺	9369.0	9154.7	58.3	0.0	3.1	152.8
广发证券公司监利江城路证券营业部	湖北	荆州	9367.2	9061.8	28.1	0.0	0.8	276.5
国联证券公司南昌北京东路证券营业部	江西	南昌	9366.1	8879.2	33.0	0.0	0.2	453.7
东兴证券公司北京金融大街营业部	北京	北京	9358.0	1794.8	330.4	0.0	4.0	7228.8
财富证券公司娄底清泉街证券营业部	湖南	娄底	9347.7	9126.0	30.3	0.0	5.2	185.2
大通证券公司鞍山胜利南路证券营业部	辽宁	鞍山	9346.0	8145.0	13.2	0.0	19.7	1168.1
中国银河证券公司富阳迎宾路证券营业部	浙江	富阳	9344.5	9088.5	44.1	0.0	2.5	209.4
方正证券公司厦门厦禾路证券营业部	福建	厦门	9342.5	7949.6	134.8	0.0	2.1	1256.0
国元证券公司长沙芙蓉中路证券营业部	湖南	长沙	9335.5	8942.6	172.0	1.1	13.5	206.3
国信证券公司延安枣园路证券营业部	陕西	延安	9332.7	9213.8	21.0	0.0	1.1	96.9
山西证券公司侯马新田路证券营业部	山西	侯马	9330.0	9168.2	36.4	0.0	10.6	114.8
广州证券公司广州金穗路证券营业部	广东	广州	9328.5	7262.7	50.0	0.0	0.1	2015.7
华西证券公司泸州龙南路证券营业部	四川	泸州	9322.9	8321.6	299.0	0.5	25.2	676.6
华安证券公司广德景贤街证券营业部	安徽	宣城	9302.7	9078.0	35.5	0.0	0.0	189.1
华安证券公司石家庄青园街证券营业部	河北	石家庄	9300.7	8011.3	147.6	0.0	29.8	1111.1
东方证券公司上海金山区卫清西路证券营业部	上海	上海	9289.4	8933.3	37.3	0.6	4.2	314.0
方正证券公司怀化靖州渠阳中路证券营业部	湖南	怀化	9278.8	8997.1	17.9	0.0	0.8	263.1
众成证券公司郑州丰产路证券营业部	河南	郑州	9275.8	7080.2	27.7	0.0	3.8	2164.1
恒泰证券公司锡林浩特团结大街证券营业部	内蒙	锡林浩特	9260.9	8799.0	89.7	1.0	11.3	359.8
中信证券(山东)公司黄岛石桥路证券营业部	山东	青岛	9260.3	8528.8	85.1	0.0	0.2	646.1
国盛证券公司福州福马路证券营业部	福建	福州	9258.2	7501.1	13.4	0.2	3.4	1740.1
西藏同信证券公司达州鸿雁街证券营业部	四川	达州	9256.9	8863.9	89.4	1.9	18.5	283.1
海通证券公司常州广电西路证券营业部	江苏	常州	9256.4	8743.3	73.3	0.0	0.0	439.8
信达证券公司调兵山市府路证券营业部	辽宁	调兵山	9244.9	9145.6	24.8	0.0	20.2	54.2
华泰证券公司漳州九龙大道证券营业部	福建	漳州	9244.2	8008.7	18.2	0.0	3.3	1214.1

注：营业部交易金额的单位为百万元

证券营业部交易
Trading of Business Department

营业部名称 Business Department	省份 Province	城市 City	总计 Total	股票 Share	基金 Fund	政府债 G-Bond	公司债 C-Bond	债券回购 Repo
广发证券公司德庆康城大道证券营业部	广东	肇庆	9238.7	8919.0	15.5	0.0	32.2	272.0
申万宏源西部证券有限公司南昌新建长麦路证券营业部	江西	南昌	9236.9	8859.5	34.6	0.0	0.3	342.6
五矿证券有限公司福州八一七中路证券营业部	福建	福州	9235.9	8328.7	21.7	0.0	53.1	832.4
中信证券公司景德镇昌南大道证券营业部	江西	景德镇	9221.0	8612.1	239.0	0.0	1.7	368.2
财通证券公司台州仙居庆丰街证券营业部	浙江	台州	9203.6	8894.6	0.9	0.0	0.0	308.1
中信证券(山东)公司潍坊金马路证券营业部	山东	潍坊	9203.1	8320.9	41.0	0.0	48.2	791.4
东莞证券公司东莞中堂振兴路证券营业部	广东	东莞	9194.5	7186.4	507.8	0.0	363.1	1132.7
南京证券公司固原证券营业部	宁夏	固原	9186.9	9122.7	44.4	0.0	0.9	18.9
国信证券公司厦门金钟路证券营业部	福建	厦门	9184.5	7780.8	138.6	6.4	7.0	1251.8
日信证券公司郑州花园路证券营业部	河南	郑州	9182.5	4801.0	2.8	0.0	0.0	4378.7
华泰证券公司上海分公司	上海	上海	9174.6	3132.2	151.4	0.0	90.5	5794.5
国信证券公司国信证券股份有限公司深圳科园路证券营业部	深圳	深圳	9166.1	9063.5	23.8	0.0	3.3	75.5
国泰君安证券公司天水建设路营业部	甘肃	天水	9165.9	8965.5	99.1	0.0	2.9	98.4
海通证券公司佳木斯保卫路证券营业部	黑龙江	佳木斯	9156.4	7031.3	110.5	0.1	33.6	1979.6
国海证券公司西安龙首北路证券营业部	陕西	西安	9153.8	5070.9	187.0	0.0	114.3	3781.6
财达证券公司唐山开平新苑路证券营业部	河北	唐山	9136.6	7740.6	12.4	0.0	1.7	1381.8
招商证券公司咸阳人民东路证券营业部	陕西	咸阳	9117.4	8871.6	22.3	0.0	13.3	210.3
东方证券公司上海奉贤区南亭公路证券营业部	上海	上海	9105.6	8208.1	21.2	8.4	4.1	863.8
红塔证券公司深圳深南中路证券营业部	深圳	深圳	9096.4	4253.0	25.6	0.0	0.0	4817.8
国开证券公司北京珠市口东大街证券营业部	北京	北京	9077.7	4399.9	12.3	0.0	6.8	4658.8
华安证券公司西安西长安街证券营业部	陕西	西安	9065.8	8598.7	52.3	0.2	21.1	393.5
光大证券公司淮安河南东路证券营业部	江苏	淮安	9065.6	2402.1	6326.6	0.0	0.1	336.8
中信建投证券公司北京方庄路证券营业部	北京	北京	9053.3	8348.3	176.3	0.0	0.9	527.8
兴业证券公司安溪中山街证券营业部	福建	泉州	9049.1	8302.2	75.8	0.0	0.0	671.1
东海证券公司如皋中山东路证券营业部	江苏	如皋	9048.3	8481.6	19.4	0.0	28.9	518.4
海通证券公司诸暨艮塔东路证券营业部	浙江	诸暨	9048.0	8102.6	506.6	0.0	0.1	438.8
长城证券公司唐山南新西道证券营业部	河北	唐山	9036.3	7432.2	23.1	0.0	1.3	1579.7
国元证券公司嘉兴洪兴路江南摩尔证券营业部	浙江	嘉兴	8988.6	8661.2	29.7	0.0	0.6	297.1
国泰君安证券公司九江滨江东路证券营业部	江西	九江	8977.5	8462.2	20.2	0.0	1.5	493.6
广发证券公司上海青浦华青南路证券营业部	上海	上海	8974.4	5105.9	157.7	0.0	0.0	3710.7
广发证券公司佛山顺德文海西路证券营业部	广东	佛山	8962.5	8357.3	97.6	0.0	0.3	507.3
中泰证券公司东营广饶新城大道证券营业部	山东	东营	8957.5	7462.7	40.9	0.1	18.6	1435.3
网信证券公司沈阳崇山东路证券营业部	辽宁	沈阳	8957.5	6958.3	13.0	7.4	8.0	1970.8
申万宏源证券有限公司桐乡崇福镇崇德西路证券营业部	浙江	嘉兴	8927.8	8732.7	44.6	0.0	0.1	150.4
申万宏源西部证券有限公司海口红城湖路证券营业部	海南	海口	8927.3	7935.6	17.4	0.0	0.8	973.5
华安证券公司芜湖九华南路证券营业部	安徽	芜湖	8923.9	8749.1	8.8	0.0	0.7	165.3
德邦证券公司苏州旺墩路证券营业部	江苏	苏州	8921.3	8660.4	1.8	0.0	0.0	259.1
兴业证券公司连江文山北路证券营业部	福建	福州	8921.1	7845.6	74.4	0.0	2.0	999.2
中信建投证券公司杭州萧山市心中路证券营业部	浙江	杭州	8920.1	7248.8	85.7	0.0	0.4	1585.1
光大证券公司温州划龙桥路证券营业部	浙江	温州	8917.6	8355.0	4.1	0.0	0.3	558.2
国信证券公司银川北京中路证券营业部	宁夏	银川	8873.0	8462.9	20.6	0.1	2.5	387.0
海通证券公司慈溪北二环东路证券营业部	浙江	慈溪	8861.2	5984.0	31.5	0.0	0.5	2845.2
方正证券公司浏阳金沙路证券营业部	湖南	浏阳	8860.4	8633.5	28.3	0.0	9.4	189.2
中国银河证券公司淄博临淄大道证券营业部	山东	淄博	8858.6	8231.5	275.8	0.0	2.4	348.9
安信证券公司云浮郁南证券营业部	广东	云浮	8846.7	7590.4	1013.3	0.4	2.9	239.3
中国银河证券公司洪洞车站街证券营业部	山西	临汾	8846.6	8619.2	87.1	0.0	8.5	131.9
华安证券公司怀远禹王路证券营业部	安徽	蚌埠	8842.1	8643.2	104.8	0.4	2.8	90.8
财达证券公司邢台沙河健康街证券营业部	河北	邢台	8830.3	8664.2	66.0	0.4	24.9	74.8
方正证券公司天台寒山路证券营业部	浙江	台州	8808.9	5209.8	2.4	0.0	0.2	3596.4
江海证券有限公司双鸭山西平行路证券营业部	黑龙江	双鸭山	8807.0	8064.6	61.6	0.0	1.5	679.4

注：营业部交易金额的单位为百万元

证券营业部交易
Trading of Business Department

营业部名称 Business Department	省份 Province	城市 City	总计 Total	股票 Share	基金 Fund	政府债 G-Bond	公司债 C-Bond	债券回购 Repo
广发证券公司辽阳朝阳大街证券营业部	辽宁	辽阳	8805.4	8124.7	15.2	2.4	1.8	661.3
海通证券公司鸡西密山东安街证券营业部	黑龙江	鸡西	8792.4	8551.9	34.4	0.0	44.0	154.6
东兴证券公司太原亲贤北街证券营业部	山西	太原	8779.6	8078.7	79.6	0.0	0.4	620.9
申万宏源西部证券有限公司塔城新华路证券营业部	新疆	塔城	8777.8	8596.6	35.5	0.0	4.2	141.6
万联证券公司广州南沙进港大道证券营业部	广东	广州	8776.0	8548.9	119.5	0.0	4.6	103.0
华泰证券公司马鞍山华飞路证券营业部	安徽	马鞍山	8774.3	5130.2	2960.0	0.0	4.1	680.0
恒泰证券公司鄂尔多斯薛家湾准格尔路证券营业部	内蒙	鄂尔多斯	8751.4	7970.0	26.4	0.2	0.1	754.7
浙商证券公司上虞江扬路证券营业部	浙江	绍兴	8747.2	7026.7	325.0	0.0	8.9	1386.5
东方证券公司郑州商务中央公园证券营业部	河南	郑州	8739.0	6509.8	193.6	0.0	0.0	2035.1
江海证券有限公司哈尔滨学府路证券营业部	黑龙江	哈尔滨	8736.6	6157.0	15.8	0.0	3.8	2559.8
信达证券公司盖州红旗大街证券营业部	辽宁	盖州	8721.0	8412.2	100.0	0.4	15.0	193.5
中信证券公司深圳龙岗黄阁路证券营业部	深圳	深圳	8714.3	4944.3	26.4	0.0	0.7	3742.9
海通证券公司牡丹江东宁繁荣街证券营业部	黑龙江	牡丹江	8711.1	8219.8	191.9	0.0	4.1	295.4
安信证券公司嘉兴嘉善施家南路证券营业部	浙江	嘉兴	8710.9	8337.2	36.9	0.0	0.0	336.7
华融证券公司乌鲁木齐石化总厂证券营业部	新疆	乌鲁木齐	8710.2	7570.8	8.9	0.1	1.8	1128.6
山西证券公司汾阳英雄中路证券营业部	山西	汾阳	8708.0	8627.9	53.1	0.0	0.1	27.0
财达证券公司邯郸武安中兴路证券营业部	河北	邯郸	8685.8	7717.1	53.1	0.0	1.2	914.3
湘财证券公司汨罗建设路证券营业部	湖南	岳阳	8681.4	7108.3	1521.7	0.0	0.0	51.4
华泰证券公司镇江句容华阳东路证券营业部	江苏	句容	8679.9	7822.6	36.1	0.0	3.6	817.5
五矿证券有限公司青岛海尔路证券营业部	山东	青岛	8677.5	8124.4	42.3	0.0	1.5	509.3
中信建投证券公司泉州丰泽街证券营业部	福建	泉州	8665.0	8378.9	19.2	0.0	0.2	266.8
中信建投证券公司北京顺义站前街证券营业部	北京	北京	8661.6	8324.9	56.8	0.0	3.8	276.1
第一创业证券公司天津黄河道证券营业部	天津	天津	8640.1	5490.9	154.9	0.0	192.0	2802.3
国泰君安证券公司泸州纳溪区云溪东路证券营业部	四川	泸州	8635.4	7822.6	11.9	0.3	3.3	797.4
华安证券公司歙县鸿基商城证券营业部	安徽	黄山	8593.8	8506.6	10.8	0.0	26.1	50.3
光大证券公司宿迁西湖东路证券营业部	江苏	宿迁	8578.9	2944.7	5552.4	0.0	0.9	81.0
华安证券公司南京中华路证券营业部	江苏	南京	8576.4	7476.8	41.5	0.3	47.5	1010.4
大同证券公司泉州刺桐路证券营业部	福建	泉州	8574.9	6846.3	142.1	0.0	0.1	1586.5
中原证券公司石家庄新华路证券营业部	河北	石家庄	8574.0	6771.5	25.1	0.0	4.0	1773.3
财达证券公司廊坊霸州迎宾道证券营业部	河北	廊坊	8573.8	8260.5	99.1	0.0	0.2	214.0
东北证券公司九台站前路证券营业部	吉林	九台	8564.2	8448.1	11.6	0.0	0.7	103.1
中信建投证券公司成都邛崃永丰路证券营业部	四川	邛崃	8558.7	8231.3	175.0	0.0	0.3	152.1
华创证券公司贵阳小河长江路证券营业部	贵州	贵阳	8553.4	7152.3	20.2	0.4	1.0	1379.5
招商证券公司上海龙茗路证券营业部	上海	上海	8537.7	7554.3	39.9	0.9	34.4	908.2
中邮证券公司宝鸡高新大道证券营业部	陕西	宝鸡	8528.9	7279.8	17.1	0.0	0.9	1231.1
华福证券公司建阳民主南路证券营业部	福建	南平	8521.8	8167.6	13.6	0.0	4.9	334.1
西南证券公司南京江东中路证券营业部	江苏	南京	8519.9	5395.5	129.6	0.0	2.2	2991.9
华泰证券公司安陆碧涢路证券营业部	湖北	安陆	8509.5	7882.5	531.7	0.1	14.2	81.0
万和证券公司海口南沙中路证券营业部	海南	海口	8496.7	7240.9	12.9	0.3	1.6	1241.0
华泰证券公司岳阳平江天岳大道证券营业部	湖南	岳阳	8490.4	7899.3	463.7	0.0	1.1	126.3
广发证券公司洪湖宏伟南路证券营业部	湖北	荆州	8487.7	8270.5	13.1	0.1	42.9	158.8
开源证券公司渭南朝阳大街证券营业部	陕西	渭南	8448.4	8369.8	19.7	0.0	3.6	55.4
平安证券公司哈尔滨中山路证券营业部	黑龙江	哈尔滨	8447.7	7611.8	178.3	0.0	67.2	590.4
广发证券公司江门恩平证券营业部	广东	恩平	8439.0	7984.5	71.0	1.0	0.0	382.4
江海证券有限公司牡丹江绥芬河文化街证券营业部	黑龙江	绥芬河	8436.3	5273.6	23.5	0.0	1.7	3137.5
中国银河证券公司沙洋汉津大道证券营业部	湖北	荆门	8415.1	8303.5	23.9	0.0	5.8	82.0
新时代证券公司郑州商务内环路证券营业部	河南	郑州	8413.2	8275.1	138.1	0.0	0.0	0.0
广发证券公司普洱振兴路证券营业部	云南	普洱	8411.4	8319.5	44.8	1.4	4.5	41.1
西南证券公司合肥长江中路证券营业部	安徽	合肥	8406.7	7569.2	28.8	0.0	0.6	808.2
安信证券公司宜春高安高安大道证券营业部	江西	宜春	8394.4	5341.7	6.6	0.0	0.0	3046.1

注：营业部交易金额的单位为百万元

证券营业部交易
Trading of Business Department

营业部名称 Business Department	省份 Province	城市 City	总计 Total	股票 Share	基金 Fund	政府债 G-Bond	公司债 C-Bond	债券回购 Repo
联讯证券公司河源建设大道证券营业部	广东	河源	8393.7	4119.2	13.4	0.0	0.0	4261.1
中原证券公司固始红苏路证券营业部	河南	信阳	8384.8	8232.4	45.8	0.4	0.3	105.9
中国银河证券公司桐庐富春路证券营业部	浙江	杭州	8382.4	8093.2	48.4	0.0	5.2	235.6
中国银河证券公司临沂沂蒙路证券营业部	山东	临沂	8372.1	6165.6	311.4	0.0	7.8	1887.4
华泰证券公司宿迁泗洪体育北路证券营业部	江苏	宿迁	8362.7	5732.0	214.6	0.0	1.7	2414.5
国联证券公司大连人民路证券营业部	辽宁	大连	8344.5	1214.0	5.9	0.0	0.0	7124.6
西南证券公司大同迎宾街证券营业部	山西	大同	8338.0	6544.0	946.2	0.0	0.0	847.8
湘财证券公司岳阳湘阴县东茅路证券营业部	湖南	岳阳	8334.4	3907.4	126.0	0.0	4.7	4296.3
中国银河证券公司宜良人民路证券营业部	云南	昆明	8327.8	8185.7	21.8	0.0	69.8	50.6
中信证券公司长春人民大街证券营业部	吉林	长春	8324.7	6471.1	251.7	0.0	0.8	1601.1
财达证券公司唐山乐亭大钊路证券营业部	河北	唐山	8300.1	7930.3	27.3	1.4	3.1	338.0
长城证券公司广州中山三路证券营业部	广东	广州	8299.9	4725.4	43.9	0.0	5.6	3524.9
中信建投证券公司台州市府大道证券营业部	浙江	台州	8297.3	6385.8	21.4	0.0	15.1	1874.9
广发证券公司呼和浩特昭乌达路证券营业部	内蒙	呼和浩特	8294.9	6829.2	26.4	0.0	3.1	1435.8
华泰证券公司重庆上清寺路证券营业部	重庆	重庆	8283.8	7423.2	111.3	0.0	19.8	729.5
华福证券公司长泰人民西路证券营业部	福建	漳州	8275.4	8059.1	42.8	0.0	33.9	139.7
华福证券公司莆田为民路证券营业部	福建	莆田	8258.2	7981.3	6.2	0.0	6.9	260.1
华西证券公司广元利州东路证券营业部	四川	广元	8256.3	7499.3	216.0	0.0	65.7	475.3
华安证券公司界首人民路证券营业部	安徽	阜阳	8255.2	7912.4	109.9	0.0	3.5	229.5
国信证券公司兰州北滨河路证券营业部	甘肃	兰州	8253.6	7160.5	8.2	0.0	0.0	1084.9
国元证券公司无为十字街证券营业部	安徽	巢湖	8249.3	8193.7	6.0	0.0	27.8	21.8
海通证券公司江阴朝阳路证券营业部	江苏	江阴	8249.1	7740.4	370.9	0.0	3.1	134.7
中国银河证券公司广州花都凤凰北路证券营业部	广东	广州	8243.0	5476.5	28.4	0.0	0.0	2738.1
太平洋证券公司北京北展北街证券营业部	北京	北京	8236.6	6272.2	126.8	5.2	89.0	1743.4
太平洋证券公司扬州运河西路证券营业部	江苏	扬州	8232.3	7627.3	126.8	0.0	72.0	406.1
中信证券公司哈尔滨红旗大街证券营业部	黑龙江	哈尔滨	8232.0	7902.3	25.5	0.0	0.0	304.2
方正证券公司磐安壶厅东路证券营业部	浙江	金华	8229.3	8158.8	9.4	0.0	10.4	49.6
兴业证券公司呼和浩特新华东街证券营业部	内蒙	呼和浩特	8226.0	6786.2	11.8	0.0	127.1	1301.0
财达证券公司沧州泊头裕华中路证券营业部	河北	沧州	8222.2	7578.1	22.3	0.0	97.5	524.4
海通证券公司黑河北安交通路证券营业部	黑龙江	黑河	8214.9	8131.8	36.9	0.0	7.3	36.9
华龙证券公司武威胜利街证券营业部	甘肃	武威	8214.8	7979.8	18.0	0.0	0.4	216.6
中信证券(山东)公司荣成成山大道证券营业部	山东	荣成	8205.2	7092.7	126.5	0.0	17.7	968.3
华泰证券公司溧水珍珠南路证券营业部	江苏	南京	8192.2	5117.2	2419.9	0.0	21.3	633.7
红塔证券公司广州冼村路证券营业部	广东	广州	8186.6	6410.6	220.1	0.0	0.1	1555.8
申万宏源西部证券有限公司临沂沂河路证券营业部	山东	临沂	8185.3	7734.0	18.4	0.0	11.0	421.9
渤海证券公司沈阳北站路证券营业部	辽宁	沈阳	8180.1	6386.7	14.1	5.7	29.7	1744.0
财达证券公司石家庄晋州市府路证券营业部	河北	石家庄	8153.4	5401.3	10.6	0.2	0.1	2741.3
中信建投证券公司义乌县前街证券营业部	浙江	金华	8150.7	7124.0	18.1	0.0	2.9	1005.7
华融证券公司华融证券股份有限公司南昌绿茵路证券营业部	江西	南昌	8150.5	5953.8	381.3	0.0	404.9	1410.4
渤海证券公司汉中略阳证券营业部	陕西	汉中	8148.5	7891.0	32.4	0.0	25.1	200.1
方正证券公司深圳华侨城证券营业部	深圳	深圳	8145.3	6777.8	126.9	0.0	0.0	1240.7
方正证券公司湘潭县凤凰中路证券营业部	湖南	湘潭	8137.7	7981.4	7.6	0.0	13.9	134.8
中国银河证券公司临海杜桥下朱路证券营业部	浙江	临海	8137.7	8109.5	12.4	0.0	11.3	4.4
长江证券公司天津宏达街证券营业部	天津	天津	8136.2	7931.4	202.9	0.0	0.0	0.0
西南证券公司重庆合川希尔安大道证券营业部	重庆	合川	8134.8	7601.3	15.8	0.0	0.1	517.5
招商证券公司北海市北海大道证券营业部	广西	北海	8110.9	6917.5	37.6	0.0	10.8	1144.6
海通证券公司萍乡公园中路证券营业部	江西	萍乡	8106.7	5496.5	2499.5	0.0	10.6	100.1
招商证券公司十堰公园路证券营业部	湖北	十堰	8105.7	7687.4	33.0	0.0	0.4	384.9
东海证券公司郴州五岭大道证券营业部	湖南	郴州	8103.2	7862.6	12.4	0.0	58.5	169.8
申万宏源西部证券有限公司鞍山胜利路证券营业部	辽宁	鞍山	8092.4	5677.1	38.4	0.2	0.2	2376.6

注：营业部交易金额的单位为百万元

证券营业部交易
Trading of Business Department

营业部名称 Business Department	省份 Province	城市 City	总计 Total	股票 Share	基金 Fund	政府债 G-Bond	公司债 C-Bond	债券回购 Repo
招商证券公司余姚阳明西路证券营业部	浙江	余姚	8092.0	6705.6	12.7	0.0	29.5	1344.3
渤海证券公司烟台北马路证券营业部	山东	烟台	8088.2	7174.8	74.1	0.0	1.7	837.5
国金证券公司国金证券股份有限公司攀枝花攀枝花大道证券	四川	攀枝花	8067.2	7182.1	255.2	0.0	1.6	628.2
日信证券公司上海长江西路证券营业部	上海	上海	8045.9	6129.5	25.5	0.0	16.7	1874.2
国元证券公司南陵青铜路证券营业部	安徽	芜湖	8038.7	7644.9	24.9	0.0	2.1	366.8
中国银河证券公司广州机场路证券营业部	广东	广州	8030.2	7473.8	88.2	0.0	9.4	458.9
华西证券公司义乌稠州北路证券营业部	浙江	义乌	8024.9	7602.4	11.1	0.0	0.0	411.5
华泰证券公司包头钢铁大街证券营业部	内蒙	包头	8021.0	6885.9	924.5	0.0	54.4	156.2
中信证券公司南宁民族大道证券营业部	广西	南宁	8009.3	6721.0	37.4	0.0	1.9	1247.2
中信证券(山东)公司淄博沂源健康路证券营业部	山东	淄博	7976.4	6144.0	3.9	0.0	0.1	1828.5
海通证券公司庆阳西大街证券营业部	甘肃	庆阳	7975.2	7806.2	21.9	0.0	1.2	145.9
华安证券公司当涂振兴中路证券营业部	安徽	马鞍山	7971.3	7773.9	83.3	0.0	0.9	113.3
东海证券公司江阴香山路证券营业部	江苏	苏州	7968.1	2630.9	58.2	239.6	189.9	4849.5
华泰证券公司淮安淮阴北京东路证券营业部	江苏	淮安	7959.7	7692.9	58.8	0.0	5.8	202.1
万联证券公司汕尾汕尾大道证券营业部	广东	汕尾	7958.2	5503.8	2204.1	0.7	1.9	247.8
长城证券公司长春西安大路证券营业部	吉林	长春	7955.5	5646.6	16.3	0.0	134.3	2158.3
华融证券公司哈尔滨中兴大道证券营业部	黑龙江	哈尔滨	7909.0	2236.6	5596.4	0.0	0.7	75.3
中泰证券公司安丘兴安路证券营业部	山东	潍坊	7896.3	7287.1	39.7	0.0	9.9	559.5
联讯证券公司惠州惠东平山证券营业部	广东	惠州	7876.3	6722.7	6.4	0.0	7.8	1139.4
江海证券有限公司绥化奋斗街证券营业部	黑龙江	绥化	7871.0	7609.9	26.7	0.0	7.2	227.2
中国中投证券公司肥东公园路证券营业部	安徽	合肥	7862.7	6838.8	166.2	0.0	0.0	857.6
华鑫证券公司广州天河路证券营业部	广东	广州	7852.3	4875.9	222.9	0.0	18.4	2735.1
国泰君安证券公司平顶山长安大道证券营业部	河南	平顶山	7849.4	7583.4	10.7	0.0	3.1	252.3
申万宏源西部证券有限公司吐鲁番文化路证券营业部	新疆	吐鲁番	7848.8	7700.6	14.8	0.0	13.5	119.8
中信建投证券公司宿迁恒山路证券营业部	江苏	宿迁	7847.1	3968.2	27.6	0.0	21.5	3829.8
首创证券公司青岛东海西路证券营业部	山东	青岛	7845.3	4667.3	0.9	0.0	0.0	3177.1
中信建投证券公司萍乡建设东路证券营业部	江西	萍乡	7843.3	7267.8	23.4	0.0	30.7	521.4
中国银河证券公司南京高淳宝塔路证券营业部	江苏	南京	7838.6	1905.3	3900.0	9.6	459.0	1564.7
财通证券公司长兴金陵北路证券营业部	浙江	湖州	7825.2	7604.8	10.1	3.4	14.0	193.0
国泰君安证券公司北京中关村大街证券营业部	北京	北京	7807.9	6615.7	79.0	2.2	1.7	1109.3
大同证券公司临汾平阳南街证券营业部	山西	临汾	7804.2	6530.9	20.1	0.0	1.8	1251.4
财达证券公司唐山学院路证券营业部	河北	唐山	7804.2	7238.2	11.6	0.0	10.5	543.9
长江证券公司北京广渠门内大街证券营业部	北京	北京	7794.6	7446.4	221.0	0.0	0.0	127.2
大通证券公司来宾北二路证券营业部	广西	来宾	7794.2	7649.3	17.8	0.0	0.7	126.4
国泰君安证券公司深圳高新南四道证券营业部	深圳	深圳	7778.5	7150.9	18.8	0.0	11.7	597.2
华福证券公司尤溪建设东街证券营业部	福建	三明	7774.2	7556.8	17.7	0.0	21.2	178.4
中国银河证券公司太原并州南路证券营业部	山西	太原	7773.6	7063.2	249.0	0.0	14.1	447.2
方正证券公司东莞虎门大道证券营业部	广东	东莞	7771.3	4946.1	2.3	4.2	1.2	2817.5
中泰证券公司泰安宁阳证券营业部	山东	泰安	7768.9	7456.5	232.8	0.0	0.1	79.5
开源证券公司汉中南郑证券营业部	陕西	汉中	7768.7	7541.4	11.4	0.0	21.2	194.7
中国国际金融有限公司南京汉中路证券营业部	江苏	南京	7767.0	3368.8	629.0	2.1	0.4	3766.8
招商证券公司寿光圣城街证券营业部	山东	寿光	7748.9	6627.3	39.4	0.0	0.0	1082.2
广州证券公司东莞东城中路证券营业部	广东	东莞	7743.9	7293.3	24.9	0.0	5.6	420.1
广发证券公司上海靖宇东路证券营业部	上海	上海	7741.1	6548.0	79.4	2.3	6.3	1105.1
海通证券公司抚州赣东大道证券营业部	江西	抚州	7738.4	7656.0	15.7	0.0	18.1	48.6
华福证券公司漳浦朝阳路证券营业部	福建	漳州	7737.6	5437.5	13.9	0.0	7.2	2279.0
众成证券公司沈阳文艺路营业部	辽宁	沈阳	7736.5	5499.6	11.5	0.0	0.5	2224.8
华泰证券公司常州分公司	江苏	常州	7728.9	11.8	218.9	0.0	0.0	7498.2
招商证券公司海口国贸大道证券营业部	海南	海口	7728.5	5033.5	14.9	0.0	0.1	2680.1
天风证券公司长沙韶山中路证券营业部	湖南	长沙	7698.6	5960.0	12.5	0.0	0.0	1726.0

注：营业部交易金额的单位为百万元

证券营业部交易
Trading of Business Department

营业部名称 Business Department	省份 Province	城市 City	总计 Total	股票 Share	基金 Fund	政府债 G-Bond	公司债 C-Bond	债券回购 Repo
西藏同信证券公司福建分公司	福建	福州	7685.8	7150.2	202.7	0.0	1.3	331.6
中国银河证券公司深圳龙岗华南大道华南城证券营业部	深圳	深圳	7679.1	7656.4	10.6	0.0	8.2	4.0
华西证券公司重庆云阳证券营业部	重庆	重庆	7669.4	7421.3	36.5	0.0	0.4	211.1
申万宏源西部证券有限公司阿勒泰文化路证券营业部	新疆	阿勒泰	7666.7	7423.7	15.9	0.0	0.1	227.1
光大证券公司深圳龙华人民北路证券营业部	深圳	深圳	7658.7	7567.1	34.4	0.0	1.6	55.7
长江证券公司温岭中华路证券营业部	浙江	温岭	7654.5	7391.2	33.8	0.0	3.6	225.9
东北证券公司抚松小南街证券营业部	吉林	白山	7652.8	7512.6	28.0	0.0	1.6	110.6
山西证券公司大同矿区文化街证券营业部	山西	大同	7652.2	2812.1	36.2	0.0	0.7	4803.3
开源证券公司商洛通江西路证券营业部	陕西	商洛	7636.1	7020.9	23.8	0.0	2.6	588.8
财达证券公司邯郸峰峰滏源堤路证券营业部	河北	邯郸	7625.8	6742.4	135.6	0.0	1.6	746.2
广发证券公司朝阳新华路证券营业部	辽宁	朝阳	7620.4	7158.7	142.8	0.0	13.5	305.4
国泰君安证券公司济宁吴泰闸路证券营业部	山东	济宁	7616.8	6840.1	3.1	0.0	0.0	773.6
申万宏源西部证券有限公司青岛闽江路证券营业部	山东	青岛	7608.4	6339.3	80.2	0.0	0.0	1188.9
长江证券公司太原府西街证券营业部	山西	太原	7580.4	7246.8	21.9	0.0	0.6	311.0
财达证券公司廊坊三河迎宾南路证券营业部	河北	廊坊	7574.8	7074.3	33.5	0.0	14.3	452.7
财达证券公司秦皇岛峨眉山中路证券营业部	河北	秦皇岛	7564.5	5154.9	2.0	0.0	0.0	2407.6
华创证券公司兴义北京路证券营业部	贵州	兴义	7539.3	7447.5	14.2	0.0	2.2	75.5
西藏同信证券公司青岛香港东路证券营业部	山东	青岛	7536.2	6623.5	7.1	0.0	0.1	905.5
宏信证券公司丹东锦山大街证券营业部	辽宁	丹东	7532.1	7018.8	1.4	0.0	0.8	511.0
申万宏源证券有限公司上饶万年六零北大道证券营业部	江西	上饶	7523.1	7444.4	43.6	0.0	1.6	33.5
中国民族证券公司常德朗州路证券营业部	湖南	常德	7519.4	7417.2	10.6	0.0	0.1	91.5
浙商证券公司江门迎宾大道中证券营业部	广东	江门	7484.4	6720.1	93.0	0.6	1.7	669.1
长城证券公司天台劳动路证券营业部	浙江	台州	7483.7	6533.1	211.7	0.0	12.1	726.9
日信证券公司乌兰浩特兴安北大路证券营业部	内蒙	乌兰浩特	7480.9	6832.7	22.9	0.0	4.4	621.0
山西证券公司焦作工业路证券营业部	河南	焦作	7462.0	6922.2	56.9	0.0	3.1	479.8
国联证券公司南宁民族大道证券营业部	广西	南宁	7456.7	7307.3	23.9	0.0	16.9	108.7
东方证券公司临沂解放东路证券营业部	山东	临沂	7444.0	7045.1	68.8	0.0	1.5	328.6
中国中投证券公司镇江北府路证券营业部	江苏	镇江	7443.0	6546.1	225.8	0.0	8.1	662.9
金元证券公司广州白云路证券营业部	广东	广州	7438.5	4920.6	40.2	0.0	0.0	2477.6
国元证券公司珠海金湾南翔路证券营业部	广东	珠海	7433.6	6603.9	27.8	0.0	8.2	793.7
长江证券公司库尔勒人民东路证券营业部	新疆	库尔勒	7403.8	7049.3	32.9	0.1	0.1	321.3
西部证券公司汉中勉县证券营业部	陕西	汉中	7399.5	7258.7	5.5	0.0	9.9	125.4
中信建投证券公司银川湖滨西街证券营业部	甘肃	银川	7384.9	4763.6	5.7	0.0	1.3	2614.3
国泰君安证券公司哈尔滨尚志中央大街证券营业部	黑龙江	尚志	7363.3	7219.9	40.1	0.0	1.3	102.0
西南证券公司北京房山证券营业部	北京	北京	7357.7	5038.2	113.9	0.0	1.6	2204.1
华龙证券公司兰州安宁东路证券营业部	甘肃	兰州	7354.9	5352.9	4.4	0.0	0.6	1995.8
万联证券公司杭州上塘路证券营业部	浙江	杭州	7330.4	4827.0	1391.7	0.0	0.0	1111.8
海通证券公司鸡西虎林红旗街证券营业部	黑龙江	鸡西	7330.4	7131.3	29.1	0.1	11.2	158.8
中泰证券公司常州劳动中路证券营业部	江苏	常州	7321.0	6942.6	2.4	0.0	2.7	373.2
华西证券公司北京通州北苑南路证券营业部	北京	北京	7313.0	7048.4	31.8	0.0	0.4	232.1
华安证券公司广州广华南路证券营业部	广东	广州	7308.2	6825.9	33.6	0.0	0.3	448.4
方正证券公司兰溪兰荫路证券营业部	浙江	兰溪	7284.4	7174.0	17.3	0.0	8.0	85.1
海通证券公司大庆红岗南路证券营业部	黑龙江	大庆	7284.3	7040.1	20.2	0.0	59.3	164.7
华泰证券公司泰州兴化长安中路证券营业部	江苏	兴化	7283.1	5987.3	536.5	0.0	6.3	753.0
华龙证券公司张掖西大街证券营业部	甘肃	张掖	7277.8	7227.7	7.0	0.0	1.8	40.8
西部证券公司济南经十路证券营业部	山东	济南	7266.4	5286.9	10.8	0.0	87.1	1881.6
华福证券公司长汀环中路证券营业部	福建	龙岩	7266.0	7094.3	76.2	0.0	0.0	95.4
华泰证券公司泰州高港金港南路证券营业部	江苏	泰州	7265.8	5658.6	1558.2	0.0	1.0	48.0
中国中投证券公司拉萨林廓西路证券营业部	西藏	拉萨	7265.2	7125.5	14.5	0.0	0.8	124.4
浙商证券公司云和解放东街证券营业部	浙江	丽水	7260.8	7110.4	7.9	0.0	13.1	129.3

注：营业部交易金额的单位为百万元

证券营业部交易
Trading of Business Department

营业部名称 Business Department	省份 Province	城市 City	总计 Total	股票 Share	基金 Fund	政府债 G-Bond	公司债 C-Bond	债券回购 Repo
国金证券公司广安思源大道证券营业部	四川	广安	7259.1	7138.5	48.0	0.0	33.7	38.8
湘财证券公司水富团结路证券营业部	云南	水富	7256.1	6784.4	86.3	0.0	19.1	366.3
华安证券公司枞阳湖滨路证券营业部	安徽	安庆	7248.6	7040.4	63.4	0.1	50.1	94.6
方正证券公司吉首人民北路证券营业部	湖南	吉首	7245.8	7140.9	8.0	0.0	1.7	95.1
中泰证券公司菏泽分公司	山东	菏泽	7238.5	3065.5	4020.1	0.0	0.1	152.8
光大证券公司桂林中山中路证券营业部	广西	桂林	7229.0	7146.6	20.9	0.2	0.0	61.3
广州证券公司江门冈州大道证券营业部	广东	江门	7212.5	6130.5	138.2	0.8	15.8	927.2
国海证券公司桂林全州县中心北路证券营业部	广西	桂林	7212.2	7128.8	22.5	0.0	14.4	46.4
方正证券公司温岭安平东路证券营业部	浙江	温州	7211.6	6966.5	10.8	0.0	4.3	230.0
华西证券公司德阳南街证券营业部	四川	德阳	7207.9	6221.0	183.8	0.0	1.2	801.9
财达证券公司保定蠡县永盛南大街证券营业部	河北	保定	7205.6	6721.6	55.5	0.0	2.6	423.2
长江证券公司昆明白龙路证券营业部	云南	昆明	7200.3	6592.7	48.0	0.0	0.8	558.8
国联证券公司重庆五红路证券营业部	重庆	重庆	7198.3	5288.9	118.7	0.0	1.4	1789.3
国联证券公司成都锦城大道证券营业部	四川	成都	7197.6	4537.1	82.2	0.0	21.0	2557.3
东吴证券公司吴江震泽证券营业部	江苏	苏州	7196.7	6355.2	3.5	0.0	0.0	838.0
兴业证券公司漳浦大亭路证券营业部	福建	漳州	7190.1	6149.3	8.3	0.1	0.7	1031.6
中银国际证券公司昆明东风西路证券营业部	云南	昆明	7188.8	4885.9	4.8	0.0	1.3	2296.8
华泰证券公司云梦朝阳路证券营业部	湖北	孝感	7185.6	6878.9	160.7	19.2	2.0	124.9
西部证券公司汉中城固证券营业部	陕西	汉中	7177.2	7054.0	14.1	0.0	1.2	107.9
方正证券公司宁波长寿南路证券营业部	浙江	宁波	7167.0	6799.0	50.0	0.0	8.3	309.7
东莞证券公司东莞横沥中山路证券营业部	广东	东莞	7158.8	6390.4	31.7	0.0	0.0	736.7
红塔证券公司曲靖麒麟南路证券营业部	云南	曲靖	7154.2	6721.3	22.2	0.4	1.4	408.9
天风证券公司襄阳长征路证券营业部	湖北	襄阳	7149.2	4914.8	12.5	0.0	373.1	1848.8
中信证券公司深圳科技园科苑路证券营业部	深圳	深圳	7143.4	6061.9	163.7	0.0	0.5	917.3
财通证券公司建德新安东路证券营业部	浙江	杭州	7143.2	6389.0	14.7	0.0	1.2	738.3
广州证券公司肇庆古塔北路证券营业部	广东	肇庆	7128.0	5273.5	59.3	0.0	0.9	1794.3
华安证券公司青阳木镇路证券营业部	安徽	池州	7122.6	7062.1	17.4	0.2	2.1	40.8
国海证券公司桂林荔浦县荔柳路证券营业部	广西	桂林	7119.6	7047.4	28.7	0.0	0.4	43.1
安信证券公司广州增城夏街大道证券营业部	广东	广州	7113.2	6819.0	53.3	0.0	0.9	239.9
西藏同信证券公司淄博东街证券营业部	山东	淄博	7112.6	5821.8	10.9	0.0	0.1	1279.9
中泰证券公司临清红星路证券营业部	山东	临清	7107.7	6603.1	20.9	0.6	2.4	480.8
中银国际证券公司常州花园街证券营业部	江苏	常州	7106.3	6342.8	17.1	0.0	8.6	737.8
光大证券公司广州宝岗大道证券营业部	广东	广州	7095.5	6822.0	44.7	0.1	3.6	225.1
财富证券公司长沙县星沙北路证券营业部	湖南	长沙	7092.4	6946.8	11.6	0.0	0.0	134.0
中信证券(山东)公司青岛威海路证券营业部	山东	青岛	7087.3	6177.7	145.0	0.0	18.0	746.7
华安证券公司凤台滨河湾证券营业部	安徽	淮南	7068.1	7009.7	16.8	0.0	2.7	38.9
中信证券(山东)公司青岛燕儿岛路证券营业部	山东	青岛	7060.4	6614.1	54.0	0.0	16.1	376.2
光大证券公司常州武宜北路证券营业部	江苏	常州	7042.3	4429.9	2197.4	0.0	17.1	393.7
东海证券公司广州珠江东路证券营业部	广东	广州	7037.7	2226.0	3782.1	0.0	4.4	1025.2
财达证券公司廊坊三河泃阳西大街证券营业部	河北	廊坊	7034.0	6823.0	39.5	0.0	0.7	170.4
招商证券公司上海沪青平公路证券营业部	上海	上海	7032.6	5199.8	11.2	0.0	0.4	1821.3
长城国瑞证券有限公司晋江东华街证券营业部	福建	晋江	7022.0	6506.9	342.8	0.0	0.2	172.1
国泰君安证券公司苏州苏绣路证券营业部	江苏	苏州	7021.8	6089.2	22.1	0.0	1.2	909.2
长江证券公司烟台海港路证券营业部	山东	烟台	7021.3	5859.9	16.6	0.0	12.3	1132.5
海通证券公司连云港绿园南路证券营业部	江苏	连云港	7020.9	5767.4	16.5	0.0	9.8	1227.2
信达证券公司新民辽河大街证券营业部	辽宁	新民	7014.5	6814.9	15.1	4.8	13.2	166.6
长江证券公司南宁云景路证券营业部	广西	南宁	6995.1	5999.0	429.0	0.0	9.0	558.1
中泰证券公司潍坊昌乐新昌路证券营业部	山东	潍坊	6993.5	6401.0	23.0	0.0	4.3	565.2
国信证券公司德阳长江西路证券营业部	四川	德阳	6988.4	6057.3	549.8	0.0	3.6	375.9
海通证券公司哈尔滨呼兰北二道街证券营业部	黑龙江	哈尔滨	6987.9	6908.3	17.6	0.0	0.7	61.4

注：营业部交易金额的单位为百万元

证券营业部交易
Trading of Business Department

营业部名称 Business Department	省份 Province	城市 City	总计 Total	股票 Share	基金 Fund	政府债 G-Bond	公司债 C-Bond	债券回购 Repo
华龙证券公司定西永定东路证券营业部	甘肃	定西	6974.2	6958.3	10.1	0.0	2.0	3.9
国开证券公司北京南滨河路证券营业部	北京	北京	6967.8	5171.9	27.4	0.0	0.3	1768.3
海通证券公司中山悦来南路证券营业部	广东	中山	6966.1	5356.0	17.2	0.2	0.6	1592.0
金元证券公司金元东阳甘溪西街营业部	浙江	东阳	6964.2	5508.7	14.8	0.0	21.9	1418.7
中信建投证券公司九江浔阳东路证券营业部	江西	九江	6948.2	6561.8	14.7	0.0	0.1	371.5
招商证券公司深圳中心路证券营业部	深圳	深圳	6944.4	6883.7	10.9	0.0	0.0	49.7
华西证券公司资阳广厦路证券营业部	四川	资阳	6942.2	6642.5	21.5	1.3	5.1	271.5
东海证券公司扬州文汇东路证券营业部	江苏	扬州	6941.0	6450.5	64.1	0.0	0.0	426.4
太平洋证券公司太原水西门街证券营业部	山西	太原	6938.5	6316.7	131.0	0.0	11.6	479.2
招商证券公司银川宁安大街证券营业部	宁夏	银川	6931.2	6594.6	13.5	0.0	0.4	322.7
财通证券公司衢州龙游荣昌路证券营业部	浙江	衢州	6919.0	6409.4	46.7	0.0	2.7	460.2
中国中投证券公司平潭西航路证券营业部	福建	福州	6918.7	6670.5	50.4	0.0	2.2	195.6
广州证券公司武汉中北路证券营业部	湖北	武汉	6891.4	5999.3	173.9	0.0	0.5	717.8
中信证券公司上海自贸试验区证券营业部	上海	上海	6886.8	4831.6	132.8	0.0	617.0	1305.4
中原证券公司漯河长江路证券营业部	河南	漯河	6884.3	6834.7	31.2	0.4	1.2	16.7
方正证券公司温州丽岙中路证券营业部	浙江	温州	6878.8	5927.7	87.7	0.0	0.0	863.4
西部证券公司韩城龙门大街证券营业部	陕西	韩城	6878.7	6618.8	10.5	0.0	1.3	246.6
西南证券公司唐山新华西道证券营业部	河北	唐山	6877.7	5929.2	21.2	0.0	0.0	927.3
华鑫证券公司鄂尔多斯团结路证券营业部	内蒙	鄂尔多斯	6871.8	2819.5	1.3	0.0	0.0	4050.5
山西证券公司清徐美锦北大街证券营业部	山西	太原	6869.2	6530.0	119.6	0.0	20.2	199.4
海通证券公司滁州天长东路证券营业部	安徽	滁州	6866.9	6507.5	31.2	0.0	10.0	318.2
山西证券公司南宁长湖路证券营业部	广西	南宁	6860.6	6195.3	196.8	0.0	10.5	450.3
国盛证券公司济南济安路证券营业部	山东	济南	6854.0	6030.4	111.4	0.0	0.0	712.2
招商证券公司烟台莱州市府前街证券营业部	山东	烟台	6853.1	4368.6	1929.4	0.0	9.0	546.0
华泰证券公司南通上海东路证券营业部	江苏	南通	6846.8	4942.1	17.4	0.0	0.5	1886.8
海通证券公司深圳宝源路证券营业部	深圳	深圳	6846.4	5582.2	145.6	0.0	0.0	1118.2
中信建投证券公司长乐吴航路证券营业部	福建	长乐	6845.0	6496.2	30.8	0.0	15.0	303.0
申万宏源西部证券有限公司银川上海西路证券营业部	宁夏	银川	6840.5	3410.6	16.0	0.0	40.7	3373.3
国信证券公司达州金龙大道证券营业部	四川	达州	6835.0	6631.7	18.4	0.0	126.6	58.2
长江证券公司宜都长江大道证券营业部	湖北	宜都	6831.7	6131.0	19.8	0.0	0.6	679.3
恒泰证券公司上海龙华东路证券营业部	上海	上海	6826.3	4553.1	13.9	0.0	0.0	2259.3
东吴证券公司吴江汾湖证券营业部	江苏	苏州	6816.2	6463.1	11.1	0.0	0.2	341.9
方正证券公司宜春东风大街证券营业部	江西	宜春	6811.0	6568.5	35.2	0.0	2.4	204.9
中信证券公司揭阳环市北路证券营业部	广东	揭阳	6809.7	6305.9	17.8	0.0	9.1	476.9
华安证券公司太原新建路证券营业部	山西	太原	6809.6	5267.5	82.4	0.0	97.0	1362.8
西部证券公司杨凌会展路证券营业部	陕西	杨凌	6808.6	6716.8	8.7	1.0	2.9	79.1
中国银河证券公司广州观虹路证券营业部	广东	广州	6790.4	6605.4	18.5	0.0	1.7	164.8
西南证券公司贵阳中山西路证券营业部	贵州	贵阳	6782.6	1019.0	1.4	0.0	0.0	5762.2
申万宏源西部证券有限公司上海金山枫丽路证券营业部	上海	上海	6780.9	6341.6	37.2	0.0	0.4	401.8
华安证券公司宿松人民西路证券营业部	安徽	安庆	6776.9	6674.3	9.4	0.0	15.9	77.3
申万宏源证券有限公司呼和浩特兴安南路证券营业部	内蒙	呼和浩特	6770.3	6587.6	16.7	0.0	0.1	166.0
华宝证券公司武汉解放大道证券营业部	湖北	武汉	6764.9	5151.7	205.8	41.4	446.1	919.9
中泰证券公司菏泽东明证券营业部	山东	菏泽	6759.2	5978.5	25.6	0.0	0.2	754.9
南京证券公司徐州民主北路证券营业部	江苏	徐州	6756.6	6080.4	12.7	0.6	0.4	662.5
东海证券公司福建厦门分公司	福建	厦门	6755.3	5024.4	222.4	0.0	0.1	1508.3
国联证券公司淄博淄城路证券营业部	山东	淄博	6752.9	6305.2	24.1	0.0	5.9	416.9
国信证券公司蓬莱钟楼东路证券营业部	山东	蓬莱	6746.3	6015.4	203.6	0.0	0.4	526.9
华泰证券公司临沂金雀山路证券营业部	山东	临沂	6746.2	5118.1	1592.9	0.0	1.1	34.1
开源证券公司铜川正阳路证券营业部	陕西	铜川	6736.4	6295.0	85.1	0.1	18.0	338.2
爱建证券公司玉林一环东路证券营业部	广西	玉林	6730.4	6168.5	6.2	0.0	0.0	555.7

注：营业部交易金额的单位为百万元

证券营业部交易
Trading of Business Department

营业部名称 Business Department	省份 Province	城市 City	总计 Total	股票 Share	基金 Fund	政府债 G-Bond	公司债 C-Bond	债券回购 Repo
中国银河证券公司蚌埠东海大道证券营业部	安徽	蚌埠	6718.8	6524.1	9.2	0.0	1.9	183.7
长城证券公司重庆红锦大道证券营业部	重庆	重庆	6715.7	4140.2	6.2	0.0	11.7	2557.6
中泰证券公司昌邑天水路证券营业部	山东	潍坊	6714.0	6066.5	20.9	0.0	0.8	625.9
东吴证券公司徐州北京北路证券营业部	江苏	徐州	6710.6	3662.2	892.6	0.0	36.6	2119.2
国金证券公司衡阳蒸阳南路证券营业部	湖南	衡阳	6704.8	5296.0	16.4	0.0	5.1	1387.4
东吴证券公司三亚凤凰路证券营业部	海南	三亚	6704.4	6086.0	11.5	0.0	5.3	601.6
西南证券公司西安高新路证券营业部	陕西	西安	6700.7	5336.2	19.6	0.0	0.6	1344.3
中泰证券公司滨州博兴胜利二路证券营业部	山东	滨州	6694.2	4879.8	14.6	0.0	2.6	1797.2
大同证券公司衡阳解放大道证券营业部	湖南	衡阳	6693.0	6403.6	55.7	0.0	11.5	222.2
开源证券公司安康巴山东路证券营业部	陕西	安康	6689.0	6572.6	16.0	0.0	11.9	88.5
海通证券公司牡丹江海林林海路证券营业部	黑龙江	海林	6679.6	6223.0	18.6	0.0	0.7	437.3
国元证券公司南昌青山南路证券营业部	江西	南昌	6679.3	4617.1	30.2	0.0	31.4	2000.6
国信证券公司嘉兴中山西路证券营业部	浙江	嘉兴	6677.4	6179.4	143.0	0.0	1.7	353.3
长城证券公司义乌南门街证券营业部	浙江	义乌	6674.9	6100.4	6.6	0.0	5.0	562.9
西藏同信证券公司湖北分公司	湖北	武汉	6660.5	5617.9	38.7	4.6	8.8	990.6
华安证券公司蚌埠涂山路证券营业部	安徽	蚌埠	6656.5	5767.4	6.2	0.0	7.1	875.8
万联证券公司广州增城荔新十二路证券营业部	广东	广州	6656.4	1509.1	3154.7	0.0	1.7	1991.0
海通证券公司张家港东环路证券营业部	江苏	张家港	6649.6	4176.9	296.6	0.0	0.0	2176.1
招商证券公司南昌火炬大街证券营业部	江西	南昌	6649.2	5650.3	9.9	0.0	8.3	980.7
兴业证券公司长乐会堂路证券营业部	福建	福州	6646.1	6104.3	4.4	0.0	9.8	527.6
华安证券公司绩溪南大街证券营业部	安徽	宣城	6630.8	6457.0	29.1	0.0	2.5	142.2
华鑫证券公司昆明北京路证券营业部	云南	昆明	6627.9	5630.6	13.0	0.0	6.4	977.3
华安证券公司潜山舒台路证券营业部	安徽	安庆	6625.3	6512.3	39.1	0.0	64.1	9.7
信达证券公司开原新华路证券营业部	辽宁	开原	6624.7	6266.1	55.5	0.5	1.3	301.3
中原证券公司新乡向阳路证券营业部	河南	新乡	6620.0	6039.5	87.0	0.0	16.8	476.7
海通证券公司大理洱河南路证券营业部	云南	大理	6617.0	6492.6	70.9	0.0	0.6	52.9
中信建投证券公司嘉兴洪兴路证券营业部	浙江	嘉兴	6617.0	6336.8	43.4	0.0	0.0	236.8
兴业证券公司永安国民路证券营业部	福建	永安	6616.2	5819.3	17.8	0.0	0.0	779.2
华福证券公司浦城兴浦路证券营业部	福建	南平	6614.6	6483.6	14.1	0.1	4.3	112.4
国泰君安证券公司承德西大街证券营业部	河北	承德	6613.7	6037.7	40.1	0.3	0.7	535.0
兴业证券公司宜昌樵湖二路证券营业部	湖北	宜昌	6608.9	4358.3	61.2	0.0	2.3	2187.1
长江证券公司武汉新洲大街证券营业部	湖北	武汉	6606.1	6522.5	36.3	0.0	3.1	44.3
广州证券公司唐山滦南县中大街证券营业部	河北	唐山	6599.3	6228.6	16.6	0.1	0.2	353.9
太平洋证券公司景洪市景洪宣慰大道证券营业部	云南	景洪	6584.8	6068.7	90.0	0.0	4.5	421.4
日信证券公司重庆天陈路证券营业部	重庆	重庆	6584.4	6265.5	3.5	0.0	0.1	315.4
申万宏源西部证券有限公司宁波彩虹北路证券营业部	浙江	宁波	6579.1	6157.9	22.5	0.0	177.7	221.0
华安证券公司淮北相山路证券营业部	安徽	淮北	6577.8	6462.1	1.6	0.0	1.2	112.9
东吴证券公司淮安淮海南路证券营业部	江苏	淮安	6572.7	5866.2	11.4	0.0	26.6	668.5
西南证券公司龙岩龙岩大道证券营业部	福建	龙岩	6571.9	6293.9	114.3	0.0	0.0	163.7
安信证券公司招远河西路证券营业部	山东	招远	6570.9	4412.5	5.3	0.0	0.1	2153.0
国元证券公司桐城龙眠中路证券营业部	安徽	桐城	6569.0	6430.4	30.6	0.0	13.3	94.7
中信建投证券公司武汉京汉大道证券营业部	湖北	武汉	6563.7	5882.4	108.3	0.0	17.2	555.8
东北证券公司珲春证券营业部	吉林	珲春	6563.6	6007.6	41.8	0.0	7.3	507.0
国信证券公司潮州枫春路证券营业部	广东	潮州	6556.7	6072.3	59.1	0.0	0.2	425.2
国海证券公司国海证券股份有限公司杭州分公司	浙江	杭州	6550.9	4994.4	154.3	0.0	3.0	1399.3
新时代证券公司扬州维扬路证券营业部	江苏	扬州	6544.3	6505.3	38.6	0.0	0.4	0.0
华安证券公司宿州淮海路证券营业部	安徽	宿州	6543.4	6282.5	19.7	0.0	0.0	241.3
恒泰证券公司牙克石迎宾西街证券营业部	内蒙	呼伦贝尔	6522.1	5793.8	56.8	0.0	48.1	623.4
招商证券公司大庆西宾路证券营业部	黑龙江	大庆	6515.8	5240.6	20.7	0.0	5.0	1249.5
长城证券公司上海德丰路证券营业部	上海	上海	6510.9	5583.1	13.0	0.4	84.2	830.1

注：营业部交易金额的单位为百万元

证券营业部交易
Trading of Business Department

营业部名称 Business Department	省份 Province	城市 City	总计 Total	股票 Share	基金 Fund	政府债 G-Bond	公司债 C-Bond	债券回购 Repo
上海证券公司鼓浪路证券营业部	上海	上海	6508.4	5815.4	36.0	1.6	103.2	552.2
方正证券公司三门峡黄河中路证券营业部	河南	三门峡	6504.6	6037.3	12.5	0.0	4.4	450.4
东莞证券公司佛山顺德均安恒安路证券营业部	广东	佛山	6501.4	6268.2	12.9	0.0	0.2	220.1
开源证券公司沈阳大南街证券营业部	辽宁	沈阳	6496.7	5713.7	18.5	0.0	0.5	764.0
中国中投证券公司兰州民主东路证券营业部	甘肃	兰州	6489.9	6218.3	23.7	0.0	0.0	247.9
第一创业证券公司广州翠宝路证券营业部	广东	广州	6483.8	3977.1	108.4	5.7	66.3	2326.3
长城证券公司杭州钱江路证券营业部	浙江	杭州	6480.5	5746.5	25.3	0.0	4.8	704.0
长江证券公司谷城银城大道证券营业部	湖北	襄樊	6470.7	6136.5	29.0	0.0	10.3	294.9
东兴证券公司南靖教育路证券营业部	福建	漳州	6470.4	6454.7	12.9	0.0	0.8	2.0
联讯证券公司韶关惠民南路证券营业部	广东	韶关	6459.3	5861.5	57.6	0.0	3.6	536.7
恒泰证券公司通辽中心大街证券营业部	内蒙	通辽	6450.7	6383.2	34.9	0.1	0.8	31.6
中信证券公司鞍山胜利路证券营业部	辽宁	鞍山	6450.1	5719.8	70.3	0.0	0.8	659.2
平安证券公司沈阳广宜街证券营业部	辽宁	沈阳	6444.3	6158.1	22.9	0.0	36.6	226.6
中国银河证券公司沧州永安南大道证券营业部	河北	沧州	6437.6	5370.6	241.2	0.0	2.6	823.2
海通证券公司哈尔滨双城龙化街证券营业部	黑龙江	哈尔滨	6437.5	6341.7	13.6	0.0	0.7	81.5
国泰君安证券公司吉林分公司	吉林	长春	6428.8	6319.7	3.8	0.0	0.0	105.4
申万宏源西部证券有限公司库车天山东路证券营业部	新疆	阿克苏	6419.3	5617.4	7.6	0.0	5.0	789.3
财达证券公司保定定州中山中路证券营业部	河北	保定	6410.4	5968.1	7.5	0.0	0.6	434.2
中信证券(山东)公司青岛登州路证券营业部	山东	青岛	6409.5	5531.8	111.4	0.0	3.6	762.7
国海证券公司桂林临桂县人民路证券营业部	广西	桂林	6409.2	6318.5	34.2	0.0	1.0	55.5
东海证券公司宁波大闸路证券营业部	浙江	宁波	6405.7	2402.5	6.5	0.0	14.0	3982.8
光大证券公司西宁东关大街证券营业部	青海	西宁	6400.8	5677.0	327.0	0.1	16.3	380.3
大通证券公司保定恒祥北大街证券营业部	河北	保定	6397.4	5990.9	39.6	0.0	0.5	366.4
信达证券公司辽阳健康路证券营业部	辽宁	辽阳	6396.7	5526.3	102.2	4.9	7.5	755.8
广发证券公司文昌谷鸿大道证券营业部	海南	文昌	6395.4	6095.8	61.7	0.0	0.0	238.0
国金证券公司南京江东中路证券营业部	江苏	南京	6384.4	6294.0	0.9	0.0	0.9	88.6
东莞证券公司汕头韩江路证券营业部	广东	汕头	6373.1	5457.2	17.6	0.0	4.6	893.7
国海证券公司桂林兴安县三台路证券营业部	广西	桂林	6373.0	5794.9	14.8	0.0	12.8	550.5
国泰君安证券公司四平中央东路证券营业部	吉林	四平	6368.0	5854.6	11.3	0.0	4.8	497.3
华安证券公司天津围堤道证券营业部	天津	天津	6367.1	5987.5	41.5	0.0	1.0	337.2
广发证券公司上海顾北路证券营业部	上海	上海	6367.0	4306.9	174.7	0.0	0.4	1884.9
中原证券公司洛阳开元大道证券营业部	河南	洛阳	6365.0	6128.7	11.4	0.0	0.4	224.5
财达证券公司商丘神火大道证券营业部	河南	商丘	6360.0	5995.4	30.3	0.0	0.4	333.9
民生证券公司天津福安大街证券营业部	天津	天津	6359.0	3687.4	8.0	0.0	1.5	2662.1
华创证券公司贵阳纪念塔证券营业部	贵州	贵阳	6356.9	4315.0	117.4	0.0	3.2	1921.4
渤海证券公司太原双塔西街证券营业部	山西	太原	6349.5	6039.1	46.3	0.0	102.7	161.4
广发证券公司宝鸡火炬路证券营业部	陕西	宝鸡	6332.9	6193.5	62.9	0.0	0.7	75.9
中国中投证券公司西宁西关大街新宁广场证券营业部	青海	西宁	6332.7	5424.9	4.3	0.0	3.9	899.7
长城证券公司厦门凤山路证券营业部	福建	厦门	6317.6	5982.9	62.5	0.0	0.4	271.8
英大证券公司湖南分公司	湖南	长沙	6311.3	3491.5	0.0	0.0	0.0	2819.8
中泰证券公司邵阳城北路证券营业部	湖北	湖北邵阳	6308.5	6280.1	1.7	0.0	0.1	26.7
广发证券公司荣成石岛证券营业部	山东	荣成	6306.6	5399.7	130.8	0.0	6.8	769.2
太平洋证券公司成都分公司	四川	成都	6298.1	2519.5	267.0	0.0	0.0	3511.6
招商证券公司广州南沙进港大道证券营业部	广东	广州	6296.2	6084.2	35.8	0.0	2.3	173.9
华安证券公司天长新河北路证券营业部	安徽	滁州	6285.3	5848.3	215.9	0.0	42.8	178.3
中信建投证券公司北京怀柔府前街证券营业部	北京	北京	6283.1	5539.5	48.4	0.0	1.3	693.9
联讯证券公司茂名高凉中路证券营业部	广东	茂名	6267.7	5437.5	57.6	0.0	8.1	764.5
网信证券公司锦州和平路证券营业部	辽宁	锦州	6263.9	5303.3	20.9	0.0	21.4	918.2
平安证券公司南通外环北路证券营业部	江苏	南通	6257.1	5900.8	4.5	0.0	0.0	351.8
财达证券公司唐山曹妃甸证券营业部	河北	唐山	6241.2	5729.6	11.1	0.0	0.3	500.2

注：营业部交易金额的单位为百万元

证券营业部交易
Trading of Business Department

营业部名称 Business Department	省份 Province	城市 City	总计 Total	股票 Share	基金 Fund	政府债 G-Bond	公司债 C-Bond	债券回购 Repo
光大证券公司肇庆天宁北路证券营业部	广东	肇庆	6230.6	3847.7	227.4	0.0	3.6	2151.8
华融证券公司大连中山路证券营业部	辽宁	大连	6228.9	4559.9	65.1	0.0	0.0	1603.9
大同证券公司晋中迎宾西街证券营业部	山西	晋中	6220.2	5014.9	21.6	0.0	0.2	1183.4
华龙证券公司庆阳西大街证券营业部	甘肃	庆阳	6204.4	6145.9	17.9	0.0	0.2	40.4
招商证券公司荆州荆中路证券营业部	湖北	荆州	6197.9	5894.1	28.3	0.0	2.4	273.2
中信建投证券公司北京金融大街证券营业部	北京	北京	6197.4	4790.4	1166.5	0.0	7.4	232.4
中国银河证券公司威海统一路证券营业部	山东	威海	6196.6	5319.4	302.1	0.0	59.7	515.4
中信证券公司西安未央路证券营业部	陕西	西安	6196.5	4976.7	33.7	0.0	0.6	1185.4
中原证券公司伊川豫港大道证券营业部	河南	洛阳	6191.0	5943.7	42.3	0.0	7.5	197.5
广发证券公司佛山顺德三乐路证券营业部	广东	佛山	6183.0	5412.8	43.5	0.0	0.1	726.5
恒泰证券公司阿拉善盟巴彦浩特吉兰泰路证券营业部	内蒙	阿拉善盟	6167.3	5869.5	20.5	0.0	0.2	277.1
开源证券公司西安锦业三路证券营业部	陕西	西安	6166.8	5907.5	7.2	0.0	0.5	251.6
恒泰证券公司通化东昌路证券营业部	吉林	通化	6161.9	5989.0	31.5	0.0	2.6	138.8
中国银河证券公司柳州友谊路证券营业部	广西	柳州	6159.6	3512.8	56.0	0.0	1.0	2589.9
中原证券公司巩义嵩山路证券营业部	河南	郑州	6159.4	4958.6	7.6	0.0	1.6	1191.7
西南证券公司重庆潼南证券营业部	重庆	重庆	6156.6	6073.4	41.3	0.0	2.9	38.9
新时代证券公司开封西大街证券营业部	河南	开封	6152.4	6143.4	9.0	0.0	0.0	0.0
恒泰证券公司白山浑江大街证券营业部	吉林	白山	6142.7	5489.4	18.2	0.0	0.9	634.3
长城证券公司连云港海棠中路证券营业部	江苏	连云港	6135.7	5921.9	50.8	0.0	4.3	158.8
东海证券公司徐州建国东路证券营业部	江苏	徐州	6132.3	5850.3	15.7	0.0	15.4	250.9
海通证券公司东丰东风路证券营业部	吉林	辽源	6125.5	5922.2	5.5	0.0	3.0	194.8
民生证券公司佛山祖庙路证券营业部	广东	佛山	6117.2	593.1	312.7	0.0	0.0	5211.4
申万宏源西部证券有限公司广州新港西路证券营业部	广东	广州	6116.8	5314.4	22.4	0.0	117.1	662.8
华龙证券公司临夏红园路证券营业部	甘肃	临夏	6113.4	5544.4	8.3	0.0	0.0	560.7
华福证券公司深圳深南大道证券营业部	深圳	深圳	6106.8	5419.2	23.1	0.0	0.1	664.4
中信证券(山东)公司青岛劲松七路证券营业部	山东	青岛	6102.3	5333.8	24.3	0.0	3.3	740.9
宏信证券公司成都金堂县幸福路证券营业部	四川	成都	6082.7	5724.9	28.9	0.0	5.8	323.1
招商证券公司青岛即墨市蓝鳌路证券营业部	山东	青岛	6065.2	5851.8	24.2	0.0	3.3	185.8
华西证券公司南充营山正西街证券营业部	四川	南充	6057.5	5761.9	155.4	0.0	1.8	138.4
申万宏源证券有限公司济南泺源大街证券营业部	山东	济南	6056.5	2757.3	1914.3	0.0	1.6	1383.3
新时代证券公司深圳福华一路证券营业部	深圳	深圳	6048.2	6040.9	2.4	0.0	4.9	0.0
华泰证券公司淮安涟水红日大道证券营业部	江苏	淮安	6048.0	4381.3	1477.3	0.1	6.4	182.9
太平洋证券公司普洱人民东路证券营业部	云南	普洱	6047.2	5788.7	51.9	6.6	18.4	181.6
财富证券公司益阳康富南路证券营业部	湖南	益阳	6042.1	5788.7	26.4	0.0	0.9	226.1
光大证券公司瑞安罗阳大道证券营业部	浙江	瑞安	6031.0	5481.7	64.6	0.0	1.4	483.3
广发证券公司上海万安街证券营业部	上海	上海	6027.3	5097.5	26.7	0.0	4.5	898.5
太平洋证券公司安宁晓塘东路证券营业部	云南	安宁	6023.3	5525.1	45.8	0.0	1.2	451.3
海通证券公司溧阳燕山中路证券营业部	江苏	溧阳	6022.0	5909.5	4.0	0.0	2.1	106.5
国都证券公司北京西直门外大街证券营业部	北京	北京	6007.2	5649.9	17.0	0.0	1.3	339.0
浙商证券公司宁波百丈东路证券营业部	浙江	宁波	5977.8	5654.5	92.2	0.0	80.1	151.0
山西证券公司淄博共青团西路证券营业部	山东	淄博	5971.8	5582.5	13.5	0.0	1.1	374.7
中国银河证券公司余姚南雷路证券营业部	浙江	余姚	5970.2	5647.4	60.4	0.0	0.2	262.3
华福证券公司马尾罗星西路证券营业部	福建	福州	5955.8	5724.9	14.0	0.0	0.2	216.8
信达证券公司湛江徐闻证券营业部	广东	湛江	5942.8	5908.2	7.5	0.1	0.6	26.5
海通证券公司上海崇明县北门路证券营业部	上海	上海	5940.4	4115.2	52.2	0.0	6.6	1766.4
光大证券公司江阴澄江中路证券营业部	江苏	江阴	5937.1	4843.3	844.4	0.7	0.1	248.7
招商证券公司合肥望江西路证券营业部	安徽	合肥	5934.6	3694.0	3.9	0.0	222.2	2014.5
恒泰证券公司深圳深南大道证券营业部	深圳	深圳	5928.4	3116.5	16.1	0.0	3.0	2792.8
中信证券(山东)公司李沧书院路证券营业部	山东	青岛	5925.1	5565.9	28.2	0.0	2.4	328.6
长城证券公司黄石华新路证券营业部	湖北	黄石	5923.2	5688.2	26.4	0.0	2.1	206.5

注：营业部交易金额的单位为百万元

证券营业部交易
Trading of Business Department

营业部名称 Business Department	省份 Province	城市 City	总计 Total	股票 Share	基金 Fund	政府债 G-Bond	公司债 C-Bond	债券回购 Repo
中信建投证券公司安康解放路证券营业部	陕西	安康	5919.8	5407.6	46.7	0.0	0.3	465.3
华西证券公司仁寿阳光路证券营业部	四川	眉山	5913.6	5634.0	25.8	0.0	136.9	117.0
申万宏源西部证券有限公司益阳龙州南路证券营业部	湖南	益阳	5903.6	5815.3	9.2	0.0	0.0	79.1
海通证券公司双流棠湖南路证券营业部	四川	成都	5889.3	5793.3	13.4	0.0	4.6	78.0
中航证券有限公司平顶山开源路证券营业部	河南	平顶山	5884.2	4076.5	5.9	0.0	0.0	1801.8
恒泰证券公司上海虹桥路证券营业部	上海	上海	5882.6	5853.1	9.5	0.4	3.9	15.7
联讯证券公司南通通盛大道证券营业部	江苏	南通	5881.8	1809.4	52.7	0.0	0.3	4019.4
东吴证券公司苏州宝带东路证券营业部	江苏	苏州	5880.4	5008.6	4.1	0.0	0.0	867.6
中银国际证券公司石家庄新华路证券营业部	河北	石家庄	5877.8	4727.8	5.6	0.0	0.0	1144.3
东吴证券公司济南明湖东路证券营业部	山东	济南	5872.5	5812.5	13.5	0.0	0.0	46.5
国信证券公司西安浐灞大道证券营业部	陕西	西安	5866.4	5626.6	12.6	0.0	0.4	226.8
新时代证券公司汕头金砂东路证券营业部	广东	汕头	5865.0	5840.3	24.7	0.0	0.1	0.0
西南证券公司台州市府大道证券营业部	浙江	台州	5864.8	5714.3	11.0	0.0	2.2	137.3
国联证券公司连云港通灌北路证券营业部	江苏	连云港	5863.9	5107.1	14.9	0.0	10.3	731.6
中天证券公司盘锦兴隆街证券营业部	辽宁	盘锦	5862.3	5006.8	36.2	0.0	19.1	800.2
国泰君安证券公司衢州通荷路证券营业部	浙江	衢州	5851.9	5237.7	9.3	0.0	0.4	604.5
海通证券公司邵阳戴家路证券营业部	湖南	邵阳	5847.2	5757.2	15.5	0.0	1.8	72.7
西部证券公司洛阳安徽路证券营业部	河南	洛阳	5834.8	5486.9	6.1	0.0	1.1	340.7
中银国际证券公司长春同志街证券营业部	吉林	长春	5824.8	5818.7	6.1	0.0	0.0	0.0
财富证券公司长沙宁乡花明北路证券营业部	湖南	长沙	5815.3	5599.4	33.7	0.0	0.0	182.2
华鑫证券公司洛阳体育场路证券营业部	河南	洛阳	5812.4	4601.4	20.9	0.0	0.0	1190.1
东吴证券公司大连中山路证券营业部	辽宁	大连	5810.5	4103.3	107.1	0.0	12.5	1587.6
国泰君安证券公司鄂尔多斯证券营业部	内蒙	鄂尔多斯	5807.9	4498.2	794.0	0.1	0.8	514.8
华创证券公司铜仁北关路证券营业部	贵州	铜仁	5805.4	5746.1	6.5	0.5	1.3	51.1
国泰君安证券公司重庆南坪惠工路证券营业部	重庆	重庆	5803.2	5478.0	138.3	0.0	5.5	181.4
西藏同信证券公司石家庄槐安东路证券营业部	河北	石家庄	5792.3	5300.0	15.9	0.0	10.7	465.7
广发证券公司佛山南海里水证券营业部	广东	佛山	5791.1	5438.0	14.7	34.2	15.0	289.0
国联证券公司无锡硕放镇政通路证券营业部	江苏	无锡	5789.1	4372.2	97.3	0.0	35.3	1284.4
财通证券公司临安西苑路证券营业部	浙江	杭州	5787.2	5370.0	2.6	0.0	0.0	414.5
光大证券公司宜兴阳羡西路证券营业部	江苏	宜兴	5785.9	4914.9	3.9	0.0	0.1	867.0
华西证券公司重庆梁平证券营业部	重庆	重庆	5775.9	5630.0	24.0	0.0	22.3	99.6
华泰证券公司西宁五四西路证券营业部	青海	西宁	5774.8	5195.2	451.1	0.0	32.7	95.8
东吴证券公司海口金贸西路证券营业部	海南	海口	5771.0	5202.8	38.3	0.0	0.1	529.8
长城证券公司如皋福寿路证券营业部	江苏	如皋	5767.1	4526.1	375.5	0.0	0.4	865.2
申万宏源西部证券有限公司鄯善新城路证券营业部	新疆	鄯善	5764.1	5585.5	29.8	0.0	0.6	148.2
东方证券公司上海嘉定区沪宜公路证券营业部	上海	上海	5764.0	3891.1	49.3	0.0	5.8	1817.9
海通证券公司弥勒冉翁路证券营业部	云南	红河	5763.2	5559.5	22.4	0.4	0.4	180.5
西部证券公司渭南杜化路证券营业部	陕西	渭南	5761.8	5690.6	4.9	0.0	6.0	60.3
中国国际金融有限公司天津南京路证券营业部	天津	天津	5754.6	2063.3	46.9	0.1	33.2	3609.1
日信证券公司武汉中北路证券营业部	湖北	武汉	5753.2	4179.0	133.0	0.0	0.1	1441.1
海通证券公司韶关文化街证券营业部	广东	韶关	5747.6	5530.2	29.5	0.0	6.7	181.3
长城证券公司厦门湖滨南路证券营业部	福建	厦门	5744.3	5276.8	1.3	0.0	0.1	466.2
南京证券公司金坛东门大街证券营业部	江苏	常州	5736.3	5367.1	57.7	0.0	0.0	311.6
南京证券公司南通分公司	江苏	南通	5735.9	5147.9	19.4	0.0	1.5	567.2
华安证券公司肥西巢湖中路证券营业部	安徽	合肥	5734.8	5651.5	8.9	0.4	9.5	64.6
长江证券公司上海南团公路证券营业部	上海	上海	5728.3	5407.7	11.6	0.0	3.1	305.9
南京证券公司江苏省赣榆县黄海路证券营业部	江苏	连云港	5727.7	5559.2	156.2	0.0	0.2	12.1
西部证券公司榆林榆阳路证券营业部	陕西	榆林	5716.8	5533.0	9.8	0.0	0.1	173.9
海通证券公司铜陵长江中路证券营业部	安徽	铜陵	5716.2	5611.1	19.8	0.0	0.0	85.4
广州证券公司西宁七一路证券营业部	青海	西宁	5713.2	5428.5	5.4	0.0	0.1	279.2

注：营业部交易金额的单位为百万元

证券营业部交易
Trading of Business Department

营业部名称 Business Department	省份 Province	城市 City	总计 Total	股票 Share	基金 Fund	政府债 G-Bond	公司债 C-Bond	债券回购 Repo
招商证券公司石家庄裕华东路证券营业部	河北	石家庄	5712.6	4283.6	529.4	1.3	35.7	862.6
华福证券公司西北分公司	陕西	西安	5702.2	5492.8	142.2	0.0	0.0	67.2
申万宏源证券有限公司襄阳航空路证券营业部	湖北	襄阳	5701.0	5657.1	13.9	0.0	0.2	29.9
华福证券公司大田建山路证券营业部	福建	三明	5689.1	5615.9	7.2	0.0	0.0	65.8
日信证券公司长春人民大街证券营业部	吉林	长春	5688.0	3723.9	10.4	0.0	12.3	1941.5
民生证券公司大连松江路证券营业部	辽宁	大连	5685.8	4737.1	57.7	0.0	0.1	890.8
瑞银证券公司广州林和西路证券营业部	广东	广州	5683.3	2903.5	95.2	0.0	0.0	2684.6
国信证券公司梅州府前大道证券营业部	广东	梅州	5670.2	5395.2	12.9	0.0	3.7	258.3
浙商证券公司绍兴钱清文化路证券营业部	浙江	绍兴	5667.9	5523.1	20.5	0.0	2.7	121.7
广发证券公司佛山南海狮山证券营业部	广东	佛山	5659.4	5571.2	12.5	0.0	2.3	73.2
申万宏源证券有限公司雅安羌江南路证券营业部	四川	雅安	5658.9	4270.6	53.8	0.0	14.4	1320.1
联讯证券公司惠州博罗罗阳证券营业部	广东	惠州	5655.8	5559.2	1.4	0.0	0.0	95.2
西南证券公司银川新华东街证券营业部	宁夏	银川	5646.7	5617.4	6.6	0.0	0.0	22.8
申万宏源证券有限公司佛山季华五路证券营业部	广东	佛山	5640.7	5030.2	31.1	0.0	45.2	534.2
海通证券公司绥化安达北四道街证券营业部	黑龙江	绥化	5635.8	5451.9	96.5	0.0	2.2	85.2
申万宏源西部证券有限公司盐城大丰人民南路证券营业部	江苏	盐城	5629.3	4499.5	19.9	0.0	0.6	1109.2
东海证券公司山西分公司	山西	太原	5625.9	3162.8	188.1	0.0	3.8	2271.2
东兴证券公司德化湖心二路证券营业部	福建	泉州	5625.8	5591.3	13.4	0.0	13.4	7.7
东方证券公司莆田荔华东大道营业部	福建	莆田	5614.3	5501.3	21.6	0.0	0.1	90.4
东吴证券公司苏州工业园区敦煌路证券营业部	江苏	苏州	5611.3	4647.2	9.8	0.0	0.8	953.6
中泰证券公司北京方庄南路证券营业部	北京	北京	5610.0	4484.5	914.2	0.0	1.5	209.8
东兴证券公司济南解放路证券营业部	山东	济南	5608.4	5391.5	6.4	0.0	5.7	204.9
财达证券公司唐山滦县燕山北大街证券营业部	河北	唐山	5600.3	5217.1	4.7	0.0	0.0	378.5
国盛证券公司长沙万家丽路证券营业部	湖南	长沙	5598.7	4657.2	14.7	0.0	0.2	926.6
中泰证券公司宁波泰康中路证券营业部	浙江	宁波	5587.9	5298.8	18.2	0.0	12.1	258.8
安信证券公司玉林广场西路证券营业部	广西	玉林	5587.8	5432.8	64.5	0.0	4.6	86.0
长城证券公司济南康虹路证券营业部	山东	济南	5586.2	5274.4	9.6	0.0	3.3	298.9
江海证券有限公司伊春铁力文化街证券营业部	黑龙江	伊春	5584.9	5309.5	18.3	0.0	4.4	252.7
江海证券有限公司齐齐哈尔新华路证券营业部	黑龙江	齐齐哈尔	5583.5	4451.8	18.7	0.0	0.1	1112.6
长江证券公司汉川西湖大道证券营业部	湖北	汉川	5575.9	5208.0	26.2	0.0	0.1	341.6
东吴证券公司吴江鲈乡南路证券营业部	江苏	苏州	5570.8	4682.5	7.4	0.0	2.0	876.2
华福证券公司永定沿河南路证券营业部	福建	龙岩	5566.6	5283.6	35.7	0.0	0.4	246.1
中邮证券公司江苏分公司	江苏	南京	5562.1	4608.3	13.7	0.0	114.7	825.3
江海证券有限公司哈尔滨哈平路证券营业部	黑龙江	哈尔滨	5559.2	3456.4	1021.9	0.0	99.1	981.7
日信证券公司北京北辰东路证券营业部	北京	北京	5551.2	4296.7	372.4	0.0	0.0	882.1
招商证券公司马鞍山湖南西路证券营业部	安徽	马鞍山	5537.1	3836.8	7.8	0.0	0.0	1691.9
华福证券公司山东分公司	山东	济南	5536.9	5115.7	19.6	0.0	15.2	386.5
安信证券公司宜宾南溪区文化路证券营业部	四川	宜宾	5535.5	5426.9	16.2	0.0	2.0	90.3
万联证券公司东莞簪花路证券营业部	广东	东莞	5534.3	4372.9	514.5	0.0	22.5	624.4
长城证券公司福州五四路证券营业部	福建	福州	5533.4	4252.3	9.4	0.0	0.0	1271.7
西部证券公司宝鸡岐山证券营业部	陕西	宝鸡	5531.9	4980.2	29.8	0.0	0.6	521.3
长江证券公司邯郸人民东路证券营业部	河北	邯郸	5529.7	5337.6	34.5	0.0	21.5	136.1
长江证券公司监利华容路证券营业部	湖北	荆州	5526.4	5188.7	29.9	0.0	0.6	305.7
财达证券公司廊坊文安西环路证券营业部	河北	廊坊	5523.1	5021.6	10.7	0.0	25.1	465.7
安信证券公司东莞花园街证券营业部	广东	东莞	5520.8	5436.4	20.8	0.0	0.8	62.8
德邦证券公司无锡政和大道证券营业部	江苏	无锡	5518.0	4859.5	11.0	0.0	11.0	636.5
方正证券公司慈溪人和路证券营业部	浙江	慈溪	5502.3	5343.6	29.6	0.0	0.0	129.1
方正证券公司安阳文峰大道证券营业部	河南	安阳	5499.1	5349.4	6.4	0.0	0.8	142.6
中原证券公司林州兴林街证券营业部	河南	安阳	5495.8	4980.1	16.8	0.0	0.5	498.5
华鑫证券公司福州杨桥路证券营业部	福建	福州	5485.5	4472.6	9.1	0.0	0.9	1002.9

注：营业部交易金额的单位为百万元

证券营业部交易
Trading of Business Department

营业部名称 Business Department	省份 Province	城市 City	总计 Total	股票 Share	基金 Fund	政府债 G-Bond	公司债 C-Bond	债券回购 Repo
中信建投证券公司宝鸡经二路证券营业部	陕西	宝鸡	5476.0	5318.7	16.2	0.0	1.5	139.6
东北证券公司广州南沙金沙路证券营业部	广东	广州	5471.3	4822.8	65.7	0.0	0.3	582.5
海通证券公司成县东大街证券营业部	甘肃	陇南	5469.3	5414.8	48.2	0.0	0.4	5.9
中国国际金融有限公司上海德丰路证券营业部	上海	上海	5467.7	724.9	182.2	0.0	59.0	4501.5
中国中投证券公司司青海油田证券营业部	甘肃	酒泉	5463.1	5335.1	57.2	0.0	0.7	70.2
西南证券公司重庆永川红河大道证券营业部	重庆	永川	5463.0	5429.6	10.5	0.5	0.3	22.1
中国国际金融有限公司宁波杨帆路证券营业部	浙江	宁波	5462.9	4590.0	79.3	0.0	1.3	792.3
长江证券公司新余堎上路证券营业部	江西	新余	5459.0	5367.1	16.6	0.0	0.8	74.6
中国银河证券公司镇江黄山南路证券营业部	江苏	镇江	5450.6	4394.5	10.4	0.0	49.3	996.4
第一创业证券公司第一创业证券公司青岛南京路证	山东	青岛	5428.4	3489.7	43.6	0.0	9.9	1885.3
方正证券公司常德鼎城路证券营业部	湖南	常德	5421.5	4703.9	2.9	0.0	2.8	711.9
华西证券公司广安武胜宏武大道证券营业部	四川	广安	5420.1	5176.1	15.3	0.0	10.5	218.2
海通证券公司亳州希夷大道证券营业部	安徽	亳州	5419.5	5299.8	46.8	0.0	3.5	69.4
中银国际证券公司济南泺源大街证券营业部	山东	济南	5401.4	4719.4	172.3	0.0	1.7	508.0
开源证券公司榆林神木证券营业部	陕西	榆林	5400.4	5175.3	9.8	0.2	1.9	213.3
山西证券公司长治新营街证券营业部	山西	长治	5400.2	5245.1	11.0	0.0	12.1	131.9
招商证券公司潍坊通亭街证券营业部	山东	潍坊	5385.8	4327.1	13.8	0.0	0.1	1044.8
西部证券公司西安二环南路证券营业部	陕西	西安	5385.6	4800.9	8.9	0.0	0.4	575.4
宏信证券公司大连虎滩路证券营业部	辽宁	大连	5379.2	1483.8	3.6	0.0	0.0	3891.8
中航证券有限公司新余北湖中路证券营业部	江西	新余	5360.8	4838.4	81.1	0.0	0.5	440.9
申万宏源西部证券有限公司厦门莲前东路证券营业部	福建	厦门	5357.4	5176.7	82.5	0.0	0.7	97.5
东海证券公司常州延陵东路证券营业部	江苏	常州	5346.7	4517.7	45.5	0.0	0.9	782.6
安信证券公司清远佛冈证券营业部	广东	清远	5346.3	5261.3	53.1	0.0	0.5	31.1
中泰证券公司栖霞霞光路证券营业部	山东	栖霞	5344.1	5241.4	10.7	0.0	0.6	91.4
东兴证券公司永春八二三东路证券营业部	福建	泉州	5339.8	5264.2	3.1	0.0	11.6	60.9
五矿证券有限公司深圳益田路证券营业部	深圳	深圳	5326.6	5323.7	0.0	0.0	0.0	2.9
爱建证券公司深圳益田路证券营业部	深圳	深圳	5325.3	4306.6	43.7	0.0	11.5	963.6
中信建投证券公司汕头海滨路证券营业部	广东	汕头	5314.5	4397.3	57.5	0.0	3.7	856.0
国泰君安证券公司岳阳求索西路证券营业部	湖南	岳阳	5311.0	5001.9	18.7	0.0	0.5	289.9
长城证券公司潍坊胜利东街证券营业部	山东	潍坊	5303.4	2618.8	430.0	0.0	23.0	2231.5
广发证券公司莆田文献西路证券营业部	福建	莆田	5291.0	5019.7	23.7	0.0	1.8	245.9
山西证券公司柳林贺昌大街证券营业部	山西	吕梁	5279.7	5195.8	12.8	0.0	0.9	70.3
天风证券公司荆门军马场一路证券营业部	湖北	荆门	5277.7	4780.6	33.3	0.0	6.2	457.7
申万宏源证券有限公司宜城龙门路证券营业部	湖北	宜城	5276.5	5170.0	41.9	0.0	0.9	63.6
首创证券公司苏州嘉元路证券营业部	江苏	苏州	5274.3	4698.1	35.0	0.0	33.4	507.7
申万宏源西部证券有限公司温岭万昌西路证券营业部	浙江	台州	5266.8	5110.8	14.2	0.0	0.7	141.1
中信建投证券公司新乡新飞大道证券营业部	河南	新乡	5264.2	4896.4	72.6	0.0	93.7	201.2
申万宏源证券有限公司湖州凤凰路证券营业部	浙江	湖州	5254.3	3607.2	55.5	0.0	8.2	1583.4
华福证券公司古田解放路证券营业部	福建	宁德	5247.3	5153.1	26.2	0.0	0.0	68.0
华龙证券公司陇南建设路证券营业部	甘肃	陇南	5246.2	5110.7	38.2	0.1	0.4	94.9
银泰证券公司唐山学院北路证券营业部	河北	唐山	5245.4	4517.7	20.7	0.0	0.5	705.9
光大证券公司昆山前进西路证券营业部	江苏	昆山	5245.4	5123.3	32.6	0.0	0.1	89.4
财通证券公司湖州织里商城西路证券营业部	浙江	湖州	5244.7	4819.1	5.3	0.0	9.3	411.0
国信证券公司江西分公司	江西	南昌	5241.6	4948.8	13.3	0.0	3.4	276.2
太平洋证券公司腾冲光华东路证券营业部	云南	保山	5239.4	5028.8	39.0	0.0	0.2	171.4
财达证券公司莆田福屿街证券营业部	福建	莆田	5239.4	4449.2	14.4	0.0	12.5	763.4
财通证券公司金华浦江人民东路证券营业部	浙江	金华	5237.3	5214.2	4.6	0.0	1.5	17.1
方正证券公司邵阳隆回桃花路证券营业部	湖南	邵阳	5218.4	4767.6	7.6	0.0	0.0	443.2
华泰证券公司苏州吴江区中山南路证券营业部	江苏	苏州	5207.1	4414.6	225.0	0.0	8.7	558.8
西南证券公司运城学苑路证券营业部	山西	运城	5205.6	4621.3	24.3	0.0	15.0	545.0

注：营业部交易金额的单位为百万元

证券营业部交易
Trading of Business Department

营业部名称 Business Department	省份 Province	城市 City	总计 Total	股票 Share	基金 Fund	政府债 G-Bond	公司债 C-Bond	债券回购 Repo
万联证券公司永州东安龙溪路证券营业部	湖南	永州	5204.4	4960.2	124.3	0.0	0.1	119.7
中信证券公司天津滨海新区黄海路证券营业部	天津	天津	5194.3	1148.1	190.6	0.0	0.0	3855.6
中泰证券公司北京高梁桥斜街证券营业部	北京	北京	5192.5	4124.4	307.6	0.0	0.5	759.9
太平洋证券公司蒙自天马路证券营业部	云南	蒙自	5190.8	4986.9	120.9	0.0	0.1	83.0
长城证券公司温州车站大道证券营业部	浙江	温州	5189.0	5102.0	1.5	0.0	0.0	85.5
东吴证券公司常熟海虞镇证券营业部	江苏	苏州	5182.7	4642.0	235.5	0.0	0.0	305.3
国泰君安证券公司烟台南大街证券营业部	山东	烟台	5181.7	2544.1	48.5	0.0	0.0	2589.1
中泰证券公司郯城人民路证券营业部	山东	临沂	5181.5	4948.5	13.4	0.0	0.1	219.5
西南证券公司萧山市心北路证券营业部	浙江	杭州	5179.0	3015.1	191.9	0.0	33.5	1938.4
长江证券公司上海鹤旋路证券营业部	上海	上海	5171.3	4481.2	38.0	2.4	31.7	618.0
东海证券公司焦作山阳路证券营业部	河南	焦作	5165.0	4560.8	18.3	0.0	0.4	585.5
东北证券公司长春丹江街证券营业部	吉林	长春	5158.3	4717.1	51.7	0.0	0.7	388.8
招商证券公司梧州冬湖路证券营业部	广西	梧州	5156.2	4716.5	81.8	0.0	11.5	345.5
海通证券公司福安阳头广场北路证券营业部	福建	福安	5155.9	5081.8	49.6	0.0	1.0	23.5
中原证券公司天津西康路证券营业部	天津	天津	5155.7	4485.5	49.1	0.0	1.9	619.2
中邮证券公司江西分公司	江西	南昌	5154.7	5111.5	23.3	0.0	0.3	19.5
华泰证券公司淮安淮安区韩信南路证券营业部	江苏	淮安	5150.8	4790.5	34.0	0.0	6.9	319.4
中信证券公司保定东风中路证券营业部	河北	保定	5149.2	5011.2	29.7	0.0	24.9	83.1
开源证券公司咸阳兴平证券营业部	陕西	咸阳	5148.0	4952.2	4.9	0.0	0.0	190.9
中信证券公司临海靖江中路证券营业部	浙江	台州	5145.8	4838.0	13.5	0.0	1.4	292.9
江海证券有限公司伊春南岔中经路证券营业部	黑龙江	伊春	5145.7	5059.3	7.4	0.0	18.2	60.8
太平洋证券公司辽宁分公司	辽宁	沈阳	5141.1	1629.2	101.0	0.0	164.4	3246.4
海通证券公司呼和浩特新华东街证券营业部	内蒙	呼和浩特	5138.9	4433.9	7.8	0.0	17.8	679.4
日信证券公司乌海海吉街证券营业部	内蒙	乌海	5134.7	3727.5	2.0	0.0	0.0	1405.1
申万宏源西部证券有限公司盐城经济开发区泰山路证券营业部	江苏	盐城	5133.4	1818.4	7.1	0.0	0.0	3307.9
中泰证券公司日照圣岚路证券营业部	山东	日照	5133.3	5021.7	2.9	0.0	0.3	108.5
华创证券公司毕节桂花路证券营业部	贵州	毕节	5127.9	5004.2	9.9	0.2	22.0	91.5
中国银河证券公司芜湖利民西路证券营业部	安徽	芜湖	5127.8	4807.6	15.6	0.0	7.3	297.3
长城国瑞证券有限公司龙岩龙川西路证券营业部	福建	龙岩	5115.8	4605.8	34.6	0.0	0.0	475.3
国信证券公司佛山平洲玉器南街证券营业部	广东	佛山	5115.1	4903.6	9.7	0.0	0.3	201.5
国泰君安证券公司甘肃分公司	甘肃	兰州	5101.1	5037.5	6.4	0.0	5.8	51.5
华泰证券公司宜兴氿滨大道证券营业部	江苏	宜兴	5092.0	4393.8	57.4	0.0	2.3	638.5
招商证券公司珠海粤海东路证券营业部	广东	珠海	5091.8	4790.4	46.2	0.0	1.5	253.7
长江证券公司武汉创业路证券营业部	湖北	武汉	5082.9	4883.1	28.1	0.0	7.4	164.3
中银国际证券公司西安未央路证券营业部	陕西	西安	5080.7	5070.4	10.2	0.0	0.0	0.0
国泰君安证券公司天津高新区梅苑路证券营业部	天津	天津	5078.7	4398.1	28.9	0.0	0.0	651.6
广发证券公司抚顺雷锋路证券营业部	辽宁	抚顺	5078.0	3818.2	202.8	0.0	39.3	1017.6
西藏同信证券公司廊坊香河府前街证券营业部	河北	廊坊	5077.4	5025.0	3.5	0.0	0.0	49.0
广发证券公司西安未央路证券营业部	陕西	西安	5077.2	4938.7	12.4	0.0	1.4	124.8
财通证券公司丽水松阳要津路证券营业部	浙江	丽水	5072.9	4972.4	7.9	0.0	0.1	92.5
中国银河证券公司眉山仁寿光明路证券营业部	四川	眉山	5062.9	4999.4	17.6	0.0	2.4	43.5
国联证券公司无锡东港镇健康路证券营业部	江苏	无锡	5062.8	4802.9	91.0	0.0	3.9	165.0
国元证券公司杭州余杭南大街证券营业部	浙江	杭州	5058.6	4555.4	21.6	0.0	0.3	480.3
浙商证券公司北京广安门外大街证券营业部	北京	北京	5057.4	4347.4	75.0	0.0	0.1	628.1
浙商证券公司南宁民生路证券营业部	广西	南宁	5046.7	4180.8	40.4	0.0	4.3	821.1
方正证券公司郑州瑞达路证券营业部	河南	郑州	5045.5	5008.8	13.0	0.0	1.9	21.9
长江证券公司阜阳一道河中路证券营业部	安徽	阜阳	5039.7	4643.2	54.3	0.0	0.4	341.8
申万宏源证券有限公司东莞鸿福路证券营业部	广东	东莞	5038.7	1549.4	10.6	0.0	156.8	3322.0
华安证券公司东至尧北路证券营业部	安徽	池州	5036.3	4920.6	8.5	0.0	7.9	99.3
长江证券公司东营北一路证券营业部	山东	东营	5017.5	4910.7	14.3	0.0	0.8	91.7

注：营业部交易金额的单位为百万元

证券营业部交易
Trading of Business Department

营业部名称 Business Department	省份 Province	城市 City	总计 Total	股票 Share	基金 Fund	政府债 G-Bond	公司债 C-Bond	债券回购 Repo
招商证券公司义乌宗泽路证券营业部	浙江	义乌	5016.2	4286.2	7.9	0.0	0.0	722.1
申万宏源西部证券有限公司石家庄裕华东路证券营业部	河北	石家庄	5011.6	2720.6	1723.4	0.0	0.4	567.2
海通证券公司太仓人民南路证券营业部	江苏	太仓	5005.1	4245.2	42.4	0.0	0.4	717.0
中泰证券公司义乌城中北路证券营业部	浙江	金华	5003.1	4934.2	10.1	0.0	0.0	58.8
财达证券公司邯郸永年新洺路证券营业部	河北	邯郸	4993.1	4172.2	19.2	0.0	0.0	801.7
民生证券公司济南千佛山路证券营业部	山东	济南	4993.1	1536.0	1.9	0.0	2.5	3452.6
海通证券公司咸宁潜山路证券营业部	湖北	咸宁	4990.3	4756.6	9.5	0.0	1.9	222.3
华泰证券公司大悟西岳大道证券营业部	湖北	孝感	4977.4	4400.1	501.1	0.0	1.9	74.2
长江证券公司枝江迎宾大道证券营业部	湖北	枝江	4972.3	4735.1	94.6	0.0	1.6	140.8
开源证券公司宝鸡清姜路证券营业部	陕西	宝鸡	4966.7	4715.0	33.1	0.0	7.5	211.1
南京证券公司常州分公司	江苏	常州	4964.7	4662.2	1.8	0.0	0.0	300.6
中泰证券公司乌鲁木齐南湖南路证券营业部	新疆	乌鲁木齐	4962.9	4588.3	7.8	0.0	0.3	366.5
信达证券公司太原体育南路证券营业部	山西	太原	4956.5	4864.6	42.7	0.0	0.1	49.1
华安证券公司灵璧凤河路证券营业部	安徽	宿州	4955.6	4832.0	23.1	0.3	84.1	16.2
中信建投证券公司西宁北大街证券营业部	青海	西宁	4950.7	3735.8	20.6	0.0	6.9	1187.3
华融证券公司怀化云集路证券营业部	湖南	怀化	4948.7	4934.4	6.9	0.0	1.1	6.3
长江证券公司石家庄红旗大街证券营业部	河北	石家庄	4944.1	4422.3	290.6	0.0	10.0	221.3
财通证券公司台州路桥邮电路证券营业部	浙江	台州	4940.6	4608.9	29.4	0.0	0.0	302.2
德邦证券公司南京庐山路证券营业部	江苏	南京	4927.2	4519.0	39.3	0.0	0.6	368.3
方正证券公司南阳人民路证券营业部	河南	南阳	4923.3	4586.0	5.9	0.0	1.4	330.0
信达证券公司沈阳辽中证券营业部	辽宁	沈阳	4913.8	4603.7	12.3	0.0	102.8	195.0
西部证券公司柳州海关路证券营业部	广西	柳州	4906.8	4610.5	19.0	0.0	25.0	252.3
广发证券公司云浮新兴新洲大道证券营业部	广东	云浮	4904.7	4605.0	42.1	0.0	0.0	257.6
国联证券公司淮安北京北路证券营业部	江苏	淮安	4897.9	4310.5	205.3	0.0	0.0	382.1
申万宏源西部证券有限公司五家渠振兴街证券营业部	新疆	五家渠	4896.7	4586.2	5.3	0.0	0.5	304.7
华福证券公司闽清解放大街证券营业部	福建	福州	4892.9	4839.7	3.7	0.0	1.8	47.8
海通证券公司青岛九水东路证券营业部	山东	青岛	4887.5	4832.8	28.5	0.0	0.2	26.1
浙商证券公司天津中北大道证券营业部	天津	天津	4878.7	4288.6	7.4	0.0	4.6	578.1
安信证券公司开封省府西街证券营业部	河南	开封	4863.2	4666.1	107.5	0.0	4.4	85.2
方正证券公司许昌南关大街证券营业部	河南	许昌	4861.5	4602.4	145.7	0.0	7.3	106.1
中国银河证券公司三亚解放四路证券营业部	海南	三亚	4854.6	4559.4	21.0	0.0	1.1	273.0
网信证券公司营口证券营业部	辽宁	营口	4849.4	4121.8	3.2	0.0	2.3	722.1
浙商证券公司重庆北城天街证券营业部	重庆	重庆	4839.1	4512.4	15.5	0.0	7.2	304.0
长江证券公司温州车站大道证券营业部	浙江	温州	4826.1	4798.0	8.3	0.0	2.8	17.0
开源证券公司南京河西大街证券营业部	江苏	南京	4821.8	3812.8	7.8	0.0	23.1	978.2
兴业证券公司邵武华光路证券营业部	福建	邵武	4815.5	3866.3	22.9	0.0	151.3	775.0
财富证券公司上海大连路证券营业部	上海	上海	4806.8	1903.0	106.1	0.0	0.0	2795.2
南京证券公司南宁竹溪大道证券营业部	广西	南宁	4799.9	4469.2	80.8	0.0	0.9	249.1
恒泰证券公司辽源丰寿路证券营业部	吉林	辽源	4791.3	4501.3	9.1	0.0	14.4	266.6
恒泰证券公司潮州城新西路证券营业部	广东	潮州	4783.6	4556.1	59.1	0.0	0.0	168.4
国盛证券公司海口五指山路证券营业部	海南	海口	4778.4	4272.3	17.2	0.0	0.0	488.9
信达证券公司台州玉兰路证券营业部	浙江	台州	4778.2	4670.4	17.5	0.0	0.3	90.0
山西证券公司朔州招远路证券营业部	山西	朔州	4774.8	4598.8	9.7	0.2	0.0	166.1
国联证券公司徐州中山北路证券营业部	江苏	徐州	4774.6	3720.6	289.0	0.0	0.0	765.0
国海证券公司桂林辅星路证券营业部	广西	桂林	4767.7	4548.4	18.8	0.0	0.2	200.3
国元证券公司中山古镇体育路证券营业部	广东	中山	4766.4	4491.7	7.1	0.0	0.3	267.2
海通证券公司昆山同丰路证券营业部	江苏	昆山	4765.6	4456.3	65.1	0.0	0.4	243.8
中国银河证券公司沈阳长白西路证券营业部	辽宁	沈阳	4764.3	4599.5	11.7	0.0	0.0	153.1
方正证券公司仙居穿城北路证券营业部	浙江	台州	4760.6	4619.6	16.0	0.0	0.0	125.0
中信建投证券公司佛山南海城南二路证券营业部	广东	佛山	4757.5	4424.3	137.3	0.4	42.0	153.5

注：营业部交易金额的单位为百万元

证券营业部交易
Trading of Business Department

营业部名称 Business Department	省份 Province	城市 City	总计 Total	股票 Share	基金 Fund	政府债 G-Bond	公司债 C-Bond	债券回购 Repo
东吴证券公司重庆聚贤岩广场证券营业部	重庆	重庆	4754.1	4493.6	4.8	0.0	0.3	255.5
新时代证券公司石家庄联盟路证券营业部	河北	石家庄	4752.9	4458.7	293.1	0.0	0.2	0.0
国泰君安证券公司北京金桐西路证券营业部	北京	北京	4742.2	3796.6	84.1	5.1	4.4	852.0
江海证券有限公司江海证券有限公司哈尔滨五常前进街证券营业部	黑龙江	哈尔滨	4737.7	4046.3	29.3	0.0	2.3	659.9
大通证券公司吉林松江中路证券营业部	吉林	吉林	4736.8	4203.2	18.9	0.0	0.0	514.5
中银国际证券公司洛阳唐宫路证券营业部	河南	洛阳	4734.6	4143.0	32.2	0.0	1.7	557.7
山西证券公司太原北大街证券营业部	山西	太原	4717.9	4324.7	61.9	0.0	0.1	331.2
国信证券公司汕头中山中路证券营业部	广东	汕头	4711.7	3634.5	22.2	0.0	2.2	1052.9
方正证券公司娄底新化梅苑南路证券营业部	湖南	娄底	4707.4	4689.4	13.7	0.0	3.7	0.6
中国银河证券公司东营府前大街证券营业部	山东	东营	4706.7	3979.5	2.9	0.0	0.2	724.0
中原证券公司济源济水大街证券营业部	河南	济源	4702.5	1218.1	3479.7	0.0	0.0	4.7
方正证券公司六盘水青峰路证券营业部	贵州	六盘水	4701.3	4662.6	5.0	0.0	1.9	31.8
中泰证券公司枣庄林运路证券营业部	山东	枣庄	4692.0	3930.3	31.6	0.0	3.9	724.3
广发证券公司广州林和西路证券营业部	广东	广州	4689.5	2952.4	68.5	4.9	34.7	1629.0
国联证券公司宜兴光明西路证券营业部	江苏	无锡	4683.7	4479.1	3.4	0.0	0.0	201.2
山西证券公司无锡五爱路证券营业部	江苏	无锡	4662.9	3899.9	24.7	0.0	1.4	736.9
华福证券公司郑州农业路证券营业部	河南	郑州	4659.2	4187.3	10.9	0.2	0.0	460.8
万联证券公司佛山顺德东乐路证券营业部	广东	佛山	4656.6	3645.1	194.5	0.0	44.3	772.8
西南证券公司岳阳通海南路证券营业部	湖南	岳阳	4644.3	3628.2	28.8	0.0	3.6	983.7
华泰证券公司深圳沙井中心路证券营业部	深圳	深圳	4642.4	4197.9	104.9	0.0	14.9	324.7
中国银河证券公司大庆东风路证券营业部	黑龙江	大庆	4640.0	4241.1	152.9	0.0	70.3	175.7
中原证券公司中原证券股份有限公司沁阳建设北路证券营业	河南	焦作	4635.9	4597.9	3.2	0.0	5.4	29.5
中信证券公司抚顺裕民路证券营业部	辽宁	抚顺	4633.9	4348.5	107.0	0.0	0.1	178.3
中银国际证券公司长沙新韶路证券营业部	湖南	长沙	4632.6	4595.7	35.8	0.0	1.2	0.0
新时代证券公司宜昌东山大道证券营业部	湖北	宜昌	4628.7	4624.9	3.8	0.0	0.0	0.0
五矿证券有限公司深圳龙城大道证券营业部	深圳	深圳	4615.8	4376.9	122.8	0.0	0.0	116.2
中国银河证券公司济宁洸河路证券营业部	山东	济宁	4611.4	1574.5	16.2	0.0	0.3	3020.4
爱建证券公司宁波环城北路证券营业部	浙江	宁波	4603.1	4160.6	10.2	0.0	14.1	418.2
华安证券公司六安大别山路证券营业部	安徽	六安	4594.1	4075.2	36.4	0.0	26.7	455.7
国元证券公司淮南卧龙山路证券营业部	安徽	淮南	4592.1	3691.6	11.9	0.0	0.5	888.1
中信证券公司杭州友谊路证券营业部	浙江	杭州	4586.1	1775.3	87.1	0.0	1.2	2722.5
东吴证券公司苏州吴中大道证券营业部	江苏	苏州	4585.6	3448.9	90.9	0.0	0.0	1045.8
华安证券公司厦门吕岭路证券营业部	福建	厦门	4567.5	4284.6	28.4	0.0	0.1	254.4
招商证券公司呼和浩特中山西路证券营业部	内蒙	呼和浩特	4559.1	4136.3	35.8	0.0	2.2	384.7
招商证券公司重庆涪陵广场路证券营业部	重庆	重庆	4536.6	3782.2	16.0	0.0	0.5	737.9
中银国际证券公司德阳中江县伍城中路证券营业部	四川	德阳	4509.5	3521.7	60.7	0.0	56.5	870.7
中原证券公司郑州国基路证券营业部	河南	郑州	4509.0	3587.4	663.0	0.0	1.2	257.4
中天证券公司鞍山民生西路证券营业部	辽宁	鞍山	4508.9	4152.0	7.3	0.0	6.0	343.7
财通证券公司杭州下沙证券营业部	浙江	杭州	4506.2	4127.4	13.5	0.0	2.7	362.6
华鑫证券公司江门迎宾大道中证券营业部	广东	江门	4505.3	3214.7	8.6	0.0	3.6	1278.4
东方证券公司太原南内环街证券营业部	山西	太原	4503.7	4378.0	54.3	0.0	0.0	71.3
方正证券公司惠州南坛北路证券营业部	广东	惠州	4503.3	4212.9	17.6	0.0	3.6	269.1
太平洋证券公司通海南街证券营业部	云南	玉溪	4502.3	4386.9	30.8	0.0	0.1	84.5
财富证券公司邵阳邵东金龙大道证券营业部	湖南	邵阳	4501.9	4448.1	15.7	0.0	30.6	7.5
国元证券公司定远东城路证券营业部	安徽	滁州	4499.6	4449.3	35.3	0.0	0.2	14.8
山西证券公司长治长北漳泽东街证券营业部	山西	长治	4496.4	4371.8	21.3	0.0	0.2	103.1
国元证券公司上海周家嘴路证券营业部	上海	上海	4489.4	3851.0	20.8	0.0	4.0	613.6
大同证券公司吕梁八一街证券营业部	山西	吕梁	4486.3	3428.6	20.4	0.0	0.0	1037.4
东兴证券公司厦门鹭江道证券营业部	福建	厦门	4482.8	4243.0	9.7	0.0	2.1	227.9
海通证券公司枣庄燕山路证券营业部	山东	枣庄	4480.8	4398.8	24.0	0.0	14.0	44.0

注：营业部交易金额的单位为百万元

证券营业部交易
Trading of Business Department

营业部名称 Business Department	省份 Province	城市 City	总计 Total	股票 Share	基金 Fund	政府债 G-Bond	公司债 C-Bond	债券回购 Repo
中信建投证券公司北京北辰西路证券营业部	北京	北京	4475.3	3550.3	14.6	0.0	7.1	903.3
财达证券公司衡水胜利东路证券营业部	河北	衡水	4464.8	4040.5	19.3	0.0	5.2	399.8
中信证券公司杭州古墩路证券营业部	浙江	杭州	4461.8	2539.9	164.0	0.0	3.9	1754.0
西南证券公司义乌城中中路证券营业部	浙江	义乌	4461.0	4362.0	64.5	0.0	0.0	34.6
开源证券公司成都天府大道证券营业部	四川	成都	4452.0	4257.1	30.1	0.0	0.2	164.6
海通证券公司潍坊东风东街证券营业部	山东	潍坊	4451.2	3533.6	152.7	0.0	0.3	764.6
金元证券公司三亚迎宾大道证券营业部	海南	三亚	4447.4	2155.3	1114.2	0.0	0.0	1177.9
中国银河证券公司祁县新建北路证券营业部	山西	晋中	4442.4	4332.5	14.2	0.0	0.1	95.7
民生证券公司合肥东流路证券营业部	安徽	合肥	4439.1	3452.8	6.1	0.0	0.0	980.2
财达证券公司石家庄新乐新华路证券营业部	河北	石家庄	4436.8	3912.3	8.4	0.0	7.9	508.2
银泰证券公司福州五四路证券营业部	福建	福州	4431.9	4265.2	13.6	0.0	3.0	150.1
中信证券公司上海环球金融中心证券营业部	上海	上海	4421.4	2479.8	109.0	0.0	0.0	1832.6
国联证券公司无锡梅村镇锡义路证券营业部	江苏	无锡	4420.8	3867.4	43.2	0.0	2.9	507.3
财通证券公司杭州瓜沥友谊路证券营业部	浙江	杭州	4419.1	4346.1	3.0	0.0	1.1	69.0
华安证券公司深圳槟榔道证券营业部	深圳	深圳	4417.8	4278.6	1.0	0.0	0.4	137.9
招商证券公司绍兴中兴南路证券营业部	浙江	绍兴	4416.5	3975.2	35.6	0.0	1.7	404.0
华安证券公司洛阳中州路证券营业部	河南	洛阳	4415.3	3965.6	6.9	0.0	1.7	441.1
光大证券公司重庆碚峡西路证券营业部	重庆	重庆	4409.0	4254.8	8.7	0.0	6.0	139.5
湘财证券公司南宁中柬路证券营业部	广西	南宁	4401.5	3821.3	79.6	0.0	4.1	494.6
东吴证券公司昆山高新区前进西路证券营业部	江苏	苏州	4397.8	2940.6	30.6	0.0	0.5	1426.1
申万宏源西部证券有限公司泽普石油基地证券营业部	新疆	喀什	4397.1	4322.0	21.2	0.0	0.0	53.9
方正证券公司永州宁远泠江东路证券营业部	湖南	永州	4394.7	4110.1	12.0	0.0	8.0	264.6
信达证券公司长沙芙蓉中路证券营业部	湖南	长沙	4390.2	3372.9	1.3	0.0	0.0	1016.0
长江证券公司九江浔阳东路证券营业部	江西	九江	4384.9	4321.8	13.6	0.0	0.0	49.6
中信证券公司江阴河北街证券营业部	江苏	无锡	4381.9	3424.7	37.3	0.0	0.1	919.8
海通证券公司晋城黄华街证券营业部	山西	晋城	4379.5	4163.6	44.6	0.0	6.7	164.6
国元证券公司贵阳金阳碧海南路证券营业部	贵州	贵阳	4377.0	3951.2	18.3	4.5	10.3	392.7
天风证券公司天风证券股份有限公司上海马当路证券营业部	上海	上海	4374.8	886.1	0.0	0.0	0.0	3488.7
南京证券公司楚雄双建路证券营业部	云南	楚雄	4374.2	3996.7	11.0	0.0	0.4	366.1
银泰证券公司义乌宾王路证券营业部	浙江	义乌	4372.8	3478.2	17.0	0.0	1.2	876.4
长城证券公司珠海九洲大道中证券营业部	广东	珠海	4369.6	1873.6	15.5	0.0	0.0	2480.5
山西证券公司盂县秀水东街证券营业部	山西	阳泉	4367.8	4244.7	4.5	0.0	2.1	116.5
浙商证券公司平阳人民路证券营业部	浙江	温州	4362.5	4263.6	19.1	0.0	0.8	79.1
中信建投证券公司天津津南紫江路证券营业部	天津	天津	4359.9	3575.1	4.3	0.0	1.3	779.2
中泰证券公司阳谷运河东路证券营业部	山东	聊城	4359.3	4228.9	9.0	0.0	72.3	49.0
开源证券公司韩城盘河路证券营业部	陕西	韩城	4355.7	3937.4	6.3	0.0	25.7	386.4
第一创业证券公司廊坊永兴路证券营业部	河北	廊坊	4349.0	3481.3	168.0	0.0	4.3	695.3
申万宏源西部证券有限公司盐城东台望海东路证券营业部	江苏	盐城	4346.9	3952.8	16.4	0.0	14.0	363.7
五矿证券有限公司成都天府新区南湖商业街证券营业部	四川	成都	4346.6	2931.9	1.6	0.0	34.8	1378.4
东莞证券公司东莞茶山茶山大道证券营业部	广东	东莞	4345.8	3327.2	809.0	0.0	0.0	209.6
中国民族证券公司辉南工农街证券营业部	吉林	通化	4344.2	4307.3	10.2	0.0	12.2	14.4
首创证券公司上海崇明中津桥路证券营业部	上海	上海	4334.7	3674.0	56.4	0.0	47.7	556.6
方正证券公司常德澧县澧浦路证券营业部	湖南	常德	4333.9	4329.0	3.7	0.0	0.1	1.1
东方证券公司上海浦东新区春晓路证券营业部	上海	上海	4332.1	3768.6	15.7	0.0	3.1	544.3
财达证券公司玉田北环路证券营业部	河北	唐山	4331.1	4006.8	9.3	0.0	0.6	314.5
中国银河证券公司太谷康源路证券营业部	山西	晋中	4329.4	4272.3	17.2	1.0	0.3	38.6
中航证券有限公司青岛江西路证券营业部	山东	青岛	4327.0	3907.0	0.6	0.0	0.0	419.5
国泰君安证券公司武汉珞瑜路证券营业部	湖北	武汉	4325.0	4252.7	8.8	0.0	2.4	61.1
广州证券公司兰州东岗东路证券营业部	甘肃	兰州	4321.1	2656.8	5.0	0.0	0.0	1659.4
长城证券公司广州昌岗中路证券营业部	广东	广州	4316.5	3436.7	285.2	0.0	99.2	495.4

注：营业部交易金额的单位为百万元

证券营业部交易
Trading of Business Department

营业部名称 Business Department	省份 Province	城市 City	总计 Total	股票 Share	基金 Fund	政府债 G-Bond	公司债 C-Bond	债券回购 Repo
中信建投证券公司北京通州通朝大街证券营业部	北京	北京	4313.9	4218.9	67.4	0.0	0.4	27.3
银泰证券公司杭州体育场路证券营业部	浙江	杭州	4313.5	3929.3	17.5	0.0	0.0	366.8
长城证券公司武汉关山大道证券营业部	湖北	武汉	4304.2	4138.4	24.4	0.0	0.1	141.3
中原证券公司长垣人民路证券营业部	河南	新乡	4303.6	4062.2	9.6	0.0	0.0	231.9
新时代证券公司长沙五一大道证券营业部	湖南	长沙	4297.9	4233.8	64.1	0.0	0.0	0.0
东海证券公司无锡运河东路证券营业部	江苏	无锡	4296.9	2721.6	63.9	0.0	7.1	1504.3
国盛证券公司重庆大坪正街证券营业部	重庆	重庆	4282.7	4029.3	10.0	0.0	0.5	242.9
西部证券公司汉中西乡证券营业部	陕西	汉中	4276.9	4252.7	4.1	0.1	0.9	19.1
兴业证券公司泉州德泰路证券营业部	福建	泉州	4276.5	2697.7	192.7	0.0	0.0	1386.0
恒泰证券公司广州珠江西路证券营业部	广东	广州	4276.1	4209.9	63.5	0.0	0.7	2.1
财通证券公司桐乡世纪大道证券营业部	浙江	嘉兴	4273.1	4083.8	3.7	0.0	0.0	185.6
长江证券公司临沂通达路证券营业部	山东	临沂	4271.8	3976.1	19.0	0.0	82.0	194.7
华福证券公司长沙芙蓉中路证券营业部	湖南	长沙	4267.1	4120.0	19.1	0.0	1.3	126.7
东北证券公司潍坊北宫东街证券营业部	山东	潍坊	4265.9	3828.7	104.3	0.0	0.4	332.6
中天证券公司深圳民田路证券营业部	深圳	深圳	4264.3	4023.1	1.6	0.0	6.6	232.9
华泰证券公司利川公园路证券营业部	湖北	利川	4263.7	4098.7	35.7	0.0	60.3	68.9
西藏同信证券公司衢州振兴东路证券营业部	浙江	衢州	4261.8	4192.2	33.6	0.0	10.8	25.2
财富证券公司长沙银盆南路证券营业部	湖南	长沙	4254.5	3826.7	13.7	0.0	2.8	411.3
中天证券公司抚顺新华大街证券营业部	辽宁	抚顺	4252.7	3962.3	17.8	0.0	0.7	271.9
中国银河证券公司南通工农路证券营业部	江苏	南通	4248.0	3546.6	54.9	0.0	0.1	646.5
广发证券公司韶关怡华路证券营业部	广东	韶关	4238.5	4104.6	39.0	0.0	0.4	94.1
中国民族证券公司海城北顺城路证券营业部	辽宁	海城	4238.4	3846.4	238.1	0.0	10.3	143.6
中信建投证券公司南平八一路证券营业部	福建	南平	4238.0	3341.8	17.6	0.0	0.0	878.7
国联证券公司海门长江南路证券营业部	江苏	海门	4236.3	3534.3	86.5	0.0	0.0	615.5
长城证券公司晋江迎宾路证券营业部	福建	晋江	4234.8	3939.1	26.8	0.0	3.5	265.5
银泰证券公司温州车站大道证券营业部	浙江	温州	4230.6	3703.5	40.8	0.0	0.1	486.3
华融证券公司郑州商务外环路证券营业部	河南	郑州	4227.2	3073.9	12.4	0.0	0.0	1140.8
海通证券公司惠州演达一路证券营业部	广东	惠州	4226.3	3738.5	27.1	0.0	5.9	454.9
招商证券公司西安锦业路证券营业部	陕西	西安	4221.2	3954.9	18.6	0.0	0.0	247.7
中航证券有限公司中航证券有限公司柳州三中路证券营业部	广西	柳州	4216.8	4135.8	11.1	0.0	0.0	69.7
东吴证券公司苏州虎丘区科技城证券营业部	江苏	苏州	4215.3	4144.3	1.8	0.0	1.3	67.9
华安证券公司郎溪中港路证券营业部	安徽	宣城	4211.1	4203.0	2.8	0.0	0.0	5.3
东吴证券公司南京迈化路证券营业部	江苏	南京	4205.3	3688.3	12.4	0.0	0.0	504.6
中信建投证券公司昆山前进中路证券营业部	江苏	昆山	4201.0	2270.9	12.5	0.0	0.0	1917.6
华英证券公司华英证券有限责任公司总部(非对外营业部)	江苏	无锡	4199.2	0.0	0.0	50.9	3850.3	298.0
广发证券公司大庆纬六路证券营业部	黑龙江	大庆	4194.0	4044.2	22.7	0.0	13.6	113.6
长城国瑞证券有限公司厦门南山路证券营业部	福建	厦门	4185.1	3963.9	15.2	0.0	21.7	184.3
大通证券公司宜春袁山中路证券营业部	江西	宜春	4184.2	4112.1	2.9	0.0	0.3	68.8
江海证券有限公司济南经十路证券营业部	山东	济南	4182.3	3789.5	105.6	0.0	3.1	284.2
中天证券公司朝阳友谊大街证券营业部	辽宁	朝阳	4178.0	3419.0	33.9	0.0	0.0	725.1
中信证券公司宁波大庆南路证券营业部	浙江	宁波	4173.9	1321.4	19.7	0.0	0.0	2832.7
安信证券公司广州黄石东路证券营业部	广东	广州	4165.9	4075.7	4.5	0.0	0.0	85.7
申万宏源西部证券有限公司大连金州香水路证券营业部	辽宁	大连	4161.4	2581.3	144.5	0.0	0.6	1435.0
西南证券公司南昌红谷中大道证券营业部	江西	南昌	4160.4	3459.0	5.7	0.0	0.0	695.7
招商证券公司晋江和平中路证券营业部	福建	晋江	4159.1	2580.6	3.0	0.0	1.9	1573.6
中信证券公司天津黄河道证券营业部	天津	天津	4158.4	2109.1	930.1	0.0	0.8	1118.4
国都证券公司济源文昌中路证券营业部	河南	济源	4156.2	4106.5	13.4	0.0	17.1	19.3
华泰证券公司徐州丰县中阳大道证券营业部	江苏	徐州	4154.6	4012.0	46.8	0.0	5.6	90.3
长江证券公司焦作民主南路证券营业部	河南	焦作	4151.6	3947.4	10.9	0.1	0.7	192.4
新时代证券公司天津营口道证券营业部	天津	天津	4151.5	4100.5	51.1	0.0	0.0	0.0

注：营业部交易金额的单位为百万元

证券营业部交易
Trading of Business Department

营业部名称 Business Department	省份 Province	城市 City	总计 Total	股票 Share	基金 Fund	政府债 G-Bond	公司债 C-Bond	债券回购 Repo
天风证券公司天门钟惺大道证券营业部	湖北	天门	4149.5	3687.1	46.3	0.0	1.3	414.8
招商证券公司赣州红旗大道证券营业部	江西	赣州	4148.0	4037.4	5.4	0.0	0.4	104.3
广州证券公司重庆民权路证券营业部	重庆	重庆	4142.2	3843.9	13.4	0.0	2.9	282.0
海通证券公司新昌七星路证券营业部	浙江	绍兴	4133.3	4045.3	60.1	0.0	2.8	25.0
浙商证券公司郑州黄河路证券营业部	河南	郑州	4120.9	4103.0	3.3	0.0	0.2	14.5
华创证券公司贵阳乌当新添大道证券营业部	贵州	贵阳	4119.7	3656.0	4.8	0.0	0.8	458.1
华融证券公司石家庄中山东路证券营业部	河北	石家庄	4114.0	3283.3	19.4	0.0	9.7	801.6
财达证券公司佳木斯富锦向阳路证券营业部	黑龙江	佳木斯	4113.5	3951.0	14.8	0.6	0.0	147.0
中航证券有限公司中航证券有限公司兰州庄浪西路证券营业部	甘肃	兰州	4108.6	3037.9	8.2	0.0	0.0	1062.5
中银国际证券公司太原平阳路证券营业部	山西	太原	4106.5	3612.8	36.6	0.0	0.0	457.1
民生证券公司武汉珞瑜路证券营业部	湖北	武汉	4102.9	2850.3	4.8	0.0	0.0	1247.7
中信证券公司嘉兴纺工路证券营业部	浙江	嘉兴	4102.3	3768.0	26.0	0.0	0.2	308.1
五矿证券有限公司株洲长江北路证券营业部	湖南	株洲	4098.6	3809.3	15.3	0.0	0.0	274.1
中国银河证券公司湛江廉江环市北路证券营业部	广东	湛江	4094.7	3922.0	57.3	0.0	0.1	115.4
国都证券公司三门峡文明路证券营业部	河南	三门峡	4094.7	4082.7	2.7	0.0	0.0	9.4
申万宏源西部证券有限公司奇台东大街证券营业部	新疆	昌吉	4093.6	4085.0	2.6	0.0	1.7	4.3
广发证券公司盘锦石油大街证券营业部	辽宁	盘锦	4092.9	3966.1	9.1	0.0	0.3	117.4
中国中投证券公司遂宁蓬溪西湖路证券营业部	四川	遂宁	4092.6	3988.3	14.5	0.0	0.0	89.7
宏信证券公司沈阳五爱街证券营业部	辽宁	沈阳	4089.2	1268.2	3.5	0.0	0.4	2817.1
日信证券公司深圳宝民路证券营业部	深圳	深圳	4085.7	3981.7	11.8	0.0	13.6	78.5
渤海证券公司汕头金砂路证券营业部	广东	汕头	4085.7	2663.5	23.7	0.0	0.0	1398.5
华西证券公司内江太白路证券营业部	四川	内江	4083.4	2982.1	97.5	0.0	5.0	998.8
海通证券公司台州市府大道证券营业部	浙江	台州	4083.1	3588.1	22.9	0.0	21.1	451.0
中国银河证券公司奉化岳林路证券营业部	浙江	宁波	4080.9	2661.4	0.7	0.0	2.0	1416.9
中国银河证券公司灵石新建街证券营业部	山西	晋中	4076.5	2893.7	800.6	0.0	8.7	373.5
国联证券公司无锡钱桥金岸路证券营业部	江苏	无锡	4065.7	3079.3	492.7	0.0	0.8	493.0
首创证券公司成都郫县新南街证券营业部	四川	成都	4064.7	1623.2	0.8	0.0	1.5	2439.2
中信建投证券公司厦门观日路证券营业部	福建	厦门	4063.4	2462.0	13.6	0.0	0.0	1587.8
南京证券公司盐城分公司	江苏	盐城	4059.4	3996.4	52.1	0.0	2.0	8.9
大通证券公司柳州鹿寨县民生路证券营业部	广西	柳州	4059.0	3934.8	5.8	0.0	10.6	107.8
信达证券公司北京朝阳门证券营业部	北京	北京	4053.7	3046.7	137.2	0.0	0.1	869.6
新时代证券公司成都西安中路证券营业部	四川	成都	4050.4	4026.1	19.2	0.0	5.2	0.0
中泰证券公司梅州正兴路证券营业部	广东	梅州	4049.9	3223.9	41.0	0.0	2.7	782.3
申万宏源西部证券有限公司乌苏北京西路证券营业部	新疆	乌苏	4048.2	3989.2	6.7	0.0	0.0	52.3
宏信证券公司泸州合江县少岷路证券营业部	四川	泸州	4048.1	3991.3	24.1	0.1	0.5	32.1
世纪证券公司东莞长安证券营业部	广东	东莞	4043.9	3896.5	34.3	0.0	8.2	104.9
国海证券公司河池宜州市城中中路证券营业部	广西	宜州	4041.7	3901.7	9.1	0.0	0.1	130.9
浙商证券公司苏州旺墩路证券营业部	江苏	苏州	4040.8	3599.8	42.4	0.0	1.0	397.6
中航证券有限公司成都青羊大道证券营业部	四川	成都	4039.6	3653.4	10.8	0.0	0.2	375.2
方正证券公司长沙望城宝粮路证券营业部	湖南	长沙	4031.6	3714.1	10.0	0.0	0.9	306.6
华龙证券公司青岛东海西路证券营业部	山东	青岛	4028.7	2835.2	25.9	0.0	1.5	1166.1
中天证券公司中天证券有限责任公司深圳金田路证券营业部	深圳	深圳	4027.6	4004.0	2.3	0.0	0.0	21.3
国盛证券公司青岛宁夏路证券营业部	山东	青岛	4022.7	3962.9	10.4	0.0	2.8	46.6
国泰君安证券公司咸阳世纪大道证券营业部	陕西	咸阳	4015.1	3871.3	2.9	0.0	1.1	139.8
申万宏源证券有限公司黄山前园南路证券营业部	安徽	黄山	4013.9	3865.9	10.7	0.0	1.1	136.2
财达证券公司秦皇岛抚宁迎宾路证券营业部	河北	秦皇岛	4006.4	3829.7	23.3	0.0	0.0	153.4
财达证券公司邢台巨鹿新华南街证券营业部	河北	邢台	4002.9	3843.2	9.8	0.0	0.0	149.8
安信证券公司厦门鹭江道证券营业部	福建	厦门	3998.7	3681.3	82.4	0.0	0.0	234.9
渤海证券公司天津津滨大道证券营业部	天津	天津	3998.6	2752.7	17.0	0.0	0.1	1228.8
国信证券公司北京通州九棵树证券营业部	北京	北京	3991.9	3551.4	19.8	0.2	4.6	415.8

注：营业部交易金额的单位为百万元

证券营业部交易
Trading of Business Department

营业部名称 Business Department	省份 Province	城市 City	总计 Total	股票 Share	基金 Fund	政府债 G-Bond	公司债 C-Bond	债券回购 Repo
招商证券公司嘉兴中山东路证券营业部	浙江	嘉兴	3986.2	3819.6	25.1	0.0	13.4	128.1
大通证券公司大连普兰店文化路证券营业部	辽宁	大连	3983.7	3915.6	4.8	0.0	3.1	60.2
招商证券公司常州常武中路证券营业部	江苏	常州	3981.6	3127.1	8.7	0.0	0.2	845.7
财达证券公司保定徐水振兴西路证券营业部	河北	保定	3979.5	3639.9	3.3	0.0	1.8	334.4
信达证券公司本溪桓仁证券营业部	辽宁	本溪	3979.2	3863.7	7.9	0.0	2.8	104.8
招商证券公司榆林新建南路证券营业部	陕西	榆林	3979.1	3839.8	17.2	0.0	0.3	121.7
新时代证券公司绵阳泗水巷铁牛广场证券营业部	四川	绵阳	3977.4	3970.5	6.9	0.0	0.1	0.0
长江证券公司武汉解放大道汉西证券营业部	湖北	武汉	3975.5	3926.6	48.4	0.0	0.0	0.0
申万宏源证券有限公司淮安淮海南路证券营业部	江苏	淮安	3973.6	3811.2	2.8	0.0	0.0	159.6
东海证券公司靖江江平路证券营业部	江苏	靖江	3967.7	3933.6	15.1	0.0	1.1	17.9
长城证券公司上饶带湖路证券营业部	江西	上饶	3965.7	3944.6	9.3	0.0	0.0	11.8
中银国际证券公司新乡和平大道证券营业部	河南	新乡	3964.7	3709.4	24.3	0.0	69.3	161.8
红塔证券公司长沙八一路证券营业部	湖南	长沙	3959.3	3636.8	2.8	0.0	1.8	317.9
西南证券公司长春康平街证券营业部	吉林	长春	3956.0	3769.5	9.3	0.4	9.8	167.0
中原证券公司西峡世纪大道证券营业部	河南	南阳	3953.6	3912.5	16.4	0.0	8.3	16.5
西藏同信证券公司盐城迎宾南路证券营业部	江苏	盐城	3950.7	3127.9	7.7	0.0	0.3	814.8
兴业证券公司闽侯入城路证券营业部	福建	福州	3947.4	3012.4	7.7	0.0	12.4	915.0
中国银河证券公司渭南朝阳大街证券营业部	陕西	渭南	3945.1	3470.1	94.0	0.1	6.8	374.1
五矿证券有限公司平顶山中兴路证券营业部	河南	平顶山	3943.3	3840.7	7.3	0.0	4.0	91.3
申万宏源证券有限公司湘潭建设北路证券营业部	湖南	湘潭	3930.4	3691.6	23.6	0.0	1.0	213.7
中信建投证券公司贵阳黄河路证券营业部	贵州	贵阳	3913.9	3603.0	87.5	0.0	6.9	216.5
招商证券公司台州市府大道证券营业部	浙江	台州	3904.0	3696.5	2.7	0.0	0.0	204.7
山西证券公司原平前进西街证券营业部	山西	忻州	3901.2	3705.3	34.5	0.3	0.0	161.1
国信证券公司漳州水仙大街证券营业部	福建	漳州	3900.0	3580.7	20.3	0.0	14.9	284.1
国联证券公司无锡安镇锡东大道证券营业部	江苏	无锡	3898.4	3532.4	116.7	0.0	1.0	248.3
国元证券公司郑州陇海中路证券营业部	河南	郑州	3890.7	3615.8	13.0	0.0	7.8	254.1
华鑫证券公司长沙芙蓉中路证券营业部	湖南	长沙	3890.3	3751.0	18.6	0.0	0.0	120.7
中信建投证券公司深圳学府路证券营业部	深圳	深圳	3890.3	3658.0	33.7	0.0	0.0	198.6
大同证券公司朔州开发南路证券营业部	山西	朔州	3889.3	3362.3	27.9	5.1	0.1	494.0
安信证券公司梅州平远证券营业部	广东	梅州	3886.9	3746.7	56.5	0.0	2.6	81.2
太平洋证券公司襄阳春园西路证券营业部	湖北	襄阳	3877.2	3768.0	7.9	0.0	0.0	101.3
方正证券公司濮阳黄河路证券营业部	河南	濮阳	3876.3	3769.9	19.7	0.0	9.9	76.8
财富证券公司岳阳花板桥路证券营业部	湖南	岳阳	3866.6	3627.8	15.7	0.0	1.1	222.0
中国银河证券公司梅州沿江西路证券营业部	广东	梅州	3862.7	3633.8	2.0	0.0	66.0	161.0
西部证券公司郑州金水路证券营业部	河南	郑州	3861.9	3792.6	5.2	0.0	2.0	62.1
中国银河证券公司舟山千岛路证券营业部	浙江	舟山	3861.7	2221.1	40.8	0.0	35.6	1564.2
国泰君安证券公司咸宁咸宁大道证券营业部	湖北	咸宁	3856.3	3668.7	9.7	0.0	0.4	177.5
万联证券公司东莞常平振兴三街证券营业部	广东	东莞	3854.9	3486.6	358.7	0.0	0.0	9.6
万联证券公司西安科技路证券营业部	陕西	西安	3849.1	2628.0	637.3	0.0	0.3	583.5
信达证券公司绍兴柯桥山阴路证券营业部	浙江	绍兴	3841.8	3678.9	15.2	0.0	11.5	136.2
华泰证券公司宿迁泗阳北京中路证券营业部	江苏	宿迁	3836.7	3593.9	133.5	0.0	0.0	109.3
财富证券公司湘乡市大正街证券营业部	湖南	湘潭	3833.8	3819.6	4.0	0.0	0.0	10.3
华西证券公司达州渠县人民街证券营业部	四川	达州	3828.5	3778.4	10.2	0.0	0.1	39.8
申万宏源西部证券有限公司盐城响水双园东路证券营业部	江苏	盐城	3826.1	3685.2	6.6	0.0	0.0	134.2
长城证券公司潮州枫春路证券营业部	广东	潮州	3825.3	3351.5	7.7	0.0	0.5	465.6
方正证券公司常宁群英西路证券营业部	湖南	衡阳	3825.2	3785.9	14.1	0.0	0.8	24.3
中泰证券公司淄博桓台渔洋街证券营业部	山东	淄博	3819.9	3674.3	6.5	0.0	0.0	139.2
东北证券公司临江临江大街证券营业部	吉林	临江	3815.8	3601.6	6.4	0.0	0.1	207.7
民生证券公司南阳仲景南路证券营业部	河南	郑州	3815.2	3760.2	5.5	0.0	25.6	23.9
民生证券公司西安长乐东路证券营业部	陕西	西安	3814.1	2748.3	12.0	0.0	0.6	1053.2

注：营业部交易金额的单位为百万元

证券营业部交易
Trading of Business Department

营业部名称 Business Department	省份 Province	城市 City	总计 Total	股票 Share	基金 Fund	政府债 G-Bond	公司债 C-Bond	债券回购 Repo
银泰证券公司郑州东风路证券营业部	河南	郑州	3809.1	2210.7	13.2	0.0	0.0	1585.1
天风证券公司钟祥王府大道证券营业部	湖北	荆门	3807.2	3755.5	8.8	0.0	7.0	35.9
五矿证券有限公司重庆中山三路证券营业部	重庆	重庆	3802.7	2697.9	161.1	0.0	0.0	943.8
中国银河证券公司贵阳金阳观山西路证券营业部	贵州	贵阳市	3799.8	3386.8	14.1	0.0	0.7	398.2
山西证券公司绍兴笛扬路证券营业部	浙江	绍兴	3798.2	3326.2	13.3	0.0	0.0	458.7
东吴证券公司昆山周市镇萧林东路证券营业部	江苏	苏州	3796.9	3528.4	17.2	0.0	0.1	251.2
中国银河证券公司江门东海路证券营业部	广东	江门	3795.4	2436.8	263.9	60.7	12.9	1021.0
渤海证券公司成都建业路证券营业部	四川	成都	3792.8	2840.0	3.1	0.0	19.5	930.2
长江证券公司天津世纪大道证券营业部	天津	天津	3792.0	3079.8	151.4	0.0	0.0	560.8
中泰证券公司滨州邹平黄山三路证券营业部	山东	滨州	3786.7	3608.0	55.5	0.0	20.3	102.9
招商证券公司深圳朗山路证券营业部	深圳	深圳	3780.9	3414.5	15.0	0.0	1.0	350.4
东方证券公司上海浦东新区富特西三路证券营业部	上海	上海	3778.6	2355.7	16.4	0.0	0.0	1406.5
长江证券公司兴化花园路证券营业部	江苏	兴化	3774.5	3762.8	4.7	0.0	0.0	7.0
申万宏源西部证券有限公司宜兴环科园新城路证券营业部	江苏	宜兴	3770.8	3735.2	9.0	0.0	1.0	25.6
天风证券公司上海国宾路证券营业部	上海	上海	3761.2	2872.0	23.4	0.0	0.2	865.7
国信证券公司韶关沿江西路证券营业部	广东	韶关	3761.2	3701.2	12.2	0.0	5.5	42.2
安信证券公司潮州枫溪凤新西路证券营业部	广东	潮州	3759.9	3247.3	43.5	0.0	0.3	468.8
国信证券公司铜陵义安大道证券营业部	安徽	铜陵	3756.3	3681.9	19.6	0.0	13.4	41.4
中航证券有限公司鞍山解放东路证券营业部	辽宁	鞍山	3753.8	2984.2	16.5	0.0	0.1	753.0
中银国际证券公司泉州丰泽街证券营业部	福建	泉州	3740.5	3617.7	17.5	0.0	1.5	103.8
华鑫证券公司泉州宝洲路证券营业部	福建	泉州	3734.5	3423.7	8.1	0.0	9.0	293.8
财通证券公司杭州九堡九乔街证券营业部	浙江	杭州	3734.0	3465.8	133.9	0.0	2.7	128.3
国盛证券公司太原新建南路证券营业部	山西	太原	3733.6	3436.2	6.6	0.0	0.0	290.8
大同证券公司河津新耿北街证券营业部	山西	河津	3729.9	2539.4	203.7	0.0	0.1	986.8
华龙证券公司天水麦积区证券营业部	甘肃	天水	3723.1	3515.8	8.1	0.0	0.3	198.9
东吴证券公司苏州浒关镇证券营业部	江苏	苏州	3703.5	3233.6	14.2	0.0	1.3	454.5
中国中投证券公司石家庄体育南大街证券营业部	河北	石家庄	3702.5	2459.6	10.7	0.0	0.0	1232.2
万和证券公司三亚解放二路证券营业部	海南	三亚	3702.5	3591.3	18.6	0.0	0.2	92.4
中信建投证券公司中山中山四路证券营业部	广东	中山	3700.8	3486.4	19.5	0.7	4.0	190.2
海通证券公司汉中天汉大道证券营业部	陕西	汉中	3700.4	3472.5	38.6	0.0	5.2	184.1
中信证券公司德阳峨眉山南路证券营业部	四川	德阳	3699.0	3322.1	16.4	0.0	0.0	360.5
招商证券公司上海胜竹路证券营业部	上海	上海	3696.8	3525.9	37.4	0.0	0.1	133.4
华泰证券公司三亚榆亚路证券营业部	海南	三亚	3694.2	3378.7	3.4	0.0	0.2	311.9
华福证券公司成都世纪城路证券营业部	四川	成都	3693.0	3412.8	96.4	0.0	0.0	183.8
中信建投证券公司岳阳建湘路证券营业部	湖南	岳阳	3691.8	3527.1	15.6	0.0	0.0	149.1
华林证券公司东莞鸿福路证券营业部	广东	东莞	3689.7	3643.1	5.1	0.0	1.1	40.4
海通证券公司黑河嫩江嫩兴路证券营业部	黑龙江	黑河	3688.6	3621.7	16.8	0.0	1.0	49.1
西部证券公司临沂通达路证券营业部	山东	临沂	3683.7	2083.9	7.1	0.0	0.0	1592.7
长江证券公司石首绣林大道证券营业部	湖北	石首	3680.9	3582.6	38.6	0.0	0.0	59.7
财达证券公司邢台宁晋兴宁街证券营业部	河北	邢台	3655.5	3547.0	15.5	0.0	0.5	92.5
国联证券公司无锡玉祁镇湖西路证券营业部	江苏	无锡	3653.6	3256.9	189.2	0.0	0.7	206.8
中国银河证券公司淮南广场路证券营业部	安徽	淮南	3651.0	3181.4	80.3	0.0	7.8	381.5
国海证券公司贵阳陕西路证券营业部	贵州	贵阳	3640.4	3519.6	4.1	0.0	0.2	116.3
安信证券公司天津三水道证券营业部	天津	天津	3639.8	2836.3	82.2	0.0	0.0	721.2
华林证券公司济南山大路证券营业部	山东	济南	3636.2	981.4	10.2	0.0	0.0	2644.7
国联证券公司宜兴丁蜀镇解放路证券营业部	江苏	无锡	3634.4	3349.0	33.9	0.0	0.0	251.5
西部证券公司临朐民主路证券营业部	山东	潍坊	3632.3	3390.3	7.4	0.0	0.4	234.2
东吴证券公司瑞丽人民路证券营业部	云南	瑞丽	3630.2	3609.8	2.3	0.0	0.0	18.1
广发证券公司临沂新华路证券营业部	山东	临沂	3612.0	2481.2	45.4	0.0	3.3	1082.1
金元证券公司东莞东城路证券营业部	广东	东莞	3604.8	3246.1	41.5	0.0	7.2	310.0

注：营业部交易金额的单位为百万元

证券营业部交易
Trading of Business Department

营业部名称 Business Department	省份 Province	城市 City	总计 Total	股票 Share	基金 Fund	政府债 G-Bond	公司债 C-Bond	债券回购 Repo
华安证券公司许昌建安大道证券营业部	河南	许昌	3592.7	3578.2	4.0	0.0	1.1	9.3
国信证券公司成都马超东路证券营业部	四川	成都	3591.8	3560.9	3.6	0.0	0.2	27.1
华西证券公司雅安荥经康宁路证券营业部	四川	雅安	3588.6	3282.0	6.1	0.0	0.0	300.5
招商证券公司济宁红星东路证券营业部	山东	济宁	3585.5	3165.6	14.7	0.0	8.8	396.5
申万宏源西部证券有限公司西安科技路证券营业部	陕西	西安	3573.9	2118.9	9.9	0.0	0.2	1444.9
大同证券公司高平友谊西街证券营业部	山西	高平	3571.2	3146.4	19.3	0.0	0.2	405.3
申万宏源西部证券有限公司太原长风街证券营业部	山西	太原	3566.4	3104.1	9.4	0.0	0.1	452.9
太平洋证券公司昆明彩云北路证券营业部	云南	昆明	3564.9	3506.2	5.0	0.0	0.0	53.7
南京证券公司宁德福鼎天湖路证券营业部	福建	宁德	3564.0	3323.3	4.3	0.0	118.2	118.2
中国银河证券公司翼城红旗街证券营业部	山西	临汾	3561.7	3471.1	15.5	0.0	0.0	75.1
国泰君安证券公司盐城解放南路证券营业部	江苏	盐城	3554.9	3527.8	7.9	0.0	13.9	5.3
华安证券公司合肥高新区证券营业部	安徽	合肥	3554.7	2132.8	74.7	0.7	0.0	1346.5
恒泰证券公司扎兰屯中央路证券营业部	内蒙	呼伦贝尔	3551.4	3081.9	73.2	0.0	8.2	388.1
西南证券公司绍兴延安东路证券营业部	浙江	绍兴	3551.0	2566.2	0.3	0.0	4.1	980.4
西南证券公司重庆铜梁证券营业部	重庆	重庆	3545.9	3458.0	10.1	0.0	36.1	41.7
国泰君安证券公司保定瑞兴路证券营业部	河北	保定	3544.0	3438.1	55.2	0.0	0.1	50.6
浙商证券公司保定朝阳北大街证券营业部	河北	保定	3543.8	3415.7	60.8	0.0	0.0	67.3
国都证券公司荆门象山大道证券营业部	湖北	荆门	3538.5	3414.2	6.4	0.0	0.1	117.8
浙商证券公司衢州衢化南一道证券营业部	浙江	衢州	3535.0	3303.0	11.4	0.0	0.6	220.1
中国银河证券公司无锡盛岸西路证券营业部	江苏	无锡	3529.8	3199.6	121.1	0.0	1.8	207.4
东吴证券公司昆山陆家镇童泾路证券营业部	江苏	苏州	3524.5	3059.3	25.1	0.0	0.2	439.9
西南证券公司大连民主广场证券营业部	辽宁	大连	3523.9	3130.9	22.3	0.0	5.9	364.9
方正证券公司益阳南县兴盛大道证券营业部	湖南	益阳	3523.1	3434.9	49.3	0.0	0.2	38.7
海通证券公司上饶中山西路证券营业部	江西	上饶	3523.0	3468.7	2.2	0.0	1.1	51.0
浙商证券公司泉州云鹿路证券营业部	福建	泉州	3517.5	1863.8	5.7	0.0	2.4	1645.6
国元证券公司诸暨中央路证券营业部	浙江	诸暨	3517.3	3335.2	8.1	0.0	0.0	174.1
联讯证券公司宁波惊驾路证券营业部	浙江	宁波	3515.8	3367.6	3.2	0.0	0.1	144.9
中国中投证券公司昆明环城西路证券营业部	云南	昆明	3515.2	3436.2	18.9	0.0	2.9	57.2
华福证券公司宁波百丈东路证券营业部	浙江	宁波	3515.0	3344.5	24.5	0.0	0.6	145.4
大通证券公司南宁金湖路证券营业部	广西	南宁	3507.6	3380.9	11.8	0.1	2.7	112.1
国信证券公司惠州分公司	广东	惠州	3500.0	3358.8	1.7	0.0	0.0	139.5
方正证券公司株洲攸县大巷路证券营业部	湖南	株洲	3497.8	3450.4	6.3	0.0	0.4	40.7
中信建投证券公司青岛云南路证券营业部	山东	青岛	3496.2	2728.9	17.2	0.0	2.0	746.7
东吴证券公司苏州长江路证券营业部	江苏	苏州	3495.5	3039.8	1.4	0.0	0.0	454.3
南京证券公司南京铁心桥大街证券营业部	江苏	南京	3495.2	3136.1	76.1	0.0	3.9	279.1
方正证券公司扬州文昌西路证券营业部	江苏	扬州	3486.0	3041.4	7.5	0.0	0.9	436.1
安信证券公司广州番禺吉祥北道证券营业部	广东	广州	3484.6	3144.5	9.8	0.0	6.2	324.2
长江证券公司大冶观山路证券营业部	湖北	大冶	3480.6	3226.1	21.4	0.0	0.1	233.1
中泰证券公司宜兴氿滨南路证券营业部	江苏	宜兴	3475.8	3057.4	2.5	0.0	1.3	414.6
山西证券公司闻喜龙海大道证券营业部	山西	运城	3467.5	3383.1	4.7	0.0	0.0	79.7
东吴证券公司昆山千灯证券营业部	江苏	昆山	3467.4	3370.2	3.4	0.0	0.1	93.7
海通证券公司钦州子材西大街证券营业部	广西	钦州	3465.7	2600.3	817.9	0.0	20.1	27.5
国海证券公司崇左沿山路证券营业部	广西	南宁	3460.6	3346.1	11.7	0.0	16.8	85.9
国信证券公司临沂红旗路证券营业部	山东	临沂	3453.3	2904.6	23.5	0.0	0.4	524.9
国联证券公司无锡马山梅梁路证券营业部	江苏	无锡	3447.8	2739.0	229.7	0.0	0.0	479.1
中泰证券公司莒南十泉路证券营业部	山东	临沂	3447.8	3335.4	4.9	0.1	0.0	107.4
长城证券公司南昌会展路证券营业部	江西	南昌	3445.4	1525.6	12.8	138.9	6.4	1761.7
国信证券公司东莞虎门金龙南路证券营业部	广东	东莞	3439.0	3229.4	27.3	0.0	0.6	181.7
中银国际证券公司南宁金湖路证券营业部	广西	南宁	3434.3	3399.7	26.5	0.0	8.1	0.0
安信证券公司汕头谷饶前进路证券营业部	广东	汕头	3430.8	3386.9	11.1	0.0	0.0	32.8

注：营业部交易金额的单位为百万元

证券营业部交易
Trading of Business Department

营业部名称 Business Department	省份 Province	城市 City	总计 Total	股票 Share	基金 Fund	政府债 G-Bond	公司债 C-Bond	债券回购 Repo
信达证券公司丹东宽甸证券营业部	辽宁	营口	3429.7	3376.8	6.7	0.4	4.4	41.4
联讯证券公司东莞莞太路证券营业部	广东	东莞	3425.6	3038.4	4.4	0.0	0.0	382.7
海通证券公司合肥翡翠路证券营业部	安徽	合肥	3424.4	2414.4	2.1	0.0	6.9	1001.0
华泰证券公司大庆远望大街证券营业部	黑龙江	大庆	3423.0	3340.5	23.1	0.0	41.2	18.1
宏信证券公司青岛辽源路证券营业部	山东	青岛	3422.4	2088.5	1.7	0.0	0.0	1332.2
安信证券公司芜湖北京中路证券营业部	安徽	芜湖	3415.0	2881.9	26.1	0.0	1.4	505.6
方正证券公司驻马店置地大道证券营业部	河南	驻马店	3409.7	3355.9	22.9	0.0	3.8	27.1
华西证券公司西安二环南路证券营业部	陕西	西安	3409.3	3148.1	7.7	0.0	0.3	253.2
光大证券公司淄博柳泉路证券营业部	山东	淄博	3407.1	3201.4	14.6	0.0	1.9	189.2
华创证券公司六盘水麒麟路证券营业部	贵州	六盘水	3403.1	3339.6	14.4	0.6	4.4	44.2
招商证券公司威海青岛北路证券营业部	山东	威海	3393.1	2682.2	35.7	0.0	13.7	661.6
中信证券(山东)公司淄博世纪路证券营业部	山东	淄博	3392.7	2601.1	19.8	0.0	0.0	771.8
中泰证券公司平度青岛路证券营业部	山东	平度	3390.6	2706.6	3.9	0.0	0.0	680.0
民生证券公司周口七一路证券营业部	河南	周口	3389.8	3351.0	6.7	0.0	1.5	26.3
招商证券公司北京上地农大南路证券营业部	北京	北京	3388.6	3160.1	11.5	0.0	1.5	215.5
东兴证券公司顺昌中山中路证券营业部	福建	南平	3384.9	3148.5	9.1	0.0	86.9	140.4
中国银河证券公司广州芳村大道西证券营业部	广东	广州	3380.9	3030.8	57.3	0.0	7.5	285.2
中航证券有限公司南昌市南昌县澄湖北大道证券营业部	江西	南昌	3376.7	3252.7	18.2	0.0	1.1	104.7
国信证券公司衡阳解放路证券营业部	湖南	衡阳	3368.0	2842.8	11.1	0.0	0.3	513.8
开源证券公司佛山顺德新宁路证券营业部	广东	顺德	3362.4	2553.3	5.4	0.0	0.2	803.5
网信证券公司丹东江城大街证券营业部	辽宁	丹东	3345.6	2849.5	6.7	0.0	15.2	474.1
中信建投证券公司榆林肤施路证券营业部	陕西	西安	3345.4	3169.9	38.4	0.1	4.6	132.4
招商证券公司贵阳中华南路证券营业部	贵州	贵阳	3344.1	3082.5	3.9	0.0	48.9	208.7
广发证券公司珠海高新软件园路证券营业部	广东	珠海	3340.9	3272.4	51.2	0.0	0.1	17.2
华泰证券公司盐城阜宁阜城大街证券营业部	江苏	盐城	3339.6	3045.9	55.7	0.0	0.0	238.0
华泰证券公司伊宁市解放西路证券营业部	新疆	伊宁	3337.5	3284.0	5.0	0.0	0.7	47.7
长江证券公司淄博华光路证券营业部	山东	淄博	3336.0	3015.1	17.6	0.0	1.7	301.6
国海证券公司来宾桂中大道证券营业部	广西	来宾	3331.3	3320.1	4.8	0.0	0.3	6.1
安信证券公司北京政通路证券营业部	北京	北京	3328.2	3173.5	7.9	0.0	0.7	146.1
东北证券公司双辽辽河路证券营业部	吉林	四平	3326.5	2310.9	876.4	0.0	0.0	139.2
中泰证券公司三明东新三路证券营业部	福建	三明	3322.8	3075.4	35.5	0.0	9.5	202.3
中国中投证券公司厦门展鸿路证券营业部	福建	厦门	3322.8	2849.5	17.2	0.0	0.5	455.5
国泰君安证券公司临汾向阳西路证券营业部	山西	临汾	3322.3	3255.1	11.9	0.0	3.1	52.2
中信建投证券公司海口龙华路证券营业部	海南	海口	3321.7	3100.9	16.0	0.0	0.1	204.7
华鑫证券公司北京菜市口大街证券营业部	北京	北京	3319.9	2860.1	29.6	0.0	29.1	401.1
长江证券公司抚州赣东大道证券营业部	江西	抚州	3317.8	3263.4	11.7	0.0	0.1	42.7
国信证券公司衢州白云北大道证券营业部	浙江	衢州	3311.3	3305.9	2.9	0.0	0.1	2.4
方正证券公司娄底双峰复兴路证券营业部	湖南	娄底	3309.2	3143.2	2.3	0.0	0.3	163.4
金元证券公司琼海爱华路证券营业部	海南	琼海	3308.2	3256.1	9.2	0.0	0.0	42.9
恒泰证券公司白城长庆南街证券营业部	吉林	白城	3300.7	3130.6	94.7	0.0	1.0	74.4
华西证券公司自贡贡井长征大道证券营业部	四川	自贡	3300.2	3130.3	45.1	0.0	2.8	122.0
国信证券公司台州路桥西路桥大道证券营业部	浙江	台州	3290.5	3268.4	2.0	0.0	0.1	20.1
光大证券公司北京广顺北大街证券营业部	北京	北京	3285.9	3251.9	22.5	0.0	0.6	10.9
东方证券公司湖州人民路证券营业部	浙江	湖州	3285.8	3109.6	2.4	0.0	0.0	173.9
华安证券公司合肥滨湖广西路证券营业部	安徽	合肥	3285.0	3230.6	4.7	0.0	0.0	49.7
中原证券公司武汉中北路证券营业部	湖北	武汉	3284.1	406.9	10.3	763.8	0.0	2103.1
国海证券公司南宁金湖路证券营业部	广西	南宁	3281.8	2747.4	4.9	0.0	0.5	529.1
安信证券公司北京小武基北路证券营业部	北京	北京	3266.7	2665.6	18.3	0.0	0.5	582.3
西南证券公司吴忠迎宾大街证券营业部	宁夏	吴忠	3264.8	3132.8	7.1	23.8	5.7	95.4
太平洋证券公司临沧南塘街证券营业部	云南	临沧	3264.7	3072.9	5.2	0.0	0.2	186.4

注：营业部交易金额的单位为百万元

证券营业部交易
Trading of Business Department

营业部名称 Business Department	省份 Province	城市 City	总计 Total	股票 Share	基金 Fund	政府债 G-Bond	公司债 C-Bond	债券回购 Repo
中信建投证券公司西安雁展路证券营业部	陕西	西安	3264.3	3024.1	18.7	0.0	0.1	221.5
海通证券公司秦皇岛迎宾路证券营业部	河北	秦皇岛	3262.9	2848.0	30.1	0.0	3.9	380.8
中国银河证券公司清远连江路证券营业部	广东	清远	3262.2	2777.7	274.8	0.0	0.1	209.6
中泰证券公司南宁滨湖路证券营业部	广西	南宁	3257.6	3000.3	8.7	0.0	6.8	241.7
大通证券公司杭州庆春路证券营业部	浙江	杭州	3250.9	2877.0	8.4	0.0	0.5	365.0
华福证券公司太原府东街证券营业部	山西	太原	3245.1	1949.1	160.4	0.0	9.7	1125.9
海通证券公司榆林榆阳证券营业部	陕西	榆林	3241.9	2999.0	7.3	0.0	16.6	218.8
山西证券公司高平友谊西街证券营业部	山西	高平	3241.7	2812.8	13.7	0.0	0.1	415.1
国海证券公司桂林阳朔县蟠桃路证券营业部	广西	桂林	3240.9	3050.2	2.6	0.0	0.1	188.0
财达证券公司沧州青县新华路证券营业部	河北	沧州	3236.8	2906.8	72.0	0.0	6.2	251.8
中原证券公司新密东大街证券营业部	河南	郑州	3236.5	3173.9	8.3	0.0	0.4	53.9
申万宏源西部证券有限公司呼图壁东风路证券营业部	新疆	昌吉	3234.2	3176.6	5.1	0.0	0.0	52.5
华鑫证券公司成都交子大道证券营业部	四川	成都	3234.0	777.4	1.9	0.0	0.1	2454.6
海通证券公司九江浔阳东路证券营业部	江西	九江	3230.6	3200.5	24.2	0.0	0.6	5.3
日信证券公司满洲里中苏街证券营业部	内蒙	满洲里	3224.7	2835.0	59.2	0.0	0.7	329.8
中信证券公司九江长虹大道证券营业部	江西	九江	3222.2	3086.1	16.9	0.0	1.2	118.0
中泰证券公司余姚新建北路证券营业部	浙江	余姚	3221.2	2982.2	38.2	0.0	0.0	200.7
中泰证券公司平阴黄河路证券营业部	山东	济南	3218.7	3168.7	44.8	0.0	1.4	3.7
财达证券公司石家庄石化证券营业部	河北	石家庄	3216.2	3035.0	12.1	0.0	0.2	168.9
中国银河证券公司广州黄埔东路证券营业部	广东	广州	3212.3	2712.5	45.8	0.0	6.0	448.0
国联证券公司江阴华士镇新生路证券营业部	江苏	无锡	3208.6	3116.8	3.2	0.0	1.2	87.4
国信证券公司乐山嘉定中路证券营业部	四川	乐山	3207.4	3086.3	5.7	0.0	2.9	112.6
大同证券公司文水则天大街证券营业部	山西	吕梁	3206.2	2997.1	28.7	0.0	1.1	179.4
东吴证券公司吴江盛泽镇强武路证券营业部	江苏	苏州	3205.8	3111.8	10.8	0.0	21.0	62.3
东海证券公司昆山白马泾路证券营业部	江苏	苏州	3204.7	1223.7	10.0	0.0	0.2	1970.8
东方证券公司湘潭河东大道证券营业部	湖南	湘潭	3203.1	2998.5	11.0	0.0	0.0	193.6
安信证券公司诸暨苎萝东路证券营业部	浙江	绍兴	3199.8	3186.1	13.2	0.0	0.0	0.5
国信证券公司佛山南海广佛新干线证券营业部	广东	佛山	3195.4	3082.8	3.6	0.0	1.1	107.9
中泰证券公司禹城汉槐街证券营业部	山东	德州	3191.2	3077.8	9.4	0.0	1.2	102.8
西部证券公司银川新华东街证券营业部	宁夏	银川	3183.5	3113.4	2.8	0.0	42.4	24.9
海通证券公司焦作塔南路证券营业部	河南	焦作	3182.1	2511.9	109.8	0.0	3.0	557.3
中国银河证券公司广州增城荔城街证券营业部	广东	广州	3180.1	2933.1	27.6	0.0	0.0	219.4
中泰证券公司衢州劳动路证券营业部	浙江	衢州	3178.4	3131.4	26.0	0.0	1.1	19.9
中国银河证券公司淳安新安大街证券营业部	浙江	杭州	3170.2	3099.4	20.1	0.0	0.1	50.7
申万宏源西部证券有限公司阿图什光明路证券营业部	新疆	阿图什	3168.2	3014.9	20.4	0.0	0.1	132.8
长江证券公司呼和浩特鄂尔多斯路证券营业部	内蒙	呼和浩特	3161.9	3048.9	18.8	0.0	1.0	93.3
海通证券公司郑州航海东路证券营业部	河南	郑州	3159.1	3004.5	5.9	0.0	10.9	137.7
五矿证券有限公司深圳中康北路证券营业部	深圳	深圳	3158.8	3127.4	0.7	0.0	0.0	30.7
光大证券公司丹东锦山大街证券营业部	辽宁	丹东	3158.7	2157.0	596.0	0.0	0.0	405.7
华龙证券公司陇西证券营业部	甘肃	定西	3157.9	3126.8	2.9	0.0	0.2	28.0
财达证券公司石家庄鹿泉向阳大街证券营业部	河北	石家庄	3153.7	3104.0	13.1	0.0	0.8	35.9
中信建投证券公司慈溪三北西大街证券营业部	浙江	宁波	3153.3	3067.9	20.1	0.0	7.3	58.1
中国银河证券公司庄河向阳路证券营业部	辽宁	大连	3149.3	3120.2	13.2	0.0	5.1	10.8
日信证券公司呼伦贝尔巴彦托海路证券营业部	内蒙	呼伦贝尔	3143.5	3025.1	3.3	0.0	0.0	115.1
中泰证券公司合肥黄山路证券营业部	安徽	合肥	3137.8	3048.6	6.6	0.0	1.0	81.6
中山证券公司肇庆星湖大道证券营业部	广东	肇庆	3134.3	1188.9	28.4	0.0	0.0	1916.9
长江证券公司阳新陵园大道证券营业部	湖北	黄石	3134.3	2909.2	15.7	0.0	0.1	209.3
华龙证券公司敦煌鸣山路证券营业部	甘肃	敦煌	3132.7	2840.4	4.6	0.1	0.0	287.6
财达证券公司衡水冀州金鸡大街证券营业部	河北	衡水	3129.6	2910.8	15.0	0.0	5.0	198.8
中泰证券公司临沭中山北路证券营业部	山东	临沂	3126.7	3095.9	9.5	0.0	0.3	21.0

注：营业部交易金额的单位为百万元

证券营业部交易
Trading of Business Department

营业部名称 Business Department	省份 Province	城市 City	总计 Total	股票 Share	基金 Fund	政府债 G-Bond	公司债 C-Bond	债券回购 Repo
国盛证券公司长春大经路证券营业部	吉林	长春	3126.6	2788.3	11.0	0.0	18.9	308.4
安信证券公司汕尾陆河大道营业部	广东	汕尾	3125.2	3067.3	18.9	0.0	0.0	39.0
华鑫证券公司珠海海滨南路证券营业部	广东	珠海	3113.9	2965.9	3.6	0.0	0.3	144.0
西部证券公司聊城兴华西路证券营业部	山东	聊城	3112.4	2658.6	7.9	0.0	0.8	445.2
中国银河证券公司肇庆星湖大道证券营业部	广东	肇庆	3112.4	2367.2	23.0	0.0	12.9	709.2
中国银河证券公司介休振兴街证券营业部	山西	晋中	3106.5	2690.4	200.7	0.0	0.0	215.4
中国中投证券公司哈尔滨上京大道证券营业部	黑龙江	哈尔滨	3099.1	2650.4	12.3	0.0	0.2	436.2
长江证券公司胶州福州南路证券营业部	山东	青岛	3098.4	2857.1	5.6	0.0	0.0	235.7
西南证券公司浏阳环府路证券营业部	湖南	浏阳	3095.9	3047.3	10.6	0.0	0.0	38.1
华创证券公司重庆红锦大道证券营业部	重庆	重庆	3091.4	2329.3	6.2	2.7	1.5	751.7
南京证券公司宜兴教育西路证券营业部	江苏	宜兴	3081.7	2684.7	1.2	0.0	0.0	395.8
安信证券公司河源龙川证券营业部	广东	河源	3073.0	3031.4	14.3	0.0	6.4	20.9
中国银河证券公司深圳龙岗盛龙路证券营业部	深圳	深圳	3072.8	2931.2	9.2	0.0	0.1	132.3
中泰证券公司长沙湘府路证券营业部	湖南	长沙	3072.5	3048.8	3.6	0.0	0.0	20.1
民生证券公司商丘神火大道证券营业部	河南	商丘	3070.8	2994.5	14.8	0.0	0.3	61.2
中泰证券公司泰安东平证券营业部	山东	泰安	3070.3	3053.6	10.4	0.0	0.2	6.1
海通证券公司黑河中央街证券营业部	黑龙江	黑河	3067.4	2896.4	8.2	0.0	0.0	162.9
日信证券公司沈阳悦宾街证券营业部	辽宁	沈阳	3067.2	2863.7	0.6	0.0	6.6	196.3
东吴证券公司昆山张浦证券营业部	江苏	昆山	3066.1	2964.2	38.2	0.0	1.9	61.9
财富证券公司浏阳世纪大道证券营业部	湖南	长沙	3063.8	3052.5	1.6	0.0	0.0	9.7
华创证券公司遵义南京路证券营业部	贵州	遵义	3060.3	3054.2	3.3	0.0	0.0	2.8
申万宏源西部证券有限公司临安广电路证券营业部	浙江	杭州	3053.4	3010.6	4.0	0.0	0.0	38.8
国泰君安证券公司湛江人民大道证券营业部	广东	湛江	3050.4	2962.6	24.7	0.0	10.7	52.4
国开证券公司天津围堤道证券营业部	天津	天津	3050.0	2233.3	12.5	0.0	0.7	803.5
中国银河证券公司成都双流迎春路证券营业部	四川	成都	3049.3	2889.0	10.0	0.0	0.4	149.9
中邮证券公司深圳分公司	深圳	深圳	3044.9	2933.4	3.9	0.0	0.0	107.6
财通证券公司绍兴凤林西路证券营业部	浙江	绍兴	3041.6	2617.6	32.4	0.0	4.7	386.8
招商证券公司江宁天元东路证券营业部	江苏	南京	3040.5	2881.7	33.8	0.0	0.0	125.0
华鑫证券公司南昌红谷中大道证券营业部	江西	南昌	3038.0	2374.2	6.8	0.0	14.5	642.5
中国银河证券公司重庆沙南街证券营业部	重庆	重庆	3034.9	2976.6	32.7	0.0	4.2	21.4
中国银河证券公司重庆松青路证券营业部	重庆	重庆	3027.9	2990.3	4.1	0.0	0.0	33.5
海通证券公司金华八一南街证券营业部	浙江	金华	3024.7	2893.0	7.6	0.0	12.7	111.5
中原证券公司南阳五一路证券营业部	河南	南阳	3024.0	2908.4	3.4	0.0	0.6	111.7
信达证券公司抚顺西四路证券营业部	辽宁	抚顺	3021.9	2919.5	3.5	0.0	0.5	98.3
光大证券公司南通工农路证券营业部	江苏	南通	3018.3	2504.7	163.9	0.0	0.0	349.8
华泰证券公司徐州经济技术开发区杨山路证券营业部	江苏	徐州	3016.3	2968.8	23.9	0.0	13.8	9.8
安信证券公司嘉兴中山东路第一证券营业部	浙江	嘉兴	3014.9	2895.6	2.0	0.0	0.0	117.4
财达证券公司张家口怀来县证券营业部	河北	张家口	3014.6	2946.4	6.7	0.0	0.0	61.5
爱建证券公司北京朝阳门内大街证券营业部	北京	北京	3012.0	2326.7	17.6	0.0	0.1	667.6
中信建投证券公司北京知春路证券营业部	北京	北京	3005.7	2778.7	45.4	0.0	4.5	177.2
招商证券公司广州增城荔乡路证券营业部	广东	广州	3005.5	2997.7	2.9	0.0	0.0	4.9
中信证券公司乍浦雅山东路证券营业部	浙江	嘉兴	3005.2	2413.6	27.7	0.0	1.6	562.3
中泰证券公司滨州惠民西门大街证券营业部	山东	滨州	3003.7	2978.5	4.6	0.0	0.0	20.6
西藏同信证券公司山东分公司	山东	济南	2997.9	2952.1	15.5	0.0	5.7	24.6
安信证券公司河源紫金香江中路证券营业部	广东	河源	2993.8	2968.2	7.9	0.0	0.1	17.6
中泰证券公司北京安慧里证券营业部	北京	北京	2993.3	2488.8	13.0	0.0	0.0	491.5
西南证券公司德阳岷江西路证券营业部	四川	德阳	2988.4	2100.7	3.0	0.0	0.0	884.7
五矿证券有限公司长沙城南中路证券营业部	湖南	长沙	2985.7	1791.0	1.6	0.0	3.4	1189.7
中国中投证券公司台州市府大道证券营业部	浙江	台州	2984.8	2441.7	65.6	0.0	0.0	477.5
中国银河证券公司运城禹西路证券营业部	山西	运城	2979.6	1896.0	161.1	0.0	0.0	922.4

注：营业部交易金额的单位为百万元

证券营业部交易
Trading of Business Department

营业部名称 Business Department	省份 Province	城市 City	总计 Total	股票 Share	基金 Fund	政府债 G-Bond	公司债 C-Bond	债券回购 Repo
东吴证券公司东吴证券股份有限公司中山小榄民安南路证券	广东	中山	2978.9	1554.4	16.9	0.0	0.0	1407.6
财达证券公司佳木斯长安西路证券营业部	黑龙江	佳木斯	2977.9	1830.8	3.4	0.0	0.4	1143.3
东吴证券公司常熟碧溪新区证券营业部	江苏	常熟	2971.4	2801.0	52.6	0.0	0.1	117.8
太平洋证券公司赤峰玉龙大街证券营业部	内蒙	赤峰	2968.4	2817.6	25.9	0.0	0.4	124.5
安信证券公司佛山金澜北路证券营业部	广东	佛山	2967.0	2370.5	14.0	0.0	4.3	578.1
招商证券公司黄石南京路证券营业部	湖北	黄石	2966.9	2539.3	6.1	0.5	7.0	414.0
国泰君安证券公司山西分公司	山西	太原	2965.5	2941.6	5.6	0.0	0.0	18.3
首创证券公司天津围堤道证券营业部	天津	天津	2957.3	2426.9	10.2	0.0	0.0	520.2
国元证券公司芜湖县环城南路证券营业部	安徽	芜湖	2956.4	2938.9	2.2	0.0	0.4	14.9
华安证券公司蚌埠兴业街证券营业部	安徽	蚌埠	2955.1	2834.8	3.9	0.0	0.0	116.5
长城证券公司珠海珠峰大道证券营业部	广东	珠海	2953.5	2724.5	11.8	0.0	0.5	216.7
万联证券公司南京中山路证券营业部	江苏	南京	2953.3	2239.0	684.5	0.0	0.5	29.3
中泰证券公司济宁微山奎文东路证券营业部	山东	济宁	2951.8	2886.9	4.2	0.0	0.2	60.5
长城证券公司江阴澄江中路证券营业部	江苏	江阴	2950.6	2392.9	227.3	0.0	17.7	312.7
太平洋证券公司丽江民主路证券营业部	云南	丽江	2950.0	2495.6	7.2	0.0	0.0	447.1
财通证券公司绍兴袍江育贤东路证券营业部	浙江	绍兴	2947.4	2729.7	4.7	0.0	159.1	54.0
东海证券公司泰兴济川路证券营业部	江苏	泰兴	2944.5	2862.6	1.9	0.0	0.1	80.0
南京证券公司南京溧水中大街证券营业部	江苏	南京	2944.3	2892.1	1.6	0.0	19.8	30.8
安信证券公司潮州潮安金石大道证券营业部	广东	潮州	2942.9	2704.5	9.5	0.0	0.0	228.8
招商证券公司广州番禺南华路证券营业部	广东	广州	2941.9	2505.7	24.4	0.0	112.6	299.2
国联证券公司宜兴官林镇官新街证券营业部	江苏	无锡	2934.9	2869.2	33.2	0.0	0.0	32.5
华福证券公司青岛闽江路证券营业部	山东	青岛	2925.9	2805.5	12.7	0.0	8.1	99.6
浙商证券公司合肥南二环路证券营业部	安徽	合肥	2925.0	2053.3	2.3	0.0	0.0	869.4
日信证券公司包头钢铁大街证券营业部	内蒙	包头	2921.2	2354.1	0.5	0.0	0.0	566.6
长江证券公司武汉关山大道证券营业部	湖北	武汉	2918.9	2661.1	257.6	0.0	0.0	0.0
日信证券公司鄂尔多斯天骄路证券营业部	内蒙	鄂尔多斯	2918.7	1285.3	1.0	0.0	0.0	1632.4
华鑫证券公司即墨鹤山路证券营业部	山东	青岛	2910.7	2889.4	4.6	0.0	0.0	16.7
长江证券公司枣阳大南街证券营业部	湖北	枣阳	2908.8	2772.2	29.5	0.0	0.1	107.0
财达证券公司邯郸雪驰路证券营业部	河北	邯郸	2906.2	2827.3	6.7	0.0	1.6	70.6
财通证券公司宁波范江岸路证券营业部	浙江	宁波	2905.3	2178.8	7.3	0.0	0.6	718.6
东兴证券公司明溪新大路证券营业部	福建	三明	2905.1	2870.2	11.0	0.2	8.5	15.2
国泰君安证券公司桦甸桦甸大街证券营业部	吉林	桦甸	2903.9	2880.9	3.8	0.0	0.0	19.2
国联证券公司深圳海秀路证券营业部	深圳	深圳	2900.4	2514.7	8.2	0.0	0.0	377.6
西南证券公司淮南龙湖中路证券营业部	安徽	淮南	2898.9	2695.4	0.8	0.0	0.1	202.6
中信建投证券公司广州番禺国泰路证券营业部	广东	广州	2894.9	2420.4	12.6	0.0	0.7	461.1
国都证券公司四川乐山柏杨中路证券营业部	四川	乐山	2894.5	2491.8	5.9	0.0	0.0	396.8
信达证券公司本溪本溪证券营业部	辽宁	本溪	2893.9	2670.6	6.6	0.0	0.6	216.1
招商证券公司佛山南海南平西路证券营业部	广东	佛山	2892.4	2656.1	39.2	0.0	5.2	191.9
中国中投证券公司广汉肇庆路证券营业部	四川	德阳	2891.6	2538.4	92.8	0.0	0.3	260.0
申万宏源西部证券有限公司沈阳南五马路证券营业部	辽宁	沈阳	2890.8	2680.7	5.3	0.0	21.6	183.2
中信建投证券公司常熟锁澜南路证券营业部	江苏	苏州	2886.9	2332.8	31.7	0.6	10.4	511.4
海通证券公司六盘水麒麟路证券营业部	贵州	六盘水	2885.6	2599.7	12.0	0.0	1.6	272.3
中信证券公司盐城人民南路证券营业部	江苏	盐城	2882.3	2637.1	74.2	0.0	0.9	170.2
中银国际证券公司吉林解放东路证券营业部	吉林	吉林	2882.0	1110.5	1757.7	0.0	2.9	10.9
华西证券公司南充南部幸福路证券营业部	四川	南充	2881.8	2369.1	5.2	0.0	0.4	507.1
申万宏源西部证券有限公司盐城滨海海滨大道证券营业部	江苏	盐城	2877.6	2849.4	10.6	0.6	0.3	16.6
招商证券公司北京东三环北路证券营业部	北京	北京	2877.6	2509.1	4.3	0.0	0.1	364.2
中天证券公司江阴环城北路证券营业部	江苏	无锡	2874.7	710.7	0.0	0.0	0.0	2164.0
西南证券公司北京平谷证券营业部	北京	北京	2865.8	2611.2	9.1	0.0	9.6	235.9
华福证券公司永泰南湖路证券营业部	福建	福州	2865.3	2769.3	4.1	0.0	0.0	91.9

注：营业部交易金额的单位为百万元

证券营业部交易
Trading of Business Department

营业部名称 Business Department	省份 Province	城市 City	总计 Total	股票 Share	基金 Fund	政府债 G-Bond	公司债 C-Bond	债券回购 Repo
中银国际证券公司鞍山二一九路证券营业部	辽宁	鞍山	2864.8	2386.6	172.2	0.0	0.2	305.8
国都证券公司绵阳长虹大道证券营业部	四川	绵阳	2858.0	2708.0	78.9	0.0	0.0	71.2
江海证券有限公司哈尔滨宾县中心街证券营业部	黑龙江	哈尔滨	2846.3	2315.6	9.6	0.0	0.7	520.4
广州证券公司东莞石龙证券营业部	广东	东莞	2844.7	2387.3	10.8	0.0	6.3	440.3
中国银河证券公司常熟海虞北路证券营业部	江苏	常熟	2843.7	1386.0	16.6	0.0	0.4	1440.7
银泰证券公司南京山西路证券营业部	江苏	南京	2843.1	2264.4	3.6	0.0	0.0	575.1
中航证券有限公司鹰潭交通路证券营业部	江西	鹰潭	2841.1	2803.4	3.2	0.0	0.2	33.6
中信建投证券公司许昌智慧大道证券营业部	河南	许昌	2839.2	2728.9	62.3	0.0	0.0	18.7
国信证券公司赣州东阳山路证券营业部	江西	赣州	2832.4	2715.4	26.2	0.0	0.9	89.8
财通证券公司平湖水洞埭证券营业部	浙江	嘉兴	2830.4	2714.7	6.2	0.0	0.5	109.0
安信证券公司韶关翁源建设一路证券营业部	广东	韶关	2829.2	1942.3	837.5	0.0	0.2	49.2
长城证券公司呼和浩特五塔寺东街证券营业部	内蒙	呼和浩特	2828.5	2513.6	4.5	0.0	1.4	309.0
东吴证券公司苏州胥口孙武路证券营业部	江苏	苏州	2825.8	2731.4	25.1	0.0	0.2	69.0
长江证券公司渭南仓程路证券营业部	陕西	渭南	2823.7	2725.6	7.6	0.0	0.0	90.6
中泰证券公司金乡奎星路证券营业部	山东	济宁	2819.3	2700.0	2.8	0.0	0.7	115.8
宏信证券公司绵阳跃进路证券营业部	四川	什邡	2817.5	2716.4	5.4	0.0	0.0	95.7
东方证券公司上海崇明东门路证券营业部	上海	上海	2813.6	2368.7	71.4	0.0	0.0	373.5
中国银河证券公司石嘴山朝阳西街证券营业部	宁夏	石嘴山	2812.7	2700.4	4.8	0.0	2.3	105.2
财达证券公司承德宽城金山街证券营业部	河北	承德	2811.5	2669.3	9.3	0.0	0.7	132.2
安信证券公司云浮建设北路证券营业部	广东	云浮	2804.2	2636.0	38.2	0.0	0.9	129.1
华龙证券公司长治英雄南路证券营业部	山西	长治	2801.3	2378.8	39.1	0.0	1.0	382.4
中信建投证券公司南通工农北路证券营业部	江苏	南通	2801.0	1680.4	23.8	2.9	201.2	892.8
中国银河证券公司盐城迎宾南路证券营业部	江苏	盐城	2800.0	2759.5	4.9	0.0	2.7	32.9
中原证券公司汝州风穴路证券营业部	河南	平顶山	2799.5	2787.6	5.7	0.0	2.9	3.4
山西证券公司襄汾振兴路证券营业部	山西	临汾	2795.5	2653.6	7.6	0.0	8.8	125.5
南京证券公司上海普陀区桃浦路证券营业部	上海	上海	2795.0	2042.8	6.2	0.0	1.5	744.5
华龙证券公司金昌上海路证券营业部	甘肃	金昌	2792.9	2774.9	2.6	0.0	0.0	15.3
申万宏源西部证券有限公司保定裕华西路证券营业部	河北	保定	2792.5	2670.1	4.7	0.0	0.1	117.6
华林证券公司绍兴金柯桥大道证券营业部	浙江	绍兴	2789.1	2340.4	8.9	0.0	2.4	437.4
申万宏源西部证券有限公司成都建设南街证券营业部	四川	成都	2788.6	2048.2	1.2	0.0	0.0	739.1
中泰证券公司沂南永兴路证券营业部	山东	临沂	2788.2	2775.9	5.1	0.0	0.2	7.0
安信证券公司阳江阳西证券营业部	广东	阳江	2781.9	2699.1	5.1	0.0	0.0	77.6
国信证券公司宝鸡经二路证券营业部	陕西	宝鸡	2781.0	2695.1	29.7	0.0	6.9	49.4
大通证券公司大连杏林街证券营业部	辽宁	大连	2780.5	2350.5	5.0	4.0	1.7	419.4
海通证券公司宜春袁山中路证券营业部	江西	宜春	2776.7	2746.6	19.2	0.0	1.3	9.6
银泰证券公司佛山南海岭南路证券营业部	广东	佛山	2771.3	2324.2	25.7	0.0	0.0	421.4
华融证券公司杭州延安路证券营业部	浙江	杭州	2767.8	1784.3	20.4	0.0	1.2	961.9
首创证券公司石家庄长江大道证券营业部	河北	石家庄	2766.9	2329.3	4.4	0.0	5.4	427.9
财通证券公司金华武义武阳东路证券营业部	浙江	金华	2766.8	2593.6	11.9	0.0	3.6	157.7
中泰证券公司济南建设路证券营业部	山东	济南	2763.6	2722.7	1.1	0.0	0.0	39.7
山西证券公司濮阳长庆路证券营业部	河南	濮阳	2756.4	2708.7	15.4	0.0	0.1	32.3
财通证券公司乐清良港西路证券营业部	浙江	温州	2754.2	2659.2	19.1	0.0	0.3	75.6
华融证券公司长春人民大街证券营业部	吉林	长春	2752.6	2419.9	1.1	0.0	0.0	331.6
中信证券公司杭州江南大道证券营业部	浙江	杭州	2751.5	2356.8	122.9	0.0	7.0	264.8
西南证券公司西宁西大街证券营业部	青海	西宁	2750.3	2064.6	4.0	0.0	3.0	678.7
中信建投证券公司无锡长江北路证券营业部	江苏	无锡	2747.6	2462.2	82.4	0.0	0.0	203.0
万联证券公司合肥长江西路证券营业部	安徽	合肥	2743.7	1271.8	13.7	0.0	0.0	1458.2
国信证券公司慈溪新城大道证券营业部	浙江	宁波	2741.8	2526.4	2.4	0.0	8.3	204.8
华福证券公司东北分公司	辽宁	沈阳	2734.6	2162.3	12.4	0.0	0.0	559.9
中原证券公司广州天河路证券营业部	广东	广州	2731.9	2727.2	3.1	0.0	0.6	1.0

注：营业部交易金额的单位为百万元

证券营业部交易
Trading of Business Department

营业部名称 Business Department	省份 Province	城市 City	总计 Total	股票 Share	基金 Fund	政府债 G-Bond	公司债 C-Bond	债券回购 Repo
招商证券公司阜阳人民路证券营业部	安徽	阜阳	2729.9	2677.6	12.1	0.0	1.1	39.1
中银国际证券公司苏州竹辉路证券营业部	江苏	苏州	2715.8	2684.6	10.5	0.0	0.0	20.7
中国银河证券公司深圳龙华人民南路证券营业部	深圳	深圳	2714.5	863.2	1.7	0.0	0.1	1849.6
安信证券公司清远英德英州大道证券营业部	广东	清远	2710.9	2658.9	25.9	0.0	0.5	24.1
海通证券公司齐齐哈尔讷河中心大街证券营业部	黑龙江	齐齐哈尔	2708.0	2505.4	164.6	0.0	0.1	37.8
财达证券公司邯郸磁县朝阳北大街证券营业部	河北	邯郸	2706.2	2436.4	11.4	0.0	0.1	258.4
华鑫证券公司重庆江北城西大街证券营业部	重庆	重庆	2706.1	2548.3	8.3	0.0	0.5	149.0
长江证券公司沙洋荆河路证券营业部	湖北	荆门	2702.4	2495.0	8.4	0.0	8.6	190.3
华泰证券公司建始业州大道证券营业部	湖北	恩施	2702.3	2564.8	129.0	0.0	0.0	8.5
安信证券公司佛山南海西樵樵金南路证券营业部	广东	佛山	2701.4	2665.9	1.3	0.0	0.0	34.2
恒泰证券公司延吉局子街证券营业部	吉林	延吉	2701.0	2294.2	3.6	0.0	0.1	403.2
东吴证券公司扬州徐凝门路证券营业部	江苏	扬州	2691.8	2647.1	7.8	0.0	3.1	33.9
万联证券公司沈阳恒达路证券营业部	辽宁	沈阳	2691.7	2337.6	15.4	0.0	0.0	338.7
国泰君安证券公司柳州桂中大道证券营业部	广西	柳州	2691.5	910.2	0.9	0.0	0.1	1780.3
中邮证券公司咸阳学道门巷证券营业部	陕西	咸阳	2690.0	2618.0	5.4	3.0	0.0	63.6
长江证券公司洪湖文泉大道证券营业部	湖北	洪湖	2689.5	2570.7	64.3	0.0	0.0	54.5
东吴证券公司苏州相城太平证券营业部	江苏	苏州	2688.9	2636.5	2.6	0.0	0.3	49.5
中信建投证券公司上海鸿兴路证券营业部	上海	上海	2688.4	2161.3	20.7	0.0	0.0	506.4
新时代证券公司北京天通苑证券营业部	北京	北京	2684.6	2664.5	18.0	0.0	2.1	0.0
首创证券公司成都天府大道证券营业部	四川	成都	2682.8	1865.6	0.5	0.0	0.0	816.7
华福证券公司罗源罗川中路证券营业部	福建	福州	2680.1	2256.7	12.6	0.0	0.1	410.7
华福证券公司闽侯街心路证券营业部	福建	福州	2678.6	2427.8	9.4	0.0	0.4	240.9
南京证券公司重庆松牌路证券营业部	重庆	重庆	2676.6	2611.7	0.8	0.0	1.8	62.3
方正证券公司临汾鼓楼南大街证券营业部	山西	临汾	2672.6	2612.0	9.9	0.0	0.7	50.0
光大证券公司中山博爱四路证券营业部	广东	中山	2672.1	843.8	27.1	0.0	0.4	1800.9
东吴证券公司吴江七都证券营业部	江苏	苏州	2671.7	2389.1	0.3	0.0	0.2	282.0
国都证券公司沈阳天赐街证券营业部	辽宁	沈阳	2671.1	2588.1	4.3	0.0	1.4	77.2
安信证券公司北京建国门外大街证券营业部	北京	北京	2665.7	2518.8	13.5	0.0	0.6	132.9
西南证券公司重庆巴南证券营业部	重庆	重庆	2657.1	2037.8	1.3	0.0	0.1	617.9
财达证券公司石家庄无极光明南街证券营业部	河北	石家庄	2656.9	2639.1	7.1	0.0	0.0	10.7
长江证券公司岳阳建湘路证券营业部	湖南	岳阳	2656.5	2629.5	3.0	0.0	0.6	23.5
民生证券公司驻马店交通路证券营业部	河南	驻马店	2653.5	2505.0	10.6	0.0	0.4	137.4
海通证券公司深圳望海路证券营业部	深圳	深圳	2646.5	2461.5	133.5	0.0	0.0	51.6
中国银河证券公司中山翠岭路证券营业部	广东	中山	2641.8	1410.7	1038.7	0.0	1.5	191.0
南京证券公司宿迁黄河路证券营业部	江苏	宿迁	2636.5	2636.2	0.2	0.0	0.0	0.1
中信证券公司大同御河西路证券营业部	山西	大同	2633.0	2452.5	71.6	0.0	0.1	108.9
华创证券公司贵阳金阳大道证券营业部	贵州	贵阳	2632.2	2314.1	2.2	0.0	0.0	315.9
华融证券公司岳阳五里牌证券营业部	湖南	岳阳	2629.2	2521.8	6.5	0.0	1.5	99.5
中国民族证券公司哈尔滨阿城延川大街证券营业部	黑龙江	哈尔滨	2627.9	2338.0	2.2	0.0	0.1	287.6
海通证券公司郴州南岭大道证券营业部	湖南	郴州	2626.8	2615.2	2.1	0.1	1.1	8.2
西南证券公司苏州仲英大道证券营业部	江苏	苏州	2616.7	2258.7	22.3	0.0	0.3	335.3
招商证券公司绵阳临园路证券营业部	四川	绵阳	2614.5	2390.5	12.2	0.0	0.0	211.8
浙商证券公司桐乡世纪大道证券营业部	浙江	嘉兴	2614.2	2402.1	9.9	0.0	0.0	202.1
华龙证券公司廊坊和平路证券营业部	河北	廊坊	2610.3	2421.8	3.8	0.0	1.4	183.2
中航证券有限公司宁波首南西路证券营业部	浙江	宁波	2609.4	1739.2	3.0	0.0	0.6	866.6
广州证券公司郑州商务外环路证券营业部	河南	郑州	2606.9	2317.8	16.9	0.0	26.8	245.5
国信证券公司株洲天台路证券营业部	湖南	株洲	2604.5	2574.6	5.6	0.0	1.1	23.2
五矿证券有限公司岳阳青年路证券营业部	湖南	岳阳	2603.1	2561.0	11.8	0.0	0.0	30.3
浙商证券公司上海浦东南路证券营业部	上海	上海	2599.1	692.0	0.0	0.0	0.0	1907.1
华泰证券公司巴东楚天路证券营业部	湖北	恩施	2597.2	2430.9	4.5	0.0	0.0	161.8

注：营业部交易金额的单位为百万元

证券营业部交易
Trading of Business Department

营业部名称 Business Department	省份 Province	城市 City	总计 Total	股票 Share	基金 Fund	政府债 G-Bond	公司债 C-Bond	债券回购 Repo
西部证券公司汉中宁强证券营业部	陕西	汉中	2595.9	2552.0	1.1	0.0	42.4	0.4
恒泰证券公司鄂尔多斯达拉特旗证券营业部	内蒙	鄂尔多斯	2595.6	2481.1	7.0	0.0	0.0	107.4
日信证券公司济南泉城路证券营业部	山东	济南	2593.6	1943.9	0.3	0.0	0.0	649.4
申万宏源证券有限公司上海浦东新区水芸路证券营业部	上海	上海	2584.0	2419.6	101.3	0.0	10.6	52.6
西部证券公司菏泽人民路证券营业部	山东	菏泽	2582.9	2423.1	6.1	0.0	16.6	137.0
万联证券公司郑州金水路证券营业部	河南	郑州	2578.9	1048.9	1518.2	0.0	0.0	11.8
国信证券公司自贡紫薇路证券营业部	四川	自贡	2578.8	2486.1	23.9	0.0	0.0	68.8
国泰君安证券公司离石滨河北东路证券营业部	山西	吕梁	2578.4	2491.5	28.3	0.0	2.0	56.6
安信证券公司保山保岫东路证券营业部	云南	保山	2576.3	2094.9	17.3	0.0	0.0	464.1
东吴证券公司昆山花桥证券营业部	江苏	昆山	2571.9	2398.3	7.1	0.0	3.4	163.1
华福证券公司呼和浩特兴安南路证券营业部	内蒙	呼和浩特	2569.2	2558.4	5.1	0.0	0.0	5.7
华西证券公司宜宾珙县滨河西街证券营业部	四川	宜宾	2566.2	2492.9	24.7	0.0	9.2	39.3
中泰证券公司西安南二环路证券营业部	陕西	西安	2563.8	1834.1	28.3	0.0	0.0	701.4
海通证券公司松原乌兰大街证券营业部	吉林	松原	2563.5	2482.7	16.0	0.0	0.0	64.8
华宝证券公司舟山临城千岛路证券营业部	浙江	舟山	2552.5	2067.1	13.0	0.0	0.8	471.5
中泰证券公司临邑瑞园路证券营业部	山东	德州	2550.9	2270.6	9.2	0.0	0.0	271.1
安信证券公司云浮罗定兴华二路证券营业部	广东	云浮	2549.7	2480.2	36.2	0.3	0.1	32.9
中国银河证券公司三明列东街证券营业部	福建	三明	2548.8	2009.1	355.3	0.0	0.0	184.3
中国银河证券公司宝鸡高新大道证券营业部	陕西	宝鸡	2547.9	2123.1	37.9	32.4	10.3	344.2
金元证券公司福州五一北路证券营业部	福建	福州	2544.3	2357.5	8.4	0.0	0.0	178.4
南京证券公司九江九龙街证券营业部	江西	九江	2538.6	2134.4	61.7	0.0	0.5	342.1
申万宏源西部证券有限公司长春西安大路证券营业部	吉林	长春	2537.5	2485.7	23.3	0.0	0.0	28.5
长城证券公司晋中中都北路证券营业部	山西	晋中	2531.6	1983.6	25.5	0.0	0.2	522.2
安信证券公司中山东海二路证券营业部	广东	中山	2526.5	2491.5	8.2	0.0	4.4	22.5
中国中投证券公司南充白土坝路证券营业部	四川	南充	2523.6	2217.7	4.5	0.0	0.0	301.4
民生证券公司沈阳南京北街证券营业部	辽宁	沈阳	2519.5	1856.5	1.9	0.0	0.0	661.2
中泰证券公司东阿前进街证券营业部	山东	聊城	2512.7	2508.8	2.2	0.0	0.0	1.7
五矿证券有限公司武汉中北路证券营业部	湖北	武汉	2508.4	1962.4	75.1	0.0	0.5	470.4
方正证券公司益阳安化新开路证券营业部	湖南	益阳	2503.0	2496.4	3.4	0.0	0.0	3.2
华鑫证券公司郑州普惠路证券营业部	河南	郑州	2501.3	2051.6	0.6	0.0	5.3	443.9
浙商证券公司昆明武成路证券营业部	云南	昆明	2501.2	2333.8	2.6	0.0	0.0	164.8
长城证券公司新乡人民路证券营业部	河南	新乡	2498.1	1869.4	0.8	0.0	27.8	600.2
信达证券公司成都锦城大道证券营业部	四川	成都	2496.0	1950.2	2.2	0.0	0.0	543.5
西南证券公司无锡青山西路证券营业部	江苏	无锡	2494.5	2452.5	1.9	0.0	0.2	39.9
海通证券公司宝鸡经二路证券营业部	陕西	宝鸡	2493.5	2351.3	18.4	0.0	0.2	123.6
中国银河证券公司上海浦东新区金高路证券营业部	上海	上海	2492.8	2261.4	176.1	0.1	0.0	55.3
海通证券公司天门西湖路证券营业部	湖北	天门	2488.3	2338.2	12.2	0.0	0.0	138.0
华宝证券公司上海浦东新区东方路证券营业部	上海	上海	2488.3	1424.0	396.0	0.0	0.2	666.2
中信证券公司南京宝塔路证券营业部	江苏	南京	2486.0	2090.6	14.0	0.0	0.2	381.2
财达证券公司涿州甲秀路证券营业部	河北	保定	2483.1	2231.7	7.5	0.0	5.8	238.1
西南证券公司宁波江东北路证券营业部	浙江	宁波	2478.6	2278.1	14.0	0.0	0.2	186.3
国海证券公司梧州岑溪市义洲大道证券营业部	广西	梧州	2470.7	2424.0	2.8	0.0	0.0	43.9
中泰证券公司菏泽郓城东门街证券营业部	山东	菏泽	2469.9	2428.5	26.0	0.0	0.3	15.1
南京证券公司镇江句容宝塔路证券营业部	江苏	句容	2466.5	2379.3	2.7	0.0	0.0	84.6
东海证券公司珠海情侣中路证券营业部	广东	珠海	2466.3	2361.6	25.6	0.0	2.6	76.5
中国银河证券公司上饶带湖路证券营业部	江西	上饶	2462.3	2442.8	3.9	0.0	0.6	14.9
安信证券公司北京阜荣街证券营业部	北京	北京	2459.8	1014.7	199.7	0.0	11.6	1233.9
东方证券公司抚顺清原证券营业部	辽宁	抚顺	2459.4	2170.6	3.4	0.0	0.0	285.4
海通证券公司营口昆仑大街证券营业部	辽宁	营口	2456.8	2397.0	2.1	18.8	1.0	38.0
华安证券公司砀山人民东路证券营业部	安徽	宿州	2456.3	2422.7	3.7	0.0	7.9	21.9

注：营业部交易金额的单位为百万元

证券营业部交易
Trading of Business Department

营业部名称 Business Department	省份 Province	城市 City	总计 Total	股票 Share	基金 Fund	政府债 G-Bond	公司债 C-Bond	债券回购 Repo
财通证券公司衢州开化积魁路证券营业部	浙江	衢州	2451.6	1898.5	0.4	0.0	1.4	551.3
首创证券公司无锡经贸路证券营业部	江苏	无锡	2451.3	2139.6	28.8	0.0	7.4	275.5
国元证券公司大连黄河路证券营业部	辽宁	大连	2449.7	1028.8	27.1	0.0	0.0	1393.9
金元证券公司海口金垦路证券营业部	海南	海口	2449.4	2064.0	2.8	0.0	0.0	382.6
东吴证券公司张家港塘桥镇证券营业部	江苏	苏州	2446.0	1870.3	2.9	0.0	0.8	572.0
安信证券公司黄冈蕲春证券营业部	湖北	黄冈	2444.6	2393.5	5.0	0.0	0.5	45.7
中国中投证券公司宜兴阳羡东路证券营业部	江苏	无锡	2441.4	2249.5	2.1	0.0	0.4	189.4
中国国际金融有限公司中国国际金融有限公司上海分公司	上海	上海	2439.0	438.5	161.0	0.0	48.4	1790.1
华泰证券公司河南分公司	河南	郑州	2436.2	1960.6	14.7	0.0	0.0	460.9
华福证券公司上海江宁路证券营业部	上海	上海	2435.5	2229.3	0.4	0.0	0.0	205.8
东北证券公司韶关北江北路证券营业部	广东	韶关	2431.9	2122.2	10.3	0.0	0.0	299.4
安信证券公司佛山南海九江洛浦大道证券营业部	广东	佛山	2429.4	1982.5	9.9	0.0	13.1	423.9
红塔证券公司建水朝阳北路证券营业部	云南	建水	2427.2	2234.7	54.6	0.0	0.9	137.0
南京证券公司南京柳洲南路证券营业部	江苏	南京	2424.8	2134.1	2.5	0.1	13.2	274.9
华福证券公司华中分公司	湖北	武汉	2423.3	2374.2	20.5	0.0	0.0	28.6
方正证券公司桐乡市场路证券营业部	浙江	桐乡	2418.9	2398.3	5.8	0.0	0.0	14.8
国信证券公司曲靖寥廓北路证券营业部	云南	曲靖	2412.3	2271.6	4.5	0.0	0.0	136.2
中信证券公司成都人民南路证券营业部	四川	成都	2412.1	2331.8	37.7	0.0	5.6	37.0
山西证券公司怀仁怀贤街证券营业部	山西	朔州	2410.5	2272.8	3.5	0.0	0.3	133.9
渤海证券公司天津东一环路证券营业部	天津	蓟县	2403.1	2377.1	3.2	0.0	0.5	22.3
南京证券公司丽江香格里大道证券营业部	云南	丽江	2401.2	2181.8	3.0	0.0	3.5	212.9
财达证券公司唐山迁西喜峰路证券营业部	河北	唐山	2401.1	2348.2	2.5	0.0	0.0	50.5
中国银河证券公司南昌红谷中大道证券营业部	江西	南昌	2400.8	2228.2	55.4	3.5	11.9	101.8
中信建投证券公司潍坊福寿西街证券营业部	山东	潍坊	2399.1	2312.4	8.1	0.0	2.5	76.2
中原证券公司新郑新华路证券营业部	河南	郑州	2397.7	2383.6	12.2	0.0	0.0	1.9
首创证券公司西安含光路证券营业部	陕西	西安	2397.0	1917.7	17.4	0.0	2.3	459.6
申万宏源证券有限公司南阳新华西路证券营业部	河南	南阳	2382.7	2341.3	17.3	0.0	1.9	22.2
中原证券公司濮阳开州路证券营业部	河南	濮阳	2380.9	2352.4	24.2	0.0	4.3	0.0
东方证券公司福州鳌江路证券营业部	福建	福州	2374.3	1599.0	235.4	0.0	2.1	537.8
东方证券公司烟台迎春大街证券营业部	山东	烟台	2373.5	2305.9	5.6	0.0	0.0	62.1
西部证券公司西安曲江池西路证券营业部	陕西	西安	2369.3	2247.0	0.5	0.0	0.0	121.8
华龙证券公司宝鸡中山东路证券营业部	陕西	宝鸡	2366.1	2289.9	8.6	0.0	0.2	67.4
光大证券公司贵阳新添大道证券营业部	贵州	贵阳	2365.6	1678.1	5.3	0.0	4.7	677.5
首创证券公司北京长阳昊天北大街证券营业部	北京	北京	2361.5	2034.9	6.8	0.0	0.1	319.7
国信证券公司太仓扬州路证券营业部	江苏	苏州	2360.5	2058.4	8.9	0.0	0.2	293.0
财达证券公司宿迁沭阳深圳东路证券营业部	江苏	宿迁	2358.6	2348.0	1.9	0.0	5.5	3.2
恒泰证券公司二连浩特新华大街证券营业部	内蒙	二连浩特	2357.7	2102.2	8.1	0.0	0.0	247.3
申万宏源西部证券有限公司盐城建湖湖中路证券营业部	江苏	盐城	2356.1	2343.3	4.4	0.0	3.2	5.3
西部证券公司西安阎良证券营业部	陕西	西安	2354.6	2290.7	25.0	0.0	0.0	38.9
东吴证券公司吴江平望证券营业部	江苏	吴江	2353.5	1844.4	1.0	0.0	1.9	506.2
东海证券公司南宁民主路证券营业部	广西	南宁	2353.3	2166.6	23.3	0.0	0.1	163.3
德邦证券公司成都领事馆路证券营业部	四川	成都	2353.2	1860.2	285.1	0.0	10.2	197.7
华泰证券公司淮安盱眙淮河东路证券营业部	江苏	淮安	2350.3	2164.2	175.7	0.0	0.0	10.4
华创证券公司都匀剑江中路证券营业部	贵州	都匀	2345.0	2215.2	3.4	0.0	0.0	126.4
财富证券公司邵阳隆回桃洪路证券营业部	湖南	邵阳	2344.7	2331.4	0.7	0.0	0.0	12.6
中信证券公司江西分公司	江西	南昌	2344.6	2236.8	15.9	0.0	15.3	76.7
东方证券公司上海闵行区南江燕路证券营业部	上海	上海	2344.4	2159.5	20.4	0.0	1.7	162.8
红塔证券公司呈贡环城西路证券营业部	云南	昆明	2344.1	2288.8	1.7	0.0	0.2	53.4
日信证券公司呼和浩特如意西街证券营业部	内蒙	呼和浩特	2335.6	1869.8	1.3	0.0	0.0	464.5
财达证券公司石家庄正定燕赵南大街证券营业部	河北	石家庄	2333.9	2203.6	3.3	0.0	0.0	127.0

注：营业部交易金额的单位为百万元

证券营业部交易 Trading of Business Department

营业部名称 Business Department	省份 Province	城市 City	总计 Total	股票 Share	基金 Fund	政府债 G-Bond	公司债 C-Bond	债券回购 Repo
民生证券公司广州寺右一马路证券营业部	广东	广州	2331.0	1072.3	7.7	0.0	1.3	1246.4
中国银河证券公司深圳华侨城证券营业部	深圳	深圳	2328.4	1557.8	91.8	0.0	275.0	403.9
招商证券公司东莞厚街珊瑚路证券营业部	广东	东莞	2324.3	2312.4	4.2	0.0	0.0	7.6
长江证券公司当阳长坂路证券营业部	湖北	当阳	2316.9	2243.2	44.5	0.0	11.4	17.9
银泰证券公司宁波东胜路证券营业部	浙江	宁波	2315.8	2182.0	9.3	0.0	0.2	124.1
中信证券公司银川文化西街证券营业部	宁夏	银川	2310.7	1469.6	7.5	0.0	0.0	833.5
开源证券公司重庆财富大道证券营业部	重庆	重庆	2306.2	2188.5	4.3	0.0	0.2	113.2
东吴证券公司太仓港经济技术开发区浮桥证券营业部	江苏	苏州	2305.1	2088.1	1.2	0.0	1.9	213.9
安信证券公司贵阳富水北路证券营业部	贵州	贵阳	2298.5	1965.9	145.2	0.0	22.2	165.2
华安证券公司绍兴胜利西路证券营业部	浙江	绍兴	2298.0	2222.2	0.8	0.0	0.0	75.0
招商证券公司昆山前进西路证券营业部	江苏	昆山	2296.1	2226.8	16.8	0.0	0.4	52.1
日信证券公司巴彦淖尔胜利南路证券营业部	内蒙	巴彦淖尔	2292.8	2160.8	15.5	0.0	64.2	52.3
东海证券公司常熟海虞北路证券营业部	江苏	苏州	2292.4	2107.1	0.1	0.0	0.0	185.1
中国银河证券公司宁波宁南北路证券营业部	浙江	宁波	2292.3	2235.5	4.5	0.2	11.8	40.4
宏信证券公司马尔康达尔玛街证券营业部	四川	阿坝州	2283.7	2156.0	3.3	0.0	0.1	124.4
海通证券公司苏州笠泽路证券营业部	江苏	苏州	2280.4	2079.1	79.2	0.0	2.0	120.1
浙商证券公司绍兴袍江世纪街证券营业部	浙江	绍兴	2279.8	2122.0	0.1	0.0	0.0	157.7
方正证券公司都匀云鹤路证券营业部	贵州	都匀	2279.7	2245.2	4.8	0.0	0.9	28.8
海通证券公司南通海安中坝南路证券营业部	江苏	南通	2279.4	2253.1	25.5	0.0	0.1	0.7
财通证券公司舟山人民南路证券营业部	浙江	舟山	2279.3	1563.6	20.3	0.0	0.0	695.4
国元证券公司泾县桃花潭路证券营业部	安徽	宣城	2279.1	2245.4	4.1	0.0	0.1	29.5
国海证券公司防城港东兴市北仑大道证券营业部	广西	东兴	2275.7	2136.5	7.4	0.2	0.0	131.6
东北证券公司江源江源大街证券营业部	吉林	白山	2273.6	2209.1	4.1	0.0	0.0	60.4
国泰君安证券公司南京天元东路证券营业部	江苏	南京	2272.6	2155.3	7.0	0.0	2.8	107.5
中邮证券公司四川分公司	四川	成都	2270.3	2261.8	2.7	0.0	0.0	5.8
华安证券公司淮南朝阳西路证券营业部	安徽	淮南	2268.4	2122.0	47.7	0.0	1.2	96.7
国都证券公司新密青屏大街证券营业部	河南	郑州	2268.4	2256.9	6.8	0.0	0.0	4.7
第一创业证券公司广州中山六路证券营业部	广东	广州	2268.1	2029.8	168.9	0.0	4.6	64.7
国信证券公司清远人民二路证券营业部	广东	清远	2266.3	2252.6	6.7	0.0	0.8	6.3
中泰证券公司郑州经三路证券营业部	河南	郑州	2260.6	2022.5	1.1	0.0	0.0	237.0
德邦证券公司扬州文昌中路证券营业部	江苏	扬州	2260.0	2088.5	33.3	0.0	0.0	138.1
招商证券公司芜湖文化路证券营业部	安徽	芜湖	2256.7	2176.2	11.7	0.0	1.0	67.8
五矿证券有限公司绍兴上虞江扬路证券营业部	浙江	绍兴	2252.3	2147.4	60.5	0.0	5.8	38.5
恒泰证券公司杭州江虹路证券营业部	浙江	杭州	2251.4	1886.5	160.5	0.0	40.8	163.7
宏信证券公司重庆金融街证券营业部	重庆	重庆	2250.9	583.4	1.9	0.0	24.6	1641.0
中信证券公司佛山顺德容桂证券营业部	广东	佛山	2237.8	1676.7	35.3	0.0	0.0	525.8
中航证券有限公司深圳前海证券营业部	深圳	深圳	2237.6	2205.3	8.0	0.0	8.8	15.5
华西证券公司绵阳安县恒源大道证券营业部	四川	绵阳	2236.7	1472.2	8.2	0.0	0.0	756.3
国联证券公司宜兴张渚镇桃溪路证券营业部	江苏	无锡	2235.3	2108.2	7.3	0.0	0.0	119.8
华创证券公司凯里文化北路证券营业部	贵州	凯里	2234.2	2228.8	4.4	0.0	0.0	1.0
东海证券公司苏州苏州大道西证券营业部	江苏	苏州	2232.9	1465.4	2.9	0.0	3.0	761.6
华泰证券公司来凤凤翔大道证券营业部	湖北	恩施	2232.7	2072.5	147.4	1.0	3.3	8.6
金元证券公司青岛银川西路证券营业部	山东	青岛	2232.3	847.7	4.9	0.0	0.0	1379.7
浙商证券公司常州怀德中路证券营业部	江苏	常州	2231.9	2017.5	4.3	0.0	0.0	210.2
红塔证券公司红塔证券股份有限公司玉溪凤凰路证券营业部	云南	玉溪	2231.3	1864.0	23.3	0.0	0.0	344.0
东吴证券公司苏州工业园区胜浦证券营业部	江苏	苏州	2225.3	1956.0	3.0	0.0	0.0	266.3
财达证券公司保定易县朝阳西路证券营业部	河北	保定	2225.3	1739.3	4.2	0.0	0.8	481.0
中航证券有限公司赣州南康东门南路证券营业部	江西	赣州	2224.6	1236.1	1.1	0.0	0.0	987.4
东吴证券公司苏州广济北路证券营业部	江苏	苏州	2221.3	2169.3	2.6	0.0	0.1	49.3
中航证券有限公司南通城港路证券营业部	江苏	南通	2212.6	1993.7	2.3	0.0	0.0	216.7

注：营业部交易金额的单位为百万元

证券营业部交易
Trading of Business Department

营业部名称 Business Department	省份 Province	城市 City	总计 Total	股票 Share	基金 Fund	政府债 G-Bond	公司债 C-Bond	债券回购 Repo
中泰证券公司日照五莲富强路证券营业部	山东	日照	2212.5	2207.6	2.2	0.0	0.4	2.3
国海证券公司玉林人民中路证券营业部	广西	玉林	2211.4	2179.7	6.8	0.0	0.1	24.8
中泰证券公司新泰新建二路证券营业部	山东	泰安	2210.2	2199.7	6.9	0.0	0.3	3.3
国金证券公司广州华夏路证券营业部	广东	广州	2209.1	1263.7	193.3	0.0	1.3	750.8
东海证券公司东海证券公司大连黄埔路证券营业部	辽宁	大连	2205.2	1691.0	4.1	0.0	0.0	510.1
海通证券公司宿迁发展大道证券营业部	江苏	宿迁	2203.9	2171.8	11.6	0.0	0.0	20.5
中国银河证券公司上海普陀区中江路证券营业部	上海	上海	2198.0	2156.9	26.3	0.0	0.7	14.1
上海证券公司新站路证券营业部	上海	上海	2197.5	1866.2	3.1	0.0	7.2	321.0
民生证券公司成都航空路证券营业部	四川	成都	2197.2	2169.3	17.5	0.0	0.1	10.3
方正证券公司南京溧水中山东路证券营业部	江苏	南京	2195.4	1956.7	84.5	0.0	5.4	148.9
东吴证券公司嘉善西塘镇证券营业部	浙江	嘉兴	2195.2	2184.1	1.7	0.0	0.0	9.4
东兴证券公司宁化中环中路证券营业部	福建	三明	2191.1	2178.4	12.6	0.1	0.0	0.0
国信证券公司重庆涪陵中山路证券营业部	重庆	重庆	2189.7	2143.6	28.5	0.0	0.2	17.4
华林证券公司厦门湖滨南路证券营业部	福建	厦门	2182.6	2078.0	7.0	0.0	1.0	96.6
恒泰证券公司磐石东宁街证券营业部	吉林	磐石	2182.1	2165.7	9.8	0.0	0.0	6.6
国盛证券公司珠海水湾路证券营业部	广东	珠海	2176.6	1459.2	5.9	0.0	0.0	711.5
太平洋证券公司上海杨浦区国通路证券营业部	上海	上海	2174.6	2105.6	0.8	0.0	0.0	68.3
方正证券公司汨罗高泉南路证券营业部	湖南	汨罗	2171.9	1953.4	147.0	0.0	0.0	71.5
西部证券公司西安双拥路证券营业部	陕西	西安	2169.7	2119.0	2.6	0.0	0.0	48.2
财通证券公司丽水景宁人民中路证券营业部	浙江	丽水	2165.7	2154.4	9.9	0.0	1.3	0.2
国联证券公司江阴申港路证券营业部	江苏	无锡	2164.3	2049.2	7.6	0.0	0.0	107.5
恒泰证券公司青岛南京路证券营业部	山东	青岛	2158.0	1990.8	1.6	0.0	0.0	165.6
海通证券公司克拉玛依准噶尔路证券营业部	新疆	克拉玛依	2154.7	2109.6	7.2	0.0	0.0	37.8
中泰证券公司泰安高新区龙潭路证券营业部	山东	泰安	2154.2	2111.4	5.2	0.0	0.4	37.3
中山证券公司绍兴解放路证券营业部	浙江	绍兴	2150.4	1709.2	231.3	0.0	0.0	209.9
华安证券公司武汉百步亭花园路证券营业部	湖北	武汉	2150.4	2035.2	2.3	0.0	0.0	112.9
国盛证券公司黎川东方红大道证券营业部	江西	抚州	2132.8	2131.3	1.4	0.0	0.0	0.1
西南证券公司重庆开县证券营业部	重庆	重庆	2130.0	2093.2	17.4	0.0	0.1	19.3
华宝证券公司上海自贸区证券营业部	上海	上海	2128.0	1017.1	45.1	0.0	0.5	1065.3
中国银河证券公司东莞虎门大道证券营业部	广东	东莞	2127.8	2082.1	5.1	0.0	0.2	40.4
东方证券公司南昌绿茵路证券营业部	江西	南昌	2125.9	1597.9	215.5	0.0	0.0	312.5
国盛证券公司温州学院东路证券营业部	浙江	温州	2122.2	2081.3	9.8	0.0	0.7	30.4
银泰证券公司北京南横东街证券营业部	北京	北京	2116.8	2057.4	23.3	0.0	0.0	33.1
华西证券公司荣县望景路证券营业部	四川	自贡	2106.8	2032.7	33.6	0.1	6.0	34.4
万联证券公司青岛香港中路证券营业部	山东	青岛	2098.8	1816.9	13.8	0.0	0.1	268.0
中泰证券公司滨州无棣院前街证券营业部	山东	滨州	2098.3	2010.4	14.7	0.0	0.1	73.2
招商证券公司齐齐哈尔公园路证券营业部	黑龙江	齐齐哈尔	2094.0	1676.1	3.1	0.0	0.1	414.8
中国银河证券公司佛山顺德龙江东华路证券营业部	广东	佛山	2090.5	1965.1	12.1	0.0	0.1	113.2
太平洋证券公司昆明西园路证券营业部	云南	昆明	2088.5	1665.1	20.5	0.0	0.0	402.8
国信证券公司汉中劳动东路证券营业部	陕西	汉中	2088.1	2063.8	2.3	0.0	0.0	22.0
中信建投证券公司天水重新街证券营业部	甘肃	天水	2087.3	2035.2	1.7	0.0	0.0	50.4
兴业证券公司漳州台商投资区文圃大道证券营业部	福建	漳州	2086.6	1963.4	4.2	0.0	0.9	118.1
国泰君安证券公司芜湖文化路证券营业部	安徽	芜湖	2078.6	2057.4	1.8	0.0	0.8	18.6
国盛证券公司成都一环路证券营业部	四川	成都	2078.3	1851.6	91.1	0.0	0.0	135.6
海通证券公司鹰潭五洲路证券营业部	江西	鹰潭	2077.7	2032.2	36.4	0.0	1.0	8.1
国都证券公司通化龙泉路证券营业部	吉林	通化	2075.4	2066.8	2.7	0.0	0.0	5.9
申万宏源西部证券有限公司本溪人民路证券营业部	辽宁	本溪	2074.7	2009.9	2.0	0.0	6.9	56.0
东方证券公司成都天府大道证券营业部	四川	成都	2070.6	2040.1	4.1	0.0	7.1	19.3
申万宏源西部证券有限公司库尔勒利民路证券营业部	新疆	库尔勒	2069.1	1851.3	1.5	0.0	5.9	210.4
招商证券公司惠州文明一路证券营业部	广东	惠州	2068.3	2046.0	11.8	0.1	0.0	10.3

注：营业部交易金额的单位为百万元

证券营业部交易
Trading of Business Department

营业部名称 Business Department	省份 Province	城市 City	总计 Total	股票 Share	基金 Fund	政府债 G-Bond	公司债 C-Bond	债券回购 Repo
东莞证券公司武汉分公司	湖北	武汉	2067.5	1874.9	145.3	0.0	0.0	47.4
中国银河证券公司洛阳金谷园路证券营业部	河南	洛阳	2064.9	885.7	2.1	0.0	0.0	1177.1
东吴证券公司营口辽河老街证券营业部	辽宁	营口	2064.6	1944.8	8.9	0.0	16.9	94.0
万联证券公司厦门湖滨南路证券营业部	福建	厦门	2063.4	1627.7	271.8	0.0	0.1	163.7
财通证券公司杭州桐庐白云源路证券营业部	浙江	杭州	2061.8	1891.2	6.2	0.0	0.3	164.2
众成证券公司深圳华强路圣廷苑证券营业部	深圳	深圳	2061.1	366.9	2.2	0.0	0.0	1691.9
申万宏源西部证券有限公司武汉武大园一路证券营业部	湖北	武汉	2059.7	1854.6	0.0	0.0	0.0	205.0
招商证券公司东莞石龙西湖一路证券营业部	广东	东莞	2056.5	1395.8	123.0	0.0	0.0	529.1
广州证券公司济南经四路证券营业部	山东	济南	2056.2	1522.2	41.7	0.0	0.0	492.3
恒泰证券公司包头萨拉齐大西街证券营业部	内蒙	包头	2054.4	1443.8	5.1	0.0	0.0	605.2
中信建投证券公司常州广电西路证券营业部	江苏	常州	2051.3	1757.9	1.7	0.0	0.8	290.9
东莞证券公司成都东大街证券营业部	四川	成都	2050.7	1269.1	20.1	0.0	1.7	759.8
申万宏源西部证券有限公司广州番禺迎宾路证券营业部	广东	广州	2050.1	2036.1	8.3	0.0	0.0	5.7
华创证券公司张家港暨阳中路证券营业部	江苏	张家港	2048.8	2048.0	0.4	0.0	0.2	0.2
中信建投证券公司呼和浩特乌兰察布东街证券营业部	内蒙	呼和浩特	2048.2	1960.0	26.3	0.0	1.6	60.3
金元证券公司金元扬州文昌西路营业部	江苏	扬州	2038.9	1715.5	72.5	0.0	0.0	250.9
长城证券公司海门解放中路证券营业部	江苏	海门	2038.1	1936.3	4.6	0.0	0.8	96.5
新时代证券公司武汉球场路证券营业部	湖北	武汉	2033.9	2026.0	7.8	0.0	0.1	0.0
安信证券公司肇庆怀集城中路证券营业部	广东	肇庆	2033.7	2023.4	7.7	0.0	0.0	2.5
红塔证券公司昭通青年路证券营业部	云南	昭通	2031.5	1721.2	10.7	0.0	0.0	299.6
中国银河证券公司西安雁南三路证券营业部	陕西	西安	2029.3	1829.3	3.9	0.0	0.0	196.1
海通证券公司深圳高新南四道证券营业部	深圳	深圳	2026.0	1954.9	13.4	0.0	2.4	55.3
华福证券公司西南分公司	重庆	重庆	2023.8	1958.6	30.6	0.0	22.6	11.9
国泰君安证券公司淄博新村西路证券营业部	山东	淄博	2019.6	1941.2	7.3	0.0	0.5	70.6
中信建投证券公司汉中兴汉路证券营业部	陕西	汉中	2019.0	1917.1	4.1	0.0	4.1	93.6
中原证券公司中原证券股份有限公司许昌莲城大道证券营业	河南	许昌	2014.7	1877.2	23.4	0.0	0.8	113.4
中泰证券公司无锡中山路证券营业部	江苏	苏州	2013.5	1630.7	1.6	0.0	0.0	381.2
招商证券公司临沂北园路证券营业部	山东	临沂	2012.8	1948.2	53.1	0.0	9.8	1.7
中泰证券公司北京建国门外大街证券营业部	北京	北京	2010.3	1972.6	3.9	0.1	11.6	22.2
中银国际证券公司宁波药行街证券营业部	浙江	宁波	2010.3	1970.4	2.4	0.0	0.1	37.3
银泰证券公司徐州解放南路证券营业部	江苏	徐州	2007.9	1378.6	66.8	0.0	0.0	562.5
南京证券公司长沙韶山北路证券营业部	湖南	长沙	2007.6	1865.3	3.6	0.0	70.7	68.0
中信证券(山东)公司郑州经三路证券营业部	河南	郑州	2003.1	1904.3	13.7	0.0	0.7	84.4
广发证券公司佛山南平西路证券营业部	广东	佛山	2000.9	1853.7	4.0	0.0	0.0	143.2
长城证券公司株洲天台路证券营业部	湖南	株洲	1999.7	1766.6	3.5	0.0	0.0	229.7
中原证券公司西平西平大道证券营业部	河南	驻马店	1999.4	1922.4	65.6	0.0	0.9	10.5
国盛证券公司宁波园丁街证券营业部	浙江	宁波	1991.4	1897.9	1.0	0.0	0.0	92.5
太平洋证券公司水富团结路证券营业部	云南	昭通	1990.1	1920.0	3.7	1.3	0.1	65.0
光大证券公司天津民生路证券营业部	天津	天津	1989.6	1963.9	16.9	0.0	0.1	8.8
长江证券公司上海石岛路证券营业部	上海	上海	1988.6	1597.4	29.0	0.0	0.0	362.1
财达证券公司沧州维明路证券营业部	河北	沧州	1985.4	1913.5	11.9	0.0	0.1	59.8
东方证券公司南通工农路证券营业部	江苏	南通	1982.7	313.9	0.0	0.0	0.0	1668.8
招商证券公司镇江谷阳路证券营业部	江苏	镇江	1980.9	1667.0	266.5	0.0	0.1	47.3
长城证券公司重庆金童路证券营业部	重庆	重庆	1980.8	1957.3	2.1	0.0	0.0	21.4
恒泰证券公司潍坊福寿东街证券营业部	山东	潍坊	1977.6	1973.6	1.8	0.0	0.2	2.0
中银国际证券公司北京北四环西路证券营业部	北京	北京	1976.0	1973.0	3.0	0.0	0.0	0.0
招商证券公司江阴环城北路证券营业部	江苏	江阴	1973.9	1353.5	5.8	0.0	6.3	608.2
华安证券公司明光明珠大道证券营业部	安徽	明光	1973.5	1949.8	2.6	0.0	1.3	19.8
中航证券有限公司枣阳光武路证券营业部	湖北	枣阳	1973.2	1783.7	5.6	0.0	0.0	183.9
首创证券公司长沙万家丽路证券营业部	湖南	长沙	1969.6	1868.5	71.1	0.0	0.0	30.0

注：营业部交易金额的单位为百万元

证券营业部交易
Trading of Business Department

营业部名称 Business Department	省份 Province	城市 City	总计 Total	股票 Share	基金 Fund	政府债 G-Bond	公司债 C-Bond	债券回购 Repo
华融证券公司湘潭芙蓉中路证券营业部	湖南	湘潭	1968.7	1951.5	9.4	0.0	0.0	7.8
海通证券公司金寨红军大道证券营业部	安徽	六安	1956.3	1902.3	3.7	0.0	2.7	47.5
招商证券公司云浮新兴新州大道证券营业部	广东	云浮	1956.1	1752.6	4.1	0.0	0.0	199.4
财达证券公司石家庄栾城丰泽大街证券营业部	河北	石家庄	1954.9	1848.9	2.9	0.0	0.0	103.1
民生证券公司新乡和平路证券营业部	河南	新乡	1952.5	1848.6	17.6	0.0	0.8	82.5
新时代证券公司北京马家堡西路证券营业部	北京	北京	1949.2	1886.4	62.7	0.0	0.1	0.0
日信证券公司杭州文三路证券营业部	浙江	杭州	1948.3	1732.4	80.3	0.0	0.0	135.6
西南证券公司重庆大足证券营业部	重庆	重庆	1948.2	1937.7	10.2	0.0	0.0	0.3
安信证券公司北京朝阳路证券营业部	北京	北京	1945.7	1665.1	3.9	0.0	0.1	276.6
浙商证券公司南通青年东路证券营业部	江苏	南通	1943.1	1841.9	7.2	0.0	0.1	93.9
方正证券公司福州湖东路证券营业部	福建	福州	1942.4	1449.0	4.8	0.0	0.4	488.2
华融证券公司昆明春城路证券营业部	云南	昆明	1942.0	1585.1	2.9	0.0	0.0	354.0
华林证券公司温州车站大道证券营业部	浙江	温州	1941.6	1918.7	1.2	0.0	0.0	21.7
财通证券公司嵊州东南路证券营业部	浙江	绍兴	1941.4	1782.5	52.4	0.0	0.2	106.3
国信证券公司北京马家堡西路证券营业部	北京	北京	1935.8	1916.0	8.8	0.0	0.8	10.2
恒泰证券公司前郭哈萨尔路证券营业部	吉林	松原	1935.8	1786.5	4.1	0.0	2.2	143.1
西南证券公司天津福安大街证券营业部	天津	天津	1935.6	1411.4	513.6	0.0	0.0	10.7
太平洋证券公司济南颖秀路证券营业部	山东	济南	1932.0	1473.7	6.3	0.0	0.0	452.0
东方证券公司朝阳朝阳大街证券营业部	辽宁	朝阳	1924.9	1807.1	4.9	0.0	6.7	106.2
宏信证券公司阿坝汶川县岷江路证券营业部	四川	阿坝州	1922.1	1905.5	2.7	0.0	0.0	13.9
万联证券公司天津西马路证券营业部	天津	天津	1922.0	1328.2	64.2	0.0	5.4	524.2
国信证券公司三明列东街证券营业部	福建	三明	1920.5	1815.8	41.8	0.0	1.1	61.8
申万宏源证券有限公司重庆涪陵滨江大道证券营业部	重庆	重庆	1918.9	1911.9	6.4	0.0	0.3	0.4
南京证券公司盱眙淮河北路证券营业部	江苏	淮安	1917.4	1831.7	29.0	0.0	0.2	56.6
中航证券有限公司宜春万载宝塔路证券营业部	江西	宜春	1916.3	1911.4	4.9	0.0	0.0	0.0
西南证券公司重庆璧山名豪街证券营业部	重庆	重庆	1913.2	1900.8	1.8	0.0	0.0	10.6
西部证券公司铜川鸿基路证券营业部	陕西	铜川	1913.1	1646.7	2.3	0.0	0.0	264.1
中国银河证券公司湛江观海北路证券营业部	广东	湛江	1912.7	1729.4	29.5	0.0	1.0	152.8
天风证券公司谷城振兴街证券营业部	湖北	谷城	1912.3	1891.0	4.9	0.0	0.6	15.8
民生证券公司长沙晚报大道证券营业部	湖南	长沙	1907.2	1890.3	0.3	0.0	4.5	12.0
中信建投证券公司武汉香港路证券营业部	湖北	武汉	1905.1	1612.7	62.8	0.0	7.2	222.4
民生证券公司安阳永明路证券营业部	河南	安阳	1905.0	1849.8	3.9	0.0	30.1	21.2
五矿证券有限公司西安科技路证券营业部	陕西	西安	1902.2	828.2	12.7	0.0	0.0	1061.3
光大证券公司梅州丽都中路证券营业部	广东	梅州	1901.4	1828.1	11.9	0.0	0.8	60.5
山西证券公司寿阳朝阳街证券营业部	山西	晋中	1899.7	1831.6	14.5	0.0	6.2	47.4
西部证券公司西安高陵证券营业部	陕西	西安	1897.9	1834.7	3.8	0.0	0.2	59.2
西南证券公司重庆綦江证券营业部	重庆	綦江	1897.3	1861.4	28.6	0.0	0.2	7.1
国信证券公司北京石景山阜石路证券营业部	北京	北京	1895.2	1809.0	4.8	0.0	1.2	80.2
华融证券公司玉溪南北大街证券营业部	云南	玉溪	1891.7	1436.2	3.7	0.0	0.1	451.8
大通证券公司沧州广场街证券营业部	河北	沧州	1885.3	1725.7	31.1	0.0	74.6	53.8
中信证券(山东)公司临沂银雀山路证券营业部	山东	临沂	1885.0	1020.6	1.2	0.0	0.0	863.2
西藏同信证券公司廊坊光明西道证券营业部	河北	廊坊	1882.0	1835.3	8.5	0.0	5.3	32.9
中银国际证券公司盘锦兴隆台街证券营业部	辽宁	盘锦	1881.4	1608.7	19.6	0.0	0.0	253.1
安信证券公司保定高阳现代大街证券营业部	河北	保定	1880.6	1289.2	18.4	0.0	0.0	573.0
东吴证券公司苏州甪直迎宾路证券营业部	江苏	苏州	1876.9	1756.0	4.1	0.0	0.1	116.8
国联证券公司桂林滨江路证券营业部	广西	桂林	1873.2	1816.1	6.7	0.0	0.0	50.5
国海证券公司百色平果县教育路证券营业部	广西	百色	1872.6	1863.5	5.0	0.0	0.0	4.1
长江证券公司宜城振兴路证券营业部	湖北	宜城	1871.7	1790.8	21.0	0.0	0.0	59.9
大同证券公司阳城新阳东街证券营业部	山西	晋城	1867.4	1736.9	18.9	0.0	0.3	111.3
西南证券公司常熟海虞北路证券营业部	江苏	常熟	1865.2	1849.4	0.4	0.0	1.7	13.7

注：营业部交易金额的单位为百万元

证券营业部交易
Trading of Business Department

营业部名称 Business Department	省份 Province	城市 City	总计 Total	股票 Share	基金 Fund	政府债 G-Bond	公司债 C-Bond	债券回购 Repo
西南证券公司重庆万盛大道证券营业部	重庆	重庆	1864.8	1849.3	5.1	0.0	0.0	10.4
广州证券公司温州车站大道证券营业部	浙江	温州	1864.3	1687.5	0.7	0.0	0.0	176.1
光大证券公司德阳岷江西路证券营业部	四川	德阳	1863.9	1774.1	3.3	1.0	0.0	85.5
国泰君安证券公司泰州鼓楼南路证券营业部	江苏	泰州	1863.3	1626.1	72.4	0.0	12.0	152.8
华泰证券公司神农架常青路证券营业部	湖北	神农架林区	1860.0	1723.1	136.8	0.0	0.0	0.1
国信证券公司苏州旺墩路证券营业部	江苏	苏州	1859.3	1780.1	19.0	0.0	17.2	42.9
国信证券公司江门迎宾大道证券营业部	广东	江门	1858.6	1806.5	21.2	0.0	14.8	16.0
海通证券公司岳阳巴陵中路证券营业部	湖南	岳阳	1855.4	1794.4	2.7	0.0	1.8	56.5
华泰证券公司盐城滨海向阳大道证券营业部	江苏	盐城	1853.4	1849.0	1.9	0.0	0.0	2.5
中原证券公司滑县文明路证券营业部	河南	安阳	1851.4	1834.5	6.4	0.0	0.2	10.4
中信建投证券公司济宁吴泰闸路证券营业部	山东	济宁	1851.2	1817.8	2.7	0.0	21.1	9.7
华融证券公司北京朝外大街证券营业部	北京	北京	1846.9	1802.8	3.2	0.0	0.0	40.9
中原证券公司邓州文化北路证券营业部	河南	南阳	1843.5	1735.5	2.5	0.0	0.0	105.5
光大证券公司抚顺东四路证券营业部	辽宁	抚顺	1842.3	1651.7	107.9	0.0	2.4	80.3
国信证券公司宜兴东山西路证券营业部	江苏	宜兴	1840.3	1745.2	9.5	0.0	0.1	85.6
华融证券公司上饶茶圣路证券营业部	江西	上饶	1839.7	1807.9	3.2	0.0	0.0	28.6
中国银河证券公司楚雄鹿城南路证券营业部	云南	楚雄	1839.7	1795.9	8.7	0.0	1.7	33.3
中泰证券公司肥城龙山路证券营业部	山东	泰安	1839.3	1837.4	1.9	0.0	0.0	0.0
恒泰证券公司温州古岸路证券营业部	浙江	温州	1836.6	1229.5	0.0	0.0	0.0	607.1
大同证券公司太原分公司	山西	太原	1827.6	1752.4	11.6	0.0	0.0	63.6
申万宏源证券有限公司贵港中山北路证券营业部	广西	贵港	1823.5	1821.0	1.3	0.0	0.0	1.1
民生证券公司深圳新湖路证券营业部	深圳	深圳	1823.2	1811.0	11.7	0.0	0.5	0.0
山西证券公司襄垣新建西街证券营业部	山西	长治	1822.4	1811.3	3.5	0.0	0.1	7.6
西南证券公司重庆云阳云江大道证券营业部	重庆	重庆	1818.7	1802.4	2.7	0.0	0.0	13.6
安信证券公司上海科苑路证券营业部	上海	上海	1818.7	1231.7	3.7	0.0	0.0	583.4
国都证券公司邯郸丛台北路证券营业部	河北	邯郸	1818.6	1564.4	1.4	0.0	0.0	252.8
华西证券公司资阳安岳县柠都大道证券营业部	四川	资阳	1813.9	1810.3	1.7	0.0	0.1	1.9
大同证券公司闻喜西湖南路证券营业部	山西	运城	1813.0	1332.0	163.8	0.0	4.5	312.7
东北证券公司松江河松山街证券营业部	吉林	白山	1809.4	1709.8	1.4	0.0	0.0	98.1
国信证券公司长治解放西街证券营业部	山西	长治	1809.4	1519.6	9.1	0.0	1.2	279.5
中银国际证券公司大连旅顺口黄河路证券营业部	辽宁	大连	1807.7	1755.8	3.1	0.0	0.1	48.7
长城证券公司广州花都天贵路证券营业部	广东	广州	1803.4	1638.8	9.4	0.0	0.0	155.2
国泰君安证券公司安顺南华路证券营业部	贵州	安顺	1801.6	1467.3	2.0	0.1	0.0	332.2
国海证券公司百色田东县朝阳路证券营业部	广西	百色	1796.2	1769.7	3.3	0.0	0.0	23.2
中国中投证券公司北京鲁谷路证券营业部	北京	北京	1796.2	1615.7	2.9	0.0	0.1	177.5
华融证券公司邵阳邵水东路证券营业部	湖南	邵阳	1796.1	1792.5	2.2	0.0	0.0	1.4
民生证券公司郑州济源路证券营业部	河南	郑州	1795.8	1392.3	1.7	0.0	0.0	401.6
国海证券公司宾阳县财政路证券营业部	广西	南宁	1792.4	1788.1	2.6	0.0	0.0	1.6
新时代证券公司天津解放南路证券营业部	天津	天津	1791.6	1789.5	0.9	0.0	1.2	0.0
西南证券公司沈阳和平南大街证券营业部	辽宁	沈阳	1790.8	1695.5	5.7	0.0	3.5	86.2
招商证券公司张家港人民中路证券营业部	江苏	张家港	1788.0	1343.9	0.7	0.0	0.4	443.0
方正证券公司河池新建路证券营业部	广西	河池	1787.7	1596.9	104.1	0.0	0.0	86.8
中国国际金融有限公司佛山季华五路证券营业部	广东	佛山	1787.4	1336.6	422.7	0.0	2.1	26.1
南京证券公司上海浦东新区下南路证券营业部	上海	上海	1787.4	1530.3	34.1	0.0	17.1	205.9
金元证券公司金元成都益州大道营业部	四川	成都	1786.9	1752.9	4.8	0.0	0.0	29.2
华泰证券公司深圳留仙大道众冠大厦证券营业部	深圳	深圳	1784.6	1727.4	33.7	0.0	3.4	20.1
光大证券公司十堰江苏路证券营业部	湖北	十堰	1781.0	1724.8	3.7	0.0	0.0	52.4
长城证券公司桂林中山南路证券营业部	广西	桂林	1779.1	1755.7	9.0	0.0	0.1	14.4
西南证券公司荆州北京路证券营业部	湖北	荆州	1774.3	1610.0	33.2	0.0	0.0	131.1
海通证券公司盐城阜宁阜城大街证券营业部	江苏	盐城	1773.8	1761.1	2.7	0.0	0.0	10.0

注：营业部交易金额的单位为百万元

证券营业部交易
Trading of Business Department

营业部名称 Business Department	省份 Province	城市 City	总计 Total	股票 Share	基金 Fund	政府债 G-Bond	公司债 C-Bond	债券回购 Repo
长城证券公司上海中兴路证券营业部	上海	上海	1772.6	1472.3	26.5	0.0	0.0	273.8
中泰证券公司烟台迎春大街证券营业部	山东	烟台	1770.8	1733.1	32.3	0.0	1.2	4.2
华西证券公司宜宾县宜建路证券营业部	四川	宜宾	1767.5	1374.6	68.1	0.0	2.3	322.6
联讯证券公司惠州东江三路证券营业部	广东	惠州	1766.8	1705.1	0.9	0.0	0.0	60.8
中信建投证券公司醴陵李畋西路证券营业部	湖南	株洲	1764.8	1724.1	3.5	0.0	0.0	37.2
中国银河证券公司株洲天元黄山路证券营业部	湖南	株洲	1760.3	1623.1	22.7	0.0	1.5	112.9
中信证券(山东)公司青岛中山路证券营业部	山东	青岛	1759.2	1727.0	6.5	0.0	0.0	25.7
国元证券公司蒙城周元路证券营业部	安徽	蒙城	1756.2	1744.1	1.2	1.3	9.6	0.0
中航证券有限公司洛阳太康路证券营业部	河南	洛阳	1754.5	1458.5	69.0	0.0	1.4	225.6
中国中投证券公司成都彭州朝阳南路证券营业部	四川	成都	1752.5	1459.6	12.5	0.0	0.1	280.3
东海证券公司长沙岳麓大道证券营业部	湖南	长沙	1750.9	1722.7	7.3	0.0	1.8	19.1
长城证券公司深圳龙翔大道证券营业部	深圳	深圳	1745.6	639.0	1.3	0.0	0.0	1105.3
华创证券公司赤水市校园街证券营业部	贵州	赤水	1744.3	1727.7	1.7	0.0	0.0	15.0
华安证券公司金寨金顾路证券营业部	安徽	六安	1743.5	1704.6	0.3	0.0	0.0	38.6
银泰证券公司东莞常平大道证券营业部	广东	东莞	1742.6	1737.2	0.3	0.0	0.1	5.0
东吴证券公司苏州虎池路证券营业部	江苏	苏州	1742.2	1723.3	0.5	0.0	0.0	18.5
长江证券公司株洲韶山路证券营业部	湖南	株洲	1742.2	1679.8	10.9	0.0	2.3	49.2
中国银河证券公司湛江民有路证券营业部	广东	湛江	1737.0	1678.9	5.8	0.1	0.0	52.2
银泰证券公司武汉园林路证券营业部	湖北	武汉	1736.4	1652.3	23.6	0.0	0.0	60.6
开源证券公司西安纺北路证券营业部	陕西	西安	1736.1	557.6	0.0	0.0	0.0	1178.5
中国银河证券公司深圳坪山坑梓新发街证券营业部	深圳	深圳	1735.9	1731.4	1.1	0.0	0.0	3.4
大同证券公司孝义迎宾北路证券营业部	山西	孝义	1728.6	1522.3	18.1	0.0	0.0	188.2
国元证券公司青岛紫金山路证券营业部	山东	青岛	1727.0	1236.5	0.4	0.0	0.0	490.1
华安证券公司黄山延安路证券营业部	安徽	黄山	1726.2	1724.8	1.4	0.0	0.0	0.0
安信证券公司阳江阳东振士中路证券营业部	广东	阳江	1722.8	1470.8	3.9	0.0	0.1	247.9
安信证券公司宁波长阳东路证券营业部	浙江	宁波	1722.6	1334.1	14.3	0.0	0.5	373.7
安信证券公司广州从化沿江南路证券营业部	广东	广州	1721.1	953.8	2.5	0.0	0.2	764.6
东北证券公司六安紫竹林路证券营业部	安徽	六安	1715.7	1698.2	2.9	0.0	0.4	14.3
华林证券公司昆明白云路证券营业部	云南	昆明	1715.3	1661.8	2.2	0.0	50.0	1.3
国信证券公司大庆火炬新街证券营业部	黑龙江	大庆	1713.0	1624.0	10.9	0.0	0.0	78.1
光大证券公司汉中东大街证券营业部	陕西	汉中	1711.3	1678.3	29.4	0.0	0.0	3.6
中国银河证券公司拉萨朝阳路证券营业部	西藏	拉萨	1711.2	1374.2	1.8	0.0	0.1	335.1
西南证券公司重庆梁平证券营业部	重庆	梁平	1708.2	1678.6	10.4	0.0	1.2	18.0
山西证券公司金华八一南街证券营业部	浙江	金华	1706.0	1657.1	1.0	0.0	2.7	45.3
国元证券公司阜新文化街证券营业部	辽宁	阜新	1704.6	1660.2	2.6	0.0	1.0	40.8
信达证券公司阜新阜蒙证券营业部	辽宁	阜新	1704.5	1701.9	2.1	0.0	0.1	0.4
财富证券公司郴州临武县临武大道证券营业部	湖南	郴州	1703.7	1698.2	1.3	0.0	0.0	4.3
中银国际证券公司无锡梁青路证券营业部	江苏	无锡	1702.8	1614.4	1.5	0.0	0.0	86.8
安信证券公司绵阳绵山路证券营业部	四川	绵阳	1702.5	1510.1	7.9	0.0	0.0	184.4
方正证券公司临湘河西南路证券营业部	湖南	临湘	1699.5	1696.7	2.7	0.0	0.0	0.1
长城证券公司包头青年路证券营业部	内蒙	包头	1698.0	1450.5	8.4	0.0	0.0	239.1
华福证券公司天津吴家窑大街证券营业部	天津	天津	1697.0	1626.5	41.2	0.0	1.5	27.8
华泰证券公司吉林市解放东路证券营业部	吉林	吉林	1693.8	1489.8	7.4	0.0	0.0	196.6
山西证券公司南京长虹路证券营业部	江苏	南京	1691.8	1680.0	7.9	0.0	0.0	3.9
中邮证券公司山东分公司	山东	济南	1690.4	1670.3	8.2	0.0	0.2	11.8
银泰证券公司长沙韶山北路证券营业部	湖南	长沙	1689.6	1519.2	3.9	0.0	0.0	166.5
宏信证券公司上海拱极路证券营业部	上海	上海	1688.4	1460.1	0.5	0.0	0.0	227.8
海通证券公司沧州署西街证券营业部	河北	沧州	1683.7	1668.3	10.4	0.0	0.1	4.9
长江证券公司恩施航空大道证券营业部	湖北	恩施	1683.1	1674.9	8.1	0.0	0.0	0.0
东北证券公司大安人民路证券营业部	吉林	大安	1682.3	1554.1	12.5	0.0	0.0	115.7

注：营业部交易金额的单位为百万元

证券营业部交易
Trading of Business Department

营业部名称 Business Department	省份 Province	城市 City	总计 Total	股票 Share	基金 Fund	政府债 G-Bond	公司债 C-Bond	债券回购 Repo
中泰证券公司北京信息路证券营业部	北京	北京	1680.0	1635.0	7.5	0.0	1.0	36.6
首创证券公司北京延庆东顺城街证券营业部	北京	北京	1674.6	1388.2	4.0	0.0	0.1	282.3
中航证券有限公司南昌火炬大街证券营业部	江西	南昌	1674.6	1655.9	1.1	0.0	7.7	9.9
光大证券公司柳州潭中东路证券营业部	广西	柳州	1674.4	1566.9	2.8	0.0	1.5	103.0
招商证券公司贵港金港大道证券营业部	广西	贵港	1670.0	1662.1	2.5	0.0	0.0	5.5
红塔证券公司上海松江区横港路证券营业部	上海	上海	1667.7	1380.9	5.1	0.0	0.0	281.7
方正证券公司焦作长恩路证券营业部	河南	焦作	1667.4	1659.0	2.9	0.0	0.3	5.2
华安证券公司芜湖银湖中路证券营业部	安徽	芜湖	1666.2	1645.2	0.5	0.0	0.2	20.3
太平洋证券公司广州天河路证券营业部	广东	广州	1665.7	1642.0	17.4	0.0	0.0	6.3
众成证券公司长沙芙蓉中路证券营业部	湖南	长沙	1665.5	1601.3	1.9	0.0	0.1	62.3
中国银河证券公司佛山南庄帝景北路证券营业部	广东	佛山	1665.1	1572.7	7.6	0.0	0.0	84.8
安信证券公司松原铂金路证券营业部	吉林	松原	1664.5	1288.2	13.8	0.0	22.4	340.1
长江证券公司宝鸡金台大道证券营业部	陕西	宝鸡	1662.7	1494.2	4.1	0.0	0.5	163.9
东吴证券公司苏州望亭镇牡丹路证券营业部	江苏	苏州	1662.6	1553.1	2.2	0.0	0.5	106.8
首创证券公司牡丹江西平安街证券营业部	黑龙江	牡丹江	1662.2	993.5	171.5	0.0	269.0	228.2
中泰证券公司吉林市松江西路证券营业部	吉林	吉林	1661.9	1654.4	4.5	0.0	0.0	3.0
安信证券公司威海新威路证券营业部	山东	威海	1661.1	1596.1	7.1	0.0	0.1	57.9
华西证券公司昆明北京路证券营业部	云南	昆明	1660.1	1638.1	14.0	0.0	0.0	8.0
恒泰证券公司乌海乌达区巴音赛街证券营业部	内蒙	乌海	1660.1	1473.8	4.3	0.0	0.1	181.9
广发证券公司泰州凤凰东路证券营业部	江苏	泰州	1658.0	1612.3	17.0	0.0	5.5	23.1
中国银河证券公司上海青浦区明珠路证券营业部	上海	上海	1657.7	1144.2	82.7	0.0	0.0	430.8
东海证券公司盐城迎宾南路证券营业部	江苏	盐城	1657.5	1096.2	103.7	0.0	0.3	457.3
长江证券公司麻城将军北路证券营业部	湖北	麻城	1657.0	1652.7	4.3	0.0	0.0	0.0
中泰证券公司寿光正阳路证券营业部	山东	寿光	1654.5	1548.8	2.2	0.0	0.0	103.5
中国银河证券公司青岛开发区证券营业部	山东	青岛	1652.9	1241.2	15.7	0.0	0.0	395.9
中邮证券公司渭南朝阳路证券营业部	陕西	渭南	1652.7	1304.3	5.4	1.4	0.0	341.6
南京证券公司北京南大街证券营业部	北京	北京	1651.2	1336.6	0.5	0.0	0.0	314.1
华泰证券公司滁州琅琊东路证券营业部	安徽	滁州	1649.2	1402.4	5.6	0.0	3.9	237.3
招商证券公司莆田延寿南路证券营业部	福建	莆田	1645.3	1538.2	1.9	0.0	8.8	96.3
五矿证券有限公司珠海健民路证券营业部	广东	珠海	1644.5	1471.4	0.1	0.0	0.0	173.0
西藏同信证券公司长春人民大街证券营业部	吉林	长春	1643.8	1604.1	4.2	0.0	0.0	35.5
国元证券公司成都人民南路证券营业部	四川	成都	1643.4	1351.5	1.8	0.0	0.1	290.0
中国中投证券公司安庆菱湖南路证券营业部	安徽	安庆	1642.3	1610.2	6.0	0.0	0.4	25.6
五矿证券有限公司东莞胜和路证券营业部	广东	东莞	1640.3	1629.2	3.6	0.0	0.0	7.5
申万宏源西部证券有限公司贺州江北中路证券营业部	广西	贺州	1640.2	1543.6	10.8	0.0	80.4	5.4
财达证券公司石家庄井陉建设北路证券营业部	河北	石家庄	1636.9	1581.4	33.6	0.0	12.5	9.3
华创证券公司清镇云岭西路证券营业部	贵州	清镇	1628.4	907.5	7.9	0.0	0.2	712.9
长城证券公司天津友谊路证券营业部	天津	天津	1623.8	825.5	1.5	0.0	56.5	740.3
华林证券公司大连中山路证券营业部	辽宁	大连	1623.1	632.7	28.5	0.0	0.0	961.9
长江证券公司贵阳中山南路证券营业部	贵州	贵阳	1619.4	1584.7	1.7	0.0	0.0	33.0
安信证券公司南昌红谷中大道证券营业部	江西	南昌	1617.7	1612.5	2.9	0.0	0.9	1.4
财通证券公司宁波镇海环城西路证券营业部	浙江	宁波	1615.4	1427.9	11.6	0.0	0.9	174.9
海通证券公司泰兴东润路证券营业部	江苏	泰兴	1614.1	1529.6	1.2	0.0	1.1	82.1
中信建投证券公司佛山顺德新桂路证券营业部	广东	佛山	1612.9	1564.3	8.2	0.2	0.0	40.3
五矿证券有限公司北海广东路证券营业部	广西	北海	1612.1	1599.3	5.7	0.0	0.0	7.1
华龙证券公司扬州邗江路证券营业部	江苏	扬州	1611.4	1544.2	4.5	0.0	1.8	60.9
中泰证券公司枣庄中兴大道证券营业部	山东	枣庄	1611.2	1592.6	0.5	0.0	1.1	17.1
华西证券公司广安邻水县东临路证券营业部	四川	广安	1608.2	1598.8	7.5	1.2	0.0	0.6
东兴证券公司石家庄中山东路证券营业部	河北	石家庄	1607.0	1589.0	5.1	0.0	1.6	11.2
西藏同信证券公司石家庄正定府西街证券营业部	河北	石家庄	1605.8	1583.0	2.3	0.0	2.7	17.8

注：营业部交易金额的单位为百万元

证券营业部交易
Trading of Business Department

营业部名称 Business Department	省份 Province	城市 City	总计 Total	股票 Share	基金 Fund	政府债 G-Bond	公司债 C-Bond	债券回购 Repo
宏信证券公司成都彭州市翠湖路证券营业部	四川	彭州	1605.4	1580.5	0.9	0.0	0.0	24.0
天风证券公司北京佟麟阁路证券营业部	北京	北京	1605.1	1316.6	4.8	0.0	0.0	283.8
华西证券公司达州大竹县北大街证券营业部	四川	达州	1604.9	1591.9	11.0	0.0	0.8	1.2
中国银河证券公司沈阳南顺城路证券营业部	辽宁	沈阳	1603.4	1531.6	4.4	0.0	0.0	67.3
东海证券公司吴江中山南路证券营业部	江苏	苏州	1602.7	1547.1	9.8	0.0	0.2	45.6
东海证券公司沈阳青年大街证券营业部	辽宁	沈阳	1601.0	1345.7	2.6	0.0	0.0	252.7
首创证券公司合肥金寨路证券营业部	安徽	合肥	1598.5	999.1	17.8	0.3	1.4	580.0
华泰证券公司铜陵淮河大道证券营业部	安徽	铜陵	1596.5	1563.3	9.1	0.0	0.2	24.0
恒泰证券公司赤峰宁城大宁路证券营业部	内蒙	赤峰	1594.4	1585.9	8.6	0.0	0.0	0.0
太平洋证券公司上海松江区新松江路证券营业部	上海	上海	1589.0	1569.7	0.0	0.0	0.0	19.3
新时代证券公司成都一环路证券营业部	四川	成都	1588.1	1587.3	0.8	0.0	0.0	0.0
民生证券公司巩义桐本路证券营业部	河南	巩义	1586.1	1568.5	0.7	0.0	0.0	16.8
国都证券公司合肥潜山南路证券营业部	安徽	合肥	1581.6	1375.6	7.5	0.0	0.0	198.6
国泰君安证券公司通化光明路证券营业部	吉林	通化	1578.6	1400.1	7.0	0.0	0.0	171.6
中信证券公司大连金马路证券营业部	辽宁	大连	1576.8	749.5	6.4	0.0	103.0	717.9
日信证券公司珠海海滨南路证券营业部	广东	珠海	1574.6	1011.8	2.7	0.0	0.5	559.6
中国银河证券公司湛江雷州西湖大道证券营业部	广东	湛江	1573.3	1374.5	4.5	0.0	0.0	194.3
广州证券公司乐都河门街证券营业部	青海	海东	1572.8	1546.3	0.4	0.1	0.6	25.5
财富证券公司北京市朝阳东三环中路证券营业部	北京	北京	1572.3	1372.4	56.9	0.0	0.1	142.9
浙商证券公司南昌红谷中大道证券营业部	江西	南昌	1567.7	1412.5	36.6	0.0	0.3	118.4
国海证券公司南宁武鸣县香山大道证券营业部	广西	南宁	1564.4	1558.8	1.5	0.0	0.0	4.2
中国中投证券公司衢州花园大道证券营业部	浙江	衢州	1563.4	1558.5	3.8	0.0	0.1	1.0
东北证券公司宁波慈城解放路证券营业部	浙江	宁波	1562.8	1135.2	9.6	0.0	0.0	418.0
中国银河证券公司晋城景西路证券营业部	山西	晋城	1559.6	1276.9	19.2	0.0	0.4	263.2
中信建投证券公司安阳德隆街证券营业部	河南	安阳	1559.1	1517.2	3.8	0.0	0.0	38.1
华林证券公司重庆金山路证券营业部	重庆	重庆	1558.9	1534.9	11.4	0.0	1.4	11.3
财达证券公司合肥潜山路证券营业部	安徽	合肥	1558.1	1449.8	0.5	0.0	0.0	107.7
红塔证券公司安宁大屯路证券营业部	云南	昆明	1556.8	1549.9	2.2	0.0	0.1	4.6
国泰君安证券公司镇江长江路证券营业部	江苏	镇江	1548.3	1413.7	20.4	0.0	0.3	113.9
广州证券公司大通人民路证券营业部	青海	西宁	1544.2	889.6	1.2	0.0	0.0	653.4
东海证券公司福清中环路证券营业部	福建	福州	1542.4	1486.6	0.2	0.0	0.0	55.7
爱建证券公司长沙中山路证券营业部	湖南	长沙	1540.7	1505.4	0.1	0.0	0.0	35.2
国都证券公司自贡紫薇路证券营业部	四川	自贡	1539.8	1449.3	66.9	0.0	0.8	22.8
西部证券公司成都锦城大道证券营业部	四川	成都	1536.9	1415.7	6.6	0.0	0.0	114.7
广发证券公司新余春龙商业街证券营业部	江西	新余	1531.8	1329.7	7.3	0.0	43.4	151.3
华林证券公司海口滨海大道证券营业部	海南	海口	1531.4	1065.0	1.0	0.0	0.0	465.4
安信证券公司清远阳山思贤路证券营业部	广东	清远	1528.2	1500.7	2.0	0.0	0.1	25.2
中国银河证券公司新乡友谊路证券营业部	河南	新乡	1527.8	1511.8	3.6	0.0	0.8	11.6
中泰证券公司潍坊朝凤路证券营业部	山东	潍坊	1525.1	1349.0	1.5	0.0	0.1	174.6
五矿证券有限公司济南马鞍山路证券营业部	山东	济南	1521.9	1378.3	37.8	0.0	0.4	105.4
国都证券公司海宁海州西路证券营业部	浙江	海宁	1521.5	1490.5	1.9	0.0	0.0	29.1
中国中投证券公司黄山滨江东路证券营业部	安徽	黄山	1517.9	1508.5	6.3	0.0	0.0	3.1
中航证券有限公司德兴张潜大道证券营业部	江西	德兴	1515.8	1403.6	87.2	0.0	1.6	23.4
国海证券公司南宁横县茉莉花大道证券营业部	广西	南宁	1514.7	1424.0	1.9	0.0	0.0	88.8
太平洋证券公司嘉兴凌公塘路证券营业部	浙江	嘉兴	1514.4	1443.1	5.8	0.0	0.0	65.5
五矿证券有限公司上海汉口路证券营业部	上海	上海	1514.1	1499.6	0.7	0.0	0.0	13.8
西部证券公司宝鸡陈仓证券营业部	陕西	宝鸡	1513.3	1456.8	2.8	0.0	6.7	46.9
太平洋证券公司昆明东川春晓路证券营业部	云南	昆明	1506.1	1486.1	16.4	0.0	0.0	3.7
中国中投证券公司阳江阳春朝南路证券营业部	广东	阳江	1502.9	1499.9	2.8	0.0	0.2	0.0
中国银河证券公司阜新新华路证券营业部	辽宁	阜新	1502.1	1468.1	5.6	0.0	8.9	19.3

注：营业部交易金额的单位为百万元

证券营业部交易
Trading of Business Department

营业部名称 Business Department	省份 Province	城市 City	总计 Total	股票 Share	基金 Fund	政府债 G-Bond	公司债 C-Bond	债券回购 Repo
中国中投证券公司眉山苏源路证券营业部	四川	眉山	1498.7	1467.8	3.4	0.0	0.0	27.5
海通证券公司扬州宝应苏中南路证券营业部	江苏	扬州	1498.6	1464.5	1.3	0.0	20.1	12.7
华鑫证券公司海口海德路证券营业部	海南	海口	1498.3	1471.8	8.3	0.0	0.0	18.2
东吴证券公司新昌鼓山西路证券营业部	浙江	绍兴	1493.2	1490.1	2.7	0.0	0.0	0.4
南京证券公司石嘴山平罗团结西路证券营业部	宁夏	石嘴山	1491.5	1344.8	0.4	0.0	0.0	146.0
广发证券公司珠海横琴证券营业部	广东	珠海	1486.6	1367.8	8.8	0.0	0.2	103.0
海通证券公司广州花都凤凰北路证券营业部	广东	广州	1483.9	1422.4	17.4	0.0	0.0	40.9
申万宏源证券有限公司莆田荔华东大道证券营业部	福建	莆田	1479.0	659.1	114.5	0.0	0.0	705.4
国都证券公司尉氏人民路证券营业部	河南	开封	1473.8	1466.0	2.3	0.0	0.0	5.5
长城证券公司济南玉函路证券营业部	山东	济南	1472.8	1188.1	14.1	0.0	0.3	270.4
国泰君安证券公司宜宾金沙江大道证券营业部	四川	宜宾	1470.2	1390.7	25.9	0.0	0.0	53.5
中信证券公司常州高新科技园证券营业部	江苏	常州	1467.7	1452.4	4.0	0.0	1.4	9.9
国都证券公司蒲城红旗路证券营业部	陕西	渭南	1464.8	1459.4	1.3	0.0	0.6	3.5
中航证券有限公司乐平洎阳中路证券营业部	江西	景德镇	1464.4	1461.1	3.3	0.0	0.0	0.0
首创证券公司衡水人民西路证券营业部	河北	衡水	1464.1	1435.8	1.7	0.0	0.1	26.5
申万宏源西部证券有限公司呼和浩特新华东街证券营业部	内蒙	呼和浩特	1463.6	1120.7	7.1	0.0	0.0	335.8
国都证券公司汉中前进路证券营业部	陕西	汉中	1460.0	1436.8	5.7	0.0	7.7	9.9
方正证券公司吉安吉州大道证券营业部	江西	吉安	1457.2	1449.8	6.1	0.0	0.0	1.3
光大证券公司河源建设大道证券营业部	广东	河源	1457.0	1452.2	2.1	0.0	0.0	2.6
东北证券公司平顶山开源路证券营业部	河南	平顶山	1456.9	1354.9	11.3	0.0	1.0	89.7
西南证券公司淄博柳泉路证券营业部	山东	淄博	1455.7	1446.1	3.0	0.0	0.3	6.3
安信证券公司重庆大足证券营业部	重庆	重庆	1451.3	1397.5	1.3	0.0	0.2	52.3
安信证券公司江门冈州大道证券营业部	广东	江门	1450.2	1210.3	54.3	0.0	0.2	185.4
申万宏源西部证券有限公司武汉东风三路证券营业部	湖北	武汉	1449.9	908.3	0.1	0.0	0.0	541.5
东海证券公司西安科技路证券营业部	陕西	西安	1446.5	1109.6	1.2	0.0	0.0	335.7
中国银河证券公司湘潭芙蓉中路证券营业部	湖南	湘潭	1443.4	1383.9	40.6	0.0	0.0	18.9
世纪证券公司北京金融大街证券营业部	北京	北京	1442.8	388.0	9.0	0.0	3.8	1042.0
长江证券公司平顶山诚朴路证券营业部	河南	平顶山	1441.7	1415.0	9.8	0.0	0.0	17.0
西藏同信证券公司合肥潜山路证券营业部	安徽	合肥	1440.0	1431.3	1.6	0.0	0.3	6.8
东方证券公司桂林临桂县人民路证券营业部	广西	桂林	1438.3	1426.9	3.9	0.0	1.5	6.0
江海证券有限公司北京慧忠里证券营业部	北京	北京	1436.3	1133.1	5.3	0.0	0.3	297.6
国信证券公司沈阳枫杨路证券营业部	辽宁	沈阳	1433.3	1257.2	5.2	0.0	0.7	170.2
中原证券公司辉县苏门大道证券营业部	河南	新乡	1432.3	1388.2	1.9	0.0	0.2	41.9
中航证券有限公司共青城共青大道证券营业部	江西	九江	1431.9	1430.4	0.9	0.0	0.0	0.7
西南证券公司哈尔滨尚志大街证券营业部	黑龙江	哈尔滨	1429.0	1394.2	14.0	0.0	0.0	20.9
中国银河证券公司许昌许继大道证券营业部	河南	许昌	1428.5	1371.2	13.8	0.0	0.1	43.4
大通证券公司大连金州八一路证券营业部	辽宁	大连	1427.1	1323.1	7.4	0.0	0.0	96.5
申万宏源西部证券有限公司贵阳花果园大街证券营业部	贵州	贵阳	1424.9	1284.5	0.4	0.0	0.0	140.1
信达证券公司深圳梅龙大道证券营业部	深圳	深圳	1423.6	1351.7	70.6	0.0	0.0	1.3
国联证券公司宜兴和桥镇西横街证券营业部	江苏	无锡	1422.4	1361.0	13.5	0.6	0.1	47.4
东方证券公司呼和浩特新华东街证券营业部	内蒙	呼和浩特	1421.6	1415.7	5.7	0.0	0.0	0.3
中原证券公司卫辉比干大道营业部	河南	卫辉	1420.4	1367.2	0.2	0.0	0.0	53.0
渤海证券公司天津滨海新区大港光明大道证券营业部	天津	天津	1418.8	1350.6	7.7	0.0	0.1	60.4
国都证券公司襄阳南街证券营业部	湖北	襄阳	1418.6	1403.5	1.6	0.0	0.0	13.5
安信证券公司肇庆封开红卫路证券营业部	广东	肇庆	1417.3	1222.1	1.2	0.0	0.0	194.1
华创证券公司开阳开州大道证券营业部	贵州	贵阳	1412.1	1384.6	0.6	0.0	0.0	26.8
华鑫证券公司苏州时代广场证券营业部	江苏	苏州	1411.6	1290.6	1.2	0.0	0.0	119.8
华鑫证券公司扬州文汇西路证券营业部	江苏	扬州	1410.5	1173.4	49.1	0.0	0.9	187.0
中国中投证券公司石狮八七路证券营业部	福建	泉州	1409.4	1402.0	0.4	0.0	0.0	7.0
日信证券公司合肥长江西路证券营业部	安徽	合肥	1409.2	1323.9	14.3	0.0	0.0	71.1

注：营业部交易金额的单位为百万元

证券营业部交易
Trading of Business Department

营业部名称 Business Department	省份 Province	城市 City	总计 Total	股票 Share	基金 Fund	政府债 G-Bond	公司债 C-Bond	债券回购 Repo
东方证券公司上海宝山区淞南路证券营业部	上海	上海	1408.6	1293.0	4.8	0.0	0.0	110.8
中银国际证券公司大庆新科路证券营业部	黑龙江	大庆	1406.3	1391.0	10.8	0.0	0.1	4.5
光大证券公司江门台山环北大道证券营业部	广东	台山	1405.0	1136.8	7.2	0.0	0.0	261.1
兴业证券公司广州科学大道证券营业部	广东	广州	1404.9	826.8	2.5	0.0	0.0	575.6
国信证券公司杭州文一西路证券营业部	浙江	杭州	1402.0	925.4	70.4	0.0	0.0	404.5
银泰证券公司江阴环城北路证券营业部	江苏	江阴	1396.7	1231.2	0.5	0.0	0.0	165.0
华安证券公司铜陵县笠帽山路证券营业部	安徽	铜陵	1396.4	1395.9	0.5	0.0	0.0	0.0
东吴证券公司苏州宝带西路证券营业部	江苏	苏州	1394.2	1356.5	1.2	0.0	1.9	34.6
长城证券公司襄阳春园西路证券营业部	湖北	襄阳	1393.2	1379.0	2.7	0.0	0.3	11.2
光大证券公司呼和浩特新华东街证券营业部	内蒙	呼和浩特	1392.8	1369.7	4.8	0.0	0.0	18.4
五矿证券有限公司沈阳和平北大街证券营业部	辽宁	沈阳	1388.1	1149.6	0.3	0.0	0.0	238.2
申万宏源西部证券有限公司三门朝晖路证券营业部	浙江	台州	1388.0	1376.4	3.1	0.0	0.0	8.4
太平洋证券公司长沙岳麓大道证券营业部	湖南	长沙	1387.4	1323.6	0.0	0.0	0.0	63.8
中泰证券公司昆山前进东路证券营业部	江苏	苏州	1385.5	1154.7	2.8	0.0	0.0	228.0
中国银河证券公司潮州潮枫路证券营业部	广东	潮州	1384.7	1227.3	2.8	0.0	0.7	153.9
申万宏源西部证券有限公司桂林中山南路证券营业部	广西	桂林	1384.6	1301.8	0.6	0.0	0.0	82.2
中山证券公司深圳分公司	深圳	深圳	1384.1	1105.2	0.9	0.0	0.1	278.0
华林证券公司深圳前海证券营业部	深圳	深圳	1384.1	1372.3	3.2	0.0	0.0	8.5
南京证券公司榆林定边献忠路证券营业部	陕西	榆林	1382.5	1321.6	3.8	0.0	2.0	55.2
太平洋证券公司文山普阳西路证券营业部	云南	文山	1379.2	1355.2	5.9	0.0	0.0	18.1
国盛证券公司南京江东中路证券营业部	江苏	南京	1373.8	1365.1	5.7	0.0	1.1	2.0
西部证券公司宝鸡高新大道证券营业部	陕西	宝鸡	1372.4	1158.7	0.1	0.0	1.9	211.8
山西证券公司江门鹤山新城路证券营业部	广东	鹤山	1371.7	1302.5	5.9	0.0	0.0	63.2
华龙证券公司甘谷广场证券营业部	甘肃	天水	1370.8	1187.2	1.0	0.0	0.4	182.2
国信证券公司佛山南海科技北路证券营业部	广东	佛山	1367.8	1366.6	1.2	0.0	0.0	0.0
申万宏源西部证券有限公司克拉玛依友谊路南证券营业部	新疆	克拉玛依	1367.4	1261.9	4.0	0.0	0.0	101.6
兴业证券公司大田建山路证券营业部	福建	三明	1367.4	1342.1	1.2	0.0	0.0	24.1
方正证券公司株洲田红路证券营业部	湖南	株洲	1366.6	1326.6	2.7	0.0	27.4	9.9
首创证券公司邢台新华路证券营业部	河北	邢台	1366.0	1293.2	5.1	0.0	0.0	67.6
东方证券公司哈尔滨赣水路证券营业部	黑龙江	哈尔滨	1365.7	8.4	0.2	0.0	0.0	1357.1
华林证券公司武汉东湖路证券营业部	湖北	武汉	1364.9	856.3	24.2	0.0	10.3	474.0
中国民族证券公司楚雄鹿城北路证券营业部	云南	楚雄	1363.6	1350.7	5.8	0.0	0.0	7.1
长城证券公司长沙星沙开元路证券营业部	湖南	长沙	1362.6	1357.7	0.5	0.0	0.0	4.3
长城证券公司赣州长征大道证券营业部	江西	赣州	1357.0	1353.3	2.0	0.0	0.0	1.7
中银国际证券公司荆州江津西路证券营业部	湖北	荆州	1355.4	1147.8	141.8	0.0	0.0	65.8
中泰证券公司唐山学院路证券营业部	河北	唐山	1355.3	1252.1	3.2	0.0	0.0	100.0
华创证券公司贵阳白云南路证券营业部	贵州	贵阳	1354.3	1262.8	1.2	0.0	9.8	80.5
国都证券公司延吉光明街证券营业部	吉林	延吉	1353.8	1117.2	2.7	0.0	0.0	234.0
中国银河证券公司曲靖交通路证券营业部	云南	曲靖	1353.5	1345.1	2.3	0.0	0.0	6.1
宏信证券公司攀枝花临江路证券营业部	四川	攀枝花	1353.3	1139.1	2.5	0.0	0.3	211.4
金元证券公司哈尔滨经纬街证券营业部	黑龙江	哈尔滨	1350.6	1195.6	0.7	0.0	2.5	151.8
国盛证券公司崇仁宝水大街证券营业部	江西	抚州	1348.8	1309.1	3.1	0.0	6.0	30.7
安信证券公司泉州湖心街证券营业部	福建	泉州	1342.7	1315.8	15.8	0.0	8.1	3.0
国都证券公司西昌胜利南路证券营业部	四川	西昌	1342.6	1259.3	21.8	0.0	0.0	61.5
海通证券公司商丘民主路证券营业部	河南	商丘	1341.2	1048.6	23.4	0.0	0.1	269.1
第一创业证券公司武汉盘龙城巨龙大道证券营业部	湖北	武汉	1340.1	1199.7	4.0	0.1	0.0	136.3
中原证券公司上海沪南路证券营业部	上海	上海	1329.0	1305.8	4.2	0.0	0.1	19.0
国泰君安证券公司罗源东环路证券营业部	福建	福州	1328.6	1308.0	2.2	0.0	0.0	18.3
华融证券公司济南泺源大街证券营业部	山东	济南	1325.0	1272.7	11.1	0.0	0.3	40.8
恒泰证券公司深圳益田路卓越时代广场证券营业部	深圳	深圳	1324.4	1290.8	2.4	0.0	0.0	31.2

注：营业部交易金额的单位为百万元

证券营业部交易
Trading of Business Department

营业部名称 Business Department	省份 Province	城市 City	总计 Total	股票 Share	基金 Fund	政府债 G-Bond	公司债 C-Bond	债券回购 Repo
中信证券公司广东分公司	广东	广州	1323.6	583.9	22.9	0.0	28.8	688.0
西南证券公司绵阳安昌路证券营业部	四川	绵阳	1322.0	1290.5	3.6	0.0	0.0	27.9
南京证券公司苏州分公司	江苏	苏州	1317.9	1316.8	0.2	0.0	0.9	0.0
长城证券公司石家庄建华南大街证券营业部	河北	石家庄	1310.2	1209.0	1.0	0.0	0.0	100.2
国信证券公司国信证券股份有限公司北京昌平西环路证券营	北京	北京	1309.9	1262.2	3.1	0.0	0.0	44.6
招商证券公司绥化人和街证券营业部	黑龙江	绥化	1309.4	1282.0	2.2	0.0	0.0	25.2
国泰君安证券公司淮南朝阳东路证券营业部	安徽	淮南	1307.4	1249.5	6.3	0.0	1.0	50.6
申万宏源西部证券有限公司盐城城南新区解放南路证券营业部	江苏	盐城	1306.0	1305.2	0.1	0.0	0.0	0.7
长城证券公司昆山柏庐南路证券营业部	江苏	苏州	1301.1	1292.5	0.6	0.0	0.7	7.3
国金证券公司郑州商务外环路证券营业部	河南	郑州	1298.5	1277.9	5.7	0.0	9.8	5.1
华创证券公司绵竹飞凫路证券营业部	四川	绵竹	1294.4	1185.6	3.3	0.0	0.0	105.5
国海证券公司钦州灵山县江南路证券营业部	广西	钦州	1292.6	1263.8	6.1	0.0	0.0	22.7
华融证券公司深圳新洲路证券营业部	深圳	深圳	1289.5	594.4	2.6	0.0	0.0	692.5
国都证券公司许昌建设路证券营业部	河南	许昌	1288.9	1103.6	177.4	0.0	8.0	0.0
南京证券公司南京尧佳路证券营业部	江苏	南京	1287.4	1286.2	0.8	0.0	0.2	0.2
中泰证券公司舟山环城西路证券营业部	浙江	舟山	1286.4	1217.2	17.3	0.0	0.0	51.9
中国银河证券公司上海宝山区陆翔路证券营业部	上海	上海	1277.9	1192.2	4.6	0.0	0.0	81.1
华林证券公司天津滨海新区迎宾大道证券营业部	天津	天津	1275.3	362.1	1.6	0.0	0.1	911.6
长城证券公司深圳龙岗大道证券营业部	深圳	深圳	1270.0	1202.5	2.1	0.0	0.2	65.2
新时代证券公司北京管庄路证券营业部	北京	北京	1269.2	3.5	0.0	0.0	465.6	800.1
中国中投证券公司广州花都凤凰北路证券营业部	广东	广州	1268.6	1129.7	5.9	0.0	0.0	133.1
中原证券公司鹿邑紫气大道证券营业部	河南	周口	1268.6	1246.5	6.2	0.0	6.1	9.7
中国银河证券公司乐山人民南路证券营业部	四川	乐山	1264.1	1188.0	2.6	0.0	0.0	73.5
中国中投证券公司成都大邑大东街证券营业部	四川	成都	1259.8	953.1	13.2	0.0	7.4	286.0
联讯证券公司惠州龙门龙城证券营业部	广东	惠州	1259.1	1258.7	0.4	0.0	0.0	0.0
太平洋证券公司厦门湖滨南路证券营业部	福建	厦门	1258.7	1258.4	0.0	0.0	0.0	0.3
中原证券公司渑池会盟路证券营业部	河南	三门峡	1258.5	1251.1	4.3	0.0	0.0	3.1
西南证券公司曲靖麒麟南路证券营业部	云南	曲靖	1256.8	1209.4	1.4	0.0	0.1	45.8
万联证券公司广州萝岗科学大道证券营业部	广东	广州	1256.1	1079.6	22.1	0.0	0.0	154.5
财富证券公司长沙望城郭亮北路证券营业部	湖南	长沙	1255.2	1248.0	1.8	0.0	0.0	5.4
海通证券公司三明列东街证券营业部	福建	三明	1254.6	1199.1	32.0	0.0	0.4	23.2
中邮证券公司湖北分公司	湖北	武汉	1250.2	1246.7	1.3	0.0	0.1	2.1
华创证券公司盘县胜境大道证券营业部	贵州	盘县	1247.3	1210.3	0.5	0.0	0.0	36.6
海通证券公司福清清昌大道证券营业部	福建	福清	1245.5	1177.2	0.0	0.0	0.0	68.3
太平洋证券公司江川新市街证券营业部	云南	玉溪	1245.2	1008.3	7.6	0.0	0.2	229.1
国海证券公司济宁邹城市兴石街证券营业部	山东	邹城	1244.0	441.4	0.2	0.0	2.6	799.8
中国中投证券公司六安万佛路证券营业部	安徽	六安	1239.5	1233.8	2.7	0.0	0.2	2.8
中信证券(山东)公司安丘向阳路证券营业部	山东	安丘	1239.5	800.3	5.3	0.0	0.0	433.9
宏信证券公司广安建安中路证券营业部	四川	广安	1237.1	1184.8	5.8	0.0	0.4	46.2
国都证券公司上海崇明新河镇证券营业部	上海	上海	1236.7	1153.9	6.2	0.0	0.1	76.4
华融证券公司贵阳新华路证券营业部	贵州	贵阳	1235.5	1166.6	1.0	0.0	0.0	67.9
国盛证券公司西安昆明池路证券营业部	陕西	西安	1234.5	1211.7	3.3	0.0	0.3	19.1
中泰证券公司威海沈阳路证券营业部	山东	威海	1233.5	1198.6	2.2	0.0	0.0	32.6
中国中投证券公司成都龙泉驿洪升路证券营业部	四川	成都	1232.7	1191.6	8.0	0.0	7.3	25.8
中泰证券公司杭州市心北路证券营业部	浙江	杭州	1228.4	963.9	0.2	0.0	4.7	259.6
天风证券公司宜城自忠路证券营业部	湖北	宜城	1228.1	1088.0	16.0	0.0	0.0	124.1
华宝证券公司舟山嵊泗沙河路证券营业部	浙江	舟山	1227.1	1197.2	0.5	0.0	6.0	23.5
中国银河证券公司巴中云台街证券营业部	四川	巴中	1227.0	1165.4	1.1	0.0	0.0	60.5
众成证券公司咸阳秦皇路证券营业部	陕西	咸阳	1225.4	1192.9	0.7	0.0	0.0	31.8
山西证券公司古交腾飞路证券营业部	山西	太原	1224.6	1219.2	1.1	0.0	0.0	4.3

注：营业部交易金额的单位为百万元

证券营业部交易
Trading of Business Department

营业部名称 Business Department	省份 Province	城市 City	总计 Total	股票 Share	基金 Fund	政府债 G-Bond	公司债 C-Bond	债券回购 Repo
国都证券公司北京朝阳路证券营业部	北京	北京	1223.2	1168.5	16.2	0.0	0.0	38.5
国信证券公司齐齐哈尔卜奎大街证券营业部	黑龙江	齐齐哈尔	1220.7	1206.0	4.6	0.0	0.0	10.2
国都证券公司廊坊三河京榆大街证券营业部	河北	廊坊	1220.1	1218.2	0.6	0.0	0.0	1.3
中国银河证券公司佛山顺德均安百安北路证券营业部	广东	佛山	1218.0	1178.2	0.8	0.0	0.0	38.9
中泰证券公司滨州黄河二路证券营业部	山东	滨州	1215.2	1190.5	1.4	0.0	0.0	23.3
中信证券公司苏州吴江文苑路证券营业部	江苏	苏州	1214.6	563.9	477.7	0.0	0.0	173.0
南京证券公司南京新亭路证券营业部	江苏	南京	1211.8	1207.8	1.6	0.0	0.0	2.4
长城证券公司赤峰兴安街证券营业部	内蒙	赤峰	1209.3	1099.5	1.5	0.0	0.0	108.3
中国中投证券公司成都郫县杜鹃路证券营业部	四川	成都	1208.9	1193.0	9.1	0.0	5.0	1.8
中国银河证券公司安庆沿江东路证券营业部	安徽	安庆	1208.6	1195.7	10.2	0.0	0.0	2.7
大同证券公司永济舜都大道证券营业部	山西	运城	1204.9	998.1	49.1	0.0	2.0	155.7
海通证券公司北京亮马桥路证券营业部	北京	北京	1202.2	1171.3	11.3	0.0	0.5	19.1
日信证券公司福州东街证券营业部	福建	福州	1200.4	1090.5	10.7	0.0	0.5	98.7
中航证券有限公司长沙韶山中路证券营业部	湖南	长沙	1199.2	1023.4	167.2	0.0	0.0	8.6
中国中投证券公司靖江人民南路证券营业部	江苏	泰州	1197.6	1132.9	0.6	0.0	0.0	64.1
华安证券公司北京万柳中路证券营业部	北京	北京	1197.2	1182.1	5.7	0.0	0.0	9.4
华鑫证券公司沈阳滂江街证券营业部	辽宁	沈阳	1193.6	1079.1	0.9	0.0	0.0	113.6
海通证券公司银川文化西街证券营业部	宁夏	银川	1191.5	1172.7	7.2	0.0	0.0	11.5
华龙证券公司秦安证券营业部	甘肃	天水	1190.1	1172.5	0.4	0.0	0.1	17.1
五矿证券有限公司深圳海秀路证券营业部	深圳	深圳	1190.0	1185.6	0.6	0.0	0.0	3.9
东北证券公司舒兰滨河大街证券营业部	吉林	吉林	1188.2	1161.2	5.9	0.0	0.1	21.0
西南证券公司重庆秀山证券营业部	重庆	重庆	1184.0	1173.0	1.5	0.0	9.5	0.0
红塔证券公司抚州学府路证券营业部	江西	抚州	1183.4	1124.9	2.2	0.0	0.0	56.3
华林证券公司深圳彩田路证券营业部	深圳	深圳	1180.8	986.3	85.2	0.0	0.0	109.3
万联证券公司重庆金开大道证券营业部	重庆	重庆	1175.6	1154.4	15.7	0.0	0.1	5.5
国海证券公司梧州藤县藤州大道证券营业部	广西	梧州	1173.7	1172.7	0.9	0.0	0.0	0.1
中信证券公司南京庐山路证券营业部	江苏	南京	1170.1	1066.8	0.5	0.0	0.0	102.9
东吴证券公司无锡荡口鹅湖路证券营业部	江苏	无锡	1167.6	1159.3	1.8	0.0	0.0	6.5
长江证券公司扬中前进南路证券营业部	江苏	扬中	1166.5	1164.0	0.4	0.0	0.0	2.1
东吴证券公司郑州商务内环路证券营业部	河南	郑州	1163.5	85.4	0.0	0.0	0.0	1078.1
申万宏源西部证券有限公司盐城阜宁射河北路证券营业部	江苏	盐城	1160.1	1155.8	3.7	0.0	0.0	0.5
中泰证券公司临沂分公司	山东	临沂	1157.6	552.5	0.9	0.0	0.0	604.1
中国中投证券公司徐州煤港路营业部	江苏	徐州	1156.5	901.5	48.6	0.0	15.9	190.5
首创证券公司首创证券有限责任公司江苏分公司	江苏	南京	1153.4	1111.5	20.8	0.0	0.0	21.1
恒泰证券公司聊城黄山南路证券营业部	山东	聊城	1152.2	1150.1	2.0	0.0	0.0	0.0
国信证券公司国信证券股份有限公司北京成府路证券营业部	北京	北京	1143.4	1080.0	33.2	0.0	1.0	29.2
首创证券公司上海宝山区殷高路证券营业部	上海	上海	1138.0	982.9	4.8	0.0	0.6	149.7
海通证券公司晋宁昆阳街证券营业部	云南	昆明	1134.1	1075.2	2.3	0.0	0.0	56.6
国都证券公司聊城东昌东路证券营业部	山东	聊城	1133.5	1114.4	4.6	0.0	0.1	14.5
民生证券公司福州华林路证券营业部	福建	福州	1131.2	985.3	2.9	0.0	2.6	140.4
太平洋证券公司石狮锦田路证券营业部	福建	石狮	1129.4	1069.2	1.0	0.0	0.0	59.2
东方证券公司抚顺绥化路证券营业部	辽宁	抚顺	1127.3	1123.3	0.9	0.0	0.0	3.1
东吴证券公司太仓浏河镇证券营业部	江苏	苏州	1125.9	1108.0	1.6	0.0	0.0	16.3
中泰证券公司潮州福安路证券营业部	广东	潮州	1125.8	1069.7	7.6	0.0	2.6	45.9
新时代证券公司郑州经八路证券营业部	河南	郑州	1125.8	1092.9	13.3	0.0	0.0	19.6
中航证券有限公司周口七一路证券营业部	河南	周口	1123.1	1068.3	40.8	0.0	0.0	14.0
海通证券公司临沂涑河南街证券营业部	山东	临沂	1120.2	1099.5	5.0	0.0	0.5	15.2
国都证券公司周口光荣路证券营业部	河南	周口	1119.1	1088.1	4.1	0.0	0.1	26.8
安信证券公司临沂通达路证券营业部	山东	临沂	1117.6	1090.1	4.5	0.0	8.0	15.0
长城证券公司连云港郁州路证券营业部	江苏	连云港	1114.9	1109.6	2.1	0.0	0.1	3.1

注：营业部交易金额的单位为百万元

证券营业部交易
Trading of Business Department

营业部名称 Business Department	省份 Province	城市 City	总计 Total	股票 Share	基金 Fund	政府债 G-Bond	公司债 C-Bond	债券回购 Repo
山西证券公司平定府新街证券营业部	山西	阳泉	1114.8	1083.2	4.9	0.0	0.0	26.7
国海证券公司北海合浦县延安路证券营业部	广西	北海	1113.7	988.9	0.6	0.0	0.4	123.8
中泰证券公司滕州善国北路证券营业部	山东	滕州	1111.3	1035.0	0.9	0.0	0.0	75.4
财通证券公司盐城解放南路证券营业部	江苏	盐城	1108.9	1101.0	2.0	0.0	0.0	5.9
中国银河证券公司上海自贸试验区基隆路证券营业部	上海	上海	1108.6	1012.1	0.5	0.0	0.0	96.0
长城证券公司昭通昭通大道证券营业部	云南	昭通	1108.4	1098.2	4.6	0.0	5.3	0.4
广州证券公司天津友谊路证券营业部	天津	天津	1105.7	941.9	13.6	0.0	4.7	145.6
西南证券公司攀枝花临江路证券营业部	四川	攀枝花	1101.9	932.0	5.1	0.0	0.0	164.8
民生证券公司杭州江晖路证券营业部	浙江	杭州	1098.1	960.1	7.0	0.0	0.0	131.0
安信证券公司北京东升科技园证券营业部	北京	北京	1097.0	1013.4	8.6	0.0	59.9	15.1
招商证券公司淄博共青团路证券营业部	山东	淄博	1096.8	842.1	8.5	0.0	1.3	240.5
中原证券公司中原证券股份有限公司洛阳中州西路证券营业	河南	洛阳	1096.4	1091.2	4.5	0.0	0.2	0.5
申万宏源证券有限公司松原乌兰大街证券营业部	吉林	松原	1096.1	1090.2	5.8	0.0	0.0	0.2
长城国瑞证券有限公司彭州东湖北街证券营业部	四川	成都	1095.1	1059.1	6.3	0.0	5.1	24.6
招商证券公司宜兴氿滨大道证券营业部	江苏	宜兴	1094.6	869.2	2.5	0.0	0.0	222.9
西南证券公司重庆彭水证券营业部	重庆	重庆	1093.1	1090.0	1.7	0.0	0.0	1.3
国都证券公司德州东方红路证券营业部	山东	德州	1089.3	1058.2	0.7	0.0	1.9	28.6
海通证券公司大兴安岭漠河振兴路证券营业部	黑龙江	大兴安岭	1084.3	1082.4	1.8	0.0	0.0	0.0
财通证券公司东阳甘溪西街证券营业部	浙江	金华	1082.9	1055.3	0.2	0.0	0.0	27.5
国信证券公司渭南金水路证券营业部	陕西	渭南	1081.5	1073.4	7.7	0.0	0.0	0.4
华融证券公司赣州兴国路证券营业部	江西	赣州	1080.9	1046.3	11.9	0.0	0.0	22.8
华龙证券公司榆中栖云北路证券营业部	甘肃	兰州	1075.2	1062.0	2.1	0.0	0.0	11.1
华林证券公司天津拉萨道证券营业部	天津	天津	1074.5	959.0	0.8	0.0	0.0	114.8
联讯证券公司惠州仲恺惠风三路证券营业部	广东	惠州	1073.9	1071.0	2.4	0.0	0.0	0.4
海通证券公司东营东三路证券营业部	山东	东营	1073.3	1014.5	10.0	0.0	0.0	48.8
浙商证券公司重庆万州新城路证券营业部	重庆	重庆	1069.6	1055.9	0.8	0.0	0.0	13.0
国都证券公司烟台福海路证券营业部	山东	烟台	1069.1	1056.7	4.7	0.0	0.0	7.7
华创证券公司上海芦恒路证券营业部	上海	上海	1064.6	372.7	1.8	0.0	0.0	690.1
国信证券公司江阴澄江中路证券营业部	江苏	江阴	1061.8	1056.5	2.8	0.0	0.0	2.5
国信证券公司上饶广信大道证券营业部	江西	上饶	1058.8	1033.6	6.9	0.0	0.1	18.3
申万宏源西部证券有限公司钦州永福西路证券营业部	广西	钦州	1058.4	1054.7	2.7	0.0	0.5	0.4
光大证券公司钟祥莫愁大道证券营业部	湖北	荆门	1055.9	891.8	164.1	0.0	0.0	0.0
德邦证券公司常州太湖东路证券营业部	江苏	常州	1051.7	1012.2	2.5	0.0	4.5	32.4
华福证券公司大连黄河路证券营业部	辽宁	大连	1051.1	959.0	22.7	0.0	9.5	59.9
东方证券公司上海青浦区华徐公路证券营业部	上海	上海	1048.7	982.6	13.1	0.0	0.0	53.0
中天证券公司盖州市盖州路证券营业部	辽宁	营口	1047.2	1043.6	0.4	0.0	0.3	3.0
西南证券公司重庆丰都证券营业部	重庆	丰都	1046.7	1030.6	4.3	0.0	1.1	10.7
五矿证券有限公司南昌八一大道证券营业部	江西	南昌	1044.9	963.2	16.3	0.0	0.0	65.4
东海证券公司晋中正太路证券营业部	山西	晋中	1041.8	956.7	2.6	0.0	0.1	82.3
国信证券公司宁波分公司	浙江	宁波	1036.9	1034.8	1.9	0.0	0.2	0.0
西藏同信证券公司太原平阳路证券营业部	山西	太原	1030.0	1003.1	2.6	0.0	0.0	24.3
华福证券公司南京长江路证券营业部	江苏	南京	1022.2	972.2	2.9	0.0	8.9	38.1
招商证券公司福清江滨路证券营业部	福建	福清	1021.2	991.2	1.4	0.0	0.0	28.5
中信建投证券公司唐山建设北路证券营业部	河北	唐山	1021.1	951.7	2.9	0.0	0.0	66.5
太平洋证券公司武汉分公司	湖北	武汉	1020.4	863.2	45.1	0.0	0.0	112.1
东方证券公司重庆时代天街证券营业部	重庆	重庆	1016.7	1008.8	0.6	0.0	2.6	4.7
中原证券公司上海崇明陈家镇证券营业部	上海	上海	1015.0	990.0	0.9	0.0	0.0	24.2
申万宏源证券有限公司遵义南京路证券营业部	贵州	遵义	1014.7	1004.7	3.7	0.0	0.0	6.3
华林证券公司西安未央路证券营业部	陕西	西安	1013.3	1004.7	3.6	0.0	0.0	5.0
华鑫证券公司石家庄建设南大街证券营业部	河北	石家庄	1011.1	950.3	5.7	0.0	0.0	55.1

注：营业部交易金额的单位为百万元

证券营业部交易
Trading of Business Department

营业部名称 Business Department	省份 Province	城市 City	总计 Total	股票 Share	基金 Fund	政府债 G-Bond	公司债 C-Bond	债券回购 Repo
国信证券公司山东第一分公司	山东	烟台	1010.8	1007.5	2.7	0.0	0.2	0.4
日信证券公司日信证券有限责任公司太原长治路证券营业部	山西	太原	1010.1	889.1	25.2	0.0	55.0	40.8
国泰君安证券公司曲靖翠峰东路证券营业部	云南	曲靖	1009.2	1005.0	0.6	0.0	0.0	3.5
海通证券公司石河子北一路证券营业部	新疆	石河子	1008.2	1004.2	2.7	0.0	0.0	1.3
中国中投证券公司杭州金城路证券营业部	浙江	杭州	1008.0	898.2	5.9	0.0	0.1	103.8
南京证券公司临沂通达路证券营业部	山东	临沂	1007.2	1006.7	0.4	0.0	0.0	0.1
红塔证券公司禄丰金源街证券营业部	云南	禄丰	1002.3	989.0	4.3	0.0	8.0	1.0
中国中投证券公司松原镜湖南路证券营业部	吉林	松原	1002.2	972.3	2.6	0.0	0.0	27.4
中国银河证券公司佳木斯保卫路证券营业部	黑龙江	佳木斯	1001.8	964.9	9.2	0.0	0.0	27.7
东北证券公司襄阳春园路证券营业部	湖北	襄阳	999.9	913.9	3.5	0.0	0.0	82.5
东方证券公司深圳中山大道证券营业部	深圳	深圳	999.1	980.8	2.5	0.0	0.0	15.8
国海证券公司德州齐河县向阳路证券营业部	山东	德州	997.7	946.9	0.8	0.0	1.7	48.4
招商证券公司东莞虎门连升中路证券营业部	广东	东莞	996.2	963.1	1.6	0.0	0.3	31.2
中天证券公司深圳深南大道证券营业部	深圳	深圳	995.7	905.7	38.4	0.0	0.0	51.6
申万宏源证券有限公司海门秀山西路证券营业部	江苏	南通	995.6	967.1	1.4	0.0	9.4	17.6
中航证券有限公司衢州五圣街证券营业部	浙江	衢州	994.4	878.5	1.7	0.0	0.0	114.2
安信证券公司丽水丽青路证券营业部	浙江	丽水	990.4	984.2	3.2	0.0	0.4	2.6
申万宏源西部证券有限公司盐城盐都西环中路证券营业部	江苏	盐城	990.1	987.8	1.0	0.0	0.0	1.3
华林证券公司宁波惊驾路证券营业部	浙江	宁波	990.0	910.5	4.5	0.0	2.3	72.7
中原证券公司商丘南京路证券营业部	河南	商丘	988.3	984.7	0.7	0.0	0.0	2.9
广州证券公司清远广清大道证券营业部	广东	清远	986.2	922.0	1.5	0.0	39.5	23.2
信达证券公司许昌毓秀路证券营业部	河南	许昌	977.8	977.2	0.0	0.0	0.0	0.6
方正证券公司瑞安罗阳大道证券营业部	浙江	温州	977.4	970.2	1.5	0.0	0.7	5.1
华融证券公司长沙县证券营业部	湖南	长沙	970.8	951.2	1.2	0.0	0.8	17.6
南京证券公司镇江丹阳水关路证券营业部 1	江苏	南京	969.5	951.7	1.9	0.0	11.4	4.5
宏信证券公司德阳什邡市亭江东路证券营业部	四川	什邡	959.1	881.3	18.5	0.0	0.0	59.3
中邮证券公司福建分公司	福建	福州	958.3	677.9	0.3	0.0	0.0	280.1
国泰君安证券公司河池金城中路证券营业部	广西	河池	957.2	946.5	2.5	0.0	0.0	8.2
海通证券公司丹东兴五路证券营业部	辽宁	丹东	954.9	921.1	11.4	0.0	0.0	22.4
中国银河证券公司绵阳跃进路证券营业部	四川	绵阳	952.1	905.9	13.6	0.0	1.8	30.8
中原证券公司南阳范蠡东路证券营业部	河南	南阳	951.0	943.9	2.7	0.0	0.0	4.4
中国中投证券公司简阳金融街证券营业部	四川	资阳	950.5	928.0	2.5	10.8	0.5	8.7
西南证券公司重庆武隆芙蓉中路证券营业部	重庆	重庆	948.3	938.9	2.9	0.0	0.0	6.4
国信证券公司黑龙江分公司	黑龙江	哈尔滨	948.2	905.6	2.3	0.0	0.0	40.3
华安证券公司临泉四化东路证券营业部	安徽	阜阳	948.2	927.2	7.3	0.0	0.1	13.6
浙商证券公司石家庄中山东路证券营业部	河北	石家庄	946.8	880.4	0.6	0.0	0.0	65.9
华泰证券公司山东分公司	山东	济南	945.9	932.4	11.8	0.0	0.3	1.4
华福证券公司石家庄维明南大街证券营业部	河北	石家庄	944.5	895.9	1.0	0.0	0.0	47.6
东北证券公司威海统一路证券营业部	山东	威海	939.3	926.8	5.4	0.0	0.9	6.2
红塔证券公司昆明海源中路证券营业部	云南	昆明市	939.1	930.9	2.1	0.0	0.1	6.0
华宝证券公司舟山岱山人民路证券营业部	浙江	舟山	934.5	932.4	2.1	0.0	0.0	0.0
长城证券公司兰州张掖路证券营业部	甘肃	兰州	934.4	898.8	0.5	0.0	0.0	35.1
西南证券公司北京东城证券营业部	北京	北京	934.0	876.5	10.5	0.0	0.0	47.0
华鑫证券公司马鞍山分公司	安徽	马鞍山	932.9	871.2	0.4	0.0	0.5	60.8
广发证券公司广州大道南证券营业部	广东	广州	932.2	915.8	0.8	0.0	3.7	11.8
西南证券公司北京西城证券营业部	北京	北京	931.2	921.3	0.1	0.0	0.1	9.7
民生证券公司上海谷阳北路证券营业部	上海	上海	930.8	623.2	1.3	0.0	2.6	303.8
五矿证券有限公司南宁金湖路证券营业部	广西	南宁	926.3	693.3	8.3	0.0	0.0	224.7
太平洋证券公司泸水人民路证券营业部	云南	泸水	926.1	908.2	2.7	0.0	0.0	15.2
恒泰证券公司上海延安西路证券营业部	上海	上海	926.0	805.3	65.8	0.0	0.0	54.9

注：营业部交易金额的单位为百万元

证券营业部交易
Trading of Business Department

营业部名称 Business Department	省份 Province	城市 City	总计 Total	股票 Share	基金 Fund	政府债 G-Bond	公司债 C-Bond	债券回购 Repo
海通证券公司毕节碧阳大道证券营业部	贵州	毕节	917.7	884.1	5.8	0.0	0.1	27.7
西南证券公司重庆黔江证券营业部	重庆	黔江	914.4	908.1	3.5	0.0	0.0	2.8
国盛证券公司石城东城南大道证券证券营业部	江西	赣州	912.1	911.6	0.2	0.0	0.1	0.3
西南证券公司重庆江津江州大道证券营业部	重庆	江津	910.9	876.7	4.0	0.0	4.3	25.9
金元证券公司丹东坝岗路证券营业部	辽宁	丹东	909.6	839.8	1.7	0.0	0.0	68.1
中山证券公司泉州丰泽街证券营业部	福建	泉州	908.6	875.8	0.0	0.0	0.0	32.8
中航证券有限公司上饶余干世纪大道证券营业部	江西	上饶	904.7	900.1	3.0	0.0	0.0	1.6
申万宏源证券有限公司义乌工人西路证券营业部	浙江	金华	900.9	529.6	35.5	0.0	0.0	335.7
华鑫证券公司深圳益田路证券营业部	深圳	深圳	900.1	616.7	52.1	0.0	0.0	231.3
中信证券公司北京北苑证券营业部	北京	北京	899.0	738.2	53.8	0.0	0.0	107.0
东吴证券公司东莞大朗证券营业部	广东	东莞	895.7	877.2	1.6	0.0	2.6	14.3
长城证券公司郑州陇海路证券营业部	河南	郑州	893.4	806.4	1.2	0.0	4.0	81.9
中银国际证券公司鄂州文星大道证券营业部	湖北	鄂州	892.7	769.3	2.2	0.0	0.2	121.0
红塔证券公司北京于家园南街证券营业部	北京	北京	886.0	828.6	1.4	0.0	0.0	56.0
招商证券公司蚌埠涂山东路证券营业部	安徽	蚌埠	883.4	596.4	1.6	0.0	0.0	285.5
新时代证券公司北京田村中街证券营业部	北京	北京	882.4	880.0	2.3	0.0	0.0	0.0
国金证券公司天津南马路证券营业部	天津	天津	878.7	838.2	1.6	0.0	0.0	38.9
天风证券公司广州华夏路证券营业部	广东	广州	873.1	446.6	0.2	0.0	0.5	425.9
开源证券公司延安中心街证券营业部	陕西	延安	873.0	870.8	2.2	0.0	0.0	0.0
中国中投证券公司武汉东风大道证券营业部	湖北	武汉	871.7	847.8	11.1	0.0	0.0	12.8
国信证券公司北京顺义双河大街证券营业部	北京	北京	871.6	868.4	0.6	0.0	0.0	2.5
中国银河证券公司中山三乡景观大道证券营业部	广东	中山	871.6	553.5	9.6	0.0	0.0	308.5
中国银河证券公司成都人民南路证券营业部	四川	成都	870.6	423.6	0.2	0.0	0.0	446.8
联讯证券公司南京汉中路证券营业部	江苏	南京	867.6	719.5	5.1	0.0	7.4	135.5
宏信证券公司大同魏都大道证券营业部	山西	大同	866.5	815.7	2.6	0.0	0.1	48.1
日信证券公司天津友谊路证券营业部	天津	天津	861.5	740.2	5.6	0.0	0.9	114.8
长城证券公司合肥长江西路证券营业部	安徽	合肥	860.8	761.7	9.8	0.0	73.9	15.4
国泰君安证券公司连云港巨龙南路证券营业部	江苏	连云港	859.3	819.8	38.7	0.0	0.0	0.8
广州证券公司东莞清溪证券营业部	广东	东莞	856.4	736.5	1.6	0.0	0.0	118.3
华龙证券公司平凉崆峒东路证券营业部	甘肃	平凉	854.4	846.8	0.3	0.0	0.0	7.3
安信证券公司韶关乐昌金鸡南路证券营业部	广东	韶关	847.0	796.5	49.2	0.0	0.0	1.2
东北证券公司和龙文化路证券营业部	吉林	延吉	841.4	816.6	1.9	0.0	0.0	22.9
国金证券公司武汉中北路证券营业部	湖北	武汉	840.9	760.6	51.6	0.0	3.9	24.8
中国银河证券公司吉林重庆街证券营业部	吉林	吉林	838.2	472.3	115.4	0.0	0.0	250.4
国盛证券公司于都工贸城大道证券营业部	江西	赣州	838.0	808.3	10.2	0.0	0.0	19.5
国金证券公司重庆青年路证券营业部	重庆	重庆	835.0	809.6	0.2	0.0	6.2	19.0
国都证券公司济南舜华路证券营业部	山东	济南	834.0	603.2	0.5	0.0	0.1	230.2
国泰君安证券公司东营黄河路证券营业部	山东	东营	832.2	821.4	0.5	0.0	0.8	9.5
长江证券公司秦皇岛秦皇西大街营业部	河北	秦皇岛	830.9	690.0	6.7	0.0	3.0	131.3
中原证券公司兰考裕禄大道证券营业部	河南	开封	826.2	824.4	0.2	0.0	1.3	0.2
中泰证券公司东营仙河路鄱阳湖路证券营业部	山东	东营	824.8	804.0	1.8	0.0	0.2	18.8
西部证券公司苏州旺墩路证券营业部	江苏	苏州	822.8	796.2	0.0	0.0	0.0	26.6
东吴证券公司张家港杨舍镇沙洲中路证券营业部	江苏	苏州	821.5	816.3	1.2	0.0	0.6	3.4
民生证券公司重庆沙南街证券营业部	重庆	重庆	821.4	610.0	0.0	0.0	0.0	211.4
华创证券公司黎平五开南路证券营业部	贵州	黎平	819.0	818.7	0.3	0.0	0.0	0.0
广州证券公司九江都昌东风大道证券营业部	江西	九江	818.8	790.6	0.6	0.0	0.9	26.7
万联证券公司无锡清扬路证券营业部	江苏	无锡	817.8	726.4	64.2	0.0	10.2	17.0
方正证券公司吕梁龙凤北大街证券营业部	山西	吕梁	817.7	766.4	1.4	0.0	0.0	49.9
中国中投证券公司娄底冷水江江北路证券营业部	湖南	娄底	815.9	814.6	1.3	0.0	0.0	0.0
华鑫证券公司合肥梅山路证券营业部	安徽	合肥	813.4	698.8	0.3	0.0	0.0	114.3

注：营业部交易金额的单位为百万元

证券营业部交易
Trading of Business Department

营业部名称 Business Department	省份 Province	城市 City	总计 Total	股票 Share	基金 Fund	政府债 G-Bond	公司债 C-Bond	债券回购 Repo
山西证券公司济宁太白楼西路证券营业部	山东	济宁	811.7	794.8	2.4	0.0	0.1	14.4
民生证券公司洛阳凯旋路证券营业部	河南	洛阳	809.3	778.9	0.1	0.0	0.0	29.5
国泰君安证券公司闽清梅城大街证券营业部	福建	福州	807.2	784.5	3.2	0.0	0.0	19.5
国盛证券公司定南建设东路证券营业部	江西	赣州	805.9	805.1	0.8	0.0	0.0	0.0
安信证券公司宜宾临港大道证券营业部	四川	宜宾	805.0	797.2	2.4	0.0	0.0	5.4
中航证券有限公司吉安安福大市场路证券营业部	江西	吉安	805.0	804.0	1.0	0.0	0.0	0.0
国海证券公司威海世昌大道证券营业部	山东	威海	801.1	792.0	0.4	0.0	7.2	1.5
长城国瑞证券有限公司绵阳临园路证券营业部	四川	绵阳	800.9	752.0	0.3	0.0	0.0	48.6
日信证券公司大连长江路证券营业部	辽宁	大连	800.3	603.0	2.7	0.0	0.0	194.6
大同证券公司长治侯堡证券营业部	山西	长治	798.2	349.1	0.5	0.0	0.2	448.4
第一创业证券公司温州汤家桥路营业部	浙江	温州	797.4	736.1	0.2	0.0	0.0	61.0
中泰证券公司枣庄府前东路证券营业部	山东	枣庄	796.5	721.8	1.0	0.0	1.3	72.4
中信证券公司长沙岳麓大道证券营业部	湖南	长沙	794.2	788.7	3.1	0.0	1.9	0.6
中航证券有限公司焦作塔南路证券营业部	河南	焦作	783.8	675.9	0.9	0.0	0.0	107.0
招商证券公司江门白沙大道东证券营业部	广东	江门	783.5	741.5	4.1	0.0	0.0	37.9
中泰证券公司蒙自天马路证券营业部	云南	蒙自	783.1	770.0	2.7	0.0	0.2	10.2
国元证券公司青岛分公司	山东	青岛	780.6	241.2	6.3	0.0	0.0	533.2
宏信证券公司成都天府大道北段营业部	四川	成都	778.7	693.1	46.5	0.0	0.0	39.2
红塔证券公司个旧金湖西路证券营业部	云南	个旧	778.6	764.6	5.0	0.0	0.2	8.8
中国中投证券公司淮安市淮安区永怀东路证券营业部	江苏	淮安	778.4	764.5	3.0	0.0	1.4	9.5
国盛证券公司崇义章源大道证券营业部	江西	赣州	777.8	776.0	1.6	0.0	0.0	0.2
华融证券公司武汉中北路证券营业部	湖北	武汉	775.8	746.6	9.0	0.0	0.0	20.2
华融证券公司蚌埠延安路证券营业部	安徽	蚌埠	774.8	766.4	2.5	0.0	0.0	5.9
日信证券公司霍林郭勒中心路证券营业部	内蒙	霍林郭勒	772.8	671.4	0.0	0.0	0.0	101.4
国盛证券公司哈尔滨建河街证券营业部	黑龙江	哈尔滨	767.1	677.9	15.6	0.0	0.9	72.7
华泰证券公司广东分公司	广东	广州	765.5	153.9	26.7	0.0	0.0	584.9
国盛证券公司芦溪人民西路证券营业部	江西	萍乡	764.8	670.9	1.9	0.0	0.0	92.0
中信建投证券公司上海国宾路证券营业部	上海	上海	761.4	585.6	48.3	0.0	15.1	112.1
中国中投证券公司雅安南三路证券营业部	四川	雅安	759.6	574.6	2.7	0.0	0.0	182.3
西南证券公司重庆石柱证券营业部	重庆	石柱	757.6	749.8	1.5	0.0	0.0	6.2
山西证券公司长治县迎宾西街证券营业部	山西	长治	754.7	741.5	3.1	0.0	0.0	10.1
中航证券有限公司上饶鄱阳九一街证券营业部	江西	上饶	751.5	751.4	0.2	0.0	0.0	0.0
长城证券公司常州通江中路证券营业部	江苏	常州	749.4	673.6	2.6	0.0	0.7	72.6
华林证券公司珠海凤凰北路证券营业部	广东	珠海	745.0	456.9	93.1	0.0	0.0	195.0
申万宏源证券有限公司上海闵行区沪闵路证券营业部	上海	上海	742.7	629.8	1.4	0.0	0.0	111.4
民生证券公司深圳龙翔大道证券营业部	深圳	深圳	742.0	731.5	0.5	0.0	0.0	10.0
新时代证券公司汕头德政路证券营业部	广东	汕头	741.7	741.1	0.6	0.0	0.0	0.0
中银国际证券公司温州环城东路证券营业部	浙江	温州	741.5	669.1	0.4	0.0	0.0	72.0
中航证券有限公司东莞体育路证券营业部	广东	东莞	741.1	732.9	1.6	0.0	3.5	3.2
信达证券公司信达证券股份有限公司镇江长江路证券营业部	江苏	镇江	739.7	699.1	1.1	0.0	0.0	39.5
国都证券公司上海同丰路证券营业部	上海	上海	739.4	588.3	10.4	0.0	0.0	140.6
华安证券公司郑州陇海路证券营业部	河南	郑州	738.9	692.5	1.0	0.0	0.0	45.5
东方证券公司南充文化路证券营业部	四川	南充	738.8	687.0	2.1	0.0	0.0	49.8
国盛证券公司厦门民族路证券营业部	福建	厦门	738.5	597.4	26.3	0.0	0.0	114.8
中国银河证券公司上海闵行区陈行路证券营业部	上海	上海	733.4	678.2	43.4	0.0	3.4	8.3
太平洋证券公司罗平振兴街证券营业部	云南	罗平	722.9	721.5	1.2	0.0	0.0	0.2
申万宏源西部证券有限公司扬州江都龙川南路证券营业部	江苏	扬州	722.6	700.2	15.3	0.0	0.1	7.0
中银国际证券公司重庆广场环路证券营业部	重庆	重庆	722.5	641.2	10.1	0.0	0.3	71.0
长城证券公司昆明石林县石林南路证券营业部	云南	昆明	720.7	708.3	4.0	0.0	0.0	8.4
海通证券公司麻城金桥大道证券营业部	湖北	黄冈	718.6	679.4	13.4	0.0	0.0	25.8

注：营业部交易金额的单位为百万元

证券营业部交易
Trading of Business Department

营业部名称 Business Department	省份 Province	城市 City	总计 Total	股票 Share	基金 Fund	政府债 G-Bond	公司债 C-Bond	债券回购 Repo
海通证券公司北京阜外大街证券营业部	北京	北京	717.3	679.4	19.2	0.0	0.0	18.7
华林证券公司佛山锦园路证券营业部	广东	佛山	716.6	695.9	0.0	0.0	0.0	20.7
中航证券有限公司宜春上高建设北路证券营业部	江西	宜春	712.8	711.4	0.5	0.0	0.0	0.9
恒泰证券公司中山中山四路证券营业部	广东	中山	711.9	702.4	9.3	0.0	0.1	0.1
西南证券公司呼和浩特呼伦贝尔南路证券营业部	内蒙	呼和浩特	708.3	700.7	0.7	0.0	0.0	6.9
天风证券公司合肥阜南路证券营业部	安徽	合肥	705.9	625.1	2.3	0.0	0.0	78.6
申万宏源西部证券有限公司兰州静宁路证券营业部	甘肃	兰州	704.6	699.8	0.1	0.0	0.1	4.6
红塔证券公司祥云鼓楼南街证券营业部	云南	祥云	703.6	696.7	6.8	0.0	0.0	0.1
国元证券公司江阴虹桥北路证券营业部	江苏	江阴	701.3	587.4	0.2	0.0	0.0	113.7
中航证券有限公司西安阎良凌云路证券营业部	陕西	西安	700.2	687.2	5.6	0.0	0.0	7.4
东海证券公司溧阳育华路证券营业部	江苏	常州	699.6	688.5	0.4	0.0	0.0	10.7
中国银河证券公司佛山顺德外环路证券营业部	广东	佛山	696.8	674.2	10.6	0.0	0.0	12.0
中信证券公司常熟海虞北路证券营业部	江苏	常熟	695.9	617.0	62.2	0.0	0.0	16.7
西藏同信证券公司林芝县八一大街证券营业部	西藏	林芝	692.7	692.1	0.2	0.0	0.0	0.4
红塔证券公司重庆大坪正街证券营业部	重庆	重庆	685.5	267.8	0.2	0.0	0.0	417.5
国泰君安证券公司盘锦林丰路证券营业部	辽宁	盘锦	683.0	655.4	1.7	0.0	2.8	23.1
西南证券公司重庆城口证券营业部	重庆	城口	675.2	670.0	0.2	0.0	1.5	3.5
中信证券公司中山小榄证券营业部	广东	中山	675.1	429.2	48.5	0.0	0.0	197.4
日信证券公司乌兰察布建设路证券营业部	内蒙	乌兰察布	674.8	638.8	0.9	0.0	0.0	35.1
中国国际金融有限公司云浮新兴东堤北路证券营业部	广东	云浮	674.5	651.0	0.0	0.0	0.0	23.5
太平洋证券公司楚雄鹿城南路证券营业部	云南	楚雄	674.5	607.8	4.2	0.0	0.0	62.4
中天证券公司本溪胜利路证券营业部	辽宁	本溪	673.9	670.7	0.1	0.0	0.0	3.1
中泰证券公司菏泽曹县青荷路证券营业部	山东	菏泽	666.7	664.7	2.0	0.0	0.0	0.0
国金证券公司嵩明水真路证券营业部	云南	昆明	662.9	661.7	1.2	0.0	0.0	0.1
国泰君安证券公司大庆火炬新街证券营业部	黑龙江	大庆	662.7	634.9	26.4	0.0	1.4	0.0
中国银河证券公司孝义府前街证券营业部	山西	吕梁	661.9	646.3	7.2	0.0	0.0	8.4
联讯证券公司北京房山西路证券营业部	北京	北京	659.3	657.4	0.7	0.0	0.0	1.2
中国银河证券公司营口市府路证券营业部	辽宁	营口	657.7	652.7	0.3	0.0	0.0	4.7
国都证券公司牡丹江东四条路证券营业部	黑龙江	牡丹江	656.9	568.4	18.7	0.0	14.2	55.6
华鑫证券公司赣州翠微路证券营业部	江西	赣州	647.2	643.0	2.7	0.0	0.0	1.5
恒泰证券公司北京苏州街证券营业部	北京	北京	646.2	134.3	0.4	0.0	0.0	511.5
中国银河证券公司内江玉溪路证券营业部	四川	内江	645.9	599.6	4.7	0.0	0.0	41.6
世纪证券公司成都天府大道证券营业部	四川	成都	644.0	580.5	3.2	0.0	0.0	60.3
爱建证券公司广州黄埔大道西证券营业部	广东	广州	643.5	85.9	0.7	0.0	0.0	556.8
山西证券公司武汉建设大道证券营业部	湖北	武汉	639.1	609.3	1.3	0.0	0.0	28.5
联讯证券公司联讯证券股份有限公司常州太湖中路证券营业	江苏	常州	637.2	628.5	8.3	0.0	0.0	0.4
日信证券公司锡林浩特锡林大街证券营业部	内蒙	锡林浩特	635.2	543.8	27.9	0.0	0.0	63.5
国都证券公司厦门七星西路证券营业部	福建	厦门	633.7	616.3	0.9	0.0	0.0	16.6
中信建投证券公司吉林解放东路证券营业部	吉林	吉林	632.1	620.3	1.3	0.0	0.0	10.5
西部证券公司深圳分公司	深圳	深圳	630.8	616.6	0.0	0.0	11.7	2.5
中信证券公司昆山前进路证券营业部	江苏	昆山	629.5	477.9	29.8	0.0	0.0	121.8
国盛证券公司龙南广场东路证券营业部	江西	赣州	629.4	627.4	0.4	0.0	0.1	1.6
英大证券公司广东分公司	广东	广州	627.7	625.3	0.2	0.0	0.0	2.1
华西证券公司北京彰化路证券营业部	北京	北京	627.2	603.9	2.2	0.0	0.0	21.0
大同证券公司浑源恒山路证券营业部	山西	大同	627.1	619.4	7.4	0.0	0.0	0.3
西南证券公司重庆酉阳证券营业部	重庆	酉阳	623.9	591.8	3.3	0.0	0.0	28.8
中国银河证券公司昔阳下城街证券营业部	山西	晋中	623.5	623.1	0.5	0.0	0.0	0.0
国盛证券公司呼和浩特新华东街证券营业部	内蒙	呼和浩特	622.7	618.9	0.3	0.0	0.0	3.5
安信证券公司九江长虹北路证券营业部	江西	九江	621.9	619.6	0.7	0.0	0.0	1.5
中国银河证券公司佛山南海广云路证券营业部	广东	佛山	620.8	535.8	0.4	0.0	0.0	84.6

注：营业部交易金额的单位为百万元

证券营业部交易
Trading of Business Department

营业部名称 Business Department	省份 Province	城市 City	总计 Total	股票 Share	基金 Fund	政府债 G-Bond	公司债 C-Bond	债券回购 Repo
海通证券公司西宁五四西路证券营业部	青海	西宁	615.0	614.7	0.3	0.0	0.0	0.0
中国中投证券公司南京奥体大街证券营业部	江苏	南京	614.9	571.8	2.3	0.0	0.0	40.7
长江证券公司深圳横岗红棉一路证券营业部	深圳	深圳	614.4	455.3	0.8	0.0	0.0	158.2
华林证券公司兰州广场南路证券营业部	甘肃	兰州	611.2	603.2	7.5	0.0	0.1	0.5
国盛证券公司大余荡坪北路证券营业部	江西	赣州	608.6	607.6	1.0	0.0	0.0	0.0
长城证券公司佛山南海竹基南路证券营业部	广东	佛山	601.9	593.8	4.8	0.0	0.3	3.0
中泰证券公司北京广渠路证券营业部	北京	北京	601.7	85.5	0.2	0.0	0.0	516.0
新时代证券公司许昌许继大道证券营业部	河南	许昌	599.3	598.9	0.4	0.0	0.0	0.0
西藏同信证券公司昌都聚盛路证券营业部	西藏	昌都	599.3	599.2	0.0	0.0	0.0	0.0
申万宏源西部证券有限公司玉林民主中路证券营业部	广西	玉林	594.7	587.8	2.0	0.0	0.0	4.9
申万宏源西部证券有限公司沈阳浑南四路证券营业部	辽宁	沈阳	593.0	584.5	0.7	0.0	0.0	7.8
国泰君安证券公司淮安健康东路证券营业部	江苏	淮安	587.8	557.1	14.5	0.4	0.0	15.8
华泰证券公司无锡分公司	江苏	无锡	587.5	586.5	0.0	0.0	0.0	1.0
民生证券公司南宁金湖路证券营业部	广西	南宁	584.4	550.9	0.2	0.0	0.0	33.3
爱建证券公司南京太平南路证券营业部	江苏	南京	580.8	546.3	0.0	0.0	0.0	34.5
财通证券公司嘉兴嘉善体育南路证券营业部	浙江	嘉兴	579.8	567.5	3.7	0.0	0.3	8.4
方正证券公司温州永中西路证券营业部	浙江	温州	578.4	286.2	0.0	0.0	0.0	292.1
中国国际金融有限公司福州五四路证券营业部	福建	福州	578.2	375.1	1.1	0.0	0.0	201.9
中国银河证券公司墨江回归大道证券营业部	云南	普洱	572.9	561.9	0.9	0.0	9.7	0.5
首创证券公司深圳福华路证券营业部	深圳	深圳	570.4	497.9	25.6	0.0	0.0	47.0
长城证券公司抚顺西一路证券营业部	辽宁	抚顺	568.4	547.0	0.9	0.0	0.0	20.5
众成证券公司鲁山鲁平大道证券营业部	河南	平顶山	568.2	556.2	7.9	0.0	0.0	4.1
中国中投证券公司东阿青年街证券营业部	山东	聊城	567.1	565.2	1.0	0.0	0.0	0.9
众成证券公司济宁洸河路证券营业部	山东	济宁	564.6	542.4	13.9	0.0	0.0	8.2
国泰君安证券公司渭南仓程路证券营业部	陕西	渭南	563.9	562.8	0.4	0.0	0.0	0.7
中信证券公司武汉东吴大道证券营业部	湖北	武汉	563.4	449.9	2.1	0.0	0.0	111.4
中国中投证券公司榆林航宇路证券营业部	陕西	榆林	562.9	561.4	1.0	0.0	0.0	0.5
国信证券公司阳江三环路证券营业部	广东	阳江	561.8	561.0	0.1	0.0	0.2	0.5
国海证券公司陆川县公园路证券营业部	广西	玉林	560.7	531.9	3.4	0.0	0.6	24.8
渤海证券公司常州延陵西路证券营业部	江苏	常州	552.7	404.3	117.2	0.0	0.0	31.2
中泰证券公司鄂州葛洪大道证券营业部	湖北	鄂州	542.2	516.6	2.3	0.0	0.1	23.2
山西证券公司上海黄浦路证券营业部	上海	上海	540.7	524.6	0.2	0.0	0.0	15.9
中泰证券公司龙岩登高西路证券营业部	福建	龙岩	540.3	479.6	3.2	0.0	0.0	57.6
东莞证券公司长沙芙蓉中路证券营业部	湖南	长沙	537.8	518.9	1.5	0.0	0.2	17.2
红塔证券公司昆明人民中路证券营业部	云南	昆明	537.6	510.7	0.2	0.0	5.1	21.5
国盛证券公司昆明北京路证券营业部	云南	昆明	536.5	536.2	0.3	0.0	0.0	0.0
众成证券公司舞钢市舞钢路证券营业部	河南	平顶山	531.4	530.5	0.1	0.0	0.0	0.7
中航证券有限公司贵阳花果园大街证券营业部	贵州	贵阳	530.6	530.4	0.1	0.0	0.0	0.1
众成证券公司锦州市科技路证券营业部	辽宁	锦州	530.4	529.6	0.0	0.0	0.0	0.8
大通证券公司青岛东海西路证券营业部	山东	青岛	528.3	252.6	0.1	0.0	0.2	275.4
中国中投证券公司扬州高邮文游中路证券营业部	江苏	高邮	527.6	516.8	0.5	0.0	0.0	10.3
广发证券公司广州花地大道北证券营业部	广东	广州	526.9	513.7	0.2	0.1	0.0	12.9
大通证券公司凤城市龙源路证券营业部	辽宁	丹东	526.3	524.5	1.1	0.0	0.2	0.6
光大证券公司茂名站前五路证券营业部	广东	茂名	525.5	499.2	9.5	0.0	0.0	16.7
民生证券公司青岛海尔路证券营业部	山东	青岛	524.1	442.5	18.8	0.0	0.0	62.7
中国中投证券公司成都温江光华大道证券营业部	四川	成都	523.3	117.5	44.1	0.0	0.0	361.7
太平洋证券公司会泽钟屏路证券营业部	云南	曲靖	521.6	521.5	0.1	0.0	0.0	0.0
申万宏源西部证券有限公司大连星河路证券营业部	辽宁	大连	520.4	497.6	0.1	0.0	0.0	22.7
华鑫证券公司佛山顺德新桂中路证券营业部	广东	佛山	517.6	475.6	3.8	0.0	0.0	38.2
华融证券公司襄阳长虹北路证券营业部	湖北	襄阳	515.3	515.3	0.0	0.0	0.0	0.0

注：营业部交易金额的单位为百万元

证券营业部交易
Trading of Business Department

营业部名称 Business Department	省份 Province	城市 City	总计 Total	股票 Share	基金 Fund	政府债 G-Bond	公司债 C-Bond	债券回购 Repo
海通证券公司聊城东昌路证券营业部	山东	聊城	514.3	505.9	5.5	0.0	0.2	2.7
国元证券公司天津开发区第一大街证券营业部	天津	天津	513.6	483.4	0.2	0.0	0.0	30.0
申万宏源证券有限公司石狮八七路证券营业部	福建	泉州	510.0	497.6	1.9	0.0	0.0	10.5
西南证券公司湘潭传奇西路证券营业部	湖南	湘潭	509.5	478.5	0.2	0.0	0.1	30.8
华融证券公司重庆大足证券营业部	重庆	重庆	509.0	477.8	27.1	0.0	0.0	4.1
中天证券公司杭州庆春路证券营业部	浙江	杭州	505.6	453.8	3.0	0.0	0.0	48.8
华林证券公司杭州文三西路证券营业部	浙江	杭州	504.6	494.1	0.6	0.0	0.0	9.8
广发证券公司西宁西大街证券营业部	青海	西宁	502.6	179.4	0.7	0.0	0.0	322.5
中国银河证券公司天津升安大街证券营业部	天津	天津	501.5	478.3	1.1	0.0	0.4	21.7
国都证券公司廊坊固安孔雀大道证券营业部	河北	廊坊	500.7	492.8	0.1	0.0	0.0	7.8
国泰君安证券公司南阳建设东路证券营业部	河南	南阳	499.5	495.2	0.2	0.0	0.0	4.1
太平洋证券公司广西分公司	广西	南宁	498.3	479.7	7.0	0.0	0.0	11.6
财达证券公司保定高阳三利大街证券营业部	河北	保定	498.2	497.5	0.7	0.0	0.0	0.0
恒泰证券公司武汉西北湖路证券营业部	湖北	武汉	496.8	496.5	0.1	0.0	0.0	0.2
华融证券公司林州红旗渠大道证券营业部	河南	安阳	494.7	493.7	0.9	0.0	0.1	0.0
华林证券公司长春同志街证券营业部	吉林	长春	493.2	427.2	14.6	0.0	0.0	51.5
日信证券公司青岛山东路证券营业部	山东	青岛	492.4	402.3	1.4	0.0	0.2	88.4
长江证券公司长春临河街证券营业部	吉林	长春市	490.3	478.9	1.8	0.0	0.0	9.6
联讯证券公司苏州旺墩路证券营业部	江苏	苏州	488.2	399.9	0.3	0.0	0.0	88.0
日信证券公司苏州干将西路证券营业部	江苏	苏州	488.1	478.8	3.6	0.0	0.3	5.3
红塔证券公司弥勒庆来路证券营业部	云南	弥勒	487.5	469.3	0.1	0.0	0.0	18.1
中天证券公司沈阳黄山路营业部	辽宁	沈阳	486.1	448.1	0.0	0.0	0.0	37.9
海通证券公司江门迎宾大道西证券营业部	广东	江门	481.8	444.8	3.4	0.0	0.1	33.4
国信证券公司珠海分公司	广东	珠海	481.7	442.4	19.6	0.0	0.0	19.7
安信证券公司珠海映月路证券营业部	广东	珠海	481.7	478.7	1.3	0.0	0.0	1.6
国盛证券公司贵阳瑞金南路证券营业部	贵州	贵阳	478.2	474.6	2.0	0.0	1.1	0.5
西南证券公司重庆奉节永安路证券营业部	重庆	奉节	476.8	476.6	0.1	0.0	0.0	0.0
红塔证券公司红塔证券股份有限公司香格里拉坛城广场证券	云南	迪庆州	474.5	422.0	0.2	0.0	3.2	49.1
中原证券公司浚县黄河路证券营业部	河南	鹤壁	474.4	462.3	4.4	0.0	0.0	7.7
民生证券公司南京雨花西路证券营业部	江苏	南京	473.6	400.3	0.2	0.0	0.0	73.2
华福证券公司乌鲁木齐人民路证券营业部	新疆	乌鲁木齐	473.2	262.9	0.2	0.0	0.0	210.1
首创证券公司潍坊东方路证券营业部	山东	潍坊	471.4	454.4	0.1	0.0	0.0	16.9
海通证券公司龙岩龙腾中路证券营业部	福建	龙岩	471.2	440.5	28.0	0.0	1.8	0.9
方正证券公司台州市府大道证券营业部	浙江	台州	470.0	469.8	0.0	0.0	0.2	0.0
中泰证券公司潍坊分公司	山东	潍坊	469.0	271.3	36.4	0.0	0.0	161.4
中天证券公司铁岭广裕街证券营业部	辽宁	铁岭	468.2	462.0	0.0	0.0	0.0	6.2
开源证券公司深圳福华三路证券营业部	深圳	深圳	463.5	355.1	63.8	0.0	0.0	44.5
浙商证券公司无锡蠡溪路证券营业部	江苏	无锡	461.7	417.6	5.6	0.0	0.0	38.5
中信证券公司杭州莫干山路证券营业部	浙江	杭州	458.1	63.3	4.0	0.0	0.0	390.8
日信证券公司南昌红谷中大道证券营业部	江西	南昌	455.1	442.3	0.6	0.0	0.0	12.2
恒泰证券公司台州市府大道证券营业部	浙江	台州	454.2	369.0	12.1	0.0	0.0	73.1
华创证券公司黔西水西大道证券营业部	贵州	黔西	454.1	452.8	1.3	0.0	0.0	0.0
大通证券公司沛县大屯南京路证券营业部	江苏	徐州	453.8	451.0	0.6	0.0	0.0	2.2
中国中投证券公司成都华阳华新街证券营业部	四川	成都	453.0	448.5	1.0	0.0	0.0	3.5
开源证券公司厦门莲前西路证券营业部	福建	厦门	452.5	362.0	22.0	0.0	1.1	67.5
太平洋证券公司深圳龙翔大道证券营业部	深圳	深圳	449.0	421.3	0.5	0.0	0.1	27.2
国信证券公司杭州定安路证券营业部	浙江	杭州	448.6	286.2	3.9	0.0	0.1	158.4
新时代证券公司青岛香港中路证券营业部	山东	青岛	444.1	394.5	48.2	1.5	0.0	0.0
中信证券公司成都武侯大道证券营业部	四川	成都	441.6	382.6	18.3	0.0	0.0	40.7
中国银河证券公司贵阳新添大道证券营业部	贵州	贵阳	436.7	422.6	0.7	0.0	0.0	13.4

注：营业部交易金额的单位为百万元

证券营业部交易
Trading of Business Department

营业部名称 Business Department	省份 Province	城市 City	总计 Total	股票 Share	基金 Fund	政府债 G-Bond	公司债 C-Bond	债券回购 Repo
中航证券有限公司新乡人民路证券营业部	河南	新乡	433.9	362.1	3.1	0.0	0.1	68.6
华林证券公司太原学府街证券营业部	山西	太原	432.6	377.7	0.0	0.0	0.0	54.9
华创证券公司福泉洒金路证券营业部	贵州	福泉	431.9	404.8	0.4	0.0	0.0	26.7
申万宏源西部证券有限公司梧州西堤三路证券营业部	广西	梧州	427.6	412.7	2.0	0.0	0.0	12.9
中信证券(山东)公司济南泺源大街证券营业部	山东	济南	427.4	358.9	50.9	0.0	0.0	17.7
国信证券公司佛山南海九江大正路证券营业部	广东	佛山	423.0	364.8	0.6	0.0	0.0	57.6
开源证券公司西安太华路证券营业部	陕西	西安	422.1	422.1	0.0	0.0	0.0	0.0
中泰证券公司诸城东关大街证券营业部	山东	诸城	421.1	415.6	0.4	0.0	0.0	5.1
国信证券公司吉林市解放东路证券营业部	吉林	吉林	419.4	411.6	3.9	0.0	1.5	2.4
中天证券公司北京丰台证券营业部	北京	北京	415.8	415.5	0.3	0.0	0.0	0.0
国信证券公司瓦房店五一路证券营业部	辽宁	瓦房店	409.3	209.9	1.6	0.0	0.0	197.8
西藏同信证券公司山南乃东县湖南路证券营业部	西藏	山南	408.8	408.7	0.1	0.0	0.0	0.0
华林证券公司深圳桃园路证券营业部	深圳	深圳	407.9	326.8	10.1	0.0	0.3	70.7
中信证券(山东)公司烟台开发区证券营业部	山东	烟台	407.4	236.9	0.3	0.0	0.0	170.2
华安证券公司深圳深南大道证券营业部	深圳	深圳	407.0	407.0	0.0	0.0	0.0	0.0
中天证券公司大连会展路证券营业部	辽宁	大连	405.0	400.2	2.5	0.0	0.0	2.3
国信证券公司牡丹江太平路证券营业部	黑龙江	牡丹江	402.3	388.1	0.0	0.0	0.0	14.1
广州证券公司上海福山路证券营业部	上海	上海	394.9	384.8	9.0	0.0	0.0	1.1
国泰君安证券公司延吉长白山路证券营业部	吉林	延吉	392.3	200.6	0.8	0.0	0.0	190.9
中信证券公司北京中关村东路证券营业部	北京	北京	390.1	238.6	26.7	0.0	0.0	124.8
信达证券公司信达证券股份有限公司常州花园街证券营业部	江苏	常州	389.9	389.7	0.2	0.0	0.0	0.0
信达证券公司攀枝花临江路证券营业部	四川	攀枝花	389.4	386.9	1.3	0.0	0.0	1.3
太平洋证券公司常州奥体中心证券营业部	江苏	常州	386.6	337.1	44.0	0.0	0.6	4.9
国信证券公司肇庆市四会观海路证券营业部	广东	肇庆	380.6	380.1	0.3	0.0	0.2	0.0
长江证券公司江阴文富南路证券营业部	江苏	江阴	380.1	325.0	0.6	0.0	0.4	54.1
长城证券公司资阳娇子大道证券营业部	四川	资阳	379.8	368.1	3.2	0.0	0.2	8.2
华安证券公司利辛青年路证券营业部	安徽	亳州	379.1	378.9	0.0	0.0	0.2	0.0
安信证券公司云南分公司	云南	昆明	378.3	289.6	1.8	0.0	0.1	86.9
华林证券公司上海浦东新区浦东南路证券营业部	上海	上海	376.9	290.6	0.3	0.0	0.0	86.0
国都证券公司凌源市朝阳路证券营业部	辽宁	凌源	373.4	356.9	0.1	0.0	0.0	16.3
西南证券公司富民环城南路证券营业部	云南	昆明	371.3	371.3	0.0	0.0	0.0	0.0
英大证券公司河南分公司	河南	郑州	371.0	365.4	4.5	0.0	0.0	1.1
方正证券公司上海南奉公路证券营业部	上海	上海	371.0	74.4	0.0	0.0	0.0	296.6
中信证券公司武汉水果湖证券营业部	湖北	武汉	366.5	322.9	28.9	0.0	0.0	14.8
宏信证券公司宜宾滨江路证券营业部	四川	宜宾	365.3	357.5	5.0	0.0	0.1	2.6
国金证券公司杭州求是路证券营业部	浙江	杭州	361.8	178.0	11.4	0.0	0.0	172.4
国泰君安证券公司兴义瑞金大道证券营业部	贵州	兴义	358.2	355.6	1.0	0.0	1.4	0.2
恒泰证券公司上海杜鹃路证券营业部	上海	上海	354.6	354.0	0.4	0.0	0.0	0.1
宏信证券公司常州花园街证券营业部	江苏	常州	353.8	340.7	6.7	0.0	0.0	6.5
方正证券公司台州黄岩洞天路证券营业部	浙江	台州	353.7	349.5	1.2	0.0	0.0	3.0
中国中投证券公司温州汤家桥路证券营业部	浙江	温州	353.2	324.5	0.0	0.0	0.0	28.7
红塔证券公司绵阳临园路证券营业部	四川	绵阳	350.1	347.6	0.1	0.0	0.0	2.4
太平洋证券公司西安分公司	陕西	西安	348.9	293.3	7.2	0.0	9.6	38.8
国泰君安证券公司富宁文体路证券营业部	云南	文山	348.7	348.7	0.0	0.0	0.0	0.0
申万宏源西部证券有限公司镇江句容华阳东路证券营业部	江苏	镇江	346.4	345.9	0.5	0.0	0.0	0.0
金元证券公司儋州中兴大道证券营业部	海南	儋州	345.8	340.4	3.2	0.0	0.0	2.2
安信证券公司辽阳六一街证券营业部	辽宁	辽阳	345.6	324.4	0.1	0.0	1.8	19.3
中国中投证券公司长沙浏阳车站路证券营业部	湖南	浏阳	345.4	343.6	1.9	0.0	0.0	0.0
华林证券公司惠州江北华贸大厦证券营业部	广东	惠州	344.8	156.4	0.0	0.0	0.0	188.4
中泰证券公司肇东园林路证券营业部	黑龙江	绥化	344.1	134.0	0.0	0.0	0.0	210.1

注：营业部交易金额的单位为百万元

证券营业部交易 Trading of Business Department

营业部名称 Business Department	省份 Province	城市 City	总计 Total	股票 Share	基金 Fund	政府债 G-Bond	公司债 C-Bond	债券回购 Repo
方正证券公司济南经一路证券营业部	山东	济南	343.9	215.0	0.0	0.0	0.0	128.9
长城证券公司青岛苗岭路证券营业部	山东	青岛	341.4	280.7	8.9	0.0	0.0	51.8
东方证券公司株洲建设南路证券营业部	湖南	株洲	340.6	339.9	0.7	0.0	0.0	0.0
国泰君安证券公司晋江长兴路证券营业部	福建	泉州	340.4	309.9	3.9	0.0	0.0	26.6
银泰证券公司广州华穗路证券营业部	广东	广州	337.2	155.5	0.0	0.0	0.0	181.7
财达证券公司长沙芙蓉中路证券营业部	湖南	长沙	333.7	333.2	0.4	0.0	0.0	0.0
中山证券公司呼和浩特五纬路证券营业部	内蒙	呼和浩特	331.9	312.2	0.0	0.0	0.0	19.7
新时代证券公司深圳西环路证券营业部	深圳	深圳	328.1	323.5	4.6	0.0	0.0	0.0
方正证券公司邵阳县凤凰街证券营业部	湖南	邵阳	327.4	321.0	0.0	0.0	4.0	2.3
东海证券公司贵阳延安东路证券营业部	贵州	贵阳	327.2	307.9	0.8	0.0	0.0	18.5
大通证券公司玉林陆川县政兴路证券营业部	广西	玉林	326.7	326.2	0.4	0.0	0.0	0.0
华鑫证券公司大连长江路证券营业部	辽宁	大连	325.9	325.9	0.0	0.0	0.0	0.0
红塔证券公司元谋龙川街证券营业部	云南	元谋	320.2	320.2	0.0	0.0	0.0	0.0
宏信证券公司武汉和平大道证券营业部	湖北	武汉	317.9	317.8	0.1	0.0	0.0	0.0
万和证券公司万和证券有限责任公司广州如意路证券营业部	广东	广州	317.0	314.6	0.4	0.0	0.0	2.0
华鑫证券公司呼和浩特中山西路证券营业部	内蒙	呼和浩特	313.0	293.4	0.1	0.0	0.6	18.8
中航证券有限公司樟树共和西路证券营业部	江西	樟树	311.0	310.4	0.3	0.0	0.0	0.3
新时代证券公司杭州江虹路证券营业部	浙江	杭州	307.7	286.9	0.9	0.0	0.0	19.9
东吴证券公司东吴证券股份有限公司宜兴解放东路证券营业	江苏	宜兴	305.1	297.2	0.8	0.0	0.0	7.1
太平洋证券公司芒市菩提街证券营业部	云南	德宏州	303.0	300.5	0.2	0.0	0.0	2.2
广发证券公司银川民族南街证券营业部	宁夏	银川	302.3	286.4	0.3	0.0	0.0	15.6
财达证券公司铜陵义安大道证券营业部	安徽	铜陵	296.7	292.5	2.4	0.0	0.0	1.8
爱建证券公司上海张杨路证券营业部	上海	上海	293.3	91.5	2.6	0.0	4.2	195.0
中航证券有限公司南昌进贤胜利中路证券营业部	江西	南昌	292.5	286.4	0.0	0.0	0.0	6.1
华创证券公司兴仁县振兴大道证券营业部	贵州	兴仁	291.9	291.5	0.4	0.0	0.0	0.0
中泰证券公司襄阳大庆西路证券营业部	湖北	襄阳	291.9	279.9	10.6	0.0	0.0	1.4
首创证券公司重庆渝北区洪湖东路证券营业部	重庆	重庆	291.2	239.4	12.0	0.0	0.0	39.8
广发证券公司承德新华路证券营业部	河北	承德	288.7	251.6	3.3	0.0	0.0	33.8
华林证券公司南京广州路证券营业部	江苏	南京	288.6	288.2	0.2	0.0	0.0	0.2
中邮证券公司湖南分公司	湖南	长沙	287.6	278.6	7.2	0.0	0.0	1.9
中信证券公司上海五角场证券营业部	上海	上海	286.0	51.0	0.0	0.0	0.0	234.9
华林证券公司沈阳大西路证券营业部	辽宁	沈阳	284.6	275.4	0.0	0.0	0.0	9.2
西部证券公司武汉珞瑜路证券营业部	湖北	武汉	280.7	148.3	23.1	0.0	0.0	109.3
华林证券公司烟台胜利路证券营业部	山东	烟台	279.1	235.4	0.0	0.0	0.0	43.7
方正证券公司郑州天明路证券营业部	河南	郑州	277.6	267.5	0.4	0.0	0.0	9.8
中国银河证券公司河口福安路证券营业部	云南	红河	276.6	275.5	1.1	0.0	0.0	0.0
华林证券公司南昌红谷证券营业部	江西	南昌	275.1	270.8	0.5	0.0	0.0	3.7
广州证券公司成都东大街证券营业部	四川	成都	275.0	242.5	3.9	0.0	0.0	28.6
长城证券公司中山中山四路证券营业部	广东	中山	273.1	223.2	0.1	0.0	0.0	49.7
东方证券公司厦门仙岳路证券营业部	福建	厦门	272.4	230.8	27.9	0.0	0.0	13.6
西南证券公司重庆巫溪证券营业部	重庆	重庆	270.0	269.8	0.3	0.0	0.0	0.0
华林证券公司苏州工业园区苏雅路证券营业部	江苏	苏州	269.4	191.0	14.3	0.0	0.0	64.1
华林证券公司乌鲁木齐扬子江路证券营业部	新疆	乌鲁木齐	266.9	131.3	0.4	0.0	0.0	135.3
国海证券公司肇东南直路证券营业部	黑龙江	肇东	266.3	113.9	0.0	0.0	0.0	152.4
西南证券公司洛阳西苑路证券营业部	河南	洛阳	265.5	163.2	2.5	0.0	0.0	99.8
联讯证券公司联讯证券股份有限公司上海浦东源深路证券营	上海	上海	264.7	216.2	7.3	0.0	0.0	41.2
西部证券公司天水中华西路证券营业部	甘肃	天水	264.2	186.1	0.1	0.0	0.0	78.1
太平洋证券公司哈尔滨上海街证券营业部	黑龙江	哈尔滨	264.1	238.1	0.1	0.0	0.0	25.9
西南证券公司重庆忠县证券营业部	重庆	忠县	263.8	263.4	0.4	0.0	0.0	0.0
华鑫证券公司济南经四路证券营业部	山东	济南	263.6	230.9	1.0	0.0	0.0	31.7

注：营业部交易金额的单位为百万元

证券营业部交易
Trading of Business Department

营业部名称 Business Department	省份 Province	城市 City	总计 Total	股票 Share	基金 Fund	政府债 G-Bond	公司债 C-Bond	债券回购 Repo
恒泰证券公司杭州天城路证券营业部	浙江	杭州	263.6	262.1	0.2	0.0	0.0	1.3
华林证券公司广州花城大道证券营业部	广东	广州	259.1	243.8	0.3	0.0	0.0	14.9
华林证券公司青岛延吉路证券营业部	山东	青岛	256.1	226.9	0.5	0.0	0.0	28.7
长城证券公司贵阳息烽县筑北商业大道证券营业部	贵州	贵阳	254.5	254.4	0.2	0.0	0.0	0.0
方正证券公司郑州渠东路证券营业部	河南	郑州	250.3	247.7	1.8	0.0	0.0	0.9
方正证券公司桂林自由路证券营业部	广西	桂林	249.0	239.1	5.8	0.0	0.1	4.1
华林证券公司贵阳花果园金融街证券营业部	贵州	贵阳	247.9	246.7	0.1	0.0	0.0	1.1
方正证券公司金华光南路证券营业部	浙江	金华	247.6	210.9	1.5	0.0	0.0	35.2
方正证券公司济南文化东路证券营业部	山东	济南	246.8	224.4	2.2	0.0	0.0	20.2
华龙证券公司白银平川区证券营业部	甘肃	白银	246.3	239.3	7.0	0.0	0.0	0.0
中国中投证券公司中山小榄龙山路证券营业部	广东	中山	243.9	241.1	2.8	0.0	0.0	0.0
世纪证券公司济南小纬二路证券营业部	山东	济南	241.2	229.8	5.9	0.0	0.0	5.6
太平洋证券公司澄江振兴路证券营业部	云南	玉溪	236.0	214.1	0.5	0.0	0.0	21.4
华林证券公司郑州金水东路证券营业部	河南	郑州	235.9	221.7	0.0	0.0	0.0	14.2
英大证券公司四川分公司	四川	成都	232.3	220.6	0.0	0.0	0.0	11.7
招商证券公司湖州苕溪西路证券营业部	浙江	湖州	232.1	231.3	0.4	0.0	0.0	0.4
华安证券公司泉州宝洲路证券营业部	福建	泉州	231.9	225.1	0.0	0.0	0.0	6.8
长江证券公司佛山乐从大道证券营业部	广东	佛山	231.7	228.0	0.0	0.0	0.0	3.7
申万宏源证券有限公司湖北分公司	湖北	武汉	231.6	174.6	1.3	0.0	0.0	55.7
西南证券公司重庆巫山证券营业部	重庆	巫山	231.4	198.2	0.3	0.0	0.0	32.9
中泰证券公司潍坊滨海经济开发区海港路证券营业部	山东	潍坊	230.4	230.0	0.1	0.0	0.3	0.0
东海证券公司徐州徐海路证券营业部	江苏	徐州	228.8	222.6	0.0	0.0	0.0	6.2
国都证券公司上海浦三路证券营业部	上海	上海	224.4	195.9	0.5	0.0	0.0	28.0
民生证券公司太原长风街证券营业部	山西	太原	223.2	185.6	0.3	0.0	0.0	37.2
德邦证券公司南京高淳双高路证券营业部	江苏	南京	220.1	180.0	0.5	0.0	0.0	39.6
广州证券公司西安科技路证券营业部	陕西	西安	218.5	208.9	0.5	0.0	0.0	9.1
中天证券公司沈阳沈辽路证券营业部	辽宁	沈阳	217.6	202.0	0.0	0.0	0.0	15.6
中信证券公司玉环双港路证券营业部	浙江	台州	216.8	205.6	0.1	0.0	0.0	11.1
国泰君安证券公司广西分公司	广西	南宁	211.9	184.4	0.1	0.0	0.0	27.4
长江证券公司商丘香君路证券营业部	河南	商丘	211.9	208.8	0.1	0.0	0.1	2.9
恒泰证券公司深圳龙城大道证券营业部	深圳	深圳	211.3	188.0	23.2	0.0	0.0	0.0
国信证券公司常州龙锦路证券营业部	江苏	常州	211.1	21.8	0.1	0.0	0.0	189.2
西南证券公司柳州晨华路证券营业部	广西	柳州	210.7	64.5	0.0	0.0	0.0	146.2
中信证券公司兰州西津路证券营业部	甘肃	兰州	209.9	201.3	2.9	0.0	0.0	5.7
东方证券公司德阳长江西路证券营业部	四川	德阳	209.9	207.1	0.3	0.0	0.0	2.5
太平洋证券公司新疆分公司	新疆	乌鲁木齐	208.6	208.6	0.0	0.0	0.0	0.0
中航证券有限公司哈尔滨长江路证券营业部	黑龙江	哈尔滨	207.0	177.6	0.1	0.0	0.0	29.3
华安证券公司温州汤家桥路证券营业部	浙江	温州	204.8	202.7	1.9	0.0	0.0	0.2
日信证券公司贵阳花果园大街证券营业部	贵州	贵阳	203.7	32.5	0.0	0.0	0.0	171.2
世纪证券公司杭州潮王路证券营业部	浙江	杭州	203.3	203.2	0.1	0.0	0.0	0.0
国金证券公司合肥濉溪路证券营业部	安徽	合肥	202.5	180.7	3.8	0.0	0.1	18.0
华龙证券公司银川凤凰北街证券营业部	宁夏	银川	201.7	156.8	2.9	0.0	0.0	42.1
西部证券公司天津南三路证券营业部	天津	天津	201.2	200.3	0.8	0.0	0.0	0.0
中天证券公司深圳建安路证券营业部	深圳	深圳	198.1	198.1	0.0	0.0	0.0	0.0
西南证券公司当涂隆昌路证券营业部	安徽	马鞍山	197.2	191.9	0.6	0.0	0.0	4.7
国信证券公司广州花都曙光大道证券营业部	广东	广州	196.9	193.8	2.1	0.0	1.0	0.0
国盛证券公司石家庄永安街证券营业部	河北	石家庄	196.7	192.8	0.0	0.0	0.0	3.8
华林证券公司深圳人民南路证券营业部	深圳	深圳	194.9	155.4	0.2	0.0	0.0	39.3
方正证券公司株洲芦淞路证券营业部	湖南	株洲	188.4	185.7	1.4	0.0	0.0	1.3
第一创业证券公司深圳投行大厦总部证券营业部	深圳	深圳	184.8	175.4	0.6	0.1	0.0	8.7

注：营业部交易金额的单位为百万元

证券营业部交易
Trading of Business Department

营业部名称 Business Department	省份 Province	城市 City	总计 Total	股票 Share	基金 Fund	政府债 G-Bond	公司债 C-Bond	债券回购 Repo
天风证券公司天风证券股份有限公司北京海淀长春桥证券营业部	北京	北京	183.2	152.8	0.0	0.0	0.0	30.4
日信证券公司哈尔滨东八道街证券营业部	黑龙江	哈尔滨	182.8	182.8	0.0	0.0	0.0	0.0
中信证券(山东)公司青岛黄岛区长江中路证券营业部	山东	青岛	179.2	141.9	6.4	0.0	9.4	21.4
方正证券公司成都人民中路证券营业部	四川	成都	178.4	163.1	0.0	0.0	0.0	15.3
方正证券公司武汉光谷大道证券营业部	湖北	武汉	177.5	170.3	6.8	0.0	0.4	0.0
中航证券有限公司宜昌夷陵大道证券营业部	湖北	宜昌	177.1	172.8	0.1	0.0	0.0	4.2
中泰证券公司惠州文明一路证券营业部	广东	惠州	175.2	165.2	0.3	0.0	0.0	9.7
安信证券公司韶关始兴丹凤路证券营业部	广东	韶关	174.5	174.4	0.0	0.0	0.0	0.0
五矿证券有限公司南京庐山路证券营业部	江苏	南京	173.9	145.5	0.2	0.0	0.0	28.2
华鑫证券公司北京平安大街证券营业部	北京	北京	173.0	170.2	0.7	0.0	0.0	2.1
方正证券公司信阳申碑路证券营业部	河南	信阳	169.2	168.5	0.0	0.0	0.3	0.4
方正证券公司衡阳解放大道证券营业部	湖南	衡阳	167.4	167.4	0.0	0.0	0.0	0.0
中国中投证券公司汉中滨江路证券营业部	陕西	汉中	165.3	160.5	0.0	0.0	0.0	4.8
华林证券公司泉州宝洲路证券营业部	福建	泉州	165.3	50.6	0.0	0.0	0.0	114.7
方正证券公司郑州陇海路证券营业部	河南	郑州	164.2	148.7	0.1	0.0	0.0	15.4
方正证券公司益阳桃江獭溪路证券营业部	湖南	益阳	161.1	161.0	0.1	0.0	0.0	0.0
方正证券公司诸城密州东路证券营业部	山东	潍坊	157.9	107.5	42.1	0.0	1.2	7.1
金元证券公司金元烟台迎春大街营业部	山东	烟台	157.0	156.8	0.1	0.0	0.1	0.0
国信证券公司浙江第二分公司	浙江	义乌	156.9	147.5	0.0	0.0	0.0	9.4
方正证券公司衡阳县蒸阳大道证券营业部	湖南	衡阳	155.2	154.8	0.1	0.0	0.0	0.3
英大证券公司深圳龙岗盛龙路证券营业部	深圳	深圳	153.8	153.8	0.0	0.0	0.0	0.0
新时代证券公司潢川滨河路证券营业部	河南	信阳	150.5	150.5	0.0	0.0	0.0	0.0
恒泰证券公司重庆泰山大道证券营业部	重庆	重庆	149.3	148.2	1.0	0.0	0.1	0.0
广州证券公司南京江东中路证券营业部	江苏	南京	148.7	106.4	0.8	0.0	0.0	41.5
太平洋证券公司柳州白沙路证券营业部	广西	柳州	148.6	147.5	0.2	0.0	0.0	0.9
长城国瑞证券有限公司北京月坛北街证券营业部	北京	北京	148.3	46.4	1.3	0.0	0.0	100.6
华融证券公司南昌洪城路证券营业部	江西	南昌	147.6	137.5	2.7	0.0	0.0	7.4
广发证券公司晋江长兴路证券营业部	福建	晋江	147.6	147.6	0.0	0.0	0.0	0.0
方正证券公司湘潭板塘证券营业部	湖南	湘潭	146.1	145.1	0.4	0.0	0.2	0.4
华林证券公司福州江滨中大道证券营业部	福建	福州	144.6	143.8	0.6	0.0	0.0	0.2
中信证券公司北京建外大街证券营业部	北京	北京	143.5	136.9	0.2	0.0	0.0	6.5
信达证券公司宁波姚隘路证券营业部	浙江	宁波	141.8	101.7	0.0	0.0	0.0	40.1
世纪证券公司福州得贵路证券营业部	福建	福州	140.3	139.7	0.4	0.0	0.0	0.2
开源证券公司西安凤城一路证券营业部	陕西	西安	140.2	122.9	0.0	0.0	0.1	17.2
大通证券公司天津体育场路证券营业部	天津	天津	138.7	136.8	0.0	0.0	0.0	1.9
中信证券公司北京三元桥证券营业部	北京	北京	137.0	127.7	0.0	0.0	0.0	9.3
万和证券公司成都五福桥证券营业部	四川	成都	135.5	118.3	0.0	0.0	0.0	17.2
华创证券公司六枝那平路证券营业部	贵州	六盘水	135.2	135.2	0.0	0.0	0.0	0.0
华林证券公司无锡人民中路证券营业部	江苏	无锡	134.3	72.4	7.0	0.0	0.0	54.9
万和证券公司广州环市东路证券营业部	广东	广州	132.2	132.1	0.1	0.0	0.0	0.0
中国中投证券公司荆州北京中路证券营业部	湖北	荆州	130.6	130.5	0.1	0.0	0.0	0.0
中天证券公司哈尔滨世茂大道证券营业部	黑龙江	哈尔滨	129.3	113.4	1.5	0.0	0.0	14.4
华林证券公司哈尔滨上海街证券营业部	黑龙江	哈尔滨	125.5	125.3	0.1	0.0	0.0	0.0
世纪证券公司天津禄安大街证券营业部	天津	天津	123.9	45.7	0.0	0.0	0.0	78.2
华龙证券公司西宁西大街证券营业部	青海	西宁	122.9	122.8	0.1	0.0	0.0	0.0
方正证券公司衡阳衡东洣江大道证券营业部	湖南	衡阳	121.7	121.4	0.3	0.0	0.0	0.0
中信证券公司绵阳临园路证券营业部	四川	绵阳	120.7	119.9	0.7	0.0	0.0	0.0
华龙证券公司靖远莲湖路证券营业部	甘肃	白银	119.4	119.4	0.0	0.0	0.0	0.0
华鑫证券公司烟台迎春大街证券营业部	山东	烟台	118.4	73.3	0.0	0.0	0.0	45.1
中信证券公司北京建国路证券营业部	北京	北京	118.1	113.7	4.3	0.0	0.0	0.1

注：营业部交易金额的单位为百万元

证券营业部交易 Trading of Business Department

营业部名称 Business Department	省份 Province	城市 City	总计 Total	股票 Share	基金 Fund	政府债 G-Bond	公司债 C-Bond	债券回购 Repo
华龙证券公司景泰昌林路证券营业部	甘肃	白银	115.9	109.8	0.0	0.0	0.7	5.4
广发证券公司拉萨金珠西路证券营业部	西藏	拉萨	115.3	115.0	0.3	0.0	0.0	0.0
财通证券公司余姚四明西路证券营业部	浙江	宁波	114.2	113.7	0.0	0.0	0.0	0.5
方正证券公司邵东廉桥南昌路证券营业部	湖南	邵阳	113.8	113.7	0.1	0.0	0.0	0.0
方正证券公司兰州金昌南路证券营业部	甘肃	兰州	113.0	91.8	1.6	0.0	0.0	19.6
瑞银证券公司深圳深南东路证券营业部	深圳	深圳	110.7	110.7	0.0	0.0	0.0	0.0
世纪证券公司宁波小梁街证券营业部	浙江	宁波	110.5	105.6	0.0	0.0	0.0	4.9
大通证券公司徐州市丰县中阳大道证券营业部	江苏	徐州	109.4	107.1	0.5	0.0	1.8	0.0
华安证券公司深圳科技园证券营业部	深圳	深圳	109.1	28.6	0.0	0.0	0.0	80.5
方正证券公司长沙金泰路证券营业部	湖南	长沙	108.5	108.5	0.0	0.0	0.0	0.0
方正证券公司永州蓝山湘粤路证券营业部	湖南	永州	107.9	65.4	0.0	0.0	0.0	42.5
财通证券公司上海拱极路证券营业部	上海	上海	106.8	96.5	0.0	0.0	0.0	10.3
中国中投证券公司金华婺江西路证券营业部	浙江	金华	106.2	106.2	0.0	0.0	0.0	0.0
华鑫证券公司西安高新路证券营业部	陕西	西安	105.3	98.3	0.0	0.0	0.0	7.0
财富证券公司中山市中山三路证件营业部	广东	中山	104.0	104.0	0.0	0.0	0.0	0.0
西部证券公司乌鲁木齐红山路证券营业部	新疆	乌鲁木齐	103.8	89.8	0.1	0.0	0.0	13.9
中信证券公司上海瑞金南路证券营业部	上海	上海	103.1	97.3	0.3	0.0	0.0	5.5
恒泰证券公司常州龙锦路证券营业部	江苏	常州	102.8	102.5	0.4	0.0	0.0	0.0
万和证券公司万和证券有限责任公司广州怡安路证券营业部	广东	广州	102.7	68.2	0.3	0.0	0.0	34.2
中国中投证券公司成都琉璃路华润广场证券营业部	四川	成都	101.7	88.1	0.1	0.0	0.0	13.5
华林证券公司呼和浩特昭乌达路证券营业部	内蒙	呼和浩特	99.7	99.7	0.0	0.0	0.0	0.0
恒泰证券公司上海东方路证券营业部	上海	上海	99.5	96.5	2.9	0.0	0.2	0.0
华福证券公司兰州庆阳路证券营业部	甘肃	兰州	98.8	96.5	2.4	0.0	0.0	0.0
方正证券公司耒阳金桥路证券营业部	湖南	衡阳	97.9	95.7	0.4	0.0	0.2	1.6
国信证券公司天津滨海新区滨海科技园日新道证券营业部	天津	天津	96.2	96.1	0.1	0.0	0.0	0.0
世纪证券公司郑州金水东路证券营业部	河南	郑州	93.5	82.6	0.2	0.0	0.0	10.7
国信证券公司永康城东路证券营业部	浙江	金华	93.2	93.2	0.0	0.0	0.0	0.0
英大证券公司深圳松岗立业路证券营业部	深圳	深圳	91.4	91.4	0.0	0.0	0.0	0.0
中泰证券公司河南分公司	河南	郑州	89.6	89.6	0.0	0.0	0.0	0.0
中邮证券公司陕西分公司	陕西	西安	88.7	81.1	0.0	0.0	0.0	7.6
金元证券公司金元南昌凤凰中大道营业部	江西	南昌	88.6	88.5	0.0	0.0	0.0	0.0
大通证券公司郑州金水路证券营业部	河南	郑州	88.0	59.2	0.0	0.0	0.0	28.8
广发证券公司福清清昌大道证券营业部	福建	福州	87.8	30.1	0.0	0.0	0.0	57.7
江海证券有限公司北京团结湖证券营业部	北京	北京	85.3	72.1	0.8	0.0	0.0	12.4
国信证券公司襄阳春园西路证券营业部	湖北	襄阳	84.6	82.4	0.0	0.0	0.0	2.2
国海证券公司山东分公司	山东	济南	84.0	84.0	0.0	0.0	0.0	0.0
中国中投证券公司佛山南海桂城海七路证券营业部	广东	佛山	83.9	78.9	0.0	0.0	0.0	5.0
方正证券公司株洲渌口向阳南路营业部	湖南	株洲	83.3	77.4	0.7	0.0	0.0	5.2
国信证券公司瑞安天瑞路证券营业部	浙江	温州	82.9	82.9	0.0	0.0	0.0	0.0
恒泰证券公司北京建国路证券营业部	北京	北京	82.8	82.5	0.1	0.0	0.0	0.1
华福证券公司昆明金碧路证券营业部	云南	昆明	81.5	81.5	0.0	0.0	0.0	0.0
方正证券公司漯河滨河路证券营业部	河南	漯河	81.4	66.0	0.1	0.0	0.0	15.3
华福证券公司合肥阜阳路证券营业部	安徽	合肥	77.0	74.9	0.6	0.0	0.0	1.4
华安证券公司宁波中山东路证券营业部	浙江	宁波	76.4	69.8	0.0	0.0	0.0	6.6
华林证券公司南宁金浦路证券营业部	广西	南宁	76.2	60.0	0.0	0.0	0.0	16.2
华林证券公司石家庄建华南大街证券营业部	河北	石家庄	76.2	73.7	0.0	0.0	0.0	2.5
联讯证券公司深圳福华三路证券营业部	深圳	深圳	76.1	76.1	0.0	0.0	0.0	0.0
金元证券公司武汉解放大道营业部	湖北	武汉	75.9	43.0	0.0	0.0	0.0	32.9
恒泰证券公司青岛阿里山路证券营业部	山东	青岛	75.9	66.7	0.1	0.0	0.1	9.0
国联证券公司南京湛江路证券营业部	江苏	南京	75.8	67.5	0.2	0.0	0.0	8.1

注：营业部交易金额的单位为百万元

证券营业部交易
Trading of Business Department

营业部名称 Business Department	省份 Province	城市 City	总计 Total	股票 Share	基金 Fund	政府债 G-Bond	公司债 C-Bond	债券回购 Repo
国金证券公司济南经十路证券营业部	山东	济南	75.6	45.5	30.0	0.0	0.0	0.0
国泰君安证券公司吉林延安街证券营业部	吉林	吉林	75.5	68.2	0.0	0.0	0.0	7.3
西部证券公司甘肃分公司	甘肃	兰州	75.0	75.0	0.0	0.0	0.0	0.0
开源证券公司佛山顺德新桂中路证券营业部	广东	顺德	74.2	39.0	0.0	0.0	0.0	35.2
方正证券公司永州东安八角街证券营业部	湖南	永州	73.5	71.3	0.1	0.0	0.0	2.2
招商证券公司西安曲江新区证券营业部	陕西	西安	72.6	14.5	0.0	0.0	0.0	58.1
东方证券公司西安桃园南路证券营业部	陕西	西安	71.9	36.0	0.0	0.0	0.0	35.9
中国银河证券公司保定七一中路证券营业部	河北	保定	71.1	39.7	6.5	0.0	0.0	24.8
国信证券公司广州番禺南华路证券营业部	广东	广州	70.6	68.7	1.4	0.0	0.0	0.5
万和证券公司雅安华兴街证券营业部	四川	雅安	70.5	69.3	0.6	0.0	0.0	0.6
宏信证券公司北京石佛营路证券营业部	北京	北京	70.4	70.4	0.0	0.0	0.0	0.0
中信证券公司沧州解放西路证券营业部	河北	沧州	70.2	65.3	0.5	0.0	0.0	4.4
方正证券公司上海淡水路证券营业部	上海	上海	70.1	32.6	0.0	0.0	0.0	37.5
华创证券公司梧州新兴三路证券营业部	广西	梧州	69.4	69.3	0.1	0.0	0.0	0.0
方正证券公司安康巴山路证券营业部	陕西	安康	68.4	68.0	0.0	0.0	0.0	0.3
东北证券公司四平辽河农垦管理区东文明路证券营业部	吉林	四平	68.3	23.9	0.0	0.0	0.0	44.4
国联证券公司丹阳金陵西路证券营业部	江苏	丹阳	67.6	67.5	0.1	0.0	0.0	0.0
国都证券公司北京大望路证券营业部	北京	北京	66.3	66.3	0.0	0.0	0.0	0.0
中国中投证券公司宁波创苑路证券营业部	浙江	宁波	65.7	64.1	0.8	0.0	0.1	0.7
方正证券公司南昌菊圃路证券营业部	江西	南昌	64.7	64.0	0.0	0.0	0.0	0.7
九州证券有限公司九州证券有限公司湖北分公司	湖北	武汉	63.8	0.0	0.0	0.0	0.0	63.8
方正证券公司青岛胶州苏州路证券营业部	山东	青岛	63.5	57.9	0.6	0.0	0.0	5.0
长江证券公司长阳龙舟大道证券营业部	湖北	宜昌	63.4	54.4	0.1	0.0	0.0	8.9
中国中投证券公司东莞长安长青路证券营业部	广东	东莞	61.3	18.5	0.0	0.0	0.0	42.8
国都证券公司上海苗圃路证券营业部	上海	上海	61.2	59.6	0.1	0.0	0.0	1.5
方正证券公司上海杨高北路证券营业部	上海	上海	60.1	58.6	0.8	0.0	0.0	0.7
国信证券公司通化光明路证券营业部	吉林	通化	60.0	50.0	0.0	0.0	0.0	10.0
广发证券公司东莞常平证券营业部	广东	东莞	60.0	38.8	1.5	0.0	0.0	19.6
方正证券公司三河燕郊汉王路证券营业部	河北	廊坊	59.0	58.5	0.0	0.0	0.0	0.5
方正证券公司方正证券股份有限公司温岭万昌中路证券营业	浙江	温岭	57.0	47.0	0.0	0.0	0.0	10.0
万和证券公司成都清江西路证券营业部	四川	成都	56.8	15.0	0.0	0.0	0.0	41.8
长城证券公司盂县秀水西街证券营业部	山西	阳泉	55.7	55.4	0.3	0.0	0.0	0.0
财通证券公司海宁长安修川路证券营业部	浙江	嘉兴	54.2	52.4	0.0	0.0	0.0	1.8
方正证券公司郴州嘉禾人民路证券营业部	湖南	郴州	54.0	53.9	0.1	0.0	0.0	0.0
西南证券公司乐山人民北路证券营业部	四川	乐山	53.9	45.2	0.0	0.0	0.0	8.7
联讯证券公司联讯证券股份有限公司厦门分公司	福建	厦门	53.3	3.4	0.0	0.0	0.0	49.9
九州证券有限公司九州证券有限公司湖南分公司	湖南	长沙	52.6	52.4	0.0	0.0	0.0	0.2
万和证券公司深圳观澜证券营业部	深圳	深圳	52.0	51.7	0.0	0.0	0.3	0.0
中信证券(山东)公司嘉定路证券营业部	山东	青岛	52.0	29.3	0.0	0.1	0.0	22.6
方正证券公司武冈武冈大道证券营业部	湖南	邵阳	52.0	52.0	0.0	0.0	0.0	0.0
中信证券公司杭州金华路证券营业部	浙江	杭州	51.5	51.4	0.0	0.0	0.0	0.0
华安证券公司深圳登良路证券营业部	深圳	深圳	50.5	50.4	0.1	0.0	0.0	0.0
西部证券公司上海世纪大道证券营业部	上海	上海	50.1	50.1	0.0	0.0	0.0	0.0
招商证券公司深圳海德一道证券营业部	深圳	深圳	49.1	49.1	0.0	0.0	0.0	0.0
西部证券公司上海第三分公司	上海	上海	48.8	48.8	0.0	0.0	0.0	0.0
九州证券有限公司九州证券有限公司深圳分公司	深圳	深圳	48.6	47.4	1.2	0.0	0.0	0.0
中泰证券公司宁夏分公司	宁夏	银川	46.9	46.9	0.0	0.0	0.0	0.0
方正证券公司常德安乡昌颐路证券营业部	湖南	常德	46.3	46.3	0.0	0.0	0.0	0.0
天风证券公司天风证券股份有限公司重庆沧白路证券营业部	重庆	重庆	46.3	27.9	0.0	0.0	0.0	18.4
长江证券公司绵阳花园南街证券营业部	四川	绵阳	46.1	46.1	0.0	0.0	0.0	0.0

注：营业部交易金额的单位为百万元

证券营业部交易
Trading of Business Department

营业部名称 Business Department	省份 Province	城市 City	总计 Total	股票 Share	基金 Fund	政府债 G-Bond	公司债 C-Bond	债券回购 Repo
华龙证券公司永登胜利街证券营业部	甘肃	兰州	45.9	22.8	0.6	0.0	0.0	22.6
方正证券公司常德汉寿龙阳中路证券营业部	湖南	常德	45.3	45.3	0.0	0.0	0.0	0.0
恒泰证券公司北京上地三街证券营业部	北京	北京	45.1	45.1	0.0	0.0	0.0	0.0
东海证券公司益阳益阳大道证券营业部	湖南	益阳	45.0	45.0	0.0	0.0	0.0	0.0
华安证券公司张掖长寿街证券营业部	甘肃	张掖	44.5	44.2	0.3	0.0	0.0	0.0
华林证券公司成都东二环路证券营业部	四川	成都	44.0	33.1	0.0	0.0	0.0	10.9
恒泰证券公司上海海宁路证券营业部	上海	上海	44.0	33.8	0.0	0.0	0.0	10.2
天风证券公司四川分公司	四川	成都	43.9	40.0	0.0	0.0	0.0	3.9
中泰证券公司江苏分公司	江苏	南京	42.3	41.3	0.7	0.0	0.0	0.3
恒泰证券公司东莞大朗美景中路证券营业部	广东	东莞	42.1	42.0	0.1	0.0	0.0	0.0
财通证券公司宁波分公司	浙江	宁波	41.9	39.9	0.0	0.0	0.0	2.0
方正证券公司郑州未来路证券营业部	河南	郑州	41.7	41.7	0.0	0.0	0.0	0.0
方正证券公司邵阳新邵酿溪大道证券营业部	湖南	邵阳	41.5	41.5	0.0	0.0	0.0	0.0
国海证券公司南宁鲁班路证券营业部	广西	南宁	41.4	41.2	0.2	0.0	0.0	0.0
方正证券公司衡阳衡山人民西路证券营业部	湖南	衡阳	41.1	41.1	0.0	0.0	0.0	0.0
方正证券公司株洲茶陵炎帝中路证券营业部	湖南	株洲	40.9	40.9	0.0	0.0	0.0	0.0
中天证券公司长春人民大街证券营业部	吉林	长春	40.3	40.3	0.0	0.0	0.0	0.0
西南证券公司信阳东方红大道证券营业部	河南	信阳	40.3	38.6	1.7	0.0	0.0	0.0
世纪证券公司沈阳热闹路证券营业部	辽宁	沈阳	39.9	39.9	0.0	0.0	0.0	0.0
天风证券公司上海漕溪北路证券营业部	上海	上海	39.8	29.9	0.0	0.0	0.0	9.9
恒泰证券公司上海遵义路证券营业部	上海	上海	39.4	37.6	0.3	0.0	1.1	0.4
国信证券公司深圳深盐路证券营业部	深圳	深圳	39.3	39.2	0.1	0.0	0.0	0.0
国信证券公司重庆江南大道证券营业部	重庆	重庆	39.2	39.0	0.0	0.0	0.0	0.2
太平洋证券公司深圳深南大道证券营业部	深圳	深圳	39.2	25.3	0.0	0.0	0.0	13.9
方正证券公司永州江华萌渚路证券营业部	湖南	永州	39.1	29.5	0.0	0.0	0.0	9.6
太平洋证券公司南宁金湖路证券营业部	广西	南宁	38.4	38.3	0.1	0.0	0.0	0.0
方正证券公司济源宣化东街证券营业部	河南	济源	37.1	36.4	0.1	0.0	0.0	0.5
首创证券公司北京海淀中关村东三街证券营业部	北京	北京	37.0	35.8	0.0	0.0	0.5	0.8
国信证券公司宁波天童南路证券营业部	浙江	宁波	37.0	36.8	0.2	0.0	0.0	0.0
招商证券公司西安未央证券营业部	陕西	西安	36.5	29.5	0.0	0.0	0.0	7.0
恒泰证券公司上海陆家嘴证券营业部	上海	上海	36.5	36.2	0.2	0.0	0.0	0.0
中泰证券公司威海分公司	山东	威海	36.5	35.9	0.0	0.0	0.0	0.6
西南证券公司安阳铁西路证券营业部	河南	安阳	36.1	24.9	2.5	0.0	0.0	8.7
东方证券公司上海浦东新区唐安路证券营业部	上海	上海	35.7	35.4	0.0	0.0	0.0	0.3
太平洋证券公司太原长治路证券营业部	山西	太原	35.1	34.8	0.3	0.0	0.0	0.0
太平洋证券公司武汉中北路证券营业部	湖北	武汉	34.2	17.3	0.0	0.0	0.0	16.9
方正证券公司玉林广电路证券营业部	广西	玉林	34.0	34.0	0.0	0.0	0.0	0.0
恒泰证券公司瑞安拱瑞山路证券营业部	浙江	瑞安	34.0	34.0	0.0	0.0	0.0	0.0
兴业证券公司南平顺昌中山中路证券营业部	福建	南平	33.8	30.6	0.3	0.0	0.0	2.9
方正证券公司鹤壁兴鹤大街证券营业部	河南	鹤壁	33.6	33.5	0.0	0.0	0.0	0.1
中泰证券公司清远北江二路证券营业部	广东	清远	33.4	32.0	0.1	0.0	0.0	1.4
联讯证券公司西安唐延路证券营业部	陕西	西安	33.2	3.4	0.0	0.0	0.0	29.8
华鑫证券公司宁波沧海路证券营业部	浙江	宁波	33.0	32.9	0.0	0.0	0.0	0.1
世纪证券公司宁夏分公司	宁夏	银川	32.6	32.6	0.0	0.0	0.0	0.0
太平洋证券公司南京苜蓿园大街证券营业部	江苏	南京	32.4	13.6	1.0	0.0	0.0	17.8
新时代证券公司上海陆家嘴证券营业部	上海	上海	32.4	32.0	0.3	0.0	0.0	0.0
九州证券有限公司九州证券有限公司黑龙江分公司	黑龙江	哈尔滨	31.9	31.3	0.0	0.0	0.0	0.6
方正证券公司武汉新华路证券营业部	湖北	武汉	31.7	26.2	0.0	0.0	0.0	5.5
方正证券公司邵阳城步城南路证券营业部	湖南	邵阳	31.6	31.6	0.0	0.0	0.0	0.0
招商证券公司池州长江南路证券营业部	安徽	池州	31.2	31.2	0.0	0.0	0.0	0.0

注：营业部交易金额的单位为百万元

证券营业部交易
Trading of Business Department

营业部名称 Business Department	省份 Province	城市 City	总计 Total	股票 Share	基金 Fund	政府债 G-Bond	公司债 C-Bond	债券回购 Repo
中泰证券公司中山兴中道证券营业部	广东	中山	31.0	28.7	0.2	0.0	0.0	2.2
恒泰证券公司深圳香蜜湖路证券营业部	深圳	深圳	30.7	30.7	0.0	0.0	0.0	0.0
方正证券公司郴州临武临武大道证券营业部	湖南	郴州	30.5	25.6	0.0	0.0	0.0	4.9
方正证券公司衢州龙游人民路证券营业部	浙江	衢州	29.9	29.2	0.0	0.0	0.0	0.7
方正证券公司郴州青年大道证券营业部	湖南	郴州	29.8	29.8	0.0	0.0	0.0	0.0
中信证券(山东)公司威海青岛中路证券营业部	山东	威海	29.6	29.6	0.0	0.0	0.0	0.0
国联证券公司北京朝阳门南大街证券营业部	北京	北京	29.0	20.4	2.9	0.0	0.0	5.7
方正证券公司广州水榕路证券营业部	广东	广州	28.7	27.8	0.5	0.0	0.0	0.4
中泰证券公司砚山砚华东路证券营业部	云南	文山	28.6	25.6	0.0	0.0	0.0	3.0
国信证券公司无锡东环路证券营业部	江苏	无锡	28.2	28.2	0.0	0.0	0.0	0.0
华林证券公司株洲长江北路证券营业部	湖南	株洲	28.1	20.0	0.0	0.0	0.0	8.1
华安证券公司武威天一路证券营业部	甘肃	武威	27.8	25.2	0.3	0.0	0.0	2.4
长江证券公司南漳水镜大道证券营业部	湖北	襄阳	27.8	27.7	0.0	0.0	0.0	0.1
华林证券公司银川新昌西路证券营业部	宁夏	银川	27.6	26.9	0.0	0.0	0.0	0.7
方正证券公司洪江开元大道证券营业部	湖南	怀化	27.5	27.5	0.0	0.0	0.0	0.0
方正证券公司常德临澧朝阳东街证券营业部	湖南	常德	27.5	27.5	0.0	0.0	0.0	0.0
方正证券公司张家界慈利古城路证券营业部	湖南	张家界	27.3	22.1	0.0	0.0	0.0	5.2
新时代证券公司三台北泉路证券营业部	四川	绵阳	27.3	27.3	0.0	0.0	0.0	0.0
恒泰证券公司大连金州北山路证券营业部	辽宁	大连	27.2	27.2	0.0	0.0	0.0	0.0
开源证券公司济南旅游路证券营业部	山东	济南	27.0	26.0	0.1	0.0	0.0	0.9
方正证券公司怀化沅陵迎宾南路证券营业部	湖南	怀化	26.8	26.8	0.0	0.0	0.0	0.0
长江证券公司天津渠阳大街证券营业部	天津	天津	26.8	26.8	0.0	0.0	0.0	0.0
宏信证券公司苏州苏州大道东证券营业部	江苏	苏州	26.4	20.0	0.0	0.0	0.0	6.4
西南证券公司郑州东风路证券营业部	河南	郑州	26.3	22.1	1.2	0.0	0.0	3.0
东吴证券公司南通分公司	江苏	南通	26.1	26.1	0.0	0.0	0.0	0.0
方正证券公司上海川南奉公路证券营业部	上海	上海	26.0	25.6	0.0	0.0	0.0	0.4
方正证券公司郴州桂东东华路证券营业部	湖南	郴州	25.9	25.9	0.0	0.0	0.0	0.0
华西证券公司南京高淳古檀大道证券营业部	江苏	南京	25.9	25.9	0.0	0.0	0.0	0.0
恒泰证券公司杭州朝晖路证券营业部	浙江	杭州	25.9	25.9	0.0	0.0	0.0	0.0
九州证券有限公司九州证券有限公司江苏分公司	江苏	南京	25.5	25.3	0.2	0.0	0.0	0.0
联讯证券公司南昌北京东路证券营业部	江西	南昌	25.3	24.9	0.0	0.0	0.0	0.4
招商证券公司上海长柳路证券营业部	上海	上海	24.7	24.7	0.0	0.0	0.0	0.0
广发证券公司福州儒江西路证券营业部	福建	福州	24.2	20.4	0.0	0.0	0.0	3.8
中航证券有限公司重庆黄山大道证券营业部	重庆	重庆	24.1	23.6	0.0	0.0	0.0	0.5
方正证券公司深圳布沙路证券营业部证券营业部	深圳	深圳	24.1	24.1	0.0	0.0	0.0	0.0
民生证券公司新野朝阳证券营业部	河南	南阳	23.8	23.8	0.0	0.0	0.0	0.0
开源证券公司长沙芙蓉中路证券营业部	湖南	长沙	23.7	23.7	0.0	0.0	0.0	0.0
方正证券公司商丘神火大道证券营业部	河南	商丘	23.2	23.1	0.1	0.0	0.0	0.0
方正证券公司天津解放南路证券营业部	天津	天津	23.0	23.0	0.0	0.0	0.0	0.0
中泰证券公司滨州分公司	山东	滨州	22.9	19.3	2.9	0.0	0.0	0.8
方正证券公司广州站前路证券营业部	广东	广州	22.8	22.7	0.0	0.0	0.0	0.0
国海证券公司柳州融水县寿星中路营业部	广西	柳州	22.5	22.5	0.0	0.0	0.0	0.0
世纪证券公司新疆分公司	新疆	乌鲁木齐	22.5	22.2	0.0	0.0	0.0	0.3
方正证券公司郴州安仁五一中路证券营业部	湖南	郴州	22.5	22.5	0.0	0.0	0.0	0.0
恒泰证券公司太原平阳路证券营业部	山西	太原	22.3	22.3	0.0	0.0	0.0	0.0
安信证券公司广州南沙进港大道证券营业部	广东	广州	21.7	19.7	0.0	0.0	0.0	2.0
招商证券公司哈尔滨爱建路证券营业部	黑龙江	哈尔滨	21.3	14.7	0.0	0.0	0.0	6.6
方正证券公司马鞍山佳山路证券营业部	安徽	马鞍山	21.3	21.3	0.0	0.0	0.0	0.0
恒泰证券公司广州体育西路证券营业部	广东	广州	21.2	21.2	0.0	0.0	0.0	0.0
华龙证券公司华亭仪洲大道证券营业部	甘肃	平凉	21.1	21.1	0.0	0.0	0.0	0.0

注：营业部交易金额的单位为百万元

证券营业部交易
Trading of Business Department

营业部名称 Business Department	省份 Province	城市 City	总计 Total	股票 Share	基金 Fund	政府债 G-Bond	公司债 C-Bond	债券回购 Repo
中航证券有限公司南宁双拥路证券营业部	广西	南宁	20.6	16.9	0.0	0.0	0.0	3.7
恒泰证券公司南宁民族大道证券营业部	广西	南宁	19.8	19.8	0.0	0.0	0.0	0.0
兴业证券公司光泽杭中路证券营业部	福建	南平	19.6	19.6	0.0	0.0	0.0	0.0
中原证券公司鄢陵翠柳路证券营业部	河南	许昌	19.2	18.5	0.0	0.0	0.7	0.0
国元证券公司常州西太湖祥云路证券营业部	江苏	常州	19.2	19.2	0.0	0.0	0.0	0.0
恒泰证券公司嘉兴花园路证券营业部	浙江	嘉兴	19.1	19.1	0.0	0.0	0.0	0.0
中天证券公司无锡锡沪中路证券营业部	江苏	无锡	18.8	18.8	0.0	0.0	0.0	0.0
华龙证券公司静宁西环路证券营业部	甘肃	平凉	18.6	18.5	0.0	0.0	0.0	0.0
恒泰证券公司通辽阿古拉大街证券营业部	内蒙	通辽	18.0	18.0	0.1	0.0	0.0	0.0
中泰证券公司东营分公司	山东	东营	17.2	17.1	0.1	0.0	0.0	0.0
世纪证券公司贵州分公司	贵州	贵阳	17.1	14.7	2.4	0.0	0.0	0.0
方正证券公司怀化麻阳五一东路证券营业部	湖南	怀化	16.3	16.3	0.0	0.0	0.0	0.0
方正证券公司韶山迎宾路证券营业部	湖南	韶山	16.2	16.2	0.0	0.0	0.0	0.0
新时代证券公司汕头莱美路证券营业部	广东	汕头	16.2	16.2	0.0	0.0	0.0	0.0
华安证券公司岳西建设路证券营业部	安徽	安庆	15.9	15.3	0.0	0.0	0.0	0.6
恒泰证券公司烟台迎春大街证券营业部	山东	烟台	15.9	15.9	0.0	0.0	0.0	0.0
恒泰证券公司上海徐家汇路证券营业部	上海	上海	15.6	10.3	0.0	0.0	0.0	5.3
财通证券公司北京朝阳北路证券营业部	北京	北京	15.6	15.6	0.0	0.0	0.0	0.0
华融证券公司宁波和济街证券营业部	浙江	宁波	15.5	15.5	0.0	0.0	0.0	0.0
方正证券公司怀化新晃通达路证券营业部	湖南	怀化	15.4	15.1	0.3	0.0	0.0	0.0
华龙证券公司泾川东大街证券营业部	甘肃	平凉	15.4	15.3	0.1	0.0	0.0	0.0
恒泰证券公司石家庄槐安路证券营业部	河北	石家庄	15.1	14.9	0.0	0.0	0.0	0.2
新时代证券公司固始红苏路证券营业部	河南	信阳	14.7	14.7	0.0	0.0	0.0	0.0
方正证券公司方正证券股份有限公司泉州泉秀路证券营业部	福建	泉州	14.7	9.6	2.7	0.0	0.0	2.4
招商证券公司六安梅山路证券营业部	安徽	六安	14.5	14.5	0.0	0.0	0.0	0.0
九州证券有限公司九州证券有限公司四川分公司	四川	成都	14.4	14.4	0.0	0.0	0.0	0.0
招商证券公司抚顺临江东路证券营业部	辽宁	抚顺	14.3	14.2	0.0	0.0	0.0	0.1
恒泰证券公司珠海九洲大道富华里证券营业部	广东	珠海	14.2	13.6	0.6	0.0	0.0	0.0
西南证券公司昆山前进东路证券营业部	江苏	苏州	14.0	14.0	0.0	0.0	0.0	0.0
天风证券公司襄阳东风汽车大道证券营业部	湖北	襄阳	14.0	13.7	0.0	0.0	0.0	0.3
中泰证券公司陕西分公司	陕西	西安	14.0	13.9	0.0	0.0	0.0	0.1
中原证券公司临颍颍河路证券营业部	河南	漯河	13.9	13.8	0.0	0.0	0.0	0.0
华安证券公司怀宁稼先路证券营业部	安徽	安庆	13.5	13.5	0.0	0.0	0.0	0.0
恒泰证券公司佛山佛平路证券营业部	广东	佛山	13.5	10.4	0.0	0.0	0.0	3.1
瑞银证券公司杭州教工路证券营业部	浙江	杭州	13.4	13.4	0.0	0.0	0.0	0.0
方正证券公司上饶庆丰路证券营业部	江西	上饶	13.2	13.2	0.0	0.0	0.0	0.0
财通证券公司宁波中山东路证券营业部	浙江	宁波	12.5	4.6	0.0	0.0	0.0	7.9
华融证券公司肇东八仙南路证券营业部	黑龙江	绥化	12.4	12.4	0.0	0.0	0.0	0.0
方正证券公司洛阳中州中路证券营业部	河南	洛阳	12.4	11.1	0.1	0.0	0.0	1.2
招商证券公司天津滨海新区证券营业部	天津	天津	12.2	12.2	0.0	0.0	0.0	0.0
华鑫证券公司贵州分公司	贵州	贵阳	11.6	11.3	0.0	0.0	0.0	0.3
招商证券公司成都人民中路证券营业部	四川	成都	11.6	4.4	0.0	0.0	0.0	7.2
国信证券公司柳州桂中大道证券营业部	广西	柳州	11.3	10.8	0.0	0.0	0.0	0.5
华泰证券公司天津分公司	天津	天津	10.9	10.8	0.1	0.0	0.0	0.0
宏信证券公司南京广州路证券营业部	江苏	南京	10.5	0.6	0.0	0.0	0.0	9.9
恒泰证券公司北京北辛庄路证券营业部	北京	北京	10.3	10.3	0.0	0.0	0.0	0.0
华西证券公司杭州北沙东路证券营业部	浙江	杭州	9.8	7.4	0.0	0.0	0.0	2.4
民生证券公司项城迎宾大道证券营业部	河南	项城	9.5	9.4	0.0	0.0	0.0	0.0
方正证券公司怀化会同拥军路证券营业部	湖南	怀化	9.5	9.5	0.0	0.0	0.0	0.0
爱建证券公司上海石门二路证券营业部	上海	上海	9.4	9.4	0.0	0.0	0.0	0.0

注：营业部交易金额的单位为百万元

证券营业部交易
Trading of Business Department

营业部名称 Business Department	省份 Province	城市 City	总计 Total	股票 Share	基金 Fund	政府债 G-Bond	公司债 C-Bond	债券回购 Repo
招商证券公司乐清旭阳路证券营业部	浙江	乐清	9.3	8.7	0.0	0.0	0.0	0.6
世纪证券公司陕西分公司	陕西	西安	9.2	3.2	0.0	0.0	0.0	6.0
联讯证券公司长春西安大路证券营业部	吉林	长春	9.1	6.7	0.0	0.0	0.0	2.4
招商证券公司武汉关山大道证券营业部	湖北	武汉	9.1	9.1	0.0	0.0	0.0	0.0
广发证券公司河源和平证券营业部	广东	河源	9.0	9.0	0.0	0.0	0.0	0.0
方正证券公司方正证券股份有限公司开封晋安路证券营业部	河南	开封	8.9	8.9	0.0	0.0	0.0	0.0
世纪证券公司安徽分公司	安徽	合肥	8.7	8.3	0.0	0.0	0.0	0.4
国信证券公司盘锦兴隆台街证券营业部	辽宁	盘锦	8.6	8.5	0.1	0.0	0.0	0.0
中航证券有限公司包头钢铁大街证券营业部	内蒙	包头	8.1	8.1	0.0	0.0	0.0	0.0
中国银河证券公司福清万达广场证券营业部	福建	福州	8.1	2.4	3.3	0.0	0.0	2.4
东吴证券公司东吴证券股份有限公司苏州吴中区教场路证券	江苏	苏州	7.9	7.9	0.0	0.0	0.0	0.0
方正证券公司杭州萧山金山路证券营业部	浙江	杭州	7.8	7.8	0.0	0.0	0.0	0.0
中天证券公司杭州城星路证券营业部	浙江	杭州	7.8	7.1	0.0	0.0	0.0	0.7
中泰证券公司湖南分公司	湖南	长沙	7.6	4.7	2.6	0.0	0.0	0.3
九州证券有限公司九州证券有限公司大连分公司	辽宁	大连	7.5	5.4	0.0	0.0	0.0	2.1
国联证券公司上海港俞路证券营业部	上海	上海	7.3	7.3	0.0	0.0	0.0	0.0
银泰证券公司厦门湖滨南路证券营业部	福建	厦门	7.3	5.5	0.0	0.0	0.0	1.8
东方证券公司拉萨察古大道证券营业部	西藏	拉萨	7.3	7.3	0.0	0.0	0.0	0.0
国元证券公司凤阳东华路证券营业部	安徽	滁州	7.1	7.1	0.0	0.0	0.0	0.0
东兴证券公司宁波江东北路证券营业部	浙江	宁波	6.6	6.6	0.0	0.0	0.0	0.0
西南证券公司大理云岭大道证券营业部	云南	大理	6.6	6.6	0.0	0.0	0.0	0.0
九州证券有限公司九州证券有限公司北京分公司	北京	北京	6.5	6.5	0.0	0.0	0.0	0.0
招商证券公司杭州富春路证券营业部	浙江	杭州	6.3	6.3	0.0	0.0	0.0	0.0
方正证券公司周口中州路证券营业部	河南	周口	6.2	6.1	0.1	0.0	0.0	0.0
方正证券公司天津密云路证券营业部	天津	天津	6.1	6.1	0.0	0.0	0.0	0.0
中信证券公司宁海气象北路证券营业部	浙江	宁波	6.1	1.8	0.0	0.0	0.0	4.3
中天证券公司沈阳保工街证券营业部	辽宁	沈阳	6.1	6.1	0.0	0.0	0.0	0.0
招商证券公司北京中核路证券营业部	北京	北京	6.1	6.1	0.0	0.0	0.0	0.0
银泰证券公司常州龙锦路证券营业部	江苏	常州	5.8	5.8	0.0	0.0	0.0	0.0
网信证券公司北京分公司	北京	北京	5.5	5.5	0.0	0.0	0.0	0.0
世纪证券公司重庆分公司	重庆	重庆	5.4	5.4	0.0	0.0	0.0	0.0
万和证券公司深圳前海证券营业部	深圳	深圳	5.3	4.2	0.0	0.0	0.0	1.1
方正证券公司天津复康路证券营业部	天津	天津	5.1	5.1	0.0	0.0	0.0	0.0
兴业证券公司杭州分公司	浙江	杭州	5.1	5.1	0.0	0.0	0.0	0.0
恒泰证券公司上海龙腾大道证券营业部	上海	上海	4.7	4.7	0.0	0.0	0.0	0.0
方正证券公司方正证券股份有限公司襄阳檀溪路证券营业部	湖北	襄阳	4.7	4.6	0.0	0.0	0.0	0.1
九州证券有限公司九州证券有限公司内蒙古分公司	内蒙	呼和浩特	4.4	4.4	0.0	0.0	0.0	0.0
招商证券公司菏泽人民路证券营业部	山东	菏泽	4.4	3.8	0.0	0.0	0.0	0.6
国信证券公司泸西阿庐大街证券营业部	云南	红河	4.4	4.4	0.0	0.0	0.0	0.0
西部证券公司深圳前海证券营业部	深圳	深圳	4.3	4.3	0.0	0.0	0.0	0.0
国信证券公司毕节麻园路证券营业部	贵州	毕节	4.3	4.3	0.0	0.0	0.0	0.0
万和证券公司汕头外砂证券营业部	广东	汕头	4.3	4.3	0.0	0.0	0.0	0.0
中国银河证券公司莆田荔城路证券营业部	福建	莆田	4.3	4.3	0.0	0.0	0.0	0.0
世纪证券公司黑龙江分公司	黑龙江	哈尔滨	4.2	4.2	0.0	0.0	0.0	0.0
银泰证券公司上海新村路证券营业部	上海	上海	4.1	4.1	0.0	0.0	0.0	0.0
华融证券公司西安高新路证券营业部	陕西	西安	4.0	4.0	0.0	0.0	0.0	0.0
东方证券公司江阴人民东路证券营业部	江苏	江阴	3.8	3.8	0.0	0.0	0.0	0.0
招商证券公司上海张江高科技园区证券营业部	上海	上海	3.6	3.6	0.0	0.0	0.0	0.0
大通证券公司锦州云飞街证券营业部	辽宁	锦州	3.6	2.9	0.0	0.0	0.0	0.7
招商证券公司南充丝绸路证券营业部	四川	南充	3.6	1.8	0.0	0.0	0.0	1.8

注：营业部交易金额的单位为百万元

证券营业部交易
Trading of Business Department

营业部名称 Business Department	省份 Province	城市 City	总计 Total	股票 Share	基金 Fund	政府债 G-Bond	公司债 C-Bond	债券回购 Repo
招商证券公司长沙开元中路证券营业部	湖南	长沙	3.4	3.4	0.0	0.0	0.0	0.0
华林证券公司秦皇岛迎宾路证券营业部	河北	秦皇岛	3.3	3.3	0.0	0.0	0.0	0.0
网信证券公司青岛东海西路证券营业部	山东	青岛	3.2	3.2	0.0	0.0	0.0	0.0
宏信证券公司深圳福华三路证券营业部	深圳	深圳	3.2	3.2	0.0	0.0	0.0	0.0
宏信证券公司德阳绵竹市春溢路证券营业部	四川	绵竹	3.0	0.0	0.0	0.0	0.0	0.0
世纪证券公司吉林分公司	吉林	长春	2.9	2.9	0.0	0.0	0.0	0.0
太平洋证券公司厦门厦禾路证券营业部	福建	厦门	2.8	2.8	0.0	0.0	0.0	0.0
九州证券有限公司九州证券有限公司新疆分公司	新疆	乌鲁木齐	2.8	2.8	0.0	0.0	0.0	0.0
中泰证券公司莱芜分公司	山东	莱芜	2.6	2.6	0.0	0.0	0.0	0.0
世纪证券公司河北分公司	河北	石家庄	2.4	2.4	0.0	0.0	0.0	0.0
中天证券公司兴城兴海北街证券营业部	辽宁	葫芦岛	2.3	2.3	0.0	0.0	0.0	0.0
财通证券公司财通证券股份有限公司台州分公司	浙江	台州	2.2	2.2	0.0	0.0	0.0	0.0
华融证券公司成都青龙街证券营业部	四川	成都	2.2	2.2	0.0	0.0	0.0	0.0
中信证券公司晋江长兴路证券营业部	福建	泉州	2.2	1.3	0.0	0.0	0.0	0.9
日信证券公司白城海明西路证券营业部	吉林	白城	2.2	2.2	0.0	0.0	0.0	0.0
中国银河证券公司连云港通灌南路证券营业部	江苏	连云港	2.1	2.0	0.0	0.0	0.1	0.0
联讯证券公司长沙芙蓉中路证券营业部	湖南	长沙	2.0	2.0	0.0	0.0	0.0	0.0
招商证券公司聊城东昌路证券营业部	山东	聊城	1.9	1.9	0.0	0.0	0.0	0.0
中天证券公司沈阳龙柏路证券营业部	辽宁	沈阳	1.8	1.8	0.0	0.0	0.0	0.0
长城国瑞证券有限公司深圳人民南路证券营业部	深圳	深圳	1.8	1.8	0.0	0.0	0.0	0.0
华林证券公司拉萨柳梧新区察古大道证券营业部	西藏	拉萨	1.7	1.7	0.0	0.0	0.0	0.0
中国银河证券公司张家港东环路证券营业部	江苏	张家港	1.7	1.7	0.0	0.0	0.0	0.0
世纪证券公司西藏分公司	西藏	拉萨	1.5	1.5	0.0	0.0	0.0	0.0
恒泰证券公司上海花园路证券营业部	上海	上海	1.5	1.5	0.0	0.0	0.0	0.0
世纪证券公司青海分公司	青海	西宁	1.5	1.5	0.0	0.0	0.0	0.0
恒泰证券公司柳州天山路证券营业部	广西	柳州	1.4	1.4	0.0	0.0	0.0	0.0
中国银河证券公司贺州建设中路证券营业部	广西	贺州	1.4	1.4	0.0	0.0	0.0	0.0
九州证券有限公司九州证券有限公司陕西分公司	陕西	西安	1.2	1.2	0.0	0.0	0.0	0.0
国海证券公司来宾象州县金象路证券营业部	广西	来宾	1.2	1.2	0.0	0.0	0.0	0.0
中国中投证券公司银川解放西街证券营业部	宁夏	银川	1.1	1.1	0.0	0.0	0.0	0.0
国海证券公司梧州龙圩镇政贤路营业部	广西	梧州	1.1	1.0	0.1	0.0	0.0	0.0
第一创业证券公司第一创业证券股份有限公司佛山高明大道	广东	佛山	1.0	1.0	0.0	0.0	0.0	0.0
安信证券公司芜湖江北证券营业部	安徽	芜湖	1.0	1.0	0.0	0.0	0.0	0.0
世纪证券公司广西分公司	广西	南宁	1.0	1.0	0.0	0.0	0.0	0.0
方正证券公司广州狮岭大道证券营业部	广东	广州	0.9	0.9	0.0	0.0	0.0	0.0
财通证券公司湖州南浔常增路证券营业部	浙江	湖州	0.9	0.9	0.0	0.0	0.0	0.0
世纪证券公司甘肃分公司	甘肃	兰州	0.9	0.9	0.0	0.0	0.0	0.0
国信证券公司大理漾濞路证券营业部	云南	大理	0.8	0.8	0.0	0.0	0.0	0.0
方正证券公司沧州西环中街证券营业部	河北	沧州	0.8	0.8	0.0	0.0	0.0	0.0
国信证券公司金华双龙南街证券营业部	浙江	金华	0.7	0.7	0.0	0.0	0.0	0.0
日信证券公司滨州黄河五路证券营业部	山东	滨州	0.7	0.7	0.0	0.0	0.0	0.0
中天证券公司大连瓦房店长春路证券营业部	辽宁	瓦房店	0.7	0.7	0.0	0.0	0.0	0.0
招商证券公司深圳西丽留仙大道证券营业部	深圳	深圳	0.7	0.7	0.0	0.0	0.0	0.0
九州证券有限公司九州证券有限公司河北分公司	河北	石家庄	0.6	0.6	0.0	0.0	0.0	0.0
中信证券公司诸暨店口胜利路证券营业部	浙江	绍兴	0.6	0.6	0.0	0.0	0.0	0.0
西南证券公司中山中山四路证券营业部	广东	中山	0.5	0.5	0.0	0.0	0.0	0.0
世纪证券公司武汉中北路证券营业部	湖北	武汉	0.4	0.4	0.0	0.0	0.0	0.0
九州证券有限公司九州证券有限公司辽宁分公司	辽宁	沈阳	0.4	0.4	0.0	0.0	0.0	0.0
华鑫证券公司长春工农大路证券营业部	吉林	长春	0.4	0.4	0.0	0.0	0.0	0.0
中国银河证券公司玉林广场东路证券营业部	广西	玉林	0.4	0.4	0.0	0.0	0.0	0.0

注：营业部交易金额的单位为百万元

证券营业部交易
Trading of Business Department

营业部名称 Business Department	省份 Province	城市 City	总计 Total	股票 Share	基金 Fund	政府债 G-Bond	公司债 C-Bond	债券回购 Repo
世纪证券公司海南分公司	海南	海口	0.3	0.3	0.0	0.0	0.0	0.0
国金证券公司南昌赣江中大道证券营业部	江西	南昌	0.3	0.0	0.3	0.0	0.0	0.0
广发证券公司茂名高州高凉中路证券营业部	广东	高州	0.3	0.3	0.0	0.0	0.0	0.0
恒泰证券公司上海齐河路证券营业部	上海	上海	0.3	0.3	0.0	0.0	0.0	0.0
太平洋证券公司上海分公司	上海	上海	0.3	0.3	0.0	0.0	0.0	0.0
九州证券有限公司九州证券有限公司云南分公司	云南	昆明	0.3	0.3	0.0	0.0	0.0	0.0
世纪证券公司内蒙古分公司	内蒙	呼和浩特	0.3	0.3	0.0	0.0	0.0	0.0
恒泰证券公司深圳红荔路证券营业部	深圳	深圳	0.3	0.3	0.0	0.0	0.0	0.0
东方证券公司嘉兴中山西路证券营业部	浙江	嘉兴	0.2	0.2	0.0	0.0	0.0	0.0
中天证券公司沈阳怒江街证券营业部	辽宁	沈阳	0.2	0.2	0.0	0.0	0.0	0.0
万和证券公司万和证券有限责任公司上海分公司	上海	上海	0.2	0.2	0.0	0.0	0.0	0.0
华泰证券公司北京分公司	北京	北京	0.2	0.2	0.0	0.0	0.0	0.0
招商证券公司北京远大路证券营业部	北京	北京	0.2	0.2	0.0	0.0	0.0	0.0
招商证券公司南阳新华路证券营业部	河南	南阳	0.2	0.2	0.0	0.0	0.0	0.0
太平洋证券公司广州迎宾路证券营业部	广东	广州	0.2	0.2	0.0	0.0	0.0	0.0
广发证券公司鞍山千山中路证券营业部	辽宁	鞍山	0.1	0.1	0.0	0.0	0.0	0.0
九州证券有限公司九州证券有限公司上海分公司	上海	上海	0.1	0.1	0.0	0.0	0.0	0.0
东北证券公司内蒙古分公司	内蒙	呼和浩特	0.1	0.1	0.0	0.0	0.0	0.0
世纪证券公司山西分公司	山西	太原	0.1	0.1	0.0	0.0	0.0	0.0
太平洋证券公司无锡永丰路证券营业部	江苏	无锡	0.1	0.1	0.0	0.0	0.0	0.0
中航证券有限公司合肥长江西路证券营业部	安徽	合肥	0.1	0.1	0.0	0.0	0.0	0.0
西藏同信证券公司拉萨金珠西路第二证券营业部	西藏	拉萨	0.1	0.1	0.0	0.0	0.0	0.0
财通证券公司宁波聚贤路证券营业部	浙江	宁波	0.1	0.1	0.0	0.0	0.0	0.0
中国银河证券公司深圳银湖路证券营业部	深圳	深圳	0.1	0.1	0.0	0.0	0.0	0.0
九州证券有限公司九州证券有限公司天津分公司	天津	天津	0.1	0.1	0.0	0.0	0.0	0.0
中国银河证券公司广州滨江东路证券营业部	广东	广州	0.1	0.1	0.0	0.0	0.0	0.0
方正证券公司重庆杨家坪正街证券营业部	重庆	重庆	0.1	0.1	0.0	0.0	0.0	0.0
国海证券公司玉林兴业县玉贵路证券营业部	广西	玉林	0.1	0.1	0.0	0.0	0.0	0.0
恒泰证券公司北京朝阳八里庄西里证券营业部	北京	北京	0.1	0.1	0.0	0.0	0.0	0.0
华安证券公司合肥北城证券营业部	安徽	合肥	0.1	0.1	0.0	0.0	0.0	0.0
银泰证券公司珠海人民东路证券营业部	广东	珠海	0.1	0.1	0.0	0.0	0.0	0.0
恒泰证券公司北京东三环北路证券营业部	北京	北京	0.1	0.1	0.0	0.0	0.0	0.0
中泰证券公司东北分公司	黑龙江	哈尔滨	0.1	0.1	0.0	0.0	0.0	0.0
招商证券公司重庆学府大道证券营业部	重庆	重庆	0.1	0.1	0.0	0.0	0.0	0.0
方正证券公司玉溪龙马路证券营业部	云南	玉溪	0.1	0.1	0.0	0.0	0.0	0.0
国信证券公司临汾鼓楼北大街证券营业部	山西	临汾	0.1	0.1	0.0	0.0	0.0	0.0
招商证券公司舟山千岛路证券营业部	浙江	舟山	0.1	0.0	0.0	0.0	0.0	0.0
日信证券公司赤峰昭乌达路证券营业部	内蒙	赤峰	0.1	0.1	0.0	0.0	0.0	0.0
招商证券公司龙口南山路证券营业部	山东	烟台	0.0	0.0	0.0	0.0	0.0	0.0
国海证券公司都安县屏山路证券营业部	广西	河池	0.0	0.0	0.0	0.0	0.0	0.0
银泰证券公司南昌红谷中大道证券营业部	江西	南昌	0.0	0.0	0.0	0.0	0.0	0.0
华泰证券公司福建分公司	福建	厦门	0.0	0.0	0.0	0.0	0.0	0.0
国泰君安证券公司天津分公司	天津	天津	0.0	0.0	0.0	0.0	0.0	0.0
国金证券公司南宁民族大道证券营业部	广西	南宁	0.0	0.0	0.0	0.0	0.0	0.0
九州证券有限公司九州证券有限公司吉林分公司	吉林	长春	0.0	0.0	0.0	0.0	0.0	0.0
招商证券公司上海中山南路证券营业部	上海	上海	0.0	0.0	0.0	0.0	0.0	0.0
华福证券公司长春长春大街证券营业部	吉林	长春	0.0	0.0	0.0	0.0	0.0	0.0
华创证券公司金沙中华路证券营业部	贵州	毕节	0.0	0.0	0.0	0.0	0.0	0.0
招商证券公司北京望京阜安西路证券营业部	北京	北京	0.0	0.0	0.0	0.0	0.0	0.0
国海证券公司南宁市枫林路证券营业部	广西	南宁	0.0	0.0	0.0	0.0	0.0	0.0

注：营业部交易金额的单位为百万元

证券营业部交易
Trading of Business Department

营业部名称 Business Department	省份 Province	城市 City	总计 Total	股票 Share	基金 Fund	政府债 G-Bond	公司债 C-Bond	债券回购 Repo
九州证券有限公司九州证券有限公司山西分公司	山西	太原	0.0	0.0	0.0	0.0	0.0	0.0
国信证券公司贵州分公司	贵州	贵阳	0.0	0.0	0.0	0.0	0.0	0.0
华福证券公司东莞莞太路证券营业部	广东	东莞	0.0	0.0	0.0	0.0	0.0	0.0
华福证券公司哈尔滨黄河路证券营业部	黑龙江	哈尔滨	0.0	0.0	0.0	0.0	0.0	0.0
东北证券公司陕西分公司	陕西	西安	0.0	0.0	0.0	0.0	0.0	0.0
方正证券公司昆明禄劝掌鸠河北路证券营业部	云南	昆明	0.0	0.0	0.0	0.0	0.0	0.0
中国银河证券公司台州东海大道证券营业部	浙江	台州	0.0	0.0	0.0	0.0	0.0	0.0
招商证券公司酒泉宝泉东路证券营业部	甘肃	酒泉	0.0	0.0	0.0	0.0	0.0	0.0
国海证券公司南宁合作路证券营业部	广西	南宁	0.0	0.0	0.0	0.0	0.0	0.0
国金证券公司哈尔滨湘江路证券营业部	黑龙江	哈尔滨	0.0	0.0	0.0	0.0	0.0	0.0
招商证券公司赤峰玉龙大街证券营业部	内蒙	赤峰	0.0	0.0	0.0	0.0	0.0	0.0
西藏同信证券公司苏州时代广场证券营业部	江苏	苏州	0.0	0.0	0.0	0.0	0.0	0.0

注：营业部交易金额的单位为百万元

会员信用交易
Credit Trading of Member Companies

会员公司 Company	融资买入	卖券还款	融券卖出	买券还券	融资余额	融券余额
爱建证券有限责任公司	15593.39	1786.66	0.00	0.00	579.78	0.00
安信证券股份有限公司	431387.41	457955.63	33068.97	1764.26	16249.96	0.76
渤海证券股份有限公司	95732.79	102459.10	186.06	96.16	2666.98	5.58
财达证券有限责任公司	86674.59	36254.81	257.45	174.24	3461.47	3.99
财富证券有限责任公司	37905.24	9857.00	144.67	11.11	2972.21	6.80
财通证券股份有限公司	164860.27	40546.29	78.79	71.04	6178.22	0.00
长城国瑞证券有限公司	2665.60	859.19	0.00	0.00	302.02	0.00
长城证券股份有限公司	147938.35	55179.90	7686.37	2833.09	5801.19	57.64
长江证券股份有限公司	419771.85	78505.15	21360.27	5041.59	15844.24	144.26
川财证券有限责任公司	4147.64	2108.33	0.00	0.00	147.99	0.00
大通证券股份有限公司	33495.21	7196.84	358.33	303.58	1466.10	0.00
大同证券有限责任公司	17028.27	4736.08	0.00	0.00	792.70	0.00
德邦证券股份有限公司	18672.40	5575.29	720.43	529.60	1006.71	9.99
德邦证券有限责任公司	10976.62	4130.63	960.60	617.89	0.00	0.00
第一创业证券股份有限公司	75280.71	68270.70	2308.11	491.82	2505.86	3.47
东北证券股份有限公司	164768.31	52394.38	6706.14	1272.56	6246.26	0.68
东方证券股份有限公司	285479.64	62792.92	6688.74	1035.97	8446.67	38.87
东海证券股份有限公司	38325.10	10675.90	134.82	91.37	2280.60	0.02
东吴证券股份有限公司	226199.88	70888.99	3661.82	1192.68	6297.56	0.16
东兴证券股份有限公司	303253.34	40603.56	7169.82	3138.68	7223.52	0.84
东莞证券股份有限公司	91225.50	16826.03	0.00	0.00	4530.59	0.00
方正证券股份有限公司	368060.39	106643.09	9249.26	3179.51	13121.83	9.96
光大证券股份有限公司	684019.63	115979.59	54052.03	2027.55	22366.62	0.47
广发证券股份有限公司	1345037.54	543889.76	102144.59	9924.41	38049.95	400.23
广州证券股份有限公司	57307.62	59154.21	838.92	774.37	2200.52	14.39
国都证券股份有限公司	18621.07	13380.46	48.38	12.09	3807.36	9.06
国都证券有限责任公司	45574.08	20318.46	1168.79	618.53	0.00	0.00
国海证券股份有限公司	170477.84	73971.20	681.82	467.99	5187.23	1.55
国金证券股份有限公司	166249.94	39543.96	2363.93	975.89	4113.30	45.23
国开证券有限责任公司	16887.85	17284.24	0.00	0.00	680.59	0.00
国联证券股份有限公司	95497.17	32129.12	3344.84	1368.76	3425.89	43.99
国盛证券有限责任公司	51585.38	58075.97	0.00	0.00	1514.99	0.00
国泰君安证券股份有限公司	1217965.98	1249279.45	148664.43	14332.55	38686.96	44.11
国信证券股份有限公司	1082063.13	250350.98	105918.27	31205.11	25864.67	37.39
国元证券股份有限公司	238774.60	246770.78	8751.77	2650.61	8536.32	166.34
海通证券股份有限公司	1113160.27	249437.33	401372.74	16567.05	39242.35	20.38
恒泰证券股份有限公司	83567.49	47774.25	2342.67	1311.55	3709.78	43.21
宏信证券有限责任公司	19177.09	2801.57	0.00	0.00	1339.18	0.00
红塔证券股份有限公司	50198.29	52862.65	2.34	2.24	1304.22	0.01
华安证券股份有限公司	123693.10	43689.60	1069.74	261.94	4678.67	12.87
华宝证券有限责任公司	28599.61	5957.08	610.55	270.65	862.82	13.46
华创证券有限责任公司	32819.09	12636.69	699.02	608.48	1213.50	13.49
华福证券有限责任公司	168719.12	38532.60	190.44	0.52	4503.97	0.00
华金证券有限责任公司	3181.72	776.37	0.00	0.00	139.36	0.00
华林证券有限责任公司	38883.39	42886.27	0.00	0.00	1245.29	0.00
华龙证券股份有限公司	34317.92	37126.76	0.81	0.76	1924.89	0.05
华融证券股份有限公司	61900.90	64381.33	1150.26	919.96	2374.85	18.78
华泰证券股份有限公司	1673072.60	519600.70	205732.66	15620.81	36597.54	37.95
华西证券股份有限公司	175924.79	197168.46	344.22	184.84	6172.33	0.05
华鑫证券有限责任公司	62686.15	13477.76	2051.67	615.87	2521.64	12.61

注：单位均为百万元

会员信用交易
Credit Trading of Member Companies

会员公司 Company	融资买入	卖券还款	融券卖出	买券还券	融资余额	融券余额
江海证券有限公司	59943.61	29626.83	68.37	26.69	2227.04	0.00
金元证券股份有限公司	38115.91	11930.73	193.19	97.46	1496.23	0.01
开源证券股份有限公司	14721.82	7673.82	0.00	0.00	395.02	0.00
联讯证券股份有限公司	37185.10	39589.03	0.00	0.00	1294.05	0.00
民生证券股份有限公司	56884.68	61221.92	99.52	98.27	2643.84	0.08
南京证券股份有限公司	171725.30	35001.57	4612.09	3441.56	4280.88	0.08
平安证券有限责任公司	141303.12	150496.57	1001.15	809.53	7160.14	2.90
日信证券有限责任公司	15056.21	2540.04	0.00	0.00	525.17	0.00
山西证券股份有限公司	133649.75	58841.02	291.98	126.95	3952.51	10.44
上海证券有限责任公司	121449.95	15197.87	222.26	115.40	4261.90	0.26
申万宏源西部证券有限公司	312837.07	329817.20	3415.15	1040.95	12516.78	2.12
申万宏源证券有限公司	985157.76	248003.50	9332.12	5160.34	28848.10	2.02
世纪证券有限责任公司	33124.04	36390.98	0.00	0.00	838.58	0.00
首创证券有限责任公司	53869.91	20315.35	2724.84	1493.48	1513.66	35.35
太平洋证券股份有限公司	60336.64	24978.13	566.69	322.08	1623.39	0.23
天风证券股份有限公司	23450.74	5381.42	4.45	1.65	840.40	0.00
万和证券有限责任公司	2115.23	2044.70	0.00	0.00	96.75	0.00
万联证券有限责任公司	49072.62	23398.64	130.32	16.38	2330.62	0.00
五矿证券有限公司	9671.51	10124.47	27.36	0.00	487.66	0.00
西部证券股份有限公司	111010.27	62441.78	499.50	437.74	4203.92	0.06
西藏同信证券股份有限公司	23951.90	25735.51	524.41	390.84	746.08	13.34
西南证券股份有限公司	179932.84	54011.01	3280.84	819.21	5428.84	54.60
湘财证券股份有限公司	54412.39	9239.49	1.56	1.56	3709.63	0.20
新时代证券股份有限公司	34048.83	9109.71	0.06	0.06	2808.41	0.00
信达证券股份有限公司	140503.53	140502.67	3021.26	1528.80	5138.29	64.35
兴业证券股份有限公司	321746.13	58295.79	620.99	435.17	8241.16	12.85
银泰证券有限责任公司	28044.51	28567.39	0.00	0.00	979.74	0.00
英大证券有限责任公司	30844.49	9674.31	0.00	0.00	1416.07	0.00
招商证券股份有限公司	968637.27	180235.89	211085.64	17814.12	35237.48	87.90
浙商证券股份有限公司	161880.07	38448.59	1058.65	521.16	5960.69	0.17
中国国际金融有限公司	34463.52	14678.82	640.47	97.02	1704.17	0.39
中国民族证券有限责任公司	124864.90	32588.60	502.60	398.90	4307.69	0.02
中国银河证券股份有限公司	1478679.70	443796.99	131285.95	9386.19	39765.04	557.53
中国中投证券有限责任公司	334139.72	352924.95	2563.29	1701.07	14193.61	1.71
中航证券有限公司	64544.27	8578.16	353.65	14.46	2149.27	0.00
中山证券有限责任公司	19561.56	20150.47	0.00	0.00	1283.10	0.00
中泰证券股份有限公司	503898.03	529501.77	55970.58	4386.44	16449.48	2.06
中天证券有限责任公司	20058.55	2757.83	0.64	0.61	668.84	0.01
中信建投证券股份有限公司	431082.10	83573.51	78239.00	4417.50	20455.03	1.99
中信证券(山东)有限责任公司	119237.00	12240.48	102.16	47.45	4351.45	0.00
中信证券（浙江）有限责任公司	79704.07	14022.23	6111.43	24.95	0.00	0.00
中信证券股份有限公司	628468.79	99560.34	586252.93	40018.81	42507.52	27.72
中银国际证券有限责任公司	149470.20	53441.08	0.00	0.00	5960.63	0.00
中邮证券有限责任公司	9652.30	3174.64	0.00	0.00	365.88	0.00
中原证券股份有限公司	186705.53	94292.25	3042.20	1826.95	4586.77	12.70
众成证券有限责任公司	2.08	0.00	0.00	0.00	0.78	0.00

注：单位均为百万元

B 股券商
B Share Brokers

公司名称 Company	公司地址 Address	B 股交易金额 Trading Val	排名 Rank
申万宏源证券有限公司	上海市徐汇区长乐路 989 号 45 层	49292.9	1
国泰君安证券股份有限公司	上海市浦东新区银城中路 168 号	31113.5	2
海通证券股份有限公司	上海市黄浦区广东路 689 号海通证券大厦	30530.3	3
华泰证券股份有限公司	江苏省南京市江东中路 228 号	29742.9	4
中国银河证券有限责任公司	北京市西城区金融大街 35 号国际企业大厦 C 座	29330.4	5
招商证券股份有限公司	深圳市福田区益田路江苏大厦 38-45 层	20532.6	6
广发证券股份有限公司	广州市天河北路 183 号大都会广场 42 楼	20454.7	7
中信证券股份有限公司	可邮寄：北京市朝阳区亮马桥路 48 号中信证券大厦(100026) 深圳市福田区中心三路 8 号中信证券大厦(518048)	17571.9	8
国信证券股份有限公司	深圳市罗湖区红岭中路 1012 号国信证券大厦	14207.6	9
中信建投证券股份有限公司	北京市东城区朝内大街 188 号	13438.2	10
东方证券股份有限公司	上海市中山南路 318 号 2 号楼 22 层、23 层、25 层—29 层	13428.7	11
光大证券股份有限公司	上海市静安区新闸路 1508 号	11839.4	12
中国中投证券有限责任公司	深圳市福田区益田路与福中路交界处荣超商务中心 A 栋第 18-21 层及第 04 层	11192.5	13
方正证券股份有限公司	长沙市芙蓉区芙蓉中路二段华侨国际大厦 22-24 层	10822.1	14
中银国际证券有限责任公司	上海市浦东新区银城中路 200 号中银大厦 39 楼	10111.3	15
上海证券有限责任公司	上海市黄浦区西藏中路 336 号	8554.3	16
中信证券（浙江）有限责任公司	浙江省杭州市江干区解放东路 29 号迪凯银座 22 层	7657.9	17
长江证券股份有限公司	湖北省武汉市江汉区新华路特 8 号	7567.5	18
中国国际金融有限公司	中国北京建国门外大街 1 号国贸大厦 2 座 28 层	5166.4	19
东吴证券股份有限公司	苏州市工业园区星阳街 5 号	5131.2	20
湘财证券股份有限公司	中国湖南省长沙市天心区湘府中路 198 号新南城商务中心 A 栋 11 楼	5051.5	21
中泰证券股份有限公司	山东省济南市市中区经七路 86 号	4766.8	22
国元证券股份有限公司	合肥市梅山路 18 号国元证券	4735.4	23
申万宏源西部证券有限公司	乌鲁木齐文艺路 233 号	4570.8	24
华鑫证券有限责任公司	深圳市福田区金田路 4018 号安联大厦 28 层 A01、B01（b）单元	4472.1	25
兴业证券股份有限公司	福建省福州市湖东路 268 号证券大厦	4119.8	26
渤海证券股份有限公司	天津市南开区宾水西道 8 号	3916.7	27
平安证券有限责任公司	深圳市福田中心区金田路 4036 号荣超大厦 16-20 层	3833.8	28
中信证券(山东)有限责任公司	青岛市崂山区深圳路 222 号天泰金融广场 21 层	3459.2	29
中国民族证券有限责任公司	北京市朝阳区北四环中路 27 号盘古大观 A 座 40-43 层	3310.9	30
华安证券股份有限公司	合肥市政务文化新区天鹅湖路 198 号	3236.6	31
国联证券股份有限公司	无锡市滨湖区太湖新城金融一街 8 号国联金融大厦 7-9 楼	3090.7	32
长城证券股份有限公司	深圳市深南大道 6008 号特区报业大厦 14、16、17 楼	2895.6	33
东北证券股份有限公司	长春市自由大路 1138 号	2501.7	34
西南证券股份有限公司	重庆市江北区桥北苑 8 号西南证券大厦	2228.0	35
汇富金融服务有限公司	香港	2209.4	36
华西证券股份有限公司	四川省成都市高新区 198 号	2098.6	37
南京证券股份有限公司	南京市大钟亭 8 号	2018.8	38
凯基证券亚洲有限公司	上海仙霞路 317 号 2502 室	1959.3	39
山西证券股份有限公司	太原市府西街 69 号山西国贸中心	1947.0	40
新鸿基投资服务有限公司(Sun Hung Kai)	上海南京西路 338 号天安中心 1902 室	1853.7	41
民生证券股份有限公司	北京市东城区建国门内大街 28 号民生金融中心 A 座 16、17、18 层	1839.7	42
里昂证券有限公司(Credit Lyonnais)	香港金钟道 88 号太古广场 1 期 18 楼	1817.3	43
恒泰证券股份有限公司	内蒙古呼和浩特市赛罕区敕勒川大街东方君座 D 座光大银行办公楼 14-18 楼	1633.1	44
国海证券股份有限公司	南宁市滨湖路 46 号	1340.3	45
首创证券有限责任公司	北京市西城区德胜门外大街 115 号德胜尚城 E 座	1193.0	46
德邦证券股份有限公司	上海市福山路 500 号城建国际中心 26 楼	1176.2	47
广州证券股份有限公司	广州市天河区珠江西路 5 号广州国际金融中心主塔 19 层、20 层	1153.7	48
东莞证券股份有限公司	广东省东莞市莞城区可园南路 1 号金源中心	961.6	49
大通证券股份有限公司	大连市沙河口区会展路 129 号期货大厦 38、39 层	953.4	50

注：B 股券商交易金额的单位为百万元

B 股券商
B Share Brokers

公司名称 Company	公司地址 Address	B 股交易金额 Trading Val	排名 Rank
西部证券股份有限公司	西安市东新街 232 号陕西信托大厦	949.4	51
英大证券有限责任公司	深圳市福田区深南中路华能大厦三十、三十一层	859.8	52
华林证券有限责任公司	深圳市福田区民田路 178 号华融大厦 5-6 楼	816.1	53
第一创业证券股份有限公司	深圳市福田区福华一路 115 号投行大厦	807.2	54
万联证券有限责任公司	广州市天河区珠江东路 11 号 18、19 楼全层	795.0	55
世纪证券有限责任公司	深圳市深南大道 7088 号招商银行大厦 40 层	687.7	56
大华继显(香港)有限公司	香港中环皇后大道中 29 号怡安华人行 15 楼	681.6	57
国盛证券有限责任公司	南昌市北京西路 88 号江信国际金融大厦	655.9	58
红塔证券股份有限公司	昆明市北京路 155 号附 1 号红塔大厦 7-11 楼	624.4	59
华创证券有限责任公司	贵州省贵阳市中华北路 216 号华创大厦	585.1	60
华龙证券股份有限公司	甘肃省兰州市东岗西路 638 号	559.6	61
财富证券有限责任公司	长沙市芙蓉中路中路二段 80 号顺天国际财富中心 26 层	467.4	62
西藏同信证券股份有限公司	上海市闸北区永和路 118 弄东方环球企业园 24 号楼	246.2	63
华金证券有限责任公司	上海市浦东新区杨高南路 759 号 30 层	160.1	64
华宝证券有限责任公司	浦东世纪大道 100 号 57 层	148.8	65
群益证券(香港)有限公司	上海浦东南路 360 号新上海国际大厦 18 楼	139.5	66
京华山一国际(香港)有限公司	香港中环大道中 183 号新纪元广场中远大厦 36 楼	122.9	67
万和证券有限责任公司	深圳市福田区深南大道 7028 号时代科技大厦 20 层西厅	44.6	68
华泰联合证券有限责任公司	深圳市福田区深南大道 4011 号香港中旅大厦 25 层	0.0	69

注：B 股券商交易金额的单位为百万元

会员新股承销排名
Member Underwriting

承销商 Underwriter	承销股票数 Underwriting Share	承销股数(亿) Underwriting Vol(100M)	承销金额总计(亿) Underwriting Val(100M)
国信证券股份有限公司	11	4.32	48.48
中信证券股份有限公司	7	44.35	180.58
广发证券股份有限公司	6	1.56	17.88
华林证券有限责任公司	6	3.47	50.33
招商证券股份有限公司	4	1.72	26.50
华泰联合证券有限责任公司	4	6.94	44.20
国泰君安证券股份有限公司	4	4.00	31.96
东方花旗证券有限公司	3	1.67	10.70
海通证券股份有限公司	3	1.45	15.62
中信建投证券股份有限公司	3	1.52	24.56
平安证券有限责任公司	3	1.16	21.58
瑞银证券有限责任公司	3	6.67	75.06
安信证券股份有限公司	3	1.30	9.53
国金证券股份有限公司	3	1.27	18.16
西南证券股份有限公司	3	1.93	11.46
光大证券股份有限公司	2	10.40	108.49
民生证券股份有限公司	2	0.47	6.53
中泰证券股份有限公司	2	0.42	5.19
兴业证券股份有限公司	2	0.93	12.85
中国中投证券有限责任公司	2	0.99	15.11
中航证券有限公司	1	0.50	5.62
中国银河证券股份有限公司	1	15.25	300.58
中国国际金融有限公司	1	0.46	5.16
中德证券有限责任公司	1	0.20	2.86
浙商证券股份有限公司	1	0.23	2.60
申万宏源证券有限公司	1	0.22	2.09
申万宏源西部证券有限公司	1	0.22	2.09
日信证券有限责任公司	1	0.80	9.44
摩根士丹利华鑫证券有限责任公司	1	5.32	52.20
华龙证券股份有限公司	1	0.60	5.86
国元证券股份有限公司	1	0.28	3.34
国海证券股份有限公司	1	0.54	2.72
东吴证券股份有限公司	1	0.30	5.16
东北证券股份有限公司	1	0.42	4.32
德邦证券股份有限公司	1	0.33	2.40

注：联合承销股数和金额分别计算到每个会员

交易地区分布
Regional Distribution by Turnover Ranking

地区 Area	营业部 Number	排名 Rank	交易金额(百亿)Trading Val(10B)					
			总计 Total	股票 Stock	基金 Fund	政府债 G-Bond	公司债 C-Bond	债券回购 Bond Repo
上海	640	1	11853.45	4315.08	329.06	31.31	0.10	7067.77
广东	1063	2	11178.69	4669.65	307.14	13.48	0.35	6039.39
北京	390	3	6719.98	2437.61	209.94	26.43	0.47	3929.96
浙江	676	4	3856.84	2963.48	129.95	0.73	0.00	742.61
江苏	681	5	3692.04	2068.21	395.24	1.88	0.00	1206.97
福建	350	6	2055.94	1230.72	57.07	1.42	0.00	752.25
山东	453	7	1694.65	1020.74	156.17	1.16	0.00	508.72
四川	329	8	1299.98	873.10	31.49	0.52	0.00	387.26
湖北	288	9	1285.74	799.28	53.06	0.70	0.04	422.99
辽宁	312	10	968.98	621.09	59.02	0.48	0.00	284.73
江西	260	11	909.21	489.32	47.06	0.97	0.00	369.56
湖南	299	12	895.01	624.34	46.47	0.94	0.00	212.45
河南	268	13	694.43	581.66	17.82	0.16	0.00	93.72
黑龙江	154	14	657.27	298.20	29.68	1.73	0.00	322.81
安徽	232	15	593.79	458.50	27.08	0.10	0.00	104.00
河北	216	16	573.79	396.10	33.94	0.22	0.00	140.39
天津	148	17	557.65	306.59	48.22	1.03	0.00	196.79
重庆	176	18	513.73	350.59	6.67	0.77	0.00	145.13
陕西	196	19	504.15	376.47	10.58	0.23	0.00	112.84
广西	158	20	372.96	250.70	23.35	0.18	0.00	95.49
云南	136	21	340.15	195.56	8.06	0.09	0.00	135.00
山西	157	22	333.72	256.50	10.52	0.15	0.00	65.84
吉林	129	23	316.70	212.00	11.21	0.36	0.00	91.98
内蒙	91	24	234.27	116.24	1.89	0.35	0.00	110.38
新疆	73	25	215.23	167.50	9.86	0.14	0.00	36.99
海南	52	26	160.82	119.53	3.75	0.19	0.00	36.91
甘肃	89	27	150.06	118.73	2.38	0.00	0.00	28.15
贵州	79	28	116.37	66.81	1.78	0.47	0.00	45.08
宁夏	37	29	52.26	44.97	3.46	0.02	0.00	3.75
青海	23	30	28.24	22.08	0.42	0.00	0.00	5.52
西藏	15	31	25.71	20.13	0.63	0.00	0.00	4.78

Shareholder

投资者

股票投资者历年开户累计
Shareholder's Accounts

投资者历年开户
Historical Data of Shareholder's Accounts

年份 Year	开户总数 Total Account			A 股开户总数 A Share Account		B 股开户总数 B Share Account		信用交易开户总数 Credit Account		
	总数 Total	自然人 Individual	机构 institution	自然人 Individual	机构 institution	自然人 Individual	机构 institution	总数 Total	自然人 Individual	机构 institution
1992	111.2	110.5	0.7	110.2	0.7	0.0	0.0	--	--	--
1993	423.5	421.9	1.6	421.1	1.4	0.8	0.2	--	--	--
1994	574.9	572.6	2.3	571	2.0	1.6	0.3	--	--	--
1995	685.2	682.3	2.9	680.0	2.5	2.3	0.4	--	--	--
1996	1207.9	1204.1	3.8	1200.0	3.3	4.1	0.5	--	--	--
1997	1713.3	1708.1	5.2	1702.2	4.6	5.9	0.6	--	--	--
1998	1999.4	1993.1	6.3	1986.1	5.6	7.1	0.7	--	--	--
1999	2281.1	2272.8	8.3	2264.7	7.6	8.1	0.8	--	--	--
2000	2957.8	2944.9	13.0	2931.2	12.1	13.7	0.8	--	--	--
2001	3419.8	3403.1	16.8	3311.1	15.9	92.0	0.9	--	--	--
2002	3556.0	3536.9	19.1	3441.4	18.1	95.5	1.0	--	--	--
2003	3632.1	3612.1	20.0	3515.1	19.0	97.1	1.0	--	--	--
2004	3703.1	3682.4	20.7	3584.2	19.5	98.2	1.1	--	--	--
2005	3747.9	3726.6	21.3	3628.0	20.1	98.6	1.2	--	--	--
2006	3901.5	3878.8	22.8	3778.5	21.4	100.3	1.3	--	--	--
2007	5817	5788.2	28.8	5645.9	27.3	142.4	1.5	--	--	--
2008	6542.6	6510.9	31.7	6365.4	30.1	145.5	1.6	--	--	--
2009	7405.4	7370.3	35.1	7221.6	33.4	148.6	1.7	--	--	--
2010	8154.2	8116.5	37.8	7965.5	36.0	151.0	1.8	2.1	2.1	0.0
2011	8705.0	8664.9	40.1	8512.7	38.1	152.2	2.0	17.6	17.5	0.1
2012	8996.4	8954.9	41.5	8802.1	39.5	152.8	2.1	50.0	49.8	0.2
2013	9253.4	9210.1	43.3	9056.5	41.2	153.6	2.2	134.8	134.5	0.4
2014	9737.5	9691.5	46.1	9536.9	43.8	154.5	2.3	292.2	291.7	0.5
2015	13751.3	13698.9	52.4	13536.3	50.0	162.6	2.4	394.0	393.2	0.8

注：单位为万户

股票投资者历年新开户
New Shareholder's Accounts

投资者历年开户
Historical Data of Shareholder's Accounts

年份 Year	新开户总数 New			A 股新开户数 New(A Share)		B 股新开户数 New(B Share)		信用交易新开户数 New(Credit Account)		
	总数 Total	自然人 Individual	机构 institution	自然人 Individual	机构 institution	自然人 Individual	机构 institution	总数 Total	自然人 Individual	机构 institution
1992	100.2	99.5	0.7	99.5	0.7	0.0	0.0	--	--	--
1993	312.3	311.4	0.9	310.6	0.7	0.8	0.0	--	--	--
1994	151.4	150.7	0.7	149.9	0.6	0.7	0.2	--	--	--
1995	110.3	109.8	0.6	109.0	0.5	0.8	0.1	--	--	--
1996	522.7	521.8	0.9	520.0	0.8	1.8	0.1	--	--	--
1997	502.8	501.4	2.2	499.6	2.0	1.8	0.1	--	--	--
1998	286.1	285.1	1.0	283.9	1.0	1.2	0.2	--	--	--
1999	281.7	279.7	2.1	278.6	2.0	1.0	0.1	--	--	--
2000	676.7	672.1	4.6	666.5	4.6	5.6	0.1	--	--	--
2001	462.0	458.2	3.8	379.9	3.8	78.3	0.1	--	--	--
2002	136.1	133.8	2.3	130.4	2.2	3.5	0.0	--	--	--
2003	76.1	75.2	0.9	73.6	0.9	1.6	0.0	--	--	--
2004	71.0	70.3	0.7	69.1	0.6	1.2	0.1	--	--	--
2005	44.8	44.2	0.6	43.8	0.5	0.4	0.1	--	--	--
2006	153.6	152.1	1.5	150.5	1.4	1.6	0.1	--	--	--
2007	1915.5	1909.5	6.0	1867.4	5.9	42.1	0.1	--	--	--
2008	725.6	722.7	2.9	719.5	2.8	3.2	0.1	--	--	--
2009	862.8	859.3	3.4	856.2	3.4	3.1	0.1	--	--	--
2010	748.9	746.2	2.7	743.9	2.6	2.3	0.1	2.1	2.1	0.0
2011	550.8	548.5	2.3	547.2	2.2	1.3	0.1	15.5	15.4	0.1
2012	291.4	290.0	1.4	289.4	1.3	0.6	0.1	32.4	32.3	0.1
2013	257.0	255.3	1.8	254.4	1.7	0.8	0.1	84.9	84.7	0.2
2014	484.1	481.3	2.8	480.4	2.6	0.9	0.1	163.2	163.0	0.2
2015	4013.8	4007.5	6.3	3999.4	6.2	8.1	0.1	107.4	107.1	0.3

注：单位为万户

投资者构成
Investor Structure

年龄分布
Distribution by Age

年龄段 Age	30 岁以下 Under 30	30-40 岁 30-40	40-50 岁 40-50	50-60 岁 50-60	60 岁以上 Up 60
人数	5039.91	4214.54	2550.69	1043.02	543.12
比例(%)	37.64	31.47	19.05	7.79	4.06

学历分布
Distribution by Academic Background

学历 Academic	中专以下 Under Middle Education	中专 Middle Education	大专 Higher Education	大学本科 Bachelor	硕士及以上 Master
人数	3099.40	3184.63	3529.78	2820.19	502.44
比例(%)	23.59	24.24	26.87	21.47	3.83

性别分布
Distribution by Sex

性别 Sex	男性 Male	女性 Female
人数	7530.65	5859.82
比例(%)	56.24	43.76

注：投资者数为万人。数据来自中央登记结算公司

投资者交易和盈利状况
Inverstor's Trading and profits

年度各类投资者买卖净额情况
Balance of Inverstors in 2015

	买卖净额(亿元)	交易占比(%)
自然人投资者	-3423.5813	86.91
一般法人	11774.1988	2.06
沪股通	185.2857	0.56
专业机构	-8535.9032	10.47
其中：投资基金	-2782.9882	2.32

年末各类投资者持股情况
Share Hold of Investors by 2015

	持股市值(亿) Hold Value(100M)	占比(%) Ratio(%)	持股账户数(万户) Hold Account	占比(%) Ratio(%)
自然人投资者	63734.0672	25.18	4058.8489	99.82
其中：10 万元以下	3033.8632	1.20	2055.4039	50.55
10-30 万元	5657.6395	2.24	962.0868	23.66
30-100 万元	10432.2835	4.12	655.1455	16.11
100-300 万元	11378.7175	4.50	261.6740	6.44
300-1000 万元	11253.8100	4.45	93.8898	2.31
1000 万元以上	21977.7534	8.68	30.6489	0.75
一般法人	151413.7240	59.83	3.5321	0.09
沪股通	1248.1681	0.49	0.0001	0.00
专业机构	36680.3304	14.49	3.9407	0.10
其中：投资基金	7415.8692	2.93	0.1837	0.00

年度各类投资者盈利情况
Profits of Inverstors in 2015

投资者分类	盈利金额(亿元)
自然人投资者	23110.66
一般法人	7803.44
沪股通	226.19
专业机构	3480.59
合计	34620.88

投资者开户逐月信息
Open Account of Investor in 2014

日期 Date	总数 Total	A 股 A Share	B 股 B Share	基金 Fund
2015.01	169.38	100.37	0.16	68.86
2015.02	96.88	56.62	0.11	40.15
2015.03	382.22	246.14	0.25	135.83
2015.04	984.73	719.86	2.71	262.16
2015.05	913.22	673.81	1.65	237.77
2015.06	975.17	711.81	1.09	262.27
2015.07	438.12	327.11	0.41	110.60
2015.08	299.21	227.03	0.25	71.93
2015.09	260.67	188.17	0.19	72.31
2015.10	258.94	190.71	0.16	68.07
2015.11	381.12	273.27	0.23	107.62
2015.12	406.48	290.70	0.99	114.79
2015 年合计	5566.13	4005.59	8.20	1552.34
累计总户数	17883.28	13586.32	164.99	4131.97

注：开户单位为万户

年末分行业持股信息
Hold Distribution by 2015

行业代码 Industry Code	行业名称 Industry Name	自然人 Individual		专业机构 Institution		一般法人 Corporation	
		持股市值	比例(%)	持股市值	比例(%)	持有股数	比例(%)
A	农、林、牧、渔业	567.92	40.59	65.78	4.70	765.54	54.71
B	采矿业	3309.63	10.90	778.63	2.57	26261.94	86.53
C	制造业	33430.01	36.02	7484.45	8.06	51891.68	55.91
D	电力、热力、燃气及水生产和供应业	3367.40	22.16	748.88	4.93	11076.22	72.91
E	建筑业	3031.94	23.98	739.11	5.85	8871.61	70.17
F	批发和零售业	4380.15	38.96	784.00	6.97	6078.05	54.06
G	交通运输、仓储和邮政业	3629.01	22.63	981.45	6.12	11426.50	71.25
H	住宿和餐饮业	130.35	26.90	20.77	4.29	333.46	68.81
I	信息传输、软件和信息技术服务业	3355.68	39.12	786.27	9.17	4435.24	51.71
J	金融业	8582.85	10.44	6521.30	7.93	67090.05	81.62
K	房地产业	4473.38	29.01	862.35	5.59	10081.85	65.39
L	租赁和商务服务业	627.20	30.39	290.22	14.06	1146.33	55.55
M	科学研究和技术服务业	322.80	37.81	52.71	6.17	478.28	56.02
N	水利、环境和公共设施管理业	380.22	40.90	59.33	6.38	490.14	52.72
P	教育	29.45	29.44	17.37	17.36	53.22	53.20
Q	卫生和社会工作	47.75	30.38	47.11	29.97	62.32	39.65
R	文化、体育和娱乐业	573.16	21.44	218.55	8.18	1881.33	70.38
S	综合	1246.26	54.41	95.09	4.15	949.08	41.44

注：持股市值单位为亿元

年末个股股东持股情况
Distribution of Shareholder by 2015

证券代码 Code	证券简称 Name	合计持股数 Total Hold	自然人 Individual		一般法人 Corporation		专业机构 Institution	
			持有股数	比例(%)	持有股数	比例(%)	持有股数	比例(%)
600000	浦发银行	1865347.14	171800.66	9.21	1528522.24	81.94	165024.24	8.85
600004	白云机场	115000.00	24956.30	21.70	80216.27	69.75	9827.42	8.55
600005	武钢股份	1009377.98	248447.82	24.61	711183.89	70.46	49746.28	4.93
600006	东风汽车	200000.00	69638.85	34.82	126461.24	63.23	3899.90	1.95
600007	中国国贸	100728.25	10438.65	10.36	86849.76	86.22	3439.84	3.41
600008	首创股份	241030.71	70271.47	29.15	151922.65	63.03	18836.59	7.82
600009	上海机场	192695.84	20359.69	10.57	114692.82	59.52	57643.33	29.91
600010	包钢股份	3256073.76	462330.46	14.20	2581306.06	79.28	212437.24	6.52
600011	华能国际	1050000.00	57284.34	5.46	928125.67	88.39	64589.99	6.15
600012	皖通高速	116560.00	20222.63	17.35	94675.70	81.22	1661.67	1.43
600015	华夏银行	1068557.22	98350.95	9.20	892039.55	83.48	78166.72	7.32
600016	民生银行	2955176.93	286839.44	9.71	2275459.87	77.00	392877.62	13.29
600017	日照港	307565.39	117684.62	38.26	182106.65	59.21	7774.12	2.53
600018	上港集团	2317367.47	168525.60	7.27	2062862.91	89.02	85978.96	3.71
600019	宝钢股份	1646751.75	194889.40	11.83	1364192.80	82.84	87669.55	5.32
600020	中原高速	224737.18	83641.11	37.22	139472.73	62.06	1623.34	0.72
600021	上海电力	213973.93	53524.80	25.01	153507.79	71.74	6941.34	3.24
600022	山东钢铁	842042.28	144479.27	17.16	690532.17	82.01	7030.84	0.83
600023	浙能电力	1360069.00	161660.98	11.89	1145462.36	84.22	52945.66	3.89
600026	中海发展	273603.29	78329.62	28.63	178139.84	65.11	17133.83	6.26
600027	华电国际	814574.31	96678.86	11.87	641716.43	78.78	76179.02	9.35
600028	中国石化	9555777.10	569453.45	5.96	8682134.20	90.86	304189.45	3.18
600029	南方航空	702265.00	160886.75	22.91	471833.63	67.19	69544.62	9.90
600030	中信证券	983858.07	431744.60	43.88	415855.75	42.27	136257.73	13.85
600031	三一重工	761650.40	329393.89	43.25	396327.84	52.04	35928.67	4.72
600033	福建高速	274440.00	122017.79	44.46	149221.28	54.37	3200.93	1.17
600035	楚天高速	145337.79	58850.56	40.49	86097.85	59.24	389.38	0.27
600036	招商银行	2062894.44	166127.00	8.05	1651674.27	80.07	245093.18	11.88
600037	歌华有线	139177.79	40020.63	28.76	83408.35	59.93	15748.80	11.32
600038	中直股份	58947.67	10503.24	17.82	40479.93	68.67	7964.50	13.51
600039	四川路桥	301973.27	124555.81	41.25	171303.09	56.73	6114.37	2.02
600048	保利地产	1075524.59	210184.03	19.54	710317.83	66.04	155022.73	14.41
600050	中国联通	2119659.64	413025.40	19.49	1567970.13	73.97	138664.11	6.54
600051	宁波联合	31088.00	19013.93	61.16	11305.10	36.36	768.98	2.47
600052	浙江广厦	87178.91	36062.73	41.37	48655.74	55.81	2460.43	2.82
600053	九鼎投资	43354.08	11317.00	26.10	31458.95	72.56	578.13	1.33
600054	黄山旅游	34220.00	5197.61	15.19	23888.64	69.81	5133.75	15.00
600055	华润万东	21645.00	4604.93	21.27	13541.28	62.56	3498.79	16.16
600056	中国医药	101251.34	35624.30	35.18	61911.12	61.15	3715.92	3.67
600057	象屿股份	117077.94	21472.21	18.34	85729.63	73.22	9876.11	8.44
600058	五矿发展	107191.07	29165.29	27.21	74544.13	69.54	3481.65	3.25
600059	古越龙山	80852.42	37078.72	45.86	39616.90	49.00	4156.79	5.14
600060	海信电器	130848.12	30100.70	23.00	80880.72	61.81	19866.71	15.18
600061	国投安信	369415.17	23241.13	6.29	341413.70	92.42	4760.34	1.29
600062	华润双鹤	72447.06	18431.22	25.44	51102.70	70.54	2913.15	4.02
600063	皖维高新	164589.47	98803.75	60.03	60875.27	36.99	4910.45	2.98
600064	南京高科	77432.82	34495.41	44.55	37739.44	48.74	5197.97	6.71
600066	宇通客车	221393.92	26556.46	12.00	121030.87	54.67	73806.60	33.34
600067	冠城大通	148779.47	104843.21	70.47	34184.48	22.98	9751.79	6.55
600068	葛洲坝	460477.74	182874.42	39.71	246817.82	53.60	30785.50	6.69

注：合计持股数包含 F 类账户；单位为万股

年末个股股东持股情况
Distribution of Shareholder by 2015

证券代码 Code	证券简称 Name	合计持股数 Total Hold	自然人 Individual		一般法人 Corporation		专业机构 Institution	
			持有股数	比例(%)	持有股数	比例(%)	持有股数	比例(%)
600069	*ST 银鸽	124910.30	57001.94	45.63	67867.32	54.33	41.03	0.03
600070	浙江富润	35661.31	24805.55	69.56	10569.66	29.64	286.09	0.80
600071	*ST 光学	23747.25	11908.86	50.15	10847.44	45.68	990.95	4.17
600072	钢构工程	47842.96	30456.60	63.66	17292.15	36.14	94.21	0.20
600073	上海梅林	93772.95	39307.04	41.92	47478.58	50.63	6987.33	7.45
600074	保千里	230580.00	175207.28	75.99	46897.04	20.34	8475.68	3.68
600075	新疆天业	43859.20	24620.24	56.13	19121.50	43.60	117.46	0.27
600076	青鸟华光	103426.41	73433.43	71.00	25675.48	24.82	4317.50	4.17
600077	宋都股份	134012.23	47664.64	35.57	73648.78	54.96	12698.81	9.48
600078	澄星股份	66257.29	38025.09	57.39	27928.12	42.15	304.07	0.46
600079	人福医药	128604.91	24140.72	18.77	73809.26	57.39	30654.93	23.84
600080	金花股份	30529.59	21963.65	71.94	7330.83	24.01	1235.10	4.05
600081	东风科技	31356.00	8774.53	27.98	22013.88	70.21	567.58	1.81
600082	海泰发展	64611.58	41880.67	64.82	22665.66	35.08	65.26	0.10
600083	博信股份	23000.00	16516.85	71.81	4520.46	19.65	1962.69	8.53
600084	中葡股份	112372.68	43847.44	39.02	65119.51	57.95	3405.73	3.03
600085	同仁堂	137147.03	17157.77	12.51	100950.00	73.61	19039.26	13.88
600086	东方金钰	135000.00	43495.29	32.22	88993.11	65.92	2511.60	1.86
600088	中视传媒	33142.20	10872.12	32.80	22082.55	66.63	187.53	0.57
600089	特变电工	324905.37	178637.69	54.98	106554.42	32.80	39713.26	12.22
600090	啤酒花	36791.66	20221.49	54.96	13221.28	35.94	3348.89	9.10
600091	*ST 明科	43741.25	24979.46	57.11	18759.82	42.89	1.98	0.00
600093	禾嘉股份	112244.75	19768.26	17.61	89818.52	80.02	2657.97	2.37
600094	大名城	181283.68	87422.38	48.22	89124.92	49.16	4736.39	2.61
600095	哈高科	36126.36	24289.03	67.23	10571.97	29.26	1265.36	3.50
600096	云天化	112907.82	29531.29	26.16	76117.33	67.42	7259.19	6.43
600097	开创国际	20259.79	9029.81	44.57	10898.93	53.80	331.05	1.63
600098	广州发展	272619.66	43149.74	15.83	215620.73	79.09	13849.19	5.08
600099	林海股份	21912.00	11629.92	53.08	10062.77	45.92	219.30	1.00
600100	同方股份	296389.90	154190.27	52.02	132004.55	44.54	10195.07	3.44
600101	明星电力	32417.90	20170.67	62.22	12032.87	37.12	214.36	0.66
600103	青山纸业	106184.16	83383.86	78.53	22365.67	21.06	434.63	0.41
600104	上汽集团	1102556.66	51752.55	4.69	948248.41	86.00	102555.70	9.30
600105	永鼎股份	47249.65	16761.31	35.47	22489.12	47.60	7999.23	16.93
600106	重庆路桥	90774.20	47016.40	51.79	38647.44	42.58	5110.36	5.63
600107	美尔雅	36000.00	26858.29	74.61	8031.51	22.31	1110.20	3.08
600108	亚盛集团	194691.51	126865.17	65.16	54712.65	28.10	13113.70	6.74
600109	国金证券	302435.93	116039.47	38.37	141641.24	46.83	44755.22	14.80
600110	中科英华	115031.21	97859.72	85.07	16962.72	14.75	208.76	0.18
600111	北方稀土	363306.60	142610.25	39.25	200065.90	55.07	20630.46	5.68
600112	天成控股	50920.48	34764.14	68.27	12226.78	24.01	3929.56	7.72
600113	浙江东日	31860.00	15808.17	49.62	15640.48	49.09	411.36	1.29
600114	东睦股份	39076.55	16911.51	43.28	16295.64	41.70	5869.41	15.02
600115	东方航空	848107.89	151760.61	17.89	622676.84	73.42	73670.44	8.69
600116	三峡水利	33100.18	11908.79	35.98	17425.10	52.64	3766.29	11.38
600117	西宁特钢	74121.93	34286.56	46.26	38951.57	52.55	883.79	1.19
600118	中国卫星	118248.91	41476.62	35.08	64312.36	54.39	12459.93	10.54
600119	长江投资	30740.00	17142.99	55.77	13144.20	42.76	452.81	1.47
600120	浙江东方	50547.35	15938.30	31.53	31386.89	62.09	3222.15	6.37
600121	郑州煤电	101534.34	27531.46	27.12	72901.32	71.80	1101.56	1.08

注：合计持股数包含 F 类账户；单位为万股

年末个股股东持股情况
Distribution of Shareholder by 2015

证券代码 Code	证券简称 Name	合计持股数 Total Hold	自然人 Individual		一般法人 Corporation		专业机构 Institution	
			持有股数	比例(%)	持有股数	比例(%)	持有股数	比例(%)
600122	宏图高科	115019.84	52756.29	45.87	49444.78	42.99	12818.76	11.14
600123	兰花科创	114240.00	58589.61	51.29	53119.44	46.50	2530.95	2.22
600125	铁龙物流	130552.19	67944.60	52.04	49879.90	38.21	12727.68	9.75
600126	杭钢股份	83893.88	26732.21	31.86	55877.32	66.60	1284.34	1.53
600127	金健米业	64178.32	44181.28	68.84	19306.76	30.08	690.28	1.08
600128	弘业股份	24676.75	17218.46	69.78	7175.14	29.08	283.15	1.15
600129	太极集团	42689.40	18286.04	42.84	17408.92	40.78	6994.45	16.38
600130	波导股份	76800.00	62071.54	80.82	14705.86	19.15	22.60	0.03
600131	岷江水电	50412.52	22740.64	45.11	26684.38	52.93	987.49	1.96
600132	重庆啤酒	48397.12	13998.24	28.92	33294.02	68.79	1104.86	2.28
600133	东湖高新	63425.78	40142.81	63.29	22276.83	35.12	1006.14	1.59
600135	乐凯胶片	37299.17	19633.53	52.64	15549.53	41.69	2116.12	5.67
600136	道博股份	16401.85	5176.01	31.56	7440.72	45.37	3785.12	23.08
600137	浪莎股份	9721.76	3800.87	39.10	4932.47	50.74	988.42	10.17
600138	中青旅	72384.00	18745.65	25.90	17146.67	23.69	36491.68	50.41
600139	西部资源	66189.05	35015.43	52.90	28464.66	43.01	2708.97	4.09
600141	兴发集团	52998.19	24277.59	45.81	26667.88	50.32	2052.73	3.87
600143	金发科技	256000.00	214179.50	83.66	24514.93	9.58	17305.57	6.76
600145	*ST 新亿	37768.50	32482.00	86.00	5282.55	13.99	3.95	0.01
600146	商赢环球	20000.00	14208.29	71.04	2381.81	11.91	3409.90	17.05
600148	长春一东	14151.65	5432.26	38.39	8115.35	57.35	604.04	4.27
600149	廊坊发展	38016.00	28914.63	76.06	7566.33	19.90	1535.04	4.04
600150	中国船舶	137811.76	42114.67	30.56	86268.80	62.60	9428.28	6.84
600151	航天机电	125017.99	57330.79	45.86	56631.46	45.30	11055.74	8.84
600152	维科精华	29349.42	18199.07	62.01	10692.98	36.43	457.37	1.56
600153	建发股份	283520.05	94638.09	33.38	163305.99	57.60	25575.97	9.02
600155	宝硕股份	47660.26	22751.00	47.74	21217.15	44.52	3692.10	7.75
600156	华升股份	40211.07	21984.26	54.67	18066.79	44.93	160.02	0.40
600157	永泰能源	1119463.95	221997.83	19.83	859394.00	76.77	38072.13	3.40
600158	中体产业	84373.54	41388.43	49.05	29727.24	35.23	13257.87	15.71
600159	大龙地产	83000.32	39251.26	47.29	40359.20	48.63	3389.87	4.08
600160	巨化股份	181091.60	43631.08	24.09	110808.05	61.19	26652.46	14.72
600161	天坛生物	51546.69	14596.55	28.32	33995.28	65.95	2954.86	5.73
600162	香江控股	159645.76	34039.83	21.32	117033.42	73.31	8572.51	5.37
600163	*ST 闽能	99946.52	42038.15	42.06	57858.21	57.89	50.16	0.05
600165	新日恒力	68488.38	25985.96	37.94	37446.45	54.68	5055.96	7.38
600166	福田汽车	333506.56	116610.07	34.96	193837.31	58.12	23059.18	6.91
600167	联美控股	21100.00	8557.07	40.55	12264.32	58.12	278.61	1.32
600168	武汉控股	70956.97	23747.92	33.47	44931.11	63.32	2277.94	3.21
600169	太原重工	242395.50	134885.89	55.65	102803.51	42.41	4706.10	1.94
600170	上海建工	594321.42	131926.94	22.20	357179.33	60.10	105215.15	17.70
600171	上海贝岭	67380.78	41645.44	61.81	22986.62	34.11	2748.71	4.08
600172	黄河旋风	79239.89	24054.30	30.36	34360.20	43.36	20825.39	26.28
600173	卧龙地产	72514.75	34266.72	47.25	34767.78	47.95	3480.24	4.80
600175	美都能源	245103.75	160372.56	65.43	76940.68	31.39	7790.50	3.18
600176	中国巨石	87262.95	23560.95	27.00	58478.01	67.01	5223.98	5.99
600177	雅戈尔	222661.17	123419.63	55.43	85016.52	38.18	14225.02	6.39
600178	东安动力	46208.00	18411.45	39.84	26289.28	56.89	1507.27	3.26
600179	黑化股份	39000.00	16980.47	43.54	21483.62	55.09	535.90	1.37
600180	瑞茂通	101740.75	17942.05	17.64	74649.97	73.37	9148.73	8.99

注：合计持股数包含 F 类账户；单位为万股

年末个股股东持股情况
Distribution of Shareholder by 2015

证券代码 Code	证券简称 Name	合计持股数 Total Hold	自然人 Individual		一般法人 Corporation		专业机构 Institution	
			持有股数	比例(%)	持有股数	比例(%)	持有股数	比例(%)
600182	S 佳通	34000.00	16777.16	49.34	17170.49	50.50	52.34	0.15
600183	生益科技	143755.39	61537.96	42.81	80373.43	55.91	1843.99	1.28
600184	光电股份	41876.08	6818.17	16.28	31578.35	75.41	3479.56	8.31
600185	格力地产	57768.09	18542.59	32.10	34350.72	59.46	4874.79	8.44
600186	莲花味精	106202.43	84665.39	79.72	20461.04	19.27	1076.00	1.01
600187	国中水务	145562.42	102552.64	70.45	35234.81	24.21	7774.98	5.34
600188	兖州煤业	296000.00	20399.13	6.89	263229.29	88.93	12371.58	4.18
600189	吉林森工	31050.00	16545.88	53.29	13660.49	44.00	843.63	2.72
600190	锦州港	177948.45	36258.01	20.38	140532.52	78.97	1157.92	0.65
600191	华资实业	48493.20	18459.14	38.07	29996.35	61.86	37.71	0.08
600192	长城电工	44174.80	25580.01	57.91	18046.42	40.85	548.37	1.24
600193	创兴资源	42537.30	36776.13	86.46	5723.95	13.46	37.23	0.09
600195	中牧股份	42980.00	13747.33	31.99	25817.96	60.07	3414.71	7.94
600196	复星医药	191079.14	46047.59	24.10	121055.08	63.35	23976.46	12.55
600197	伊力特	44100.00	19149.99	43.42	23470.34	53.22	1479.67	3.36
600198	大唐电信	88210.85	42315.38	47.97	38238.59	43.35	7656.87	8.68
600199	金种子酒	55577.50	25395.71	45.69	27009.26	48.60	3172.54	5.71
600200	江苏吴中	66964.61	46270.91	69.10	18080.45	27.00	2613.25	3.90
600201	生物股份	57282.99	32026.32	55.91	16352.62	28.55	8904.04	15.54
600202	哈空调	38334.07	22705.90	59.23	15449.97	40.30	178.20	0.46
600203	福日电子	38028.07	19454.11	51.16	15265.80	40.14	3308.17	8.70
600206	有研新材	83877.83	41885.17	49.94	41473.82	49.45	518.85	0.62
600207	安彩高科	69000.00	26926.02	39.02	41152.54	59.64	921.44	1.34
600208	新湖中宝	909967.04	179248.32	19.70	647970.97	71.21	82747.75	9.09
600209	罗顿发展	43901.12	25904.44	59.01	15005.47	34.18	2991.20	6.81
600210	紫江企业	151673.62	109507.80	72.20	41919.47	27.64	246.34	0.16
600211	西藏药业	14558.90	3318.91	22.80	9307.87	63.93	1932.12	13.27
600212	江泉实业	51169.72	41353.17	80.82	8761.79	17.12	1054.76	2.06
600213	亚星客车	22000.00	8783.93	39.93	12204.66	55.48	1011.41	4.60
600215	长春经开	46503.29	26945.40	57.94	18395.68	39.56	1162.21	2.50
600216	浙江医药	93610.80	47460.63	50.70	42848.99	45.77	3301.18	3.53
600217	*ST 秦岭	134158.75	39902.53	29.74	88545.23	66.00	5711.00	4.26
600218	全柴动力	36875.50	15983.69	43.35	20577.38	55.80	314.43	0.85
600219	南山铝业	283518.44	159679.75	56.32	105531.31	37.22	18307.37	6.46
600220	江苏阳光	178334.03	149269.92	83.70	26738.60	14.99	2325.51	1.30
600221	海南航空	1181273.54	409302.04	34.65	710645.60	60.16	61325.90	5.19
600222	太龙药业	57388.63	47264.09	82.36	9584.06	16.70	540.49	0.94
600223	鲁商置业	100096.80	33605.39	33.57	63853.17	63.79	2638.25	2.64
600225	天津松江	93549.26	19898.54	21.27	68818.13	73.56	4832.59	5.17
600226	升华拜克	109498.30	91626.28	83.68	17695.37	16.16	176.65	0.16
600227	赤天化	95039.25	66705.42	70.19	27855.37	29.31	478.47	0.50
600228	昌九生化	24132.00	18435.26	76.39	5522.85	22.89	173.89	0.72
600229	城市传媒	70209.60	24786.83	35.30	45321.70	64.55	101.07	0.14
600230	沧州大化	29418.82	12719.91	43.24	15224.62	51.75	1474.29	5.01
600231	凌钢股份	125958.31	44567.88	35.38	80750.07	64.11	640.36	0.51
600232	金鹰股份	36471.85	18520.43	50.78	17857.03	48.96	94.40	0.26
600233	大杨创世	16500.00	5440.54	32.97	9566.84	57.98	1492.61	9.05
600234	山水文化	20244.59	17277.93	85.35	2742.00	13.54	224.66	1.11
600235	民丰特纸	35130.00	19237.57	54.76	14690.23	41.82	1202.19	3.42
600236	桂冠电力	606336.75	49112.73	8.10	548996.45	90.54	8227.57	1.36

注：合计持股数包含 F 类账户；单位为万股

年末个股股东持股情况
Distribution of Shareholder by 2015

证券代码 Code	证券简称 Name	合计持股数 Total Hold	自然人 Individual		一般法人 Corporation		专业机构 Institution	
			持有股数	比例(%)	持有股数	比例(%)	持有股数	比例(%)
600237	铜峰电子	56436.96	45366.33	80.38	10223.76	18.12	846.87	1.50
600238	海南椰岛	44820.00	23898.18	53.32	15796.92	35.25	5124.90	11.43
600239	云南城投	107045.79	64038.70	59.82	41629.19	38.89	1377.91	1.29
600240	华业资本	142425.36	50909.43	35.74	71496.13	50.20	20019.80	14.06
600241	时代万恒	22619.21	10022.54	44.31	12149.46	53.71	447.21	1.98
600242	*ST 中昌	27333.54	13549.69	49.57	12928.65	47.30	855.19	3.13
600243	青海华鼎	43885.00	17153.70	39.09	26346.35	60.03	384.95	0.88
600246	万通地产	121680.00	45868.38	37.70	62765.73	51.58	13045.90	10.72
600247	*ST 成城	33644.16	30486.54	90.61	3152.96	9.37	4.67	0.01
600248	延长化建	47368.92	17425.43	36.79	29080.86	61.39	862.63	1.82
600249	两面针	55000.00	30636.23	55.70	23357.88	42.47	1005.89	1.83
600250	南纺股份	25869.25	12625.84	48.81	12686.31	49.04	557.10	2.15
600251	冠农股份	78484.20	32906.54	41.93	41471.29	52.84	4106.38	5.23
600252	中恒集团	347510.71	190059.88	54.69	135395.42	38.96	22055.42	6.35
600255	鑫科材料	176959.36	147443.03	83.32	21151.93	11.95	8364.40	4.73
600256	广汇能源	522142.47	212614.55	40.72	278703.91	53.38	30824.01	5.90
600257	大湖股份	42705.00	31354.21	73.42	9691.85	22.69	1658.94	3.88
600258	首旅酒店	23140.00	7765.51	33.56	12868.63	55.61	2505.86	10.83
600259	广晟有色	26212.26	8345.86	31.84	16152.93	61.62	1713.48	6.54
600260	凯乐科技	66674.76	36720.38	55.07	26251.06	39.37	3703.32	5.55
600261	阳光照明	145210.29	48318.75	33.28	78696.38	54.19	18195.17	12.53
600262	北方股份	17000.00	4176.35	24.57	11605.98	68.27	1217.67	7.16
600265	ST 景谷	12980.00	5167.76	39.81	7770.75	59.87	41.49	0.32
600266	北京城建	156704.00	45974.43	29.34	99454.41	63.47	11275.15	7.20
600267	海正药业	96553.18	30392.72	31.48	57715.96	59.78	8444.51	8.75
600268	国电南自	63524.64	28463.61	44.81	32716.05	51.50	2344.99	3.69
600269	赣粤高速	233540.70	107308.12	45.95	125363.47	53.68	869.11	0.37
600270	外运发展	90548.17	19229.38	21.24	62754.35	69.30	8564.44	9.46
600271	航天信息	92340.08	15324.04	16.60	54771.36	59.31	22244.68	24.09
600272	开开实业	16300.00	8001.15	49.09	7996.29	49.06	302.56	1.86
600273	嘉化能源	130628.53	50895.09	38.96	78127.08	59.81	1606.35	1.23
600275	武昌鱼	50883.72	38857.93	76.37	11966.84	23.52	58.95	0.12
600276	恒瑞医药	195649.91	17141.57	8.76	129399.17	66.14	49109.17	25.10
600277	亿利洁能	208958.95	78308.44	37.48	127571.26	61.05	3079.25	1.47
600278	东方创业	52224.17	13750.07	26.33	37248.46	71.32	1225.65	2.35
600279	重庆港九	46197.24	19023.35	41.18	22946.66	49.67	4227.23	9.15
600280	中央商场	114833.49	87480.31	76.18	20671.69	18.00	6681.48	5.82
600281	太化股份	51440.20	35774.42	69.55	14983.56	29.13	682.22	1.33
600282	南钢股份	396207.25	179932.46	45.41	197871.74	49.94	18403.05	4.64
600283	钱江水利	35299.58	14083.27	39.90	19095.00	54.09	2121.31	6.01
600284	浦东建设	69304.00	46431.83	67.00	21370.00	30.84	1502.16	2.17
600285	羚锐制药	53548.19	28960.13	54.08	16378.98	30.59	8209.07	15.33
600287	江苏舜天	43679.61	20605.24	47.17	22902.53	52.43	171.83	0.39
600288	大恒科技	43680.00	42815.79	98.02	266.15	0.61	598.06	1.37
600289	亿阳信通	56592.27	29868.11	52.78	19375.08	34.24	7349.08	12.99
600290	华仪电气	75990.35	25900.90	34.08	46927.10	61.75	3162.35	4.16
600291	西水股份	38400.00	22046.03	57.41	15031.19	39.14	1322.78	3.44
600292	中电远达	78081.69	33234.88	42.56	42240.47	54.10	2606.34	3.34
600293	三峡新材	34450.26	22501.01	65.31	10866.24	31.54	1083.02	3.14
600295	鄂尔多斯	61200.00	17508.50	28.61	42537.26	69.51	1154.24	1.89

注：合计持股数包含 F 类账户；单位为万股

年末个股股东持股情况
Distribution of Shareholder by 2015

证券代码 Code	证券简称 Name	合计持股数 Total Hold	自然人 Individual		一般法人 Corporation		专业机构 Institution	
			持有股数	比例(%)	持有股数	比例(%)	持有股数	比例(%)
600297	广汇汽车	550040.07	28639.84	5.21	510586.34	92.83	10813.89	1.97
600298	安琪酵母	32963.24	9963.74	30.23	19142.88	58.07	3856.62	11.70
600299	安迪苏	268190.13	22073.34	8.23	245646.19	91.59	470.60	0.18
600300	维维股份	167200.00	59684.33	35.70	100461.69	60.08	7053.99	4.22
600301	*ST 南化	23514.81	15250.95	64.86	8261.50	35.13	2.35	0.01
600302	标准股份	34600.98	18348.79	53.03	15215.22	43.97	1036.96	3.00
600303	曙光股份	62032.43	24902.77	40.14	22271.41	35.90	14858.25	23.95
600305	恒顺醋业	30136.90	6615.42	21.95	14902.41	49.45	8619.07	28.60
600306	商业城	17813.89	8222.65	46.16	7565.04	42.47	2026.20	11.37
600307	酒钢宏兴	626335.74	275332.21	43.96	348271.20	55.60	2732.33	0.44
600308	华泰股份	116756.14	66656.16	57.09	47164.96	40.40	2935.02	2.51
600309	万华化学	216233.47	35464.51	16.40	151495.76	70.06	29273.20	13.54
600310	桂东电力	82777.50	35861.36	43.32	42362.62	51.18	4553.52	5.50
600311	ST 荣华	66560.00	54292.08	81.57	11645.97	17.50	621.95	0.93
600312	平高电气	113748.56	42959.59	37.77	60880.20	53.52	9908.77	8.71
600313	农发种业	43287.95	18314.91	42.31	20724.35	47.88	4248.70	9.81
600315	上海家化	67403.21	28131.24	41.74	27559.15	40.89	11712.82	17.38
600316	洪都航空	71711.45	27235.67	37.98	36603.74	51.04	7872.04	10.98
600317	营口港	647298.30	104550.14	16.15	518287.41	80.07	24460.75	3.78
600318	巢东股份	24200.00	11628.37	48.05	8626.20	35.65	3945.43	16.30
600319	亚星化学	31559.40	25350.40	80.33	6018.90	19.07	190.11	0.60
600320	振华重工	276833.14	114980.59	41.53	152001.37	54.91	9851.18	3.56
600321	国栋建设	151055.00	79626.56	52.71	70530.82	46.69	897.62	0.59
600322	天房发展	110570.00	74235.06	67.14	34900.53	31.56	1434.41	1.30
600323	瀚蓝环境	76626.40	24824.85	32.40	45302.19	59.12	6499.35	8.48
600325	华发股份	116904.56	28956.28	24.77	60289.52	51.57	27658.76	23.66
600326	西藏天路	66568.04	33501.74	50.33	30988.27	46.55	2078.02	3.12
600327	大东方	52171.18	26806.53	51.38	23989.23	45.98	1375.42	2.64
600328	兰太实业	35911.80	16556.97	46.10	18005.65	50.14	1349.18	3.76
600329	中新药业	56887.31	15537.94	27.31	38643.78	67.93	2705.59	4.76
600330	天通股份	83047.14	51069.68	61.49	30845.47	37.14	1131.99	1.36
600331	宏达股份	203200.00	67318.78	33.13	134805.37	66.34	1075.84	0.53
600332	白云山	107117.93	26638.56	24.87	67900.09	63.39	12579.28	11.74
600333	长春燃气	52961.98	24164.17	45.63	28142.31	53.14	655.50	1.24
600335	国机汽车	62714.57	12874.29	20.53	45513.48	72.57	4326.80	6.90
600336	澳柯玛	68207.20	36566.30	53.61	30042.98	44.05	1597.92	2.34
600337	美克家居	64633.64	10575.67	16.36	35341.26	54.68	18716.72	28.96
600338	西藏珠峰	65300.73	11950.94	18.30	51980.56	79.60	1369.23	2.10
600339	天利高新	57815.47	35452.38	61.32	22156.51	38.32	206.58	0.36
600340	华夏幸福	264575.94	29611.97	11.19	203332.88	76.85	31631.10	11.96
600343	航天动力	63820.63	24464.97	38.33	31021.91	48.61	8333.76	13.06
600345	长江通信	19800.00	9911.12	50.06	9442.71	47.69	446.18	2.25
600346	大橡塑	66778.68	32044.10	47.99	34576.17	51.78	158.42	0.24
600348	阳泉煤业	240500.00	69782.68	29.02	154249.31	64.14	16468.02	6.85
600350	山东高速	481116.59	44763.10	9.30	424662.28	88.27	11691.21	2.43
600351	亚宝药业	78704.15	28873.63	36.69	34098.06	43.32	15732.46	19.99
600352	浙江龙盛	325333.19	270215.30	83.06	37008.85	11.38	18109.03	5.57
600353	旭光股份	54372.00	28147.60	51.77	26128.71	48.06	95.69	0.18
600354	敦煌种业	52780.21	31679.94	60.02	19990.96	37.88	1109.31	2.10
600355	精伦电子	49208.92	45549.09	92.56	1424.64	2.90	2235.19	4.54

注：合计持股数包含 F 类账户；单位为万股

年末个股股东持股情况
Distribution of Shareholder by 2015

证券代码 Code	证券简称 Name	合计持股数 Total Hold	自然人 Individual		一般法人 Corporation		专业机构 Institution	
			持有股数	比例(%)	持有股数	比例(%)	持有股数	比例(%)
600356	恒丰纸业	29873.14	15932.64	53.33	12408.75	41.54	1531.75	5.13
600358	国旅联合	43200.00	16759.41	38.79	15652.47	36.23	10788.12	24.97
600359	新农开发	38151.28	19216.74	50.37	17314.05	45.38	1620.50	4.25
600360	华微电子	73808.00	41913.80	56.79	28883.66	39.13	3010.54	4.08
600361	华联综超	66580.79	26077.97	39.17	37420.75	56.20	3082.07	4.63
600362	江西铜业	207524.74	52760.38	25.42	137485.18	66.25	17279.19	8.33
600363	联创光电	44347.68	30607.80	69.02	13181.69	29.72	558.19	1.26
600365	通葡股份	40000.00	31789.86	79.47	7939.16	19.85	270.97	0.68
600366	宁波韵升	55642.19	27591.19	49.59	23052.20	41.43	4998.80	8.98
600367	红星发展	29120.00	15101.59	51.86	11404.26	39.16	2614.16	8.98
600368	五洲交通	83380.15	40437.11	48.50	42730.50	51.25	212.54	0.25
600369	西南证券	564510.91	146836.09	26.01	369461.61	65.45	48213.22	8.54
600370	三房巷	31889.77	14222.89	44.60	17274.19	54.17	392.69	1.23
600371	万向德农	22506.00	9936.80	44.15	12137.54	53.93	431.66	1.92
600372	中航电子	175916.29	25866.66	14.70	138022.68	78.46	12026.95	6.84
600373	中文传媒	137794.00	20583.01	14.94	99888.04	72.49	17322.95	12.57
600375	华菱星马	55574.06	37548.71	67.57	16481.11	29.66	1544.23	2.78
600376	首开股份	224201.25	60887.33	27.16	150830.07	67.27	12483.85	5.57
600377	宁沪高速	381574.75	19923.53	5.22	344702.20	90.34	16949.02	4.44
600378	天科股份	29719.33	12074.78	40.63	17320.10	58.28	324.44	1.09
600379	宝光股份	23585.83	12345.24	52.34	10681.28	45.29	559.31	2.37
600380	健康元	158387.93	68852.08	43.47	86864.01	54.84	2671.84	1.69
600381	青海春天	68831.40	24835.53	36.08	43333.68	62.96	662.19	0.96
600382	广东明珠	34174.66	18601.63	54.43	10002.35	29.27	5570.68	16.30
600383	金地集团	449960.99	70307.06	15.63	352987.89	78.45	26666.03	5.93
600385	山东金泰	14810.71	8952.99	60.45	5324.22	35.95	533.50	3.60
600386	北巴传媒	40320.00	12706.11	31.51	24076.35	59.71	3537.55	8.77
600387	海越股份	38610.00	25524.53	66.11	11863.97	30.73	1221.50	3.16
600388	龙净环保	106905.00	74212.48	69.42	29524.62	27.62	3167.89	2.96
600389	江山股份	19800.00	6235.55	31.49	11715.26	59.17	1849.19	9.34
600390	金瑞科技	45125.64	25265.39	55.99	17653.71	39.12	2206.54	4.89
600391	成发科技	33012.94	13273.86	40.21	13063.70	39.57	6675.37	20.22
600392	盛和资源	94103.94	51039.72	54.24	40454.17	42.99	2610.04	2.77
600393	东华实业	30000.00	13240.81	44.14	15999.23	53.33	759.96	2.53
600395	盘江股份	165505.19	34646.93	20.93	123670.02	74.72	7188.24	4.34
600396	金山股份	147270.68	53339.89	36.22	93091.38	63.21	839.41	0.57
600397	安源煤业	98995.99	55376.83	55.94	41776.02	42.20	1843.14	1.86
600398	海澜之家	449275.79	25142.50	5.60	378092.88	84.16	46040.41	10.25
600399	抚顺特钢	130000.00	73866.02	56.82	52359.10	40.28	3774.87	2.90
600400	红豆股份	71185.03	19320.57	27.14	45811.06	64.35	6053.40	8.50
600401	*ST 海润	472493.52	437759.65	92.65	9554.10	2.02	25179.77	5.33
600403	大有能源	239081.24	17884.55	7.48	216763.70	90.67	4432.99	1.85
600405	动力源	43794.28	42968.19	98.11	314.86	0.72	511.23	1.17
600406	国电南瑞	242895.34	73540.16	30.28	134498.24	55.37	34856.94	14.35
600408	*ST 安泰	100680.00	99824.44	99.15	812.65	0.81	42.92	0.04
600409	三友化工	185038.55	56430.18	30.50	122101.60	65.99	6506.77	3.52
600410	华胜天成	64172.55	50363.96	78.48	8353.76	13.02	5454.83	8.50
600415	小商品城	544321.42	155077.23	28.49	361071.61	66.33	28172.58	5.18
600416	湘电股份	74340.52	23554.31	31.68	40767.26	54.84	10018.94	13.48
600418	江淮汽车	146323.30	53776.31	36.75	78291.44	53.51	14255.55	9.74

注：合计持股数包含 F 类账户；单位为万股

年末个股股东持股情况
Distribution of Shareholder by 2015

证券代码 Code	证券简称 Name	合计持股数 Total Hold	自然人 Individual		一般法人 Corporation		专业机构 Institution	
			持有股数	比例(%)	持有股数	比例(%)	持有股数	比例(%)
600419	天润乳业	10355.72	3522.16	34.01	6337.26	61.20	496.30	4.79
600420	现代制药	28773.34	6473.75	22.50	16385.68	56.95	5913.91	20.55
600421	仰帆控股	19560.00	7555.76	38.63	11291.08	57.73	713.16	3.65
600422	昆药集团	39434.43	10193.53	25.85	21219.96	53.81	8020.95	20.34
600423	柳化股份	39934.75	24903.57	62.36	14416.06	36.10	615.13	1.54
600425	青松建化	137879.01	58927.91	42.74	76990.27	55.84	1960.82	1.42
600426	华鲁恒升	95886.50	37392.65	39.00	50537.03	52.71	7956.83	8.30
600428	中远航运	169044.64	69497.47	41.11	97127.16	57.46	2420.02	1.43
600429	三元股份	149755.74	20310.27	13.56	125234.26	83.63	4211.21	2.81
600432	吉恩镍业	160372.39	35397.02	22.07	122599.72	76.45	2375.65	1.48
600433	冠豪高新	127131.54	72028.56	56.66	51485.11	40.50	3617.88	2.85
600435	北方导航	74466.00	37007.67	49.70	31342.87	42.09	6115.46	8.21
600436	片仔癀	40221.15	11133.96	27.68	24772.61	61.59	4314.58	10.73
600438	通威股份	81710.96	21431.74	26.23	53002.17	64.87	7277.05	8.91
600439	瑞贝卡	94332.12	59045.87	62.59	32930.00	34.91	2356.25	2.50
600444	*ST 国通	14642.19	5904.73	40.33	7503.77	51.25	1233.70	8.43
600446	金证股份	83050.65	78080.74	94.02	1888.48	2.27	3081.43	3.71
600448	华纺股份	42236.41	29168.92	69.06	12440.09	29.45	627.39	1.49
600449	宁夏建材	47818.10	20299.96	42.45	24464.70	51.16	3053.44	6.39
600452	涪陵电力	16000.00	6271.24	39.20	9176.27	57.35	552.49	3.45
600455	博通股份	6245.80	3943.84	63.14	2212.88	35.43	89.08	1.43
600456	宝钛股份	43026.57	15149.03	35.21	25735.44	59.81	2142.11	4.98
600458	时代新材	66142.21	33712.51	50.97	30967.45	46.82	1462.24	2.21
600459	贵研铂业	26097.77	14163.63	54.27	11311.41	43.34	622.74	2.39
600460	士兰微	124716.80	62962.82	50.48	57931.06	46.45	3822.92	3.07
600461	洪城水业	33000.00	16756.16	50.78	13487.16	40.87	2756.68	8.35
600462	石岘纸业	53378.00	35100.56	65.76	16785.82	31.45	1491.62	2.79
600463	空港股份	30000.00	7147.16	23.82	20085.89	66.95	2766.94	9.22
600466	蓝光发展	211701.80	47685.32	22.52	161188.94	76.14	2827.54	1.34
600467	好当家	73049.72	39886.67	54.60	28433.39	38.92	4729.65	6.47
600468	百利电气	45619.20	12323.72	27.01	31724.89	69.54	1570.59	3.44
600469	风神股份	37494.21	16122.83	43.00	19924.52	53.14	1446.86	3.86
600470	六国化工	52160.00	37308.08	71.53	14382.57	27.57	469.35	0.90
600475	华光股份	25600.00	9535.84	37.25	13289.96	51.91	2774.21	10.84
600476	湘邮科技	16107.00	4421.92	27.45	8165.16	50.69	3519.92	21.85
600477	杭萧钢构	80925.66	63003.25	77.85	4917.94	6.08	13004.47	16.07
600478	科力远	92738.02	58478.46	63.06	29751.74	32.08	4507.83	4.86
600479	千金药业	34875.59	11135.42	31.93	16422.71	47.09	7317.47	20.98
600480	凌云股份	45093.42	16948.36	37.59	24653.73	54.67	3491.33	7.74
600481	双良节能	162049.58	87871.96	54.23	63217.82	39.01	10959.80	6.76
600482	风帆股份	53650.00	29187.30	54.40	18882.15	35.20	5580.55	10.40
600483	福能股份	125834.73	16467.84	13.09	104686.51	83.19	4680.38	3.72
600485	信威集团	292374.28	227045.63	77.66	51080.50	17.47	14248.15	4.87
600486	扬农化工	30989.89	10785.88	34.80	16050.20	51.79	4153.81	13.40
600487	亨通光电	124126.91	85391.05	68.79	28822.59	23.22	9913.27	7.99
600488	天药股份	96085.50	43160.33	44.92	48891.19	50.88	4033.98	4.20
600489	中金黄金	294322.88	107149.64	36.41	167040.98	56.75	20132.25	6.84
600490	鹏欣资源	147900.00	92418.56	62.49	53914.86	36.45	1566.59	1.06
600491	龙元建设	94760.00	85208.70	89.92	6497.65	6.86	3053.66	3.22
600493	凤竹纺织	27200.00	23946.85	88.04	2745.06	10.09	508.08	1.87

注：合计持股数包含 F 类账户；单位为万股

年末个股股东持股情况
Distribution of Shareholder by 2015

证券代码 Code	证券简称 Name	合计持股数 Total Hold	自然人 Individual		一般法人 Corporation		专业机构 Institution	
			持有股数	比例(%)	持有股数	比例(%)	持有股数	比例(%)
600495	晋西车轴	120819.09	82213.65	68.05	37875.08	31.35	730.36	0.60
600496	精工钢构	151044.52	88662.35	58.70	53683.50	35.54	8698.67	5.76
600497	驰宏锌锗	166756.09	67294.82	40.36	89016.99	53.38	10444.28	6.26
600498	烽火通信	104691.85	19850.70	18.96	63857.92	61.00	20983.23	20.04
600499	科达洁能	70573.22	63128.88	89.45	4785.90	6.78	2658.44	3.77
600500	中化国际	208301.27	53671.89	25.77	138858.09	66.66	15771.28	7.57
600501	航天晨光	42128.36	12814.42	30.42	23618.38	56.06	5695.56	13.52
600502	安徽水利	53191.01	29500.61	55.46	19371.06	36.42	4319.34	8.12
600503	华丽家族	160229.00	130369.61	81.36	26797.69	16.72	3061.70	1.91
600505	西昌电力	36456.75	13184.50	36.16	21349.98	58.56	1922.26	5.27
600506	香梨股份	14770.69	9653.76	65.36	4444.01	30.09	672.92	4.56
600507	方大特钢	132609.30	53691.16	40.49	73592.21	55.50	5325.93	4.02
600508	上海能源	72271.80	24775.03	34.28	46363.25	64.15	1133.52	1.57
600509	天富能源	90569.66	41642.09	45.98	45334.39	50.05	3593.18	3.97
600510	黑牡丹	104709.50	35078.66	33.50	67160.07	64.14	2470.78	2.36
600511	国药股份	47880.00	8411.56	17.57	29438.66	61.48	10029.78	20.95
600512	腾达建设	101803.72	76825.10	75.46	23826.36	23.40	1152.26	1.13
600513	联环药业	16890.90	7763.21	45.96	7798.09	46.17	1329.61	7.87
600515	海岛建设	42277.41	23379.22	55.30	18632.37	44.07	265.83	0.63
600516	方大炭素	171916.04	91151.55	53.02	77367.67	45.00	3396.81	1.98
600517	置信电气	135616.78	47939.96	35.35	81101.48	59.80	6575.34	4.85
600518	康美药业	439742.90	156084.18	35.49	217866.74	49.54	65791.98	14.96
600519	贵州茅台	125619.78	8953.11	7.13	89288.83	71.08	27377.84	21.79
600520	中发科技	15843.00	8041.87	50.76	3396.42	21.44	4404.71	27.80
600521	华海药业	79313.78	50613.73	63.81	11137.81	14.04	17562.24	22.14
600522	中天科技	104430.84	48029.13	45.99	47607.86	45.59	8793.84	8.42
600523	贵航股份	28879.38	11402.59	39.48	15515.00	53.72	1961.79	6.79
600525	长园集团	109169.85	64976.95	59.52	33075.62	30.30	11117.28	10.18
600526	菲达环保	54740.47	29790.01	54.42	24737.46	45.19	213.00	0.39
600527	江南高纤	80208.94	74881.75	93.36	3305.92	4.12	2021.26	2.52
600528	中铁二局	145920.00	56505.21	38.72	83560.20	57.26	5854.59	4.01
600529	山东药玻	25738.01	10467.06	40.67	10084.36	39.18	5186.58	20.15
600530	交大昂立	31200.00	9511.17	30.48	18838.86	60.38	2849.97	9.13
600531	豫光金铅	29525.08	14186.56	48.05	14646.07	49.61	692.44	2.35
600532	宏达矿业	51606.57	40861.55	79.18	10489.93	20.33	255.09	0.49
600533	栖霞建设	105000.00	48929.47	46.60	52666.48	50.16	3404.05	3.24
600535	天士力	108047.59	25686.59	23.77	60761.05	56.24	21599.95	19.99
600536	中国软件	49456.28	16015.55	32.38	26363.87	53.31	7076.86	14.31
600537	亿晶光电	58817.96	46315.43	78.74	10451.16	17.77	2051.38	3.49
600538	国发股份	46440.12	39289.99	84.60	6881.09	14.82	269.03	0.58
600539	*ST 狮头	23000.00	14591.22	63.44	8384.28	36.45	24.50	0.11
600540	新赛股份	47092.33	21264.63	45.16	25168.61	53.45	659.09	1.40
600543	莫高股份	32112.00	21142.66	65.84	10631.80	33.11	337.55	1.05
600545	新疆城建	67578.58	45105.31	66.74	20573.48	30.44	1899.78	2.81
600546	山煤国际	198245.61	73332.50	36.99	119300.06	60.18	5613.05	2.83
600547	山东黄金	142307.24	44942.89	31.58	79782.22	56.06	17582.13	12.36
600548	深高速	143327.03	18135.80	12.65	123609.86	86.24	1581.37	1.10
600549	厦门钨业	108157.40	32681.97	30.22	69055.96	63.85	6419.47	5.94
600550	保变电气	153460.71	61474.81	40.06	91115.43	59.37	870.46	0.57
600551	时代出版	50582.53	13076.46	25.85	34837.03	68.87	2669.04	5.28

注：合计持股数包含 F 类账户；单位为万股

年末个股股东持股情况
Distribution of Shareholder by 2015

证券代码 Code	证券简称 Name	合计持股数 Total Hold	自然人 Individual		一般法人 Corporation		专业机构 Institution	
			持有股数	比例(%)	持有股数	比例(%)	持有股数	比例(%)
600552	方兴科技	38352.48	21882.17	57.06	13924.04	36.31	2546.27	6.64
600555	九龙山	97350.00	63582.24	65.31	33562.18	34.48	205.58	0.21
600556	慧球科技	39479.37	24967.56	63.24	7616.40	19.29	6895.41	17.47
600557	康缘药业	51370.76	17796.47	34.64	26926.46	52.42	6647.82	12.94
600558	大西洋	59840.32	34996.77	58.48	24428.49	40.82	415.07	0.69
600559	老白干酒	17522.41	3504.41	20.00	10061.13	57.42	3956.87	22.58
600560	金自天正	22364.55	11459.36	51.24	10806.85	48.32	98.34	0.44
600561	江西长运	23706.40	11211.69	47.29	9629.65	40.62	2865.06	12.09
600562	国睿科技	25706.16	6302.57	24.52	14610.05	56.83	4793.53	18.65
600563	法拉电子	22500.00	7930.07	35.24	12102.81	53.79	2467.12	10.96
600565	迪马股份	234586.20	93188.88	39.72	126945.26	54.11	14452.06	6.16
600566	济川药业	78145.47	12025.43	15.39	59831.67	76.56	6288.37	8.05
600567	山鹰纸业	376693.96	251019.45	66.64	124652.49	33.09	1022.03	0.27
600568	中珠控股	50660.45	17039.79	33.64	31835.93	62.84	1784.73	3.52
600569	安阳钢铁	239368.45	92349.10	38.58	145318.69	60.71	1700.66	0.71
600570	恒生电子	61780.52	38164.09	61.77	16948.32	27.43	6668.11	10.79
600571	信雅达	21983.96	13871.20	63.10	6122.00	27.85	1990.76	9.06
600572	康恩贝	167382.00	76170.82	45.51	78438.86	46.86	12772.32	7.63
600573	惠泉啤酒	25000.00	8112.21	32.45	14531.00	58.12	2356.79	9.43
600575	皖江物流	288401.39	70182.22	24.33	216759.00	75.16	1460.17	0.51
600576	万家文化	63496.86	18687.66	29.43	38357.69	60.41	6451.51	10.16
600577	精达股份	195532.42	95980.16	49.09	98568.27	50.41	983.99	0.50
600578	京能电力	461732.10	74954.15	16.23	368097.14	79.72	18680.81	4.05
600579	天华院	39207.06	9974.80	25.44	26192.07	66.80	3040.20	7.75
600580	卧龙电气	111052.72	43565.34	39.23	55999.91	50.43	11487.47	10.34
600581	八一钢铁	76644.89	31314.62	40.86	41589.94	54.26	3740.33	4.88
600582	天地科技	413858.89	68451.63	16.54	318675.73	77.00	26731.53	6.46
600583	海油工程	442135.48	105954.93	23.96	313921.20	71.00	22259.35	5.03
600584	长电科技	103591.48	36802.60	35.53	40665.28	39.26	26123.60	25.22
600585	海螺水泥	399970.26	63767.38	15.94	267437.88	66.86	68765.01	17.19
600586	金晶科技	145889.24	82487.55	56.54	61925.32	42.45	1476.38	1.01
600587	新华医疗	40642.81	8022.65	19.74	24616.44	60.57	8003.72	19.69
600588	用友网络	145959.21	41760.23	28.61	94837.08	64.98	9361.89	6.41
600589	广东榕泰	60173.00	23822.38	39.59	25819.76	42.91	10530.85	17.50
600590	泰豪科技	61924.51	27149.39	43.84	32364.45	52.26	2410.67	3.89
600592	龙溪股份	39955.36	21229.51	53.13	17516.90	43.84	1208.95	3.03
600593	大连圣亚	9200.00	1721.43	18.71	5038.62	54.77	2439.95	26.52
600594	益佰制药	79192.74	49772.57	62.85	9877.22	12.47	19542.94	24.68
600595	中孚实业	174154.04	74326.70	42.68	96722.17	55.54	3105.17	1.78
600596	新安股份	67918.46	43555.43	64.13	20040.45	29.51	4322.59	6.36
600597	光明乳业	123063.67	32689.51	26.56	79712.43	64.77	10661.74	8.66
600598	北大荒	177767.99	53122.33	29.88	119358.67	67.14	5286.98	2.97
600599	熊猫金控	16600.00	8601.59	51.82	7940.21	47.83	58.20	0.35
600600	青岛啤酒	69591.36	9003.27	12.94	49381.79	70.96	11206.30	16.10
600601	方正科技	219489.12	205948.96	93.83	10597.12	4.83	2943.04	1.34
600602	仪电电子	103346.47	52256.32	50.56	49414.41	47.81	1675.74	1.62
600603	大洲兴业	19464.19	16948.77	87.08	1549.00	7.96	966.42	4.97
600604	市北高新	52737.21	9506.34	18.03	41905.51	79.46	1325.36	2.51
600605	汇通能源	14734.46	6818.38	46.28	7565.31	51.34	350.77	2.38
600606	绿地控股	1216815.44	27015.35	2.22	1186924.03	97.54	2876.05	0.24

注：合计持股数包含 F 类账户；单位为万股

年末个股股东持股情况
Distribution of Shareholder by 2015

证券代码 Code	证券简称 Name	合计持股数 Total Hold	自然人 Individual		一般法人 Corporation		专业机构 Institution	
			持有股数	比例(%)	持有股数	比例(%)	持有股数	比例(%)
600608	*ST 沪科	32886.14	26506.03	80.60	6369.73	19.37	10.38	0.03
600609	金杯汽车	109266.71	58887.98	53.89	49339.76	45.16	1038.97	0.95
600610	中毅达	71091.46	13854.82	19.49	57065.05	80.27	171.59	0.24
600611	大众交通	104221.09	70363.90	67.51	32613.66	31.29	1243.54	1.19
600612	老凤祥	31710.96	2385.21	7.52	25309.53	79.81	4016.23	12.67
600613	神奇制药	47932.00	9786.85	20.42	37950.85	79.18	194.30	0.41
600614	鼎立股份	151148.77	78712.35	52.08	64980.72	42.99	7455.70	4.93
600615	丰华股份	18802.05	10426.90	55.46	8280.94	44.04	94.22	0.50
600616	金枫酒业	51461.92	26777.58	52.03	22124.55	42.99	2559.79	4.97
600617	国新能源	97491.43	13643.95	14.00	78693.46	80.72	5154.03	5.29
600618	氯碱化工	74984.00	13995.56	18.66	60213.46	80.30	774.98	1.03
600619	海立股份	58214.10	17819.47	30.61	39721.77	68.23	672.86	1.16
600620	天宸股份	45778.47	21046.61	45.97	24499.03	53.52	232.83	0.51
600621	华鑫股份	52408.24	30649.95	58.48	21409.90	40.85	348.38	0.66
600622	嘉宝集团	51430.38	19669.66	38.25	22122.72	43.01	9638.01	18.74
600623	双钱股份	187433.09	5542.41	2.96	181799.22	96.99	91.46	0.05
600624	复旦复华	52670.15	31601.59	60.00	18744.05	35.59	2324.52	4.41
600626	申达股份	71024.28	46499.15	65.47	24432.06	34.40	93.07	0.13
600628	新世界	53179.93	28592.83	53.77	22723.36	42.73	1863.73	3.50
600629	华建集团	35906.02	8434.21	23.49	26987.54	75.16	484.27	1.35
600630	龙头股份	42486.16	28229.02	66.44	13506.15	31.79	750.99	1.77
600633	浙报传媒	118828.76	32891.05	27.68	80174.82	67.47	5762.89	4.85
600634	中技控股	57573.21	56619.22	98.34	847.44	1.47	106.55	0.19
600635	大众公用	246730.47	171195.30	69.39	73001.81	29.59	2533.36	1.03
600636	三爱富	44694.19	23486.12	52.55	19053.04	42.63	2155.03	4.82
600637	东方明珠	262653.86	57158.34	21.76	180869.43	68.86	24626.09	9.38
600638	新黄浦	56116.40	34042.00	60.66	20898.49	37.24	1175.91	2.10
600639	浦东金桥	85023.67	18228.57	21.44	65495.32	77.03	1299.78	1.53
600640	号百控股	53536.45	15236.00	28.46	37621.17	70.27	679.28	1.27
600641	万业企业	80615.87	34281.71	42.52	42765.44	53.05	3568.72	4.43
600642	申能股份	455203.83	146938.20	32.28	269598.67	59.23	38666.96	8.49
600643	爱建集团	143713.98	95346.31	66.34	42343.40	29.46	6024.28	4.19
600644	*ST 乐电	53840.07	21598.39	40.12	32075.68	59.58	165.99	0.31
600645	中源协和	38625.53	17643.30	45.68	15157.71	39.24	5824.52	15.08
600647	同达创业	13914.36	6364.35	45.74	6301.13	45.29	1248.87	8.98
600648	外高桥	93479.16	22813.48	24.40	69263.84	74.10	1401.84	1.50
600649	城投控股	298752.35	102883.30	34.44	183093.72	61.29	12775.33	4.28
600650	锦江投资	39056.01	14060.68	36.00	22880.02	58.58	2115.31	5.42
600651	飞乐音响	98522.00	35236.50	35.77	46370.90	47.07	16914.61	17.17
600652	游久游戏	83270.35	62097.91	74.57	20905.93	25.11	266.51	0.32
600653	申华控股	174638.03	140420.48	80.41	33516.58	19.19	700.97	0.40
600654	中安消	128302.10	55034.41	42.89	63296.40	49.33	9971.29	7.77
600655	豫园商城	143732.20	61071.13	42.49	77662.74	54.03	4998.33	3.48
600656	*ST 博元	19034.37	18854.38	99.05	174.15	0.91	5.84	0.03
600657	信达地产	152426.04	39606.57	25.98	104976.86	68.87	7842.61	5.15
600658	电子城	58009.74	15774.69	27.19	40281.31	69.44	1953.74	3.37
600660	福耀玻璃	200298.63	44385.10	22.16	94929.61	47.39	60983.92	30.45
600661	新南洋	25907.65	7626.58	29.44	13783.27	53.20	4497.80	17.36
600662	强生控股	105336.22	49390.68	46.89	52205.37	49.56	3740.16	3.55
600663	陆家嘴	135808.40	17929.07	13.20	114420.78	84.25	3458.55	2.55

注：合计持股数包含 F 类账户；单位为万股

年末个股股东持股情况
Distribution of Shareholder by 2015

证券代码 Code	证券简称 Name	合计持股数 Total Hold	自然人 Individual		一般法人 Corporation		专业机构 Institution	
			持有股数	比例(%)	持有股数	比例(%)	持有股数	比例(%)
600664	哈药股份	191748.33	33601.13	17.52	141874.11	73.99	16273.08	8.49
600665	天地源	86412.25	35583.57	41.18	50237.83	58.14	590.85	0.68
600666	奥瑞德	76707.89	42172.98	54.98	29982.48	39.09	4552.43	5.93
600667	太极实业	119127.43	60864.91	51.09	52013.43	43.66	6249.08	5.25
600668	尖峰集团	34408.38	23880.59	69.40	9603.05	27.91	924.74	2.69
600671	天目药业	12177.89	3861.60	31.71	8308.35	68.22	7.95	0.07
600673	东阳光科	246887.39	109649.93	44.41	109230.19	44.24	28007.27	11.34
600674	川投能源	440214.05	129063.82	29.32	274331.80	62.32	36818.43	8.36
600675	中华企业	186705.94	110296.32	59.07	70576.99	37.80	5832.63	3.12
600676	交运股份	86237.39	33760.01	39.15	52138.46	60.46	338.92	0.39
600677	航天通信	52179.17	31732.71	60.81	14173.42	27.16	6273.04	12.02
600678	四川金顶	34899.00	19339.47	55.42	11766.26	33.72	3793.27	10.87
600679	金山开发	23059.89	6062.00	26.29	16992.66	73.69	5.24	0.02
600680	上海普天	25742.53	6248.72	24.27	19410.62	75.40	83.20	0.32
600681	万鸿集团	25147.76	20472.21	81.41	3216.64	12.79	1458.90	5.80
600682	南京新百	82801.63	18298.17	22.10	57048.73	68.90	7454.74	9.00
600683	京投银泰	74077.76	33512.47	45.24	32172.87	43.43	8392.42	11.33
600684	珠江实业	71121.73	42416.80	59.64	25933.88	36.46	2771.04	3.90
600685	中船防务	82143.52	10392.86	12.65	63741.03	77.60	8009.63	9.75
600686	金龙汽车	60673.85	9048.42	14.91	43228.29	71.25	8397.14	13.84
600687	刚泰控股	107853.94	26576.55	24.64	68345.56	63.37	12931.83	11.99
600688	上海石化	730500.00	103525.92	14.17	583023.85	79.81	43950.23	6.02
600689	上海三毛	15220.41	9292.58	61.05	5761.28	37.85	166.55	1.09
600690	青岛海尔	612315.43	128138.88	20.93	374795.12	61.21	109381.43	17.86
600691	*ST 阳化	175678.69	105305.48	59.94	70356.61	40.05	16.60	0.01
600692	亚通股份	35176.41	23010.85	65.42	12110.92	34.43	54.63	0.16
600693	东百集团	44911.46	19476.34	43.37	23451.29	52.22	1983.83	4.42
600694	大商股份	29371.87	11238.52	38.26	13596.49	46.29	4536.85	15.45
600695	绿庭投资	36646.72	19827.95	54.11	16675.19	45.50	143.58	0.39
600696	匹凸匹	34056.56	29034.41	85.25	4981.56	14.63	40.59	0.12
600697	欧亚集团	15908.81	6366.47	40.02	7616.91	47.88	1925.43	12.10
600698	湖南天雁	74181.74	40835.85	55.05	31855.39	42.94	1490.50	2.01
600699	均胜电子	68936.98	16841.12	24.43	43380.75	62.93	8715.11	12.64
600701	工大高新	49878.19	34628.12	69.43	5492.20	11.01	9757.87	19.56
600702	沱牌舍得	33730.00	16519.75	48.98	14391.51	42.67	2818.74	8.36
600703	三安光电	254901.56	46715.03	18.33	157643.16	61.84	50543.37	19.83
600704	物产中大	220855.51	56085.61	25.39	160337.11	72.60	4432.79	2.01
600705	中航资本	448816.29	159275.96	35.49	274397.41	61.14	15142.91	3.37
600706	曲江文旅	17950.97	5710.75	31.81	10285.75	57.30	1954.47	10.89
600707	彩虹股份	73675.77	48054.06	65.22	23583.54	32.01	2038.17	2.77
600708	光明地产	131872.00	30995.95	23.50	92299.64	69.99	8576.40	6.50
600710	*ST 常林	64028.40	45538.39	71.12	18489.89	28.88	0.12	0.00
600711	盛屯矿业	149705.23	111028.68	74.16	34495.34	23.04	4181.21	2.79
600712	南宁百货	54465.54	29133.98	53.49	25312.41	46.47	19.15	0.04
600713	南京医药	89742.56	42233.95	47.06	41974.03	46.77	5534.59	6.17
600714	金瑞矿业	28817.63	9255.96	32.12	18961.31	65.80	600.36	2.08
600715	*ST 松辽	82456.45	22301.91	27.05	57475.04	69.70	2679.50	3.25
600716	凤凰股份	74060.06	21892.21	29.56	48075.95	64.91	4091.90	5.53
600717	天津港	167476.91	51798.42	30.93	108930.37	65.04	6748.12	4.03
600718	东软集团	124257.67	39203.88	31.55	58016.34	46.69	27037.46	21.76

注：合计持股数包含 F 类账户；单位为万股

年末个股股东持股情况
Distribution of Shareholder by 2015

证券代码 Code	证券简称 Name	合计持股数 Total Hold	自然人 Individual		一般法人 Corporation		专业机构 Institution	
			持有股数	比例(%)	持有股数	比例(%)	持有股数	比例(%)
600719	大连热电	40459.96	26616.46	65.78	13680.59	33.81	162.91	0.40
600720	祁连山	77629.03	37233.16	47.96	29271.47	37.71	11124.40	14.33
600721	百花村	24852.43	8561.29	34.45	16141.28	64.95	149.86	0.60
600722	*ST 金化	68031.97	27526.30	40.46	40505.50	59.54	0.17	0.00
600723	首商股份	65840.76	23839.91	36.21	39200.13	59.54	2800.72	4.25
600724	宁波富达	144524.11	29218.09	20.22	114208.35	79.02	1097.68	0.76
600725	云维股份	61623.50	32177.65	52.22	28631.96	46.46	813.90	1.32
600726	华电能源	153467.52	62087.88	40.46	91330.49	59.51	49.14	0.03
600727	鲁北化工	35098.66	25640.09	73.05	9102.12	25.93	356.45	1.02
600728	佳都科技	49976.69	22821.33	45.66	22379.11	44.78	4776.25	9.56
600729	重庆百货	40652.85	10575.35	26.01	25682.17	63.17	4395.32	10.81
600730	中国高科	58665.60	34361.86	58.57	18405.74	31.37	5898.00	10.05
600731	湖南海利	32731.41	18577.42	56.76	13492.87	41.22	661.11	2.02
600732	*ST 新梅	44638.31	29264.10	65.56	15371.05	34.43	3.17	0.01
600733	S 前锋	19758.60	7386.65	37.38	12364.56	62.58	7.40	0.04
600734	实达集团	35155.84	19144.35	54.46	14740.04	41.93	1271.45	3.62
600735	新华锦	37599.23	10388.39	27.63	22205.94	59.06	5004.90	13.31
600736	苏州高新	119429.29	54200.30	45.38	59074.12	49.46	6154.88	5.15
600737	中粮屯河	205187.62	85693.77	41.76	117449.72	57.24	2044.13	1.00
600738	兰州民百	36886.76	20457.55	55.46	15465.14	41.93	964.07	2.61
600739	辽宁成大	152970.98	97347.34	63.64	39149.13	25.59	16474.51	10.77
600740	山西焦化	76570.00	38391.94	50.14	37439.29	48.90	738.78	0.96
600741	华域汽车	258320.02	43381.23	16.79	178778.21	69.21	36160.59	14.00
600742	一汽富维	21152.34	14809.64	70.01	5865.32	27.73	477.38	2.26
600743	华远地产	181766.10	44112.81	24.27	133413.19	73.40	4240.10	2.33
600744	华银电力	178112.43	47677.48	26.77	129830.51	72.89	604.45	0.34
600745	中茵股份	63726.64	16008.59	25.12	36712.02	57.61	11006.03	17.27
600746	江苏索普	30642.25	16863.58	55.03	13246.12	43.23	532.54	1.74
600747	大连控股	146432.84	84675.65	57.83	57011.06	38.93	4746.14	3.24
600748	上实发展	108337.09	26994.78	24.92	79117.87	73.03	2224.44	2.05
600749	西藏旅游	18913.79	9467.20	50.05	5676.60	30.01	3769.99	19.93
600750	江中药业	30000.00	13007.28	43.36	15668.88	52.23	1323.84	4.41
600751	天海投资	257318.91	30173.89	11.73	225831.08	87.76	1313.94	0.51
600753	东方银星	12800.00	6296.83	49.19	6310.21	49.30	192.96	1.51
600754	锦江股份	64851.77	9935.28	15.32	52606.62	81.12	2309.87	3.56
600755	厦门国贸	166447.00	97210.41	58.40	63135.25	37.93	6101.35	3.67
600756	浪潮软件	27874.73	10293.97	36.93	8224.98	29.51	9355.78	33.56
600757	长江传媒	121365.03	40389.84	33.28	78281.71	64.50	2693.48	2.22
600758	红阳能源	134087.93	12703.47	9.47	115874.14	86.42	5510.33	4.11
600759	洲际油气	226350.75	77220.61	34.12	133535.81	59.00	15594.34	6.89
600760	中航黑豹	34494.51	24863.47	72.08	6852.01	19.86	2779.03	8.06
600761	安徽合力	61681.73	24428.83	39.60	31880.14	51.68	5372.76	8.71
600763	通策医疗	32064.00	9740.86	30.38	12713.39	39.65	9609.75	29.97
600764	中电广通	32972.70	12905.54	39.14	19946.37	60.49	120.79	0.37
600765	中航重机	77800.32	34245.12	44.02	37049.96	47.62	6505.25	8.36
600766	园城黄金	22422.68	15485.96	69.06	6539.88	29.17	396.84	1.77
600767	运盛医疗	34101.02	26612.45	78.04	5740.41	16.83	1748.16	5.13
600768	宁波富邦	13374.72	6643.91	49.68	6584.55	49.23	146.26	1.09
600769	祥龙电业	37497.72	29726.04	79.27	7597.62	20.26	174.07	0.46
600770	综艺股份	130000.00	81110.44	62.39	42664.87	32.82	6224.68	4.79

注：合计持股数包含 F 类账户；单位为万股

年末个股股东持股情况
Distribution of Shareholder by 2015

证券代码 Code	证券简称 Name	合计持股数 Total Hold	自然人 Individual 持有股数	自然人 Individual 比例(%)	一般法人 Corporation 持有股数	一般法人 Corporation 比例(%)	专业机构 Institution 持有股数	专业机构 Institution 比例(%)
600771	广誉远	27780.84	11090.50	39.92	10992.43	39.57	5697.91	20.51
600773	西藏城投	72921.37	29008.18	39.78	41041.60	56.28	2871.59	3.94
600774	汉商集团	17457.54	8199.92	46.97	8934.56	51.18	323.06	1.85
600775	南京熊猫	67183.85	24212.03	36.04	38477.78	57.27	4494.05	6.69
600776	东方通信	95600.01	30530.18	31.94	61058.29	63.87	4011.54	4.20
600777	新潮实业	86003.05	49139.94	57.14	35879.59	41.72	983.53	1.14
600778	友好集团	31149.14	20238.56	64.97	10178.00	32.68	732.58	2.35
600779	*ST 水井	48854.57	25974.15	53.17	19933.29	40.80	2947.13	6.03
600780	通宝能源	114650.25	29908.16	26.09	81057.96	70.70	3684.13	3.21
600781	辅仁药业	17759.29	10999.97	61.94	5325.09	29.98	1434.23	8.08
600782	新钢股份	139344.81	27836.57	19.98	78701.75	56.48	32806.49	23.54
600783	鲁信创投	74435.93	20573.97	27.64	51909.25	69.74	1952.70	2.62
600784	鲁银投资	56817.78	42025.52	73.97	12911.60	22.72	1880.67	3.31
600785	新华百货	22563.13	5179.66	22.96	17217.71	76.31	165.76	0.73
600787	中储股份	219980.10	64884.75	29.50	141077.80	64.13	14017.56	6.37
600789	鲁抗医药	58157.55	38085.28	65.49	19499.34	33.53	572.93	0.99
600790	轻纺城	104699.35	55854.19	53.35	45557.50	43.51	3287.66	3.14
600791	京能置业	45288.00	22623.23	49.95	21128.14	46.65	1536.62	3.39
600792	云煤能源	98992.36	27612.30	27.89	71007.03	71.73	373.02	0.38
600793	ST 宜纸	10530.00	4783.69	45.43	5689.92	54.04	56.40	0.54
600794	保税科技	119157.42	68494.02	57.48	49857.56	41.84	805.84	0.68
600795	国电电力	1965039.78	681468.12	34.68	1166571.70	59.37	116999.97	5.95
600796	钱江生化	30140.21	23960.74	79.50	6151.57	20.41	27.91	0.09
600797	浙大网新	91404.33	67877.49	74.26	21901.62	23.96	1625.22	1.78
600798	宁波海运	103085.09	53214.72	51.62	48933.03	47.47	937.34	0.91
600800	天津磁卡	61127.10	42188.87	69.02	18348.78	30.02	589.45	0.96
600801	华新水泥	97277.13	24048.39	24.72	67289.78	69.17	5938.97	6.11
600802	福建水泥	38187.37	22258.10	58.29	15035.75	39.37	893.52	2.34
600803	新奥股份	98578.50	14745.36	14.96	77443.85	78.56	6389.29	6.48
600804	鹏博士	140045.40	68312.25	48.78	42375.05	30.26	29358.11	20.96
600805	悦达投资	85089.45	38801.12	45.60	39125.65	45.98	7162.68	8.42
600806	昆明机床	39018.63	19265.05	49.37	17010.18	43.60	2743.40	7.03
600807	天业股份	85663.47	39651.35	46.29	44956.76	52.48	1055.37	1.23
600808	马钢股份	596775.12	182622.17	30.60	401830.50	67.33	12322.45	2.06
600809	山西汾酒	86584.83	12712.63	14.68	65516.46	75.67	8355.74	9.65
600810	神马股份	44228.00	21853.22	49.41	22045.82	49.85	328.96	0.74
600811	东方集团	166680.54	95428.59	57.25	67686.18	40.61	3565.77	2.14
600812	华北制药	163080.47	48556.82	29.77	110664.93	67.86	3858.72	2.37
600814	杭州解百	71502.68	19908.84	27.84	50856.46	71.13	737.38	1.03
600815	厦工股份	95897.00	44935.95	46.86	47432.62	49.46	3528.43	3.68
600816	安信信托	176988.98	52676.88	29.76	113286.32	64.01	11025.78	6.23
600817	ST 宏盛	16091.01	11586.02	72.00	4483.87	27.87	21.13	0.13
600818	中路股份	23795.79	7779.48	32.69	14005.10	58.86	2011.21	8.45
600819	耀皮玻璃	74741.61	24312.88	32.53	49989.11	66.88	439.62	0.59
600820	隧道股份	314409.61	140362.35	44.64	165139.87	52.52	8907.40	2.83
600821	津劝业	41626.82	29499.50	70.87	11386.75	27.35	740.58	1.78
600822	上海物贸	39614.79	15168.41	38.29	24222.07	61.14	224.31	0.57
600823	世茂股份	191386.14	24372.90	12.73	157760.98	82.43	9252.26	4.83
600824	益民集团	105402.71	60545.27	57.44	44218.26	41.95	639.18	0.61
600825	新华传媒	104488.79	41370.95	39.59	59961.29	57.39	3156.55	3.02

注：合计持股数包含 F 类账户；单位为万股

年末个股股东持股情况
Distribution of Shareholder by 2015

证券代码 Code	证券简称 Name	合计持股数 Total Hold	自然人 Individual		一般法人 Corporation		专业机构 Institution	
			持有股数	比例(%)	持有股数	比例(%)	持有股数	比例(%)
600826	兰生股份	42064.23	12872.57	30.60	24453.39	58.13	4738.27	11.26
600827	百联股份	154277.76	53243.24	34.51	92730.98	60.11	8303.54	5.38
600828	成商集团	57043.97	16058.51	28.15	39209.79	68.74	1775.66	3.11
600829	人民同泰	57988.86	10731.55	18.51	43811.95	75.55	3445.36	5.94
600830	香溢融通	45432.27	27190.30	59.85	16607.57	36.55	1634.41	3.60
600831	广电网络	56343.85	23480.06	41.67	27471.89	48.76	5391.90	9.57
600833	第一医药	22308.63	9928.48	44.51	11536.47	51.71	843.68	3.78
600834	申通地铁	47738.19	17608.05	36.88	29377.66	61.54	752.48	1.58
600835	上海机电	80650.43	17510.37	21.71	52028.91	64.51	11111.15	13.78
600836	界龙实业	33137.65	25866.20	78.06	6290.16	18.98	981.29	2.96
600837	海通证券	809213.12	240423.90	29.71	439698.66	54.34	129090.56	15.95
600838	上海九百	40088.20	27866.68	69.51	12145.33	30.30	76.19	0.19
600839	四川长虹	461624.42	280020.31	60.66	135210.54	29.29	46393.58	10.05
600841	上柴股份	52189.25	7194.92	13.79	44912.61	86.06	81.73	0.16
600843	上工申贝	30464.59	13526.49	44.40	15760.06	51.73	1178.04	3.87
600844	丹化科技	58482.70	40512.15	69.27	17259.60	29.51	710.96	1.22
600845	宝信软件	27722.46	1751.59	6.32	23700.77	85.49	2270.10	8.19
600846	同济科技	62476.15	46529.39	74.48	15306.03	24.50	640.73	1.03
600847	万里股份	15803.34	7075.48	44.77	8153.55	51.59	574.31	3.63
600848	上海临港	78803.08	14323.98	18.18	63948.51	81.15	530.58	0.67
600850	华东电脑	32174.49	11907.38	37.01	16768.88	52.12	3498.22	10.87
600851	海欣股份	73820.61	50220.35	68.03	20181.10	27.34	3419.16	4.63
600853	龙建股份	53680.77	32893.66	61.28	19528.01	36.38	1259.10	2.35
600854	春兰股份	51945.85	29053.14	55.93	21563.62	41.51	1329.09	2.56
600855	航天长峰	33161.74	10318.67	31.12	13840.84	41.74	9002.23	27.15
600856	中天能源	56716.56	15674.97	27.64	39924.48	70.39	1117.11	1.97
600857	宁波中百	22431.99	18031.34	80.38	4321.85	19.27	78.80	0.35
600858	银座股份	52006.66	16229.11	31.21	29072.94	55.90	6704.61	12.89
600859	王府井	46276.81	16622.58	35.92	27666.15	59.78	1988.08	4.30
600860	京城股份	32200.00	13211.78	41.03	18192.89	56.50	795.33	2.47
600861	北京城乡	31680.49	16377.40	51.70	11927.81	37.65	3375.28	10.65
600862	南通科技	139304.91	35021.09	25.14	102739.41	73.75	1544.41	1.11
600863	内蒙华电	580774.50	197769.75	34.05	355542.15	61.22	27462.60	4.73
600864	哈投股份	54637.82	21583.96	39.50	31075.13	56.87	1978.74	3.62
600865	百大集团	37624.03	13941.04	37.05	17868.92	47.49	5814.08	15.45
600866	星湖科技	64539.35	41177.49	63.80	22974.36	35.60	387.50	0.60
600867	通化东宝	113583.11	33892.10	29.84	53654.17	47.24	26036.84	22.92
600868	梅雁吉祥	189814.87	188740.37	99.43	950.11	0.50	124.39	0.07
600869	智慧能源	198008.67	74171.21	37.46	120127.96	60.67	3709.49	1.87
600870	*ST 厦华	52319.97	27993.81	53.51	24029.04	45.93	297.12	0.57
600871	石化油服	1204266.10	43963.92	3.65	1159918.93	96.32	383.25	0.03
600872	中炬高新	79663.72	38180.47	47.93	32048.12	40.23	9435.13	11.84
600873	梅花生物	310822.66	273388.38	87.96	18283.08	5.88	19151.19	6.16
600874	创业环保	108722.84	32491.30	29.88	74075.74	68.13	2155.81	1.98
600875	东方电气	199690.04	78942.58	39.53	109526.78	54.85	11220.68	5.62
600876	洛阳玻璃	26501.82	8873.49	33.48	17425.63	65.75	202.70	0.76
600877	中国嘉陵	68728.20	51908.26	75.53	16631.19	24.20	188.76	0.27
600879	航天电子	103953.70	64597.16	62.14	28002.53	26.94	11354.02	10.92
600880	博瑞传播	109333.21	56986.79	52.12	46106.61	42.17	6239.82	5.71
600881	亚泰集团	259994.57	121507.25	46.73	119810.75	46.08	18676.58	7.18

注：合计持股数包含 F 类账户；单位为万股

年末个股股东持股情况
Distribution of Shareholder by 2015

证券代码 Code	证券简称 Name	合计持股数 Total Hold	自然人 Individual		一般法人 Corporation		专业机构 Institution	
			持有股数	比例(%)	持有股数	比例(%)	持有股数	比例(%)
600882	华联矿业	39923.80	33004.99	82.67	6705.45	16.80	213.37	0.53
600883	博闻科技	23608.80	10544.94	44.67	11685.47	49.50	1378.39	5.84
600884	杉杉股份	41085.82	20275.35	49.35	16504.98	40.17	4305.49	10.48
600885	宏发股份	53197.25	6845.53	12.87	37518.30	70.53	8833.42	16.61
600886	国投电力	678602.33	267237.46	39.38	376242.97	55.44	35121.91	5.18
600887	伊利股份	606480.01	243781.60	40.20	168319.68	27.75	194378.73	32.05
600888	新疆众和	64122.59	36154.53	56.38	27194.24	42.41	773.82	1.21
600889	南京化纤	30706.93	15600.66	50.81	13734.18	44.73	1372.09	4.47
600890	中房股份	57919.49	26445.42	45.66	25849.38	44.63	5624.69	9.71
600891	秋林集团	61758.58	20733.73	33.57	39128.97	63.36	1895.88	3.07
600892	宝诚股份	6312.50	2471.70	39.16	3075.37	48.72	765.43	12.13
600893	中航动力	194871.88	37944.14	19.47	139725.11	71.70	17202.63	8.83
600894	广日股份	85994.69	23462.24	27.28	54110.18	62.92	8422.27	9.79
600895	张江高科	154868.96	64633.32	41.73	86018.12	55.54	4217.52	2.72
600896	中海海盛	58131.58	30351.67	52.21	21967.57	37.79	5812.34	10.00
600897	厦门空港	29781.00	6968.30	23.40	21896.04	73.52	916.66	3.08
600898	三联商社	25252.38	16440.44	65.10	8690.65	34.42	121.30	0.48
600900	长江电力	1650000.00	202625.42	12.28	1343833.43	81.44	103541.16	6.28
600917	重庆燃气	155600.00	11060.52	7.11	141866.24	91.17	2673.24	1.72
600958	东方证券	528174.29	56482.00	10.69	436371.43	82.62	35320.87	6.69
600959	江苏有线	298809.98	55634.65	18.62	234435.58	78.46	8739.76	2.92
600960	渤海活塞	52471.94	26172.54	49.88	24071.44	45.87	2227.96	4.25
600961	株冶集团	52745.79	25549.35	48.44	26437.11	50.12	759.33	1.44
600962	*ST 中鲁	26221.00	11945.79	45.56	13079.80	49.88	1195.41	4.56
600963	岳阳林纸	104315.91	52550.15	50.38	45687.58	43.80	6078.19	5.83
600965	福成五丰	81870.10	25771.80	31.48	49589.31	60.57	6508.99	7.95
600966	博汇纸业	133684.43	102417.98	76.61	29434.13	22.02	1832.32	1.37
600967	北方创业	82282.80	54660.07	66.43	22730.38	27.62	4892.34	5.95
600969	郴电国际	26432.18	12775.20	48.33	12132.49	45.90	1524.49	5.77
600970	中材国际	116950.53	51020.12	43.63	62319.05	53.29	3611.35	3.09
600971	恒源煤电	100000.41	30282.00	30.28	66591.71	66.59	3126.70	3.13
600973	宝胜股份	41437.10	21340.45	51.50	18045.58	43.55	2051.06	4.95
600975	新五丰	32633.78	10281.85	31.51	19417.69	59.50	2934.24	8.99
600976	健民集团	15339.86	5633.53	36.72	6361.68	41.47	3344.65	21.80
600978	宜华木业	148287.00	105086.91	70.87	32907.99	22.19	10292.11	6.94
600979	广安爱众	71789.21	35051.15	48.83	33328.33	46.43	3409.74	4.75
600980	北矿磁材	15220.99	5989.98	39.35	8767.93	57.60	463.07	3.04
600981	汇鸿集团	224243.32	21685.25	9.67	172901.18	77.10	29656.89	13.23
600982	宁波热电	74693.00	43787.96	58.62	30713.49	41.12	191.56	0.26
600983	惠而浦	76643.90	12664.21	16.52	59581.12	77.74	4398.57	5.74
600984	*ST 建机	63676.42	28312.68	44.46	34480.96	54.15	882.79	1.39
600985	雷鸣科化	26285.47	17267.51	65.69	8781.31	33.41	236.66	0.90
600986	科达股份	86888.64	41778.37	48.08	39200.14	45.12	5910.13	6.80
600987	航民股份	63531.00	17811.67	28.04	39243.14	61.77	6476.19	10.19
600988	赤峰黄金	71319.07	60357.36	84.63	6629.35	9.30	4332.36	6.07
600990	四创电子	13670.20	3044.48	22.27	6566.36	48.03	4059.36	29.69
600992	贵绳股份	24509.00	13156.13	53.68	8531.16	34.81	2821.70	11.51
600993	马应龙	43105.39	22952.38	53.25	17834.76	41.37	2318.25	5.38
600995	文山电力	47852.64	26950.25	56.32	17817.04	37.23	3085.35	6.45
600997	开滦股份	123464.00	40998.30	33.21	77963.70	63.15	4502.00	3.65

注：合计持股数包含 F 类账户；单位为万股

年末个股股东持股情况
Distribution of Shareholder by 2015

证券代码 Code	证券简称 Name	合计持股数 Total Hold	自然人 Individual		一般法人 Corporation		专业机构 Institution	
			持有股数	比例(%)	持有股数	比例(%)	持有股数	比例(%)
600998	九州通	164700.94	34529.41	20.96	111658.69	67.79	18512.85	11.24
600999	招商证券	580813.55	65911.73	11.35	463063.16	79.73	51838.66	8.93
601000	唐山港	224843.85	51924.52	23.09	163879.91	72.89	9039.41	4.02
601001	大同煤业	167370.00	51511.97	30.78	111985.41	66.91	3872.62	2.31
601002	晋亿实业	79269.00	39508.21	49.84	38904.24	49.08	856.55	1.08
601003	柳钢股份	256279.32	44055.51	17.19	211646.94	82.58	576.87	0.23
601005	重庆钢铁	389789.54	136103.92	34.92	246127.66	63.14	7557.96	1.94
601006	大秦铁路	1486679.15	187288.37	12.60	1103397.75	74.22	195993.03	13.18
601007	金陵饭店	30000.00	12852.19	42.84	16223.53	54.08	924.28	3.08
601008	连云港	101521.51	46652.69	45.95	54526.30	53.71	342.53	0.34
601009	南京银行	336595.55	66659.51	19.80	211970.48	62.97	57965.56	17.22
601010	文峰股份	184800.00	140388.42	75.97	42140.68	22.80	2270.91	1.23
601011	宝泰隆	136750.00	53961.63	39.46	66541.09	48.66	16247.28	11.88
601012	隆基股份	177137.95	137876.06	77.84	26563.14	15.00	12698.75	7.17
601015	陕西黑猫	62000.00	21351.07	34.44	40518.05	65.35	130.89	0.21
601016	节能风电	207778.00	19664.36	9.46	176950.71	85.16	11162.92	5.37
601018	宁波港	1280000.00	176103.69	13.76	1072310.87	83.77	31585.45	2.47
601021	春秋航空	80000.00	4003.37	5.00	61755.90	77.19	14240.73	17.80
601028	玉龙股份	78623.78	71745.39	91.25	3452.92	4.39	3425.47	4.36
601038	一拖股份	59391.00	14539.09	24.48	44583.59	75.07	268.31	0.45
601058	赛轮金宇	104269.87	64550.33	61.91	29474.29	28.27	10245.26	9.83
601069	西部黄金	63600.00	10953.88	17.22	50338.01	79.15	2308.10	3.63
601088	中国神华	1649103.80	96012.76	5.82	1470618.94	89.18	82472.09	5.00
601098	中南传媒	179600.00	19393.53	10.80	131791.70	73.38	28414.76	15.82
601099	太平洋	353046.70	227931.27	64.56	101061.15	28.63	24054.28	6.81
601100	恒立油缸	63000.00	10224.01	16.23	48969.93	77.73	3806.06	6.04
601101	昊华能源	119999.83	28777.43	23.98	86206.20	71.84	5016.20	4.18
601106	中国一重	653800.00	209075.35	31.98	424622.09	64.95	20102.56	3.07
601107	四川成渝	216274.00	42703.25	19.74	170442.94	78.81	3127.80	1.45
601111	中国国航	852206.76	102807.57	12.06	703830.97	82.59	45568.23	5.35
601113	华鼎股份	83305.00	31451.56	37.75	51718.47	62.08	134.97	0.16
601116	三江购物	41075.88	14980.59	36.47	25608.79	62.35	486.50	1.18
601117	中国化学	493300.00	104033.68	21.09	368405.54	74.68	20860.78	4.23
601118	海南橡胶	393117.16	92032.46	23.41	285278.57	72.57	15806.13	4.02
601126	四方股份	81317.20	21965.03	27.01	49871.18	61.33	9480.98	11.66
601137	博威合金	21500.00	5020.03	23.35	16094.36	74.86	385.61	1.79
601139	深圳燃气	217802.51	26798.15	12.30	187131.86	85.92	3872.51	1.78
601155	新城控股	170806.48	48231.74	28.24	122568.50	71.76	6.24	0.00
601158	重庆水务	480000.00	34571.85	7.20	428226.56	89.21	17201.58	3.58
601166	兴业银行	1905233.68	364005.37	19.11	1253006.50	65.77	288221.81	15.13
601168	西部矿业	238300.00	140275.61	58.87	86275.14	36.20	11749.26	4.93
601169	北京银行	1267222.97	251581.06	19.85	837744.89	66.11	177897.03	14.04
601177	杭齿前进	40006.00	15664.82	39.16	24155.03	60.38	186.15	0.47
601179	中国西电	512588.24	111490.83	21.75	378052.31	73.75	23045.09	4.50
601186	中国铁建	1150324.55	135909.23	11.81	944409.12	82.10	70006.21	6.09
601188	龙江交通	131587.86	39226.84	29.81	90920.57	69.09	1440.45	1.09
601198	东兴证券	250400.00	44218.56	17.66	197734.24	78.97	8447.20	3.37
601199	江南水务	46760.00	9439.72	20.19	33838.97	72.37	3481.32	7.45
601208	东材科技	61576.00	41288.99	67.05	17361.36	28.20	2925.65	4.75
601211	国泰君安	762500.00	98650.69	12.94	612985.10	80.39	50864.21	6.67

注：合计持股数包含 F 类账户；单位为万股

年末个股股东持股情况
Distribution of Shareholder by 2015

证券代码 Code	证券简称 Name	合计持股数 Total Hold	自然人 Individual		一般法人 Corporation		专业机构 Institution	
			持有股数	比例(%)	持有股数	比例(%)	持有股数	比例(%)
601216	君正集团	368640.00	264874.69	71.85	95039.18	25.78	8726.13	2.37
601218	吉鑫科技	99176.00	97664.29	98.48	617.48	0.62	894.23	0.90
601222	林洋能源	40660.16	6590.16	16.21	29061.40	71.47	5008.59	12.32
601225	陕西煤业	1000000.00	55332.62	5.53	903023.89	90.30	41643.49	4.16
601226	华电重工	115500.00	17637.75	15.27	91860.37	79.53	6001.87	5.20
601231	环旭电子	217592.36	19189.42	8.82	187574.41	86.20	10828.52	4.98
601233	桐昆股份	96360.00	29091.95	30.19	60282.88	62.56	6985.17	7.25
601238	广汽集团	422171.99	9179.15	2.17	411466.27	97.46	1526.57	0.36
601258	庞大集团	648011.34	533522.25	82.33	80431.22	12.41	34057.87	5.26
601288	农业银行	29405529.39	804278.32	2.74	27735605.78	94.32	865645.29	2.94
601311	骆驼股份	85163.58	51452.57	60.42	26461.40	31.07	7249.61	8.51
601313	江南嘉捷	40040.66	35682.60	89.12	2699.72	6.74	1658.34	4.14
601318	中国平安	1083266.45	262809.32	24.26	585073.02	54.01	235384.11	21.73
601328	交通银行	3925086.40	338892.49	8.63	3221647.94	82.08	364545.97	9.29
601333	广深铁路	565223.70	180700.24	31.97	331937.38	58.73	52586.09	9.30
601336	新华保险	208543.93	19795.93	9.49	166036.06	79.62	22711.95	10.89
601339	百隆东方	150000.00	78996.96	52.66	67364.44	44.91	3638.60	2.43
601368	绿城水务	73581.09	14137.16	19.21	57663.64	78.37	1780.29	2.42
601369	陕鼓动力	163877.02	39602.56	24.17	118516.07	72.32	5758.39	3.51
601377	兴业证券	520000.00	198650.85	38.20	287794.04	55.35	33555.10	6.45
601388	怡球资源	53300.00	12202.15	22.89	35536.65	66.67	5561.20	10.43
601390	中国中铁	1863691.15	312251.01	16.75	1453435.91	77.99	98004.24	5.26
601398	工商银行	26961221.25	499720.21	1.85	25688720.93	95.28	772780.12	2.87
601515	东风股份	111200.00	15520.19	13.96	90793.84	81.65	4885.97	4.39
601518	吉林高速	121320.00	41425.46	34.15	79221.57	65.30	672.97	0.55
601519	大智慧	198770.00	196137.31	98.68	1194.80	0.60	1437.89	0.72
601555	东吴证券	270000.00	76224.65	28.23	165188.77	61.18	28586.58	10.59
601558	华锐风电	603060.00	121870.71	20.21	477504.63	79.18	3684.66	0.61
601566	九牧王	57463.72	7261.46	12.64	45212.64	78.68	4989.61	8.68
601567	三星医疗	119859.83	65462.56	54.62	48144.02	40.17	6253.24	5.22
601579	会稽山	40000.00	9382.86	23.46	30182.05	75.46	435.09	1.09
601588	北辰实业	266000.00	120000.13	45.11	138359.42	52.01	7640.45	2.87
601599	鹿港科技	38194.77	30448.50	79.72	3476.93	9.10	4269.34	11.18
601600	中国铝业	1095983.23	316930.33	28.92	702295.10	64.08	76757.80	7.00
601601	中国太保	628670.00	43239.81	6.88	488007.01	77.63	97423.18	15.50
601607	上海医药	192301.66	38447.95	19.99	127633.29	66.37	26220.42	13.64
601608	中信重工	418662.65	100816.97	24.08	308277.62	73.63	9568.06	2.29
601616	广电电气	93486.05	58206.20	62.26	33278.96	35.60	2000.89	2.14
601618	中国中冶	1623900.00	337929.46	20.81	1243854.34	76.60	42116.20	2.59
601628	中国人寿	2082353.00	43708.20	2.10	1959393.52	94.10	79251.29	3.81
601633	长城汽车	602772.90	55022.81	9.13	518158.58	85.96	29591.50	4.91
601636	旗滨集团	252529.45	120575.49	47.75	121532.17	48.13	10421.79	4.13
601666	平煤股份	236116.50	81401.47	34.48	149291.49	63.23	5423.53	2.30
601668	中国建筑	3000000.00	722205.90	24.07	2018729.64	67.29	259064.46	8.64
601669	中国电建	1375463.35	199382.50	14.50	1106589.56	80.45	69491.29	5.05
601677	明泰铝业	48275.60	40828.05	84.57	6136.18	12.71	1311.37	2.72
601678	滨化股份	99000.00	79433.59	80.24	16596.33	16.76	2970.08	3.00
601688	华泰证券	544372.31	84379.01	15.50	379736.50	69.76	80256.80	14.74
601689	拓普集团	64910.00	12543.65	19.32	52240.33	80.48	126.01	0.19
601699	潞安环能	299140.92	72470.04	24.23	208312.15	69.64	18358.73	6.14

注：合计持股数包含F类账户；单位为万股

年末个股股东持股情况
Distribution of Shareholder by 2015

证券代码 Code	证券简称 Name	合计持股数 Total Hold	自然人 Individual		一般法人 Corporation		专业机构 Institution	
			持有股数	比例(%)	持有股数	比例(%)	持有股数	比例(%)
601700	风范股份	113324.70	111804.34	98.66	937.71	0.83	582.65	0.51
601717	郑煤机	137788.78	66301.58	48.12	59302.18	43.04	12185.02	8.84
601718	际华集团	385700.00	106328.79	27.57	274152.89	71.08	5218.32	1.35
601727	上海电气	985139.32	160388.87	16.28	775905.70	78.76	48844.75	4.96
601766	中国中车	2291769.23	413809.07	18.06	1732860.07	75.61	145100.09	6.33
601777	力帆股份	125635.34	23256.91	18.51	84244.00	67.05	18134.42	14.43
601788	光大证券	390669.88	69645.53	17.83	297874.76	76.25	23149.60	5.93
601789	宁波建工	48804.00	26296.24	53.88	21721.69	44.51	786.07	1.61
601798	蓝科高新	35452.82	10610.68	29.93	24214.73	68.30	627.41	1.77
601799	星宇股份	23965.00	17790.01	74.23	3496.06	14.59	2678.93	11.18
601800	中国交建	1174723.54	68352.57	5.82	1046070.28	89.05	60300.69	5.13
601801	皖新传媒	91000.00	5906.79	6.49	78653.70	86.43	6439.51	7.08
601808	中海油服	296046.80	31071.67	10.50	246169.34	83.15	18805.79	6.35
601818	光大银行	3981035.95	408146.62	10.25	3271255.33	82.17	301634.00	7.58
601857	中国石油	16192207.78	219646.98	1.36	15838350.01	97.81	134210.79	0.83
601866	中海集运	793212.50	217239.17	27.39	546780.73	68.93	29192.61	3.68
601872	招商轮船	529945.81	140456.71	26.50	378560.81	71.43	10928.29	2.06
601877	正泰电器	131490.64	34882.67	26.53	90616.84	68.92	5991.12	4.56
601880	大连港	336340.00	92190.36	27.41	241279.97	71.74	2869.66	0.85
601886	江河创建	115405.00	53591.35	46.44	53253.82	46.15	8559.82	7.42
601888	中国国旅	97623.78	6742.14	6.91	69267.92	70.95	21613.72	22.14
601890	亚星锚链	95940.00	92600.66	96.52	616.00	0.64	2723.34	2.84
601898	中煤能源	915200.04	98074.37	10.72	771999.28	84.35	45126.39	4.93
601899	紫金矿业	1580380.37	693531.06	43.88	784458.22	49.64	102391.08	6.48
601901	方正证券	823210.14	226546.55	27.52	541384.66	65.77	55278.93	6.72
601908	京运通	199301.77	44214.35	22.18	142137.26	71.32	12950.16	6.50
601918	国投新集	259054.18	124240.89	47.96	131408.06	50.73	3405.22	1.31
601919	中国远洋	763567.44	184932.77	24.22	554512.72	72.62	24121.95	3.16
601928	凤凰传媒	254490.00	45379.99	17.83	191343.24	75.19	17766.77	6.98
601929	吉视传媒	311080.12	95186.11	30.60	191876.01	61.68	24018.00	7.72
601933	永辉超市	406753.61	256530.99	63.07	104749.77	25.75	45472.85	11.18
601939	建设银行	959365.76	274498.91	28.61	342225.43	35.67	342641.42	35.72
601958	金钼股份	322660.44	60491.08	18.75	249300.76	77.26	12868.60	3.99
601965	中国汽研	96117.99	21551.22	22.42	68132.67	70.88	6434.10	6.69
601968	宝钢包装	83333.33	20145.58	24.17	61087.26	73.30	2100.49	2.52
601969	海南矿业	186667.00	13000.90	6.96	167278.93	89.61	6387.17	3.42
601985	中国核电	1556543.00	330395.83	21.23	1153661.26	74.12	72485.91	4.66
601988	中国银行	21076551.48	712250.57	3.38	19386826.44	91.98	977474.48	4.64
601989	中国重工	1836166.51	562620.57	30.64	1116570.46	60.81	156975.48	8.55
601991	大唐发电	999436.00	109850.87	10.99	840811.65	84.13	48773.48	4.88
601992	金隅股份	416950.31	36571.51	8.77	347725.49	83.40	32653.31	7.83
601996	丰林集团	46891.20	22939.72	48.92	23398.86	49.90	552.63	1.18
601998	中信银行	3190516.41	110956.74	3.48	2947337.10	92.38	132222.57	4.14
601999	出版传媒	55091.47	13946.16	25.31	38818.15	70.46	2327.16	4.22
603000	人民网	110569.11	30359.23	27.46	73886.98	66.82	6322.90	5.72
603001	奥康国际	40098.00	20282.10	50.58	15837.57	39.50	3978.32	9.92
603002	宏昌电子	60000.00	27927.94	46.55	31821.58	53.04	250.48	0.42
603003	龙宇燃油	20200.00	6444.85	31.91	12112.10	59.96	1643.04	8.13
603005	晶方科技	22669.70	4616.66	20.36	16409.00	72.38	1644.04	7.25
603006	联明股份	9449.48	2123.88	22.48	6056.43	64.09	1269.17	13.43

注：合计持股数包含 F 类账户；单位为万股

年末个股股东持股情况
Distribution of Shareholder by 2015

证券代码 Code	证券简称 Name	合计持股数 Total Hold	自然人 Individual		一般法人 Corporation		专业机构 Institution	
			持有股数	比例(%)	持有股数	比例(%)	持有股数	比例(%)
603008	喜临门	31500.00	12127.09	38.50	15776.81	50.09	3596.11	11.42
603009	北特科技	11004.00	10313.02	93.72	582.40	5.29	108.58	0.99
603010	万盛股份	11563.27	6350.53	54.92	4343.25	37.56	869.49	7.52
603011	合锻股份	17950.00	11990.59	66.80	5316.95	29.62	642.45	3.58
603012	创力集团	31828.00	21791.90	68.47	10033.26	31.52	2.84	0.01
603015	弘讯科技	20010.00	4715.09	23.56	15270.28	76.31	24.63	0.12
603017	中衡设计	12234.00	7002.51	57.24	5197.12	42.48	34.37	0.28
603018	设计股份	10400.00	9712.93	93.39	619.99	5.96	67.08	0.65
603019	中科曙光	30000.00	13033.46	43.44	13148.78	43.83	3817.76	12.73
603020	爱普股份	16000.00	12984.51	81.15	2992.33	18.70	23.16	0.14
603021	山东华鹏	10540.00	9399.75	89.18	1138.36	10.80	1.89	0.02
603022	新通联	8000.00	6977.58	87.22	1022.09	12.78	0.33	0.00
603023	威帝股份	12000.00	10751.01	89.59	697.29	5.81	551.70	4.60
603025	大豪科技	44700.00	30315.66	67.82	13825.61	30.93	558.73	1.25
603026	石大胜华	20268.00	9413.27	46.44	10340.50	51.02	514.23	2.54
603030	全筑股份	16000.00	12978.12	81.11	2925.00	18.28	96.88	0.61
603066	音飞储存	10000.00	1770.32	17.70	8064.58	80.65	165.10	1.65
603077	和邦生物	331223.86	102880.33	31.06	212464.33	64.15	15879.20	4.79
603085	天成自控	10000.00	3578.30	35.78	6350.52	63.51	71.18	0.71
603088	宁波精达	8000.00	3527.24	44.09	4404.04	55.05	68.72	0.86
603099	长白山	26667.00	6705.70	25.15	19144.14	71.79	817.16	3.06
603100	川仪股份	39500.00	12299.95	31.14	26473.93	67.02	726.11	1.84
603108	润达医疗	9412.63	7098.61	75.42	1425.91	15.15	888.11	9.44
603111	康尼机电	29535.33	21065.20	71.32	6110.13	20.69	2360.00	7.99
603116	红蜻蜓	40880.00	20781.87	50.84	20049.56	49.04	48.57	0.12
603117	万林股份	41050.00	16008.86	39.00	24428.39	59.51	612.75	1.49
603118	共进股份	30937.80	27963.33	90.39	2535.21	8.19	439.27	1.42
603123	翠微股份	52414.42	13233.20	25.25	37413.97	71.38	1767.25	3.37
603126	中材节能	61050.00	20444.18	33.49	39273.08	64.33	1332.75	2.18
603128	华贸物流	80834.90	30941.96	38.28	48553.92	60.07	1339.02	1.66
603158	腾龙股份	10667.00	2303.74	21.60	8337.64	78.16	25.62	0.24
603166	福达股份	49334.89	9266.99	18.78	38925.26	78.90	1142.65	2.32
603167	渤海轮渡	48140.00	22818.49	47.40	21775.04	45.23	3546.47	7.37
603168	莎普爱思	16337.50	13429.71	82.20	2812.56	17.22	95.23	0.58
603169	兰石重装	94584.84	17383.07	18.38	75351.36	79.67	1850.41	1.96
603188	亚邦股份	57600.00	34424.58	59.76	21420.94	37.19	1754.47	3.05
603198	迎驾贡酒	80000.00	7963.41	9.95	71962.99	89.95	73.60	0.09
603199	九华旅游	11068.00	2302.87	20.81	8207.00	74.15	558.13	5.04
603222	济民制药	16000.00	8017.98	50.11	7869.39	49.18	112.63	0.70
603223	恒通股份	12000.00	10811.41	90.10	1170.78	9.76	17.81	0.15
603227	雪峰科技	32935.00	10241.75	31.10	21942.06	66.62	751.20	2.28
603268	松发股份	8800.00	7367.45	83.72	616.35	7.00	816.21	9.28
603288	海天味业	270624.60	94008.66	34.74	160498.92	59.31	16117.01	5.96
603299	井神股份	55944.00	8028.45	14.35	46457.68	83.04	1457.88	2.61
603300	华铁科技	20267.00	14935.80	73.70	4321.05	21.32	1010.15	4.98
603306	华懋科技	14260.00	3811.21	26.73	9972.92	69.94	475.87	3.34
603308	应流股份	40001.00	8671.34	21.68	24900.75	62.25	6428.91	16.07
603309	维力医疗	20000.00	4141.23	20.71	15854.77	79.27	4.00	0.02
603311	金海环境	21000.00	6868.32	32.71	14123.95	67.26	7.73	0.04
603315	福鞍股份	10000.00	3855.64	38.56	6140.64	61.41	3.73	0.04

注：合计持股数包含 F 类账户；单位为万股

年末个股股东持股情况
Distribution of Shareholder by 2015

证券代码 Code	证券简称 Name	合计持股数 Total Hold	自然人 Individual		一般法人 Corporation		专业机构 Institution	
			持有股数	比例(%)	持有股数	比例(%)	持有股数	比例(%)
603318	派思股份	12040.00	2089.90	17.36	9462.24	78.59	487.86	4.05
603328	依顿电子	48900.00	7435.13	15.20	40271.84	82.36	1193.03	2.44
603333	明星电缆	52000.50	49554.23	95.30	1491.39	2.87	954.88	1.84
603338	浙江鼎力	16250.00	13107.66	80.66	2785.97	17.14	356.37	2.19
603355	莱克电气	40100.00	3172.41	7.91	36876.57	91.96	51.02	0.13
603366	日出东方	80000.00	21620.84	27.03	55471.53	69.34	2907.63	3.63
603368	柳州医药	11250.00	6966.96	61.93	2925.28	26.00	1357.77	12.07
603369	今世缘	50180.00	13024.75	25.96	35021.60	69.79	2133.65	4.25
603398	邦宝益智	9600.00	1976.68	20.59	7426.82	77.36	196.50	2.05
603399	新华龙	49925.06	31801.41	63.70	15974.12	32.00	2149.53	4.31
603456	九洲药业	22157.31	6583.97	29.71	12608.00	56.90	2965.34	13.38
603508	思维列控	16000.00	13134.31	82.09	2539.23	15.87	326.45	2.04
603518	维格娜丝	14798.00	13608.41	91.96	1019.97	6.89	169.62	1.15
603519	立霸股份	8000.00	7372.20	92.15	624.53	7.81	3.27	0.04
603555	贵人鸟	61400.00	3049.32	4.97	52903.34	86.16	5447.34	8.87
603558	健盛集团	30000.00	25619.77	85.40	3747.41	12.49	632.83	2.11
603566	普莱柯	16000.00	15489.31	96.81	134.77	0.84	375.92	2.35
603567	珍宝岛	42458.00	5871.27	13.83	36418.51	85.78	168.22	0.40
603568	伟明环保	45380.00	20386.79	44.92	24839.37	54.74	153.84	0.34
603588	高能环境	16160.00	11444.52	70.82	3460.49	21.41	1254.98	7.77
603589	口子窖	60000.00	41346.70	68.91	18264.06	30.44	389.24	0.65
603598	引力传媒	13334.00	10057.02	75.42	2288.19	17.16	988.79	7.42
603599	广信股份	18824.00	5248.78	27.88	13126.80	69.73	448.42	2.38
603600	永艺股份	10000.00	4742.44	47.42	5250.58	52.51	6.97	0.07
603601	再升科技	14960.00	11608.75	77.60	2097.43	14.02	1253.81	8.38
603606	东方电缆	31097.00	13671.32	43.96	17191.83	55.28	233.85	0.75
603609	禾丰牧业	83117.65	65589.67	78.91	16704.30	20.10	823.67	0.99
603611	诺力股份	16000.00	15203.44	95.02	215.62	1.35	580.94	3.63
603616	韩建河山	14668.00	6922.13	47.19	7742.06	52.78	3.82	0.03
603618	杭电股份	21335.00	7217.88	33.83	13878.74	65.05	238.38	1.12
603636	南威软件	10000.00	7645.23	76.45	1601.56	16.02	753.21	7.53
603669	灵康药业	26000.00	11177.68	42.99	14302.38	55.01	519.93	2.00
603678	火炬电子	16640.00	12915.56	77.62	2257.33	13.57	1467.11	8.82
603686	龙马环卫	26670.00	22605.62	84.76	3404.75	12.77	659.63	2.47
603688	石英股份	22380.00	12833.81	57.35	9221.56	41.20	324.63	1.45
603696	安记食品	12000.00	9323.65	77.70	2621.94	21.85	54.41	0.45
603698	航天工程	41230.00	8218.55	19.93	32017.15	77.65	994.30	2.41
603699	纽威股份	75000.00	10816.20	14.42	60798.23	81.06	3385.57	4.51
603703	盛洋科技	9188.00	5266.63	57.32	3197.48	34.80	723.89	7.88
603718	海利生物	28000.00	4241.57	15.15	21776.29	77.77	1982.14	7.08
603729	龙韵股份	6667.00	5623.49	84.35	820.42	12.31	223.10	3.35
603766	隆鑫通用	83731.34	23462.61	28.02	49947.00	59.65	10321.74	12.33
603778	乾景园林	8000.00	7180.41	89.76	662.67	8.28	156.92	1.96
603788	宁波高发	14097.00	6114.25	43.37	7842.84	55.63	139.91	0.99
603789	星光农机	20000.00	10392.84	51.96	9349.77	46.75	257.39	1.29
603799	华友钴业	53519.00	7686.61	14.36	43608.22	81.48	2224.17	4.16
603800	道森股份	20800.00	4863.17	23.38	15750.67	75.72	186.16	0.90
603806	福斯特	40200.00	12910.90	32.12	26087.94	64.90	1201.16	2.99
603808	歌力思	16564.87	3994.37	24.11	12077.26	72.91	493.24	2.98
603818	曲美家居	48412.00	47058.33	97.20	1226.67	2.53	127.00	0.26

注：合计持股数包含 F 类账户；单位为万股

年末个股股东持股情况
Distribution of Shareholder by 2015

证券代码 Code	证券简称 Name	合计持股数 Total Hold	自然人 Individual		一般法人 Corporation		专业机构 Institution	
			持有股数	比例(%)	持有股数	比例(%)	持有股数	比例(%)
603828	柯利达	12378.50	6405.35	51.75	5936.10	47.95	37.05	0.30
603838	四通股份	13334.00	12115.92	90.86	1035.46	7.77	182.62	1.37
603866	桃李面包	45012.60	44496.24	98.85	222.27	0.49	294.09	0.65
603869	北部湾旅	21624.00	5087.66	23.53	16419.35	75.93	116.99	0.54
603883	老百姓	26700.00	5987.54	22.43	19080.85	71.46	1631.61	6.11
603885	吉祥航空	113600.00	15878.08	13.98	95007.92	83.63	2714.00	2.39
603889	新澳股份	16231.00	9491.67	58.48	6442.06	39.69	297.27	1.83
603898	好莱客	29400.00	26419.15	89.86	579.56	1.97	2401.28	8.17
603899	晨光文具	46000.00	7161.20	15.57	36741.66	79.87	2097.14	4.56
603901	永创智能	20000.00	15513.54	77.57	4065.13	20.33	421.33	2.11
603918	金桥信息	8800.00	7988.83	90.78	807.49	9.18	3.68	0.04
603936	博敏电子	16735.00	16423.33	98.14	84.41	0.50	227.25	1.36
603939	益丰药房	32000.00	8960.84	28.00	19798.14	61.87	3241.01	10.13
603968	醋化股份	20448.00	13415.16	65.61	6388.27	31.24	644.57	3.15
603969	银龙股份	40000.00	35226.53	88.07	4716.56	11.79	56.91	0.14
603979	金诚信	37500.00	10940.54	29.17	26508.63	70.69	50.82	0.14
603988	中电电机	8000.00	7902.34	98.78	43.71	0.55	53.95	0.67
603989	艾华集团	30000.00	13710.64	45.70	15892.00	52.97	397.36	1.32
603993	洛阳钼业	1295373.07	367902.64	28.40	878894.51	67.85	48575.92	3.75
603996	中新科技	20010.00	7339.98	36.68	12294.94	61.44	375.08	1.87
603997	继峰股份	42000.00	5927.19	14.11	36066.14	85.87	6.67	0.02
603998	方盛制药	14173.22	10729.04	75.70	2456.60	17.33	987.59	6.97
603999	读者传媒	24000.00	5396.18	22.48	17759.50	74.00	844.33	3.52

注：合计持股数包含 F 类账户；单位为万股

Events

大事记

上海证券交易所大事记

1 月 5 日	本所调整上市公司信息披露监管模式，实施分行业监管。
1 月 14 日	备案制下首只资产支持证券在本所挂牌，标志着资产证券化市场发展迈入新常态。
2 月 9 日	本所股票期权交易试点正式启动，上证 50ETF 期权合约上市交易，为我国第一只场内期权产品。
2 月 16 日	本所发布《债券质押式协议回购交易暂行办法》及相关指引，债券质押式协议回购推出。
4 月 7 日	本所开始承接公司债预审核工作。
5 月 24 日	本所发布《关于增加上市公司信息披露时段相关事项的通知》。
5 月 26 日	本所与哈萨克斯坦交易所共同举办首届中国-中亚资本市场论坛。
6 月至 8 月	我国股市出现异常波动，本所按照证监会部署全力参与维护市场稳定工作。采取修订两融规则释放杠杆风险、加强市场异动监管和干预、加强上市公司行为监管、加强创新业务风险监控、下调交易经手费、完善股票交易机制、加强市场舆论引导等措施稳定市场、修复市场、建设市场。
9 月 12 日	本所加入国际资本市场协会（ICMA），成为该组织合作会员。
10 月 22 日	本所与伦交所启动“沪伦通”项目研究。
11 月 2 日	本所接受中央第七巡视组专项巡视。
11 月 6 日	本所与莫斯科交易所共同举办俄罗斯资本市场论坛，双方签署合作谅解备忘录。
11 月 18 日	由本所、德意志交易所集团、中国金融期货交易所共同出资成立的中欧国际交易所在德国法兰克福开业，首批上线产品包括 ETF（交易所交易基金）和人民币债券。
12 月 4 日	经中国证监会同意，本所、深圳证券交易所、中国金融期货交易所发布指数熔断相关规定，并将于 2016 年 1 月 1 日起实施。
12 月 19 日	本所迎来开业 25 周年，新版官网及移动端 APP 同步上线。

图书在版编目(CIP)数据

上海证券交易所统计年鉴. 2016卷/上海证券交易所编. —上海：上海远东出版社，2016

ISBN 978-7-5476-1151-7

Ⅰ. ①上… Ⅱ. ①上… Ⅲ. ①证券交易所—统计资料—上海市—2016—年鉴 Ⅳ. ①F832.51-54

中国版本图书馆CIP数据核字(2016)第166375号

上海证券交易所统计年鉴(2016卷)
上海证券交易所 编
责任编辑/程云琦 装帧设计/张晶灵

出版：上海世纪出版股份有限公司远东出版社
地址：中国上海市钦州南路81号
邮编：200235
网址：www.ydbook.com
发行：新华书店 上海远东出版社
上海世纪出版股份有限公司发行中心
制版：南京前锦排版服务有限公司
印刷：上海文艺大一印刷有限公司
装订：上海文艺大一印刷有限公司

开本：889×1194 1/16 印张：37.25 插页：4 字数：480千字
2016年8月第1版 2016年8月第1次印刷

ISBN 978-7-5476-1151-7/F·582
定价：300.00元